JN409707

연구개발 조세특례 실무

조용립(공인회계사) · 우 근(공인회계사) 공저

T A X A F F A I R S

개정증보판

SAMIL | 삼일인포마인

2021 개정 3판을 내며

본서의 출간 이후 독자 여러분의 성원에 감사의 말씀을 드린다.

이번 개정판에서는 2021년 시행되는 개정법령을 반영하는 한편, 2015년 2판 출간 이후 새로이 추가된 R&D 세제와 관련된 통칙, 예규, 심판례, 대법원판례를 추가 분석하고, 지난번 출간 이후 미진하다 싶은 내용들과 간과하고 지나갔던 내용들에 대하여도 추가 연구한 결과를 반영하여 총 143개의 사례를 구성했다.

본서의 주요 개정내역을 살펴보면 다음과 같다.

첫째, 2015년 OECD에서 발간한 「FRASCATI MANUAL」 제7판에 따른 연구개발의 개념과 범위의 내용을 본서에 수정 · 반영하였다. 연구개발의 정의, 연구개발활동의 판단기준, 연구개발에 포함되거나 포함되지 않는 사례들에 대해 더 자세히 살펴볼 수 있을 것이다.

둘째, 서비스분야, 문화산업분야의 업종별 R&D의 유형 및 사례를 좀더 깊이 있게 논하기 위해서 관련 문헌을 더 찾아 충분한 사례를 담고자 하였다.

셋째, 신성장 · 원천기술연구개발비 세액공제를 별도의 절로 구성하여 신성장 · 원천기술심의위원회 심의절차, 특히 사전조사의 내용에 대해서 저자들의 경험에 바탕하여 자세히 설명하고자 하였다.

넷째, 2020년 6월 9일 제정되고, 2021년 1월 1일부터 시행되고 있는 국가연구개발사업 추진에 관한 범부처 공통규범인 「국가연구개발혁신법」을 반영하여 국가연구개발사업 연구성과의 귀속, 국가연구개발사업 기술료 징수 및 사용 등의 내용을 수정하였고, 정부출연금의 회계처리 사례들도 추가로 보강하였다.

다섯째, 2020.12.29. 조세특례제한법 제25조 특정 시설 투자 등에 대한 세액공제, 조세특례제한법 제25조의 5 신성장기술 사업화시설 투자에 대한 세액공제 규정 등이 삭제되고, 조세특례제한법 제24조 "통합투자세액공제" 규정이 신설되었다. 개정된 통합투자세액공제 규정하에서 연구 · 시험 및 직업훈련시설 등 사업용자산에 대한 투자세액공제를 설명하였다.

본서는 그동안 축적된 저자의 실무경험과 연구성과를 담은 진행형인 'R&D 세제 연구노트'이다. 내용이나 체계면에서 완벽을 기하고자 노력하고 있으나, 오류와 문제점이 있을 수밖에 없다. 독자여러분의 제안과 의견을 언제든지 기쁜 마음으로 받아들일 준비를 하고 있다. 또한, 미비점과 개정세법의 내용은 지속적으로 보완할 것이다.

이번 개정판부터 수년간 연구개발 세제에 관심이 많았고, 특히 국내 주요 게임사에 대한 신성장・원천기술 세액공제 신청 및 사전조사에 성공적인 경험을 가지고 있는 우근 회계사가 공동저자로 합류하게 되어 앞으로 R&D 세제의 개선 및 정보의 공유 등 더욱 활발한 활동을 하리라 약속한다.

본 개정판이 발간될 수 있도록 아낌없는 수고를 마다하지 않은 삼일인포마인 이희태 대표이사님과 조원오 전무님을 비롯한 관계자 여러분께 진심으로 감사를 드린다.

또한 고객에 더 나은 서비스를 창출하기 위하여 같이 힘쓰고 있는 우리팀 직원들께도 늘 감사한 마음이다.

새로운 도전을 준비하고 있는 아내, 진정한 나를 찾는 여행을 진행 중인 우찬, 그리고 사랑하는 윤빈과 윤진, 그리고 언제나 지지와 격려를 보내어 주시는 부모님께도 감사의 말씀을 전한다.

2021. 9.

저자 조용립 씀

본인이 다수의 기업에서 법인세 세무조정 업무를 하면서 느낀 점은, 조세특례제한법상 수많은 세액공제 · 감면 규정이 있지만, 그중 연구 · 인력개발비에 대한 세액공제의 금액적 비중이 상당하다는 것이었고, 그럼에도 불구하고 다양한 이슈의 존재 및 깊이 있는 검토의 어려움 등으로 인해 세무당국과의 다툼이 빈번하게 발생한다는 것이었다.

조세특례제한법 및 법인세법 분야에서는 참고할 만한 좋은 실무 서적들이 많이 있으나, 연구개발 조세특례와 관련해서는 참고할 만한 서적이 없었던 상황에서 본서를 통해 많은 도움을 받았었는데, 이번 개정판에 공동저자로 참여하게 되어 영광으로 생각된다.

본서는 연구개발 조세특례제도를 이용하는 독자가 관련 개념, 요건, 사례 등을 이해하고 실제로 세무 신고 시 적용하는데 도움이 되고자 한다. 조세특례 법령의 내용을 최대한 쉽게 풀어쓰되, 세무당국과 다툼이 있는 쟁점사항이나 현행 법령의 개정이 필요한 사안에 대해서는 저자들의 의견을 적극적으로 개진하였다.

이 책이 출간되는데 있어 삼일인포마인 이희태 대표이사님, 조원우 전무님과 편집부 직원 여러분께 깊은 감사의 말씀을 드린다.

저술로 인해 긴 시간 함께하지 못 함에도 묵묵히 기다리며 따뜻한 응원을 가득 보내준 아내 현미와 사랑스런 딸 지율, 그리고 우리 가족의 든든한 지원자이신 양가 부모님께도 고마운 마음을 전하며 이 책을 선물하려 한다.

2021. 9.

저자 우 근 씀

머리말

본인은 최근 수년 간 다수의 기업에 연구개발 조세특례제도와 관련된 자문업무를 수행하게 되었는데, 안타깝게도 각 기업에서 세제혜택을 위하여 특정 임직원을 기업부설연구소의 연구요원으로 편입해야할지 여부를 판단(연구전담요원의 직무분석)하는 것에서부터 상당한 어려움을 겪고 있는 것을 발견할 수 있었다. 이는 기본적으로 연구개발의 개념을 충분히 숙지한다면 해결 가능한 일인데, 연구개발의 개념적 정의를 내리는 주체가 다양할 뿐만 아니라 그 개념의 폭도 상당하여 필요한 정보를 쉽게 얻을 수 없는 것도 사실이다.

연구개발 조세특례제도가 지속적으로 확대·발전하고 사회·경제적으로도 기여하는 바가 클 것으로 예상되는데도 불구하고 이를 체계적으로 정리한 책이 없어 관련 주체에게 본인의 경험과 노하우를 공유하여 도움이 되고자 이 책을 구상하게 되었다.

이 책의 특징은 다음과 같다.

첫째, 연구개발의 개념부터 연구개발 준비단계, 연구개발비용 지출단계, 연구개발시설 투자단계, 기술이전 및 취득단계, 연구개발사업 운영단계에 이르기까지의 관련 연구개발 조세지원제도를 깊이 있게 분석하고 자세한 해설을 달았다.

둘째, 최근까지 생성된 연구개발 조세지원제도와 관련된 통칙, 예규, 심판례, 대법원 판례를 모두 찾아서 유형별로 분류하여 100여개의 사례 해설로 제시하였다.

셋째, 국세청 예규, 심판례 및 판례 간에 법령에 대한 해석이 다른 경우 가능한 필자의 의견을 명확히 제시하여 독자들이 참고할 수 있도록 하여 과세당국과의 다툼이 있을 경우 합리적 판단에 도움이 되도록 하였다.

넷째, 연구개발 조세지원제도를 한 눈에 볼 수 있도록 연구개발 조세지원제도 전체 또는 부분별 요약표를 제시하는데 주력하였다.

다섯째, 참고문헌들의 출처를 주석으로 제시하여 독자들이 추가적인 연구나 검토를 진행하는데 도움을 줄 수 있도록 하였다.

사실 2010년 겨울부터 시작은 하였는데 필자의 나태함 때문에 이제야 탈고를 하게 되었다. 막상 원고를 넘길 즈음이 되니 독자들이 이 책을 어떻게 평가할지 두려움이 앞서는 것도 사실이다. 몇몇 동료나 선배들은 책에서 노하우를 다 밝히면 무얼 먹고 사느냐고 말씀하기도 하지만, 언젠가 누군가는 할 일이기도 하고, 나의 지식 또한 앞서 나간 선현들의 지식을 엮은 것에 불과한 것이기도 하여 칭찬이나 격려로 받아들이고자 한다.

본서는 내용이나 체계면에서 완벽을 기하고자 노력했으나 오류와 문제점이 있다면 독자들의 제안과 의견을 언제든지 받아들일 준비를 하고 있다. 또한, 미비점과 개정세법 내용은 지속적으로 보완할 것이다.

이 책의 출간을 흔쾌히 허락하신 삼일인포마인 이진영 대표이사님과 편집부 직원 여러분께 깊은 감사의 말씀을 드린다. 대학원에서 조세법을 연구하면서 세법 지식뿐만 아니라 체계적인 연구방법을 터득하게 해주신 고려대학교 법학과 박종수 교수님과 대학원 동료들에게도 감사를 드린다.

또한, 나의 재능을 발견하는데 도움을 주시고, "나는 평범하고 초라한 사람들이 어느 날 자신을 일으켜 세우는 위대한 순간을 목격하고 싶다.", "나는 그들이 꽃으로 피어날 때 그 자리에 있고 싶다."고 말씀하시던 故 구본형 선생님도 잊을 수 없는 고마운 분이다.

책을 쓰는 과정에서 무한한 믿음으로 나를 기다려준 아내 유정과 소중한 아이들, 우찬 · 윤빈 · 윤진, 그리고 나를 찾아 떠나는 여행을 시작할 때 전폭적인 지지를 보내주신 부모님께도 감사의 말씀을 전한다.

2014. 4.

저자 조용립 씀

추천사

각 경제주체들의 지속가능한 성장을 위해 그 방안을 찾고 있는 지금, 연구개발(R&D)은 기업뿐만 아니라 국가적 차원에서의 장기적인 경제적 성과를 이끄는 강력한 동인이며, 이러한 연구개발 투자를 촉진하기 위해 정부는 연구개발과 관련한 여러 조세특례제도를 운영하고 있다.

또한 우리나라의 주요 연구개발(R&D) 조세지원제도에 대한 국세감면의 규모는 총 국세감면액의 10%에 이를 정도로 크고, 기업의 R&D투자에 대한 각 경제주체의 관심이 상당함에도 불구하고, 아직까지 연구개발 조세특례제도의 이론과 실무를 깊이 있게 다룬 책이 없었다. 물론 그간 「법인세법」, 「조세특례제한법」을 해설하는 서적에서 일부 다루어지기도 하였지만 지면의 한계 등의 이유로 깊이 있게 분석하기는 어려웠던 것이 사실이다.

이러한 시점에 조용립 회계사가 오랜 시간동안 이 분야에 대해 집중적으로 연구한 내용이 총망라되어 출간된 「연구개발 조세특례 실무」는 관련 분야 경제주체의 갈증을 충분히 해소시켜 줄 것으로 기대된다.

이 책은 연구개발활동의 관련성과 연구개발비용의 적법성을 판단하는 기준을 알기쉽게 설명하고, 제도의 적용 방법을 친절하게 안내하고 있으므로 국가의 연구개발 경쟁력 강화를 위한 정부의 세제지원이 효율적이고도 효과적으로 이루어지는데 큰 보탬이 될 것으로 믿는다.

그동안 대학원에서 보아온 조용립 회계사의 섬세하고 치밀한 성품이 그대로 녹아들어 있고, 오랜 기간 회계법인에서 체계적으로 연마된 지식과 경험을 아낌없이 수록하였기 때문에 이 책을 읽으면서 조용립 회계사가 직접 설명하는 듯한 느낌을 받을 수 있었다.

이 책을 보게 된 독자들은 연구개발 조세특례제도에 대해서 우리나라에서 가장 유능하고 든든한 조세전문가를 고용한 것과 다름없을 것이다.

2014. 4.

고려대학교 법학전문대학원 교수

박 종 수

차 례

차 례

차 례

차 례

차 례

차 례

차 례

차 례

차 례

차 례

제6편 기술이전 및 취득단계의 연구개발 조세지원제도

차 례

차 례

제7편 연구개발사업 운영단계의 연구개발 조세지원제도

차 례

차 례

차 례

제8편 조세특례의 제한 및 보칙

차 례

부록

제 1 편

연구개발 조세특례제도의 개괄

제1장 연구개발관련 조세지원 현황

제 1 절 연구개발관련 조세지원 현황

1 연구개발에 대한 조세지원의 의의[1)]

세계 각국의 정부는 기업의 연구개발(R&D) 활동을 촉진하기 위해 보조금(grants), 조달(procurement) 등을 통한 직접적 지원을 제공하거나, R&D에 대한 세제상 우대조치와 같은 재정적 우대조치를 취하기도 한다.

연구개발(R&D) 활동에 대한 세제상 우대조치는 대부분의 OECD 국가에서 기업의 R&D 투자를 활성화하기 위해 운영되고 있다. 2018년 기준 OECD 회원국 36개국 중 30개 이상의 국가에서 운영 중이며, 2000년 19개국에서 2018년 30개국으로 큰 폭으로 상승했다. OECD 국가의 평균 연구개발 세금지원 규모는 전체 민간 지원규모 대비 2006년 36%에서 2016년 46%로 상승했다.[2)] 이와 같이 조세지원이 적용되는 R&D 활동의 범위를 확대하고 공제율을 증가시키거나 지원대상이 되는 적격 연구개발비의 한도금액도 지속적으로 상향 조정하고 있다.

그렇다면 왜 정부는 기업의 연구개발(R&D) 활동을 장려하는지 그 이유를 살펴보자.

첫째는 연구개발(R&D)은 기업뿐만 아니라 국가적 차원에서의 장기적인 경제적 성과를 이끄는 강력한 동인이다.

OECD 국가에서 총요소생산성(MFP : multi-factor productivity)의 증대는 경제 성장을 결정짓는 중요한 요소이다. 총요소생산성의 증대는 공공 및 민간부분의 R&D의 증가와 밀접한 연관성이 있다.

---

1) OECD, R&D tax incentives : rationale, design, evaluation, 2010, 1면

2) OECD, Measuring R&D tax support : Findings from the new OECD R&D Tax Incentives Database, OECD Science, Technology and Industry Working Papers, 2019.6.

둘째는 위기 시에도 고용을 유지한다.

정부는 기업의 성패에 영향을 미칠 수 있다. 예컨대, 어떤 국가들은 경제적 위기에 봉착한 기업들을 지원하기 위해 R&D 세금감면 대상을 확대하거나(일본, 네덜란드), 이월세액 공제기간을 연장하고(일본), 세금환급 기간을 축소하는(프랑스) 방법을 취하기도 한다.

셋째는 국가 경쟁력에 기여한다.

R&D는 장기적 경제성장을 위한 중요한 투자로 간주된다. 다국적 기업들이 R&D 활동의 국제화를 확대하는 시대를 맞아 정부는 다국적 기업들의 R&D 활동을 유치하기 위해 경쟁한다. R&D에 대한 세제상 우대조치를 통한 관대한 유인책을 제공하는 국가는 경쟁국가와 비교해서 R&D 투자처로서의 매력도가 상대적으로 높다.

넷째는 R&D 투자는 위험성을 가진다.

R&D 프로젝트 중에서 최종적으로 상품화 가능한 신규 제품 또는 프로세스로 종결되는 경우는 많지 않으며, 투자 회수기간이 길고 불확실한 경우도 있다. 또한 R&D 투자에 대한 불확실한 결과 및 기업들이 관련 정보 공개를 꺼려하는 특성 때문에 금융기관들이 R&D 투자의 질적인 면을 판단하기가 매우 어렵다. 그 결과 특히 중소기업과 신생기업을 중심으로 기업들이 R&D에 투자할 때 자금 부족현상을 겪기가 쉽다.

다섯째는 R&D 활동은 '공공재'의 성격이 있다.

지식은 R&D 투자비용을 부담하지 않은 다른 기업 및 조직으로 확산되는 경향이 있다. R&D에 투자하는 회사는 자신의 투자에 대한 모든 혜택을 가져갈 수 없기 때문에 사회적으로 최적의 R&D 활동보다는 적은 R&D 활동을 수행한다.

2 우리나라의 연구개발에 대한 조세지원 현황

(1) 주요 연구개발 조세지원제도

우리나라 정부도 연구개발(R&D) 활동을 촉진하기 위해 연구개발 준비단계, 연구개발비용 지출단계, 연구개발시설 투자단계, 연구개발성과 이전단계, 연구개발사업 운영단계에 이르기까지 기업의 R&D 투자단계별로 다음과 같은 조세지원제도를 운영하고 있다.

| 표 _ 주요 R&D 조세지원 |

항목	조항	일몰기간	내용
연구·인력개발 준비금의 손금 산입	조세특례제한법 제9조 (2019.12.31. 삭제)	2013.12.31. (일몰종료, 2013년 설정분은 2016년부터 분할 익금산입)	- 연구개발 준비단계에 대한 세제지원을 강화하기 위하여 미래의 연구·인력개발에 필요한 비용에 충당하기 위하여 준비금을 적립한 경우 세법상 비용으로 인정하여 손금에 산입하는 과세이연제도 - 업종 제한은 없으며 준비금의 적립한도는 매출액의 3%임. - 손금에 산입된 준비금은 준비금으로 계상 후 3년 이내에 적격한 연구·인력개발비에 사용된 준비금은 3년 거치 3년 분할하여 익금에 산입함.
연구·인력개발비에 대한 세액공제	조세특례제한법 제10조	(단, 신성장동력 및 원천기술연구개발비에 대한 우대공제율 적용은 2021.12.31.)	- 각 과세연도에 발생한 연구·인력개발비에 일정률을 곱한 금액을 세액공제하는 제도 - ㉠ 해당 연도에 발생한 신성장동력 및 원천기술연구개발비 × 20~30%(코스닥상장중견기업 25~40%, 중소기업 30~40%) - ㉡ ㉠외의 경우 다음의 두 가지 방법 중에서 하나를 선택 ① 당기분 방식에 의한 세액공제 = (해당 연도에 발생한 일반연구·인력개발비) × 0~2%(중견기업 8%, 중소기업 25%) ※ 최초로 중소기업에 해당하지 않게 된 경우(중소기업 유예기간 이후): 해당 과세연도 개시일로부터 3년간 15%, 이후 2년간 10% 당기분 세액공제 적용 ② 증가분 방식에 의한 세액공제 = (해당 연도에 발생한 일반연구·인력개발비 - 직전 과세연도에 발생한 일반연구·인력개발비) × 25%(중견기업 40%, 중소기업 50%)

항목	조항	일몰기간	내용
연구개발 관련 출연금 등의 과세특례	조세특례제한법 제10조의 2	2021.12.31.	- 연구개발을 위한 정부출연금 등을 수령하여 구분경리하는 경우 수령시점에 익금에 산입하지 아니하고 실제 사용하는 시점에 익금에 산입하도록 하는 과세특례제도
기술이전 및 기술취득 등에 대한 과세특례	조세특례제한법 제12조	이전/대여 : 2021.12.31. 취득 : 2018.12.31.	- 중소기업 및 중견기업이 특허권, 실용신안권, 기술비법 등을 내국인에게 이전함으로써 발생하는 소득에 대하여 해당 소득에 대한 법인세(또는 소득세)의 50%를 세액감면하는 제도 - 내국인이 특허권, 실용신안권, 기술비법 또는 기술을 설정등록, 보유 및 연구·개발한 중소기업으로부터 취득하는 경우 취득금액의 5%(해당연도 법인세·소득세의 10% 한도)를 세액공제하는 제도(중소기업이 내국인으로부터 취득하는 경우 취득금액의 10%) - 중소기업이 자체 연구·개발한 특허권, 실용신안권, 기술비법을 대여함으로써 발생하는 소득에 대한 법인세(또는 소득세)의 25%를 세액감면하는 제도
연구개발특구에 입주하는 첨단기술기업 등에 대한 법인세 등의 감면	조세특례제한법 제12조의 2	2021.12.31. 까지 첨단기술기업 등으로 지정받은 경우	- 연구개발특구에 입주한 첨단기술기업 또는 연구소기업이 감면대상사업장에서 생물산업·정보통신산업 등의 감면대상사업을 하는 경우 - 감면대상사업에서 발생한 소득에 대해서는 최초로 소득이 발생한 과세연도의 개시일부터 3년 이내에 끝나는 과세연도의 경우에는 소득세 또는 법인세 100%를 감면, 그 다음 2년 이내에 끝나는 과세연도의 경우에는 소득세 또는 법인세 50%를 세액감면하는 제도
기술혁신형 합병에 대한 세액공제	조세특례제한법 제12조의 3	2021.12.31.	- 내국법인이 기술혁신형 중소기업을 합병하는 경우 기술가치 금액의 10%를 세액공제하는 제도
기술혁신형 주식취득에 대한 세액공제	조세특례제한법 제12조의 4	2021.12.31.	- 내국법인이 기술혁신형 중소기업의 주식을 취득하는 경우 기술가치 금액의 10%를 세액공제하는 제도

항목	조항	일몰기간	내용
외국인기술자에 대한 소득세의 감면	조세특례 제한법 제18조	최초로 근로를 제공한 날이 2021.12.31. (특화선도 기업등에서 근무하는 경우 2022.12.31.) 이전인 경우	-외국인기술자가 국내에서 내국인에게 근로를 제공하고 받는 근로소득으로서 국내에서 근로를 제공한 날부터 5년이 되는 날이 속하는 달까지 발생한 근로소득에 대해서는 소득세의 50%를 세액감면하는 제도 -단, 외국인기술자 중 특화선도기업등에서 근무하는 자의 경우에는 국내에서 근로를 제공한 날부터 3년간이 되는 날이 속하는 달까지 소득세의 70%, 이후 2년이 되는 날이 속하는 달까지 소득세의 50% 감면
통합투자세액 공제	조세특례 제한법 제24조	-	-연구·시험 및 직업훈련시설 등 사업용자산에 투자하는 경우에는 기본공제 금액과 추가공제 금액을 합한 금액을 해당 투자가 이루어지는 과세연도에 세액공제하는 제도 ① 기본공제 금액 : 해당 과세연도 투자금액의 5%(중견기업은 7%, 중소기업은 10%) ② 추가공제 금액 : (해당 과세연도 투자한 금액 - 직전 3년 연 평균 투자금액) × 3%. 단 기본공제 금액의 2배 한도
연구 및 인력 개발을 위한 설비투자에 대한 세액공제	조세특례 제한법 제25조 제1항 제1호	2021.12.31.	-연구시험용 시설 및 직업훈련용 시설에 투자하는 경우에는 해당 투자금액의 1%(중견기업은 3%, 중소기업은 7%)에 상당하는 금액을 그 투자를 완료한 날 또는 취득일이 속하는 과세연도에 세액공제하는 제도
신성장기술 사업화를 위한 시설투자에 대한 세액공제	조세특례 제한법 제25조의 5	2021.12.31.	-신성장기술의 사업화를 위한 시설에 투자하는 경우에는 해당 투자금액의 5%(중견기업은 7%, 중소기업은 10%)에 상당하는 금액을 투자가 이루어지는 과세연도에 세액공제하는 제도
중소·벤처기업 전담부서등의 연구요원 연구 활동비 소득세 비과세	소득세법 제12조	-	-정부출연연구기관 등과 중소기업 또는 벤처기업 전담부서등의 연구요원 -연구보조비 또는 연구활동비 중 월 20만원 이내의 금액은 실비변상적(實費辨償的) 성질의 급여에 해당하여 비과세 근로소득으로 봄.

항목	조항	일몰기간	내용
직무발명보상금 소득세 비과세	소득세법 제12조	-	- 발명진흥법에서는 발명을 장려할 목적으로 직무발명제도를 규정하고 있음. - 종업원 등이 발명진흥법에 따라 사용자등으로부터 받는 직무발명보상금에 대하여 연간 500만원 한도내에서 비과세 소득으로 봄.
기업부설연구소용 부동산의 취득세 및 재산세 경감	지방세 특례제한법 제46조	2022.12.31.	- 기업부설연구소용으로 직접 사용하기 위해 취득한 부동산에 대해서는 취득세를 35%(중소기업은 60%), 재산세를 35%(중소기업은 50%)를 경감하는 제도(연구개발서비스업을 영위하는 신성장동력·원천기술 관련 기업부설연구소는 10% 가산) ※ 상호출자제한기업집단 등이 과밀억제권역 내 설치하는 기업부설연구소 제외
학술연구용품에 대한 관세감면	관세법 제90조	-	- 교육, 학술 및 문화, 과학기술의 진흥을 촉진하기 위하여 학교, 공공직업 훈련원, 박물관, 과학기술연구단체 등에서 수입하는 과학연구용품, 교육용품, 실험실습용품, 산업기술의 연구·개발에 사용하기 위하여 수입하는 물품 등에 대해 관세의 80% 상당액을 감면하는 제도

(2) 주요 연구개발 조세지출 항목별 내역

아래의 표는 최근 5년간 주요 R&D 조세지출[3] 항목별 내역을 분석한 자료이다.

| 표 _ 연구개발 항목 조세지출 현황(2014년~2019년)[4] |

(단위 : 억원)

조세지출 현황	2014년 (실적)	2015년 (실적)	2016년 (실적)	2017년 (실적)	2018년 (전망)	2019년 (전망)
연구·인력개발비에 대한 세액공제(조특법 제10조)	27,860	28,158	20,945	25,468	25,326	24,608

3) 조세지출이란 조세감면·비과세·소득공제·세액공제·우대세율적용 또는 과세이연 등 조세특례에 따른 재정지원을 말한다(조세특례제한법 제142조의 2 제1항).

4) 김우철, "조세지출과 재정지출을 통한 기업 R&D 지원 내용 분석 연구", 국회예산정책처 2019년도 연구용역보고서, 2019.12., 15~16면

조세지출 현황	2014년 (실적)	2015년 (실적)	2016년 (실적)	2017년 (실적)	2018년 (전망)	2019년 (전망)
연구개발 관련 출연금 등의 과세특례(조특법 제10조의 2)	15	8	9	9	6	5
연구 및 인력개발을 위한 설비투자에 대한 세액공제 (구 조특법 제11조)	2,012	1,509	1,461	1,530	1,282	1,344
기술이전 및 기술취득 등에 대한 과세특례(조특법 제12조)	9	14	2	3	4	4
연구개발특구에 입주하는 첨단기술기업 등에 대한 법인세 등의 감면(조특법 제12조의 2)	70	41	33	40	53	55
기술혁신형 합병 및 주식취득에 대한 세액공제 (조특법 제12조의 3)	신설	23	5	12	4	4
외국인기술자에 대한 소득세 감면(조특법 제18조)	211	188	133	57	33	35
외국인근로자에 대한 과세특례 (조특법 제18조의 2)	1,628	1,430	1,262	1,297	1,160	1,037
계[5)]	31,805	31,371	23,850	28,416	27,868	27,092

자료 : 대한민국 정부(각 연도)

위의 표에서 보는 바와 같이 조세특례제한법 제10조에 따른 연구·인력개발비에 대한 세액공제가 R&D 조세지원 항목 중 가장 규모가 크며, 연구 및 인력개발을 위한 설비투자에 대한 세액공제가 그 다음이다. 다만, 정부의 2019년 조세지출예산서에 의하면 조특법상 "연구개발" 항목으로 구분된 개별 조세지원의 규모는 2조9,514억원(7.44%, 2017년 실적) → 2조9,095억원(6.95%, 2018년 전망) → 2조8,360억원(5.98%, 2019년 전망)으로 감면액 및 비중이 지속적으로 감소하는 추세이다.[6)]

5) 앞의 책 연구용역보고서 표에서의 합계와 일치하지 않는다(조세지출 현황 항목 중 중소기업창업투자조합 출자등에 대한 소득공제(조특법 제16조) 등을 제외하여 재구성하였기 때문).

6) 김우철, 앞의 책, 14면

제2편

연구개발의 개념

제1장 연구개발의 개념 및 범위

제1절 연구개발의 개념

연구 · 인력개발비에 대한 세액공제(조세특례제한법 제10조), 연구개발 관련 출연금 등의 과세특례(조세특례제한법 제10조의 2), (연구 · 시험용 자산에 대한) 통합투자세액공제(조세특례제한법 제24조) 등의 각종 연구개발 관련 조세특례제도를 적용받기 위해서는 해당 비용의 발생 및 자산의 취득 등이 회사의 연구개발활동과 직접적으로 관련되어야 한다. 따라서 연구개발 관련 세제지원의 종류 또는 적용방법 등을 구체적으로 살펴보기 전에 조세특례제한법 등에서 연구개발활동을 어떻게 정의하고 있는지 살펴보는 것은 아무리 강조해도 지나치지 않다.

1 FRASCATI MANUAL 소개

1963년 OECD[7]와 각국의 연구개발 통계 전문가들은 이탈리아 프라스카티(Frascati)에서 회의를 열고 연구개발과 관련된 통계수집 방법론을 규정한 지침서인 Proposed Standard Practice for Surveys on Research and Experimental Development(연구개발활동조사시행지침, 이하 "FRASCATI MANUAL" 또는 "프라스카티 매뉴얼"이라 한다)을 발간했다.

FRASCATI MANUAL은 2015년에 제7판이 출간되었는데, 그 동안 FRASCATI MANUAL에서 규정된 용어의 정의들은 국제적으로 통용되어 왔으며, OECD회원국의 과학기술정책 및 경제발전정책의 논의에 있어서 공통언어로 사용되고 있다.[8]

우리나라는 1963년 경제기획원 기술관리국에서 최초로 「연구기관실태조사」라는 이름으로 우리나라의 연구개발활동조사를 실시한 이래, 1995년부터는 FRASCATI MANUAL에 따른

7) 경제협력개발기구(Organization for Economic Cooperation and Development), 2021년 7월 현재 OECD회원국은 38개국이며, 우리나라는 1996년 12월 12일에 29번째 회원국으로 가입하였다.

8) Wikipedia, "Frascati Manual", 2015, https://en.wikipedia.org/wiki/Frascati_Manual, 2021.6.27.

조사사항 및 방법을 채택한 바 있으며, 2021년 현재 동 업무를 과학기술정보통신부에서 실시하고 있다.

우리나라의 조세법 측면에서 FRASCATI MANUAL의 의의를 살펴보면, 정부는 2008.12.26. 조세특례제한법 제9조 제5항[9]에 연구개발의 정의를 신설하면서 "연구개발의 정의 및 R&D 세액공제 적용대상 비용의 범위를 국제적인 기준(OECD의 R&D 개념)에 맞게 정비"하고자 함이 그 개정 취지라고 밝힌 바 있어, 현재 조세특례제한법상의 연구개발의 개념은 FRASCATI MANUAL에 그 기반을 두고 있다고 볼 수 있다.[10]

따라서 조세특례제한법상의 연구개발활동에 대한 정의를 명확하게 이해하기 위해서는 R&D 개념을 정의하고 있는 FRASCATI MANUAL을 살펴보아야 한다. 또한 FRASCATI MANUAL에 따라 한국과학기술기획평가원에서 조사하고 과학기술정보통신부에서 발행하는 「연구개발활동조사보고서」[11]에서 연구개발활동의 개념을 참고하는 것도 다르지 않다.

2 프라스카티 매뉴얼에 따른 연구개발활동의 개념

(1) 연구개발의 정의[12]

프라스카티 매뉴얼에 의하면 연구개발은 지식의 집적을 향상시키기 위해(인간, 문화, 사회에 대한 지식 포함) 그리고 지식을 통한 새로운 응용을 창출하기 위한 창의적이고 체계적인 작업을 의미한다.

특정 또는 일반 목적을 달성하고자 하는 연구개발활동은 일련의 공통적인 특징들을 지니고 있다. 이러한 특징들은 연구개발이 여러 수행자들에 의해 이루어져도 유지된다. 연구개발은

9) 동 규정은 2019.12.31. 세법 개정 시 연구개발 및 인력개발의 개념을 조세특례제한법 제2조 정의 규정으로 이관되었다.

10) 본서 출간 이후 다수의 판례에서 프라스카티 매뉴얼에 따른 연구개발의 개념을 (구)조세특례제한법 제9조 제5항에 따른 연구개발의 정의를 판단하는 데 중요한 기준으로 삼고 있다(서울행정법원 2019구합59431, 2020.9.25., 부산지방법원 2018구합24514, 2020.10.16., 부산지방법원 2018구합24422, 2020.9.4., 서울행정법원 2019구합75594, 2020.9.25.).

11) 과학기술정보통신부에서 2021.1.에 발간한 「2019년도 연구개발활동조사보고서」는 2019년 중에 수행한 우리나라 전체의 연구개발활동현황을 OECD가 정한 「연구개발활동조사시행지침」(FRASCATI MANUAL)에 따라 과학기술정보통신부 산하 출연연구기관인 한국과학기술기획평가원이 전국의 공공연구기관, 대학, 의료기관, 기업 등 전체 67,095개 기관을 대상으로 조사한 결과인데, 이는 우리나라의 연구개발활동(연구개발인력 및 연구개발비 등) 현황을 조사하여 국가연구개발정책수립 등에 필요한 기초자료를 제공하고, 각계의 전문가들로 하여금 연구개발계획, 연구개발 관련 정책연구 등에 참고자료로 제공할 뿐만 아니라 OECD에 우리나라 연구개발활동 현황을 제공하여 국가간 비교자료로 활용하기 위하여 1963년부터 연구개발활동조사가 실시되고 있다. 조사대상분야는 OECD의 FRASCATI MANUAL에 의한 이학, 공학, 의약보건학, 농업과학, 인문학 및 사회과학 분야이다.

12) OECD, 「프라스카티 매뉴얼 2015」, 한국과학기술기획평가원, 2016, 45~50면

독창적 개념(및 개념의 해석)이나 가설을 바탕으로 새로운 결과를 도출하는 것을 목적으로 한다. 즉 최종 결과물이 대체로 불확실하고(또는 적어도 결과물 달성에 필요한 시간과 자원의 양이 불확실함), 계획이 마련되어 있고, 예산이 확보되어 있으며(개인이 수행해도 이 기준은 동일하게 적용), 자유롭게 이전할 수 있거나 시장에서 거래할 수 있는 결과물을 생산하고자 하는 활동이다. 이에 따라 특정 활동이 연구개발로 정의되기 위해서는 아래의 다섯 가지 기준을 충족해야 한다.

(2) 연구개발의 정의를 충족하기 위한 5가지 기준[13)]

프라스카티 매뉴얼에서는 특정한 활동이 연구개발로 정의되기 위해서는 신규성, 창의성, 불확실성, 체계성, 이전 가능성 또는 재현 가능성의 다섯 가지 기준을 충족해야 한다고 소개하고 있다.

가. 신규성(novel)

새로운 지식의 창출은 연구개발 프로젝트의 목적이지만, 이를 연구개발의 판단기준으로 활용할 때는 상황에 맞게 적용시켜야 한다. 예를 들어 대학에서 수행하는 연구 프로젝트나 연구기관에서 설계하고 관리하는 프로젝트들은 전적으로 지식의 개선을 추구할 수 있다.

그러나 기업 부문에서는 연구개발 프로젝트의 잠재적 신규성(novelty)이 산업 내에 이미 축적된 지식에 대비해 평가되어야 한다. 즉 프로젝트의 연구개발활동은 이미 사용되는 지식이 아닌 새로운 결과를 반드시 창출해야만 한다. 따라서 복사, 모방, 역공학(reverse engineering)을 통한 지식확보는 새로운 지식을 추구하는 것이 아니기 때문에 연구개발활동으로 정의되지 않는다.[14)]

잠재적 차이를 밝히기 위해 기존의 결과를 재현하는 프로젝트에서도 신규성(novelty)이 나타날 수 있다. 따라서 새로운 제품이나 공정 설계에 필요한 새로운 개념 및 아이디어를 위해서 지식을 창출하고자 하는 개발연구 프로젝트는 연구개발에 포함되어야 한다. 또한 연구개발은 지식의 공식적인 창출이 목적이므로 측정에서도 지식의 응용을 통해 탄생된 새로운 제품이나 공정 또는 개선된 제품이나 공정이 아니라 새로운 지식을 목표로 해야 한다. 그리고

13) OECD, 「프라스카티 매뉴얼 2015」, 한국과학기술기획평가원, 2016, 45~50면

14) 관련 과세당국의 유권해석으로는 서면-2020-법인-2948, 2020.9.21. : 내국법인이 신약을 개발하기 위해 진행하는 임상시험(전임상시험~임상 3상 시험)은 조세특례제한법 제2조에서 규정하는 연구개발의 범위에 포함되는 것이나, 국내에서 허가받은 신약을 해외에서 허가받기 위해 해외의 임상시험수탁기관과 임상시험 위탁계약을 체결하여 임상시험을 진행하는 경우에는 연구개발의 범위에 포함되지 않는 것으로 귀 질의가 이에 해당하는지 여부는 연구개발 활동 수행현황, 임상시험의 목적, 사업의 실태 등을 감안하여 실질여부에 따라 사실판단할 사항에 해당하는 것임.

이러한 지식에는 제품과 공정에 내재된 지식도 포함된다. 여객기와 같은 매우 복잡한 시스템의 경우 일반 정비의 경험으로 탄생한 새로운 재료를 적절하게 정형화하여 "정비 매뉴얼"에 반영하는 것은 해당 활동이 연구개발 프로젝트의 일환으로 이루어졌다면 연구개발로 정의될 수 있다. 또한, 과학문헌에서 가능할 것 같지 않은 결과물로 여겨져 왔던 새로운 분자를 얻기 위해서 기존의 생산과정에서 사용되었던 화학반응의 잠재적 활용을 문서화하기 위한 체계적 실험도 연구개발로 분류될 수 있다.

나. 창의성(creative)

연구개발 프로젝트는 기존 지식을 개선하는 새로운 개념이나 아이디어의 창출을 목적으로 한다. 따라서 제품이나 프로세스의 일반적인 수정은 제외된다. 연구개발의 창의성에는 사람의 생각이 필수적인 요소이며 이에 따라 연구개발 프로젝트에는 연구원의 기여가 매우 중요하다. 그러나 예술 분야는 측정에 있어 주의를 기울여야 한다. 예술에서 연구개발로 정의되기 위해서는 항상 존재하는 창의성 외에 다른 기준들의 부합정도를 반드시 점검해야 한다. 또한 일상적인 활동은 연구개발에서 제외되지만 일상 업무를 수행하기 위해 개발된 새로운 방법은 연구개발에 포함시켜야 한다. 예를 들어 데이터 처리는 연구개발활동이 아니지만 데이터 처리의 새 방법을 모색하기 위해 프로젝트의 일환으로 수행된 데이터 처리는 연구개발로 정의되어야 한다. 직업훈련도 연구개발에서 제외되나 훈련을 제공하기 위한 새로운 방법을 모색하는 것은 연구개발로 분류될 수 있다.

다. 불확실성(uncertain)

연구개발은 불확실성을 수반하며 이러한 불확실성에는 다양한 측면들이 있다. 우선 연구개발 프로젝트를 시작할 때 목적에 비해 결과물과 비용은 정확하게 파악하기가 어렵다(투입 시간 포함). 그리고 지식의 경계 확대가 목적인 기초연구의 경우 결과를 달성하지 못할 가능성이 크다. 또한 연구 프로젝트는 여러 가설들 중 대다수를 제외할 수는 있어도 모든 가설을 제외하지 못할 수 있다. 이렇게 연구개발은 의도한 결과를 달성하는 데 필요한 비용이나 시간 및 목적 달성 여부에 있어 일반적으로 불확실성이 존재한다고 할 수 있다. 예를 들어, 불확실성은 연구개발을 위한 시제품 제작(적용성 관점에서 높은 실패위험을 갖는 기술적 개념 또는 기술을 검증하기 위해 사용된 모형)과 연구개발이 아닌 시제품 제작(기술적 또는 법적 인증을 얻기 위해 활용된 양산 전 단계 제품)을 구분하는 데에 중요한 기준이 된다.

라. 체계성(systematic)

연구개발은 체계적으로 수행되는 공식 활동이다. "체계적(systematic)"이라는 것은 연구개발이 계획된 방법으로 실행되고, 진행된 프로세스와 결과물이 모두 기록된다는 것을 의미한다. 그리고 이를 검증하기 위해 연구개발 프로젝트의 목적과 수행된 연구개발의 재원도 파악되어야 한다. 구체적인 요구해소를 목적으로 하고 자체 인적자원 및 금융자원을 보유한 연구개발 프로젝트에는 이러한 자료들이 존재한다. 이러한 관리 및 보고 구조는 주로 대규모 프로젝트에서 나타나지만, 1명이나 그 이상의 직원 또는 컨설턴트가 실제 문제의 해결을 모색하는 소규모 프로젝트(연구원이 포함되어 있다는 전제)에도 적용이 가능하다.

마. 이전 가능성 또는 재현 가능성(transferable and/or reproducible)

연구개발 프로젝트는 새로운 지식의 이전 가능성을 내포해야 한다. 즉 새로운 지식이 사용되고 다른 연구원들이 자신의 연구개발 일환으로 결과를 재현할 수 있도록 해야 한다. 여기에는 최초 가설 검증에 실패하였거나, 당초 목표로 한 제품의 개발에 실패한 부정적 결과도 포함된다. 연구개발의 목적은 기존의 축적된 지식을 증가시키는 것이기 때문에 이러한 부정적 결과를 무의미하게 남겨서는 안 된다. 연구원들의 머릿속에만 존재해서는 결과나 관련된 지식들이 상실될 수 있기 때문이다. 대학과 연구기관들은 일반적으로 대부분의 지식을 정형화하고 배포하지만 계약을 맺었거나 협업을 통해 창출된 지식은 이전이나 재현에 제약이 있을 수 있다. 한편 기업에서는 연구개발 결과를 주로 비밀로 하거나 지식재산권을 통해 보호하지만 기업의 타 연구원들이 활용할 수 있도록 프로세스와 결과물은 기록으로 남긴다.

아래 표는 이러한 다섯 가지 기준을 통해 어떻게 연구개발을 정의할 수 있는지 실제 사례를 소개하고 있다.

| 표 _ 연구개발 프로젝트 정의 시 활용할 수 있는 질문들 |

질문	설명
① 프로젝트의 목적은 무엇인가?	연구개발의 핵심기준은 새로운 지식의 창조(미지의 현상, 구조 또는 관계의 파악)를 통해 독창적이고 도전적인 목표를 추구하는 것이다. 그러나 예술의 상태(state of the art)를 확대하려는 노력이 수반되지 않는, 이미 가용한 지식의 사용(조정, 맞춤식 수정(customization) 등)은 연구개발에서 제외되어야 한다(신규성: novelty).

질문	설명
② 이 프로젝트에서 새로운 것은 무엇인가?	"새로운 지식"의 개발에 더해 연구개발 프로젝트는 기존 과학지식의 새로운 응용, 기법 또는 기술의 새로운 사용을 도모하는 등의 창의적인 접근방식을 갖추고 있어야 한다(창의성: creativity).
③ 프로젝트의 수행을 위해 어떤 방법이 사용되는가?	사회과학, 인문학, 예술뿐만 아니라 과학기술 연구에서 사용되는 방법론은 프로젝트의 최종결과물에 대한 불확실성을 다루고 있다면, 연구개발로 받아들여진다. 또한 계획된 목표를 달성하는 데 필요한 시간과 자원에 대해서도 불확실성이 있을 수도 있다. 방법론의 선택은 프로젝트 창의성의 일부일 수 있고 불확실성을 다루는 수단일 수 있다(창의성과 불확실성: creativity and uncertainty).
④ 프로젝트의 결과물과 결과는 일반적으로 얼마나 적용 가능한가?	일반적으로 결과물이 응용되기 위해서는 나머지 네 가지 기준과 더불어 연구개발 프로젝트의 결과물이 '이전가능하거나 재현가능 해야 한다'는 기준도 충족시켜야 한다. 학술지에 연구결과를 발표하거나 지식재산권을 사용하는 것도 연구결과의 이전으로 간주할 수 있다.
⑤ 프로젝트에서 일하고 있는 인력의 유형은 무엇인가?	연구개발 프로젝트를 수행하기 위해서는 특정한 범위의 기술이 필요하다. 프로젝트의 연구인력은 연구원, 기술자, 기타 지원인력으로 분류된다. 그러나 실제 연구원으로서 일하고 있는 사람들만 다섯 가지의 기준을 충족시키는 연구활동을 정의하는데 필요하다.
⑥ 연구기관의 연구 프로젝트는 어떻게 분류되어야 하는가?	특별한 경우에 "기관별 접근방식(institutional approach)"이 연구개발과 비연구개발 프로젝트를 구분하는데 사용될 수 있다. 예를 들어 연구기관이나 대학에서 수행되는 대부분의 프로젝트들은 연구개발 프로젝트로 정의될 수 있다. 그러나 다른 영역, 즉 기업이나 연구개발 비전담 기관들에 의해 수행되는 프로젝트들은 위의 다섯 가지 기준에 비추어 정의되어야 한다.

(3) 연구개발 유형에 따른 분류[15)]

FRASCATI MANUAL에서는 연구개발 유형에 따른 분류를 다음과 같이 3가지 유형으로 하고 있다.

| 표 _ 연구개발단계별 연구개발활동의 구분 |

구분	내용
기초연구 (Basic research)	기초연구는 어떤 특정한 응용이나 사용 계획 없이 현상들이나 관찰 가능한 사실들의 근본 원리에 대한 새로운 지식을 얻기 위해 행해진 실험적 또는 이론적 작업을 의미한다.
응용연구 (Applied research)	응용연구는 새로운 지식을 얻기 위해 수행된 독창적 탐구이지만 주로 특정 목표나 목적에 초점을 두고 있는 작업을 의미한다.
개발연구 (Experimental development)	개발연구는 새로운 제품 또는 공정의 생산이나, 기존 제품과 공정의 개선을 위해, 연구와 실제적 경험으로부터 얻은 지식을 이용하거나 추가 지식을 생산하는 체계적인 작업을 의미한다

가. 기초연구(Basic research)

기초연구는 어떤 특정한 응용이나 사용을 계획하지 않고 현상들이나 관찰 가능한 사실들의 근본 원리에 대한 새로운 지식을 얻기 위해 행해진 실험적 또는 이론적 작업을 의미한다.

기초연구는 가설, 이론 또는 법칙을 정립하고 시험하기 위한 목적으로 속성, 구조 및 연관성을 분석하는 것을 뜻한다. 기초연구의 정의에 있어 "특정 응용을 고려하지 않고(particular application in view)"라는 말은 매우 중요한 의미를 지닌다. 왜냐하면 연구 수행자가 연구를 수행할 때나 조사 설문지에 응답할 때 잠재적으로 어떻게 응용될 수 있는지 모를 수 있기 때문이다. 또한 기초연구의 결과는 일반적으로 판매되지 않으며 통상 과학학술지에 발표되거나 관련 연구원들에게 회람된다. 때로 기초연구의 출간이 국가안보상의 이유로 제한될 수도 있다.

기초연구의 경우 연구원은 자신의 목표를 설정할 때 일부 자율성을 누린다. 이러한 연구는 통상 고등교육 부문에서 수행되지만 정부 부문에 의해 수행되기도 한다. 또한 기초연구는 미래의 다양한 응용이라는 명백한 목적과 함께 광범위한 공익분야를 대상으로 할 수도 있다. 또한 민간기업들도 가까운 미래에 상업적 응용이 가능하지 않음에도 불구하고 기초연구를 시행할 수도 있다. 기초연구에 대한 위의 정의에 따라 에너지 절감기술의 일부 연구도 특정한

15) OECD, 「프라스카티 매뉴얼 2015」, 한국과학기술기획평가원, 2016, 50~53면

용도가 없는 경우 기초연구로 분류될 수 있다.

그러나 에너지 절감기술은 에너지 절감개선이라는 구체적인 방향이 있으므로, 프라스카티 매뉴얼에서는 이러한 연구를 "목적 기초연구(oriented basic research)"라고 정의한다. 목적 기초연구는 다음과 같이 "순수 기초연구(pure basic research)"와 구별된다.

| 표 _ 순수 기초연구와 목적 기초연구의 구분 |

구분	내용
순수 기초연구 (pure basic research)	순수 기초연구는 경제사회적 편익을 추구하거나, 연구결과를 실제 문제에 적용하거나, 또는 연구 결과의 응용을 위한 관련 부문으로의 이전 없이 지식의 진보를 위해서만 수행되는 연구를 말한다.
목적 기초연구 (oriented basic research)	목적 기초연구는 이미 알려졌거나 예상되는 현재 또는 미래의 문제와 가능성에 있어, 그 해결책의 기초가 되는 광범위한 지식기반의 마련을 위해 수행되는 연구를 의미한다.

나. 응용연구(Applied research)

응용연구는 새로운 지식을 확보하기 위해 수행된 독창적인 탐구를 뜻한다. 그렇지만 응용연구는 주로 구체적이고 실질적인 목적이나 목표를 지향한다.

응용연구는 기초연구 결과물의 가능한 사용처를 결정하기 위해 또는 구체적이고 이미 결정된 목표를 달성하는데 필요한 방법이나 방식을 파악하기 위해 수행된다. 응용연구는 특정 문제를 해결하기 위해 가용한 지식과 그 지식의 확장을 고려한다. 기업 부문에서는 종종 기초연구 프로그램의 유망한 결과를 탐색하기 위한 새 프로젝트를 만들어 기초연구와 응용연구를 구분하기도 한다(프로젝트의 수립을 통해 내부 연구개발결과를 이용하는데 있어 장기적 관점에서 중·단기적 관점으로 이동).

응용연구는 또한 결과를 제품, 운용, 방법 및 시스템에 응용할 수 있음을 증명하는 것을 목적으로 한다. 이외에도 응용연구는 아이디어에 운영 가능한 형태를 제공하며, 도출된 지식이나 정보는 종종 지식재산권을 통해 보호되거나 비공개 상태로 유지될 수 있다.

다. 개발연구(Experimental development)

① 개발연구의 개념

개발연구는 새로운 제품 또는 공정의 생산이나 기존 제품과 프로세스의 개선을 위해 연구와 실제적 경험으로부터 얻어진 지식을 이용하거나 추가 지식을 생산하는 체계적인 작업을 의미한다. 신제품이나 프로세스의 개발은 연구개발활동의 기준을 충족하면 개발연구로 정의된다. 대표적인 사례가 개발(development) 활동이 발생하는 연구개발 프로젝트에서 목적을 달성하는데 필요한 자원이 불확실한 경우다.

② 개발연구에서에 제외되는 "제품개발"의 개념

개발연구(experimental development)는 "제품개발(product development)"과 혼동해서는 안 된다. 제품개발의 전반적인 과정은 아이디어의 수립, 개념화, 상업화로 이어지며, 신제품(재화 또는 서비스)의 시장출시가 목적이다. 반면 개발연구는 단지 있을 수 있는 제품개발 과정 내의 한 단계에 불과하다. 즉 성공적인 목적달성을 위해 일반지식의 구체적 응용을 위한 시험 단계라고 할 수 있다.

개발연구 단계에서 새로운 지식이 창출되며 연구개발 기준(신규성, 창의성, 불확실성, 체계성, 이전 가능성/재현가능성)이 더 이상 적용되지 않을 때 개발연구 단계는 종료된다. 예를 들어 신차를 개발하는 과정에서 시도해 볼 수 있는 여러 신기술을 개발 중인 차량에 실험해 볼 수 있다. 바로 이 단계가 개발연구가 실행되는 단계다. 일반지식을 새롭게 응용함으로써 새로운 결과가 나타날 수 있기 때문이다. 실험이 부정적인 결과를 초래할 수도 있기 때문에 불확실성이 존재하며, 새로운 사용을 위한 기술의 적용(adaptation)에 중점을 두기 때문에 창의적이라 할 수 있다. 전문 인력의 헌신적 노력이 필요하기 때문에 공식화 될 것이며, 실험 결과를 향후 제품개발 단계에서 사용할 기술적 권고안으로 만들기 위해 정형화가 이루어질 것이다. 그러나 경제학 문헌들에서 논의되고 있는 것처럼 연구개발활동 없이 제품개발을 하는 경우도 있다(특히 중소기업의 경우).

③ 개발연구에서 제외되는 "생산 이전 단계의 개발"의 개념

개발연구의 개념은 "생산 이전 단계의 개발"과 혼동되어서는 안 된다. 생산이전의 개발은 주로 생산의 이전 단계에서 국방이나 항공우주 제품 또는 시스템을 대상으로 시행된 비실험적 작업을 의미한다. 물론 다른 산업들에도 생산 이전의 개발에 대한 유사 사례들이 존재한다. 그러나 개발연구와 생산 이전 단계의 개발 간의 명확한 경계를 설정하는 것은 쉽지 않은 일이다. 그렇기 때문에 두 활동을 구분하기 위해서는 신규성이라는 요소가 언제 중단되는지, 해당 활동이 언제 통합 시스템의 일상적 개발로 변경되는지를 파악해야 한다. 즉 "공학적 판단(engineering judgement)"이 필요하다.

예를 들어 전투폭격기가 연구, 기술시연, 프로젝트 설계, 초기 개발, 생산 전 단계 및 시험 비행까지의 단계를 성공적으로 마쳤다고 가정해보자. 이제는 전면적인 작동 능력을 검증하기 위해 폭격기와 공습/방공 시스템을 통합하는 작업이 필요하다. 그리고 이 작업을 위해서는 10개의 기체(airframe)가 추가로 요구된다. 작업은 보통 2단계 프로세스로 이루어지는데 첫

번째는 통합 공습/방공 시스템의 개발이다. 이를 위해서는 해당 목적으로 통합된 적이 없었던 개발부품과 하위 시스템을 통합하는 과정이 필요하다. 그리고 생산 이전의 단계에서는 주요 비용요소가 되는 대규모 비행실험도 수행되어야 한다. 이 단계에서 수행되는 작업의 대다수는 개발연구이나, 동시에 연구개발의 신규성(novelty) 기준을 충족시키지 않는 활동들도 일부 존재한다. 이러한 활동들은 따로 분류하여 생산 전 단계 개발, 즉 비연구개발로 정의해야 한다. 두 번째 단계는 통합 공습/방공 시스템의 실험이다. 시스템의 작동이 1단계에서 검증되면 개발 프로젝트는 실제 운영을 실험하기 위한 시험생산 배치(trial production batch) 단계로 들어간다(저비율의 초기 생산). 특히 해당 폭격기에 대한 생산주문은 이 단계의 성공에 따라 결정된다. 프라스카티의 정의에 따르면 이 단계에서 이루어지는 활동은 연구개발이 아니라 생산 이전 단계의 개발이다. 그러나 시험 중 문제가 발생하면 새로운 실험개발을 통해 문제를 해결해야 할 수도 있다. 이 경우는 프라스카티에서 정의한 "피드백 연구개발(feedback R&D)"에 해당하며 연구개발로 분류해야 한다.

제 2 절 조세특례제한법상 연구개발의 개념 개정연혁

1 과학기술분야

조세특례제한법에 의하면 과학기술분야의 "연구개발"은 "과학적 또는 기술적 진전을 이루기 위한 활동"을 말하는데, 일반적인 관리 및 지원활동 등 다음의 활동은 연구개발에 포함하지 아니한다고 규정하고 있다(조세특례제한법 제2조 제1항 제11호 및 동법 시행령 제1조의 2)(negative 방식).

연구개발에 포함하지 아니하는 활동
• 일반적인 관리 및 지원활동[16)] • 시장조사, 판촉활동 및 일상적인 품질시험 • 반복적인 정보수집 활동 • 경영이나 사업의 효율성을 조사·분석하는 활동[17)] • 특허권의 신청·보호 등 법률 및 행정 업무 • 광물 등 자원 매장량 확인, 위치 확인 등 조사·탐사 활동 • 위탁받아 수행하는 연구활동 • 이미 기획된 콘텐츠를 단순 제작하는 활동 • 기존에 상품화 또는 서비스화된 소프트웨어 등을 복제하여 반복적으로 제작하는 활동

16) 관련된 조세심판원 심판례로는 조심 2018중3161, 2018.11.13. : 청구법인과 처분청이 제출한 증빙 등에 비추어 청구법인은 ○○○이 군에 납품한 장비에 대한 사후관리, 유지보수 및 교육용역을 제공하고 있고, 그러한 과정에서 습득한 애로사항이나 노하우 등을 보고서 등을 통해 관리하거나 이를 ○○○에 통보하거나 매년 교육교재 등에 반영하고 있는 것으로 보이나 이러한 것으로는 「조세특례제한법」 제9조 제5항에서 정한 '과학적 또는 기술적 진전을 이루기 위한 활동과 새로운 서비스 및 서비스 전달체계를 개발하기 위한 활동'인 연구개발에는 미치지 못하는 것으로 판단된다. 설령 청구법인이 이러한 활동이 연구개발에 해당한다고 하더라도 청구법인이 연구인력개발비 세액공제대상으로 본 직원들의 인건비는 경영팀과 교육팀에 소속된 직원들의 것으로 이들은 청구법인의 인사, 총무, 사업관리 등의 업무나 장비의 운용·정비교육에 종사하고 있으므로 이들이 연구개발에 전담하고 있다고 보이지 않고 달리 청구법인에 연구개발을 전담하는 부서나 전담하는 직원이 있다고 보기 어려우므로 처분청이 쟁점 법인세처분시 쟁점연구인력개발비 세액공제를 부인한데에 달리 잘못이 없다고 판단됨.

17) 관련된 과세당국의 유권해석으로는 서면-2020-법인-2810, 2020.8.6. : 회사가 자체적으로 사용할 전사적 기업 자원 관리용 앱 개발 및 정보관리 시스템 설비 등의 시스템 개발을 수행하면서 발생한 자체개발 전사적 기업자원 관리설비 관련 인건비가 연구개발비 세액공제 가능한지 여부는 해당 활동에 따른 비용이 과학적 또는 기술적 진보를 이루기 위한 것인지 아니면 일반적인 관리 및 지원활동 및 경영이나 사업의 효율성을 조사·분석하는 활동인지 여부에 따라 결정됨.

앞서 살펴본 바와 같이 조세특례제한법상의 연구개발활동의 개념 정의는 2008.12.26.에 조세특례제한법 제9조(연구·인력개발준비금의 손금산입)를 다시 도입하면서 처음 신설되었는데 그 이전에는 통칙으로 (구)기술개발촉진법[18] 상의 '기술개발'[19]의 개념이 조세특례제한법상 연구개발의 개념으로 사용되었다.[20]

|개정세법해설| 연구개발활동의 개념정의 신설(조세특례제한법 제9조 제5항, 동법 시행령 제8조)[21]

(1) 개정내용

종 전	개 정
▢ 연구개발의 개념 정의 없음. * 통칙으로 "기술개발"을 준용 * "기술개발"이라 함은 산업기술의 연구 및 그 성과를 이용하여 재료·제품·장치시스템 및 공정 등에 적용할 수 있는 새로운 방법을 찾아내는 활동을 말하며, 시범제작 및 공업화 중간시험의 과정까지를 포함(기술개발촉진법 §2)	▢ 연구개발의 개념 정의 ○ 연구개발이란 과학적 또는 기술적 진전(advanced)을 이루기 위한 활동(OECD의 R&D개념) * 과학 : 확고한 경험적 사실을 근거로 하여 객관적·보편적으로 체계화한 지식 * 기술 : 과학을 실지로 적용하는 수법
〈신 설〉	▢ 연구개발활동에는 다음의 활동을 제외(negative 방식) ○ 일반적인 관리 및 지원업무 ○ 시장조사, 판촉활동(survey, 일상적인 품질테스트, 반복적인 정보수집) ○ 경영이나 사업의 효율성을 조사·분석하는 활동 ○ 특허권의 신청·보호 등 법률 및 행정업무 ○ 광물 등 자원 매장량 확인, 위치 확인 등을 조사·탐사활동 ○ 수탁받아 하는 연구활동

(2) 개정이유

연구개발의 정의 및 R&D 세액공제 적용대상 비용의 범위를 국제적인 기준에 맞게 정비

18) 기술개발촉진법은 2011.5.24.에 폐지되고 2011.3.9.에 「기초연구진흥 및 기술개발지원에 관한 법률」로 전부 개정되었다.

19) (구)기술개발촉진법에 따르면 '기술개발'이라 함은 산업기술의 연구 및 그 성과를 이용하여 재료·제품·장치시스템 및 공정 등에 적용할 수 있는 새로운 방법을 찾아내는 활동을 말하며, 시범제작 및 공업화 중간시험의 과정까지를 포함한다고 규정하고 있었다((구)기술개발촉진법 제2조 제1호).

20) 조세특례제한법 기본통칙 9-8…1 제1항 제2호, 국심 2007서1000, 2008.8.29., 국심 2007서1150, 2008.7.15., 조심 2009중4120, 2010.11.23. 외 다수

(3) 적용시기 및 적용례

2009.1.1. 이후 개시하는 과세연도 분부터 적용

한편, 2019.12.31. 세법 개정 시[22] 연구개발 및 인력개발의 개념을 조세특례제한법 제2조 정의 규정으로, 2020.2.11. 시행령 개정 시[23] 연구개발에서 제외되는 활동을 같은 법 시행령 제1조의 2 정의 규정으로 각각 이관하였으며, 추가적으로 소프트웨어 분야의 R&D 비용 세액공제 적용범위를 명확하게 규정하였다.

|개정세법해설| 연구개발에서 제외되는 활동의 범위 명확화(조세특례제한법 제9조, 같은 법 시행령 제8조)[24]

(1) 개정내용

종　　전	개　　정
□ 연구개발에서 제외하는 활동 * 연구개발 및 인력개발 개념(법 §9) 연구개발에서 제외되는 활동(영 §8)	□ 소프트웨어 분야 적용범위 명확화 * 연구개발 및 인력개발 개념(법 §2) 연구개발에서 제외되는 활동(영 §1의 2) 이관
○ 일반적인 관리·지원활동, 시장조사·판촉·일상적인 품질시험 활동 등	○ (좌　동)
○ 이미 기획된 콘텐츠·소프트웨어 등을 제작하는 활동	○ 이미 기획된 콘텐츠를 단순 제작하는 활동 ○ 기존에 상품화 또는 서비스화된 소프트웨어 등을 복제하여 반복적으로 제작하는 활동

(2) 개정이유

소프트웨어 분야의 R&D 비용 세액공제 적용범위 명확화

2 서비스분야

현행 조세특례제한법에서는 서비스분야의 연구개발을 "새로운 서비스 및 서비스 전달체계를 개발하기 위한 활동"이라고 규정하고 있다(조세특례제한법 제2조 제1항 제11호 및 동법 시행령 제1조의 2).

21) 기획재정부, 「2008 간추린 개정세법」, 2009, 261~262면

22) 조세특례제한법 제2조(2019.12.31. 법률 제16835호로 일부 개정된 것)

23) 조세특례제한법 시행령 제1조의 2(2020.2.11. 대통령령 제30390호로 일부 개정된 것)

24) 기획재정부, 「2019 간추린 개정세법」, 2020, 214면

2011.12.31. 조세특례제한법 제9조 개정 시 과학기술분야 중심의 R&D 세제지원을 서비스분야로 확대하여 서비스산업의 선진화 및 경쟁력 강화를 위해 서비스 및 서비스 전달체계를 개발하기 위한 자체 연구개발비를 포함하도록 개정하여 연구개발비의 범위를 확대하였다.[25)]

|개정세법해설| R&D 세액공제 대상을 서비스분야로 확대(조세특례제한법 제9조, 동법 시행규칙 제7조)[26)]

(1) 개정내용

종 전	개 정
□ R&D의 정의 ○과학적 또는 기술적 진전을 이루기 위한 활동	□ R&D 정의에 서비스 R&D 추가 ○과학적 또는 기술적 진전을 이루기 위한 활동과 새로운 서비스 및 서비스 전달체계의 개발을 위한 활동
□ R&D 비용 세액공제 대상 전담부서 등의 범위 ○「기술개발촉진법 시행규칙」에 따른 기업부설연구소, 연구개발전담부서 * 과학기술분야에 한정	□ R&D 비용 세액공제 대상 전담부서 등의 범위 ○「기초연구진흥 및 기술개발지원에 관한 법률 시행령」에 따른 기업부설연구소, 연구개발전담부서 * 지식기반서비스분야(11개 업종) 포함
□ 연구개발비의 범위 ○연구개발에 필요한 비용으로서 대통령령으로 정하는 비용 〈신 설〉	□ 서비스분야 연구개발비 범위 신설 ○(좌 동) - 단, 서비스분야 연구개발비는 자체연구개발비로 한정

(2) 개정이유

현행 과학기술분야 중심의 R&D 세액공제를 서비스분야로 확대하여 서비스산업의 선진화 및 경쟁력 강화 지원. 단, 제도시행 초기인 점을 감안하여 자체 연구개발비에 대하여 세제지원

25) 세법개정으로 서비스분야의 연구개발비가 자체 연구개발비로 보아 조특법 제10조에 따른 연구개발비 세액공제가 적용되기 전(2011.12.31. 이전)의 서비스분야 연구개발비는 연구개발비 세액공제가 불가하다는 판례로는 서울고등법원 2015누45221, 2015.10.29., 서울행정법원 2014구합10202, 2015.5.1., 조심 2012서3931, 2014.3.4., 조심 2016서1351, 2016.10.6.가 있다. : 위 특례규정의 취지는 연구개발비 투자에 대해 납세의무자에게 보다 많은 세액공제 혜택을 줌으로써 연구개발을 촉진하려는 데 있는데(대법원 2002.1.22. 선고, 2000두3115 판결 참조), 조세법률주의의 원칙상 조세감면요건의 해석도 함부로 확장해석하거나 유추 해석할 수 없으므로(대법원 2003.1.24. 선고, 2002두9537 판결 참조) 위 특례 규정의 범위를 함부로 확대해석할 수는 없다. 위 특례규정의 연혁과 취지를 고려할 때, 위 특례규정에 따라 2006 사업연도부터 2010 사업연도까지 세액공제대상이 되는 범위에는 과학적 또는 기술적 진전을 이루기 위한 활동에 종사하는 연구요원 및 이들의 연구업무를 직접적으로 지원하는 자만이 포함되고, 새로운 서비스 및 서비스 전달체계를 개발하기 위한 활동에 종사하는 연구요원은 2012 사업연도에 이르러서야 세액공제대상이 된다고 해석해야 한다.

(3) 적용시기 및 적용례

2012.1.1.이 속하는 과세연도 분부터 적용

이때, 서비스분야의 연구개발은 「기초연구진흥 및 기술개발지원에 관한 법률」에 따른 서비스분야가 포함된다.

위의 개정세법해설에서 보는 바와 같이 종전에는 서비스분야 연구에 대해서는 자체적으로 수행한 범위(비용)에 대해서만 연구개발비 세액공제를 인정하고, 위탁・공동으로 수행한 범위(비용)에 대해서는 원천적으로 세액공제 대상에서 배제되었다(구 조세특례제한법 제9조 제2항 제1호 본문 괄호부분,[27] 서면-2019-법인-2296, 2020.8.4., 조심 2017서4118, 2018.10.19.).

과학기술분야 연구에 대해서는 자체적으로 수행한 범위(비용) 뿐만 아니라 위탁・공동으로 수행한 범위(비용)에 대해서까지 세액공제 대상이 되는 것과 비교할 때 범위가 제한적이었던 것이다.[28]

이에 서비스분야 연구에 대한 세제혜택을 강화할 필요가 있다는 지적이 제기되었고, 아래의 개정세법해설에서 보는 바와 같이 정부는 2019.12.31. 조세특례제한법 제10조 제5항을 신설하면서 새로운 서비스 및 서비스전달체계를 개발하기 위한 활동에 지출한 금액 중 과학기술분야와 결합되어 있는 위탁・공동 연구비를 연구개발비 세액공제 적용대상에 포함시키게 되었다.

참고로 기획재정부에 따르면 콘텐츠 창작 및 엔지니어링 서비스 분야가 과학기술과 서비스 분야가 결합되어 있는 대표적인 사례로 볼 수 있는데, 구체적으로 콘텐츠 창작과 관련해서는 게임 개발시 활용되는 전문 그래픽・사운드 연구개발, 음악 창작시 믹스・마스터링 등을, 엔지니어링 서비스 관련해서는 제조 공정 개선 등을 위한 기계장치 엔지니어링, 대기・수질・소음・진동관리 시설물 엔지니어링 등을 예로 들고 있다.[29]

26) 기획재정부, 「2011 간추린 개정세법」, 2012, 177면

27) 조세특례제한법 제9조 제2항 제1호 본문 괄호부분(2019.12.31. 법률 제16835호로 일부 개정되기 전의 것)

28) 같은 뜻 조심 2015광3305, 2018.7.2., 조심 2015서2349, 2018.9.4., 조심 2015서2144, 2018.7.24., 조심 2016서0606, 2018.8.1., 조심 2017서3684, 2018.7.11., 조심 2016서4173, 2018.7.9., 조심 2015서2660, 2018.6.29., 조심 2015서3500, 2018.6.29., 조심 2015서5333, 2018.6.29. 등 다수 : 관련 법령에서 서비스 분야의 연구개발 활동은 자체 연구개발비만 세액공제 대상으로 한정하고 있는데, 관련 위탁비용은 원천적으로 세액공제 대상에서 배제되는 것이 타당한 점 등에 비추어 처분청이 쟁점시스템의 위탁개발비용을 연구・인력개발비 세액공제 대상에 해당하지 않는 것으로 보아 청구법인의 경정청구를 거부한 처분은 잘못이 없다고 판단됨.

29) 기획재정부, 「2019년 세법개정안 문답자료」, 2019.7.25., 15면

기획재정부 세법개정안 문답자료(외부위탁 R&D에 대한 세제지원 확대)

① 위탁 · 공동연구비에 대한 R&D 비용 세액공제 적용 가능 분야

• 현재 과학기술 및 산업디자인 분야에 한하여 위탁 · 공동연구비에 대해 R&D 비용 세액공제 적용중

－서비스 R&D는 자체 개발 비용에 한하여 세액공제 적용중

② 위탁 · 공동연구비에 대한 세액공제 범위 확대 추진 배경

• 과학기술과 서비스 분야가 결합되어 있는 위탁 · 공동연구비의 경우 현행 규정상 세액공제 적용 여부 불분명

－서비스 R&D 중 과학기술과 결합되어 있는 경우에 한하여 위탁 · 공동연구비를 R&D 비용 세액공제 적용대상에 포함시켜 서비스 R&D에 대한 지원을 확대하려는 취지

③ 과학기술과 결합되어 있는 서비스 R&D 사례

• 콘텐츠 창작 및 엔지니어링 관련 서비스 분야가 대표 사례

－(콘텐츠 창작) 게임 개발시 활용되는 전문 그래픽 · 사운드 연구개발, 음악 창작시 믹스 · 마스터링 등

－(엔지니어링 서비스) 제조 공정 개선 등을 위한 기계장치 엔지니어링, 대기 · 수질 · 소음 · 진동관리 시설물 엔지니어링 등

|개정세법해설| 위탁 · 공동 연구 · 인력개발비 세액공제 범위 확대(조세특례제한법 제9조 제2항)[30)]

(1) 개정내용

종 전	개 정
□ 연구 · 인력개발비 세액공제 적용 대상 범위 ○ 과학기술분야 : 자체 연구 · 인력 개발 비용, 위탁 공동 연구 인력 개발 비용 ○ 서비스분야 : 자체 연구 · 인력 개발 비용 〈추 가〉	□ 서비스분야에 대한 위탁 · 공동 연구 · 인력 개발비 인정 범위 확대 ○ (좌 동) – 위탁 · 공동 연구 · 인력개발비(과학기술과 결합된 서비스 연구 · 인력개발에 한정)

(2) 개정이유

위탁 · 공동 연구 · 인력개발비 세액공제 적용범위 확대를 통한 서비스 연구 인력개발 활성화

(3) 적용시기 및 적용례

2020.1.1. 이후 개시하는 과세연도 분부터 적용

한편, R&D 세액공제 대상을 서비스분야로 확대하는 법률 최초 도입 시에는 「기초연구진흥 및 기술개발지원에 관한 법률 시행령」 제2조 제5호에 의거하여 「기초연구진흥 및 기술개발지원에 관한 법률 시행령」 별표 1에서 정한 지식기반서비스분야를 영위하는 업종만을 대상으로 하였으나, 민간부문의 서비스 R&D를 활성화 하기 위하여 2020.3.3. 「기초연구진흥 및 기술개발지원에 관한 법률 시행령」을 아래와 같이 개정하여, 연구개발활동 분야 중 서비스분야의 범위를 일반 유흥주점업 등 일부 서비스 업종을 제외한 모든 서비스 업종으로 확대한 바 있다.[31]

종 전	개 정
제2조(정의) 이 영에서 사용하는 용어의 뜻은 다음과 같다. 1.~4. (생 략) 5. "연구개발활동"이란 과학기술분야 또는 별표 1의 지식기반서비스분야의 지식을 축적하거나 새로운 응용방법을 찾아내기 위하여, 축적된 창의적 지식을 활용하는 체계적이고 창조적인 활동으로서 새로운 제품 및 공정(工程)을 개발하기 위한 시제품(試製品)의 설계·제작 및 시험, 새로운 서비스 및 서비스 전달체계의 개발 등 사업화 전까지의 모든 과정을 말한다.	제2조(정의) 이 영에서 사용하는 용어의 뜻은 다음과 같다. 1.~4. (생 략) 5. "연구개발활동"이란 과학기술분야 또는 서비스분야(별표 1의 유흥 등 관련분야는 제외한다)의 지식을 축적하거나 새로운 응용방법을 찾아내기 위하여, 축적된 창의적 지식을 활용하는 체계적이고 창조적인 활동으로서 새로운 제품 및 공정(工程)을 개발하기 위한 시제품(試製品)의 설계·제작 및 시험, 새로운 서비스 및 서비스 전달체계의 개발 등 사업화 전까지의 모든 과정을 말한다.

「기초연구진흥 및 기술개발지원에 관한 법률 시행령」 제2조 제5호에 따른 [별표 1]에서 정하고 있는 유흥 등 관련분야의 범위는 다음 표에 규정된 서비스 업종(「통계법」 제22조에 따라 통계청장이 고시한 한국표준산업분류에 따른 업종을 말한다)으로 한다.

30) 기획재정부, 「2019 간추린 개정세법」, 2020, 215면

31) 「기초연구진흥 및 기술개발지원에 관한 법률 시행령」 제2조 제5호(2020.3.3., 대통령령 제30497호로 일부 개정된 것)

| 표 _ 유흥 등 관련분야의 범위 |

업종	한국표준산업 분류코드
일반 유흥주점업	56211
무도 유흥주점업	56212
기타 주점업	56219
기타 사행시설 관리 및 운영업	91249
무도장 운영업	91291
블록체인 기반 암호화 자산 매매 및 중개업	63999 - 1

3 문화산업분야

현행 조세특례제한법 시행규칙 제7조 제1항에 의하면 적격한 기업부설연구소 및 연구개발전담부서의 범위에 「기초연구진흥 및 기술개발지원에 관한 법률」 제14조의 2 제1항에 따라 과학기술정보통신부장관의 인정을 받은 기업부설연구소 또는 연구개발전담부서뿐만 아니라 「문화산업진흥 기본법」 제17조의 3 제1항에 따른 기업부설창작연구소 또는 기업창작전담부서(이하 "기업부설창작연구소 또는 기업창작전담부서"라 한다)도 포함되어 있다.

2008.10.7. 조세특례제한법 시행령 별표 6의 개정으로 기업부설연구소(연구개발전담부서 포함)의 범위에 문화산업 진흥을 위한 기업부설창작연구소 또는 기업창작전담부서를 포함함에 따라 문화산업분야의 창작개발도 연구개발관련 조세지원제도를 적용받게 되었다.

동 기업부설창작연구소 또는 기업창작전담부서의 최초 인정 시(2009년)에는 「문화산업진흥 기본법」 제17조의 3에 따라 인정받은 기업부설창작연구소 또는 기업창작전담부서 중에 문화체육관광부장관의 추천을 받아 기획재정부장관이 문화산업의 연구개발활동 여부를 고려하여 고시하는 연구소 또는 전담부서만이 세제 적격 기업부설창작연구소 또는 기업창작전담부서였다.

|개정세법해설| R&D 전담부서의 범위 확대(조세특례제한법 시행령 제9조, 별표 6, 동법 시행규칙 제7조)[32]

(1) 개정내용

종 전	개 정
□ R&D 세액공제 적용대상 비용 ○ 전담부서에 근무하는 직원의 인건비, 견본품·부품구입비 등 시험연구비 ○ 전담부서 -「기술개발촉진법」에 따른 기업부설연구소와 과학기술부장관에게 신고한 연구개발전담부서	○ 전담부서의 범위 확대 -「문화산업진흥 기본법」에 따른 기업부설창작연구소 추가 - 구체적인 범위는 재정부장관이 문화부장관과 협의하여 고시하는 연구소로 한정(시행규칙)

(2) 개정이유

○ 현재는 기술개발촉진법에 따른 기업부설연구소와 연구개발전담부서에 근무하는 직원의 인건비, 시험연구비 등에 한하여 연구개발비로 인정하는 등 제조업 중심으로 운영 중

- 문화산업 진흥을 위한 기업부설창작연구소를 R&D 세액공제 적용대상인 전담부서에 포함할 수 있도록 개선

○ 다만, 구체적인 전담부서 규정은 R&D 성격의 불확실성이 높은 점을 감안하여 재정부장관이 문화부장관과 협의하여 고시

* 현재도 고유목적사업준비금을 전액 손금산입할 수 있는 문화예술단체의 범위를 재정부장관이 문화부장관과 협의하여 고시하고 있음(조세특례제한법 시행규칙 제29조의 2).

(3) 적용시기 및 적용례

공포일(2008.10.7.)이 속하는 과세연도에 발생하는 분부터 적용

하지만, 2015.3.13. 조세특례제한법 시행규칙 개정 시 기획재정부장관의 고시요건을 삭제하였으며,[33] 동 개정규정은 2015.3.13. 이후 기업부설창작연구소 또는 기업창작전담부서로 인정받은 경우부터 적용한다. 단, 종전의 규정에 따라 세액공제를 적용받고 있는 기업부설창작연구소 또는 기업창작전담부서의 경우에는 개정규정에도 불구하고 종전의 규정을 따른다.[34]

32) 기획재정부, 「2008 간추린 개정세법」, 2009, 266면

33) 조세특례제한법 시행규칙 제7조 제1항 제2호(2015.3.13. 기획재정부령 제478호로 일부 개정된 것)

34) 조세특례제한법 시행규칙 부칙(기획재정부령 제478호, 2015.3.13.) 제2조

4 연구개발활동 분야별 세제지원의 차이

과학기술분야, 서비스분야, 문화산업분야에 대해 각각 구분해서 각 분야별 연구개발(창작개발 포함)의 정의를 살펴보고 있는 이유는 다음과 같다.

연구·인력개발준비금 손금산입은 2009.1.1. 이후 개시하는 과세연도 분부터, 연구·인력개발비 세액공제는 2010.1.1. 이후 개시하는 과세연도 분부터 모든 내국인은 업종에 상관없이 연구개발 관련 조세특례제도를 적용받을 수 있다.

부연하면 연구·인력개발준비금 손금산입 제도의 경우 최초로 신설된 1972년도에는 제조업만이 적용대상이었으나 수차례의 법령 개정을 통해 광업, 건설업 등으로 범위를 넓히다가 2008.12.26. 동 연구·인력개발준비금 손금산입 제도의 재도입 시 업종의 제한을 아예 없앤 것이다.

이와 같이 우리나라의 경우 R&D 세제지원에 있어 업종에 대한 제한은 없어 졌지만, 연구개발활동 분야별(과학기술분야, 서비스분야) 또는 각 산업분야별(문화산업분야, 그외 산업분야)로 연구개발 세제지원에 차이를 두고 있어 사실상 모든 연구분야나 산업에서 동등하게 R&D 세제지원을 받는 것은 아니다.

과학기술분야의 연구개발과는 달리 서비스분야 연구개발의 경우 자체 연구개발비용 및 일부 위탁·공동 연구개발비(과학기술과 결합된 서비스 연구개발에 한정)만을 적격한 연구개발비로 보아 연구개발비 세액공제 등을 적용한다. 즉, 서비스분야 R&D 비용에 대해서는 과학기술분야와 결합되어 있지 아니한 금액에 대해서는 '자체 연구개발에 지출한 금액'만 적격한 연구개발비로 보는 것이다(조세특례제한법 제10조 제5항).

또한, 「문화산업진흥 기본법」 제17조의 3에 따른 기업부설창작연구소 또는 기업창작전담부서는 「지방세특례제한법」 제46조에 따른 취득세 및 재산세 경감대상 기업부설연구소에 포함되지 않고, 연구요원 연구활동비에 대한 소득세 비과세 등의 세제지원이 적용되지 않는다.

이러한 이유로 조세특례제한법상 세제지원이 가능한 연구분야 혹은 산업분야를 과학기술분야, 서비스분야, 문화산업분야로 구분해서 살펴보고 해당 분야별로 연구개발활동의 개념을 살펴보는 데에 의미가 있다.

제3절 과학기술분야 연구개발활동의 범위 및 예시

1 과학기술분야의 산업범위

조세특례제한법에서 과학기술분야의 연구개발활동이 일어나는 산업분야에 대해 그 범위를 규정해 놓고 있지는 않고 있다.

과학기술분야 및 서비스분야의 연구개발과 관련하여 조세특례제한법상 세제지원은 공통적으로 「기초연구진흥 및 기술개발지원에 관한 법률」에 따라 설립된 과학기술분야 및 서비스분야의 기업부설연구소 또는 연구개발전담부서(이하 "전담부서등"이라 한다)의 운영 등에 소요된 연구개발비용에 대해 적용되는 것이므로 「기초연구진흥 및 기술개발지원에 관한 법률」에 따른 과학기술분야 전담부서등 인정 시 그 제한이 있는 업종이 있는지를 살펴보아야 한다.

전담부서등의 인정기관인 (사)한국산업기술진흥협회[35)](이하 "한국산업기술진흥협회"라 한다)에서 제시하고 있는 전담부서등의 설립 시 충족해야 하는 과학기술분야의 연구개발활동을 살펴보면 다음과 같다.[36)]

과학기술분야의 연구개발활동
과학기술분야의 연구개발활동은 자연과학, 응용과학, 공학 및 생산기술을 포함하는 것으로 자연의 성질을 연구하는 과학과 과학적 지식을 응용하는 공학을 바탕으로 인간 생활에 필요한 도구나 기계, 재료 등을 개발하고 만드는 포괄적 개념이다. 연구소 인정관련 제도에서 과학기술분야의 연구개발활동은 생명과학, 화학, 산업디자인, 전기전자, 식품, 환경, 기계, 금속, 소재, 건설, 섬유 등의 <u>제조와 관련된 산업분야의 연구</u>를 의미한다.

과학기술분야의 연구개발활동이 제조와 관련된 산업분야의 연구를 의미한다고 해서 제조업만을 영위하거나 제조업을 주된 사업으로 영위하는 기업만이 과학기술분야의 연구개발활동을 수행하는 것으로 이해해서는 곤란하다.

35) (사)한국산업기술진흥협회는 기업부설연구소등의 신고 제도를 「기초연구진흥 및 기술개발지원에 관한 법률」 제20조 및 동법 시행령 제27조 제1항의 규정에 의거하여 1991년 2월부터 과학기술정보통신부로부터 이관받아 수행하고 있다.

36) 한국산업기술진흥협회, "연구소/전담부서 신고관리시스템", https://www.rnd.or.kr/user/newly/target.do, 2021.6.27.

예컨대 대표적으로 서비스업을 영위하는 기업인 구글을 들 수 있다. 1998년에 설립된 구글은 전 세계적으로 가장 인기 있는 검색 엔진으로 영어권에서는 독보적인 점유율을 보이며 나스닥에 상장된 기업이다. 구글은 2006년에 유튜브라는 세계 최대의 UCC(user created contents) 공유 사이트 인수, 2007년에는 최고의 디지털 마케팅 회사인 더블클릭 인수 등 기술회사로 시작해서 소프트웨어, 기술, 인터넷, 광고, 미디어 회사가 모두 하나로 합해진 기업으로 진화해 나가고 있으며, 2008년 기준으로 매출액 중 97%가 광고 수입이다. 서비스업인 광고를 주된 사업으로 하는 구글은 2010년 1월에 직접 하드웨어와 소프트웨어를 설계한 넥서스원이라는 스마트폰을 출시하였다.[37)]

이와 같이, 서비스업을 영위하는 기업도 과학기술분야의 연구개발활동을 수행하는 것이 당연하게 받아들여지고 있다.

마찬가지로 제조업을 주된 사업으로 영위하는 기업도 과학기술분야뿐만 아니라 서비스분야 연구개발활동을 수행하기도 한다. 이는 아이폰 등을 제조·판매하는 미국의 애플社의 앱스토어 서비스를 생각하면 된다.

애플社의 앱스토어는 각 개발자 또는 개발 업체가 직접 개발한 애플리케이션(Application)을 자유롭게 등록해 놓고 판매할 수 있는 온라인상의 공간으로, 기존 콘텐츠 구조를 에코시스템(Eco-system)으로 재구성하고 개발자 참여를 유도함으로써 콘텐츠 기획·개발·유통 프로세스를 단축한 혁신적인 사례이다.[38)]

2 과학기술분야 연구개발의 범위 및 예시

(1) 「기초연구진흥 및 기술개발지원에 관한 법률」에 따른 과학기술분야 연구개발의 범위 및 예시

가. 과학기술분야 연구개발의 개념

기업부설연구소등의 설립 근거가 되는 「기초연구진흥 및 기술개발지원에 관한 법률」에서는 과학기술분야의 '연구개발'을 보다 상세하게 다음과 같이 정의하고 있다(기초연구진흥 및 기술개발지원에 관한 법률 시행령 제2조 제5호).[39)]

---

37) 장병열/이윤준/이공래, "제품 서비스 융합을 위한 서비스 R&D 전략", 「정책연구 2010-7호」, 과학기술정책연구원, 2010.12., 143면

38) 장병열/이윤준/이공래, 위의 책, 132면

39) 「기초연구진흥 및 기술개발지원에 관한 법률」에 따른 기업부설연구소등을 설립하기 위해서는 설립 전에 「기초연구진흥 및 기술개발지원에 관한 법률」에 따른 '연구개발' 요건과 인적·물적요건을 갖추어야 한다. 따라서 조세특례제한법상의 연구개발을 논함에 있어서 「기초연구진흥 및 기술개발지원에 관한 법률」에 따른

기초연구진흥 및 기술개발지원에 관한 법률에 따른 과학기술분야 연구개발활동의 정의

(과학기술분야의) '연구개발활동'이란 과학기술분야의 지식을 축적하거나 새로운 응용방법을 찾아내기 위하여, 축적된 창의적 지식을 활용하는 체계적이고 창조적인 활동으로서 새로운 제품 및 공정(工程)을 개발하기 위한 시험제품의 설계·제작 및 시험 등 사업화 전까지의 모든 과정을 말한다.

나. 연구개발활동에서 제외되는 활동

한국산업기술진흥협회의 「기업부설연구소/연구개발전담부서 신고에 관한 업무편람」에 의하면 아래의 활동은 연구개발활동에서 제외되는 경우로 들고 있다.[40)]

연구개발활동에서 제외되는 활동의 예시

㉠ 일상적이고, 반복적으로 일어나는 서비스 개선 및 판매촉진 활동
 - 품질관리, 고객만족도 조사 및 관리, 정보수집 등

㉡ 기업에서 일반적으로 실시하는 통상적인 개선 및 혁신활동
 - 기업의 업무 합리화 및 프로세스 개선, 무결점 운동, 조직문화 개선 등

㉢ 이미 보편화된 지식이나 기술을 영업 등에 단순히 활용하는 활동
 - LED의 실내조명 적용, 시장조사에 보편화된 통계방법 적용 등

㉣ 제품의 서비스화, 새로운 서비스 개발 및 서비스 전달체계 개선과 연계되지 않는 일상적인 개별·사회과학 R&D 활동
 - 환율이 경제성장에 미치는 영향, 세금과 투자의 상관관계 등

㉤ 기업부설연구소의 연구개발활동은 연구성과를 자체적으로 활용하는 비영리 활동으로써 연구소가 외주용역 등 영리활동을 수행하는 경우에는 연구소 설립신고 대상이 되지 않음. 다만, 공동연구나 국책과제 등을 수행하기 위한 위탁과제가 일부 연구과제로 포함되는 경우는 인정받을 수 있음.

다. 과학기술분야 연구개발의 범위 및 예시[41)]

한국산업기술진흥협회의 「기업부설연구소/연구개발전담부서 신고에 관한 업무편람」에서는 과학기술분야(산업디자인분야 포함) 연구개발활동의 범위(예시)를 아래와 같이 들고 있다.

연구개발의 개념을 참고해야 한다.

40) 한국산업기술진흥협회, "연구소/전담부서 신고관리시스템 신규설립안내", https://www.rnd.or.kr/user/newly/target.do, 2021.7.19.

41) 한국산업기술진흥협회, "연구소/전담부서 신고관리시스템 신규설립안내", https://www.rnd.or.kr/user/newly/target.do, 2021.7.19.

① 산업디자인 분야

산업디자인 중 제품디자인은 대량생산되는 산업제품의 기능과 형태를 결정하는 디자인을 의미하고, 포장디자인은 제품을 담을 용기나 포장지를 만들고 디자인하는 활동을 의미한다.

② 환경분야

환경의 자정능력을 향상시키고 사람과 자연에 대한 환경피해 유발 요인을 억제 · 제거하는 기술로서 환경오염을 사전에 예방 또는 감소시키거나 오염 및 훼손된 환경을 복원하는 등 환경의 보전과 관리에 필요한 연구개발활동을 의미한다.

- 대기 · 수질 · 토양 오염, 악취의 감소 · 처리 기술과 소음 · 진동 방지
- 기술, 오염 유발 억제 제품의 개발 기술, 재활용 및 회수
- 자연환경의 보전 · 복원 및 개선 기술
- 상수도의 정수처리 및 오염방지 기술

③ 건설분야

건축물 및 플랜트, 토목공사에 필요한 공법, 재료, 구조, 시공분야 등의 과학적으로 진보된 새로운 지식과 방법을 개발 적용하는 활동으로서 건축물의 건축 · 대수선, 건축설비의 설치 또는 공작물의 축조를 위한 도면 · 구조계획서 및 공사시방서 등을 작성하는 일반적인 "설계"는 연구개발 활동에 포함되지 않는다.

- 토목구조, 지반 및 터널, 건축환경, 건축설비, 건축구조, 건축재료, 플랜트 등

(2) OECD기준에 따른 과학기술분야 연구개발의 범위 및 예시[42)]

프라스카티 매뉴얼에서는 앞서 살펴본 연구개발의 정의 외에 아래와 같이 연구개발의 사례, 경계, 제외 사례에 대해 소개하고 있다.

가. 연구개발과 혁신활동 그리고 경계선에 있는 사례들

혁신은 신제품이나 상당히 개선된 제품을 시장에 출시하거나 또는 시장에 제품을 출시할 때 신규 프로세스나 또는 상당히 개선된 프로세스를 활용하는 것을 의미한다. 연구개발은 혁신활동의 일부일 수도 있고 아닐 수도 있지만 많은 혁신활동 중의 하나다. 혁신활동은 신지식, 기계, 장비, 다른 자본재의 획득과 교육, 마케팅, 설계, 소프트웨어 개발을 포함하며, 내부에서 수행될 수도 있고 제3자를 통해 실시될 수도 있다.

42) OECD, 「프라스카티 매뉴얼 2015」, 한국과학기술기획평가원, 2016, 61~66면

혁신 프로세스의 일부이지만 연구개발의 기준을 충족시키지 못하는 활동은 연구개발에서 제외되어야 한다. 예를 들어 특허 출원, 라이선싱, 시장조사, 생산 착수(manufacturing start-up), 제조 장비개선(tooling up) 및 프로세스 재설계는 적절한 연구개발활동들이 아니며 연구개발 프로젝트의 일부분으로 간주될 수 없다. 그러나 동시에 장비개선, 프로세스 개발, 설계 및 시제품 제작과 같은 활동들은 일부 연구개발 요소를 포함할 수도 있기 때문에 무엇을 연구개발로 정의하고, 정의하지 않아야 하는지는 판단하기가 쉽지 않다. 특히 국방이나 항공우주와 같은 대규모 산업에서 연구개발활동을 정의할 때는 많은 어려움이 존재한다. 이외에도 식품 및 약품통제와 같은 공공기술 기반의 서비스에서 연구개발을 파악할 때도 유사한 어려움이 발생한다.

이는 연구개발활동의 목적에 따라 잘 구분되기도 하는데 다음의 예를 통해서 특정 프로젝트가 연구개발활동인지 여부를 살펴보자.[43)]

연구개발의 목적에 따른 연구개발활동의 구별	
사례 1	의학 분야에서 사인 규명을 위한 통상적 부검은 의료행위이지 연구개발이 아니다. 그러나 특정 암 치료법의 부작용을 확인하기 위해 사망을 정밀 조사하는 것은 연구개발에 속한다. 연구의 최종결과에 대해 신규성과 불확실성이 있으며 그 결과를 보다 광범위한 사용을 위해 이전할 수 있기 때문이다. 이와 유사하게 혈액검사나 박테리아 검사같이 검진을 위한 일상적인 실험은 연구개발이 아니다. 그러나 신약개발을 위한 특별 혈액검사는 연구개발에 해당된다.
사례 2	기온이나 기압을 매일 기록하는 것은 연구개발이 아니라 표준 절차의 일환이다. 그러나 기온 측정을 위해 새로운 방법을 탐구하는 것은 연구개발이며 날씨 예측을 위해 새로운 모델을 공부하고 개발하는 것도 연구개발이다.
사례 3	기계공학에서의 연구개발활동은 종종 설계와 밀접한 연관이 있다. 이 산업에 종사하는 중소기업은 통상 특별한 연구개발 부서가 없으며 대부분 연구개발은 "설계 및 제도(design and drawing)" 활동에 포함되게 된다. 파일럿 플랜트(pilot plants)나 시제품(prototype)의 조립과 작동을 위해 이루어진 계산, 디자인, 제도작업(working drawing), 운영지침 마련은 연구개발에 포함되어야 한다. 그러나 이러한 활동들이 생산 표준화의 준비, 실행 그리고 유지를 위해 수행되거나(지그(jig), 공작기계 등) 제품의 판매 촉진을 위한 것이라면(물품 견적서, 광고전단, 부품목록 등) 연구개발에서 제외되어야 한다. 이 사례에서 우리는 연구개발의 여러 특징을 발견할 수 있다. 우선 시제품을 통해서 새로운 장비의 잠재력을 파악하고자 하기 때문에 신규성(novelty)이 있고, 시제품 테스팅이 예상치 못한 결과를 낳을 수 있기 때문에 불확실성(uncertainty)이 존재한다. 그리고 생

43) OECD,「프라스카티 매뉴얼 2015」, 한국과학기술기획평가원, 2016, 49면

연구개발의 목적에 따른 연구개발활동의 구별	
사례 3	산될 신규장비의 설계에서 창의성(creativity)이 발현될 수 있고 테스팅 결과를 제품 개발단계에서 활용하기 위해 기술 문서를 제작하면서 이전 가능성(transferability)이 생겨날 수 있다. 또한 위와 같은 기술적 활동 뒤에는 상세한 프로젝트 조직도가 있을 수 있다(체계적 접근방식).

미국 국립과학재단(National Science Foundation, NSF)에서 유래한 다음의 원칙은 어려운 경우들을 판단하는 것에 대한 실무적 기준을 제공하고 있다.[44]

R&D 판단의 실무적 기준
만일 일차적 목적이 제품 또는 공정의 기술적 개선을 달성하는 것에 있다면 그 작업은 R&D의 정의 내에 들어오게 되며, 반대로 그 제품, 공정 또는 접근법이 이미 든든히 구축되어 있고 일차적인 목적이 시장의 개발, 시작품 계획 또는 생산의 시작이나 시스템이 잘 작동하도록 하는 것이라면 그 작업은 더 이상 R&D가 아니다.

사례 1 연구개발활동의 판단기준

아래 소개할 판례는 "조세특례제한법에 따른 연구개발은 과학적·기술적 진전을 이루기 위한 체계적이고 창의적인 활동 등으로 제한되어야 하고, 제품의 일부 개선이나 변용, 제조방법의 단순한 능률화 등의 활동과는 본질적으로 구별되는 연구활동이어야 한다."는 판단기준을 제시하고 있는 중요한 사례이다.[45] 이와 같이 과세당국 및 법원은 이미 조세특례제한법 제10조에 따른 연구개발비 세액공제를 적용여부를 판단함에 있어서, 기업부설연구소 및 연구요원의 형식적 요건을 살펴보는데 그치지 않고, 실질적으로 해당 연구소 및 연구요원이 연구개발의 개념에 따른 연구개발활동을 전담해서 수행하고 있는지 여부를 세액공제 가부의 중요한 판단기준으로 삼고 있다는 것을 이해할 필요가 있다.

부연하면, 연구개발활동여부를 판단함에 있어서 특정한 활동을 하게 한 주된(일차적) 목적이 무엇인지를 고려해야 한다는 점, 그리고 겸업금지의 원칙을 고려하고, 실무적으로

44) OECD, 「FRASCATI MANUAL」, 2002, 42면

45) 해당 연구요원들의 활동이 제품의 일부 개선이나 변용, 제조방법의 단순한 능률화 등에 불과하여 조세특례제한법상 연구개발의 정의인 과학적·기술적 진전을 이루기 위한 활동으로 인정받지 못한 사례로는 조심 2016구3332, 2017.11.2., 조심 2017중2339, 2017.8.24., 조심 2016중3894, 2017.4.24.(산업디자인 분야) 등이 있다. 또한, 이른바 Customizing(커스터마이징)은 과학적 또는 기술적 진전 내지 과학적 또는 기술적 불확실성의 체계적인 해소를 위한 것이라고 보기는 어려워 실패의 위험이나 비효율을 감수한 활동을 전제로 하는 연구개발비 세액공제제도의 근본 취지에 맞지 않다고 판시한 판례로는 서울행정법원 2019구합59431, 2020.9.25., 부산지방법원 2018구합24514, 2020.10.16., 부산지방법원 2018구합24422, 2020.9.4., 서울행정법원 2019구합75594, 2020.9.25.(과학기술분야) 등이 있다.

연구 외의 활동(겸업)을 했는지 여부를 판단함에 있어서 과세당국은 해당 연구원들의 접대비 및 출장비 지출증빙 및 출장일지 등을 살펴보고 있다는 점도 이해해야 한다. 이 책을 읽는 독자들이 연구개발의 개념 등을 이해할 수 있도록 해당 판례의 전문을 옮겼으니 참고하길 바란다.[46)]

서울행정법원 2016구합56905, 2017.7.13.

Ⅰ. 사건의 개요

1) 원고는 2001년 4월경 지주회사인 주식회사 AAA로부터 분할되어 설립된 법인으로 석유화학사업, 정보소재사업 등을 목적사업으로 하고 있다.

2) 원고 산하의 연구개발(R&D) 조직으로는 선행기술을 연구하는 CCC연구원(○○○연구소, ○○○소재연구소, ○○○연구소)와 선행기술을 바탕으로 제품화, 적용기술 개발 및 고객에게 차별화된 솔루션을 제공하는 TS&D(Technical Service&Development)를 수행하는 BBB센터가 있는데, CCC연구원과 BBB센터는 모두 구 기초연구진흥 및 기술개발지원에 관한 법률(2015.1.20. 법률 제13007호로 개정되기 전의 것, 이하 '구 기초연구법'이라 한다) 소정의 기업부설연구소로 신고하여 인정받았다.

3) 원고는 2010년부터 2013년까지 법인세 신고를 하면서 CCC연구원장과 BBB센터장의 인건비 및 BBB센터 연구원의 인건비와 재료비를 구 조세특례제한법(2014.1.1. 법률 제12173호로 일부개정되기 전의 것, 이하 같다) 제10조에 따른 연구인력개발비 세액공제 대상으로 보아 법인세를 공제받았고, 2009년분은 당초 법인세 신고시에는 세액공제 대상에 포함시키지 않았으나 2013년경 경정청구를 하여 해당 세액을 환급받았다.

4) 피고는 2014.12.12. 원고에게, BBB센터의 연구원은 연구활동 외 영업 및 A/S 등 다른 업무를 수행하므로 연구개발업무를 전담한다고 볼 수 없고, BBB센터장과 CCC연구원장은 행정, 인사, 총무 등 연구 이외의 업무까지도 모두 총괄하는 기관장이므로 연구개발업무를 전담한다고 볼 수 없다는 이유로, BBB센터 연구원의 인건비와 재료비 및 BBB센터장과 CCC연구원장의 인건비는 모두 조세특례제한법 시행령 제9조 제2항 [별표 6]의 연구·인력개발비세액공제를 적용받는 비용에 해당하지 않는다고 보아 해당 부분의 연구·인력개발비 세액공제를 부인하고 이에 따라 2009 사업연도 법인세 0,000,000,000원, 2010 사업연도 법인세

46) 상기 지방법원 판결에 대해 납세자가 고등법원과 대법원에 항소/상고하였으나 모두 패소했다(서울고등법원 2017누62718, 2018.1.9., 대법원 2018두35483, 2018.5.31).

0,000,000,000원, 2011 사업연도 법인세 0,000,000,000원, 2012 사업연도 법인세 0,000,000,000원, 2013 사업연도 법인세 0,000,000,000원 합계 0,000,000,000원을 부과고지하였다(이하 '이 사건 처분'이라 한다).

5) 원고는 이에 불복하여 2015.00.00. 심판청구를 하였으나, 조세심판원은 2015. 00.00. 기각결정을 하였다.

Ⅱ. 원고의 주장

1) 구 조세특례제한법은 일정한 요건을 갖춘 기업부설연구소나 전담부서에서 연구업무에 종사하는 연구원의 인건비, 재료비를 법인세 공제 대상으로 규정하고 있는바, BBB센터는 과학기술진흥협회장으로부터 2001년 00월경 기업부설연구소로 인정받아 엄격한 사후관리를 받고 있는 연구소로서 2014년 00월경 실시된 현장확인에서도 연구개발을 전담하고 있다는 점을 확인받았다.
또한 피고가 영업이나 A/S(고객서비스)에 해당한다고 문제삼고 있는 활동 역시 실질적으로는 신제품 개발의 연장선상에서 이루어지는 것으로서, 불특정 다수의 소비자들에게 판매되는 표준화된 제품이 아니라, 다른 산업재나 소비재 생산의 원재료로 사용되는 중간재를 생산하는 석유화학업종의 특성상, BBB센터가 개발한 소재와 기술이 고객의 공정에 최적으로 구현되도록 하기 위하여는 고객과의 협업이 필수적이고, 따라서 고객에 대한 기술지원이나 교육 등은 해당 소재 및 기술을 개발한 연구소에서 수행할 수밖에 없는 연구개발활동 본연의 업무이거나 적어도 그에 필수적으로 수반되는 활동이다.
원고는 이와 같은 석유화학제품의 특성을 고려하여 석유화학사업부문의 연구개발조직을 기초소재 및 원천기술을 연구개발하는 '석유화학연구소'와 제품 및 응용기술을 연구개발하는 'BBB센터'로 나누었고, BBB센터는 순수한 학술적 연구활동뿐 아니라 산업기술의 연구 및 성과를 기업생산활동에 적용하는 방법을 찾아내는 연구활동도 하고 있다. 그럼에도 피고는 석유화학제품의 중간재로서의 특성과 BBB센터의 업무 내용을 오인하고, '전담'이나 '연구개발활동'의 의미를 자의적으로 좁게 해석하여 BBB센터 연구원의 인건비와 재료비에 관한 세액공제를 부인한 잘못이 있다.

2) BBB센터장과 CCC연구원장은 각 연구소의 연구전담요원으로 등록되었을 뿐 아니라, 각 연구소의 전체 연구개발과제들을 기획, 감독, 검토하는 업무를 맡고 있는 바, 이는 연구개발 업무 그 자체이거나 적어도 연구전담요원의 연구개발을 직접적으로 지원하는 업무에 해당하므로, 이들의 인건비 역시 연구개발 세액공제 대상에 포함되어야 한다.

III. 인정사실

1) 원고는 ○○○사업 부문에 2개의 연구개발조직을 두고 있는데, 하나는 기초소재 및 원천기술을 연구하는 '석유화학연구소'이고, 다른 하나는 기초소재를 고객에게 판매 가능한 형태의 제품으로 만들고 응용기술을 연구하는 BBB센터이다. BBB센터의 2013.00.00. 기준 직원 수는 00명으로서, 연구보조원 00명, 관리직원 00명, 연구전담요원 00명으로 분류되고 있는데, 그 중 박사학위 소지자는 15명, 석사학위 소지자는 154명, 학사학위 소지자는 52명이다. BBB센터는 2009년부터 2013년까지 4년 동안 202건의 특허를 출원하여 그 중 54건의 특허등록을 마쳤고, 국책연구과제 6건을 수행하였다.

2) BBB센터 소속 연구원들의 업무로는 ① S00－00(소재·신제품 개발 업무 및 개발된 제품을 고객의 공정에 적합하도록 제품의 물성을 충족시키고 개선하는 업무), ② C&C(C00&C00, 고객의 불만에 대한 원인분석 및 해결책을 도출하는 업무로서 필요시 소재·제품 개발로 나아감), ③ S00(고객의 수요를 파악하고 원고의 제품개발 및 고객의 공정을 개선하는 업무)이 있다.
BBB센터 소속 연구원들은 ① S00－00 업무를 수행함에 있어 고객의 요구사항에 따른 맞춤형서비스를 제공하기 위하여 영업부서 직원과 함께 출장상담을 다녔고, 고객이 원하는 신제품을 개발하여 양산까지 긴밀히 협조하는 작업을 하였으며, ② C&C 업무를 수행함에 있어서는 고객의 불만이나 불편사항을 처리하고, 고객의 요구에 따라 기존제품의 품질을 개선하여 제안하거나 심도 깊은 연구가 필요한 경우 이를 연구과제로 삼기도 하였으며, ③ 고객으로부터 의뢰받아 수행한 S000 과제 가운데는 부품의 플라스틱화를 통한 원가절감, 친환경 제품 제공을 통한 인지도 및 경쟁력 강화, 공동마케팅 및 품질개선을 통한 고객 사업확대 지원, 고객 성장·시장개척 지원 등 신제품이나 신기술의 연구개발과는 무관하게 고객의 개별영업을 위한 것들도 다수 포함되어 있다.

3) BBB센터의 연구원들은 원고 소속 사업부의 영업팀 및 고객에게도 교육서비스를 제공하고 있는데, 영업팀 직원들을 상대로 한 'Sales Tech S000' 과정은 영업팀 직원의 제품지식 함양 및 고객대응능력 향상을 위하여 교육서비스를 제공하는 것이고, 고객을 상대로 한 교육제공은 제품사용과정에서의 불만을 줄이고, 고객의 매출증가에 도움을 주기 위하여 사전 또는 사후에 기술교육을 제공하기 위한 것이다. BBB센터 연구원들의 이러한 활동은 매출 실적에 포함되어 성과평가에 반영되고, 그밖에도 영업이익, 신제품 시장개척, 기존제품 시장확대, 프리미엄 제품 매출확대, 고객외부만족도 등의 항목을 평가 기준으로 한다. 2013년 조직 성과평가서에 의하면, BBB센터의 특성지표는 'Global Top Tier 고객 확보, 신용도

및 신규고객 개척, 기존시장 확대 및 유지' 등을 주요기준으로 하고 있어 '신제품 매출액, 주요 프로젝트 성과창출, 특허확보' 등을 주요기준으로 하는 석유화학 연구소와 차이가 있다.

4) BBB센터의 2013년 기준 경비 지출내역은 인건비(61.36%), 연구 경비(22.78%), 운영경비(15.86%)로 구성되는데, BBB센터의 연구원들은 외부출장이나 외부 통화가 많기 때문에 위 운영경비의 1/3 이상을 차지하는 5.87% 상당 금액(1,913,054,000원)은 출장비 등 여비·교통비로 사용되었고, 1.12% 상당 금액(364,232,000원)은 통신비로 사용되었다. 또한 BBB센터의 2009년부터 2013년까지의 교제비 지출액 합계 614,943,000원 가운데 5% 상당인 32,559,000원(2009년 9,814,000원, 2010년 8,289,000원, 2011년 6,714,000원, 2012년 5,389,000원, 2013년 2,353,000원)은 고객방문(식사, 선물등) 비용으로 지출되었다. 그 외에도 '정보수집을 위한 접대, 경쟁력 강화를 위한 관계 개선, 업무개선을 위한 교류시 접대, 기업PR 관련 업무 협의 접대, 매출증진을 위한 거래선 접대, 신규 거래선 확보를 위한 접대'등 명목으로 BBB센터의 교제비가 지출되었다.

5) 원고가 제작한 BBB센터 소개자료(을 제32호증)에는 "Solution Partner BBB센터"라는 기치 아래 BBB센터의 역할은 "고객가치창조"로, 하는 일은 "소재개발(고객 맞춤형 제품), 시장개발(고객 Needs에 부합하는 용도 개발, S00-00 활동을 통한 고객 상품개발 지원), 기술서비스(제품 설계, 고객 경영성과 향상, 고객의 근본적 문제해결 지원), 교육활동(플라스틱 가공과정 전반에 대한 교육, 기술실습교육), 정보제공(Trouble shooting 사례 등), Solution Partner 활동(고객이 원하는 소재/시장 개발, 고객의 고민을 해결하는 기술지원, 고객의 기술력 향상을 위한 교육)"으로 기재되어 있다.

6) 원고는 2009년분 법인세를 신고할 때에는 BBB센터의 연구개발비 세액공제를 신청하지 않았는데, 당시 작성된 원고의 내부 문서에는 "연구소 인건비용 계산시 BBB센터는 제외함(연구활동보다는 영업 Ts 성격이 강함)"이라고 기재되어 있다. 원고는 2010년부터 BBB센터에 관하여도 연구개발비 공제를 신청하였는데, 그 무렵 작성된 원고의 내부서류에는 "BBB센터의 경우 연구활동이 아닌 단순한 A/S활동으로 간주될 여지가 일부 있으므로, 조사시를 대비하여 모든 활동이 연구활동을 위한 준비단계로 인정될 수 있도록 관련서류 보완토록 함"이라고 기재되어 있다.

7) BBB센터를 소개하는 언론기사로는 "연구원들 역시 스스로를 '000 연구원'이 아닌 현장을 누비는 '테크니컬 마케터'라고 부른다", "연구개발(R&D)과 영업의 중간자", "한해 센터가 수행하는 대고객 서비스 사례는 320여건에 달한다. 연구원당

연간 2건의 토털 솔루션 서비스 제공이 목표다" 등의 내용이 보도되었다.

8) 원고에 대하여 2014년경 실시된 세무조사 과정에서 BBB센터의 직원들은, 'BBB센터는 영업 목표를 달성할 수 있도록 기술지원을 하는 기관으로서, 고객사의 제품을 양산단계까지 기술지원하고, 그 후 문제가 생기면 문제해결을 해주는 Before Service, After Service가 BBB센터의 존재목적이며, 고객들은 영업적 내용과 기술적 내용을 모두 궁금해 하는 경우가 많아 BBB센터의 연구원이 영업팀 직원과 함께 출장을 가서 가격협상과 기술설명을 동시에 진행하는 경우가 자주 있다'는 취지로 진술하였다.

9) BBB센터장의 주요 업무로는 ① 연구개발 과제 선정 공유회(연 4회), ② 중장기 계획 검토(연 1회), ③ 과제 검토(연 2회), ④ 연구개발 결과 공유회(연 2회), ⑤ 성과관리(수시)가 있고, CCC연구원장의 주요 업무로는 ① 연구개발 전략회의(연 1회), ② 중장기 계획 검토(연 1회), ③ 과제 검토-전체 과제 관리(연 2회), 전략 과제관리(8개 프로그램, 연 31회), 상시 과제 검토를 통한 방향 협의, ④ 조직목표합의 반영 및 점검(연 4회)이 있다. BBB센터장과 CCC연구원장은 연구전담요원으로 등록되어 있고, 2009년부터 2013년까지 신청인이 인건비 공제를 신청한 내역은 다음과 같다.

Ⅳ. 법원의 판단

1) BBB센터 연구원들이 수행하는 업무가 구 조세특례제한법 제9조 제5항 전단의 "연구개발" 개념에 포섭되는지 여부에 관하여

가) 구 조세특례제한법 제9조 제5항은 "연구개발"은 과학적 또는 기술적 진전을 이루기 위한 활동과 새로운 서비스 및 서비스 전달체계를 개발하기 위한 활동을 말한다고 규정하고, 조세특례제한법 시행령 제8조 제2항은 제1항의 연구개발에는 ① 일반적인 관리 및 지원활동, ② 시장조사와 판촉활동 및 일상적인 품질시험, ③ 반복적인 정보수집 활동, ④ 경영이나 사업의 효율성을 조사·분석하는 활동, ⑤ 특허권의 신청·보호 등 법률 및 행정 업무, ⑥ 광물 등 자원 매장량 확인, 위치확인 등을 조사·탐사하는 활동, ⑦ 위탁받아 수행하는 연구활동이 포함되지 않는다고 규정하고 있다. 한편 구 기초연구법 시행령(2013.12.24. 대통령령 제25016호로 일부개정되기 전의 것, 이하 같다) 제2조 제5호는 "연구개발활동"이란 과학기술 분야 또는 특정지식기반서비스 분야의 지식을 축적하거나 새로운 응용방법을 찾아내기 위하여, 축적된 창의적 지식을 활용하는 체계적이고 창조적인 활동으로서 새로운 제품 및 공정(工程)을 개발하기 위한 시제품(試製品)의 설계·제작 및 시험, 새로운

서비스 및 서비스 전달체계의 개발 등 사업화 전까지의 모든 과정을 말한다고 규정하고 있다.

나) 위 관계 법령의 규정내용에 비추어 보면 구 조세특례제한법 제9조 제5항이 규정하고 있는 "연구개발"이란 '과학적 또는 기술적 진전을 이루기 위한 활동', '지식을 축적하거나 새로운 응용방법을 찾아내기 위한 활동', '체계적이고 창의적인 활동'에 해당할 것을 그 핵심적인 지표로 한다. 이 때 순수한 기초연구활동뿐만 아니라 과학기술의 연구 및 성과를 기업생산활동에 적용하는 방법을 찾아내는 활동도 연구개발의 범주에 포함될 수 있겠지만, 그것이 기존에 이미 상용화·사업화된 기술과 동일성이 인정되는 범위 내에서 이를 다소 보완 또는 변형함으로써 약간의 효율성이나 편리함을 더하였다거나, 특정 소비자의 기호에 맞추어 주관적인 만족도를 높이는 정도의 것으로는 부족하고, 기존의 제품이나 기술과 획기적인 차별성이 인정되는 새로운 제품이나 기술의 개발을 목적으로 하는 연구활동이어야 할 것이다.
그런데 앞서 인정한 사실들을 비추어 알 수 있는 다음과 같은 사정들을 종합하여 보면, BBB센터 연구원들이 수행한 S00-00, C&C(C000&C000), S000 제공업무 중의 상당부분은 구 조세특례제한법 제9조 제5항이 규정하는 "연구개발"의 범위에 포함된다고 볼 수 없다.

① BBB센터 연구원들의 S00-00 업무는 고객과의 상담을 통해 고객이 보유한 기계의 특수성이나 고객이 원하는 특징을 반영하여 기존의 기술이나 제품을 다소 변형·보완한 기술이나 제품을 제공함으로써 구매를 촉진하기 위한 활동이다. 이러한 개별 고객의 수요에 따른 맞춤형 제품의 연구·생산은 기술적 진전 혹은 새로운 제품의 개발이라고 보기 어렵다.

② C&C활동의 경우 기본적으로 제품의 고장이나 불량 등으로 인한 불만사항을 해결한다는 점에서는 통상의 A/S업무와 크게 다를 것이 없다. 다만 객관적인 고장으로 인한 수리 뿐 아니라 고객의 주관적인 불편감이나 불만사항까지도 상담하여 해결하여 주고, 깊이 있는 연구가 필요한 경우에는 자체적인 연구활동으로까지도 연결될 수 있다는 점에서 차이가 있으나, 고객의 불만해결이 항상 연구활동이나 새로운 소재·제품의 개발로 연결되는 것이 아니고 오히려 그와 같은 경우가 특별한 경우인 것으로 보이므로, C&C활동 역시 통상적으로 연구개발의 범주에 포함된다고 할 수 없다. 또한 원고가 수행한 S000 과제 중 '부품의 플라스틱화를 통한 원가절감', '친환경 제품 제공을 통한 인지도 및 경쟁력 강화', '공동마케팅 및 품질개선을 통한 고객 사업확대 지원', '고객 성장·시장개척 지원' 등은 개별고객의 영업활동에 도움을 주기 위한

목적을 가질 뿐 과학적 또는 기술적 진전을 이루기 위한 체계적이고 창의적인 활동이라고 보기 어렵다.

③ BBB센터의 연구원이 영업사원과 함께 고객을 방문하여 고객에게 제품설명 및 교육을 제공하는 업무나 내부적으로 원고의 영업사원들을 교육하는 업무는 그 자체로 연구개발활동으로 볼 수 없고, 전문가가 계약체결 전 단계에서부터 고객과 접촉하여 전문적인 내용을 설명·협상하고 고객의 수요를 파악함으로써 신규거래의 개시나 기존고객과의 거래확대를 목적으로 한 영업활동을 지원하는 행위는 고도의 영업전략으로 평가되기도 하는바, 이는 조세특례제한법 시행령 제8조 제1항의 시장조사 및 판촉활동이나 반복적인 정보수집 활동, 경영이나 사업의 효율성을 조사·분석하는 활동에 해당할 여지도 있다. BBB센터의 운영경비는 전체 경비지출의 15.86%를 차지하고, 그 중에서도 BBB센터 연구원들의 출장비, 통신비, 교제비 등의 합계가 전체 경비지출의 약 7%에 이르는바, 앞서 본 바와 같이 연구개발활동으로 보기 어려운 고객과의 만남이나 전화상담이 BBB센터 연구원들의 업무 중 중요한 부분을 차지하고 있다.

④ BBB센터는 조직의 성과를 평가하는 기준으로 원고 산하의 다른 기업부설연구소에 속하는 석유화학연구소와 달리 연구성과창출, 특허확보 등이 아닌 고객확보, 신규시장 개척, 기존시장 확대 및 유지 등을 들고 있고, 자체적으로 제작한 BBB센터 소개자료에도 객관적인 기술의 진전을 위한 창의적인 활동을 목적으로 하는 것이 아니라 개별고객으로부터 의뢰받은 기술이나 제품의 개발 및 연구에 주안점을 두고 고객의 수요를 만족시키는 것이 목적임을 분명히 하고 있다. 이처럼 BBB센터가 연구활동과 영업을 접목시킨 기관으로서 그 소속 연구원이 수행하는 업무 역시 마찬가지의 성격을 갖는다는 점은 대내외적으로 이미 널리 인식되어 있었다.

⑤ 과학기술진흥협회장이 구 기초연구법에 기초하여 2014년 4월경 실시한 BBB센터 현지확인결과, 소속 연구원의 '연구개발활동 수행내역 확인' 및 '연구원의 연구개발 전담여부' 항목에서 '이상없음' 평가를 받았다고 하더라도, 그 결과에 법원이 기속되는 것은 아니고, 현지확인은 주로 BBB센터가 제시하는 자료에 기초하여 단시간 내에 이루어지는 것이므로 물적시설이나 인적구성 등 형식적 요건에 주안점을 두었을 것이며, '연구개발'이나 '전담여부'의 판단을 위한 관계법령의 해석에 다소 어려움이 있을 수 있기 때문으로 보인다.

⑥ 다만 원고의 주장과 같이 BBB센터의 연구원이 고객을 만나 상담하고,

고객의 요구사항을 반영한 제품을 만드는 과정에서 얻은 아이디어를 계기로 하여, 특정 고객의 수요를 충족시킬 뿐 아니라 객관적으로 과학적 또는 기술적 진전으로 평가될 만한 창의적인 연구개발활동을 수행할 가능성이 있는 것은 사실이고, 그 동안 BBB센터가 출원·등록한 다수의 특허 및 신제품을 개발을 수반한 S000의 제공 등이 그 대표적인 사례에 해당한다. 이러한 경우 연구원들이 수행한 해당 연구업무는 연구개발의 범위에 포함될 수 있을 것이다.

2) **다음으로, 1)항에서 본 바와 같이 BBB센터 연구원들이 연구개발 업무뿐만 아니라 그 외의 업무까지 병행하여 수행한 경우 그 인건비 및 BBB센터의 재료비가 구 조세특례제한법 제10조 제1항에 따른 법인세 공제대상에 해당하는지 여부에 관하여**

가) 관련법령 소개 부문 -생략 -

나) 조세법률주의의 원칙상 과세요건이나 비과세요건 또는 조세감면요건을 막론하고 조세법규의 해석은 특별한 사정이 없는 한 법문대로 해석할 것이고 합리적 이유 없이 확장해석하거나 유추해석하는 것은 허용되지 아니하며, 특히 감면요건 규정 가운데에 명백히 특혜규정이라고 볼 수 있는 것은 엄격하게 해석하는 것이 조세 공평의 원칙에도 부합한다(대법원 2009.8.20. 선고, 2008두11372 판결 등 참조).

구 조세특례제한법 제10조에서 규정하고 있는 연구개발비 세액공제 제도는 각종 연구기관, 기업이나 단체 및 기업의 연구개발전담부서 등에 의한 연구개발을 장려할 목적에서 그 대가로 지급되는 일정 범위의 금액을 해당 과세연도의 소득세 또는 법인세에서 공제하도록 하는 데에 취지가 있으므로, 위 관계 법령에서 규정하는 일정한 조건을 갖춘 연구개발에 직접적으로 대응하는 비용만을 세액공제의 대상으로 삼아야 할 것이다. 앞서 살핀 관계 법령의 내용을 종합하여 보면, 기업부설연구소에서 근무하는 연구전담요원이나 연구보조원으로서 인건비 세액공제 대상이 되기 위해서는 미래창조과학부 장관의 인정을 받은 기업부설연구소에서 연구개발과제를 직접 수행하거나 이를 보조하는 연구업무에 종사하면서 그 외에 다른 업무를 겸하지 않아야 하고, 재료비 세액공제 대상이 되는 연구기자재란 기업부설연구소에서 연구전담요원 또는 연구보조원이 연구개발활동에 직접 사용하는 것이어야 한다.

다) 그런데 앞서 본 인정사실에 변론 전체의 취지를 종합하여 의하여 알 수 있는 다음과 같은 사정을 종합하여 보면, BBB센터의 연구원들은 모두 과학적 또는 기술적 진전을 이루기 위한 본연의 연구업무 이외에도 고객과의 상담 및 고객으로부터 의뢰받은 연구활동과 수리 등 서비스 제공 업무를 상당

부분 겸하고 있으므로, 구 조세특례제한법 제10조의 인건비 세액공제 대상이 되지 아니하고, BBB센터의 연구원들이 사용한 재료 역시 연구전담요원 등이 연구개발활동에 직접 사용하는 것이라고 볼 수 없어 마찬가지이다. 원고의 이 부분 주장은 이유 없다.

① BBB센터의 업무 가운데 고객과의 상담이나 방문, 단순한 맞춤형 제품개발의뢰나 불만접수, 제품 수리 등의 업무는 구 조세특례제한법 제9조 제5항 등이 규정하고 있는 순수한 연구개발 업무와 분리할 수 있는 것이고, 위와 같은 활동이 원고의 기술발전 및 신제품개발에 간접적으로 도움이 될 수 있다고 하더라도, 그 자체를 연구개발의 범주에 넣을 수 없을뿐더러 그러한 업무를 필연적으로 연구전담요원이 수행하여야 할 필요도 없다. 만일 연구전담요원이 위와 같은 업무를 겸하는 경우까지도 모두 세액공제 대상으로 본다면 연구개발에 직접적으로 지출된 비용만을 법인세액에서 공제하기 위하여 그 세부요건을 엄격히 규정한 구 조세특례제한법의 취지가 몰각되고, 연구개발을 수행하는 연구원이 한 다른 활동에 대응하는 인건비에 관하여도 세액이 공제되는 부당한 결과가 초래된다.

② 원고가 주장하는 것과 같이 일정한 경우에는 고객에게 전담 연구원을 배정하여 해당 고객의 제품 상담에서부터 제품 양산 및 사후 관리까지 유기적으로 담당하게 하는 것이 고객관리나 기술발전의 측면에서 더욱 효과적일 수도 있고, 그러한 판단에 따라 연구활동과 영업활동을 적절히 결합한 방식을 선택하여 사업을 영위하는 것은 원고의 자유이다. 다만 구 조세특례제한법 등 관계법령이 기업부설연구소에서 근무하는 연구전담요원 등이 연구개발업무 외에 다른 업무를 겸하지 않는 경우에만 세액공제를 허용하도록 분명히 규정하고 있는 이상 BBB센터의 연구원들이 연구개발업무 외에 다른 업무를 겸하였다면 세액공제는 불가능하다.

3) BBB센터장과 CCC연구원장의 인건비가 세액공제대상에 해당하는지 여부

앞서 살핀 것과 같이 연구개발비 세액공제 제도의 규정 및 취지에 비추어 볼 때 연구개발에 직접적으로 대응하는 비용만이 세액공제 대상이 될 수 있고, 연구전담요원이나 연구보조원 모두 연구업무나 연구업무를 직접적으로 지원하는 업무 이외에 다른 업무를 겸하지 아니하여야 인건비 세액공제대상에 해당한다. 그런데 앞서 인정한 사실에 의하면 BBB센터장과 CCC연구원장은 각 기관의 연구전담요원으로 등록되어 있기는 하지만 개별 연구과제를 직접 수행하거나 개별 연구과제의 내용에 세세하게 관여하여 실질적으로 연구의 내용을 관리·감독한 것은 아니었고, 연구원들로부터 연구의 주제 및 방향이나 진행상황 등을 보고받고 관리하는 것을 주된 업무로 하였던 것으로 보인다. 나아가 구성원이

수백명에 이르는 단체의 장이라는 지위는 그 본질적인 특성상 그 기관의 본연의 업무 외에도 행정적인 업무등 여러 부수적인 업무들을 수행하게 될 수밖에 없고, 이러한 행정적인 관리 업무는 구 조세특례제한법 시행령 제8조 제2항 제1호가 연구개발에서 제외되는 것으로 규정하고 있는 "일반적인 관리 및 지원활동"에 해당할 가능성이 큰 점, BBB센터장과 CCC연구원장의 인건비 세액공제 내역은 그 금액이 상당히 클 뿐 아니라, 매년 큰 차이가 있어, 원고의 주장과 같이 매년 동일하게 전체적인 연구과제 관리 정도의 업무만을 하는 대가로 지급되었다고 하기에는 그 금액이나 연도별 차이가 설명되지 아니하고 단순 착오로 인건비 세액공제를 신청하지 않은 해가 있었다는 부분도 쉽게 납득되지는 않는 점, 원고는 BBB센터장 및 CCC연구원장의 급여산정 근거에 대하여는 별다른 설명이나 자료를 제출하지 않고 있는 점, BBB센터장의 경우에는 앞서 살핀 것과 같이 BBB센터 소속 연구원들이 수행한 연구개발 외 다른 업무에 관한 관리감독 업무 역시 수행하였을 것인 점 등을 종합하여 보면, BBB센터장 및 CCC연구원장에게 지급된 인건비가 순수 연구개발활동에 직접 대응하는 것이라는 원고의 주장을 받아들이기 어렵다. 따라서 원고의 이 부분 주장도 이유 없다.

V. 결론

따라서 원고의 주장은 모두 이유 없고 이 사건 처분은 적법하다. 그렇다면 원고의 청구는 이유 없어 기각하기로 하여 주문과 같이 판결한다.

나. 혁신 프로세스에서 연구개발에 포함되거나 포함되지 않는 사례

아래의 표와 아래 사례들은 어떤 것을 연구개발로 정의해야 하고 어떤 것이 제외되는지를 설명하고 있다.

항목	구분	비고
시제품	연구개발에 포함	주목적이 향후 개선을 위한 경우에 해당
시험공장 (pilot plant)	연구개발에 포함	주목적이 연구개발일 경우에만 해당
산업 디자인	일부	연구개발 과정 중 요구되는 디자인은 연구개발에 포함. 제조공정을 위한 디자인은 제외
산업공학 및 장비개선	일부	혁신 프로세스의 "피드백" 연구개발과 산업공학 설비개선은 연구개발에 포함. 생산목적인 경우는 연구개발에서 제외

항목	구분	비고
시험생산	일부	생산이 전면적인 테스트와 그로 인한 추가 설계 및 공학 작업을 포함하는 경우에는 연구개발로 정의. 관련 기타 활동은 모두 제외
생산 이전 단계의 개발	제외	–
판매 후 서비스 및 문제해결	제외	"피드백" 연구개발은 예외(연구개발에 포함)
특허 및 라이선스 업무	제외	특허 및 라이선스 출원에 관련된 모든 행정, 법적 업무는 연구개발에서 제외(그러나 연구개발 프로젝트의 최종 결과물을 문서화하는 것은 연구개발로 정의). 연구개발 프로젝트와 직접 연관된 특허 업무는 연구개발로 분류
일상적인 테스트	제외	연구개발인력에 의해 수행되는 경우에도 연구개발에서 제외
자료수집	제외	연구개발을 구성하는 부분인 경우는 연구개발로 분류
공공 감시 통제, 표준 및 규제 이행	제외	–

① 시제품(Prototypes)

시제품은 신제품의 모든 기술적 특성과 성능을 반영하도록 만들어진 독창적인 모델(original model)이다. 예를 들어 부식성 액체 펌프를 개발할 때 다양한 화학물질을 가지고 빠른 시일 내에 수명 테스트를 진행하려면 여러 개의 시제품이 필요하다. 그리고 시제품 테스트가 실패하면 피드백 과정(feedback loop)을 통해 그 결과가 펌프의 개선에 반영된다. 시제품의 설계, 제작 및 테스트는 통상 연구개발에 포함된다. 이는 만들어진 시제품이 하나인지 또는 여러 개인지, 시제품들이 단계적으로 만들어졌는지 아니면 동시에 만들어졌는지에 상관없이 적용된다. 그러나 시제품에 필수적인 수정이 이루어지고 테스트가 만족스럽게 완수되면 연구개발 단계가 종료된다. 그리고 시제품 원본에 대한 테스트가 성공적으로 끝나고 한시적인 상업적, 군사적 또는 의학적 요구에 의해 몇 개의 사본이 추가로 제작되는 것은 이 작업이 연구개발 연구진에 의해 수행되더라도 연구개발에 포함되지 않는다. 시제품의 가상제작에도 이와 동일한 규칙이 적용될 수 있다. 가상제작에서 시제품 테스팅이 연구개발 프로젝트의 일환으로 수행되고, 그 목적이 프로젝트의 목표달성에 필요한 증거를 수집하는 것일 때만 해당 활동이 연구개발로 정의된다.

② 시험 공장(Pilot plants)

시험 공장은 상용공장 건설 이전에 공정기술 등에 대한 노하우, 예를 들어 생산품이나 생산공정에 대한 기술자료, 경험의 획득을 위하여 운용하는 공장이다.

이러한 시험 공장을 건설하고 운용하는 것은 그 주요한 목적이 다음의 활동들을 위한 경험의 획득 및 공학과 기타자료의 수집일 때 연구개발로 정의된다.[47)]

시험 공장 운영의 목적
㉠ 가설의 평가
㉡ 새로운 생산방식의 작성
㉢ 새로운 완성품 내역의 정립
㉣ 새로운 공정을 필요로 하는 구체적인 설비와 구조의 설계
㉤ 공정에 대한 운영교본이나 지침 준비

이러한 실험 단계가 끝나고 나서 파일럿 플랜트가 통상적인 상업생산으로 전환 가동되면 여전히 파일럿 플랜트라고 지칭되더라도 활동은 더 이상 연구개발이 아니다. 그리고 파일럿 플랜트 운영의 주목적이 비상업적(non-commercial)으로 남아 있으면 플랜트 산출물의 일부나 전체가 판매되어도 원칙적으로 해당 수입의 처리는 달라지지 않는다. 즉 파일럿 플랜트 운영의 주목적이 비상업적이면 이러한 판매 수입은 연구개발활동 비용에서 공제되지 않아야 한다.

③ 대규모 프로젝트(Large-scale projects)

국방, 항공우주, 거대과학(Big Science)과 같은 대규모 프로젝트들은 통상 실험에서부터 생산 이전 단계의 개발(pre-production development)까지 다양한 활동들이 진행된다. 그렇기 때문에 이러한 프로젝트에 자금을 지원하거나 관련 연구를 수행하는 조직에서는 연구개발 지출과 타 지출을 구별하는 것은 쉽지가 않다. 그러나 정부 연구개발지출의 많은 부분을 국방 분야에 투자하는 나라들에서는 국방 분야에서 발생하는 연구개발지출과 비연구개발 지출을 명확히 구분하는 것이 매우 중요하다.

신규 원자력 발전소들이나 쇄빙선(icebreaker)처럼 고가의 파일럿 플랜트 또는 시제품의 속성을 면밀히 살피는 것도 매우 중요하다. 대부분의 경우 이러한 파일럿 플랜트나 시제품은 기존 재료와 기술을 그대로 활용하여 제작하며, 많은 경우에 연구개발에서의 활용과 주요 서비스(발전, 쇄빙) 제공이라는 두 가지 목적을 위해 만든다. 그러나 파일럿 플랜트나 시제품 제작의 경우 모든 활동이 연구개발로 간주되어서는 안 된다. 이들 제품의 실험적 특성으로 인해 발생된 추가비용만 연구개발에 포함되어야 한다.

47) 관련 심판례로서는 국심 2003부2549, 2003.12.30.

④ 시험 생산(Trial production)

시제품이 성공적으로 테스팅되고 필요한 수정이 모두 이루어지면 생산 착수단계가 시작된다. 이 단계는 전면적인 생산과 밀접한 관련이 있으며, 제품이나 프로세스의 개선, 새로운 기법 또는 새로운 기계에 대한 근로자들의 재교육이 이루어진다.

이 생산착수는 주목적이 제품의 품질개선보다는 생산 프로세스 시작에 있으며 그렇기 때문에 설계나 공학측면의 연구개발활동이 없으면 연구개발로 간주하지 않아야 한다.

또한 대량생산을 위해 가동된 최초의 시험생산 설비도 그 이름이 시제품이라고 명명되어 있더라도 연구개발 시제품으로 간주되지 않는다. 한 예로 새로운 제품이 자동용접으로 조립되어야 하는 경우 최대 생산속도와 효율성을 달성하기 위해 용접장치의 설정을 최적화하는 것은 연구개발이 아니다.[48)]

⑤ 고장 수리(Trouble - shooting)

문제해결 활동은 때때로 연구개발의 추가 수요를 발생시키기도 하지만 대부분의 경우 설비나 프로세스상의 오류 탐지를 목적으로 하고 표준설비나 프로세스에 대한 경미한 수정만이 이루어진다. 따라서 문제해결 활동은 연구개발에 포함되어서는 안 된다.

⑥ 피드백 연구개발(Feedback R&D)

새로운 제품이나 프로세스가 생산 단위로 넘어간 후에도 해결되어야 할 일부 기술 문제들이 남아 있을 수 있고 이들 중 일부는 향후 연구개발이 필요할 수도 있다. 이렇게 "피드백"을 위한 연구개발은 연구개발로 분류되어야 한다.

⑦ 장비설치와 산업공학(Tooling up and industrial engineering)

대부분의 경우에 장비설치와 산업공학 단계는 연구개발이 아니라 생산과정의 일부다. 장비설치는 다음과 같이 3단계가 존재한다.

- 부품의 최초 사용(연구개발로 탄생한 부품의 사용도 포함)
- 대량생산을 위한 장비의 최초 가동
- 대량생산 개시와 관련된 장비의 설치

그러나 장비설치 과정이 기계나 도구의 개선, 생산 및 품질관리 프로세스의 수정, 새로운

48) 관련 조세심판원 사례(조심 2014전2261, 2014.9.30.)에서는 소스류 등 조미식품 제조회사의 OEM제품점검업무(OEM 제품개발을 위해 주문업체와 함께 제품의 레시피 배합 등을 변경하고 그 시제품을 점검하는 업무)를 적격한 연구개발활동으로 보았다. 해당 회사의 사실관계를 명확히 알지 못하지만 필자의 판단으로는 동 업무는 시험 생산단계로 볼 수도 있을 것 같다. 왜냐하면, 본문에 언급한 바와 같이 생산 시작단계의 일차적인 목적이 더 이상 제품의 추가적인 개선에 있지 않고 단지 생산공정이 가동되도록 하는 것에 있기 때문이다.

방법과 표준의 개발 등과 같이 추가 연구개발 작업을 야기하게 되면 이는 연구개발로 분류되어야 한다. 장비설치 단계에서 이루어진 "피드백" 연구개발도 연구개발로 분류되어야 한다.

⑧ 임상시험(Clinical trials)

신약이나 백신, 치료법은 시장에 출시되기 전에 안전성과 효과성을 검증하기 위해 자발적 참여자들을 대상으로 체계적인 임상시험을 거친다. 임상시험은 4개의 표준 단계로 나뉘며 이 중 세 단계는 제조허가 취득 이전에 이루어진다. 국가 간 비교를 위해 관례적으로 임상시험의 1, 2, 3단계는 연구개발로 간주된다. 임상시험 4단계는 승인 및 제조 이후에 약품이나 치료법을 시험하는 단계이며, 이 단계에서는 한 걸음 더 나아간 과학기술 진보가 있을 때만 연구개발로 분류된다. 또한 제조 허가 이전에 행해지는 활동들을 모두 연구개발로 분류하면 안 된다. 그리고 특히 임상시험 3단계 종료 후 4단계 시작 전까지 상당한 지연이 발생하는 경우에는 주의를 기울여야 한다.

이 기간 동안 마케팅이나 프로세스 개선 활동이 시작될 수 있기 때문이다.

다. 연구개발과 설계의 구분(R&D and design)

설계와 연구개발활동은 분리가 어렵다. 일부 설계 활동은 연구개발 프로젝트의 필수 부분이며 연구개발은 설계의 투입요소가 될 수 있기 때문이다. 둘 간에는 유사점도 있고 연계점도 있다. 그러나 모든 설계활동이 이 장에서 소개한 연구개발의 핵심기준인 신규성과 불확실성을 충족하지는 않는다.

한편 설계는 혁신의 구축과 실행에도 중요한 역할을 한다. 아직 설계에 대해 통계차원에서 합의된 정의가 없지만 '신제품과 프로세스의 계획, 설계 절차, 기술 규격 및 기타 사용자와 기능적 특징을 목적으로 하는 다목적의 혁신활동'으로 정의할 수 있다. 그리고 새로운 제품이나 공정의 계획을 위한 초기 준비, 조정과 향후 변화를 비롯한 설계 및 실행작업도 설계의 정의에 포함된다.

위에 언급한 설계의 정의는 혁신과정 내에서 설계가 창의적인 역할을 한다는 것을 의미하고 있다. 이 특징은 동일한 배경에서 연구개발이 수행될 때 연구개발이 잠재적으로 보이는 특징과 유사하다고 할 수 있다. 일부 설계 관련 활동들은 제품개발 프로세스에서 "새로운 것"을 목적으로 하고(항상 새로운 지식을 의미하지는 않음), 창의적이고 독창적이며, 공식화 될 수 있고(전담팀의 실행), 개발팀에게 공유하기 위해 결과물을 정형화 한다는 측면에서 연구개발로 간주될 수 있다.

그러나 연구개발과 설계의 주요한 차이는 숙련된 설계자들이 혁신 프로젝트에서 업무를 맡았을 때 불확실성이 존재하지 않는다는 점이다. 이에 따라 설계는 연구개발이 아니며 모든 통계에서 연구개발과 분리되어야 한다는 견해가 있다.

또한 연구개발 프로젝트는 '기대되는 결과가 합의된 시한 내에 달성될 수 있는가'라는 불확실성을 내포하고 있다. 반면 설계 프로젝트는 목적의 명확성과 타당성에 따라 불확실성이 결정된다. 예를 들어 일반 건물을 설계하는 것은 최종 결과물에 불확실성이 없다. 그러나 건물의 개념이 도전적일수록 그리고 새로운 기능을 추가할수록 프로젝트 완수에 필요한 시간 및 비용은 불확실성이 높아진다. 그리고 기존 설계도구들의 사용을 보완하고 이러한 불확실성을 해소하기 위해 연구개발이 필요할 수도 있다.[49)]

라. 연구개발과 관련된 과학기술활동(R&D and related scientific and technological activities)

동일한 기관에서 여러 활동들을 수행할 때 과학기술활동과 연구개발을 구분하는 것은 쉽지 않다. 이에 대한 일반 지침은 다음과 같다.

- 연구개발을 주요 활동으로 하는 기관이나 기관의 하위 단위, 그리고 기업들은 종종 부차적인 비연구개발활동(과학기술정보, 시험, 품질관리, 분석 등)도 수행한다. 이러한 부차적인 활동이 연구개발 목적으로 수행되면 연구개발에 포함시켜야 한다. 하지만 부차적인 활동이 비연구개발 요건을 충족하기 위한 것이라면 연구개발에서 제외되어야 한다.
- 연구개발 관련 과학활동이 주목적인 기관들은 종종 해당 활동과 연계된 연구를 수행한다. 이러한 연구는 연구개발 측정 시 반드시 파악되어서 포함되어야 한다.

일부 부문에서는 연구개발과 과학기술활동을 구분하기 위해 연구개발 핵심기준을 적용하는 것이 어려울 수 있다. 다목적 데이터 수집, 테스팅, 표준화, 빅데이터 프로젝트, 우주탐사, 광물탐사 및 평가가 이에 해당되며 모두 대량자금이 투입되는 중요한 분야들이다.

① 다목적 자료수집과 문서화(General-purpose data collection and documentation)

다목적 자료수집은 일반대중의 관심대상인 자연, 생물, 사회적 현상을 기록하거나, 기록할 수 있는 자원이 정부에게만 있는 경우에 수행되는 활동을 뜻한다. 정기적인 지형도 작성,

---

49) 관련 심판례로는 조심 2019중3785, 2021.2.1.: 청구법인이 구조 등 설계기술과 관련한 특허 및 신기술인증을 받은 것에 대해서는 처분청의 이견이 없어 보이는 반면에 해당 특허 등이 연구개발활동과 무관하다는 반증이 제시되지 아니한 점, 청구법인 부설연구소의 설계팀이 고객사가 제시한 조건에 부합한 시제품의 설계를 위하여 연구팀의 보유한 것과 구별되는 구조 등 설계기술에 관한 연구개발활동을 한 것으로 보이고 그렇다면 그 소속 임직원에게 지출한 쟁점인건비는 연구·인력개발비 세액공제의 대상에 해당하므로, 처분청이 쟁점인건비를 연구·인력개발비 세액공제의 대상이 아닌 것으로 보아 경정청구를 거부한 이 건 처분은 잘못이 있음(인용 결정).

일상적인 지질, 수자원, 해양 및 기상 조사와 천체관측 등이 이에 해당된다. 이러한 활동들 중 연구개발을 위해서만 수집되거나 주요 프로세스의 일부분으로 수집된 자료는 연구개발에 포함되어야 한다(예를 들어, 유럽입자물리연구소(CERN)에서 소립자 산란 실험의 일환으로 탐지기에 수집된 자료). 이와 동일한 논리가 자료의 처리와 해석에도 적용된다. 특히, 사회과학은 사회에 대한 정확한 기록에 크게 의존하며 이런 정보는 인구조사, 표본조사 등으로 수집된다. 자료들이 과학연구의 목적으로 특별히 수집되거나 처리되면 그 비용은 연구에 할당되어야 하고 자료의 계획이나 체계화도 포함되어야 한다. 또한 특정 프로젝트가 완전히 새로운 통계방식이나 자료수집 방법 및 기법의 구축을 목표로 할 때 연구개발로 정의될 수 있다(예를 들어, 완전히 새롭거나 상당히 수정된 설문조사 또는 통계시스템 개발에 관련된 개념적이고 방법론적인 작업, 표본조사 방법론, 소지역 추정 기법, 첨단자료의 확보기법과 관련된 작업 등). 그러나 다른 목적으로 수집된 자료, 즉 실업률의 분기별 표본조사와 같은 자료는 연구에 사용되더라도 연구개발에 포함되어서는 안 된다(연구원이 이 자료를 사용하기 위해 사용료를 지불한 경우는 제외). 시장조사도 연구개발에서 제외 되어야 한다.

② 빅데이터 프로젝트(Big data projects)

데이터의 집약적 탐구방법과 새로운 도구들의 출현으로 풍부한 데이터를 바탕으로 한 과학적 발견과 데이터 주도 혁신이 증가하고 있다. 그러나 이러한 활동들도 연구개발로 정의되기 위해서는 연구개발의 다섯 가지 핵심기준을 충족시켜야 한다. 특히 활동이나 프로젝트가 체계적으로 수행되는지를 파악해야 한다. 즉 존재하는 지식 격차를 명확히 파악하고 이의 해소를 위해 특정자원을 활용하였는지를 확인해야 한다. 대표적인 사례가 "인간 게놈 프로젝트"다. 이 프로젝트는 13년이라는 긴 시간동안 18개국의 연구원과 기관들이 참여하여 인간의 DNA 코드 순서를 정리하고 상세지도를 완성하였다. 한편 디지털화가 가능해지면서 연구개발 기준 중 하나인 정형화(codification)가 빅데이터 프로젝트에 중요한 역할을 하고 있다. 빅데이터 프로젝트에서 창출된 데이터의 가용성이 '특정현상을 위해 수집한 데이터를 바탕으로 해당 현상에 대한 지식을 전달할 수 있느냐'에 달려있기 때문이다. 그러나 이러한 데이터들은 연구 목적으로 접근할 수도 있고 그렇지 않을 수도 있으며, 사용 가능하거나 사용 가능하지 않을 수도 있다. 오픈사이언스(Open Science)는 공공자금으로 지원된 연구의 결과물을 디지털화하여 과학 커뮤니티, 기업 또는 일반 사회가 보다 쉽게 접근할 수 있도록 하는 것을 의미한다(OECD, 2015). 일부 경우에 연구 데이터를 과학 커뮤니티에게 공개하는 노력(연구결과의 재현을 위한 특정 도구의 개발 포함)은 연구개발 프로젝트의 목표와 예산에 이런 내용이 명시되어 있는 경우에 연구개발 프로젝트의 필수요소로 간주될 수 있다. 그러나 그렇지 않은 경우에는 별도의 정보공유 활동으로 간주되어야 하고 연구개발에서 제외되어야 한다.

③ 우주탐사(Space exploration)

우주탐사와 관련된 어려움은 상당수의 우주연구 활동들이 이제 일부 측면에서는 일상적인 활동으로 간주된다는 것이다. 그리고 우주탐사와 관련된 대부분의 비용은 연구개발이 아닌 재화나 용역의 구매에 소요된다. 따라서 차량, 장비, 소프트웨어, 기법의 개발과 같은 일련의 우주탐사 활동들과 궤도위성의 정기적 발사, 또는 추적 및 통신거점의 설립 활동들을 구분하는 것이 필요하다.

④ 시연 프로젝트(Demonstration projects)

연구개발통계에는 "시연"에 대한 두 개의 개념이 이미 채택되어 있다. 하나는 정책 수립 및 시제품의 홍보를 위해 실제 같은 환경에서 (거의) 완전한 규모로 시제품을 운영하는 "사용자 시연(user demonstration)"으로 이는 연구개발이 아니다. 다른 하나는 ("시연 프로젝트"와 "시연 모델"의 개발을 포함하는) "기술 시연(technical demonstration)"으로 기술 시연은 연구개발 프로젝트의 중요 부분이기 때문에 연구개발활동에 포함된다.

기술 시연은 대규모 연구 프로젝트에서 널리 사용되고 있다. 이를 볼 때 기술 시연은 신기술의 구현을 사전 또는 사후 평가하는 프로세스의 한 단계로 간주된다고 할 수 있다. 이러한 개념은 기술정보 분야에서 처음 채택되었고, 차츰 잠재 투자자 및 고객에게 개발 중인 기술의 잠재력을 제시하는 활동으로 발전하였다. 연구개발 프로젝트 내에서 시연활동의 역할을 명확히 파악할 수 있을 때만 기술 시연 개념을 활용해야 한다.

제4절 서비스분야 연구개발활동의 범위 및 예시

1 서비스분야의 산업범위

과학기술분야와 마찬가지로 조세특례제한법에서는 서비스분야의 연구개발활동이 일어나는 산업분야에 대해 그 범위를 규정해 놓고 있지는 않고 있다.

과학기술분야 및 서비스분야의 연구개발과 관련하여 조세특례제한법상 세제지원은 공통적으로 「기초연구진흥 및 기술개발지원에 관한 법률」에 따라 설립된 과학기술분야 및 서비스분야의 전담부서등의 운영 등에 소요된 연구개발비용에 대해 적용되는 것이므로 「기초연구진흥 및 기술개발지원에 관한 법률」에 따른 서비스분야 전담부서등의 인정 시 제한이 있는 업종이 있는지를 살펴보아야 한다.

전담부서등의 인정기관인 한국산업기술진흥협회에서 제시하고 있는 전담부서등의 설립 시 충족해야 하는 서비스분야의 연구개발활동을 살펴보면 다음과 같다.[50)]

서비스분야의 연구개발활동
서비스분야의 연구개발활동은 서비스 산업에서의 연구개발활동을 말하며, 일반적으로 제조업의 제품 및 신공정 개발에 대응하여 새로운 서비스 상품 및 서비스 전달체계를 개발하는 것을 의미한다.

한편, 「기초연구진흥 및 기술개발지원에 관한 법률 시행령」 제2조 제5호에 따르면 서비스분야 기업부설연구소의 설립이 가능한 업종은 일반 유흥주점업 등 일부 서비스 업종을 제외한 모든 서비스 업종이 그 대상이라고 규정하고 있다.[51)]

유흥 등 관련분야의 범위는 다음 표에 규정된 서비스 업종[52)]으로 한다.[53)]

50) 한국산업기술진흥협회, "연구소/전담부서 신고관리시스템 신규설립안내", https://www.rnd.or.kr/user/newly/target.do, 2021.7.19.

51) 「기초연구진흥 및 기술개발지원에 관한 법률 시행령」 제2조 제5호(2020.3.3., 대통령령 제30497호로 일부개정된 것)

52) 「통계법」 제22조에 따라 통계청장이 고시한 한국표준산업분류에 따른 업종을 말한다.

53) 「기초연구진흥 및 기술개발지원에 관한 법률 시행령」 제2조 제5호에 따른 [별표 1]

| 표 _ 유흥 등 관련분야의 범위 |

업종	한국표준산업 분류코드
일반 유흥주점업	56211
무도 유흥주점업	56212
기타 주점업	56219
기타 사행시설 관리 및 운영업	91249
무도장 운영업	91291
블록체인 기반 암호화 자산 매매 및 중개업	63999-1

참고로, 한국산업기술진흥협회에서는 기업부설연구소/연구개발전담부서로 인정가능한 서비스분야 업종코드(한국산업표준분류 코드 및 기준경비율 코드)를 제시하고 있으니 참고하길 바란다.[54] 한국산업기술진흥협회의 서비스 인정분야 확인표(2021년)에 의하면 아래의 업종을 서비스분야 전담부서등의 인정 가능한 업종으로 열거하고 있다.

업종	한국표준산업분류(중분류)
하수·폐기물처리, 원료재생 및 환경복원	36~39
도매 및 소매	45~47
운수	49~52
숙박 및 음식점	55~56
출판, 영상, 방송통신 및 정보서비스	58~63
금융 및 보험	64~66
부동산 및 임대	68
전문, 과학 및 기술 서비스	70~73
사업시설 관리, 사업 지원 및 임대 서비스	74~76
교육서비스	85
보건업 및 사회복지 서비스	86~87
예술, 스포츠 및 여가관련 서비스업	90~91

54) 한국산업기술진흥협회, "연구소/전담부서 신고관리시스템 자료실", https://www.rnd.or.kr/user/infoservice/coverage__view.do?currentPage=1&DATA__SEQ=DATA__256&BOARD__SEQ=256&recordCountPerPage=10&search=title&searchValue=, 2021.7.19.

2 서비스분야 연구개발의 범위 및 예시

(1) 「기초연구진흥 및 기술개발지원에 관한 법률」에 따른 서비스분야 연구개발의 범위 및 예시

가. 서비스분야 연구개발의 개념

기업부설연구소등의 설립 근거가 되는 「기초연구진흥 및 기술개발지원에 관한 법률」에서는 서비스분야의 '연구개발'을 보다 상세하게 다음과 같이 정의하고 있다(기초연구진흥 및 기술개발지원에 관한 법률 시행령 제2조 제5호).[55]

기초연구진흥 및 기술개발지원에 관한 법률에 따른 서비스분야 연구개발활동의 정의
(서비스분야의) '연구개발활동'이란 서비스분야의 지식을 축적하거나 새로운 응용방법을 찾아내기 위하여, 축적된 창의적 지식을 활용하는 체계적이고 창조적인 활동으로서 새로운 서비스 및 서비스 전달체계의 개발 등 사업화 전까지의 모든 과정을 말한다.

나. 서비스분야 연구개발의 범위 및 예시[56]

한국산업기술진흥협회의 「기업부설연구소/연구개발전담부서 신고에 관한 업무편람」에서는 서비스분야 연구개발활동의 범위(예시)를 아래와 같이 들고 있다.

| 표 _ 서비스 산업별 연구개발활동 정의 |

한국표준산업 분류	정의
36. 수도업	수요자에게 생활용수 및 공업용수를 공급하기 위하여 취수, 집수, 정수하고 이를 배관시설에 의하여 급수함에 있어 새로운 정수처리시스템을 개발하거나 고도정수처리시설을 구축 등을 포함하여 새로운 서비스의 개발, 서비스 전달체계의 개선, 제품과 서비스를 융합하는 활동
37. 하수, 폐수 및 분뇨 처리업	하수 및 산업 폐수를 수집, 처리하는 산업활동과 사람 및 가축 분뇨를 수집, 운반, 보관 및 처분함에 있어 폐수처리시설 공정을 개선하거나 신공법 개발 등을 포함하여 새로운 서비스의 개발, 서비스 전달체계의 개선, 제품과 서비스를 융합하는 활동

55) 「기초연구진흥 및 기술개발지원에 관한 법률」에 따른 기업부설연구소등을 설립하기 위해서는 설립 전에 「기초연구진흥 및 기술개발지원에 관한 법률」에 따른 '연구개발' 요건과 인적·물적요건을 갖추어야 한다. 따라서 조세특례제한법상의 연구개발을 논함에 있어서 「기초연구진흥 및 기술개발지원에 관한 법률」에 따른 연구개발의 개념을 참고해야 한다.

56) 한국산업기술진흥협회, 「기업부설연구소/연구개발전담부서 신고에 관한 업무편람」, 2020.4., 14~20면

한국표준산업 분류	정의
38. 폐기물 수집, 운반, 처리 및 원료 재생업	가정 및 사업장에서 발생하는 각종 폐기물을 수집, 운반, 처리하는 산업활동과 폐기물, 스크랩(금속 부스러기 등), 기타 폐품 등을 처리하여 재생용의 금속 또는 비금속 원료 물질(이차 원료)로 전환함에 있어 건설폐기물 처리 연구, 건축물 철거 처리 관련 연구 등을 포함하여 새로운 서비스 개발, 서비스 전달체계의 개선, 제품과 서비스를 융합하는 활동
39. 환경정화 및 복원업	오염된 건물, 토양, 지하수, 강, 바다, 호수, 대기 등을 정화하여 복원함에 있어 새로운 토양정화 기법 개발이나 수처리 엔지니어링 개발 등을 포함하여 새로운 서비스의 개발, 서비스 전달체계의 개선, 제품과 서비스를 융합하는 활동
45. 자동차 및 부품 판매업	신품 또는 중고 자동차, 모터사이클 및 이들의 부품과 부속품을 판매하는 산업활동으로서 자동차 매매 중개함에 있어 자동차 유지보수 플랫폼 개발, 자동차 판매 app 개발 등을 포함하여 새로운 서비스의 개발, 서비스 전달체계의 개선, 제품과 서비스를 융합하는 활동
46~47. 도매 및 소매업	구입한 각종 신상품 또는 중고품을 변형하지 않고 구매자에게 재판매하는 도매 및 소매활동, 판매상품에 대한 소유권을 갖지 않고 구매자와 판매자를 위하여 판매 또는 구매를 대리하는 상품 중개, 대리 및 경매 활동을 함에 있어 주문통합관리 솔루션 개발, 주문 인터페이스 개선, 마케팅 솔루션 개발, 소비자 맞춤형 서비스 모델 개발 등을 포함하여 새로운 서비스 개발, 서비스 전달체계의 개선, 제품과 서비스를 융합하는 활동
49~52. 운송업	각종 운송시설에 의한 여객 및 화물 운송업, 창고업 및 기타 운송관련 서비스업을 수행함에 있어 물류정보시스템 지능화 기술 개발, 분류시스템 효율화 기술 개발 등을 포함하여 새로운 서비스의 개발, 서비스 전달체계의 개선, 제품과 서비스를 융합하는 활동
55. 숙박업	일반 대중 또는 특정 회원에게 각종 형태의 숙박시설, 캠프장 및 캠핑시설을 단기적으로 제공함에 있어 새로운 객실 상품과 운영 솔루션 개발 등을 포함하여 새로운 서비스의 개발, 서비스 전달체계의 개선, 제품과 서비스를 융합하는 활동
56. 음식점 및 주점업	접객시설을 갖추고 구내에서 직접 소비할 수 있는 음식을 조리하여 제공하는 음식점을 운영하는 산업활동과 접객시설을 갖추고 주류, 다과류 및 비알코올 음료를 판매하는 산업활동을 제공함에 있어 주류 디자인 개발, 새로운 조리법 개발 등을 포함하여 새로운 서비스의 개발, 서비스 전달체계의 개선, 제품과 서비스를 융합하는 활동

한국표준산업 분류	정의
58. 출판업	학습서적, 만화, 소설 및 수필집 등 일반서적과 신문, 주간지, 월간지, 연보 등 정기간행물 등을 발간하거나 소프트웨어를 출판함에 있어 출판콘텐츠 다중활용(OSMU), 북테크 관련 교육 프로그램 개발 등을 포함하여 새로운 서비스의 개발, 서비스 전달체계의 개선, 제품과 서비스를 융합하는 활동
59. 영상, 오디오 기록물 제작 및 배급업	영화 및 방송 프로그램을 제작, 배급 및 상영하거나 영화 제작과 관련된 필름 가공, 더빙 등의 제작후 서비스를 제공함에 있어 영상관련 기술연구 및 영상분석 알고리즘을 이용한 응용기술 개발 등을 포함하여 새로운 서비스의 개발, 서비스 전달체계의 개선, 제품과 서비스를 융합하는 활동
60. 방송업	방송 프로그램을 기획·편성 또는 제작하여 이를 시청자(가입형 또는 유료제 등 개별 계약에 의한 수신자포함)에게 무선 또는 유선 통신 등의 방법으로 송신하거나 이용에 제공함에 있어 실시간 방송기술 개발, 디지털 광고 플랫폼 개발 등을 포함하여 새로운 서비스의 개발, 서비스 전달체계의 개선, 제품과 서비스를 융합하는 활동
61. 우편 및 통신업	일반 대중이나 다른 사업체를 위하여 국내·외에 송달되는 우편물을 수집 및 배달하는 우편사업과 전신, 전화 및 기타 통신시설에 의하여 음성 또는 비음성 전달 요소를 전기식 또는 전자식 방법에 의하여 송달함에 있어 음성우편시스템 개발, 네트워크 트래픽 보정 기술 개발 등을 포함하여 새로운 서비스의 개발, 서비스 전달체계의 개선, 제품과 서비스를 융합하는 활동
62. 컴퓨터 프로그래밍, 시스템 통합 및 관리업	주문형 소프트웨어를 자문, 개발, 공급하고 컴퓨터 시스템을 통합 구축하는 산업활동 및 컴퓨터 시스템의 관리, 운영관련 기술 서비스를 주로 제공함에 있어 프로그래밍 언어 개발, 운영체계 개발 등을 포함하여 새로운 서비스의 개발, 서비스 전달체계의 개선, 제품과 서비스를 융합하는 활동
63. 정보 서비스업	자료 처리 및 데이터베이스 구축, 웹 및 서버 호스팅, 스트리밍 서비스를 제공하거나 인터넷 정보 매개 서비스 및 기타 방식의 정보 제공함에 있어 광고 상품 패키지 개발, 멤버십 서비스 인증기술 개발 등을 포함하여 새로운 서비스의 개발, 서비스 전달체계의 개선, 제품과 서비스를 융합하는 활동
64~66. 금융 및 보험업	자금 여·수신 활동을 수행하는 각종 은행 및 저축기관, 모집 자금을 유가증권 및 기타 금융자산에 투자하는 기관, 여신 전문 금융기관, 그 외 공공기금 관리·운용기관과 지주회사 등이 수행하거나 장·단기에 발생할 수 있는 위험을 분산시킬 목적으로 보험 또는 연금 기금을 모금, 운영함에 있어 핀테크, 송금서비스 솔루션, 투자안정성 평가 및 신규 금융서비스 연구 등을 포함하여 새로운 서비스의 개발, 서비스 전달체계의 개선, 제품과 서비스를 융합하는 활동

한국표준산업 분류	정의
68. 부동산업	직접 건설, 개발하거나 구입한 각종 부동산(묘지 제외)을 임대, 분양 등으로 운영 혹은 수수료 또는 계약에 의하여 타인의 부동산 시설을 유지, 관리하거나 부동산 구매, 판매 과정에서 중개, 대리, 자문, 감정 평가 업무 등을 수행함에 있어 공시가격 산정 모형연구, 자동가격산정모형 구축 및 개선, 가격공시제도 관련 연구 등을 포함하여 새로운 서비스의 개발, 서비스 전달체계의 개선, 제품과 서비스를 융합하는 활동
70. 연구개발업	자연과학, 인문과학 및 사회과학 등의 각 연구 분야에서 새로운 지식을 얻기 위한 기초 탐구, 실용적 목적으로 연구하는 응용 연구, 제품 및 공정 개발을 위한 실험 개발 등의 활동을 함에 있어 미생물 서비스 솔루션 개발, 개인맞춤형 진단 플랫폼 개발 등을 포함하여 새로운 서비스의 개발, 서비스 전달체계의 개선, 제품과 서비스를 융합하는 활동
71. 전문 서비스업	전문적인 지식을 갖춘 인적 자본이 주요 요소로서 투입되는 법률, 회계, 광고, 경영 등에 대한 전문적 서비스를 제공하는 산업활동을 함에 있어 법률 및 회계서비스 개선, 온라인 광고 솔루션 및 소프트웨어 개발, 광고 디자인 및 효과 연구, 빅데이터 및 머신러닝 기반 광고이용자 성향분석, 기업의 위험관리 및 문제해결 관련 솔루션 연구 등을 포함하여 새로운 서비스의 개발, 서비스 전달체계의 개선, 제품과 서비스를 융합하는 활동
72. 건축기술, 엔지니어링 및 기타 과학기술 서비스업	건축 설계, 감리 등의 건축 기술 서비스, 엔지니어링 원리를 이용한 공학적 전문 기술 서비스, 지질 또는 지구 물리학적 조사 서비스, 물리적 및 화학적 분석 시험 서비스 등의 과학 기술 서비스를 제공함에 있어 업종별 커뮤니케이션 프로세스 연구, 신기술 및 신공법 연구, 각종공법 분석 및 품질관리 대책과 활용방안 연구, 건설하자 원인별 분석 및 개선 관련 연구, 디지털 제조업 기술, 서비스 품질향상 및 표준화 관련 연구 등을 포함하여 새로운 서비스의 개발, 서비스 전달체계의 개선, 제품과 서비스를 융합하는 활동
73. 기타 전문, 과학 및 기술 서비스업	인테리어 디자인, 제품 디자인, 시각 디자인 등의 디자인 전문 서비스 활동과 축산 동물 및 애완 동물 대상 수의 서비스, 사진 촬영 및 처리, 번역 및 통역, 매니저업 및 물품 감정·계량 및 견본 추출업 등의 기타 전문 기술 서비스를 제공함에 있어 시스템 통합, 안전성 평가 및 전산시스템 개발, 데이터 분석 및 활용, 신규 디자인 개발, 멸종위기 생물종 및 서식처와 생태계 복원기술, 녹지보전 관련 연구 등에 관련된 연구개발활동

한국표준산업분류	정의
74. 사업시설 관리 및 조경 서비스업	고객의 사업시설을 관리 또는 청소, 소독 및 방제 서비스를 수행하거나 산업장비 및 용품을 물리적, 화학적으로 세척함에 있어 아파트 관리서비스 개발, 친환경 방역 서비스 개발 등을 포함하여 새로운 서비스의 개발, 서비스 전달체계의 개선, 제품과 서비스를 융합하는 활동
75. 사업지원 서비스업	고용 알선, 인력 공급 등 고용 지원 서비스 활동; 경비, 경호 및 보안 시스템 운영 등 보안 서비스 활동; 여행사 및 예약 대리 등의 여행 보조 서비스 활동; 문서 작성, 복사 등의 사무 지원 서비스 활동 등의 사업 운영에 관련된 지원 서비스를 제공함에 있어 콜센터 운영 방식 개발, 고객상담 관리 시스템 개발 등을 포함하여 새로운 서비스의 개발, 서비스 전달체계의 개선, 제품과 서비스를 융합하는 활동
76. 임대업	개인, 가정 또는 사업체를 대상으로 조작자가 없이 각종 산업용 기계·장비 또는 개인 및 가정용 기계·장비·용품을 임대함에 있어 식기렌탈 솔루션 개발, 자동차 임대 서비스 개발 등을 포함하여 새로운 서비스의 개발, 서비스 전달체계의 개선, 제품과 서비스를 융합하는 활동
85. 교육 서비스업	교육 수준에 따른 초등(학령 이전 유아 교육기관 포함), 중등 및 고등 교육 수준의 정규 교육기관, 특수학교, 외국인학교, 대안학교, 일반 교습학원, 스포츠 및 레크리에이션 등 기타 교육기관, 직원 훈련기관, 직업 및 기술 훈련학원, 성인 교육기관 및 기타 교육기관과 교육 지원 서비스업을 포함하는 산업활동을 함에 있어 신규 교육콘텐츠를 개발하고 교육 효과 향상을 위한 교육시스템 개발, 편의성 강화를 위한 온라인 교육, 수요맞춤형 과정 개발, 교육/교수이론 연구 및 학습지와 교재 개발 등을 포함하여 새로운 서비스의 개발, 서비스 전달체계의 개선, 제품과 서비스를 융합하는 활동
86. 보건업	인간의 건강유지를 위한 각종 질환 예방과 치료를 위한 보건서비스를 제공하는 병원, 의원 및 기타 의료기관과 의료관련 서비스를 제공하는 산업활동을 함에 있어 국내, 국외 헬스케어 및 기술동향 파악 및 새로운 헬스케어 서비스 모델 도출, 병원 혹은 검진기관과 연계한 의료플랫폼 개발, 의료 관련 보안취약점 분석 및 개인정보보호 솔루션 연구, 의료 및 보건관련 통계 분석, 사업장 보건매뉴얼 관리, 원스톱 의료서비스 개발 등을 포함하여 새로운 서비스의 개발, 서비스 전달체계의 개선, 제품과 서비스를 융합하는 활동

한국표준산업 분류	정의
87. 사회복지 서비스업	아동, 노령자, 장애자 등과 같이 자립 능력에 제약을 받는 특정 범주 내의 사람을 보호하기 위한 각종 사회복지 서비스를 제공하는 거주 복지시설 또는 비거주 복지시설을 운영함에 있어 장애인 지원 서비스 개발, 초기치매환자 재활서비스 개발 등을 포함하여 새로운 서비스의 개발, 서비스 전달체계의 개선, 제품과 서비스를 융합하는 활동
90~91. 예술, 스포츠 및 여가관련 서비스업	창작, 예술 및 여가관련 서비스업과 스포츠 및 오락관련 서비스업과 관련된 산업활동을 함에 있어 미술 작품 개발, 회원관리 프로그램 개발, 스포츠 종목별 VR 장비 개발 등을 포함하여 새로운 서비스의 개발, 서비스 전달체계의 개선, 제품과 서비스를 융합하는 활동

(2) 서비스산업발전기본법안[57]에 따른 서비스분야 연구개발의 범위 및 예시

세계적인 경쟁력을 가진 제조업에 비해 국내 서비스산업은 생산성 및 경쟁력측면에서 취약하다는 지적을 받고 있다. 특히, 국내 제조업의 생산성 및 경쟁력이 높아지는 반면, 서비스산업의 경쟁력이 떨어짐에 따라, 우리나라 제조업과 서비스업의 생산성 및 경쟁력의 격차가 크게 벌어지는 양극화 현상이 더욱더 심화되고 있다. 제조업 대비 취약한 국내 서비스산업의 생산성과 경쟁력을 제고하는 것은 중요한 국가적 과제로 대두되고 있다. 이를 제도적으로 지원하기 위해 정부는 2011년 12월 「서비스산업발전기본법안」을 국회에 제출하였으나 임기만료로 폐기되었고, 2020년에 발의된 「서비스산업발전기본법안」도 현재 국회에 계류 중이다.

「서비스산업발전기본법안」은 제조업 대비 낮은 서비스산업의 생산성과 경쟁력을 제고하기 위해 다양한 제도적·정책적 수단을 활용하여 서비스산업을 지원할 수 있도록 하고 있다. 특히, 서비스산업의 생산성과 경쟁력을 제고하기 위해 서비스 R&D 지원에 많은 부분을 할애하고 있다. 「서비스산업발전기본법안」은 서비스산업 혁신을 지원하기 위해 다양한 지원제도를 규정하고, 서비스 R&D에 대한 개념 정의에서 시작해 정부의 서비스 R&D 지원 의무, 서비스 R&D 투자확대 등을 포함하는 포괄적인 정부의 서비스 R&D 지원, 민간 서비스 R&D의 촉진, 해외 진출, 인증, 금융 및 세제 지원 등에 대해 규정하고 있다.[58]

57) 국회의안정보시스템, 서비스산업발전기본법안, 이원욱 의원 대표 발의 안, 2020.7.3.
58) 장병열/이민형, "서비스산업 발전을 위한 서비스 R&D 제도화 연구 : 서비스산업발전기본법을 중심으로", 「정책연구 2019-17」, 과학기술정책연구원, 2019.12., 1~2면

가. 서비스 R&D 개념

서비스분야 R&D의 개념을 보다 명확하게 이해하기 위해서 「서비스산업발전기본법안」에서 규정하고 있는 서비스분야의 연구개발을 참고할 필요가 있다(서비스산업발전기본법안 제2조 제3호).[59]

서비스산업발전기본법안에 따른 서비스분야 연구개발활동의 정의
'서비스산업 연구개발'이란 새로운 서비스의 개발, 서비스 전달체계의 개선, 제품과 서비스의 융합 등 서비스산업과 관련된 새로운 지식을 얻거나 응용하는 체계적이고 창조적인 활동을 말하며, 기술 개발, 비즈니스 모델 개발, 인문·사회·문화 측면에서의 연구개발 등을 포함한다.

서비스 연구개발 특징으로는 이공학 외에도 인문·사회·문화 등 非기술적인 연구가 중요하다는 점, "경험과 감"이 아닌 "과학적·체계적 방법"에 의한 혁신을 도모한다는 점, 旣 개발된 기술을 새로운 서비스 개념과 비즈니스 모델에 접목하는 '융합·창의적' 연구개발이 특히 중요하다는 점이다.

나. 서비스 R&D 유형[60]

서비스 R&D 유형은 다음과 같다.

유형	정의
새로운 서비스 개발	• 기존에 제공되지 않았던 신규서비스를 창출 (예: 취약계층을 위한 관광지 안전정보 서비스 창출) • 기존서비스를 기반으로 파생된 신규서비스를 개발 (예: 실감형 e스포츠 중계서비스 개발) • 새로운 지식을 토대로 신규서비스를 구축 (예: 사기유형에 대한 분석 토대로 결제사기방지 서비스 구축)
서비스 전달체계 개선	• 기존 서비스의 품질 향상 (예: 빅데이터를 통한 반려동물 보험 서비스 품질 향상) • 서비스의 전달 과정을 효율화 (예: 물류 추적 플랫폼을 통한 운송체계 효율화)

59) 서비스산업발전기본법안 제3조에서는 「의료법」, 「약사법」, 「국민건강보험법」 및 「국민건강증진법」에서 규정한 사항을 제외하고는 다른 법령에 따라 수립하는 서비스산업 관련 계획과 정책이 이 제정 법률안에서 정하는 시행계획과 조화를 이루도록 노력하여야 한다고 규정하여 사실상 다른 법률이 이 법에 따르도록 규정하고 있다.

60) 기획재정부·과학기술정보통신부·과학기술정책연구원, 「서비스 연구개발(R&D) 가이드라인」, 2021.3., 7면

유형	정의
	• 서비스의 새로운 전달체계를 구축 (예: 홈페이지 배열체계의 변경 통해 전달체계 새롭게 구축)
제품-서비스 융합	• 제품을 기반으로 새로운 서비스의 등장 (예: 스마트폰을 기반으로 한 간편결제 서비스 등장) • 새로운 서비스에 부수적인 제품 개발 (예: 가상현실 테마파크 안내서비스에 부수적인 로봇 개발)
기타	• 서비스 생산·소비과정에서 일어나는 현상에 관한 이해목적의 연구, 특정 서비스 산업의 새로운 서비스 개발·개선에 필요한 공통 지식·도구 개발 등

다. 서비스 R&D 연구방법[61)]

위의 '기술 개발, 비즈니스 모델 개발, 인문·사회·문화 측면에서의 연구개발 등'은 서비스 R&D의 방법론을 의미하는 것이다.

서비스 R&D의 방법론과 관련하여 중요한 점은 과학·공학적 접근 방법을 활용한 기술혁신(Technology Innovation), 사회과학적 접근 방법을 활용한 비즈니스 모델 혁신(Business Model Innovation), 인문·사회 과학적 접근 방법을 활용한 사람/사회 혁신(Human/Social Innovation) 각각의 개별적인 혁신만으로는 서비스 혁신을 이끌어 낼 수 없다는 점이다.

예컨대 서비스 R&D에 있어 단순한 서비스 기술혁신만으로는 어떤 서비스 개념과 시나리오에 이러한 기술을 적용할 것인지 정해 지지 않아, 개발된 기술이 사장되어 서비스에 접목해 적용할 수 없는 경우가 발생 할 수 있으며, 소비자가 심리적, 정서적으로 받아들일 수 있으면서도 수익을 창출할 수 있는 서비스 비즈니스 모델을 만들 수 없다.

또한 서비스 R&D에 있어 서비스 비즈니스 모델 혁신만으로는 기술적으로 구현이 가능해 상용화가 가능한 비즈니스 모델인지 검증되지 못하고, 소비자와 사회적으로 받아들일 수 있는 서비스 비즈니스 모델인지에 대해서도 불투명해, 결과적으로 경제성을 가지는 '괜찮은 서비스 아이디어' 수준에 그치게 된다. 그리고 기술적 뒷받침이 없는 기술에 기반하지 않은 서비스 비즈니스 모델 자체는 쉽게 경쟁기업이 서비스 비즈니스 모델에 대한 아이디어 자체를 도용하는 문제를 피할 수 없다.

61) 장병열/이우성, "지식기반서비스산업의 서비스 R&D 방향과 기술혁신지원제도 개선방안 연구", 「정책연구 2008」, 지식경제부, 2008.11.29., 117~118면

마지막으로 서비스 R&D에 있어 사람/사회 혁신만으로는, 기술적으로 구현가능할지, 경제성이 있는 비즈니스 모델이 가능할지 불투명해, 의미를 가질 수 없게 된다.

결과적으로 의미 있는 서비스 R&D는 경제성을 가지는 서비스 개념과 서비스 시나리오에 기반한 서비스 비즈니스 모델을 바탕으로 서비스 비즈니스 모델을 구현하고 실용화하기 위한 서비스 기술의 개발과 함께 비즈니스 모델을 소비자가 거부감을 가지지 않고 받아들일 수 있는 새로운 방법과 기술을 개발해야 한다.

부연하면 서비스에서의 혁신은 기술, 비즈니스 모델, 사람에 대한 연구가 인문·사회, 과학·공학 간에 초다학제적으로 융합되었을 때 일어나며, 서비스 R&D 또한 이러한 접근 방식으로 연구되어야 한다.

라. 서비스 R&D 연구순서[62)]

서비스 R&D의 핵심 사항은 서비스 개념의 독창성(originality of service concept)이지, 기술적인 새로움(technological novelty)이 아니다. 따라서 '선 기술 개발, 후 서비스 적용' 방식은 '선 기술 개발, 후 제품 및 공정 적용' 방식을 채택하고 있는 기존의 제조업 중심 R&D에는 적합한 방식이나 서비스 R&D에는 적합하지 않다. 개발된 기술 자체가 성공적인 서비스의 개발을 의미하지는 않기 때문이다. 더욱이 기술은 어떠한 서비스를 제공할 것인가라는 서비스 환경(Service Context)에 따라 달라질 수밖에 없어, 제공할 서비스가 확정되지 않은 상황에서는 기술 개발 목표가 고정될 수 없다. 물론 기술적 솔루션은 고품질의 효과적인 서비스 컨셉의 필요 요인이다. 새로운 서비스 컨셉의 형성을 위해서는 기술개발을 필요로 할 수도 있지만, 개발의 제일 중요한 강조점은 비기술적 부분들이다. 기술적 이해에 추가해서, 인간이 원하는 기대, 소망, 필요에 대한 이해, 프로세스, 행동의 분석 등이 필요하다.

정리하면, 서비스 R&D에서 핵심 요소는 서비스 요소 기술이라기보다는 경제성을 확보할 수 있는 서비스 비즈니스 모델(Service Business Model)과 서비스 고객에게 어필할 수 있는 서비스 개념(Service Concept)과 서비스 시나리오(Service Scenario)이다.

그러므로 서비스 R&D에서는 서비스 비즈니스 모델, 서비스 개념, 서비스 시나리오를 우선 개발한 후, 이를 바탕으로 이러한 서비스의 구현과 실용화에 필요한 서비스 요소 기술을 추출한 후, 미개발 기술인 경우는 기술을 개발하고, 존재하는 기술인 경우는 기술을 직접적으로 활용하거나 서비스에 접목할 수 있는 응용기술을 개발하는 '선 서비스 개발, 후 기술 개발 및 접목' 방식이 일반적인 서비스 R&D 연구순서일 것이다.

62) 장병열/이우성, 위의 책, 141면

마. 서비스 R&D의 유형 및 사례[63)]

2020년 기획재정부 · 과학기술정보통신부 · STEPI가 공동으로 발행한 '서비스 연구개발(R&D) 가이드라인'에서는 업종별 서비스 연구개발(R&D) 사례를 소개하고 있다.[64)] 일부 사례를 발췌하여 게재하니 참고하길 바란다.

① 새로운 서비스 개발

새로운 서비스 개발	서비스전달체계 개선	제품-서비스 융합	업종	관광

사례명	취약계층 관광지 안전정보 제공 서비스 개발
내용	• 취약계층(보행 약자, 유아 동반 가족, 시각장애인, 청각장애인)의 안전하고 원활한 관광 서비스 제공을 위한 맞춤형 서비스가 필요 • 취약계층 관광 행동 패턴 분석, 유형별 맞춤형 관광 DB 구축 및 웹서비스 개발, 실내위치 및 상황인지 감지 기반 애플리케이션 개발 등을 통해 취약계층에 안전하고 원활한 관광 향유를 지원하는 서비스를 개발
시사점	• 휠체어 이용 장애인, 유모차 이용 영 · 유아 동반 가족이 관광 활동에 있어 접근성 향상을 통한 무장애 관광 서비스를 지원하는 새로운 서비스를 개발 • 사회적 약자에 대한 맞춤형 관광 정보 서비스를 제공하는 측면에서 높은 사회적 가치를 가짐

새로운 서비스 개발	서비스전달체계 개선	제품-서비스 융합	업종	보건

사례명	해외 환자 유치 서비스 개발
내용	• 동유럽 · 중동 · 러시아 · 아프리카 등의 부호를 대상으로 환자 유치를 위한 서비스 연구개발 사업 시행 • 해외 부호를 대상으로 환자 유치를 위해 입원에서 퇴원까지 치료의 全 과정을 표준화 · 프로세스화 · 자동화하고, 환자의 귀국 후에도 온라인으로 사후 의료서비스를 제공
시사점	• 해외 환자에 대한 치료 全 과정을 개선하는 과정에서 기존에 존재하지 않았던 새로운 해외 의료 환자 유치 비즈니스 서비스 모델 개발 • 표준화 · 프로세스화 · 자동화를 통해 국내 의료진-외국 의료진 · 환자 간 사후 교류를 기반으로 서비스의 지속적인 관리가 가능

63) 국가과학기술위원회, "『서비스 혁신과 신산업창출』을 위한 서비스 R&D 추진 종합계획(안)", 관계부처합동 정부보도자료, 2012.6.14.

64) 기획재정부 · 과학기술정보통신부 · 과학기술정책연구원, 「서비스 연구개발(R&D) 가이드라인」, 2021.3., 14면 이하

새로운 서비스 개발	서비스전달체계 개선	제품-서비스 융합	업종	공간정보

사례명	맞춤형 산악기상·기후 서비스 개발
내용	• 산악지역 기상관측 신경망 인프라 확대를 통해 산림관리, 산림재해 방지, 기후변화 감시, 산림휴양 등 산림이용객 맞춤형 기반자료를 생산하고 제공 • 산악지역의 이상기상 현상 구명을 통해 산림 全 분야에 활용 가능한 기반자료를 구축하여 현장에서 효율적으로 활용 • 정밀 산림기후 평가모델 개발, 산림재해 영향예보체계 구축, 국민공감 콘텐츠(꽃과 잎이 피는 시기 등) 발굴 등의 연구개발
시사점	• 융합 기술을 활용하여 기존에 존재하지 않았던 산악지형 맞춤형 서비스를 개발 • 산악기상 빅데이터를 통해 산림재해 예측력 향상과 대응력이 강화되고 국민이 공감할 수 있는 양질의 맞춤형 산악기상 서비스를 제공

새로운 서비스 개발	서비스전달체계 개선	제품-서비스 융합	업종	유통

사례명	인터넷 쇼핑몰 개발
내용	• S사는 쇼핑몰 시스템 개발에 앞서 기존 사용자에 대한 문화·인류학적 분석 실시 • 구매자는 다른 사람과 함께 쇼핑하는 즐거움이, 판매자는 자신의 매장을 차별화하려는 욕구가 인터넷 쇼핑에서는 해결되지 않음을 발견 • 인터넷 쇼핑 구매자는 지인과 채팅과 쇼핑을 함께 하고, 판매자는 웹상에 별도의 고유 매장을 가질 수 있는 쇼핑몰을 개발하여 대성공
시사점	• 웹 사이트 개발 이전에 인터넷 쇼핑 고객 욕구에 대한 체계적이고 과학적인 분석을 통한 새로운 서비스의 개념을 발굴 • 새로운 서비스 개발을 위해 쇼핑몰 사용자에 대한 비기술적 연구 방법을 활용

새로운 서비스 개발	서비스전달체계 개선	제품-서비스 융합		업종	교육

사례명	1인 문제집 제공 서비스 개발 및 온라인 교육 서비스 개선
내용	• 학습관리시스템(Learning Management System)을 구축하여 학생 개인의 학습 결과와 과정까지 확인·진단하여 개개인별로 최적의 교육 처방 제시 • 정·오답 분석 비율, 주제별 점수 변화 추이 등을 근거로 학생별로 분석하고, 분석 결과를 토대로 최적화된 1인 문제집을 온라인으로 제공
시사점	• 개별 학생에게 특화된 새로운 온라인 교육 서비스를 연구개발하여, 차별화되지 못했던 기존 문제집 시장의 한계를 개선 • 학생들이 개개인에 대해 학습 수준을 고려하여 취약 부분을 집중적으로 보강 가능

새로운 서비스 개발	서비스전달체계 개선	제품-서비스 융합		업종	안전

사례명	도로 노면 상태 위험도 예측 서비스 개발
내용	• 교통사고로 발생하는 사회적 비용 절감을 위해 기상정보와 사고정보 간의 다양하고 심도 있는 분석을 통한 위험요소 도출 및 상관관계 분석을 통한 예측이 필요 • 기상상태에 따른 도로의 노면상태를 추정하고, 노면 상태에 따른 도로의 위험도 산정 모델을 개발 • 노면 상태에 따른 위험 운전 행동을 분석하고, 교통사고와의 상관관계 분석을 통해 알고리즘 검증 및 고도화
시사점	• 도로 위험도 관련 정보를 제공하는 새로운 서비스를 개발 • 기존의 사고 위험지역 정보 제공이 교통사고를 기반으로 하는 사후적인 측면에서의 접근이었다면, 연구를 통해 개발된 기술은 기상 상황, 노면 상태, 운전습관, 위험 운전 경향 등에 따른 사전적이고 예방적인 방법이라는 것에 의미

② 새로운 전달체계의 개선

새로운 서비스 개발	서비스전달체계 개선	제품-서비스 융합	업종	콘텐츠

사례명	상호작용 콘텐츠를 통한 전자책 서비스 전달체계 개선
내용	• 독자와 콘텐츠가 상호작용하는 전자책 서비스를 제공 • K사는 비디오, 음성, 이미지 등을 전자책에 삽입하는 양방향 솔루션을 개발하여 움직이는 그림책 발간 • Y사는 스마트패드를 이용한 터치, 녹음, 증강현실 등을 통해 이야기를 이어나가는 교재 개발
시사점	• 기존에 텍스트만 전달되던 전자책 서비스에 다양한 콘텐츠를 접목하여 전달체계를 개선 • 기업별로 특화된 전자책 서비스 제공을 통해 고유 고객층 확보 가능

새로운 서비스 개발	서비스전달체계 개선	제품-서비스 융합	업종	보건

사례명	환자 대기시간에 대한 수학적 모형을 기반으로 한 의료서비스 전달체계 개선
내용	• 환자의 진료 과정상 대기 시간을 효과적으로 관리하고 단축하기 위해, 진료 프로세스 별로 환자의 대기 시간을 예측할 수 있는 모형 개발이 필요 • 환자 대기 시간 예측 모델링에 기반해, 환자 대기 시간을 예측하고 이를 효과적으로 단축할 수 있는 방법을 연구개발
시사점	• 과학적 모형에 근거한 연구를 토대로 진료 서비스 전달과정의 효율화 가능 • 대기시간 예측 결과를 접목한 각종 파생 서비스를 통해 환자들의 만족도 제고 가능

새로운 서비스 개발	서비스전달체계 개선	제품-서비스 융합	업종	유통

사례명	커피 제조 프로세스의 개선
내용	• 미국 S사의 연구 결과 매장 내 바리스타가 일하는 시간의 ⅓은 걷고 꺼내고 구부리는 움직임이 차지하는 것을 발견 • 원두를 꺼내기 위해 계산대 아래로 허리를 구부리는 시간을 단축하기 위해 원두의 저장 위치 변경 및 커피별로 보관 체계를 개선 • 연구결과를 바탕으로 S사는 매장 직원의 움직임을 효율적으로 하기 위한 Lean 시스템 기법을 미국 1만여 매장에 도입

사례명	커피 제조 프로세스의 개선
시사점	• 기존 커피 제조 프로세스를 연구하여, 서비스 전달체계를 개선 • 커피 제조 시간을 단축하는 성과를 냈으며, 이러한 연구개발 결과를 미국 S사가 보유한 전체 매장으로 확대 적용

새로운 서비스 개발	서비스전달체계 개선	제품-서비스 융합		업종	물류

사례명	물류 공급망 리스크 관리 개선 및 새로운 물류 관리 플랫폼 개발
내용	• 미국 D사는 글로벌 실시간 물류 추적 플랫폼과 공급망 리스크 관리 툴을 개발 • 실시간 물류 추적 플랫폼을 통해 여러 물류 회사의 데이터 시스템에 접속 가능하며, 화물의 현재 정보를 한 번에 추적 가능 • 공급망 리스크 관리 툴을 통해 화물 운송 시 위험이 감지되면, 운송 경로 및 계획을 자동으로 변경 가능
시사점	• 새로운 물류 관리 플랫폼을 개발하여 기존 물류추적 및 운송체계를 개선 • 운송수단의 고장, 자연재해 등 긴급한 상황에 신속히 대응할 수 있는 방안으로 기대

새로운 서비스 개발	서비스전달체계 개선	제품-서비스 융합		업종	교육

사례명	인공지능 기반 교육서비스 개발 및 강의전달체계 개선
내용	• 학생들이 어떤 방식으로 학습할 때 성과를 보이는지를 분석하고, 분석 결과를 토대로 강의 전달방식을 개선할 수 있도록 하는 인공지능 기술에 관한 연구를 수행 • 각 개인으로부터 수집한 자료를 토대로 같은 강의실에 있는 학생이더라도 맞춤형으로 강의를 제공할 수 있는 인공지능 기반 서비스를 개발
시사점	• 교육용 인공지능 기술 연구를 바탕으로 새로운 교육 서비스를 개발하고, 기존의 강의 전달체계를 효율화 • 적응형 학습(adaptive learning)을 활용하여 학생들이 중도탈락하지 않고 학습을 이어나갈 수 있도록 함

③ 제품 - 서비스 융합

새로운 서비스 개발	서비스전달체계 개선	제품 - 서비스 융합	업종	콘텐츠

사례명	태블릿 PC - 전자책 서비스 융합을 통한 전달체계 개선
내용	• 미국 A사는 자사의 전자책 서비스에 특화된 태블릿 PC를 개발 • 태블릿 PC 하드웨어와 소프트웨어를 자사가 개발한 전자책 서비스에 특화되도록 설계 • 태블릿 PC의 성능을 서비스를 이용할 만큼으로만 최소화해서 전자책 서비스만을 이용하려는 사용자들에게 있어서 가격경쟁력을 갖춤
시사점	• 기존의 전자책 서비스 이용을 활성화하기 위해 제품을 서비스에 특화하는 방법으로 전달체계를 개선 • 서비스 판매와 제품 판매를 동시에 증진할 수 있는 새로운 비즈니스 모델을 제시

새로운 서비스 개발	서비스전달체계 개선	제품 - 서비스 융합	업종	기타

사례명	항공기 엔진 - 원격진단 서비스 융합을 통한 전달체계 개선
내용	• G사는 단순 엔진 및 설비 판매를 벗어나, 엔진 판매 이후의 설비의 원격진단 서비스, 사전 점검 서비스 등을 통한 새로운 수익을 창출 • 이러한 원격 진단 및 사전 점검 서비스 등을 통해, 항공사가 자체적으로 유지 관리할 때에 비해, 훨씬 높은 엔진의 유지 상태를 달성 • 수익원을 확대하기 위해 엔진 사용량에 따른 과금(Flight by hour) 비즈니스 모델을 통해 엔진의 단순 판매보다, 엔진의 사용시간에 따른 요금을 부과해, 새로운 수익을 창출
시사점	• 과거 단순 엔진 판매에서 벗어나 엔진과 설비 기반 새로운 비즈니스 모델 개발을 통해 제품과 서비스의 융합을 이룸 • 제품 판매만으로 새로운 시장 창출이 어려워짐에 따라 제조업의 서비스화(Servitization)를 통해 새로운 수익모델 창출을 하는 사례를 보여줌

(3) OECD기준에 따른 서비스분야 연구개발의 범위 및 예시[65)]

가. 서비스 활동에서의 연구개발

'서비스는 소비단위의 조건을 바꾸거나 금융 자산 또는 제품의 교환을 촉진하는 생산활동의 결과'라고 정의하고 있다. 전자에 있어서 서비스 제공자는 소비제품의 조건 및 사람의 신체와 정신적 조건에 영향을 줄 수 있다(건강 또는 교통 그리고 정보, 교육 등의 제공을 통해). 국민계정체계는 또한 재화와 서비스의 특성을 모두 지닌 "지식기반 제품(knowledge-capturing product)"이라는 하이브리드 제품군을 별도로 정의하였다. 여기에는 정보의 제공, 저장, 커뮤니케이션, 배포 및 조언과 오락(entertainment)이 포함되며 소비단위들은 이를 통해 정보에 지속적으로 접근할 수 있다. 광의의 차원에서 정보의 제공, 저장, 커뮤니케이션, 배포 및 조언과 오락을 담당하는 산업들이 주로 관련된다.

서비스의 제공은 고객과의 높은 근접성과 상호작용을 수반한다. 또한 재화의 생산을 전문으로 하는 산업들은 서비스의 제공에도 적극적으로 관여한다. 반면 서비스 산업의 기업들은 서비스 제공의 일부인 신제품 개발연구를 포함하여 재화생산의 여러 측면을 통제할 수 있다.

서비스 활동에서 연구개발의 경계를 정의하는 일은 다음의 두 가지 원칙적 이유로 어렵다. 첫째, 서비스에 해당되고 재화나 지식기반 제품에는 내재되지 않는 연구개발 프로젝트를 판정하기가 어렵다. 둘째, 연구개발과 기타 혁신활동 간의 경계선이 명확하지 않을 때가 많다.

연구개발 정의에 따라, 서비스 내의 많은 프로젝트 중 연구개발로 분류되는 프로젝트는 새로운 지식을 창출하거나 지식의 사용으로 새로운 응용이 창출된 프로젝트이다.

나. 서비스분야에서의 연구개발 판단기준[66)]

앞서 정의된 연구개발의 다섯 가지 핵심기준, 즉 신규성, 창의성, 불확실성, 체계성, 이전가능성 또는 재현 가능성은 서비스 활동에도 대체적으로 적용된다. 여러 기준들 중에서 신규성(novelty)은 연구개발과 관련 활동을 구별하는 가장 기본적인 기준이다. 아래에 제시된 연구개발활동은 서비스 부문 내 연구개발의 예시들이다.

---

65) OECD, 「프라스카티 매뉴얼 2015」, 한국과학기술기획평가원, 2016, 70~72면

66) OECD, 「프라스카티 매뉴얼 2015」, 한국과학기술기획평가원, 2016, 72면

은행과 보험의 연구개발 사례
• 재무위험도 분석과 관련된 수학적 연구 • 신용정책을 위한 리스크 모델 개발 • 홈뱅킹을 위한 신규 소프트웨어의 개발연구 • 신규 유형의 계좌 및 은행 서비스 창출을 목적으로 한 소비자 행위 조사기법 개발 • 보험계약에서 고려되어야 하는 신규 위험이나 위험의 새로운 특징을 파악하기 위한 연구 • 새로운 유형의 보험(건강, 연금 등)에 영향을 미치는 사회현상 연구, 예를 들어 비흡연자에 대한 보장내역에 영향을 미치는 사회현상 연구 • 전자뱅킹, 보험, 인터넷 서비스 및 전자상거래(e-commerce) 응용에 대한 연구개발 • 새로운 혹은 근본적으로 개선된 금융서비스와 관련된 연구개발(예를 들어, 계좌, 대출, 보험, 저축상품의 새로운 개념 등)

기타 서비스 활동에서의 연구개발 사례
• 경제사회적 변화가 소비 및 레저 활동에 미치는 영향 분석 • 소비자의 기대와 선호도 측정을 위한 새로운 방법 개발 • 다양한 경제사회적 또는 문화적 환경에서 적용될 수 있는 사회보장 서비스에 대해 새로운 제공 및 측정방법 개발 • 신규 설문조사 방법 및 도구의 개발 • 추적 및 이동 절차 개발(물류) • 여행 및 휴일에 대한 신개념 연구

다. 연구개발과 소프트웨어 개발(R&D and software development)

정보기술은 모든 혁신활동에 핵심적인 역할을 하며 연구개발활동에 대한 의존도가 높다. 그리고 기업이나 기관의 연구개발수행 역량에도 많은 영향을 준다. 소프트웨어 개발은 혁신과 관련된 활동으로 때때로 연구개발과 연계되며 특정한 조건 하에서는 연구개발을 일부 포함하기도 한다. 소프트웨어 개발 프로젝트가 연구개발로 분류되기 위해서는 해당 프로젝트의 종결이 과학적 및/또는 기술적 진보를 이룰 수 있어야 하고, 프로젝트의 목적이 과학적 및/또는 기술적 불확실성의 체계적인 해소이어야 한다.

전체 연구개발 프로젝트의 일부분인 소프트웨어(예를 들어, 다양한 단계들의 기록 및 모니터링을 위한 소프트웨어) 및 최종 제품으로서의 소프트웨어나 최종제품 내에 포함될 소프트웨어에 대한 연구개발은 이 활동이 앞서 제시한 연구개발의 기준을 충족하면 연구개발로 분류한다.

소프트웨어 개발의 특성 때문에 소프트웨어 개발의 연구개발 요소를 파악하는 것은 쉽지 않다. 연구개발이 없는 많은 프로젝트에서 소프트웨어 개발은 중요 요소다. 그리고 프로젝트들은 연구개발 요소가 없지만 이 소프트웨어 개발은 컴퓨터 소프트웨어의 진보를 야기할 수도 있다. 그런 경우에는 소프트웨어 개발이 연구개발로 분류되며 이러한 진전은 혁명적이기보다는 축적된 진보일 가능성이 크다. 한편 기존 소프트웨어 프로그램이나 체계에 대한 업그레이드, 추가 또는 수정작업도 해당 작업이 과학적, 기술적 진보를 통한 지식축적의 증가를 야기하면 연구개발로 분류될 수 있다. 그러나 새로운 응용이나 목적을 위해 소프트웨어를 사용하는 것은 기술적 진보가 아니기 때문에 연구개발로 분류되지 않는다.

아래의 사례들이 소프트웨어 내의 연구개발은 어떤 것이며, 어떤 것이 연구개발로 분류되어야 하는지를 상세하게 설명하고 있다.

한편, 통상적 성격의 소프트웨어 관련 활동은 연구개발에 포함되어서는 안 된다. 예를 들어 이미 공공연하게 알려진 시스템이나 프로그램의 개선은 연구개발이 아니다. 이전 프로젝트에서 이미 해소된 운영시스템과 컴퓨터 아키텍처의 기술적 문제들도 연구개발에 포함되지 않는다. 일상적인 컴퓨터와 소프트웨어 정비도 연구개발에 포함 되지 않는다. 이에 더해 연구개발에서 배제되는 소프트웨어 활동들도 소개한다.

연구개발활동	비연구개발활동
• 신규 운영시스템이나 프로그래밍 언어 개발(the development of new operating systems or languages) • 기존 기술을 바탕으로 새로운 검색엔진 구축 및 실행(the design and implementation of new search engines based on original technologies) • 시스템이나 네트워크의 리엔지니어링(re-engineering)을 통한 하드웨어나 소프트웨어의 문제 해결(the effort to resolve conflicts within hardware or software based on the process of re-engineering a system or a network) • 신기술을 통해 더 새롭거나 더 효율적인 알고리즘 개발(the creation of new or more efficient algorithms based on new techniques) • 새로운 또는 독창적인 암호화 기업이나 보	• 이미 알려진 방법들이나 기존 소프트웨어 도구를 이용한 기업용 소프트웨어나 정보시스템의 개발(the development of business application software and information systems using known methods and existing software tools) • 기존 응용프로그램에 사용자 기능 추가(기초적인 데이터 입력 기능 포함)(adding user functionality to existing application programs (including basic data entry functionalities)) • 기존 도구를 이용한 웹사이트 또는 소프트웨어 개발(the creation of websites or software using existing tools) • 표준방법을 사용한 암호화, 보안검증, 데이터무결성 시험(the use of standard methods of encryption, security verification and data integrity testing)

연구개발활동	비연구개발활동
안 기법 개발(the creation of new and original encryption or security techniques.)	• 기본 프로그램을 상당히 개선시킬 추가적인 지식의 창출이 없는 특정 목적을 위한 맞춤 제작(the customisation of a product for a particular use, unless during this process knowledge is added that significantly improves the base program) • 일상적인 기존 시스템이나 프로그램의 디버깅(debugging)(실험개발 프로세스가 종료되기 전에 실행된 경우는 제외)(routine debugging of existing systems and programs, unless this is done prior to the end of the experimental development process)

시스템 소프트웨어 분야에서 개별 프로젝트들은 연구개발로 간주되지 않지만 이런 프로젝트들이 통합되어 대규모 프로젝트를 구성하는 경우 일부 기술적인 불확실성이 창출되어 그 해소를 위한 연구개발활동이 필요해질 수 있다. 예를 들어 가용한 기술들을 활용해 상업용 제품을 만들고자 하는 대규모 프로젝트의 경우, 계획단계에서는 연구개발을 포함하지 않을 수 있다. 그러나 프로젝트 내의 다양한 기술들의 원활한 통합을 위해 추가적인 연구개발활동이 필요해질 수 있다.

제5절 문화산업분야 창작개발활동의 범위 및 예시

1 문화산업분야의 산업범위

문화산업의 창작개발을 촉진하기 위하여 설립된 기업부설창작연구소 또는 기업창작전담부서의 문화산업분야 창작개발은 2008년부터 연구개발관련 조세지원제도를 적용받고 있다.

「문화산업진흥 기본법」에서는 '문화산업'은 문화상품의 기획 · 개발 · 제작 · 생산 · 유통 · 소비 등과 이에 관련된 서비스를 하는 산업을 말하며, 다음 중 어느 하나에 해당하는 것을 포함한다고 규정하고 있다(문화산업진흥 기본법 제2조 제1호).

문화산업의 범위
가. 영화 · 비디오물과 관련된 산업
나. 음악 · 게임과 관련된 산업
다. 출판 · 인쇄 · 정기간행물과 관련된 산업
라. 방송영상물과 관련된 산업
마. 문화재와 관련된 산업
바. 만화 · 캐릭터 · 애니메이션 · 에듀테인먼트 · 모바일문화콘텐츠 · 디자인(산업디자인은 제외한다) · 광고 · 공연 · 미술품 · 공예품과 관련된 산업
사. 디지털문화콘텐츠, 사용자제작문화콘텐츠 및 멀티미디어문화콘텐츠의 수집 · 가공 · 개발 · 제작 · 생산 · 저장 · 검색 · 유통 등과 이에 관련된 서비스를 하는 산업
아. 대중문화예술산업
자. 전통적인 소재와 기법을 활용하여 상품의 생산과 유통이 이루어지는 산업으로서 의상, 조형물, 장식용품, 소품 및 생활용품 등과 관련된 산업
차. 문화상품을 대상으로 하는 전시회 · 박람회 · 견본시장 및 축제 등과 관련된 산업. 다만 「전시산업발전법」 제2조 제2호의 전시회 · 박람회 · 견본시장과 관련된 산업은 제외한다.
카. 가목부터 차목까지의 규정에 해당하는 각 문화산업 중 둘 이상이 혼합된 산업

이때 '문화상품'이란 예술성 · 창의성 · 오락성 · 여가성 · 대중성(이하 "문화적 요소"라 한다)이 체화(體化)되어 경제적 부가가치를 창출하는 유형 · 무형의 재화(문화콘텐츠, 디지털문화콘텐츠 및 멀티미디어문화콘텐츠를 포함한다)와 그 서비스 및 이들의 복합체를 말한다(문화산업진흥 기본법 제2조 제2호).

문화산업진흥 기본법에 따른 문화산업의 범위에는 「기초연구진흥 및 기술개발지원에 관한 법률」에 따른 서비스업과 중첩되는 업종(영화, 비디오물 및 방송프로그램 제작업(한국표준산업분류 코드 5911), 게임 소프트웨어 개발 및 공급업(한국표준산업분류 코드 5821))이 대부분이다.

하지만, 문화산업분야의 창작개발은 서비스분야의 연구개발에 비해 창작적인 요소가 기술적 요소보다 더 중요한 부분을 차지하고 있다. 예컨대 기술적인 접목 없는 창작활동만 하는 경우(일반 동화책을 만드는 출판사)에도 기업부설창작연구소 또는 창작개발전담부서로 인정이 가능하다.

2 문화산업분야의 창작개발의 범위 및 예시

(1) 「문화산업진흥 기본법」에 따른 문화산업분야 창작개발의 범위 및 예시

가. 문화산업분야 창작개발의 개념

'창작개발'이라 함은 문화산업분야에서 새로운 문화상품 또는 관련 서비스방안 등을 만들어내는 창조적 활동으로서 기획, 개발, 시범제작 및 시험 등 상품이나 서비스로 전환되기 전까지의 과정에서 일어나는 연구 및 개발활동을 말한다.[67)]

문화산업분야 R&D의 핵심적 개념은 문화서비스를 소비하는 최종 수요자의 만족(효용)에 영향을 미치는 컨셉(스토리), 이용 환경의 용이성 및 편의성, 프로젝트 역량을 높이는 조직구성 및 제도의 창출 등의 혁신이다.[68)]

나. 창작개발의 판단기준

창작개발의 개념에 해당되는지 여부의 판단, 구체적으로 기업부설창작연구소 또는 기업창작전담부서 인정을 위한 심의기준 3가지 요건 중 인적기준 및 물적기준 요건을 제외한 창작개발요건을 살펴보는 것으로 하겠다.[69)]

창작개발요건은 앞에서 살펴본 '창작개발'의 정의를 충족하는 것을 조건으로 아래의 요건을 만족해야 한다.

---

67) 기업부설창작연구소 및 기업창작전담부서 인정업무 규정 제2조 제1항[문화체육관광부고시 2018-46호, 2018.11.23., 일부개정]

68) 정상철, 앞의 책, 34면

69) 한국콘텐츠진흥원, 기업부설창작연구소(전담부서) 인정제도 상세안내 중 창작개발요건

| 표 _ 창작개발요건 |

구분		상세조건
문화산업의 창작개발	문화산업	• 문화산업진흥기본법 제2조에 정의된 문화산업분야의 창작개발 활동 수행
	창의성	• 문화적(예술성, 오락성, 여가성, 대중성 등) 가치를 가진 창작물 창출이 주요 업무일 것 * 창의성이 수반되지 않는 단순 제작, 포맷 변환 등은 창의적 활동이라 할 수 없음.
창작개발 활동의 속성	자체활용	• 창작개발은 결과물을 자체적으로 활용하는 비영리 활동 * 외주용역 등 결과물을 직접 활용하지 않거나 직접적인 영리목적의 활동은 수행불가(단, 국가 R&D에 의한 공동연구 및 위탁연구 등은 수행가능)
	R&D 속성	• 최종 판매물의 직접적인 생산과정에 해당되지 않아야 함.
창작개발 결과물의 속성	저작권화	• 창작개발 결과물은 원천적 저작권으로 인정되는 창작물에 활용되는 것이어야 함. * 원천적 저작권 확보가 되지 않는 저작물(번역, 통역, 편집물 등)은 인정되지 않음.
	도덕성	• 창작개발 결과물은 사회 통념 상 저속하거나 불량하지 않다고 누구나 인정할 수 있어야 함. * 불법 사행성 게임, 음란물 등과 관련된 창작개발은 인정되지 않음.
지속성		• 지속적인 창작개발을 위한 체계적인 계획 보유

창작개발 활동의 속성으로서는 자체활용, R&D 속성을 요한다. 자체활용이란, '결과물을 자체적으로 활용하는 비영리 활동일 것'을 말한다. 따라서 외주용역 등 결과물을 직접 활용하지 않거나 직접적인 영리목적의 활동은 창작개발활동에 속하지 않는다. 비영리성의 판단은 해당 업무가 '당장의 매출을 올리기 위한 행위인지' 여부로 판단 가능하다. 이를테면, 연구소 인력은 홍보, 마케팅, 회계, 기업 운영 등에 직접적으로 참여할 수 없다.

비슷한 개념으로 R&D 속성이란 '최종 판매물의 직접적인 생산과정에 해당되지 않아야 한다.'는 것이다. 창작개발활동은 '상품이나 서비스로 전환되기 전까지의 과정'에 해당한다. 생산과정이란 '상품을 만들어서 파는 행위'로, 콘텐츠를 만드는 것까지는 비영리 활동으로서 창작개발에 해당할 수 있으나, 대량생산, 상품화, 서비스품질 가공 등의 행위는 생산과정에 속한다. 즉, 심의기준상 '직접적인 생산과정'이란 콘텐츠 내용을 만들어가는 제작과정을 뜻하는 것이 아니라 상품화 단계로서의 대량생산, 판매품 제작 단계를 의미한다. 따라서 결과물을 판매하는 부분은 R&D에 해당하지 않으며, 생산 직전까지의 활동을 창작개발활동으로 볼 수 있다.

한편, 창작개발 결과물의 속성으로는 저작권화와 도덕성을 요하고 있다. 저작권화는 창작개발 결과물은 원천적 저작권으로 인정되는 창작물에 활용되는 것이어야 한다는 것이다. 이러한 관점에서, 창작개발활동은 곧 저작물을 만드는 행위로 볼 수 있다. 따라서 원천적 저작권 확보가 되지 않는 번역, 통역, 편집물 등의 저작물을 제작한 경우 창작개발활동으로 인정되지 않는다. 또한 저작권이 확보되지 않는 활동은 외주용역 등 단순 생산과정을 수행한 것으로 판단한다. 도덕성 요건은, 창작개발 결과물이 사회 통념 상 저속하거나 불량하지 않다고 누구나 인정할 수 있어야 한다는 것이다. 불법 사행성 게임, 음란물 등과 관련된 창작개발은 인정되지 않는다. 마지막으로 창작개발의 지속성이란, 지속적인 창작개발을 위한 체계적인 계획을 보유해야 한다는 것이다.[70)]

다. 창작개발활동에서 제외되는 활동

한국콘텐츠진흥원에서는 창작개발에 포함될 수 없는 활동은 창의성이 수반되지 않는 단순 제작, 포맷 변환 등의 활동, 또는 일반적인 관리 및 지원활동, 시장조사와 판촉활동 및 일상적인 품질시험, 반복적인 정보수집 활동, 경영이나 사업의 효율성을 조사·분석하는 활동, 특허권의 신청·보호 등 법률 및 행정 업무, 위탁받아 수행하는 연구활동으로 규정하고 있다.[71)]

부연하면, 창의적 활동 여부는 창작개발활동이 문화적 가치를 가진 창작물 창출을 위한 것이어야 하며, 반드시 창의성이 수반되는 작업이어야 한다는 것이다. 창의성이 수반되지 않는 단순 제작, 포맷 변환 등의 활동은 창작개발에 포함될 수 없다. 따라서 콘텐츠제작사가 기획·개발을 마친 상태에서 다른 외주업체에 단순 제작만을 의뢰한 경우, 제작을 위탁 받은 외주업체의 활동은 창작개발로 인정받지 못하며, 특정 콘텐츠의 모바일 버전, IPTV 버전 제작 등 상품화를 위해 단순히 플랫폼에 따른 포맷 변환을 하는 경우 창작개발로 볼 수 없다. 그러나 이때 요하는 창의성은 반드시 콘텐츠에 새로운 발명, 기술 등이 첨가될 것을 요구하는 것이 아니며, 표절이 아닌 한 새로운 콘텐츠를 만드는 것은 모두 창작개발에 해당하는 것으로 본다.[72)]

(2) 문화산업분야별 창작개발의 범위[73)]

제조업 중심의 과학기술분야와는 달리 문화산업분야(서비스분야 포함)의 연구개발 및 창작개발의 범위를 정하는 것은 어려운 일이다. 제조업 중심의 과학기술분야를 영위하는

70) 한국지식재산연구원, "콘텐츠산업 세액공제 법적용 가이드라인 개발", 「[KOCCA] 보고서 2020년 2월호」, 한국콘텐츠진흥원, 2020.2., 34면
71) 한국콘텐츠진흥원, 2020년 7차 기업부설창작연구소(전담부서) 인정신청 공고문, 4면 참조
72) 한국지식재산연구원, 앞의 책, 34면
73) 한국지식재산연구원, 위의 책, 147~166면

기업의 경우 연구공정과 생산공정이 어느 정도 구분이 되어 있어, 연구공정과 생산공정의 경계에서 일어나는 활동에 대해서만 연구개발의 정의를 충족시키기 위한 5가지 핵심기준(신규성, 창의성, 불확실성, 체계성, 이전 가능성 또는 재현 가능성)을 검토하고, 해당 활동의 주된 목적이 연구개발을 위한 것인지 여부를 살펴보면 된다.

하지만, 콘텐츠산업은 외부 인력과의 협업이 많이 이루어지고 있고, 프로젝트별로 팀의 구성과 해체가 이루어지거나, 팀 단위 또는 개인 단위로 일하는 프리랜서 등 고정되지 않은 근무형태가 많은 점 등 과학기술분야와 다른 산업적 특징을 가지고 있다. 그리고 콘텐츠산업의 창작개발은 상품화(론칭)이라는 콘텐츠 제작 단계의 마지막 이전까지 계속하여 그 활동이 발생하므로 콘텐츠의 제작단계별 창작개발활동에 대해 세밀하게 다루는 것이 쉽지 않은 것이 현실이다.

이러한 현실에서 문화산업별(게임, 만화/웹툰, 애니메이션/캐릭터, 영화/방송, 음악, 출판 등)로 콘텐츠 제작공정별 창작개발해당 활동에 대해 해당 부처에서 기준을 마련해 주면 좋을 것이나, 과학기술분야 및 서비스분야도 마찬가지이기는 하지만, 현재 그러한 표준이나 기준이 없는 상황이다.

이에 최근 한국지식재산연구원에서 수행하고, 한국콘텐츠진흥원에서 발행한 "콘텐츠산업 세액공제 법적용 가이드라인 개발" 보고서에서는 콘텐츠 산업별 창작개발 유형을 나누는 시도를 하였고, 연구와 활발한 토론을 목적으로 해당 보고서에서 일부 발췌하여 게재한다.

"콘텐츠산업 세액공제 법적용 가이드라인 개발" 보고서에서는 콘텐츠산업을 다섯 단계 공정으로 구분하고 있는데 ① 기획/창작/개발, ② PreProduction, ③ Production, ④ PostProduction, ⑤ 상품화(론칭)이다.

제조업의 "생산"의 개념은 제품 설계가 완료된 동일한 제품을 반복적으로 대량생산하는 것으로 정의된다면, 제조업의 "생산"의 개념이 적용될 수 있는 콘텐츠산업 제작공정은 "상품화(론칭)"에 해당한다고 볼 수 있다. 물론, 콘텐츠산업의 '상품화(론칭)'에는 홍보, 마케팅 요소가 함께 포함되어 있고, 개별 장르별로 차이가 있지만, 이전의 네 단계(기획/창작/개발 - PreProduction - Production - PostProduction)는 연구개발활동의 요소인 ▲신규성 ▲창의성 ▲불확실성 ▲체계성 ▲이전가능성 또는 재현가능성을 충분히 갖추고 있다고 볼 수 있다.

따라서 "상품화(론칭)" 단계의 활동은 창작개발의 범위에서 제외하고, 이외의 콘텐츠 제작공정을 연구(또는 창작)개발활동의 개념을 종합적으로 검토하여 콘텐츠산업 연구개발 단계에 해당하는 업무들을 아래와 같이 산업별로 제시한다.

가. 게임 산업

	① 기획/창작/개발	② PreProduction	③ Production	④ PostProduction	⑤ 상품화(론칭)
게임산업	• 아이템 발굴 • 캐릭터 개발 • 시나리오 개발 • 원천콘텐츠 구입 • 기획 및 콘셉트 설정 • 게임 디자인(기획) 설정 • 게임아트(그래픽) 설정 • 기획 문서 작성 • 게임 구조설계 및 기반 작업 • 시스템/프로세스 설계 • 캐릭터 구성 • 개발 엔진의 결정 • 게임엔진 리소스 개발 • 게임 매커니즘 개발	• 캐릭터 드로잉 • 스토리보드 • 아트 디렉팅 • 사운드 개발 • 애니메이션 배경 개발 • 프로토 타입 개발(빌드, 알파빌드 제작) • 프로그램 기획 • 비즈니스 모델 개발	• 게임프로그래밍 • 음향 /녹음 • 애니메이션 • 모션캡쳐 • 그래픽 리소스 (2D, 3D) 양산 • 베타빌드 개발, 사운드 작업 • 서버/네트워크 구축 • 시각화/콘텐츠화 작업 - 시나리오 구성 · 개발 - 원화 드로잉 - 3D모델링 - VFX 제작 /SFX 제작 - UI, UX 제작	• 시연회 • 게임 등록 • 게임 버그 수정 • 아이템 · 스테이지 추가 개발 및 업데이트 /패치 • 웹서버 프로그래밍 • 클라이언트 프로그래밍 • 앱개발 • H/W 및 S/W 개발 • 서비스 품질개선 및 서비스 개발 • Beta Test(CBT /OBT) • IBT(Internal Beta Test) • QA • 특허 • 마일스톤별 빌드 및 QA • FGT(Focus Group Test) 및 개발 QA • 퍼블리셔 및 상용화 준비 • 환경/제품 테스트	• 게임 판매 • 웹/모바일 서비스 • 게임 콘텐츠판매 • 제품 조정 • 상용화 설계 • 로컬라이징 • 스팀, 콘솔 등 게임 플랫폼 연동 • 서비스 인프라 구축(운영툴, 트래킹툴, 결제시스템) • 홍보/마케팅/이벤트

게임 산업의 첫 번째 단계인 '기획/창작/개발'단계는 새로운 제품을 만들기 위해서 시나리오와 콘셉트를 기획하고 새로운 캐릭터와 아이템을 개발, 게임디자인과 게임아트를 설정, 시스템/프로세스 설계 등을 진행하는 업무를 한다.

두 번째 단계인 'PreProduction'단계는 기획된 방향에 맞추어 캐릭터를 드로잉하고, 스토리보드를 작성, 아트 디렉팅, 사운드 개발, 애니메이션 배경 개발, 프로토 타입 개발(빌드, 알파빌드 제작) 등 보다 구체적으로 새로운 제품을 설계해 나간다.

세 번째 단계인 'Production'단계에서는 게임프로그래밍, 사운드 작업, 애니메이션 효과, 모션캡쳐, 베타빌드 개발, 시각화콘텐츠 작업 등 신제품의 초기 단계의 개발(제조업의 시제품)을 완성한다.

네 번째 단계인 'PostProduction'단계에서는 웹서버 프로그래밍, 게임 버그 수정, 아이템 · 스테이지 추가개발 및 업데이트/패치, Beta Test(CBT/OBT), IBT(Internal Beta Test), QA, FGT(Focus Group Test) 및 개발 QA 등의 신제품 개발을 완성단계로 끌어올린다. 'Post－Production'단계에서는 연구개발 업무뿐만 아니라 시연회, 게임등록, 서비스품질개선 및 서비스개발, 퍼블리셔 및 상용화 준비 등 상품화를 준비하는 업무도 포함된다.

'상품화(론칭)'단계는 최종 완성된 신제품을 이용하여 홍보, 마케팅, 배급 등 궁극적으로는 상업화를 위한 활동을 한다. 다만, 게임 산업의 경우 '상업화(론칭)'단계에서도 지속적으로 업데이트, 품질개선, 피드백 등의 개발활동을 통해 제품의 완성도를 높여가야 한다.

'PreProduction' 단계에서 '비즈니스 모델 개발'이나, 'Production'단계에서 '서버/네트워크 구축', 'PostProduction'단계는 '시연회', '게임등록', '서비스품질개선 및 서비스개발', '퍼블리셔 및 상용화 준비', '특허출원' 등은 非연구개발업무로 판단된다.

나. 만화/웹툰 산업

	① 기획/창작/개발	② PreProduction	③ Production	④ PostProduction	⑤ 상품화(론칭)
만화/웹툰 산업	• 자료수집 • 아이템 발굴 • 스토리텔링 저작물 구매 및 개발 • 원천콘텐츠 구입 • 유통방향 결정 • 작품 주제 및 콘셉트 결정 • 독자층 선정 • 캐릭터 및 디자인 설정 • 시놉시스 작성 • 배경조사 및 전	• 디지털콘티 개발 • 캐릭터 스케치 • 글 콘티제작 • 그림 콘티제작 • 스토리, 인물캐릭터, 배경 구체화 • 작품기획(기획안, 트리트먼트, 스토리, 시나리오) • 작품 장르 및 콘셉트 구체화 • 연재/투고용 원고 제작(작업 방향	• 만화/웹툰 드로잉 • 작화(데생, 선, 채색, 레이어, 터치, 스토리플롯, 배경 작업 등) • 편집 • 폰트 및 효과 문자 • 각종 디스플레이 규격에 맞도록 이미지 커팅 • 교열 • 세이브 원고 제작 • 연재 시작(주간/	• 웹/모바일 사이트 플랫폼 업로드 • 각종 디스플레이 기기 대응 • 플레이 및 복제방지 기술 적용 • 저작물 암호화, 워터마크 • 콘텐츠 식별자표시 및 추적기술 • 사용권 제한 및 배포추적 기술 등 적용	• 웹/모바일 서비스 • 콘텐츠판매 • 2차 확장 개발 • 프로모션, 이벤트 등 홍보

	① 기획/창작/개발	② PreProduction	③ Production	④ PostProduction	⑤ 상품화(론칭)
	문가 취재	성 정립) • 유통전략 수립 • 연재/투고처 제안 및 설정	격주/월간/불특정 등)	• 서비스 품질 개선 및 서비스 개발	

만화/웹툰 산업의 첫 번째 단계인 '기획/창작/개발'단계는 새로운 제품을 만들기 위해서 아이템을 발굴하고, 원천콘텐츠를 구입하고, 작품 주제 및 콘셉트를 기획하고, 캐릭터 및 디자인 설정 등의 업무를 한다.

두 번째 단계인 'PreProduction'단계는 기획된 방향에 맞추어 캐릭터를 스케치하고, 글 · 그림 콘티 제작, 스토리 및 인물캐릭터 배경 구체화, 시나리오 등 작품기획, 작품 콘셉트 구체화 등으로 제작을 위한 구체적인 설계를 한다. 非연구개발활동인 유통전략이나 연재/투고 제안 · 설정을 위한 활동도 한다.

세 번째 단계인 'Production'단계에서는 데생 · 채색 · 레이어 · 배경작업 등의 직화 및 만화/웹툰을 드로잉한다. 이 단계에서 작품으로서 만화/웹툰은 완료된다. 非연구개발활동인 편집, 각종 디스플레이 규격에 맞도록 이미지 조정, 교열 등의 활동도 있다.

네 번째 단계인 'PostProduction'단계에서는 주로 非연구개발활동으로 웹/모발일 플랫폼에 업로드 작업, 각종 디스플레이 기기 대응 작업, 저작권 보호를 위한 복제방지 기술 적용 및 저작물 암호화, 서비스 개발 및 품질 개선 업무를 한다.

다섯 번째 단계인 '상품화(론칭)'단계는 웹/모바일 서비스를 통한 상업화활동을 한다. 파생되는 콘텐츠를 판매하고, 2차적으로 확장되는 상품을 개발하고, 프로모션이나 이벤트 등으로 홍보활동을 한다.

'PreProduction'단계에서 '유통전략', '연재/투고 제안 · 설정'이나, 'Production'단계에서 '편집', '각종 디스플레이 규격에 맞도록 이미지 조정', '교열' 등은 非연구개발업무로 판단된다.

다. 애니메이션/캐릭터 산업

	① 기획/창작/개발	② PreProduction	③ Production	④ PostProduction	⑤ 상품화(론칭)
애니메이션/캐릭터 산업	• 기획 • 아이템 발굴 • 원천콘텐츠 구입 • 시나리오 개발 • 작가계약 • 캐릭터 개발 • 캐릭터 디자인 • OSMU콘텐츠 기획, 개발	• 스크립트 • 콘티 개발 • 콘셉트 디자인 • 스토리보드 • 프리비즈 • 2D애니메틱스 • 3D애니메틱스 • 가녹음 • 비주얼 컨셉아트 • 레이아웃 • 모델링 • 쉐이드, 텍스처 • 셋업, 리깅 • 매치무브 • 관련 연계 가능 상품 기획 · 개발 • 자료 · 시장 조사	• 2D 애니메이션 제작 -레이아웃 -색설계 -원화 -동화 -스캔 -색지정 -채색 -검사 -병합 -촬영/이펙트 • 3D 애니메이션 제작 -애니메이션 -라이팅 -이펙트(FX) -렌더링 • 캐릭터 개발 -표현기법 및 색채 설계 -캐릭터 프로포션 제작 -네이밍 및 로고타입 제작	• 사운드(효과음, BGM, 믹싱) • 성우 더빙 • 이펙트 • 컴포지팅 • 최종편집 • 서비스 품질개선 및 서비스 개발 • 관련 굿즈 상품 개발	• 판매, 방영, 상영 • 마케팅 툴 개발, 유지 • 상품성 조사, 구매자 설문조사 • 유통계획 • 홍보/마케팅 • 라이선싱(라이선싱 제품 개발 등) • 머천다이징

애니메이션/캐릭터 산업의 첫 번째 단계인 '기획/창작/개발'단계는 새로운 제품을 만들기 위해서 새로운 아이템 발굴, 콘셉트 기획, 시나리오 개발, 캐릭터 개발 등의 업무를 하며, 非연구개발활동으로는 OSMU 콘텐츠를 기획 · 개발 등을 하는 업무를 한다.

두 번째 단계인 'PreProduction'단계는 기획된 방향에 맞추어 스크립트 개발, 콘티 개발,콘셉트 디자인, 스토리보드 제작, 2D · 3D 애니메틱, 비주얼 콘셉트아트, 레이아웃, 모델링 등 보다 구체적으로 새로운 작품을 만들어 간다. 非연구개발활동으로 연계 가능 상품 기획 · 개발 등의 업무가 수행될 수 있다. 시장조사 및 자료조사의 경우, 새로운 콘텐츠를 만들기 위한 조사(아이템 발굴을 위한 자료조사 등)는 연구개발활동에 속할 수 있으나, 상품화를 위한 시장조사의 경우에는 연구개발활동에 해당하지 않는다.

세 번째 단계인 'Production'단계에서는 2D 애니메이션 제작을 위한 세부 작업과 3D 애니메이션 제작을 위한 세부 작업이 진행되고, 캐릭터에 대한 구체적인 설계와 제작이 이루어진다.

네 번째 단계인 'PostProduction'단계에서는 사운드제작, 성우 더빙, 이펙트, 컴포지팅 등의 작업으로 작품을 완성한다. 非연구개발활동으로 편집, 서비스 개발 및 품질개선, 관련 상품 개발 등이 이루어진다.

다섯 번째 단계인 '상품화(론칭)'단계는 최종 완성된 작품을 이용하여 非연구개발활동인 판매, 방영 및 상영, 홍보・마케팅, 라이선싱 등의 업무를 진행한다.

'기획/창작/개발'단계에서 'OSMU콘텐츠 기획・개발'이나, 'PreProduction'단계에서 '관련 연계 가능 상품 기획・개발', '자료・시장 조사', 'PostProduction'단계는 '편집', '서비스 개발 및 품질개선', '관련 상품 개발' 등은 非연구개발업무로 판단된다.

라. 영화/방송 산업

	① 기획/창작/개발	② PreProduction	③ Production	④ PostProduction	⑤ 상품화(론칭)
영화/방송산업	• 아이템 발굴 • 기획 • 시나리오 개발 및 제작, 각색 • 시각이미지 컨셉 개발 • 자료 조사 • 원작 모니터링 • 원천콘텐츠 구입 • 캐릭터 개발 • 투자유치 • 추진여부 결정 • 제작준비(편성 결정, 예산 확보)	• 장소 섭외 • 스토리보드 및 콘티 제작 • 스태프 구성(작가, 연출자섭외) • 캐스팅 계약 • 스튜디오시설 예약 • 소품확보 • 세트설립 • 의상제작 • 판권 선판매	• 본작업, 촬영 • 연출 • 연기 • 조명 • 무대미술(세트, 의상, 소품, 분장 포함) • 동시녹음 • OST 제작(방송) • 협찬, 간접광고 수주(방송)	• 사운드(음악, 더빙) • 특수효과 및 CG • 최종편집 • 예고편 등 제작 • 서비스 품질개선 및 서비스 개발 • 해외수출용 재편집 • DI, 마스터링, QC, 클라우드 서비스 • 모니터링 시사 • 시사회, 설문 • 색보정 • 배급 접촉	• 판매, 방영 • 배급 및 상영 • 홍보, 마케팅 • 영업 및 매체기획 • 영화제 출품

영화/방송 산업의 첫 번째 단계인 '기획/창작/개발'단계는 새로운 작품을 기획하기 위해서 아이템 발굴, 시나리오 개발, 원천콘텐츠 구입, 캐릭터 개발 등의 업무를 한다. 이 단계에서 非연구개발활동인 투자유치 및 제작준비(편성 결정, 예산 확보) 등도 있다.

두 번째 단계인 'PreProduction'단계는 기획된 방향에 맞추어 스토리보드 및 콘티 제작, 세트설립, 의상제작 등의 작품제작 활동을 한다. 이 단계에서 非연구개발활동인 스튜디오시설 예약, 판권 선판매 등도 있다.

세 번째 단계인 'Production'단계에서는 세트, 의상, 소품, 분장 등의 무대미술, OST제작등의 업무가 있다. 非연구개발활동으로 협찬 및 간접광고 수주 등이 있다.

네 번째 단계인 'PostProduction'단계에서는 사운드개발, CG 및 특수효과, DI, 마스터링, QC, 색보정 등의 후반 작업이 있다. 非연구개발활동인 편집, 예고편 제작, 서비스개발 및 품질개선, 해외수출용 재편집, 모니터링 시사, 시사회, 배급 접촉 등도 있다.

다섯 번째 단계인 '상품화(론칭)'단계는 최종 완성된 작품을 이용하여 홍보, 마케팅, 배급 및 상영, 판매 방영, 영업 및 매체기획, 영화제 출품 등 상업화를 위한 활동을 한다.

전반적으로 영화/방송 산업의 경우는 전체 공정에서 연구개발활동과 非연구개발활동 단계가 구분되기 보다는 전체 공정에서 같이 맞물려서 진행이 되고 있다.

非연구개발활동으로는 첫 번째 단계인 '기획/창작/개발'에서는 '투자유치' 및 '제작준비(편성 결정, 예산 확보)', 'PreProduction'단계에서는 '장소섭외', '스튜디오시설예약', '소품확보', '판권 선판매'등이 있다. 'Production'단계에서는 '협찬 및 간접광고 수주' 등이 있고, 'PostProduction' 단계는 '예고편 제작', '서비스 개발 및 품질개선', '해외수출용 재편집', '모니터링 시사', '시사회', '배급 접촉' 등의 非연구개발업무가 연구개발업무와 혼재되어 있다.

마. 음악 산업

	① 기획/창작/개발	② PreProduction	③ Production	④ PostProduction	⑤ 상품화(론칭)
음악산업	• 장르 분석 및 소스 확보 • 사운드 개발	• 음반기획 및 콘셉트 확정 • 프로듀싱 • 작곡, 작사, 편곡 • 안무 • 피처링	• 노래 및 세션 연주 • 레코딩, 믹싱, 마스터링 • CD 임가공 • 뮤직비디오 콘텐츠 • 기타 영상 콘텐츠 • 재킷용 사진 촬영 및 디자인 • 프로필 사진 촬영 • 촬영용 뷰티(헤어, 메이크업, 스타일 등) • 의상제작	• 저작권 및 음원 등록 • 쇼케이스 • 온라인 음원등록 • 매체 홍보 • SNS 홍보 • 광고 • 방송 등의 활동 뷰티(헤어, 메이크업, 스타일 등) • 관련 서비스 품질 개선 및 서비스 개발	• 음원판매 • 온라인/방송 출연 • 콘서트 행사

음악 산업의 첫 번째 단계인 '기획/창작/개발'단계는 새로운 작품을 만들기 위해서 장르 분석 및 소스를 확보하고 사운드를 개발하는 등의 작업을 진행하는 업무를 한다.

두 번째 단계인 'PreProduction'단계는 수집된 자료를 이용하여 음반기획 및 콘셉트를 확정하고, 프로듀싱, 작곡 · 작사 · 편곡, 피처링 등 음악 제작을 위한 준비를 한다.

세 번째 단계인 'Production'단계는 실재 음악 작품을 제작 · 완성하는 단계로, 연구개발 활동으로 레코딩, 믹싱, 마스터링 등의 후반 작업들이 있다. 非연구개발활동으로는 노래 및 세션 연주, CD임가공, 뮤직비디오 및 기타 콘텐츠 제작, 의상 제작, 촬영용 뷰티 등의 활동이 있다.

네 번째 단계인 'PostProduction'단계부터는 주로 非연구개발활동으로, 저작권 및 원음등록, 쇼케이스, 온라인 음원등록, 방송 및 SNS 홍보, 서비스 개발 및 품질개선 등의 활동이 있다.

다섯 번째 단계인 '상품화(론칭)'단계는 최종 완성된 작품을 이용하여 상업적 활동을 하는 단계로, 음반판매, 방송 출연, 콘서트행사 등을 한다.

'PostProduction'과 '상품화(론칭)'단계는 주로 非연구개발업무로 판단된다.

바. 출판 산업

	①기획/창작/개발	②PreProduction	③Production	④PostProduction	⑤상품화(론칭)
출판산업	• 아이템발굴 • 출판기획 • 외주작가 계약 • 원천콘텐츠 구입 • 번역출판할 외국도서 발굴 • 에이전시 계약(원천 콘텐츠가 외서인 경우 에이전시를 통해 계약) • 외주 디자이너, 편집자 계약 • 사례 조사/선행 연구 분석	• 디자인/그래픽 개발 • 리뷰/피드백을 통한 스토리개발 • 이미지 검색 및 구입 • 목업 제작 • 테스트 베드 과정 • 도서 포맷 설정 • 저자(국내서) 및 역자(번역서) 섭외 및 관리	• 원고 작성 • 번역(외서의 경우) • 원고 입수 및 검토 • 원고 정리 및 편집 준비 • 원고 지정 • 조판 • 교정/교열 • 표지 및 편집 디자인 • 본문 일러스트레이션 • 상품 패키지 디자인 • 삽화(웹소설)작가 시안제작을 통	• 디자인 테스트 • 용지 및 인쇄 지정 감리 • 인쇄 • 결과물 동영상 작업 • 웹/모바일 사이트 플랫폼 업로드 • 각종 디스플레이 기기 대응 • 플레이 및 복제 방지 기술 적용 • 저작물 암호화, 워터마크 • 콘텐츠 식별자표시 및 추적기술 • 사용권 제한 및	• 판매 • 북콘서트 행사 • SNS광고 • 온라인판매의 페이지 구성 • 마케팅 • ebook, 웹툰, 부가상품, 수출(판권) 등 OSMU • 온오프라인 광고 • 이벤트(SNS 등을 기반으로 한 리뷰 이벤트 등등) • 언론 홍보 / 유통 관리 • 시장 반응 확인, 보완

	①기획/창작/개발	②PreProduction	③Production	④PostProduction	⑤상품화(론칭)
			한 선정, 계약, 리뷰/피드백을 통한 개발 • 애자일 기반의 콘텐츠 개선 • 감수 • 제작 발주/감리	배포추적 기술 등 적용 • 서비스 품질개선 및 서비스 개발	

출판 산업의 첫 번째 단계인 '기획/창작/개발'단계는 새로운 출판물을 제작하기 위해서 출판기획, 아이템발굴, 원천콘텐츠 구입, 외주작가 계약, 번역출판할 외국도서 발굴 등을 한다.

두 번째 단계인 'PreProduction'단계는 출판기획에 맞추어 디자인·그래픽을 개발하고, 도서 포맷을 설정, 이미지 검색 및 구입 등을 한다. 非연구개발활동으로 저자 및 역자 섭외 관리 등이 있다.

세 번째 단계인 'Production'단계는 非연구개발활동으로 원고 작성 및 번역, 원고 입수 및 검토, 원고 편집, 조판, 교정/교열, 표지 및 편집 디자인, 본문 일러스트레이션 등을 한다. 이 단계에서 최종적인 작품이 완료된다.

네 번째 단계인 'PostProduction'단계에서는 완성된 작품을 저작권 보호 및 판매플랫폼에 게시하는 업무를 한다. 디자인테스트, 인쇄, 동영상작업, 웹/모바일 사이트 플랫폼 업로드, 각종 디스플레이기기 대응, 복제방지 기술 적용, 저작물 암호화, 워터마크, 콘텐츠 식별지표시 및 추적기술, 사용권 제한 및 배포추적 기술 적용, 서비스 개발 및 품질개선 등의 非연구개발활동이 있다.

다섯 번째 단계인 '상품화(론칭)'단계는 판매, 홍보 등의 상업화 활동이다. 주요 업무는 판매, 북콘서트행사, 온·오프라인 광고, 마케팅, ebook·웹툰·부가상품·수출(판권) 등 OSMU, 이벤트 홍보, 언론 홍보, 유통관리, 시장 피드백 및 보완 등이 있다.

제3편

연구개발 준비단계의 연구개발 조세지원제도

제1장 기업부설연구소의 설립 및 사후관리

제1절 과학기술분야(서비스분야 포함)의 기업부설연구소 인정제도

1 제도의 소개

기초연구진흥 및 기술개발지원에 관한 법률(약칭 "기초연구법")에 따른 기업부설연구소 또는 연구개발전담부서(이하 제1장에서 "기업부설연구소등"이라 한다)의 인정제도는 일정요건을 갖춘 기업의 연구소와 전담부서를 신고・인정함으로써 각종 조세・자금지원 및 병역대체복무 등의 혜택을 부여하고, 기업의 기술개발을 적극적으로 촉진 유도하는 동시에 이들 연구조직을 효율적으로 육성・지원하기 위하여 1981년에 제정된 제도이다.

| 표 _ 기업부설연구소등 인정 현황 | 74)

구분	1981년	1991년	2000년	2010년	2015년	2020년	2021년 5월
기업부설연구소	53	1,201	9,070	21,785	35,288	42,155	43,976
연구개발전담부서	0	49	1,361	7,797	20,169	29,864	31,653

2 담당기관

(사)한국산업기술진흥협회(이하 "한국산업기술진흥협회"라 한다)는 동 인정 제도를 기초연구진흥 및 기술개발지원에 관한 법률 제20조 및 동법 시행령 제27조 제1항의 규정에 의거하여 1991년 2월부터 과학기술정보통신부로부터 이관받아 수행하고 있다.

74) 한국산업기술진흥협회에서 발간한 「기업부설연구소 및 연구개발전담부서 신고에 관한 업무편람」 및 「기업부설연구소(연구개발전담부서) 총괄현황(2021년 5월말 현재)」 자료를 바탕으로 정리하였다.

3 신고주체

한국산업기술진흥협회에 따르면 과학기술분야 및 서비스 분야(유흥 등 관련분야 6개 업종은 제외)의 연구개발활동을 수행하는 부문을 보유한 영리기업[75](개인기업 포함)이 신고주체이다.

| 표 _ 유흥 등 관련분야의 범위(「기초연구진흥 및 기술개발지원에 관한 법률 시행령」 별표 1) |

업종	한국표준산업분류 분류코드
일반 유흥주점업	56211
무도 유흥주점업	56212
기타 주점업	56219
기타 사행시설 관리 및 운영업	91249
무도장 운영업	91291
블록체인 기반 암호화 자산 매매 및 중개업	63999 - 1

따라서 해당기업의 연구개발분야가 과학기술분야 및 서비스 분야(유흥 등 관련분야 6개 업종 제외)가 아닌 기업이나 비영리법인 등은 제외된다.

또한 연구소의 연구개발활동은 연구성과를 자체적으로 활용하는 비영리 활동으로서 연구소가 외주용역 등 영리활동을 수행하는 경우에는 연구소 설립신고 대상이 되지 않는다. 다만, 공동연구나 국책과제 등을 수행하기 위한 위탁과제가 일부 연구과제로 포함되는 경우는 인정받을 수 있다.

75) 기업부설연구소등의 설립 근거가 되는 기초연구진흥 및 기술개발지원에 관한 법률에 명시적으로 '영리를 추구하는' 기업에 한해 기업부설연구소등의 설립을 인정하겠다는 문구는 없다. 다만, 기초연구진흥 및 기술개발지원에 관한 법률 제14조에 의하면 미래창조과학부장관이 특정연구개발사업을 추진할 수 있는 기관의 소개에 기업부설연구소 및 기업의 연구개발전담부서, 비영리법인, 의료법에 따라 설립된 의료법인 등을 구분하고 있고, 또한 기초연구진흥 및 기술개발지원에 관한 법률 시행령 제16조에서도 '기업'부설연구소 또는 '기업'의 연구개발전담부서라고 표현하고 있다. 이와 관련하여 한국산업기술진흥협회에서는 영리추구를 목적으로 하는 기업에 한해서 기업부설연구소등의 설립이 가능하다고 밝히고 있다. 이러한 이유로 세무당국의 유권해석도 비영리법인이 기업부설연구소로 인정받기 전이거나 과학기술정보통신부장관에게 연구개발전담부서로 적법하게 신고하기 전에 연구개발전담부서 등에서 발생한 비용은 연구 및 인력개발비 세액공제를 적용받을 수 없다고 회신하고 있다(법인-199, 2010.3.8.). 한편, 기업(企業)이란 이윤 추구를 목적으로 하는 단체를 말한다(위키백과, http://ko.wikipedia.org/wiki/%ED%9A%8C%EC%82%AC.).

4 신고방법

기업부설연구소등의 설립신고는 기본적으로 先설립 · 後신고 체계이므로 이를 신고하고자 하는 기업은 다음에 설명할 신고 인정요건을 갖춘 상태에서 구비서류를 작성하여 한국산업기술진흥협회에 신고하면 된다. 기업부설연구소등의 설립신고는 2011년 1월 3일부터는 온라인으로만 신고할 수 있다.[76)]

부연하면, 기업부설연구소등을 신고하고자 하는 기업은 설립신고를 하기 전에 회사의 조직을 개편하여 연구개발활동을 전담할 수 있는 기구를 조직하고 연구원 등의 인사발령 및 연구시설 등을 확보하여, 인정요건을 갖춘 상태에서 상시비치서류를 기업의 기업부설연구소등의 내부에 비치한 후 기업부설연구소등의 신고서류를 한국산업기술진흥협회에 접수해야 하는 것이다.

온라인 설립신고[77)]

1. 신고방법
   - 인정요건 및 구비서류를 갖춘 후 온라인 시스템(www.RND.or.kr)을 통해 신고

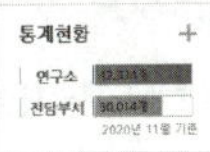

76) 한국산업기술진흥협회는 기업부설연구소 및 연구개발전담부서의 설립상담부터 서류작성 및 인정까지 일괄적으로 도와주고 있다. 이는 기업부설연구소 및 연구개발전담부서의 인정은 협회 회원가입과 관계없이 처리되는 정부로부터 위탁받은 대행업무이기 때문이다. 따라서 기업부설연구소 및 연구개발전담부서 인정에 따른 수수료나 별도비용은 없다.

77) 한국산업기술진흥협회, 「기업부설연구소 및 연구개발전담부서 신고에 관한 업무편람」, 2020.12., 7~8면

2. 처리절차

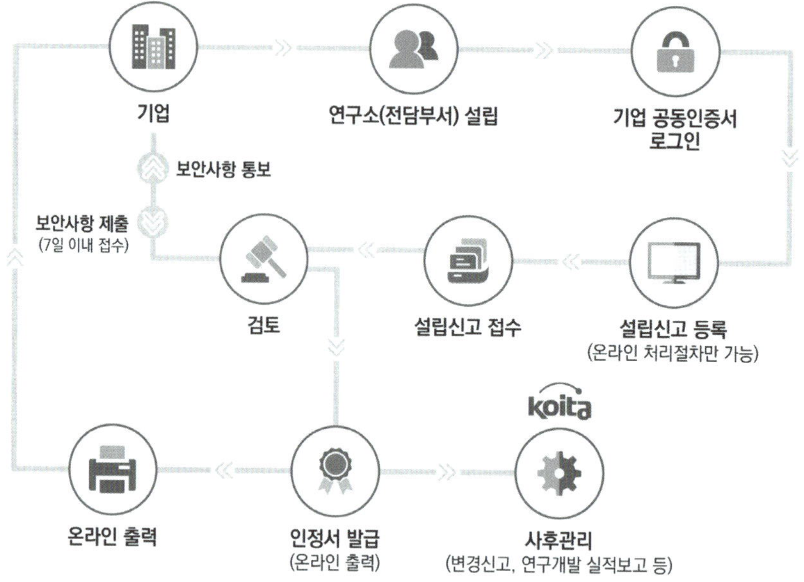

3. 신고서류

구분	기업부설연구소	연구개발전담부서
지정 서식	① 기업부설연구소 신청서 ② 연구개발활동개요서 ③ 연구기자재현황 ④ 연구개발인력현황	① 연구개발전담부서 신청서 ② 연구개발활동개요서 ③ 연구기자재현황 ④ 연구개발인력현황
첨부 서류	⑤ 사업자등록증 사본 1부 ⑥ 회사조직도 및 연구소 조직도 각 1부 ⑦ 도면(층 전체도면 및 내부도면) ⑧ 전용출입구 현판사진 및 내부사진 ⑨ 4대 사회보험 사업장 가입자 명부	⑤ 사업자등록증 사본 1부 ⑥ 회사조직도 및 전담부서 조직도 각1부 ⑦ 도면(층 전체도면 및 내부 도면) ⑧ 전용출입구 현판사진 및 내부사진 ⑨ 4대 사회보험 사업장 가입자 명부
	※ 행정정보 공동이용 동의 시 미제출 서류 • 사업자등록증 사본 ※ 해당기업에 한해 첨부서류 • 중소기업입증서류(필수) - (개인, 법인 공통) 중소기업확인서(중소벤처기업부 발급) • 주업종 확인서류(서비스 분야 신청기업) - (법인) 중소기업기준검토표(세무회계사 명판날인 후 파일 첨부) - (개인) 일반과세자 부가가치세 신고서(세무회계사 명판날인 후 파일 첨부) • 중견기업확인서(중견기업연합회 발급) • 연구원창업 중소기업 확인원(해당기업에 한함) • 벤처기업확인서 사본(벤처기업에 한함) • 연구전담요원, 연구보조원의 수가 10인 이상인 연구소 - 안전 및 유지관리비 내역서(연구직원(전담요원, 보조원)의 수가 10인 이상의 기업에 한함) - 보험가입보고서(연구직원(전담요원, 보조원)의 수가 10인 이상의 기업에 한함) ※ 확인요청시 제출서류 - 고졸자, 전문학사 또는 기능사, 산업기사 자격증 소지자의 연구개발경력증명서 - 전담요원의 학위증명서 또는 졸업증명서(기초연구진흥 및 기술개발지원에 관한 법률 시행규칙 제2조 제3항 및 제4항) - 건축물대장사본 또는 임대차계약서(사용허가서)(기초연구진흥 및 기술개발지원에 관한 법률 제14조의4제2호)	

4. 신고하기

- 설립신고는 공동인증서 로그인으로만 가능

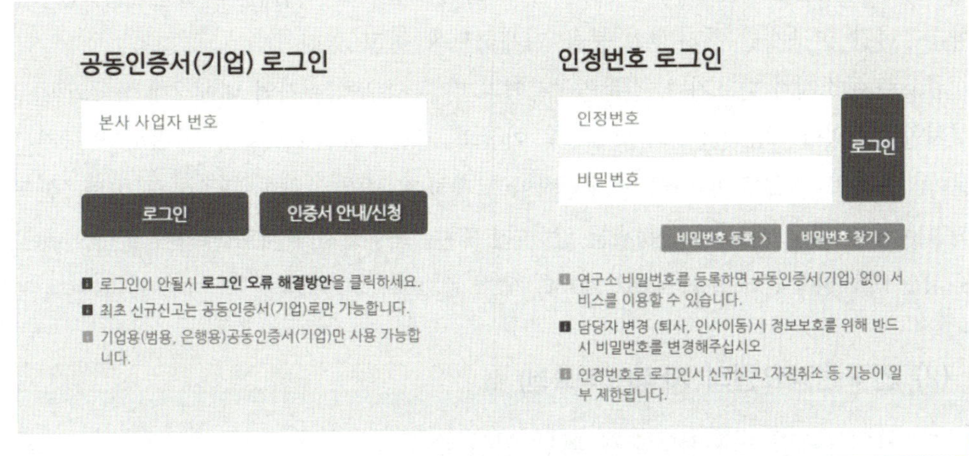

5 인정요건

기업부설연구소등을 설립하기 위해서는 설립 전에 아래의 연구개발활동요건과 인적·물적요건을 갖추어야 한다.

(1) 연구개발활동 요건

앞서 살펴본 바와 같이 기초연구진흥 및 기술개발지원에 관한 법률 시행령 제2조에서는 '연구개발활동'을 다음과 같이 정의하고 있다.

기초연구진흥 및 기술개발지원에 관한 법률에 따른 연구개발활동의 정의
'연구개발활동'이란 과학기술 분야 또는 서비스 분야(별표 1의 유흥 등 관련분야는 제외한다)의 지식을 축적하거나 새로운 응용방법을 찾아내기 위하여, 축적된 창의적 지식을 활용하는 체계적이고 창조적인 활동으로서 새로운 제품 및 공정(工程)을 개발하기 위한 시제품(試製品)의 설계·제작 및 시험, 새로운 서비스 및 서비스 전달체계의 개발 등 사업화 전까지의 모든 과정을 말한다.

정리하면 기초연구진흥 및 기술개발지원에 관한 법률에 따른 기업부설연구소 및 연구개발전담부서를 설립하기 위해서는 해당 기업부설연구소 및 연구개발전담부서가 과학기술 분야

및 서비스 분야(유흥 등 관련분야 6개 업종은 제외한다. 이하 같다.)의 연구개발을 수행할 것을 요건으로 하고 있다. 이를 확인하기 위해서 한국산업기술진흥협회에서는 기업부설연구소 및 연구개발전담부서 신고서에 연구소의 모든 연구분야를 포괄할 수 있는 중점 연구분야와 향후 1년간 연구개발 투자계획 등을 기재하도록 하고 있다.

참고로 주소지가 다르거나, 전문연구분야가 다른 경우에는 기업 내에 2개 이상의 연구소를 설치할 수 있다. 즉, 같은 기업에 2개 이상의 기업부설연구소등을 설립하려면 전문연구분야[「통계법」 제22조에 따라 통계청장이 고시하는 산업에 관한 표준분류(이하 "한국표준산업분류"라 한다)에 따른 중분류를 말한다] 또는 그 주소지가 서로 달라야 한다(기초연구진흥 및 기술개발지원에 관한 법률 시행령 제17조 제1항 제3호).

(2) 연구전담요원의 자격(인적요건)

가. 기업규모별 연구전담요원 확보 인원 수

기업부설연구소등은 기업의 규모 등에 따라 아래에서 보는 바와 같은 인원수의 연구전담요원을 늘 확보하여야 한다(기초연구진흥 및 기술개발지원에 관한 법률 시행령 제16조의 2 제1항). 이때 소기업, 중기업 등에 대한 구분은 중소기업기본법에 따라 판단하도록 규정하고 있다(기초연구진흥 및 기술개발지원에 관한 법률 시행령 제16조의 2 제1항 제1호).

| 표 _ 인적요건 |

구분			신고요건
인적요건	기업부설연구소	벤처기업[78]	연구전담요원 2명 이상
		연구원창업 중소기업[79]	
		소기업[80]	연구전담요원 3명 이상. 단, 창업일로부터 3년까지는 2명 이상
		중기업[81]	연구전담요원 5명 이상
		국외에 있는 기업부설 연구기관(해외연구소)	연구전담요원 5명 이상
		중견기업[82]	연구전담요원 7명 이상
		대기업	연구전담요원 10명 이상
	연구개발전담부서	기업규모에 관계없이 동등 적용	연구전담요원 1명 이상

78) 「벤처기업육성에 관한 특별조치법」 제2조에 따른 벤처기업이 설립한 기업부설연구소를 말한다(기초연구진흥 및 기술개발지원에 관한 법률 시행령 제16조의 2 제1항 제3호).

참고로 기업부설연구소에는 연구소장이 반드시 있어야 하나, 연구개발 전담부서는 연구소장이 없다. 기업부설연구소에는 연구소장을 필요로 하는데 두 가지의 경우로 나뉜다. 먼저 기업부설연구소 내 선임연구원 중 한 명을 연구소장으로 할 경우 연구소장이 곧 연구원이므로 연구전담요원 숫자에 연구소장이 포함된다. 하지만 연구원이 아닌 회사 임원(대표, 이사 등)이 연구소장을 할 경우는 연구소장이 연구원이 아니므로 연구전담요원 숫자에 연구소장이 포함되지 않는다.

기업부설연구소는 반드시 연구소장을 임명하여야 하며, 연구소장이 연구개발활동 이외의 다른 업무를 겸직하지 않는 경우에는 "전임", 다른 업무도 겸직할 경우는 "겸임"으로 명기하여야 한다.[83] 한편, 연구전담요원의 자격은 안되는 임직원이 연구소장(겸임)으로 등록된 경우, 연구보조원 및 연구관리직원으로 등록이 가능하며, 일반적으로 연구관리직원에 포함된다.[84]

또한, 대학 4학년인 졸업 예정자의 경우 연구전담요원으로 등록은 불가능하나, 6개월 이내에 졸업 예정인 경우 졸업 예정 증명서를 통해 확인이 가능한 경우 연구보조원으로 신고가 가능하다. 졸업 후에 연구전담요원의 자격 취득이 이루어지면 연구전담요원으로 변경신고 해야 한다.

한편, 해외연구소에 대해 살펴보면 국내기관이 연구개발 목적으로 국외지역에 설립하는 연구소는 국내기관의 해외사무소 형태의 연구소와 국내기관의 해외법인 형태의 연구소로 구분된다. 이 중 현지법인 형태의 해외연구소는 해당국가의 법인설립 절차에 따라 만들어진 연구기관으로서 국내법의 적용이 배제된다. 사무소 형태의 해외연구소는 기업부설연구소 설립절차에 따른 연구소로서 아래의 절차에 따라 설치를 해야 한다.[85]

79) 과학기술 분야 연구기관의 연구원 및 대학의 교원이 창업한 연구개발형 중소기업을 말한다(기초연구진흥 및 기술개발지원에 관한 법률 시행령 제16조의 2 제1항 제3호).

80) 「중소기업기본법 시행령」 제8조 제1항에 따른 소기업을 말한다(기초연구진흥 및 기술개발지원에 관한 법률 시행령 제16조의 2 제1항 제1호).

81) 「중소기업기본법」 제2조에 따른 중소기업 중 「중소기업기본법 시행령」 제8조 제1항에 따른 소기업을 제외한 기업을 말한다(기초연구진흥 및 기술개발지원에 관한 법률 시행령 제16조의 2 제1항 제1호).

82) 「중견기업 성장촉진 및 경쟁력 강화에 관한 특별법」 제2조 제1호에 따른 중견기업을 말한다(기초연구진흥 및 기술개발지원에 관한 법률 시행령 제16조의 2 제1항 제4호).

83) 한국산업기술진흥협회, 「기업부설연구소 및 연구개발전담부서 신고에 관한 업무편람」, 2020.12., 26면

84) 한국산업기술진흥협회, 앞의 책, 2020.12., 26면

85) 한국산업기술진흥협회, 앞의 책, 2013.1., 83면 이하

| 그림 _ 해외연구소 설치절차 |

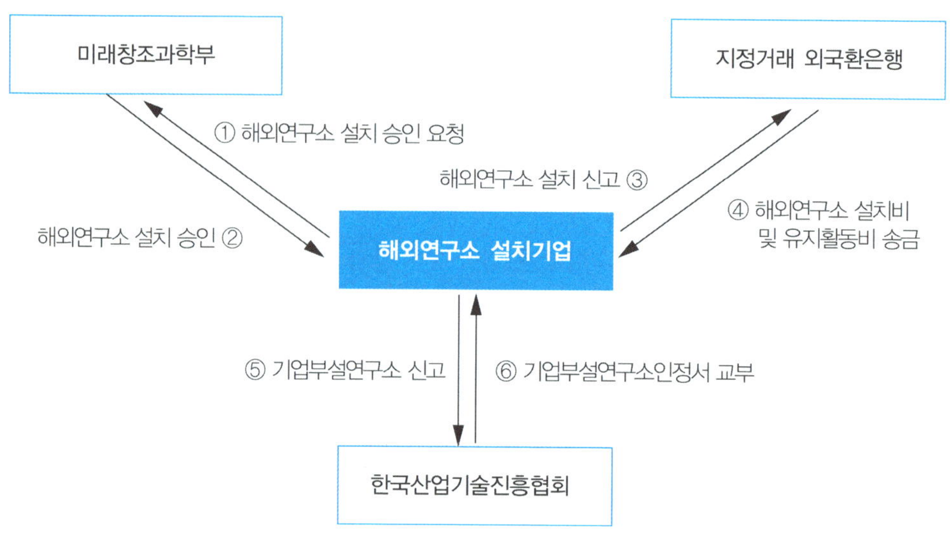

| 표 _ 해외연구소 설치절차 |

해외연구소 설치절차	
① 사전계획 수립 및 해외연구소 설치승인 요청	- 해외연구소 설치를 위한 설치지역 선정, 사무실 임대, 연구원 채용 등의 세부 운영계획 수립 - 설치계획서를 작성하여 미래창조과학부장관에게 제출하여 설치승인을 받음(설치계획서에는 기업의 일반현황, 해외연구소 설치 및 운영계획, 연구시설 및 연구원 확보계획 등의 내용이 있어야 함)
② 해외연구소 설치신고	- 미래창조과학부의 설치승인서를 첨부하여 지정거래 외국환은행에 해외연구소 설치 신고 및 외국환은행의 수리(외국환거래규정 제9-18조 제1항 제2호 자목) - 해외연구소 설치신고가 수리된 이후에 해외연구소 설치에 소요되는 설치비 및 유지활동비를 송금할 수 있음.
③ 설치비 및 유지활동비 송금	- 해외연구소 설치비란 해외연구소의 설치 또는 확장에 필요한 경비를 말하는데, 지정거래 외국환은행은 당해 설치비 지급 시 증빙서류에 의한 지급이 곤란한 경우가 많으므로 해외사무소의 설치계획서에 의한 사전개산(事前槪算)을 지급하는 경우가 일반적임. - 설치신고일(설치비 추가 지급의 경우에는 지급신고일)로부터 1년 이내에 당해지급을 증빙하는 서류 등을 지정거래 외국환

해외연구소 설치절차	
③ 설치비 및 유지활동비 송금	은행에 제출하여 정산(외국환거래규정 제9-20조 제3항) - 설치비의 정산결과 사용잔액이 있는 경우에는 유지활동비로 전용할 수 있으며, 그 전용금액은 당해 해외연구소의 유지활동비 지급총액에 합산(외국환거래규정 제9-20조 제4항)
④ 해외연구소 설치 및 기업부설연구소 설립신고	- 해외연구소 설치비 및 유지활동비를 송금받아 해외연구소를 설치(미래창조과학부에 제출한 설치계획서에 따라야 함) - 해외연구소 설치가 완료되면 기업부설연구소 신규설립 신고(기업부설연구소 설립절차와 동일하며, 기업규모에 관계없이 연구전담요원 5인 이상 확보)

나. 연구전담요원의 자격

① 과학기술 분야

「기초연구진흥 및 기술개발지원에 관한 법률 시행규칙」 제2조 제3항에서는 과학기술 분야 연구요원의 자격기준에 대해 다음과 같이 규정하고 있다.

연구전담요원의 자격(과학기술 분야)	
기업규모 등에 관계없이 모두 인정되는 경우	• 자연계 분야(자연과학계열, 공학계열, 의학계열) 학사 이상 학위를 가진 사람 • 국가기술자격법에 따른 기술·기능분야 기사 이상 기술자격을 가진 사람
중소기업에 한해 적용되는 경우	• 자연계 분야 전문학사 또는 이와 같은 수준의 학력이 있다고 인정되는 사람으로서 연구개발 경력 2년 이상(3년제 전문대학 졸업자는 경력 1년 이상)인 사람 • 국가기술자격법에 따른 기술·기능분야 산업기사로 연구개발 경력 2년 이상인 사람 • 산업수요 맞춤형 고교 또는 특성화고교 졸업자로 연구개발 경력 4년 이상인 사람 • 국가기술자격법에 따른 기술·기능분야 기능사로 연구개발 경력 4년 이상인 사람
중견기업에 한해 적용되는 경우	• 중소기업 당시 연구전담요원으로 등록되어 해당 업체에 계속해서 근무하는 경우는 중소기업에 한해 인정되는 자격을 중견기업이 되었어도 인정

국가기술자격법에 따른 기술·기능분야는 기능사 → 산업기사 → 기사 → 기능장 또는 기술사의 순서로 등급이 구분된다. 기사 이상은 학사자격을 갖춘 것으로 보고, 산업기사는 전문학사의 자격을 갖춘 것으로 간주하는데, 연구전담요원이 되기 위해서는 기사 이상의 자격을 보유해야 한다.[86)]

외국인도 연구전담요원이 될 수 있는데, 연구업무가 가능한 체류자격이 있거나 외국인등록증을 보유하고, 최소 6개월 이상 연구업무에 전담할 수 있으면 외국인도 연구전담요원의 자격요건이 된다. 하지만, 산업연수생은 출입국관리법 시행령에 의해 생산직으로 모집되기 때문에 연구전담요원이 될 수 없다.[87)]

중소기업에 한해 적용되는 경우와 관련하여 전문학사와 같은 수준의 학력이 있다고 인정되는 범위는 다음과 같다(기초연구진흥 및 기술개발지원에 관한 법률 시행규칙 제2조 제5항).

관련 법령	법령 내용
「고등교육법 시행령」 제70조 제1항	㉠ 대학(산업대학·교육대학, 원격대학 및 이에 준하는 학력인정 각종학교를 포함한다)에서 2학년 또는 3학년 이상의 교육과정을 전부 이수한 사람 ㉡ 「고등교육법」 제50조의 3에 따라 수업연한을 4년으로 하는 전문대학의 학과에서 2학년 또는 3학년 이상의 교육과정을 전부 이수한 사람 ㉢ 외국 또는 군사분계선이북지역에서 우리나라의 초·중등교육과 대학 2년의 학교교육에 상응하는 교육과정을 수료한 사람으로서 대학 2년을 수료한 사람과 같은 수준의 학력이 있다고 인정되는 사람
「고등교육법 시행령」 제71조 제1항	㉠ 종전의 관립사범학교 연습과(2년제) 졸업자 ㉡ 종전의 교육부 중등교원양성소 2년 수료자 ㉢ 종전의 전문학교 3학년 또는 4학년 졸업자 ㉣ 종전의 대학 예과 수료자 ㉤ 1922년 이전의 농림학교 전문과 3학년 졸업자 ㉥ 종전의 관립사범학교 본과 3학년 졸업자 ㉦ 종전의 대학 전문부 졸업자 ㉧ 종전의 진해고등해원양성소 연습과 수료자 ㉨ 종전의 간호학교 졸업자 ㉩ 1965년 이후 종전의 실업고등전문학교 및 전문학교 졸업자 ㉪ 종전의 초급대학 졸업자

86) 한국산업기술진흥협회, 앞의 책, 2020.12., 21면
87) 한국산업기술진흥협회, 앞의 책, 2020.12., 21면

관련 법령	법령 내용
「근로자직업능력개발법」 제40조 제1항 제1호	다기능기술자과정: 둘 이상의 직종에 관한 기능과 지식을 고르게 보유함으로써 제품의 개발로부터 제작에 이르는 전 공정에서 생산성 향상과 기술적 문제의 해결에 기여할 수 있는 인력을 양성하기 위한 교육·훈련과정

한편, 학위, 경력 등 연구전담요원의 자격을 갖추었음에도 불구하고, 다음 중 어느 하나에 해당하는 사람은 연구전담요원이 될 수 없다(기초연구진흥 및 기술개발지원에 관한 법률 시행규칙 제2조 제6항).

연구전담요원에 편입될 수 없는 자
㉠ 건강보험 가입자 명부, 국민연금 사업장가입자 명부, 근로소득 원천징수부 등으로 해당 기업의 직원임을 증명할 수 없는 사람
㉡ 해당 기업의 직원으로서 다음 중 어느 하나에 해당하는 사람
ⓐ 일반대학원(주간) 학위과정에서 수학하는 사람(다만, 기업의 연구개발활동과 관련된 박사학위과정으로 연구개발활동에 지장이 없는 경우에는 제외한다)
ⓑ 기업부설 연구기관 안에서 계속하여 6개월 이상 연구개발활동을 수행할 수 없는 사람
ⓒ 대표이사, 감사 및 비상임이사 등 직무상 상시 연구개발활동을 전담할 수 없는 사람 다만, 창업일부터 3년이 경과하지 아니한 「중소기업기본법 시행령」 제8조 제1항에 따른 소기업의 대표이사는 제외한다.
㉢ 「출입국관리법」 제33조에 따른 외국인등록증을 보유한 사람 중 산업연수를 목적으로 국내에 체류하는 산업연수생

② 산업디자인 분야, 서비스 분야

산업디자인 분야, 서비스 분야의 연구요원 자격기준에 대해서는 다음과 같이 규정하고 있다(기초연구진흥 및 기술개발지원에 관한 법률 시행규칙 제2조 제4항).

연구전담요원의 자격(산업디자인 분야, 서비스 분야)	
기업규모 등에 관계없이 모두 인정되는 경우	• 학사 이상 학위를 가진 사람 • 국가기술자격법에 따른 서비스 분야 1급 이상의 자격을 가진 사람

연구전담요원의 자격(산업디자인 분야, 서비스 분야)	
중소기업에 한해 적용되는 경우	• 전문학사 또는 이와 같은 수준의 학력이 있다고 인정되는 사람으로서 연구개발 경력 2년 이상(3년제 전문대학 졸업자는 경력 1년 이상)인 사람 • 국가기술자격법에 따른 서비스 분야 2급 또는 단일 등급 소유자로서 연구개발 경력 2년 이상인 사람
중견기업에 한해 적용되는 경우	• 중소기업 당시 연구전담요원으로 등록되어 해당 업체에 계속해서 근무하는 경우는 중소기업에 한해 인정되는 자격을 중견기업이 되었어도 인정

외국인의 연구전담요원 여부, 중소기업에 한해 적용되는 경우와 관련하여 전문학사와 같은 수준의 학력이 있다고 인정되는 범위 등은 "① 과학기술 분야"에서의 내용과 동일하니 이를 참고하기 바란다.

다. 겸직금지의 원칙

한편, 기업부설연구소등의 연구전담요원, 연구보조원 및 연구관리직원(이하 "연구전담요원 등"이라 한다)은 해당 기업의 연구업무 외에 다른 업무를 겸할 수 없다. 다만 창업일부터 3년이 경과하지 아니한 「중소기업기본법 시행령」 제8조 제1항에 따른 소기업에 종사하는 연구전담요원 등이 해당 소기업의 대표자를 겸하는 경우에는 그러하지 아니하다(기초연구진흥 및 기술개발지원에 관한 법률 제14조의 4 제1호). 한편, 해당 기업은 연구전담요원등이 연구에만 전념할 수 있도록 연구활동 외에 생산·판매·영업 등의 기업활동과 관련된 업무에 종사하는 별도의 상시 종업원을 확보하여야 한다(기초연구진흥 및 기술개발지원에 관한 법률 시행령 제17조 제1항 제1호).

연구전담요원, 연구보조원, 연구관리직원의 개념은 다음과 같다(기초연구진흥 및 기술개발지원에 관한 법률 시행령 제2조).

연구전담요원, 연구보조원, 연구관리직원의 정의	
연구전담요원	연구개발활동과 관련된 연구업무를 하면서 다른 업무를 겸하지 아니하는 사람
연구보조원	연구전담요원의 지시에 따라 실험·검사 및 측정 등 연구보조업무를 하면서 다른 업무를 겸하지 아니하는 사람
연구관리직원	연구행정, 연구지원 사무 등 연구관리업무를 하면서 다른 업무를 겸하지 아니하는 사람

연구전담요원에는 자연계 분야 학위, 국가기술자격법에 따른 기술자격 등의 제한이 있지만 연구보조원 및 연구관리직원의 자격에는 그러한 제한이 없다. 또한 연구보조원 및 연구관리직원의 확보는 기업부설연구소등의 인정을 위한 필수요건은 아니다.

라. 기업부설연구소와 연구개발전담부서의 혜택의 차이

기업부설연구소와 연구개발전담부서는 다음과 같은 측면에서 조세, 자금, 병역특례 등의 차이가 있다.[88]

| 표 _ 기업부설연구소 주요지원제도 요약 |[89]

구분	제도명	제도개관	기업부설 연구소	연구개발 전담부서
조세 지원	일반연구・인력개발비 세액공제 (조세특례제한법 제10조)	연구개발 및 인력개발을 위해 사용한 비용의 일정률을 법인세에서 공제(당기분 또는 증가분 중 선택) -당기분 : 당해연도 발생액의 25%(중견기업은 8%, 대기업은 0~2%) -증가분 : (당해연도 발생액-직전 과세연도 발생액)×50%(중견기업은 40%, 대기업은 25%)	○	○
	신성장 및 원천기술 연구・인력개발비 세액공제 (조세특례제한법 제10조)	2021년 12월 31일까지 신성장・원천기술에 대한 연구개발비 지출 시 자체 연구개발비용에 한하여 해당 연구개발비의 30~40%(코스닥상장중견기업은 25~40%, 대・중견기업은 20~30%)를 세액공제	○	○
	연구 및 인력개발 설비투자 세액공제 (조세특례제한법 제25조)	2021년 12월 31일까지 연구시험용시설, 직업훈련용시설, 신기술사업화사업용자산에 투자하는 경우 투자금액의 7%(대기업 1%, 중견기업은 3%)를 세액공제	○	○

88) 이외에도 중앙정부 부처 및 공공기관에서는 각종의 기술개발자금 및 사업발주시 연구소 및 전담부서 보유 기업체에 대해서만 신청자격을 부여하거나 심사 선정 시 우대하는 등의 조치를 취하고 있다. 예컨대 벤처기업(연구개발기업) 신청 시 연구소 보유필수, 중소기업청 중소기업기술혁신개발사업 신청시 연구소 보유필수, 국토교통부 국토교통기술연구개발사업 신청 시 연구소/전담부서 보유 필수, 기술혁신형 중소기업(Inno-Biz) 신청 시 가점 부여 등이 있다(한국산업기술진흥협회, "R&D지원제도", https://www.koita.or.kr/certificate/rndsupport__1.aspx, 2021.7.8.).

89) 한국산업기술진흥협회, 앞의 책, 2020.12., 194~195면

구분	제도명	제도개관	기업부설 연구소	연구개발 전담부서
조세 지원	기업부설연구소용 부동산 지방세 감면 (지방세특례제한법 제46조)	2022년 12월 31일까지 기업부설연구소용에 직접 사용하기 위하여 취득하는 부동산에 대한 취득세를 감면, 과세기준일 현재 기업부설연구소용에 직접 사용하는 부동산에 대하여는 재산세 일부를 감면 - 중소기업: 기업부설연구소용 면적에 대해 발생한 취득세의 60%, 재산세 50% - 대・중견기업: 기업부설연구소 면적에 대한 취득세・재산세 각각 35%(단, 과밀억제권역 내 설치 기업부설연구소 제외) * 기업부설연구소로 인정받은 날부터 3년 이내, 신성장・원천기술 심의위원회로부터 해당 기업의 연구・인력개발비 대상기술이 조세특례제한법 시행령 별표 7 해당기술이라는 심의결과 받은 경우, 기존공제율에 10% 추가공제	○	×
	연구전담요원 연구활동비 소득세 비과세 (소득세법 제12조)	중소・벤처기업이 기업부설연구소, 연구개발전담부서에서 연구활동에 직접 종사하는 자가 받는 연구보조비 또는 연구활동비 중 월 20만원 이내의 금액을 소득세 비과세	○	○
관세 지원	산업기술 연구개발 물품 관세감면 (관세법 제90조)	과학기술 또는 산업기술의 연구개발에 공헌하기 위하여 기업부설연구소, 연구개발전담부서 및 산업기술연구조합에서 수입하는 물품에 부과되는 관세의 80%를 감면	○	○
인력 지원	전문연구요원제도 (병역법 제36조) 〈병무청〉	일정기준*을 갖춘 기업부설연구소가 신규채용하는 연구전담요원에 대하여 배정된 T/O 한도 내에서 병역의무를 면제함 (사업신청자격 부여) * 자연계 분야 석사 이상 학위를 소지한 연구전담요원 2인 이상 확보(중견기업의 경우 5인 이상)	○	×

<table>
<tr><th>구분</th><th>제도명</th><th>제도개관</th><th>기업부설 연구소</th><th>연구개발 전담부서</th></tr>
<tr><td>인력 지원</td><td>고경력 연구인력 채용지원사업 〈중소벤처기업부〉</td><td>연구경험을 보유한 고경력 연구인력의 중소기업 채용 지원을 통해 연구인력 부족현상 해소 및 기업 기술개발 역량 향상</td><td>○</td><td>○</td></tr>
<tr><td rowspan="2">자금 지원</td><td>국가연구개발사업 참여지원제도 〈R&D관련 부처〉</td><td>특정연구개발사업 등 국가연구개발사업 참여시 연구개발비의 일정률을 연구보조비로 지원(사업신청자격 부여 또는 가점 부여)</td><td>○</td><td>△</td></tr>
<tr><td>우수기업연구소육성 (ATC+)사업 〈산업통상자원부〉</td><td>중소·중견기업 기업부설연구소에 대한 R&D 역량향상 지원을 통해 기업 성장 및 산업 혁신의 핵심 주체로 육성(사업신청자격 부여)</td><td>○</td><td>×</td></tr>
<tr><td rowspan="3">기타 지원</td><td>기업부설연구소의 보전산지 전용 추천 (산지관리법 제12조) 〈과학기술정보통신부〉</td><td>보전산지 내 기업부설연구소 설립허가에 대해 산지관리법에 따라 과학기술정보통신부 장관의 추천을 받을 경우 보전산지 전용을 허가</td><td>○</td><td>×</td></tr>
<tr><td>벤처확인 및 이노비즈 인증 〈중소벤처기업부〉</td><td colspan="3">① 벤처기업 유형 중 연구개발기업 확인의 경우 기업부설연구소 보유 기업에 한해서 가능
② 벤처기업 기타 유형 중 기술성 평가항목, 이노비즈 인증 시 R&D 활동지표 평가항목에서 기업부설연구소 보유기업의 배점비중이 높음</td></tr>
<tr><td>기간제근로자 사용기간제한의 예외 인정(기간제법 제4조) 〈고용노동부〉</td><td colspan="3">기업 또는 대학의 부설 연구기관에서 연구업무에 직접 종사하는 경우 또는 실험·조사등을 수행하는 등 연구업무에 직접 관여하여 지원하는 업무에 종사하는 경우 사용기간 제한의 예외 인정</td></tr>
<tr><td colspan="5">▸ 이외에도 중앙정부 부처 및 지방자치단체와 공공기관(국영업체 포함)에서는 각종 기술개발자금 또는 사업발주 시 기업부설연구소 및 연구개발전담부서 보유 기업체에 대해서만 신청자격을 부여하거나 심사·선정 시 우대하는 등의 조치를 취하고 있음</td></tr>
</table>

범례: ○ 가능, 일부 가능, × 불가능

① 기업부설연구소용 부동산에 대한 지방세 감면의 적용

2022.12.31.까지 적격한 기업부설연구소용에 직접 사용하기 위하여 취득하는 부동산에 대하여는 취득세를 35%(중소기업은 60%), 과세기준일 현재 기업부설연구소에 직접 사용하는 부동산에 대하여는 재산세를 35%(중소기업은 50%) 경감하며, 신성장동력·원천기술 관련 기업부설연구소의 경우에는 취득세와 재산세를 10%p 추가 경감한다(지방세특례제한법 제46조). 이때 적격한 기업부설연구소란 「기초연구진흥 및 기술개발지원에 관한 법률」 제14조의 2 제1항에 따른 기준을 갖춘 연구소로서 과학기술정보통신부장관에게 신고하여 인정을 받은 것을 말한다(지방세특례제한법 시행령 제23조 제1항 본문). 다만, 「독점규제 및 공정거래에 관한 법률」 제14조 제1항에 따른 상호출자제한기업집단등이 「수도권정비계획법」 제6조 제1항 제1호에 따른 과밀억제권역 내에 설치하는 기업부설연구소는 지방세 감면대상에 해당하지 아니한다(지방세특례제한법 시행령 제23조 제1항 단서).

따라서 기초연구진흥 및 기술개발지원에 관한 법률 제14조의 2 제1항에 따른 기준을 갖춘 기업의 연구개발전담부서는 지방세특례제한법 제46조에 따른 취득세 및 재산세 경감대상 기업부설연구소에 포함되지 않는다.

② 국가연구개발사업의 참여 시 자격 및 가점 부여

중앙행정기관이 법령에 근거하여 연구개발과제를 특정하여 그 연구개발비의 전부 또는 일부를 반대급부 없이 연구수행기관에 연구경비를 지급하는데 기업부설연구소 또는 연구개발전담부서의 여부에 따라 사업신청자격 부여 또는 가점을 부여하고 있다.

③ 전문연구요원제도의 적용

전문연구요원제도란 연구인력의 원활한 지원을 위하여 현역입영대상자(석사 이상) 또는 공익근무요원소집대상 보충역(학사) 중에서 병무청장이 선정한 지정업체(연구기관)에 3년간 전문연구요원으로 종사하면 병역의무를 마친 것으로 보는 병역대체복무제도이다. 이러한 전문연구요원이 종사할 지정업체(연구기관) 중 자연계 연구기관에는 다음의 기준을 충족하는 기업부설연구소[90]를 보유하고 있는 중소·중견기업 등의 연구기관에 한정하므로 연구개발 전담부서는 병역 지정업체에서 제외된다.[91]

90) 기업부설연구소란 「기초연구진흥 및 기술개발지원에 관한 법률」 제14조의 2 제1항에 따른 기준을 갖춘 연구소로서 과학기술정보통신부장관에게 신고하여 인정을 받은 것을 말한다.

91) 전문연구요원 및 산업기능요원의 관리규정 제8조 제1항 제4호[병무청훈령 제1749호, 2021.7.1., 일부개정]. 보다 자세한 사항은 전문연구요원제도 홈페이지(www.rndjm.or.kr)를 참조하거나, 한국산업기술진흥협회 이공계인력중개센터 (02)3460-9019, 병무청 산업지원 병역일터 홈페이지(https://work.mma.go.kr/caisBYIS/main.do)에 문의하면 된다.

| 표 _ 기업 부설연구기관 선정기준 |

구분	선정 기준	관련 법
중소기업 외	자연계분야 석사 이상 학위를 가진 연구전담요원 5인 이상 확보	병역법 시행령 제72조 제1항 제1호
중소기업[92]	자연계분야 석사 이상 학위를 가진 연구전담요원 2인 이상 확보	

(3) 연구시설(물적요건)

가. 연구시설에 대한 기준

기업부설연구소등은 과학기술정보통신부령으로 정하는 세부기준에 적합한 연구시설을 갖추어야 한다(기초연구진흥 및 기술개발지원에 관한 법률 시행령 제16조의 2 제1항).

'연구시설'이라 함은 연구개발활동을 위하여 배타적으로 사용하는 독립된 연구공간과 연구개발활동에 직접 사용하는 연구 기자재 및 부대시설을 말한다(기초연구진흥 및 기술개발지원에 관한 법률 시행령 제2조 제6호).

① 연구공간

연구시설 중 연구공간은 고정벽체와 별도의 출입문으로 다른 부서와 구분하여 독립적인 공간을 다음의 그림과 같이 확보해야 한다(기초연구진흥 및 기술개발지원에 관한 법률 시행규칙 제2조 제1항 제1호 가목).

| 그림 _ 연구공간 설치의 예[93] |

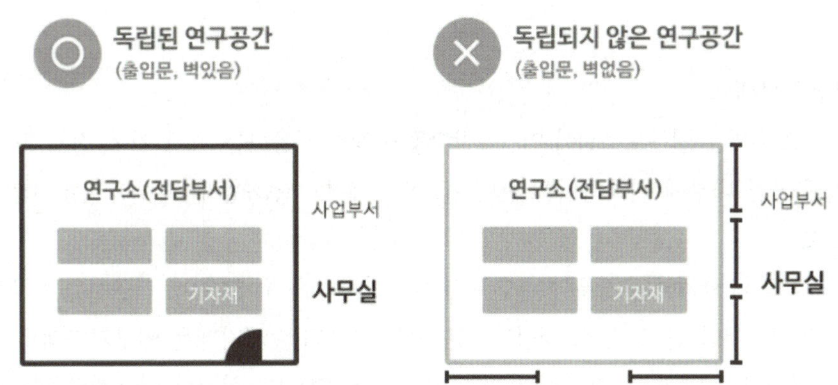

92) 중소기업이란 「중소기업기본법」 제2조에 따른 중소기업을 말한다(병역법 시행령 제72조 제1항 제1호).

93) 한국산업기술진흥협회, "연구소/전담부서 신고관리시스템", https://www.rnd.or.kr/user/newly/requirements.do, 2021.7.8.

다만, 다음의 어느 하나에 해당하는 기업부설연구소등은 50제곱미터를 초과하는 면적을 연구공간으로 확보할 수 없는 경우에는 칸막이 등으로 다른 부서와 구분할 수 있다(기초연구진흥 및 기술개발지원에 관한 법률 시행규칙 제2조 제1항 제1호 가목 단서).

칸막이 등으로 연구공간을 확보할 수 있는 기업부설연구소등의 범위
㉠ 「중소기업기본법」 제2조에 따른 중소기업자가 설립한 기업부설연구소등 ㉡ 연구개발형 중소기업 또는 벤처기업이 설립한 기업부설연구소등 ㉢ 연구개발전담부서(정보서비스 또는 소프트웨어개발공급 업종만 해당한다)

연구전담요원등이 상시적으로 근무하는 데에 필요한 최소한의 면적(연구기자재를 설치한 후의 면적을 말한다) 이상을 확보해야 한다(기초연구진흥 및 기술개발지원에 관한 법률 시행규칙 제2조 제1호 나목).

기업부설연구소용 독립공간 입구에는 해당 장소가 기업부설연구소임을 알 수 있도록 현판을 부착하여야 하는데, 기업부설연구소와 연구개발전담부서가 혼동되는 명칭은 사용할 수 없다.[94)]

기업부설연구소와 연구개발전담부서 명칭 구분	
기업부설연구소	기업부설연구소, 연구소, 기술연구소, R&D Center, 연구센터 등 가능
연구개발전담부서	연구개발전담부서, 연구실, 연구부, 개발실, 개발부 등 가능

또한 기업부설연구소등은 「건축법」에 따라 허가받지 아니한 건물 또는 가건물, 건축물의 용도가 주거용인 건물에 설치할 수 없다(기초연구진흥 및 기술개발지원에 관한 법률 제14조의 4 제2호).

② 연구기자재

연구전담요원 또는 연구보조원이 연구개발활동에 직접 사용하는 기계, 기구, 장치 및 재료로서 적격한 연구공간 내부에 위치하여야 한다(기초연구진흥 및 기술개발지원에 관한 법률 시행규칙 제2조 제1항 제2호).

타 부서와 공동 사용하는 경우에는 연구시설로 인정받을 수 없으며, 연구시설은 생산시설과 분리하여 관리되어야 하고, 제조, 생산과 병행되어 사용되는 기자재는 연구기자재로 인정되지 않는다. 연구기자재 및 보유 수에 대한 별도의 기준은 없으나, 신고한 연구개발활동 개요서의 연구개발 활동 수행이 가능한 연구기자재를 보유하고 있어야 한다. 개인용 PC, 사무책상,

94) 한국산업기술진흥협회, 「기업부설연구소 및 연구개발전담부서 신고에 관한 업무편람」, 2020.12., 28면

팩스, 복사기, 모니터 등 사무집기와 서버, 허브 등과 같은 통신수단은 연구기자재로 인정되지 않으나, 서비스분야의 경우 일반적인 개인용 PC가 아닌 고성능이나 특수용 PC 및 개발용 프로그램은 연구기자재로 인정된다.[95)]

③ 부대시설

기업부설연구소등의 연구개발활동을 위하여 제작한 구축물과 연구전담요원등이 전용으로 사용하는 회의실, 기숙사 등 연구개발활동에 필요한 편의시설로서 기업부설연구소등의 주소지에 있어야 한다(기초연구진흥 및 기술개발지원에 관한 법률 시행규칙 제2조 제1항 제3호).

전용 회의실은 기업부설연구소와 같은 층이거나 밀접한 장소에 위치해 있고, 기업부설연구소 직원 수 대비 적정한 면적이어야 하며, 기업 내 일반적인 회의실로 기업부설연구소 직원과 회사 직원이 공용으로 사용하거나 기업부설연구소 직원 수 대비 과대한 회의실을 기업부설연구소용으로 인정하지 않는다. 기숙사, 주차장, 운동시설 등이 기업부설연구소 전용인 경우에는 부대시설로 인정되는데, 기업부설연구소가 독립건물이나 별도의 소재지에 단독으로 있어 기업부설연구소 전용임을 명확하게 판단할 수 있어야 하며, 기업부설연구소 직원 이외에 다른 직원과 공용으로 활용할 수 있을 경우에는 인정되지 않는다.[96)]

나. 소재지에 대한 준수사항[97)]

기업부설연구소등의 직원 및 연구시설은 같은 소재지에 있어야 한다. 다만, 연구의 원활한 수행을 위하여 필요한 경우에는 주소지를 주소재지와 부소재지로 구분하여 2개의 장소에 둘 수 있다. 이 경우 각 주소지에 독립된 연구시설을 갖추고 기업부설연구소등의 직원 1명 이상이 근무하여야 하며, 연구전담요원의 수는 각 주소지의 연구전담요원을 합산한 수로 할 수 있다(기초연구진흥 및 기술개발지원에 관한 법률 시행령 제17조 제2항).

따라서 각 주소지의 연구소가 모두 인정요건을 갖춘 경우 각 주소지의 연구소를 독립적으로 인정받아 1개 기업이 2개 이상의 기업부설연구소를 보유하거나 2개 소재지를 주소재지, 부소재지로 하여 1개의 연구소로 인정받을 수 있다(단, 주소지가 2개를 초과할 경우 앞의 조건에 따라 1개의 연구소로 인정을 받고 나머지 주소지는 연구개발전담부서 또는 기업부설연구소로 인정받아야 한다).

만약, 각 주소지가 독립공간과 시설은 확보되었으나 연구전담요원이 인정요건에 부족한 경우에는 2개 주소지에 근무하는 연구전담요원을 통합하여 연구소 인정요건을 갖출 수 있을

95) 한국산업기술진흥협회, 앞의 책, 2020.12., 30면
96) 한국산업기술진흥협회, 앞의 책, 2020.12., 31면
97) 한국산업기술진흥협회, 앞의 책, 2020.12., 32~33면

경우에는 2개 소재지를 주소재지, 부소재지로 하여 1개 연구소로 인정받거나(2개 주소지까지만 통합가능), 2개 주소지에 근무하는 연구전담요원을 통합하여도 연구소를 인정받을 수 없는 경우에는 각 주소지를 연구개발전담부서로 인정받을 수 있을 것이다.

한편, 연구전담요원 근무지와 다른 별도의 장소에 실험실 등 독립된 공간에 연구기자재를 확보하고 있는 경우에도 2개 소재지(주소재지, 부소재지)로 기업부설연구소를 인정받을 수 있다. 이때, 주소재지는 연구전담요원이 연구개발활동을 수행하는 장소이며, 실험실이 있는 장소에도 최소한 연구소 직원(연구전담요원, 보조원, 관리직원) 1인 이상이 상주하고 있어야 한다.

참고로 앞서 언급한 바와 같이 전문연구분야가 다른 경우에는 **동일한 소재지 내** 2개 이상의 기업부설연구소를 인정받을 수 있다.

6 인정절차

연구소 등의 설립 및 변경신고는 신고가 접수된 날로부터 7일 이내에 처리 된다(신청서 보완, 문서이송, 추가절차 등으로 소요되는 기간 제외). 또한 기제출된 설립, 변경신고 관련 서류가 미비할 경우 유선확인 또는 서류보완 요청을 할 수 있으며, 정해진 기간(신고, 변경 모두 7일) 내에 보완하여야 하고, 보완되지 않을 때에는 신고내용이 반려처리 된다. 이후 제출된 서류확인을 통해 연구소 설립에 이상이 없으면 인정서가 교부[98] 된다.

98) 연구소, 전담부서를 인정받은 기업에는 인정서가 발급되며, 별도의 증명서 등은 발급되지 않으므로, 연구소 등을 인정받은 사실증명이 필요할 때에는 인정서 사본을 제출하면 된다(한국산업기술진흥협회, 앞의 책, 2020.12., 58면).

| 그림 _ 인정절차[99] |

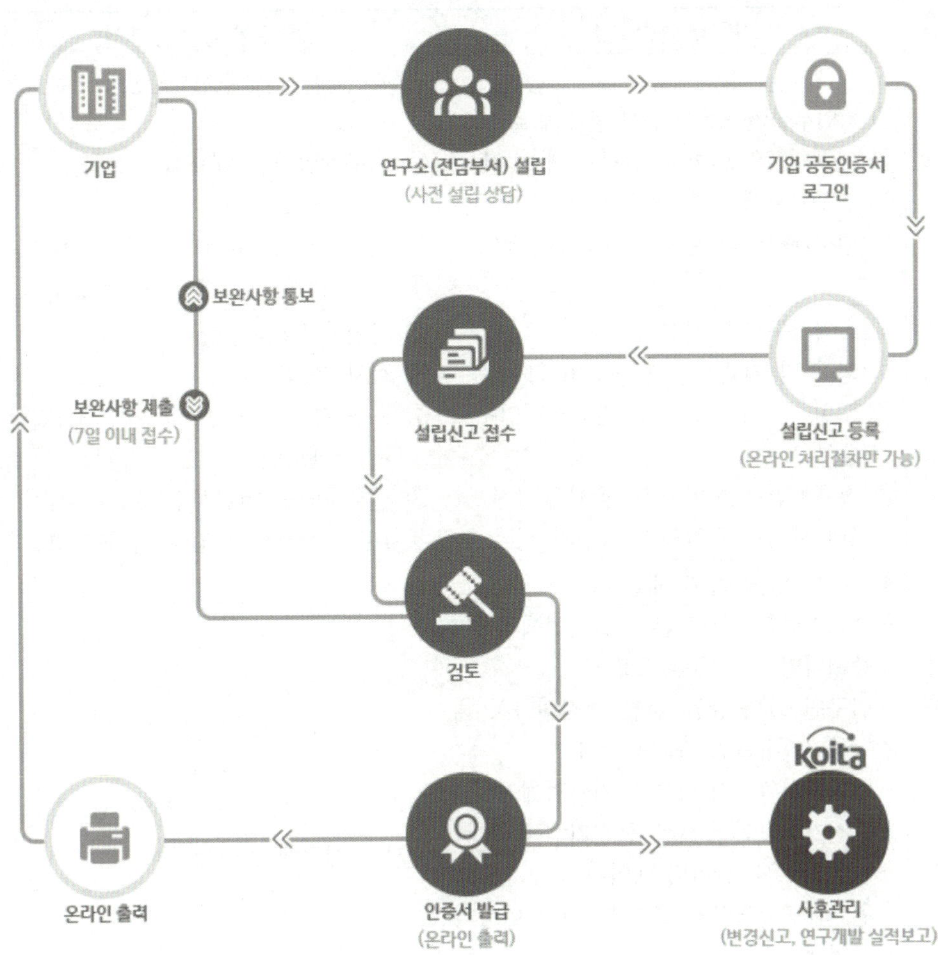

기업부설연구소 등을 신청하고자 하는 기업은 신청서, 연구개발활동 개요서, 연구기자재 현황, 연구개발인력 현황 등을 온라인에서 작성하고, 조직도, 도면 및 기업부설연구소 사진 등의 구비서류를 첨부하여야 한다(기초연구진흥 및 기술개발지원에 관한 법률 시행규칙 제3조 및 제4조).

99) https://www.rnd.or.kr/user/newly/procedure.do, 2021.7.8.

| 표 _ 설립신고 서류 |[100]

구분	기업부설연구소	연구개발전담부서
지정 서식	① 기업부설연구소 신청서(별지 제1호 서식) ② 연구개발활동 개요서(별지 제2호 서식) ③ 연구기자재 현황(별지 제3호 서식) ④ 연구개발인력 현황(별지 제4호 서식)	① 연구개발전담부서 신청서(별지 제6호 서식) ② 연구개발활동 개요서 (별지 제2호 서식) ③ 연구기자재 현황(별지 제3호 서식) ④ 연구개발인력 현황(별지 제4호 서식)
구비 서류	⑤ 사업자등록증 사본 ⑥ 회사 및 기업부설연구소 조직도 ⑦ 도면(층 전체도면 및 기업부설연구소 내부 도면) ⑧ 전용출입구 현판사진 및 내부사진 ⑨ 4대 사회보험 사업장 가입자 명부	⑤ 사업자등록증 사본 ⑥ 회사 조직도 ⑦ 도면(층 전체도면 및 연구개발전담부서 내부도면) ⑧ 전용출입구 현판사진 및 내부사진 ⑨ 4대 사회보험 사업장 가입자 명부
	※ 해당기업에 한해 제출서류 – 중소기업확인서 사본(중소기업에 한함) – 중소기업 등 기준검토표 – 연구원·교원창업 창업 겸직허가서(해당학교,연구소), 재직증명서 – 벤처기업확인서 사본(벤처기업에 한함) – 중견기업확인서 사본(중견기업에 한함) – 안전 및 유지관리비 내역서(연구전담요원, 연구보조원의 총수가 10인 이상의 기업에 한함) – 보험가입 보고서(연구전담요원, 연구보조원의 총수가 10인 이상의 기업에 한함)	좌동 (안전 및 유지관리비 내역서, 보험가입 보고서는 제출대상 아님)

7 사후관리

(1) 변경신고

기업부설연구소등의 신고 내용 중 변경사항(명칭, 연구분야, 소재지, 기업부설연구소장,[101] 연구개발인력, 연구공간)이 발생한 경우 해당 기업은 변경된 날부터 30일 이내에 별지 제8호

100) 한국산업기술진흥협회, 앞의 책, 2020.12., 39면
101) 기업부설연구소의 경우에만 해당한다.

서식의 변경신고서에 변경 내용을 적고 관련 서류를 첨부하여 협회에 제출(정보통신망에 의한 제출을 포함한다)하여야 한다(기초연구진흥 및 기술개발지원에 관한 법률 시행규칙 제5조).

(2) 실적보고

기업부설연구소등을 보유한 기업은 연구개발활동 실적 등을 기재한 연구개발활동조사표를 매년 제출하여야 한다(기초연구진흥 및 기술개발지원에 관한 법률 시행령 제17조 제1항 제4호).

기업부설연구소 등은 매년 4월말까지 연구개발활동조사표를 온라인으로 제출하여야 하며, 이는 변경신고와는 별도로 조사되는 내용으로 기업의 연구개발활동 수행여부 확인 및 국가연구개발 통계로 활용된다.[102]

연구개발활동조사표를 제출 안 하는 경우 기업부설연구소등의 준수사항을 위반한 것으로 보아 기업부설연구소등에 대한 인정이 취소될 수 있다(기초연구진흥 및 기술개발지원에 관한 법률 제14조의 3 제1항 제7호).

(3) 현지확인

한국산업기술진흥협회는 신고된 연구소의 연구개발활동 수행여부 및 인정요건 유지여부를 확인하기 위하여 현지확인을 실시할 수 있다. 현지 확인을 실시하고자 하는 기업에 대하여는 실시목적 및 내용 등을 사전통지 하여야 하는데, 부실연구소로 신고된 경우 등 불가피한 사유가 있다고 판단하는 사항의 경우에는 사전통지를 하지 않을 수 있다(기업부설연구소와 연구개발전담부서 신고요령 제7조).[103]

현지확인 결과에 따른 조치 사항

연구개발활동	인정요건 총족	신고내용 일치	조치내용
있음	충족	일치	이상 없음
	미달	인적요건 충족, 물적요건 미흡	조건부 취소 (1개월 이내 보완)
		물적요건 충족, 인적요건 미흡	조건부 취소 (1개월 이내 보완)
		인적, 물적요건이 현저하게 미달	인정취소 (자진, 직권, 허위)
없음	미달	불일치	인정취소(허위신고 처리)

102) 한국산업기술진흥협회, 앞의 책, 2020.12., 66면
103) 한국산업기술진흥협회, 앞의 책, 76면

(4) 인정취소

과학기술정보통신부장관은 기업부설연구소등 또는 기업부설연구소등이 소속된 기업이 다음 중 어느 하나에 해당하는 경우에는 기업부설연구소등의 인정을 취소할 수 있다. 단, 거짓 또는 그 밖의 부정한 방법으로 인정을 받거나 변경신고를 한 경우이거나, 기업부설연구소등이 소속된 기업이 기업부설연구소등의 인정취소를 요청한 경우에는 그 인정을 취소하여야 한다(기초연구진흥 및 기술개발지원에 관한 법률 제14조의 3 제1항).

과학기술정보통신부장관은 기업부설연구소등의 인정을 취소하려는 경우에는 청문을 실시하여야 한다. 다만, 기업부설연구소등이 소속된 기업이 기업부설연구소등의 인정취소를 요청한 경우 또는 기업부설연구소등이 소속된 기업이 기업부설연구소등의 인정취소를 요청한 경우에 해당하는 경우에는 청문을 실시하지 아니할 수 있다(기초연구진흥 및 기술개발지원에 관한 법률 제14조의 3 제2항).

소속 기업부설연구소등의 인정이 취소된 기업은 취소된 날부터 1년이 지날 때까지 제14조의 2 제2항에 따른 인정을 신청할 수 없다(기초연구진흥 및 기술개발지원에 관한 법률 제14조의 3 제3항).

기업부설연구소등 인정이 취소되는 경우
㉠ 거짓 또는 그 밖의 부정한 방법으로 인정을 받거나 변경신고를 한 경우
㉡ 기업부설연구소등이 소속된 기업이 기업부설연구소등의 인정취소를 요청한 경우
㉢ 기업부설연구소등이 소속된 기업이 폐업하거나 기업부설연구소등의 폐쇄 사실을 과학기술정보통신부장관이 확인한 경우
㉣ 「기초연구진흥 및 기술개발지원에 관한 법률」 제14조의 2 제1항에 따른 인정기준에 미달되어 과학기술정보통신부장관이 그 보완을 명한 날부터 1개월이 지날 때까지 미달된 사항을 보완하지 아니한 경우
㉤ 「기초연구진흥 및 기술개발지원에 관한 법률」 제14조의 2 제3항에 따른 변경신고를 변경사유가 발생한 날부터 1년 이내에 하지 아니한 경우
㉥ 기업부설연구소등의 연구개발활동이 없다고 과학기술정보통신부장관이 인정한 경우
㉦ 기업부설연구소등이 다음의 준수사항을 위반하는 경우
ⓐ 기업부설연구소등에 근무하는 자가 연구개발활동과 관련된 업무 외에 생산·판매·영업 등의 기업활동과 관련된 다른 업무를 겸하지 아니할 것
ⓑ 「건축법」에 따라 허가받지 아니한 건물 또는 가건물, 건축물의 용도가 주거용인 건물에는 기업부설연구소등을 설치하지 아니할 것
ⓒ 그 밖에 기업부설연구소등의 건실한 운영을 위하여 대통령령으로 정하는 사항
i) 생산·판매·영업 등의 기업활동과 관련된 업무에 종사하는 별도의 상시 종업원을 확보할 것
ii) 기업부설연구소등의 직원 및 연구시설은 같은 소재지에 있을 것

기업부설연구소등 인정이 취소되는 경우

iii) 같은 기업에 2개 이상의 기업부설연구소등을 설립하려면 전문연구 분야(「통계법」 제22조에 따라 통계청장이 고시하는 산업에 관한 표준분류에 따른 중분류를 말한다) 또는 그 주소지가 서로 다를 것

iv) 과학기술정보통신부장관이 정하는 바에 따라 매년 기업부설연구소등의 연구 개발 활동 실적 등을 과학기술정보통신부장관에게 제출할 것

◎ 「연구실 안전환경 조성에 관한 법률」 제17조 등 다른 법률에 따라 기업부설연구소등의 연구개발활동이 제한된 경우

사례 2 기업부설연구소 신고 전 연구요원의 인건비가 연구 · 인력개발비 세액공제 대상인 적격비용에 해당하는지 여부

과학기술정보통신부장관에게 전담부서등으로 적법하게 신고하기 전에 발생한 연구요원의 인건비, 연구용 재료비 등의 자체연구개발비용에 대해서는 조세특례제한법에 규정된 각종 연구개발 관련 조세특례제도를 적용받을 수 없다. 즉, 전담부서등의 승인일 이후에 발생한 해당 전담부서등의 연구요원의 인건비, 연구용 재료비 등만이 적격비용에 해당한다.

따라서 과학기술정보통신부장관으로부터 인정을 받지 못한 전담부서등에서 연구개발 활동의 수행에 따른 비용이 발생하였다 하더라도 미인정 전담부서등에서 발생한 연구개발비용은 조세특례제한법 시행령 별표 6에서 정한 비용에 해당되지 않아 적격한 연구 · 인력개발비가 아니다(조심 2010중3301, 2011.12.8., 조심 2010서2689, 2010.11.22., 법인-199, 2010.3.8., 대전지법 2009구합1190, 2009.7.22., 법인-323, 2009.3.24., 서면2팀-474, 2007.3.21., 서면2팀-675, 2006.4.28.).

History 연구개발전담부서를 과학기술처장관에게 신고하는 것이 적격한 연구개발전담부서의 필수요건이 아니었던 사례(1998.3.21. (구)조세감면규제법 시행규칙 제7조 제1항의 개정 전)

1998.3.21. (구)조세감면규제법 시행규칙 제7조 제1항이 개정되기 전에는 과학기술처장관에게 연구개발전담부서[104)]로 적법하게 신고하지 아니하였다 하더라도 (구)기술개발촉진법에서 규정하고 있는 연구개발전담부서의 인적 및 물적 요건을 충족한 경우에는 동 전담부서에서 발생한 인건비 등은 세액공제가 가능하다는 대법원 판결(대법 99두8718, 2001.1.19.)이 있었고 그 이후로 조세심판원에서도 동일한 취지의 판결(국심 99부425, 1999.12.28.)이 있었다.

104) 1994.7.18. 총리령 제460호로 전부개정되기 전 (구)기술개발촉진법 시행규칙 제5조에서는 일정한 물적 · 인적 요건을 갖추어 신고하여 과학기술처장관의 인정을 받아야 하는 '기업부설연구소'와 과학기술처장관에의 신고여부가 선택적인 다소 완화된 물적 · 인적요건을 갖춘 소규모의 연구개발전담부서가 규정되어 있었다.

이는 개정 전 (구)조세감면규제법 시행규칙 제7조 제1항에서 규정한 적격 연구개발전담부서는 (구)기술개발촉진법 시행규칙 제5조에서 **규정된** 기업의 연구개발전담부서라 하고, (구)기술개발촉진법 시행규칙 제5조[105]에서는 기업내의 연구개발전담부서를 규정하면서 인적 및 물적요건을 갖출 것만을 규정했고 반드시 과학기술부장관에게 기업 내의 연구개발전담부서를 신고하도록 규정하지 않았기 때문이다. 즉, 기업 내 기업부설연구소와는 달리 연구개발전담부서를 과학기술처장관에게 신고하는 것이 당시의 조세감면규제법 시행규칙상 적격한 연구개발전담부서의 필수요건은 아니었던 것이다.

그러나 이후 조세감면규제법 시행규칙 제7조 제1항[106]을 종전의 "기술개발촉진법 시행규칙 제5조에 **규정된** 기업의 연구개발전담부서"에서 "기술개발촉진법 시행규칙 제5조의 규정에 의하여 과학기술부장관에게 **신고한** 기업의 연구개발전담부서"로 개정하였을 뿐만 아니라 2001년 기술개발촉진법 시행규칙 전부개정 시[107] 기술개발에 필요한 지원을 받기 위한 기업 내의 연구개발전담부서를 과학기술부장관에게 신고하도록 의무화해 이러한 논란은 그치게 되었다.

| 표 _ 조세감면규제법 시행규칙 연혁 |

종 전	개 정
조세감면규제법 시행규칙 (1997.12.31. 총리령 제676호로 일부 개정된 것)	조세감면규제법 시행규칙 (1998.3.21. 재정경제부령 제14호로 일부 개정된 것)
제7조(기술 · 인력개발비 및 연구시험용 시설의 범위) ① 영 별표 3의 1. 기술개발 및 도입기술의 소화개량비란의 가목에서 "총리령이 정하는 기업의 연구개발전담부서"라 함은 기술개발촉진법 시행규칙 제5조에 **규정된** 기업의 연구개발전담부서(이하 "전담부서"라 한다)를 말한다. (개정 1995.4.1.)	제7조(기술 · 인력개발비 및 연구시험용 시설의 범위) ① 영 별표 3의 1. 기술개발 및 도입기술의 소화개량비란의 가목에서 "총리령이 정하는 기업의 연구개발전담부서"라 함은 기술개발촉진법 시행규칙 제5조의 규정에 의하여 과학기술부장관에게 **신고한** 기업의 연구개발전담부서(이하 "전담부서"라 한다)를 말한다. (개정 1995.4.1., 1998.3.21.)

105) 2001.7.20. 과학기술부령 제27호로 개정되기 전의 것
106) 1998.3.21. 재정경제부령 제14호로 개정되기 전의 것과 개정된 것
107) 2001.7.20. 과학기술부령 제27호로 전부 개정된 것

| 표 _ 기술개발촉진법 시행규칙 연혁 |

종 전	개 정
기술개발촉진법 시행규칙 (1994.7.18. 총리령 제460호로 전부 개정된 것)	기술개발촉진법 시행규칙 (2001.7.20. 과학기술부령 제27호로 전부 개정된 것)
제5조(기업의 연구개발전담부서의 신고등) ① 영 별표 1 기술개발준비금의 사용기준 제1호의 가목의 규정에서 "총리령에서 정하는 기업의 <u>연구개발전담부서"라 함은 영 제14조 제1항의 규정에 의한 기업부설연구소와 다음 각호의 요건을 갖춘 기업내의 연구개발전담부서를 말한다.</u> 1. ~ 3. 생 략 ② 과학기술처장관은 조세·금융 기타의 지원이 필요하다고 인정되는 경우에는 <u>제1항의 규정에 의한 기업내의 연구개발전담부서의 요건을 갖춘 자에 대하여 이를 신고하게 할 수 있다.</u> 이 경우 신고에 관하여 필요한 사항은 과학기술처장관이 따로 정하여 고시한다.	제8조(기업내의 연구개발전담부서에 대한 지원) ① 과학기술부장관은 <u>제7조의 규정에 의한 기업부설연구소 외에</u> 다음 각호의 요건을 갖추고 <u>과학기술부장관에게 신고한 기업내의 연구개발전담부서</u>(이하 "전담부서"라 한다)에 대하여 기술개발에 필요한 지원을 할 수 있다. 1. ~ 3. 생 략 ② 제1항의 규정에 의한 전담부서의 지원에 관하여 필요한 사항은 과학기술부장관이 따로 정하여 고시한다.

사례 3 2년 이상 기업부설연구소에 대한 변경신고를 하지 않아 연구소가 폐쇄되어 연구 · 인력개발비 세액공제를 배제한 사례

사례의 회사는 제조업을 영위하는 법인으로 기초연구진흥 및 기술개발지원에 관한 법률에 따른 기업부설연구소를 인정받았다. 이후 이 회사는 2년 이상 기업부설연구소 변경사항(연구소 소재지 등)을 신고하지 아니한 이유로 한국산업기술진흥협회가 일정한 기한까지 변경신고할 것을 안내하였지만 회사는 이행하지 않았고, 「기초연구진흥 및 기술개발지원에 관한 법률 시행규칙」 제3조와 「기업부설연구소와 연구개발전담부서 신고요령(과학기술부 고시 제2014-70호, 이하 "연구소 신고요령"이라 한다)」 제12조 제1항 제4호와 제5호에 의거 연구소 인정요건에 미달되거나 연구개발활동이 없는 것으로 보아, 회사의 기업부설연구소 인정을 취소하였다.

세무당국은 회사의 기업부설연구소 인정취소가 된 후 재차 인정을 받기까지의 기간인 사업연도에는 자체기술개발비에 대한 연구·인력개발비 세액공제를 적용받을 수 없다고 하면서 해당 사업연도의 법인세를 회사에 경정·고지하였다. 해당 납세자는 심판원에 심판청구를 했지만, 심판원의 판단도 세무당국의 처분내용과 다르지 않았다.

심판원은 "청구법인은 기업부설연구소의 인정이 취소된 기간 중에도 연구활동에 전념한 연구전담조직이 존재하였으므로 처분청이 연구 및 인력개발비 세액공제를 부인한 처분은 부당하다는 주장이나, 청구법인이 2년 이상 기업부설연구소에 대한 변경신고를 하지 아니하여 각종 연구개발 지원제도의 혜택을 받지 못한다는 사실을 공지받았음에도 변경신고를 하지 아니한 점, 연구소 인정이 취소된 처분에 대하여 즉시 이에 대한 취소를 구하는 절차를 거치지 아니하고, 인정이 취소된 2년 후에야 새로이 연구소 인정을 신청한 점, 연구소의 인정취소기간 중 연구활동을 하였다는 구체적인 자료가 발견되지 아니하는 점 등을 미루어 보아, 청구법인이 제시한 자료만으로는 연구소 인정취소기간 중 연구소가 실제 존재하였고 연구소의 인력이 연구개발활동에 전념하였다고 인정되기 어렵다"고 판단했다.

나아가 "조세특례제한법 제10조에 따른 연구·인력개발비에 대한 세액공제대상은 각 과세연도에 연구·인력개발을 위한 비용 중 별표 6의 비용으로 규정하고 있고, 같은 법 시행규칙 제7조 제1항에 동 시행령 별표 6의 제1호 가목에서 '전담부서등'이라 함은 「기초연구진흥 및 기술개발지원에 관한 법률 시행령」 제16조에 따라 인정받은 기업부설연구소(전담부서 포함)로 규정하고 있으므로, 연구소 인정이 취소된 후부터 재인정받은 때까지 발생한 비용은 당해 세액공제를 적용받을 수 없다"고 했다(조심 2010중1952, 2011.6.27., 조심 2010서0949, 2010.7.1.).

제2절 문화산업분야의 기업부설창작연구소 인정제도

1 제도의 소개

문화산업진흥 기본법(약칭 "문화산업법")에 따른 기업부설창작연구소 및 기업창작전담부서(이하 이 절에서 "창작연구소등"이라 한다) 인정제도는 일정요건을 갖춘 창작연구소등을 신청·인정함으로써 각종 조세·자금지원 등의 혜택을 부여하고, 문화콘텐츠기업의 창작역량의 향상과 관련 기술개발을 적극적으로 촉진·유도하는 동시에 이들 연구조직을 효율적으로 육성·지원하기 위하여 2009년에 제정된 제도이다.

2 담당기관

문화체육관광부는 창작연구소등의 인정제도를 문화산업진흥 기본법 제17조의 3 및 동법 시행령 제26조, 제27조의 규정에 의거하여 2009년 6월부터 수행하고 있다.

3 신청주체

문화산업진흥 기본법 제2조에 정의된 문화산업에 해당되는 기업으로서 창작개발활동을 수행하는 부설 기관이나 부서를 보유한 기업(개인기업 포함)이 신청주체이다.

'부설'이므로 기업의 일정부서 형태이어야 하고, 영리를 추구하는 부서가 아니므로 동 부서가 외주용역 등 영리활동을 수행한다면 기업부설창작연구소·기업창작전담부서로 설립 신청할 수 없다. 다만, 공동연구나 국책과제 등을 수행하기 위한 위탁과제가 일부 연구과제로 포함되는 경우는 인정받을 수 있다.

한편, 동일 창작연구소등이 기초연구진흥 및 기술개발지원에 관한 법률에 의거하여 기업부설연구소 또는 연구개발전담부서 등으로 인정받은 경우에는 창작연구소등의 인정을 신청할 수 없다.[108]

「문화산업진흥기본법」 제2조에 따른 "문화사업"이란 문화상품의 기획·개발·제작·생산·유통·소비 등과 이에 관련된 서비스를 하는 산업을 말하며, 다음 중 어느 하나에 해당하는 것을 포함한다(문화산업진흥 기본법 제2조 제1호).

108) 기업부설창작연구소 및 기업창작전담부서 인정업무 규정 제4조 제4항(문화체육관광부고시, 2018.11.23. 제정)

문화산업의 범위
㉠ 영화·비디오물과 관련된 산업
㉡ 음악·게임과 관련된 산업
㉢ 출판·인쇄·정기간행물과 관련된 산업
㉣ 방송영상물과 관련된 산업
㉤ 문화재와 관련된 산업
㉥ 만화·캐릭터·애니메이션·에듀테인먼트·모바일문화콘텐츠·디자인(산업디자인은 제외한다)·광고·공연·미술품·공예품과 관련된 산업
㉦ 디지털문화콘텐츠, 사용자제작문화콘텐츠 및 멀티미디어문화콘텐츠의 수집·가공·개발·제작·생산·저장·검색·유통 등과 이에 관련된 서비스를 하는 산업
㉧ 대중문화예술산업
㉨ 전통적인 소재와 기법을 활용하여 상품의 생산과 유통이 이루어지는 산업으로서 의상, 조형물, 장식용품, 소품 및 생활용품 등과 관련된 산업
㉩ 문화상품을 대상으로 하는 전시회·박람회·견본시장 및 축제 등과 관련된 산업. 다만, 「전시산업발전법」 제2조 제2호의 전시회·박람회·견본시장과 관련된 산업은 제외한다.
㉪ ㉠부터 ㉩까지의 규정에 해당하는 각 문화산업 중 둘 이상이 혼합된 산업

4 신청방법

창작연구소등의 설립신청은 先설립·後신청 체계이므로 이를 신청하고자 하는 기업은 설립신청을 하기 전에 회사의 조직을 개편하여 창작연구 활동을 전담할 수 있는 기구를 조직(구비)하고 창작전담요원 등의 인사발령 및 창작시설(연구기자재 포함) 등을 확보하여, 인정요건을 갖춘 상태에서 상시비치서류를 기업의 창작연구소등 내에 비치한 후 기업부설 창작연구소 또는 기업창작전담부서 신청서류를 문화체육관광부에 제출하면 된다.[109)]

5 인정요건

창작연구소등을 설립하기 위해서는 설립 전에 아래의 창작개발활동요건(내용요건)과 인적·물적요건을 갖추어야 한다.

109) 창작연구소등의 설립과 관련하여 인정신청서 접수 및 인정서 발급업무를 제외한 대부분의 업무(심의운영, 현장실사, 변경관리 등)를 한국콘텐츠진흥원에서 담당하고 있으므로 보다 자세한 내용은 한국콘텐츠진흥원에 문의하면 된다.

(1) 창작개발활동 요건

앞서 살펴본 바와 같이 기업부설창작연구소 및 기업창작전담부서 인정업무 규정 제2조 제1항에서는 '창작개발활동'을 다음과 같이 정의하고 있다.

창작개발활동의 정의
창작개발활동이란 문화산업분야에서 새로운 문화상품 또는 관련 서비스방안 등을 만들어내는 창조적 활동으로서 기획, 개발, 시범제작 및 시험 등 상품이나 서비스로 전환되기 전까지의 과정에서 일어나는 연구 및 개발활동을 말한다.

문화산업진흥 기본법에 따른 창작연구소등을 설립하기 위해서는 해당 창작연구소등이 문화산업분야의 창작개발을 수행할 것을 요건(내용요건)으로 하고 있다.

이를 확인하기 위해서 기업부설창작연구소 및 기업창작전담부서 신고서 신청 시에 창작사업개요서와 함께 창작개발과제 세부계획서를 제출하여야 하고, 이를 인정 심의위원회에서 심의한다.

(2) 창작전담요원의 자격(인적요건)

가. 창작전담요원의 자격

창작연구소등은 기업의 규모 등에 따라 규정된 창작전담요원을 늘 확보하여야 한다(문화산업진흥 기본법 시행령 제26조 제1항 제1호).

| 표 _ 인적요건 |

구분			신청요건(인원 및 자격)
인적요건	기업부설 창작 연구소	벤처기업[110]	창작전담요원 3명 이상, 학사이상 또는 기사이상
		중소기업[111]	창작전담요원 5명 이상, 학사이상 또는 기사이상 또는 전문학사로서 해당분야 2년 이상 경력자 또는 고교 졸업자로서 해당분야 4년 이상 경력자
		국외에 있는 기업연구소(해외연구소)	창작전담요원 5명 이상, 학사이상 또는 기사이상
		그 외 기업	창작전담요원 10명 이상, 학사이상 또는 기사이상
	기업창작 전담부서	기업규모에 관계없이 동등 적용	창작전담요원 1명 이상, 학사이상 또는 기사이상 (중소기업인 경우에는 전문학사로서 해당분야 2년 이상 경력자 또는 고교 졸업자로서 해당분야 4년 이상 경력자도 포함)

창작전담요원은 학사 이상의 학위를 가진 사람(법령에 따라 이와 같은 수준 이상의 학력이 있다고 인정되는 사람을 포함한다) 또는 「국가기술자격법」에 따른 기술·기능분야 기사 이상의 기술자격을 가진 사람이어야 한다.

나. 겸직금지의 원칙

한편, 창작연구소등의 창작전담요원은 해당 기업의 창작개발업무 외에 다른 업무를 겸할 수 없으며, 해당 기업은 창작전담요원이 창작개발업무에만 전념할 수 있도록 매출영업 등의 기업활동과 관련된 업무에 종사하는 별도의 상시 종업원을 확보하여야 한다(기업부설창작연구소-기업창작전담부서 인정업무 규정 제4조 제1항).

이때 창작전담요원이란 일정기준의 학력과 경력을 가지고 창작연구소·전담부서에서 창작개발과제를 직접 수행하며 창작개발업무 이외에 다른 업무를 겸하지 않는 자를 말한다(기업부설창작연구소-기업창작전담부서 인정업무 규정 제2조 제2항).

(3) 창작시설(물적요건)

창작연구소등은 독립된 창작시설을 갖추어야 한다(문화산업진흥 기본법 시행령 제26조 제1항 제2호).

'창작시설'이라 함은 창작연구소 인정신청을 하고자 하는 기업의 연구소가 배타적으로 사용하는 건물 또는 공간으로 다른 부서와 구별되는 독립된 공간과 창작개발활동에 직접 사용되는 창작개발기자재 및 부대시설을 말한다(기업부설창작연구소-기업창작전담부서 인정업무 규정 제2조 제3항).

창작시설 중 창작공간은 다른 부서와 구분할 수 있도록 독립된 공간으로 구분하고 창작개발업무 이외의 용도로는 사용할 수 없다. 독립공간은 관련분야의 창작개발활동을 수행하는 데 있어서 창작개발기자재 및 창작연구소 직원을 고려하여 필요한 면적을 확보해야 한다(기업부설창작연구소-기업창작전담부서 인정업무 규정 제6조 제1항, 제2항).

이 경우 창작연구소등의 전용 입구를 갖춘 독립 공간 혹은 파티션으로 구분 독립되어 업무상 지장을 받지 않으며 창작인력 및 필요기자재에 적합한 창작공간이면 된다.

한편, 무허가건물 또는 가건물이나 주거전용건물(아파트를 포함한다)내에 설치된 공간은 창작개발시설로 볼 수 없다(기업부설창작연구소-기업창작전담부서 인정업무 규정 제6조 제4항).

---

110) 「벤처기업육성에 관한 특별조치법」 제2조 제1항에 따른 벤처기업이 설립한 기업부설창작연구소를 말한다(문화산업진흥 기본법 시행령 제26조 제1항 제1호 가목).

111) 「중소기업기본법」 제2조 제1항에 따른 중소기업을 말한다(문화산업진흥 기본법 시행령 제26조 제1항 제1호 나목).

6 인정절차

인정절차는 창작개발활동을 수행하는 부설 기관이나 부서를 보유한 기업(개인기업 포함)이 인정기관인 문화체육관광부장관에 인증신청을 하면 관련 사무의 위탁기관인 한국콘텐츠진흥원(KOCCA)에서 검토·현장실사·심의를 한 후 그 심사결과를 문화체육관광부에 통보하여 최종적으로 창작연구소등으로 인정하게 된다(문화산업진흥 기본법 시행령 제27조).

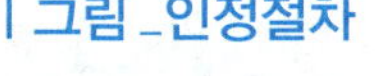

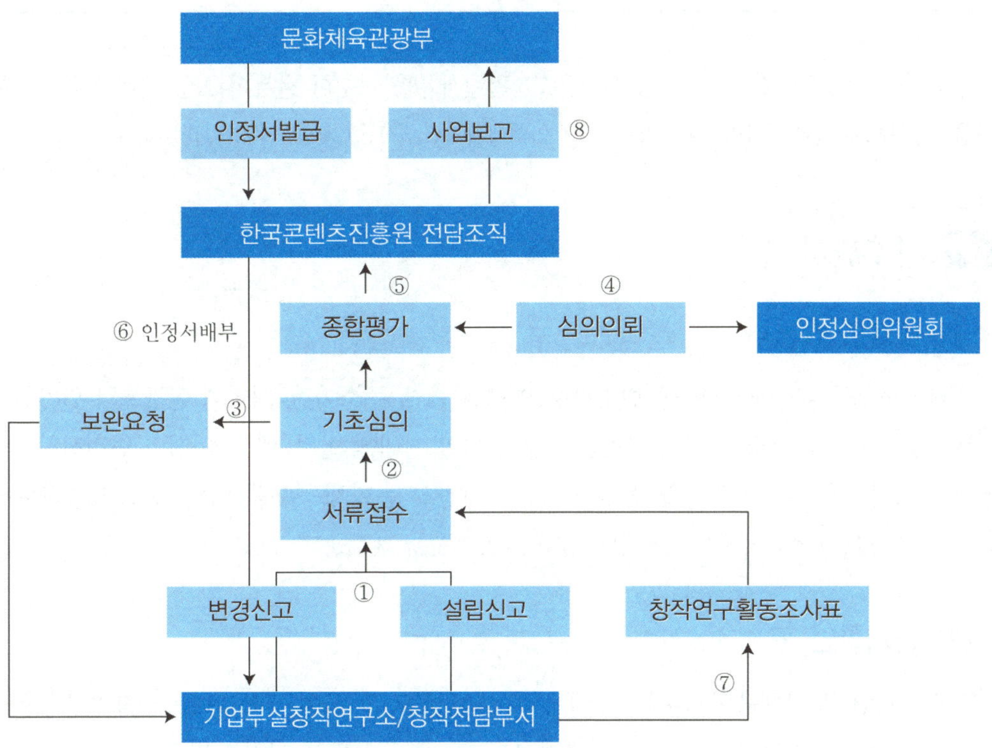

단계	내용
상담 및 접수	• 창작연구소/창작연구전담부서를 인정받기 위한 전화, 인터넷, 방문 상담은 언제나 가능(인정요건과 서류작성 방법 등) • 접수는 우편으로 수시접수(인터넷/팩스 접수 불가)
서류심사	• 서류접수시 신청서류 완비여부 및 기재내용이 정확한지를 판단하여 보완사항 통보

단계	내용
종합평가	• 창작연구소/창작연구전담부서 인정에 필요한 요건을 모두 충족시키고 있는지의 여부를 종합평가하여 인정여부를 결정함
인정서 발급	• 창작연구소는 「기업부설창작연구소 인정서」를, 창작연구전담부서에 대해서는 「창작연구전담부서 인정서」를 교부
현지확인 (사후관리)	• 설립 신청서류 상의 기재사실과 창작연구소/창작연구전담부서의 실제 현황이 일치하는가의 여부, 창작연구 활동 수행여부 및 연구전담요원의 실제 근무 여부 등을 확인하기 위하여 설립 신청 시 현지 확인 실시

창작연구소등의 인정 또는 변경 신청은 그 관련서류를 접수한 날부터 30일 이내에 처리하는 것을 원칙으로 한다(기업부설창작연구소-기업창작전담부서 인정업무 규정 제10조).

7 사후관리

(1) 변경신청

창작연구소등의 신청 내용 중 변경사항(연구원 변경, 주소이전, 기업내 연구소의 위치변경 등)이 발생한 경우 해당 기업은 변경된 날부터 14일 이내에 별지 제6호 서식의 변경신청서에 변경 내용을 적고 관련 서류를 첨부하여 인정기관인 문화체육관광부장관에게 제출하여야 한다(기업부설창작연구소-기업창작전담부서 인정업무 규정 제8조).

(2) 현지확인 등

인정기관인 문화체육관광부는 한국콘텐츠진흥원으로 하여금 신고된 창작연구소등의 창작개발활동 수행여부 및 인정요건 구비여부를 확인하기 위하여 기업을 방문하여 사후관리를 실시한다. 이때 거짓이나 부정한 방법으로 창작연구소등을 인정받은 경우, 창작연구소등의 인정요건에 미달하거나 장기간 변경신청을 하지 않는 경우 등에는 그 창작연구소등의 인정을 취소할 수 있다(기업부설창작연구소-기업창작전담부서 인정업무 규정 제15조, 제17조).

제3절 산업디자인전문회사 신고제도

1 제도의 소개

「산업디자인진흥법」(약칭 "산업디자인법")에 따른 산업디자인전문회사(이하 이 절에서 "산업디자인전문회사"라 한다) 신고제도는 디자인에 대한 개발·조사·분석·자문 등을 전문으로 하는 회사를 지원하여 디자인전문회사의 전문화 및 질적 수준을 높이고 디자인 산업의 경쟁력을 강화하기 위해 도입되었으며, 1992년부터 허가제로 시행하던 제도를 1999년부터 신고제로 변경하여 현재까지 운용하고 있다.

2 담당기관

한국디자인진흥원은 산업디자인전문회사 신고제도를 「산업디자인진흥법」 제9조 및 동법 시행령 제33조 규정에 의거하여 1997년 4월부터 산업통상자원부로부터 이관받아 수행하고 있다.

3 신고주체

「산업디자인진흥법」 제2조에 정의된 산업디자인에 관한 개발·조사·분석·자문 등을 전문으로 하는 회사로서 산업디자인 전문분야별 전문인력을 보유한 회사(개인회사 포함)가 신청주체이다(산업디자인진흥법 제9조 제1항 및 산업디자인진흥법 시행규칙 제9조 제1항).

기업부설연구소등 또는 기업부설창작연구소등과 달리 산업디자인전문회사의 경우 담당기관의 인정을 받는 것이 아니라 신고를 할 뿐이며, 외주용역 등 영리활동 수행 여부가 문제가 되지는 아니한다.

4 신고방법

산업디자인전문회사로 신고하고자 하는 회사는 한국디자인진흥원 웹사이트를 통해 온라인으로 기본정보, 전문인력, 증빙서류를 등록하는 등 신고서를 작성하여 접수하면 된다.

온라인 설립신고[112)]

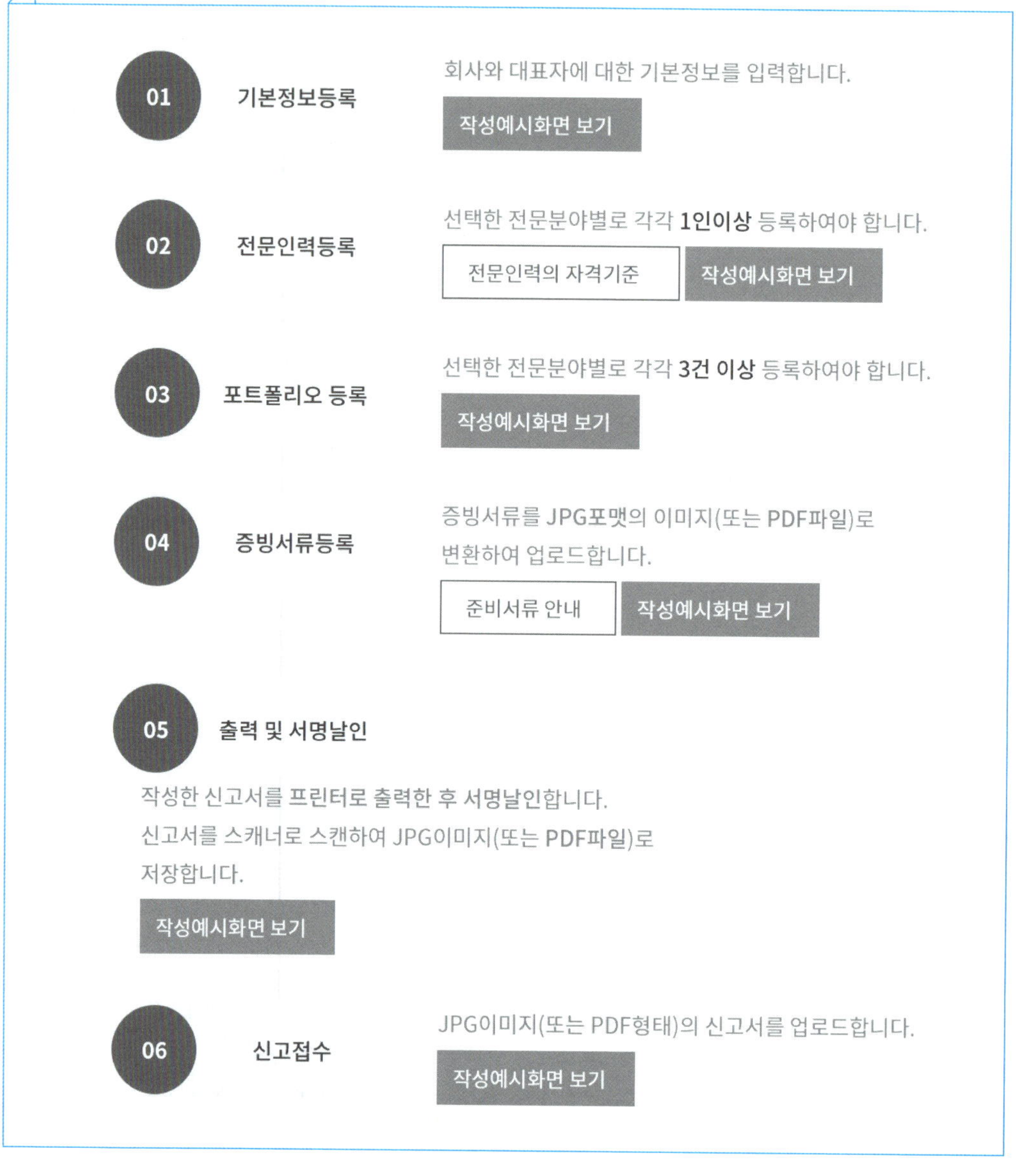

01 **기본정보등록**
회사와 대표자에 대한 기본정보를 입력합니다.
작성예시화면 보기

02 **전문인력등록**
선택한 전문분야별로 각각 **1인이상** 등록하여야 합니다.
전문인력의 자격기준 | 작성예시화면 보기

03 **포트폴리오 등록**
선택한 전문분야별로 각각 **3건 이상** 등록하여야 합니다.
작성예시화면 보기

04 **증빙서류등록**
증빙서류를 JPG포맷의 이미지(또는 PDF파일)로 변환하여 업로드합니다.
준비서류 안내 | 작성예시화면 보기

05 **출력 및 서명날인**
작성한 신고서를 프린터로 출력한 후 서명날인합니다.
신고서를 스캐너로 스캔하여 JPG이미지(또는 PDF파일)로 저장합니다.
작성예시화면 보기

06 **신고접수**
JPG이미지(또는 PDF형태)의 신고서를 업로드합니다.
작성예시화면 보기

5 신고요건

산업디자인전문회사로 신고하기 위해서는 회사의 전문분야별로 전문인력기준과 사업실적기준을 갖추어야 한다(산업디자인진흥법 시행규칙 제9조 제1항 제1호).

112) 한국디자인진흥원, "디자인전문회사 신고방법", https://designfirm.kidp.or.kr/new_register/guide.asp, 2021.7.8.

매출액기준은 없으나, 전문으로 하는 산업디자인의 분야가 3개 이상인 회사(이하 "종합디자인 분야 전문회사"라 한다)의 경우에는 직전 사업연도 매출액 또는 직전 3개 사업연도의 평균매출액이 2억원 이상이어야 한다(산업디자인진흥법 시행규칙 제9조 제1항 제2호).

(1) 전문분야

전문분야라 함은 「산업디자인진흥법」 제2조 시각디자인, 포장디자인, 제품디자인, 환경디자인, 멀티미디어디자인, 서비스디자인 분야 등을 말한다(산업디자인전문회사 신고요령 제2조 제2항).

| 표 _ 산업디자인 전문분야 분류 |[113]

산업디자인 전문분야	예시
가. 시각디자인 분야 정보문화시대에 다양한 정보를 통합하고 시각화하여 전달할 수 있는 형식의 커뮤니케이션디자인	포스터·광고디자인, 북·편집디자인, 프로모션디자인, 타이포그라피디자인, 아이덴티티디자인, 정보디자인, 일러스트레이션·캐릭터디자인
나. 포장디자인 분야 생산된 제품의 기술적 포장기법, 효율적 마케팅, 재활용 및 환경보존의 개념과 기능을 고려하고 심미성과 구매성의 동기를 줄 수 있는 상품 포장디자인	박스 및 표면디자인, 라벨디자인, 용기디자인, POP디자인
다. 제품디자인 분야 풍요로운 생활을 위한 도구 개념의 인공물로써 대량생산을 전제로 한 각종 제품디자인	전기·전자, 정보·통신기기 디자인, 생활용품, 레포츠, 취미 및 의료기기 디자인, 사무기기 및 문구, 아동용구 및 교육용품 디자인, 산업기계 및 운송기기, 주택설비 및 가구디자인 등
라. 환경디자인 분야 합리적이고 기능적이며 쾌적한 생활환경을 조성키 위한 환경제품디자인, 실내디자인 및 공간디자인, 공공디자인, 건축디자인, 조경디자인, 디스플레이 등	환경디자인(공공디자인, 건축디자인, 조경디자인, 디스플레이), 공공디자인(옥외시설물 등), 환경색채 및 조형물, 실내디자인(공간디자인)

113) 한국디자인진흥원, "산업디자인 분야분류", https://designfirm.kidp.or.kr/new__register/about.asp, 2021.7.8.

산업디자인 전문분야	예시
마. 멀티미디어디자인 분야 정보소통의 효율성을 위한 디지털미디어 기반의 인터랙티브, 이미지, 사운드, 모션, 텍스트를 통합한 심미적이고 기능적인 콘텐츠디자인	인터랙티브 디자인, 영상디자인, 애니메이션, 미디어파사드디자인
바. 서비스디자인 분야 서비스를 설계하고 전달하는 과정 전반에 "디자인방법론"을 적용함으로써 사용자의 생각과 행동을 변화시키고 경험을 향상시키는 분야. 제조에 서비스를 접목하거나 신 서비스 모델을 개발함으로써 새로운 부가가치를 창출함.	공공서비스디자인, 제조·서비스 융합서비스디자인, 서비스산업을 위한 서비스디자인 등
사. 기타 디자인 분야 디자인 기반의 인프라 및 융합디자인 등 새롭게 출현한 디자인 분야	디자인 이론/연구개발, 디자인 경영, 디자인 정책, 기술융합디자인, 감성융합디자인

(2) 전문인력기준

회사가 신고하고자 하는 전문분야별로 전문인력이 1인 이상이어야 하는데, 종합디자인 분야의 경우 3인 이상이어야 한다. 전문인력은 여러 회사에 중복하여 등록이 불가하며, 4대보험 사업장 가입자명부에 포함된 전문인력만 신고 가능하며(대표자는 상관없이 신고가능), 대학전임강사 이상은 신고대상에서 제외된다.[114]

전문인력이라 함은 다음 중 어느 하나에 해당되는 자로 실무 경력은 산업디자인분야를 말한다(산업디자인전문회사 신고요령 제2조 제3항).

| 표 _ 전문인력의 자격기준 |

구분	세부기준
국가기술 자격기준	「국가기술자격법」에 의한 디자인 직무의 자격기준으로서 다음 중 어느 하나에 해당하는 자 ㉠ 기술사(기능장)·기사 자격소지자 ㉡ 산업기사 자격소지사로 2년 이상 실무 경력자 ㉢ 기능사 자격소지사로 4년 이상 실무 경력자

114) 한국디자인진흥원, "전문회사의 신고기준", https://designfirm.kidp.or.kr/new_register/standard.asp, 2021.7.8.

<table>
<tr><th colspan="2">구분</th><th>세부기준</th></tr>
<tr><td rowspan="3">학력기준</td><td>디자인 전공자</td><td>㉠ 석사학위 이상의 소지자
㉡ 학사학위 이상의 소지자로 1년 이상 실무 경력자
㉢ 전문학사 소지자로 3년 이상실무 경력자
㉣ 특성화고등학교·특수목적고등학교·자율고등학교 졸업자로 5년 이상 실무 경력자</td></tr>
<tr><td>준 전공자 (일반미술학과)</td><td>㉠ 학사학위 이상 소지자로 2년 이상 실무 경력자
㉡ 전문학사 소지자로 4년 이상실무 경력자
㉢ 특성화고등학교·특수목적고등학교·자율고등학교 졸업자로 6년 이상 실무 경력자</td></tr>
<tr><td>비 전공자</td><td>㉠ 학사학위이상 소지자로 3년 이상 실무 경력자
㉡ 전문학사 소지자로 5년 이상 실무 경력자
㉢ 고등학교 졸업자로 7년 이상 실무 경력자</td></tr>
<tr><td colspan="2">수상실적</td><td>㉠「산업디자인진흥법 시행령」 제8조의 3에 따른 초대디자이너 및 추천디자이너
㉡ 국내·외 디자인관련 공모전(전국단위)에서 10회 이상 서로 다른 출품 건으로 입선 이상을 수상한 자로 1년 이상 실무 경력자
㉢ 국내·외 디자인관련 공모전(전국단위)에서 5회 이상 서로 다른 출품 건으로 입선 이상을 수상한 자로 2년 이상 실무 경력자</td></tr>
<tr><td colspan="2">기타</td><td>기타 이외의 자로서 10년 이상 실무 경력자</td></tr>
</table>

(3) 사업실적기준

회사가 신고하고자 하는 전문분야별로 사업실적이 3건 이상이어야 한다. 한국디자인진흥원 웹사이트 신고작성 예시에 따르면, 사업실적과 관련하여 전분분야별로 수행과제명, 수행시작일 및 수행종료일, 클라이언트명, 포트폴리오, 개발개요 등을 기술하도록 하고 있다.[115]

6 신고확인증 발급

회사가 한국디자인진흥원 웹사이트를 통해 온라인으로 신고서를 작성하여 접수하면, 한국디자인진흥원(KIDP)에서 신고서를 검토하고 접수일 기준으로 14일 이내 별지 제4호 서식 신고확인증을 발급한다(산업디자인진흥법 시행규칙 제9조 제3항, 산업디자인전문회사 신고요령 제5조).

115) 한국디자인진흥원, "전문회사 신고작성 예시", https://designfirm.kidp.or.kr/new__register/pop__ex__3.asp, 2021.7.8.

7 사후관리

(1) 변경신고

회사는 신고한 사항의 변경이 있는 경우 그 변경사유가 발생한 날부터 30일 이내에 별지 제5호 서식의 신고서에 변경된 사항을 증명하는 서류를 첨부하여 한국디자인진흥원에 제출하여야 한다(산업디자인진흥법 시행규칙 제9조 제4항).

한국디자인진흥원이 변경신고를 받은 때에는 변경된 내용을 반영하여 별지 제4호 서식의 신고확인증을 발급하여야 한다(산업디자인진흥법 시행규칙 제9조 제5항).

(2) 수시조사 및 재제조치

한국디자인진흥원은 신고를 필한 산업디자인전문회사의 운영실태를 파악하기 위하여 필요한 경우 수시로 조사를 실시할 수 있다(산업디자인전문회사 신고요령 제6조 제3항).

산업통상자원부장관은 신고를 필한 산업디자인전문회사가 산업디자인진흥법령 및 산업디자인전문회사 신고요령이나 디자인보호법 등 산업디자인보호관련법령의 규정을 위반한 경우 「산업디자인진흥법 시행규칙」 제9조 제1항의 규정에 의한 지원을 제한 할 수 있다(산업디자인전문회사 신고요령 제7조).

제2장 적격 연구·인력개발비

제1절 적격 연구개발비[116]의 범위

1 적격 연구개발비의 요건

연구·인력개발준비금의 손금산입(조세특례제한법 제9조),[117] 연구·인력개발비에 대한 세액공제(조세특례제한법 제10조), 통합투자세액공제[118](조세특례제한법 제24조) 등의 각종 연구 개발 관련 조세특례제도를 적용받기 위해서는 해당 비용의 발생 및 자산의 취득 등이 회사의 연구·인력개발 활동과 직접적으로 관련되어야 한다.

조세특례제한법에 의하면 "연구개발"은 "과학적 또는 기술적 진전을 이루기 위한 활동"과 "새로운 서비스 및 서비스전달체계를 개발하기 위한 활동"을 말하는데, 일반적인 관리 및 지원활동 등 다음의 활동은 연구개발에 포함하지 아니한다고 규정하고 있다(조세특례제한법 제2조 제1항 제11호 및 동법 시행령 제1조의 2).

116) 본서 제3편과 제4편에서 적격 연구개발비는 조세특례제한법 제10조에 따라 연구·인력개발비에 대한 세액공제를 적용받을 수 있는 비용을 말한다.

117) 미래의 연구개발 및 인력개발(이하 "연구·인력개발"이라 한다)에 필요한 비용에 충당하기 위하여 준비금을 적립한 경우 세법상 비용으로 인정하여 손금에 산입하는 제도로, 2014.1.1. 법 개정 시 일몰을 연장하지 않아 적용기한(2013.12.31.)이 종료되었고, 2019.12.31. 법 개정 시 삭제되었으므로, 본서에서는 더 이상 다루지 않기로 한다.

118) 2018.12.24. 조세특례제한법 개정 시 제11조 연구 및 인력개발을 위한 설비투자에 대한 세액공제 조문을 삭제하고, 제25조 특정시설투자등에 대한 세액공제 제1항 제1호 규정으로 이관되었는데, 2020.12.29. 조세특례제한법이 다시 개정되면서 기존 9개의 특정시설 투자세액공제와 중소기업 투자세액공제를 제24조 통합투자세액공제로 통합·재설계하였다.

연구개발에 포함하지 아니하는 활동
• 일반적인 관리 및 지원활동 • 시장조사, 판촉활동 및 일상적인 품질시험 • 반복적인 정보수집 활동 • 경영이나 사업의 효율성을 조사·분석하는 활동 • 특허권의 신청·보호 등 법률 및 행정 업무 • 광물 등 자원 매장량 확인, 위치 확인 등 조사·탐사 활동 • 위탁받아 수행하는 연구활동 • 이미 기획된 콘텐츠를 단순 제작하는 활동 • 기존에 상품화 또는 서비스화된 소프트웨어 등을 복제하여 반복적으로 제작하는 활동

2019.12.31. 세법 개정 시[119] 연구개발 및 인력개발의 개념을 조세특례제한법 제2조 정의 규정으로, 2020.2.11. 시행령 개정 시[120] 연구개발에서 제외되는 활동을 같은 법 시행령 제1조의 2 정의 규정으로 이관하였으며, 추가적으로 소프트웨어 분야의 R&D 비용 세액공제 적용범위를 명확하게 규정하였다.

|개정세법해설| 연구개발에서 제외되는 활동의 범위 명확화(조세특례제한법 제9조, 조세특례쩨한법 시행령 제8조)[121]

(1) 개정내용

소프트웨어 분야의 R&D 비용 세액공제 적용범위 명확화

종 전	개 정
□ 연구개발에서 제외하는 활동 ※ 연구개발 및 인력개발 개념(법 §9) 연구개발에서 제외되는 활동(영 §8)	□ 소프트웨어 분야 적용범위 명확화 ※ 연구개발 및 인력개발 개념(법 §2) 연구개발에서 제외되는 활동(영 §1의 2) 이관
○ 일반적인 관리·지원활동, 시장조사·판촉·일상적인 품질시험 활동 등 ○ 이미 기획된 콘텐츠·소프트웨어 등을 제작하는 활동	○ (좌 동) ○ 이미 기획된 콘텐츠를 단순 제작하는 활동 ○ 기존에 상품화 또는 서비스화된 소프트웨어 복제하여 반복적으로 제작하는 활동

(2) 개정이유

소프트웨어 분야의 R&D 비용 세액공제 명확화

119) 조세특례제한법 제2조(2019.12.31. 법률 제16835호로 일부 개정된 것)
120) 조세특례제한법 시행령 제1조의 2(2020.2.11. 대통령령 제30390호로 일부 개정된 것)

조세특례제한법에 의하면 일반적인 관리 및 지원활동 등을 제외한 모든 과학적 또는 기술적 진전을 이루기 위한 활동과 새로운 서비스 및 서비스 전달체계를 개발하기 위한 활동을 연구개발로 정의하고 있다(이하 "연구개발요건"이라 한다).[122)]

또한, 조세특례제한법은 인력개발을 "내국인이 고용하고 있는 임원 또는 사용인을 교육 · 훈련시키는 활동"(이하 "인력개발요건"이라 한다)이라고 규정하고 있다(조세특례제한법 제2조 제1항 제12호).

연구개발요건과 인력개발요건(이하 "연구 · 인력개발요건"이라 한다)을 충족한 연구 · 인력개발비 중 조세특례제한법 시행령 별표 6에 열거된 비용(이하 "적격비용요건"이라 한다)[123)]만이 세제지원 대상이 되는 적격한 연구 · 인력개발비(이하 "적격 연구 · 인력개발비"라 한다)가 된다.

정리하면 조세특례제한법상 적격한 연구 · 인력개발비에 해당되기 위해서는 다음의 2가지 요건을 모두 충족해야 한다.

적격 연구 · 인력개발비 요건
㉠ 조세특례제한법에 따른 연구개발 및 인력개발의 정의에 부합하는 활동(Qualified Research)에서 발생한 비용일 것(연구 · 인력개발요건, 요건 1)[124)]
㉡ 조세특례제한법 시행령 별표 6에서 정한 비용에 해당될 것(적격비용요건, 요건 2). 단, 국가 등으로부터 연구개발출연금 등을 지급받아 연구개발비로 지출한 것이 아닐 것

적격 연구 · 인력개발비 요건 중 연구개발요건(연구개발의 개념 등)에 대하여는 제2편 연구개발의 개념편에서 상세히 살펴보았고, 적격 인력개발비 요건은 절을 달리해서 살펴볼 것이므로, 이번 절에서는 위 ㉡의 적격비용요건(요건 2) 중 연구개발비요건을 살펴보기로 한다.

먼저 연구개발비요건을 충족한 비용이라 하더라도 국가 등으로부터 연구개발출연금 등을 지급받아 연구개발비로 지출한 비용은 세제지원의 대상에서 제외하는데 이에 대한 내용을 검토한다.

121) 기획재정부, 「2019 간추린 개정세법」, 2020, 214면

122) 포괄주의방식(negative system)에 해당한다. 규제 등 다양한 부문의 법률 조항에 적용되고 있는 포괄주의는 제한 · 금지하는 규정 및 사항을 나열하고 나머지는 원칙적으로 자유화하는 원칙을 말한다. 이와 대비되는 열거주의(positive system)는 원칙적으로 모든 것을 금지하고 예외적으로 규제나 금지가 되지 않는 사항을 나열하는 원칙을 말한다. 따라서 포괄주의가 열거주의보다 훨씬 자유로운 제도라고 할 수 있다(네이버 지식백과, "포괄주의[包括主義, negative system]" (대영문화사)).

123) 열거주의방식(positive system)에 해당한다.

124) 조세특례제한법에서는 연구개발과 인력개발을 분리해서 차등하여 세제혜택을 부여하는 것이 아니라 하나의 범주에 포함하여 동일한 세제혜택을 부여하고 있다(윤충식, "세법상 연구개발(R&D) 지원제도의 개선방안에 관한 연구", 석사학위논문, 연세대학교 법무대학원, 2012, 32면).

2 연구개발출연금 등을 받아 지출한 연구개발비

조세특례제한법 시행령 제9조 제1항에서는 적격한 연구개발비라 하더라도 다음에 해당하는 비용에 대하여는 적격한 연구개발비에서 제외할 것을 규정하고 있다.

적격한 연구개발비에서 제외하는 비용
㉠ 조세특례제한법 제10조의 2에 따른 연구개발출연금 등을 지급받아 연구개발비로 지출하는 금액 ㉡ 국가, 지방자치단체, 「공공기관의 운영에 관한 법률」에 따른 공공기관 및 「지방공기업법」에 따른 지방공기업으로부터 연구개발 등을 목적으로 출연금 등의 자산을 지급받아 연구개발비로 지출하는 금액

위 ㉠의 조세특례제한법 제10조의 2에 따른 연구개발출연금 등을 지급받은 경우란 연구개발 등의 목적으로 다음의 6개 법률에 따라 출연금 등의 자산을 받은 경우를 말한다.

조세특례제한법 제10조의 2에 따른 연구개발출연금의 지급 근거 법률
「산업기술혁신 촉진법」, 「정보통신산업 진흥법」, 「중소기업기술혁신 촉진법」, 「소재・부품・장비산업 경쟁력강화를 위한 특별조치법」, 「연구개발특구의 육성에 관한 특별법」, 「기초연구진흥 및 기술개발지원에 관한 법률」

그 외 국가, 지방자치단체, 「공공기관의 운영에 관한 법률」에 따른 공공기관 및 「지방공기업법」에 따른 지방공기업으로부터 연구개발 등을 목적으로 출연금 등의 자산을 지급받아 연구개발비로 지출하는 금액도 모두 적격연구개발비에서 제외한다.

따라서, 국가등으로부터 지급받은 연구개발출연금 등의 자산으로 지출한 연구개발비는 적격한 연구개발비로 보지 않는 것이므로 연구・인력개발비에 대한 세액공제(조세특례제한법 제10조)를 적용받을 수 없다. 부연하면, 정부출연 연구과제는 내부개발사업과 동일한 자체연구개발 과제이므로, 국가 등으로부터 연구개발출연금 등을 지급받아 연구개발비로 지출한 금액을 세제 적격 연구개발비에서 제외하되, 민간 현금・현물 부담금으로 지출한 연구개발비는 연구개발비 세액공제대상비용에 포함해야 한다.

관련하여 국책연구과제를 수행하면서 지출하는 비용 중 국가로부터 수령한 정부출연금은 적격 연구개발비에서 제외하지만, 그 외 민간부담금 등의 비용은 해당 법인의 연구개발 활동 등을 감안하여 실질내용에 따라 사실판단할 사항이라는 유권해석(서면-2019-법인-0284, 2020.7.10.)이 있고, 연구개발 또는 인력개발 지원이 아닌 다른 목적(예컨대 고용창출 목적)으로 지원금을 수령하여 지출한 비용의 경우 세액공제 배제대상에 해당하지 않는다는 유권해석(서면-2020-법령해석법인-3626, 2021.1.7.)이 있으니 참고하길 바란다.

History 종전 연구개발출연금 등으로 지출한 연구개발비용의 세무처리 연혁

(2010.2.18. 대통령령 제22037호로 개정된 조세특례제한법 시행령 제9조 관련)

2010.2. 조세특례제한법 시행령 제9조 제7항의 개정 전에는[125] 정부로부터 수령한 연구개발출연금과 자체부담금을 투입하여 법인의 전담부서등을 통해 연구개발활동을 수행함으로 인해 발생한 비용은 적격한 연구개발비에 해당되었다(법인-309, 2010.3.29., 법인-771, 2009.7.6., 재조예 46019-31, 2002.3.8., 법인 46012-67, 1998.1.10.).

하지만, 정부는 과도한 조세지원을 줄이고자 2010.2. 조세특례제한법 시행령 개정 시 조세특례제한법 제10조의 2에 따른 연구개발출연금 등을 적격 연구개발비에서 제외하였다[126](법인-876, 2011.11.4., 법인-673, 2011.9.15., 법규과-1188, 2011.9.7., 법인-66, 2011.1.25.).

그런데, 조세특례제한법 제10조의 2에서 규정하고 있는 6개 법률에 따른 연구개발출연금 등이 정부에서 지급하는 연구개발출연금을 모두 포함하지는 못했다.[127]

조세심판원은 납세자가 조세특례제한법 제10조의 2에서 규정하고 있는 법률이 아닌 다른 법률에 따른 출연금을 사용하여 연구개발활동을 수행한 경우, 세액공제 배제 대상에 해당하지 않는다고 판단한 바 있다(조심 2014서4145, 2015.11.25.).[128]

이에 정부는 2013.2.15. 세법 개정 시 조세특례제한법 제10조의 2에 근거하지 않은 연구개발출연금 등을 받아 지출하는 경우에도 적격 연구개발비에서 제외하도록 한 것이다.[129]

125) 조세특례제한법 시행령 제9조 제7항(2010.2.18. 대통령령 제22037호로 개정되기 전의 것)

126) 동 개정규정은 2010.1.1. 이후 최초로 개시하는 과세연도 분부터 적용한다(부칙(2010.2.18. 대통령령 제22037호) 제2조).

127) 국가연구개발사업은 「과학기술기본법」을 근간으로 「기초연구진흥 및 기술개발지원에 관한 법률」 등 다수의 법률에 근거하여 추진하는데, 2009년 기준 교육과학기술부 등 각 중앙행정기관에서는 「기초연구진흥 및 기술개발지원에 관한 법률」 등 199개 법률에 근거하여 474개의 국가연구개발사업을 추진한 바 있다(감사원, "감사결과 처분요구서-국가연구개발사업 관리실태-", 2011.6., 8면).

128) 본 조세심판원 사례는 2013.2.15. 시행령이 개정되기 이전 귀속 사업연도에 대한 것이다.

129) 조세특례제한법 시행령 제8조 제1항(2013.2.15. 대통령령 제24368호로 개정된 것). 동 개정규정은 2013.1.1. 이후 최초로 개시하는 과세연도 분부터 적용한다(부칙(대통령령 제24368호, 2013.2.15.) 제2조).

|개정세법해설| **정부 출연금으로 지출한 연구개발비에 대한 R&D 비용 세액공제 배제**
(조세특례제한법 시행령 제8조 제1항, 제9조 제1항 · 제2항)[130)]

(1) 개정내용

종 전	개 정
□ 「조세특례제한법」 §10의 2에서 규정한 법률* 에 따라 지원받은 연구개발 관련 출연금에 대하여 R&D 비용 세액공제 배제 * 기초연구진흥 및 기술개발지원에 관한 법률, 산업기술혁신 촉진법, 정보통신산업 진흥법, 중소기업기술혁신 촉진법, 부품 · 소재전문기업 등의 육성에 관한 특별조치법, 대덕연구개발특구 등의 육성에 관한 특별법, 기초연구진흥 및 기술개발 지원에 관한 법률	(좌 동)
〈추 가〉	- 「조세특례제한법」 §10의 2에 근거하지 않은 출연금을 지출하는 경우에도 R&D 비용 세액공제 배제

(2) 개정이유

과도한 조세지원을 축소하기 위하여 정부로부터 지급받은 출연금에 대한 R&D 비용 세액공제 배제

(3) 적용시기 및 적용례

2013.1.1. 이후 개시하는 과세연도 분부터 적용

참고 종전 연구개발출연금 등으로 지출한 연구개발비용이 적격 연구개발비로 볼 수 있는지 여부(2010.2.18. 대통령령 제22037호로 개정되기 전의 조세특례제한법 시행령 제9조 관련)

앞서 언급한 바와 같이 2010.2. 조세특례제한법 시행령 제9조의 개정 전에는 정부로부터 수령한 연구개발출연금과 자체부담금을 투입하여 법인의 전담부서를 통해 연구개발 활동의 수행으로 인해 발생한 비용은 적격한 연구개발비에 해당되었다.

과거 정부로부터 수령한 연구개발출연금으로 지출한 연구개발비에 대해서 연구 · 인력개발비 세액공제 등의 조세지원이 적용된 이유는 다음과 같다.

첫째, 연구개발출연금의 수령은 참여기업이 정부에 재화나 용역을 공급하고 그에 대한 대가로 수령하는 것이 아니므로 정부로부터의 위탁연구개발계약이 아니다. 즉,

130) 기획재정부, 「2012 간추린 개정세법」, 2013, 305면

연구개발출연금이란 국가연구개발사업의 목적을 달성하기 위하여 국가 등이 반대급부 없이 예산이나 기금 등에서 연구수행기관에 지급하는 연구경비이다.

둘째, 참여기업도 민간부담금이 있어 연구개발과제 종료 후 지식재산권 등의 부수하는 유·무형의 연구개발결과물도 연구비 부담비율에 따라 공유하거나 추가적으로 납부한 기술료의 범위 내에서는 참여기업의 소유가 될 수 있는 것이므로 정부출연과제를 수행함으로 인해 연구과정에서 발생하는 연구요원의 인건비 등은 본질적으로 자체기술개발을 수행함에 따라 발생하는 적격한 연구개발비용으로 보는 것이 타당하다.

셋째, 정부출연금을 수령하여 연구개발비용에 사용한 경우 동 연구개발비용은 기업이 부담한 비용이라고 볼 수 없다는 주장이 제기되기도 하는데, 무상의 정부출연금은 교부받은 사업연도에 각 사업연도 소득금액 계산 시에 익금으로 과세되는 것이므로 정부출연금과 자체자금을 구분할 실익이 없다.

넷째, 조세특례제한법 제10조 제1항에서는 "내국인이 각 과세연도에 연구·인력개발비가 있는 경우"라고 규정하고 있으므로 정부출연금을 수령하여 연구개발비용에 사용한 경우 동 연구개발비용은 정부출연금과 상계처리되어 비용이 발생한 것으로 볼 수 없다고 주장하기도 하는데, 무상의 정부출연금은 교부받은 사업연도에 법인의 소득금액 계산 시 익금에 산입하고 추후 정부출연금 사용 시에 다시 손금에 산입하므로 세무상 각 과세연도에 연구·인력개발비가 있는 경우라고 보는 것이 타당하다.

다섯째, 정부에서 국가연구개발사업을 추진하는 근본적인 목적은 기술적·경제적으로 가치가 높아 국가적으로 개발이 필요한 기술과제를 선정하여 연구기관과 공동연구개발 등을 수행한 후 그 연구개발결과가 참여기업 또는 실시기업 등을 통하여 널리 활용될 수 있도록 하는 데 있는 것이므로 일반적인 사기업간의 공동연구개발계약과는 그 성질이 같다고 볼 수 없다.

사례 4 연구개발 또는 인력개발 지원이 아닌 다른 목적(예컨대 고용창출 목적)으로 지원금을 수령하여 지출한 연구개발비용의 경우 연구개발비 세액공제 적용을 받을 수 있는 적격 연구개발비에 해당하는지 여부

[사실관계]

회사는 연구소의 정부보조금 외 고용노동부 및 중소벤처기업부에서 주관하는 중소기업 고용장려지원금 등 각종 지원금을 받고 있음.

〈지원금 현황〉

① 청년 취업공제 : 청년을 정규직으로 추가로 고용한 중소, 중견기업에 인건비를 지원함으로써 양질의 청년일자리 창출을 위한 지원

② 고용안정지원금 : 근로자에게 30일 이상 육아휴직 또는 육아기 근로시간 단축 등을 통한 육아휴직에 대한 지원
③ 유연근무제 : 시차출근제, 선택근무제, 재택근무제, 원격근무제 등 유연근무제를 도입할 경우 지원
④ 중소기업 연구인력지원사업(중소벤처기업부) : 학위 및 경력 조건에 해당하는 연구 인력을 채용할 경우 지원

[질의내용]

조세특례제한법 제10조에 따른 연구·인력개발비에 대한 세액공제 적용 시 위 고용노동부 외 지원금을 수령하여 연구 목적으로 지출하는 경우 조세특례제한법 시행령 제9조 제1항 제2호에 따라 세액공제 대상에서 제외하여야 하는지 여부

위 이슈와 관련된 저자의 입장은 ① 법령상 연구개발 또는 인력개발 "등"을 목적으로 출연금 "등"의 자산…으로 규정하고 있어, R&D 목적이 아닌 다른 목적의 지원금은 대상이 아니라고 단정 지을 수 없는 점, ② 2013.2.15. 조세특례제한법 시행령 제8조 신설규정과 관련하여 기획재정부 개정세법 해설에서는 "정부로부터 지급받은 모든 출연금"으로 지출하는 경우 R&D 비용에 대해 세액공제 배제하기 위한 취지로 밝히고 있는 점, ③ 2019.2.12. 조세특례제한법 시행령 제8조 제1항 제2호 개정 후에는 국가로부터 지원받은 출연금으로 지출한 "연구개발비 또는 "인력개발비"를 세액공제 대상에서 제외하고, 개정 전에는 "연구개발비"만 세액공제 대상에서 제외하는 것으로 문리 해석이 가능한데도 불구하고, 세무당국은 2019.2.12. 시행령 개정 전 질의회신 사례에서(기준-2018-법령해석법인-0260, 2018.11.14.) 국가로부터 지원받은 훈련지원금을 인력개발비를 세액공제 대상에서 제외해야 한다고 회신한 점을 종합해 볼 때, 세무당국은 이 사건과 관련하여 R&D 지원이 아닌 다른 목적의 지원금을 수령했다고 하더라도, R&D 세액공제 대상에서 배제해야 한다는 입장을 취할 가능성이 높아 보인다는 것이었다. 하지만, 세무당국은 위 질의에 대하여 연구개발 또는 인력개발 지원이 아닌 다른 목적(예컨대 고용창출 목적)으로 지원금을 수령하여 지출한 비용은 연구·인력개발비 세액공제 배제 대상에 해당하지 않음을 밝혔으니 참고하길 바란다(서면-2020-법령해석법인-3626, 2021.1.7.).

3 적격비용요건의 개괄

조세특례제한법 시행령 별표 6에 열거된 비용(적격비용요건, 요건 2)을 개괄한 후 '전담부서에서 근무하는 직원의 인건비'부터 자세히 살펴본다.

| 표 _ 연구 · 인력개발비 세액공제를 적용받는 비용[131] |

<table>
<tr><th>구분</th><th>비용</th></tr>
<tr><td>1. 연구개발</td><td>가. 자체연구개발
1) 기업부설연구소 또는 연구개발전담부서 및 기업부설창작연구소 또는 기업창작전담부서(이하 “전담부서등”이라 한다)에서 근무하는 직원(연구개발과제를 직접 수행하거나 보조하지 않고 행정 사무를 담당하는 자는 제외한다) 및 연구개발서비스업 중 연구개발업에 종사하는 전담요원의 인건비(퇴직소득, 퇴직급여충당금, 퇴직연금보험료 제외). 단, 주주인 임원으로서 당해 법인의 지분 10% 초과하여 소유하는 주주 등은 제외
2) 전담부서등 및 연구개발서비스업자가 연구용으로 사용하는 견본품 · 부품 · 원재료와 시약류구입비(시범제작에 소요되는 외주가공비를 포함) 및 소프트웨어(「문화산업진흥 기본법」 제2조 제2호에 따른 문화상품 제작을 목적으로 사용하는 경우에 한정) · 서체 · 음원 · 이미지의 대여 · 구입비
3) 전담부서등 및 연구개발서비스업자가 직접 사용하기 위한 연구 · 시험용 시설의 임차 또는 나목 1)에 규정된 기관의 연구 · 시험용 시설의 이용에 필요한 비용

나. 위탁 및 공동연구개발
1) 다음의 기관에 과학기술 및 산업디자인 분야의 연구개발용역을 위탁(재위탁을 포함한다)함에 따른 비용(전사적 기업자원 관리설비, 판매시점 정보관리 시스템 설비 등 기업의 사업운영 · 관리 · 지원 활동과 관련된 시스템 개발을 위한 위탁비용은 제외한다. 이하 이 목에서 같다) 및 이들 기관과의 공동연구개발을 수행함에 따른 비용
가) 「고등교육법」에 따른 대학 또는 전문대학
나) 국공립연구기관
다) 정부출연연구기관
라) 국내외의 비영리법인(비영리법인에 부설된 연구기관을 포함한다)
마) 「산업기술혁신 촉진법」 제42조에 따른 전문생산기술연구소 등 기업이 설립한 국내외 연구기관
바) 전담부서등(전담부서등에서 직접 수행한 부분에 한정한다) 또는 국외기업에 부설된 연구기관
사) 「국가과학기술 경쟁력강화를 위한 이공계지원특별법」에 따른 연구개발서비스업을 영위하는 기업 또는 영리목적으로 연구 · 개발을 독립적으로 수행하거나 위탁받아 수행하고 있는 국외 소재 기업
아) 「산업교육진흥 및 산학연협력촉진에 관한 법률」에 따른 산학협력단
자) 한국표준산업분류표상 기술시험 · 검사 및 분석업을 영위하는 기업
차) 「산업디자인진흥법」 제4조 제2항 각 호에 해당하는 기관
카) 「산업기술연구조합 육성법」에 따른 산업기술연구조합</td></tr>
</table>

131) 〈표〉 연구 · 인력개발비 세액공제를 적용받는 비용은 필자가 조세특례제한법 시행령 【별표 6】 연구 · 인력개발비 세액공제를 적용받는 비용(제9조 제1항 관련)을 수정한 것이다.

구분	비용
1. 연구개발	2) 「고등교육법」에 따른 대학 또는 전문대학에 소속된 개인(조교수 이상에 한정한다)에게 과학기술분야의 연구개발용역을 위탁함에 따른 비용 다. 해당 기업이 그 종업원 또는 종업원 외의 자에게 직무발명 보상금으로 지출한 금액 라. 기술정보비(기술자문비를 포함한다) 또는 도입기술의 소화개량비로서 다음 마. 중소기업이 「과학기술분야 정부출연연구기관 등의 설립·운영 및 육성에 관한 법률」에 따라 설립된 한국생산기술연구원과 「산업기술혁신 촉진법」에 따라 설립된 전문생산기술연구소의 기술지도 또는 「중소기업진흥에 관한 법률」에 따른 기술지도를 받고 지출한 비용 바. 중소기업에 대한 공업 및 상품디자인 개발지도를 위하여 지출한 비용 사. 중소기업이 특허 조사·분석을 위해 「발명진흥법」에 따라 지정된 산업재산권 진단기관에 지출한 비용
2. 인력개발	가. 위탁훈련비(**전담부서등에서 연구업무에 종사하는 연구요원에 한정한다**) 1) 국내외의 전문연구기관 또는 대학에의 위탁교육훈련비 2) 「근로자직업능력 개발법」에 따른 직업훈련기관에 위탁훈련비 3) 「근로자직업능력 개발법」에 따라 고용노동부장관의 승인을 받아 위탁훈련하는 경우의 위탁훈련비 4) 「중소기업진흥에 관한 법률」에 따른 기술연수를 받기 위하여 중소기업이 지출한 비용 5) 자체기술능력향상을 목적으로 전담부서등에서 연구업무에 종사하는 연구요원이 훈련을 목적으로 지출하는 국내외기업 및 한국생산성본부에의 위탁훈련비 나. 「근로자직업능력 개발법」 또는 「고용보험법」에 따른 사내직업능력개발훈련 실시 및 직업능력개발훈련 관련사업 실시에 소요되는 비용 다. 중소기업에 대한 인력개발 및 기술지도를 위하여 지출하는 비용 라. 생산성향상을 위한 인력개발비로서 품질관리등에 관한 회사 내 자체교육비, 위탁훈련비 등 마. 사내기술대학(대학원을 포함한다) 및 사내대학의 운영에 필요한 비용 바. 「산업교육진흥 및 산학연협력촉진에 관한 법률 시행령」 제2조 제1항 제3호 및 제4호에 따른 학교 또는 산업수요 맞춤형 고등학교 등과의 계약을 통해 설치·운영되는 직업교육훈련과정 또는 학과 등의 운영비로 지출한 비용 사. 산업수요 맞춤형 고등학교 등과 사전 취업계약 등을 체결한 후, 직업교육훈련을 받는 재학생에게 훈련기간 중 지급한 훈련수당, 식비, 교재비 또는 실습 재료비(생산 또는 제조하는 물품의 제조원가 중 직접 재료비를 구성하지 않는 것만 해당한다)

구 분	비 용
2. 인력개발	아.「산업교육진흥 및 산학연협력촉진에 관한 법률」 제11조의 3에 따라 현장실습산업체가 교육부장관이 정하는 표준화된 운영기준을 준수하는 현장실습을 실시하는 산업교육기관 등과 기획재정부령으로 정하는 사전 취업약정 등을 체결하고 해당 현장실습 종료 후 현장실습을 이수한 대학생을 채용한 경우 현장실습 기간 중 해당 대학생에게 같은 조 제3항에 따라 지급한 현장실습 지원비(생산 또는 제조하는 물품의 제조원가 중 직접 재료비를 구성하지 않는 것만 해당한다)

4 전담부서등 및 연구개발업의 연구요원 인건비

기업부설연구소 또는 연구개발전담부서, 기업부설창작연구소 또는 기업창작전담부서, 산업디자인전문회사(이하 이 장에서 "전담부서등"이라 한다)에서 근무하는 직원[132)]의 인건비 및 연구개발서비스업 중 연구개발업에 종사하는 전담요원의 인건비(퇴직소득, 퇴직급여충당금, 퇴직연금보험료 제외)는 조세특례제한법 제10조에 따라 연구·인력개발비에 대한 세액공제를 적용받을 수 있는 적격한 연구개발비이다.

조세특례제한법 시행령 별표 6 연구·인력개발비 세액공제를 적용받는 비용	
1. 연구개발	가. 자체연구개발 1) 연구개발 또는 문화산업 진흥 등을 위한 기획재정부령으로 정하는 연구소 또는 전담부서(이하 "전담부서등"이라 한다)에서 근무하는 직원(연구개발과제를 직접 수행하거나 보조하지 않고 행정 사무를 담당하는 자는 제외한다) 및 연구개발서비스업에 종사하는 전담요원으로서 기획재정부령으로 정하는 자의 인건비. 다만, 다음의 인건비를 제외한다. 가)「소득세법」 제22조에 따른 퇴직소득에 해당하는 금액 나)「소득세법」 제29조 및「법인세법」 제33조에 따른 퇴직급여충당금 다)「법인세법 시행령」 제44조의 2 제2항에 따른 퇴직연금등의 부담금 및「소득세법 시행령」 제40조의 2 제1항 제2호에 따른 퇴직연금계좌에 납부한 부담금

(1) 연구소 또는 전담부서의 개념

'기획재정부령으로 정하는 연구소 또는 전담부서'란 다음의 어느 하나에 해당하는 연구소

132) 산업디자인전문회사의 경우 연구업무에 종사하는「산업디자인진흥법 시행규칙」 제9조 제1항 제1호에 따른 전문인력을 말한다(조세특례제한법 시행규칙 제7조 제3항 각 호 외의 부분 본문).

및 전담부서를 말한다(조세특례제한법 시행규칙 제7조 제1항).

기획재정부령으로 정하는 연구소 또는 전담부서
㉠ 「기초연구진흥 및 기술개발지원에 관한 법률」 제14조의 2 제1항에 따라 과학기술정보통신부장관의 인정을 받은 기업부설연구소 또는 연구개발전담부서 ㉡ 「문화산업진흥 기본법」 제17조의 3 제1항에 따른 기업부설창작연구소 또는 기업창작전담부서 ㉢ 「산업디자인진흥법」 제9조에 따른 산업디자인전문회사

위의 전담부서등에 대하여는 '제1장 기업부설연구소의 설립 및 사후관리'에서 살펴보았으므로 자세한 내용의 서술은 생략한다.

(2) 전담부서등에서 근무하는 직원으로서 기획재정부령이 정하는 자의 개념

조세특례제한법 시행규칙 제7조 제3항에서는 '기획재정부령이 정하는 자'를 전담부서등에서 연구업무에 종사하는 「기초연구진흥 및 기술개발지원에 관한 법률 시행령」 제2조 제7호에 따른 연구전담요원(산업디자인전문회사의 경우 연구업무에 종사하는 「산업디자인진흥법 시행규칙」 제9조 제1항 제1호에 따른 전문인력을 말한다. 이하 같다) 및 같은 법 시행령 제2조 제8호에 따른 연구보조원으로 규정하고 있다. 단, 주주인 임원으로서 다음의 어느 하나에 해당하는 자는 제외한다(조세특례제한법 시행규칙 제7조 제3항 단서, 서면법규-1035, 2014.9.29.).

적격 연구요원에서 제외하는 자
㉠ 부여받은 주식매수선택권을 모두 행사하는 경우 당해 법인의 총발행주식의 100분의 10을 초과하여 소유하게 되는 자 ㉡ 당해 법인의 주주로서 「법인세법 시행령」 제43조 제7항에 따른 지배주주등[133] 및 당해 법인의 총발행주식의 100분의 10을 초과하여 소유하는 주주 ㉢ 위 ㉡에 해당하는 자(법인을 포함한다)와 「소득세법 시행령」 제98조 제1항 또는 「법인세법 시행령」 제2조 제5항에 따른 특수관계인. 이 경우 「법인세법 시행령」 제2조 제5항 제7호에 해당하는 자가 당해 법인의 임원인 경우를 제외한다.[134]

133) 「법인세법 시행령」 제43조 제7항에 따른 "지배주주등"이란 법인의 발행주식총수 또는 출자총액의 100분의 1 이상의 주식 또는 출자지분을 소유한 주주 또는 출자자로서 그와 특수관계에 있는 자와의 소유 주식 또는 출자지분의 합계가 해당 법인의 주주등 중 가장 많은 경우의 해당 주주 또는 출자자를 말한다.

134) 단서에서 특수관계인 판단 시 적격 전담요원으로 인정되는 임원의 범위에는 ㉡에 해당하는 자가 법인인 경우를 의미하는 것으로, ㉡에 해당하는 자가 개인이고 그 자와 친족 등 특수관계에 있는 경우 ㉢에 해당하는 자가 당해 법인의 임원이라 하더라도 적격 전담요원으로 인정되지 아니할 것이다(서면-2017-법인-2178, 2017.11.29.).

따라서 특수관계 없는 자를 연구소장으로 채용하면서 법인의 총발행주식의 10%와 임원(사내이사)직 중 어느 하나 또는 둘 모두를 제공하는 경우, i)주주인 ii)임원이기는 하나 총발행주식의 10%를 초과하지 아니하였으므로 해당 연구소장의 인건비는 연구 · 인력개발비에 대한 세액공제를 적용받을 수 있으나, 특수관계 있는 법인대표의 동생을 연구소장으로 채용하면서 법인의 총발행주식 10%와 임원직을 모두 제공할 시에는 i)주주인 ii)임원으로서 iii)지배주주등과 특수관계에 있는 자에 해당하여 해당 연구소장의 인건비는 연구 · 인력개발비 세액공제 대상에서 제외되는 것이다(서면-2020-법인-1132, 2020.7.1.).

또한, 조세특례제한법 제10조를 적용함에 있어, 법인의 전담부서에서 연구업무에 종사하는 연구요원이자 임원에 해당하는 자가 사업연도 중 당해 법인의 주식을 취득하여 그 소유지분이 총발행주식의 10%를 초과하게 되어 연구 · 인력개발비 세액공제 대상 연구전담요원에서 제외되는 경우, 그 제외사유 발생일 이전 기간에 상당하는 인건비에 대해서는 연구 · 인력개발비 세액공제를 적용할 수 있다(서면-2017-법인-2477, 2017.12.8., 서면법규-1017, 2014.9.21.).

조세특례제한법상의 '전담부서등에서 연구업무에 종사하는 「기초연구진흥 및 기술개발지원에 관한 법률 시행령」 제2조 제7호에 따른 연구전담요원 및 같은 법 시행령 제2조 제8호에 따른 연구보조원'의 개념은 기초연구진흥 및 기술개발지원에 관한 법률에 따라 한국산업기술진흥협회에 신고된 기업의 전담부서등의 연구전담요원, 연구보조원을 의미한다고 보면 되며, 연구개발과제를 직접 수행하거나 보조하지 않고 행정 사무를 담당하는 직원은 배제된다. 이때, 연구보조원은 전담부서등의 신고 시 필수 요건은 아니므로 해당자가 있는 경우에 한하여 신고하면 된다.

한편, 전담부서에서 '근무하는 직원'이란 신고한 전담부서등 내에서 상시적으로 근무하는 직원이다.[135] 이에 대한 입증은 회사의 조직도(연구소 조직도 포함), 인사발령서류, 연구소 내부 도면 등을 통해 할 수 있다.

구체적으로 전담부서등의 설립신고 시 한국산업기술진흥협회에 제출해야 하는 부속서류(별지 제4호 서식 [(기업부설연구소 및 연구개발전담부서) 연구개발인력현황])에는 연구요원의 소속부서와 발령일을 기재하도록 하고 있다. 또한 「기업부설연구소와 연구개발전담부서 신고요령」[136] 제6조에 의하면 전담부서등 내에 연구요원의 인사발령서류를 상시 비치하여야 하는 것을 사후관리요건으로 정하고 있다.

135) 참고로 전담부서등에서 근무하면서 연구업무에 종사하는 직원이 회사에게 알리지 않은 채 자신의 업무에 지장을 초래하지 않으면서 다른 회사에서 일을 하거나 대학교에서 강의를 한 경우에도 회사가 그 직원에 대한 인건비를 지출하였다면 이는 연구 · 인력개발비 세액공제 대상에 보았던 판례(서울행정법원 2013구합59682, 2014.5.2.)가 있다.

136) 기업부설연구소와 연구개발전담부서 신고요령[과학기술정보통신부고시 제2019-19호, 2019.3.22., 일부개정]

이는 연구전담부서등의 연구요원이 연구개발업무 이외에 다른 업무를 겸직하지 않고 연구개발과제만을 수행할 수 있는 환경을 조성하고 있는지 여부를 회사의 조직도(연구소 조직도 포함), 인사발령서류, 연구소 내부도면 등의 서류를 통해 확인하기 위함이다.

정리하면 전담부서등의 설립 또는 변경신고시 신고한 직원현황표에 기재된 연구전담요원, 연구보조원, 연구관리직원은 전담부서등 내에 상시적으로 근무하고 있어야 하며(책상 등 자리위치) 전담부서등의 업무만을 수행해야 한다. 이러한 요건을 충족한 연구요원의 인건비만이 적격한 연구개발비에 해당하는 것이다(조심 2015중4344, 2015.11.16., 법인-1329, 2009.11.27., 법인-1191, 2009.10.26., 서면2팀-707, 2008.4.16.).

산업디자인전문회사의 경우에는 연구업무에 종사하는 「산업디자인진흥법 시행규칙」 제9조 제1항 제1호에 따른 전문인력을 적격 연구요원에 해당하는 연구전담요원으로 본다.

(3) 연구개발업에 종사하는 전담요원으로서 기획재정부령이 정하는 자의 개념

2014.2.21. 조세특례제한법 시행령 개정 시 연구개발 전문기업의 육성을 지원하기 위해서 「국가과학기술 경쟁력 강화를 위한 이공계지원 특별법」 제18조 제2항에 따라 과학기술정보통신부장관에게 신고한 연구개발서비스업 중 같은 법 제2조 제4호 가목에 따른 연구개발업의 자체연구개발비가 조세특례제한법 시행령 별표 6의 연구・인력개발비 세액공제를 적용받는 비용에 포함되었다.[137)]

가. 연구개발서비스업의 범위

국가과학기술 경쟁력 강화를 위한 이공계지원 특별법 제2조 제4호에 따르면 연구개발서비스업이란 다음의 업종을 말한다.

연구개발서비스업
㉠ 영리를 목적으로 이공계 분야의 연구와 개발을 독립적으로 수행하거나 위탁받아 수행하는 연구개발업
㉡ 영리를 목적으로 기술정보 제공, 컨설팅, 시험・분석 등을 통하여 이공계 분야의 연구와 개발을 지원하는 연구개발지원업

위 연구개발서비스업 중 조세특례제한법상 자체연구개발비에 대하여 연구・인력개발비

137) 조세특례제한법 시행령 별표 6 연구・인력개발비 세액공제를 적용받는 비용(제8조 제1항 관련)(2014.2.21. 대통령령 제25211호로 개정된 것). 동 개정규정은 2014.1.1. 이후 개시하는 과세연도 분부터 적용한다(부칙(대통령령 제25211호, 2014.2.21.) 제2조).

세액공제 등의 연구개발 관련 세제지원을 받을 수 있는 업종은 위 ㉠의 연구개발업이다.

나. 연구개발업의 신고업종 및 신고요건

연구개발서비스업자의 신고 및 관리 규정[138] 별표 1(제4조 관련)에 의하면 연구개발업자가 신고할 수 있는 대상 업종은 다음과 같다.

연구개발업 신고업종
㉠ 물리 · 화학 및 생물학 연구개발업 ㉡ 농학 연구개발업 ㉢ 공학 및 기술연구개발업 ㉣ 그 밖에 자연과학연구개발업 ㉤ 이학 · 공학분야의 업종과 관련되는 융합분야의 연구개발업

한편, 국가과학기술 경쟁력 강화를 위한 이공계지원 특별법 제18조에 의하면 연구개발서비스업자 중에서 국가연구개발사업 등에 참여하거나 정부의 각종 지원을 받으려는 자는 대통령령으로 정하는 전문인력 확보 등 일정한 기준을 갖추어 과학기술정보통신부장관에게 신고하여야 한다고 규정하고 있는데 그 신고요건은 다음과 같다(국가과학기술 경쟁력 강화를 위한 이공계지원 특별법 시행령 제17조 제1항 제1호).

연구개발업의 신고요건(인적 · 물적요건)
㉠ 이공계인력 5명 이상 또는 국가과학기술 경쟁력 강화를 위한 이공계지원 특별법 제18조에 따른 연구기획평가사 2명 이상을 늘 확보할 것 ㉡ 독립된 연구시설을 갖출 것 ㉢ 해당 연구개발서비스업자의 총 매출액 중 다음의 업무 또는 활동과 관련하여 발생한 매출액의 비중이 과학기술정보통신부장관이 정하여 고시하는 비율 이상일 것[139] - 이공계 분야의 연구와 개발을 독립적으로 수행하거나 위탁받아 수행하는 업무 또는 활동 - 기술정보 제공, 컨설팅, 시험 · 분석 등을 통하여 이공계 분야의 연구와 개발을 지원하는 업무 또는 활동

138) 연구개발서비스업자의 신고 및 관리 규정[과학기술정보통신부고시 제2018-55호, 2018.8.27., 일부개정]

139) 해당 사업자의 총 매출액 중 연구개발서비스 매출액이 100분의 50 이상(총매출액은 신고신청일 이전의 직전 4분기간 매출총액을 기준으로 산출)[연구개발서비스업자의 신고 및 관리 규정 제5조]

다. 전담요원의 개념

연구개발서비스업자의 신고 및 관리 규정 제2조 제1호에 의하면 연구개발서비스업에 상시 종사하는 사람을 다음과 같이 분류하고 있다.

전담요원, 보조요원, 관리요원의 정의	
연구개발서비스업 전담요원	해당 연구개발서비스업과 관련되는 분야를 전공하고 연구개발서비스업에 관한 업무를 직접 수행하는 자를 말한다(연구개발업은 이공계인력 5명 이상, 연구개발지원업은 이공계인력 2명 이상이 연구개발서비스업 전담요원에 포함되어야 한다).
연구개발서비스업 보조요원	연구개발서비스업 전담요원의 지시에 따라 해당 연구개발서비스업에 관한 업무를 보조하는 자를 말한다.
연구개발서비스업 관리요원	연구개발서비스업 전담요원 및 연구개발서비스업 보조요원을 제외한 사람으로서 해당 연구개발서비스업에 관한 행정 및 사무 등의 업무를 수행하는 자를 말한다.

별표 6에서 연구개발서비스업에 종사하는 전담요원을 적격 연구요원으로 규정하고 있으므로, 연구개발서비스업에 있어서 적격한 연구개발비로 보는 연구요원의 인건비는 위의 연구개발서비스업 전담요원만 해당하는 것으로 판단된다.

이때 전담요원에는 주주인 임원으로서 당해 법인의 총발행주식의 100분의 10을 초과하여 소유하는 주주등은 제외되는데, "(2) 전담부서등에서 근무하는 직원으로서 기획재정부령이 정하는 자의 개념" 부분에서 살펴본 내용과 같다.

사례 5 한국산업기술진흥협회에 신고되지 않은 증축면적에서 연구개발활동을 수행한 연구요원의 인건비 등이 적격 연구개발비에 해당하는지 여부

사례의 회사는 기업부설연구소 인정 당시 소유하고 있는 건물의 1층과 2층의 일부분을 연구공간으로 하여 한국산업기술진흥협회에 신고하였다. 매출증대에 따라 연구개발 프로젝트가 많아져서 5년 후 회사는 해당 건물을 증축(3층)하여 연구공간으로 사용하게 되었으나 증축된 면적을 연구공간으로 한국산업기술진흥협회에 변경신고하지 않은 사례이다.

이때 변경신고가 되지 않은 증축된 면적에서 수행된 자체연구개발 프로젝트에 투입된 전담부서등의 연구요원의 인건비와 연구용재료비 등에 대해 연구·인력개발비 세액공제 등의 조세지원이 가능한지 여부이다.

살펴보면 전담부서등은 총무부 등과 같이 회사의 조직과 인원(인적요건)으로만 구성되는 것이 아니라 조직과 인원(인적요건), 그리고 연구공간(물적요건)으로 이루어지는 것이다.

따라서 3층의 증축된 공간이 실질적으로 연구공간으로 사용되고 있다고 하더라도 한국산업기술진흥협회에 변경신고를 하지 않았고, 신고되지 않은 공간은 과학기술정보통신부로부터 인정을 받은 공간이 아니므로 전담부서등의 범위에 포함되지 않는 것이 원칙이다.

하지만, 증축된 면적을 추가로 기존에 인정받은 연구소(기업부설연구소인정서 번호)에서 동일한 연구분야의 연구공간으로 한국산업기술진흥협회에 추가인정받는 것은 전담부서등의 인정 취소사유가 아니라 단순한 변경신고사항에 불과할 뿐이다. 또한 이러한 상황은 기업부설연구소의 신설이라기보다는 기존연구소의 일부로써 면적 및 인원 확장에 따른 소재지 변경인 것이다.

이러한 상황은 추가로 새로운 연구소를 설립하거나 신설 연구소의 인정일 이전에 발생한 연구개발비에 대해서 세액공제를 해달라는 납세자의 주장이 배척된 사례와는 다른 것이다(법인-912, 2009.8.18., 법규-1049, 2009.7.30., 법인-325, 2009.3.24.).

오히려 이런 사례와 유사한 유권해석 및 심판례에서는 전담부서등으로 인정받은 후 단순 착오로 주소 이전 등을 누락한 경우, 합병으로 인하여 피합병법인 보유 연구소의 변경신고사항을 누락한 경우 등 당초에 인정받은 기업부설연구소를 해하지 않는 범위에 있는 경우에는 해당 전담부서등에서 발생한 연구개발비용이 적격연구개발비라고 판시한 바 있다(법인-1002, 2010.10.29., 법인-1286, 2009.11.17., 조심 2010서3070, 2011.7.26.).

따라서 해당 사례에서 증축된 면적에서 수행된 연구개발비에 대하여는 연구개발 조세특례를 적용받을 수 있을 것으로 판단된다.

사례 6 한국산업기술진흥협회에 등록되지 않은 연구요원의 인건비

실무적으로 자주 접하게 되는 것으로 이미 과학기술정보통신부로부터 인정받은 전담부서등을 보유하고 있는 회사의 경우 인정받은 전담부서등에 소속된 연구요원이 변경되었음에도 불구하고 관련 규정의 미숙지로 전담부서등의 인원변동에 따른 '전담부서등 변경신고서'를 한국산업기술진흥협회에 제출하지 않는 경우가 있다. 이로 인해 연구소인원으로 한국산업기술진흥협회에 등록된 인원과 실제 연구소 근무인원과는 차이가 발생하게 된다.

앞서 언급한 바와 같이 조세특례제한법 시행규칙 제7조 제3항에서는 적격한 전담부서등의 인건비를 '연구개발을 위한 연구소 또는 전담부서에서 연구업무에 종사하는 연구요원 및 이들의 연구업무를 직접적으로 지원하는 자'로 규정하고 있다. 비록 조세특례제한법상 전담부서등의 연구요원의 정의가 개념적으로는 기초연구진흥 및 기술개발지원에 관한 법률에 따라 한국산업기술진흥협회에 등재된 연구요원의 그것과 유사하기는 하지만, 조세특례제한법 시행규칙 제7조에서는 적격한 전담부서등의 연구요원을 한국산업기술진흥협회에 등재된 직원에만 한한다고 규정하고 있지는 않다.

따라서 기초연구진흥 및 기술개발지원에 관한 법률에 의하여 전담부서등을 설립한 이후 변동된 인원에 대하여 그 변동내역을 한국산업기술진흥협회에 적정하게 신고하지 아니하였다 하더라도 실질과세의 원칙에 의거하여 전담부서등의 확인을 받은 이후 실질상 전업적으로 연구개발 관련업무에 종사한 직원이 조세특례제한법상의 적격한 연구요원에 포함하는 것으로 보면 된다(서면2팀-894, 2008.5.9., 서면2팀-2279, 2006.11.9., 재조예 46070-202, 2000.5.31., 법인 46012-1722, 1998.6.26., 국심 2006부1275, 2007.1.10.).

물론 이러한 입증의 책임은 납세자에게 있다. 따라서 세무당국과의 불필요한 논쟁을 피하기 위해서는 전업적으로 연구개발 관련업무에 종사하는 직원의 추가 등 변경사항이 발생하는 경우에는 변경된 날로부터 14일 이내에 한국산업기술진흥협회에 변경사항을 신고하는 것이 좋다.

사례 7 기술영업을 수행하는 연구요원의 겸업문제

전담부서등을 보유한 회사의 입장에서는 전담부서등의 연구요원들이 회사의 수익사업 프로젝트와 관련하여 기술영업 등의 업무를 일부 수행하는 경우 연구소 설립의 신고·인정 요건인 인적요건 중 연구요원의 겸업[140)]금지 조항[141)]을 위반하였으므로 수익사업 과제에 투입된 해당 연구요원을 세법상 적격한 연구요원에서 제외해야 할 것인지에 대해 고민하는 경우가 많다.

「기초연구진흥 및 기술개발지원에 관한 법률 시행령」 제2조 및 제17조에서는 다음과 같이 규정하고 있다.

기초연구진흥 및 기술개발지원에 관한 법률 시행령 제2조(정의) 및 제17조(기업부설연구소 등의 준수사항) 제1항
연구전담요원, 연구보조원, 연구관리직원은 각각 연구개발활동과 관련된 연구업무, 연구보조업무, 연구관리업무 외에 다른 업무를 겸할 수 없으며, 해당 기업은 연구전담요원등이 연구에만 전념할 수 있도록 연구활동 외에 생산·판매·영업등의 기업활동과 관련된 업무에 종사하는 별도의 상시 종업원을 확보하여야 한다.

140) 겸업이란 연구개발업무 이외에 다른 업무를 겸직하는 것을 말하는 것이다. 예를 들면, 연구개발업무와 생산, 매출, 영업 등의 업무를 겸직하는 경우에는 겸업에 해당하지만, 자체연구개발업무와 수탁받은 연구개발업무를 겸직하는 경우에는 겸업에 해당하지 않는다.

141) 기초연구진흥 및 기술개발지원에 관한 법률 시행령 제17조(기업부설연구소 등의 준수사항) 제1항

조세특례제한법 시행규칙 제7조에서 적격한 연구요원을 '전담부서등에서 연구업무에 종사하는 연구요원 및 이들의 연구업무를 직접적으로 지원하는 자'라고 규정하고 있고, 기초연구진흥 및 기술개발지원에 관한 법률 시행령 제2조에서도 '연구전담요원 등은 해당 기업의 연구업무 외에 다른 업무를 겸할 수 없다'라고 규정하고 있는 점을 고려할 때, 전담부서등에 근무하는 연구원이라도 기술개발을 위한 연구업무를 전담하는 경우에 한하여 그 인건비에 대하여 본 연구개발 조세지원 규정이 적용된다고 해석하여야 할 것이다.

부연하면, 겸업금지의 원칙을 위반한 전담부서등의 연구요원의 인건비는 적격비용요건을 결하여 연구 · 인력개발에 관한 조세지원을 받을 수 없다(인천지방법원 2019구합1122, 2020.10.16., 인천지방법원 2018구합54372, 2020.10.15., 조심 2019전3765, 2019.12.26., 감심 2018-431, 2019.8.16., 조심 2019중0019, 2019.5.15., 조심 2018중3462, 2019.1.24., 조심 2017구0277, 2019.2.20., 심사법인 2018-0015, 2018.8.31., 대법원 2018두35483, 2018.5.31., 서울고등법원 2017누62718, 2018.1.9., 조심 2017서4119, 2017.12.5., 조심 2016부1666, 2017.10.18., 조심 2017서2707, 2017.10.17., 서울행정법원 2016구합56905., 감심 2015-0537, 2016.7.20., 조심 2015서1842, 2015.12.16., 조심 2015전1070, 2015.5.19., 조심 2014중3244, 2014.8.11., 조심 2012서523, 2012.8.6., 감심 2012-106, 2012.7.5., 조심 2010중1181, 2011.6.27., 조심 2009중4120, 2010.11.23., 조심 2010서949, 2010.7.1., 국심 2007서1150, 2008.7.15.).

따라서 연구업무 외의 다른 업무(예컨대 기술영업 등의 일반매출활동)를 일부 수행한 연구요원의 업무가 연구업무 수행과 직접적인 관련성을 갖는다는 사실을 회사에서 입증하지 못하는 이상 쟁점 연구업무 외의 다른 업무는 연구업무에 포함되는 것이라 할 수 없을 것이다. 즉, 해당 연구요원의 인건비가 적격한 연구개발비용으로서 조세특례제한법상의 세제지원대상이라는 점은 이를 주장하는 납세의무자에게 입증책임이 있으며(서울고법 2010누25635, 2011.2.10.), 조사청이 청구법인의 쟁점 인원이 수행한 업무가 적격 연구개발비가 아니라 영업 · 생산부서 등의 지원업무로 보아 연구인력개발비 세액공제를 배제한 사안에 대해, 쟁점 인원이 실질적으로 전업적인 연구개발 업무를 수행하였다고 보이는 점등을 이유로 하여 조사청이 법인세를 부과한 처분은 잘못이 있다고 판단한 사례가 있다(조심 2017부0072, 2017.8.22., 조심 2016중0128, 2016.10.12., 조심 2016중0233, 2016.6.16., 심사-법인-2016-0012, 2016.6.10.).

다만, 주관적인 판단이 개입될 수밖에 없지만 필자의 생각은 겸업금지의 원칙을 위반했다 볼 수 없을 정도의 상황이라면, 예컨대 대부분의 근무시간을 연구업무에 투입하고 극히 일부의 시간을 연구업무와의 직 · 간접 관련성으로 인해 연구업무외의 업무에 투입하였다면, 해당 연구요원의 인건비를 합리적인 기준에 따라 적격비용과 비적격비용으로 안분계산할 수 있다고 판단된다.

사례 8 전담부서등의 기획팀 소속 직원들에게 지급한 인건비도 적격 연구개발비에 해당하는지 여부

연구개발 전담부서등에는 자연계 학사 이상 출신의 과학자만 근무해야 하는 것은 아니다. 기초연구진흥 및 기술개발지원에 관한 법률이나 조세특례제한법 시행규칙에서도 연구전담요원 외 연구보조원이나 연구관리직원도 적격한 연구요원으로 규정하고 있다.[142) 이른바 연구기획이라는 분야에 근무하는 연구요원도 있다.

최근 기업경영에 있어서 연구개발의 역할이 중요하게 부각되고 있는 환경 속에서 연구개발에 대한 투자규모는 증대되고 이의 회임기간도 늘어나고 있어 연구개발에 대한 위험부담은 매우 높아지고 있다. 뿐만 아니라 연구개발의 특성상 연구개발의 결과가 상업적으로 활용되는 성공률은 매우 낮으며, 새로운 기술개발에 성공하였다 하더라도 개발된 기술을 향유할 수 있는 기간은 줄어드는 이른바 기술수명주기가 단축되고 있는 것이 현실이다. 반면에 새로운 기술개발에 따른 경제적인 이득은 매우 높아지고 있다.

이러한 환경 속에서 연구개발활동에 의한 경제적인 이득을 최대화시키고 연구개발활동에 대한 위험부담을 최소화하기 위해 연구개발에 대한 계획 수립의 필요성이 높아지고 있다. 연구개발활동에 대한 계획을 수립한다는 것은 연구개발에 대한 목표를 설정하고 이를 달성하기 위한 구체적인 방법과 전략을 수립하는 것이다.

연구기획의 과정은 일반적으로 전략적 목표의 설정, 환경 분석 및 여건의 파악, 대안의 검토 및 최적대안의 선정, 세부실행 계획의 작성, 그리고 실행계획에 따른 통제 및 모니터링 등 크게 5단계로 구분할 수 있다.[143)]

대안의 검토 및 최적대안의 선정, 특히 연구개발분야(혹은 테마)의 선정과 우선순위를 결정하는 연구기획부서의 전략적 의사결정은 한 기업의 운명을 좌우할 수도 있을 만큼 중요하다고 할 수 있다.

따라서 기업의 연구개발에 있어서 필요한 연구기획부서의 요원들을 연구개발 전담부서등에 배치시켜 연구소 전반의 업무를 조율하고, 향후 개발할 신제품 또는 신기술에 대한 기획 및 연구개발 일정 등을 계획하며, 각종 세부연구팀의 연구활동을 지원하게 하고 산업기술진흥협회에 연구전담요원 또는 연구보조원으로 등재하여 적절한 조세지원을 받을 수 있도록 해야 할 것이다(국심 2007서1424, 2008.7.17.).

(4) 인건비의 개념

지금까지 전담부서등에서 근무하는 직원 및 연구개발서비스업에 종사하는 전담요원에 대해

142) 기초연구진흥 및 기술개발지원에 관한 법률 시행령 제17조, 조세특례제한법 시행규칙 제7조 제3항

143) 주식회사 서우, 자료실, http://blog.naver.com/kilseok2?Redirect=Log&logNo=50070408629&from=postView, 2014.1.8.

살펴보았다. 마지막으로 '인건비'의 개념을 살펴본다.

앞서 살펴본 바와 같이 조세특례제한법 시행령 별표 6에서는 인건비에 대하여 명확한 정의 없이 퇴직소득, 퇴직급여충당금, 퇴직연금부담금을 세액공제 대상 인건비에서 제외한다고만 규정하고 있다.

조세특례제한법 시행령 별표 6 연구 · 인력개발비 세액공제를 적용받는 비용	
1. 연구개발	가. 자체연구개발 1) 연구개발 또는 문화산업 진흥 등을 위한 기획재정부령으로 정하는 연구소 또는 전담부서(이하 "전담부서등"이라 한다)에서 근무하는 직원(연구개발과제를 직접 수행하거나 보조하지 않고 행정 사무를 담당하는 자는 제외한다) 및 연구개발서비스업에 종사하는 전담요원으로서 기획재정부령으로 정하는 자의 **인건비**. **다만, 다음의 인건비를 제외한다.** 가) 「소득세법」 제22조에 따른 퇴직소득에 해당하는 금액 나) 「소득세법」 제29조 및 「법인세법」 제33조에 따른 퇴직급여충당금 다) 「법인세법 시행령」 제44조의 2 제2항에 따른 퇴직연금등의 부담금 및 「소득세법 시행령」 제40조의 2 제1항 제2호에 따른 퇴직연금계좌에 납부한 부담금

조세특례제한법에서는 인건비의 개념 정의와 관련해서 더 이상의 참조할 만한 규정은 없으나, 법인세법 제26조에서는 인건비가 법인의 손금에 해당됨을 규정하고 있을 뿐, 법령에서 명확하게 그 개념을 정의하지 않아 지금까지 납세자와 세무당국 사이에 많은 논란이 있었다. 더구나 세무당국은 과거 적격한 인건비에서 제외되는 퇴직소득 및 퇴직급여충당금 전입액을 시행령에서 직접 규정하지 않고 통칙으로 운영하다가 대법원에서 패소한 바 있기도 하다(대법원 2011두6844, 2011.6.24.). 이에 2012.2.2. 세법 개정 시[144] 통칙에 있는 내용을 조세특례제한법 시행령에 삽입하기도 했으나 아직도 인건비에 대한 정의가 없다.

사전적으로 인건비는 물건비에 대응되는 개념으로 '사람을 부리는 데에 드는 비용'을 말한다.[145]

한편, 조세특례제한법 기본통칙 및 대법원의 판결에 의하면 인건비는 그 명칭 여하에 불구하고 사용인에게 근로에 대한 대가로서 유상으로 지출한 일체의 것을 말한다(조세특례제한법 기본통칙 9-8…1,[146] 대법원 97누14194, 1999.6.25.).

144) 조세특례제한법 시행령 별표 6(2012.2.2. 대통령령 제23590호로 개정된 것)
145) 국립국어원, 표준국어대사전, http://stdweb2.korean.go.kr/search/List_dic.jsp
146) 기본통칙 및 기타 유권해석에서는 자체연구개발을 위한 비용에는 복리후생비를 포함하지 않는다는 입장이다(서면-2019-법인-2861, 2020.7.8., 서면2팀-185, 2007.1.25.).

인건비는 법인세법상 지급자 측에서 손금이 되나 지급받는 자 측에서는 근로소득이 되어 소득세가 부과되므로 동일한 근로의 대가인 인건비의 내용을 결정할 때는 근로소득 내용을 참고할 수도 있을 것이다.

하지만, 법인세와 소득세는 법체계가 다를 뿐만 아니라 소득세법상 근로소득이 모두 인건비가 되는 것도 아니기 때문에 소득세법보다는 법인세법의 관점에서 인건비 여부를 판단하는 것이 옳다. 예컨대 법인세법에 의하여 상여로 처분된 금액은 소득세법상 근로소득에 해당하지만 법인세법상 손비가 아니므로 적격한 연구개발비에 해당되지 않을 것이다.

이러한 고민 하에 연구개발관련 조세특례를 적용받을 수 있는 적격한 인건비에 해당하기 위한 요건을 정리하면 다음과 같다.

첫째, 해당 과세연도의 연구 및 인력개발에 직접적으로 대응하여 실제 지출된 비용이어야 한다.

둘째, 인건비는 직원이 법인에 근로용역을 제공하는 것과 관련하여 법인이 지급하는 것이어야 한다.

셋째, 근로의 대가로서 지급되는 가액은 근로용역의 대가에 상당한 것이어야 하며 대가관계가 있다 하더라도 대가의 범위 액을 초과한 금액은 소위 과대보수로서 적격연구개발비에서 제외해야 할 것으로 판단된다.

예컨대 법인의 임원에게 지급하는 상여금 중 정관·주주총회·사원총회 또는 이사회의 결의에 의하여 지급하는 금액을 초과하여 지급한 경우 그 초과금액은 손금에 산입하지 않는 것이므로 동 초과금액에 상당하는 인건비는 적격한 연구 개발비에서 제외하는 것이 타당하다.[147)]

적격한 연구개발비에 포함되는 인건비의 범위와 관련하여 불필요한 논쟁을 없애기 위하여 소득세법 제20조에 따른 근로소득 규정, 동법 제12조에 따른 비과세소득 규정, 그리고 법인세법 제26조에 따른 과다경비 등의 손금불산입 규정을 적절히 조합하여 조세특례제한법 시행령 별표 6에 인건비의 개념을 명확하게 정의하여야 한다는 의견도 많다.[148)]

참고로 적격한 연구개발비에 포함되는 인건비의 범위와 관련하여 전년도 연차 유급휴가 미사용분에 대한 연차수당은 인건비에 포함되고, Singing-Bonus(이직료)는 인건비에 포함되지 않는다는 세무당국의 유권해석도 있으니 참고하길 바란다(법규법인 2009-241, 2009.7.3., 법인 46012-147, 2001.1.16., 법인 46012-60, 2001.1.8.).

147) 일본의 경우 적격 인건비를 법인세법상 손금에 해당하는 것으로 한정하고 있다(손원익/송은주/박수진, 앞의 책, 142면).

148) 손원익/송은주/박수진, 위의 책, 143면

History **종전 퇴직급여 등으로 지출한 인건비의 세무처리 연혁**

(2012.2.2. 대통령령 제23590호로 개정되기 전의 조세특례제한법 시행령 별표 6 관련)

법인은 임직원이 퇴직하는 경우 근로기준법 및 근로자퇴직급여보장법 등에 따라 임직원에게 퇴직급여를 지급하여야 하는데, 법인세법에서 퇴직급여를 실제로 지급하기 이전에 손금에 산입하는 방법에는 회사 내부에 퇴직급여충당금을 전입하는 사내적립제도[149)]와, 회사 외부 금융기관에 퇴직연금보험료를 납입하는 사외적립제도가 있다. 사외적립제도에는 근로자의 연금급여가 사전에 확정되고 사용자의 적립부담은 적립금 운용결과에 따라 변동되는 형태의 확정급여형(Defined Benefit)과, 사용자의 부담금이 사전에 확정되고 적립금을 근로자가 자기책임으로 운용하는 확정기여형(Defined Contribution)으로 구분된다.

적격연구개발비로 인정되는 인건비의 범위에 퇴직급여충당금 전입액과 확정기여형 퇴직연금보험료 납입액이 포함되는지 여부와 관련하여 납세자와 국세청간에 많은 다툼이 있었는데, 다음에서 상세히 살펴보기로 한다.

가. 퇴직급여충당금 전입액

앞서 간략하게 언급한 바와 같이 2012.2.2. 조세특례제한법 시행령 별표 6 개정 시 인건비의 범위에 퇴직소득 및 퇴직급여충당금 전입액을 제외하는 규정을 신설하였다. 그 이전에는 조세특례제한법 기본통칙 9-8…1에서 동일한 내용으로 규정해왔는데,[150)] 종전 대법원에서 연구요원의 퇴직급여충당금이 적격한 연구요원의 인건비로 인정받는 취지로 납세자가 승소(대법원 2011두6844, 2011.6.24.)[151)]하기도 하였지만 최근 대법원에서 지속적으로 납세자 패소판결이 나오고 있다(대법원 2013두22147, 2014.3.13., 대법원 2013두24310, 2014.3.13.).

그 납세자가 패소한 판결의 주요한 판단 논거를 살펴보면 다음과 같다.

① 조세특례제한법상 연구 · 인력개발비 세액공제 제도는 기업의 연구개발전담부서에서

149) 2010.12.30. 법인세법 시행령이 개정되면서, 사외적립제도인 퇴직연금의 활성화를 유도하고자 퇴직급여 추계액 한도율을 매년 5%씩 단계적으로 축소하여, 2016.1.1. 이후 개시하는 사업연도부터는 퇴직급여충당금 설정에 따른 손금산입이 허용되지 아니하게 되었다(법인세법 시행령 제60조 제2항).

150) 동 기본통칙은 1993.4.1.에 신설된 이래 현재까지 동일하게 유지되어 왔다.

151) 상기 대법원의 판결(대법원 2011두6844, 2011.6.24.)은 서울고등법원의 판결(서울고등법원 2010누25635, 2011.2.10.)에 대하여 피고가 상고한 것을 대법원에서는 심리불속행 기각 판결한 것이다. 대법원의 심리불속행 기각 판결은 엄밀히 말해 대법원이 퇴직급여충당금 전입액이 연구 · 인력개발비 세액공제 적용 대상 인건비 해당 여부에 대해 판단을 하지 않은 것으로 보는 것이 타당하다. 즉, 대법원 2013두24310, 2014.3.13. 대법원 판례에서 비로소 동 쟁점에 대하여 명확히 판단을 하였으며, 이에 퇴직급여충당금 전입액이 연구 · 인력개발비 세액공제 적용 대상 인건비라는 원심판결을 파기하고 서울고등법원에 환송한 것이다. 참고로 심리불속행 제도란 상고이유에 중대한 법령위반에 관한 사항 등 상고심을 법률심으로 순화시키기에 걸맞는 사유가 포함되어 있지 않으면 상고이유의 당부에 대해 더 이상 본안심리를 속행하지 아니하고, 판결로 상고기각하여 추려내는 제도이다(삼일아이닷컴, 대법원 2013두24310, 2014.3.13. 해설부분 참조).

소요되는 일정 범위의 인건비 등이 있는 경우에는 기업의 기술인력개발을 장려하려는 목적에서 일정 범위의 금액을 해당 과세연도의 소득세 또는 법인세에서 공제하도록 하는데 그 취지가 있으므로(대법원 2001.1.19. 선고, 99두8718 판결 참조), 해당 과세연도의 연구 및 인력개발에 직접적으로 대응하는 비용만을 세액공제 대상으로 삼아야 할 것이다.

② 그런데 퇴직금과 같이 장기간의 근속기간을 고려하여 일시에 지급하는 성격의 비용으로서 근로계약이 종료되는 때에야 비로소 그 지급의무가 발생하는 후불적 임금은 해당 과세연도의 연구 및 인력개발에 직접적으로 대응하는 비용이라고 볼 수 없을 뿐만 아니라, 퇴직급여충당금은 법인세법상 당해 사업연도의 소득금액계산에 있어서 손금에 산입될 수 있다고 하더라도 이는 적정한 기간손익의 계산을 위하여 합리적으로 그 비용액을 추산한 것에 불과한 것이어서 이를 반드시 정책적 목적의 조세특례제한법상 세액공제 대상인 인건비에 해당한다고 볼 것은 아니다.

③ 따라서 퇴직급여충당금이나 이를 재원으로 하여 지급되는 중간정산퇴직금은 구 조세특례제한법 제10조 제1항의 연구・인력개발비 세액공제의 대상이 되는 인건비에 해당하지 아니한다.[152)]

적격한 연구・인력개발비 세액공제 대상 인건비에서 연구요원의 퇴직급여충당금 전입액이 제외된다는 상기 대법원 판례[153)]는 인건비의 범위를 축소하여 해석하게 만든 많은 아쉬움을 남기게 하는 판결이다. 대법원의 심리불속행 기각 판결(대법원 2011두6844, 2011.6.24.)로 납세자가 승소하였던 하급심 고등법원 판결문(서울고등법원 2010누25635, 2011.2.10.)의 내용을 살펴보는 것으로 마무리한다.

서울고등법원 2010누25635, 2011.2.10.

【판단】

① 법인세법 제33조는 내국법인이 각 사업연도에 임원 또는 사용인의 퇴직급여에 충당하기 위하여 기업회계상 퇴직급여충당금을 손금으로 계상한 경우 법인세법상 당해 사업연도의 소득금액계산에 있어서 일정한 범위 내에서 이를 손금에 산입한다고 규정하고 있으므로, 퇴직급여충당금은 인건비와 마찬가지로 법인세법상 당해 사업연도의 소득금액계산에

152) 조세심판원에서도 퇴직금은 장기간의 근속기간을 고려하여 일시에 지급하는 성격의 비용으로서 근로계약이 종료되는 시점에 비로소 그 지급의무가 발생하는 후불적 임금은 연구개발에 직접적으로 투입된 인건비라고 보기 어려워 납세자의 심판청구를 기각하고 있다(조심 2013중509, 2014.3.21., 조심 2013서4159, 2013.12.24., 조심 2013서4003, 2013.12.18., 조심 2013서3951, 2013.11.22., 조심 2012전1813, 2013.4.11., 조심 2011부1401, 2012.2.16. 등 다수).

153) 대법원 2013두22147, 2014.3.13., 대법원 2013두24310, 2014.3.13.

있어서 손금에 산입되는 점,

② 인건비는 그 명칭 여하에 불구하고 사용인에게 근로에 대한 대가로서 유상으로 지출한 일체의 것을 말한다고 할 것인데, 퇴직급여충당금은 법인이 퇴직금을 당해 임원 또는 사용인의 재직기간 중의 각 기간에 사전 분배하여 매기마다 일정액을 비용으로 적립한 것으로서 이 충당금으로 퇴직금이 지급되는 것인 점,

③ 퇴직급여충당금에 대하여 이 사건 과세특례규정을 적용하더라도 그 입법취지에 반하지 않는 점 등에 비추어 보면 인건비에 대하여 이 사건 과세특례규정이 적용되는 연구원의 경우 퇴직급여충당금에 대하여도 이 사건 과세특례규정을 적용함이 상당하다 할 것이다.

나. 확정기여형 퇴직연금보험료 납입액

2012.2.2. 조세특례제한법 시행령 별표 6이 개정되기 이전 별표 6에서는, "기획재정부령이 정하는 자의 인건비"라고만 되어 있어, 앞에서의 퇴직급여충당금 전입액 사례와 유사하게 확정기여형 퇴직연금보험료 납입액이 적격연구개발비로 인정되는 인건비의 범위에 포함되는지 또는 제외되는지 여부가 명확하지 아니하였다.

이와 관련 납세자는 확정기여형 퇴직연금보험료가 각 사업연도에 실제로 지출되고 전액 손금으로 인정되는 인건비에 해당하므로 세액공제 대상에 해당한다고 주장한 반면, 세무당국은 퇴직연금보험료는 세액공제 대상에 해당하지 않는다고 보아 과세처분한 사례가 있었는데, 감사원 및 1심에서는 퇴직연금보험료가 세액공제 대상인 인건비에 해당하지 않는다고 보아 세무당국의 손을 들어 주었다(감심 2015-0387, 2015.8.13., 대전지방법원 2015구합105260, 2016.5.26.).

하지만, 항소심인 대전고등법원에서는 1심과 달리 퇴직연금보험료는 연구인력개발비 세액공제 대상 인건비에서 제외되는 것이 아니라며 납세자 승소 판결을 했으며, 대법원 역시 원심인 대전고등법원의 판단이 정당하다고 판단하였다(대전고등법원 2016누11467, 2016.11.17., 대법원 2016두63200, 2017.5.30.).

납세자가 승소한 판결의 주요한 판단 논거를 살펴보면 다음과 같다.

① 원고가 확정기여형 퇴직연금제도에 기초하여 과세연도 및 대상근로자별로 연구소 근속 여부에 따라 실제로 지출한 이 사건 퇴직연금보험료는 그 지출 사업연도의 비용으로 인정받을 수 있고, 위 보험료 상당의 금원은 각 연구원들에게 확정적으로 귀속하는 것으로 볼 수 있다.

② 이 사건 퇴직연금보험료는 해당 과세연도의 연구 및 인력개발에 직접적으로 대응하여 연구원별로 실제 지출된 비용이므로 적정한 기간손익의 계산을 위하여 합리적으로 그 비용액을 추산한 것에 불과한 퇴직급여충당금과는 그 성격을 달리하는 점 등에 비추어

보면, 이 사건 퇴직연금보험료는 구 조세특례제한법 제10조 제1항이 정한 연구・인력개발비 세액공제 대상인 인건비에 해당한다.

다음 판례평석[154]을 통해 자세히 살펴보기로 하자.

① 과세관청의 주장

연구개발비 세액공제 대상인 '인건비'에 대하여 조세특례제한법 기본통칙에서 명칭여하에 불구하고 근로의 제공으로 인하여 지급하는 비용이라 정의하면서 소득세법상 퇴직소득과 퇴직급여충당금 전입액은 포함하지 아니한다고 규정하고 있다. 그리고 대법원은 "퇴직금은 근로계약이 종료되는 때에야 비로소 그 지급의무가 발생하는 후불적 임금으로 해당 과세연도의 연구 및 인력개발에 직접적으로 대응하는 비용이라고 볼 수 없고, 퇴직급여충당금은 법인세법상 해당 사업연도의 손금에 산입될 수 있다고 하더라도 이는 적정한 기간손익의 계산을 위하여 합리적으로 그 비용액을 추산한 것에 불과하여 이를 반드시 정책적 목적의 연구개발비 세액공제 대상인 인건비에 해당한다고 볼 것은 아니다"라고 판시하였다(대법원 2014.3.13. 선고 2013두22147 판결).

따라서 이 사건 퇴직연금보험료는 퇴직급여충당금과 마찬가지로 후불적 임금을 지급하기 위하여 금액을 배분하여 미리 부담하는 비용이므로 해당 과세연도의 연구 및 인력개발에 직접적으로 대응하는 인건비로 볼 수 없다.

② 연구개발비 세액공제 대상으로서 '인건비'의 범위에 관한 체계적 해석

우선 '인건비'에 대한 관련 법령 및 문언적 의미 등에 관하여 살펴보기로 한다. 조세특례제한법령은 '인건비'에 대하여 별도의 정의 규정을 두고 있지 않다. 그리고 조세특례제한법 제2조는 조세특례제한법에서 정의하고 있지 않은 용어에 대하여는 특별히 정하는 경우를 제외하고는 법인세법, 소득세법 등 관련 법률에서 사용하는 용어의 예에 따르도록 규정하고 있는데, 연구개발비 세액공제와 관련된 법령인 법인세법 및 소득세법에서도 '인건비'에 대하여 별도의 정의규정을 두고있지 않다.

다만, '인건비'의 사전적인 의미는 종업원에게 노무에 대한 대가 또는 노무와 관련하여 지급되는 일체의 경비로서 임금, 상여, 제수당, 퇴직금 등과 종업원의 관리 및 복리후생을 목적으로 하여 기업이 부담하는 사회보험료, 후생비 등으로 회계학상 노무비와 같은 의미로 사용되고 있는데, 법인세법 제26조 제1호, 같은 법 시행령 제43조, 제44조, 제44조의 2의 규정에 의하면, 위 사전적 의미와 동일하게 퇴직급여 및 퇴직보험료 등까지도 포함하는 의미로 '인건비'를 사용하고 있다.

그리고 법인세법 제43조는 손익 귀속사업연도와 자산・부채의 취득 및 평가에 관하여 일반적으로 공정・타당하다고 인정되는 기업회계기준을 적용하는 경우에는 법인세법 및

154) 김명섭, "연구원에 지급한 퇴직연금보험료가 세액 공제 대상 인가", 법률신문, 2017.7.3.

조세특례제한법에서 달리 규정하고 있는 경우를 제외하고는 그 기업회계기준에 따르도록 규정하고 있는데, 한국채택국제회계기준 및 일반기업회계기준도 위 사전적 의미와 다르지 않다. 나아가 조세특례제한법 시행령의 입법자도 조세특례제한법 시행령에서 '인건비'라는 용어를 사용함에 있어 '인건비'의 내용 안에는 퇴직소득과 퇴직급여충당금까지 당연히 포함됨을 전제로 예외적으로 이를 제외할 필요가 있는 경우에 한하여 그에 대한 제외 규정을 두는 방식으로 입법을 하고 있다(조세특례제한법 시행령 제26조의 2 제1항, 제26조의 3 제1항, 별표 6).

이상의 관련 법령, 문언의 사전적 의미, 입법 형식 등에 비추어 보면, 연구개발비 세액공제 대상이 되는 인건비는 일응 사전적 의미와 동일하게 종업원에게 노무에 대한 대가 또는 노무와 관련하여 지급되는 일체의 경비를 의미한다고 할 수 있다.

한편 연구개발비 세액공제의 입법취지 등에 비추어 이를 제한하여 해석할 수 있는지에 관하여 본다. 조세특례제한법상 연구개발비 세액공제는 기업이 연구 개발 전담부서에서 연구개발을 위하여 지출한 비용이 있는 경우 기업의 연구개발을 장려하려는 목적에서 그 지출한 비용의 일정 금액을 해당 과세연도의 법인세에서 공제하도록 하는데 그 입법취지가 있다. 인건비 측면에서 보면 연구개발비 세액공제는 연구개발을 위하여 종업원을 전담부서의 연구원으로 투입함으로써 현실적으로 지출되는 금액에 대하여 일정 금액을 세액 공제 형식으로 보조해 줌으로써 연구개발을 장려하기 위한 것이다. 따라서 회사가 지출하는 금액을 연구원이 언제 수령하는지 여부는 중요하지 않고 회사에서 해당 과세연도에 확정적으로 실제 지출이 있었는지 여부가 중요하다. 그러므로 전담부서에 투입되는 연구원에게 해당 과세연도에 직접 지급되는 임금 등의 비용뿐만 아니라 그 연구원의 복리후생을 목적으로 해당 과세연도에 그 연구원을 위하여 확정적으로 실제 지출되는 국민연금이나 의료보험료 등도 당연히 포함된다. 다만, 연구개발 전담부서에 근무하지 않은 기간까지 포함하여 계산된 퇴직금이라든가, 연구원이 해당 과세연도에 전담부서에서 근무함으로써 발생하는 지출이라 보기 어려운 중간정산퇴직금, 해당 과세연도에 회사의 실제 지출이 일어나지 않는 퇴직급여충당금은 해당 과세연도의 연구개발에 투자된 것으로 보기 어려운 부분이 있다. 이러한 측면에서 1993년 4월 1일 이래로 조세특례제한법 기본통칙에서 퇴직소득과 퇴직급여충당금 부분을 제외한 것으로 보인다. 이와 같이 입법취지에 다소 부합하지 않은 부분이 있는 점, 이 부분을 제한하더라도 오래 전부터 기본통칙에 규정되어 있었기 때문에 법적안정성과 예측가능성을 크게 해치지 않을 것이라는 점 등을 고려하여, 위 대법원 2013두22147 판결은 합목적적 해석을 통하여 퇴직금이나 퇴직급여충당금을 세액공제 대상 '인건비'에 해당하지 않는다고 판시한 것으로 보인다.

이상의 내용을 종합하여 보면, 입법취지 등을 고려한 합목적적 해석을 통하여 그 범위를 제한하더라도 세액공제 대상이 되는 '인건비'는 ① 해당 과세연도의 기술연구개발에 직접적으로 대응되는 연구원에게 ② 노무에 대한 대가 또는 노무와 관련하여 지급되는 경비로서 ③ 해당 과세연도에 확정적으로 실제 지출되는 비용을 의미한다고 할 수 있을 것이다.

③ 확정기여형 퇴직연금보험료에 적용

확정기여형 퇴직연금보험료는 외부의 퇴직연금 사업자에게 해당 과세연도에 기술인력개발 전담부서에 근무하는 연구원을 위하여 그 과세연도에 확정적으로 지출되고, 회사는 더 이상 그 금원을 운용할 수 없으며, 그 금원 운용으로 인한 수익도 확정적으로 연구원에게 귀속된다. 그에 따라 그 지출 과세연도에 회사의 비용으로 인정된다. 이는 연구원의 복리후생을 위하여 해당 과세연도에 확정적으로 지출되는 국민연금 등과 그 성질이 다르지 않다. 단순히 적정한 기간손익 계산을 위하여 추산된 금액이 적립될 뿐 실제적인 지출이 없는 퇴직급여충당금이나 해당 과세연도의 기술인력개발을 위해서 지출된 것으로 보기 어려운 중간정산퇴직금과는 그 성질이 전혀 다르다.

따라서 앞서 본 관련 법리에 비추어 보면, 확정기여형 퇴직연금보험료는 회사가 연구개발 전담부서에 근무하는 연구원에게 해당 과세연도의 노무의 대가 또는 노무와 관련하여 실제 지출되는 비용이고, 그 금원이 해당 과세연도에 연구원에게 확정적으로 귀속되므로, 퇴직급여충당금과는 달리 세액공제 대상이 되는 인건비에 포함된다고 할 것이다.

확정기여형 퇴직연금보험료가 세액공제 대상 인건비에 포함된다고 법원이 판시(대법원 2016두63200, 2017.5.30.)한 이후 다수의 납세자가 세무당국을 상대로 경정청구를 하였는데, 퇴직연금보험료를 지출한 시점이 속하는 과세연도를 기준으로 세액공제 대상 인건비 포함 여부가 달라질 수 있다는 주장이 제기되었다.

이와 관련하여 과세관청은 2012.2.2. 조세특례제한법 시행령 별표 6이 개정되면서, 「소득세법」 제22조에 따른 퇴직소득에 해당하는 금액은 세액공제 대상 인건비에서 제외함을 명문으로 규정하였기 때문에, 개정 규정이 적용되는 과세연도부터는 확정기여형 퇴직연금보험료가 세액공제 대상 인건비에 포함될 여지가 없어졌다[155]는 입장을 밝힌 바 있다(서면-2017-법인-2900, 2018.2.9., 기준-2017-법령해석법인-0215, 2018.1.8.).

상기 사안에 대해 조세심판원은 퇴직연금보험료는 세액공제 대상인 인건비에 해당하지 않는다고 보아 납세자 패소 판결을 했지만,[156] 이와 달리 법원과 감사원은 퇴직연금보험료는 세액공제 대상인 인건비에 포함된다고 납세자 승소 판결을 했는데(대법원 2019두62352, 2020.4.9., 수원고등법원 2019누10197, 2019.11.27., 감심 2018-915, 2019.9.19., 서울행정법원 2018구합75467, 2019.9.10.,

155) 판례(대법원 2016두63200, 2017.5.30.)는 해당 과세대상 연도가 2007~2010 사업연도로, 2012.2.2. 별표 6이 개정되기 전의 사안이기 때문에, 2012 과세연도부터는 적용될 여지가 없다는 것이다.

156) 조심 2020중7798, 2021.2.3., 조심 2020중7944, 2020.12.23., 조심 2020부2016, 2020.10.13., 조심 2019부3921, 2020.6.30., 조심 2020서0126, 2020.2.12., 조심 2018서3093, 2019.2.1., 조심 2018중4037, 2018.12.11., 조심 2018서3421, 2018.11.20., 조심 2018중2252, 2018.8.27., 조심 2018중2251, 2018.8.27., 조심 2018중2253, 2018.8.27., 조심 2018중2247, 2018.8.27., 조심 2018서2402, 2018.7.27., 조심 2018중2348, 2018.7.17.

수원지방법원 2018구합66525, 2019.2.18.), 법원에서의 판단 논거는 앞 판례(대법원 2016두63200, 2017.5.30.)에서와 크게 다르지 않다.

이에 2019.2.12. 조세특례제한법 시행령 별표 6이 개정되면서, 퇴직보험료가 세액공제 대상 인건비에서 제외 된다는 것을 명확히 하게 되었는데, 부칙 제1조에서는 별표 6의 개정규정은 2020.1.1.부터 시행하고, 부칙 제24조(연구 · 인력개발비 세액공제를 적용받는 비용에 관한 특례)에서 별표 6에도 불구하고 2020.1.1. 전에 개시하는 과세연도분까지[157]는 별표 6의 3을 따른다라고 규정하면서, 별표 6의 3에서도 별표 6과 마찬가지로 퇴직연금등의 부담금을 명시함으로써 연구개발비 세액공제에서 제외되는 퇴직급여 관련비용을 명확화하였다.[158]

|개정세법해설| 연구개발비 중 인건비 범위 명확화(조세특례제한법 시행령 별표 6)[159]

(1) 개정내용

종 전	개 정
□ 자체 연구개발비의 범위 ㅇ세액공제 대상 전담연구원 인건비에서 제외되는 금액 - 퇴직금, 퇴직급여충당금 - 법인령 §20에 따른 성과급 등* * 이익잉여금의 처분에 따른 성과급	□ 인건비 범위 조정 ㅇ전담연구원 인건비에서 제외되는 금액 조정 - 퇴직금, 퇴직급여충당금, 퇴직연금보험료 -〈삭 제〉

(2) 개정이유

연구개발비 세액공제에서 제외되는 퇴직급여 관련 비용 명확화

사례 9 적격한 인건비에서 제외되는 성과배분상여금의 범위

2019.2.12. 대통령령 제29527호로 개정되기 전 조세특례제한법 시행령 별표 6 제1호 가목 1) 다)에서는, '「법인세법 시행령」 제20조 제1항 각 호에 따른 성과급 등'을 세액공제 대상 인건비에서 제외하고 있었는데, '「법인세법 시행령」 제20조 제1항 각 호에 따른 성과급 등'에서는 '내국법인이 근로자와 성과산정지표 및 그 목표, 성과의 측정 및 배분방법 등에 대하여 사전에 서면으로 약정하고 이에 따라 그 근로자에게 지급하는 성과배분상여금'(이하 "성과배분상여금")을 구체적으로 명시하고 있었다.

157) 2019.1.1.부터 2019.12.31.까지 개시하는 사업연도분까지를 의미하는 것으로 보인다.

158) 기획재정부는 확정기여형 퇴직연금보험료는 조세특례제한법 시행령 별표 6(2019.2.12. 대통령령 제29527호로 개정되기 전의 것)의 자체연구개발비에서 제외되는 퇴직소득 등에 포함되지 않는다는 입장이다(기획재정부 조세특례제도과-72, 2021.1.22.).

159) 기획재정부, 「2018 간추린 개정세법」, 2019, 191면

연구·인력개발비 세액공제 대상 인건비에서 제외되는 성과배분상여금의 범위와 관련하여, 성과배분상여금 지급 시 잉여금 처분으로 회계처리하는 경우와, 비용으로 회계처리 하는 경우로 나눌 수 있는데, 과세관청은 잉여금 처분으로 회계처리하지 않았다 하더라도 당기순이익의 일정률을 지급하는 등 실질적인 잉여금 처분으로 볼 수 있다면, 연구·인력개발비 세액공제 대상 인건비에서 제외되는 성과배분상여금에 해당하는 것으로 판단하고 있는 것으로 보인다.

기획재정부는 잉여금의 처분을 손비로 계상한 금액으로서 법인세법 시행령(2018.2.13. 대통령령 제28640호로 개정하기 전의 것) 제20조 제1항 각 호에 따른 성과급을 의미하는 것(조특, 기획재정부 조세특례제도과-496, 2018.6.22.)이라 회신한 바 있으며, 국세청은 잉여금 처분에 의한 성과배분상여금은 사실상 잉여금의 처분에 따라 지급하는 성과금을 포함하는 것(기준-2020-법령해석법인-0166, 2020.11.19.)이라는 입장을 밝힌 바 있다.

사례 10 주식매수선택권 행사이익이 적격한 인건비에 해당하는지 여부

2017.12.19. 법인세법 제20조 및 2018.2.13. 법인세법 시행령 제20조가 개정되면서 종전 이익잉여금 처분에 의한 성과급 손금산입 제도가 폐지되어, 기업회계기준 상 이익잉여금 처분을 통해 지급하는 성과급이 손금산입 대상 인건비에서 제외하게 되었다. 다만, 주식매수선택권에 대해서는 법인세법 시행령 제19조로 이관하여 손금산입을 허용해 주면서 손금산입 대상 주식매수선택권의 범위가 종전 '벤처기업, 주권상장법인등'에서 '비상장법인'까지 확대되었다(법인세법 시행령 제19조 제19호의 2).

한편, 2019.2.12. 조세특례제한법 시행령 별표 6이 개정되면서 세액공제 대상 인건비에서 제외되는 것으로 보았던 '「법인세법 시행령」 제20조 제1항 각 호에 따른 성과급 등' 문구가 삭제되었는데, 동 성과급은 법인의 잉여금의 처분을 통해 지급하는 성과급으로 아래의 것을 말한다.[160)]

160) 법인세법에서는 종업원의 복지증진을 위해 우리사주조합을 통하여 지급하는 자기주식 성과급, 벤처기업 등의 주식매수선택권 또는 주식기준 보상, 근로자와 약정에 의하여 지급하는 성과배분상여금은 그 잉여금처분금액을 당해 사업연도의 세무조정계산서에 계상하고 이를 법인세 과세표준신고서에 손금으로 산입하는 방법으로 조세 정책적 차원에서 손금에 산입할 수 있도록 하고 있다(법인세법 시행령 제20조 제4항). : 서면법규-7, 2014.1.6.

항목	「법인세법 시행령」 제20조 제1항 각 호에 따른 성과급 등
우리사주조합을 통하여 지급하는 자기주식 성과급	「자본시장과 금융투자업에 관한 법률」 제165조의 3에 따라 취득한 자기주식으로 지급하는 성과급으로서 우리사주조합을 통하여 지급하는 것. 이 경우 「자본시장과 금융투자업에 관한 법률」에 따른 유가증권시장에서 해당 법인의 주식을 취득하여 조합원에게 분배한 우리사주조합에 해당 법인이 성과급으로 그 대금을 지급하는 것을 포함한다.
벤처기업 등의 주식매수선택권 또는 주식기준 보상[161]	기획재정부령으로 정하는 주식매수선택권등[162](해당 법인의 발행주식총수의 100분의 10의 범위에서 부여하거나 지급한 경우만 해당한다)을 부여받거나 지급받은 자에 대한 다음 각 목의 금액 가. 주식매수선택권을 부여받은 경우 약정된 주식매수시기에 약정된 주식의 매수가액과 시가의 차액을 금전 또는 해당 법인의 주식으로 지급하는 경우 해당 금액 나. 주식매수선택권을 부여받은 경우 약정된 주식매수시기에 주식매수선택권 행사에 따라 주식을 시가보다 낮게 발행하는 경우 그 주식의 실제 매수가액과 시가의 차액 다. 주식기준보상으로 금전을 지급하는 경우 해당 금액
근로자와 약정에 의하여 지급하는 성과배분상여금	내국법인이 근로자[다음 각 목의 어느 하나의 직무에 종사하는 자(이하 "임원"이라 한다)는 제외한다]와 성과산정지표 및 그 목표, 성과의 측정 및 배분방법 등에 대하여 사전에 서면으로 약정하고 이에 따라 그 근로자에게 지급하는 성과배분상여금 가. 법인의 회장, 사장, 부사장, 이사장, 대표이사, 전무이사 및 상무이사 등 이사회의 구성원 전원과 청산인 나. 합명회사, 합자회사 및 유한회사의 업무집행사원 또는 이사 다. 유한책임회사의 업무집행자 라. 감사

161) 2012.2.2. 조세특례제한법 시행령 별표 6 개정 전에는 전담부서등에서 근무하고 있는 자의 인건비에는 법인의 연구전담요원이 당해 법인으로부터 부여받은 주식매수선택권을 당해 법인에서 근무하는 기간 중 행사함으로써 얻는 이익(주식매수선택권 행사 당시의 시가와 실제 매수가액과의 차액)을 포함할 수 있었다(법인-954, 2010.10.19.).

162) 기획재정부령으로 정하는 주식매수선택권등이란 다음 어느 하나에 해당하는 것을 말한다(법인세법 시행규칙 제10조의 4).
1. 「중소기업창업 지원법」에 따른 창업자, 「기술신용보증기금법」에 따른 신기술사업자 및 주권상장법인이 부여하거나 지급한 주식매수선택권등(주식매수선택권은 「상법」 제340조의 2에 따라 부여한 경우만 해당한다)
2. 「벤처기업육성에 관한 특별조치법」 제2조 제1항에 따른 벤처기업이 부여하거나 지급한 주식매수선택권등(주식매수선택권은 같은 법 제16조의 3에 따라 부여한 경우만 해당한다)

법인세법 시행령 제20조 및 조세특례제한법 시행령 별표 6 개정으로 전담부서 연구요원의 주식매수선택권 행사이익은 세액공제 대상 인건비에 포함될 수 있을 것으로 판단된다. 다음은 관련 사례(사전-2019-법령해석법인-0640, 2020.3.31.)를 소개하고자 한다.

사전-2019-법령해석법인-0640, 2020.3.31.

【질의】

[사실관계]

○ 갑법인은 2010.00.00. 설립된 회사로서 「벤처기업 육성에관한 특별조치법」 제2조의 규정에 따른 벤처기업으로 게임소프트웨어 개발 및 공급업 등을 주요사업으로 영위하는 법인임.

○ 갑법인은 게임프로그램 등 엔진개발을 위한 연구소*를 보유하고 있으며 이는 조세특례제한법에서 규정하는 연구소 또는 전담부서(이하 "연구전담 부서")에 해당함.

* 「기초연구진흥 및 개술개발지원에 관한 법률」 제14조의 2 제1항에 따라 과학기술정보통신부장관의 인정을 받은 기업부설연구소

○ 갑법인의 직원인 ○○○은 '16.6월부터 현재까지 연구전담부서에서 게임 관련 연구개발 과제를 직접 수행하고 있음.

○ 갑법인은 ○○○에게 '17.3.00. 주주총회에서 신주발행방식을 통한 보통주 2,000주에 대해 주식매수선택권을 부여하였고

- ○○○는 '19.3.00.부여받은 주식매수선택권 2,000주중 800주에 대해 행사하고 행사이익이 발생하여
- 갑법인은 해당 행사이익을 근로소득으로 보아 원천징수함.

[질의요지]

○ 연구전담부서에 근무하는 직원이 주식매수선택권 행사로 얻은 이익이 연구·인력개발비 세액공제 대상 인건비에 해당되는지 여부

【회신】

내국법인의 「조세특례제한법 시행규칙」 제7조 제1항 제1호에 따른 기업부설 연구소 또는 연구개발전담부서에 근무하는 직원이 해당 법인으로부터 부여받은 주식매수선택권을 해당법인에서 근무하는 기간 중 행사함으로써 얻은 이익은 「조세특례제한법 시행령(2019.2.12. 대통령령 제29527호로 개정된 것) 부칙 제24조 관련 [별표 6의 3] 제1호 가목 1)의 본문에 따른 인건비에 해당하는 것임.

3. 「부품·소재전문기업 등의 육성에 관한 특별조치법」 제2조 제2호에 따른 부품·소재전문기업이 부여하거나 지급한 주식매수선택권등(주식매수선택권은 같은 법 제15조에 따라 부여한 경우만 해당한다)

사례 11 소득세법상 비과세되는 근로소득이 적격한 인건비에 해당하는지 여부

세무당국은[163] 소득세법상 비과세 근로소득도 연구요원의 적격한 인건비에 해당한다는 유권해석을 내린 바 있다(서면2팀-62, 2007.1.9.). 따라서 비과세 학자금,[164] 실비변상적 성질의 급여(중소기업 또는 벤처기업의 전담부서등에서 연구활동을 수행하는 연구요원에게 지급하는 연구활동비 중 월 20만원 이내의 금액[165] 등[166]), 「고용보험법」, 「국민건강보험법」, 「노인장기요양보험법」에 따라 사용자가 부담하는 보험료,[167] 근로자가 받는 월 10만원 이하의 식사대,[168] 근로자 또는 배우자의 출산이나 6세 이하 자녀의 보육과 관련하여 받는 월 10만원 이하의 수당[169] 등의 소득세법 제12조 제3호에 열거된 비과세 근로소득은 연구·인력개발비 세액공제 대상 인건비에 포함해야 할 것으로 판단된다.

특히 위에서 살펴본 비과세 근로소득인 「고용보험법」, 「국민건강보험법」, 「노인장기요양보험법」에 따라 사용자가 부담한 보험료도 세무당국의 유권해석 등에 의하면 연구개발비 세액공제 대상 인건비에 포함되는 것으로 해석하고 있다(서면법규-752, 2014.7.17., 법인-1956, 2008.8.11., 조심 2013부4782, 2014.3.25.).

다만, 아래에서 보는 바와 같이 2013.1.1. 소득세법 개정 시 비과세 근로소득에서 「국민연금법」에 따라 사용자가 부담한 보험료를 제외한 바 있다.[170] 동법 개정의 취지는 연금 성격의 사용자부담분은 납입(적립) 당시 근로자에게 귀속된 소득으로 보기 곤란하고, 연금의 사용자부담분은 추후 인출시 과세(퇴직·연금)되므로, 비과세된 소득을 다시 과세하는 불합리 개선하기 위한 것이다.

|개정세법해설| 근로 · 퇴직소득 비과세 규정 정비(소득세법 제12조)[171]

(1) 개정내용

종　　전	개　　정
□ 근로·퇴직소득이 비과세되는 사용자 부담금의 유형	□ 비과세 대상 정비
○ 「건강보험법」, 「고용보험법」	○ (좌　동)
○ 「국민연금법」, 「공무원연금법」, 「사립학교교직원 연금법」, 「군인연금법」, 「근로자퇴직급	○ 〈삭　제〉

163) 국세청, 「연구·인력개발비-준비금과 세액공제의 세무처리-」, 2003.11.
164) 소득세법 제12조 제3호 아목
165) 소득세법 시행령 제12조 제12호 다목
166) 소득세법 제12조 제3호 자목
167) 소득세법 제12조 제3호 너목
168) 소득세법 제12조 제3호 러목
169) 소득세법 제12조 제3호 머목
170) 소득세법 제12조 제3호 너목(2013.1.1., 법률 제11611호로 일부 개정된 것)

종 전	개 정
여보장법」, 「과학기술인공제회법」 ○ 「노인장기요양보험법」	○ (좌 동)

(2) 개정이유

○ 연금 성격의 사용자부담분은 납입(적립) 당시 근로자에게 귀속된 소득으로 보기 곤란하므로 제외

- 연금의 사용자부담분은 추후 인출시 과세(퇴직·연금)되므로, 비과세된 소득을 다시 과세하는 불합리 개선

(3) 적용시기 및 적용례

2013.1.1. 이후 납입·적립하는 분부터 적용

따라서 현재까지의 세무당국 유권해석만을 고려한다면 「국민연금법」에 따라 사용자가 부담한 보험료는 비과세 근로소득에 포함되지 않으므로 2013.1.1. 이후 납입분부터는 적격한 인건비에서 제외해야 하는지 여부와 관련하여 다툼이 있을 수 있다. 즉, 「고용보험법」, 「국민건강보험법」, 「노인장기요양보험법」 등 비과세 근로소득에 해당하는 보험료만을 적격한 인건비로 보아야 한다는 것이다.

하지만, 이러한 결론은 연구·인력개발비 세액공제 대상인 인건비가 소득세법상 근로소득(비과세 근로소득 포함)과 동일함을 전제로 하여 근로소득에 포함되는 비과세 근로소득만이 인건비에 포함되고 비과세 근로소득으로 열거되지 않은 소득은 인건비로 인정될 수 없다는 논리이다.[172)]

우리는 통상 국민건강보험(노인장기요양보험 포함[173)]), 고용보험, 산업재해보상보험, 국민연금을 공적인 4대 사회보장보험으로 부른다. 이들 사회보장보험을 운영함에 따른 보험료는 수익자인 가입자(근로자)와 사용자(근로자를 고용하는 회사)가 공동으로 또는 사업주가 단독으로 분담하는 것으로 되어 있다.

사회보장보험제도를 국가 차원에서 만들고 운영하는 의미는 질병, 실직, 재해, 노령 따위의 어려움에 처한 구성원들의 생활을 국가가 공공지원을 통하여 해결해 주어 그들이 최소한의 인간적인 삶을 영위할 수 있도록 보장하는 데 있다. 4대 보장보험법상의 사용자 부담금의

171) 기획재정부, 「2012 간추린 개정세법」, 2013, 105면

172) 최문진, 「조세특례제한법 해석과 사례」, 광교이택스, 2014.12.5., 236면.

173) 국민건강보험이 가지는 건강보험의 기능이 치매 등 노인성질환의 보장에 한계가 있다는 지적에 따라 2008년 7월부터 노인성 질환에 대해 별도로 보장하는 장치로서의 '노인장기요양보험'제도가 도입되었다. 그러므로 노인장기요양보험은 건강보험의 일환으로 이해할 수 있다.

경우에는 사용자가 해당 보험료를 불입해줌에 따른 효익이 미래에 근로자에게 직접적으로 제공되는 측면이 있다. 비록 이러한 부담금이 근로기준법상의 임금 또는 소득세법상 (비과세) 근로소득에 해당하지 않는다 하더라도 미래의 연금소득 등을 사용자가 선지급한 것이므로 인건비에 포함하는 것이 타당하다.

아울러 비과세 근로소득에 포함된 「고용보험법」, 「국민건강보험법」, 「노인장기요양보험법」에 따라 사용자가 부담한 보험료보다 오히려 「국민연금법」에 따라 사용자가 부담하는 보험료가 미래효익의 개별성·직접성 측면에서 보다 더 근로제공에 따른 대가의 속성을 띤다는 의견도 있다.[174] 즉, 「고용보험법」, 「국민건강보험법」, 「노인장기요양보험법」, 「산업재해보상보험법」에 따라 사용자가 부담한 보험료는 사용자가 근로자에게 개별적이고 직접적으로 지급하는 금원이라기 보다는 법에 따라 사용자가 부담하는 은혜적이고 비직접적인 급부에 해당하는 것이라서 이를 일종의 법에 따른 공과금으로 볼 수도 있는 반면에 「국민연금법」에 따라 사용자가 부담하는 보험료는 사용자가 해당 보험료를 불입해줌에 따라 그 효익이 미래에 근로자에게 직접적으로 제공된다는 것이다.

또한 「산업재해보상보험법」에 따라 사용자가 부담하는 보험료는 「고용보험법」, 「국민건강보험법」, 「노인장기요양보험법」, 「국민연금법」과 유사하게 소득세법에서 따라 신고된 근로소득에서 비과세 근로소득을 차감한 금액(보수)을 기준으로 업종별 보험료를 곱하여 산출하고 재해 등이 발생했을 때 그 직접적인 효익에 제공된다는 측면에서 타 사회보장보험과 달리 볼 것도 없다.

이와 관련 조세심판원은 국민연금보험료 사용자부담금은 세액공제 대상 인건비에 포함된다고 판시하였으며(조심 2016광1337, 2016.12.16., 조심 2018중0635, 2018.6.8.), 과세관청 역시 국민연금 사용자부담금은 소득세법상 비과세소득에서 삭제된 것에 불구하고 사용자의 입장에서 근로의 제공으로 인하여 지급하는 비용에 변동이 없으므로 연구인력개발비 세액공제 대상에 해당한다는 입장을 밝힌 바 있다(기준-2018-법령해석법인-0020, 2018.6.15.).

하지만, 과세관청은 산재보험료에 대해서는 세액공제 대상 인건비에 포함되지 않는다는 입장을 밝힌 바 있는데(기준-2017-법령해석법인-0089, 2017.5.29.), 비과세 근로소득에 포함되는지 여부와 관계없이 「국민연금법」, 나아가 「산업재해보상보험법」을 포함한 4대 사회보장보험법에 따라 사용자가 부담하는 보험료를 적격한 인건비에 포함해야 한다는 의견이나 실무사례도 많으며 산재보험료 부담분 역시 해석상 적격한 연구요원의 인건비에 포함하는 것이 바람직하다고 판단된다.

---

174) 황규영/홍창목, "근로소득 비과세규정 개선에 관한 연구", 「조세법연구」 제16집 제2호, 한국세법학회, 2010.8.2., 220면

참고로 우리나라의 4대 사회보장보험을 목적, 기준소득, 보험료율 측면에서 간략하게 비교하면 아래와 같다.

| 표 _ 4대 사회보장보험 |

사회보장보험	건강보험	고용보험	산재보험	국민연금
목적	국민의 질병·부상에 대한 예방·진단·치료·재활과 출산·사망 및 건강증진에 대하여 보험급여를 실시함으로써 국민보건을 향상시키고 사회보장을 증진하기 위함	실업의 예방, 고용의 촉진 및 근로자의 직업능력의 개발, 향상은 물론 근로자의 생활에 필요한 급여를 지급하여 실직근로자의 생활안정 및 재취업 지원	원래 사용자의 근로기준법상 재해보상책임을 보장하기 위하여 국가가 사업주로부터 소정의 보험료를 징수하여 그 기금(재원)으로 사업주를 대신하여 산재근로자에게 보상을 해주는 제도	가입자, 사용자 및 국가로부터 일정액의 보험료를 받고 이를 재원으로 노령연금, 유족연금, 장애연금 등을 지급함으로써 국민의 생활안정과 복지증진을 도모하는 제도
기준소득	보수월액	사업장 근로자 전체의 개인별 월평균 보수		기준소득월액
보험료율	건강보험료: 보수월액 × 6.86%[175)] (사용자와 근로자가 1/2씩 부담) + 장기요양보험료: 건강보험료× 11.52%[176)] (사용자와 근로자가 1/2씩 부담)	고용안정·직업능력개발사업보험료: 보수 × 보험료율[177)] (상시근로자 수등에 따라 다름, 사용자가 100% 부담) + 실업급여보험료: 보수 × 1.6%[178)] (사용자와 근로자가 1/2씩 부담)	보수 × 보험료율 (사업종류에 따라 다름, 사용자가 100% 부담)[179)]	가입자의 기준소득월액× 9%[180)] (사용자와 근로자가 1/2씩 부담)

175) 「국민건강보험법 시행령」 제44조 제1항
176) 「노인장기요양보험법 시행령」 제4조
177) 「고용보험 및 산업재해보상보험의 보험료징수 등에 관한 법률」 제13조 제4항 제1호
178) 「고용보험 및 산업재해보상보험의 보험료징수 등에 관한 법률」 제13조 제4항 제2호
179) 「고용보험 및 산업재해보상보험의 보험료징수 등에 관한 법률」 제13조 제5항
180) 「국민연금법」 제88조 제3항

5 연구용 재료비(시범제작을 위한 외주가공비 포함)등 및 소프트웨어 비용, 연구 · 시험용 시설 이용비용

전담부서등에서 연구용으로 사용하는 견본품 · 부품 · 원재료와 시약류구입비(시범제작에 소요되는 외주가공비를 포함한다) 및 소프트웨어(「문화산업진흥 기본법」 제2조 제2호에 따른 문화상품 제작을 목적으로 사용하는 경우에 한정) · 서체 · 음원 · 이미지의 대여 · 구입비, 전담부서등에서 직접 사용하기 위한 연구 · 시험용 시설의 임차 또는 적격한 연구기관의 연구 · 시험용 시설의 이용에 필요한 비용은 적격한 연구개발비이다.

조세특례제한법 시행령 별표 6 연구 · 인력개발비 세액공제를 적용받는 비용	
1. 연구개발	가. 자체연구개발 2) 전담부서등에서 연구용으로 사용하는 견본품 · 부품 · 원재료와 시약류구입비(시범제작에 소요되는 외주가공비를 포함한다) 및 소프트웨어(「문화산업진흥 기본법」 제2조 제2호에 따른 문화상품 제작을 목적으로 사용하는 경우에 한정) · 서체 · 음원 · 이미지의 대여 · 구입비 3) 전담부서등에서 직접 사용하기 위한 연구 · 시험용 시설(제22조 제1호에 따른 시설을 말한다. 이하 같다)의 임차 또는 나목 1)에 규정된 기관의 연구 · 시험용 시설의 이용에 필요한 비용

(1) 연구용 재료비(시범제작을 위한 외주가공비 포함)등

조세특례제한법 시행령 별표 6 가목 2)에 따르면 전담부서등에서 연구용으로 사용하는 견본품 · 부품 · 원재료와 시약류구입비(시범제작에 소요되는 외주가공비를 포함한다) 및 소프트웨어(「문화산업진흥 기본법」 제2조 제2호에 따른 문화상품 제작을 목적으로 사용하는 경우에 한정) · 서체 · 음원 · 이미지의 대여 · 구입비(이하 "재료비등")는 적격한 연구개발비에 해당한다.

가. 견본품 · 부품 · 원재료와 시약류구입비 (시범제작에 소요되는 외주가공비를 포함한다)

견본품이란 본보기로 쓰는 상품, 부품은 기계 따위의 어떤 부분에 쓰는 물품을, 원재료란 기본이 되는 원료와 재료를 의미하는 것으로, 원료란 어떤 물건을 만드는 데 들어가는 재료, 재료란 물건을 만드는 데 들어가는 감을 의미한다.[181] 필자의 의견으로는 조세특례제한법상

181) 국립국어원 표준국어대사전, http://stdweb2.korean.go.kr/search/View.jsp.

원재료의 정의가 없지만 원재료의 사전적 정의, 개별소비세법,[182] 관세법[183] 등을 통한 세법해석상 용어 차용의 원칙을 적용하고, 그리고 연구개발 조세지원제도의 취지[184] 등을 종합적으로 고려하여 판단컨대, 조세특례제한법 시행령 별표 6 연구·인력개발비 세액공제를 적용받는 비용에 포함되는 '기업부설연구소에서 연구용으로 사용하는 원재료'란 특정 시제품을 제작하기 위해 투입된 재료원가 가운데 목적물의 실체를 형성하는 물품(목적물을 제조하는데 물리적 또는 화학적으로 결합되는 물품)인 직접재료뿐만 아니라 목적물의 실체를 형성하지는 않으나, 제조에 보조적으로 소비되는 물품인 간접재료도 포함되는 것으로 판단된다. 또한 기업부설연구소에서 사용하는 사무용품비 등의 소모품비는 제외하는 것이나(법인-729, 2009.6.23., 서면2팀-185, 2007.1.25., 법인 46012-428, 2001.2.4. 등), 공정부품을 연결하는 소모품 등은 적격한 견본품·부품·원재료에 포함되는 것으로 판단된다(국심 2003부2549, 2003.12.30.). 다만, 기계·기구 등의 작동 및 유지를 위한 물품 예컨대 연구용 기계오일, 시제품 용접용 가스 등 시제품의 생산에 간접적으로 투입되어 소모되는 물품에 대해서는 아직 이를 해석하고 판단할 만한 유권해석 등의 자료가 없다.

정리하면, 직접재료든 간접재료든 연구용 재료비에 대해서 연구·인력개발비 세액공제를 받기 위해서는 해당 원재료가 연구용으로 소요되었다는 것을 객관적으로 제시할 수 있는 입증자료(원재료 수불부 및 계산자료)를 구비하여야 할 것으로 판단된다.

한편, 시약류구입비와 관련하여 살펴보면 사전적으로 시약이란 화학 분석에서, 물질의 성분을 검출하거나 정량하는 데 쓰는 약품이다.[185] 그리고 화학물질관리법에서는 화학물질 중 시험용·연구용·검사용 시약(측정기기의 교정·측정용으로 사용되는 표준가스를 포함한다)은 제한물질 수입허가 및 유독물질 수입신고가 면제된다고 규정[186]하고 있을 뿐 구체적으로 시약이 무엇인지 환경부에서는 정의하고 있지는 않다. 이와 관련하여 과거의 법제처 법령해석 사례를 참고할 수 있을 것이다.

182) 개별소비세법 시행령 제2조 제1항 제4호(2021.6.9., 대통령령 제31715호 개정된 것)

183) 관세법 시행령 제199조(보세공장원재료의 범위 등)(2021.2.17., 대통령령 제31454호로 개정된 것)

184) 연구·인력개발비 세액공제제도를 통한 조세지원제도의 목적은 신기술개발 및 성능향상을 통한 기업경쟁력 강화를 지원하기 위한 것이다(재조예-641, 2006.9.20.).

185) 위키백과, https://ko.wikipedia.org/wiki/%EC%8B%9C%EC%95%BD 2021.5.19.

186) 화학물질관리법 제20조 제3항

| 법제처 법령해석 사례 |

시험연구용시약의 범위와 시약을 제품시험용으로 사용할 경우 취급업(사용)품목등록을 하여야 하는지 여부는 비용(회신일자 1994.7.20.)[187]

1. 질의요지

유독물취급업(사용)등록시 사용하는 유독물이 시험연구용 시약은 제외한다고 규정되어 있는데 시험연구용 시약의 범위와 제조공정 중 제품시험용으로 극소량을 사용할 경우 유독물 품목등록대상이 되는지?

2. 회답

- "시험연구용시약"이란 관공립, 민간을 불문하고 학교, 연구소, 시험소, 검사기관에 있어서의 시험, 실험, 연구, 개발 및 검사를 위하여 전량 사용되는 경우를 말함.
- "시약"이란 "화학적 방법에 의한 물질의 검출이나 정량, 물질의 합성실험 또는 물리적 특성의 추정을 위해 사용되는 화학물질"로서 화학분석, 시험연구 및 검사 등에 이용되고 있는 것을 의미하며, 시약해당여부는 제조형태, 포장단위 및 표시부착으로 판단이 가능함.
- 다만, 제조공정 중에 제품시험용으로 사용되는 유독물이 시약이라 하더라도 공업약품, 공업용원재료로 사용되면 시험연구용 시약이 아니므로 유독물취급업(사용)등록대상임.

시약에 대한 사전적 정의, 연구용 시약에 대한 법제처 법령해석사례 등을 참조할 때, 연구공정에서 공업원재료로 사용되는 화학물질은 세법상의 시약류로 보기는 어려울 것으로 판단된다. 다만, 회사가 구입하여 연구실에서 사용하는 화학물질이 시험, 실험, 연구, 개발 및 검사를 위하여 사용된다면 이는 시약류에 해당될 것으로 판단되며, 실무적으로는 한국화학물질관리협회에 시험 · 연구 · 검사용 시약으로 신고하여 수입하는 물질 또는 그와 유사한 물질과 용도의 속성을 가진 화학물질로 규정하여 세법상 적격한 시약류구입비로 보면 될 것으로 판단된다. 그 외에 화학물질은 위에서 살펴본 원재료의 범위에 포함해서 판단하면 될 것이다.

한편, 내국법인이 자체 제작하는 연구용 바이오시밀러(바이오의약품의 복제약)의 제조가공비 또는 바이오시밀러의 임상시험 과정에서 약효 및 안정성 등을 검증하기 위해 사용하는 대조약의 구입비용이 전담부서에서 연구용으로 사용하는 견본품, 원재료 또는 시약류 구입비에 해당하는 경우에는 같은 법 같은 조에 따른 연구 · 인력개발비에 해당하는 것이다라는 세무당국의 유권해석이 있다(사전-2015-법령해석법인-0065, 2015.7.22., 사전-2014-법령해석법인-22045, 2015.2.26.),

187) 법제처, 법령해석 사례, http://www.moleg.go.kr/lawinfo/lawAnalysis/nwLwAnList?searchCondition=3&searchKeyword=%ec%8b%9c%ec%95%bd&mattSerno=17881&rowIdx=2, 2015.3.4.

나. 소프트웨어(「문화산업진흥 기본법」 제2조 제2호에 따른 문화상품 제작을 목적으로 사용하는 경우에 한정) · 서체 · 음원 · 이미지의 대여 · 구입비

과거 우리나라는 제조업 중심의 경제성장 정책을 추진하였고, 이에 따라 조세지원 제도 역시 제조업 중심으로 설계되어 콘텐츠산업에 대한 조세지원 제도가 미흡하다는 주장이 제기되고 있다.[188] 조세지원 제도 중 대표적인 항목인 연구 · 인력개발비 세액공제의 경우, 공제대상 적격 연구개발비 중 재료비 성격으로 보는 "견본품 · 부품 · 원재료와 시약류구입비(시범제작을 위한 외주가공비 포함)"는 제조업 관점에서의 분류로 볼 수 있는데, 콘텐츠산업의 경우 연구개발 과정에 있어 재료비 성격으로 지출되는 금액을 동일한 기준으로 분류하기에는 현실적으로 어려움이 있어, 세액공제는 제한적으로 적용될 수 밖에 없었다.

참고로 다음은 콘텐츠산업에서 재료 성격으로 볼 수 있는 항목을 예시한 것이다.

| 표 _콘텐츠산업 각 장르별 견본품 · 시제품을 제작하기 위하여 사용되는 재료 예시[189] |

견본품 · 시제품 제작 재료			
게임	만화/웹툰	애니메이션	캐릭터
• 전문디자인소프트웨어(인디자인, 일러스트, 어도비 등) • 아트 소프트웨어(원화, 이펙트, 애니메이션, 모델링) • 프로그래밍 엔진 • 캐릭터개발비 • 원작판권료, 시나리오 • 사운드소스, 음원 • 사운드개발비 • 서체, 이미지 • 안드로이드 기판 • 해외시장 리서치(기술) • 모션캡쳐 • 소프트웹프로그램 • 하드웨어 기자재 • 아이피씨 이용료	• 전문디자인소프트웨어 • 창작 소프트웨어 • 기획안 및 트리트먼트 개발비용 • 창작 하드웨어 • 스토리 작가 • 작화가 고료 • 배경, 채색 비용 • 원작판권, 시나리오 • 서체, 이미지, 일러스트 • 사진, 영상 • IP확장 개발비 • 그림 작가 프로듀싱 & 피드백 업무 비용 • 스케치업파일 • 서버	• 원작판권, 시나리오 비용 • 소프트웨어 • 번역료, 스크립트 개발 • 사운드 제작비/더빙 • 원곡, 음원, 사운드디자인, OST 개발 • 디자인 개발비 • 모델링 비용 • 촬영장비 • 자산구입 • CG 개발비 • 샘플/목업 • 사진, 동영상, 일러스트 구입비 • 서체, 이미지 • 모캡장비 임대료 • 스토리보드 개발비 • 파이프라인 작업공정 툴	• 소프트웨어 • 서체, 이미지 • 사진, 동영상, 일러스트 구입비 • 샘플/목업 • 디자인 비용 • 모델링 비용 • 촬영장비 • 원작판권, 시나리오 비용 • 스토리보드 개발비 • 번역료, 스크립트 개발비 • CG 개발비 • 사운드 제작비/더빙 • 원곡, 음원, 사운드디자인, OST제작 • 모캡장비 임대료

188) 한국콘텐츠진흥원, 콘텐츠산업 조세지원 제도 현황과 개선방안 : 연구개발(R&D) 분야를 중심으로, kocca focus, 119호, 2018.12.18.

189) 한국콘텐츠진흥원, "콘텐츠산업 세액공제 법적용 가이드라인 개발", 2020.2., 109면

견본품 · 시제품 제작 재료			
게임	만화/웹툰	애니메이션	캐릭터
• 클라우드비용 • 장비 및 기자재(와콤 인튜어스판 타블렛, 24인치 모니터(듀얼), 3D 맥스) • 서버 • 촬영장비(트레일러 제작시까지)	• 원작료 및 시나리오 각색비	• 액터비용(연기자액션비용) • 음향장비, DAW • 아티스트 개발	• 파이프라인 작업공정툴 • 스토리보드 개발비 • 연계가능 상품 및 콘텐츠 기획, 개발비 • 서체, 이미지 • 전문 디자인 소프트웨어

견본품 · 시제품 제작 재료			
방송	영화	음악	출판
• 편집비 • 원작료 및 시나리오 각색비 • 소프트웨어 • 사진, 동영상, 일러스트 • 원곡, 음원 • 녹음실사용료 • 촬영스튜디오임대비 • 콘티 • 작가 발굴 비용 • 서체, 이미지 • 편집 인력 • 번역비 • DVD 샘플제작 • 제품개발	• 촬영장비(트레일러 제작시까지) • 소프트웨어 • 편집 외주비 • 사진, 동영상, 일러스트 • 작가 발굴 비용 • 녹음실사용료 • 콘티외주비 • 촬영스튜디오임대비 • 서체, 이미지 • 원곡, 음원 • 사무실 임차료 • 로케이션 출장비 • 외부 전문인 검수비용 • 개발비	• 스튜디오/연습실/인프라 운영 • 사진, 동영상, 일러스트 • 촬영장비 • 디자인 소프트웨어 • 원곡 구매비 • 서체, 이미지 구입비	• 사진, 동영상, 일러스트 구입비 • 일러스트 등 디자인 개발비 • 작가비 • 스캔 및 인디고 출력비 • 콘텐츠 저작권비 • 작가발굴 비용 • 감수비 • 조판개발비 • 장비 및 기자재 • 전문 DB • 시나리오 개발비 • IP 구입비 • 오디오개발비 • 시장조사 및 샘플 구입 • 전자책 제작비 • 번역비

이에 정부는 2019.2.2. 조세특례제한법 시행령 별표 6을 개정하면서 적격 연구개발비의 범위에 전담부서등에서 연구용으로 사용하는 "견본품 · 부품 · 원재료와 시약류구입비" 외에 "소프트웨어(「문화산업진흥 기본법」 제2조 제2호에 따른 문화상품 제작을 목적으로 사용하는 경우에 한정) · 음원 · 이미지의 대여 · 구입"를 추가하여, 콘텐츠산업 입장에서 적격 연구개발비의 범위를 확대한 것으로 판단된다.

|개정세법해설| 콘텐츠 분야 연구개발비 합리화(조세특례제한법 시행령 제8조, 제9조, 별표 6)[190)]

(1) 개정내용

종 전	개 정
□ R&D 비용의 인정 범위 ○ 전담부서 견본품 부품 원재료 및 시약류 구입비 등 〈추 가〉	□ 콘텐츠*산업에 적용 가능토록 R&D 비용 중 재료비 범위 확대 * 이미지 영상 등의 자료 또는 정보 ○ (좌 동) – 전담부서의 서체 · 음원 · 이미지 · 창작용 S/W 등 대여 · 구입비

(2) 개정이유

콘텐츠 분야에 사용되는 서체 음원 등 재료비까지 R&D 비용 세액공제 대상 확대

(3) 적용시기 및 적용례

2020.1.1.[191)] 이후 개시하는 과세연도 분부터 적용

개정된 별표 6에서는 소프트웨어에 괄호로 "문화상품 제작을 목적으로 사용하는 경우에 한정한다"라는 단서 문구가 있다. 문화상품 제작을 목적으로 하는 경우 범용 소프트웨어 대여 및 구입비는 별표 6 가목 2)에 따라 세액공제 인정을 받을 수 것이나, 문화상품 제작 외 목적의 경우에는 전담부서등에서 연구시험을 위해 직접 사용하는 특정 연구용 소프트웨어에 한해 별표 6 가목 3) 요건에 따라 세액공제 인정을 받을 수 있을 것으로 판단된다(서면-2020-법인-2587, 2020.7.22., 서이 46012-10172, 2003.1.24.).

'문화상품'이란 예술성 · 창의성 · 오락성 · 여가성 · 대중성이 체화(體化)되어 경제적 부가가치를 창출하는 유형 · 무형의 재화(문화콘텐츠, 디지털문화콘텐츠 및 멀티미디어문화콘텐츠를 포함한다)와 그 서비스 및 이들의 복합체를 의미한다(문화산업진흥 기본법 제2조 제2호).

(2) 연구 · 시험용 시설 이용비용

조세특례제한법 시행령 별표 6 가목 3)에 따르면 전담부서등에서 직접 사용하기 위한 연구 · 시험용 시설(조세특례제한법 시행령 제25조의 3 제3항 제2호 가목에 따른 시설을 말한다. 이하 같다)의 임차 또는 조세특례제한법 시행령 별표 6 나목 1)에 규정된 기관의 연구 · 시험용

190) 기획재정부, 「2018 간추린 개정세법」, 2019, 189면

191) 개정세법 해설에서는 2019.1.1. 이후 개시하는 과세연도 분부터 적용한다고 기재되어 있으나, 실제 부칙에서는 별표 6의 개정규정은 2020.1.1.부터 시행한다라고 규정하고 있어 필자가 내용을 보완한 것이다.

시설의 이용에 필요한 비용은 적격한 연구개발비에 해당한다.

가. 전담부서등에서 직접 사용하기 위한 연구 · 시험용 시설의 임차비용

전담부서등에서 직접 사용하기 위한 연구 · 시험용 시설의 범위는 다음과 같다(조세특례제한법 시행령 제25조의 3 제3항 제2호 가목). 다만, 운휴 중에 있는 것은 제외한다(조세특례제한법 시행규칙 제13조의 10 제1항).

연구시험용 시설의 범위
㉠ 공구 또는 사무기기 및 통신기기, 시계 · 시험기기 및 계측기기, 광학기기 및 사진제작기기 ㉡ 「법인세법 시행규칙」 별표 6의 업종별 자산의 기준내용연수 및 내용연수범위표의 적용을 받는 자산

이때 법인세법 시행규칙 별표 6의 업종별 자산의 기준내용연수 및 내용연수범위표의 적용을 받는 자산은 법인세법상의 무형고정자산, 법인세법 시행규칙 별표 5를 적용받는 차량 및 운반구(운수업, 임대업(부동산 제외)에 사용되는 차량 및 운반구는 제외), 공구, 기구 및 비품, 선박 및 항공기, 건축물과 구축물을 제외한 감가상각대상 고정자산을 말한다.

한편, 세무당국의 유권해석에 의하면 공동연구개발을 수행하는 법인 일방이 연구용 장비를 구입하고 일정한 장비임대료를 상대방 공동연구개발 수행법인으로부터 지급받는 경우 그 상대방 공동연구개발 수행법인은 연구용 장비임차료 상당액을 적격한 연구개발비로 보아 연구 · 인력개발비 세액공제를 적용받을 수 있다고 한다(서면2팀-503, 2005.4.8.).

나. 적격한 기관의 연구 · 시험용 시설의 이용에 필요한 비용

적격한 기관 소유의 연구 · 시험용 시설의 이용에 따른 비용은 적격한 연구개발비용이다. 이때 적격한 기관의 범위는 다음과 같다.

적격한 기관의 범위
가) 「고등교육법」에 따른 대학 또는 전문대학 나) 국공립연구기관 다) 정부출연연구기관 라) 국내외의 비영리법인(비영리법인에 부설된 연구기관을 포함한다) 마) 「산업기술혁신 촉진법」 제42조에 따른 전문생산기술연구소 등 기업이 설립한 국내외 연구기관 바) 전담부서등(전담부서등에서 직접 수행한 부분에 한정한다) 또는 국외기업에 부설된 연구기관

적격한 기관의 범위
사) 「국가과학기술 경쟁력강화를 위한 이공계지원특별법」에 따른 연구개발서비스업을 영위하는 기업 또는 영리목적으로 연구·개발을 독립적으로 수행하거나 위탁받아 수행하고 있는 국외 소재 기업
아) 「산업교육진흥 및 산학연협력촉진에 관한 법률」에 따른 산학협력단
자) 한국표준산업분류표상 기술시험·검사 및 분석업을 영위하는 기업
차) 「산업디자인진흥법」 제4조 제2항 각 호에 해당하는 기관
카) 「산업기술연구조합 육성법」에 따른 산업기술연구조합

이 부분에서 한번 생각해 볼 사항은 전담부서등에서 발생하는 자체 연구·시험용 시설과 직접적으로 관련된 경비(감가상각비 제외[192])가 적격연구개발비에 포함되는지 여부이다.

예컨대 자동차 제조회사들의 시험용차량 유류대·보험료, 시험 연구동의 전력비 등이 그러하다. 전담부서등에서 직접 사용하기 위한 연구·시험용 시설의 임차비용과 적격한 기관의 연구·시험용 시설의 이용에 필요한 비용은 전액 적격연구개발비로 인정하면서 전담부서등의 자체 연구·시험용 시설의 이용에 소요되는 비용은 적격연구개발비로 인정하지 않는다면 연구·시험용 시설을 자체 보유하고 있는 회사와 이를 임차하여 이용하고 있는 회사 간에 세제지원이 달라 조세형평상에 문제가 발생할 것으로 판단된다. 현재 이와 관련된 세무당국의 명확한 유권해석은 없는 실정이다.

사례 12 특정 시제품의 성능 및 내구성 시험에만 사용되는 성능시험기 등을 외주가공을 통해 제작한 경우 그 제작비용이 적격한 연구개발비에 해당하는지 여부

앞서 연구시험용 시설의 범위에서 살펴본 바와 같이 시험기기 등은 연구시험용 시설에 포함되므로 시험기기 구입 또는 제작비용은 추후 살펴볼 연구·인력개발설비 투자세액공제의 적용대상이며, 조세특례제한법 시행령 별표 6 연구·인력개발비 세액공제를 적용받는 비용에 해당되지 않으므로 연구·인력개발비 세액공제를 적용받을 수는 없다고 보는 것이 일반적인 논의이다.

그런데 이러한 논의의 전제는 연구·인력개발설비 투자세액공제를 적용받는 연구시험용 시설의 범위를 정하고 있는 조세특례제한법 시행규칙 제13조 제1항 제1호 및 제2호의 시설이 일정 내용연수에 걸쳐 경제적 효익을 제공하는 고정자산을 대상으로 하고 있다는 것이다.

이와는 달리 시제품의 내구성 등을 입증하기 위해 외주가공을 통하여 제작한 성능시험기

192) 회사가 취득한 연구시험용 시설은 조세특례제한법 제24조 통합투자세액공제(구 조세특례제한법 제25조 제1항 제1호 연구·인력개발설비 투자세액공제) 대상이 될 수 있을 것이다.

등이 당해 시제품의 성능 및 내구성 시험에만 사용되는 특정용도의 기기로서 다른 공정 또는 양산품의 시험에 계속적·반복적으로 사용되는 범용성 기기와는 달리 내구성입증을 위한 시험후 잔존가치가 없어 재사용이 불가능하여 용도폐기되는 경우 자산성이 있다고 보기 어려워(유형자산의 정의에 부합하지 않으므로) 연구·인력개발설비 투자세액공제는 적용할 수 없다.

오히려 성능시험기 등을 제작하기 위하여 해당 법인이 자체 연구개발활동을 통하여 성능시험기 등의 설계도를 직접 개발하여 외주업체에 제공·제작한 후 이를 인수하여 자체 연구활동에 투입하면 이에 투입한 비용은 회사가 직접 제조한 시제품에 투입된 재료비와 마찬가지로 조세특례제한법 시행령 별표 6의 '전담부서등에서 연구용으로 사용하는 견본품·부품·원재료와 시약류구입비(시범제작에 소요되는 외주가공비를 포함한다)'에 해당되는 것이다.

따라서 특정 시제품의 성능 및 내구성 시험에만 사용되는 성능시험기 등을 외주가공을 통해 제작한 경우 성능시험기 등의 외주비용은 연구·인력개발비 세액공제 대상비용에 해당한다(법인-778, 2010.8.23.,[193] 조심 2011전2458, 2011.12.6.).

사례 13 외주제작한 연구개발용 시제품을 시험용으로 사용한 후 폐기 또는 매각하는 경우에도 연구·인력개발비 세액공제를 적용받을 수 있는지 여부

시제품의 제작에 소요되는 비용이 자체연구개발비용에 해당하기 위해서는 동 시제품이 전담부서에서 '연구'용으로 제작·사용하면 족하다 할 것이고 연구개발과정에서 시험제작한 시제품을 폐기하거나 사용 또는 판매하는 경우에 따라 시제품의 성질이 달라지는 것은 아니다(서면2팀-446, 2004.3.16., 법인-1030, 2011.12.26.). 또한 시제품의 계정과목 처리방법과도 무관하다(서면2팀-1426, 2005.9.6.).

다음의 사례를 통해 시제품의 성격에 대해 더 살펴본다.

사례 14 부품납품회사가 완성품회사에 시제품을 납품하기 위하여 연구개발활동을 수행하는 경우 발생한 연구개발비가 적격한 연구개발비에 해당되는지 여부

납품조건 충족을 위한 연구개발은 통상의 경우 다음과 같은 절차에 의해 진행된다.

① 발주처(이하 "완성품회사")에서 납품할 제품의 성능, 디자인, 규격등을 지정하여 납품요청을 함.

② 납품을 의뢰받은 회사(이하 "부품납품회사")는 선행개발기술을 적용하여 납품조건에 맞도록 설계 및 시험제작, 기술적인 시험평가 등의 개발업무를 수행함.

193) 국세청 유권해석 법인-778, 2010.8.23.의 질의자는 조심 2011전2458, 2011.12.6.의 심판청구인인 것으로 보인다.

③ 개발이 완료된 후에는 시제품을 거래처에 납품하여 납품조건 충족 여부에 대한 검사를 받음.

④ 완성품회사에서 합격을 통보하는 경우 정식으로 제품을 납품함.

이때 시제품에 대해 완성품회사가 합격을 통보하는 경우 부품납품회사는 개발비용 중 합격한 시제품의 제작에 소요된 비용의 일부 또는 전부를 완성품회사로부터 수령하기도 하며, 기타의 개발비용은 부품납품회사가 부담하기도 한다.

한편, 부품납품회사가 시제품 제작 소요비용의 일부를 완성품회사로부터 받은 경우 시제품 매출액으로 처리하고 관련원가(연구개발비용 포함)를 시제품 매출원가로 회계처리한다.

논의의 쟁점은 부품납품회사의 연구개발용 시제품 제작에 소요된 비용 전체, 즉 완성품회사로부터의 시제품매출대가를 차감하지 않은 연구개발용 시제품 제작비용을 적격한 연구개발비로 보아 연구·인력개발비 세액공제를 받을 수 있는지 여부이다.

필자의 의견으로는 시제품 납품계약이 위·수탁연구개발계약에 근거한 것이 아닌 경우에 부품납품회사가 완성품회사에 시제품을 납품하기 위하여 연구개발활동을 수행하면서 발생한 연구개발비는 적격한 연구개발비로 보아 연구·인력개발비 세액공제를 적용받을 수 있다고 판단한다.[194] 그 근거는 다음과 같다.

첫째, 시제품도 일종의 제품이다. 조세특례제한법 제9조 및 제10조에서 제품매출대가를 부품납품회사의 연구개발비 발생액에서 차감하도록 규정한 바 없으므로 시제품매출원가 중 적격한 연구개발활동에 따른 전체비용에 대하여 연구·인력개발비 세액공제를 적용받을 수 있다고 판단된다.

기획재정부의 유권해석(재조예-641, 2006.9.20.)의 생성으로 납품조건충족을 위한 연구개발은 자체연구개발(In-House R&D)로 보아 연구개발비 세액공제가 가능한 것으로 유권해석이 변경되었으며, 그 이후로도 관련 유권해석이 지속적으로 생성되어 왔다(서면-2020-법인-2893, 2020.12.29., 서면-2018-법인-1064, 2018.5.31., 기획재정부 조세특례제도과-177, 2017.2.9., 기획재정부 조세특례제도과-1187, 2016.11.8., 재조특-990, 2011.10.28., 법인세과-1117, 2009.10.12. 등).

둘째, 관련 심판례 등의 사례에서도 양산을 위한 시제품 개발 시 시제품에 대한 대가를 받았는지 여부에 불구하고 납품을 의뢰받은 회사에서 발생한 연구개발비 총액에 대해서 세액공제를 허용하고 있다.

방위산업체가 경정청구한 방위산업물자 시제품 납품과 관련된 연구개발비용이

194) 필자의 의견과 동일한 취지의 국세청 유권해석으로는 서면2팀-1426, 2005.9.6. 다만, 살펴볼 것은 관련 국세청 유권해석(법인세과-1117, 2009.10.12.)에서는 "선행개발된 기술을 바탕으로 자체기술에 의한 상품화 개발을 수행하는 과정에서 발생한 비용 중 당해 법인이 실질적으로 부담한 부분에 한하여 연구·인력개발비에 포함됨"이라고 회신하고 있는 부분이다. 세무당국의 이러한 유권해석의 취지는 부품납품회사의 연구개발비용 중 완성품회사로부터 수령한 금원(시제품 매출액)을 차감한 후 R&D 세액공제를 적용하라는 것이다. 그러나 이러한 취지의 유권해석이라면 잘못된 유권해석이라 판단된다.

연구 · 인력개발비 세액공제가 가능한지 여부에 관한 다툼[195]에 있어서도 조세심판원에서는 정부로부터 수령한 시제품에 대한 대가 상당액을 차감하지 않고 방위산업체에서 발생한 전체 연구개발비(연구용 재료비, 연구요원 인건비 등)에 대해 연구 · 인력개발비 세액공제를 적용하였으며, 납세자가 승소한 바 있다. 즉, 방위산업체의 시제품 납품을 위한 연구개발 과정을 양산을 전제로 한 필수적인 선행절차로 이해하고 있는 것이다.

본 쟁점 사안 역시 양산을 전제로 한 연구개발과정에서 발생하는 비용이며, 완성품업체에 연구성과의 귀속 없이 완성품업체로부터 수령하는 시제품 대가는 위 방위산업물자 연구 · 인력개발비 세액공제 경정청구 건과 같이 부품납품회사의 연구개발비에서 차감할 성질의 것이 아닌 것이다.

또한 관련 유권해석(서면2팀 – 446, 2004.3.16.)에서도 연구개발과정에서 부수적으로 발생하는 시제품을 폐기하거나 사용 또는 판매하는 경우에도 동 시제품 관련 연구개발비용이 조세특례제한법 시행령 별표 6의 사용기준에 해당되는 경우 '연구 · 인력개발비에 소요된 비용'으로 보고 있다.

즉, 부품납품회사가 연구개발 과정에서 시험제작한 시제품을 계약조건에 따라 대가를 받고 매각한다고 하여 연구개발활동의 본질이 변하는 것이 아닌 것이다.

한편, 완성품회사의 입장에서는 차후 제품 양산을 위한 시제품 납품을 요청하였을 뿐 연구개발을 위탁한 것이 아니므로 완성품회사가 지급한 금원에 대하여 완성품회사는 위탁연구개발비용으로 보아 연구 · 인력개발비 세액공제를 적용받을 수는 없다.

단, 완성품회사는 본 시제품의 구입비용에 대하여 연구용 재료비 또는 시제품 제작을 위한 외주가공비로 보아 연구 · 인력개발비 세액공제를 적용할 수는 있다. 이때 부품납품회사의 시제품 납품은 위탁받은 연구개발용역의 수행에 따른 결과물이 아닌 제품의 매출이므로 설령 완성품회사가 시범제작을 위한 외주가공비로 연구 · 인력개발비 세액공제를 받는다 하더라도 부품납품회사에 위 · 수탁연구개발계약에 따른 비용에 대한 연구 · 인력개발비 세액공제 중복공제의 배제 규정 또는 취지를 적용할 수는 없는 것이다.

예컨대 국내 완성차 회사(A회사)가 국내 제3의 완성차 회사(B회사)가 시판하는 자동차를 구입하여 A회사의 연구소에서 연구용으로 사용하는 경우 A회사가 연구용재료비 등으로 연구 · 인력개발비 세액공제를 받고 있다고 해서 B회사의 연구개발비에서 A회사에 대한 자동차 매출액 상당액을 차감할 수 없는 것과 동일한 이치이다.

정리하면 본 시제품 납품은 제품의 판매이며 위 · 수탁연구개발에 따른 연구성과의 이전이 아니며, 부품납품회사가 자체 연구개발비(In – House R&D)에 대해 연구 · 인력개발비 세액공제를 적용받는 것이므로 완성품회사와 부품납품회사 간의 연구 · 인력개발비 세액공제의 중복공제의 위험이 존재한다고 할 수 없다.

195) 조심 2007서1000, 2008.8.29., 조심 2010구1325, 2010.9.13. 등 다수

이와는 달리 완성품회사가 부품납품회사에 연구개발을 위탁한 경우(시제품의 납품계약이 위・수탁연구개발계약인 경우)에는 부품납품회사는 연구개발활동에서 제외되는 위탁받은 연구개발활동을 수행한 것이므로 부품납품회사의 해당 시제품 제작비용은 적격한 연구개발비용이 되지 않는다. 이때에는 연구개발의 위탁자인 완성품회사가 해당 위탁연구개발비용에 대해 연구・인력개발비 세액공제가 가능하다.

납품계약에 있어서 위・수탁연구개발계약의 판단 방법은 위탁연구개발비용에서 다루기로 하고, 저자의 위 의견에 근거한 최근의 기획재정부 유권해석(조세특례제도과-177, 2017.2.9.)을 소개하는 것으로 마무리 하고자 한다.[196)]

조세특례제도과-177, 2017.2.9.

【질의】

[사실관계]

1. 사업의 개요

ㅇ 질의법인은 휴대폰 부품 등 전자부품의 제조・판매 등을 목적으로 0000년 0월에 설립되었으며 현재는 휴대폰의 주요부품인 각종 모듈 등을 개발, 생산하여 고객사에 납품하고 있음.

ㅇ 질의법인은 고객사에 납품하는 제품의 설계 및 성능향상을 위한 다양한 선행기술을 개발하고자 기업부설연구소를 설립・운영 중에 있으며, 해당 연구소는 기초연구진흥 및 기술개발지원에 관한 법률에 따라 등록되어 현재 약 00여명의 연구원이 근무하고 있음.

2. 기업부설연구소의 활동 및 역할

ㅇ 질의법인 연구소의 주요 연구개발 업무는 거래처의 납품의뢰에 따라 질의법인의 자체기술을 이용하여 거래처가 요구하는 사양을 충족하도록 개발품을 설계, 시험 및 제작하여 거래처에 납품하는 업무(이하 "본건 연구개발")임.

(i) 구체적으로 거래처가 납품을 원하는 개발품의 성능, 규격 등을 지정하여 질의법인에게 납품요청을 하면 질의법인의 연구 인력은 자체적으로 보유한 선행개발기술을 적용하여 회로도, Part List, 부품 배치도 등의 설계도를 작성하며, 해당 과정에서 발생하는 지식재산권(특허권)은 질의법인의 명의로 등록됨.

(ii) 이후 거래처가 원하는 개발품의 규격에 맞도록 개발품의 제작 및 시험・평가하는 과정이 순차적으로 진행되며 해당 과정을 거쳐 완성된 개발품이 거래처에 납품되는 절차를 거침.

196) 납품조건충족을 위한 R&D 관련 심판례로는 조심 2016서3836, 2017.6.29.(반도체 설계 및 개발 분야), 조심 2015부3732, 2015.11.2.(자동차 시트 설계업 분야)

○ 앞선 개발과정 이후 거래처가 개발품에 대한 성능 검사 등이 완료되어 양산화가 결정되면 질의법인의 연구소가 아닌 제조부서에서 이를 대량생산하여 거래처에 제품을 납품하게 됨에 따라 개발과정(연구소 전담)과 양산품 제조과정은 분리되어 운영됨.

3. 개발품 대가의 지급

○ 앞선 질의법인의 연구개발활동에 따라 거래처에 납품되는 개발품에 대해서는 추정 자재비, 가공비, 일반관리비에 일정한 이윤을 가산한, 질의법인은 거래처와 사전에 협의된 개발품의 가격단가표에 따라 일정한 대가를 수령하고 있음.

(i) 질의법인은 동 대가를 연구개발비에서 차감하지 않고, 별도의 매출(기타 매출)로 처리하고 있으며,

(ii) 거래처가 원하는 사양을 충족하지 못하는 개발품 수량 해당분에 대해서는 이를 다시 제조하여 거래처에 재납품하여야 하며 재납품 시 소요된 개발품 제작 관련비용은 거래처로부터 별도로 보상받지 못하고 온전히 질의법인의 손실로 처리되며,

(iii) 만약 개발품이 거래처의 검사를 통과하지 못하여 최종 승인을 받지 못할 경우에는 종국적으로 개발 실패로 분류되어 거래처로부터 개발품 대가를 수령하지 못하므로 이 역시 질의법인의 손실로 처리됨.

(iv) 이 결과 질의법인이 지출하는 연구개발비 대비 거래처로부터 수령하는 개발품 대가의 비율은 30~50% 수준에 머무르고 있음.

○ 한편, 개발품에 대한 대가지급과 관련하여 종전에는 개발과정이 완료된 후 양산품의 공급이 개시되면 거래처는 양산품의 공급단가에 개발품의 개발과정에 소요된 비용을 포함하여 지급하였으나, 20××년 이후부터는 개발과정에 소요되는 비용의 자금난을 해소코자 중소기업 상생정책의 일환으로 이 연구개발활동 단계에서 지출한 연구개발비를 개발품 납품시점에 선지급(先支給)하고 있음.

4. 연구개발결과의 축적 및 활용

○ 질의법인이 수행한 연구개발에 따라 완성된 개발품이 거래처에게 인도된 이후에도 연구개발 과정에서 질의법인의 자체기술에 의하여 창출된 모든 기술과 노하우는 거래처와의 약정에 따라 지식재산권을 비롯한 권한이 모두 당사에 귀속되고, 축적된 기술이 당사의 중요한 지적재산을 이룸에 따라 당해 기술과 노하우는 더욱 고도화되고 향상된 성능의 제품개발의 바탕이 됨.

○ 질의법인이 개발한 핸드폰 부품의 기술로서 특허권을 보유하고 있는 대표적인 기술은 아래 내역과 같으며, 그 외에도 질의법인은 약 00여 가지에 이르는 특허권, 실용신안권, 디자인권, 상표권 등을 가지고, 이러한 기술을 바탕으로 해당 거래처

이외 정보통신기기 및 전자부품 제조판매업 등을 영위하는 업체인 ○○○(주), △△△(주), ◎◎◎(주) 등에도 납품하고 있음.

[질의요지]

○ 질의법인이 거래처의 개발품 납품요청에 따라 납품조건을 충족시키는 개발품을 공급하고 일정 대가를 수령하는 경우 해당 연구개발 과정에서 발생한 비용(연구소 인건비, 개발품에 대한 원재료 등)에 대해 조세특례제한법 제10조에 따라 연구개발비 세액공제를 받을 수 있는지 여부

【회신】

납품업체가 자기의 책임과 비용으로 거래처의 납품의뢰에 따라서 선행개발된 기술을 바탕으로 자체기술로 상품화개발 등을 수행하는 과정에서 발생한 연구개발 전담부서의 연구개발 관련비용은 「조세특례제한법 시행령」 [별표 6] 제1호 연구개발란 가목의 자체연구개발 비용에 해당하는 것임. 이 경우 연구・인력개발비에 해당하는 비용 중 조세특례제한법 시행령 제8조 제1항 단서규정에 해당되는 비용이 있는 때에는 동 비용을 차감하는 것이나, 납품업체가 자체연구개발에 따른 특허권 등을 소유・사용하면서 납품조건을 충족시키는 개발품(시제품)만을 공급하고 받은 대가는 연구・인력개발비에 해당하는 비용에서 차감하지 아니하는 것임.

사례 15 회사의 생산라인에서 제작하여 연구개발부서에서 연구용으로 사용된 견본품・부품・원재료・재공품이 적격한 연구개발비에 해당되는지 여부

앞서 살펴본 바와 같이 조세특례제한법 시행령 별표 6에 따르면 전담부서등에서 연구용으로 사용하는 견본품・부품・원재료와 시약류구입비(시범제작에 소요되는 외주가공비를 포함한다)가 적격한 연구개발비에 해당한다고 규정하고 있다.

이때 견본품・부품・원재료와 시약류를 외부로부터 구입하지 않고 자체 제작하는 경우에도 해당비용을 적격한 연구개발비로 볼 수 있는지가 쟁점이다.

세무당국의 유권해석에 의하면, 내국법인이 연구・인력개발비에 대한 세액공제를 적용함에 있어 조세특례제한법 시행령 별표 6(제8조 제1항 관련) 제1호 제1호 가목 2)에는 해당 법인이 자체 제작한 견본품 등을 포함하는 것이며, 이 경우 취득가액은 「법인세법 시행령」 제72조를 준용하여 산정하는 것이라고 회신하고 있다(서면-2016-법령해석법인-4937, 2017.1.11., 법인-828, 2011.10.30.).

사례 16 연구개발 과정에서 시제품 제작을 위해 발생한 금형제작 외주가공비가 연구개발비 세액공제 대상에 해당하는지 여부

전담부서등에서 시제품 제작을 위해 발생한 금형제작 외주가공비가 연구 · 인력개발비 세액공제 대상인지 여부에 대해 많은 논란이 있어 왔다(법인－202, 2010.3.8., 서면2팀－230, 2006.1.27., 재조세－544, 2004.8.3., 서면2팀－1124, 2004.6.1., 재조세 46019－192, 2003.10.1.).

조세특례제한법 시행령 별표 6에서는 전담부서등에서 연구용으로 사용하는 견본품 · 부품 · 원재료와 시약류구입비(시범제작에 소요되는 외주가공비를 포함한다)를 적격 연구개발비로 규정하고 있는데, 이는 연구개발이라는 최종 목표를 달성하기 위해 그 과정에서 발생하는 비용을 폭 넓게 인정해 주기 위한 것으로 볼 수 있다. 즉 "연구용으로 사용"하기 위해 필요한 성격의 지출이라면, 부품 · 원재료 등 연구에 투입되는 물품뿐만 아니라 물품을 가공하기 위해 외부에 지출하는 비용까지 모두 적격 연구개발비로 본다는 것이다.

따라서 연구개발 과정에서의 시제품 제작 등을 위해 금형이 필요로 하고, 해당 금형이 연구개발 외 다른 용도로 전용되는 등의 예외적인 사정이 달리 없다면, 금형제작을 위해 외부에 지출하는 비용을 적격 연구개발비로 보지 않을 이유가 없는 것이다.

이와 관련 최근 조세심판원에서도 시제품 제작에 사용하기 위해 제작된 연구용금형 제작비용이 적격 연구개발비에 해당한다고 판단한바 있는데(조심 2020부7400, 2021.3.15., .조심 2018구2633, 2019.6.26.), 주요내용은 다음과 같다.

"① 조세특례제한법 시행령 별표 6에서 연구개발비 세액공제를 적용받는 비용으로 전담부서등 및 연구개발서비스업자가 연구용으로 사용하는 견본품 · 부품 · 원재료와 시약류구입비 및 시범제작에 소요되는 외주가공비를 포함하여 규정하고 있는 있는 점, ② 연구개발 활동이란 새로운 제품을 개발하기 위한 시제품의 설계 · 제작 및 시험 등 사업화 전까지의 모든 과정을 말하는 것이고, ③ 제품을 개발하는 과정에서 고객사에 납품할 시제품(견본품)을 제작하는 것은 필수과정에 해당하고, 외주가공업체로부터 청구 받은 외주가공비는 청구법인이 고객사에 시제품을 납품하기 위해 필연적으로 발생할 수밖에 없는 비용인 점 등을 종합하면, 청구법인이 제품 연구개발 과정에서 고객사에 납품할 시제품(견본품) 제작에 사용하기 위해 제작된 쟁점연구용금형의 제작비용은 전담부서에서 연구용으로 사용하는 견본품 시범제작에 소요되는 외주가공비에 해당된다."

기획재정부도 시제품 제조에 사용되는 연구용 금형을 제작하기 위해 지출한 외주가공비는 「조세특례제한법 시행령」 별표 6(2020.2.11. 대통령령 제30390호로 개정되기 전) 제1호 가목 2)의 '시범제작에 소요되는 외주가공비'에 포함되는 것이며, 회신일 이후 신고분(결정 · 경정 포함)부터 적용하는 것이라는 입장을 밝히게 되었다(기획재정부 조세특례제도과－245, 2021.3.24.).[197]

197) 기획재정부에서 해석을 변경함에 따라, 종전 반대되는 입장의 유권해석(서면2팀－230, 2006.1.27., 재조세－544,

사례 17 게임소프트웨어 개발법인이 게임개발과 관련하여 외주업체에 지급한 외주가공비가 적격한 연구개발비에 해당하는지 여부

게임소프트웨어 개발법인이 게임개발과 관련하여 외주업체에 지급한 외주가공비가 R&D 세액공제 대상 비용에 해당하는지 여부가 논의할 쟁점이다.

이 사례의 발단은 게임개발법인의 세무조사 시 공동연구개발 외주업체가 기초연구진흥 및 기술개발지원에 관한 법률에 따른 전담부서등의 인정을 받지 못하여 연구・인력개발비 세액공제가 부인되게 되자, 게임개발법인이 과세불복 시 자체연구개발과 관련된 시범 제작비용이라고 주장한 것이다.

이런 상황에서 상기 외주비용이 게임개발법인의 연구・인력개발비 세액공제 대상비용에 해당하기 위해서는 다음의 2가지 요건을 충족해야 한다.

- 자체 연구개발에 필요한 비용에 해당될 것
- 위탁 및 공동연구개발비용에 해당되지 않을 것

조세특례제한법 시행령 별표 6 1. 연구개발란 가목의 "자체연구개발"은 나목의 "위탁 및 공동연구개발"에 대응되는 개념이므로, 게임개발법인이 외주업체에 지급한 외주용역이 게임개발법인의 연구개발의 활동에 해당되는 경우에는 동 외주비용은 자체연구개발비용(시범제작을 위한 외주가공비) 또는 위탁 및 공동연구개발비용에 해당될 것이며, 이때 위탁 및 공동연구개발비용에 해당되지 않아야 동 외주비용에 대해 R&D 세제지원이 가능한 상황이었다.

한편, 게임개발법인의 연구개발의 범위와 관련하여 온라인게임 개발 관련 시제품의 단계에 대한 유관기관(문화체육관광부)의 의견(게임콘텐츠산업과-1270, 2011.6.22.)은 다음과 같다.

① 온라인게임 등 소프트웨어 제품을 완제품으로 시장에 서비스하기 전에 시행하는 테스트는 두단계가 있는바, 알파버전은 개발 초기 성능이나 사용성 등을 평가하기 위해 테스터나 개발자를 위한 회사 내부 테스트용 버전을 말하고, 베타버전은 소프트웨어나 하드웨어 제품이 출시되기 전에 일반인에게 무료로 배포하여 제품 테스트와 오류 수정에 사용하는 제품을 말하며, 베타버전은 다시 세부적으로 제한된 인원에게만 테스트를 진행하는 클로즈 베타 테스트와 일반인에게 공개하는 오픈 베타 테스트로 나뉘고, 오픈베타 테스트는 클라이언트 및 서버환경 등 게임서비스의 안정성 확보를 위한 테스트에 해당하며, 테스트 후 나타난 문제점들을 보완하여 최종 완성판을 출시한다.

② 온라인 게임의 시제품이란 일반 이용자들에게 정식으로 서비스하기 전에 개발진행중인 게임물로서 일반적인 유료・상용화가 되지 않은 테스트 상태를 말하는 것으로 오픈 베타 테스트 중 유료서비스를 제외한 단계까지가 시제품에 해당한다.

2004.8.3. 등)은 삭제되었다.

따라서 오픈 베타 테스트 중 유료서비스를 제외한 단계까지의 활동이 게임개발법인의 연구개발활동이므로, 동 단계 이전까지의 게임개발과 관련하여 외주업체에 용역을 주었다면 자체연구개발비용(시범제작을 위한 외주가공비) 또는 위탁 및 공동연구개발비용에 해당하는 것은 분명하고 해당 외주용역이 위탁연구개발계약이 아니라면 시범제작을 위한 외주가공비로 보아 게임개발법인에서 연구・인력개발비 세액공제를 적용받을 수 있다.

본 사례 조심 2010서3070, 2011.7.26.에서 조세심판원은 다음과 같은 이유로 쟁점 게임 소프트웨어 개발회사는 외주업체에 연구를 위탁한 것이 아니라, 시제품의 제작을 의뢰한 것으로 판시했다.

① 외주업체는 설정된 컨셉 및 청구법인이 제공하는 게임소스 등에 따라 단순히 프로그래밍 등의 과정을 통하여 시제품을 제작하는 것으로 보이는 점,

② 청구법인은 검수절차를 통해 동 시제품의 폐기 및 진행 여부를 결정하는 점,

③ 온라인 게임의 시제품은 일반 이용자들에게 정식으로 서비스하기 전에 개발진행중인 게임물로서 일반적인 유료 상용화가 되지 않은 테스트 상태를 말하는 것으로 유료서비스를 제외한 오픈 베타 테스트 단계까지는 시제품에 해당하는 점,

④ 외주업체들과의 계약서상 "오픈 베타 서비스"라 함은 이용자들을 대상으로 게임에 관한 테스트, 홍보 및 회원모집을 목적으로 제공되는 무료서비스를 말하는 것으로 정의된 점 등을 고려하여 볼 때, 쟁점외주가공비는 위탁 또는 공동개발에 사용된 비용이라기 보다는 시제품 제작에 소요되는 외주가공비로서 연구・인력개발비에 대한 세액공제 대상에 해당한다 할 것이다.

정리하면 게임개발회사는 연구의 성과를 활용할 목적이 아니라 시제품의 제작을 위해 외주를 준 것에 불과한 것이다. 동 외주의 결과물은 게임 소프트웨어 개발회사의 연구개발과정에 소요되었으므로 동 외주비용은 자체연구개발비용(시범제작을 위한 외주가공비)에 해당되어 적격한 연구개발비에 해당하는 것이다.

6 위탁연구개발비용

(1) 위탁연구개발비용의 세법상 취급

국내외 기업의 연구기관 등 및 대학에 소속된 교수에게 과학기술 및 산업디자인 분야의 연구개발용역을 위탁함에 따른 비용은 적격한 연구개발비에 해당한다.

<table>
<tr><th colspan="2">조세특례제한법 시행령 별표 6 연구·인력개발비 세액공제를 적용받는 비용</th></tr>
<tr><td>1. 연구개발</td><td>나. 위탁 및 공동연구개발
1) 다음의 기관에 과학기술 및 산업디자인 분야의 연구개발용역을 위탁(재위탁을 포함한다)함에 따른 비용(전사적 기업자원 관리설비, 판매시점 정보관리 시스템 설비 등 기업의 사업운영·관리·지원 활동과 관련된 시스템 개발을 위한 위탁비용은 제외한다. 이하 이 목에서 같다) 및 이들 기관과의 공동연구개발을 수행함에 따른 비용
가) 「고등교육법」에 따른 대학 또는 전문대학
나) 국공립연구기관
다) 정부출연연구기관
라) 국내외의 비영리법인(비영리법인에 부설된 연구기관을 포함한다)
마) 「산업기술혁신 촉진법」 제42조에 따른 전문생산기술연구소 등 기업이 설립한 국내외 연구기관
바) 전담부서등(전담부서등에서 직접 수행한 부분에 한정한다) 또는 국외기업에 부설된 연구기관
사) 「국가과학기술 경쟁력강화를 위한 이공계지원특별법」에 따른 연구개발서비스업을 영위하는 기업 또는 영리목적으로 연구·개발을 독립적으로 수행하거나 위탁받아 수행하고 있는 국외 소재 기업
아) 「산업교육진흥 및 산학연협력촉진에 관한 법률」에 따른 산학협력단
자) 한국표준산업분류표상 기술시험·검사 및 분석업을 영위하는 기업
차) 「산업디자인진흥법」 제4조 제2항 각 호에 해당하는 기관
카) 「산업기술연구조합 육성법」에 따른 산업기술연구조합
2) 「고등교육법」에 따른 대학 또는 전문대학에 소속된 개인(조교수 이상에 한정한다)에게 과학기술분야의 연구개발용역을 위탁함에 따른 비용</td></tr>
</table>

위탁연구개발과 관련하여 조세특례제한법 시행령 별표 6의 내용에 따르면 연구개발용역을 의뢰한 기업의 입장에서는 연구개발용역을 위탁함에 따라 발생한 비용을 적격한 연구개발비에 포함시킬 수 있다.

반면에 연구개발용역을 수탁받은 기업의 입장에서는 위탁받아 수행하는 연구개발활동은 연구개발에 포함하지 아니한다고 규정하고 있으므로 동 연구개발은 자체연구개발에 해당하지 않는다(조세특례제한법 시행령 제1조의 2 제7호).

따라서 연구개발용역의 수탁법인이 위탁받은 연구개발활동을 수행함에 따라 전담부서에서 발생하는 연구요원의 인건비, 연구용 재료비 등은 수탁법인의 연구·인력개발비 세액공제 대상 비용에 포함되지 않는다.

(2) 위탁연구개발(Commissioned R&D)에 대한 개념

기술계약의 일종인 연구계약은 당사자 쌍방 또는 일방의 연구개발활동에 의해 새로운 기술을 창출하는 것을 직접적인 목적으로 하는 계약을 말하며, 이런 점에서 당사자 일방이 상대방에 대하여 일정한 기술의 사용을 허락하는 것을 목적으로 하는 라이센스계약(License agreement)과 구별된다.[198]

현행법상 위탁에 대한 정의는 없는데[199] 위탁의 사전적 정의를 살펴보면, 위탁은 법률행위나 사실행위의 수행을 다른 사람에게 의뢰하는 일이다.[200]

따라서 위탁연구(또는 연구의 위탁)란 위탁자가 필요로 하는 기술개발을 제3자인 수탁자에게 의뢰하고 위탁자는 그 경비를 부담하는 방식의 연구라고 정의할 수 있다.[201]

연구(용역)계약은 계약법의 관점에서 보면 도급, 위임 또는 무명의 혼합계약에 속하는 법률행위이다. 연구의 완성과 보수가 대가 관계에 있으면 도급으로 보고 연구개발의 성패와 무관하게 개발비를 지급하는 것이라면 위임으로 보는 것이 적절할 것이다.[202]

연구(용역)계약의 법적 성격이 도급인지 위임인지 여부에 따라서 유·무형의 취득물의 소유권 귀속이나 연구비의 정산, 인지의 첩부여부 등에 차이점이 있기는 하나 그 법적 성격의 구분이 조세특례제한법상 위탁연구개발의 개념 정립과 관련하여 그 구분의 실익은 크지 않다. 왜냐하면 현행 조세특례제한법 하에서 위탁연구개발비용에 대한 세액공제의 요건은 연구개발용역을 수탁자에게 위탁(의뢰)하고 그 대가를 지불하는 것 외에 다른 요건은 구체적으로 명시되어 있지 않기 때문이다.

(3) 위탁연구개발비의 연구 · 인력개발비 세액공제 적용의 의의

자체연구개발(In-House R&D)비용과 더불어 위탁연구개발비용에 대해서도 연구·인력개발비 세액공제를 적용하는 이유는 다음과 같다.

첫째, 위탁연구개발의 사회적 필요성과 연구개발의 활성화 측면 때문이다.

오늘날 기술이 고도화됨에 따라 그 연구개발활동이 세분화될 수밖에 없어서, 연구개발을 수행하는 기업의 일방이 연구개발결과물 생성에 필요한 모든 기술을 보유하는 것이 현실적으로

198) 최치호/허상훈, 「기술계약실무가이드」, 파마코리아나사, 2001.6., 101면
199) 다만, 행정법(행정권한의 위임 및 위탁에 관한 규정 제2조)에서 위임과 위탁에 대한 정의를 하고 있으나 이는 행정기관의 권한을 누구에게 맡기느냐에 따른 분류이므로 세법상 위탁에 대한 정의로 삼기에는 적절하지 않다.
200) 네이버 지식백과, "위탁[委託]" (두산백과)
201) 최치호/허상훈, 앞의 책, 233면
202) 최치호/허상훈, 위의 책, 113면

불가능할 뿐만 아니라 바람직하지도 아니하며, 보다 수준높은 연구를 수행하기 위해서는 가능한 최고의 기술을 모아 융합할 필요가 있고, 이는 국가 전체적으로 기술발달을 촉진하므로 연구개발용역의 위탁자가 보다 나은 기술을 보유한 기업(수탁자)으로부터 조력을 받아 연구를 수행하는 것이 불가피한 현실이다.

둘째, 조세의 시장중립성 측면에서도 위탁연구개발비에 대한 연구 · 인력개발비 세제지원 적용의 의의도 있다.

위탁연구개발비에 대하여 조세감면혜택을 배제하고 자체연구개발의 경우에만 조세감면 혜택을 부여한다면 기업의 고용형태에 따라 조세감면혜택 여부가 달라지는 불합리한 점이 발생하게 된다.

즉, 위탁자의 경우 연구개발용역과 관련된 인력 모두를 고용하거나 모든 기술을 보유한 상태에서 연구개발활동을 하는 때에만 세액공제를 받을 수 있고, 위탁자가 인력 또는 기술의 부족 등으로 인하여 일부의 연구용역을 제3자에게 위탁하거나 또는 공동으로 연구를 수행한 때에는 세액공제를 받을 수 없게 된다면 동일한 연구개발결과물에 대하여 인력의 고용형태에 따라 다르게 취급하는 결과가 초래되어 조세의 시장중립성이 저해되고, 나아가 대기업과 중소기업 간의 양극화 현상 및 형평성의 저해 문제가 야기될 수도 있는 것이다.

결국 연구개발은 타방도 이용하여 조직적, 계획적으로 시행하지 않으면 안 되는 때가 되었고, 위탁 및 공동연구의 기회는 점차 확대되고 있는 바, 이러한 위탁 및 공동 연구를 장려하기 위한 목적에서, 그리고 조세의 시장중립성 측면에서 연구개발용역 등을 위탁함에 따른 비용에 대해서 연구 위탁자 및 공동연구자에게도 자체연구개발과 동일하게 연구 · 인력개발비 관련 세제지원을 하는 것이다.

(4) 위탁연구개발과 자체연구개발의 구별 방법

위에서 살펴본 바와 같이 자체연구개발에 따른 전담부서의 연구개발비는 연구 · 인력개발비 세액공제가 가능하나, 위탁받아 수행하는 연구활동에 따른 전담부서의 연구개발비는 연구 · 인력개발비 세액공제를 적용받을 수 없는 것이므로 이를 구별하는 방법을 살펴보는 것은 중요하다.

실무적으로 다른 계약(예컨대 제품납품 계약)과 위탁연구개발계약을 구별할 때에는 연구성과(연구 결과로 발생하는 발명, 고안, 디자인, 컴퓨터프로그램, 반도체배치설계, 각종 기술문서, 연구보고서, 노우하우(Knowhow) 등을 말한다. 이하 같다)가 위탁자에게 실질적으로 이전되어 동 연구성과에 대한 추가적인 사용료 없이 위탁자가 동 연구성과를 계속적으로 사용 · 수익할 수 있는지 여부(요약하면 연구성과의 실질적 소유권 이전)를 가지고 판단하면 된다. 이때 동 연구성과와 관련된 지식재산권이 위탁자에게 이전되는지 여부와는 무관하다.

위와 같이 위탁연구개발계약인지 여부를 연구성과의 실질적 소유권 이전여부를 기준으로 해야 한다고 주장하는 필자의 판단 근거는 다음과 같다.

첫째, 위탁자가 소요 연구비의 100%를 부담하는 대부분의 위탁개발에 있어서 연구성과 및 지식재산권의 법률적 소유권이 위탁자에 귀속되므로 이러한 경우에는 동 연구개발계약이 위탁연구개발계약임이 분명하지만, 과제위탁 이전에 수탁자가 개발 완료한 기술에 비해 위탁개발로 향상된 부분이 경미하거나 또는 현저히 적은 개발비를 지급한 경우 등에 있어서는 위탁자가 연구성과 및 지식재산권에 대해 일정기간 독점적, 비독점적 실시권을 확보하는 경우도 많다.[203)]

이러한 경우에도 위탁자가 위탁연구의 결과로 실질적으로 소유하게 된 연구성과로 인하여 동 기업의 경쟁력이 강화됨이 분명하다. 신기술개발 및 성능향상을 통한 기업경쟁력 강화를 지원하기 위한 연구 · 인력개발비 세액공제제도의 목적에 비추어 볼 때 적격한 위탁연구개발 비용으로 보아도 무리가 없다.

둘째, 공동 연구개발의 경우에 일반적으로 연구비를 분담하고 연구수행에 있어서도 실질적인 공동연구를 추진한 각 참여자가 개발된 무형자산에 대한 권리를 부여받게 될 것이나, 법률상으로는 한 참여자만 이를 소유하되 경제적으로는 모든 참여자가 공유하는 형태가 있다.[204)]

세무당국의 유권해석에서도 공동으로 개발된 무형자산(연구성과)에 대한 실질적인 소유권을 확보한 참여자가 지출한 공동연구개발비용이 연구 · 인력개발비 세액공제가 적용되는 적격한 비용임을 확인한 바 있다(서면2팀-327, 2007.2.22.).[205)]

신기술개발 및 성능향상을 통한 기업경쟁력 강화를 지원하기 위한 연구 · 인력개발비 세액공제제도의 취지하에서 위탁연구개발계약과 공동연구개발계약에 있어서 연구성과의 취급 및 이의 활용이 동일하다면 정부의 세제지원이 다를 이유가 없다.

참고로 연구성과가 모두 지식재산권의 객체로 될 수 있는 것은 아니며, 이른바 노하우로서 당사자간에 존재하는 것을 고려하면 노하우 역시 연구의 성과임이 분명하므로,[206)] 연구의

203) 최치호/허상훈, 앞의 책, 241면

204) OECD, Transfer Pricing Guidelines for Multinational Enterprises and Tax Administrations, 8.6, 2010.7.22.

205) 동 유권해석의 주요 내용은 내국법인인 자동차제조업 법인(이하 "AAA한국")이 국외의 BBB(전 세계적인 자동차제조업 법인인 AAA의 계열사로서 AAA와 AAA 그룹사들의 기술개발 전담법인임)와 공동으로 자동차기술을 개발하고(공동개발기술이라 함), 지적재산권의 등록명의인을 국외의 BBB로 일원화하되, AAA한국이 한국 내에서 제조하는 자동차에 무제한, 배타적으로 사용하고, 동 기술의 양도 또는 재허여로 인한 수익발생시 양 사의 개발비용 부담비율에 따라 배분하는 경우 AAA한국의 동 공동연구로 발생되는 공동연구개발비에 대해 연구 · 인력개발비 세액공제가 적용된다는 취지이다.

206) 최치호/허상훈, 앞의 책, 209면

결과로 발생하여 등록된 지식재산권이 위탁자에게 이전되었는지 여부로 위탁연구개발계약인지 여부에 대해 판단하는 방법은 무리가 있다.[207)]

셋째, 특정 사례에 있어 위탁연구개발계약인지 여부의 판단이 불분명한 상황에서 일부 심판례와 유권해석(국심 2007서1000, 2008.8.29., 재조예-641, 2006.9.20.)에서는 연구개발의 책임과 위험의 소재를 기준으로 적격한 위탁연구개발계약인지 여부를 판단한 경우가 있는데, 현행 조세특례제한법상 연구·인력개발비 세액공제가 적용되는 적격한 위탁연구개발비용 판단 시 연구개발에 따른 책임과 위험의 고려에 대한 명시적인 법문 규정이 없을 뿐 아니라 사실판단이 많이 개입되는 주관적인 개념이므로, 위탁연구개발계약 여부 판단 시 연구개발의 책임과 위험에 대한 고려를 충분히 해야 하는지는 의문스럽다.

사실 우리나라 대부분의 대기업이 위탁연구개발계약 시 성공보수 조건으로, 즉 연구개발의 책임과 위험을 자신이 부담하지 않고 하청기업에 그 책임과 위험을 이전하는 계약을 맺고 있고, 해당 위탁연구개발비용에 대해서 연구·인력개발비 세액공제를 적용받고 있는 것이 현실이다.

정리하면 현행 조세특례제한법상 통상적으로 연구개발을 의뢰한 위탁자가 수탁자에게 대가를 지급하는 목적은 연구결과물(예컨대 기술정보)를 이용하여 향후 수익을 창출하기 위함인데 이때 그 연구성과의 소유 또는 사용은 필수적이므로 동 연구성과의 귀속은 위탁연구개발을 판단함에 있어 중요한 기준이 될 수 있다는 것이다. 따라서 연구개발의 수탁자가 위탁자에게 연구개발활동의 결과물을 공개하고, 이에 대한 접근을 허용하며, 위탁자의 수익사업에 동 연구개발활동의 결과물을 사용할 수 있다면 이러한 계약은 적격한 위탁연구개발계약으로 볼 수 있다(법인-609, 2010.6.29., 조심 2010서2689, 2010.11.22.).

사례 18 방위산업체의 방위산업물자 연구개발용역 수행 시 발생한 연구개발비가 적격한 자체연구개발비에 해당하는지 여부

이 사례는 방위산업체가 방위산업물자 연구개발용역 수행 시 정부와 맺은 계약의 형식은 위탁연구개발계약이나 연구개발에 따른 책임과 위험의 귀속이 방위산업체에 있어 방위산업체에 해당 수탁받은 연구개발용역 수행 시 발생한 연구개발비에 대해 연구·인력개발비 세액공제를 허락한 심판례이다.

207) 발명가가 직접 영업을 하는 사람이라면 특허를 통하여 발명의 내용을 세상에 공개(지적재산권으로 등록)하는 대신 발명을 실시한 제품을 제조, 판매하면서 이를 자신만의 영업비밀로 하여 독점적 이익창출의 기회로 삼을 수도 있고, 아니라면 자신의 발명을 제3자에게 대가를 받고 양도하여 그로 하여금 제품을 제조, 판매하게 할 수도 있는 것이다(조영선, 「특허법」, 박영사, 개정판, 2009.6., 1면).

이 사례를 통해 연구개발에 따른 책임과 위험의 귀속에 대한 구체적인 판단기준을 살펴보자.

국심 2007서1000, 2008.8.29[208) 中

(다) 본 건의 경우 용역대가의 수령과정을 보면, 원칙적으로 대금수령은 납품 및 검사가 완료된 후 또는 계약이 완전히 이행된 후(계약일반조건 제6조 ①)에 가능한 것이며, 예외적으로 청구에 의하여 소정의 금액을 계약체결 시 수령은 가능하지만 이 금액은 선수금일 뿐이다(계약일반조건 제6조 ②). 또한 연구개발도중 ○○○는 청구법인이 연구개발의 실패 등의 사유로 계약을 이행할 능력이 없다고 판단될 때는 계약을 해제 또는 해지할 수 있는데(계약일반조건 제16조) 계약이 해제 또는 해지되는 경우에는 기납품 및 계약보증금등의 처리는 ○○○의 지시에 따라야 하고(계약일반조건 제16조), 이 경우 계약공무원은 "물품구매계약일반조건"을 준용하여야 하므로 ○○○에 인수되지 않은 연구개발 중인 시제품 또는 인수되었지만 검사를 통과하지 못한 시제품에 대하여는 방위산업체가 연구개발의 대가를 지급받지 못하므로(물품구매계약일반조건 제26조 ② 반대해석) 청구법인의 연구개발의 실패로 계약을 해제 또는 해지당하면 투입되는 연구개발비용은 온전히 손실로 처리된다.

(라) 이러한 연구개발에 따른 책임과 위험이 청구법인에게 귀속되는 것과 아울러 방위산업물자는 대중의 수요를 위해 개발하는 것이 아니라 국가가 요구하는 무기 등의 특정물품을 만드는 것이므로 국가의 요구에 맞춰서 기술개발이 이루어질 수밖에 없는 방위산업의 특수성을 감안하였을 때 비록 계약의 형식은 위탁의 형식을 띠고 있지만, 기술개발내용은 자체기술개발로 봄이 타당하다 할 것이다.

위의 심판례는 연구개발에 따른 책임과 위험이 연구개발법인에 귀속되는지 여부에 대한 구체적인 판단근거를 보여주고 있다.

첫째로 언급하는 점은 연구개발용역에 대한 대금지급의 조건이다. 쟁점 계약의 경우 대금수령은 납품 및 검사가 완료된 후 또는 계약이 완전히 이행된 후에 가능한 것이며, 예외적으로 청구에 의하여 소정의 금액을 계약체결 시 수령은 가능하지만 이 금액은 선수금인 것이다. 따라서 위탁기관에 인수되지 않은 연구개발 중인 시제품 또는 인수되었지만 검사를

208) 종전에는 방위산업체가 국가로부터 수탁받은 연구과제와 관련하여 지출한 연구요원의 인건비 등이 연구개발비세액공제가 적용되지 않는다는 유권해석이 있었다(서면2팀-286, 2005.2.14.). 하지만, 동 심판례 생성 이후에는 동일한 취지의 심판례가 지속적으로 생성되고 있다(조심 2013서3062, 2014.1.22., 조심 2013서2678, 2013.12.31., 조심 2010구1325, 2010.9.13., 조심 2013서2678, 2013.12.31., 조심 2011부2327, 2011.11.17., 조심 2011서4789, 2012.7.12. 등 다수). 다만, 일부 방위산업체의 방위산업물자 연구개발용역 관련 심판례에서 납세자의 주장이 기각된 사례가 있기는 하나, 해당 연구요원들이 방위산업물자 연구개발업무만 수행한 것이 입증이 되지 않는 등의 사유로 기각된 경우가 대부분이다(조심 2018부4062, 2019.6.26. 등).

통과하지 못한 시제품에 대하여는 연구개발법인이 연구개발의 대가를 지급받지 못하게 된다. 이러한 경우 연구개발의 비용은 연구개발을 수행하는 법인의 손실로 처리된다.

둘째로 언급하는 점은 계약에 대한 해제 또는 해지의 권리의 귀속이다. 계약을 해제 또는 해지할 수 있는 권리가 위탁기관에 있다는 점이다. 연구개발 도중 위탁기관은 연구개발 수행 법인이 연구개발의 실패 등의 사유로 계약을 이행할 능력이 없다고 판단 될 때는 계약을 해제 또는 해지 할 수 있는데 계약이 해제 또는 해지 되는 경우에는 기납품 및 계약보증금등의 처리는 위탁기관의 지시에 따라야 한다.

마지막으로 방위산업의 특수성을 들고 있음. 이러한 연구개발에 따른 책임과 위험이 청구법인에게 귀속되는 것과 아울러 방위산업물자는 대중의 수요를 위해 개발하는 것이 아니라 국가가 요구하는 무기 등의 특정물품을 만드는 것이므로 국가의 요구에 맞춰서 기술개발이 이루어질 수밖에 없는 방위산업의 특수성을 감안하였을 때 비록 계약의 형식은 위탁의 형식을 띠고 있지만, 기술개발내용은 자체기술개발로 봄이 타당하다 할 것이다.

요약하면, 책임과 위험의 귀속을 판단하는 기준은 결국 연구개발의 실패시 발생하는 손실을 부담하는 주체가 동 연구개발에 대한 책임과 위험을 부담한다는 것으로 보아야 하고 이러한 책임과 위험을 부담하면서 연구개발을 한 당사자가 연구·인력개발비 세액공제의 대상이라는 것이다.[209] 하지만, 계약서의 형식에 따라 연구개발의 책임과 위험을 판단하는 것은 매우 주관적인 것이며, 일반적으로 심판례의 구속력은 당해 사안에 국한되므로 쟁점 심판례는 방위산업 또는 방위산업물자의 연구개발사업에 국한된다 할 것이다.

일반적으로 연구개발에 대한 책임과 위험을 부담하는 주체가 연구개발 관련 조세지원을 받는 것이 합당하나 앞서 살펴본 바와 같이 현행 조세특례제한법 규정상 이 기준을 가지고 위탁연구개발계약인지 판단할 근거가 충분하지 아니하여 주관적인 잣대가 작용할 수밖에 없고, 우리나라 대부분의 대기업이 위탁연구개발계약 시 성공보수 조건으로 계약을 맺으면서 위탁연구개발비용에 대해서 연구·인력개발비 세액공제를 적용받고 있는 것이 현실을 감안하면 그 적용이 쉽지 않다.[210]

209) 국심 2007서1000에 대한 비판은 청구주장과 같이 위탁하는 사업자가 민간사업자이면 세액공제를 부인하고 국가등 공공기관일 경우만 세액공제를 적용한다면 법령의 근거도 없이 민간사업자로부터 위탁받은 사업자를 부당하게 차별하는 결과를 초래하는 점, 사인간의 일반적인 위수탁 연구개발은 위탁자의 요구에 따라 수탁자가 연구개발을 완료하지 못하면 비용을 보전 받지 못하는 것으로 청구법인만의 특수한 상황은 아니므로 자기의 책임과 비용으로 연구활동을 하였다는 사유만으로 세액공제를 받을 수 있는 것이 아닌 점 등을 볼 때, 연구·인력개발비 세액공제 대상으로 보기 어렵다.

210) 참고로 미국의 R&D 세액공제가 적용되는 적격한 외주연구비용(Contract Research Expenditures)의 요건은 다음과 같다. 연구개발 활동의 결과물을 위탁자가 갖고(예컨대 연구성과에 대한 사용료 지불 없이), 연구개발활동에 대한 책임을 위탁자가 부담하는 경우이다. 따라서 적격한 외주연구비용에 해당되기 위해서는 의뢰자가 연구결과물에 대한 권리를 가지고 연구의 성공여부에 관계없이 전액 비용을 부담한다는 계약서가 체결되어야 한다[박재환/이경락/이동건, "연구개발 관련 조세지원제도의 국제간 비교 및 개선방안", 「세무와회계저널」, 제6권 제4호, 한국세무학회, 2005.12., 139면 : 따라서 성공보수계약에 의하여 지급하는 비용은 연구수행에

사례 19 납품조건 충족을 위한 연구개발비가 적격한 연구개발비에 해당하는지 여부

외부로부터의 어떠한 연구계약도 없는 해당기업의 자체연구개발의 경우 해당 프로젝트가 조세특례제한법상의 연구개발의 정의에 부합하고, 적격한 연구개발전담부서에서 수행되었는지에 따라 연구 · 인력개발비 세액공제를 적용받을 수 있을 것이다.

하지만 자체연구개발임에도 불구하고 수탁받은 연구개발로 오인할 수 있는 연구개발 활동의 사례(재조예-641, 2006.9.20.)[211]를 소개하고자 한다.

재조예-641, 2006.9.20.

【질의】

[사실관계]

① 질의법인은 자동차부품을 제조하는 기업임.

② 기업부설연구소는 중앙연구소와 3개의 공장연구소(제동연구소, 조향연구소, 현가연구소)로 구분 · 운영하고 있음.

- 중앙연구소 : 전자제어 신기술 및 신제품의 선행개발
- 공장연구소 : 각각 생산공장별로 전자제어 신기술 및 신제품의 상품화개발, 국내 Application Engineering 수행 등

③ 완성차업계에서 납품할 제품의 성능 · 특허 · 법규조건 등을 지정하여 납품요청을 하면, 각 공장연구소에서는 중앙연구소의 선행개발기술을 적용하여 납품조건에 맞도록 설계 및 시험제작, 기술적인 시험평가 등의 상품화개발 비용을 지출함.

[질의사항]

거래처의 납품요청에 따라 납품업체가 납품조건을 충족하기 위해 기술개발을 하는 과정에서 지출하는 연구개발전담부서의 인건비, 재료비 등이 연구 · 인력개발비 세액공제 대상비용에 해당하는지 여부

〈갑설〉 완성차 업체의 신차개발과정에 참여하여 회사의 자체기술로 상품화 개발된 제품을 납품하고 납품된 제품에 대하여 회사의 책임하에 소비자에 품질보증하는 경우 이와 관련된 상품화개발에 지출된 비용은 자체기술개발을 위하여 지출된 비용으로 연구 · 인력개발비세액공제 대상비용임.

〈을설〉 거래처의 납품의뢰를 따라 의뢰받은 제품의 개발로서 연구 · 인력개발비 세액공제 대상비용이 아님.

대한 대가가 아니므로 적격외주연구비용에 해당하지 않는다(손원익/송은주/박수진, 앞의 책, 50면)].

211) 유사 사례로 국세청적부 2006-0176, 2007.3.29., 법인세과-1117, 2009.10.12.

위에서 살펴본 바와 같이 납품계약 조건을 충족하는 제품을 개발하기 위하여 연구개발 전담부서가 시제품 설계, 시험제작, 검증 등의 연구개발을 수행하는 과정에 지출하는 연구개발비용이 조세특례제한법 제10조의 연구·인력개발비 세액공제 적용대상 비용에 해당하는지 여부가 그 쟁점이다.

즉, 납품조건 충족을 위한 연구개발활동이 자체연구개발활동으로 보아 세액공제가 가능한지 아니면 수탁받은 연구개발활동으로 보아 세액공제에서 제외해야 하는지 여부이다.[212]

동 기획재정부 유권해석에 대한 기획재정부의 해설 전문을 살펴보면 다음과 같다.

재조예-641, 2006.9.20. 해설[213] 中

□ 세액공제 대상 연구개발 활동에 해당

○ 납품업체가 보유한 선행기술을 기본으로 납품조건에 맞도록 설계·시험제작·시험평가 등을 수행하는 활동은 조세특례제한법에서 정한 연구활동의 범위에 해당되며 신기술개발 및 성능향상을 통한 기업경쟁력 강화를 지원하기 위한 R&D 세액공제제도의 목적과도 부합됨.

* 기술개발이라 함은 산업기술의 연구 및 그 성과를 이용하여 재료·제품·장치시스템 및 공정 등에 적용할 수 있는 새로운 방법을 찾아내는 활동을 말함(기술개발촉진법 제2조).

□ 자체기술개발 활동에 해당

○ 자기의 비용과 책임으로 상품화개발을 수행하며, 납품된 제품에 대한 품질보증의 책임이 있음.

○ 상품화개발과정에서 신기술 개발 시 납품업체가 특허권을 가지며 동 기술을 이용하여 변형된 제품을 다른 업체에 납품할 수도 있음.

□ 조세특례제한법에서 자체기술개발의 범위를 연구개발전담부서에서 지출하는 인건비·재료비 등으로 정하고 있으므로,

□ 거래처의 납품의뢰 여부와 관계없이 전담부서에서 지출하는 비용에 대하여 세액공제 적용하는 것이 타당함.

* 조세특례제한법에서는 공제대상 연구활동의 요건을 일일이 규정하지 않고 전담부서에서 지출되는 비용으로 폭넓게 규정하였음.

212) 자체연구개발에 납품조건 충족을 위한 연구개발은 제외한다고 법문에 규정한바 없으니 자체연구개발이 아니라면 위탁연구개발로 볼 수밖에 없다.

213) 기획재정부 조세지출예산과 박인호

□ [별표 6] 1. 기술개발란 가목의 "자체기술개발"은 나목의 "위탁 및 공동기술개발"에 대응되는 개념이며, 납품의뢰에 따른 기술개발을 제외하는 의미는 아님.

연구 · 인력개발비세액공제를 적용받는 비용을 열거하고 있는 조세특례제한법 시행령 별표 6을 살펴보면, 자체연구개발(가목)은 위탁 및 공동연구개발(나목)에 대응되는 개념으로 사용하고 있을 뿐, 납품의뢰에 따른 연구개발을 제외하는 것은 아니다. 따라서 상기 사례가 납품처로부터 위탁받은 연구개발계약을 수행하고 있지 않다면 거래처의 납품의뢰 여부와 관계없이 전담부서에서 지출하는 비용에 대해서 연구 · 인력개발비 세액공제를 적용하는 것이 타당하다는 의견이다.

그렇다면 본 사례에서 자체연구개발로 판단하게 된 그 기준을 살펴보자.

기획재정부 유권해석에서 언급하고 있는 자체연구개발의 판단기준은 ① 연구개발에 따른 책임과 위험의 귀속이 연구개발법인에게 귀속되어야 하고, ② 연구개발의 특허권(지적소유권)을 연구개발법인이 소유하여야 한다는 점이다.

구체적으로 살펴본다.

① 연구개발에 따른 책임과 위험의 귀속

재조예-641, 2006.9.20. 해설 中

○ 자기의 비용과 책임으로 상품화 개발을 수행하며, 납품된 제품에 대한 품질보증의 책임이 있음.

기획재정부 예규에서는 자기의 비용과 책임으로 연구개발을 하는 경우 자체 연구개발임을 언급하고 있지만, 자기의 비용과 책임의 귀속의 판단에 있어 판단기준에 대하여는 품질보증의 책임소재를 언급할 뿐, 구체적인 판단기준은 제시하지 않고 있다. 그 구체적인 판단기준은 앞서 살펴본 (사례 17)의 내용을 참고하면 되는데, 요약하면, 책임과 위험의 귀속을 판단하는 기준은 연구개발의 실패 시 발생하는 손실을 누가 부담하는지 여부이다.

② 지식재산권의 귀속

재조예-641, 2006.9.20. 해설 中

○ 상품화 개발과정에서 신기술개발 시 납품업체가 특허권을 가지며 동기술을 이용하여 변형된 제품을 다른 업체에 납품할 수도 있음.

지식재산권(특허권)의 소유권이 누구에게 귀속되는지 여부는 계약의 형식이 위탁연구개발인지 자체연구개발인지를 판단함에 있어 또 하나의 중요한 기준이 된다.[214)] 기획재정부 유권해석에서도 자체연구개발인지를 판단함에 있어 연구개발의 특허권을 연구개발법인이 소유하고 있다는 점을 중시하고 있다.

이는 신기술개발 및 성능향상을 통한 기업경쟁력 강화를 지원하기 위한 R&D 세액공제제도의 목적에 비추어 볼 때 의의가 있다. 연구개발의 지식재산권을 소유하는 법인은 개발된 기술을 이용하여 변형된 제품을 다른 업체에 납품할 수 있으므로 연구개발을 통하여 동 기업의 경쟁력이 강화되는 것이다.

정리하면, 납품조건 충족을 위한 연구개발의 세액공제 요건은 첫째, 해당 연구개발이 조세특례제한법상의 연구개발의 정의에 부합해야 하고, 둘째, 연구개발활동은 전적으로 납품하는 회사의 책임 하에 그 회사의 비용 부담으로 이루어져야 한다. 즉, 연구개발 실패위험은 제품을 납품하는 회사가 부담한다는 것이다. 셋째, 연구개발활동의 결과물인 지적재산권은 납품하는 회사가 소유하며, 이를 이용한 다른 제품 생산 및 판매가 가능해야 한다.

사례 20 수탁법인의 재위탁에 따른 연구개발비용이 적격연구개발비인지 여부

앞서 살펴본 조세특례제한법 시행령 별표 6에 따르면 연구개발용역의 위탁의 경우 수탁법인의 재위탁을 포함한다는 것을 알 수 있다.

조세특례제한법 시행령 별표 6 연구 · 인력개발비 세액공제를 적용받는 비용	
1. 연구개발	나. 위탁 및 공동연구개발 1) 다음의 기관에 과학기술 및 산업디자인 분야의 연구개발용역을 위탁(**재위탁을 포함한다**)함에 따른 비용(전사적 기업자원 관리설비, 판매시점 정보관리 시스템 설비 등 기업의 사업운영 · 관리 · 지원 활동과 관련된 시스템 개발을 위한 위탁비용은 제외한다. 이하 이 목에서 같다) 및 이들 기관과의 공동연구개발을 수행함에 따른 비용 가) 「고등교육법」에 따른 대학 또는 전문대학 나) 국공립연구기관 다) 정부출연연구기관 라) 국내외의 비영리법인(비영리법인에 부설된 연구기관을 포함한다) 마) 「산업기술혁신 촉진법」 제42조에 따른 전문생산기술연구소 등

214) 조세심판원은 연구개발성과로 얻어지는 무형자산의 소유권, 이익, 사용권 등 권리를 기준으로, 청구법인이 연구개발에 대한 위험부담이 없이 수탁받은 연구용역을 수행하는 것으로 보아 청구법인이 지출한 연구개발비를 세액공제대상에 해당하지 않는 것으로 판단한 바 있다(조심 2014중3295, 2015.6.30.).

조세특례제한법 시행령 별표 6 연구 · 인력개발비 세액공제를 적용받는 비용	
	기업이 설립한 국내외 연구기관 바) 전담부서등(**전담부서등에서 직접 수행한 부분에 한정한다**) 또는 국외기업에 부설된 연구기관 이하 생략

이러한 규정은 최근 기술융합 추세에 따라 하나의 기업이 모든 R&D 용역을 수행하지 않고 위탁받은 R&D 용역 일부를 재위탁하는 현실을 감안하여 2012.2.2.에 개정되었다.[215)]동 개정규정은 2012.1.1. 이후 최초로 개시하는 과세연도 분부터 적용된다.

|개정세법해설| R&D 세액공제 대상에 위탁 · 재위탁 R&D 추가
(조세특례제한법 시행령 제9조 제1항 · 제2항, 별표 6)[216)]

(1) 개정내용

종 전	개 정
▢ R&D 유형별 세액공제 대상	▢ R&D 세액공제 대상 확대

종전:

구 분	일반 R&D	신성장 · 원천기술 R&D
자체연구개발	○	○
위탁 R&D	○	×
재위탁 R&D	×	×
공동연구개발	○	×

개정:

구 분	일반 R&D	신성장 · 원천기술 R&D
자체연구개발	○	○
위탁 R&D*	○	○
재위탁 R&D	○	○
공동연구개발	○	○

* 신성장동력 · 원천기술 R&D의 경우 수탁 · 재수탁 · 공동연구하는 기업은 '신성장동력 · 원천기술 R&D 전담부서'를 갖추어야 함.

(2) 개정이유

최근 기술융합 추세에 따라 하나의 기업이 모든 R&D 용역을 수행하지 않고 위탁받은 R&D 용역 일부를 재위탁하는 현실을 감안

- 다만, 위탁 · 재위탁 · 공동연구에 따른 신성장 · 원천기술 R&D 비용을 세액공제 받기 위해서는 수탁 기업 등의 경우에도 '신성장동력 · 원천기술 R&D 전담부서'를 갖추어야 함.

215) 조세특례제한법 시행령 별표 6(2012.2.2. 대통령령 제23590호로 개정된 것)
216) 기획재정부, 「2011 간추린 개정세법」, 2012, 178면

(3) 적용시기 및 적용례

2012.1.1. 이후 최초로 개시하는 과세연도 분부터 적용

한편, 자체연구개발의 경우 세액공제 대상은 전담부서에서 발생한 연구·인력개발비로 그 범위를 한정하고 있으므로, 위탁연구개발의 경우에도 수탁받은 기업의 전담부서등이 아닌 다른 부서에서 수탁받은 연구개발용역을 수행하였다면 동 위탁연구개발비는 위탁자의 공제대상 연구개발비에 해당하지 않는다.[217)]

|개정세법해설| **R&D 비용 세액공제 대상이 되는 위탁연구개발비의 범위 명확화**
(조세특례제한법 시행령 별표 6)[218)]

(1) 개정내용

종 전	개 정
□ R&D 비용 세액공제 대상 범위 ○ 국내외 기업의 전담부서등에 위탁·재위탁함에 따른 비용	○ (좌 동) - 다만, 전담부서등에 위탁함에 따른 비용은 전담부서등에서 직접 수행한 부분에 한함.

(2) 개정취지

비전담부서에서 발생한 R&D 비용은 세액공제 적용 배제

위 두 개정 규정을 종합하면 수탁법인의 재위탁의 경우에도 재수탁법인의 전담부서등에서 직접 수행한 부분에 한해서 위탁자의 연구개발비 세액공제가 적용된다.

이와 같이 위탁연구개발의 범위를 수탁법인의 '전담부서등에서 직접 수행한 부분에 한정한다'고 법령을 개정한 이유에 대해서 정부는 명확하게 밝히고 있지는 않지만, 이는 현실적으로 기업이 위탁하는 연구개발용역이 적격한 연구개발활동에 해당하는지 여부, 즉 연구개발의 개념에 부합하는 활동인지 여부를 판단하는 것이 용이하지 않아 연구·인력개발비에 대한 세액공제제도가 악용될 가능성이 있기 때문일 것이다. 예컨대 전담부서등을 보유한 수탁업체가 위탁자로부터 연구개발용역을 수임한 후 전담부서등에서 동 업무를 수행하지 않고 수탁업체의 생산부서에서 동 업무를 수행하거나 또는 수탁자가 전담부서등을 보유하지 않은 외부업체에 재위탁하는 것이 그 예가 될 것이다(조심 2014서614, 2014.4.16.).

217) 조세특례제한법 시행령 별표 6(2013.2.15. 대통령령 제24368호로 개정된 것)
218) 기획재정부, 「2012 간추린 개정세법」, 2013, 307면

전담부서등에 연구개발용역을 위탁함에 따른 비용은 전담부서등에서 직접 수행한 부분에 한정한다는 조세특례제한법 시행령 별표 6의 개정으로 2013년부터 위탁자인 납세자는 실무적으로 해당 위탁연구개발용역 중 수탁법인의 전담부서등 수행분과 전담부서등 외 수행분의 용역대가를 구분하는 '전담부서등 용역수행 확인서' 등의 자료를 수탁자로부터 징구하여 보관하고 있는 상황이다.

하지만, 납세자의 입장에서 살펴보면 위탁자는 수탁자가 위탁받은 용역을 제3자에게 재위탁하는지 여부나 수탁법인의 전담부서등에서 직접 수행한 부분에 해당되는 용역비 금액 등을 정확히 알 수 없고, 수탁자는 수탁자의 원가 등은 영업기밀에 해당하여 위탁자에게 자료제공이 사실상 불가하다고 주장한다.

예컨대 수탁법인이 수탁법인의 전담부서등에서 직접 수행하였다 하여 위탁자는 위탁연구개발비용에 대해서 연구 · 인력개발비 세액공제를 적용했으나 추후 정부의 세무조사 등으로 수탁법인의 전담부서등에서 수행하지 않은 위탁연구개발비를 발견한 경우 위탁자는 매우 곤혹스러운 상황에 빠질 수 있는 것이다.

우리나라의 연구 · 인력개발비 세액공제제도는 기업이 수행하고 있는 연구개발의 질적 평가보다는 기업부설연구소 등의 형식적 평가를 보다 중요한 조세지원의 요건으로 하고 있는 것이 사실이다.[219] 즉, 연구 · 인력개발비 세액공제제도를 운용함에 있어 연구개발 프로젝트가 진정한 연구개발활동에 해당하는지 여부를 평가하기 보다는 인정된 기업부설 연구소에서 수행되었는지 여부를 중시하고 하고 있는 것이다.

수탁법인의 전담부서등에서 발생한 인건비와 재료비이기만 하면 연구 · 인력개발비 세액공제를 허용할 것이 아니라, 해당 전담부서등에서 수행하는 연구개발 프로젝트가 연구개발의 정의에 부합하는 활동을 포함하고 있는지를 납세자가 입증하고 이를 관련기관에서 평가하여 연구개발의 정의에 부합하는 활동(적격 연구개발활동)과 관련된 비용에 대해서만 연구 · 인력개발비 세액공제 대상으로 하는 것이 연구 · 인력개발비 세액공제제도의 취지에 더 부합할 것이다.

이를 위해서 우리나라도 호주의 R&D 조세지원제도를 참고할 필요가 있다. 호주의 경우는 연구개발활동의 관련성과 연구개발비용의 적법성에 대한 검증기능이 이원화 되어 있는데 산업연구개발위원회(The Industry Research and Development)에서는 연구개발활동의 적법성을 판단하고 있으며, 국세청에서는 연구개발비용의 적법성 판단을 비롯한 전반적인 세제지원의 운용을 담당하고 있다.

납세자가 법인세신고시에 연구개발 지원세제 혜택을 받기 위해서는 연구개발활동을 수행하는 사업연도에 산업연구개발위원회에 등록하여야 한다. 이때 산업연구개발위원회는 규정에 따라 연구개발활동에 대한 증명서를 발급한다. 산업연구개발위원회의 결정은

219) 윤충식, 앞의 논문, 77면

세무공무원에 대하여 구속력을 가지며 또한 산업연구개발위원회는 세무공무원의 요청 없이도 적격 연구개발활동 해당여부에 관한 증명서를 발급할 수 있다.[220)]

이러한 논의의 연장선상에서 개정된 조세특례제한법 시행령 별표 6과 관련하여 국내외 기업의 연구기관 또는 전담부서등에 직접 수행한 비용 외에, 기술개발용역과 직접적인 관련성은 있으나 수탁법인의 전담부서등에서 수행하기 어려운 일부 단순 작업과 시험가동·검사·분석업무 등의 부수업무를 전담부서등이 그 기업의 다른 부서 또는 전담부서등을 보유하지 않은 재수탁업체에 의뢰하여 발생된 비용을 전담부서등에서 직접 수행한 것으로 볼 수 있는지가 향후 쟁점이 될 수 있다.[221)]

자체연구개발의 경우 '시범제작에 소요되는 외주가공비'는 적격한 연구개발비에 포함되는데 만약 위탁연구개발계약에 있어서 수탁업체의 R&D 활동인 시범제작에 소요되는 외주가공비를 제외한다면 자체연구개발과 위탁연구개발간 조세지원에 있어서 형평성 문제가 발생할 소지가 있기 때문이다.

조세특례제한법 시행령 별표 6 개정 전 적격한 위탁연구개발비용에 수탁법인이 제3자에게 재위탁한 부분도 포함되는지, 재위탁한 부분도 위탁의 범위에 포함된다면 연구기관 또는 전담부서등을 보유한 기업에게 재위탁한 비용만을 세액공제 대상으로 볼 것인지, 아니면 전담부서등을 보유하지 않은 기업에게 재위탁한 비용도 포함할 것인지에 대해 많은 논쟁[222)]이 있었지만, 2012.6.8. 조세심판관합동회의(조심 2011서1923, 2012.6.8.)[223)] 및 이후의 법령 개정[224)]을 통해 이러한 논쟁은 일단락되었다.

220) 문점식/김정현/고재군, "연구개발비세액공제제도 개선방안에 관한 연구", 「조세연구」 제9권 제2호, 한국조세연구포럼, 2009, 148면, 152~153면

221) 관련 법령 개정전의 것으로 참고할 필요가 있는 유권해석은 재조특-844, 2009.9.25.

222) 법인-1046, 2010.11.9., 법인-483, 2010.5.26., 법인-1306, 2009.11.25., 재조특-844, 2009.9.25., 서면2팀-2283, 2006.11.9., 조심 2011서1754, 2012.6.12., 조심 2009서3678, 2010.9.1. 등

223) 이후 조세심판원에서는 조세심판관 합동회의의 결론과 같은 뜻으로 판시를 해오고 있다(이 중 참고할 만한 심판례로서 조심 2014서2789, 2015.4.6., 조심 2013서1475, 2014.2.25., 조심 2012서3266, 2013.1.25., 조심 2012서3991, 2013.7.23., 조심 2012서3071, 2012.12.20., 조심 2012서3501, 2012.11.5., 조심 2012중1855, 2012.8.27., 조심 2011서3593, 2012.6.28., 조심 2011서1234, 2012.6.28., 조심 2011서3200, 2012.6.25. 등).

224) 2012.2.2. 조세특례제한법 시행령 별표 6 개정 시 연구개발용역의 위탁의 범위에 재위탁도 포함한다고 개정되었으며, 2013.2.15. 동 별표 개정 시 위탁연구개발 시 적격 위탁연구개발비는 수탁법인의 전담부서등에서 직접 수행한 부분에 한정하도록 개정되었다.

History 종전 재위탁 연구개발비의 세무처리(2012.2.2. 대통령령 제23590호로 개정되기 전의 조세특례제한법 시행령 별표 6 관련)

[사실관계]

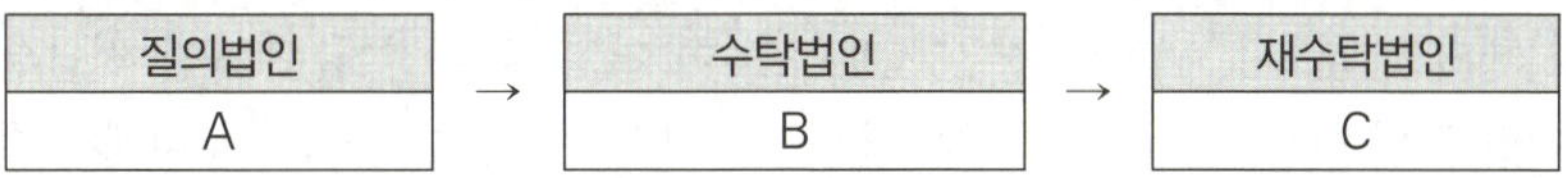

□ A가 B에게 R&D 용역을 의뢰하였으나, B는 위탁받은 일부 업무를 C에게 다시 위탁하여 업무 수행

□ 단, B는 전담부서가 있으나, C는 전담부서가 있는 경우와 없는 경우가 있음.

[쟁점 1] 연구개발용역을 의뢰받은 수탁자(B)가 그 용역 중 일부를 직접 수행하지 않고 제3자(C)에게 재위탁한 경우 이에 상당하는 금액이 적격한 위탁연구개발비로 보아 위탁자(A)에게 연구·인력개발비 세액공제를 적용할 수 있는지 여부

[쟁점 2] 재위탁이 위탁에 포함된다고 볼 경우, 전담부서등을 보유한 재수탁법인(C)에게 재위탁한 비용만을 세액공제 대상으로 볼 것인지 여부

[쟁점 3] 재위탁이 위탁에 포함되고, 전담부서등을 보유한 재수탁법인(C)에게 재위탁한 비용을 세액공제 대상으로 보는 경우 해당 재수탁법인(C)의 전담부서등에서 직접 수행한 비용만을 세액공제 대상으로 볼 것인지 여부

[검토결론]

조세심판원에서는 청구법인으로부터 연구개발용역을 위탁받은 수탁자가 제3자에게 재위탁한 연구개발비 중 연구기관 또는 전담부서가 있는 업체에게 재위탁한 비용(동 재수탁법인의 전담부서 외의 부서가 수행한 비용도 포함)은 세액공제대상으로 인정하는 것이 타당하다고 판시했다.

(근거 1) 조세특례제한법 제10조 등의 관련법령에서 연구개발용역의 수탁자가 그 중 일부를 제3자에게 다시 재위탁할 경우 해당 비용을 연구·인력개발비 세액공제의 적용대상에서 제외한다는 규정을 두고 있지 아니한 점,

(근거 2) 수탁자가 용역의 일부를 직접 수행하지 아니하고 제3자에게 재위탁할 것인지 여부에 대하여 청구법인이 관여하기는 사실상 어려운 점,

(근거 3) 조세특례제한법 시행령 제8조 제2항 제7호에서 위탁받아 수행하는 연구활동은 별표 6의 비용에서 제외하도록 규정하고 있으므로 본건과 같이 수탁자가 용역의 일부를 제3자에게 재위탁한 경우 위탁자가 연구·인력개발비 세액공제를 받을 수 없다면 위탁자 및 수탁자 모두 이미 지출한 비용에 대하여 관련 조세감면 규정을 적용받을 수 없어 불합리한 점,

(근거 4) 1986.12.31. 대통령령 제11937호로 개정된「조세감면규제법 시행령」별표 6에서 기술개발용역을 위탁함에 따른 비용을 세액공제 대상으로 하면서 "전담부서를 보유한 기업"을 추가하였고, 1992.12.31. 대통령령 제13804호로 개정시 "전담부서를 보유한 기업"에서 "국내외 기업의 연구기관 또는 전담부서"로 규정하여 심리일 현재까지 시행되고 있으나, 위탁의 경우 처분청도 이 건 과세 이전에는 그 간 전담부서를 보유한 기업에 위탁한 비용을 세액공제 대상으로 하면서 전담부서 외의 부서에서 수행한 비용에 대하여 과세하지 아니한 점, 국세청도 세액공제 대상을 "전담부서를 보유한 기업"으로 해석한 사례가 다수 존재하는 점(법규-2998, 2007.6.15., 서면2팀-724, 2008.4.17., 법인-675, 2010.7.14. 외 다수),[225)]

(근거 5) 별표 6에서 자체기술개발뿐만 아니라 기술개발용역을 위탁함에 따른 비용을 세액공제 대상으로 규정하면서 국내외 기업의 연구기관 또는 전담부서로 위탁대상기관을 정한 것은 당해 기관의 기술력 및 전문성 등을 담보하기 위한 취지인 것으로 보이므로 동 기관에서 연구개발용역을 수행한 경우에는 위탁 또는 재위탁 여부에 따라 차별하지 아니하는 것이 합리적인 점 등을 감안함.

개정 전 조세특례제한법 시행령 별표 6의 적용과 관련해서는 조세심판관합동회의에서는 연구개발용역을 위탁받은 수탁자가 제3자에게 재위탁한 연구개발비 중 연구기관 또는 전담부서가 있는 업체에게 재위탁한 비용(동 재수탁법인의 전담부서 외의 부서가 수행한 비용도 포함)은 세액공제대상으로 인정하는 것이 타당하다고 결론지었으나, 이후 다수의 납세자들은 재수탁업체가 전담부서를 보유하지 않은 경우에도 재위탁비용에 대해서 세액공제를 인정해 달라는 취지로 조세심판원의 판단에 불복하여 행정소송을 제기하였다. 즉, 재수탁업체가 전담부서를 보유하지 않은 경우에도 재위탁비용에 대해서 세액공제를 인정해 달라는 것이다. 최근 대법원에서 납세자가 승소(대법원 2014두2348, 2014.5.29.[226)]) 하였는데, 아래에서는 납세자가 승소한 판결의 주요내용을 살펴보는 것으로 마무리한다.

"① 이 사건 특례조항은 국내외 기업의 연구기관 또는 전담부서에 기술개발용역 등을 '위탁'함에 따른 비용을 세액공제 대상으로 규정하고 있을 뿐 수탁업체의 재위탁 여부 또는 재수탁 업체의 전담부서 보유 여부에 따라 납세의무자인 위탁자의 세액공제 여부가 달라진다고 청하고 있지 아니한 점, ② 이 사건 특례조항의 문언대로 전담부서를 보유한

225) 종전에도 조세심판원에서는 기업의 연구개발전담부서는 자체적으로 영리 연구활동을 하는 독립기관이 아니라, 기업의 일부로 존재하는 것이므로 그 용역의 계약을 연구개발전담부서가 아닌 그 기업과 하는 경우에도 연구・인력개발비 세액공제가 가능한 것으로 판단한 바 있다(조심 2009서3678, 2010.9.1.).

226) 전심판례는 서울고등법원 2013누20259, 2014.1.8., 서울행정법원 2012구합36088, 2013.6.14.; 동일한 취지의 연이은 고등법원 판례로는 서울고등법원 2013누20204, 2014.4.30., 서울고등법원 2013누26615, 2014.4.24., 서울고등법원 2013누26615, 2014.4.24., 서울고등법원 2013누20235, 2014.4.24., 서울고등법원 2013누24787, 2014.7.22.

수탁업체에게 기술개발용역을 위탁한 원고와 같은 수범자로서는 그 세액공제 여부가 재위탁 여부 또는 재수탁자의 전담부서 보유 여부에 따라 달라진다고 예측하기 어려운 점, ③ 이 사건에서 원고가 위탁한 전산개발용역은 융합기술개발이 필요하여 단일 기업의 인력 및 기술에 의존하여 수행하는 것이 불가능하므로 다른 기업에 그 일부를 재위탁하는 것이 불가피한 점 등을 종합하면, 원고가 이 사건 특례조항의 문언대로 전담부서를 보유한 수탁업체에게 기술개발용역을 위탁한 이상, 설사 재위탁이 이루어졌다고 하더라도 재수탁업체의 전담부서 보유 여부를 불문하고 그에 따른 비용도 이 사건 특례조항에서 정한 세액공제 대상에 해당한다."

정리하면, 종전 재위탁 연구개발비의 세무처리(2012.2.2. 대통령령 제23590호로 개정되기 전의 조세특례제한법 시행령 별표 6 관련)와 관련하여 재수탁업체가 연구기관 또는 전담부서를 보유하고 있지 않은 경우에도 세액공제 대상에 해당한다고 봄이 타당하다.[227)]

사례 21 연구개발을 위탁하거나 공동연구개발을 수행할 수 있는 국내외 연구기관 또는 전담부서의 의미

조세특례제한법 시행령 별표 6에는 '국내외 기업의 연구기관 또는 전담부서등'에게 연구개발을 위탁하거나 국내외 연구기관 또는 전담부서와 공동연구개발을 수행함에 따라 발생하는 비용을 규정하고 있다.

조세특례제한법 시행령 별표 6 연구 · 인력개발비 세액공제를 적용받는 비용	
1. 연구개발	나. 위탁 및 공동연구개발 1) 다음의 기관에 과학기술 및 산업디자인 분야의 연구개발용역을 위탁(재위탁을 포함한다)함에 따른 비용(전사적 기업자원 관리설비, 판매시점 정보관리 시스템 설비 등 기업의 사업운영 · 관리 · 지원 활동과 관련된 시스템 개발을 위한 위탁비용은 제외한다. 이하 이 목에서 같다) 및 이들 기관과의 공동연구개발을 수행함에 따른 비용 가) 「고등교육법」에 따른 대학 또는 전문대학 나) 국공립연구기관 다) 정부출연연구기관 라) 국내외의 비영리법인(비영리법인에 부설된 연구기관을 포함한다) 마) 「산업기술혁신 촉진법」 제42조에 따른 전문생산기술연구소 등 기업이 설립한 국내외 연구기관

227) 대법원 및 고등법원의 다수의 납세자 승소판결에도 불구하고 여전히 조세심판원은 연구기관 또는 전담부서를 보유하고 있지 않은 재수탁업체에 지출한 연구개발비용에 대해서 연구 · 인력개발비 세액공제가 불가한 것으로 판결을 내리고 있다(조심 2013서3443, 2014.11.17., 조심 2013서4272, 2014.1.28.).

조세특례제한법 시행령 별표 6 연구·인력개발비 세액공제를 적용받는 비용	
	바) **전담부서등**(전담부서등에서 직접 수행한 부분에 한정한다) 또는 국외기업에 부설된 연구기관 이하 생략

이때 국내외 연구기관이란 기초연구진흥 및 기술개발지원에 관한 법률 제14조 제1항 제7호 및 동법 시행령 제16조 제4항에 따른 연구기관[228]이라고 국세청 유권해석에서 밝히고 있다(법인-267, 2010.3.23., 서면2팀-1227, 2006.6.28., 서면2팀-845, 2006.5.15., 서면2팀-1611, 2005.10.6., 서이 46012-10838, 2001.12.28. 등).

기초연구진흥 및 기술개발지원에 관한 법률 시행령 제16조 제4항에 따른 연구기관은 다음과 같다.

국내외 연구기관
"국내외 연구 기관 또는 단체"란 해당 분야 학사 이상의 학위를 소지한 사람으로서 3년 이상의 연구경력을 가진 연구전담요원 5명 이상을 늘 확보하고 연구시설을 갖춘 연구기관 또는 단체로서 과학기술정보통신부장관이 인정하는 기관을 말한다.

세무당국에서도 연구개발 목적으로 국외 임상시험수탁기관에 지급하는 임상시험위탁비용의 연구인력개발비 세액공제 대상 해당여부 관련하여, 내국법인이 의약학 분야 학사 이상의 학위를 소지한 자로서 3년 이상의 연구경력을 가진 연구전담요원 5명 이상을 늘 확보하고 연구시설을 갖추고 있는 국외 연구기관에 지급하는 연구개발위탁비용은 적격연구개발비에 해당한다는 입장을 밝힌 바 있다(사전-2014-법령해석법인-22045, 2015.2.26.).

이와 관련하여 과학기술정보통신부 연구개발정책과에 따르면 '국내외 연구기관 또는 단체'와 관련된 규정이나 그 선정에 있어서 특별한 기준은 없다고 한다. 특히, 외국에서 설립된 법인의 기업부설연구소는 해당국가의 법인설립 절차에 따라 만들어진 연구기관으로 국내법의 적용이 배제되어 국내법에 규정된 인정절차가 없다.

한편, 최근 기획재정부에서는 「조세특례제한법 시행령」 별표 6의 '국내외 기업의 연구기관'이란 「기초연구진흥 및 기술개발지원에 관한 법률」 제14조 제1항 제7호의 '그 밖의 연구 인력·시설 등 대통령령으로 정하는 기준에 해당하는 국내외 연구기관'에 한정하지 않는다는 입장을 밝히고 있는데(기획재정부 조세특례제도과-423, 2019.5.30.), 해당 기관의 연구

228) 기초연구진흥 및 기술개발지원에 관한 법률 시행령 제16조 제4항에서는 법 제14조 제1항 제7호에서 '연구 인력·시설 등 대통령령으로 정하는 기준에 해당하는 국내외 연구 기관 또는 단체'란 해당 분야 학사 이상의 학위를 소지한 사람으로서 3년 이상의 연구경력을 가진 연구전담요원 5명 이상을 늘 확보하고 연구시설을 갖춘 연구기관 또는 단체로서 과학기술정보통신부장관이 인정하는 기관을 말한다고 규정하고 있다.

인력 · 시설현황, 연구실적 등 구체적인 사실관계를 고려하여 종합적으로 판단하여야 한다는 것이다.

따라서 과학기술분야의 연구개발활동을 수행하고 다수의 상근 연구원을 확보하여 독립된 연구시설을 갖춘 부속연구기관을 보유하고 있는 외국법인에게 연구개발 용역을 위탁하거나 공동으로 연구개발을 수행하는 경우 연구 · 인력개발비 세액공제를 적용받을 수 있는 것으로 판단된다(법규법인 2014-479, 2014.11.14., 법인-609, 2010.6.29., 재조예-486, 2007.6.26., 서면2팀-425, 2004.3.11., 법인 46012-509, 2001.3.8.).

한편, '국내외 연구기관'과 '전담부서등'은 구별해야 하는데, 전담부서 등은 기초연구진흥 및 기술개발지원에 관한 법률 제14조의 2 제1항에 따라 과학기술정보통신부장관의 인정을 받은 기업부설연구소 또는 연구개발전담부서를 말한다. 이때 전담부서 등에는 국내기업의 해외연구소를 포함한다.

정리하면, 조세특례제한법상 위탁 및 공동연구개발비용 발생 시 세제지원이 되는 위탁 및 공동연구개발의 상대방에 해당하는 적격한 기관은 기초연구진흥 및 기술개발지원에 관한 법률에 따른 전담부서등 및 국내외 연구기관과 외국에서 설립된 법인에 부설된 연구기관이라고 보면 될 것이다.

관련하여 세무당국의 유권해석을 살펴보는 것으로 마무리한다.

법규법인 2014-479, 2014.11.14.

[제 목] 국외 기업의 전담부서 등에 연구개발용역을 위탁함에 따라 발생하는 비용의 연구개발비 해당 여부

[질의내용]

○ 내국법인이 외국법인의 전담부서 등에 임상실험연구용역을 위탁함에 따른 위탁연구개발비용의 연구 · 인력개발비 해당 여부

[사실관계]

○ 갑법인은 약품 연구개발에 필수적인 임상실험연구과정을 전문제약 컨설팅사업을 영위하는 외국법인에 위탁하고, 해당 업체의 전담 임상연구요원들이 임상실험을 수행하고 있음.

○ 갑법인이 연구용역을 위탁한 외국법인의 전담부서 등은 「기초연구진흥 및 기술개발지원에 관한 법률 시행령」 제16조 제1항, 제2항에 따라 과학기술정보통신부장관의 인정을 받은 전담부서 등에 해당하지 아니하나, 같은 규정의 인정 기준을 충족함.

[답변내용]

내국법인이 국외 기업의 부설연구소 또는 전담부서(이하 "전담부서 등"이라 함)에

과학기술 분야의 연구개발용역을 위탁하는 경우로서 해당 전담부서 등이 「기초연구진흥 및 기술개발지원에 관한 법률 시행령」 제16조의 기준을 충족하나, 「기초연구진흥 및 기술개발지원에 관한 법률」상 인정대상이 되지 아니하여 과학기술정보통신부장관으로부터 인정을 받을 수 없는 경우 해당 전담부서 등에 연구개발용역을 위탁함에 따른 비용은 「조세특례제한법」 제10조의 연구·인력개발비에 해당하는 것임.

사례 22 전담부서등을 설치하지 않은 경우에도 연구개발용역을 위탁함에 따른 비용에 대해서 세액공제 가능한지 여부

조세특례제한법 시행령 별표 6 제1호 나목 위탁 및 공동연구개발의 규정을 적용함에 있어서 제1항 각호의 기관에게 기술개발용역을 위탁하거나 이들 기관과의 공동연구개발을 수행하는 법인은 전담부서등을 설치하지 않은 경우에도 위탁연구개발 및 공동연구개발 비용에 대해서 연구·인력개발비 세액공제를 적용받을 수 있다(서면2팀-1902, 2006.9.25., 서면2팀-675, 2006.4.28., 서이 46012-12204, 2003.12.29.).

사례 23 위탁받은 연구개발용역을 수행하는 경우 겸업금지 조항의 위배인지 여부

연구개발을 수탁받은 회사의 입장에서는 연구소 또는 전담부서의 연구요원들이 위탁연구개발용역을 수행하는 경우 연구소 설립의 신고·인정 요건인 인적요건 중 연구요원의 겸업금지 조항을 위반하였으므로 위탁연구개발용역 과제에 투입된 연구요원을 적격한 연구요원에서 제외해야 할 것인지에 대해 고민하는 경우도 있다.

기초연구진흥 및 기술개발지원에 관한 법률 시행령 제17조 제1항에서는 기업부설연구소 등의 준수사항에 대해 다음과 같이 규정하고 있다.

기업부설연구소 등의 준수사항
기업부설연구소등의 연구전담요원 등은 해당 기업의 연구업무 외에 다른 업무를 겸할 수 없으며, 해당 기업은 연구전담요원등이 연구에만 전념할 수 있도록 연구활동 외에 생산·판매·영업 등의 기업활동과 관련된 업무에 종사하는 별도의 상시 종업원을 확보하여야 한다.

하지만 이러한 고민에 대해 그간 세무당국의 입장은 명확하지 않았다. 하지만 최근의 조세심판원 심판례에서 이러한 고민의 의문을 풀어줄 몇 가지 자료를 과학기술정보통신부 및 국세청에서 언급하였으며 그 내용은 다음과 같다.

한국산업기술진흥협회의 「기업부설연구소 및 연구개발전담부서 신고에 관한 업무편람

(2020.4.)」에서는 "연구소의 연구개발활동은 기업의 생산, 제조 등을 위한 비영리 활동으로서 위탁연구, 용역 등 영리만을 목적으로 연구하는 경우 기업부설연구소를 인정받을 수 없으므로 수익창출 목적으로 위탁연구를 수행하는 경우는 인정받을 수 없다. 다만, 공동연구나 국책과제 등을 수행하기 위한 위탁과제가 일부 연구과제로 포함되는 경우는 인정받을 수 있다."고 기술하고 있다.

상기의 업무편람의 내용에 대해서 과학기술정보통신부는 기업부설연구소가 직접적으로 영리를 추구할 수 없다는 의미이지 자체 연구활동을 하면서 공동연구나 국책과제 등을 수행하기 위한 위탁과제를 수행할 수 없다는 의미는 아니라고 회신한 바 있다(교육과학기술부 기초과학정책과-1316, 2012.3.21.).

필자의 의견은 해당기업의 기업부설연구소가 연구성과를 자체적으로 활용하는 비영리활동이 있는 경우 즉, 연구소가 외주용역 등 영리활동만을 수행하는 경우가 아니라면 연구요원의 적격성에는 문제가 없다고 판단된다.

조세특례제한법 시행령 별표 6 제1호 나목에 의하면 국내외 기업의 연구기관 또는 연구개발전담부서에 연구개발용역을 위탁한 경우에 위탁자에게 그 위탁비용에 대한 연구·인력개발비 세액공제를 해준다는 조항이 규정되어 있는 것은 연구개발전담부서 등은 자체연구개발뿐만 아니라 위탁연구개발용역도 수행할 수 있다는 것을 내포하고 있다. 따라서 연구개발전담부서에서 자체연구개발업무뿐만 아니라 위탁 받은 연구개발용역을 수행하고 있다 하여 해당 연구요원이 겸업금지 조항을 위배한 것으로 보아 자체연구개발 업무를 수행하는 데 소요된 해당 연구요원의 인건비까지도 적격한 연구개발비용에서 제외하는 것은 타당하지 않다.

또한 위탁받아 수행하는 연구활동 그 자체도 연구개발활동이므로 업무의 성격에 있어서 겸업 논쟁을 일으킬 필요는 없는 것이다. 마지막으로 현업에서 위탁연구개발업무를 수행하는 연구요원과 자체연구개발업무를 수행하는 연구요원을 분리하여 운영하는 것은 현실적으로 불가능하다.

따라서 수탁연구개발활동에 소요된 시간에 상당하는 인건비를 적절히 계산하여 해당연구요원의 연구·인력개발비 세액공제 대상 인건비에서 차감시키면 된다.

세무당국의 유권해석에서도 전담부서등에서 자체연구개발과 수탁연구개발을 함께 수행하는 경우 조세특례제한법 제143조 제1항의 규정에 따라 연구개발비용을 각각 구분경리하는 경우에는 자체연구개발에 따른 세액공제 대상 비용에 대해서 연구·인력개발비에 대한 세액공제가 가능하다고 회신한 바 있고(법인세과-268, 2010.3.23., 법인세과-119, 2011.2.15.). 나아가, 연구개발 전담부서에서 자체연구개발과 수탁연구개발을 함께 수행하는 자의 인건비는 연구개발 수행기간·시간 등 합리적인 방법으로 안분계산하는 것이라고 회신하였다(서면-2016-법인-5365, 2018.2.20., 법인세과-272, 2012.4.18.).

부연하면 겸업이란 연구개발업무 이외에 다른 업무를 겸직하는 것을 말하는 것이다.

예를 들면, 연구개발업무와 생산, 매출, 영업 등의 업무를 겸직하는 경우에는 겸업에 해당하지만, 자체연구개발업무와 수탁받은 연구개발업무를 겸직하는 경우에는 겸업에 해당하지 않는다.

사례 24 전사적 기업자원관리설비 등 시스템 개발을 위한 위탁비용의 세액공제 가능 여부

2010.1.1. 이후 최초로 개시하는 과세연도부터는 영위하는 업종에 관계없이 전사적 기업자원 관리설비(ERP) 등 시스템 개발을 위한 위탁비용은 적격한 연구개발비에서 제외해야 한다(법인-382, 2011.5.30., 법규과-559, 2011.5.4).[229)]

조세특례제한법 시행령 별표 6 연구 · 인력개발비 세액공제를 적용받는 비용	
개정 전	개정 후[230)]
나. 위탁 및 공동연구개발 ① 다음의 기관에게 연구개발용역등을 위탁함에 따른 비용 및 이들 기관과의 공동연구개발을 수행함에 따른 비용 (2009.6.19. 개정) 이하 생략	**나. 위탁 및 공동연구개발** ① 다음의 기관에게 연구개발용역 등을 위탁함에 따른 비용(**전사적 기업자원 관리설비 등 시스템 개발을 위한 위탁비용은 제외한다**. 이하 이 목에서 같다) 및 이들 기관과의 공동연구개발을 수행함에 따른 비용 (2010.2.18. 개정) 이하 생략

기업의 ERP 등 시스템개발을 위한 위탁비용은 소프트웨어 구입비용의 일종으로서 단순 자산의 취득행위에 불과한 것이어서 적격한 위탁연구개발비용에 포함될 수 없다는 시각도 있었던 것이 사실이다. 하지만, 기업의 전산시스템 개발용역의 재위탁 시 적격한 R&D비용에 해당되는지 여부를 다툰 다수의 판례에서는 연구개발용역에 해당된다고 판시한바 있다(서울행정법원 2012구합36743, 2013.8.22. 등).[231)]

229) 조세특례제한법 시행령 부칙(대통령령 제22037호, 2010.2.18.) 제2조

230) 조세특례제한법 시행령 별표 6(2010.2.18. 대통령령 제22037호로 개정된 것)

231) 해당 판례(서울행정법원 2012구합36743, 2013.8.22.)의 주요내용은 다음과 같다. 구 조세특례제한법은 '연구개발'에 관하여 별도의 정의규정을 두고 있지 않았으나, 현행 조세특례제한법 제9조 제5항은 연구개발은 과학적 또는 기술적 진전을 이루기 위한 활동과 새로운 서비스 및 서비스 전달체계를 개발하기 위한 활동을 말한다고 규정하고 있는 바, ① 원고가 위탁한 용역은 대형 금융업의 실현, 핵심 영업 및 서비스 경쟁력 제고, 정보 통신기술 운영의 최적화와 효율화를 달성하기 위한 체계적이고 종합적인 시스템을 구축함으로써 기술적 진전을 이루기 위한 활동인 점, ② 현행 조세특례제한법 제9조 제5항에 '진전'이나 '새로운'이라는 단어가 포함되어 있기는 하지만, 여기에서의 연구개발이 특허를 획득하기 위한 것은 아니므로, 피고 주장과

한편, 조세특례제한법 시행령 별표 6의 개정 전에는 기업의 전사적 자원관리 시스템(ERP) 개발비가 연구 · 인력개발비 세액공제 대상인지에 대하여 명확한 규정이 없었으나, 국세청은 금융 · 보험업을 영위하는 법인이 국내외 기업의 연구기관 또는 전담부서에 전산시스템 개발을 위탁함에 따른 개발비용은 기술개발용역 등을 위탁함에 따른 비용의 일종으로 연구 · 인력개발비 세액공제 대상에 해당하는 것으로 해석하여 왔다(법규과-816, 2009.6.15.).

이후 세무당국은 금융 · 보험업을 영위하는 법인 외에는 기업의 전사적 자원관리 시스템(ERP) 개발비가 연구 · 인력개발비 세액공제 대상이 아니라는 주장을 제기하기도 하였으나, 조세심판원은 금융 · 보험업을 영위하는 법인 이외에도 소비성서비스업을 영위하는 법인이 아닌 한 제조업(조심 2012서3991, 2013.7.23.), 백화점업(조심 2009서3678, 2010.9.1.), 의약품 제조업(조심 2013중2168, 2014.7.2.) 등을 영위하고 있는 법인이 지출한 전사적 자원관리시스템 개발 위탁비도 연구 · 인력개발비 세액공제의 적용대상이라는 취지로 다수의 조세심판 결정을 하였다.

하지만, 2010.2.18. 별표 6 개정으로 2010.1.1. 이후 최초로 개시하는 과세연도부터는 전사적 기업자원 관리설비(ERP) 등 시스템 개발을 위한 위탁비용은 적격한 연구개발비에서 제외해야 한다고 명문화되어 기업의 전사적 기업자원 관리설비와 관련된 납세자와 국세청간의 다툼이 종료될 것으로 생각했으나, 위 별표 6 개정규정은 전사적 기업자원 관리설비 및 이와 유사한 시스템 개발비용을 연구개발비 세액공제에서 제외하라는 의미이지, 이와는 다른 성격의 시스템, 예컨대 금융기관이 경영 및 영업활동에 필요한 제반 은행업무를 전산화하는 신기술 기반의 이른바 '차세대시스템'에는 적용되지 않기 때문에 차세대시스템 등의 개발비용은 적격 연구개발비에 해당한다는 납세자의 주장이 제기되었다.

관련 조세심판원 심판례에서 납세자가 주장하는 '차세대시스템'과 '전사적 기업자원 관리설비'의 차이점은 다음과 같다(조심 2019서3864, 2020.3.25.).

구분	차세대시스템	전사적 기업자원 관리설비
성격	• 전사 차원의 아키텍처 중심의 통합 시스템으로 각 금융기관별 도입목표에 따라 다양한 형태로 구축하고 각 업무영역에 따라 다양한 Vender 투입, 2~3년에 걸친 분석(컨설팅) → 설계 → 개발 → Test-Open의 단계를 거쳐 구축	• 경영관리(재무설계, 관리회계)를 위한 개별시스템으로 SAP/Oracle 등 기존 상용화된 패키지를 중심으로 고객 수요에 맞게 6개월내 구축하여 사용료를 지급

같이 연구개발에 해당하기 위하여 특허의 요건인 '신규성'과 '진보성'까지 갖추어야 한다고 해석할 수는 없는 점 등을 종합해 보면, 원고가 위탁한 용역은 연구개발용역에 해당한다고 봄이 타당하다.

구분	차세대시스템	전사적 기업자원 관리설비
도입효과	• 기존 개별시스템상 프로세스 통합, 24시간 무중단 서비스 제공, 상품개발기간 단축, 복합상품 출시 등 • 금융회사에서 저작권 보유	• 상용화된 패키지 단순 커스터마이징 • IT 업체에서 소유권 보유
조특법상 정의	• 별도 정의 없음. 단, 개별시스템이 아닌 금융기관의 상품처리계, 정보계, 채널계, 인터페이스 등을 포괄하는 전사적 차원의 시스템을 의미	• 구매, 설계, 생산, 인력 등 기업의 인적, 물적자원을 전자적 형태로 관리하기 위하여 사용되는 유·무형의 설비로서 조특법상 전자상거래설비, 공급망관리시스템 설비 등의 개별시스템과 동격

이와 관련하여 법원 및 심판원은 차세대시스템 등 개발이 과학적·기술적 불확실성의 체계적인 해소를 위한 것이었다고 보기 어렵고, 전사적 기업자원관리설비 및 그와 유사한 시스템에 해당한다고 보아, 세액공제 대상에서 제외되는 것이 타당하다고 판시하였다.[232)]

이에 정부는 시행령 별표 6의 개정 및 별표 6의 3을 신설하면서, 전사적 기업자원관리설비(ERP) 등 명칭에 관계 없이 기업의 사업운영·관리·지원 활동과 관련된 시스템 개발을 위한 위탁비용은 적격한 위탁연구개발비에서 제외해야 한다고 이전보다 명확히 하였다.[233)]

232) 조심 2020서7994, 2021.1.12., 전주지방법원 2018구합2596, 2020.11.19., 전주지방법원 2018구합2596, 2020.11.19., 서울행정법원 2018구합81820, 2020.10.20., 부산지방법원 2018구합24514, 2020.10.16., 조심 2020부1710, 2020.10.13., 부산지방법원 2019구합20397, 2020.7.9., 서울행정법원 2019구합56937, 2020.7.2., 서울행정법원 2018구합79285, 2020.7.2., 서울행정법원 2018구합79292, 2020.5.15., 서울행정법원 2018구합78947, 2020.5.8., 서울행정법원 2018구합83543, 2020.5.8., 서울행정법원 2018구합82267, 2020.5.8., 조심 2019서3864, 2020.3.25., 조심 2019서2956, 2019.12.9., 조심 2019서0463, 2019.6.11., 조심 2019구1323, 2019.5.22., 조심 2018서4968, 2019.5.13., 조심 2018서2376, 2019.2.22., 조심 2018서4749, 2018.12.27., 조심 2016서1997, 2018.6.29. 등 다수

233) 조세특례제한법 시행령 부칙(대통령령 제29527호, 2019.2.12.) 제2조 및 제24조

조세특례제한법 시행령 별표 6 연구 · 인력개발비 세액공제를 적용받는 비용	
개정 전	개정 후[234)
나. 위탁 및 공동연구개발 ① 다음의 기관에게 연구개발용역 등을 위탁함에 따른 비용(**전사적 기업자원 관리설비 등 시스템 개발을 위한 위탁비용은 제외한다.** 이하 이 목에서 같다) 및 이들 기관과의 공동연구개발을 수행함에 따른 비용 (2012.2.2. 개정) 이하 생략	**나. 위탁 및 공동연구개발** ① 다음의 기관에게 연구개발용역 등을 위탁함에 따른 비용(**전사적 기업자원 관리설비, 판매시점 정보관리 시스템 설비 등 기업의 사업운영 · 관리 · 지원 활동과 관련된 시스템 개발을 위한 위탁비용은 제외한다.** 이하 이 목에서 같다) 및 이들 기관과의 공동연구개발을 수행함에 따른 비용 (2019.2.12. 개정) 이하 생략

조세특례제한법 시행령 별표 6의 3 연구 · 인력개발비 세액공제를 적용받는 비용
개정 후[235)
나. 위탁 및 공동연구개발 ① 다음의 기관에게 연구개발용역 등을 위탁함에 따른 비용(**전사적 기업자원 관리설비, 판매시점 정보관리 시스템 설비 등 기업의 사업운영 · 관리 · 지원 활동과 관련된 시스템 개발을 위한 위탁비용은 제외한다.** 이하 이 목에서 같다) 및 이들 기관과의 공동연구개발을 수행함에 따른 비용 (2019.2.12. 개정) 이하 생략

사례 25 과학기술분야와 결합된 서비스 및 서비스 전달체계를 개발하기 위한 위탁 · 공동 연구 · 개발비의 세액공제 대상 여부

종전에는 서비스 분야 연구에 대해서는 자체적으로 수행한 범위(비용)에 대해서만 연구개발비 세액공제를 인정해 주고, 위탁 · 공동으로 수행한 범위(비용)에 대해서는 원천적으로 세액공제 대상에서 배제되었다(서면-2019-법인-2296, 2020.8.4., 조심 2017서4118, 2018.10.19.).

과학기술 분야 연구에 대해서는 자체적으로 수행한 범위(비용) 뿐만 아니라 위탁 · 공동으로 수행한 범위(비용)에 대해서까지 세액공제 대상이 되는 것과 비교할 때 범위가 제한적이었던 것이다.

234) 조세특례제한법 시행령 별표 6(2019.2.12. 대통령령 제29527호로 개정된 것)
235) 조세특례제한법 시행령 별표 6의 3(2019.2.12. 대통령령 제29527호로 개정 부칙 제24조 관련)

이에 서비스 분야 연구에 대한 세제혜택을 강화할 필요가 있다는 지적이 제기되었고, 정부는 2019.12.31. 조세특례제한법 제10조 제5항을 신설하면서 새로운 서비스 및 서비스전달체계를 개발하기 위한 활동에 지출한 금액 중 과학기술분야와 결합되어 있는 위탁·공동 연구비를 연구개발비 세액공제 적용대상에 포함시키게 되었다.

참고로 기획정부에 따르면 콘텐츠 창작 및 엔지니어링 서비스 분야가 과학기술과 서비스 분야가 결합되어 있는 대표적인 사례로 볼 수 있는데, 구체적으로 콘텐츠 창작과 관련해서는 게임 개발시 활용되는 전문 그래픽·사운드 연구개발, 음악 창작시 믹스·마스터링 등, 엔지니어링 서비스 관련해서는 제조 공정 개선 등을 위한 기계장치 엔지니어링, 대기·수질·소음·진동관리 시설물 엔지니어링 등을 예로 들고 있다.[236)]

기획재정부 세법개정안 문답자료(외부위탁 R&D에 대한 세제지원 확대)

① 위탁 · 공동연구비에 대한 R&D 비용 세액공제 적용 가능 분야

○ 현재 과학기술 및 산업디자인 분야에 한하여 위탁·공동연구비에 대해 R&D 비용 세액공제 적용중

- 서비스 R&D는 자체 개발 비용에 한하여 세액공제 적용중

② 위탁 · 공동연구비에 대한 세액공제 범위 확대 추진 배경

○ 과학기술과 서비스 분야가 결합되어 있는 위탁·공동연구비의 경우 현행 규정상 세액공제 적용 여부 불분명

- 서비스 R&D 중 과학기술과 결합되어 있는 경우에 한하여 위탁·공동연구비를 R&D비용 세액공제 적용대상에 포함시켜 서비스 R&D에 대한 지원을 확대하려는 취지

③ 과학기술과 결합되어 있는 서비스 R&D 사례

○ 콘텐츠 창작 및 엔지니어링 관련 서비스 분야가 대표 사례

- (콘텐츠 창작) 게임 개발시 활용되는 전문 그래픽·사운드 연구개발, 음악 창작시 믹스·마스터링 등

- (엔지니어링 서비스) 제조 공정 개선 등을 위한 기계장치 엔지니어링, 대기·수질·소음·진동관리 시설물 엔지니어링 등

236) 기획재정부, 「2019년 세법개정안 문답자료」, 2019.7.25., 15면

|개정세법해설| **위탁 · 공동 연구 · 인력개발비 세액공제 범위 확대**(조세특례제한법 제9조 제2항)[237]

(1) 개정내용

종 전	개 정
□ 연구 · 인력개발비 세액공제 적용 대상 범위 ○ 과학기술 분야 : 자체 연구 · 인력 개발 비용, 위탁 공동 연구 인력 개발 비용 ○ 서비스 분야 : 자체 연구 · 인력 개발 비용 〈추 가〉	□ 서비스 분야에 대한 위탁 · 공동 연구 · 인력개발비 인정 범위 확대 ○ (좌 동) – 위탁 · 공동 연구 · 인력개발비(과학기술과 결합된 서비스 연구 · 인력개발에 한정)

(2) 개정이유

위탁 · 공동 연구 · 인력개발비 세액공제 적용범위 확대를 통한 서비스 연구 인력개발 활성화

(3) 적용시기 및 적용례

2020.1.1. 이후 개시하는 과세연도 분부터 적용

사례 26 국내외 시험 · 검사 용역비가 적격한 위탁연구개발비인지 여부

질의회신 사례는 농약 제조회사가 국외에서 개발된 원제를 도입하여 국내의 농업환경에 맞게 개발하기 위한 시험 · 연구를 수행하면서 개발 중인 농약의 약효, 약해, 독성, 안정성, 잔류성 시험 등을 외부 연구기관에 의뢰하여 개발시험용역비가 발생한 경우 적격한 연구개발비에 해당되는지 여부이다.

조세특례제한법 시행령 별표 6에 의하면 적격한 위탁 및 공동연구개발 기관으로 한국표준산업분류표상 기술시험 · 검사 및 분석업을 영위하는 기업이 열거되어 있기도 하다.

따라서 제품의 개발과정에서 필요하거나(서면법규 – 1059, 2014.10.7., 서면법규과 – 1029, 2014.9.26., 서면2팀 – 1374, 2006.7.20., 서면2팀 – 416, 2006.2.27.), 그 개발과정에서 필수적인 형식승인을 얻기 위해 연구기관에 지출되는 시험 · 검사 용역비는 적격한 연구개발비에 해당하는 것이다(법규법인 2009 – 54, 2009.3.19.).

다만, 품질경영 및 공산품안전관리법 제7조 제2항 제1호에 따른 품질경영체제인증 등을 획득하기 위하여 지출한 비용 등 제품개발 또는 판매 시 필수적이지 않은 시험 · 검사

237) 기획재정부, 「2019 간추린 개정세법」, 2020, 215면

용역비는 적격한 위탁연구개발비로 볼 수 없는 것으로 판단된다(서면법규-1029, 2014.9.26., 서면2팀-1174, 2007.6.15.). 참고로 품질경영 및 공산품안전관리법 제7조 제2항 제1호에 따른 품질경영체제인증을 획득하기 위하여 지출하는 비용은 2009.2.4. 조세특례제한법 시행령 별표 6의 개정 시 적격한 위탁연구개발비에서 삭제된바 있다.

이러한 세무당국의 입장을 잘 살펴볼 수 있는 유권해석을 살펴보는 것으로 마무리한다.

서면법규과-1029, 2014.9.26.

[제목] 제조업 법인이 신제품 개발과정에서 기술시험·검사 및 분석 등의 용역을 위탁하고 지출한 비용이 과학기술 분야의 과학적 기술적 진전을 이루기 위한 활동에 해당하는 경우 연구개발비에 대한 세액공제를 적용받을 수 있음.

【질의】

[사실관계]

○ (주)○○○○○(“회사”)는 신제품·신기술의 발굴과 상품화 연구개발 및 시장선도 연구개발 활동, 신소재 발굴 및 제품화 연구개발 활동 등을 하고자 2005.12.부터 기업부설연구소를 설치 운영하고 있음.
- 기업부설연구소에서는 PVC 등 화학물질을 이용하여 어린이 놀이방 매트 등 신제품을 개발하고 제품의 사용처가 주로 어린이인 관계로 신제품판매를 위해서는 각종 시험분석 실시 및 안정성 적합인증 등의 요건을 충족하여야 함.

○ 회사는 신제품개발 과정에서 시험분석 실시 등 요건의 충족을 위해 다양한 화학적 특성의 기준치를 정하였음.
- 신제품개발 과정을 통해 생성한 화학물질이 기준에 적합한지 여부를 확인하기 위해 특정 성분 함량분석, 내연성 시험, 항균성 시험 등을 시험·검사·분석업을 영위하는 한국생산기술연구원 등 기업에 위탁하고 있으며,
- 신제품개발 완료 단계에서는 실제 판매를 위해 안정성 기준 적합 여부를 공식적 인증기관에 의뢰하여 인증서를 받고 있음.

[질의내용]

○ 갑법인은 약품 연구개발에 필수적인 임상실험연구과정을 전문제약 컨설팅사업을 영위하는 외국법인에 위탁하고, 해당 업체의 전담 임상연구요원들이 임상실험을 수행하고 있음.

○ 갑법인이 연구용역을 위탁한 외국법인의 전담부서 등은 「기초연구진흥 및 기술개발지원에 관한 법률 시행령」 제16조 제1항, 제2항에 따라 과학기술정보통신부장관의 인정을 받은 전담부서 등에 해당하지 아니하나, 같은 규정의 인정 기준을 충족함.

【회신】

어린이 놀이방 매트 등을 제조하는 내국법인이 신제품을 개발하는 과정에서 한국표준산업분류표상 기술시험 · 검사 및 분석업을 영위하는 기업에 특정 성분 함량분석, 내연성 시험, 항균성 시험 등의 용역을 위탁하고 지출한 비용이 과학기술 분야의 과학적 기술적 진전을 이루기 위한 활동에 해당하는 경우에는 「조세특례제한법」 제10조 제1항에 따른 연구 및 인력개발비에 대한 세액공제를 적용받을 수 있는 것이나, 인증기관에 안정성 적합 인증 분석을 의뢰하고 지출하는 비용은 연구 및 인력개발비에 대한 세액공제를 적용받을 수 없는 것임.

사례 27 조경사업을 영위하는 법인이 우수한 잔디를 생육하기 위하여 대학과 연구개발 용역을 맺고 개발비용을 지급한 경우 적격한 위탁연구개발비인지 여부

조경사업을 영위하는 법인이 품종이 탁월한 우량의 잔디를 생육하여 관리용역을 하고 있는 골프장에 이식할 목적으로 생명유전공학분야인 고등교육법에 의한 대학에 연구개발비용을 지출하였을 경우에는 같은 적격한 연구개발비용으로 보는 것이다(서면2팀-596, 2005.4.27.).

사례 28 위탁연구용역대가에 위탁 연구소의 감가상각비 등 연구간접비가 포함되어 산정된 경우 해당 연구간접비 상당액이 적격 위탁연구개발비인지 여부

질의회신 사례는 모회사에서 분할 신설된 법인이, 분할 이후 모법인에 연구개발용역을 위탁하고, 수탁자인 모법인이 청구하는 위탁연구용역대가에 위탁 연구소의 감가상각비 등 연구간접비가 포함되어 산정된 경우, 동 연구간접비 상당액에 대해서도 위탁자의 연구개발비 세액공제로 인정받을 수 있을지 여부에 관한 것이다.

즉 수탁자가 연구개발용역 수행에 소요된 금액에 적정이윤을 가산한 금액을 위탁연구개발비로 청구하는 경우, 수탁자의 소요된 금액에 연구원 인건비, 재료비 등 직접 비용 외에 연구소 건물, 연구시설 감가상각비 등 간접 비용이 포함될 수 있는데, 간접 비용 상당액에 대한 금액이 위탁자의 세액공제대상 금액에서 제외되어야 하는지 여부이다.

이에 대해 세무당국은 적격 위탁연구개발비에는 해당 부설연구소에서 연구개발에 사용하는 연구용 시설의 감가상각비 및 유지관리비 등 연구개발을 직접 수행함에 따라 발생하는 비용이 포함되는 것이며, 「법인세법 시행령」 제89조에 따른 시가를 초과하여 지급한 금액은 제외하는 것이라는 입장을 밝혔다(서면-2014-법령해석법인-21771, 2015.2.10.).

생각건대 시행령 별표 6 적격 연구개발비용 중 자체연구개발에서는 인건비, 재료비, 연구 · 시험용 시설이용 비용 등으로 대상 비용을 열거하고 있지만, 위탁 및 공동연구개발에서는 대상 비용을 별도로 제한하고 있지 않으며, 이는 특수관계인간 거래라 하더라도 달리 취급할 이유는 없어 보인다. 따라서 연구간접비 상당액도 적격 위탁연구개발비에 포함되는 것이 타당해 보인다. 다만, 시가 범위를 초과하는 금액에 대해서는 적격 위탁연구개발비로 인정되지 아니할 것이다(서면-2015-법인-0606, 2015.11.27., 서면-2015-법령해석법인-0399, 2015.6.19.).

사례 29 연구개발용역을 위탁함에 따른 비용에 위탁자가 제작하여 수탁자에 제공한 시험체 제작비용이 포함되는지 여부

시행령 별표 6에서는 적격 위탁연구개발비를 "연구개발용역을 위탁함에 따른 비용"이라고 규정하고 있는데, 연구기관등에 직접 지급하는 비용으로 한정하는지, 아니면 위탁자가 직접 제작하여 수탁자에 제공한 제작비용과 같이 위탁연구활동과 관련하여 필수적으로 수반되는 비용까지 포함되는지 여부에 대한 사례이다.

이와 관련하여 조세심판원은 시험체는 시험 후 시험과정에서 파손・훼손되어 재사용이 불가능하며, 계약상 전문검사업체의 자산이 되어 사외로 완전히 유출되는 점, Mock-Up Test를 위해서는 시험체 제작이 필수적이고, 계약상 청구법인이 제작하여야 하는 점과 조특법상 연구・개발비에 대한 세액공제취지 등에 비추어, 시험체 제작을 위한 비용인 쟁점재료비는 별표 6에서 규정하는 한국표준산업분류표상 기술시험・검사 및 분석업을 영위하는 기업에 위탁함에 따른 비용에 포함된다고 볼 수 있다고 판단하였다(조심 2014서4632, 2016.2.25.).

7 공동연구개발비용

(1) 공동연구개발비용의 세법상 취급

공동연구개발(Joint R&D)을 수행하는 기업의 입장에서는 조세특례제한법 시행령 별표 6 나목 1)에서 정하고 있는 적격한 연구기관 또는 전담부서등과 공동연구개발을 수행함에 따른 비용을 연구・인력개발비 세액공제 대상 비용에 포함시킬 수 있다.

(2) 공동연구개발(Joint R&D)에 대한 개념

공동연구의 개념은 광의로는 자신의 연구분야에 부족한 것을 충족하기 위하여 타인의 지식, 자재, 비용 등을 활용하여 행하는 연구를 말하며 협의로는 둘 이상의 연구기관이 해결과제를 명확히 하여 자금, 연구자 등을 서로 투입하여 공동으로 또는 분담하여 행하는 연구이다.[238)]

(3) 공동연구개발(Joint R&D)의 의의[239)]

공동연구를 통한 연구 개발의 의의는 다음과 같다.

첫째, 연구개발 비용의 분산의 측면에서 필요하다. 세계화의 흐름 속에서 자사의 제품이 세계적으로 주도권을 가지고 있는 기업만이 경쟁사회에서 살아남을 수 있다. 이러한 제품에 대한 연구개발은 대형화 추세에 있고, 연구개발 비용 역시 엄청나므로, 한 기업이 단독으로 신제품에 대한 연구개발을 수행하기에는 무리가 따를 수밖에 없다. 따라서 기업들은 제품의 연구개발에 따른 막대한 비용을 분산시키기 위하여 기업 간 공동연구를 통한 연구개발의 필요성을 인식하고 이를 모색하고 있다.

둘째, 위험의 최소화 측면에서 공동연구를 통한 연구개발이 필요하다. 기업 간 공동연구개발은 기술의 발전 추이를 더욱 정확하게 예측하도록 도와주고, 이러한 예측이 맞는 경우 기업은 이에 편승할 수 있을 뿐만 아니라 세계시장에서 기술의 주도권을 장악할 수도 있다. 이렇듯 기업 간 공동연구개발은 기업이 앞으로 나아가야 할 방향을 더욱 정확하게 제시해 준다는 면에서 기업이 맞이하게 될 장래의 위험성을 최소화 해준다.

셋째, 기업은 공동연구에 비교 우위에 있는 기술을 투입하여 최대의 결과를 이끌어 낼 수 있다. 공동연구를 통한 기술 개발에 참여하는 기업들은 자기 기업의 비교우위에 있는 기술을 제공하고 타사의 우수한 기술을 활용할 수 있으므로 제품의 연구개발이 용이해지고 성공의 가능성도 높일 수 있다.

(4) 공동연구개발계약의 특징

가. 연구비용의 분담

연구비용의 분담방법으로는 통상 다음의 3가지를 들 수 있는데, ① 각자가 자기의 연구분담에서 발생한 비용을 부담하는 경우, ② 공동연구에서 발생한 비용을 비율을 정하여 부담하는 경우, ③ 공동연구에서 발생한 비용을 당사자의 일방이 전액 부담하는 경우이다. 이 중에서 ①의 방법이 가장 일반적이다. 그러나 ③의 방법은 공동연구에서는 매우 특이한 사안이며(오히려 위탁연구의 범주에 가깝다), 이 경우에는 공평을 기하기 위해 부담자측에 성과의 귀속, 지식재산권의 귀속, 성과의 실시 등의 조항에서 특전을 주는 것이 보통이다.[240)]

---

238) 최치호/허상훈, 앞의 책, 173면

239) 정차호, “공동연구계약의 특허 관련 규정에 관한 연구”, 「산업재산권」 제23호, 한국산업재산권법학회, 2007. 7.20., 350~351면

240) 최치호/허상훈, 앞의 책, 203면

나. 연구성과의 귀속

일반적으로 공동연구 결과로 발생하는 발명, 고안, 디자인, 컴퓨터프로그램, 반도체배치설계, 각종 기술문서, 연구보고서, 노우하우(Knowhow) 등의 연구 성과(이하 "연구성과"라 한다)의 귀속은 ① 공유(지분균등) ② 공유(7 : 3과 같이 지분에 차이를 둠) ③ 일방당사자의 단독소유의 세 경우가 있다.[241)]

다. 지식재산권(Intellectual Property)의 귀속

공동연구개발과 관련하여 발생한 특허권, 저작권, 디자인권 등의 일체의 지식재산권의 처리는 일반적으로 앞서 살펴본 연구성과의 귀속과 일치시킬 필요는 없다. 예컨대 공유의 발명이어도 특허를 받을 권리를 일방 당사자에게 귀속시키는 것은 자주 행하여지고 있다.[242)]

예를 들면 합금제조업체이며 용광로제조업체인 A가 합금제조용 용광로를 발명하였음에도 그 합금 수요자인 B와 특허를 공유하도록 정한 경우, B는 그 용광로로 제조된 합금을 사용할 뿐이고 A와 같이 용광로와 합금을 판매하는 것이 아니므로 불실시보상료의 지불을 요구할 수도 있다. 또한 A의 용광로의 판매나 제3자에 대한 실시허락에 B가 일정기간 제한을 하는 것도 고려할 수 있어 진정한 발명자인 A가 불이익을 받는 불합리한 경우가 생길 염려가 있다. 따라서 공동연구의 성과의 일부라는 이유만으로 모든 지식재산권을 공유로 하면 그 권리의 운용에 있어서 불합리한 면이 있으므로 성과에 따른 지식재산권의 귀속은 성과의 귀속과 관련시켜 당사자간에 불공평함이 없도록 발명자의 소속, 공헌도, 사업분야(연구분담) 등을 고려하여 적절하게 정하는 것이 필요하다.[243)]

(5) 공동연구개발계약의 구별 방법

조세특례제한법상 다른 계약(예컨대 일반 납품 계약)과 공동연구개발계약을 구별할 때에는 연구성과(연구 결과로 발생하는 발명, 고안, 디자인, 컴퓨터프로그램, 반도체배치설계, 각종 기술문서, 연구보고서, 노하우(Knowhow) 등을 말한다. 이하 같다)가 공동연구개발의 참여자에게 실질적으로 이전되어 자신의 지분에 상응하는 연구성과의 사용에 대하여는 추가적인 사용료 없이 해당 참여자가 동 연구성과를 계속적으로 사용・수익할 수 있는지

241) 최치호/허상훈, 위의 책, 212면

242) 내국법인인 자동차제조업 법인(이하 "AAA한국")이 국외의 BBB(전 세계적인 자동차제조업 법인인 AAA의 계열사로서 AAA와 AAA 그룹사들의 기술개발 전담법인임)와 공동으로 자동차기술을 개발하고(공동개발기술이라 함), 지적재산권의 등록명의인을 국외의 BBB로 일원화하되, AAA한국이 한국 내에서 제조하는 자동차에 무제한, 배타적으로 사용하고, 동 기술의 양도 또는 재허여로 인한 수익발생시 양 사의 개발비용 부담비율에 따라 배분하는 사례가 이에 해당될 것이다(서면2팀-327, 2007.2.22.).

243) 최치호/허상훈, 앞의 책, 213면

여부(요약하면 연구성과의 실질적 소유권 이전)를 가지고 판단하면 된다.

부연하면, 연구개발의 수탁자가 공동연구개발 참여자에게 연구개발활동의 결과물을 공개하고, 이에 대한 접근을 허용하며, 해당 참여자의 수익사업에 동 연구개발활동의 결과물을 사용할 수 있는 독점적 혹은 비독점적 라이선스를 추가적인 사용료의 지급 없이 보유해야 한다는 것이다. 이때 동 연구성과와 관련된 지식재산권의 소유권이 해당 참여자에게 법률적으로 이전되는지 여부와는 무관하다고 판단된다.[244)]

사례 30 전담부서등을 설치하지 않은 경우에도 공동연구개발을 수행함에 따른 비용에 대해서 세액공제 가능한지 여부

조세특례제한법 시행령 별표 6 제1호 나목 위탁 및 공동연구개발의 규정을 적용함에 있어서 제1항 각 호의 기관에게 기술개발용역을 위탁하거나 이들 기관과의 공동연구개발을 수행하는 법인은 연구개발 전담부서를 설치하지 않은 경우에도 동법 제10조의 연구・인력개발비 세액공제를 적용받을 수 있다고 국세청은 회신하고 있다(서면2팀-675, 2006.4.28.).

필자의 의견으로는 위탁연구개발의 경우 자체연구개발비가 발생하지 않으므로 논외로 하고, 공동연구개발의 경우에는 공동연구개발을 수행함에 있어서 자체연구개발비가 발생할 수 있는데 이때 자체연구개발비용에 대해 연구・인력개발비 세액공제를 적용받기 위해서는 사전적으로 인정받은 전담부서 등이 설립되어야 할 것으로 판단된다.

즉, 내국법인이 공동연구개발을 수행함에 따른 비용으로 연구・인력개발비 세액공제 대상금액은 「조세특례제한법 시행령」 별표 6에서 규정한 구분 1. 가목에서 규정한 자체연구개발비와 나목에서 규정한 위탁 및 공동기술개발비 중 내국법인이 실질적으로 부담한 금액으로 하는 것이다.

따라서 전담부서등 없이 연구・인력개발비 세액공제의 적용이 가능한 공동연구개발 비용이라 함은 자체연구개발비용을 제외한 타 공동연구개발기관에게 지출된 비용을 말하는 것으로 판단된다(법인-93, 2011.2.1., 서면2팀-694, 2007.4.20., 서면2팀-939, 2006.5.25., 서면2팀-1611, 2005.10.6., 서이 46012-10838, 2001.12.28., 법인 46012-68, 2000.1.11., 국심 2004전2360, 2004.12.22.).

사례 31 공동연구개발(자체연구개발) 여부 판단 사례

연구개발에 따른 책임과 위험을 누가 부담하는지, 그리고 성과물 등 효익을 누가 소유하는지에 따라 공동연구개발(자체연구개발)인지 아니면 위탁받은 연구개발인지

244) 연구성과가 모두 지식재산권의 객체로 될 수 있는 것은 아니며, 이른바 노하우로서 당사자간에 존재하는 것을 고려하면 노하우 역시 연구의 성과임이 분명하므로 연구의 결과로 지식재산권이 발생되었는지 혹은 법률상으로 모든 참여자에게 이전되었는지 여부에 따라 공동개발계약여부를 판단하는 것은 무리가 있다.

여부를 구분될 수 있는데, 다음의 사례를 통해 살펴보자.

연구개발의 효익인 개발결과물에 대한 재산권이 거래처에게 일체 귀속되고, 기술개발에 따른 원가 부담 등에 대한 약정이 없고, 거래처로부터 개발용역에 대한 대가를 지급받고 있는 등 기술개발에 따른 위험과 효익을 공유한다고 볼 수 없다면 공동기술개발이라고 보기 어려워 청구인이 지출한 연구개발비는 연구개발비 세액공제 대상비용으로 볼 수 없다는 조세심판원의 심판례가 있다(심사-소득-2015-0022, 2015.6.16.).

이와는 달리, 내국법인이 외국법인과 공동사업의 형태로 신약을 개발함에 있어 연구개발 활동에 대한 대가를 외국법인으로부터 내국법인이 지출한 연구개발비에 근거하여 일부는 지급받고 나머지는 성공보수 및 일정기간 로열티 형태로 지급받는 경우, 해당 내국법인이 연구개발에 따른 책임과 위험을 부담하며, 연구개발에 따른 성과물을 소유하고 연구개발활동을 주도적으로 수행함에 따라 지출한 연구 및 인력개발비는 자체연구개발 비용에 해당한다는 세무당국의 유권해석이 있다(서면-2019-법령해석법인-1566, 2019.12.27.). 동 유권해석에서 세무당국은 연구개발비 세액공제대상이 되는 자체(공동)연구개발(비용) 여부의 결정에 있어서 연구개발비용(책임과 위험)부담의 실질적 주체, 연구성과의 실질적 소유자, 연구성과의 향유주체를 종합하여 위와 같이 회신한 것으로 판단된다.

사례 32 기술양도 혹은 라이센싱[245]시 이미 공제받은 연구 · 인력개발비 세액공제액의 소급 추징 여부

타인으로부터 연구개발용역을 수탁받은 바 없이 당해 기술의 연구개발비용에 대해 연구 · 인력개발비 세액공제를 적용받은 후, 동 연구개발과 관련한 기술용역을 타인에게 대가를 받고 제공하였다는 사유만으로 당해 개발 등이 완료되기 전의 적격한 연구 · 인력 개발비에 대하여 연구 · 인력개발비세액 공제대상에서 소급하여 제외하는 것은 아니다(서이 46012-11662, 2003.9.17.).

더불어 연구개발과정에서 부수적으로 시제품이 발생하여 당해 시제품을 폐기하거나 사용 또는 판매하는 경우에도 당해 연구에 투입된 적격한 연구 · 인력개발비(예컨대 새로운 제품 및 공정(工程)을 개발하기 위한 시제품(試製品)의 설계 · 제작비용)는 적격한 연구 개발비에 소요된 비용으로 보는 것이다(서면2팀-446, 2004.3.16.).

이러한 유권해석의 취지는 연구개발된 기술을 양도하거나, 연구개발 과정에 시험제작한 시제품을 대가를 받고 매각한다고 하여 연구개발활동의 본질이 변하는 것은 아니라는 것이다.

245) 기술양도형 계약이란 당사자 일방(양도인)이 기술의 소유권을 상대방(양수인)에게 이전하는 것을 직접 목적으로 하는 계약을 말하며, 이점에서 기술의 소유권을 자기에게 유보하면서 그 실시권만을 상대방에게 허락하는 기술라이센스계약과 구별된다.

사례 33 국외특수관계자간 원가분담약정 하에 공동으로 개발된 무형자산에 대한 실질적인 소유권을 확보한 참여자가 지출한 공동연구개발비용이 연구 · 인력개발비세액공제가 적용되는 적격한 비용이 되는 사례

서면2팀-327, 2007.2.22.

[제 목]

연구 · 인력개발비세액공제 적용 여부 질의회신

[요 지]

내국법인이 공동연구개발을 수행함에 따른 비용으로 연구 · 인력개발비 세액 공제 대상금액은 「조세특례제한법 시행령」 별표 6에서 규정한 구분 1. 가목에 규정한 자체기술개발비와 나목에 규정한 위탁 및 공동기술개발비 중 내국법인이 실질적으로 부담한 금액으로 하는 것임.

[회 신]

귀 질의의 경우 내국법인이 공동연구개발을 수행함에 따른 비용으로 연구 · 인력개발비 세액공제 대상금액은 「조세특례제한법 시행령」 별표 6에서 규정한 구분 1. 가목에 규정한 자체기술개발비와 나목에 규정한 위탁 및 공동기술개발비 중 내국법인이 실질적으로 부담한 금액으로 하는 것이며,

이 경우, 「조세특례제한법 시행령」 별표 6의 구분 1. 기술개발란 비용 나. 위탁 및 공동기술개발 ①의 ㉶ 국내외 기업의 연구기관(과학기술분야를 연구하는 경우에 한한다) 또는 전담부서라 함은 그 전담부서 등의 소재지가 국내 외의 여부에 관계없이 적용되는 것이고, 전담부서는 기술개발촉진법 시행규칙 제5조의 규정에 의하여 과학기술부장관에게 신고한 기업의 연구개발전담부서를 말하는 것임.

[질 의]

1. 질의요지

AAA한국이 선진 자동차기술을 보유한 미국법인인 BBB와 공동기술개발을 위해 지출하는 금액이 조세특례제한법 제10조 및 동법 시행령 제9조의 연구 · 인력개발비에 대한 세액공제 대상금액에 해당되는지 여부

2. 사실관계

- 자동차 및 동 부품의 제조, 판매업을 영위하는 AAA한국은 미국법인 BBB (전세계적인 자동차제조업 법인인 AAA의 계열사로서 AAA와 AAA 그룹사들의 기술개발 전담법인임)와 자동차기술을 공동으로 개발하고 그 비용을 서로 분담함.
- BBB는 현재 AAA과 AAA 그룹사들의 연구, 개발을 총괄 기획하고 동 예산을

수립, 각 그룹사들의 연구개발센터에게 자동차 제조기술을 연구・개발하도록 지시하고 각 그룹사들의 연구개발센터가 당해 기술 개발에 소요된 비용을 모두 부담함.
- BBB는 당해 기술개발을 통해 산출된 모든 지적재산권을 자사 이름으로 등록, AAA와 AAA 그룹사들에게 사용하게 하고 매출액에 비례, 로얄티를 받음.
- 기술개발촉진법 시행규칙 제9조의 규정에 의해 신고된 연구개발전담부서가 있는 내국법인인 AAA한국이 국외의 BBB와 공동으로 자동차기술을 개발하고(공동개발기술이라 함), 지적재산권의 등록 명의인을 국외의 BBB로 일원화하되, AAA한국이 한국 내에서 제조하는 자동차에 무제한, 배타적으로 사용하고, 동 기술의 양도 또는 재허여로 인한 수익발생시 양 사의 개발비용 부담비율에 따라 배분함.
- 공동기술개발의 주요내용 및 조건은 동 협약서의 내용을 준수함.

위 사례에서는 국외특수관계자간 원가분담약정 하에 공동으로 개발된 무형자산에 대한 실질적인 소유권을 확보한 참여자가 지출한 공동연구개발비용은 연구・인력개발비세액공제가 적용되는 적격한 비용이 된다는 것을 의미하고 있다(조심 2014서614, 2014.4.16., 법인-93, 2011.2.1., 서면2팀-282, 2008.2.14., 서면2팀-1227, 2007.6.26., 서면2팀-706, 2007.4.20., 국심 2004전1340, 2007.2.15., 서이 46012-10652, 2001.11.30.).

한편, 연구성과의 실질적인 소유권 확보가 불분명하여 지출된 공동연구개발비에 대해서 연구・인력개발비 세액공제를 적용받지 못한 사례도 있다(조심 2011중559, 2012.7.11.).

사례 34 공동연구개발 수행 시 연구・인력개발비세액공제를 적용받는 대상금액

조세특례제한법 시행령 별표 6의 제1호 나목에 따르면 공동연구개발을 수행함에 따른 비용은 연구・인력개발비 세액공제의 적용대상이 된다. 이때 연구・인력개발비 세액공제 대상금액은 공동기술개발비 중 내국법인이 실질적으로 부담한 금액으로 하는 것인데 아래의 사례(서면2팀-694, 2007.4.20.)를 통해 자세히 살펴보자.

구분	사례1	사례2
1) 당사가 조세특례제한법 시행령 별표 6의 1.기술개발란의 "가. 자체기술개발"에 해당하는 비용으로 실제 지출한 비용	150	150
2) 당사와 △△△(미국법인)가 체결한 공동기술개발 관련 비용분담계약서에 따라 당사가 부담하기로 결정한 금액	180	130
3) 당사가 △△△에게 추가로 지불한 금액(또는 △△△가 당사에게 실제로 보전해 준 비용)	30	(20)
4) 자동차 기술개발과 관련하여 당사가 지출한 총비용	180	130

사례에서의 한국법인○○○(당사)와 미국법인△△△가 자동차 제조 관련 기술을 공동개발하기 위하여 당사가 지출한 비용부담에 대해 조세특례제한법 시행령 제8조 제1항 및 시행령 별표 6의 규정에 의해 연구 · 인력개발비 세액공제를 적용받을 수 있는 비용은 「조세특례제한법 시행령」 별표 6에서 규정한 구분 1. 가목에서 규정한 자체기술개발비와 나목에서 규정한 위탁 및 공동기술개발비 중 내국법인이 실질적으로 부담한 금액으로 하는 것이다.

따라서 위 사례 1, 2의 경우 4) 자동차 기술개발과 관련하여 당사가 지출한 총비용에 대해 연구 · 인력개발비세액공제를 적용받을 수 있는 것이다. 다만, 국제조세조정에 관한 법률 제6조의 2 규정에 의한 정상원가분담액을 초과하여 지급한 부분은 제외된다.

사례 35 공동연구개발을 수행함에 따라 정산하는 공동비용이 부가가치세 과세대상 거래인지 여부

공동연구개발 수행 시 정산하는 공동비용의 부가가치세 과세여부와 관련된 다음의 사례를 살펴보자.

재부가-402, 2014.6.2.

[제 목]

공동기술개발과정에서 청구법인이 자기부담비율을 초과하여 인력, 장비 등을 부담한 경우 그 초과분이 용역의 공급인지 여부 등

[요 지]

공동기술개발 약정에 따른 내부비용 초과부담분은 용역의 공급(위탁기술개발)이 아니며, 매입세액은 자기분담비율에 상응하는 세액을 공제하는 것임.

[회 신]

두 법인이 공동기술개발 약정을 체결하여 그에 따른 내 · 외부 비용을 분담비율에 따라 부담하고 개발결과물을 공동으로 소유하는 공동기술개발을 수행하면서 어느 한 법인이 인력 · 시설 등 내부비용을 전액 또는 비용분담비율을 초과하여 선부담하고 정산하는 경우 용역의 공급에 해당하지 아니하나, 외부로부터 공급받은 재화나 용역 등 외부비용 관련 매입세액 중 당해 법인의 비용분담비율을 초과하는 분에 대한 매입세액은 공제받을 수 없는 것임.

[질 의]

1. 사실관계

(2011년 이전)

○ 甲과 乙이 공동기술개발 약정을 체결하고 소요비용을 각각 부담하면서 개발결과물을 甲과 乙이 공동으로 소유하는 경우

- 甲이 자기지분비율을 초과하여 인력과 물적시설 등을 부담한 것이 용역의 공급인지 여부
- 甲이 외부로부터 공급받은 재화나 용역에 대한 매입세액을 전액 공제한 것이 타당한지 여부

(2012년 이후)

○ 위와 같은 공동기술개발 약정과 같은 조건에서 2012년부터 乙은 연구인력, 시설 등은 일체 부담하지 않고 전액 현금으로 비용을 부담하는 경우

- 甲이 乙에게 위탁기술개발용역을 제공한 것으로 볼 수 있는지 여부

2. 질의내용

○ (2011년 이전)

乙이 연구인력 일부를 부담하고, 甲이 자기지분을 초과하여 내부비용을 부담한 경우 용역의 공급 해당여부 및 외부비용관련 매입세액의 공제방법

○ 2012년부터 乙의 연구인력 및 시설이 더 이상 존재하지 아니하여, 공동기술(제품) 개발에 연구인력 등 내부비용을 전혀 부담하지 않는 경우 부가가치세 과세문제

위 사례에서는 두 법인이 공동기술개발 약정을 체결하여 그에 따른 내・외부 비용을 분담비율에 따라 부담하고 개발결과물을 공동으로 소유하는 공동기술개발을 수행하면서 어느 한 법인이 인력・시설 등 내부비용을 전액 또는 비용분담비율을 초과하여 선부담하고 정산하는 경우 부가가치세법상 용역의 공급에 해당하지 않는다고 회신하고 있다. 즉, 공동연구개발비용을 선부담한 '갑'이 상대방 공동연구기관인 '을'에게 그 연구비용을 정산하게 한 것은 '갑'이 별개의 경제적 실체로서 '을'에게 부가가치세 과세대상 용역을 제공한 것이 아니라는 것이다(같은 뜻 조심 2015중1300, 2015.9.25., 서면법규-577, 2014.6.9., 부가-970, 2012.9.24., 조심 2014서614, 2014.4.16.).

하지만, 연구성과에 대한 자기의 공동지분을 초과하는 비용 부담분에 대하여는 부가가치세법 시행규칙 제18조의 규정을 준용하여 상대방 연구기관에게 세금계산서를 교부하여야 한다(대법원 2016두57175, 2017.3.22., 서울고등법원 2016누39186, 2016.9.22., 수원지방법원 2015구합60991, 2016.2.18., 조심 2014중5066, 2015.3.4., 부가-112, 2012.2.1., 부가가치세과-583, 2010.5.10., 서면3팀-613,

2008.3.24., 부가 46015-2365, 1999.8.6., 부가 46015-338, 1998.2.25., 부가 22601-151, 1991.2.4., 부가 22601-1474, 1990.11.9.).

이와는 달리 공동연구개발계약에 참여한 기업이 연구활동은 수행하지 아니하고 연구비의 일부만 부담하는 경우 이는 참여기업이 기술실시권을 얻어 자기의 사업을 위하여 사용할 목적으로 연구비의 일부를 부담한 것으로 기술실시권이라는 무형재화를 취득하기 위한 대가를 선납한 것으로 보아 연구개발과제가 완료되어 기술실시권을 얻는 것이 확정된 때에 실제 연구를 수행한 기관으로부터 세금계산서를 발급받아야 하는 것이며, 부가가치세법 제17조 제1항에 따라 대가가 수수된 분에 대하여는 선발행세금계산서를 발급받을 수도 있다(서면3팀-900, 2008.5.7., 부가 46015-105, 2001.1.15.).[246)]

(6) 공동연구개발계약에 따른 원가분담약정과 사용료소득

원가분담약정(Cost Contribution Agreement, CCA)이란 자산, 용역 또는 권리의 개발, 생산, 확보에 따르는 비용과 위험을 분담하고, 결과물인 자산, 서비스 또는 권리에 대한 개별 참여자 지분의 성격과 크기를 결정하기 위한 기업 간의 약정이다.

이전가격 세제의 규율대상이 되는 다국적 기업집단(multi-national Enterprises)들이 해당 기업집단이 전체로서 보유하는 무형자산을 자신들의 수익창출에 사용하는 방법으로는 두 가지를 생각해 볼 수 있다. 우선 기업집단에 소속된 어느 한 회사가 스스로의 자금을 지출하여 해당 무형자산을 개발한 다음, 다른 소속회사들에게 이에 관한 사용권(license)을 부여하는 방안을 생각해 볼 수 있다. 이 경우 사용권을 부여받은 회사(licensee)들은 이를 부여한 회사(licensor)에게 사용료(royalty)를 지급하여야 하고, 과세관청은 이때 지급하는 사용료가 이른바 '정상가격 기준'(arm's length standard)에 부합하는지 여부를 따져본 다음, 과세권의 행사 여부를 결정하게 된다.

원가분담약정은 이러한 사용권 부여 관계를 대신할 수 있는 거래형태로서 비교적 최근에 널리 알려지게 된 것이다. 원가분담약정에서는 어느 한 회사가 무형자산의 개발비용을 모두 지출하고 그 결과 해당 무형자산에 대한 권리를 단독으로 보유하게 되는 것이 아니라, 해당 무형자산을 사용할 모든 회사들이 공동으로 개발비용을 부담하고 그 결과 이들이 공동으로 무형자산에 대한 권리를 보유하게 된다. 따라서 해당 무형자산의 공동권리자인 각 회사들은 무형자산 개발 당시 개발비용을 공동으로 지출하는 외에는 따로 아무에게도 사용료를 지급할 필요가 없게 된다.

246) 황종대/강인/신정기, 「부가가치세 실무」, 삼일인포마인, 2012.2.23., 1173면

다국적 기업집단에 따라서는 이러한 후자의 특징들이 경제적으로 상당히 매력있는 것이 될 수 있고, 이러한 다국적 기업집단으로서는 사용권 부여(licensing) 대신에 원가분담의 거래형태를 취하는 것을 고려하여 볼 수 있을 것이다. 보다 구체적으로 생각하여 본다면, 원가분담약정 하에서는 당사자들이 비용을 공동으로 분담하는 차원에서 주고받는 금액은 무형자산 개발비용 또는 지출한 비용의 상환(reimbursement)의 성격을 갖게 되고 사용료의 성격이 없으므로 이에 관하여는 원천징수의 문제가 생기지 않는다.[247)]

OECD TP Guideline[248)]에서는 원가분담약정의 가장 일반적인 형태인 무형자산의 공동개발 및 이용을 위한 약정에 대해서 다음과 같이 설명하고 있다.

"원가분담약정 참여자는 원가분담약정에 대한 자기의 지분을, 사용권자(Licensee)로서가 아니라 실질적인 소유자(effective owner)로서 독립적으로 활용할 수 있는 바, 그 지분에 대하여는 누구에게도 사용료나 여타 대가를 지급하지 않는다. 반대로 참여자 외의 일체의 자가 참여자 지분 또는 일부를 활용하기 위해서는 그 참여자에게 적정한 대가(예컨대 사용료)를 지급하여야 한다."[249)]

"공동연구개발을 위한 원가분담약정의 경우에도 일반적으로는 각 참여자가 개발된 무형자산에 대한 권리를 부여받게 된다. 이러한 원가분담약정에서는 각 참여자에게 특정 지역이나 특정 분야 등에서 무형자산을 활용할 수 있는 독립적인 권리가 부여된다. 보다 일반적으로 말하면, 다른 참여자와의 합작활동에서만 무형자산을 사용하는 것이 아니라 자신만을 위하여 사용할 수 있다. 취득한 개별적 권리가 실제의 법률상 소유권이 될 수 있지만 경우에 따라서는 법률상으로는 한 참여자만 이를 소유하되 경제적으로는 모든 참여자가 공유할 수도 있다. 참여자가 원가분담약정에 의하여 개발된 자산에 대하여 실질적인 소유권을 보유하고 적정한 비율로 공헌이 이루어진 경우에는 그 참여자가 취득한 지분에 상응한 사용에 대하여는 사용료 여타 대가의 지급이 필요치 않다."[250)]

아래의 사례를 살펴본 후 공동연구개발계약을 위한 원가분담약정에 따라 외국법인에 지급하는 금원이 사용료소득에 해당하는지 여부에 대해 판단하는 기준을 살펴보자.

247) 윤지현, "국조법상 원가분담 약정에 있어서 세무당국의 경정권 행사요건에 관한 고찰", 「조세학술논집」, 제23집 제2호, 한국국제조세협회, 2007, 73~74면

248) OECD, 「Transfer Pricing Guidelines for Multinational Enterprises and Tax Administrations」, 2010.7.2.

249) OECD, 위의 책, 8.3.

250) OECD, 위의 책, 8.6.

국조, 서면법규과-705, 2013.6.19.

[제 목]

공동 연구 · 개발을 위한 원가분담약정에 따라 지급하는 금액이 사용료소득에 해당 하는지 여부

[요 지]

내국법인이 일본법인 및 대만법인과 함께 새로운 기술을 공동 연구 · 개발하기로 원가분담약정을 체결하고 내국법인이 연구 · 개발 결과물에 대한 소유권을 공유하는 조건으로 해당 개발에 소요되는 비용에 상당하는 금액을 일본법인에 지급하는 경우, 동 지급액은 「한 · 일 조세조약」 제12조 및 「법인세법」 제93조 제8호에 따른 사용료 소득에 해당하지 않는 것임.

[회 신]

내국법인이 일본법인 및 대만법인과 함께 새로운 기술을 공동 연구 · 개발하기로 원가분담약정을 체결하고 내국법인이 연구 · 개발 결과물에 대한 소유권을 공유하는 조건으로 해당 개발에 소요되는 비용에 상당하는 금액을 일본법인에 지급하는 경우, 동 지급액은 「한 · 일 조세조약」 제12조 및 「법인세법」 제93조 제8호에 따른 사용료소득에 해당하지 않는 것이며, 다만, 내국법인이 일본법인에 지급하는 대가가 실질적으로 기존 참가자의 보유기술과 기존 개발기술 등 노하우의 사용에 대한 대가에 해당하는 경우에는 「한 · 일 조세조약」 제12조 및 「법인세법」 제93조 제8호에 따른 사용료소득에 해당하는 것임.

[질 의]

1. 사실관계

○ 내국법인인 갑법인은 일본법인(H Corporation)의 손자회사로 2004.9.9. 설립되어 포토마스크*의 제조 판매를 주요 사업으로 영위하고 있음.

* 포토마스크 : 반도체 칩이나 LCD 등을 만들기 위한 초도 원판(Master Mask)을 의미하며 마치 사진의 Film과 같은 역할을 하여 하나의 포토마스크를 이용하면 수많은 회로 및 패턴을 전사해 낼 수 있음.

○ 내국법인은 2006.9.30. 조모회사인 일본법인, 자매회사인 대만법인(H Microelectronics Taiwan Co., Ltd, HMT)과 포토마스크 시장에서의 기술적 우위를 유지하기 위한 마스크 제조기술의 공동개발 및 비용분담계약(이하 '본건 원가 분담 약정')을 체결함.

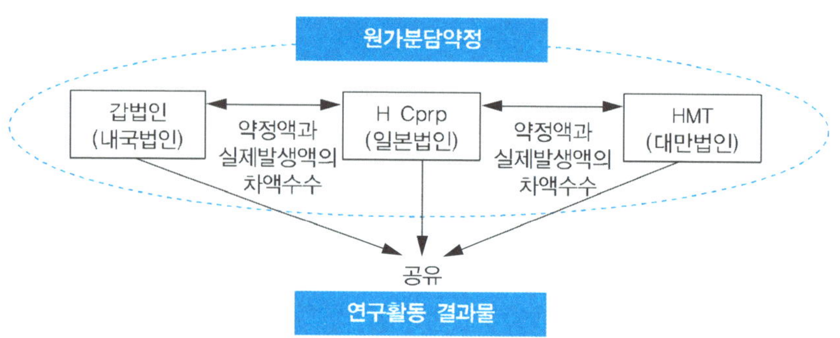

○ 내국법인은 2006년부터 현재까지 자신이 지출한 연구개발비용이 본 건 원가분담약정에 따라 자신이 부담해야 할 비용 분담 부담액보다 적은 경우, 즉 일본법인이 자신이 부담해야 할 비용분담 부담액보다 많은 연구개발비용을 지출한 경우에는 일본법인에 해당 차액을 지급하여 왔음.

○ 본 건 원가분담액은 실제 지출된 연구개발비용을 사전에 약정된 기준에 따라 단순히 나누어 산정된 것으로 산정과정에서 별도의 이윤 등이 가산된 바 없음.

○ 내국법인은 본 건 원가분담약정에 의해 연구・개발활동의 결과물의 소유권을 공유하고 해당 무형자산을 사용하여 포토마스크를 전세계에서 제조 및 판매할 수 있는 경제적 소유권을 보유하며 이러한 소유권을 바탕으로 추가적인 사용료나 여타 항목의 대가지급 없이 연구・개발 결과물을 계속적・무제한적으로 사용・수익할 수 있음.

2. 질의요지

○ 외국법인과 새로운 기술을 공동 연구・개발하기로 원가분담약정을 체결하고 그 결과물에 대한 소유권을 공유하는 조건으로 지급하는 연구개발비용이 사용료소득에 해당하는지 여부

무형자산의 개발과 관련하여 외국법인에 지급하는 금원이 사용료소득에 해당하는지 여부에 대해 판단하는 기준에 대해서 OECD Model Tax Convention[251] Article 12의 Commentary 10.2.에서는 다음과 같이 밝히고 있다.

"만일 일정 대가가 기존에 존재하지 않는 디자인, 모형 및 설계의 개발을 위해 지급된

251) OECD모델조세협약은 국제법상 이중과세 분야에서 발생하는 공통의 문제들에 대한 통일된 기준의 해결수단을 제공하기 위하여 OECD회원국의 입장을 반영하여 만든 것이다. OECD의 위원회가 권고한 바와 같이, 회원국은 양자협약을 체결하거나 개정할 때, 모델협약 주석(Commentary)의 해석 및 유보사항을 고려하여 이 모델협약을 따라야 하고, 각국의 세무당국은 이 모델협약에 근거하여 체결된 양자협약의 규정을 적용하고 해석할 때, 수시로 개정되는 이 협약의 주석을 따르고 주석의 이견내용을 감안하여야 한다(Model Tax Convention on Income and on Capital, CONDENSED VERSION, 17 JULY 2008, OECD Committee on Fiscal Affairs, Introduction).

것이라면 그 대가는 디자인, 모형 및 설계를 사용하기 위한 혹은 이를 사용할 수 있는 권리를 취득하기 위해 지급된 것이라 말할 수 없다. 이러한 경우 그 대가는 디자인, 모형 및 설계의 개발을 위한 용역제공에 대가로 지급된 것이며, 따라서 해당금액은 OECD Model Tax Convention, Article 7조(사업소득)가 적용된다. 이러한 판단기준은 설령 디자인, 모형 및 설계의 개발자가 해당 디자인, 모형 및 설계에 존재하는 저작권을 포함한 제반 권리를 보유하고 있는 경우에도 동일하게 적용된다.

그러나 기존에 개발된 설계에 대한 저작권의 소유자가 실제로 추가적인 작업을 수행하지 아니하고 단지 타인에게 기존의 설계를 수정하거나 복제할 수 있는 권리만을 부여하는 경우에는 저작권의 소유자가 이러한 설계를 사용할 수 있는 권리를 부여하고 지급받는 대가는 사용료 소득이 된다고 할 것이다."

정리하면, 원가분담약정 참여자는 원가분담약정에 대한 자기의 지분을, 사용권자(Licensee)로서가 아니라 실질적인 소유자(effective owner)로서 독립적으로 활용할 수 있는 바, 그 지분에 대하여는 누구에게도 사용료나 여타 대가를 지급하지 않는 것이므로 공동 연구·개발을 위한 원가분담약정에 따라 지급하는 금액은 사용료소득에 해당하지 않는다.[252] 즉, 원가분담약정 하에서는 당사자들이 비용을 공동으로 분담하는 차원에서 주고받는 금액은 무형자산 개발비용 또는 지출한 비용의 상환(reimbursement)의 성격을 갖게 되고 사용료의 성격이 없는 것이다.

부연하면 연구성과가 공동연구개발의 참여자에게 실질적으로 이전되어 자신의 지분에 상응하는 연구성과의 사용에 대하여는 추가적인 사용료 없이 해당 참여자가 동 연구성과를 계속적으로 사용·수익할 수 있다면(연구성과의 실질적 소유권 이전) 해당 참여자가 지출한 공동연구개발비용은 연구·인력개발비 세액공제가 적용되는 적격한 비용일뿐만 아니라, 원가분담약정에 따라 외국법인에 지급한 공동연구개발비는 법인세법 제93조 제8호에 따른 사용료소득에 해당되지 않는다(서면법규과-203, 2013.2.25., 재국조-230, 2011.5.24., 국제세원-360, 2010.8.6., 국제세원-319, 2010.7.9., 국제세원-499, 2009.9.21., 서면2팀-920, 2008.5.14., 재국조-12, 2008.1.10., 국심 2006서2503, 2007.3.26., 재국조-665, 2004.12.10., 서면2팀-2731, 2004.12.24., 법규국조 2009-366, 2009.12.28., 국심 2005전3778, 2006.11.6., 대전고등법원 2000누1346, 2001.11.30.).

이와는 달리 개발된 무형자산에 대한 실질적인 소유권을 확보하지 못한 참여자가 외국법인에 지급한 공동연구개발비는 법인세법 제93조 제8호에 따른 사용료소득에 해당한다. 이러한 사례들은 대부분 공동연구개발의 참여자가 외국법인에 공동연구개발비의 명목으로 일정한 금원을 지급하였으나 해당 참여자는 공동연구개발의 연구성과를 실질적으로 소유하지 못한

252) OECD TP Guideline 8.3.

채 기술의 소유권자인 외국법인으로부터 독점 혹은 비독점 생산, 판매 등의 권한을 부여받는다. 이러한 계약은 공동연구개발계약이라기 보다는 오히려 기술도입(Purch asing Technology) 계약에 가까우며 외국법인에 지급한 공동연구개발비는 특허권의 사용료를 선급한 것이거나 생산기술을 도입하기 위한 기술도입료로 지급한 것으로 볼 수 있으므로 사용료소득에 해당한다(조심 2013부3759, 2014.11.17., 조심 2012부4323, 2013.12.30., 대전고등법원 2008누2000, 2008.11.27., 서면2팀-5, 2005.1.3., 서면2팀-554, 2006.3.31., 대법원 2012두7974, 2012.7.26., 국심 2007중5045, 2008.1.23., 국심 2005전3778, 2006.11.6.).

다음은 연구개발결과물에 대한 법률적 소유권의 보유 여부가 공동연구개발계약을 위한 원가분담약정에 따라 외국법인에 지급하는 금원이 사용료소득에 해당하는지 여부의 판단에 어떠한 영향을 미치는지 살펴볼 수 있는 사례이다.

국조, 법규 국조 2009-45, 2009.9.18.

[제 목]

공동기술개발비용 분담액의 사용료해당 여부 등

[요 지]

공동기술개발 의뢰 및 비용분담 업체인 내국법인 및 외국법인 A, B는 기술개발 결과물에 대한 실시권(LICENCE) 및 재실시권(SUBLICENCE) 만을 가지며, 기술개발 결과물과 관련된 기타 모든 권리(지적재산권, 특허권, 노하우 등)를 기술개발 업체인 외국법인 C가 소유하는 경우 내국법인 등이 외국법인 C에게 기술개발과 관련하여 지급하는 대가는 사용료소득에 해당하는 것임.

[회 신]

위 사전답변 신청의 사실관계와 같이, 기술개발 결과물과 관련된 모든 권리(지적재산권, 특허권, 노하우 등)를 기술개발 완료 후 기술개발업체인 C국 법인이 소유하기로 하고, 공동 기술개발의뢰 및 개발비용분담 업체인 내국법인과 A국 법인 및 B국 법인은 그 결과물에 대한 비독점적·전세계적 사용 실시권(LICENCE) 및 재실시권(SUBLICENCE)부여 권한 등을 공동으로 허여 받는 각 계약 당사자간 일련의 계약에 따라, 내국법인이 C국 법인에 지급하는 대가는 「법인세법」 제93조 제9호 및 「한·C국 조세조약」 제12조의 소득(사용료)에 해당하는 것이며, 내국법인 등 개발비용분담 업체들이 C국법인에 기술개발분담액을 지급하는 과정에서 비용분담당사자 간에 사전에 약정된 금액을 선지급·사후정산 등 단순전달 목적으로 상호 수수하는 대금은 그 거래의 실질에 따라, 당초 C국 법인에 동 대가가 지급된 시점에 계약에 따른 당해 분담액 지급의무자가 직접 지급한 것으로 보아 「한·C국 조세조약」을 적용하는 것임.

[관련법령] 법인세법 제93조 【국내원천소득】

1. 사실관계

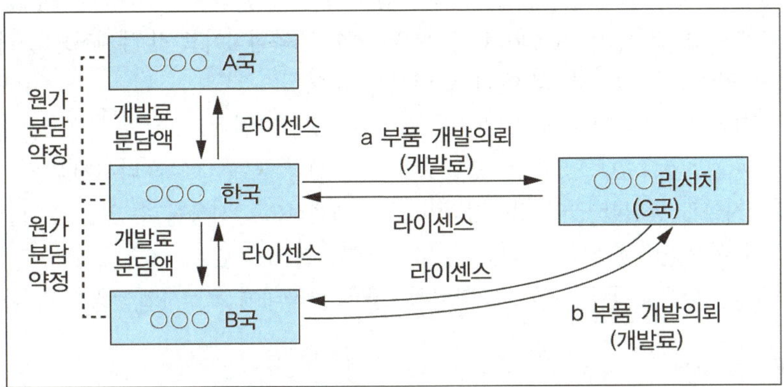

○ ○○○그룹은 다국적 기업으로서, 그룹내 관계사인 ○○○시스템즈(주)(이하 '○○○한국'이라 한다)는 내국법인으로 자동차 연료탱크를 제작하여 공급하는 사업을 영위함.

○ '○○○한국'은 A국 소재 관계사인 ○○○시스템즈A, 엘엘씨(이하 '○○○ A국'이라 한다)과 a(△△자동차)용 연료탱크를 공동으로 기술개발하기로 약정하였으며,

- B국 소재 관계사인 ○○○시스템즈B(이하 '○○○ B국'이라 한다)와 b(□□자동차)용 연료탱크를 공동으로 기술개발하기로 약정함.

○ 당해 기술개발은 '○○○한국' 등이 C국 소재 관계사인 ○○○시스템즈리서치(이하 '○○○리서치'라 한다)에 의뢰하여 '○○○리서치'에서 시행되며 계약서상 주요 내용은 다음과 같음.

- '○○○리서치'는 의뢰받은 기술개발에 대해 의뢰자의 도움 없이 독자적으로 C국 내에서 기술개발을 수행함.
- 기술개발비용은 실제발생비용에 5%의 이윤을 가산한 금액임.
- 동 비용의 분담액은 해당 연료탱크를 통해 획득할 총예상수익금액 중 각 사의 기대수익비율로 부담함.
- 실무편의상 a연료탱크 개발대금은 완성결과물의 주사용처인 '○○○한국'이, b연료탱크 개발대금은 '○○○ B국'이 개발과정에서 '○○○리서치'에 우선지급한 후, 개발완료후 약정 상대방인 '○○○ A국' 및 '○○○한국'으로부터 당사자 부담액*을 수령함.

  * 각 사의 상기 기대수익비율에 따라 사전 확정되어 있음.

- 기술개발 완료 후, 기술개발결과물과 관련된 모든 권리(지적재산권, 특허권 등)는 '○○○리서치'가 소유*함.

* ○○○리서치와의 계약당사자가 ○○○그룹의 계열사에서 제외되는 경우 계약은 즉시 해지되며, 허여한 라이센스 및 정보제공은 해지 · 중단됨.

- '○○○리서치'의 계약상대방인 '○○○한국'(a연료탱크)과 '○○○ B국'(b연료탱크)에게는 동 결과물이 제공되어, 추가부담 없이 비독점적이고 전 세계적으로 사용할 수 있는 라이센스 및 서브라이센스 권한이 부여됨.
- '○○○한국'과 '○○○ B국' 개발비용분담 계약당사자인 '○○○ A국'(a연료탱크) 및 '○○○한국'(b연료탱크)은 동 분담액을 지급 후 '○○○리서치'와의 당초 계약당사자들과 동일한 권리(비독점적이고 전 세계적으로 사용할 수 있는 라이센스를 취득하며 서브라이센스를 제공할 수 있는 권한)를 취득함.

○'○○○ A국', '○○○ B국', '○○○리서치(C국)'는 국내에 고정사업장을 두지 아니함.

2. 신청내용

내국법인이 a기술개발과 관련하여 C국 법인과 '연구 및 원가분담 약정'을 체결하여 기술개발을 의뢰하고, A국 법인과 '원가분담약정'을 체결하여 일정기준에 따라 기술개발 비용을 분담하고 기술개발결과물에 대한 실시권(LICENSE) 등을 공동 취득하기로 하면서, 편의상 내국법인이 A국 법인의 비용을 선납한 후 정산받기로 한 계약 및 b기술개발과 관련하여 위와 동일한 계약 형태에서 내국법인이 B국 법인과 원가분담약정을 체결하여 B국 법인이 선납한 비용을 정산지급하기로 한 계약과 관련하여

- 내국법인이 지급하는 공동기술개발료의 소득구분 및
- 내국법인이 B국 법인에 공동기술개발료를 정산지급시 적용되는 조세조약

상기 건에 대하여 세무당국은 질의법인이 연구결과물에 대한 법률적 소유권이 없으므로 원가분담약정에 따라 연구개발회사인 외국법인(○○○리서치)에 지급한 금원은 연구결과물의 사용권을 부여받기 위해 지급한 것으로 보아 사용료소득이라 회신했으나, 조세심판원(조심 2011구937, 2013.4.5.)[253]에서는 납세자의 주장대로 기존에 존재하지 않는 기술의 공동연구개발을 위해 원가분담약정에 따라 비용을 분담한 것이므로 쟁점 기술개발비로 지급된 금원은 사용료소득이 아니라고 판단했다.

즉, 연구개발회사인 외국법인(○○○리서치)에게 지급한 쟁점 기술개발비가 이미 존재하는 기술정보에 대한 대가가 아니라 무형자산의 개발을 위한 원가분담약정을 체결하고 각 참여자가 사용권 및 수익적 지분을 취득하기 위하여 지출된 비용이라면 이는 사용료소득이 아니고, 나아가 이러한 결론은 그 연구성과에 대한 법률적 소유권 귀속여부와는 무관한 것으로

253) 조심 2011구937, 2013.4.5. 심판례는 사전답변 법규국조 2009-45, 2009.9.18.(법규-155, 2009.9.18.)과 사실관계가 동일한 것으로 판단된다. : 법인세법 집행기준 93-132-10 [공동기술개발비용 분담액의 사용료 해당 여부]도 법규국조 2009-45, 2009.9.18.를 근거로 생성된 것으로 보인다.

판단된다는 것이다.

따라서 연구·인력개발비 세액공제의 적용 또는 원가분담약정에 따라 외국법인에 지급하는 공동연구개발비의 사용료 여부의 판단 시 원가분담약정과 연구성과의 소유권 공유조건을 포함한 공동연구개발계약의 형식적 측면에만 얽매여서는 곤란하다. 공동연구 참여자가 공동연구의 결과물을 개발하기 위하여 공동연구 시 각자 결과물 개발에 관한 실질적인 관련성을 가졌는지,[254] 그 개발된 연구성과가 실질적으로 이전되어 동 연구성과를 계속적으로 사용·수익했거나 할 수 있는지, 마지막으로 각 참여사에 적절한 공동개발비용이 부담되었는지 등에 대한 충분한 검토가 필요한 것이다.

8 직무발명보상금 지출액

해당 기업이 그 종업원 또는 종업원 외의 자에게 직무발명 보상금으로 지출한 금액은 적격한 연구개발비로 본다.

조세특례제한법 시행령 별표 6 연구·인력개발비 세액공제를 적용받는 비용	
1. 연구개발	다. 해당 기업이 그 종업원 또는 종업원 외의 자에게 직무발명 보상금으로 지출한 금액

직무발명은 「발명진흥법」상의 개념이므로 이하에서는 「발명진흥법」상 직무발명제도 및 직무발명 보상금 등을 살펴보고 세법상 적격한 연구개발비로 인정되는 종업원 등에게 지급한 직무발명 보상금에 대해 살펴보기로 한다.

(1) 직무발명제도의 의의

직무발명에 대한 보상은 종업원의 기술개발 의욕을 높이고, 기업의 기술축적과 이윤창출로 이어져 기업 성장의 원동력이 된다. 즉, 직무발명제도는 발명을 창출할 수 있는 기반인 연구개발(R&D)투자와 시설 등을 제공한 사용자 등과 창조적인 노력으로 발명을 완성한 종업원 등 간의 이익을 합리적으로 조정하는 수단이다. 사용자로 하여금 더욱 더 적극적인 투자를 하도록 유도하는 한편 종업원에게는 경제적 보상을 제공하여 창조적인 발명에 매진할 수 있도록 지원하게 한다.[255]

254) 정현주, "국제적인 라이센스 계약에 관한 조세법적 연구 : 형식적 공동연구개발계약과 관련하여", 석사학위논문, 연세대학교 법무대학원, 2008, 50면

255) 한국발명진흥회, "직무발명제도", http://www.kipa.org/ip-job/index.jsp, 2021.7.10.

이러한 직무발명의 중요성을 인식·반영하여 「발명진흥법」[256]에서는 종업원의 직무발명을 장려하기 위하여 직무발명의 정의(제2조 제2호), 사용자등의 통상실시권(제10조 제1항), 직무발명에 대한 보상(제15조) 등을 규정하고 있다.

(2) 직무발명의 성립요건

직무발명의 개념을 정의하고 있는 「발명진흥법」 제2조 제2호에 의하면, "직무발명이란 종업원, 법인의 임원 또는 공무원(이하 "종업원등"이라 한다)이 그 직무에 관하여 발명한 것이 성질상 사용자·법인 또는 국가나 지방자치단체(이하 "사용자등"이라 한다)의 업무 범위에 속하고 그 발명을 하게 된 행위가 종업원등의 현재 또는 과거의 직무에 속하는 발명"이라고 규정하고 있다.[257]

정리하면 직무발명의 성립요건은 다음과 같다. 이하 직무발명이 되기 위한 위 세 가지 요건에 대하여 차례로 살펴보기로 한다.

직무발명의 성립요건
• 종업원등일 것(종업원 요건, 제1요건) • 직무에 관하여 발명한 것이 성질상 사용자등의 업무 범위에 속할 것(사용자 업무범위 요건, 제2요건) • 발명을 하게 된 행위가 종업원등의 현재 또는 과거의 직무에 속할 것(직무 관련성 요건, 제3요건)

가. 종업원 요건

직무발명에 해당하기 위해서는 해당 발명자가 종업원이어야 한다.

① 종업원등의 개념[258]

i) 종업원

「발명진흥법」에서는 직무발명의 주체를 종업원, 법인의 임원 또는 공무원으로 정하고는

256) 이 법은 발명을 장려하고 발명의 신속하고 효율적인 권리화와 사업화를 촉진함으로써 산업의 기술 경쟁력을 높이고 나아가 국민경제 발전에 이바지함을 목적으로 한다(발명진흥법 제1조).

257) 직무발명과 비교할 수 있는 개념으로 자유발명 및 업무발명이 있다. 자유발명이란 종업원이 한 발명이지만 직무발명에 해당되지 않는 발명을 말하고, 업무발명은 종업원이 한 발명이 종업원의 직무와는 무관하나 사용자의 업무범위에 속하는 발명을 말한다. 자유발명과 업무발명 모두 직무발명에 해당되지 아니하므로 동 발명에 대한 권리는 종업원의 임의처분이 가능하다(윤선희, 「13정판 지적재산권법」, 13정판, 세창출판사, 2013.3., 58면).

258) 특허청·한국발명진흥회, 직무발명보상규정 표준모델 및 해설집, 2016, 83~89면

있으나, 각각의 개념에 대하여는 별도로 언급하고 있지는 않다.

일반적으로 종업원의 사전적 의미는 '어떤 업무에 종사하는 사람'을 뜻하는 것으로 이해될 수 있으나, 이를 기본으로 하여 정립된 법적 개념은 「발명진흥법」 내지 특허법의 목적의 범위 내에서 독자적인 개념으로 이해되고 있다.

「발명진흥법」상 종업원은 통상 사용자에 대하여 지시, 지휘, 명령, 감독을 받으며 사용자를 위하여 근로를 제공하는 자이다.

즉, 근로기준법상의 근로계약이나 민법상의 고용계약을 불문하고, 사용자에게 근로 내지 노무를 제공한다는 객관적 사실이 존재한다면 그 사용자와 종업원 관계가 성립하는 것으로 보게 되는 것이다.

따라서 사용자에게 근로 내지 노무를 제공한다는 객관적 사실의 존부로 종업원인지 여부를 판단하므로, 일시적 또는 임시적으로 고용된 자, 촉탁이나 기능습득 중인 양성공 및 수급공 등을 포함하며, 상근인지 비상근인지 여부, 임금 내지 보수의 지급 여부 등과 무관하게 사용자와의 관계에서 종업원으로 인정될 수 있다(서울중앙지법 2009가합72372, 2009.11.11.).

한편, 사용자에게 근로 내지 노무를 제공한다는 객관적 사실의 존재 여부는 발명의 완성 당시를 기준으로 판단한다(서울고등법원 2006나89086, 2007.8.21.).

ii) 법인의 임원

먼저 법인이란 일정한 목적을 달성하기 위한 사람 또는 재산의 결합으로 권리와 의무를 수행할 수 있는 법률상의 주체를 말하며, 직무발명에 있어서의 법인은 공법인, 사법인 또는 영리법인, 비영리법인인지 여부를 불문한다.

법인의 임원이란 법인의 업무를 운영·감독하는 자를 말하므로, 일반적으로 주식회사를 기준으로 이사급 이상의 직에 있는 자를 의미하는 것으로 이해되며, 대표이사, 이사, 임시이사, 감사 등을 포함한다.

통상 법인의 임원은 노동법상으로는 종업원으로 보기 어려우나 「발명진흥법」상으로는 종업원의 범주에 든다는 점에 유의할 필요가 있다.

iii) 공무원

직무발명에 있어서의 공무원이란 국가 또는 지방자치단체의 공무에 종사하는 자로서 행정부뿐만 아니라 입법부, 사법부에 종사하는 자도 포함하는 넓은 의미의 공무원을 말한다. 따라서 국가공무원, 지방공무원을 분문하며, 일반직 공무원뿐만 아니라 법관, 검사, 경찰, 소방, 군인, 기능직공무원, 계약직공무원 등은 모두 직무발명에 있어서 '종업원 등'에 해당한다.

나. 사용자 업무범위 요건[259)]

직무발명에 해당하기 위해서는 직무에 관하여 발명한 것이 성질상 사용자등의 업무 범위에 속해야 한다.

① 사용자의 개념

「발명진흥법」 제2조 제2호에서는 '사용자 · 법인 또는 국가나 지방자치단체'를 '사용자등'으로 묶고 있으므로, 동 법상 사용자는 자연인에 한정되지 아니함을 알 수 있다.

「근로기준법」 제2조 제2호의 규정에 따르면, "사업주 또는 사업 경영 담당자, 그 밖에 근로자에 관한 사항에 대하여 사업주를 위하여 행위하는 자"를 말하나, 직무발명에 있어서는 그 권리승계 또는 보상에 있어서 승계의 주체 내지 보상의무의 주체가 되는 자로 의미하는 것으로 보아야 한다.

② 업무범위

사용자의 업무 범위는 사용자등이 수행하는 사업의 범위로서 사용자가 자연인인지, 법인 및 국가인지에 따라 각각 달리 해석될 수 있다.

사용자가 자연인이면 현실적인 사업 내용을 중심으로 업무 범위를 파악해야 할 것이다. 사용자가 법인이면 정관에 의하여 정하여진 목적 범위가 업무 범위를 판단함에 있어 주요한 근거가 될 수 있다. 다만, 실제 대부분의 회사 정관에는 '기타 이에 부수하는 사업' 등을 업무범위로 정하는 경우가 많기 때문에 이러한 부수 사업을 어느 범위로 보느냐에 따라 사용자의 업무 범위가 달라질 수 있다.[260)]

다. 직무 관련성 요건[261)]

직무발명에 해당하기 위해서는 발명을 하게 된 행위가 종업원등의 현재 또는 과거의 직무에 속해야 한다.

① 발명(發明)의 개념

「발명진흥법」 제2조 제1호에서는 '발명'이란 「특허법」 · 「실용신안법」 또는 「디자인보호법」에 따라 보호 대상이 되는 발명, 고안 및 창작을 말한다고 규정하고 있다. 따라서 직무발명은 특허법상의 발명에만 국한되는 것이 아니라 실용신안법 또는 디자인보호법상 고안 또는 창작을 포함하는 것이다.

259) 특허청 · 한국발명진흥회, 앞의 책, 90~91면
260) 특허청, 개정 직무발명제도 해설 및 편람, 2013, 63면
261) 특허청 · 한국발명진흥회, 앞의 책, 91~95면

특허법에 따른 발명(특허법 제2조 제1호)
"발명"이라 함은 자연법칙을 이용한 기술적 사상의 창작으로서 고도한 것을 말한다.

실용신안법에 따른 고안(실용신안법 제2조 제1호)
"고안"이라 함은 자연법칙을 이용한 기술적 사상의 창작을 말한다.

디자인보호법에 따른 디자인(디자인보호법 제2조 제1호)
"디자인"이라 함은 물품(물품의 부분 및 글자체를 포함)의 형상·모양·색채 또는 이들을 결합한 것으로서 시각을 통하여 미감을 일으키게 하는 것을 말한다.

특허법이 발명의 개념을 정의하면서 '고도성'을 드는 것은 실용신안의 고안과 구별하기 위한 것으로 기술적 사상의 창작 중 비교적 기술의 정도가 높은 것을 발명으로, 그렇지 못한 것을 고안으로 본다는 취지이다(특허법원 98허3156, 1998.11.12.).

② 발명을 하게 된 행위

'발명을 하게 된 행위가 종업원등의 현재 또는 과거의 직무에 속하는 발명'이란 종업원이 사용자로부터 구체적으로 당해 발명을 직무로서 지시받아 하게 된 경우뿐 아니라, 예컨대 연구소의 연구원, 기술개발부서의 담당자와 같이 종업원이 담당하는 직무내용과 책임범위로 보아 발명을 담당하고 이를 수행하는 것이 당연히 예정되어 있는 경우를 포함하며, 발명을 의도하지 아니하고 그 직무를 수행한 결과 발명하게 된 경우에도 직무발명에 해당된다(대법원 91후1113, 1991.12.27.).

③ 발명의 완성

발명진흥법 제2조 제1호에서는 '발명'을 특허법 등에 따라 보호대상이 되는 발명 등을 말한다고 규정하고 있고, 동법 제12조에서는 종업원이 직무발명을 완성한 경우에 비로소 사용자에게 그 완성사실을 통지하도록 의무를 부과하고 있는 데서 알 수 있듯이, 직무발명이 성립하기 위해서는 발명의 완성이 전제되어야 한다. 발명의 완성에 이르지 못한 경우에는 그 때까지의 종업원의 행위가 직무에 속하는 것이라 하더라도 사용자의 영업비밀 성립 여부를 논할 수 있을지언정 직무발명의 성립을 논할 여지가 없다.

법원은 발명자가 발명을 위한 연구, 개발활동 등을 하였다고 하더라도 그 성과물의 통상의 기술자가 반복 실시하여 목적하는 기술적 효과를 얻을 수 있을 정도로 구체화, 객관화되지 못한 경우에는 직무발명도 당연히 성립하지 않는다고 한다.

④ 종업원의 현재 또는 과거의 직무에 속할 것

i) 직무(職務)의 개념

'직무'란 종업원이 직책이나 직업상에서 책임을 지고 담당하여 맡은 사무를 말한다. 종업원등의 직무의 인정범위를 정하는 것은 종업원등의 발명이 직무발명인지 아니면 개인(자유)발명인지 그 성격을 정하는 단초가 될 수 있으므로 중요하다.

즉, 종업원 등의 직무내용 자체가 특정 연구 내지 발명인 경우이거나 종업원등이 사용자등으로부터 구체적인 지시를 받아 발명을 완성하는 경우에 이는 당연히 종업원의 '직무'로 인정됨은 물론이고, 구체적인 지시 없이 종업원등이 자발적으로 발명한 경우라 하더라도 그러한 발명이 당해 종업원의 직무내용에 관련되는 것이라면 직무발명의 성립요건으로서의 '직무'에 해당하는 것으로 볼 수 있다.

ii) 현재 또는 과거의 직무

직무발명이 성립되려면 발명을 하게 된 행위가 종업원등의 '현재 또는 과거의 직무에 속하는 발명'이어야 한다. 이때 '현재의 직무'에 속하는 발명에 대하여는 앞서 살펴본 '직무'를 판단하는 것과 크게 다를 바 없으나, '과거의 직무'에 속하는지 여부는 구체적으로 살펴 볼 필요가 있다.

'과거의 직무'란 일반적으로 동일 기업 내에서 당해 종업원이 담당했던 직무를 의미하는 것으로, 보직이 변경되어 다른 직무를 수행하던 중에 이전 보직상의 직무에 속하는 발명을 한 것이라도 직무발명으로 볼 수 있다.

한편, 고용관계가 종료된 후에는, 과거 종업원이었던 자가 퇴직 전의 직무에 속하는 발명을 한 경우 원칙적으로 개인(자유)발명으로 보아야 할 것이다. 그러나, 발명의 완성 당시 종업원이었던 자가 그 직무에 속하는 발명을 완성하였음에도 불구하고 이를 은닉·묵비하고 있다가 퇴직한 후 출원하는 경우 등은 개인(자유)발명이 아니라 직무발명으로 보아야 할 것이다(수원지방법원 2002가합11918, 2004.5.21.).

따라서 퇴직 후의 발명이 언제나 직무발명이 아니라고 단언할 수 없다. 이때, 종업원 등의 발명이 직무발명인지 여부에 대한 입증책임은 직무발명임을 주장하는 사용자가 부담하는 것이다.

(3) 발명자 요건[262)]

가. 정의

특허법 제33조 제1항은 본문에서 발명자 또는 그 승계인만이 특허를 받을 수 있는 권리를 가진다고 규정하고 있고, 발명자의 개념에 대하여는 법에 따로 규정하고 있지 않다. 발명자 또는 그 승계인이 아닌 자가 한 특허출원은 거절이유[263)] 및 무효사유[264)]가 된다.

발명자의 결정은 직무발명과 관련된 보상금 청구 소송에서 종업원이 발명자에 해당하는지를 다툴 때 중요한 쟁점이 된다. 특허청 심사지침서에는 '발명자란 자연법칙을 이용하여 기술적 사상을 창작한 자'라고 기재되어 있고, 대법원 판례는 '발명을 한 자'는 자연법칙을 이용하여 기술적 사상을 고도로 창작한 사람을 가리킨다고 판시한다.[265)]

발명자라 함은 어떠한 문제를 해결하기 위하여 기술적 수단을 착상하고 이를 반복하여 실현하는 방법을 만든 자라고 할 것이고, 단순히 기술의 착상에만 그치고 이를 구체화하는 과정에 관여하지 않은 자, 일반적인 지식을 제공한 조언자, 단순한 보조자, 자금제공자, 도급인이나 명령자는 진정한 발명자라고 할 수 없다(수원지방법원 2007가합14622, 2008.19.17.).

나. 직무발명자에 해당하는 자와 아닌 자의 예시

① 직무발명자에 해당하는 자[266)]

- 어떤 문제를 해결하기 위한 기술적 수단을 착상하고 이를 반복하여 실현하는 방법을 만든 자
- 발명을 구체화하기에는 약간의 불완전한 신규의 착상을 하고, 타인에 의해 일반적 지식의 조언 또는 지도를 얻어 발명을 완성한 자
- 구체화하기에는 충분하지 않고 불완전한 타인의 착상에 대하여 다시 별도의 신규의 착상을 가미한 발명을 완성한 자
- 타인의 발명에 힌트를 얻고 다시 그 발명의 범위를 확장하거나 개량하여 발명을 한 자
- 도저히 구체화할 수 없는 정도의 타인의 착상에 대하여 그것을 구체화하는 기술적 수단을 생각하여 발명을 완성한 자

---

262) 특허청 · 한국발명진흥회, 앞의 책, 96~98면
263) 특허법 제62조 제2호
264) 특허법 제133조 제1항 제2호
265) 대법원 2009후2463, 20011.9.29.
266) 윤선희, 특허법, 법문사, 2007, 286~287면

② 직무발명자가 아닌 자[267)]

- 발명자에게 자금을 제공하여 설비이용의 편의를 주는 등 발명의 완성을 원조하거나 위탁한 자
- 희망 조건만을 제시하고 그것을 해결할 착상을 제공하지 않은 자
- 발명을 구체화하기에는 약간의 불완전한 착상을 한 자에 대하여 단지 일반적 지식의 조언 또는 지도를 해 주어 그 발명을 완성하게 한 자
- 단지 해결해야 할 문제를 제시했을 뿐 그것을 해결하는 기술적 수단을 구체적으로 제시하지 않았던 자, 예컨대 타인의 착상을 구체화하기 위하여 단지 제도, 시작 실험 등만을 한 자이거나, 타인의 발명 결과를 정리하여 적당히 문서화한 자
- 추상적인 착상만을 한 채 그것을 구체화할 어떤 수단을 생각하지 못하고 방임해 둔 자
- 발명의 과정에서 연구자의 지시로 단순히 데이터를 정리하거나 제시된 제도, 실험 등을 한 것에 지나지 않은 단순한 보조자

(4) 직무발명에 대한 권리 및 의무의 귀속

가. 종업원의 권리 및 의무

① 특허를 받을 수 있는 권리 또는 특허권의 취득

직무발명에 대하여 종업원은 발명자로서 특허, 실용신안등록, 디자인등록(이하 "특허등"이라 한다)을 받을 수 있는 권리 또는 특허권, 실용신안권, 디자인권(이하 "특허권등"이라 한다)을 취득하게 된다. 따라서 직무발명자인 종업원은 특허등을 받을 수 있는 권리나 특허권등을 이전 또는 처분할 수 있다.

② 정당한 보상을 받을 권리

직무발명자인 종업원은 사용자로 하여금 계약 또는 근무규정에 의하여 특허등을 받을 수 있는 권리나 특허권등을 승계시키거나 사용자를 위하여 전용실시권을 설정할 수 있다. 이 경우 종업원은 사용자로부터 정당한 보상을 받을 권리(보상금 청구권)를 갖는다(발명진흥법 제15조).[268)]

③ 직무발명 완성사실의 통지 의무

종업원등이 직무발명을 완성한 경우에는 지체 없이 그 사실을 사용자등에게 문서로 알려야 한다(발명진흥법 제12조).

267) 윤선희, 특허법, 법문사, 2007, 286~287면

268) 특허청, 앞의 책, 62면

나. 사용자의 권리 및 의무

① 통상실시권의 취득할 권리

사용자등은 직무발명에 대하여 종업원등이 특허등을 받았거나 특허등을 받을 수 있는 권리를 승계한 자가 특허등을 받으면 사용자등은 그 특허권등에 대하여 통상실시권을 가진다(발명진흥법 제10조 제1항). 이때의 통상실시권은 「발명진흥법」 제10조에 의하여 당연히 발생하는 실시권으로서 무상이며, 당해 특허권등의 소멸 시까지 유효한 통상실시권이다. 다만, 사용자등이 「중소기업기본법」 제2조에 따른 중소기업이 아닌 기업인 경우 종업원등과의 협의를 거쳐 미리 다음의 어느 하나에 해당하는 계약 또는 근무규정을 체결 또는 작성하지 아니한 경우에는 그러하지 아니하다.

- 종업원등의 직무발명에 대하여 사용자등에게 특허등을 받을 수 있는 권리나 특허권등을 승계시키는 계약 또는 근무규정
- 종업원등의 직무발명에 대하여 사용자등을 위하여 전용실시권을 설정하도록 하는 계약 또는 근무규정

② 승계취득 또는 전용실시권을 설정할 권리

사용자등은 앞서 언급한 무상의 통상실시권을 갖는 가운데 보다 적극적으로 계약이나 근무규정에 의하여 종업원의 직무발명에 대하여 특허등을 받을 수 있는 권리 또는 특허권등을 승계취득할 수 있으며, 종업원이 특허권등을 취득한 경우 전용실시권을 설정할 수 있다. 다만, 이러한 내용을 정한 계약이나 근무규정이 없는 경우 사용자등이 종업원등의 의사와 다르게 그 발명에 대한 권리의 승계를 주장할 수 없다(발명진흥법 제13조).[269)]

③ 직무발명에 대해 보상할 의무

사용자 등이 종업원등의 직무발명에 대하여 특허등을 받을 수 있는 권리나 특허권등을 계약이나 근무규정에 따라 승계하게 하거나 전용실시권을 설정한 경우에는 종업원등에게 정당한 보상을 하여야할 의무를 부담한다(발명진흥법 제15조).

또한 사용자등은 직무발명에 대한 권리를 승계한 후 출원(出願)하지 아니하거나 출원을 포기 또는 취하하는 경우에도 종업원등에게 정당한 보상을 하여야 한다(발명진흥법 제16조).

269) 특허청, 앞의 책, 68면

(5) 직무발명에 대한 보상[270)]

일반적으로 기업체에서 실시하고 있는 종업원의 직무발명에 대한 대가(보상)의 종류로는 발명보상, 출원보상, 등록보상, 실적보상 등이 있다.

① 발명(제안)보상

발명보상은 종업원이 고안한 발명을 특허청에 출원하기 전에 받는 보상으로 출원유무에 관계없이 종업원의 아이디어와 발명적 노력에 대한 일종의 장려금적 성질을 가진 보상이다.

② 출원보상

출원보상은 종업원이 한 발명을 사용자가 특허받을 수 있는 권리를 승계하여 특허청에 출원함으로써 발생하는 보상으로 미확정 권리에 대한 대가이기 때문에 장려금적 성질을 가지며, 특허성과 경제성이 있다고 판단해서 출원한 것이고, 일단 출원 후에는 후원배제의 효과와 출원공개시 확대된 선원의 지위를 가질 수 있기 때문에 지급하는 보상이다.

③ 등록보상

사용자가 승계받은 발명이 등록 결정되어 특허 등록되었을 때 지급하는 보상이다. 다만, 실용신안은 기술평가 요청에 대한 유지결정을 받았을 때 한하여 지급한다.

④ 실적(실시)보상

사용자가 출원중인 발명 또는 특허 등록된 발명을 실시하여 이익을 얻었을 경우 지급하는 보상금으로 사용자가 얻은 이익의 액에 따라 차등 지급된다.

⑤ 처분보상

사용자가 종업원의 직무발명에 대하여 특허받을 수 있는 권리 또는 특허권을 타인에게 양도하거나 실시를 허여했을 경우 지급하는 보상으로 처분금액의 일정비율로 지급된다.

⑥ 출원유보보상

사용자가 종업원의 직무발명을 노하우(Know-How)로 보존하는 경우 또는 공개 시 중대한 손해가 발생할 우려가 있다고 판단되어 출원을 유보하는 경우 지급하는 보상으로, 이 경우 보상의 액은 당해 발명이 산업재산권으로 보호되었더라면 종업원 등이 받을 수 있었던 경제적 이익을 고려하여 결정하여야 한다(발명진흥법 제16조).

270) 특허청, 앞의 책, 87~88면

⑦ 기타보상

이 밖에도 출원발명의 심사청구 시에 보상하는 '심사청구보상', 자사의 업종과 관련 있는 타인의 출원발명에 대하여 이의신청 또는 심판에 참여하여 무효 시켰을 경우 또는 자사의 특허에 대한 침해 적발 시 지급하는 '방어보상' 등이 있다.

(6) 조세특례제한법상 직무발명보상금의 허용 범위

해당 기업이 그 종업원 또는 종업원 외의 자에게 앞에서 살펴본 직무발명 보상금으로 지출한 금액은 적격한 연구개발비로 보아 연구 · 인력개발비의 연구 · 인력개발비 세액공제 등의 조세특례제한법상 연구개발 관련 조세지원제도가 적용된다.

조세특례제한법상 '그 종업원 또는 종업원 외의 자' 또는 '직무발명보상금'에 대한 특별한 정의가 없지만, 직무발명은 「발명진흥법」상의 개념이므로 세법해석상 용어의 차용원칙에 따라 「발명진흥법」상의 직무발명보상금의 정의규정을 참고하여 그 범위를 판단해야 할 것으로 판단된다.

따라서 조세특례제한법 시행령 별표 6 다목 상 '종업원 또는 종업원 외의 자'라 함은 앞서 「발명진흥법」에서 살펴본 바와 같이 「발명진흥법」상 종업원, 법인의 임원을 말하는 것으로 보아야 할 것이다(사전-2015-법령해석법인-0316, 2015.10.6., 대법원 2013두2655, 2013.6.27., 심사법인 2013-30, 2013.7.16.).

History **회사의 임원에게 직무발명보상금으로 지출한 금액도 적격한 연구개발비로 보는 것인지 여부**(2008.10.7. 대통령령 제21064호로 일부 개정되기 전의 조세특례제한법 시행령 별표 6 제1호 라목 관련)

직무발명보상금의 적격비용요건을 규정하고 있던 조세특례제한법 시행령 제9조 제2항 별표 6 제1호 라목이 2008.10.7.에 다음과 같이 개정되었다.[271)]

|개정세법해설| **연구 · 인력개발비 세액공제가 적용되는 비용 조정**(조세특례제한법 시행령 별표 6)

(1) 개정내용

종 전	개 정
1. 기술개발 라. 종업원에 지급하는 직무발명보상금 등	1. 기술개발 라. 종업원 및 종업원 외의 자에게 지급한 직무발명 보상금

271) 기획재정부, 「2008 간추린 개정세법」, 2009.

(2) 개정이유

연구개발 및 인력개발에 필요한 비용 중 연구개발비 세액공제가 적용되는 연구개발비의 범위를 합리적으로 조정

(3) 적용시기 및 적용례

2008.10.7.이 속하는 과세연도에 발생하는 분부터 적용

2008.10.7. 조세특례제한법 시행령 별표 6 제1호 라목의 개정 전에는 세무당국은 '종업원'이라는 글귀에 주목하여 '종업원'의 개념에 임원은 제외된다고 보아 '종업원'에 국한하여 지급된 직무발명보상금만을 적격한 연구개발비로 보았다(법인-1255, 2009.11.9.). 즉, 회사의 임원에게 지급한 직무발명보상금은 연구·인력개발비 세액공제 대상금액이 아니라고 해석해 오고 있었던 것이다.

그런데, 개정 전 조세특례제한법 시행령 별표 6 제1호 라목에서 규정하고 있는 '종업원'을 「발명진흥법」 제2조 제2호에서 규정한 종업원등(종업원, 임원 또는 공무원)으로 봐야 한다는 납세자의 주장이 제기 되었고 대법원에서는 납세자의 손을 들어 주었다(대법원 2013두2655, 2013.6.27.[272]).

대법원에서는 다음과 같은 이유로 개정 전 조세특례제한법 시행령 별표 6 제1호 라목의 종업원에는 임원이 포함된다고 판시하였다.

대법원 2013두2655, 2013.6.27. 中

① 조세특례제한법 제10조의 규정이 직무발명보상금으로 지출한 금액을 연구·인력개발비로 보아 내국법인의 법인세에 관한 세액공제 대상으로 정한 취지는 조세지원을 통해 기업의 연구개발을 장려하고 촉진하고자 함에 있는 점, ② 2008.10.7. 대통령령 제21064호로 개정된 조세특례제한법 시행령 제9조 제2항 별표 6 제1호 라목은 '종업원 또는 종업원 외의 자에게 직무발명보상금으로 지출한 금액'을 세액공제 대상이 되는 직무발명보상금으로 규정함으로써 임원에게 지출한 직무발명보상금도 세액공제 대상이 됨을 분명히 하였던 점, ③ 조세특례제한법 제12조는 기술이전소득 등에 대한 과세특례를 규정하면서 내국법인과 특수관계에 있는 자에게 지급한 금액을 세액공제 대상에서 제외하도록 명시적으로 규정하고 있는 반면, 조세특례제한법 제10조 제1항은 특수관계자에게 지급한 직무발명보상금을 세액공제 대상에서 제외하는 것으로 규정하고 있지 않은 점 등에 비추어 보면, 이 사건

272) 전심판례는 서울고등법원 2012누7457, 2013.1.11., 수원지방법원 2011구합10134, 2012.2.3., 조심 2010중1353, 2011.4.21.이다.

규정 소정의 직무발명보상금이란 「발명진흥법」 제2조 제2호에서 규정한 직무발명보상금을 뜻하는 것으로 보아야 하고, 임원이나 특수관계자에게 지급하는 직무발명보상금이라고 하더라도 이를 연구·인력개발비 세액공제 대상에서 제외할 것은 아니다.

참고로 해당 판례에서 직무발명보상금을 지급받은 자는 원고인 회사의 지분 55.33%를 가진 등기이사였다.

개정 전 조세특례제한법 시행령 별표 6 제1호 라목 해석 시 종업원의 개념에 임원도 포함된다는 대법원의 판단은 동 대법원 판결의 하급심 판결인 수원지방법원 2011구합10134(2012.2.3.)에서 보다 다양한 논거를 제시하고 있으니 판결의 주요내용을 살펴보고 마무리한다.

수원지방법원 2011구합10134, 2012.2.3. 中

조세법률주의의 원칙상 조세법규의 해석은 특별한 사정이 없는 한 법문대로 해석하여야 하고 합리적 이유 없이 확장해석하거나 유추해석하는 것은 허용되지 않지만, 법규 상호간의 해석을 통하여 그 의미를 명백히 할 필요가 있는 경우에는 조세법률주의가 지향하는 법적 안정성 및 예측가능성을 해치지 않는 범위 내에서 입법취지 및 목적 등을 고려한 합목적적 해석을 하는 것은 불가피하다(대법원 2008.1.17. 선고, 2007두11139 판결 등 참조).

이러한 원칙하에 조세특례제한법상 종업원의 정의 또는 개념을 살펴보건대, 조세특례제한법 제2조 제1항에서는 조세특례제한법에서 사용하는 용어의 뜻에 대해 정의하고 있는데 특별히 종업원에 대한 정의는 없으며, 제2항에서는 제1항에서 규정된 용어 외의 용어에 관하여는 이 법(조세특례제한법)에서 특별히 정하는 경우를 제외하고는 제3조 제1항 제1호 내지 제19호에 규정된 법률(소득세법, 법인세법 등)에서 사용하는 용어의 예에 의한다고 규정하고 있어, 종업원에 대해 조세특례제한법령, 나아가 소득세법령 또는 법인세법령에서 어떻게 정하고 있는지 살펴보면 다음과 같다.

우선, 조세특례제한법령에서 종업원과 임원을 대비하여 사용한 규정은, ① 조특법 제94조(2010.1.1. 법률 제9921호로 개정되기 전의 것) 제1항 제1호에서 '무주택종업원(출자자인 임원을 제외한다)에게 임대하기 위한 국민주택'라는 규정, ② 구 조세특례제한법 시행령(2008.2.22. 대통령령 제20620호로 개정되기 전의 것) 제13조 제8항에서 '법 제15조 제1항·제2항 및 제4항에 따른 종업원등에는 임원을 포함하되, 다음 각 호의 어느 하나에 해당하는 자를 제외한다'와 제117조의 2 제11항에서 "법 제122조의 2 제9항 제5호에서 '상시 사용하는 종업원 수'라 함은 당해 기업에 계속하여 고용되어 있는 근로자[주주인 임원(이하 생략)을 제외한다] 수로서 과세연도의 매월 말일 현재 인원수를 합하여 해당 월수로 나눈 인원수를 기준으로 하여 계산한다"라는 규정, ③ 구 조세특례제한법 시행규칙(2011.4.7. 기획재정부령 제204호로 개정되기 전의 것) 제2조 제2항에서 "영 제2조 제1항 각 호 외 의 부분 단서 및 동항 제1호에서 '상시 사용하는 종업원수'라 함은 당해 기업에 계속하여 고용되어 있는 근로자[주주인 임원을 제외한다] 수로 한다" 및 구 조세특례제한법 시행규칙(2007.3.30. 부령 제548호로 개정되기 전의 것) 제6조 제2항에서 "영 제8조 제3항의 규정에 의한 [별표 5]의 1의 (가)목 ①에서 '전담부서에서 근무하는 직원으로서 재정경제부령이 정하는 자'라 함은 과학기술분야의 연구업무에 종사하는 연구요원 및 이들의 연구업무를 직접적으로 지원하는 자(주주인 임원으로서 영 제13조 제8항 각 호의 1에 해당하는 자를 제외한다)를 말한다"라는 규정을 들 수 있다.

위 각 규정의 문언내용 및 체계 등에 비추어 보면, 위 각 조세특례제한법령에서의 종업원, 근로자 또는 직원은 원칙적으로 임원을 포함하는 개념임을 전제로, 개별 규정에서 그 입법취지 등을 고려하여 주주인 임원을 제외하는 것이 타당한 경우에는 위 각 규정과 같이 명시적으로 임원을 제외하도록 규정하고 있다고 봄이 상당하다.

다음으로 조세특례제한법 제2조 제2항에 따라 제3조 제1항 제1·2호의 소득세법령과 법인세법령에서 종업원과 임원을 대비하여 사용한 규정을 살피건대, 법인세법령에서는 종업원과 임원을 대비하여 사용한 규정은 없는 것으로 보이고, 소득세법령의 규정내용[273) 및 체계 등에 비추어 보면, 소득세법령은 종업원과 임원을 엄격하게 구분하여 사용하고 있지는 않으나('임원 아닌 종업원', '임원 또는 종업원', '종업원 및 임원', '종업원이 임원으로 취임한 경우'), 임원을 종업원에서 배제하는 규정은 없을 뿐 아니라 오히려 종업원과 임원을 사용자에 대비한 피사용자 개념에 함께 포함하고 있어 위 각 법령의 문언만으로는 이 사건 규정의 '종업원'에 '임원'이 포함되지 않는다고 단정하기 어렵다.

마지막으로, 이 사건 규정이 2008.10.7. 법률 제21064호로 개정되면서 '당해 기업이 그 종업원 또는 종업원 외의 자에게 직무발명 보상금으로 지출한 금액'으로 개정되어 '종업원'과 '종업원 외의 자'를 구별하여 사용하고 있으나, 그 개정취지는 세액공제의 범위를 합리적으로 조정하면서, 국제경쟁력 강화를 위해 직무발명을 활성화하고 적극 장려하기 위한 것인 점, 이와 같은 연구개발에 대한 투자촉진 및 활성화의 일환으로 아마 소득세법 제12조 제5호 라목이 2007.12.31. 개정되면서 '대학의 교원'이 지급 받는 연구관련 보상금도 비과세하도록 수혜자의 범위가 확대되었고, 조세특례제한법 제10조 제1항 제1호 나목이 2008.12.26. 개정되면서 중소기업 세액공제의 범위가 15%에서 25%로 확대되었던 점, 결국 위 개정규정은 '임원'보다는 '종업원 외의 외부자'에게 지급한 직무관련 보상금도 연구 및 인력개발비 세액공제가 가능하도록 규정하는 데 주된 취지가 있다고 봄이 상당한 점 등을 종합하면, 위 개정규정에 의하여 비로소 '임원'에 대하여 지급한 직무발명 보상금이 세액공제 대상이 되는 것으로는 볼 수 없고, 이는 연구개발비 세액공제가 적용되는 연구개발비의 범위에 있어 '종업원'에 '임원'이 포함되어 있음을 확인한 규정으로 봄이 타당하다.

273) 소득세법령상 종업원과 임원을 대비하여 사용한 규정에 대해서는 수원지방법원 2011구합10134, 2012.2.3.를 참조할 것

사례 36 출원하지 않거나, 출원중이거나, 출원 후 등록되지 못한 발명 등에 대해서 보상금을 지급한 경우 조세특례제한법상 적격한 직무발명보상금에 해당하는지 여부

「발명진흥법」 제15조 제6항에서는 보상액을 결정할 때에는 그 발명에 의하여 사용자등이 얻을 이익과 그 발명을 완성하기까지의 사용자와 종업원이 공헌한 정도를 고려하도록 규정하고 있다.

즉, 법원이 관여하는 사후적 보상금 산정 과정에서는 종업원이 행한 발명에 대한 특허등을 받을 수 있는 권리 내지 특허권등의 승계에 대한 보상에 있어 발명이 갖는 가치와 그를 통하여 얻은 이익에 대한 당사자의 공헌도를 요소로 하고 있는 것이다.[274)]

이때 종업원이 받게 되는 보상금 산정의 기초가 되는 '사용자가 얻을 이익'은 사용자등이 종업원등으로부터 직무발명을 승계한 것에 의하여 발생하는 사실상의 이익이며, 법적으로 보장된 배타적 이익에 한정되지 않는다.

예컨대 직무발명이 특허로 등록 혹은 실시되었는지 여부, 나아가 출원되지 않은 경우라도 '얻을 이익'은 발생하는 것이며, 종업원등에게는 직무발명으로 일정한 보상이 인정되게 된다. 따라서 이러한 '이익'에는 특허를 받을 수 있는 권리의 승계와 인과관계가 있는 이익, 즉 출원 여부를 선택할 수 있는 기회를 부여받은 것에 따른 이익, 당해 직무발명을 출원한 경우에 얻게 되는 선출원의 지위로서의 이익, 당해 발명을 실시한 경우 시장선행의 이익, 당해 직무발명을 영업비밀로 이용한 경우 경업자에 대한 우위 등 생각할 수 있는 모든 이익이 포함되게 된다는 것이다.[275)]

이러한 내용은 「발명진흥법」에서도 확인되는데, 「발명진흥법」 제2조는 발명, 직무발명, 산업재산권을 구분하여 정의하고 있고, 발명이 특허등으로 등록된 이후에는 산업재산권이라 별도로 정의하고 있음을 볼 때, '특허등의 등록'은 발명 중의 일부가 출원, 심사, 등록의 과정을 거쳐 등록되는 것이지, 특허등의 등록을 받아야만 발명으로 인정되는 것이 아니다. 따라서 「발명진흥법」상 직무발명 또는 직무발명보상금은 특허등의 등록과는 무관한 것이므로, 출원하지 않거나, 출원중이거나, 출원 후 등록되지 못한 발명 등에 대해서 종업원등에게 보상금을 지급한 경우에도 조세특례제한법상 적격한 직무발명보상금에 해당하는 것이다.[276)]

정리하면 종업원등이 그 직무에 관하여 발명한 것이 성질상 사용자등의 업무범위에 속하고 그 발명을 하게 된 행위가 종업원등의 현재 또는 과거의 직무에 속하는 발명이고, 그에 대한 보상액이 일정한 상황을 고려하여 근무규정 등에서 정해 합리적인 것으로 인정되는

274) 윤선희, "「발명진흥법」 제15조 제3항에 있어서의 직무발명 보상금 산정 요소에 대한 연구", 「저스티스」 통권 제129호, 2012.4., 125면

275) 윤선희, 위의 논문, 129~130면

276) 손영욱, "출원중인 직무발명에 대한 보상금은 비과세가 아니라는 재경부 예규의 재검토 필요", 사단법인 한국대학기술이전협회

경우[277]에는 특별한 사정이 없는 한 조세특례제한법상 적격한 직무발명보상금으로 보아 연구개발비 관련 조세지원을 받아야 할 것으로 판단된다(대법원 2013두2655, 2013.6.27.).

사례 37 실시보상, 처분보상 등의 직무발명보상금도 조세특례제한법상 적격한 직무발명보상금에 해당하는지 여부

직무발명보상금은 '그 직무발명에 의해 사용자가 얻을 이익'의 성격에 따라 일반적으로 발명보상금, 출원·등록보상금, 실시·처분보상금 등으로 나뉠 수 있는데(서울고등법원 2008나119134, 2009.8.20.), 실시보상이란 자사가 직접 실시하는 경우의 보상을 말하고, 처분보상이란 제3자에게 권리를 양도하거나 실시허여(Licensing)하는 경우의 보상을 말한다.[278]

따라서 실시·처분보상금도 「발명진흥법」상 직무발명보상금에 해당함이 분명한 것으로 판단되므로 조세특례제한법상 적격한 직무발명보상금에 해당하는 것으로 판단된다. 하지만, 세무당국은 실시·처분보상금을 적격한 직무발명보상금의 범위에서 제외하고 있는 것으로 보인다(서면2팀-1196, 2005.7.25.).

조세특례제한법상 적격한 직무발명보상금과 소득세법상 비과세소득으로 규정된 직무발명보상금은 동일한 것이므로 보다 자세한 내용은 '제7편 제2장 소득세, 지방세, 관세법상 연구개발 조세지원 제1절 소득세편'에서 다루고 있는 직무발명보상금 비과세 소득의 내용을 참조하길 바란다.

사례 38 직원의 기본급을 낮추고 직무발명이 완성된 경우 기존 급여와의 차액 등을 직무발명보상금으로 지급하는 경우 연구·인력개발비 세액공제 대상 직무발명보상금에 해당하는지 여부

내국법인이 「발명진흥법」에 따른 직무발명보상금을 종업원에게 지출하는 경우 해당 지출액은 「조세특례제한법 시행령」 별표 6 의 1. 연구개발 다목에 따라 연구·인력개발비 세액공제를 적용받는 비용에 포함되는 것이나, 보상형태가 「발명진흥법」에 따른 정당한 직무발명보상금에 해당하는지 여부는 사실판단할 사항이다.

사례 39 실시보상 및 처분보상의 산정 기준

아래 소개할 판례는 실시보상 및 처분보상 시의 직무발명 보상액의 산정과 관련된 사례이다. 「발명진흥법」 제15조 제6항에서는 보상액을 결정할 때에는 그 발명에 의하여 사용자등이 얻을 이익과 그 발명을 완성하기까지의 사용자와 종업원이 공헌한 정도를

277) 「발명진흥법」 제15조 제6항

278) 특허청, 「기업 직무발명보상규정 표준모델」, 2012.11., 64~65면

고려하도록 규정하고 있다. 하지만, 직무발명 보상액 결정 요소들을 정함에 있어서 주관적인 부분이 많이 개입될 수밖에 없어 직무발명보상금을 어떻게 산정하는지에 대해 납세자와 세무 당국 간에 다툼이 많다.[279)]

이 책을 읽는 독자들이 직무발명보상금 산정방식을 이해하는 데 도움이 될 수 있도록 관련 판례의 전문을 옮겼으니 참고하길 바란다.[280)]

창원지방법원 2018구합52523, 2019.7.4

I. 사건의 개요

1) 원고는 전기 기계, 법랑제품, 증류기, 열교환기 및 가스발생기 제조 및 판매 등을 목적으로 하는 회사이고, SSS는 원고의 주주(보유주식비율 98.65%)이자 대표이사이다.
2) SSS는 '배연탈황 설비의 열소자 코팅용 조성물'에 대한 직무발명(이하 '이 사건 직무발명')을 하였고, 원고는 이 사건 직무발명에 관하여 SSS로부터 특허를 받을 권리를 승계받아 2012.8.13. 출원번호 제2012-00*****호, 등록번호 제10-*******호로 특허권 설정등록을 하였다.
3) 원고는 2016.10.14. 이 사건 직무발명에 대한 실시보상금을 547,222,200원[이 사건 직무발명을 실시한 제품의 매출액 18,240,740,026원 × 특허기여도(30%) × 발명자 보상율(10%), 이하 '이 사건 직무발명보상금']으로 산정하여 SSS에게 지급하고, 이를 손금으로 계상하여 피고에게 2014.1.1.~2016.12.31. 사업연도 법인세 신고를 하였다.
4) 피고는, 원고가 특수관계인인 대표자(SSS)에게 지급한 이 사건 직무발명보상금은 실시료율 고려 없이 임의 산정한 것이라고 보았다. 이에 따라 피고는 이 사건 직무발명보상금 중 적정금액 109,444,440원을 초과하는 437,777,761원은 손금불산입하고 이를 대표이사 SSS에 대한 상여로 소득처분하여, 원고에게 2017.12.11. 2016 사업연도 귀속 법인세 82,847,650원(일반과소신고 및 납부불성실에 따른 가산세 합계 12,428,907원 포함)의 부과처분을 하고, 2018.1.1. 귀속자 SSS에 대한 2016년 귀속 상여 437,777,761원에 관한 소득금액변동통지를 하였다(이하 '이 사건 각 처분', 피고가 이 사건 직무발명에 대한 적정 보상금액으로 인정한 109,444,440원은, 이 사건 직무발명보상금 547,222,200원에 실시료율 20%를 곱한 금액이다).
5) 원고는 2018.2.8. 조세심판원에 심판청구를 하였으나, 2018.6.7. 심판청구가 기각

279) 조심 2018중4434, 2019.11.28. 등

280) 상기 지방법원 판결에 대해 납세자가 고등법원과 대법원에 항소/상고하였으나 모두 패소했다(조심 2018부0972, 2018.6.7., 부산고등법원(창원) 2019누11159, 2020.1.22., 대법원 2020두34476, 2020.6.4.).

되었다. 원고는 2018.6.14. 위 결정문을 수령하였다.

Ⅱ. 당사자의 주장

1) 원고의 주장

이 사건 직무발명보상금은 부당행위계산부인 대상이 아니고, 피고가 인정한 적정 보상금액을 '시가'로 볼 수도 없다.

① 직무발명보상금에 관하여 구 조세특례제한법 제10조(연구·인력개발비에 대한 세액공제)가 적용될 수 있는지가 문제되는 경우와는 달리, 직무발명보상금이 법인세법에 따라 손금으로 인정되기 위하여 발명진흥법상 직무발명에 대한 보상 관련 규정을 준수하여야 하는 것은 아닌 점, ② 직무발명보상금을 산정하면서 실시료율을 적용하지 않았다고 하여 곧바로 부당행위계산부인 규정의 적용대상이 된다고 볼 수 없고, 실시료율을 적용해 산정한 금액을 초과한 보상금을 무조건 부당행위계산부인 대상이라고 볼 수도 없는 점, ③ 원고의 직무발명보상규정은 원고 소속 임직원 전부에게 일률적으로 적용되는 것인 점, ④ 이 사건 직무발명으로 원고는 발전소와 수의계약을 체결할 수 있었고 원고 매출액 중 80%가 이 사건 직무발명으로 발생하였음에도, 원고의 직무발명보상규정에 따라 특허기여도(제품 매출액에 특허가 기여한 비율)를 30%만 인정한 점, ⑤ 이 사건 직무발명보상금은 관련 매출의 약 3%에 불과하여 공무원에게 적용되는 직무발명 보상규정이나 특허청의 표준 직무발명보상금 산정기준세칙에 따른 보상금 한도 등과 비교할 때 과도하다고 볼 수 없는 점 등을 종합하면, 피고의 이 사건 직무발명 보상금 지급은 부당행위계산부인 대상에 해당하지 않고, 피고가 위 보상금에 실시료율 20%를 적용해 산정한 109,444,440원을 법인세법 제52조 제2항에 정한 '시가'로 볼 수도 없다.

2) 피고 주장

이 사건 직무발명보상금은 구 법인세법(2018.12.24. 법률 제16008호로 개정되기 전의 것, 이하 같다) 제52조, 구 법인세법 시행령(2019.2.12. 대통령령 제29529호로 개정되기 전의 것, 이하 같다) 제88조 제1항 제7호 또는 제9호에 해당하여 부당행위계산부인 대상이 된다.

원고의 직무발명보상규정은 발명진흥법 및 발명진흥법 시행령 규정을 위반한 중대하고 명백한 하자가 있어 적법한 절차를 준수한 보상 규정이라고 할 수 없다. 직무발명보상금을 산정할 때에는 '사용자 등이 얻을 이익'과 '종업원의 공헌도'를 반영하여야 하며, 이때 '사용자 등이 얻을 이익'은 '독점 매출액'에 '실시료율'을 적용해 산출하여야 한다. 원고는 대표이사에게 지급할 이 사건 직무발명에 대한 보상금을 산정하면서 실시료율을 100%로 적용하였고, 관련 매출액 전액을 직무발명으로 원고가 얻을 이익으로 보았다. 이는 특수관계인인 대표이사와의 비정상적인 거래를 통해 원고의 소득에 대한 조세의 부담을 부당하게 감소시킨 것이므로 부당행위계산부인 규정이 적용된다.

III. 인정사실

1) 이 사건 직무발명은 발전소에 공급되는 배연탈황설비를 구성하는 재료가 산에 의해 부식되거나 및 물리적인 충격에 의해 손상되는 것을 방지하기 위하여 그 재료 표면에 코팅하는 유약조성물의 문제점을 보완한 발명이다.

2) 원고는 2016.1.21. 중소기업청장으로부터 이 사건 직무발명이 적용된 'Hybrid Coating을 이용한 탈황 가스재열기 열소자'에 관하여 공공기관 납품용 성능 인증서를 발급받았다.

3) 원고는 2013.4.1.부터 2016.9.29.까지 이 사건 직무발명이 적용된 제품을 제작하여 공공기관에 납품하였으며, 그 매출액은 합계 18,240,740,026원이다.

4) 원고 이사회는 2016.9.21. 특허법 및 발명진흥법에 따른 직무발명에 관한 보상규정을 제정하고, 직무발명심의위원회를 설치 · 운영하기로 결의하였다.

5) 원고는 2016.9.28. 직무발명심의위원회를 개최하여 직무발명보상규정과 직무발명 보상금 산정기준세칙을 제정하였다. 위 세칙에 따른 실시보상금 산정방법은 아래와 같다.

6) SSS는 2016.10.11. 원고에게 이 사건 직무발명 실시에 따른 보상신청서를 제출하였다. 원고는 2016.10.14. 제2차 직무발명심의위원회를 개최하여 이 사건 직무발명에 관한 보상금 산정에 적용할 특허기여도를 30%로, 발명자 보상률을 10%로 의결하였다(앞서 본 바와 같이 이에 따라 산정된 이 사건 직무발명보상금은 547,221,000원이다).

IV. 법원의 판단

자산 등을 시가보다 높은 요율로 제공받은 경우 또는 이에 준하는 경우로서(구 법인세법 시행령 제88조 제1항 제7호 또는 제9호) 건전한 사회통념이나 상관행에 비추어 경제적 합리성이 없는 비정상적인 행위에 해당하는지

1) 발명진흥법 제15조 제1항에 따르면, 직무발명보상금은 종업원 등은 직무발명에 대하여 특허 등을 받을 수 있는 권리나 특허권 등을 계약이나 근무규정에 따라 사용자 등에게 승계하게 하거나 전용실시권을 설정한 경우 그에 대한 보상금이다. 직무발명보상금 액수는 직무발명에 의하여 사용자 등이 얻을 이익과 그 발명의 완성에 사용자 등과 종업원 등이 공헌한 정도를 고려하여 정한다(같은 조 제6항 단서 참조).

<u>발명진흥법 제10조 제1항에 의하면 사용자는 직무발명을 승계하지 않더라도</u>

특허권에 대하여 무상의 통상실시권을 가지므로, 위의 '사용자가 얻을 이익'이란 통상실시권을 넘어 직무발명을 독점적·배타적으로 실시할 수 있는 지위를 취득함으로써 얻을 이익을 의미한다(대법원 2017.1.25. 선고, 2014다220347 판결 등 참조).

이 사건과 같이 사용자가 직무발명에 대한 권리를 승계하여 특허등록을 하고 이를 직접 실시하는 경우 통상적으로 사용자는 그 실시료 상당액의 지출을 면하는 이익을 얻게 된다고 볼 수 있으나, 위 실시료 상당액에는 앞서 본 것과 같은 무상 통상실시권에 상응하는 금액이 포함되어 있다. 또 직무발명이 그것을 실시하여 완성한 제품 일부와 관련되는 경우에는 '사용자가 얻을 이익'을 산정함에 있어 그 매출액에 직무발명이 기여한 정도를 참작하여야 하고, 매출액 중에는 직무발명과는 무관하게 사용자의 인지도, 시장에서의 지위, 명성, 직무발명 외의 품질이나 기능 등에 의해 발생한 부분도 포함되어 있으므로 이러한 부분도 제외하여야 한다. 이러한 사정을 고려하면, 직무발명을 직접 실시함으로써 사용자가 얻을 이익은 ① 직무발명이 실시된 제품 매출액, ② 위 매출액에 대한 직무발명의 기여도, ③ 직무발명으로 발생하는 이익 중 무상의 통상실시권에 상응하는 부분을 제외한 나머지 부분의 비율, ④ 실시료율(매출액 대비 특허실시료의 비율)을 고려해 산정할 수 있다. 그리고 직무발명보상금은 위와 같은 요소를 고려하여 산정한 사용자가 얻을 이익에 발명자 보상율(발명 완성에 종업원 등이 공헌한 비율)과 발명자 기여율(공동발명자가 있는 경우 해당 발명자가 발명 완성에 공헌한 비율)을 곱하여 산정할 수 있다.

한편 실시료율은 특허권자와 특허발명을 실시하려는 자 사이의 교섭력에 따라 달라질 수밖에 없는 것이지만, 직무발명을 자기실시하는 경우에는 산업별로 관행처럼 굳어진 실시료율이 있거나 공개된 평균값을 얻을 수 있다면 이러한 실시료율 또는 실시료율의 평균값을 적용하여 특수관계인이 아닌 자 간의 정상적인 거래에서 지급할 직무발명보상금 액수를 산정할 수 있을 것이다.

2) 이와 같이 산정한 직무발명보상금은 법인이 아닌 사용자와 그 종업원 사이의 거래 등 특수관계인이 아닌 제3자 간의 일반적인 거래에도 적용될 수 있는 것이므로, 구 법인세법 시행령 제89조(시가의 범위) 제1항에 정한 '제3자 간에 일반적으로 거래된 가격'으로서 구 법인세법 제52조 제2항에 정한 '특수관계인이 아닌 자 간의 정상적인 거래에서 적용되거나 적용될 것으로 판단되는 가격', 즉 '시가'에 해당한다. 따라서 법인이 특수관계인에게 그보다 많은 직무발명보상금을 지급하는 것은, 구 법인세법 시행령 제88조 제1항 제7호에 정한 '금전, 그 밖의 자산 또는 용역을 시가보다 높은 이율·요율이나 임차료로 차용하거나 제공받은 경우'에 해당한다.

설령 그렇지 않더라도, 위와 같은 방법으로 산정한 직무발명보상금은 건전한 사회 통념 및 상거래 관행과 특수관계인이 아닌 자 간의 정상적인 거래에서 적용되거나 적용될 것으로 판단되는 가격(시가)을 기초로 한 것이다. 따라서 법인이 특수관계인에게 그보다 많은 직무발명보상금을 지급하는 것은 구 법인세법 시행령 제88조 제1항 제9호에 정한 행위 중 '같은 항 제7호에 준하는 행위 또는 계산으로 인정되는 경우'에 해당한다.

3) 이러한 법리에 더하여, 앞서 본 사실관계와 증거들에 변론 전체의 취지를 종합하여 인정할 수 있는 다음과 같은 사정을 종합하여 보면, 피고가 이 사건 직무발명에 대한 적정 보상금으로 인정한 109,444,440원을 구 법인세법 제52조 제2항에 정한 '시가'로 볼 수 있고, 원고가 특수관계인인 대표이사 SSS에게 이 사건 직무발명보상금 547,222,200원을 지급한 것은 구 법인세법 시행령 제88조 제1항 제7호 또는 제9호에 정한 행위로서 건전한 사회통념이나 상관행에 비추어 경제적 합리성이 없는 비정상적인 행위로 봄이 타당하다.

가) 원고가 산정한 이 사건 직무발명보상금 547,222,200원은, '직무발명으로 인한 원고의 이익액'이 아니라 '직무발명이 실시된 원고 제품의 매출액에 특허 기여도(원고의 보상금 규정상 '제품 매출액에 특허가 기여한 비율')를 곱한 금액'을 기초로 하여, 거기에 발명자 보상율을 곱하여 산출한 것이고, 그 액수도 위 매출액의 3%에 달한다. 이는 특수관계인이 아닌 자 사이의 정상적인 거래에서는 인정되기 어려운 방식 및 금액으로 보인다.

나) 피고는 앞서 본 직무발명보상금 산정 요소들 가운데 나머지 요소들에 관해서는 원고 주장을 그대로 인정하고, 다만 원고가 산정한 이 사건 직무발명보상금 547,222,200원에 원고가 전혀 고려하지 않은 실시료율 20%를 곱한 109,444,440원을 적정 직무발명보상금으로 인정하였다.

다) 피고가 적용한 실시료율 20%는 특허청의 '개정 직무발명보상제도 해설 및 편람'에 수록된 '산업별 적정 실시료율 예시표'(특허청이 산업별 적정 실시료율 추정의 기초를 분석하여 적정 실시료율 목표값을 산출한 다음 이를 다시 국제적 지표를 통하여 검토 · 보완한 것이다. 위 표는 농림수산업, 전기 · 전자산업, 기계 · 기구산업, 금속산업, 화학산업 등으로 산업을 분류하고, 각 산업별로 적정 실시료율의 범위를 제시하고 있다. 각 산업별로 하한은 1~7%, 상한은 4~20% 사이에 분포하고 있다)의 적정 실시료율 중 원고에게 유리하도록 가장 높은 실시료율을 적용한 것이다(이는 직무발명보상금 청구소송 등에서 법원이 통상적으로 인정하는 실시료율에 비해서도 현저히 높은 것이다).

라) 구 공무원 직무발명의 처분관리 및 보상 등에 관한 규정(2018.8.28. 대통령령

제29123호로 개정되기 전의 것) 제17조 제1항은 특허청장은 국유특허권 또는 특허출원 중인 직무발명에 대하여 특허를 받을 수 있는 권리를 유상으로 처분한 경우에는 그 처분수입금(같은 규정 제2조 제5호에 따라 국유특허권 또는 특허출원 중인 직무발명에 대하여 특허를 받을 수 있는 권리의 처분에 따라 1회계연도 내에 발생한 수입금의 합계액)의 100분의 50에 해당하는 처분보상금을 발명자에게 지급하여야 한다고 규정하고 있다. 원고는 위 규정을 들어 이 사건 직무발명보상금이 과다하다고 볼 수 없다는 취지로 주장한다. 그러나 위 규정은 공무원이 발명하여 국가나 지방자치단체에 승계된 직무발명을 '처분'한 경우 보상금 산정에 관한 규정인데 반해, 이 사건에서는 원고가 이 사건 직무발명을 '직접 실시'함으로써 얻은 이익을 기초로 직무발명보상금을 산정하여야 한다. 따라서 양자를 같은 평면에 놓고 비교 대상으로 삼을 수는 없다.

마) 갑 26, 을 7에 의하면, 특허청은 앞서 본 방식 외에 이른바 슬라이드법에 따른 직무발명보상금 산정을 인정하고 있고, 그에 따라 특허청의 '개정 직무발명 보상제도 해설 및 편람'도 회사가 직무발명을 직접 실시하는 경우 직무발명 보상금 산정기준에 관하여, 매출액에서 제조원가와 영업경비를 뺀 순이익에 해당 제품에서 직무발명이 이용되는 비율인 이용률을 곱하고, 다시 순이익 액수에 따라 일정한 비율을 곱하고 일정 금액을 더하는 산식을 예시로 들고 있다. 원고는 슬라이드법에 의한 직무발명보상금 산정시 실시료율을 적용하지 않는 점 등을 근거로 이 사건 직무발명보상금이 과다하다고 볼 수 없다는 취지로 주장한다. 그러나 원고는 순이익이 아닌 매출액을 기초로 이 사건 직무발명보상금을 산정하였고, 이를 슬라이드법에 따른 보상금 산정으로 볼 수도 없다. 따라서 원고 주장과 같은 사정만으로 실시료율을 적용하지 않은 원고의 보상금 산정방식이 정당하다고볼 수 없다. 또한 이 사건 직무발명으로 원고가 얻은 순이익을 확인할 수 있는 아무런 자료가 없으므로, 슬라이드법에 따라 보상금을 산정하지 않은 피고 조치가 위법하다고 볼 수도 없다.

바) 나아가 원고 직무발명심의위원회에서 의결한 특허기여도(이용률) 30%를 적용하여 슬라이드법에 따라 이 사건 직무발명에 대한 보상금을 산정할 경우, 보상금 액수가 원고가 SSS에게 지급한 547,222,200원이 되려면 위 직무발명을 실시한 제품 매출액 18,240,740,026원으로 원고가 얻은 순이익이 약 120억 원에 달하여야 한다(순이익 120억 원 × 이용률 30% × 15% + 350만 원 = 5억 4,350만 원). 이에 비추어 보더라도 이 사건 직무발명보상금은 경제적 합리성이 없는 비정상적인 금액으로 보인다.

사) SSS는 원고의 대표이사이자 원고 발행 주식 98.65%를 보유한 대주주이고, 직무발명심의위원회 위원으로, 직무발명보상금에 관한 원고의 보상규정

제정이나, 이 사건 직무발명에 대한 보상금 산정을 위한 직무발명심의위원회 결정에 영향을 미칠 수 있는 지위에 있다.

아) 원고가 SSS 이외의 다른 종업원 등에게 원고의 직무발명보상규정에 정한 방식을 적용하여 직무발명보상금을 지급하였다거나, 다른 종업원 등이 원고에 대하여 직무발명보상금 청구권을 가지고 있다는 사실을 인정할 증거도 없다.

V. 결론

원고는 경제적 합리성 없이 특수관계인인 대표이사 SSS에게 이 사건 직무발명 보상금을 시가보다 높은 요율로 지급하여 조세의 부담을 부당하게 감소시킨 것으로 인정할 수 있다. 따라서 이 사건 직무발명보상금 547,222,200원 중 정상적인 거래에서 적용되거나 적용될 것으로 판단되는 가격으로 볼 수 있는 109,444,440원을 초과하는 437,777,761원을 부당행위계산부인 대상으로 보아 이를 손금불산입하고 SSS에 대한 상여로 소득처분한 것이 위법하다고 볼 수 없다. 원고의 이 부분 주장은 이유 없다. 원고의 이 사건 청구는 이유 없어 기각한다.

참고로 특허청 · 한국발명진흥회가 발간한 직무발명보상규정 표준모델 및 해설집에서 제시하는 "실시보상금 및 처분보상금 기준"을 첨부하니 참고하길 바란다.

| 표_실시보상금 및 처분보상금 기준 | [281)]

구분	유형	보상금 산정기준
실시보상	회사 직접실시	사용자가 얻을 이익 × 발명자 공헌도 × 공동발명자 중 발명자 기여도 ※ 사용자가 얻을 이익 = 매출액 × 독점권 기여도 × 실시료율(× 발명의 기여도)
처분보상	양도	양도대금 × 발명자 공헌도 × 공동발명자 중 발명자 기여도
	실시허락	실시료 수입액 × 발명자 공헌도 × 공동발명자 중 발명자 기여도

1. 용어의 정의는 아래와 같다.
 - 매출액 : 직무발명의 직접 실시로 인하여 발생하는 매출액
 - 독점권 기여도 : 매출액 중 직무발명으로 인해 타인의 발명 실시를 금지함에 따라 얻는 독점적 이익의 비율
 - 실시료율 : 타인에게 실시권을 설정하고 대가로 실시료를 얻는 상황을 가상으로 적용하였을 때의 실시료율

281) 특허청 · 한국발명진흥회, 앞의 책, 143면

- 발명의 기여도 : 직무발명이 제품의 일부 기술에 해당하거나 제품 매출에 비기술적 요소가 기여하는 경우 발명이 기여하는 비율
- 발명자 공헌도 : 발명자의 업무 내용, 발명이 이루어진 경위, 회사의 투자 비용, 연구 환경, 회사의 특허 비용 및 사업화 비용 등을 고려하였을 때 발명자가 직무발명에 공헌한 비율
- 공동발명자 중 발명자 기여도 : 공동 발명자 중 발명자 지분 비율
- 양도대금 : 직무발명에 대한 권리를 제3자에게 매각하였을 때의 양도 대금
- 실시료 수입액 : 직무발명에 대한 전용실시권 또는 통상실시권을 설정한 이후 회사에 들어오는 실시료 수입액

2. 상기 기준에 따른 보상액은 심의위원회의 심의에 따라 결정한다.

9 기술정보비 및 도입기술소화개량비

해당 기업이 적격한 연구기관, 교수, 외국인기술자 등에게 또는 산업기술에 관한 자문을 받고 지급하는 기술자문료는 적격한 연구개발비로 본다.

조세특례제한법 시행령 별표 6 연구 · 인력개발비 세액공제를 적용받는 비용	
1. 자체개발	라. 기술정보비(기술자문비를 포함한다) 또는 도입기술의 소화개량비로서 기획재정부령으로 정하는 것

기술정보비 및 도입기술소화개량비로서 기획재정부령이 정하는 것이라 함은 다음 중 어느 하나에 해당하는 자로부터 산업기술에 관한 자문을 받고 지급하는 기술자문료를 말한다(조세특례제한법 시행규칙 제7조 제5항).

적격한 산업기술 자문
㉠ 과학기술분야를 연구하는 국 · 공립연구기관, 정부출연연구기관, 국내외 비영리법인(부설연구기관을 포함한다)이나 「산업기술혁신 촉진법」 제42조에 따른 전문생산기술연구소 등 기업이 설립한 국내외 기업의 연구기관, 전담부서 등 또는 국외기업에 부설된 연구기관에서 연구업무에 직접 종사하는 연구원
㉡ 「고등교육법」 제2조에 따른 대학(교육대학 및 사범대학을 포함한다) 또는 전문대학에 근무하는 과학기술분야의 교수(조교수 이상인 자에 한한다)
㉢ 외국에서 다음의 어느 하나에 해당하는 산업분야에 5년 이상 종사하였거나 학사학위 이상의 학력을 가지고 해당 분야에 3년 이상 종사한 외국인기술자 - 조세특례제한법 시행령 별표 4[기술집약적인 산업의 범위, 시행령 제16조 제1항 관련] - 광업

적격한 산업기술 자문
-건설업 -엔지니어링사업 -물류산업 -시장조사 및 여론조사업, 경영컨설팅업 및 공공관계 서비스업, 사업시설 유지관리 서비스업, 교육관련 자문 및 평가업, 기타 교육지원 서비스업(교환학생 프로그램 운영 등으로 한정한다), 비금융 지주회사, 기술 시험·검사 및 분석업, 측량업, 제도업, 지질조사 및 탐사업(광물채굴 목적의 조사 및 탐사를 제외한 지질조사 및 탐사활동으로 한정한다), 지도제작업, 전문디자인업, 그 외 기타 분류 안 된 전문·과학 및 기술 서비스업(지도제작, 환경정화 및 복원활동을 제외한 그 외 기타 분류 안 된 전문·과학 및 기술 서비스로 한정한다), 기타 광업 지원 서비스업(채굴목적 광물탐사활동으로 한정한다), 토양 및 지하수 정화업(토양 및 지하수 정화활동으로 한정한다), 기타 환경 정화 및 복원업[토양 및 지하수 외의 환경 정화 활동(선박유출기름 수거운반을 제외한다)으로 한정한다] -「국가과학기술 경쟁력 강화를 위한 이공계지원 특별법」 제2조 제4호에 따른 연구개발서비스업 -조세특례제한법 제7조 제1항 제1호 허목의 의료업(「국가기술자격법 시행규칙」 별표 2의 국제의료관광코디네이터로 한정한다)

10 중소기업이 한국생산기술연구원과 전문생산기술연구소의 기술지도 또는 「중소기업진흥에 관한 법률」에 따른 기술지도를 받고 지출한 비용

중소기업이 한국생산기술연구원, 전문생산기술연구소의 기술지도 또는 「중소기업진흥에 관한 법률」에 따른 기술지도를 받고 지급하는 기술지도료는 적격한 연구개발비로 본다.

조세특례제한법 시행령 별표 6 연구·인력개발비 세액공제를 적용받는 비용	
1. 자체개발	마. 중소기업이 「과학기술분야 정부출연연구기관 등의 설립·운영 및 육성에 관한 법률」에 따라 설립된 한국생산기술연구원과 「산업기술혁신 촉진법」에 따라 설립된 전문생산기술연구소의 기술지도 또는 「중소기업진흥에 관한 법률」에 따른 기술지도를 받고 지출한 비용

11 고유디자인의 개발을 위한 비용(2019.12.31.까지 적용)

해당 기업이 고유디자인의 개발을 위하여 지출한 비용은 적격한 연구개발비로 본다.

조세특례제한법 시행령 별표 6 연구 · 인력개발비 세액공제를 적용받는 비용	
1. 연구개발	사. 고유디자인의 개발을 위한 비용

1993.12.31. 우리 제품이 해외 시장에서 경쟁력을 높일 수 있도록 연구 · 인력개발비 세액공제 적용 대상에 고유상표와 고유디자인 개발을 위한 비용을 추가하였고,[282] 2009.2.4.에 고유상표는 적격한 연구개발비에서 제외되는 것으로 조세특례제한법 시행령 별표 6이 개정되었다.[283]

2019.2.12. 조세특례제한법 시행령 별표 6의 개정으로 2020.1.1.부터는 '고유디자인 개발을 위한 비용'은 연구개발비 세액공제 대상비용에서 제외되게 되었다.

|개정세법해설| 디자인 관련 연구 · 인력개발비용 범위 합리화
(조세특례제한법 시행령 별표 6, 조세특례제한법 시행규칙 제7조)

(1) 개정내용

종 전	개 정
☐ 디자인 관련 연구 · 인력개발비용 범위	☐ 디자인 관련 연구 · 인력개발비용 인정범위 합리화
○ 고유디자인 개발을 위한 비용	〈삭 제〉
○ 전담부서* 연구원** 인건비 등 * 기업부설연구소, 창작전담부서 등 ** 전담부서 연구요원 및 이들의 연구 업무를 직접적으로 지원하는 자	○ 전담부서* 연구원** 인건비 등 * 「산업디자인진흥법」상 디자인전문회사 추가 ** 연구 · 인력개발을 수행하는 디자인 전문인력(디자인 관련 기술자격증 보유 등) 추가
○ 과학기술분야 위탁연구비	○ 과학기술 · 산업디자인 분야 위탁연구비

(2) 개정이유

고유디자인 관련 R&D 세액공제 적용 대상 비용을 명확화

(3) 적용시기 및 적용례

2020.1.1. 이후 개시하는 과세연도 분부터 적용

282) 조세감면규제법 시행령 별표 4(1993.12.31. 대통령령 제14084호로 전부 개정된 것)
283) 조세특례제한법 시행령 별표 6(2009.2.4. 대통령령 제21307호로 일부 개정된 것)

2020.1.1. 이전에 개시하는 과세연도 분까지는 고유디자인 개발비용에 대한 연구개발비 세액공제 적용 시 산업디자인분야 기업부설연구소의 설립 없이도 '고유디자인 개발을 위한 비용'에 대해 연구개발비 세액공제를 적용받을 수 있었으나, 그 이후부터는 i) 산업디자인분야 기업부설연구소를 설립하여 기업부설연구소 소속 연구요원(디자이너)의 인건비 또는 산업디자인전문회사로 신고하여 산업디자인의 분야별 전문인력(디자이너)의 인건비에 대해서 연구개발비 세액공제를 적용받을 수 있다. 또한 ii) 산업디자인분야 기업부설연구소를 보유하고 있는 기업이나 산업디자인전문회사 등에 디자인을 위탁(산업디자인 분야 연구개발용역의 위탁)하여 발생하는 위탁연구개발비용에 대해 연구개발비 세액공제를 받을 수 있다.

아래의 종전 '고유디자인 개발을 위한 비용'에 대한 내용은 삭제하지 않고 일부 추가된 사례만을 보강하여 그대로 실어 두었으니 참고하길 바란다.

(1) 디자인의 일반적 정의

사전적으로 디자인은 의상, 공업 제품, 건축 따위 실용적인 목적을 가진 조형 작품의 설계나 도안으로 정의된다.[284] 좀더 자세하게 살펴보면, 디자인은 다양한 사물 혹은 시스템(건축에서의 청사진, 엔지니어링 도면, 사업의 표준 프로세스, 서킷보드의 다이어그램, 바느질 패턴 등)의 계획 혹은 제안의 형식(도안, 모델이나 다른 표현) 또는 물건을 만들어내기 위한 제안이나 계획을 실행에 옮긴 결과를 의미한다. 일반적으로 받아들여지는 일원화된 디자인의 정의는 존재하지 않으며, 디자인이라는 용어는 각자 다른 분야에서 다양한 의미로 해석되고 응용되고 있다. 실질적으로 만져지는 물건을 창조하는 행위나 그 행위의 결과(유리 그릇, 도자기, 나무 장식품 등) 역시 디자인이라 할 수 있다.[285]

또한 디자인은 인공물이 갖고 있는 기능에 부합되는 최적의 형태를 창출하기 위해 생산, 사용, 유통, 환경 등 여러 가지 요소들을 면밀히 고려하여, 독특한 시각적 특성을 만들어내는 조형 활동이라는 점에서 디자인은 미술과 구분된다.

한편, 오늘날의 디자인은 근대공업을 전제로 하여 인간의 생활욕구를 해결하기 위하여 대량으로 생산되는 제품에 관련되는 모든 요소를 종합적으로 다루는 산업디자인(industrial design)이라는 새로운 의미를 가지게 되었다.[286]

284) 국립국어원, 표준국어대사전
285) 위키백과, http://ko.wikipedia.org/wiki/%EB%94%94%EC%9E%90%EC%9D%B8, 2015.3.15.
286) 이유리나, "디자인보호법에 있어서 물품성 요건에 관한 연구－로카르노 협정을 중심으로－", 석사학위논문, 한양대학교, 2012.8., 4면

디자인을 규정하고 있는 법률에는 산업디자인진흥법, 디자인보호법이 있고, 저작권법에도 다소 모호하나마 디자인을 정의하고 있다. 아래에서는 그 내용을 먼저 살펴보도록 한다.

(2) 「산업디자인진흥법」상 디자인

산업디자인이란 Industrial Design을 번역한 말로 광의의 디자인 개념인 모든 조형 활동에 대한 계획 중에서 특히 '공업기술을 이용해서 대량으로 생산하는 공업제품의 조형설계'를 산업디자인이라고 한다. 산업디자인의 발달은 20세기 초엽 대량 생산되는 산업제품을 보다 아름답게 만들려는 산업계의 노력과 이를 수행하는 전문 직업인인 산업디자이너의 탄생에서 기인한다. 산업디자인이란 그 근원에 있어서 산업구조 속에서 제품이나 제품 환경을 그 목적에 따라 합목적이고 구체적인 조형으로 통합하는 활동을 의미한다.

「산업디자인진흥법」상 산업디자인이란 '제품 및 서비스 등의 미적·기능적·경제적 가치를 최적화함으로써 생산자 및 소비자의 물질적·심리적 욕구를 충족시키기 위한 창작 및 개선행위(창작·개선을 위한 기술개발행위를 포함한다)와 그 결과물을 말하며, 제품디자인·포장디자인·환경디자인·시각디자인·서비스디자인[287] 등을 포함한다'고 규정하고 있다(산업디자인진흥법 제2조).

가. 제품디자인(Product Design)

제품디자인이란 대량생산과정을 거쳐 만들어지는 제품에 물리적 특성과 심리적 특질을 부여하는 기능을 하는 디자인을 말한다. 물리적 특성이란 제품의 구조, 형태, 색채, 크기, 질감 등과 같이 눈으로 볼 수 있는 성질과 제품의 제조, 운반, 사용, 보관 및 유지 등과 관련되는 기능적인 성질을 말한다. 제품의 심리적 특질이란 제품과 관련지어 사용하는 사람의 머리 속에 떠오르는 이미지를 의미하며 이 이미지는 사용자의 제품선택은 물론 제품사용에 대한 만족도와 직결된다. 산업디자인은 일상생활에서 사용하는 가정용품, 상업·서비스용품, 기계류, 자동차, 운송 설비 등 다양한 제품을 디자인하는 분야를 포함한다.

287) 산업디자인의 영역이 과거 제품의 단순 외관 스타일링 위주에서 벗어나 최근 기술개발 및 서비스산업 분야까지 확대되고 있으나, 현행법은 산업디자인의 개념을 "제품 등의 가치를 최적화하기 위한 창작 및 개선행위"로 정의하고 있어 '제품 등'의 범위에 '서비스'가 포함되는지, '창작 및 개선'에 '기술개발'이 포함되는지 불명확하여 이와 관련한 제도적 지원이 미흡한 실정임. 이에 산업디자인의 개념에 창작·개선을 위한 기술개발행위를 포함시키고, 서비스디자인을 산업디자인의 영역에 추가하여 이 법의 지원 대상이 되는 산업디자인의 범위를 확대함(법제처, 산업디자인진흥법[시행 2015.7.1.] [법률 제12928호, 2014.12.30., 일부개정] 【제·개정이유】 ◇ 주요내용 가. 산업디자인의 범위 확대(제2조)).

나. 포장디자인(Package Design)

포장디자인이란 물질적인 형태를 일정한 목표를 위하여 담아 놓은 입체적이고 평면적인 제반활동을 뜻한다. 초기의 산업사회에서는 제품을 단지 안전하게 담는다는 기능에 포장디자인의 모든 목적이 있다고 볼 수 있으나, 현대사회에 있어서는 물질적인 기능과 감성적인 기능을 유지하면서 다양한 목적을 달성하기 위하여 일정한 형태를 취하고 이를 담는 형태를 만들거나 도형하는 제반활동을 일컫는다.

다. 환경디자인(Environment Design)

환경디자인이란 인간이 만드는 생활환경의 디자인 문제를 다루는 광범위한 분야의 디자인을 의미한다. 다양한 용도의 공간을 만들어 내기 위하여 이루어지는 모든 창작활동이 환경디자인이며 주요 영역으로는 실내디자인, 건축디자인, 조경디자인, 지역사회 및 도시계획 등을 들 수 있다.

라. 시각디자인(Visual Design)

시각디자인이란 눈을 통하여 이루어지는 여러 가지 의사전달 메시지를 디자인하는 분야로 전통적으로 인쇄매체를 위한 디자인이라는 뜻을 갖는 그래픽디자인(Graphic Design)으로 불린다. 시각디자인의 궁극적인 목적은 전달하고자 하는 메시지를 창의적이며 개성적으로 디자인하여 커뮤니케이션 효과를 극대화함으로써 기업의 이미지를 제고하는 것이다. 인쇄과정에서 제작되는 책, 잡지, 광고물, 포장, 포스터는 물론, 각종 영상매체를 통하여 전달되는 영상디자인이 여기에 해당된다. 시각디자인의 결과물이 입체가 되는 경우도 많지만 기본적인 시각디자인의 단위는 평면적인 것이다.

마. 서비스디자인(Service Design)

서비스디자인은 서비스제공자와 고객, 고객경험사이에 질을 높이기 위해 사람과 인프라, 커뮤니케이션, 서비스를 구성하는 물질적인 것을 계획하고 조직화하는 활동을 말한다.[288] 즉, 서비스디자인이란 서비스 기획 초기 단계에 디자인적 발상을 도와주는 방법을 사용하여 고객 중심의 개선된 서비스를 창출하게 해주는 것을 말한다.[289]

288) 위키백과, http://en.wikipedia.org/wiki/Service_design, 2015.3.15.

289) 위키트리, '서비스디자인이란 무엇인가?', http://www.wikitree.co.kr/main/news_view.php?id=63200, 2015.3.15.

| 표 _ 디자인의 분류[290] |

제품디자인	시각디자인	환경디자인
공업디자인	그래픽디자인	실내디자인
공예디자인	영상디자인	디스플레이디자인
목공예디자인	포스트디자인	조소・조각디자인
금속공예디자인	광고디자인	건축디자인
도자공예디자인	포장디자인	도시환경디자인
가구디자인	편집디자인	주거환경디자인
염색・염직디자인	C.I.P디자인	무대디자인
패션디자인	캐릭터디자인	
	일러스트레이션디자인	
	타이프그래픽디자인	
	픽토그램디자인	

(3) 「디자인보호법」상 디자인

가. 「디자인보호법」상 디자인의 정의

디자인은 앞서 살펴보았듯이 광의로는 여러 가지 조형활동에 관한 기획・입안을 의미한다면, 협의로는 디자인보호법[291]상 디자인을 말한다.

디자인보호법에 따르면 "디자인"이라 함은 물품(물품의 부분 및 글자체[292]를 포함한다)의 형상・모양・색채 또는 이들을 결합한 것으로서 시각을 통하여 미감을 일으키게 하는 것이라고 정의하고 있다(디자인보호법 제2조 제1호). 여기서 형상・모양・색채 또는 이들을 결합한 것은 강학상 '형태'로 지칭하며, 따라서 디자인이란 시각적으로 심미성을 갖는 물품의 형태(또는 외관)이라고 볼 수 있다.[293] 디자인보호법상 디자인의 정의에 합치되지 않는 것은 디자인보호법 제33조 제1항 본문에 따라 디자인등록을 받을 수 없다.

한편, 디자인보호법은 디자인(意匠)이라는 행위 성과물인 '디자인'을 보호한다. 그러나 디자인보호법이 일반 디자인을 보호하고 있다고 말해도 그것은 디자인창작물의 극히 일부를

290) 윤선희, 앞의 책, 204면

291) 디자인보호법은 디자인의 보호 및 이용을 도모함으로써 디자인의 창작을 장려하여 산업발전에 이바지함을 그 목적으로 하고 있다(디자인보호법 제1조).

292) 이때, '글자체'라 함은 기록이나 표시 또는 인쇄 등에 사용하기 위하여 공통적인 특징을 가진 형태로 만들어진 한 벌의 글자꼴(숫자, 문장부호 및 기호 등의 형태를 포함한다)을 말한다(디자인보호법 제2조 제2호).

293) 특허청, "디자인의 보호대상 확대에 따른 등록요건 및 권리범위에 대한 연구", 2012.9., 16면

보호하는 것에 지나지 않는다. 예컨대 디자인보호법이 보호하는 것은 '물품'에 관한 디자인만을 대상으로 한다. 즉, 디자인보호법에서 말하는 '디자인'은 독립적으로 거래대상이 될 수 있는 유체동산인 물품에 구현되어 시각을 통해 파악되어 미감을 일으키는 '물품의 미적 외관'으로 정의되는 것이다. 디자인의 영역은 물품에 관한 것만이 아니고 인테리어 디자인이나 환경디자인 도시계획디자인과 같은 '공간'을 대상으로 하는 것에도 이른다. 이와 같이 디자인보호법상의 정의는 디자인을 사회문화적 제현상으로 이해해 가는 산업계, 학계의 추세와 달리 산업적 생산에 의한 물품에 근간을 둔 것으로 한정하고 있다.

나. 「디자인보호법」상 디자인의 성립요건[294)]

디자인보호법상 디자인의 정의에서 도출되는 물품성 요건, 형태성 요건, 시각성 요건, 심미성 요건을 살펴보면 다음과 같다.

① 디자인의 물품성 요건

원칙적으로 디자인이기 위해서는 반드시 물품에 화체되어 있을 것이 전제되며, 이것을 디자인과 물품의 불가분성이라고 한다. 이것은 디자인보호법 제2조 제1호 디자인의 정의 규정에서 도출되며, 판례[295)]에 의해 지지되고 있다.[296)] 디자인보호법상 「물품」이란 독립성이 있는 구체적인 물품으로서 유체동산을 원칙으로 한다. 예컨대 부동산, 설탕, 음향 등은 디자인등록의 대상이 되지 않는다.

② 디자인의 형태성 요건

디자인보호법상 형태란 형상, 모양, 색채 또는 이들의 결합을 말하는 것으로 형태성을 필요로 하는 이유는 물품에 표현된 형태에 미적 가치가 요구되기 때문이다.

③ 디자인의 시각성 요건

디자인보호법 제2조 제1호에서 「시각을 통하여」란 육안으로 식별할 수 있는 것을 원칙으로 한다. 예컨대 시각 이외의 감각에 의하여 인식 가능한 것, 육안으로는 식별할 수 없는 것, 외부에서 볼 수 없는 것은 디자인보호의 대상이 될 수 없다.

④ 디자인의 심미성 요건

「미감을 일으키게 하는 것」이란 미적 처리가 되어 있는 것, 즉 해당 물품으로부터 미를

294) 디자인심사기준(특허청 예규 제71호, 2013.11.27.) 제4부 디자인등록의 요건 제1장 성립요건

295) 대법원 2003후1901, 2004.11.12. 등 "디자인은 물품을 떠나서는 존재할 수 없고 물품과 일체불가분의 관계에 있으므로…"

296) 이유리나, 앞의 논문, 9~10면

느낄 수 있도록 처리되어 있는 것을 말한다. 예컨대 디자인으로서 짜임새가 없고 조잡감만 주는 것으로서 미감을 거의 일으키게 하지 않는 것은 디자인등록의 대상이 되지 않는다.

다. 「디자인보호법」상 디자인의 등록요건[297)]

디자인등록출원한 디자인을 등록받기 위해서는 디자인의 성립요건을 충족하여야 하고, i) 공업상 이용가능성, ii) 신규성, iii) 창작성 등을 충족하여야 하며, iv) 확대된 선출원주의에 위배되지 않아야 한다(디자인보호법 제33조).

① 공업상 이용가능성 요건

디자인보호법 제33조 제1항에서 따른 「공업상 이용할 수 있는 디자인」이란 공업적 생산방법에 의하여 동일한 물품을 양산할 수 있는 디자인을 말한다.

이때 공업적 생산방법이란 원자재에 물리적 또는 화학적 변화를 가하여 유용한 물품을 제조하는 것을 말하며, 양산이란 동일한 형태의 물품을 반복적으로 계속하여 생산하는 것을 뜻한다(대법원 93후1247, 1994.9.9.). 공업적 생산방법에는 기계에 의한 생산은 물론 수공업적 생산도 포함한다.

또한 '동일한 물품을 양산할 수 있는 디자인'이란 물리적으로 완전히 같은 물품을 양산할 수 있는 디자인이어야 하는 것은 아니고, 그 디자인 분야에서 통상의 지식을 가진 사람이 그 지식을 기초로 합리적으로 해석하였을 때 같은 물품으로 보여질 수 있는 수준의 동일성을 가진 물품을 양산할 수 있는 디자인을 의미한다. 부분디자인에 있어서도 디자인의 대상이 되는 물품이 공업적 또는 수공업적 방법에 의하여 반복적으로 양산될 수 있어야 한다.

② 신규성 요건

디자인등록출원 전에 국내 또는 국외에서 공지되었거나 공연히 실시된 디자인 또는 반포된 간행물에 게재되었거나 전기통신회선을 통하여 공중이 이용가능하게 된 디자인(이하 "공지디자인"이라 한다) 또는 이와 유사한 디자인은 등록을 받을 수 없다(디자인보호법 제33조 제1항 각 호).

③ 창작성 요건

또한, 공지디자인 또는 이들의 결합에 의하거나 국내에서 널리 알려진 형상 모양 · 색채 또는 이들의 결합(주지의 형상 · 모양)에 의하여 그 디자인이 속하는 분야에서 통상의 지식을 가진 자가 용이하게 창작할 수 있는 디자인은 디자인등록을 받을 수 없다(디자인보호법 제33조 제2항).

297) 디자인심사기준(특허청 예규 제71호, 2013.11.27.) 제4부 디자인등록의 요건 제2장 공업상 이용가능성 및 제3장 신규성

④ 선출원주의 요건

선출원주의란 먼저 출원한 자만이 그 디자인에 관하여 등록 받을 수 있는 것을 말한다. 동일 또는 유사한 물품에 관한 동일 또는 유사한 디자인이 서로 다른 날에 2 이상의 출원이 있는 경우 먼저 출원한 자만이 등록을 받을 수 있는 것을 말한다.

디자인권은 독점권을 부여하는 것이므로 동일 또는 유사한 디자인이 우연히 2 이상 창작되어 출원되어 있는 경우 오직 한사람에게만 독점권을 부여하기 위하여 최초의 출원인에게만 등록을 허여하는 것이다(디자인보호법 제33조 제3항).

라. 상표 및 저작물과의 구별

디자인보호법상 디자인으로 등록가능한 디자인이 저작권법상 저작물로 혹은 상표법상 상표로 등록이 가능한 경우가 있다. 이는 최근 디자인보호법, 저작권법, 상표법의 보호범위가 확대됨에 따라 중복보호가 되는 영역이 확장되고 있기 때문이기도 하다.

예컨대 응용미술저작물[298]이 그것인데, 히딩크 넥타이 사건(대법원 2003도7572, 2004.7.22.)에서는 공업생산품(섬유디자인)에서의 태극문양 및 팔괘문양 등의 패턴부분이 넥타이의 기능에서 분리 가능한 독자적 부분으로 보아 넥타이 도안을 '물품에 동일한 형상으로 복제될 수 있는 미술저작물'로 저작권을 인정하고 있다.

이러한 이유로 상표와 저작물에 대한 개념을 살펴보고 이를 디자인과 간단하게 비교해 본다.

'상표'란 상품을 생산·가공 또는 판매하는 것을 업으로 영위하는 자가 자기의 업무에 관련된 상품을 타인의 상품과 식별되도록 하기 위하여 사용하는 표장(標章)[기호·문자·도형, 입체적 형상 또는 이들을 결합하거나 이들에 색채를 결합한 것, 다른 것과 결합하지 아니한 색채 또는 색채의 조합, 홀로그램, 동작 또는 그 밖에 시각적으로 인식할 수 있는 것, 소리·냄새 등 시각적으로 인식할 수 없는 것 중 기호·문자·도형 또는 그 밖의 시각적인 방법으로 사실적(寫實的)으로 표현한 것]을 말한다(상표법 제2조 제1호). 상표법은 상표를 보호함으로써 상표사용자의 업무상의 신용유지를 도모하여 산업발전에 이바지함과 아울러 수요자의 이익을 보호함을 목적으로 한다(상표법 제1조).

한편, '저작물'이란 인간의 사상 또는 감정을 표현한 창작물을 말하고(저작권법 제2조 제1호), 저작권법은 저작자의 권리와 이에 인접하는 권리를 보호하고 저작물의 공정한 이용을 도모함으로써 문화 및 관련 산업의 향상발전에 이바지함을 목적으로 한다(저작권법 제1조).

298) '응용미술저작물'은 물품에 동일한 형상으로 복제될 수 있는 미술저작물로서 그 이용된 물품과 구분되어 독자성을 인정할 수 있는 것을 말하며, 디자인 등을 포함한다(저작권법 제2조 제15호).

| 표 _ 디자인권, 상표권, 저작권 간 비교[299) |

구분	디자인권	상표권	저작권
보호취지	• 디자인의 창작 장려 → 국가의 산업발전에 기여	• 상표사용자의 업무상 신용 유지 및 경쟁질서의 투명성 보장 → 산업발전 및 수요자 이익 보호	• 저작자의 권리보호 → 문화의 창달 기여
보호대상	• 공업신제품의 창작	• 상품의 식별표지	• 문학, 학술 또는 예술적 창작물 • 아이디어의 표현
권리내용	• 실시권 - 물품의 형상·모양·색채 또는 이들의 결합	• 사용권 - 기호·문자·도형·입체적 형상 또는 이들의 결합 및 이들에 색채를 결합한 것	• 저작권 - 저작인격권 - 저작재산권 • 저작인접권
권리발생	• 등록(실체심사) • 일부 무심사 등록(기초요건 및 방식 심사)	• 등록(실체심사)	• 창작(무심사)
등록	• 실체 심사 후 등록 - 공업상 이용가능성 - 신규성 - 창작성 • 등록은 권리발생요건	• 실체 심사 후 등록 - 자타상품 식별력 • 등록은 권리발생요건	• 무심사주의 • 등록은 제3자에 대한 대항 요건
존속기간	• 설정등록일로부터 디자인등록출원일 후 20년	• 설정등록일로부터 10년(10년 마다 갱신 가능, 반영구적 권리)	• 생존기간 + 사망 후 70년 • 저작인격권은 저작자 일신 전속

(4) 디자인창작물에 대한 보호법제

인간의 지식 창조물 중에서 법으로 보호받을 만한 가치가 있는 것들에 대하여 법이 부여하는 권리를 지식재산권이라 부른다. 이는 정신적 노동에 대한 대가라는 노동이론과 문화·산업발전을 유인해준 것에 대한 대가라는 유인이론의 두 가지 이론이 있고 디자인도 마찬가지로 지적인 창조물로서 법에 의해 보호받을 수 있다.[300) 하지만, 디자인의 분야가 다양하며 최종적인 디자인 결과물도 다 제각각이어서 깔끔하게 '디자인 문제는 디자인보호법으로'라고 정리하면

299) 김종균/장호익, "디자인보호법과 저작권법에 의한 디자인의 법적 보호 비교연구", 「디자인학연구」, 제24권 제1호, 한국디자인학회, 2011.

300) 지식경제부/한국디자인진흥원, 「디자인보호가이드북」, 2010.11., 8면

좋겠지만 법으로 그 기준을 잘라내기가 쉽지 않다. 이러한 문제는 법이나 제도의 문제점이라기보다는 디자인 자체의 본질적인 문제에서 비롯되는 것이다.301) 게다가 최근 디자인의 영역이 확대되고 융합되는 가운데, 특허법과 상표법, 저작권법 등 다양한 법의 적용을 받는 분야가 생겨나고 있다. 디자인창작 개발 결과물은 디자인보호법, 상표법, 저작권법, 특허법, 부정경쟁방지법 등에 의해 보호받을 수 있다.

| 그림 _ 디자인창작물에 대한 보호법제 개념도 |

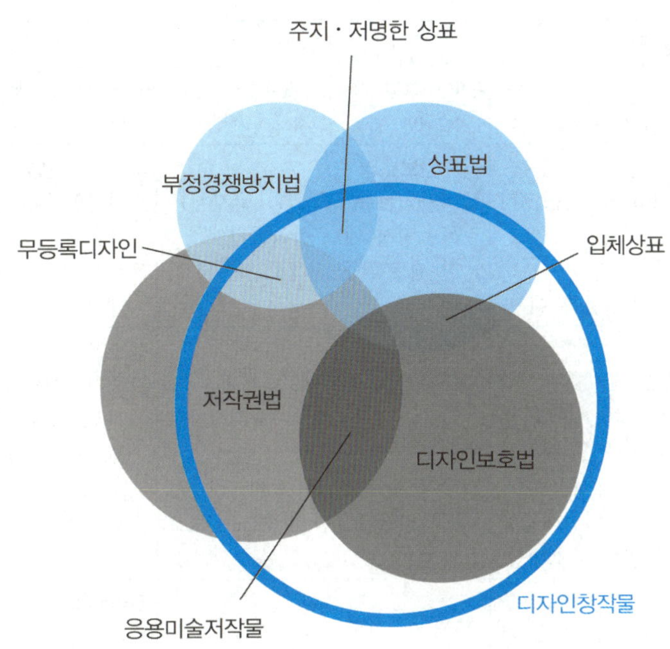

경우에 따라 다르지만, 일반적인 산업디자인은 디자인보호법이 직접적으로 보호하는 수단이 된다. 디자인의 종류가 그래픽이나 패키지 등과 같이 제품의 기능과 관련이 없는 경우에는 디자인보호법과 저작권법의 중복보호가 가능하다. 대량생산이 힘든 수공예품이나 건축 등과, 디자인 결과물이 구체적인 물품으로 구현되지 않는 영상디자인, 게임 등은 저작권으로 보호된다.

디자인의 결과물이 기업의 활동과 관련해서 기업을 상징하는 아이콘적인 성격을 띠고 있다면 상표로써 보호하는 것이 가장 유리하다. 만약 해외의 유명 상표나 디자인 등과 같이 국내에 등록되지 않았지만, 그 자체로 이미 유명한 것, 또는 이미 오랫동안 독점적으로 사용하여서 유명해진 디자인이라면 부정경쟁방지법이 동원되기도 한다. 각기 경우에 따라 다르다.302)

301) 김종균, 「디자인전쟁」, 홍시커뮤니케이션, 2014.3.10., 66면
302) 김종균, 「디자인전쟁」, 홍시커뮤니케이션, 68면

이하에서는 디자인창작 개발 결과물별 보호법제를 살펴보도록 한다.[303)]

가. 2D / 시각디자인

2차원적 표현의 디자인으로 인쇄매체 광고디자인, 타이포그래피, 리플렛, CI/BI 디자인, 캐릭터 디자인, 텍스타일 등이 있다.

보호필요성 : 반드시 필요 ★, 필요 ●, 약간필요 ○, 필요없음 ×

인쇄매체 광고디자인				타이포그래피				리플렛			
디자인보호법	★	상표법	○	디자인보호법	★	상표법	×	디자인보호법	★	상표법	○
저작권법	●	특허/실용신안	×	저작권법	○	특허/실용신안	×	저작권법	★	특허/실용신안	×
디자인보호법 》디자인분류코드 F3-33 [광고지 등] 물품명칭 예) "광고전단" 》무심사등록/복수디자인등록 대상				디자인보호법 》디자인분류코드 N1 [글자체] 물품명칭 예) "한글글자체" 》한 세트 글꼴 전체로서 등록 가능				디자인보호법 》디자인분류코드 F3 [사무용지 등] 》무심사등록/복수디자인등록 대상			
상표법 》출처표시의 기능을 하는 문자, 기호, 도형, 입체적인 형상, 색채, 홀로그램, 동작 또는 이들을 결합한 부분은 상표법상 보호대상 》광고전단 안에 포함된 "현대중공업"과 도형은 상표법상 보호대상				저작권법 》글자꼴 자체는 보호 불가 단, 서예작품은 미술저작물로 보호 가능 》글자꼴 프로그램(font file)은 컴퓨터프로그램 저작물로 보호 가능				상표법 》출처표시의 기능을 하는 문자, 기호, 도형, 입체적인 형상, 색채, 홀로그램, 동작 또는 이들을 결합한 부분은 상표법상 보호대상			
저작권법 》미술저작물/사진저작물로 보호 가능								저작권법 》디자인은 미술저작물로 보호 가능 》판면권 인정되지 않으므로 편집방식은 보호 불가			
해봤어?				가각간갈감갔강갖갈 개갯거건걸검것게겠 겨격견결겼경계고 골곳공과관교구국군 굴궁귀그극근글금급 기길김깁깃까깎깔깡 깨꾸꾼꿈꿔뀌끄끗끝 끼낀낌나난날남났낭 낮낯낱내낸낼냄냅냇 냈너넌널넘넣넣네녀 년녕노논놀놓누눈눌 느는늘니닌님닙다닦							

303) 지식경제부/한국디자인진흥원, 「디자인보호가이드북」, 2010.11., 28~33면

보호필요성 : 반드시 필요 ★, 필요 ●, 약간필요 ○, 필요없음 ×

CI/BI 디자인				캐릭터 디자인				텍스타일			
디자인보호법	●	상표법	★	디자인보호법	★	상표법	●	디자인보호법	★	상표법	○
저작권법	○	특허/실용신안	×	저작권법	★	특허/실용신안	×	저작권법	●	특허/실용신안	×
디자인보호법 》디자인분류코드 F3-30 [인쇄물] 물품명칭 예) "라벨"등으로 화체되어야 함. 》무심사등록/복수디자인등록 대상				디자인보호법 》디자인분류코드 F3-30 [인쇄물] 물품명칭 예) "라벨" 》상품화하는 대상에 따라 다양하게 보호받을 수 있음. 》무심사등록/복수디자인등록 대상				디자인보호법 》디자인분류코드 M1 [직물지, 판, 끈] 물품명칭 예) 직물지 》무심사등록/복수디자인출원 대상			
상표법 》출처표시의 기능을 하는 문자, 기호, 도형, 입체적인 형상, 색채, 홀로그램, 동작 또는 이들을 결합한 부분은 상표법상 보호대상 》상품이나 서비스의 출처표지로서 사용하고자 하는 경우, 상표법상 보호대상				상표법 》출처표시의 기능을 하는 문자, 기호, 도형, 입체적인 형상, 색채, 홀로그램, 동작 또는 이들을 결합한 부분은 상표법상 보호대상 》동 표지를 출처표지로서 사용하고자 하는 경우 상표법상 보호대상				상표법 》출처표시의 기능을 하는 문자, 기호, 도형, 입체적인 형상, 색채, 홀로그램, 동작 또는 이들을 결합한 부분은 상표법상 보호대상 》동 표지를 출처표지로서 사용하고자 하는 경우 상표법상 보호대상 》유명상표를 패턴으로 사용하는 경우 상표권 침해에 해당될 수 있음.			
저작권법 》미술저작물로 보호 가능				저작권법 》미술저작물로 보호 가능				저작권법 》응용미술저작물로 보호 가능 》디자인 자체가 텍스타일과 분리되어 독자적인 창작성이 인정되어야 함.			
SEOUL ZOO											

나. 3D / 제품 및 포장디자인

3차원적 표현의 디자인으로 제품 및 포장디자인(용기디자인, 패키지디자인, 전자정보통신제품, 서비스용품디자인, 교육용품디자인, 산업도자디자인 등)이 있다.

보호필요성 : 반드시 필요 ★, 필요 ●, 약간필요 ○, 필요없음 ×

<table>
<tr><th colspan="4">용기 디자인</th><th colspan="4">패키지디자인</th><th colspan="4">전자 정보통신제품</th></tr>
<tr><td>디자인보호법</td><td>★</td><td>상표법</td><td>★</td><td>디자인보호법</td><td>★</td><td>상표법</td><td>●</td><td>디자인보호법</td><td>★</td><td>상표법</td><td>●</td></tr>
<tr><td>저작권법</td><td>○</td><td>특허/실용신안</td><td>×</td><td>저작권법</td><td>×</td><td>특허/실용신안</td><td>●</td><td>저작권법</td><td>○</td><td>특허/실용신안</td><td>○</td></tr>
<tr><td colspan="4">디자인보호법
》 디자인분류코드 F4 [포장용 용기] 물품명칭 예) "포장용 용기"
》 무심사등록/복수디자인출원 대상</td><td colspan="4">디자인보호법
》 디자인분류코드 F4 [포장용상자] 물품명칭 예) "포장용 상자"
》 무심사 등록/복수 디자인출원 대상</td><td colspan="4">디자인보호법
》 디자인분류코드 H3 [통신기계기구] 물품명칭 예) 휴대용 전자멀티미디어 통신기기, 화상디자인이 표시된 이동통신기기</td></tr>
<tr><td colspan="4">상표법
》 "자스페"와 도형 부분은 상표등록 가능
》 용기의 형상이 출처로서 인식될 수 있는 경우 용기의 형상도 입체상표로 상표법상 보호대상</td><td colspan="4">상표법
》 패키지의 형상이나 표시된 표지가 출처로서 인식될 수 있는 경우 패키지의 형상 또는 형상과 모양의 결합은 입체상표로 상표법상 보호대상</td><td colspan="4">상표법
》 출처표시의 기능을 하는 문자, 기호, 도형, 입체적인 형상, 색채 또는 이들을 결합한 부분은 상표법상 보호대상</td></tr>
<tr><td colspan="4">저작권법
》 용기와 분리되어 창작성이 인정되면 응용미술저작물로 보호 가능하나, 일반적으로 보호 불가</td><td colspan="4">저작권법
》 용기와 분리되어 독자적으로 창작성이 인정되면 응용미술 저작물로 보호 가능하나, 일반적으로 보호 불가</td><td colspan="4">저작권법
》 물품과 분리되어 창작성이 인정되면 응용미술 저작물로 보호 가능하나, 일반적으로 보호 불가
》 제품의 외관에 창작성이 인정될 여지 적음</td></tr>
<tr><td colspan="4">특허/실용신안법
》 용기의 구조에 기술적인 부분이 있다면, 진보성의 정도에 따라 특허나 실용신안등록 가능</td><td colspan="4">특허/실용신안법
》 패키지구조에 기술적인 부분이 있다면, 진보성의 정도에 따라 특허나 실용신안등록 가능
》 특허 : 포장박스용 완충재, 확장 가능한 연결구조를 가진 상품포장용기</td><td colspan="4">특허/실용신안법
》 관련 기술은 특허나 실용신안의 대상</td></tr>
<tr><td colspan="4">기타
》 부정경쟁방지법상 보호 가능</td><td colspan="4"></td><td colspan="4"></td></tr>
<tr><td colspan="4"></td><td colspan="4"></td><td colspan="4"></td></tr>
</table>

보호필요성 : 반드시 필요 ★, 필요 ●, 약간필요 ○, 필요없음 ×

서비스용품디자인	교육용품디자인	산업도자디자인
디자인보호법 ★ / 상표법 ● 저작권법 ○ / 특허/실용신안 ×	디자인보호법 ★ / 상표법 ○ 저작권법 ○ / 특허/실용신안 ●	디자인보호법 ★ / 상표법 ○ 저작권법 ○ / 특허/실용신안 ×
디자인보호법 》디자인분류코드 F3 [사물용지 제품, 인쇄물등] 물품명칭 예) "자기카드"	**디자인보호법** 》디자인분류코드 E2 [유희용 오락용품] 물품명칭 예) "끼어넣는 유희구용 블록" 》블록별로 등록받아야 함(완성 형태가 다양한 조립완구이므로).	**디자인보호법** 》디자인분류코드 C5 [음식용용기 및 조리용용기] 물품명칭 예) "한벌의 차세트" 》컵, 컵받침 주전자를 "한벌 물품"으로 1 디자인 출원 가능
상표법 》출처표시의 기능을 하는 문자, 기호, 도형, 입체적인 형상, 색채, 홀로그램, 동작 또는 이들을 결합한 부분은 상표법상 보호대상	**상표법** 》출처표시의 기능을 하는 문자, 기호, 도형, 입체적인 형상, 색채, 홀로그램, 동작 또는 이들을 결합한 부분은 상표법상 보호대상	
저작권법 》물품과 분리되어 창작성이 인정되면 응용미술 저작물로 보호 가능하나, 일반적으로 보호 불가 》디자인의 창작성에 따라 보호 여부 달라짐	**저작권법** 》물품과 분리되어 창작성이 인정되면 응용미술 저작물로 보호 가능하나, 일반적으로 보호 불가	**저작권법** 》용기와 분리되어 창작성이 인정되면 응용미술 저작물로 보호 가능하나, 일반적으로 보호 불가 》디자인의 창작성에 따라 보호 여부 달라짐
	특허/실용신안법 》교육용 블록완구 : 체결구나 특별한 학습효과를 가져오는 기술적 구성이 있는 경우 특허나 실용신안의 대상이 됨.	

다. 3D / 환경 및 패션디자인

3차원적 표현의 디자인으로 환경, 패션디자인(실내디자인, 기타 환경디자인, 패션디자인, 귀금속 등 악세서리디자인)이 있다.

보호필요성 : 반드시 필요 ★, 필요 ●, 약간필요 ○, 필요없음 ×

실내디자인				기타 환경디자인			
디자인보호법	○	상표법	×	디자인보호법	○	상표법	○
저작권법	★	특허/실용신안	●	저작권법	★	특허/실용신안	×

실내디자인	기타 환경디자인
디자인보호법 》 인테리어 전체로서는 보호대상 아님 》 건축용 마감재, 모자이크타일 등 분리된 상태는, 디자인분류코드 L [토목건축용품]으로 출원	디자인보호법 》 전체로서는 등록 불가 》 건축용 마감재 등 분리된 상태는, 디자인분류 코드 L [토목건축용품]으로 출원
	상표법 》 건축물 자체가 자타상품 또는 서비스의 식별표지가 되는 경우 보호가능
저작권법 》 실내 디자인 건축을 위한 건축 설계도가 건축저작물로 보호 가능	저작권법 》 건축을 위한 모형 및 설계도가 건축저작물로 보호가능
특허/실용신안법 》 새로운 기능의 레이아웃은 특허의 보호대상	특허/실용신안법 》 관련기술은 특허나 실용신안의 보호대상 》 건축물의 구조를 형성하는 부분에서 기술적인 부분이 관련된 경우는 특허나 실용신안의 대상이 됨.
기타 》 부정경쟁방지법에 따라 실내디자인이 영업의 표지로써 널리 알려져 있을 경우 이를 모방하는 것은 부정경쟁행위에 해당	

보호필요성 : 반드시 필요 ★, 필요 ●, 약간필요 ○, 필요없음 ×

패션디자인				귀금속 등 악세서리디자인			
디자인보호법	★	상표법	○	디자인보호법	★	상표법	○
저작권법	●	특허/실용신안	×	저작권법	○	특허/실용신안	○

패션디자인	귀금속 등 악세서리디자인
디자인보호법 》디자인분류코드 B1 [의복] 》무심사 등록/복수디자인출원 대상	디자인보호법 》디자인분류코드 B3 [신변용품] 물품명칭 예) "목걸이"
상표법 》명품패션의류 등의 경우로 그 패턴 등이 상표로 인식될 경우 상표법상 보호가능	상표법 》출처표시의 기능을 하는 문자, 기호, 도형, 입체적인 형상, 색채, 홀로그램, 동작 또는 이들을 결합한 부분은 상표법상 보호대상 》악세서리 형상이 출처표시로 인식될 경우 악세서리 자체도 상표법상 보호대상
저작권법 》응용미술저작물로 보호 가능 》디자인의 창작성에 따라 보호 여부 달라짐	저작권법 》응용미술저작물로 보호 가능 》디자인의 창작성에 따라 보호 여부 달라짐
	특허/실용신안법 》예술적 형태의 금속공예품의 제작방법

라. 4D / 게임디자인

시 · 공간을 갖는 4차원적 표현의 디자인으로 게임디자인 등이 있다.

보호필요성 : 반드시 필요 ★, 필요 ●, 약간필요 ○, 필요없음 ×

게임디자인			
디자인보호법	★	상표법	○
저작권법	★	특허/실용신안	○

디자인보호법
》"화상디자인"으로 출원
물품명칭 예) "화상디자인이 표시된 컴퓨터 모니터", "화상디자인이 표시된 핸드폰액정화면"
》무심사등록대상
》도면상에서 컴퓨터나 핸드폰 부분은 점선 표시
》캐릭터 등을 상업적으로 이용할 용도가 있는 경우, 각 캐릭터를 디자인분류코드 F3 [인쇄물]로 출원

상표법
》출처표시의 기능을 하는 문자, 기호, 도형, 입체적인 형상, 색채, 홀로그램, 동작 또는 이들을 결합한 부분은 상표법상 보호대상

저작권법
》영상저작물/프로그램저작물로 보호 가능

특허/실용신안법
》관련기술은 특허나 실용신안의 보호대상
ex) BM 특허

(5) 조세특례제한법상 고유디자인의 개발을 위한 비용의 범위

고유디자인의 개념에 대해 조세특례제한법에서 별도로 정의하고 있지 않고 있다. 앞서 살펴본 바와 같이 디자인과 관련한 대표적인 유관법령은 「디자인보호법」과 「산업디자인진흥법」이 있는데, 「디자인보호법」상 "디자인"이란 물품의 형상 · 모양 · 색채 또는 이들을 결합한 것으로서 시각을 통하여 미감(美感)을 일으키게 하는 것을 말하고(디자인보호법 제2조), 「산업디자인진흥법」상 산업디자인이란 '제품 및 서비스 등의 미적 · 기능적 · 경제적 가치를 최적화함으로써 생산자 및 소비자의 물질적 · 심리적 욕구를 충족시키기 위한 창작 및 개선 행위(창작 · 개선을 위한 기술개발행위를 포함한다)와 그 결과물을 말하며, 제품디자인 · 포장디자인 · 환경디자인 · 시각디자인 · 서비스디자인 등을 포함한다'고 규정하고 있다(산업디자인진흥법 제2조).

한편, 세법 측면에서 디자인의 개정연혁을 살펴보면, 1993.12.31. 우리 제품이 해외 시장에서 경쟁력을 높일 수 있도록 연구 · 인력개발비 세액공제 적용 대상에 고유상표와 고유디자인 개발을 위한 비용을 추가하였고,[304] 2009.2.4.에 고유상표는 적격한 연구개발비에서 제외되는 것으로 조세특례제한법 시행령 별표 6이 개정된 세법의 개정취지를 살펴볼 때 '제품'의 경쟁력을 확보할 수 있도록 해당 디자인의 개발에 세제지원을 하는 것이므로 세제지원 대상인 디자인은 회사의 제품에 화체되어 있을 것을 전제하고 있는 것으로 판단된다.

이상의 내용 즉, 디자인의 사전적 정의, 「디자인보호법」과 「산업디자인진흥법」에 따른 디자인 및 산업디자인 정의, 그리고 조세특례제한법 시행령 별표 6의 개정 취지를 종합적으로 고려하면, 조세특례제한법 제10조를 적용함에 있어서 '디자인'이란 「산업디자인진흥법」에 따른 산업디자인의 정의(또는 기술적으로는 「디자인보호법」상 '디자인'으로 등록이 가능한 창작물[305])를 준용하여 해석하는 것이 자연스러운 것으로 판단된다.

따라서 제품 등에 화체되어 있을 것을 전제로 제품디자인 · 포장디자인 · 환경디자인 · 시각디자인 · 서비스디자인 등을 포함하는 것이므로 해당 기업의 본질적인 제품(또는 서비스) 등에 화체되어 있지 않은 광고, 포스터 등의 인쇄매체 시각디자인, 브로셔, 리플렛, 소책자 제작, 사보, 회사 소개 홈페이지 등의 시각디자인, CI/BI 디자인 등은 고유디자인의 범위에서 제외하는 것이 적절할 것으로 판단된다.

304) 조세감면규제법 시행령 별표 4(1993.12.31. 대통령령 제14084호로 전부 개정된 것)

305) 한편, 조세특례제한법상 '고유디자인'을 디자인보호법상 등록이 된 디자인이라고 정하지 않았으므로 디자인보호법상 등록대상이 되는 디자인은 비록 디자인등록을 하지 않았다고 하더라도 고유디자인에 해당한다(조심 2010서2919, 2011.7.20.).

예컨대 출판업의 출판물은 출판회사의 세제지원 대상이 되는 제품으로 보는 것이나, 일반기업의 홍보물 혹은 사보 등은 본 세제지원대상의 취지에는 걸맞지 않은 제품으로 필자는 판단한다. 하지만 제품(혹은 서비스)의 범위를 산업디자인의 범위에 비추어 더 생각해보면 게임회사의 게임물, 방송사의 방송, 교육회사의 교육물 등에도 시각디자인이 적용되고 있으므로 해당 회사의 본질적인 제품(혹은 서비스)이 무엇인지를 잘 살펴보는 것이 본 규정을 적용하는데 핵심이 될 것이다.

참고로, 고유디자인의 개발을 위한 비용이 적격한 연구개발비용으로 인정받기 위해서 미래창조과학부장관으로부터 인정받은 기업내 전담부서등이 반드시 설치되어 있을 필요는 없다(법인-535, 2014.12.8., 심사법인 2010-17, 2010.6.24., 법인-233, 2010.3.15., 법인-729, 2009.6.23. 등 다수).

이하 사례를 통해서 업종별로 적격한 고유디자인의 개발을 위한 비용에 대해 살펴본다.

가. 출판업

출판업을 영위하는 법인의 디자인 관련 경비(자체 디자이너 인건비, 표지디자인 및 삽화 등의 외주비)가 고유디자인의 개발을 위한 비용에 해당하는지 여부가 쟁점이었던 사례(조심 2010서2919, 2011.7.20.)[306]이다.

본 심판사례는 출판업의 디자인 관련 활동에 대한 이해를 위해서 청구법인의 주장, 처분청의 의견, 심판원의 판단을 발췌하여 정리한다.

(쟁점) 출판업을 영위하는 법인의 책 디자인 관련 경비가 연구 · 인력개발비 세액공제 대상인지 여부

[청구법인의 주장]

책 디자인은 「산업디자인진흥법」의 적용을 받는 디자인으로서 그래픽디자인에 해당하므로, 연구 · 인력개발비 세액공제 대상인 디자인에 해당하고, 연구 · 인력개발비 세액공제 대상이 되는 디자인의 고유성이란 남의 것을 베끼거나 모방한 것이 아닌 기업 스스로의 노력에 의하여 창작된 것을 의미한다고 보여지는 바, 책 디자인의 경우 출판사 스스로 개발하거나 외부에 위탁하여 개발하고 있으며 그 결과물은 「저작권법」에 따라 창작성이 법적으로 보호되고 있는 점으로 볼 때, 디자인의 고유성이 인정된다고 할 것이고, 책 디자인 개발활동은 단순한 제작활동이 아니라 연구개발활동이다.

306) 같은 내용의 출판업의 고유디자인의 개발비용과 관련된 심판례로서 조심 2010서2917, 2011.7.20., 조심 2010서2916, 2011.7.20.가 있다.

[처분청의 의견]

「조세특례제한법 시행령」 별표 6 제1항 사목의 고유디자인의 개발을 위한 비용은 과학적 또는 기술적 진전을 이루기 위한 활동비용으로 엄격하게 적용하여야 할 것인데, 청구법인은 고유디자인의 개발과 관련하여 독특한 표지의 개발, 용지의 두께 · 질감의 선정, 문자와 사진 등의 효과적인 구성 등을 들고 있으나 이는 서적 출판 전 시행착오를 겪으면서 경상적으로 수행하는 일에 불과하므로 쟁점비용은 연구 · 인력개발비 세액공제 대상이 아니다.

[심판원의 판단]

청구법인은 쟁점비용이 연구개발비 세액공제가 적용되는 고유디자인의 개발을 위한 비용임을 입증하기 위하여 청구법인의 조직도, 디자이너 이력서, 디자인부서의 활동내역, 디자인관련 비용내역 및 책표지 등 등록디자인공보서 등을 제출하였다.

(가) 2006~2008사업연도의 조직도에는 청구법인이 편집부 외에 디자인 전문부서인 미술부를 두고 있는 것으로 되어 있다.

(나) 미술부에 근무하는 직원들의 이력서상에 기재되어 있는 주요경력은 아래와 같다.

(다) 청구법인이 제출한 디자인부서의 업무과정은 아래와 같다.

[디자인부서 업무과정]

1. 도서기획 단계
   편집부에서 도서를 기획하고, 편집방향을 정하여 편집계획서를 작성하며, 미술부에서는 편집부와 협의하여 미술부의 디자인 담당자를 선정한다.
2. 판형(책크기), 제본양식, 글꼴 결정
   해당도서가 시리즈물이거나 청구법인에서 주로 사용하는 판형이나 제본양식을 따를 경우 동 업무는 생략되나, 그 외의 경우 편집부와 함께 판형, 제본방식을 결정하는바, 1시간 가량 소요되고 편집장의 최종확인을 거쳐 확정한다.
3. 디자인 컨셉, 소재, 방향 설정
   편집계획서에 따라서 디자인 컨셉을 잡고, 이를 통해 글 작가의 고유한 메시지를 구체화할 소재를 개발하고 나서, 디자인 형식적인 방향을 설정한다.
   - 디자인 컨셉 : 통상적으로 출판업계에서는 비주얼 컨셉이라고 칭한다. 출간하고자 하는 책이 전달하고자 하는 고유한 메시지를 비주얼화시키기 위해 아이디어 스케치, 구상 등을 통해 전체적인 디자인의 틀을 잡는다.
   - 디자인 소재 : 글의 주제나 내용을 검토하여 등장인물의 성격, 글의 배경, text 문체, 상황 등을 통해 시각화할 소재를 개발한다.
   - 디자인 방향 : 책의 메시지를 시각화하기 위해 일러스트(그림)를 사용할 것인지, 사진을 사용할 것인지, 글씨(타이포그래피, 켈리그래피)를 사용할 것인지 등을 정한다.

4. 디자인 작업
   4-1. 업무분장
   내부디자인원이 개발해야 하는 부분과 외부인원을 사용해야 하는 부분을 결정한다.
   4-2. 주제의 시각화
   책의 메시지에 부합하는 소재를 디자인방향에 맞게 작업을 수행한다. 동 작업은 직접 제작한 일러스트나 외부인원을 통해 제작한 일러스트 등을 디자인 컨셉에 맞추어 수정하고 이를 표지 시안으로 작성한다.
   4-3. 표지 시안의 확정
   표지 시안이 완성되면, 미술부 팀장 → 편집장 → 대표이사의 순으로 결재를 득한다.
   4-4. 부속물 작성
   표지가 아닌 간지 및 차례 등의 부속물의 디자인은 표지 시안이 다 마무리되고 난 후 디자인 컨셉에 맞추어 간략하게 작업이 진행된다.
5. 디자인 수정작업
   디자인의 결과물을 간이 인쇄 후 색감이나 디자인 수정사항을 확인하여 관련 사항 수정 후 이를 제작부에 제출하면, 제작부에서 필름출력하고 인쇄소에서 인쇄한다.
6. 디자인 관련 인쇄 감리
   인쇄소에서 인쇄할 경우 디자인 컨셉에 맞는 질감 및 색감이 연출되는지 감리하기 위해 인쇄소에 대해 감리업무 실시한다.

(라) 청구법인은 2006~2008사업연도 중 발간된 책별로 디자인에 참여한 디자인부서 종사직원 및 외주관련인의 내역, 관련 원천징수영수증 및 외주비 원장 등을 제출하였는바, 외주비 원장상 외주비는 표지디자인비, 일러스트비 및 삽화비 등인 것으로 나타난다.

(마) 청구법인의 대리인은 2011.3.31. 조세심판관회의에 참석하여 책표지와 내지디자인은 「디자인보호법」에 의하여 등록될 수 있으나, 책이 저작권에 의하여 50년 이상 보호가 되기 때문에 굳이 15년간 보호되는 디자인등록을 하지 않는 것이라고 주장하면서, 책표지와 내지디자인이 디자인등록 대상임을 입증하기 위하여 타인이 등록한 책표지 등록디자인 4개 학습지용 책내지 등록지자인 4개를 제출하였다.

위 사실관계 및 관련법령 등을 종합하여 보건대, 청구법인은 쟁점비용이 연구·인력개발비 세액공제 대상인 '고유디자인의 개발을 위한 비용'에 해당한다고 주장하는바, 책표지 및 내지디자인이 「디자인보호법」상 등록대상이 되므로 비록 디자인등록을 하지 않았다고 하더라도 디자인등록이 가능한 책표지나 내지디자인은 고유디자인이라고 볼 수 있는 점, 연구개발비 세액공제의 대상은 고유디자인의 개발을 위한 비용이므로 개발되었거나 개발중인 고유디자인을 먼저 확정한 후 이에 소요된 비용을 파악하는 것이 일반적일 것이나 책 디자인의 경우 고유디자인 수가 많기 때문에 이를 개별적으로 파악하는 것이 어려운 점, 청구법인이 편집부와는 별도로 디자인 전문인력으로 미술부를 구성하여 책표지 및 내지디자인을 전담하게 한 점 등을 감안할 때, 청구법인의 디자이너 인건비는 고유디자인 개발을 위한 비용으로 보여지고, 표지 · 삽화 등 외주비에 대하여는 책표지 및 내지디자인과 직접 관련된 비용인지 여부에 대한 개별적인 조사가 필요하다고 판단된다.

심판례의 내용을 요약하면, 책표지, 내지디자인 등은 디자인보호법상 등록대상이 되므로 비록 디자인을 등록하지 않았다고 하더라도 디자인등록이 가능한 책표지나 내지디자인은 고유디자인이라고 볼 수 있기 때문에 디자인 전문인력으로 별도의 부서를 구성하여 책표지 및 내지디자인을 전담하게 하였으므로 회사의 디자이너 인건비는 고유디자인을 위한 개발비용에 해당된다는 것이다. 다만, 삽화 등[307]의 외주비는 책표지 및 내지디자인과 직접 관련된 비용인지 여부에 따라 판단하도록 판시했다.

삽화와 관련하여 종전에는 세무당국에서는 고유디자인의 개발을 위한 비용에 해당하지 않는다고 회신하였으나(법인-1044, 2010.11.9., 서면2팀-185, 2007.1.25.), 기획재정부에서는 삽화가에게 삽화를 위탁하는 비용은 삽화가 독창적이고 계획적인 연구활동의 산물로서 고유디자인에 해당하는지 여부에 의해 판단될 사항이라고 회신한 바 있으므로 적절히 참고하길 바란다(재조특-51, 2011.1.24., 재조특-48, 2011.1.24.).

나. 의류제조업

의류제조업을 영위하는 법인의 디자인실(혹은 디자인연구소) 운영경비(자체 디자이너 인건비 등)가 고유디자인의 개발을 위한 비용에 해당하는지 여부가 쟁점이 된 심판례이다(조심 2012서740, 2012.7.12.).

세무당국은 단순한 고유디자인 개발이나 예술적 고유디자인 개발은 2008.12.26. 신설된 조세특례제한법 제9조 제5항 소정의 '과학적 또는 기술적 진전을 이루기 위한 활동'인 연구개발에 해당하지 아니한다고 보았다.

회사측은 겨울용 여성의류를 주로 생산하는 사업체로 자체 고유디자인의 개발을 위하여 디자인팀 · 니트팀 · 소재팀 · MD팀으로 구성된 디자인연구센터를 운영하고 있고(처분대상기간 이후 기업부설연구소로 인정받음), 대부분 디자인학과 전공자나 실무형 디자이너로

307) 참고로 한국저작권위원회의 저작물 분류표를 보면 회화(서양화, 동양화), 서예, 조소(조각, 소조), 판화, 모자이크, 공예, 응용미술(디자인, 삽화, 캐릭터, 도안, 그래픽), 만화, 로고, 포스트, 그림동화, 캐리커쳐, 십자수 도안 등을 미술저작물로 분류하고 있다.

구성되어 있었고, 해당 디자인연구센터에서는 주로 계절의 특수성에 따라 생산제품에 소요되는 주된 소재인 털(Fur)의 가공방법을 계속 연구함으로써 제품의 부가가치에 직접적인 영향을 가져오는 연구개발을 수행하여 왔다는 주장이다.

자체개발한 고유디자인의 제품을 품평회에서 설명하여 제일모직 · 조이너스 · 크로커다일 등 유명브랜드 회사에게 납품하였고, 위와 같은 회사들은 청구법인이 개발한 제품에 자사의 브랜드를 부착하여 시장에 출시하였는바, 이러한 과정에서 디자인의 모방 또는 복제(Copy)가 있었다면 위와 같이 유명브랜드 회사의 발주를 절대로 받을 수 없는 점을 고려하면 회사의 고유한 디자인으로 인정받을 수 있다는 점도 주장했다.

심판원에서도 기업이 고유한 디자인을 개발하였다면 이는 일응 과학적 내지 기술적인 진전이 있었다고 봄이 합리적이므로 납세자의 손을 들어 주었다.

우리 제품이 해외 시장에서 경쟁력을 높일 수 있도록 연구개발관련 조세지원의 적용 대상에 고유디자인 개발을 위한 비용을 추가한 입법의 취지를 고려할 때, 조세특례제한법상 고유디자인의 개발에 있어서 '과학적 또는 기술적 진전'이라 함은 앞서 살펴본 바와 같이 디자인보호법상 디자인의 등록요건인 공업상 이용가능성, 신규성, 창작성을 의미하는 것으로 정리하면 될 것으로 판단된다(유사 심판례 조심 2010서78, 2010.6.9.).

참고로, 세무당국의 유권해석에 의하면 의류 제조업을 영위하는 법인(브랜드 사용자)이 브랜드 소유자로부터 밑그림, 스타일, 모양, 직물 등을 제공받아 라이센스브랜드 이미지와 스타일에 맞게 개발한 디자인을 브랜드 소유자의 동의를 받은 후 제품을 생산하여 판매하는 경우, 브랜드 사용자가 개발한 디자인은 「조세특례제한법 시행령」 제8조 제1항과 관련한 별표 6의 제1호 사목에 따른 "고유디자인"에 해당하지 않는 것이라고 회신하고 있다(법인-229, 2011.3.29.).

다. 온라인게임 개발 및 공급업

인터넷 온라인게임(MMORPG 등) 개발 및 공급업을 영위하는 회사의 고유디자인의 개발을 위한 비용에는 디자인부서에 소속되어 고유디자인 개발에 직접적으로 참여한 게임소프트웨어 그래픽디자이너의 인건비를 포함하는지 여부가 질의된 사례이다(법인-535, 2014.12.8., 법인-11, 2012.1.6.).

온라인게임 개발업체인 회사는 게임의 기획단계에서부터 시나리오 및 등장인물의 캐릭터 · 아이템 등을 창작하고 디자인 개발을 하고 있다.

현재 개발하는 게임 속의 캐릭터와 아이템 등을 전문인력에 의해 자체 제작하며, 각각의 인력은 모두 업무 분장이 되어 있고 이들의 직무는 그래픽디자인이다. 한편, 해당 법인의 디자인부서는 미래창조과학부장관으로부터 인정받은 전담부서등에는 해당하지 아니하였다.

이때, 조세특례제한법 시행규칙 제7조 제1항에 의한 전담부서등은 설치되어 있지 않으나, 온라인게임 속 캐릭터·아이템의 그래픽디자인을 개발하기 위해 소요되는 인건비는 조세특례제한법 제10조 및 같은 법 시행령 제8조 제1항 관련 별표 6의 제1호 사목란 '고유디자인의 개발을 위한 비용'에 해당되는지를 질의했다.

세무당국은 조세특례제한법 시행령 제8조 제1항과 관련한 별표 6의 제1호 사목란의 '고유디자인의 개발을 위한 비용'에는 디자인부서에 소속되어 고유디자인 개발에 직접적으로 참여한 게임소프트웨어 그래픽디자이너의 인건비를 포함하는 것이라고 회신했다(같은 뜻 기준-2018-법령해석법인-0105, 2018.6.1.).

사례 40 적격 및 비적격 고유디자인개발비용의 예

세무당국의 유권해석 및 조세특례제한법 집행기준에 따르면 고유디자인개발비용에 해당하는 비용을 다음과 같이 분류할 수 있다(서울고등법원 2018누36044, 2018.8.24., 인천지방법원 2017구합50267, 2018.1.18., 조심 2016중0833, 2016.8.31., 조세특례제한법 집행기준 9-8-1, 법규-567, 2012.5.22., 법인-877, 2011.11.4., 재조특-986, 2011.10.28., 법인-158, 2011.2.25., 재조특-51, 2011.1.24., 법인-1195, 2010.12.30., 법인-1044, 2010.11.9., 법인-611, 2010.6.11., 법인-336, 2010.4.7., 법인-233, 2010.3.15., 법인-1084, 2009.9.30., 법인-729, 2009.6.23., 법인-730, 2009.6.23., 서면2팀-185, 2007.1.25., 서면2팀-1985, 2006.10.2., 서면2팀-824, 2006.5.12., 서면2팀-1910, 2005.11.24., 서면2팀-781, 2004.4.13., 재조예 46019-192, 2003.9.30., 조심 2010서2919, 2011.7.20., 조심 2012서740, 2012.7.12., 조심 2011서1636, 2011.6.30.).

| 표 _ 적격 및 비적격 고유디자인개발비용의 예 |

적격 고유디자인개발비용	비적격 고유디자인개발비용
• 자체고용 디자이너(임원 포함) 인건비(급여, 4대보험 사용자 부담분 포함) • (국내외) 디자인 위탁개발용역비 • 디자인설계기기(CAD) 등 관련설비 임차료 • 디자인 설계비용(위탁용역비 포함) • 고유디자인 개발에 소요된 재료비(견본품, 부품, 원재료 등) • 샘플 임가공비, 샘플 구입비용, 사전 시험분석비, trend 분석 출장비	• 초도금형 매입비용 • 소모품비 • 복리후생비 • 운반비 • 전문도서인쇄비 • 건물임차료 • 수선비 • 통신비 • 지급수수료 • 고유디자인 개발을 위한 체형계측시스템

적격 고유디자인개발비용	비적격 고유디자인개발비용
• 고유디자인 개발을 위한 표준체형 연구목적의 불특정 다수인에게 지급하는 촬영협조비용 • 위탁법인의 매출액에 연동하여 지급하는 디자인 위탁개발용역비(단, 상용화에 따른 인센티브 성격의 로열티는 제외)	구입비용 • 디자인실 일반직원 관련 비용 • 타인의 의뢰에 의한 광고물 기획·제작·납품함에 있어 발생하는 디자인개발비용

정리하면 적격한 고유디자인의 개발비용에 해당하기 위해서는 해당 고유디자인의 개발과 직접 관련된 비용이어야 한다.

사례 41 고유디자인 개발을 위한 비용이 적격비용에 해당되기 위해서 회사가 전담부서 등을 보유하고 있어야 하는지 여부

사례의 회사는 주로 이불·침대·베개 커버 등 침구류를 생산·판매하는 업체로서 등의 독자브랜드를 사용하여 홈쇼핑, 대형할인매장, 인터넷 쇼핑몰, 침구점 등을 통하여 판매하고 있는데, 미국 △△△사가 개발한 ☆☆☆라는 친환경 솜에 대한 국내 독점판매권을 가지고 있으며, 이불·베개 등에 합성섬유로 만든 솜 대신 인지오를 넣어 위생적이고 아름다운 제품을 공급하고자 차별화된 디자인 개발 및 색상 다양화에 심혈을 기울이고 있다.

처분청은 회사가 미래창조과학부장관으로부터 인정받은 전담부서등을 설치하지 않았다는 이유로 고유디자인 개발을 위한 비용을 적격한 연구개발비에서 제외하여 연구·인력개발비 세액공제를 부인하였다.

하지만 심판원은 고유디자인 개발을 위한 비용에 대한 연구·인력개발비 세액공제는 연구전담부서 설치를 요건으로 하지 않으므로 처분청이 연구개발전담부서를 갖추지 아니하였다는 이유로 연구·인력개발비에 대한 세액공제를 부인하여 이 건 부과처분을 한 것은 부당하다 하였다(서면－2019－법인－3310, 2020.6.25., 사전－2014－법령해석법인－21893, 2015.4.27., 심사법인 2010－17, 2010.6.24.).

사례 42 납품계약 조건을 충족하는 제품(제품 디자인 포함)을 개발하기 위하여 디자인부서의 연구요원 인건비 등이 적격한 고유디자인 개발을 위한 비용에 해당되는지 여부

앞서 적격한 위탁연구개발비용부분에서 살펴보았듯이, 기획재정부의 유권해석 변경(재조예－641, 2006.9.20.)으로 납품조건 충족을 위한 연구개발활동은 자체연구개발활동으로 보아 연구·인력개발비 세액공제가 가능하다고 말한 바 있다.

단, 위탁받은 연구개발활동은 제외되는데, 일반적인 납품계약과 위탁연구개발계약을 구별할 때 연구성과(연구 결과로 발생하는 발명, 고안, 디자인, 컴퓨터프로그램, 반도체배치설계, 각종 기술문서, 연구보고서, 노하우(Knowhow) 등)가 위탁자에게 실질적으로 이전되어 동 연구성과에 대한 추가적인 사용료 없이 위탁자가 동 연구성과를 계속적으로 사용·수익할 수 있는지 여부(요약하면 연구성과의 실질적 소유권 이전)를 가지고 판단하면 된다.

동일한 접근법으로 해당 디자인개발비용이 자체 고유디자인 개발을 위한 것인지 아니면 위탁받은 디자인 개발을 위한 것인지에 대한 판단을 하면 된다.

즉, 납품업체가 디자인에 대한 연구성과, 즉 실질적 소유권을 주장할 수 있다면 이는 납품계약이므로 납품조건을 충족하기 위한 디자인개발로 보아 납품회사의 디자인개발비용은 적격한 고유디자인 개발을 위한 비용에 해당될 것이다.

반대로 디자인에 대한 연구성과의 실질적 소유권이 위탁자에게 이전된다면 이는 디자인위탁개발계약이므로 납품회사는 해당 디자인개발비용에 대해 적격한 연구개발비용으로 인정받을 수 없을 것이다. 예컨대 광고기획사, 디자인전문회사 등의 광고물, 기획디자인 납품 건이 이에 해당될 것이다.

납품계약 조건을 충족하는 제품(제품 디자인 포함)을 개발하기 위하여 디자인부서의 연구요원 인건비 등이 적격한 고유디자인 개발을 위한 비용에 해당되는지 여부와 관련된 유권해석 및 심판례는 다음과 같다(법인-611, 2010.6.11., 서면2팀-1985, 2006.10.2., 서면2팀-824, 2006.5.12., 심사법인 2013-34, 2013.8.28., 조심 2012서740, 2012.7.12., 조심 2011중3232, 2012.2.7.).

사례 43 건축물 실내장식의 실내디자인을 개발하기 위해 소요되는 디자이너 인건비가 '고유디자인의 개발을 위한 비용'에 해당되는지 여부

질의법인은 실내건축공사업(건설업)을 영위하고 있으며, 총 임직원 ××명중 ×명이 디자인연구소에 소속되어 있고, ○○○라는 자체 고유브랜드를 보유하면서 실내공간구성을 디자인하고 있음. 이때 실내건축공사업을 영위하는 내국법인의 산업디자인분야 기업부설연구소에서 건축물 실내장식의 실내디자인 개발을 위해 소요되는 실내장식 디자이너 인건비가 '고유디자인의 개발을 위한 비용'에 해당 여부이다.

이에 세무당국은 「조세특례제한법 시행령」 제8조 제1항과 관련한 별표 6의 제1호 사목란의 '고유디자인의 개발을 위한 비용'에는 디자인 부서에 소속되어 고유디자인 개발에 직접적으로 참여한 자체고용 디자이너에 대한 인건비 및 디자인 위탁개발용역비를 포함하는 것이며, 「조세특례제한법」 제10조의 연구·인력개발비 세액공제 대상인지를 판단함에 있어 실내건축공사업을 영위하는 법인이 디자인 전문인력으로 구성된 부서에서 실내디자인 개발을 위해 지출한 자체고용 디자이너에 대한 인건비가 같은 법 제9조 제5항의 과학적 또는 기술적 진전을 이루기 위한 연구개발 활동에 해당하는지 여부는 "확고한 경험적 사실을 근거로 하여 객관적·보편적으로 체계화한 지식 또는 과학을 실지로 적용하는 수법"에 의해 그 기술 등을 진전시키는 것으로서 기존디자인 모방 여부, 독창성, 범용화된 디자인인지 여부 등 여러 가지 사정을 종합하여 사실판단할 사항이라고 회신하여 사실상 회사가 공급하는 실내장식공사 수행 시 실내디자인의 개발과 직접 관련된 디자이너의 인건비로 지출한 금액은 적격한 고유디자인 개발을 위한 비용에 해당되는 것으로 판단한 바 있다(서면-2015-법령해석법인-0474, 2015.11.12.).

사례 44 세계 유명 브랜드사에서 전문적인 디자이너들이 디자인스케치를 한 후 그 것을 받아 생산에 필요한 패턴작업만 하였을 경우 '고유디자인의 개발' 또는 자체연구개발비에 해당되는지 여부

의류 제조업 등을 영위하는 해당 내국법인은 기업부설연구소를 설립한 후 해당 연구소에서 수행하는 패턴, 마커 작업은 주로 다운점퍼 등을 판매하는 아웃도어 브랜드 회사(이하 '브랜드 회사'라 한다)들의 디자인 원안 및 작업지시서를 받아 샘플패턴 및 최종 샘플(이하 '샘플패턴 등'이라 한다)을 제작하고 있다. 고유브랜드 없이 브랜드 회사들로부터 발주받은 샘플패턴 등의 제작을 주로 수행하고 있는 디자이너의 인건비 및 재료비 등이 연구개발비 세액공제대상인지 여부에 관한 다툼이다.

법원은 ① 이 사건 작업은 브랜드 회사들로부터 디자인 원안, 작업지시서 등을 받아 샘플패턴 등을 제작하는 것이고, 브랜드 회사들은 샘플패턴 등의 외형적 디자인뿐만 아니라 원단, 사이즈, 다운 주입량, 작업 방식 등 세부적인 작업 내역까지 모두 지시·검수하여 최종적으로 샘플패턴 등의 사용여부를 결정하는 것으로 보이는 바, 원고가 직접 새로운 제품이나 공정을 개발하였다고 평가하기는 어려운 점, ② 원고가 2013년 이전에 다운점퍼의 제작 등과 관련하여 5건의 특허를 받은 사실을 인정할 수는 있으나, 원고가 특허를 받은 다운점퍼 제작기술을 사용하여 샘플패턴 등을 제작하였다고 하더라도 이는 기존의 다운점퍼 제작기술을 '사용'한 것으로 평가될 수 있을 뿐이고, 원고가 스스로 새로운 다운점퍼 제작기술의 연구개발업무를 수행하였음을 인정할 만한 구체적이고 객관적인 자료는 없는 점, ③ 원고가 제출한 '연구개발활동 조사표'에 의하면 원고는 2013년 '패턴 사고율 20% 감소', '마커 요척 최적화로 재료비 로스율 5% 감소', 2014년 '3D 입체패턴 개발'이라는 연구과제를 수행하였다는 것이고, '연구활동현황'에 의하면 원고가 다운점퍼 제작 시 생산성이나 기능성 향상을 위하여 다양한 연구개발 및 적용을 하였다는 것인 바, 위와 같은 활동은 기술적 진전을 이루기 위한 것으로 연구개발활동이라 볼 여지가 있지만, 이 사건 디자인 연구소의 직원들은 위와 같은 연구개발활동을 전담한 것이 아니라 주로 각 브랜드 회사의 샘플패턴 등 제작을 담당하였던 것으로 보이므로 앞서 본 바와 같이 샘플패턴 등 제작업무는 '고유디자인 개발' 업무에 해당하거나 또는 '자체연구개발' 업무에 포함된다고 보기 어렵다고 판시한 바 있다(서울고등법원 2018누36044, 2018.8.24., 인천지방법원 2017구합50267, 2018.1.18., 조심 2016중0833, 2016.8.31.).[308)]

사례 45 영화 제작을 위하여 투입한 비용(특수효과, 의상, 미술, 분장 · 헤어, 조명 관련 위탁용역비)이 고유디자인의 개발을 위한 비용인지 여부

영화 및 기타 영상물 제작업을 영위하고 법인이 영화의 제작을 위하여 투입한 비용(특수효과, 의상, 미술, 분장 · 헤어, 조명 관련 위탁용역비, 이하 쟁점 위탁비용이라 한다)이 고유디자인의 개발을 위한 비용으로 「조세특례제한법」 제10조 제1항 소정의 연구 · 인력개발비에 해당한다고 보아 경정청구를 했으나, 세무당국은 쟁점 위탁비용이 조특법 시행령 별표 6 제1호 사목의 "고유디자인의 개발을 위한 비용"에 해당하지 아니하는 것으로 보아 경정청구를 거부한 사건이다.

조세심판원에서는 다음과 같은 이유로 세무당국의 경정청구 거부처분은 잘못이 없다고 판시했다.

연구 및 인력개발비 세액공제의 대상이 되는 연구개발 비용은 단순히 조특법 시행령 [별표 6]의 "고유디자인의 개발을 위한 비용"에 해당하면 그 요건을 충족하는 것이 아니라 과학적 또는 기술적 진전을 이루기 위한 활동이라는 전제조건을 충족하여야 한다고 보아야 할 것인 바, i) 쟁점 위탁비용(① 특수효과, ② 의상, ③ 미술, ④ 분장 · 헤어, ⑤ 조명 관련 위탁용역비)은 영화제작을 위한 통상적인 업무수행 비용으로 보이므로 고유디자인의 개발을 위한 비용으로 보기 어려운 점, ii) 청구법인이 제출한 사진자료 등 디자인샘플을 보면, 일반적인 영상디자인 개발과 관련된 활동에 불과할 뿐 이를 넘어서는 과학적 또는 기술적 진전을 이루기 위한 활동에 해당하는 것으로 보기에는 부족한 점, iii) 2016.12.20. 법률 제14390호로 개정된 조특법 제25조의 6에서 영상콘텐츠 제작비용에 대한 세액공제를 규정하고 있어 쟁점비용은 당해 세액공제 대상에 더 부합하는 것으로 보이는 점 등에 비추어 처분청이 쟁점비용을 조특법 제10조 및 같은 법 시행령 제8조에서 규정하고 있는 연구 · 인력개발비 세액공제 대상에 해당하지 아니한 것으로 보아 경정청구를 거부한 이 건 처분은 달리 잘못이 없다(조심 2019서2082, 2020.12.9.).[309)]

308) 이와 유사하게 과학적 또는 기술적 진전을 이루기 위한 활동에 해당하지 아니하는 일반적인 제품 디자인 개발과 관련된 활동으로 보아 기각된 사례는 조심 2016중3894, 2017.4.24., 조심 2017중2339, 2017.8.24., 조심 2016중3124, 2017.3.29., 조심 2017서4669, 2018.1.31. 등이 있다.

309) 유사한 내용으로 심판청구하여 기각당한 심판례로는 조심 2019서3360, 2020.10.5., 인용된 심판례로는 조심 2017서0262, 2018.9.5.이 있다.

|개정세법해설| 연구 · 인력개발비 세액공제가 적용되는 비용 조정(조세특례제한법 시행령 별표 6)[310)]

고유디자인뿐만 아니라 고유상표(공동상표 포함)도 적격한 연구개발비로 규정하고 있던 조세특례제한법 시행령 제9조 제2항 별표 6 제1호 사목이 2009.2.4.에 다음과 같이 개정되었다.[311)]

□ 연구·인력개발비 세액공제가 적용되는 비용 조정(영 별표 6)

(1) 개정내용

종 전	개 정
1. 연구개발 사. 고유상표, 고유디자인 개발비용	1. 연구개발 사. 고유디자인 개발비용

(2) 개정이유

연구개발 및 인력개발에 필요한 비용 중 연구개발비 세액공제가 적용되는 연구개발비의 범위를 합리적으로 조정

(3) 적용시기 및 적용례

2009.1.1. 이후 최초로 개시하는 사업연도 분부터 적용

현재의 규정과는 달리 고유상표(공동상표 포함)의 개발을 위한 비용도 적격한 연구개발비로 인정되었다(서면2팀-190, 2005.1.27.).

|개정세법해설| 위탁 · 공동연구 기관의 범위 조정(조세특례제한법 시행령 별표 6)[312)]

2012.2.2.에 조세특례제한법 시행령 제9조 제2항 별표 6 제1호 나목 ① ㈎ 산업디자인진흥법에 의한 한국디자인진흥원을 R&D 수탁기관에서 제외하였다.[313)]

(1) 개정내용

종 전	개 정
□ R&D 세액공제 대상 위탁·공동연구비용의 범위 ○ 아래 기관과의 위탁 · 공동연구 비용	□ R&D 세액공제 대상 위탁·공동연구비용의 범위 조정 ○ 아래 기관과의 과학기술분야에 대한 위탁 · 재위탁 · 공동연구 비용

310) 기획재정부, 「2008 간추린 개정세법」, 2009, 263면
311) 2009.2.4. 대통령령 제21307호로 일부 개정된 것

종 전	개 정
① 대학 · 전문대학, 연구기관 * 연구분야의 제한 없음. ② 과학기술분야를 연구하는 국내외 비영리 법인, 국내외 기업의 연구기관 · 전담부서 ③ 연구개발 서비스업을 영위하는 기업, 산학협력단 등	①~③ (좌 동) ※ 서비스분야 R&D는 자체 연구개발의 경우에만 세액공제 허용
④ 한국디자인진흥원	〈삭 제〉

(2) 개정이유

ㅇ「조세특례제한법」 개정에 따라 연구개발의 범위를 서비스 분야로 확대하되, 서비스 R&D의 경우 자체연구개발에 대해서만 R&D 세액공제를 허용

ㅇ 한국디자인진흥원을 R&D 수탁기관에서 제외

- '한국디자인진흥원'의 경우 개별 기업으로부터 R&D 또는 디자인개발을 위한 용역을 수탁받는 경우, 동 규정이 없어도 '고유 디자인 개발을 위한 비용'(별표 6 제1호 사목)에 해당하여 R&D 세액공제가 가능

* 조세특례제한법 통칙 10-9…1(연구 · 인력개발비의 범위)에서 '고유디자인의 개발을 위한 비용'은 디자인 위탁개발용역비를 포함하는 것으로 규정

(3) 적용시기 및 적용례

2012.1.1. 이후 최초로 개시하는 과세연도 분부터 적용

12 중소기업에 대한 공업 및 상품디자인 개발지도를 위하여 지출한 비용

중소기업에 대한 공업 및 상품디자인 개발지도를 위하여 지출한 비용은 적격한 연구개발비로 본다.

조세특례제한법 시행령 별표 6 연구 · 인력개발비 세액공제를 적용받는 비용	
1. 자체개발	바. 중소기업에 대한 공업 및 상품디자인 개발지도를 위하여 지출한 비용

312) 기획재정부, 「2011 간추린 개정세법」, 2012, 177면

313) 2012.2.2. 대통령령 제23590호로 일부 개정된 것

13 중소기업이 특허 조사·분석을 위해 「발명진흥법」에 따라 지정된 산업재산권 진단기관에 지출한 비용

중소기업이 특허 관련 조사·분석을 위해 「발명진흥법」에 따라 지정된 산업재산권 진단기관에 지출한 비용은 적격한 연구개발비로 본다. 2021.5.4. 조세특례제한법 시행령 별표 6이 개정되면서, R&D 세액공제 대상에 특허 조사·분석 비용이 포함되는 것으로 적용 범위를 확대한 것이다.

조세특례제한법 시행령 별표 6 연구·인력개발비 세액공제를 적용받는 비용	
1. 자체개발	사. 중소기업이 특허 조사·분석을 위해 「발명진흥법」에 따라 지정된 산업재산권 진단기관에 지출한 비용

특허에 대한 조사·분석은 과거부터 장기간 축적된 특허정보를 조사·분석하여 R&D에 유용한 정보를 생산하는 활동을 의미하는데, 타인의 독점권 침해 여부 및 공개기술 정보, 유사 R&D 공개 여부, 유사업종의 경쟁사 R&D 현황, 특정기술 관련 발명자 그룹의 변화, 타인의 특허권의 정당성 여부 등을 파악하기 위해 실시한다. 기업이 생산하는 제품이 타인의 특허권 침해하는 경우 발생가능한 손해배상이나 해당제품의 판매금지 등의 위험을 미연에 방지하고자 R&D 초기 단계에서부터 신중한 특허조사·분석을 통해 권리의 유효성을 검증하고 있는 것이다.[314)]

특허 정보에 대한 조사·분석 활동을 외부에 위탁하는 경우 적지 않은 비용이 발생하게 되는데, 중소기업의 경우 국가의 지원 없이 전적으로 부담하기 현실적으로 어려운 점을 고려하여 세액공제 대상에 포함시킨 것으로 보인다.

한편, 세액공제를 적용받기 위해서는 「발명진흥법」에 따라 지정된 산업재산권 진단기관에 비용을 지출해야 하는데, 특허청에서 산업재산권 진단기관을 지정하고 이를 공고하고 있다.[315)]

주의해야할 점은 특허 정보에 대한 사전 조사·분석 이후 실제 특허권을 취득하는 단계에서 출원과 등록 비용이 발생할 수 있는데, 동 비용은 R&D 활동의 범위에 포함되지 않으므로,[316)] 현행 법령상 세액공제 대상 적격한 연구개발비에 해당하지 않는다는 것이다.

314) 특허청·한국지식재산연구원, 「기술혁신활동의 활성화를 위한 세제 연구」, 2018.12., 12면
315) 현재 총 132개의 기관을 산업재산권 진단기관으로 지정하여 공고, 특허청 공고 제2020-226호, 2020.12.30.
316) 조세특례제한법 시행령 제1조의 2 제5호

제2절 적격 인력개발비의 범위

1 적격 인력개발비의 개념

조세특례제한법은 '인력개발'을 "내국인이 고용하고 있는 임원 또는 사용인을 교육 · 훈련시키는 활동"(이하 "인력개발요건"이라 한다)이라고 규정하고 있다(조세특례제한법 제2조 제1항 제12호).

인력개발요건을 충족한 인력개발비 중 조세특례제한법 시행령 별표 6에 열거된 비용(이하 "적격비용요건"이라 한다)[317]만이 세제지원 대상이 되는 적격한 인력개발비(이하 "적격 인력개발비"라 한다)가 된다(조세특례제한법 시행령 제9조 제1항).

정리하면 조세특례제한법상 적격한 인력개발비에 해당되기 위해서는 다음의 2가지 요건을 모두 충족해야 한다.

적격 인력개발비 요건
㉠ 조세특례제한법에 따른 인력개발의 정의에 부합하는 활동에서 발생한 비용일 것(인력개발요건, 요건 1)
㉡ 조세특례제한법 시행령 별표 6에서 정한 비용에 해당될 것(적격비용요건, 요건 2). 단, 국가, 지방자치단체, 「공공기관의 운영에 관한 법률」에 따른 공공기관 및 「지방공기업법」에 따른 지방공기업으로부터 인력개발 등을 목적으로 출연금 등의 자산을 지급받아 인력개발비로 지출한 것이 아닐 것

먼저 인력개발비요건을 충족한 비용이라 하더라도 국가 등으로부터 인력개발 등을 목적으로 출연금 등의 자산을 지급받아 인력개발비로 지출한 비용은 세제지원의 대상에서 제외하는데 이에 대한 내용을 검토한다.

2 출연금 등의 자산을 받아 지출한 인력개발비

조세특례제한법 시행령 제9조 제1항에서는 적격한 인력개발비라 하더라도 다음에 해당하는 비용에 대하여는 적격한 연구개발비로 보지 않는 것이므로 연구 · 인력개발비에 대한 세액공제(조세특례제한법 제10조)를 적용받을 수 없다.

317) 열거주의방식(positive system)에 해당한다.

적격한 인력개발비에서 제외하는 비용
국가, 지방자치단체, 「공공기관의 운영에 관한 법률」에 따른 공공기관 및 「지방공기업법」에 따른 지방공기업으로부터 인력개발 등을 목적으로 출연금 등의 자산을 지급받아 인력개발비로 지출하는 금액

예컨대, 회사가 사용인(훈련생)에게 「근로자직업능력 개발법」 제24조에 따라 직업능력개발 훈련을 실시하면서 훈련비, 식비 등의 교육훈련비 등의 훈련수당을 지급하고, 고용노동부로부터 훈련실시 및 훈련수료에 따른 정해진 훈련지원금을 수령한 경우 사용인(훈련생)에게 지급한 훈련수당은 적격한 인력개발비에서 제외되는 것이다.

다만, 2019.2.12. 대통령령 제29527호로 개정되기 전의 조세특례제한법 시행령 제8조 제1항 제2호에서는 아래에서 보는 바와 같이 연구·인력개발비에 대한 세액공제 제외대상을 "출연금 등의 자산을 지급받아 연구개발비로 지출하는 금액"으로 규정하고 있었는데, 인력개발비 명목으로 수령한 출연금으로 인력개발비로 지출한 경우에 연구·인력개발비에 대한 세액공제 제외대상에 해당되는지 여부가 명확하지 아니하여 혼란이 있었다.

<table>
<tr><th colspan="2">조세특례제한법 시행령 제8조 개정 전후 법령 비교</th></tr>
<tr><th>개정 전</th><th>개정 후[318)]</th></tr>
<tr><td>제8조(연구 및 인력개발준비금의 범위 등) ① 법 제9조 제2항 제1호에서 "대통령령으로 정하는 비용"이란 법 제9조 제5항에 따른 연구개발 및 인력개발을 위한 비용으로서 별표 6의 비용을 말한다. 다만, 다음 각 호에 해당하는 비용은 제외한다.
1. 법 제10조의 2에 따른 연구개발출연금등을 지급받아 연구개발비로 지출하는 금액
2. 국가, 지방자치단체, 「공공기관의 운영에 관한 법률」에 따른 공공기관 및 「지방공기업법」에 따른 지방공기업으로부터 <u>연구개발 등을 목적</u>으로 출연금 등의 자산을 지급받아 <u>연구개발비로 지출하는 금액</u>

이하 생략</td><td>제8조(연구 및 인력개발준비금의 범위 등) ① 법 제9조 제2항 제1호에서 "대통령령으로 정하는 비용"이란 법 제9조 제5항에 따른 연구개발 및 인력개발을 위한 비용으로서 별표 6의 비용을 말한다. 다만, 다음 각 호에 해당하는 비용은 제외한다.
1. 법 제10조의 2에 따른 연구개발출연금등을 지급받아 연구개발비로 지출하는 금액
2. 국가, 지방자치단체, 「공공기관의 운영에 관한 법률」에 따른 공공기관 및 「지방공기업법」에 따른 지방공기업으로부터 <u>연구개발 또는 인력개발 등을 목적으로</u> 출연금 등의 자산을 지급받아 <u>연구개발비 또는 인력개발비로 지출하는 금액</u>

이하 생략</td></tr>
</table>

318) 조세특례제한법 시행령 제8조(2019.2.12. 대통령령 제29527호로 일부 개정된 것). 동 개정규정은 2019.1.1.

하지만, 2019.2.12. 시행령 개정 시 정부는 정부 등으로부터 출연금 등을 받아 지출한 인력개발비가 연구 · 인력개발비 세액공제 대상에서 제외됨을 명확하게 규정하면서 이러한 혼란은 해소되었다.

|개정세법해설| 연구 · 인력개발비에서 제외되는 비용 명확화(조세특례제한법 시행령 제8조)[319]

(1) 개정내용

종 전	개 정
□ 연구 · 인력개발비에서 제외되는 비용 ○ 기초연구 목적의 연구개발출연금 등 ○ 연구개발 등 목적의 국가 · 지자체 · 공공기관의 출연금	□ 연구 · 인력개발비에서 제외되는 비용 명확화 ○ (좌 동) ○ 연구 · 인력개발 목적의 국가 · 지자체 · 공공기관의 출연금

(2) 개정이유

정부 출연금 등으로 지급한 연구 · 인력개발비가 R&D비용 세액공제 대상에서 제외됨을 명확화

참고 국가 등으로부터 지원받아 지출한 인력개발비용을 적격 인력개발비로 볼 수 있는지 여부(2019.2.12. 대통령령 제29527호로 개정되기 전의 조세특례제한법 시행령 제8조 관련)

2010.2.18. 개정된 조세특례제한법 시행령 제9조 제7항 및 2013.2.15. 개정된 조세특례제한법 시행령 제8조 제1항은 연구 · 인력개발비에 대한 세액공제 제외대상을 "출연금 등의 자산을 지급받아 연구개발비로 지출하는 금액"으로 규정하고 있었는데, 인력개발비 명목으로 수령한 출연금을 지원받아서 인력개발비로 지출한 경우 연구 · 인력개발비에 대한 세액공제 제외대상에 해당되는지 여부가 명확하지 아니하였으나, 세무당국은 종전부터 아래에서 보는 바와 같이 국가 등로부터 훈련지원금 등을 수령하는 경우 해당 인력개발비 지출액은 연구 · 인력개발비 세액공제 적용 대상에 해당하지 않는다는 입장을 밝혀 온 바 있다.[320]

이후 최초로 개시하는 과세연도 분부터 적용한다(부칙(2019.2.12. 대통령령 제29527호) 제2조).

319) 기획재정부, 「2018 간추린 개정세법」, 2019, 190면

320) 서면-2020-법인-1551, 2020.9.28., 기준-2018-법령해석법인-0260, 2018.11.14., 서면2팀-2390, 2004.11.19.

기준-2018-법령해석법인-0260, 2018.11.14.

[제목] 인력개발비 지출액을 국가로부터 전액 훈련지원금으로 수령하는 경우에는 연구·인력개발비 세액공제 적용 대상에 해당하지 않음.

【질의】

[사실관계]

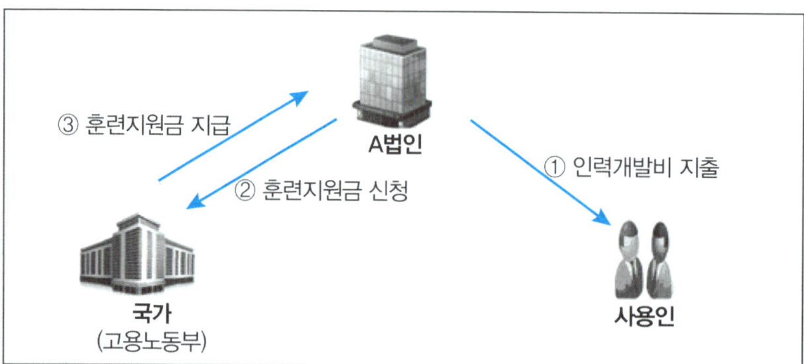

○ A법인은 대기업과 공공기관 등의 콜센터를 유치, 전문인력을 파견하여 운영대행 및 상담업무를 함께하는 토탈아웃소싱 서비스 제공업체임. ○ A법인은 콜센터 업무에 투입될 사용인(훈련생)에 대해 교육훈련을 실시한 후 인력개발비(직업능력개발훈련비)에 해당하는 훈련수당 등을 훈련생에게 지급한 후 선지급한 인력개발비 전액을 고용노동부로부터 훈련지원금으로 수령하고 있음. ○ A법인은 훈련지원금으로 전액 수령하고 있는 해당 인력개발비(직업능력개발훈련비)
에 대해 연구·인력개발비에 대한 세액공제를 적용함.

[질의요지]

○ 내국법인이 사용인에게 지급한 훈련수당 등을 국가로부터 전액 훈련지원금으로 수령하는 경우 「조세특례제한법」 제10조에 따른 연구·인력개발비 세액공제 적용 여부

【회신】

내국법인이 「조세특례제한법 시행규칙」 제7조 제9항 제5호에 해당하는 훈련수당 등의 인력개발비를 지출한 후 국가로부터 전액 훈련지원금으로 수령하는 경우 해당 인력개발비 지출액은 「조세특례제한법」 제10조에 따른 연구·인력개발비 세액공제 적용 대상에 해당하지 않는 것임.

위에서 보는 바와 같이 세무당국의 입장은 회사가 임직원의 직업능력개발을 위해 실질적으로 부담한 금액에 대해서 인력개발 조세지원을 허용한 것으로 판단된다.

하지만, 동 개정규정 시행[321] 이전 사업연도(2014~2018)에 고용노동부에서 수령한 훈련 지원금으로 지출한 인력개발비용이 세액공제 대상에서 제외되는지 여부와 관련하여, 조세심판원은 동 개정규정은 2019.1.1.부터 적용되는 것으로 부칙에 규정된 점 등을 이유로, 처분청의 과세처분은 잘못이 있는 것으로 판단한 바 있다(조심 2019부1051, 2020.5.21.). 또한 이전의 기획재정부 유권해석에 따르면 정부로부터 지원금을 받아 인력개발비로 사용된 경우에도 해당 인력개발비는 조세특례제한법 제10조에 따른 적격한 연구 · 인력개발비로 본다고 회신한 경우도 있었다(재조예 46019-31, 2002.3.8.). 이는 근로자직업능력개발법 및 고용보험법에 따라 지원되는 일부의 자체 혹은 위탁훈련비는 그 교부받은 사업연도 소득금액 계산 시에 익금에 과세되는 것이므로 국가에서 보조되는 자금과 자체자금을 구분할 실익, 즉 인력개발비의 재원을 구분해서 세제지원을 달리 할 이유가 없다는 취지에서 나온 회신으로 판단된다. 이러한 입장은 앞서 "종전 연구개발출연금 등으로 지출한 연구개발비용이 적격 연구개발비로 볼 수 있는지 여부(2010.2.18. 대통령령 제22037호로 개정되기 전의 조세특례제한법 시행령 제9조 관련)"에서 살펴본 바와 같이, 우리나라의 연구개발비 세액공제대상 비용을 원칙적으로 연구개발의 재원에 따라 연구개발비 세액공제의 가부(可否)를 결정하고 있지 않다는 점에 입각해 있는 것으로 판단된다.

3 적격비용요건의 개괄

조세특례제한법 시행령 별표 6에 열거된 비용(적격비용요건, 요건 2)을 개괄한 후 '위탁훈련비'부터 자세히 살펴본다.

| 표 _ 연구 · 인력개발비 세액공제를 적용받는 비용[322] |

조세특례제한법 시행령 별표 6 연구 · 인력개발비 세액공제를 적용받는 비용	
2. 인력개발	가. 위탁훈련비(<u>전담부서등에서 연구업무에 종사하는 연구요원에 한한다</u>) 1) 국내외의 전문연구기관 또는 대학에의 위탁교육훈련비 2) 「근로자직업능력 개발법」에 따른 직업훈련기관에 위탁훈련비

321) 조세특례제한법 시행령 제8조(2019.2.12. 대통령령 제29527호로 일부 개정된 것). 동 개정규정은 2019.1.1. 이후 최초로 개시하는 과세연도 분부터 적용한다(부칙(2019.2.12. 대통령령 제29527호) 제2조).

322) 〈표〉 연구 · 인력개발비 세액공제를 적용받는 비용은 필자가 조세특례제한법 시행령 【별표 6】 연구 · 인력개발비 세액공제를 적용받는 비용(제9조 제1항 관련)을 수정한 것이다.

조세특례제한법 시행령 별표 6 연구 · 인력개발비 세액공제를 적용받는 비용	
2. 인력개발	3) 「근로자직업능력 개발법」에 따라 고용노동부장관의 승인을 받아 위탁훈련하는 경우의 위탁훈련비 4) 「중소기업진흥에 관한 법률」에 따른 기술연수를 받기 위하여 중소기업이 지출한 비용 5) 자체기술능력향상을 목적으로 전담부서등에서 연구업무에 종사하는 연구요원이 훈련을 목적으로 지출하는 국내외기업 및 한국생산성본부에의 위탁훈련비나, 「근로자직업능력 개발법」 또는 「고용보험법」에 따른 사내직업능력개발훈련 실시 및 직업능력개발훈련 관련사업 실시에 소요되는 비용 다. 중소기업에 대한 인력개발 및 기술지도를 위하여 지출하는 비용 라. 생산성향상을 위한 인력개발비로서 품질관리등에 관한 회사 내 자체교육비, 위탁훈련비 등 마. 사내기술대학(대학원을 포함한다) 및 사내대학의 운영에 필요한 비용 바. 「산업교육진흥 및 산학연협력촉진에 관한 법률 시행령」 제2조 제1항 제3호 및 제4호에 따른 학교 또는 산업수요 맞춤형 고등학교 등과의 계약을 통해 설치 · 운영되는 직업교육훈련과정 또는 학과 등의 운영비로 지출한 비용 사. 산업수요 맞춤형 고등학교 등과 사전 취업계약 등을 체결한 후, 직업교육훈련을 받는 재학생에게 훈련기간 중 지급한 훈련수당, 식비, 교재비 또는 실습재료비(생산 또는 제조하는 물품의 제조원가 중 직접 재료비를 구성하지 않는 것만 해당한다) 아. 「산업교육진흥 및 산학연협력촉진에 관한 법률」 제11조의 3에 따라 현장실습산업체가 교육부장관이 정하는 표준화된 운영기준을 준수하는 현장실습을 실시하는 산업교육기관 등과 기획재정부령으로 정하는 사전 취업약정 등을 체결하고 해당 현장실습 종료 후 현장실습을 이수한 대학생을 채용한 경우 현장실습 기간 중 해당 대학생에게 같은 조 제3항에 따라 지급한 현장실습 지원비(생산 또는 제조하는 물품의 제조원가 중 직접 재료비를 구성하지 않는 것만 해당한다)

4 위탁훈련비

국내외의 전문연구기관, 대학, 직업훈련기관 등에 전담부서등에서 연구업무에 종사하는 연구요원의 훈련을 위탁함으로써 발생하는 위탁훈련비는 적격한 인력개발비에 해당되어, 연구 · 인력개발비 세액공제를 적용받을 수 있다.[323)]

조세특례제한법 시행령 별표 6 연구 · 인력개발비 세액공제를 적용받는 비용	
2. 인력개발	가. 위탁훈련비(<u>전담부서등에서 연구업무에 종사하는 연구요원에 한한다</u>) 1) 국내외의 전문연구기관 또는 대학에의 위탁교육훈련비 2) 「근로자직업능력 개발법」에 따른 직업훈련기관에 위탁훈련비 3) 「근로자직업능력 개발법」에 따라 고용노동부장관의 승인을 받아 위탁훈련하는 경우의 위탁훈련비 4) 「중소기업진흥에 관한 법률」에 따른 기술연수를 받기 위하여 중소기업이 지출한 비용 5) 그 밖에 자체기술능력향상을 목적으로 한 국내외 위탁훈련비로서 기획재정부령으로 정하는 것

종전에는 조세특례제한법 또는 근로자직업능력 개발법에서 특별히 기술훈련 또는 이공계 분야 등으로 한정하고 있지 않아 직무성격에 관계없이 인력개발을 위한 위탁훈련비는 세액공제가 가능하였다(법인 46012-984, 2000.4.20.). 예컨대 영업직의 마케팅교육, 관리직의 회계교육 등의 위탁훈련비도 인력개발비 세액공제 대상이었다.[324)]

하지만, 2014.2.21. 조세특례제한법 시행령 별표 6 개정 시[325)] 적격한 위탁훈련비의 대상을 전담부서등에서 연구업무에 종사하는 연구요원에 한정하였다. 동 개정 규정은 2014.1.1. 이후 개시하는 과세연도 분부터 적용된다.

323) 조세특례제한법에서는 연구개발과 인력개발을 분리해서 차등하여 세제혜택을 부여하는 것이 아니라 하나의 범주에 포함하여 동일한 세제혜택을 부여하고 있다(윤충식, 앞의 논문, 32면).

324) 단, 조세특례제한법 시행령 별표 6 연구 · 인력개발비 세액공제를 적용받는 비용 중 2. 인력개발 가목 5) 그 밖에 자체기술능력향상을 목적으로 한 국내외 위탁훈련비로서 기획재정부령으로 정하는 것에는 전담부서등에 근무하거나 생산업무에 직접 종사하는 직원의 과학기술분야 훈련을 목적으로 지출하는 위탁훈련비만 적격한 인력개발비에 해당되었다(조세특례제한법 시행규칙 제7조 제8항(2012.2.28. 기획재정부령 제264호로 개정된 것))

325) 조세특례제한법 시행령 별표 6 제2호 가목 괄호부분(2014.2.21. 대통령령 제25211호로 개정된 것)

|개정세법해설| **비연구전담부서 직원의 인력개발비를 R&D 비용 세액공제 대상에서 제외** (조세특례제한법 시행령 별표 6)[326)]

(1) 개정내용

종 전	개 정
□ R&D 비용 세액공제 대상 ○ 연구개발비 -전담부서 연구원 인건비 -연구용 견본품, 부품, 시약비 -연구・시험용시설 이용 비용 -위탁 및 공동연구개발비 -발명보상금, 기술정보비 등	 ○ (좌 동)
○ 인력개발비 -국내외의 전문 연구기관 또는 대학에의 위탁교육훈련비 -사내직업능력개발훈련 비용 등	○ 세액공제 대상 인력개발비를 연구소 또는 전담부서에서 근무하는 직원에 대한 인력개발비로 한정

(2) 개정이유

전담부서 직원이 아닌 직원의 교육훈련비 등은 R&D와 직접적인 관련이 없음을 감안하여 전담부서 직원의 인력개발비만 R&D 비용세액공제 대상에 포함

(3) 적용시기 및 적용례

2014.1.1. 이후 개시하는 과세연도 분부터 적용

(1) 국내외의 전문연구기관 또는 대학에의 위탁교육훈련비

회사가 고용하고 있는 임원 또는 사용인 중 전담부서등에서 연구업무에 종사하는 연구요원을 교육・훈련시키기 위해 회사가 국내외의 전문연구기관 또는 (국내외)대학과 교육에 대한 위탁계약을 체결하여 지출한 교육훈련비가 그 대상이다.

따라서 위탁이라는 명시적인 의사표시나 절차 없이 임직원이 개별적으로 특정 대학에 입학신청을 하고 그 입학금 등을 회사에서 해당 임직원에게 지급하는 경우에는 적격한 위탁교육이라 할 수 없다(법인-3146, 2008.10.29., 법인-360, 2009.1.28.).

한편, '대학'에는 대학원이 포함되는지 여부와 관련해서 세무당국에 질의한 사례가 있었는데 고등교육법 제29조에서 대학에는 대학원을 둘 수 있다고 규정하고 있고, 위탁교육훈련비에 대한 세제지원의 취지가 인력개발을 촉진하기 위함인 것을 고려하면 적격한 위탁교육기관의

326) 기획재정부, 「2013 간추린 개정세법」 2014., 287면

범위 판단 시 '대학'에서 대학원을 배제해야할 이유는 없는 것으로 판단된다(서면2팀-639, 2008.4.8.).

(2) 「근로자직업능력 개발법」에 따른 직업훈련기관에 위탁훈련비 및 고용노동부 장관의 승인을 받아 위탁훈련하는 경우의 위탁훈련비

가. 사업주에 대한 직업능력개발훈련지원의 개요

「근로자직업능력 개발법」에 따른 직업훈련기관에 대해 살펴보기 위해서 먼저 「근로자직업능력 개발법」의 내용과 '사업주에 대한 직업능력개발훈련지원'에 대해 간략하게 살펴본다.

근로자직업능력 개발법은 근로자의 생애에 걸친 직업능력개발을 촉진·지원하고 산업현장에서 필요로 하는 기술·기능 인력을 양성하며 산학협력 등에 관한 사업을 수행함으로써 근로자의 고용촉진·고용안정 및 사회·경제적 지위 향상과 기업의 생산성 향상을 도모하고 사회·경제의 발전에 이바지함을 목적으로 제정된 법이다(근로자직업능력 개발법 제1조).

근로자직업능력 개발법에 따라 정부의 재정적 지원이 가능한 직업능력개발훈련은 크게 '실업자를 대상으로 하는 훈련', '재직근로자를 대상으로 하는 훈련', '사업주에 대한 직업능력개발훈련지원'으로 구분된다.

재직근로자를 대상으로 하는 훈련은 근로자 스스로가 직업능력개발을 하는 경우를 말하는데 지정된 훈련과정을 근로자 본인비용으로 수강한 후 고용센터에 훈련비용을 신청하는 경우 1인당 연간 100만원 한도내에서 훈련과정에 따라 수강비용의 50%~100% 상당액이 개인(훈련생)에게 지원된다(고용보험법 제29조, 고용보험법 시행령 제43조).[327)]

이와는 달리 사업주가 근로자를 대상으로 직업훈련을 실시하는 사업주에 대한 직업능력개발훈련지원은 사업주가 연수원 등 시설에서 실시하는 자체훈련 또는 외부 훈련기관에 위탁하여 실시하는 위탁훈련에 소요된 비용의 일부를 사업주에게 연간 납부한 보험료 중 고용안정·직업능력개발사업의 보험료의 100%~240%를 한도로 일정한 훈련비 등의 산식에 의해 지원된다(고용보험법 제27조 및 제28조, 고용보험법 시행령 제41조 및 제42조).[328)]

한편, 사업주에 대한 직업능력개발훈련의 종류는 훈련실시의 주체에 따라 사업주가 직접 실시하는 경우는 자체훈련, 훈련기관(수탁훈련기관)에 위탁하여 실시하는 경우의 위탁훈련으로 구분된다.

'실업자를 대상으로 하는 훈련', '재직근로자를 대상으로 하는 훈련', '사업주에 대한 직업능력개발훈련지원' 모두 고용보험법에 따라 고용안정·직업능력개발사업의 보험료로 조성된

327) 근로자 직무능력향상 지원금에 관한 규정(고용노동부고시 제2013-44호, 2013.9.23. 일부개정)
328) 사업주에 대한 직업능력개발훈련 지원규정(고용노동부고시 제2013-41호, 2013.9.9. 일부 개정)

고용보험기금에서 직업능력개발훈련에 따른 비용이 지원되지만, 지금 살펴보고 있는 조세특례제한법상 적격한 위탁훈련비는 '사업주에 대한 직업능력개발훈련' 중 외부 훈련기관에 위탁하여 직업능력개발훈련을 실시하는 위탁훈련이다.

나. 훈련을 실시할 수 있는 기관 및 시설

직업능력개발훈련을 실시하려는 자(직업능력개발훈련을 위탁받아 실시하려는 자를 포함한다)는 그 직업능력개발훈련과정에 대하여 고용노동부장관으로부터 인정을 받아야 하는데, 그 인정요건은 훈련과정요건, 훈련기관요건이 있다(근로자직업능력 개발법 제24조 제1항, 동법 시행령 제22조 제1항).

근로자직업능력 개발법 시행령 제22조에 따른 적격한 훈련기관은 다음과 같다.

| 표 _ 훈련을 실시할 수 있는 기관 및 시설의 설치근거와 예시[329] |

구분	설치근거	예시
직업능력개발 훈련시설	• 공공직업훈련시설 - 국가·지방자치단체(협의) 및 대통령령으로 정하는 공공단체(승인)가 직업능력개발훈련을 위하여 고용노동부장관과 협의하거나 고용노동부장관의 승인을 받아 설치한 시설(근로자직업능력 개발법 제2조 제3호, 동법 시행령 제2조) • 지정직업훈련시설 - 직업능력개발훈련을 위하여 설립·설치된 직업훈련원·직업전문학교 등의 시설로서 고용노동부장관이 지정한 시설(근로자직업능력개발법 제2조 제3호, 제28조)	- 한국산업인력공단 - 한국폴리텍대학 - 기능대학 - 한국장애인고용공단 - 근로복지공단 등 - 직업훈련원 - 직업전문학교 등 단, 아래의 사업주 또는 사업주단체의 시설도 일정한 요건을 갖추어 지정직업훈련시설로 인정받을 수 있다(제28조 제1항 단서)
학 교	「고등교육법」 제2조	- 대학, 산업대학, 교육대학, 전문대학, 방송대학·통신대학, 방송통신대학, 사이버대학, 기술대학 등

329) 한국산업인력관리공단, 사업주 직업능력개발훈련 매뉴얼, 2012.10.19., 22~23면

구분	설치근거	예시
평생교육시설	•「평생교육법」 제20조~제27조 -인가·등록·신고된 시설과 학원 등 다른 법령에 의한 시설로서 평생교육을 주된 목적으로 하는 시설	-사내대학 및 원격대학형태 평생교육시설(제21조, 제22조) -학교형태 평생교육시설(제20조) (초·중등과정) -원격평생교육시설(제22조) -사업장부설평생교육시설(제23조) -시민사회단체부설 평생교육시설 (제24조) -언론기관부설 평생교육시설 (제26조) -지식·인력개발사업관련 평생교육시설(제27조) -학교부설 평생교육시설(제25조)
평생직업교육 학원	「학원의 설립·운영 및 과외교습에 관한 법률」 제2조의 2	-학원법에 의해 평생교육이나 직업교육을 목적으로 운영하는 학원
사업주 또는 사업주단체 시설	「근로자직업능력 개발법」 제2조 제3호	-LG 인화원 -STX 아카데미 -한국금융연수원 등
다른 법령에 따라 직업능력 개발훈련을 실시할 수 있는 시설 또는 기관	-「근로자직업능력 개발법」, 「학원법」, 「평생교육법」 이외의 다른 법률(입법부에서 제정된 법률) -「근로자직업능력 개발법」 제24조	-(재)건설기술교육원(건설기술관리법 제6조) -한국발명진흥회(발명진흥법 제53조) -한국전파진흥원(전파법 제66조) -한국표준협회(산업표준화법 제34조) -한국생산성본부(산업발전법 제27조)

지금까지 살펴본 내용을 바탕으로 정리하면 조세특례제한법상 적격한 인력개발비로 보는 「근로자직업능력 개발법」에 따른 직업훈련기관에 위탁훈련비 및 고용노동부장관의 승인을 받아 위탁훈련하는 경우의 위탁훈련비란 사업주가 소속 근로자 등 중에 전담부서등에서 연구업무에 종사하는 연구요원을 대상으로 직업능력개발훈련을 실시함에 있어서 상기의 직업능력개발 훈련을 실시할 수 있는 기관에 훈련을 위탁하는 경우에 발생하는 위탁훈련비이다.

사례 46 「근로자직업능력 개발법」에 따른 직업훈련기관에 이러닝 위탁 교육훈련비가 인력개발비 세액공제 대상인지 여부

직업능력개발훈련은 그 실시 방법에 따라 집체훈련, 현장훈련, 원격훈련, 혼합훈련으로 나누어지는 것이고, 이러닝 위탁교육은 원격훈련에 속하는 것이므로 적격한 위탁훈련에 해당되는 것이다(법인-206, 2012.3.21.).

다. 「중소기업진흥에 관한 법률」에 따른 기술연수를 받기 위하여 중소기업이 지출한 비용

「중소기업진흥에 관한 법률」에 따른 기술연수를 받기 위하여 중소기업이 지출한 비용이 적격한 인력개발비에 해당된다.

「중소기업진흥에 관한 법률」에 의거 중소기업청장은 중소기업자와 그 근로자 등의 경영능력과 기술수준의 향상을 위해서 연수를 실시해야 할 의무가 있는데 그 연수의 실시기관은 중소기업진흥공단 또는 중소기업청장이 지정하는 기관 또는 단체로 정하고 있다(중소기업진흥에 관한 법률 제56조 및 제57조).

중소기업진흥공단 산하 연수원은 '중앙연수원'(경기도 안산시)과 '호남연수원'(광주광역시 북구), '대구경북연수원'(경북 경산시), '부산경남연수원'(경남 진해시)의 3개 지방연수원으로 구성되어 있으며 그 외 사이버연수원도 보유하고 있으며 이 연수원들은 현재 중소기업을 위한 다양한 기술연수과정을 운영하고 있다.

라. 그 밖에 자체기술능력향상을 목적으로 한 국내외 위탁훈련비

그 밖에 자체기술능력향상을 목적으로 한 국내외 위탁훈련비로서 기획재정부령으로 정하는 것은 적격한 인력개발비에 해당한다.

이때 '기획재정부령으로 정하는 것'이란 전담부서등에 근무하거나 연구업무에 종사하는 연구요원이 훈련을 목적으로 지출하는 다음의 어느 하나에 해당하는 비용을 말한다(조세특례제한법 시행규칙 제7조 제8항).

자체기술능력향상을 목적으로 한 국내외 위탁훈련비
㉠ 국내외기업(국내기업의 경우에는 전담부서등을 보유한 기업에 한한다)에의 위탁훈련비 ㉡ 「산업발전법」에 따라 설립된 한국생산성본부에의 위탁훈련비

즉, 전담부서에서 근무하는 연구요원(인적요건)의 훈련을 목적으로 적격한 기업 또는 기관(적격기관요건)에 훈련을 위탁하는 경우의 위탁훈련비가 적격한 인력개발비인 것이다

(법인-1119, 2009.10.13.).

한편, 위탁교육훈련비 중 국외훈련에 따르는 체류경비는 포함하지 않으며(조세특례제한법 집행기준 9-8-1), 전담부서 근무직원 이외에 생산업무에 직접 종사하는 직원이나 경리, 총무 등 관리직원의 위탁훈련비는 제외한다(조세특례제한법 기본통칙 10-9-1, 법인 46012-1826, 1995.7.4.).

5 「근로자직업능력 개발법」 또는 「고용보험법」에 따른 사내직업능력개발훈련 실시 및 직업능력개발훈련 관련사업 실시에 소요되는 비용

「근로자직업능력 개발법」 또는 「고용보험법」에 따른 사내직업능력개발훈련 실시 및 직업능력개발훈련 관련사업 실시에 소요되는 비용으로서 기획재정부령으로 정하는 것은 적격한 인력개발비에 해당한다.

이는 '4. 위탁훈련비 (2) 「근로자직업능력 개발법」에 따른 직업훈련기관에 위탁훈련비 및 고용노동부장관의 승인을 받아 위탁훈련하는 경우의 위탁훈련비'와 대응되는 것으로서 자체훈련에 소요된 사내직업능력개발훈련 실시 등에 따른 비용도 적격한 인력개발비에 포함한다는 것이다.

조세특례제한법 시행령 별표 6 연구 · 인력개발비 세액공제를 적용받는 비용	
2. 인력개발	나. 「근로자직업능력 개발법」 또는 「고용보험법」에 따른 사내직업능력개발훈련 실시 및 직업능력개발훈련 관련사업 실시에 소요되는 비용으로서 기획재정부령으로 정하는 것

'기획재정부령이 정하는 것'이라 다음 어느 하나에 해당하는 비용을 말한다(조세특례제한법 시행규칙 제7조 제9항).

사내직업능력개발훈련 실시 및 직업능력개발훈련 관련사업 실시에 소요되는 비용
㉠ 사업주가 단독 또는 다른 사업주와 공동으로 「근로자직업능력 개발법」 제2조 제1호에 따라 직업능력개발훈련(이하 "직업능력개발훈련"이라 한다)을 실시하는 경우의 실습재료비(해당 기업이 생산 또는 제조하는 물품의 제조원가 중 직접 재료비를 구성하지 아니하는 것에 한한다)
㉡ 「근로자직업능력 개발법」 제20조 제1항 제2호에 따른 기술자격검정의 지원을 위한 필요경비

사내직업능력개발훈련 실시 및 직업능력개발훈련 관련사업 실시에 소요되는 비용
㉢ 「근로자직업능력 개발법」 제33조에 따른 직업능력개발훈련교사의 급여 ㉣ 사업주가 단독 또는 다른 사업주와 공동으로 실시하는 직업능력개발훈련으로서 「근로자직업능력 개발법」 제24조에 따라 고용노동부장관의 인정을 받은 훈련과정의 직업능력개발훈련을 받는 훈련생에게 지급하는 훈련수당·식비·훈련교재비 및 직업훈련용품비

위의 내용을 이해하기 위해서는 근로자직업능력 개발법에 따라 사업주가 직업능력개발훈련을 실시하였을 경우 근로자직업능력 개발법 및 고용보험법에 따라 정부로부터 지원받는 지원금의 종류를 파악해 보는 것도 의미가 있다. 직업능력개발 실시에 따른 정부 지원금의 종류는 다음과 같다.

| 표 _ 직업능력개발 실시에 따른 지원금의 종류[330] |

종류	내용

훈련비	• 훈련비는 훈련실시에 따라 소요되는 비용을 말함.
	  – **훈련시설·장비 구입 또는 임차, 훈련프로그램 개발, 훈련교사 비용 등**
	• 훈련비 산정방법[331]
	  – 집체훈련 : 직종별 훈련비용 기준단가 × 조정계수 × 훈련시간 × 훈련수료인원 × 80%(우선지원대상기업 100%)
	    ※ 위탁훈련의 경우 사업주가 수탁훈련기관에 지불한 훈련비용이 위 금액보다 적을 경우 실제 지불한 금액을 지원
	  – 원격훈련 : 컨텐츠 심사 등급, 훈련기관 평가 등급, 훈련시간(기간)에 따라 과정별 지원단가를 정해 지원
	  – 현장훈련 : 집체훈련 비용지원 단가의 40%(우선지원대상기업은 100%)

훈련수당	**훈련수당은** 양성(집체 또는 현장) 훈련의 경우 훈련생이 훈련을 받기 위해 소요되는 비용(교통비 등)을 말함. – 사업주가 훈련생에게 훈련수당을 지급하는 경우에 한하여 훈련수당 지원
임금의 일부에 해당되는 금액	유급휴가훈련(집체), 비정규직 근로자를 대상으로 직업능력개발훈련(집체 또는 현장)을 실시한 경우 훈련비 이외에 임금의 일부에 해당되는 금액 지원
숙식비	사업주가 재직근로자, 구직자 등을 대상으로 훈련시간이 1일 평균 5시간 이상인 훈련(위탁훈련 포함)을 실시하고 훈련생에게 숙식을 제공하거나 숙식비를 지급한 경우에는 훈련비 외에 식비는 1일 3,000원까지, 숙식비는 1일 8,500원까지 지원 – 훈련생이 실제 이용했는지 여부와 관계없이 객관적으로 훈련생이 이용가능한 상태였을 경우 지원

330) 한국산업인력관리공단, 앞의 책, 2012.10.19., 72면

이상에서 사업주가 근로자를 대상으로 직업능력개발훈련의 실시로 사업주가 지출하는 비용과 정부로부터 지원받는 지원금의 종류를 살펴보았다.

기업이 직업능력개발훈련의 실시로 발생하는 실습재료비, 훈련시설 · 장비 구입 또는 임차, 훈련프로그램 개발, 훈련교사 비용 등은 근로자직업능력 개발법 및 고용보험법에 따라 일정한 산식에 의해 지원의 대상이 되고, 동시에 적격한 인력개발비로 보아 조세특례제한법상 인력개발 관련 조세지원을 받을 수 있는 것이다.

물론 앞의 사례에서 검토한 바와 같이 「근로자직업능력 개발법」에 따라 지출한 훈련비 등에서 정부로부터 받은 지원금이 있다면 이를 제외해야 할 것으로 보인다.

6 중소기업에 대한 인력개발 및 기술지도를 위하여 지출하는 비용

중소기업에 대한 인력개발 및 기술지도를 위하여 지출하는 비용으로서 기획재정부령으로 정하는 것은 적격한 인력개발비에 해당한다.

조세특례제한법 시행령 별표 6 연구 · 인력개발비 세액공제를 적용받는 비용	
2. 인력개발	다. 중소기업에 대한 인력개발 및 기술지도를 위하여 지출하는 비용으로서 기획재정부령으로 정하는 것

'기획재정부령이 정하는 것'이란 다음 어느 하나에 해당하는 비용을 말한다(조세특례제한법 시행규칙 제7조 제10항).

중소기업에 대한 인력개발 및 기술지도를 위하여 지출하는 비용
㉠ 지도요원의 인건비 및 지도관련경비 ㉡ 직업능력개발훈련의 훈련교재비 및 실습재료비 ㉢ 직업능력개발훈련시설의 임차비용 ㉣ 중소기업이 「중소기업 인력지원 특별법」에 따라 중소기업 핵심인력 성과보상기금에 납입하는 비용. 다만, ①에 따른 납입비용은 세액공제 대상에서 제외하고, ②에 따른 환급받은 금액은 납입비용에서 뺀다. ① 다음 어느 하나에 해당하는 사람에 대한 납입비용 1) 해당 기업의 최대주주 또는 최대출자자(개인사업자인 경우에는 대표자)와 그 배우자 2) 1)에 해당하는 자의 직계존비속(그 배우자를 포함) 또는 「국세기본법 시행령」 제1조의 2 제1항에 따른 친족관계[332]에 있는 사람

331) 사업주에 대한 직업능력개발훈련 지원규정(고용노동부고시 제2013-41호, 2013.9.9., 일부개정된 것)
332) ① 6촌 이내의 혈족, ② 4촌 이내의 인척, ③ 배우자(사실상의 혼인관계에 있는 자를 포함한다), ④ 친생자로서

중소기업에 대한 인력개발 및 기술지도를 위하여 지출하는 비용
② 중소기업 핵심인력 성과보상기금에 가입한 이후 5년 이내에 중도해지를 이유로 중소기업이 환급받은 금액(환급받은 금액 중 이전 과세연도에 빼지 못한 금액이 있는 경우에는 해당 금액을 포함한다)
㉤ 내국인이 사용하지 아니하는 자기의 특허권 및 실용신안권을 중소기업(「법인세법」 제2조 제12호 및 「소득세법」 제41조에 따른 특수관계인이 아닌 경우에 한한다)에게 무상으로 이전하는 경우 그 특허권 및 실용신안권의 장부상 가액

위의 표 ② 중소기업 핵심인력 성과보상기금에 납입하는 기여금에는 "내일채움공제"가 있는데, 이를 간단히 소개하고자 한다.

내일채움공제란 「중소기업 인력지원 특별법」에 근거를 두어 중소기업내 유입인력의 장기 재직 촉진을 통한 생산성 향상 및 인력수급 불일치 해소를 목적으로 도입된 것으로, 중소기업에 근무하는 우수인력의 장기 재직을 촉진하기 위해 사업주가 핵심인력을 지정하고, 사업주와 핵심인력 근로자가 5년간 매월 일정금액을 공동으로 납입한 후 핵심인력 근로자가 만기까지 재직하는 경우 공동적립금을 성과보상금으로 지급하는 제도이다.

내일채움공제는 만기가 5년이며, 가입기간의 단축 및 연장은 불가하고 공제계약의 중도해지 시 중소기업 귀책에 따른 해지는 핵심인력이 해지환급금의 수급권자가 되며, 핵심인력의 자진퇴사 등 핵심인력 귀책에 따른 해지의 경우에는 기업이 해지환급금의 수급권자가 된다.

자세한 내용은 내일채움공제 홈페이지(www.sbcplan.or.kr) 등에서 확인할 수 있다.

사례 47 내일채움공제 등 중소기업 핵심인력 성과보상기금에 납입도 전담부서등에서 연구업무에 종사하는 연구요원에 대하여 지출된 것에 한정하여, 연구 · 인력개발비 세액공제를 받을 수 있는 것인지 여부

앞에서 살펴본 위탁훈련비의 경우에는 2014년 조세특례제한법 시행령 별표 6이 개정되면서 전담부서 직원이 아닌 직원의 교육훈련비 등은 R&D 비용세액공제 대상에서 제외한 바 있으나, 중소기업 핵심인력 성과보상기금 납입과 같이 중소기업에 대한 인력개발 및 기술지도를 위하여 지출하는 비용의 경우에는 현재 전담부서 연구요원 등에 대한 별다른 제한이 없다.

따라서 전담부서 연구요원이 아닌 직원에 대해 내일채움공제 등 중소기업 핵심인력 성과보상기금에 납입을 하더라도 세액공제가 적용 가능한 것으로 보이며, 과세관청도 세액공제가 가능하다고 회신한 바 있다(서면-2015-소득-1074, 2015.7.23.).

다른 사람에게 친양자 입양된 자 및 그 배우자 · 직계비속

사례 48 대리점 영업사원에 대해 위탁교육을 실시하고 지출한 교육훈련비가 연구인력개발비 세액공제를 적용받는 비용에 해당하는지 여부

조세특례제한법 시행령 별표 6 연구 · 인력개발비 세액공제를 적용받는 비용 중 제2호 다목에서는 "중소기업에 대한 인력개발 및 기술지도를 위하여 지출하는 비용"을 열거하고 있는데, 동 규정이 인력개발비를 지출하는 당해 법인이 직접 고용하는 임원 또는 사용인 뿐만 아니라 당해 법인이 다른 중소기업에 대한 인력개발 및 기술지도를 위하여 지출하는 비용의 경우에도 연구인력개발비 세액공제 적용대상에 포함되는 것으로 해석해야 한다는 견해가 있을 수 있다.

조세특례제한법상 "연구개발"의 개념은 과학적 또는 기술적 진전을 이루기 위한 활동과 새로운 서비스 및 서비스전달체계를 개발하기 위한 활동이며, "인력개발"의 개념은 내국인이 고용하고 있는 임원 또는 사용인을 교육 · 훈련시키는 활동을 말한다(조세특례제한법 제2조 제1항).

연구 · 인력개발비 세액공제 대상이 되기 위해서는, 연구개발 또는 인력개발의 개념을 만족한 연구 · 인력개발비 중 조세특례제한법 시행령 별표 6에 열거된 비용만이 적격한 연구 · 인력개발비가 될 수 있다.

대리점 영업사원에 대해 위탁교육을 실시하고 지출한 교육훈련비가 연구 · 인력개발비 세액공제 대상이 되는지 여부와 관련하여, 조세심판원은 쟁점위탁교육대상이 청구법인의 임직원이 아니라 각 대리점의 영업사원이고 교육내용이 신기술 보다는 판매촉진 또는 홍보 성격으로 보이는 점, 1996.12.31. 개정된 조특법 시행령 [별표 6] 제2호 라목에서 최초로 세액공제대상의 범위를 기획재정부령으로 정하고 그 위임을 받은 같은 법 시행규칙 제7조 제10항의 구체적인 내용 및 취지를 볼 때 제1호는 기술지도, 제2호 내지 제4호는 인력개발로 보이므로 청구주장과 같이 제1호의 내용을 연구인력개발비세액공제 대상으로 적용할 경우 신기술 교육이 아닌 판매촉진 또는 홍보 성격의 쟁점교육훈련비에 대하여도 세액공제를 해 주어야 하는 문제가 발생되는바, 이는 합리적인 이유 없이 법문언을 유추 또는 확장해석한 것으로 조세법률주의에 배치되는 점 등에 비추어 쟁점교육훈련비를 연구인력개발비 세액공제 적용대상에서 제외되어야 한다고 판단한 바 있다(조심 2017서3717, 2018.3.2.).

7 생산성향상을 위한 인력개발비

생산성향상을 위한 인력개발비로서 기획재정부령으로 정하는 비용은 적격한 인력개발비에 해당한다.

조세특례제한법 시행령 별표 6 연구·인력개발비 세액공제를 적용받는 비용	
2. 인력개발	라. 생산성향상을 위한 인력개발비로서 기획재정부령으로 정하는 비용

이때 '기획재정부령이 정하는 것'이란 다음 어느 하나에 해당하는 비용을 말한다. 다만, 교육훈련시간이 24시간 이상인 교육과정의 것에 한한다(조세특례제한법 시행규칙 제7조 제11항).

생산성 향상을 위한 인력개발비
㉠ 품질관리·생산관리·설비관리·물류관리(이하 "품질관리등"이라 한다)에 관한 회사 내 자체교육비로서 다음의 비용에 준하는 것 - 교육훈련용교재비·실험실습비 및 교육용품비 - 강사에게 지급하는 강사료 - 사내기술대학등에서 직접 사용하기 위한 실험실습용 물품·자재·장비 또는 시설의 임차비 - 사내기술대학등의 교육훈련생에게 교육훈련기간 중 지급한 교육훈련수당 및 식비
㉡ 다음의 기관에 품질관리 등에 관한 훈련을 위탁하는 경우의 그 위탁훈련비. 다만, 「근로자직업능력 개발법」에 따른 위탁훈련비와 「산업발전법」에 따라 설립된 한국생산성본부에의 위탁훈련비를 제외한다. - 국가전문행정연수원(국제특허연수부에서 훈련받는 경우에 한한다) - 「산업표준화법」에 따라 설립된 한국표준협회 - 「산업디자인진흥법」에 따라 설립된 한국디자인진흥원 - 품질관리등에 관한 교육훈련을 목적으로 「민법」 제32조에 따라 설립된 사단법인 한국능률협회 - 「상공회의소법」에 따라 설립된 부산상공회의소의 연수원
㉢ 「문화산업진흥 기본법」 제31조에 따라 설립된 한국콘텐츠진흥원에 교육을 위탁하는 경우 그 위탁교육비용
㉣ 「항공법」에 따른 조종사의 운항자격 정기심사를 받기 위한 위탁교육훈련비용
㉤ 해외 호텔 및 해외 음식점에서 조리법을 배우기 위한 위탁교육훈련비용

사례 49 항공운송업자가 조종사의 자격인정을 위한 정기심사를 받기 위해 위탁교육훈련기관에 지출하는 모의비행장치사용료가 적격한 인력개발비인지 여부

항공운송업을 영위하는 내국법인이 항공법 규정에 따라 조종사의 운항자격 취득 및 운항자격 정기심사를 위하여 필수적으로 받아야 하는 Simulator 교육훈련을 항공훈련기관에 의뢰하고 있는데, 위탁교육훈련비 내역은 항공훈련기관에서 파견된 훈련교관 용역비와 훈련에 필요한 항공훈련기관 소유의 Simulator 장비사용료로 구성되어 있다.

이때 항공운송업자가 항공훈련기관에 지급하는 Simulator 장비사용료도 위탁교육훈련과정에서 필수적으로 발생하는 위탁교육훈련비로 보아 상기 규정에 따라 세액공제를 적용받을 수 있는지 여부에 대해 질의를 했는데 세무당국은 모의비행장치사용료 역시 적격한 인력개발비로 본다고 회신한 바 있다(법인-1189, 2009.10.26.).

8 사내기술대학(대학원을 포함) 및 사내대학의 운영에 필요한 비용

기획재정부령으로 정하는 사내기술대학(대학원을 포함한다) 및 사내대학의 운영에 필요한 비용으로서 기획재정부령으로 정하는 것은 적격한 인력개발비에 해당한다.

조세특례제한법 시행령 별표 6 연구 · 인력개발비 세액공제를 적용받는 비용	
2. 인력개발	마. 기획재정부령으로 정하는 사내기술대학(대학원을 포함한다) 및 사내대학의 운영에 필요한 비용으로서 기획재정부령으로 정하는 것

이때 '기획재정부령이 정하는 사내기술대학 및 사내대학'이란 다음 어느 하나에 해당하는 것을 말한다(조세특례제한법 시행규칙 제7조 제12항).

사내기술대학 및 사내대학
㉠ 사내기술대학(대학원을 포함한다)의 경우 : 과학기술분야의 교육훈련을 위한 전용교육시설 및 교과과정을 갖춘 사내교육훈련기관으로서 교육부장관이 기획재정부장관과 협의하여 정하는 기준에 해당하는 사내교육훈련기관
㉡ 사내대학의 경우 : 「평생교육법」에 따라 설치된 사내대학

이때 사내기술대학 및 사내대학의 운영에 필요한 비용으로서 '기획재정부령이 정하는 것'이란 다음 어느 하나에 해당하는 것을 말한다(조세특례제한법 시행규칙 제7조 제13항).

사내기술대학 등 운영비용
㉠ 교육훈련용교재비 · 실험실습비 및 교육용품비
㉡ 강사에게 지급하는 강사료
㉢ 사내기술대학등에서 직접 사용하기 위한 실험실습용 물품 · 자재 · 장비 또는 시설의 임차비
㉣ 사내기술대학등의 교육훈련생에게 교육훈련기간 중 지급한 교육훈련수당 및 식비

참고로 사내대학에 대해서 살펴보면 다음과 같다.[333)]

구분	내용
제도의 목적	시간적 · 경제적 여유가 없어 대학에 진학하지 못한 근로자의 면학욕구 충족과, 기업은 전문 직무교육과 특화교육을 통해 생산성 향상 및 복지후생제도 운영의 이중효과
주요특징	• 학교법인 설립 없이 학력 · 학위가 인정되는 평생교육시설 • 교육경비는 고용주 부담 • 교육대상 : 사업장 소속 종업원 및 사업장내 타 업체 종업원 대상 ※ 사내대학은 고등교육법령상의 "학교"가 아니고, 평생교육법에서 정한 "평생교육시설"임(평생교육법 제32조).
설치대상	상법 또는 특별법에 의하여 설립된 법인으로서 단독 또는 공동으로 참여하는 사업장으로 사업장에서 일하는 종업원(해당 사업장에 고용된 종업원 및 해당 사업장에서 일하는 다른 업체 종업원 포함)의 수가 200명 이상인 사업장의 사업장(평생교육법 제32조, 동법 시행령 제35조)
입학자격	고교 졸업자 또는 법령에 따라 이와 동등이상의 학력 인정자로서 해당 사업장에 근무하고 있는 자 - 다만, 2년제 학사학위과정의 경우 전문대학 졸업자 또는 법령에 따라 동등이상의 학력 인정자로서 사업장에 근무하고 있는 자(평생교육법 시행령 제45조)
교육과정	전문학사/학사/전문학사 · 학사 병설 학위과정(평생교육법 시행령 제44조)
수업연한 및 학위수여	전문학사 : 2년, 전문학사학위 수여 학사 : 2년 또는 4년 이상, 학사학위 수여(평생교육법 시행령 제43조, 제46조)

현재 설치 · 운영중인 사내대학은 총 7개교가 있으며, 삼성전자공과대('05) LH토지주택대('13), KDB금융대('13) 학사과정 3개교와 삼성중공업공과대('07), SPC식품과학대('11) 대우조선해양공과대('13), 현대중공업공과대('13), 포스코기술대학('14)의 전문학사과정 5개교가 있다.[334)]

333) 교육부, 「13년 사내대학 설립 인가 매뉴얼」, 2013.5.

9 산업수요 맞춤형 고등학교 등과 계약을 통해 설치·운용되는 직업 교육훈련과정 또는 학과 등의 운영비로 지출한 비용

「산업교육진흥 및 산학연협력촉진에 관한 법률 시행령」 제2조 제1항 제3호 및 제4호에 따른 학교 또는 산업수요 맞춤형 고등학교 등과의 계약을 통해 설치·운영되는 직업교육훈련 과정 또는 학과 등의 운영비로 지출한 비용은 적격한 인력개발비에 해당한다.

조세특례제한법 시행령 별표 6 연구·인력개발비 세액공제를 적용받는 비용	
2. 인력개발	바. 「산업교육진흥 및 산학연협력촉진에 관한 법률 시행령」 제2조 제1항 제3호 및 제4호에 따른 학교 또는 산업수요 맞춤형 고등학교 등과의 계약을 통해 설치·운영되는 직업교육훈련과정 또는 학과 등의 운영비로 지출한 비용

산업교육을 실시하는 학교로서 산업수요 맞춤형 학과 또는 전문계 과정(課程)을 설치한 일반고등학교, 고등기술학교 또는 산업수요 맞춤형 고등학교, 특성화고등학교, 일반고등학교 재학생에 대한 직업과정 위탁교육을 수행하는 학교와 계약으로 계약학과 등을 운영하고, 그 운영비를 지출하는 경우 해당 운영비용은 적격한 인력개발비에 포함한다는 것이다.

이는 과거 대학 맞춤형 교육비용 등에 대한 세액공제 제도(조세특례제한법 제104조의 18)를 종료시키면서, 조세특례제한법 별표 6의 인력개발비 적용범위에 포함시킨 것이다.

|개정세법해설| 인력개발비 적용범위 확대(조세특례제한법 시행령 별표 6)[335)]

(1) 개정내용

종 전	개 정
□ 인력개발비 ○ 위탁훈련비용, 직업능력개발 훈련비용, 중소기업 인력개발 및 기술지도 비용 등	□ 인력개발비의 적용범위 확대 ○ (좌 동)
〈추 가〉	○ 산업수요맞춤형고등학교 등과 계약을 통해 설치·운용되는 직업 교육훈련과정·학과 운영비용
〈추 가〉	○ 산업수요맞춤형고등학교 등의 재학생에게 지급하는 훈련수당 등

334) 교육안전정보국 교육통계과, 「2020년 교육기본통계 주요내용」, 2020.8.28., 17면
335) 기획재정부, 「2019 간추린 개정세법」, 2020, 217면

(2) 개정이유

대학 맞춤형 교육비용등에 대한 세액공제(조특법 제104조의 18) 종료에 따라 해당 비용에 대한 지원유지

(3) 적용시기 및 적용례

2020.1.1. 이후 개시하는 과세연도 분부터 적용

(1) 적용대상 학교

가. 「산업교육진흥 및 산학연협력촉진에 관한 법률 시행령」 제2조 제1항

「산업교육진흥 및 산학연협력촉진에 관한 법률」(약칭 "산학협력법")은 산업교육을 진흥하고 산학연협력(產學研協力)을 촉진하여 교육과 연구의 연계를 기반으로 산업사회의 요구에 따르는 창의적인 산업인력을 양성하기 위한 목적으로 제정된 법이다(산업교육진흥 및 산학연협력촉진에 관한 법률 제1조).

「산학협력법」에서는 산업수요에 연계된 교육 또는 특정 분야 인재양성을 목적으로 하는 학교로서 대통령령으로 정하는 고등학교·고등기술학교를 다음과 같이 정하고 있다(산학협력법 제2조 제2호 가목 및 동법 시행령 제2조 제1항).

「산업교육진흥 및 산학연협력촉진에 관한 법률 시행령」 제2조 제1항
㉠ 「초·중등교육법 시행령」 제90조 제1항 제10호에 따른 산업계의 수요에 직접 연계된 맞춤형 교육과정을 운영하는 고등학교에 해당하는 특수목적고등학교
㉡ 「초·중등교육법 시행령」 제91조에 따른 특성화고등학교(자연현장실습 등 체험위주의 교육을 전문적으로 실시하는 고등학교는 제외한다)
㉢ 산업수요 맞춤형 학과 또는 전문계 과정(課程)을 설치한 일반고등학교
㉣ 「초·중등교육법」 제54조에 따른 고등기술학교

나. 산업수요 맞춤형 고등학교 등(조세특례제한법 제26조)

조세특례제한법은 '산업수요 맞춤형 고등학교 등'의 범위'를 "「초·중등교육법」 제2조에 따른 학교로서 산업계의 수요에 직접 연계된 맞춤형 교육과정을 운영하는 고등학교 등 직업교육훈련을 실시하는 대통령령으로 정하는 학교"라고 규정하고 있다(조세특례제한법 제26조 제1항 제2호 가목).

이때 산업수요 맞춤형 고등학교등은 다음의 어느 하나에 해당하는 학교를 말한다(조세특례제한법 시행령 제23조 제5항).

산업수요 맞춤형 고등학교 등
㉠ 「초 · 중등교육법 시행령」 제90조 제1항 제10호에 따른 산업수요 맞춤형 고등학교
㉡ 「초 · 중등교육법 시행령」 제91조에 따른 특성화고등학교
㉢ 「초 · 중등교육법」 제2조 제5호에 따른 각종학교(같은 법 제60조의 3에 따른 대안학교 중 직업과정을 운영하는 학교 및 같은 법 시행령 제76조의 2 제1호에 따른 일반고등학교 재학생에 대한 직업과정 위탁교육을 수행하는 학교만 해당한다)

다. 세액공제 대상 학교의 범위

① 산업수요 맞춤형 고등학교

「초 · 중등교육법 시행령」 제90조 제1항 제10호에 따른 산업계의 수요에 직접 연계된 맞춤형 교육과정을 운영하는 고등학교에 해당하는 특수목적고등학교란 '산업수요 맞춤형 고등학교'을 의미하는데(초 · 중등교육법 시행령 제90조 제1항 제10호), 마이스터 고등학교라고 칭하기도 하는데,[336] 이에 대해 간단히 소개하고자 한다.

i) 산업수요 맞춤형 고등학교에 대한 활성화[337]

정부는 직업교육에 대한 부정적 이미지와 불신을 해소하기 위하여 1997년 이래 특성화 고등학교를 육성함으로써 소기의 성과를 거두었다. 그러나 형식적인 산학연계, 군복무로 인한 기업체의 채용기피 등 졸업 후 불투명한 진로문제와 기업 내 낮은 처우(보수, 근무조건 등)와 인식 때문에 해당 고등학교 졸업생들은 진로를 결정하지 못하고 맹목적으로 진학하는 문제점이 발생하였다.

이러한 문제점을 해결하고자 전문계고 졸업생의 경력단절 방지, 산업체 연계 강화, 전문계고 특성화 지속 확대, 직업교육 관련 법 · 제도 정비, 마이스터고 지정 · 육성과 같은 전략을 추진하게 되었다.

336) 마이스터고, "마이스터고란?", http://www.meister.go.kr

337) 교육과학기술부(현 교육부), 「한국형 마이스터고 육성계획(안)」, 2008.7.8., 1~5면

| 그림 _ 한국형 마이스터 성장경로(Career Path) |

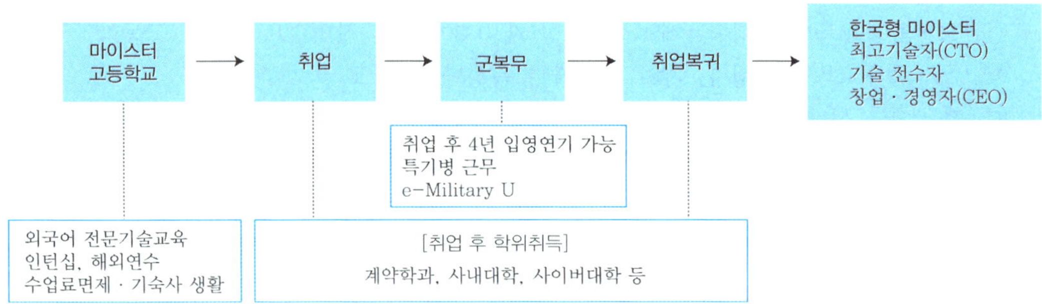

ii) 마이스터고 현황

현재 전국에 총 52개의 마이스터고가 1,047개 학급으로 운영되고 있는데, 학생수는 15,872명으로,[338] 지역별 현황은 다음과 같다.[339]

| 그림 _ 마이스터고 지역별 현황 |

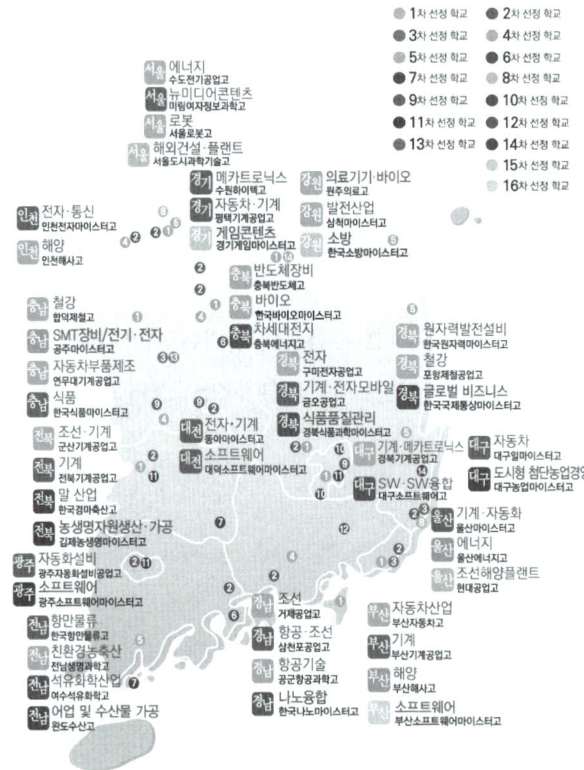

338) 특성화고 · 마이스터고 포털 운영지원센터, "마이스터교 학교통계", https://www.hifive.go.kr/stats/schStats.do?roo tMenuId=98&menuId=9801&sType=A7, 2021.5.20.

339) 교육부, "2021 마이스터고 신입생 모집", 7면

② 특성화고등학교

특성화고등학교는 특정분야(공업 · 상업 · 농업 · 실업 등)의 인재양성을 목적으로 하는 교육 또는 자연현장실습 등 체험위주의 교육을 전문적으로 실시하는 고등학교[340](과거 실업계 고등학교)를 말하며, 현재 463개의 특성화고등학교가 9,839개 학급으로 운영되고 있는데, 학생수는 168,806명이다.[341]

주의할 점은 특성화고등학교 중 자연현장실습 등 체험위주의 교육을 전문적으로 실시하는 고등학교는 세액공제 적용대상 학교에서 제외한다는 것이다.

③ 각종학교

「초 · 중등교육법」 제2조 제5호에 따른 각종학교로 대안학교 중 직업과정을 운영하는 학교 및 일반고등학교 학생 중 직업훈련을 희망하는 학생들을 위한 직업과정 위탁교육을 수행하는 학교[342]를 의미한다.

④ 산업수요 맞춤형 학과 또는 전문계 과정(課程)을 설치한 일반고등학교

대학교를 진학하지 않고 취업을 하려는 청소년의 직업교육을 지원하기 위해, 산업수요 맞춤형 학과 또는 전문계 과정을 설치한 일반고등학교이다.

⑤ 「초 · 중등교육법」 제54조에 따른 고등기술학교

「초 · 중등교육법」 제54조에 따른 고등기술학교는 국민생활에 직접 필요한 직업기술교육을 하는 것을 목적으로 하는데, 수업연한은 1년 이상 3년 이하로 하며, 공장이나 사업장을 설치 · 경영하는 자는 고등기술학교를 설립 · 경영할 수 있다.

고등기술학교는 공장이나 사업장에서 직업기술교육 목적으로 설립한 중등학교의 일종으로, 2020년 현재 경남전자고등학교, 금호미용예술학교, 부산국제영화고등학교, 청암예술학교, 풀무농업고등기술학교, 한국제과학교, 한진고등기술학교, 총 7개의 사립학교가 있다.[343]

(2) 계약을 통해 설치 · 운영되는 직업교육훈련과정 또는 학과 등의 운영비

「산학협력법」에서는 국가, 지방자치단체 또는 산업체등이 채용을 조건으로 학자금 지원계약을 체결하고, 특별한 교육과정의 운영을 요구하는 경우, 대학교 또는 산업수요 맞춤형

340) 「초 · 중등교육법 시행령」 제91조 제1항
341) 특성화고 · 마이스터고 포털 운영지원센터, "특성화고 학교통계", https://www.hifive.go.kr/stats/schStats.do?rootMenuId=98&menuId=9801&sType=A7, 2021.5.20.
342) 산업정보학교, 기타 직업전문학교 등이 있다(교육부, 「일반고 교육역량 강화 방안(시안)」, 2013.8., 11면).
343) 나무위키, https://namu.wiki/w/%EA%B3%A0%EB%93%B1%EA%B8%B0%EC%88%A0%ED%95%99%EA%B5%90?form=MY01SV&OCID=MY01SV

학교 등과 계약에 의해 직업교육훈련과정 또는 학과 등을 설치 · 운영할 수 있는데(산업교육진흥 및 산학연협력촉진에 관한 법률 제8조), 운영비로 지출한 비용은 적격한 인력개발비가 될 수 있다.

이때 운영비는 다음 어느 하나에 해당하는 것을 말한다(법인세과-220, 2010.3.12., 조세특례제한법 시행규칙 제7조 제13항).

직업교육훈련과정 또는 학과 등의 운영비
㉠ 교육훈련용교재비 · 실험실습비 및 교육용품비 ㉡ 강사에게 지급하는 강사료 ㉢ 직업교육훈련과정 또는 학과 등에서 직접 사용하기 위한 실험실습용 물품 · 자재 · 장비 또는 시설의 임차비 ㉣ 직업교육훈련과정 또는 학과 등의 교육훈련생에게 교육훈련기간 중 지급한 교육훈련수당 및 식비

10 산업수요 맞춤형 고등학교 등의 재학생에게 훈련기간 중 지급한 훈련수당, 식비, 교재비 또는 실습재료비

산업수요 맞춤형 고등학교 등과 사전 취업계약 등을 체결한 후, 직업교육훈련을 받는 재학생에게 훈련기간 중 지급한 훈련수당, 식비, 교재비 또는 실습재료비(생산 또는 제조하는 물품의 제조원가 중 직접 재료비를 구성하지 않는 것만 해당한다)는 적격한 인력개발비에 해당한다.

조세특례제한법 시행령 별표 6 연구 · 인력개발비 세액공제를 적용받는 비용	
2. 인력개발	사. 산업수요 맞춤형 고등학교 등과 기획재정부령으로 정하는 사전 취업계약 등을 체결한 후, 직업교육훈련을 받는 해당 산업수요 맞춤형 고등학교의 재학생에게 해당 훈련기간 중 지급한 훈련수당, 식비, 교재비 또는 실습재료비(생산 또는 제조하는 물품의 제조원가 중 직접 재료비를 구성하지 않는 것만 해당한다)

이때 '기획재정부령으로 정하는 사전 취업계약 등'이란 다음의 어느 하나에 해당하는 계약을 말한다(조세특례제한법 시행규칙 제7조 제16항).

사전 취업계약 등

㉠ 산업수요 맞춤형 고등학교 등 재학생에 대한 고용을 목적으로 해당 학교와 체결하는 「직업교육훈련 촉진법」 제2조 제5호 나목에 따른 특약으로서 다음의 요건을 모두 갖춘 특약(이하 "산업체 맞춤형 직업교육훈련계약"이라 한다)
① 산업수요 맞춤형 고등학교 등에 교육부장관이 정하는 산업체 맞춤형 직업교육훈련과정을 설치할 것
② 해당 내국인의 생산시설 또는 근무장소에서 산업수요 맞춤형 고등학교 등 재학생에 대하여 교육부장관이 정하는 기간 이상의 현장훈련을 실시할 것
③ 산업체 맞춤형 직업교육훈련과정 이수자에 대한 고용요건 등이 포함될 것
④ ①부터 ③까지의 요건 등에 관한 사항이 포함된 교육부장관이 정하는 계약서에 따라 산업체 맞춤형 직업교육훈련계약을 체결할 것

㉡ 산업수요 맞춤형 고등학교 등 재학생에 대한 고용을 목적으로 해당 학교 및 「직업교육훈련 촉진법」 제2조 제2호에 따른 직업교육훈련기관과 체결하는 같은 법 제2조 제5호 나목에 따른 특약으로서 다음의 요건을 모두 갖춘 특약(이하 "취업인턴 직업교육훈련계약"이라 한다)
① 산업수요 맞춤형 고등학교 등 또는 직업교육훈련기관에 교육부장관이 정하는 취업인턴 직업교육훈련과정을 설치할 것
② 해당 내국인의 생산시설 또는 근무장소에서 산업수요 맞춤형 고등학교 등 재학생에 대하여 교육부장관이 정하는 기간 이상의 현장훈련을 실시할 것
③ 취업인턴 직업교육훈련과정 이수자에 대한 고용요건 등이 포함될 것
④ ①부터 ③까지의 요건 등에 관한 사항이 포함된 교육부장관이 정하는 계약서에 따라 취업인턴 직업교육훈련계약을 체결할 것

11 표준화된 현장실습 과정에서 대학생에게 지급한 현장실습지원비

「산업교육진흥 및 산학연협력촉진에 관한 법률」 제11조의 3에 따라 현장실습산업체가 교육부장관이 정하는 표준화된 운영기준을 준수하는 현장실습을 실시하는 산업교육기관 등과 기획재정부령으로 정하는 사전 취업약정 등을 체결하고 해당 현장실습 종료 후 현장실습을 이수한 대학생을 채용한 경우 현장실습 기간 중 해당 대학생에게 같은 조 제3항에 따라 지급한 현장실습 지원비(생산 또는 제조하는 물품의 제조원가 중 직접 재료비를 구성하지 않는 것만 해당한다)는 적격한 인력개발비에 해당한다.

조세특례제한법 시행령 별표 6 연구 · 인력개발비 세액공제를 적용받는 비용	
2. 인력개발	아. 「산업교육진흥 및 산학연협력촉진에 관한 법률」 제11조의 3에 따라 현장실습산업체가 교육부장관이 정하는 표준화된 운영기준을 준수하는 현장실습을 실시하는 산업교육기관 등과 기획재정부령으로 정하는 사전 취업약정 등을 체결하고 해당 현장실습 종료 후 현장실습을 이수한 대학생을 채용한 경우 현장실습 기간 중 해당 대학생에게 같은 조 제3항에 따라 지급한 현장실습 지원비(생산 또는 제조하는 물품의 제조원가 중 직접 재료비를 구성하지 않는 것만 해당한다)

종전에는 사전 취업계약 등을 체결한 산업수요맞춤형 고등학교 등의 재학생에게 지급하는 현장훈련 수당을 연구 · 인력개발비 세액공제 대상으로 보았는데, 이를 대학생까지 확대한 것이다.

|개정세법해설| R&D 비용 세액공제 중 인력개발비 범위 확대(조세특례제한법 시행령 별표 6)[344)]

(1) 개정내용

종 전	개 정
☐ R&D 비용 세액공제 대상 인력개발비의 범위 ○ (인력개발비의 범위) - 위탁훈련비용, 직업능력개발훈련비용 등 - 사전 취업계약 등을 체결한 산업수요맞춤형고등학교 등의 재학생에게 지급하는 현장훈련수당 등 〈추 가〉	☐ 인력개발비 범위 확대 ○ (좌 동) - 표준 현장실습학기제 과정에서 대학생에게 지급한 현장훈련수당 등* * 「현장실습학기제 운영규정」에 따른 표준 현장실습학기제를 운영하는 대학교 등과 사전 취업약정 등을 체결하여 학기제 종료 후 해당 대학생을 채용한 경우

(2) 개정이유

산학협력을 통한 대학 재학생의 취업 지원

(3) 적용시기

2021.1.1. 이후 개시하는 과세연도 분부터 적용

344) 기획재정부, 「2020년 세법개정 후속 시행령 개정」, 2021.1.6., 175면

(1) 「산업교육진흥 및 산학연협력촉진에 관한 법률」 제11조의 3

교육부장관은 산업체의 수요와 미래의 산업발전에 따르는 인력을 양성하기 위하여 산업교육기관이 실시하는 현장실습에 관한 표준화된 운영기준을 수립하여야 하며, 산업교육기관은 이에 따라 현장실습을 운영하여야 한다.

표준화된 운영기준은 다음의 사항을 포함하여야 한다.

표준화된 운영기준
㉠ 현장실습 산업체(이하 "실습기관"이라 한다)의 선정 절차 및 방법에 관한 사항 ㉡ 현장실습에 참여하는 학생의 선발, 직무수행 실습시간, 직무 관련 교육시간 및 실습내용에 관한 사항 ㉢ 현장실습 지원비(현장실습과 관련하여 실습기관에서 현장실습에 참여하는 학생에게 지급하는 비용을 말한다)에 관한 사항 ㉣ 그 밖에 현장실습의 운영에 필요한 사항

실습기관은 「산업교육진흥 및 산학연협력촉진에 관한 법률」 제11조의 3 제2항 제3호에 따른 현장실습 지원비를 직무수행 실습시간, 직무 관련 교육시간과 「최저임금법」 제5조 제1항에 따른 시간급 최저임금액 등을 고려하여 대통령령으로 정하는 기준[345)]에 따라 지급하여야 한다.

(2) 일정 요건을 충족하는 사전 취업약정을 체결할 것

다음의 요건을 모두 갖춘 약정 등을 말한다(조세특례제한법 시행규칙 제7조 제17항).

사전 취업계약 등
㉠ 대학교 등에 「산업교육진흥 및 산학연협력촉진에 관한 법률」 제11조의 3에 따라 교육부장관이 정하는 표준화된 운영기준(이하 "표준운영기준"이라 한다)을 준수하는 현장실습 과정을 설치할 것 ㉡ 현장실습 산업체의 생산시설 또는 근무장소에서 대학교 재학생에 대하여 「산업교육진흥 및 산학연협력촉진에 관한 법률」 제11조의 3에 따라 교육부장관이 정하는 기간 이상의 현장실습을 실시할 것 ㉢ 표준운영기준을 준수하는 현장실습의 이수자에 대한 고용조건 등이 포함될 것

345) 실습지원비는 「최저임금법」에 따라 고시되는 최저임금액과 주 단위 또는 월 단위 실습시간 수, 직무수행 실습시간 비율을 곱한 금액 이상이어야 한다(대학생 현장실습학기제 운영규정(안) 제22조).

제4편

연구개발 비용지출단계의 연구개발 조세지원제도

제1장 연구·인력개발비 세액공제 제도

제1절 연구·인력개발비 세액공제의 요건

1 연구·인력개발비 세액공제 제도의 개요

연구·인력개발비에 대한 세액공제제도는 내국인이 각 과세연도에 연구개발 및 인력개발에 지출한 금액 중 대통령령으로 정하는 비용(이하 "연구·인력개발비"라 한다)이 있는 경우 일정한 금액을 해당 과세연도의 법인세(또는 소득세)에서 공제하여 기업의 연구 및 인력개발 투자를 촉진하여 기업의 기술을 축적하고 우수한 인력의 확보를 용이하게 하기 위한 제도이다.[346)]

이 제도는 1981.12.31.에 '기술 및 인력개발비 세액공제'라는 명칭으로 처음 신설[347)]되었으며 2008.12.26.에 조세특례제한법 개정 시[348)] 성장잠재력 확충을 지원하기 위하여 일몰제한 규정을 삭제하여 영구법화 하였다.

2010.1.1. 세법 개정 시[349)] 미래성장동력 확보를 위한 기업투자 확대를 지원하기 위하여 성장동력산업 및 원천기술 R&D 비용에 대한 세액공제를 확대하는 규정을 도입하였다.

2010.12.27. 세법 개정 시[350)] 중소기업 졸업 시 R&D 세액공제율 축소에 따른 세부담 증가를 완화하여 중소기업에서 중견기업으로의 성장을 지원하기 위하여 중소기업 졸업에 따른 당기분 일반 R&D 세액공제율을 단계적으로 인하하도록 조정하였다.

2013.1.1.에는 중견기업에 대한 R&D 세제지원을 강화하기 위하여 중견기업에 대한 일반 R&D 비용 세액공제 구간을 신설하였고, 과도한 조세지원을 축소하기 위하여 정부로부터

346) 윤충식/장태희/박재혁, 「조세특례제한법 해설과 실무」, 삼일인포마인, 2013.11., 197면
347) 1981.12.31. 법률 제3481호로 전부 개정된 조세감면규제법 제17조
348) 2008.12.26. 법률 제9272호로 일부 개정된 조세특례제한법 제10조
349) 2010.1.1. 법률 제9921호로 일부 개정된 조세특례제한법 제10조
350) 2010.12.27. 법률 제10406호로 일부 개정된 조세특례제한법 제10조

지급받은 출연금에 대한 R&D 비용에 대해서 세액공제 적용을 배제하도록 하였다.[351)]

2014.1.1. 세법 개정 시[352)] 중견기업의 성장사다리 확충 및 R&D 역량 제고를 위해 중견기업의 범위를 종전 3천억원 미만 기업에서 5천억원 미만 기업으로 확대하였고, 대기업에 대한 R&D 비용 세액공제 적정화를 위해 일반기업에 대한 R&D 비용 세액공제율 한도를 종전 6%에서 4%로 축소하였다.

2014.12.23.에는 대기업에 대한 비과세・감면을 축소하기 위해, 대기업에 대한 R&D 비용 세액공제율 한도를 종전 4%에서 3%로 축소하였다.[353)]

2015.12.15.에는 신성장동력산업・원천기술연구개발비 세액공제 적용기한을 2015년 12월 31일까지에서 2018년 12월 31일까지로 3년간 연장하였다.[354)]

2016.12.20. 세법 개정 시[355)] 신성장동력・원천기술연구개발비 세액공제 규정을 신산업 중심으로 대상기술을 확대하고 재편하기 위해, 세액공제 대상 기술을 종전에는 신성장동력 12개 분야 75개 기술, 원천기술 17개 분야 50개 기술로 구분했었던 것을, 신성장동력・원천기술을 통합하여 크게 11개 분야로 구분하고, 이를 다시 37개 세부분야의 157개 기술로 조정하였다. 한편, 중견・대기업의 신성장동력・원천기술연구개발비 세액공제율을 인상하고, 대기업의 일반 R&D 세액공제 당기분 기본공제율을 종전 2%에서 1%로 축소하였다.

2017.12.19.에는 대기업의 일반 R&D 세액공제 당기분 기본공제율을 종전 1%에서 0%로 축소하였고, 중소기업 및 코스닥 상장 중견기업의 신성장동력・원천기술연구개발비 세액공제율을 확대하였다.[356)]

2018.12.24.에는 신성장동력・원천기술에 블록체인, 양자컴퓨터 관련 기술 등을 추가하였고, 적용기한을 2018년 12월 31일까지에서 2021년 12월 31일까지로 3년간 연장하였다.[357)]

2019.12.31. 세법 개정 시[358)] 서비스 분야에 대한 위탁・공동 연구・인력개발비 인정 범위를 확대(과학기술과 결합된 서비스 연구・인력개발에 한정)하였고, 연구・인력개발비 세액공제 배제 사유 및 시점을 납세자의 귀책정도에 따라 구체화하였다.

351) 2013.1.1. 법률 제11614호로 일부 개정된 조세특례제한법 제10조
352) 2014.1.1. 법률 제12173호로 일부 개정된 조세특례제한법 제10조
353) 2014.12.23. 법률 제12853호로 일부 개정된 조세특례제한법 제10조
354) 2015.12.15. 법률 제13560호로 일부 개정된 조세특례제한법 제10조
355) 2016.12.20. 법률 제14390호로 일부 개정된 조세특례제한법 제10조
356) 2017.12.19. 법률 제15227호로 일부 개정된 조세특례제한법 제10조
357) 2018.12.24. 법률 제16009호로 일부 개정된 조세특례제한법 제10조
358) 2019.12.31. 법률 제16835호로 일부 개정된 조세특례제한법 제10조

| 표 _ 개정내역 : 연구 · 인력개발비에 대한 세액공제[359] |

날짜	개정내용	
1981.12.31.	• 조세감면규제법 제17조(기술 · 인력개발비 세액공제) 신설	
1998.12.28.	• 조세특례제한법 제10조(기술 및 인력개발비에 대한 세액공제)	-4년 연평균지출액 초과분의 50% 혹은 -(중소기업) 해당연도 총액의 15% -(대기업) 해당연도 총액의 5%(단, 중소기업에 지출한 경우 10%)
2000.12.29.	• "기술 및 인력개발비"를 "연구 · 인력개발비"로 개정 • 대기업의 당기지출분 세액공제제도 폐지	-4년 연평균발생액 초과분의 50% 혹은 -해당연도 총액의 15%(중소기업만 선택 가능)
2002.12.11.	• 대기업의 증가지출분 세액공제율 50%에서 40%로 감소	-4년 연평균발생액 초과분의 40%(중소기업은 50%) 혹은 -해당연도 총액의 15%(중소기업만 선택 가능)
2006.12.30.	• 연구 및 인력개발비 중 대학 또는 중소기업 등에게 지급한 외부위탁 연구 및 인력개발비에 대한 공제율을 상향 조정	(중소기업 : 다음 중 선택) -4년 연평균발생액 초과분의 50% -해당연도 총액의 15%(중소기업 외 : 다음 합한 금액) o 대학 또는 중소기업 등에 위탁한 비용의 4년 연평균발생액 초과분의 50% o 그 외의 비용의 4년 연평균발생액 초과분의 40%
2007.12.31.	• 대기업에 대해 총액을 기준으로 하는 세액공제제도 다시 도입	(중소기업 외 : 다음 합한 금액) -대학 또는 중소기업 등에 위탁한 비용의 4년 연평균발생액 초과분의 50% -그 외의 비용의 4년 연평균발생액 초과분의 40% 단, 수입금액 중 연구 · 인력개발비의 비율이 직전연도보다 높거나 같으면, 다음 금액을 세액공제로 선택할 수 있음. o 해당연도 총액에 다음의 비율을 곱한 금액 3% + 수입금액 중 연구 · 인력개발비의 비율 × 1/2(6%한도)

359) 조세특례제한법 제10조 개정내용을 반영하여 구성

날짜	개정내용	
2008.12.26.	• 일몰기한(2009.12.31.까지)이 폐지되어 제도가 영구화됨. • 중소기업 당기분 세액공제 15%에서 25%로 상향조정	(중소기업 : 다음 중 선택) -4년 연평균 발생액 초과분의 50% -해당연도 총액의 25%
2010.1.1.	• 현행의 "신성장동력산업 분야의 연구개발비", "원천기술을 얻기 위한 연구개발비" 추가 • 대기업이 당기분 세액공제를 받기 위해 만족해야 하는 요건을 폐지	(신성장동력 · 원천기술연구개발비) 해당연도 총액의 20%(중소기업은 30%) (그 외의 경우 다음 중 선택) -4년 연평균 발생액 초과분의 40%(중소기업은 50%) -해당연도 총액에 다음 비율 계산한 금액(중소기업 : 25%) 3% + 수입금액 중 연구 · 인력개발비의 비율 × 1/2(6%한도)
2010.12.27.	• 중소기업 졸업에 따른 일반 R&D 세액공제율 단계적 축소	-중소기업 졸업유예기간 이후 3년간 15%, 그 이후 2년간 10%
2011.12.31.	• 연구개발의 정의에 "서비스 연구개발" 추가 • 위탁 · 재위탁 연구개발비에 대한 R&D 세액공제 허용 • 세액공제액 계산시 증가분 방식 적용대상 명확화 및 직전 4년간 연평균 연구개발비용 계산방법 합리화	-서비스분야 연구개발비는 자체연구개발비로 한정 -과거 4년간 발생한 연구개발 비용이 없는 경우에는 당기분 방식만 적용 -직전 4년간 연구개발비용합계액 ÷ 직전 4년중 연구개발비용이 발생한 과세연도의 수 합계
2013.1.1.	• R&D 비용 세액공제의 증가분 산식 조정 • 중견기업에 대한 일반 R&D 비용 세액공제 구간 신설 • 정부출연금으로 지출한 연구개발비에 대한 R&D 비용 세액공제 배제 • 신성장동력 및 원천기술분야 R&D 비용 세액공제 적용기한 연장	-증가분 산식 : 직전 3년 평균 R&D 비용('13) → 2년 평균('14) → 직전연도('15 이후) -직전 과세연도의 연구 · 인력개발비가 직전 4년 연평균 발생액보다 적은 경우에도 당기분 방식만 적용(중견기업 : 다음 중 선택) o 4년 연평균발생액 초과분의 40% o 해당연도 총액의 8% o 적용기한 '12.12.31. → '15.12.31.으로 3년 연장

날짜	개정내용	
2014.1.1.	• R&D 비용 세액공제 적용시 중견기업 범위 확대 • 일반기업에 대한 R&D 비용 세액공제율 한도 축소	– 중견기업의 범위를 매출액 3천억원 → 5천억원 미만 기업으로 확대 – 해당연도 총액에 다음 비율 계산한 금액(중소기업 : 25%) 3% + 수입금액 중 연구·인력개발비의 비율 × 1/2(4% 한도)
2014.12.23.	• 대기업에 대한 R&D 비용 세액공제율 한도 축소	– 해당연도 총액에 다음 비율 계산한 금액(중소기업 : 25%) 2% + 수입금액 중 연구·인력개발비의 비율 × 1/2(3% 한도)
2015.12.15.	• 신성장동력산업·원천기술 R&D 비용 세액공제 적용기한 연장	– 적용기한 '15.12.31. → '18.12.31.으로 3년 연장
2016.12.20.	• 신성장동력산업·원천기술 R&D 세액공제 대상기술 확대 및 공제율 인상	– 신성장동력·원천기술을 통합하여 11개 분야 37개 세부분야의 157개 기술로 조정 – 중견·대기업 : 최대 30%[20% + (매출액 대비 신성장 R&D 지출액 비중 × 3배)]
	• 대기업 일반 R&D 세액공제 당기분 세액공제율 축소	– (대기업) 당기분 1~3%* 증가분 30% * 1% + 최대 2%[(R&D 비용/매출액) × 1/2]
2017.12.19.	• 대기업 일반 R&D 세액공제 당기분 세액공제율 축소	– (대기업) 당기분 0~2%* 증가분 25% * 0% + 최대 2%[(R&D 비용/매출액) × 1/2]
	• 중소기업, 코스닥 상장 중견기업의 신성장동력·원천기술 R&D 비용 세액공제율 확대	– (코스닥 상장 중견기업) 25~40%* * 25% + 최대 15%[(신성장 R&D 비용/매출액) × 3] – (중소기업) 최대 40%** ** 0% + 최대 10%[(신성장 R&D 비용/매출액) × 3]

날짜	개정내용	
2018.12.24.	• 신성장 R&D 비용 세액공제 대상신성장기술 확대 및 적용기한 연장	-(공제대상) 신성장동력 · 원천기술에 신기술* 추가 * 블록체인, 양자컴퓨터 관련 기술 등 16개 기술 추가, 4개 기술 확대 -(적용기한) '18.12.31. → '21.12.31.으로 3년 연장
2019.12.31.	• 서비스 분야에 대한 위탁 · 공동 연구 · 인력개발비 인정 범위 확대	-위탁 · 공동 연구 · 인력개발비(과학기술과 결합된 서비스 연구 · 인력개발에 한정)
	• 연구 · 인력개발비 세액공제 배제 사유 및 시점을 납세자의 귀책정도에 따라 구체화	-(배제 사유 및 배제 시점) 기업부설연구소 등의 인정 취소 사유에 따라 구분하여 규정

2 연구 · 인력개발비 세액공제의 요건

연구 · 인력개발비에 대한 세액공제는 내국인이 각 과세연도에 연구 · 인력개발비가 있는 경우에 적용하는데 다음의 요건을 갖추어야 한다.

연구 · 인력개발비에 대한 세액공제 적용요건
㉠ 내국인일 것(내국인 요건)
㉡ 각 과세연도에 연구 · 인력개발비가 있을 것(적격 연구 · 인력개발비 요건)

(1) 내국인일 것(내국인 요건)

'내국인'이라 함은 소득세법에 따른 거주자 및 법인세법에 따른 내국법인을 말한다(조세특례제한법 제2조 제1항 제1호).

종전에는 제조업, 광업 등의 업종을 영위하는 내국인에 한해 연구 · 인력개발비 세액공제 제도를 적용받을 수 있었으나, 2010.1.1. 이후 개시하는 과세연도 분부터 모든 내국인은 업종에 상관없이 연구 · 인력개발비 세액공제 제도를 적용받을 수 있게 되었다.

연구 · 인력개발비 세액공제제도가 최초로 신설된 1981년도에는 제조업, 광업, 건설업, 기술용역업, 정보처리사업, 군수물자의 가공 · 조립 · 정비 및 연구개발사업 만이 적용대상이었으나 수차례의 법령 개정을 통해 물류산업, 금융 · 보험업 등으로 범위를 넓히다가 2001년부터 2009년까지는 소비성서비스업을 제외한 모든 업종으로 확대되어 운용되고 있었다.

이후 2010.1.1. 세법 개정 시 연구·인력개발비 세액공제제도의 적용에 업종의 제한을 아예 없앤 것이다.[360)]

(2) 각 과세연도에 연구·인력개발비가 있을 것(적격 연구·인력개발비 요건)

연구·인력개발비에 대한 세액공제 적용 시 갖추어야 할 적격 연구·인력개발비 요건은 앞에서 살펴보았다. 따라서 연구·인력개발비에 대한 세액공제 적용 시 적격 연구·인력개발비 범위(요건)은 '제3편 제2장 제1절과 제2절'을 참고하도록 한다.

적격 연구·인력개발비 요건
㉠ 조세특례제한법에 따른 연구개발 및 인력개발의 정의에 부합하는 활동(Qualified Research)에서 발생한 비용일 것(연구·인력개발요건, 요건 1)
㉡ 조세특례제한법 시행령 별표 6에서 정한 비용에 해당될 것(적격비용요건, 요건 2), 단, 국가 등으로부터 연구개발출연금 등을 지급받아 연구개발비로 지출한 것이 아닐 것

한편, 연구·인력개발비에 대한 세액공제 제도에서는 연구·인력개발비를 일반연구·인력개발비와 신성장·원천기술연구개발비로 구분하여 세액공제율 등을 달리 적용하고 있다.

3 일반연구·인력개발비 세액공제 대상비용

적격한 일반연구·인력개발비란 연구·인력개발요건과 적격비용요건을 갖춘 연구·인력개발비 중 신성장·원천기술연구개발비에 해당하지 아니하거나 신성장·원천기술연구개발비 세액공제방법을 선택하지 아니한 내국인의 연구·인력개발비를 말한다.

앞서 언급한 바와 같이 일반연구·인력개발비의 범위는 '제3편 제2장 제1절과 제2절'을 참고하기로 했으므로, 이하에서는 적격비용요건을 규정하고 있는 조세특례제한법 시행령 별표 6만 간략하게 다시 살펴보고 넘어간다.

360) 조세특례제한법 제10조(2010.1.1. 법률 제9921호로 일부 개정된 것)

| 표 _ 연구 · 인력개발비 세액공제를 적용받는 비용[361] |

구분	비용
1. 연구개발	가. 자체연구개발 1) 기업부설연구소 또는 연구개발전담부서 및 기업부설창작연구소 또는 기업창작전담부서(이하 "전담부서등"이라 한다)에서 근무하는 직원(연구개발과제를 직접 수행하거나 보조하지 않고 행정 사무를 담당하는 자는 제외한다) 및 연구개발서비스업 중 연구개발업에 종사하는 전담요원의 인건비(퇴직소득, 퇴직급여충당금, 퇴직연금보험료 제외). 단, 주주인 임원으로서 당해 법인의 지분 10% 초과하여 소유하는 주주 등은 제외 2) 전담부서등 및 연구개발서비스업자가 연구용으로 사용하는 견본품 · 부품 · 원재료와 시약류구입비(시범제작에 소요되는 외주가공비를 포함) 및 소프트웨어(「문화산업진흥 기본법」 제2조 제2호에 따른 문화상품 제작을 목적으로 사용하는 경우에 한정) · 서체 · 음원 · 이미지의 대여 · 구입비 3) 전담부서등 및 연구개발서비스업자가 직접 사용하기 위한 연구 · 시험용 시설의 임차 또는 나목 1)에 규정된 기관의 연구 · 시험용 시설의 이용에 필요한 비용
	나. 위탁 및 공동연구개발 1) 다음의 기관에 과학기술 및 산업디자인 분야의 연구개발용역을 위탁(재위탁을 포함한다)함에 따른 비용(전사적 기업자원 관리설비, 판매시점 정보관리 시스템 설비 등 기업의 사업운영 · 관리 · 지원 활동과 관련된 시스템 개발을 위한 위탁비용은 제외한다. 이하 같다) 및 이들 기관과의 공동연구개발을 수행함에 따른 비용 가) 「고등교육법」에 따른 대학 또는 전문대학 나) 국공립연구기관 다) 정부출연연구기관 라) 국내외의 비영리법인(비영리법인에 부설된 연구기관을 포함한다) 마) 「산업기술혁신 촉진법」 제42조에 따른 전문생산기술연구소 등 기업이 설립한 국내외 연구기관 바) 전담부서등(전담부서등에서 직접 수행한 부분에 한정한다) 또는 국외기업에 부설된 연구기관 사) 「국가과학기술 경쟁력강화를 위한 이공계지원특별법」에 따른 연구개발서비스업을 영위하는 기업 또는 영리목적으로 연구 · 개발을 독립적으로 수행하거나 위탁받아 수행하고 있는 국외 소재 기업 아) 「산업교육진흥 및 산학연협력촉진에 관한 법률」에 따른 산학협력단

361) 〈표〉 연구 · 인력개발비 세액공제를 적용받는 비용은 필자가 조세특례제한법 시행령 【별표 6】 연구 · 인력개발비 세액공제를 적용받는 비용(제9조 제1항 관련)을 수정한 것이다.

구분	비용
1. 연구개발	자) 한국표준산업분류표상 기술시험·검사 및 분석업을 영위하는 기업 차) 「산업디자인진흥법」 제4조 제2항 각 호에 해당하는 기관 카) 「산업기술연구조합 육성법」에 따른 산업기술연구조합 2) 「고등교육법」에 따른 대학 또는 전문대학에 소속된 개인(조교수 이상에 한정한다)에게 과학기술분야의 연구개발용역을 위탁함에 따른 비용
	다. 해당 기업이 그 종업원 또는 종업원 외의 자에게 직무발명 보상금으로 지출한 금액
	라. 기술정보비(기술자문비를 포함한다) 또는 도입기술의 소화개량비로서 다음 중 어느 하나에 해당하는 자로부터 산업기술에 관한 자문을 받고 지급하는 기술자문료 가) 과학기술분야를 연구하는 국공립연구기관, 정부출연연구기관, 국내외의 비영리법인(비영리법인에 부설된 연구기관을 포함한다), 국내외 기업의 연구기관 또는 전담부서등에서 연구업무에 직접 종사하는 연구원 나) 대학 또는 전문대학에 근무하는 과학기술분야의 교수(조교수 이상) 다) 외국인기술자
	마. 중소기업이 「과학기술분야 정부출연연구기관 등의 설립·운영 및 육성에 관한 법률」에 따라 설립된 한국생산기술연구원과 「산업기술혁신 촉진법」에 따라 설립된 전문생산기술연구소의 기술지도 또는 「중소기업진흥에 관한 법률」에 따른 기술지도를 받고 지출한 비용
	바. 중소기업에 대한 공업 및 상품디자인 개발지도를 위하여 지출한 비용
	사. 중소기업이 특허 조사·분석을 위해 「발명진흥법」에 따라 지정된 산업재산권 진단기관에 지출한 비용
2. 인력개발	가. 위탁훈련비(**<u>전담부서등에서 연구업무에 종사하는 연구요원에 한정한다</u>**) 1) 국내외의 전문연구기관 또는 대학에의 위탁교육훈련비 2) 「근로자직업능력 개발법」에 따른 직업훈련기관에 위탁훈련비 3) 「근로자직업능력 개발법」에 따라 고용노동부장관의 승인을 받아 위탁훈련하는 경우의 위탁훈련비 4) 「중소기업진흥에 관한 법률」에 따른 기술연수를 받기 위하여 중소기업이 지출한 비용 5) 자체기술능력향상을 목적으로 전담부서등에서 연구업무에 종사하는 연구요원이 훈련을 목적으로 지출하는 국내외기업 및 한국생산성본부에의 위탁훈련비
	나. 「근로자직업능력 개발법」 또는 「고용보험법」에 따른 사내직업능력개발훈련 실시 및 직업능력개발훈련 관련사업 실시에 소요되는 비용

구분	비용
2. 인력개발	다. 중소기업에 대한 인력개발 및 기술지도를 위하여 지출하는 비용
	라. 생산성향상을 위한 인력개발비로서 품질관리등에 관한 회사 내 자체교육비, 위탁훈련비 등
	마. 사내기술대학(대학원을 포함한다) 및 사내대학의 운영에 필요한 비용
	바. 「산업교육진흥 및 산학연협력촉진에 관한 법률 시행령」 제2조 제1항 제3호 및 제4호에 따른 학교 또는 산업수요 맞춤형 고등학교 등과의 계약을 통해 설치·운영되는 직업교육훈련과정 또는 학과 등의 운영비로 지출한 비용
	사. 산업수요 맞춤형 고등학교 등과 사전 취업계약 등을 체결한 후, 직업교육훈련을 받는 재학생에게 훈련기간 중 지급한 훈련수당, 식비, 교재비 또는 실습 재료비(생산 또는 제조하는 물품의 제조원가 중 직접 재료비를 구성하지 않는 것만 해당한다)
	아. 「산업교육진흥 및 산학연협력촉진에 관한 법률」 제11조의 3에 따라 현장실습산업체가 교육부장관이 정하는 표준화된 운영기준을 준수하는 현장실습을 실시하는 산업교육기관 등과 기획재정부령으로 정하는 사전 취업약정 등을 체결하고 해당 현장실습 종료 후 현장실습을 이수한 대학생을 채용한 경우 현장실습 기간 중 해당 대학생에게 같은 조 제3항에 따라 지급한 현장실습 지원비(생산 또는 제조하는 물품의 제조원가 중 직접 재료비를 구성하지 않는 것만 해당한다)

4 연구·인력개발비 세액공제의 배제

자체 연구개발에 지출하는 연구개발비가 「기초연구진흥 및 기술개발지원에 관한 법률」 제14조의 3 제1항 각 호에 해당하는 사유 등 대통령령으로 정하는 사유로 인하여 연구개발비에 해당하지 아니하게 되는 경우에는 인정취소일 등 대통령령으로 정하는 날 이후 지출하는 금액에 대해서는 세액공제를 적용하지 아니한다(조세특례제한법 제10조 제6항).

(1) 도입배경

현행 조세특례제한법 제10조 연구·인력개발비 세액공제 규정은 「기초연구진흥 및 기술개발지원에 관한 법률」 제14조의 2 제1항에 따라 과학기술정보통신부장관의 인정을 받은 기업부설연구소 또는 연구개발전담부서, 「문화산업진흥 기본법」 제17조의 3 제1항에 따른 기업부설창작연구소 또는 기업창작전담부서(이하 "전담부서등"이라 한다)에서 근무하는 인건비, 연구용으로 사용하는 재료비 등에 대해서만 적격한 연구개발비용으로 인정하고 있다.

적격한 연구개발비용 지출액에 대해서는 최대 25~40%(중소기업 기준 연구·인력개발비 세액공제)의 법인세 감면, 연구소에서 직접 사용하기 위해 취득한 부동산에 대해 최대 60~70%(중소기업 기준)의 취득세 및 50~60%의 재산세를 감면받을 수 있고, 전담연구요원의 연구활동비에 대해 소득세를 비과세하는 등 법에 따라 인정을 받은 전담부서등의 지출액에 대해 각종 세제지원을 받을 수 있다.

이러한 각종 세제지원에도 불구하고 부실한 운영으로 직권 취소된 사례가 속출하고 있는데, 이와 관련된 기사내용 중 일부내용을 아래와 같이 발췌하였으니 참고하길 바란다.

| 기사_직권취소된 기업부설연구소에 4년간 혈세 2,413억원 들어가(MTN머니투데이방송) |

직권취소된 기업부설연구소에 4년간 혈세 2,413억원 들어가(최근 5년간 직권취소된 기업부설 연구소 1만 5,894곳), 2020.10.7. MTN 머니투데이방송

국회 과학기술정보방송통신위원회 조정식 의원이 7일 조세지출, 자금지원, 국가 R&D 사업 참여 등 국가로부터 다양한 혜택을 부여 받는 기업부설연구소 중 직권취소로 인해 자격을 상실한 기업에게 2016년부터 2019년까지 최근 4년간 들어간 혈세만 2,413억원에 달한다고 밝혔다. 과학기술정보통신부(과기정통부)는 기업연구개발(R&D)활동을 효율적으로 지원하고자 일정 요건을 충족하는 기업 시설을 연구소로 인정하고, 각종 조세지출·자금 지원, 국가 R&D 참여, 병역 특례 등 각종 혜택을 제공하는 기업부설연구소 제도를 운영하고 있다.

이에 기업부설연구소 등록 건수가 매년 증가하며 2016년 6만 832곳에서 2020년 5월, 7만 1,668곳으로 18% 늘었다. 벤처기업, 연구원·교원 창업, 중소기업 등 소규모 기업부설연구소가 6만 9,436곳으로 대부분을 차지하지만, 대기업도 1,013곳을 기업부설연구소로 등록했다.

기업부설연구소를 거짓·부정한 방법으로 인정을 받거나, 소속된 기업이 폐업, 법에서 규정한 인정기준에 미달, 연구개발활동이 없는 등 기업부설연구소 인정 취소 규정에 해당하는 경우, 주관부처인 과기정통부가 직권으로 이를 취소할 수 있다.

최근 5년간 기업부설연구소 15,894곳이 직권취소됐다. 취소 사유로는 인적/물적 요건 미달이 7,857건으로 가장 많았고, 휴/폐업 4,014건, 연구개발활동 없음 3,935건이 뒤를 이었다. 허위로 신고해 불법적으로 기업부설연구소를 운영하다 적발돼 취소된 경우도 88건에 달했다.

부정한 방법으로 전담부서등 인정을 받거나, 인정을 받은 이후 연구개발 활동이 없다고 인정되는 경우 등의 사유가 발생하는 경우 인정이 취소될 수 있는데, 인정이 취소되는 경우 세액공제를 어떻게 배제해야 하는지에 대해서는 현행 법령상 근거가 없었다.[362]

362) 이에 반해 지방세특례제한법에 따른 취득세 및 재산세 감면 규정과 관련해서는, 기업부설연구소 설치 후 4년 이내에 정당한 사유 없이 연구소를 폐쇄하거나 다른 용도로 사용하는 경우 등에 해당할 경우, 경감된 취득세 및 재산세를 추징한다는 규정이 있다(지방세특례제한법 제46조 제4항).

이에 조세특례제한법 제10조 제6항을 신설하여, 전담부서등이 인정취소되는 경우 해당 연구개발비에 대한 세액공제 적용을 배제함으로써, 실질적인 연구개발활동에 대한 세제 지원이라는 동 세액공제의 취지를 보다 명확히 하려는 것으로 보인다.[363)]

|개정세법해설| **R&D 비용 세액공제 배제 사유 및 시점 구체화**(조세특례제한법 제10조, 같은 법 시행령 제9조)[364)]

(1) 개정내용

종 전	개 정
〈신 설〉	□ R&D 비용 세액공제 배제 사유 및 시점 구체화 ○ (배제사유) 기업부설연구소 등의 인정 취소 사유에 따라 구분하여 규정 ① 거짓·부정한 방법으로 인정을 받은 경우* * 「기초연구법」 §14의 3 ① 1, 「문화산업진흥기본법」 §17의 3 ④ 1 ② 인정기준 및 준수사항을 위반한 경우* * 「기초연구법」 §14의 3 ① 4 및 7, 「문화산업진흥기본법」 §17의 3 ④ 2 ③ 기업이 인정취소를 요청하는 경우 등* * 「기초연구법」 §14의 3 ① 2, 3, 5, 6 및 8 ○ (배제시점) 배제사유(① ② ③)에 따라 구분하여 규정 ① 인정일이 속하는 과세연도 개시일 ② 인정취소일이 속하는 과세연도 개시일 ③ 인정취소일

(2) 개정이유

R&D 비용 세액공제 배제 사유 및 시점을 납세자의 귀책정도에 따라 구체화

(3) 적용시기

2020.1.1. 이후 개시하는 과세연도에 배제사유에 해당하는 분부터 적용

이하에서는 ① 대통령령으로 정하는 사유(배제사유), ② 배제대상 비용의 범위, ③ 대통령령으로 정하는 날(배제시점)에 관하여 살펴보기로 한다.

(2) 연구·인력개발비 세액공제 배제사유

자체 연구개발에 지출하는 연구개발비가 「기초연구진흥 및 기술개발지원에 관한 법률」 제14조의 3 제1항 각 호에 해당하는 사유로 기업부설연구소 또는 연구개발전담부서의 인정이 취소되거나, 「문화산업진흥 기본법」 제17조의 3 제4항 각 호의 어느 하나에 해당하는 사유로

363) 기획재정위원회, 조세특례제한법 일부개정법률안 심사보고서, 2019.12., 146~148면
364) 국세청, 「2020년 개정세법 해설」, 2020.3., 371면

기업부설창작연구소 또는 기업창작전담부서 인정이 취소되는 경우에 세액공제가 배제된다(조세특례제한법 시행령 제9조 제15항).

기업부설연구소 및 연구개발전담부서 인정이 취소되는 「기초연구진흥 및 기술개발지원에 관한 법률」 제14조의 3 제1항 각 호에 해당하는 사유는 다음과 같다.

기업부설연구소 및 연구개발전담부서 인정취소 사유 (「기초연구진흥 및 기술개발지원에 관한 법률」 제14조의 3 제1항)
1. 거짓 또는 그 밖의 부정한 방법으로 인정을 받거나 변경신고를 한 경우 2. 기업부설연구소등이 소속된 기업이 기업부설연구소등의 인정취소를 요청한 경우 3. 기업부설연구소등이 소속된 기업이 폐업하거나 기업부설연구소등의 폐쇄 사실을 과학기술정보통신부장관이 확인한 경우 4. 「기초연구진흥 및 기술개발지원에 관한 법률」 제14조의 2 제1항에 따른 인정기준에 미달되어 과학기술정보통신부장관이 그 보완을 명한 날부터 1개월이 지날 때까지 미달된 사항을 보완하지 아니한 경우 5. 「기초연구진흥 및 기술개발지원에 관한 법률」 제14조의 2 제3항에 따른 변경신고를 변경사유가 발생한 날부터 1년 이내에 하지 아니한 경우 6. 기업부설연구소등의 연구개발활동이 없다고 과학기술정보통신부장관이 인정한 경우 7. 기업부설연구소등이 「기초연구진흥 및 기술개발지원에 관한 법률」 제14조의 4에 따른 준수사항을 위반한 경우 8. 「연구실 안전환경 조성에 관한 법률」 제17조 등 다른 법률에 따라 기업부설연구소등의 연구개발활동이 제한된 경우

한편, 기업부설창작연구소 및 기업창작전담부서 인정이 취소되는 「문화산업진흥 기본법」 제17조의 3 제4항에 해당하는 사유는 다음과 같다.

기업부설창작연구소 및 기업창작전담부서 인정취소 사유 (「문화산업진흥 기본법」 제17조의 3 제4항)
1. 거짓이나 그 밖의 부정한 방법으로 창작연구소등으로 인정받은 경우 2. 「문화산업진흥 기본법 시행령」 제26조에 따른 인력·시설 등의 인정기준을 갖추지 못하는 경우

(3) 연구·인력개발비 세액공제 배제대상 비용의 범위

"자체 연구개발에 지출하는 연구개발비"가 대통령령으로 정하는 세액공제 배제사유로 전담부서등 인정이 취소되어, 연구개발비에 해당하지 아니하게 되는 경우 세액공제가 배제된다.

즉 세액공제 배제대상 연구개발비는 "자체 연구개발비"에 한정하는 것으로, 위탁 및 공동연구개발비용, 직무발명보상금 등의 연구개발비, 기타 인력개발비는 전담부서등 인정이 취소되더라도 세액공제 배제대상 비용이 아니다.

(4) 연구 · 인력개발비 세액공제 배제시점

대통령령으로 정하는 날이란 조세특례제한법 시행령 제9조 제15항 각 호에 따른 인정취소의 사유((2) 연구 · 인력개발비 세액공제 배제사유)별로 조세특례제한법 시행령 제9조 제16항 각 호의 구분에 따른 날을 말한다(조세특례제한법 시행령 제9조 제16항). 이를 표로 정리하면 다음과 같다.

| 표 _연구개발비 세액공제 배제사유에 따른 배제시점 |

배제사유(인정취소 사유)		배제시점
제1호	거짓 · 부정한 방법으로 인정을 받은 경우 (「기초연구진흥 및 기술개발지원에 관한 법률」 제14조의 3 제1항 제1호, 「문화산업진흥 기본법」 제17조의 3 제4항 제1호)	인정일이 속하는 과세연도의 개시일
제2호	기업이 인정취소를 요청하는 경우 등 (「기초연구진흥 및 기술개발지원에 관한 법률」 제14조의 3 제1항 제2호, 제3호, 제5호, 제6호 및 제8호)	인정취소일
제3호	인정기준 및 준수사항을 위반한 경우 (「기초연구진흥 및 기술개발지원에 관한 법률」 제14조의 3 제1항 제4호 및 제7호, 「문화산업진흥 기본법」 제17조의 3 제4항 제2호)	인정취소일이 속하는 과세연도의 개시일

사례 50 전담부서등이 인정취소될 경우 연구 · 인력개발비 세액공제 이월액을 이후에도 공제 받을 수 있는지 여부

당해 과세연도에 전담부서등을 인정받은 법인이 당해 과세연도에 전담부서등이 인정취소된 경우, 즉 전담부서등 인정일과 인정취소일이 동일한 과세연도에 속하는 경우에는 당해 과세연도 연구 · 인력개발비 세액공제를 배제하면 될 것이다.

한편, 직전 과세연도에 전담부서등을 인정받았던 법인이 당해 과세연도에 전담부서등이 인정취소되는 경우, 직전 과세연도에 법인세 산출세액에서 차감된 세액공제액과, 당해 과세연도에 이월된 세액공제액에 대해서는 과거 사업연도부터 관리가 필요할 수 있다.

전담부서등이 인정취소되는 경우 세액공제 배제사유별로 연구 · 인력개발비 세액공제 배제시점에 차이가 있는데, 배제사유 중에는 거짓 · 부정한 방법으로 인정을 받은 경우에 한해서만, 세액공제 배제시점을 "인정일이 속하는 과세연도 개시일"로 규정하고 있고, 다른 배제사유는 "인정취소일" 또는 "인정취소일이 속하는 과세연도의 개시일"을 배제시점으로 정하고 있으므로, 거짓·부정한 방법으로 인정을 받은 경우에만 과거 사업연도부터 관리가 필요하다.

세무당국은 조세특례제한법 시행령 제9조 제16항 제2호에 의해 연구개발전담부서 인정이 취소된 경우 기 발생된 연구·인력개발비 세액공제 이월액은 인정취소일 이후에도 공제 가능하다는 입장을 밝힌 바 있다(서면-2020-법인-2499, 2020.7.3.).

제2절 연구·인력개발비 세액공제액의 계산

1 연구·인력개발비 세액공제액의 계산의 개요

내국인이 각 과세연도에 연구·인력개발비가 있는 경우에는 신성장·원천기술연구개발비의 세액공제액과 일반연구·인력개발비 세액공제액을 합한 금액을 해당 과세연도의 소득세(사업소득에 대한 소득세만 해당한다) 또는 법인세에서 공제한다. 이 경우 신성장·원천기술연구개발비에 대한 세액공제는 2021.12.31.까지 발생한 해당 연구·인력개발비에 대해서만 적용한다.

연구·인력개발비에 대한 세액공제 방법 및 세액공제율을 간략하게 표로 정리하면 다음과 같다.

| 표 _ 연구·인력개발비에 대한 세액공제방법 및 세액공제율 |

조항	일몰기간	내용	
조세특례제한법 제10조	2021.12.31. 까지	㉠ 신성장·원천기술 분야의 연구·인력개발비에 대한 세액공제	
		1. 중소기업*	(해당 과세연도에 발생한 신성장·원천기술연구개발비) × (30% + 해당 과세연도 수입금액에서 신성장·원천기술 연구개발비가 차지하는 비율 × 3, 40% 한도)
		2. 코스닥상장 중견기업**	(해당 과세연도에 발생한 신성장·원천기술연구개발비) × (25% + 해당 과세연도 수입금액에서 신성장·원천기술 연구개발비가 차지하는 비율 × 3, 40% 한도)
		3. 중견기업·대기업	(해당 과세연도에 발생한 신성장·원천기술연구개발비) × (20% + 해당 과세연도 수입금액에서 신성장·원천기술 연구개발비가 차지하는 비율 × 3, 30% 한도)
		㉡ ㉠ 외의 경우(일반연구·인력개발비***)	
	영구	1. 중소기업	다음의 두 가지 방법 중에서 하나를 선택 ① 당기분 방식에 의한 세액공제 = (해당 과세연도에 발생한 일반연구·인력개발비) × 25% ② 증가분 방식에 의한 세액공제 = (해당 과세연도에 발생한 일반연구·인력개발비 − 직전 과세연도에 발생한 일반연구·인력개발비) × 50%

조항	일몰기간	내용	
조세특례제한법 제10조	영구	2. 최초로 중소기업에 해당하지 아니하게 된 경우	다음의 두 가지 방법 중에서 하나를 선택 ① 당기분 방식에 의한 세액공제 ⓐ 최초로 중소기업에 해당하지 않게 된 과세연도 개시일부터 3년 이내에 끝나는 과세연도까지 = (해당 과세연도에 발생한 일반연구·인력개발비) × 15% ⓑ 위의 기간 이후부터 2년 이내에 끝나는 과세연도까지 = (해당 과세연도에 발생한 일반연구·인력개발비) × 10% ② 증가분 방식에 의한 세액공제 = (해당 과세연도에 발생한 일반연구·인력개발비 −직전 과세연도에 발생한 일반연구·인력개발비) × 40%
		3. 중견기업(위 2.에 해당하지 아니하는 경우)	다음의 두 가지 방법 중에서 하나를 선택 ① 당기분 방식에 의한 세액공제 = (해당 과세연도에 발생한 일반연구·인력개발비) × 8% ② 증가분 방식에 의한 세액공제 = (해당 과세연도에 발생한 일반연구·인력개발비 −직전 과세연도에 발생한 일반연구·인력개발비) × 40%
		4. 대기업(위 1~3.에 해당하지 아니하는 경우)	다음의 두 가지 방법 중에서 하나를 선택 ① 당기분 방식에 의한 세액공제 = (해당 과세연도에 발생한 일반연구·인력개발비) × (해당 과세연도 수입금액에서 일반연구·인력개발비가 차지하는 비율 × 50%, 2% 한도) ② 증가분 방식에 의한 세액공제 = (해당 과세연도에 발생한 일반연구·인력개발비 − 직전 과세연도에 발생한 일반연구·인력개발비) × 25%

* 중소기업이란 조세특례제한법 시행령 제2조에 따른 중소기업을 말하고, 규모의 확대 등으로 중소기업에 해당하지 아니하게 된 때에는 최초로 그 사유가 발생한 날이 속하는 과세연도와 그 다음 3개 과세연도까지 중소기업으로 본다.

** 중견기업이란 조세특례제한법 시행령 제3조에 따른 중견기업(직전 3개 과세연도의 매출액의 평균금액이 5천억원 미만인 기업일 것 등)을 말한다.

*** 신성장동력연구개발비 및 원천기술연구개발비에 해당하지 아니하거나 신성장동력연구개발비 및 원천기술연구개발비 세액공제방법을 선택하지 아니한 내국인의 연구·인력개발비를 말한다.

2021.7.26. 기획재정부가 발표한 2021년 세법개정안에 따르면, 현행 R&D 비용 세액공제 및 통합투자세액공제 규정 적용 시 ① 일반 R&D(시설투자) 및 ② "신성장·원천기술 R&D(시설투자)"의 2단계 구조로 세액공제율을 다르게 운영하던 방식을 개편하여, ③ "국가전략기술 R&D(시설투자)"을 신설하고 "신성장·원천기술 R&D(시설투자)"보다 세액공제율을 확대하는 방안을 마련하였다.

구체적으로 R&D 비용 세액공제 규정에서 신성장·원천기술 대비 +10%p 상향하고, 통합투자세액공제(시설투자) 규정에서 신성장·원천기술 대비 +3~4%p 상향하는 것이다.

"국가전략기술 R&D"는 경제·사회적 안보가치, 기술집약도, 국제관계 영향력 등을 고려하여 ① 반도체, ② 배터리(이차전지), ③ 백신의 3개의 분야가 선정되었다.

한편, 신성장기술 R&D에 대한 세제지원을 강화하기 위해 신성장·원천기술 R&D 대상기술을 확대(탄소중립 기술, 바이오 등 신산업 기술)하고, 신성장·원천기술 심의위원회의 기능을 확대하여 기존기술의 평가 및 신규기술의 도입을 심의할 수 있도록 분야별 전문분과위를 운영하려 하며, 적용기한을 3년 연장(~2024.12.31.까지)하였다.

자세한 내용은 아래 세법개정안을 참고하기 바란다.

|세법개정안| 국가전략기술 R&D·시설투자 세제지원 강화(조세특례제한법 제10조, 제24조)[365]

(1) 개정내용

<table>
<tr><th>현 행</th><th>개 정</th></tr>
<tr><td>□ 기업의 R&D 비용 및 시설투자에 대한 세제 지원
○ (지원방식) ① 연구·인력개발비 세액공제,
② 통합투자세액공제
○ (지원구조) 일반, 신성장·원천기술 투자의 2단계 구조</td><td>□ 국가전략기술 관련 R&D 비용 및 시설투자 세제지원 강화
○ (좌 동)
○ 국가전략기술 단계 신설 → 3단계
* 국가경제안보 목적상 중요한 기술로, 경제·사회적 안보가치, 산업파급효과가 큰기술</td></tr>
<tr><td>○ (지원내용) 신성장·원천기술 공제율 우대
〈신 설〉
<table><tr><th>R&D 비용(%)</th><th>대</th><th>중견</th><th>중소</th></tr><tr><td>일 반</td><td>2</td><td>8</td><td>25</td></tr><tr><td>신성장·원천기술</td><td colspan="2">20~30</td><td>30~40</td></tr></table>
〈신 설〉
<table><tr><th rowspan="2">시설투자(%)</th><th colspan="3">당기분</th><th rowspan="2">증가분</th></tr><tr><th>대</th><th>중견</th><th>중소</th></tr><tr><td>일 반</td><td>1</td><td>3</td><td>10</td><td rowspan="2">3</td></tr><tr><td>신성장·원천기술</td><td>3</td><td>5</td><td>12</td></tr></table></td><td>○ 국가전략기술 공제율 추가 우대
- R&D 비용 : 신성장·원천기술 대비 + 10%p 상향
<table><tr><th>R&D 비용(%)</th><th>대</th><th>중견</th><th>중소</th></tr><tr><td>일 반</td><td>2</td><td>8</td><td>25</td></tr><tr><td>신성장·원천기술</td><td colspan="2">20~30</td><td>30~40</td></tr><tr><td>국가전략기술</td><td colspan="2">30~40</td><td>40~50</td></tr></table>
- 시설투자 : 신성장·원천기술 대비 + 3~4%p 상향
<table><tr><th rowspan="2">시설투자(%)</th><th colspan="3">당기분</th><th rowspan="2">증가분</th></tr><tr><th>대</th><th>중견</th><th>중소</th></tr><tr><td>일 반</td><td>1</td><td>3</td><td>10</td><td rowspan="2">3</td></tr><tr><td>신성장·원천기술</td><td>3</td><td>5</td><td>12</td></tr><tr><td>국가전략기술</td><td>6</td><td>8</td><td>16</td><td>4</td></tr></table></td></tr>
</table>

(2) 개정이유

국가경제안보 차원에서 중요한 '국가전략기술'에 대한 투자 촉진

(3) 적용시기 및 적용례

2021.7.1.~2024.12.31.까지 R&D 비용을 지출하거나 시설을 투자하는 분에 대해 적용

365) 기획재정부, 「2021년 세법개정안 상세본」, 2021.7.26., 1면

|세법개정안| 신성장 · 원천기술 R&D 비용 세액공제 대상기술 확대 및 적용기한 연장 등

(조세특례제한법 제10조, 조세특례제한법 시행령 제9조 · 별표 7 등)[366)]

(1) 개정내용

현　　행	개　　정
□ 신성장·원천기술 R&D 비용 세액공제 ○ (공제대상) 12개 분야 235개 기술 〈신　설〉	□ 공제대상 기술 개편 및 적용기한 3년 연장 등 ○ 탄소중립, 바이오 기술 등 추가* *신성장 · 원천기술심의위원회 심의를 거쳐 시행령 개정시 정비 · 추가 ○ 현행 공제대상 기술에 대한 주기적 재평가 · 정비 – 개별 대상기술 적용기한 : 선정일부터 최대 3년 * 현행 대상기술은 일괄적으로 영 시행 터 3년 적용
○ (공제율) 중소기업 30%, 코스닥상장 중견기업 25%, 중견기업·대기업 20% –(가산공제율*) 수입금액 중 신성장 R&D 비율 × 3 *한도 : 10%(코스닥상장 중견기업 15%)	(좌　동)
○ (적용기한) 2021.12.31.	○ (적용기한) 2024.12.31.
□ 신성장·원천기술심의위원회 ○ 신성장 · 원천기술 해당 여부 심의 〈추　가〉	□ 심의위원회 기능 확대 ○ (좌　동) ○ 신규기술 도입여부, 현행기술 존치여부 심의 *분야별 전문분과위 운영

(2) 개정이유

차세대 성장동력 확충 지원

(3) 적용시기 및 적용례

2022.1.1. 이후 개시하는 과세연도 분부터 적용

366) 기획재정부, 「2021년 세법개정안 상세본」, 2021.7.26., 2면

2 일반연구·인력개발비에 대한 세액공제액의 계산

(1) 증분발생액 방식에 의한 세액공제액

가. 세액공제액의 계산

해당 과세연도에 발생한 일반연구·인력개발비가 직전 과세연도에 발생한 일반연구·인력개발비를 초과하는 경우 그 초과하는 금액의 100분의 25(중견기업의 경우에는 100분의 40, 중소기업의 경우에는 100분의 50)에 상당하는 금액을 법인세에서 공제한다.

증분발생액 방식에 의한 세액공제액의 계산
(해당 과세연도에 발생한 일반연구·인력개발비 – 직전 과세연도에 발생한 일반연구·인력개발비) × 25%(중견기업의 경우에는 40%, 중소기업의 경우에는 50%)

다만, 해당 과세연도의 개시일부터 소급하여 4년간 일반연구·인력개발비가 발생하지 아니하거나 직전 과세연도에 발생한 일반연구·인력개발비가 해당 과세연도의 개시일부터 소급하여 4년간 발생한 일반연구·인력개발비의 연평균 발생액보다 적은 경우에는 아래에서 설명할 '(2) 당기발생액 방식에 의한 세액공제액'을 계산해야 한다(조세특례제한법 제10조 제1항 제3호 단서).

증분발생액을 계산하는 방법은 2013.1.1. 법 개정 시[367] 직전 4년간 발생한 일반연구·인력개발비의 연평균 발생액을 초과하는 금액에 세액공제율을 곱하여 계산하는 방식에서 직전 과세연도에 발생한 일반연구·인력개발비를 초과하는 금액에 세액공제율을 곱하여 계산하는 방식으로 변경되었다.

이와 관련하여 조세특례제한법 부칙[368]에서는 "직전과세연도에 발생한 일반연구·인력개발비를"은 2013.1.1.부터 2013.12.31.까지 개시하는 과세연도까지는 "해당 과세연도의 개시일부터 소급하여 3년간 발생한 일반연구·인력개발비의 연평균 발생액을"로, 2014.1.1.부터 2014.12.31.까지 개시하는 과세연도까지는 "해당 과세연도의 개시일부터 소급하여 2년간 발생한 일반연구·인력개발비의 연평균 발생액을"로 보도록 하는 경과규정을 두었다.

367) 조세특례제한법 제10조 제1항 제3호 가목(2013.1.1. 법률 제11614호로 개정된 것)
368) 조세특례제한법 부칙(법률 제11614호, 2013.1.1.) 제36조

|개정세법해설| R&D 비용 세액공제의 증가분 산식 조정(조세특례제한법 제10조)[369]

(1) 개정내용

<table>
<tr><th>종 전</th><th>개 정</th></tr>
<tr><td>□ 증가분방식 R&D 비용 세액공제
○증가분 산식 : 당해연도 R&D 비용 - 직전 4년 평균 R&D 비용

○공제세액 : 증가분 × 공제율
<table><tr><th>구 분</th><th>공제율(%)</th></tr><tr><td>중소기업
(유예기간 포함)</td><td>50</td></tr><tr><td>일반기업</td><td>40</td></tr></table></td><td>□ 증가분 산식의 조정
○증가분 산식 : 직전 3년 평균 R&D 비용('13) → 2년 평균('14) → 직전연도('15 이후)
○단, 직전연도 R&D 비용이 직전 4년 평균 R&D 비용보다 적은 경우 증가분방식 적용 배제</td></tr>
</table>

(2) 개정이유

R&D 비용 증가분방식의 세액공제 방식을 합리적으로 조정

(3) 적용시기 및 적용례

2013.1.1. 이후 개시하는 과세연도 분부터 적용

나. 연평균 발생액의 계산

직전 4년간의 일반연구·인력개발비 연평균 발생액은 다음과 같이 계산한다(조세특례제한법 시행령 제9조 제6항). 단, 아래의 계산식을 적용할 때 개월 수는 월력에 따라 계산하되, 과세연도 개시일이 속하는 달이 1개월 미만인 경우에는 1개월로 하고, 과세연도 종료일이 속하는 달이 1개월 미만인 경우에는 산입하지 아니한다(조세특례제한법 시행령 제9조 제8항).

$$\frac{\text{해당 과세연도 개시일부터 소급하여 4년간 발생한 일반연구·인력개발비의 합계액}}{\text{해당 과세연도 개시일부터 소급하여 4년간 일반연구·인력개발비가 발생한 과세연도의 수 (그 수가 4 이상인 경우 4로 한다)}} \times \frac{\text{해당 과세연도의 개월 수}}{12}$$

369) 기획재정부, 「2012 간추린 개정세법」, 2013, 302면

2012.2.2. 조세특례제한법 시행령 제9조 제6항(종전 제4항) 개정 전[370]에는 직전 4년간의 일반연구·인력개발비 연평균 발생액 계산 시 일반연구·인력개발비가 최초로 발생한 과세연도의 개시일부터 해당 과세연도 개시일까지의 기간이 48개월 미만인 경우에는 그 기간에 발생한 일반연구·인력개발비의 합계액을 48개월로 환산한 금액을 해당 과세연도 개시일부터 소급하여 4년간 발생한 일반연구·인력개발비의 합계액으로 본다고 규정되어 있었다.

종전 규정에 따르면 아래에서 보는 바와 같이 A, B, C, D 회사 간에 특히 C, D 회사 간에 과세형평에 문제가 발생하여 직전 4년간의 일반연구·인력개발비 연평균 발생액을 환산하지 않는 현행 방식으로 전환되었다. 본 개정규정은 2012.1.1. 이후 최초로 개시하는 과세연도 분부터 적용한다.

| 표 _ 직전 4년 평균 R&D 비용 계산방법 비교 |

연도별 R&D 비용						4년 평균 R&D 비용			
구분	Y-5년	Y-4년	Y-3년	Y-2년	Y-1년	종 전		현 행	
A	2,000	2,000	2,000	2,000	2,000	2,000	= 8,000/4	2,000	= 8,000 / 4
B	2,000	0	0	2,000	2,000	1,000	= 4,000/4	2,000	= 4,000 / 2
C	0	0	0	2,000	2,000	2,000	= (4,000 ÷ 2 × 4) / 4	2,000	= 4,000 / 2
D	0	0	2,000	0	2,000	1,333	= (4,000 ÷ 3 × 4) / 4	2,000	= 4,000 / 2

증가분 방식에 의한 일반·연구개발비를 계산하기 위해서는 다음의 배제요건에 해당하지 아니하여야 한다(조세특례제한법 제10조 제1항 제3호).

증분 발생액 방식에 의한 증세액공제 계산 배제요건(다음 중 하나에 해당하는 경우)
① 해당 과세연도의 개시일부터 소급하여 4년간 일반연구·인력개발비가 발생하지 아니한 경우 ② 직전 과세연도에 발생한 일반연구·인력개발비가 해당 과세연도의 개시일부터 소급하여 4년간 발생한 일반연구·인력개발비의 연평균 발생액보다 적은 경우 ③ 해당 과세연도에 발생한 일반연구·인력개발비가 직전 과세연도에 발생한 일반연구·인력개발비보다 적은 경우

위의 ② 밑줄 친 '직전 과세연도'는 앞서 '개정세법해설'에서 살펴본 바와 같이 2013 사업연도는 소급하여 3년 평균, 2014 사업연도는 소급하여 2년 평균, 2015 사업연도 이후부터는 직전연도로 보아 계산해야 하는데, 조세특례제한법 시행령에서는 소급하여 4년간 발생한 일반연구·인력

370) 조세특례제한법 시행령 제9조 제4항(2012.2.2. 대통령령 제23590호로 개정되기 전의 것)

개발비를 계산하는 방법만 규정하고 있고 소급하여 3년, 2년, 그리고 직전연도의 일반연구・인력개발비를 계산하는 방법에 대해서는 규정하고 있지 않다(조세특례제한법 시행령 제9조 제6항). 나아가 합병, 분할, 분할합병, 사업양도 혹은 현물출자 시 피합병법인, 분할법인, 사업양도인, 현물출자자로부터 발생하여 합병법인 등에서 발생한 것으로 보는 소급하여 3년, 2년, 그리고 직전연도의 일반연구・인력개발비의 계산방법에 관한 것도 규정하고 있지 않다(조세특례제한법 시행령 제9조 제7항). 이는 2013.1.1. 조세특례제한법 제10조 개정 시 동법 시행령 제9조가 이를 고려하여 개정되지 않은 것에 연유하는 것으로 판단되므로, ② 밑줄 친 '직전 과세연도' 일반연구・인력개발비를 계산할 때에는 소급하여 4년간 발생한 일반연구・인력개발비를 계산하는 방법(조세특례제한법 시행령 제9조 제6항・제7항)을 준용하여 계산해야 할 것으로 판단된다.

|개정세법해설| 증가분 방식 R&D 세액공제 계산방법 합리화(조세특례제한법 시행령 제9조 제4항)[371)]

(1) 개정내용

종 전	개 정
▢ 증가분 방식 세액공제 적용시 '직전 4년간 연평균 R&D 비용' 계산방법 ○최초로 R&D 비용이 발생한 과세연도부터 해당 과세연도까지 4년 이상인 경우 : 직전 4년 R&D 비용 합계액/4 ○최초로 R&D 비용이 발생한 과세연도부터 해당 과세연도까지 4년 미만인 경우 : 4년으로 환산한 금액	▢ 증가분 방식 세액공제 적용시 '직전 4년간 연평균 R&D 비용' 계산방법 합리화 ○직전 4년 R&D 비용 합계액 ÷ 직전 4년 중 R&D 비용이 발생한 과세연도 수* 합계 * 단, 과세연도의 수가 4이상인 경우 4로 함.

(2) 개정이유

현행 증가분 방식의 R&D 세액공제 계산방법은 R&D 비용이 최초 발생한 과세연도부터 해당 과세연도까지 기간이 48개월(4년) 이상 여부에 따라 세액공제 금액이 달라지는 문제 해소

(3) 적용시기 및 적용례

2012.1.1. 이후 최초로 개시하는 과세연도 분부터 적용

371) 기획재정부, 「2011 간추린 개정세법」, 2012, 181면

사례 51 연구·인력개발비가 직전 4년간 발생된 바 없는 경우 증분발생액 기준 세액공제 방법을 적용할 수 있는지 여부(2011.12.31. 조세특례제한법 제10조 제1항 제3호 단서 신설 전)

2011.12.31. 조세특례제한법의 개정으로 조세특례제한법 제10조 제1항 제3호의 단서 규정[372)]이 신설되어 해당 과세연도의 개시일부터 소급하여 4년간 일반연구·인력개발비가 발생하지 아니한 경우에는 증분발생액에 의한 세액공제방법을 적용할 수 없고 당기발생액에 의한 세액공제방법을 적용해야 한다.

이 단서 규정이 신설되기 전에는 연구·인력개발비가 직전 4년간 발생된 바 없는 경우 연구·인력개발비가 최초로 발생한 과세연도에 증분발생액 기준 세액공제방법을 적용할 수 있는지 여부에 대해서 대법원의 판례와 세무당국의 유권해석이 그 견해를 달리하고 있었다.

세무당국은 최초로 발생한 연구·인력개발비의 경우 증분발생액기준 기준에 의한 세액공제를 적용받을 수 없다고 했다(법인-271, 2012.4.18., 법인-1285, 2009.11.17., 법인-566, 2009.5.12., 서면2팀-615, 2008.4.4., 재조예 46019-108, 2002.6.21., 조심 2008전3399, 2008.12.31.).

이러한 주장의 근거는 증분발생액 기준에 의한 세액공제방법은 과거 4년간 발생한 연구·인력개발비의 평균액을 초과하는 금액에 대해 적용하는 것으로 최초로 발생한 연구·인력개발비의 경우 증분발생액의 비교대상자체가 없으므로 연평균발생액 기준에 의한 세액공제를 적용받을 수 없다는 것이다.[373)]

하지만, 대법원은 연구·인력개발비가 당해 과세연도의 직전 4년간 발생된 바 없이 당해 과세연도에 비로소 발생되었더라도 그 투자액 전부를 증액부분으로 보아 조세특례제한법 제10조 제1항에서 규정한 증분발생액기준에 의한 세액공제를 적용할 수 있다고 하였다(대법원 2009두22454, 2010.4.29.,[374)] 대법원 2000두3115, 2002.1.22.).

이러한 판단의 근거는 기술 및 인력개발비 투자에 대해 납세의무자에게 보다 많은 세액공제 혜택을 줌으로써 기술 및 인력개발을 촉진하려고 하는 연구·인력개발비 세액공제 제도의 입법취지를 고려하고, 조세특례제한법 제10조 제1항 및 그 시행령 제9조에서 직전 4년간 연구·인력개발비가 지출되지 않은 경우를 그 적용대상에서 배제하고 있지 않은 점이었다.

법의 해석에 대하여 최종적으로 대법원에서 그 판단을 내린 것이므로 조세특례제한법 제10조 제1항 제3호의 단서규정이 신설되기 전인 2012.1.1. 이후 최초로 개시하는 과세연도 이전까지는 대법원의 판단에 따라 연구·인력개발비가 당해 과세연도의 직전 4년간 발생된

372) 해당 과세연도의 개시일부터 소급하여 4년간 일반연구·인력개발비가 발생하지 아니한 경우에는 증분발생액에 의한 세액공제방법이 아닌 당기발생액에 의한 세액공제방법을 적용해야 한다는 단서 규정

373) 하지만 기획재정부에서는 2007.12.31. 법률 제8827호로 개정되기 전의 조세특례제한법 제10조의 연구·인력개발비 세액공제를 계산함에 있어서 대법원의 해석과 동일한 취지의 유권해석을 내린 바 있다(재조특-237, 2008.6.4.).

374) 전심판례 조심 2008전3399, 2008.12.31., 대전지방법원 2009구합1190, 2009.7.22., 대전고등법원 2009누1998, 2009.11.19.

바 없이 당해 과세연도에 비로소 발생되었더라도 그 투자액 전부를 증액부분으로 보아 증분발생액기준에 의한 세액공제를 적용할 수 있다(같은 취지의 심판례로서 조심 2017중1299, 2017.8.10., 조심 2017서0082, 2017.4.12., 조심 2013서2155, 2013.11.6., 조심 2013중1014, 2013.8.12., 조심 2010중1898, 2011.2.16.).

|개정세법해설| R&D 세액공제시 증가분 방식 적용대상 명확화(조세특례제한법 제10조)[375]

1) 개정내용

종 전	개 정
□ 일반 R&D 세액공제 방식 ○ 증가분 방식과 당기분 방식 중 선택하여 적용 * 증가분 방식 : 과거 4년간 발생한 R&D 비용의 연평균 발생액 초과금액의 40%(중소기업 50%) ○ 당기분 방식 : 3~6%(중소기업 25%)	□ 일반 R&D 세액공제 방식 ○ (좌 동) – 단, 과거 4년간 발생한 R&D 비용이 없는 경우에는 당기분 방식만 적용

(2) 개정이유

과거 4년간 지출한 R&D 비용이 없는 경우 증가분 방식을 적용할 수 있는지 여부에 대해 기획재정부 예규·심판례 등과 대법원 판례가 상이한 문제점 해결

(3) 적용시기 및 적용례

2012.1.1. 이후 최초로 개시하는 과세연도 분부터 적용

사례 52 법령의 개정 등으로 각 과세연도의 연구·인력개발비의 범위가 달라진 경우

조세특례제한법 제10조 제1항 제3호 단서의 규정을 적용함에 있어서 「해당 과세연도 개시일부터 소급하여 4년간 발생한 일반연구·인력개발비의 연평균 발생액」의 계산은 해당 과세연도의 연구·인력개발비 지출항목을 과거 4년간 소급하여 해당 과세연도와 동일한 기준에 상응하는 연구·인력개발비를 포함하거나 제외하여 계산한다.

해당 과세연도의 연구·인력개발비 지출항목과 과거 4년간 소급하여 발생한 연구·인력개발비의 범위가 차이가 나는 것은 법령의 개정, 납세자의 착오 등의 사유에 의하여 발생하며, 사유를 불문하고 세무당국의 해석은 해당 과세연도와 동일한 기준에 의하여 「과거 4년간 발생한 일반연구·인력개발비의 연평균 발생액」을 계산하도록 하고 있다.

375) 기획재정부, 「2011 간추린 개정세법」, 2012, 180면

각 과세연도의 연구·인력개발비의 범위가 달라지는 각 사유 별로 세무당국의 유권해석을 살펴보면 다음과 같다.

① 법령의 개정으로 해당 과세연도의 연구·인력개발비의 범위가 달라진 경우

법령의 개정으로 최초로 세액공제대상이 되거나 제외되는 비용이 있는 경우 당해 과세연도 개시일부터 소급하여 4년간 발생한 연구·인력개발비의 합계액은 당해 과세연도와 동일한 기준에 상응하는 연구·인력개발비를 포함하여 계산한다(조세특례제한법 기본통칙 10-9…2).

예컨대 2010.1.1.부터는 조세특례제한법 제10조의 2에 따른 연구개발출연금으로, 2013.1.1.부터는 국가등으로부터 지급받은 모든 연구개발출연금으로 지출한 금액에 대해서 적격한 연구·인력개발비로 보지 아니한다(조세특례제한법 시행령 제9조 제1항 각호). 따라서 그 이후에 당해 과세연도 개시일부터 소급하여 4년간 발생한 연구·인력개발비의 합계액은 적격한 연구·인력개발비에 포함되지 않는 연구개발출연금을 제외하여 계산해야 한다(법인-66, 2011.1.25., 법인-1105, 2010.11.30.).

② 과거의 과세연도에 세액공제를 적용받지 않은 연구·인력개발비의 경우

당해 과세연도와 동일한 기준에 상응하는 연구·인력개발비가 과거의 과세연도에 세액공제를 적용받지 않은 경우에도 당해 비용을 포함하여 계산한다(법인-272, 2010.3.23., 서면2팀-1959, 2007.10.31., 재조예 46070-296, 2000.8.21., 법인 46012-1592, 2000.7.18.).

다만, 필자의 판단으로는 이러한 경우에도 해당 과세연도 개시일부터 소급하여 4년간 발생한 연구·인력개발비를 계산함에 있어서 개정된 법률 또는 종전의 법률에 따라 연구·인력개발비 세액공제의 신청 및 적용이 가능한 항목(이하 "적격 연구·인력개발비") 만을 포함해야 한다고 생각한다.

예컨대 당해기업이 국내외 연구기관 또는 전담부서에 기술개발용역 등을 위탁함에 따른 비용은 적격한 연구·인력개발비이다. 그런데 동 비용이 과거 과세연도부터 계속하여 발생했음에도 불구하고 담당자의 착오 등으로 과거 과세연도에 세액공제를 적용받지 않았다 하더라도 당해연도의 증가발생액 기준의 세액공제를 적용함에 있어서 과거 4년간 소급하여 발생한 연구·인력개발비에 동 비용을 포함해야 하는 것이다.

그러나 기업부설연구소 또는 연구개발전담부서 설립 전에 발생한 전담부서 연구요원의 인건비 등은 적격한 연구·인력개발비가 아니므로 과거 4년간 소급하여 발생한 연구·인력개발비에 동 비용을 포함하지 않아야 한다고 판단된다. 왜냐하면 연구요원이 사실상 연구업무에만 전념했는지 또는 수탁연구개발활동을 수행했는지 등의 여부에 대해 사실 파악이 어려울 수 있는데 이러한 비용을 대략 집계하여 과거 4년간 소급하여 발생한 연구·인력개발비에 포함시키는 것은 적절하지 않다고 판단되기 때문이다(감심 2015-0387, 2015.8.13., 법규법인 2013-557, 2014.4.1., 서면법규-164, 2014.2.20., 재조특-151, 2014.2.18.).

일부 세무당국 유권해석(서면2팀-919, 2005.6.27.)을 살펴보면 적격하지 않은 연구・인력개발비(예컨대 전담부서 설립 전 전담부서 연구요원의 인건비)도 과거 4년간 소급하여 발생한 연구・인력개발비에 포함된다는 취지로 회신하고 있다. 동 유권해석은 1998.3.21.에 (구)조세감면규제법 시행규칙 제7조 제1항이 개정되기 전[376]에는 과학기술정보통신부장관에게 연구개발전담부서로 적법하게 신고하지 아니하였다 하더라도 연구개발전담부서의 신고를 위한 인적 또는 물적 요건 등을 충족한 경우 동 전담부서에서 발생한 인건비 등은 세액공제가 가능했던 당시의 유권해석(재조예 46070-296, 2000.8.21.)을 참조한 것으로 판단된다.

이후 1998.1.1. 이후에 개시하는 과세연도부터는 과학기술정보통신부장관에게 연구개발전담부서로 적법하게 신고한 전담부서에서 발생한 인건비 등만이 연구・인력개발비 세액공제 대상이 되었다.

따라서 당해 과세연도와 동일한 기준에 상응하는 직전 4년간 발생한 연구・인력개발비를 산정함에 있어서 적격한 연구・인력개발비로 분류될 수 있는 항목만 포함하는 것이 적절할 것으로 판단된다.

상기 사례와 관련하여 참고할 만한 세무당국의 유권해석을 살펴보는 것으로 마무리한다.

법인-183, 2011.3.14.

[제　　목]

직전 4년간 일반연구・인력개발비 연평균 발생액 계산시 2009 사업연도 이전 원천기술 관련 연구개발비 차감여부

[사실관계]

○ 당사의 경우 2010년에 원천기술연구개발비 세액공제액은 당기분방식에 의해 발생액의 20%(중소기업 30%)를 곱하여 계산하나
- 원천기술을 제외한 일반연구・인력개발비 세액공제는 증분방식에 의해 세액공제액을 계산하여야 함.
- 2008년 및 2009년에도 원천기술분야 연구개발비가 있음.

○ 신성장동력산업 및 원천기술 연구・인력개발 전담부서란 동 업무만을 수행하는 부서를 말하되, 일반연구・인력개발 전담부서가 있는 경우로서 그 전담부서 내에 별도 조직으로 구분하여 운영하는 경우 이를 동 전담부서로 볼 수 있다고 규정하였음.

376) 1998.3.21. 재정경제부령 제14호로 일부 개정되기 전의 것

[질의내용]

○ 일반연구·인력개발비에 대해 증분방식으로 계산시 과거연도에 원천기술분야 연구개발비가 포함되어 있는 경우 이를 제외하고 4년 평균발생액을 계산하는 지 여부

[답변내용]

내국법인이 2010.1.1. 이후 최초로 개시하는 사업연도에 발생한 연구·인력개발비 중 원천기술연구개발비에 대해서는 「조세특례제한법」(2010.1.1. 법률 제9921호로 개정된 것) 제10조 제1항 제2호를 적용하고, 그 외 일반연구·인력개발비에 대해서는 같은 조항 제3호 가목을 적용하여 연구·인력개발비세액공제액을 계산하는 경우, 「조세특례제한법 시행령」 제9조 제3항의 "해당 과세연도 개시일부터 소급하여 4년간 발생한 일반연구·인력개발비"에는 원천기술과 직접 관련된 개별 연구개발비용을 제외할 수 있는 것이나, 원천기술과 그 외 연구개발에 공통되는 비용은 같은 조 제6항에 따라 해당 비용 전액을 일반연구·인력개발비로 보아 이를 포함하는 것입니다(법규과-133, 2011.2.10).

사례 53 해당 사업연도 중 사업연도 변경으로 인해 과세연도 개월수가 직전 과세연도와 다른 경우 증가발생액 기준 세액공제 계산 방법

법인의 사업연도는 법령 또는 정관 등에서 정하는 1회계기간을 의미하는데 사업연도를 변경하는 경우가 있을 수 있다. 이 경우 종전 사업연도 개시일부터 변경된 사업연도의 개시일 전일까지가 1사업연도가 된다(법인세법 제7조 제3항).

따라서 해당 과세연도[377)]와 직전 과세연도 사업연도 개월 수가 일시적으로 다르게 될 수 있는데, 이 경우 직전 과세연도 개월 수는 해당 과세연도 개월 수에 대응되도록 환산하여 계산하는 것이 타당할 것이다(조세특례제한법 시행령 제9조 제6항).

세무당국 역시 내국법인이 사업연도 변경으로 인하여 해당 과세연도와 직전 과세연도의 개월 수가 다른 경우 직전과세연도의 개월 수를 해당 과세연도의 개월 수로 환산하여 증가발생액을 계산하는 것이라는 입장을 밝힌 바 있다(기준-2019-법령해석법인-0652, 2020.2.3.).

다. 합병법인등의 직전 4년간 발생한 일반연구·인력개발비의 계산

해당 과세연도 개시일부터 소급하여 4년간 발생한 일반연구·인력개발비의 합계액을 계산할 때 합병법인, 분할신설법인, 분할합병의 상대방법인, 사업양수법인 또는 사업장별로 그 사업에

377) 과세연도란 「소득세법」에 따른 과세기간 또는 「법인세법」에 따른 사업연도를 말한다(조세특례제한법 제2조).

관한 권리(미수금에 관한 것을 제외한다)와 의무(미지급금에 관한 것을 제외한다)를 포괄적으로 현물출자를 받은 법인(이하 이 장에서 "합병법인등"이라 한다)의 경우에는 합병, 분할, 분할합병, 사업양도 또는 포괄적 현물출자(이하 이 장에서 "합병등"이라 한다)를 하기 전에 피합병법인, 분할법인, 사업양도인 또는 현물출자자(이하 이 장에서 "피합병법인등"이라 한다)로부터 발생한 일반연구·인력개발비는 합병법인등에서 발생한 것으로 본다(조세특례제한법 시행령 제9조 제7항).

이는 합병·분할·사업양도·포괄적 현물출자는 사업의 동질성이 유지되는 거래이므로 승계사업과 관련된 과거 일반연구·인력개발비는 합병법인등에서 발생한 것으로 보아 일반연구·인력개발비세액공제를 적용하는 것이다.

합병법인등의 직전 4년간 발생한 일반연구·인력개발비
합병등을 하기 전의 각 사업연도별로 4년간 합병법인등에서 발생한 일반연구·인력개발비 + 합병등을 하기 전의 각 사업연도별로 4년간 피합병법인등에서 발생한 일반연구·인력개발비

사례 54 합병법인의 합병등기일이 속하는 사업연도의 과거 4년간의 일반연구·인력개발비의 연평균 발생액 계산방법

아래 사례는 합병법인의 합병일이 속하는 사업연도의 증분발생액 방식에 의한 일반연구·인력개발비 세액공제액 산출 시 과거 4년간 연평균발생액[378] 계산할 때 합병법인과 피합병법인의 과거 4년간 연평균 발생액을 각각 계산한 후 합산하는 것인지, 아니면 합병법인과 피합병법인의 과거 4년간 연구·인력개발비를 단순합산한 후 합병법인의 과세연도 수 및 과세연도 개월의 수 기준으로 하는 것인지에 대한 논의이다.

서면법규-594, 2013.5.27.

[사실관계]

○ 질의법인은 합병시 법인세법 제44조의 3 제2항에 따라 합병등기일 현재 피합병법인의 연구·인력개발비 세액공제 이월액을 승계받았음.

- 이때 합병등기일이 속하는 사업연도의 합병법인의 연구·인력개발비 세액공제액을 산출하기 위해 연구 및 인력개발비의 과거 4년간 연평균 발생액을 조특법

378) 증분발생액을 계산하는 방법은 2013.1.1. 법 개정 시 직전 4년간 발생한 일반연구·인력개발비의 연평균 발생액을 초과하는 금액에 세액공제율을 곱하여 계산하는 방식에서 직전 과세연도에 발생한 일반연구·인력개발비를 초과하는 금액에 세액공제율을 곱하여 계산하는 방식으로 변경되었다.

제10조 제1항(2013.1.1. 개정전) 및 같은 법 시행령 제9조 제5항에 따라 계산하고자 함.

- 질의법인과 피합병법인의 최근 연구·인력개발비 지출액이 아래와 같은 경우

◇ 합병현황 및 연구·인력개발비 지출내역
- 피합병법인 설립일 : 2009.4.1.
- 합병등기일 : 2012.2.1.
- 세액공제대상 과세 사업연도 : 2012년
- R&D 지출액

구 분		2008년	2009년	2010년	2011년	2012년
피합병 법 인	지출액	-	100	130	130	20
	사업연도 월수	-	9개월	12개월	12개월	1개월
합 병 법 인	지출액	240	240	240	240	390
	사업연도 월수	12개월	12개월	12개월	12개월	12개월
계		240	340	370	370	410

[질의내용]

ㅇ 합병법인의 합병일이 속하는 사업연도의 연구·인력개발비 세액공제액 산출 시 과거 4년간 연평균발생액 계산 방법

- (1안) 합병법인과 피합병법인의 과거 4년간 연평균 발생액을 각각 계산한 후 합산하되, 피합병법인의 과거 4년간 연평균 발생액을 계산함에 있어서 '해당 과세연도의 개월 수는 의제사업연도의 개월 수를 차감한 수'로 하는 방법
- (2안) 합병법인과 피합병법인의 과거 4년간 연구·인력개발비를 합산한 후 연평균 발생액을 계산하는 방법

위 사례에 대하여 세무당국은 아래에서 보는 표에 있는 계산식과 같이 합병법인의 합병일이 속하는 사업연도의 과거 4년간 연평균발생액 계산할 때 합병법인과 피합병법인의 과거 4년간 연구·인력개발비를 합산한 후 합병법인의 과세연도 수 및 과세연도 개월의 수 기준으로 계산하도록 회신했다.[379)]

379) 조세심판원 역시 합병법인의 합병등기일이 속하는 사업연도의 직전 4년간 연평균발생액 계산방법을 합병법인과 피합병법인의 과거 4년간 연구·인력개발비를 단순 합산하는 것으로 규정하고 있어, 처분청이 청구법인의 경정청구를 거부한 것은 잘못이 없다고 판단한 바 있다(조심 2014전3113, 2015.1.15.).

$$\frac{\text{합병법인과 피합병법인의 해당 과세연도 개시일로부터 소급하여 4년간 발생한 일반연구·인력개발비의 합계액}}{\text{합병법인의 해당 과세연도 개시일부터 소급하여 4년간 일반연구·인력개발비가 발생한 과세연도의 수(그 수가 4 이상인 경우 4로 한다)}} \times \frac{\text{합병법인의 해당 과세연도 개월 수}}{\text{12월}}$$

라. 피합병법인등의 일부 사업을 승계한 경우 직전 4년간 발생한 일반연구·인력개발비의 계산

피합병법인등이 운영하던 사업의 일부를 승계한 경우로서 합병등을 하기 전에 피합병법인등의 해당 승계사업에서 발생한 일반연구·인력개발비를 구분하기 어려운 경우에는 피합병법인등에서 합병등을 하기 전에 발생한 일반연구·인력개발비에 각 사업연도의 승계사업의 매출액이 총매출액에서 차지하는 비율과 각 사업연도말 승계사업의 자산가액이 총자산가액에서 차지하는 비율 중 큰 것을 곱한 금액을 피합병법인등에서 발생한 일반연구·인력개발비로 본다(조세특례제한법 시행령 제9조 제7항 단서).

따라서 피합병법인등의 일부 사업을 승계한 합병법인등의 직전 4년간 발생한 일반연구·인력개발비는 합병등을 하기 전의 각 사업연도별로 피합병법인등에서 발생한 일반연구·인력개발비에 합병등의 이전 각 사업연도의 승계사업의 매출액비율 및 각 사업연도말 자산가액비율 중 큰 비율을 곱하여 합병법인등의 일반연구·인력개발비와 합산하여 직전 4년간 발생한 일반연구·인력개발비의 합계액을 계산한다(법인-164, 2010.2.23., 서면2팀-199, 2004.2.12., 서이 46012-11737, 2002.9.17., 서이 46012-11285, 2002.6.28.).

한편, 피합병법인등의 입장에서는 피합병법인에서 발생한 직전 4년간의 일반연구·인력개발비에서 합병법인등에서 발생한 것으로 보는 피합병법인등의 직전 4년간 발생한 일반연구·인력개발비 귀속액(월할계산 후)을 차감하여 피합병법인의 직전 4년간 발생한 일반연구·인력개발비를 계산한다(기획재정부 조세특례제도과-724, 2017.9.25., 법인-589, 2011.8.19.).

ⓐ 합병법인등에서 발생한 것으로 보는 피합병법인등의 직전 4년간 발생한 일반연구·인력개발비
합병등을 하기 전의 각 사업연도별로 4년간 피합병법인등에서 발생한 일반연구·인력개발비 × Max[각 사업연도별 승계사업 매출액비율, 각 사업연도말 승계사업의 자산가액비율]

ⓑ 합병법인등의 직전 4년간 발생한 일반연구·인력개발비
합병등을 하기 전의 각 사업연도별로 4년간 합병법인등에서 발생한 일반연구·인력개발비 + ⓐ

ⓒ 피합병법인등의 직전 4년간 발생한 일반연구·인력개발비
합병등을 하기 전의 각 사업연도별로 4년간 피합병법인등에서 발생한 일반연구·인력개발비 − ⓐ

다만, 상기의 안분비율을 모든 합병등에 일률적으로 적용하여 안분한다면 피합병법인등과 합병법인등의 합병등을 하기 전에 발생한 일반연구·인력개발비 발생액이 불합리해지는 경우가 있을 수 있다. 분할존속법인의 연구개발과는 무관한 판매조직만을 분할한 경우가 대표적인 예이다.

이에 세무당국에서는 분할법인으로부터 사업 일부를 분할합병한 경우 승계사업에서 발생한 연구·인력개발비의 구분가능 여부와 무관하게 승계사업의 매출액 및 자산가액 비율 중 큰 것을 곱한 금액을 분할합병의 상대방 법인에서 발생한 연구·인력개발비로 볼 수 있는지 여부와 관련하여, 분할법인에서 분할 전에 각 사업연도별로 발생한 연구 및 인력개발비가 구분경리에 의해 사업별로 확인되고 그 중 일부 사업이 승계된 경우 분할 전에 당해 승계사업에서 발생한 연구·인력개발비는 분할합병의 상대방법인에서 발생한 것으로 본다는 입장을 밝힌 바 있다(기준-2016-법령해석법인-0316, 2017.5.22., 서면2팀-345, 2004.3.2.).

또한, 연구·인력개발과 관련한 사업의 전부를 분할신설법인이 모두 승계한 경우, 직전 4년간 연구·인력개발비 비용 산정에 있어서 분할전 기간의 연구·인력개발비는 분할신설법인이 전부 승계한 사업부문에서 발생한 것으로 보는 것이므로, 분할법인의 사업연도 개시일부터 분할일 전일까지 분할법인에서 발생한 연구·인력개발비 비용 역시 분할신설법인이 승계한 사업부문에서 발생한 연구·인력개발비 비용으로 보아야 한다고 판시하기도 했다(조심 2017서3323, 2018.11.20.).

위와 같은 사례에 대응하기 위해서 정부는 2015.2.3. 조세특례제한법 시행령 제9조 제5항을 개정하여 일률적으로 승계사업의 매출액 및 자산가액 비율을 적용하여 피합병법인등에서 발생한 연구·인력개발비를 계산하지 아니하고, “피합병법인등의 해당 승계사업에서 발생한 일반연구·인력개발비를 구분하기 어려운 경우”에 한정하여 승계사업의 매출액 및 자산가액 비율을 적용하여 피합병법인등에서 발생한 연구·인력개발비로 본다고 하였다.

참고로 (2015.2.3. 조세특례제한법 시행령 제9조 제7항 개정 전)분할합병 상대방법인의 증가분 방식에 의한 연구·인력개발비 세액공제액 계산 시 분할합병 전 과거 연구·인력개발비를 구분경리한 실제 연구·인력개발비 비용이 아닌 매출액 등에 의해 안분계산한 연구·인력개발비 비용을 적용할 수 있는지 여부와 관련하여, 조세심판원은 청구법인의 승계사업에서 발생한 연구·인력개발비 비용의 구분이 명확하다고 보기 어렵고, 설령 승계사업에서 발생한 연구·인력개발비 비용의 구분이 명확하다 하더라도 위 개정규정은 창설적 규정으로 보이므로, 개정 전 납세의무가 성립한 경우에는 종전 규정에 따라 매출액 등에 따른 분할비율을 적용하여 과거 연구·인력개발비 비용을 산정하는 것이 타당하다고 판단한 바 있다(조심 2017서3430, 2018.7.24.).[380)]

사례 55 전담부서등을 승계하지 않은 분할신설법인이 분할 후 존속법인의 전담부서등에 위탁연구개발비를 지출하는 경우 증분발생액 방식의 세액공제를 적용할 수 있는지 여부

기획재정부 유권해석 재조특-47(2011.1.21.)을 살펴본다.

(사실관계)

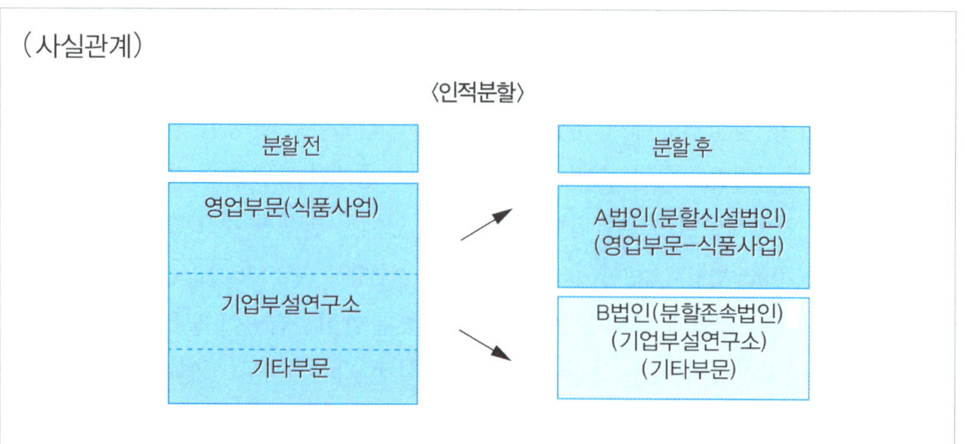

□ B법인이 인적분할로 A법인 신설 후 B법인은 지주회사로 전환
B법인 : 지주회사로 투자관리, 컨설팅, 식품관련 연구용역수행
A법인 : 식품사업을 영위하고, 식품의 제조 및 판매가 주된 사업임.

○ 2008년 8월 인적분할(법인세법 제46조에 따른 특례요건 충족)
○ 분할신설법인(A)는 분할과정에서 기업부설연구소를 승계하지 아니함에 따라 회사의 제품에 대한 연구·개발을 분할존속법인(B)에 위탁하여 위탁연구·개발 용역 수수료를 지급
○ 분할신설법인(A)의 연구개발비는 전부 분할법인(B)에의 위탁연구개발비이고, 분할법인(B)은 위탁받은 연구개발만 수행하고, 연구·인력개발비에 대한 세액공제에 해당하지 않음.

380) 사실관계가 '기준-2016-법령해석법인-0316, 2017.5.22.'과 동일한 것으로 보이는데, 조세심판원이 세무당국과 다른 입장에서 판단한 것으로 보인다.

○ 분할법인(B) 및 분할신설법인(A)은 중소기업이 아닌 기타법인
○ 분할 전후 경제적 활동 및 실질내용 변동없음.

(질의사항)
분할시 연구소를 승계하지 아니함에 따라 제품에 대한 위탁연구개발비를 지출하는 경우, 분할전과 동일한 성격의 연구개발활동으로 간주하여 4년 평균 증가발생액 기준으로 세액공제를 적용할지, 분할 후 발생한 별개의 위탁연구개발비로써 최초 발생한 연구·개발비로 보아 세액공제를 적용하여야 하는지 여부

이 질의에 대하여 기획재정부는 분할하기 전 연구개발 전담부서 전부를 분할법인으로 분할함에 따라 분할후 분할신설법인이 분할법인에게 위탁연구·인력개발비를 지출하는 경우 분할전 법인의 연구·인력개발비(분할신설법인의 사업과 관련된 분야에 한정한다)는 분할신설법인의 연구·인력개발비로 보아 조세특례제한법 제10조의 연구·인력개발비에 대한 세액공제를 적용하는 것이라고 회신했다.

추측하건대, 분할 전 법인의 연구개발은 대부분 분할신설된 법인(A법인)인 종전 영업(제조 포함)부문을 위하여 발생한 것으로 보인다. 이런 측면에서 본 유권해석은 앞서 언급한 유권해석(서면2팀-345, 2004.3.2.)과는 사실관계가 다르다. 즉, 분할된 영업부문이 분할 전 법인의 연구개발활동과 관련이 크므로 전담부서등이 분할신설법인의 사업부로 분할되지 않았다고 해서 분할신설법인에서 발생한 것으로 보는 분할법인의 직전 4년간 일반연구·인력개발비가 없다고 할 수 없는 것이다.

정리하면 분할 전 법인의 매출액의 대부분을 영업부분이 차지하고 영업부문과 관련된 연구개발이 상당했다면 분할법인의 직전 4년간 일반연구·인력개발비의 대부분이 분할신설법인에서 발생한 것으로 보는 분할법인의 직전 4년간 발생한 일반연구·인력개발비가 되었을 것이므로 분할신설법인은 증분발생액 세액공제방법으로 연구·인력개발비를 계산할 수 있는 것이다.

사례 56 내국법인이 분할 등을 한 후 존속하는 경우의 분할일등이 속하는 사업연도에 발생한 분할법인등의 일반연구·인력개발비의 계산

'당해 과세연도에 발생한 일반연구·인력개발비'를 계산함에 있어서 내국법인이 분할·분할합병·사업양도 또는 현물출자(이하 "분할등"이라 한다)를 한 후 존속하는 경우 분할·분할합병·사업양도 또는 현물출자일(이하 "분할일등"이라 한다)이 속하는 사업연도 개시일부터 분할일등의 전일까지 분할등을 하기 전 분할법인·사업양도법인 또는 현물출자법인(이하 "분할법인등"이라 한다)으로부터 발생한 일반연구·인력개발비는 분할등을 한 후 분할법인

등에서 발생한 것으로 본다(조세특례제한법 기본통칙 10－9…3, 서면2팀－562, 2004.3.24., 재조세－157, 2004.3.15.).

분할등의 경우 직전 4년간 발생한 일반연구·인력개발비의 합계액의 계산시에는 분할법인등에서 발생한 일반연구·인력개발비 중 일부를 분할신설법인등에서 발생한 것으로 보지만, 당해 사업연도에 발생한 일반연구·인력개발비를 계산함에 있어 당해 사업연도개시일부터 분할일등의 전까지 분할법인등에서 발생한 일반연구·인력개발비는 분할신설법인등에서 발생한 것으로 보지 아니한다. 즉, 당해 사업연도에 발생한 일반연구·인력개발비를 계산함에 있어 당해 사업연도개시일부터 분할일등의 전까지 분할법인등에서 발생한 일반연구·인력개발비는 전액 분할법인등에서 발생한 일반연구·인력개발비로 본다(서면2팀－2230, 2007.12.10.).

예컨대 A, B사업부를 보유하고 있는 내국법인이 B사업부를 분할하여 신설법인을 설립하는 경우 분할법인등과 분할신설법인등에게 매출액 등의 비율로 안분되는 분할법인등에서 발생한 직전 4년간 발생한 일반연구·인력개발비의 합계액과 분할일이 속하는 사업연도의 분할법인등에서 발생한 일반연구·인력개발비의 귀속을 살펴보면 아래와 같다.

구분	직전 4년간 발생한 일반연구·인력개발비의 합계액의 계산(분할법인등과 분할신설법인등이 매출액 등의 비율로 안분하여 귀속)	당해 사업연도(×5년)	
		× 5년 개시일 ~분할일등 (전액 분할법인등에 귀속)	× 5년 분할일등 ~종료일
A사업부에서 발생한 일반연구·인력개발비	A	A	A
B사업부에서 발생한 일반연구·인력개발비	B	A	B

A	: 분할법인등에서 발생한 것으로 보는 일반연구·인력개발비
B	: 분할신설법인등에서 발생한 것으로 보는 일반연구·인력개발비

사례 57 분할일이 속하는 사업연도에 분할존속법인의 직전 4년간 R&D 비용 계산 시 차감하는 분할신설법인의 R&D 비용이, 분할일을 기준으로 월할 계산하여 산정해야 하는지 여부

분할신설법인의 직전 4년간 발생한 연구·인력개발비를 계산함에 있어 과세연도 중 분할하는 경우 분할일이 속하는 사업연도에는 과세연도 12개월에 미달하기 때문에 연평균 발생액을 월할하여 계산하여야 한다(조세특례제한법 시행령 제9조 제6항).

문제는 분할존속법인의 경우 직전 4년간 분할법인에서 발생한 연구·인력개발비에 분할신설법인에서 발생한 연구·인력개발비를 차감해서 계산하는데, 차감하는 분할신설법인의 직전 4년간 연구·인력개발비를 분할신설법인의 해당 과세연도 개월 수로 월할 계산하여 차감해야 하는지 여부이다.

이에 대해 기획재정부는 분할존속법인의 직전 4년간 연구·인력개발비의 연평균발생액 계산방법은, 직전 4년간 분할법인에서 발생한 연구·인력개발비 합계액에서 분할신설법인의 귀속액(월할계산 후) 차감해야 한다는 입장을 밝힌 바 있다(기획재정부 조세특례제도과-724, 2017.9.25.).

조세심판원은 다음에서 설명하는 이유를 들어 처분청이 4년간 발생한 연구·인력개발비 평균 발생액을 계산함에 있어 분할 이후 개월 수로 환산하여야 한다고 보아 청구법인의 경정청구를 거부한 처분은 달리 잘못이 없다는 것으로 판단한 바 있다(조심 2017서4327, 2018.6.29., 조심 2017서3951, 2018.6.29.).[381]

조세특례제한법 시행령 제9조 제7항에 따라 분할신설법인에 배분된 직전 4년 평균 연구·인력개발비는 1년을 온전히 사업했을 경우를 상정하여 계산된 금액이고, 분할된 경우에 분할신설법인의 당해 사업연도에 발생한 연구·인력개발비는 분할 이후 사업연도에서 발생한 것이므로 이에 차감되는 분할신설법인의 직전 4년 평균 연구·인력개발비도 분할 이후의 사업연도 개월 수에 상당하는 분만 산정하는 것이 논리상 타당하고, 따라서 분할법인의 직전 4년 평균 연구·인력개발비를 산정함에 있어 분할신설법인의 해당 사업연도 개월 수(9개월)에 해당하는 직전 4년 평균 연구·인력개발비에 상당하는 금액만 분할신설법인 귀속금액으로 산정하여 이를 직전 4년 평균 연구·인력개발비에서 차감하는 것이 합리적이다. 또한, 조세특례제한법 시행령 제9조 제7항에서 분할신설법인의 경우 제6항의 계산식 중 '해당 과세연도 개시일부터 소급하여 4년간 발생한 일반연구·인력개발비의 합계액'에 관하여 규정하고 있고, 같은 조 제6항의 계산식 후단에는 '해당 과세연도의 개월 수/12'를 곱하도록 별도로 규정하고 있으므로 분할신설법인의 직전 4년 평균 연구·인력개발비 산정과 관련하여 제6항의 계산식 후단 부분이 분할 이후의 개월 수로 안분하는 규정이라는 해석이 가능한 것이다.

법원 역시 조세특례제한법상 연구개발비 세액공제 제도는 해당 과세연도의 연구 및 인력개발에 직접적으로 대응하는 비용만을 세액공제 대상으로 삼아야 하는데, 조세특례제한법 시행령 제9조 제6항은 증가분을 산정하기 위한 기준인 연평균 발생액의 원칙적인 계산 방법을 규정하면서 과세연도가 12개월에 미달하는 경우 연평균 발생액을 다시 월할

381) 이후에도 심판원은 조세특례제한법상 증가분 방식으로 연구개발비 세액공제액을 계산하는 경우 산식의 연구개발비 연평균 발생액은 당해연도 연구개발비와 대응되도록 분할일을 기준으로 월할 계산하여 산정함이 타당하다고 판단하고 있다(조심 2018중4696, 2019.1.15., 조심 2018전1567, 2018.10.15., 조심 2018서0559, 2018.7.9.).

산정하도록 하고 있는데, 이와 같은 규정의 취지는 연평균 발생액을 당기 발생액의 개월 수로 환산하여 개월 수 차이에서 오는 왜곡을 없애고 당해연도 발생 연구개발비 발생액과 직전 4년간 발생한 연구개발비의 연평균 발생액을 동일한 선상에서 비교하고자 하는 취지에 비추어 보면, 직전 4년 평균 R&D 비용은 당기 R&D 비용과 대응이 되도록 분할일을 분할일을 기준으로 월할 계산하여 산정함이 타당하다고 판시하였다(수원고등법원 2020누12052, 2021.3.31., 서울고등법원 2020누36221, 2021.3.25., 대전고등법원 2020누10348, 2020.11.20., 서울고등법원 2019누64640, 2020.9.18., 서울고등법원 2019누68185, 2020.8.20., 수원지방법원 2019구합64687, 2020.5.21., 서울행정법원 2018구합80285, 2020.2.7., 대전지방법원 2019구합100270, 2019.12.19., 서울행정법원 2018구합78985, 2019.11.5., 서울행정법원 2018구합78992, 2019.10.11.).[382)]

필자의 생각으로는 분할과 관련하여 조세특례제한법 시행령 제9조 제7항 규정은, 분할신설법인의 직전 4년간 R&D 비용의 연평균 발생액을 계산함에 있어 분할신설법인이 분할 이전에는 존재하지 않았고, 분할법인의 직전 R&D 비용이 전적으로 분할존속법인의 R&D 비용에 대응하는 것이 아닐 수 있기 때문에 분할법인에서 발생한 과거 연평균 발생액 계산 시 분할법인과 분할신설법인에 대응하는 부분으로 각각 안분하기 위한 것으로 이해된다. 안분에 따른 결과는 분할 이전 분할법인의 R&D 비용과 동일해야 하며, 분할이 없었다면 공제받을 세액공제액이 분할이라는 사건을 계기로 하여 달라져서는 안 될 것이다. 따라서 분할존속법인의 직전 4년 평균 R&D 비용 계산 시 분할법인의 R&D 비용에서 차감하는 분할신설법인의 R&D 비용은 분할일을 기준으로 월할 계산하여 산정하는 방식이 타당하다고 생각된다.

계산사례 1 분할 등이 속하는 사업연도(×5년)

A법인이 ×5.7.1. B사업부를 분할하여 신설법인을 설립하는 경우 A법인과 B법인 모두 중소기업임을 가정하여 ×5년의 일반연구·인력개발비 세액공제액을 계산하면 다음과 같다. 참고로 분할존속법인의 직전 4년간 R&D 비용 및 직전 과세연도의 R&D 비용 계산 시 차감하는 분할신설법인의 R&D 비용은, 분할일을 기준으로 월할 계산하여 산정하였다.

<table>
<tr><th colspan="2" rowspan="2">구분</th><th rowspan="2">×1년</th><th rowspan="2">×2년</th><th rowspan="2">×3년</th><th rowspan="2">×4년</th><th colspan="2">× 5년</th></tr>
<tr><th>1.1.~6.30.</th><th>7.1.~12.31.</th></tr>
<tr><td rowspan="2">R&D 비용</td><td>A사업부</td><td rowspan="2">2,000</td><td rowspan="2">1,500</td><td rowspan="2">1,200</td><td rowspan="2">1,800</td><td rowspan="2">900</td><td>500</td></tr>
<tr><td>B사업부</td><td>600</td></tr>
<tr><td colspan="2">합계</td><td>2,000</td><td>1,500</td><td>1,200</td><td>1,800</td><td>900</td><td>1,100</td></tr>
</table>

382) 현재 대법원의 최종 판단을 기다리고 있는 상태이다.

(가정) B사업부의 각 사업연도별 매출액비율은 60%, 자산총액비율은 55%로 한다.

당기발생액 기준

A법인(분할존속법인) : (900+500) × 25% = 350

B법인(분할신설법인) : 600 × 25% = 150

증분발생액 기준

A법인 ① 요건 검토 : 직전 과세연도 R&D 비용 - 소급 4년간 R&D 비용 > 0
= 1,800×{1 - Max(60%, 55%)×(6/12)} - [(2,000+1,500+1,200+1,800)×{1 - Max(60%, 55%)×(6/12)}÷4] = 1,260 - 1,137.5 = 122.5 > 0
② 공제금액 계산:[(900+500) - 1,800×{1 - Max(60%, 55%)×(6/12)}]×50%=70

B법인 ① 요건 검토 : 직전 과세연도 R&D 비용 - 소급 4년간 R&D 비용 > 0
= 1,800×{Max(60%, 55%)×6/12} - [(2,000+1,500+1,200+1,800)×{Max(60%, 55%)×6/12}÷4] = 540 - 487.5 = 52.5 > 0
② 공제금액 계산 : [600 - 1,800×{Max(60%, 55%)×6/12}]×50% = 30

사례 58 분할등의 사업연도의 다음 사업연도에 직전 4년간 발생한 분할법인등의 일반연구·인력개발비의 계산

분할법인등의 사업의 일부를 승계한 경우로서 분할등이 속하는 사업연도의 다음 사업연도에 분할법인등과 분할신설법인등의 직전 4년간 발생한 일반연구·인력개발비는 다음 표의 금액으로 한다(조심 2017중3051, 2018.10.8., 재조특-824, 2013.9.24.).

구분	직전 4년간 발생한 일반연구·인력개발비	
분할법인등 (①+②)	① 분할일등이 속하는 사업연도의 직전 3년간	분할등을 하기 전의 각 사업연도 별로 3년간 발생한 일반연구·인력개발비 - ㉠(각 사업연도별 분할신설법인등에서 발생한 것으로 보는 일반연구·인력개발비)
	② 분할일등이 속하는 사업연도(직전 사업연도)	분할일등이 속하는 사업연도에 분할법인등에서 발생한 일반연구·인력개발비 - ㉡(분할일등이 속하는 사업연도에 분할신설법인등에서 발생한 것으로 보는 일반연구·인력개발비)
분할신설법인등 (①+②)	① 분할일등이 속하는 사업연도의 직전 3년간	㉠(분할등을 하기 전의 각 사업연도 별로 3년간 발생한 일반연구·인력개발비 × 각 사업연도별 매출액비율과 자산가액비율 중 큰 비율)

구분	직전 4년간 발생한 일반연구·인력개발비	
분할신설법인등 (①+②)	② 분할일등이 속하는 사업연도(직전 사업연도)	분할일등으로부터 분할일등이 속하는 사업연도 말까지 분할신설법인등에서 발생한 일반연구·인력개발비 + ㉡(분할등이 속하는 사업연도 개시일부터 분할일등까지의 기간 동안 분할법인등에서 발생한 일반연구·인력개발비 × 분할등이 속하는 사업연도 개시일부터 분할일등까지의 기간동안 매출액비율과 자산가액비율 중 큰 비율)

이를 그림으로 표시하면 아래와 같다.

구분	직전 3년간(×2년~×4년) 발생한 일반연구·인력개발비의 합계액의 계산(분할법인등과 분할신설법인등이 매출액 등의 비율로 안분하여 귀속)	분할등이 속하는 사업연도(×5년)		당해 사업연도(×6년)
		×5년 개시일~분할일등 (분할법인등과 분할신설법인등이 매출액 등의 비율로 안분하여 귀속)	×5년 분할일등 ~종료일	
A사업부에서 발생한 일반연구·인력개발비	A	A	A	A
B사업부에서 발생한 일반연구·인력개발비	B	B	B	B

A : 분할법인등에서 발생한 것으로 보는 일반연구·인력개발비
B : 분할신설법인등에서 발생한 것으로 보는 일반연구·인력개발비

분할신설법인의 직전 4년간 발생한 연구·인력개발비 연평균발생액 계산 시 분할등이 속하는 사업연도 개시일부터 분할일등까지의 기간 동안 발생한 연구개발비 모두를 분할법인에서 발생한 비용으로 볼 경우(법인-676, 2010.7.14.), 분할신설법인의 직전 4년간 발생한 연구개발비의 계산기간은 4년에 미달하여 연평균 발생액 계산기간이 비교대상이 되는 당해 과세연도 계산기간 1년과 달라지게 된다. 또한, 분할법인의 직전 4년간 발생한 연구개발비 계산 시 분할신설법인의 R&D 활동에 대응하는 비용까지 포함됨으로 인해 연평균 발생액이 과다하게 계산되는 문제가 발생할 수 있다(조심 2017중3051, 2018.10.8.).

따라서 이하 사례에서는 분할 등이 속하는 사업연도의 다음 사업연도에 연구·인력개발비 연평균발생액을 계산함에 있어 분할등이 속하는 사업연도 개시일부터 분할일등까지의 기간 동안에도 분할법인등과 분할신설법인등의 매출액 등의 비율로 안분하여 귀속하는 것으로 계산하였다.

계산사례 2 분할 등이 속하는 사업연도의 다음 사업연도(×6년)

〈계산사례 1〉의 사실관계 아래 ×6년의 일반연구·인력개발비 세액공제액을 계산하면 다음과 같다. 참고로 분할존속법인의 직전 4년간 R&D 비용 및 직전 과세연도의 R&D 비용 계산 시 차감하는 분할신설법인의 R&D 비용은 분할일을 기준으로 월할 계산하여 산정하였다.

<table>
<tr><th colspan="2" rowspan="2">구분</th><th rowspan="2">×2년</th><th rowspan="2">×3년</th><th rowspan="2">×4년</th><th colspan="2">×5년</th><th rowspan="2">×6년</th></tr>
<tr><th>1.1.~6.30.</th><th>7.1.~12.31.</th></tr>
<tr><td rowspan="2">R&D 비용</td><td>A사업부</td><td rowspan="2">1,500</td><td rowspan="2">1,200</td><td rowspan="2">1,800</td><td rowspan="2">900</td><td>500</td><td>1,500</td></tr>
<tr><td>B사업부</td><td>600</td><td>1,500</td></tr>
<tr><td colspan="2">합계</td><td>1,500</td><td>1,200</td><td>1,800</td><td>900</td><td>1,100</td><td>3,000</td></tr>
</table>

(가정) B사업부의 각 사업연도별 매출액비율은 60%, 자산총액비율은 55%로 한다.

당기발생액 기준

A법인(분할존속법인) : 800 × 25% = 200

B법인(분할신설법인) : 900 × 25% = 225

증분발생액 기준[383)]

A법인 (분할존속법인)

① 요건 검토 : 직전 과세연도 R&D 비용 - 소급 4년간 R&D 비용
= [900×{1 - Max(60%, 55%)}+500] -
[(1,500+1,200+1,800+900)×{1 - Max(60%, 55%)+500}÷4]
= 860 - 665 = 195 〉 0

② 공제금액 계산 : [1,500 - 900×{1 - Max(60%, 55%)} - 500]×50%
= 320

B법인 (분할실설법인)

① 요건 검토 : 직전 과세연도 R&D 비용 - 소급 4년간 R&D 비용
= [900×Max(60%, 55%)+600] -
[(1,500+1,200+1,800+900)×{Max(60%, 55%)+600}÷4]
= 1,140 - 960 = 180 〉 0

② 공제금액 계산 : [1,500 - {900×Max(60%, 55%)+600}]×50%
= 180

383) 분할존속법인과 분할신설법인의 증분발생액 기준 합계 금액은 500(320+180)인데, 이는 분할이 없었다면 분할법인의 증분발생액 기준 금액 500{(3,000 - 2,000)×50%}과 동일하다.

마. 사업양도의 범위

현행 조세특례제한법에서는 사업양도의 범위에 대하여 별도로 규정하고 있지 아니하다. 합병등에 있어 승계사업의 일반연구·인력개발비를 합병법인등에서 발생한 것으로 하는 규정은 합병등 이후에도 승계사업의 동질성이 유지된다는 점에서 출발하므로 사업양도에 있어서도 사업의 동질성을 훼손하지 않는 범위내에서 이루어져야 할 것이다. 일반적으로 사업을 양도함에 있어 당해 사업에 직접 관련이 없는 일부 자산 등을 제외한 경우에도 사업의 동질성이 훼손되지 않는 것으로 본다(조심 2012구4019, 2014.1.21., 서면2팀-345, 2004.3.2.).

바. 기획재정부령으로 정하는 현물출자의 범위

기획재정부령으로 정하는 현물출자란 사업장별로 그 사업에 관한 권리(미수금에 관한 것을 제외한다)와 의무(미지급금에 관한 것을 제외한다)를 포괄적으로 출자하는 것을 말한다(조세특례제한법 시행규칙 제7조의 2). 따라서 현물출자의 경우에도 사업양도와 같이 사업의 동질성을 훼손하지 않는 범위내에서 이루어져야 할 것이다(서이 46012-10765, 2003.4.14.).

(2) 당기발생액 방식에 의한 세액공제액

해당 과세연도에 발생한 일반연구·인력개발비에 다음의 구분에 따른 비율을 곱하여 계산한 금액을 법인세 또는 소득세에서 공제한다.

가. 중소기업인 경우 : 25%

| 중소기업의 일반 R&D 세액공제율 |

조세특례제한법 시행령 제2조에 따른 중소기업에 해당하는 경우에는 일반연구·인력개발비의 25% 상당액을 법인세에서 공제한다(조세특례제한법 제10조 제1항 제3호 나목 1)).

① 중소기업의 판정

조세특례제한법에 따른 중소기업에 해당하기 위해서는 아래에서 보는 바와 같이 중소기업 업종요건, 졸업요건, 규모기준요건, 실질적 독립성요건을 모두 충족해야 한다.

| 표 _ 조세특례제한법상 중소기업 요건 |

요건	내용	법령
업종요건	조세특례제한법 시행령 제29조 제3항에 따른 소비성서비스업을 주된 사업으로 영위하지 아니할 것[384] 조세특례제한법 시행령 제29조 제3항 ③ "대통령령으로 정하는 소비성서비스업"이란 다음 각 호의 어느 하나에 해당하는 사업을 말한다. 1. 호텔업 및 여관업(「관광진흥법」에 따른 관광숙박업은 제외한다) 2. 주점업(일반유흥주점업, 무도유흥주점업 및 「식품위생법 시행령」 제21조에 따른 단란주점 영업만 해당하되, 「관광진흥법」에 따른 외국인전용유흥음식점업 및 관광유흥음식점업은 제외한다) 3. 그 밖에 오락·유흥 등을 목적으로 하는 사업으로서 기획재정부령으로 정하는 사업[385]	조세특례제한법 시행령 제2조 제1항 제4호
졸업요건	다만, 자산총액이 5천억원 이상인 경우에는 중소기업으로 보지 아니한다.	조세특례제한법 시행령 제2조 제1항 각 호 외의 부분 단서
규모기준 요건	매출액이 업종별로 「중소기업기본법 시행령」 별표 1의 규정에 의한 규모기준(이하 "중소기업기준"이라 한다) 이내일 것	조세특례제한법 시행령 제2조 제1항 제1호
실질적 독립성 요건	「독점규제 및 공정거래에 관한 법률」 제14조 제1항에 따른 공시대상기업집단에 속하는 회사 또는 같은 법 제14조의 3에 따라 공시대상기업집단의 소속회사로 편입·통지된 것으로 보는 회사에 해당하지 않으며, 실질적인 독립성이 「중소기업기본법 시행령」 제3조 제1항 제2호에 적합할 것 「중소기업기본법 시행령」 제3조 제1항 제2호 2. 소유와 경영의 실질적인 독립성이 다음 각 목의 어느 하나에 해당하지 아니하는 기업일 것 가. (삭제, 2020.6.9.) 나. 자산총액이 5천억원 이상인 법인(외국법인을 포함하되, 비영리법인 및 제3조의 2 제3항 각 호의 어느 하나에 해당하는 자는 제외한다)이 주식등의 100분의 30 이상을 직접적 또는 간접적으로 소유한 경우로서 최다출자자인 기업. 이	조세특례제한법 시행령 제2조 제1항 제3호

요건	내용	법령
	경우 최다출자자는 해당 기업의 주식등을 소유한 법인 또는 개인으로서 단독으로 또는 다음의 어느 하나에 해당하는 자와 합산하여 해당 기업의 주식등을 가장 많이 소유한 자를 말하며, 주식등의 간접소유 비율에 관하여는 「국제조세조정에 관한 법률 시행령」 제2조 제3항을 준용한다. 1) 주식등을 소유한 자가 법인인 경우 : 그 법인의 임원 2) 주식등을 소유한 자가 1)에 해당하지 아니하는 개인인 경우 : 그 개인의 친족 다. 관계기업에 속하는 기업의 경우에는 제7조의 4에 따라 산정한 평균매출액등이 별표 1의 기준에 맞지 아니하는 기업 라. (삭제, 2017.12.29.) 이 경우 「중소기업기본법 시행령」 제3조 제1항 제2호 나목의 주식등의 간접소유 비율을 계산할 때 「자본시장과 금융투자업에 관한 법률」에 따른 집합투자기구를 통하여 간접소유한 경우는 제외하며, 「중소기업기본법 시행령」 제3조 제1항 제2호 다목을 적용할 때 "평균매출액 등이 별표 1의 기준에 맞지 아니하는 기업"은 매출액이 "「조세특례제한법 시행령」 제2조 제1항 제1호에 따른 중소기업기준에 맞지 않는 기업"으로 본다.	

「중소기업기본법 시행령」 별표 1(중소기업기본법 시행령 제3조 제1항 제1호 가목 관련)에 따른 주된 업종별 평균매출액등의 규모 기준은 다음과 같다.

[별표 1] <개정 2017.10.17.>

주된 업종별 평균매출액등의 중소기업 규모 기준(제3조 제1항 제1호 가목 관련)

해당 기업의 주된 업종	분류기호	규모 기준
1. 의복, 의복액세서리 및 모피제품 제조업	C14	평균매출액등 1,500억원 이하
2. 가죽, 가방 및 신발 제조업	C15	
3. 펄프, 종이 및 종이제품 제조업	C17	
4. 1차 금속 제조업	C24	
5. 전기장비 제조업	C28	

384) 종전에는 중소기업 해당 업종을 Positive 방식으로 "농업・제조업・건설업 등 52개 업종"을 개별적으로 열거하고 있었으나, 2017.2.7. 조세특례제한법 시행령 제2조 개정 이후 Negative 방식으로 전환하여 "소비성 서비스업을 제외한 모든 업종"을 중소기업 해당 업종으로 변경하였다.

385) 현재 기획재정부령으로 정하고 있는 사업이 별도로 없다.

해당 기업의 주된 업종	분류기호	규모 기준
6. 가구 제조업	C32	
7. 농업, 임업 및 어업	A	
8. 광업	B	
9. 식료품 제조업	C10	
10. 담배 제조업	C12	
11. 섬유제품 제조업(의복 제조업은 제외한다)	C13	
12. 목재 및 나무제품 제조업(가구 제조업은 제외한다)	C16	
13. 코크스, 연탄 및 석유정제품 제조업	C19	
14. 화학물질 및 화학제품 제조업(의약품 제조업은 제외한다)	C20	
15. 고무제품 및 플라스틱제품 제조업	C22	평균매출액등 1,000억원 이하
16. 금속가공제품 제조업(기계 및 가구 제조업은 제외한다)	C25	
17. 전자부품, 컴퓨터, 영상, 음향 및 통신장비 제조업	C26	
18. 그 밖의 기계 및 장비 제조업	C29	
19. 자동차 및 트레일러 제조업	C30	
20. 그 밖의 운송장비 제조업	C31	
21. 전기, 가스, 증기 및 공기조절 공급업	D	
22. 수도업	E36	
23. 건설업	F	
24. 도매 및 소매업	G	
25. 음료 제조업	C11	
26. 인쇄 및 기록매체 복제업	C18	
27. 의료용 물질 및 의약품 제조업	C21	
28. 비금속 광물제품 제조업	C23	
29. 의료, 정밀, 광학기기 및 시계 제조업	C27	평균매출액등 800억원 이하
30. 그 밖의 제품 제조업	C33	
31. 수도, 하수 및 폐기물 처리, 원료재생업(수도업은 제외한다)	E (E36 제외)	
32. 운수 및 창고업	H	
33. 정보통신업	J	
34. 산업용 기계 및 장비 수리업	C34	
35. 전문, 과학 및 기술 서비스업	M	평균매출액등 600억원 이하
36. 사업시설관리, 사업지원 및 임대 서비스업(임대업은 제외한다)	N (N76 제외)	

해당 기업의 주된 업종	분류기호	규모 기준
37. 보건업 및 사회복지 서비스업	Q	평균매출액등 600억원 이하
38. 예술, 스포츠 및 여가 관련 서비스업	R	
39. 수리(修理) 및 기타 개인 서비스업	S	
40. 숙박 및 음식점업	I	평균매출액등 400억원 이하
41. 금융 및 보험업	K	
42. 부동산업	L	
43. 임대업	N76	
44. 교육 서비스업	P	

비고

1. 해당 기업의 주된 업종의 분류 및 분류기호는 「통계법」 제22조에 따라 통계청장이 고시한 한국표준산업분류에 따른다.
2. 위 표 제19호 및 제20호에도 불구하고 자동차용 신품 의자 제조업(C30393), 철도 차량 부 품 및 관련 장치물 제조업(C31202) 중 철도 차량용 의자 제조업, 항공기용 부품 제조업(C31322) 중 항공기용 의자 제조업의 규모 기준은 평균매출액등 1,500억원 이하로 한다.

② 중소기업판정 유예기간 적용

이때, 중소기업이 그 규모의 확대 등으로 졸업요건에 해당되거나, 규모기준요건 또는 실질적 독립성요건 중 관계기업요건을 갖추지 못하게 되어 중소기업에 해당하지 아니하게 된 때에는 최초로 그 사유가 발생한 날이 속하는 과세연도와 그 다음 3개 과세연도까지는 이를 중소기업으로 보고, 해당 기간(이하 "중소기업판정 유예기간"이라 한다)이 경과한 후에는 과세연도별로 조세특례제한법 시행령 제2조 제1항의 규정에 따라 중소기업 해당여부를 판정한다(조세특례제한법 시행령 제2조 제2항).

다만, 중소기업이 다음 중 어느 하나의 사유로 중소기업에 해당하지 아니하게 된 경우에는 해당 사유가 발생한 날이 속하는 과세연도부터 유예기간을 적용하지 아니한다(조세특례제한법 시행령 제2조 제2항 단서).

중소기업판정 유예기간 적용 배제사유
㉠ 「중소기업기본법」의 규정에 의한 중소기업 외의 기업과 합병하는 경우
㉡ 유예기간 중에 있는 기업과 합병하는 경우(이 경우는 합병일이 속하는 과세연도부터 유예기간을 적용하지 아니한다)
㉢ 실질적 독립성요건(실질적 독립성요건 중 관계기업요건은 제외)을 벗어난 기업에 해당되는 경우
㉣ 창업일이 속하는 과세연도 종료일부터 2년 이내의 과세연도 종료일 현재 규모기준(중소기업기준)요건을 초과하는 경우

③ 중소기업기본법 시행령 개정으로 인한 중소기업 유예기간 적용

한편, 기업이 「중소기업기본법 시행령」 제3조 제1항 제2호, 별표 1 및 별표 2의 개정(이하 "중소기업기본법 개정요건"이라 한다)으로 새로이 중소기업에 해당하게 되는 때에는 그 사유가 발생한 날이 속하는 과세연도부터 중소기업으로 보고, 중소기업에 해당하지 아니하게 되는 때에는 그 사유가 발생한 날이 속하는 과세연도와 그 다음 3개 과세연도까지 중소기업으로 본다(조세특례제한법 시행령 제2조 제5항).

정리하면, 일반연구 · 인력개발비에 25% 상당액을 법인세에서 공제하는 중소기업은 조세특례제한법 시행령 제2조에 따른 중소기업을 말하므로 업종요건, 졸업요건, 규모기준요건, 실질적 독립성요건을 모두 충족해야 한다. 다만, 해당 중소기업이 규모의 확대 등으로 졸업요건, 규모기준요건, 실질적 독립성요건 중 관계기업요건, 또는 중소기업기본법 개정요건을 벗어났다고 하더라도 그 사유가 발생한 날이 속하는 과세연도와 그 다음 3개 과세연도까지(중소기업판정 유예기간)는 이를 중소기업으로 보아 일반연구 · 인력개발비에 25% 상당액을 법인세에서 공제하는 것이다.

나. 중소기업이 대통령령으로 정하는 바에 따라 최초로 중소기업에 해당하지 아니하게 된 경우 : 10~15%

| 일반 R&D 세액공제율 |

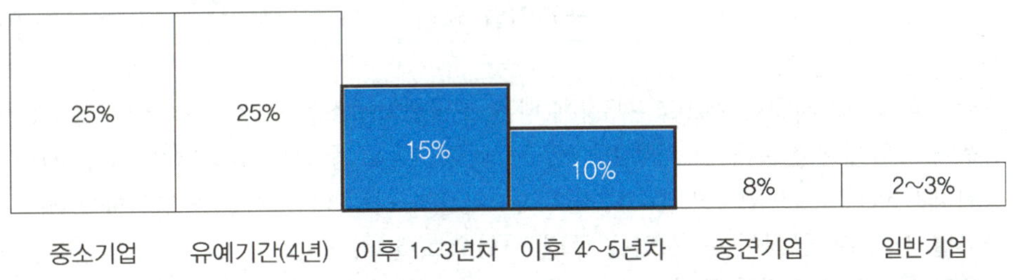

중소기업이 대통령령으로 정하는 바에 따라 최초로 중소기업에 해당하지 아니하게 된 경우라 함은 해당 중소기업이 규모의 확대 등으로 졸업요건, 규모기준요건, 실질적 독립성요건 중 관계기업요건, 또는 중소기업기본법 개정요건을 벗어난 사유가 발생한 날이 속하는 과세연도와 그 다음 3개 과세연도(중소기업판정 유예기간)가 경과한 경우를 말한다(조세특례제한법 시행령 제9조 제5항).

중소기업판정 유예기간을 경과한 경우에는 아래 기준에 따라 일반연구 · 인력개발비의 10~15% 상당액을 법인세 또는 소득세에서 공제한다(조세특례제한법 제10조 제1항 제3호 나목 2)).

i) 최초로 중소기업에 해당하지 아니하게 된 과세연도의 개시일부터 3년 이내에 끝나는 과세연도까지 : 100분의 15

ii) 위의 기간 이후부터 2년 이내에 끝나는 과세연도까지 : 100분의 10

다. 중견기업이 나.에 해당하지 아니하는 경우 : 8%

| 일반 R&D 세액공제율 |

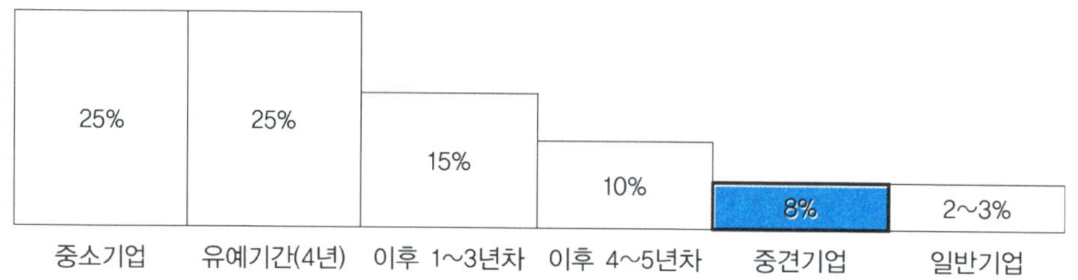

중견기업이 위의 나.에 해당하지 아니하는 경우에는 일반연구·인력개발비의 8% 상당액을 법인세 또는 소득세에서 공제한다(조세특례제한법 제10조 제1항 제3호 나목 3)).

이때 중견기업이란 다음의 요건을 모두 갖춘 기업을 말한다(조세특례제한법 시행령 제9조 제3항).

중견기업 요건
㉠ 중소기업이 아닐 것 ㉡ 조세특례제한법 시행령 제29조 제3항에 따른 소비성서비스업 또는 「중견기업 성장촉진 및 경쟁력 강화에 관한 특별법 시행령」 제2조 제2항 제2호 각 목의 업종[386]을 주된 사업으로 영위하지 아니할 것(업종요건). 이 경우 둘 이상의 서로 다른 사업을 영위하는 경우에는 사업별 사업수입금액이 큰 사업을 주된 사업으로 본다. ㉢ 소유와 경영의 실질적인 독립성이 「중견기업 성장촉진 및 경쟁력 강화에 관한 특별법 시행령」 제2조 제1항 제1호에 적합할 것 ㉣ 직전 3개 과세연도의 매출액(매출액은 조세특례제한법 시행령 제2조 제4항에 따른 계산방법으로 산출하며, 과세연도가 1년 미만인 과세연도의 매출액은 1년으로 환산한 매출액을 말한다)의 평균금액이 5천억원 미만인 기업일 것

이때, 위의 조세특례제한법 시행령 제2조 제4항에 따른 계산방법으로 산출한 매출액이란 기업회계기준에 따라 작성한 해당 과세연도 손익계산서상의 매출액을 말한다(조세특례제한법 시행령 제2조 제4항 및 동법 시행규칙 제2조 제4항).

386) 현재 금융업, 보험 및 연금업, 금융 및 보험 관련 서비스업이 열거되어 있다.

한편, 「중견기업 성장촉진 및 경쟁력 강화에 관한 특별법 시행령」 제2조 제1항 제1호에 따른 소유와 경영의 실질적 독립성 요건을 살펴보면 다음과 같다.

소유와 경영의 실질적인 독립성 요건
1. 소유와 경영의 실질적인 독립성이 다음의 어느 하나에 해당하지 아니하는 기업일 것 가. 「독점규제 및 공정거래에 관한 법률」 제14조 제1항에 따른 상호출자제한기업집단 또는 채무보증제한기업집단에 속하는 기업 나. 자산총액이 10조원 이상인 기업 또는 법인(외국법인을 포함한다. 이하 같다)이 해당 기업의 주식(「상법」 제344조의 3에 따른 의결권 없는 주식은 제외한다) 또는 출자지분(이하 "주식등"이라 한다)의 100분의 30 이상을 직접적 또는 간접적으로 소유하면서 최다출자자인 기업. 이 경우 최다출자자는 해당 기업의 주식등을 소유한 법인 또는 개인으로서 단독으로 또는 다음의 어느 하나에 해당하는 자와 합산하여 해당 기업의 주식등을 가장 많이 소유한 자로 하며 주식등의 간접소유비율에 관하여는 「국제조세조정에 관한 법률 시행령」 제2조 제3항을 준용한다. 1) 주식등을 소유한 자가 법인인 경우 : 그 법인의 임원 2) 주식등을 소유한 자가 개인인 경우 : 그 개인의 친족

사례 59 연구·인력개발비 세액공제 적용 시 분할법인 및 분할신설법인의 중견기업 판단방법

분할법인 및 분할신설법인의 중견기업 여부 판단 시 직전 3개 과세연도의 매출액을 계산하는 방법과 관련된 사례이다. 관련하여 아래의 유권해석을 살펴보도록 한다.

서면법규-500, 2014.5.19.

(사실관계)

○ 해당법인은 2012년 말 갑법인으로부터 적격분할한 분할신설법인으로 지주회사로 전환한 분할법인과 기존사업부를 승계한 분할신설법인은 관계기업에 해당함.

(질의사항)

○ 분할신설법인이 연구·인력개발비 세액공제 적용을 위해 중견기업 해당여부 판단시, '직전 3개 과세연도의 매출액 평균금액' 계산방법

① 분할 전 매출액이 분할신설법인의 매출액에 포함되는지 여부

② 관계기업에 속하는 경우 관계기업 매출액을 합산하여 평균매출액을 계산하는지 여부

상기 질의에 대하여 세무당국은 조세특례제한법 제10조 연구·인력개발비에 대한 세액공제를 적용할 때, 분할신설법인은 분할 전 발생한 각 사업연도 매출액 중 승계한 사업부문에 상당하는 매출액을 기준으로 같은 법 시행령 제9조 제3항 제4호 '직전 3개 과세연도 매출액의 평균금액'을 계산하는 것이며, 승계한 사업부문에 상당하는 매출액이 구분경리되지 않은 경우에는 각 사업연도말 승계사업의 자산가액이 총자산가액에서 차지하는 비율로 각 사업연도의 매출액을 안분하는 것이라고 회신했다. 더불어 관계기업에 속하는 법인이라 하더라도 중견기업 판단시에는 직전 3년 매출액을 합산하지 아니한다고 했다(서면법규-500, 2014.5.19.). 이어진 분할법인의 '직전 3개 과세연도의 평균매출액' 계산방법과 관련한 질의에서도 동일한 취지로 분할법인은 분할신설법인이 적용한 매출액을 제외한 후의 매출액을 기준으로 평균매출액을 계산하는 것이라고 했다(법인-313, 2014.7.10.).

|개정세법해설| 조세특례제한법상 중견기업 요건 조정(조세특례제한법 시행령 제9조 · 제10조)[387]

(1) 개정내용

종 전	개 정
□ 조특법상 중견기업 요건 ○ 중소기업이 아닐 것 ○ 중소기업 업종을 주된 사업으로 영위할 것 ○ 직전 3년 평균 매출액이 5천억원* 미만일 것 * R&D 설비투자세액공제의 경우 3천억원	□ 중견기업 요건 추가 (좌 동)
○ 상호출자제한기업집단 소속 기업이 아닐 것 〈추 가〉	○(좌 동) ○자산총액 5조원 이상인 법인이 해당 기업의 주식 또는 출자지분의 30% 이상을 직접 또는 간접 소유하면서 최다출자자인 기업이 아닐 것

(2) 개정이유

중견기업법에서 중견기업 요건이 추가된 점 반영

(3) 적용시기 및 적용례

2015.1.1. 이후 개시하는 과세연도 분부터 적용

387) 조세특례제한법 시행령 제9조·제10조(2014.12.23. 법률 제12853호로 일부 개정된 것)

|개정세법해설| 중견기업에 대한 일반 R&D 비용 세액공제 구간 신설
(조세특례제한법 제10조, 조세특례제한법 시행령 제9조 제4항)[388]

중견기업에 대한 R&D 세제지원을 강화하기 위해서 중견기업에 대한 일반 R&D 비용 세액공제 구간은 2013.1.1. 법 개정시 신설[389]되었으며, 이 규정은 2013.1.1. 이후 개시하는 과세연도 분부터 적용한다.

(1) 개정내용

종 전

□ 당기분 방식* R&D 비용 세액공제

* 당해연도 R&D 비용 × 공제율

구분	공제율(%)	
	일반	신성장·원천기술
중소기업 (유예기간 4년 포함)	25	30
이후 1~3년차	15	20
이후 4~5년차	10	
일반기업	3~6**	

** 3%(기본공제율) + 해당 과세연도의 수입금액에서 R&D 비용이 차지하는 비율 × 1/2

〈중견기업의 범위 신설〉

개 정

□ 중견기업에 대한 별도 공제율 구간 신설

구분	공제율(%)	
	일반	신성장·원천기술
중소기업 (유예기간 4년 포함)	25	30
이후 1~3년차	15	20
이후 4~5년차	10	
중견기업	8	
일반기업	3~6	

○ 중견기업의 범위(아래 i, ii, iii 요건 모두 충족)
 i) 조세특례제한법상 중소기업 업종을 영위할 것
 ii) 상호출자제한기업집단 소속기업이 아닐 것
 iii) 직전 3년 평균 매출액 3천억원 미만인 기업일 것

(2) 개정이유

중견기업에 대한 R&D 세제지원을 강화

(3) 적용시기 및 적용례

2013.1.1. 이후 개시하는 과세연도 분부터 적용

388) 기획재정부, 「2012 간추린 개정세법」, 2013, 303면

389) 조세특례제한법 제10조 제1항 제3호 나목 3)(2013.1.1. 법률 제11614호로 개정된 것)

|개정세법해설| R&D 비용 세액공제 적용시 중견기업 범위 확대 (조세특례제한법 시행령 제9조 제4항)[390)]

2013.2.15. 조세특례제한법 시행령 제9조 제4항에 중견기업에 일반 R&D 비용 세액공제 구간을 신설 시 직전 3개 과세연도의 매출액의 평균금액이 3천억원 미만인 기업일 것으로 규정했으나 2013.11.29. 조세특례제한법 시행령 제9조 제4항 제4호 개정 시 직전 3개 과세연도의 매출액의 평균금액이 5천억 원 미만인 기업일 것으로 개정하였다. 이 개정규정은 2014.1.1. 이후 개시하는 과세연도 분부터 적용한다.[391)]

(1) 개정내용

종 전	개 정
□ R&D 비용 세액공제율	□ 중견기업 범위 확대 ○ 매출액 3천억원 → 5천억원

종전:

구분		공제율(%)
중소기업		25
중견기업 (매출액 1천~3천억원)	1~3년차	15
	4~5년차	10
	6년차~	8
대기업		3~6

개정:

구분		공제율(%)
중소기업		25
중견기업 (매출액 1천~5천억원)	1~3년차	15
	4~5년차	10
	6년차~	8
대기업		3~6

(2) 개정이유

중견기업 성장사다리 확충 및 R&D 역량 제고를 위해 중견기업의 범위를 매출액 5천억원 미만 기업으로 확대하여 R&D 세제지원 강화(공제율 3~6% → 8~15%)

(3) 적용시기 및 적용례

2014.1.1. 이후 개시하는 과세연도 분부터 적용

390) 기획재정부, 「2013 간추린 개정세법」, 2014, 284면

391) 조세특례제한법 시행령 부칙(대통령령 제24887호, 2013.11.29.) 제3조

라. 대기업의 경우 : 0~2%

| 일반 R&D 세액공제율 |

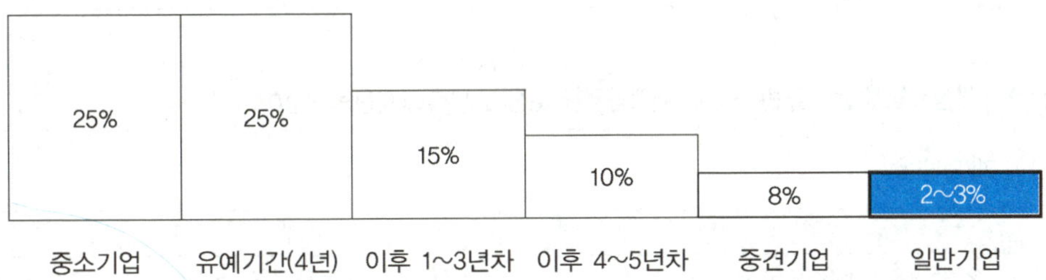

대기업의 경우에는 일반연구·인력개발비에 다음의 계산식에 따른 비율을 곱한 금액을 법인세에서 공제한다. 단, 2%를 한도로 한다(조세특례제한법 제10조 제1항 제3호 나목 4)).

$$\text{MIN}\left[\left(\frac{\text{일반연구·인력개발비}}{\text{해당 과세연도의 수입금액}} \times 50\%\right), 2\%\right]$$

이때, 해당과세연도의 수입금액이란 법인세법 제43조의 기업회계기준에 따라 계산한 매출액을 말한다(조세특례제한법 제10조 제1항 제1호 나목).

|개정세법해설| 대기업 R&D 비용 세액공제 축소(조세특례제한법 제10조)[392)]

(1) 개정내용

종 전	개 정
□ 일반 R&D 비용 세액공제 ○ 당기분 - (대기업) 1~3%* * 1% + 최대2%[(R&D비용/매출액) ×1/2] - (중견기업) 8% - (중소기업) 25% ○ 증가분 - (대기업) 30% - (중견기업) 40% - (중소기업) 50%	□ 대기업 당기분 공제율 축소 - (대기업) 0~2%* * 0% + 최대2%[(R&D비용/매출액) ×1/2] (좌 동) ○ 증가분 - (대기업) 25% (좌 동)

(2) 개정이유

대기업에 R&D에 대한 세제지원 합리화

(3) 적용시기 및 적용례

2018.1.1. 이후 개시하는 과세연도 분부터 적용

|개정세법해설| 일반 R&D 세액공제율 조정(조세특례제한법 제10조)[393]

(1) 개정내용

종 전	개 정
□ 일반 R&D 세액공제율 ○ (대기업) 당기분 2~3% 증가분 40% * 2%+최대1%[(R&D비용/매출액)×1/2] ○ (중견기업) 당기분 8% 증가분 40% ○ (중소기업) 당기분 25% 증가분 50%	□ 대기업 세액공제율 축소 ○ (대기업) 당기분 1~3% 증가분 30% * 1%+최대2%[(R&D비용/매출액)×1/2] ○ (중견기업) (좌 동) ○ (중소기업) (좌 동)

(2) 개정이유

대기업에 비과세·감면 정비 축소

(3) 적용시기 및 적용례

2017.1.1. 이후 개시하는 과세연도 분부터 적용

|개정세법해설| 대기업 R&D 비용 세액공제 당기분방식 공제율 인하(조세특례제한법 제10조)[394]

(1) 개정내용

종 전: □ R&D 비용 세액공제율

구분		공제율(%)
중소기업(유예기간 포함)		25
중견기업	1~3년차	15
	4~5년차	10
	6년차~	8
대기업		3~4

개 정: □ 대기업 기본공제율 1%p 인하

구분		공제율(%)
중소기업(유예기간 포함)		25
중견기업	1~3년차	15
	4~5년차	10
	6년차~	8
대기업		2~3

392) 기획재정부, 「2017 간추린 개정세법」, 2018, 164면
393) 기획재정부, 「2016 간추린 개정세법」, 2017, 146면
394) 기획재정부, 「2014 간추린 개정세법」, 2015, 136면

(2) 개정이유

대기업에 대한 비과세·감면 축소

(3) 적용시기 및 적용례

2015.1.1. 이후 개시하는 과세연도 분부터 적용

사례 60 연구·인력개발비 세액공제를 적용함에 있어 세액공제시기는 연구개발기간 동안의 각 과세연도인지 당해 연구·인력개발비가 발생한 과세연도인지 여부

사례(국심 2003구2543, 2005.5.12.)는 국책연구과제 공동연구사업에 참여한 내국법인이 연구주관기관과 연구부담금에 대한 지출계약을 체결하여 비용이 발생한 경우 해당 연구개발비를 약정한 연구개발기간(2001년~2002년) 동안 안분해서 해당 과세연도별로 연구·인력개발비 세액공제를 적용받아야 하는지 아니면 그 비용이 발생한 과세연도(2001년)에 연구·인력개발비 세액공제를 적용받아야 하는지가 쟁점이 되었다.

세무당국은 비록 조세특례제한법의 개정으로 감면세액의 계산방법이 지출주의에서 발생주의로 변경되었다 하더라도 2과세연도에 걸쳐 연구개발이 이루어지는 경우 그 선급분은 1차 과세연도의 세액공제대상이 아니라는 입장이고,

청구법인은 당해 비용은 연구기간, 성과물의 완성도, 연구의 성공여부 등과는 관련없고 반환받을 권리도 없는 기부금 성격의 비용으로 부담금을 수수하는 시기에 채권 및 채무가 발생(완성)되는 소멸성비용이므로 그 지급이 이루어진 1차 과세연도에 지급된 연구개발비에 대해 연구·인력개발비 세액공제를 받아야 한다고 주장하였다.

이에 조세심판원은 조세특례제한법 제10조 제1항 제1호에 연구·인력개발비는 발생한 당해 과세연도 법인세에서 세액공제한다고 규정하고 있는데, 연구 성과물의 취득과 직접 대응하기 어려운 당해 연구·인력개발비는 발생하는 것과 동시에 청구법인에게 당해 비용을 지급하여야 하는 의무가 확정되는 것이므로, 2001사업연도에 발생한 당해 사업연도 개시일부터 소급하여 직전 4년간 발생한 연구·인력개발비의 연평균발생액을 초과하는 쟁점연구·인력개발비는 연구개발기간인 2001 및 2002사업연도에 안분계산하여 세액공제할 것이 아니라 당해 연구·인력개발비가 발생한 2001사업연도에 당해 비용의 100분의 50에 상당하는 금액에 대하여 연구·인력개발비세액공제를 적용하여야 한다고 판시했다 (같은 취지의 유권해석 서면2팀-251, 2008.2.5., 서면2팀-1465, 2007.8.3., 서면2팀-445, 2005.3.23.).

참고로 2000.12.29. 세법 개정 시[395] 조세특례제한법 제10조에서 세액공제액의 계산방법을 아래에서 보는 바와 같이 기업회계기준에 맞추어 지출주의(현금주의)에서 발생주의로

395) 조세특례제한법 제10조 제1항(2000.12.29. 법률 제6297호로 일부 개정된 것)

변경하였다.

종전	개정
제10조(연구 · 인력개발비에 대한 세액공제) ① 제조업 · 광업 또는 대통령령이 정하는 사업을 영위하는 내국인이 2003년 12월 31일 이전에 종료하는 과세연도까지 각 과세연도에 기술 및 인력개발을 위하여 지출한 비용중 대통령령이 정하는 비용(이하 "기술 · 인력개발비"라 한다)이 있는 경우에는 다음 각호의 방법중 하나를 선택하여 세액공제를 적용받을 수 있다.	제10조(연구 · 인력개발비에 대한 세액공제) ① 내국인(대통령령이 정하는 부동산업 및 소비성서비스업을 영위하는 내국인을 제외한다)이 2003년 12월 31일 이전에 종료하는 과세연도까지 각 과세연도에 연구 및 인력개발을 위한 비용중 대통령령이 정하는 비용(이하 "연구 · 인력개발비"라 한다)이 있는 경우에는 다음 각호의 방법중 하나를 선택하여 세액공제를 적용받을 수 있다.
[개정세법해설] 감면세액 계산방법 : 지급주의	[개정세법해설][396] 기업회계에 맞추어 발생주의 기준으로 변경

396) 기획재정부, 「2000 간추린 개정세법」, 2001, 209면

제3절 연구 · 인력개발비 세액공제의 신고절차

1 적용기한

신성장 · 원천기술연구개발비는 2021.12.31.까지 발생한 해당 연구 · 인력개발비에 대해서만 적용하고, 일반연구 · 인력개발비는 앞서 살펴본 바와 같이 2008.12.26. 세법 개정 시 영구화되었으므로 적용기한이 없다.

2 세액공제의 신청

연구 · 인력개발비에 대한 세액공제를 적용받으려는 내국인은 과세표준신고를 할 때 세액공제신청서(별지 제1호 서식), 연구 및 인력개발비 명세서(별지 제3호 서식 (1) · (2), 부표(1) · (2)) 및 증거서류를 납세지 관할 세무서장에게 제출하여야 한다(조세특례제한법 제10조 제3항, 조세특례제한법 시행령 제9조 제11항, 조세특례제한법 시행규칙 제61조 제1항 제2호 · 제4호).

조세특례제한법 제10조 제3항에 따른 세액공제신청서의 제출은 납세의무자로 하여금 공제신청에 필요한 서류를 정부에 제출하도록 협력의무를 부과한 것에 불과하므로 연구 · 인력개발비에 대한 세액공제는 그 요건이 충족되면 당연히 공제되고 공제신청이 있어야만 공제되는 것은 아닌 것으로 판단된다.

그러나 세액공제 항목 및 대상비용, 공제금액 등에 있어 납세자의 명확한 의사표시가 필요할 수 있으므로 세액공제 신청을 하는 것이 좋을 것으로 판단된다. 다만, 당해 연구 · 인력개발비가 발생한 과세연도의 과세표준신고 시까지 세액공제신청서를 제출해야 한다고 규정되어 있지는 아니하므로, 당초 세액공제 신청을 하지 못 한 경우에는 경정청구 절차를 수행하면서 세액공제 신청을 할 수 있을 것이다.

사례 61 내국법인이 연구 · 인력개발비를 지출한 과세연도의 과세표준 신고 시까지 세액공제신청서를 제출하지 않은 경우

조세특례제한법 제10조 제3항에 따른 세액공제신청서의 제출은 납세의무자로 하여금 공제신청에 필요한 서류를 정부에 제출하도록 협력의무를 부과한 것에 불과하므로 연구 · 인력개발비에 대한 세액공제는 그 요건이 충족되면 당연히 공제되고 법 소정의 기한 내에 공제신청이 있어야만 공제되는 것은 아니다(대법원 2003두773, 2004.11.12., 대법원

2001두3006, 2003.5.16., 대법원 2000두3115, 2002.1.22., 대법원 97누10628, 1997.10.24.).

입법자는 조세특례제한법상 감면의 경우 그 조세우대의 정도에 따라 감면신청의 입법형식을 달리 규정하는 것이므로, 그 감면신청을 감면의 필요적 요건으로 할 것인지 아니면 감면신청의 유무와 관계없이 당연히 감면되는 것으로 할 것인지는 조세우대 정도를 감안한 입법정책에 의하여 결정될 문제이다.

조세특례제한법상 각 해당세액의 감면과 관련하여 그 감면신청이 감면의 필요적 요건인지 여부는 그 법 문언의 형식을 기준으로 판단하여야 한다.[397)]

문언의 형식	감면의 종류
'감면신청을 **하여야 한다**'고 규정	당연감면(임의규정 또는 훈시규정)
'감면신청을 **하는 경우에 한하여** 이를 적용한다'고 규정	신청감면(필요적 요건)

따라서 당초에 연구·인력개발비에 대한 세액공제의 신청을 하지 못하였거나, 또는 기 신고한 세액공제방법보다 법인에 더 유리한 방법이 있을 경우에는 국세기본법 제45조의 2에 따라 경정청구할 수 있다(서면2팀-615, 2008.4.4., 국심 2005구2799, 2006.6.30., 심사법인 2003-3085, 2004.8.23.).[398)]

3 연구개발계획서, 연구개발보고서 등 증거서류 작성·보관

연구·인력개발비에 대한 세액공제를 적용받으려는 내국인은 해당 과세연도에 수행한 연구개발 과제별로 별지 제3호의 2 서식에 따른 연구개발계획서, 연구개발보고서 및 연구노트를 작성(단, 일반연구·인력개발비 세액공제를 적용받는 경우에는 연구개발계획서 및 연구개발

397) 정병문, "조감법 제63조 제4항의 감면신청이 필요적 요건인지 여부", 「대법원판례해설」 제45호(2003 상반기), 2004.1., 법원도서관, 366면

398) 참고로 조세특례제한법 제32조 법인전환에 대한 양도소득세의 이월과세 규정에서는 당초 과세연도 과세표준신고 시까지 이월과세 적용신청서 제출을 못 하는 경우 이월과세 규정을 적용받지 못 한다. 구체적으로 거주자가 사업용고정자산을 현물출자하거나 대통령령으로 정하는 사업 양도·양수의 방법에 따라 법인으로 전환하는 경우, 그 사업용고정자산에 대해 이월과세 규정을 적용받기 위해서는 대통령령으로 정하는 바에 따라 이월과세적용신청을 하여야 하는데, 위임을 받은 시행령에서는 양도소득세의 이월과세를 적용받고자 하는 자는 현물출자 또는 사업양수도를 한 날이 속하는 과세연도의 과세표준신고(예정신고를 포함한다)시 이월과세 적용신청서를 제출하여야 한다라고 규정하고 있기 때문이다(조세특례제한법 제32조, 조세특례제한법 시행령 제29조 제4항). 법원도 당해 과세연도의 과세표준신고시까지 이월과세 적용신청서를 제출하도록 한 것은 조세감면에서와 같이 납세자의 단순한 협력의무라 볼 수 없고, 납세자로 하여금 양도소득의 직접 부담과 이월과세 중 어느 하나를 선택하도록 한 것이어서 그 신청이 필수적인 요건이라고 봄이 타당하다고 판시하였다(대법원 2016두48386, 2016.12.1., 광주고등법원 2015누7585, 2016.7.14.).

보고서만 작성)하고 해당 과세연도의 종료일로부터 5년 동안 보관하여야 한다(조세특례제한법 시행령 제9조 제10항, 조세특례제한법 시행규칙 제7조 제15항 및 제61조 제1항 제4호의 2).

연구·인력개발비 세액공제에 대한 사후관리를 강화하고자 2019.2.12. 시행령 개정 시 연구개발계획서, 연구개발보고서 등 증거서류를 작성·보관하도록 의무화하였는데, 동 개정규정은 2020.1.1. 이후 개시하는 과세연도 분부터 적용한다.

|개정세법해설| R&D 비용 세액공제 사후관리 강화(조세특례제한법 시행령 제9조)[399]

(1) 개정내용

종 전	개 정
□ R&D 비용 세액공제시 제출서류 ○ 세액공제 신청서, R&D 비용 명세서 외 증빙자료 양식 없음 〈신 설〉 〈신 설〉	□ R&D 활동 증빙자료 확대 ○ 작성·보관·제출서류 규정 - (작성·보관) 연구계획서 보고서(전체 R&D), 연구노트(신성장 R&D) - (제출) 연구과제 총괄표(세액공제 신청시)

(2) 개정이유

R&D 비용 세액공제 사후관리 강화

(3) 적용시기 및 적용례

2020.1.1. 이후 개시하는 과세연도 분부터 적용

(1) R&D 비용 세액공제 사후관리 강화의 배경

내국인이 해당 과세연도에 적격한 연구·인력개발비가 있는 경우 일정한 금액을 각 과세연도 소득에 대한 법인세 또는 소득세(사업소득에 대한 소득세)에서 공제할 수 있는데, 종전 규정에 따르면 기획재정부령으로 정하는 세액공제신청서, 연구 및 인력개발비 명세서 및 연구개발계획서 등 증거서류를 납세지 관할 세무서장에게 제출하여야 한다고 규정하고 있었으나, 구체적으로 연구개발계획서 등 증거서류에 대해 법령에서 별도로 요구하는 양식이 없었기에 어떻게 작성하고 구비하여야 하는지 명확하지 않은 부분이 있었다.

한편, 납세자가 연구·인력개발비 세액공제를 신청한 이후 과세당국에서 세무조사와 같이 사후검증을 하는 경우 과세당국은 납세자가 세액공제 대상 비용으로 신고한 인건비, 재료비,

399) 기획재정부, 「2018 간추린 개정세법」, 2019, 184면

위탁연구비 등 항목과 관련하여 연구개발 프로젝트별로 구체적으로 적격한 연구·인력개발비에 해당하는지 여부에 대해 검증을 하려하지만, 납세자가 구체적인 증빙자료를 제출하지 아니하여 적격한 연구·인력개발비에 해당하는지 여부를 판단하는데 어려움이 많았던 것이 사실이다. 이에 법령을 개정하여 연구활동에 대한 증빙자료를 연구개발 프로젝트별로 작성 및 보관하도록 의무화한 것으로 판단된다.

다음은 납세자가 수행하는 활동이 어떠한 과학적 또는 기술적 진전이 있었는지에 대한 구체적인 증빙, 연구업무만을 수행하였다는 점에 대한 증명과 같이, 적격한 연구·인력개발비에 해당하는지 여부에 대해 납세자와 과세당국간에 다툼이 있었던 사례이다.

사건번호	판단사항 중 일부 발췌
조심 2018부4062, 2019.6.26.	조직도, 인사기록카드 및 부서별 업무내역 등에 의하면 기업부설연구소에 신고된 인원은 46여명이지만, 8개팀 중 연구개발 관련 팀은 한 팀(기술개발팀)에 불과하여 그 인원 전부가 기술개발업무를 전담하였다고 보기 어렵고 사실상 대부분 직원들의 발령부서가 연구개발팀이 아닌 설계부서로 확인되는 점, 그 설계부서의 업무내역이 연구개발사업과 관련된 것이 아닌 배 등의 설계, 배치 및 설계관리 등에 해당하고 수주실적상으로도 업무범위가 주로 ○○○, ○○○ 등의 건조, 실시설계 및 시운전 등의 중심으로 발주되어 연구개발 위주의 업무가 이루어진 것으로 보이지 않는 점, 청구주장과 같이 설계부서에서 **연구활동을 수행하였다고 볼만한 자료 및 청구법인이 수행하는 활동이 어떠한 과학적 또는 기술적 진전이 있었는지에 대한 구체적인 증빙**이 제출되지 아니한 점(이하 생략)
심사법인 2018-0015, 2018.8.31.	이 사건에서 보건대 B이 **연구업무만을 전담하여 수행하였다는 점에 관하여 청구법인의 증명**이 부족한 점, 오히려 B이 대학교의 인터넷 사이트에 "중국시장 진출을 위한 설문조사 실시계획"이라는 설문조사 글을 올린 사실에 비추어 보면 B이 마케팅 업무에 종사한 것으로 보이는 점, 청구법인이 □□협회에 보고한 2015 사업연도 '연구개발활동조사표'에 연구보조원의 평균 연구참여 비율이 20%라고 기재되어 있는 점 등을 고려하면 B에게 지급한 인건비를 구 조세특례제한법 제10조 제1항에 의한 세액공제 대상이라고 보기 어려우므로 쟁점처분은 정당하다.

(2) R&D 비용 세액공제 사후관리 관련 서식

연구·인력개발비에 대한 세액공제를 적용받기 위해서는 과세표준신고 시 세액공제신청서, 연구 및 인력개발비 명세서[400]를 제출하여야 하며, 연구개발계획서, 연구개발보고서 및 연구노트 등 증거서류를 작성하고 해당 과세연도의 종료일부터 5년 동안 보관하여야 한다.

이 중 2020.1.1. 이후 개시하는 과세연도 분부터 적용하는 연구과제 총괄표와 연구개발계획서, 연구개발보고서 및 연구노트 서식은 다음과 같다. 이해를 돕기 위해 서식 하단에 기재된 작성방법 및 작성요령의 내용을 본문 안에 기재하였다.

가. 연구과제 총괄표

연구소(또는 연구전담부서)에서 연구과제가 부여(설정)되면 연구과제 중심으로 연구활동을 수행하게 되고 동 연구활동에 따라 연구개발비가 발생하게 될 것이다. 연구·인력개발비 세액공제 신청 시 신청서 및 명세서에 기재하는 연구개발비와 연구과제는 서로 대응될 것이므로, 이를 연구과제 총괄표에 기재하여 관리하고자 하는 것이다.

한편, 연구개발계획서, 연구개발보고서 및 연구노트는 연구과제별로 각각 작성하고 연구개발 투입인력은 연구과제별로 구분[401]해야 하므로, 연구과제 총괄표는 회사가 신청한 비용이 적격한 연구·인력개발비에 해당하는지 여부를 판단하기 위한 기초가 되는 증빙이라 할 수 있다.

〔별지 제3호 서식 부표(2)〕(2020.3.13. 개정)

과 세 연 도	. . . ~ . . .	연구과제 총괄표	법 인 명	
			사업자등록 번호	
				(단위: 원)
① 연번	② 연구과제명		③ 신성장· 원천기술	

1부터 시작하는 숫자를 순서대로 적음.

1. 기업에서 구분하여 관리하는 연구과제별 명칭을 적음.
2. 해당 과제별로 연구개발계획서, 연구개발보고서, 연구노트(신성장·원천기술 연구개발비만 해당), 투입 인력 등을 구분할 수 있어야 함.

신성장·원천기술연구개발비에 해당하는 경우 해당 기술명을 적음(일반 연구·개발비의 경우 공란).

400) 연구 및 인력개발비 명세서는 ① 일반연구 및 인력개발비 명세서, ② 해당 연도의 연구·인력개발비 발생 명세, ③ 연구과제 총괄표, ④ 신성장·원천기술 연구개발비 명세서로 구성되어 있다.

401) 예를들어 A연구원이 해당 과세연도 기간동안 B연구과제, C연구과제 2개의 연구과제를 수행한 경우, 과제별 투입시간 등 합리적인 방법으로 안분하여 참여율을 계산할 수 있을 것이다.

나. 연구개발계획서 및 연구개발보고서

특정 연구과제에 대한 연구개발을 위해 실무적으로 사전에 연구개발계획서를 작성해야 할 수 있는데, 여기에는 왜 연구가 필요한지, 연구를 통해 달성하고자 하는 목적이 무엇인지, 연구가 종료되면 얻게 되는 구체적인 성과물이 무엇인지, 연구성과를 이루기 위해 어떻게 접근할지, 연구에 있어 고려해야 할 문제점 등은 없는지, 연구기간동안 소요될 것으로 예상되는 자원(비용)은 어느 정도인지 등의 내용이 포함될 수 있다.

연구개발계획에 따라 구체적인 연구개발 활동을 수행한 이후 그 결과를 보고서로 정리하면 연구결과보고서가 되는데, 보고서에는 연구 수행기간, 연구 수행내용 및 방법, 연구개발에 따른 주요 성과(결과), 기타 연구와 관련된 참고자료 및 증빙자료 등이 포함될 수 있다.

국세청 서식은 작성 요령에서 기재된 내용을 포함하되, 목자 및 양식을 자유롭게 재구성・활용할 수 있도록 하고 있으니 참고하기 바란다.

〔별지 제3호의 2 서식〕 (2020.3.13. 개정)

연구개발계획서(자율양식)

※ 제시된 내용을 포함하되 목차 및 양식을 자유롭게 재구성・활용할 수 있습니다.

다년간에 걸친 과제의 경우 연도별 투입 예정 비용・인원이 작성되어 있고 특별한 내용상 변동이 없는 경우 동일한 연구계획서를 여러 해에 걸쳐 반복하여 활용할 수 있음

1. 연구과제명

별지 제3호 서식 부표(2)의 연구과제 총괄표에 따른 연구과제명

2. 연구 개발의 목표 및 내용

목표, 주요내용, 과제착수 시점을 포함하여 작성함.

3. 신성장・원천기술 관련

1. 「조세특례제한법 시행령」 별표 7의 신성장・원천기술에 해당하는지 여부 및 해당 시 그 근거를 포함하여 작성함.
2. 신성장・원천기술에 해당하는 경우 연구노트의 작성 기준과 작성 주기를 명시
   * 작성 기준은 과제별・부서별・연구원별 중 선택(과제별・부서별인 경우 작성 책임자도 함께 명시)

4. 연구과제 수행계획

1. 해당 연구개발 과제를 수행할 부서
2. 투입 예상 인력 및 비용(실제 투입 인력 및 예산과는 달라질 수 있음)

연구개발보고서(자율양식)

※ 제시된 내용을 포함하되 목차 및 양식을 자유롭게 재구성·활용할 수 있습니다.
※ 여러 연구과제에 공통되는 항목이 있을 경우 연구과제별로 각각 작성하지 않고 한 문서에 여러 연구과제에 해당하는 내용을 함께 작성할 수 있습니다.

1. 연구과제명

별지 제3호 서식 부표(2)의 연구과제 총괄표에 따른 연구과제명

2. 연구 개발 개요

1. 실제 수행한 연구개발의 주요 내용(해당 연구개발을 통해 달성하려는 ① 과학적·기술적 진전 또는 ② 새로운 서비스 또는 서비스 전달체계가 무엇인지 드러나야 함)
2. 조세특례제한법 시행령 별표 7의 신성장동력·원천기술에 해당하는지 여부 및 해당 시 그 근거
3. 과제 수행 기간

3. 연구수행 내용 및 성과

1. 수행부서, 연간 투입인력 현황(인건비 발생 명세서상 인력 중 해당 연구과제에 투입된 인력)
2. 연간 위탁·공동연구개발 현황(위탁·공동연구개발 수행 기관, 수행 기간, 주요 내용 등)
3. 실험 등 연구개발을 위해 활용한 방법(연구노트가 있는 경우 연구노트로 대체 가능)
4. 연구개발 주요 성과(특허권 신청 실적, 실패 시 실패 내용 등)

붙임. 참고자료 및 증빙자료

1. 보고서의 내용을 확인하기 위한 참고자료 및 증빙자료의 종류
2. 동일 연구원이 동일 기간에 여러 연구과제에 중복 참여한 경우 중복 참여한 현황

다. 연구노트

신성장연구・인력개발비 세액공제를 신청하는 경우에는, 연구개발계획서 및 연구개발보고서 외에도 연구노트까지 작성・보관하여야 한다. 연구노트는 연구과제를 수행함에 있어 시작 단계부터 연구과정, 연구종료 시점까지의 연구활동 내용을 기록한 자료이다.

참고로 「국가연구개발혁신법 시행령」에 따른 국가연구개발사업 연구노트 지침에 따르면 연구노트란 국가연구개발혁신법 제35조 제2항에 따른 연구노트로서, 연구개발과제 수행을 통하여 얻은 정보, 데이터, 노하우 등을 체계적으로 기록한 자료를 의미한다(국가연구개발사업 연구노트 지침 제2조 제4호). 또한 서면연구노트에는 연구개발기관명, 연구개발과제명, 연구개발기관의 장이 연구노트의 관리를 위하여 정한 일련번호 및 각 장에 쪽 번호가 적힌 제본된 형태일 것, 기록자・확인자의 서명 및 기록・서명날짜가 기재되어 있을 것 등의 요건을 충족하도록 규정하고 있다(국가연구개발사업 연구노트 지침 제7조 제2항).

연구노트(자율양식)

※ 제시된 내용을 포함하되 목차 및 양식을 자유롭게 재구성・활용할 수 있습니다.

신성장・원천기술에 해당하는 연구과제만 작성

1. 연구과제명

별지 제3호 서식 부표(2)의 연구과제 총괄표에 따른 연구과제명

2. 연구 내용

아래 기준을 충족하는 범위에서 자유롭게 작성하거나 내부 보고서로 대체 가능

1. 기재내용은 위・변조 없이 객관적인 사실을 상세하고 정확하게 기록
2. 연구과제별(부서별, 연구원별 선택 가능)로 별도의 연구노트를 작성
3. 작성자 또는 작성 책임자를 명시하고, 작성한 날짜를 기록
4. 한 달 이내의 기간마다 해당 기간에 수행한 연구개발 내용 및 참여인력 현황을 작성 (1분기 이내의 기간마다 작성하는 것도 가능하나, 이 경우 기술개발 진척도, 실험의 내용 또는 목표의 성공・실패 여부 등 자체적으로 설정하는 작성 주기의 기준이 사전에 연구개발계획서에 명시되어야 함)
5. 서면으로 작성하는 경우 기록내용이 장기간 보관되는 필기구로 작성, 그 외의 작성도구 및 사용 소프트웨어 등에 대한 제한은 없음.

4 연구·인력개발비 세액공제 사전심사 제도

연구·인력개발비 세액공제 사전심사 제도란 납세자가 연구·인력개발비에 대한 세액공제를 신청하기전에 지출한 비용이 적격한 연구·인력개발비에 해당하는지 여부 등에 대해 국세청장에게 미리 심사하여 줄 것을 요청할 수 있는 제도이다(조세특례제한법 시행령 제9조 제14항).

|개정세법해설| **국세청에 R&D 비용 세액공제 사전심사 제도 신설**(조세특례제한법 시행령 제9조)[402)]

(1) 개정내용

종 전	개 정
〈신 설〉	□ 국세청에 R&D 비용 세액공제 사전 심의 제도 신설 ○ (심의 대상) 일반·신성장 R&D 비용 관련 사항 사전 심의 ○ (운영방법) 국세청장이 훈령으로 정함.

(2) 개정이유

기업들의 R&D 비용 세액공제 관련 납세협력비용 완화

(3) 적용시기 및 적용례

2020.1.1. 이후 개시하는 과세연도 분부터 적용

구체적으로 「R&D 세액공제 사전심사」 제도는 i) 기업이 수행하는 R&D 활동이 「조세특례제한법」 제2조 제1항 제11호에 따른 연구개발의 정의에 부합하는지 여부(기술검토) 또는 ii) 기업이 지출하는 R&D 활동이 「조세특례제한법 시행령」 제9조에서 규정한 비용의 범위에 포함되는지 여부(비용검토) 에 대한 확인이 필요한 경우에 국세청장에 관련 자료를 제출하고 심사를 받는 제도이다.

예컨대 디스플레이를 제조하는 회사의 공정개발단계 중 디스플레이 수율향상 등을 목적으로 공정에 대한 개발이 이루어진 후에 테스트 목적으로 재료를 투입하여 제품을 생산하는 공정을 살펴보자.

공정개발단계에서 수율을 올리는 과정(활동)이 적격한 연구개발활동에 포함되는지 또는 이 과정에 투입된 재료비가 세제적격 연구개발비로 보아 연구·인력개발비 세액공제를 적용받을 수 있는지 고민이 있을 수 있다.

402) 기획재정부, 「2018 간추린 개정세법」, 2019, 187면

기존에는 이러한 이슈에 대해 회사는 국세청 서면예규질의를 통해 국세청으로부터 세액공제 가능여부에 대한 의견을 받았으나, 이제는 국세청 내부 연구개발 관련 심사 전문조직인 국세청 법인세과 연구개발세정지원팀 및 각 지방청 「R&D 전담팀」에 심사를 의뢰할 수 있게 되어 납세자는 보다 전문적인 부서에서 국세청의 의견을 들을 수 있다는 장점을 가질 수 있게 된 것이다.

다만, 「R&D 세액공제 사전심사」 등의 행정청의 심사제도는 그 심사가 엄격하므로 제출자료를 준비하는데 있어서 납세자 또는 세무대리인의 상당한 노력이 필요하고, 납세자 또는 세무대리인이 국세청에 제출하는 자료 준비, 질문에 대한 답변 등 대응을 하는 데에 상당한 노력과 관리가 필요로 할 것이다.

따라서 기존에 연구개발활동 또는 연구개발비용에 대해서 특별한 이슈가 없는 회사가 기존에 세액공제를 적용하고 있는 연구개발비용에 대해서 한번 국세청 점검을 받기 위해 이 제도를 활용하는 것은 행정청으로서도 그리고 납세자인 회사에서도 불필요한 낭비가 될 가능성이 있을 것으로 판단된다.

다음은 국세청에서 배포한 「연구 · 인력개발비 세액공제 사전심사」 제도 안내자료에 있는 내용과 사전심사 불인정 사례, 사전심사 신청서류 및 작성사례에 대해 소개하고자 한다.

(1) 국세청 「연구 · 인력개발비 세액공제 사전심사」 제도 안내자료

| 연구 · 인력개발비 세액공제 사전심사 업무처리 절차 |

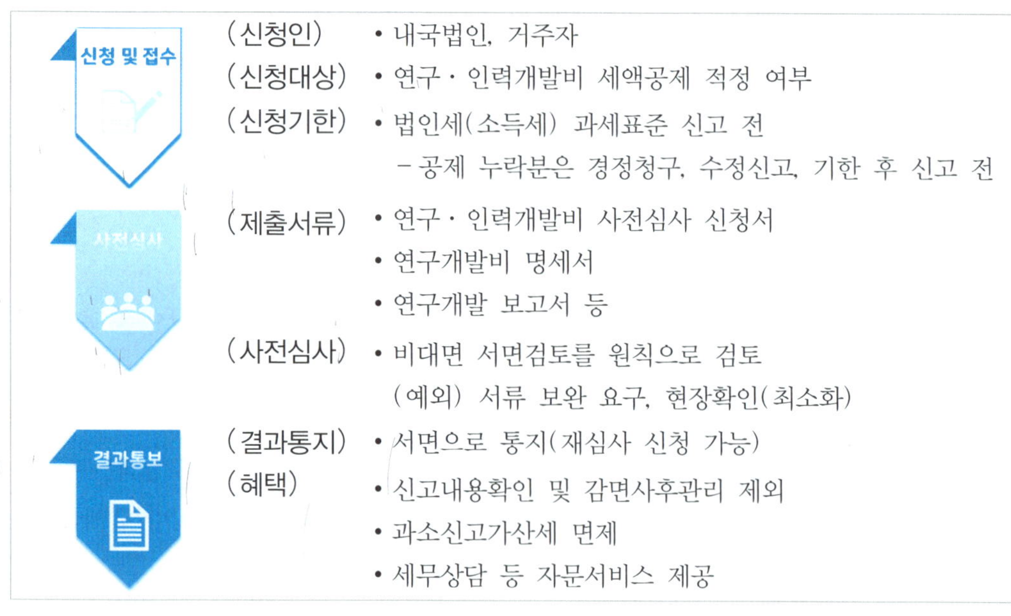

(신청인) • 내국법인, 거주자
(신청대상) • 연구 · 인력개발비 세액공제 적정 여부
(신청기한) • 법인세(소득세) 과세표준 신고 전
- 공제 누락분은 경정청구, 수정신고, 기한 후 신고 전
(제출서류) • 연구 · 인력개발비 사전심사 신청서
• 연구개발비 명세서
• 연구개발 보고서 등
(사전심사) • 비대면 서면검토를 원칙으로 검토
(예외) 서류 보완 요구, 현장확인(최소화)
(결과통지) • 서면으로 통지(재심사 신청 가능)
(혜택) • 신고내용확인 및 감면사후관리 제외
• 과소신고가산세 면제
• 세무상담 등 자문서비스 제공

가. 신청인

연구·인력개발비 세액공제를 적용받고자 하는 내국법인과 거주자이어야 한다.

나. 신청방법 및 신청서류

구분		내용
신청방법		• 전자(홈택스*), 우편, 방문접수(세무서 민원봉사실) * 홈택스(www.hometax.go.kr) : 신청/제출 → 일반 세무서류 신청 → 민원명 찾기 "연구" → 조회하기 → 인터넷 신청 * 우편 : 본점 소재지 관할 지방국세청 법인세과
신청대상		• 이미 지출한 비용뿐만 아니라 지출 예정 비용, 전체 비용 중 일부 항목에 대한 신청도 가능하며, 금액 제한 없음
신청기한		• 법인세(소득세) 과세표준 신고 전, 다만, 세액공제 신청 누락분은 경정청구, 수정신고, 기한 후 신고 전에 신청 가능
제출서류	신청서	• 연구·인력개발비 사전심사 신청서
	첨부서류	• ① 연구개발보고서 ② 연구개발비 명세서 ③ 기타 연구개발 관련 서류 등

다. 신청대상

내국인이 지출하였거나 지출 예정인 연구·인력개발비와 관련된 다음의 어느 하나에 해당하는 사항이어야 한다.

1. (기술검토)기업이 수행하는 R&D 활동이 「조세특례제한법」 제2조 제1항 제11호에 따른 연구개발의 정의에 부합하는지 여부
2. (비용검토)기업이 지출하는 R&D 활동이 「조세특례제한법 시행령」 제9조에서 규정한 비용 범위에 포함되는지 여부

라. 심사내용

내국인이 지출한 또는 지출예정*인 연구·인력개발비가 조세특례제한법 제10조에 따른 연구·인력개발비에 해당하는지 여부를 심사한다.

* 지출예정인 연구·인력개발비란?
이미 지출중이거나 가까운 장래에 지출할 것임이 객관적인 증명서류에 의해 확인되는 연구·인력개발비를 말함.

마. 심사방법

전화·서면에 따른 사실확인 요청 등 납세자 비대면 방식의 서면심사를 원칙으로 하고, 심사에 필요한 경우에 한하여 현장확인을 실시할 수 있다.

바. 심사결과 및 재심사

사전심사 처리를 종결한 때에 「사전심사 결과통지서」에 따라 서면으로 결과를 통지하며, 신청인이 심사결과에 이의가 있는 경우에는 「연구·인력개발비 사전심사 결과에 대한 재심사 신청서」에 의하여 1회에 한하여 재심사를 신청할 수 있다.

사. 심사효력

신청인이 심사결과 통지에 따라 연구·인력개발비 세액공제를 신청한 경우에는 추후 심사결과와 다르게 과세처분한 경우에도 「국세기본법」 제48조(가산세 감면 등) 제1항 제2호에 따라 과소신고가산세를 부과하지 아니하며, 심사받은 내용에 대해서는 신고내용 확인 및 감면 사후관리 선정대상에서 제외한다.

* 단, 심사과정에서 부정확한 서류를 제출하거나, 사실관계의 변경·누락 및 탈루혐의 있는 경우 제외

아. 보안 유지

신청인이 제출한 모든 서류와 자료 등은 사전심사 업무외에 다른 목적으로 활용하여서는 아니하며, 사전심사 담당에 한하여 열람할 수 있다. 신청인이 사전심사 과정에서 제출한 서류와 자료 등과 관련하여 원본을 반환 요청하면 국세청 법인세과장은 특별한 사정이 없는 한 즉시 신청인에게 반환한다.

자. 지방청 「R&D 전담팀」 신설에 따른 업무 담당

업무분장	사전심사 기관		주소
	심사청	부서명	
• 일반기업 심사 • 재심사 업무	국세청 (본 청)	법인세과	(우30128) 세종시 국세청로 8-14
• 중소기업 사전심사	서울청	법인세과	(우03151) 서울시 종로구 종로5길86
	중부청	법인세과	(우16206) 수원시 장안구 경수대로 1110-17
	대전청	법인세과	(우35209) 대전 서구 한밭대로809 사학연금회관
	광주청	법인세과	(우61011) 광주 북구 첨단과기로208번길 43
	대구청	법인세과	(우42768) 대구 달서구 화암로 301
	부산청	법인세과	(우47605) 부산 연제구 연제로12
	인천청	법인세과	(우21556) 인천 남동구 남동대로763

(2) 국세청「연구 · 인력개발비 세액공제 사전심사」 심사 불인정 사례[403)]

가. 연구개발 활동

사례	내용
사례1	고객사로부터 부품 생산 의뢰를 받아 납품하기 위한 양산준비단계 활동은 연구 · 개발 활동에 해당하지 않으므로 불인정
사례2	지식 습득을 위한 정보수집 활동과 사례 · 시장 조사와 같은 활동은 연구 · 개발 활동에서 제외됨.
사례3	당해 연도 연구 활동으로 제출한 내용이 과거에 이미 진행 완료한 연구 활동들로 확인되어 당해 연도 연구 · 인력개발비 세액공제 대상으로 불인정
사례4	국가 R&D 과제로 타 업체가 이미 수행하여 결과가 공개된 기존 연구 내용을 재현 및 복제한 활동은 과학 · 기술적 진전을 위한 자체 연구개발로 볼 수 없어 불인정
사례5	신청법인이 개발한 제품의 구성은 공개된 기술을 이용하여 용이하게 구현할 수 있는 수준에서 기술적 진전이 이루어지지 않았고, 기술의 불확실성을 해소하기 위한 시행 착오 및 체계적인 개발과정이 확인되지 않아 연구 · 개발활동으로 불인정
사례6	자사 또는 타사의 과거 발행된 문헌을 단순 인용하는 경우는 신규성 및 독창성을 확인할 수 없으며 과학적 또는 기술적 진전을 인정할 수 없어 연구 · 개발활동 불인정

나. 자체 연구개발비

사례	내용
사례1	퇴직연금보험료는 해당 과세연도의 연구 · 인력개발에 직접적으로 대응하는 비용으로 보기 어려워 세액공제 대상 불인정
사례2	주식을 10% 초과하여 보유하는 임원으로서 당해법인의 지배주주와 그와 특수관계인인 자의 인건비는 세액공제 대상이 아니므로 세액공제 대상 불인정
사례3	연구소장 같은 수백 명의 연구원들을 관리하고, 회사 관리업무, 대외업무 등 행정적인 업무를 겸직하였으므로, 연구전담요원이 아닌 연구소장 인건비는 세액공제 대상이 아니므로 연구 · 인력개발비 세액공제 불인정
사례4	관리직원 갑의 업무는 기자재 및 부품 등의 구매 등 연구 · 개발활동을 행정적

403) 사실관계 및 쟁점사항 등 자세한 내용은 본서 "부록 2. 연구개발사전심사 불인정 사례" 또는 국세청 홈페이지 연구인력개발비 세액공제 사전 심사제도 코너를 참고하기 바란다(https://www.nts.go.kr/nts/cm/cntnts/cntntsView.do?mi=2383&cntntsId=7749).

사례	내용
	으로 지원하는 업무이므로, 갑의 인건비는 연구·인력개발비 세액공제 불인정
사례5	연구소를 등록하기 전 지출한 비용은 실질적인 연구 수행여부와 관계없이 연구·인력개발비 세액공제 대상 불인정
사례6	제품 홍보, 주주총회 참석하여 주요의사결정 수행, 대표이사 개인 심부름 수행 등은 비연구활동으로서 해당 활동 수행 시 조세특례제한법 시행규칙 제7조 제3항에 따른 연구전담요원이 아니므로 인건비 불인정

다. 재료비

사례	내용
사례1	연구시설 건물 임차료는 공제대상으로 규정된 연구·시험용 시설[404)]의 임차비용에 해당하지 않음.
사례2	재료비 사용내역은 연구에 사용되는 소모품(시험용 가위, 보안경, 여과기 및 사무용품 등) 및 시험기기(시험용 삼각 플라스크, 실린더, 비커 등)으로 조특령 [별표 6]에 열거된 항목이 아닌 바, 연구·인력개발비 세액공제 불인정하며, 또한 특허실시권은 타인의 특허를 대여하는 비용 또한 조특령 [별표 6]에 열거된 항목이 아니므로 연구·인력개발비 세액공제 불인정
사례3	고객사의 요구사항 및 납품사양에 대한 기준을 반영한 물품구매계약에 따라 제작된 시제품을 납품하는 경우, 본 시제품은 완제품이자 목적물에 해당하여 통상적인 시제품으로 볼 수 없어 관련 재료비 공제 불인정
사례4	신제품 출시에 필요한 일반적인 시제품 수량 대비 원자재 용량이 과다하여 확인한 바, 양산품 생산에 소요되는 원자재 및 부속품을 포함하여 신청한 사실 확인되어 양산품 제작 관련 재료비 불인정
사례5	실질적으로 지출하지 않은 부가가치세 매입세액에 대해서는 연구·인력개발비 세액공제 불인정

라. 위탁 및 공동연구개발비

사례	내용
사례1	산학협력단에 연구개발용역을 위탁하면서 지급한 선급금 관련하여 위·수탁 계약서를 확인한 바 계약기간이 20×0.12월~20×1.11월으로 확인되어 동 비용을 연구활동 기간별로 안분하고, 선급금 해당액에 대해 연구·인력개발비 세액

404) 공구 또는 사무기기 및 통신기기, 시계·시험기기 및 계측기기, 광학기기 및 사진제작기기, 「법인세법 시행규칙」 별표 6의 업종별 자산

사례	내용
	공제 불인정
사례2	수탁법인 △△은 전담부서등을 등록하지 않은 법인으로 공제 요건을 충족하지 못하여, 수탁법인에 지급한 위탁개발비는 공제 불가능
사례3	연구개발전담부서에서 자체연구개발과 수탁연구개발을 함께 수행하는 경우 수탁연구개발 관련 비용은 타인으로부터 받은 연구개발용역을 수행하는 자의 인건비로 지출하는 비용에 해당하여 세액공제 적용 불가능. 다만, 수탁연구개발과 자체연구개발의 수행기간·투입시간 등 합리적인 방법으로 안분하여 자체연구개발에 투입된 인건비에 한하여 세액공제 가능

마. 인력개발비

사례	내용
사례1	중소기업 핵심인력 성과보상기금에 가입한 후 5년 이내에 중도해지를 이유로 환급받은 금액은 연구 및 인력개발비에 해당하지 않아 세액공제 불인정
사례2	직원 해당 법인의 최대주주인 법인대표 을과 특수관계이므로 갑에 대한 내일채움공제 기업 기여금 납입액은 인력개발비로 불인정
사례3	연구원 아닌 대표이사의 교육 참석비용을 연구·인력개발비 세액공제 대상인 인력개발을 위한 비용으로 볼 수 없음.

(3) 국세청「연구 · 인력개발비 세액공제 사전심사」신청서류

가. 연구 · 인력개발비 세액공제 사전심사 신청서

【연구 · 인력개발비 세액공제 사전심사 사무처리규정 제2호 서식】

<table>
<tr><td colspan="9">연구 · 인력개발비 세액공제 사전심사 신청서</td></tr>
<tr><td rowspan="3">신청인</td><td>법 인 명
(상 호)</td><td colspan="3"></td><td colspan="2">사업자등록번호</td><td colspan="2"></td></tr>
<tr><td>대표자 성명</td><td colspan="3"></td><td colspan="2">담당 전화번호
(휴대전화번호)</td><td colspan="2"></td></tr>
<tr><td>소 재 지
(이메일)</td><td colspan="7">(㉾ -)
전자우편(E-mail) : @ .</td></tr>
<tr><td colspan="9"></td></tr>
<tr><td rowspan="6">신청대상</td><td rowspan="2">과세연도</td><td rowspan="2">신고구분</td><td rowspan="2">세액공제 구분</td><td colspan="5">해당 과세연도의 연구 및 인력개발비 발생 명세</td></tr>
<tr><td>계</td><td>인건비</td><td>재료비 등</td><td>위탁 및 공동 연구 개발비</td><td>인력개발비 등</td></tr>
<tr><td colspan="3">계</td><td></td><td></td><td></td><td></td><td></td></tr>
<tr><td></td><td></td><td>일반연구 및 인력개발비</td><td></td><td></td><td></td><td></td><td></td></tr>
<tr><td></td><td></td><td>신성장동력·원천기술 연구개발비</td><td></td><td></td><td></td><td></td><td></td></tr>
</table>

「조세특례제한법 시행령」제9조 제13항에 따라 위와 같이 사전심사를 신청합니다.

년 월 일

신청인 성명(대표자) : (서명 또는 인)

○○지방국세청장 귀하

<table>
<tr><td rowspan="4">위임장</td><td colspan="6">아래 사람에게 위 사전심사 신청에 관한 사항을 위임합니다.
(다만, 사전심사 신청의 취하는 별도의 위임을 받은 경우에 한하여 할 수 있습니다.)</td></tr>
<tr><td rowspan="2">위임자
(청구인)</td><td colspan="5">대리인</td></tr>
<tr><td>상호
(법인명)</td><td>성명
(대표자)</td><td>사업장
소재지</td><td>사업자등록번호</td><td>전화번호
(휴대전화번호)</td></tr>
<tr><td>(서명 또는 인)</td><td></td><td>(서명 또는 인)</td><td>(㉾)</td><td></td><td></td></tr>
<tr><td colspan="2">첨부서류</td><td colspan="4">1. 연구개발비 명세서
2. 연구개발 보고서
3. 기타 연구개발 관련 서류</td><td>수수료
없 음</td></tr>
</table>

210㎜×297㎜(신문용지 54g㎡(재활용품))

나. 연구개발비 명세서

【연구·인력개발비 세액공제 사전심사 사무처리규정 제2-1호 서식】

연구개발비 명세서

1. 총괄

순번	연구 과제명	자체 연구개발비		위탁 및 공동 연구개발비	인력개발비 등	합계
		인건비	재료비 등			
합계						

* 조세특례제한법 시행령 제8조 제1항 단서 관련 연구개발출연금 등으로 지출하는 금액은 제외

2. 인건비 명세서

순번	연구원	생년월일	소속	직급	연구 과제명	연구전담 등 구분 (전담,보조,관리기타)	참여기간	참여율	인건비
합계									

* 참여율은 각 연구원의 참여과제별 참여율의 합계가 100%가 되도록 하며, 과제별 투입시간 등 합리적 방법으로 안분하여 계산

3. 재료비 등 명세서

순번	연구 과제명	계정과목	내 역 (견본품, 부품, 시약류 구입비, 장비 임차료 등)	금액
합계				

4. 위탁 및 공동 연구개발비 발생 명세서

순번	연구 과제명	연구개발비				수탁기업 수행 여부	금액
		상호 또는 성명	사업자번호 또는 생년월일	연구 착수일	연구 종료일		
합계							

5. 인력개발비 등

순번	연구 과제명	인력개발비	맞춤형 교육비용	현장훈련 수당 등	합계
합계					

붙임. 참고자료 및 증빙자료
- 연구요원 등의 급여대장
- 연구개발 업무에 사용하는 견본품·부품·원재료·시약류 등 재료비 구입 명세서
- 기타 연구·인력개발비 관련 세부 명세

210㎜×297㎜(신문용지 54g㎡(재활용품))

다. 연구개발 보고서

【연구·인력개발비 세액공제 사전심사 사무처리규정 제2-2호 서식】

연구개발 보고서

1. 연구과제명

2. 연구 개발 개요

가. 목표

나. 주요내용

다. 연구개발 기간, 투입인력 등

※ 실제 수행한 연구개발의 주요 내용으로서, 해당 연구개발을 통해 달성하려는 ① 과학적·기술적 진전 또는 ② 새로운 서비스 또는 서비스 전달체계가 무엇인지 드러나야 함

3. 연구수행 내용 및 성과

가. 연구개발 상세

-단계 별 활동 내용

-연구 개발을 위해 활용한 방법

나. 연구개발 주요 성과

-제품 출시, 지식재산권 등록, 실패 시 실패 내용 등

다. 연간 위탁·공동연구개발 현황

-위탁·공동연구개발 수행 기관, 수행 기간, 주요 내용 등

붙임. 참고자료 및 증빙자료

-전담부서의 조직·직원 현황 및 연구요원의 자격을 증명하는 서류

-연구노트, 연구계획서, 연구 보고서 등 활동 관련 증명하는 서류

-지식재산권 출원·등록 활동이 있는 경우 관련 증명 서류

-기타 연구관련 증빙자료

210㎜×297㎜(신문용지 54g㎡(재활용품))

라. 연구·인력개발비 세액공제 사전심사 결과에 대한 재심사 신청서

【연구·인력개발비 세액공제 사전심사 사무처리규정 제5호 서식】

<table>
<tr><td colspan="4">연구·인력개발비 세액공제 사전심사 결과에 대한 재심사 신청서</td></tr>
<tr><td colspan="4">1. 신청인 인적사항</td></tr>
<tr><td>① 법 인 명
(상 호)</td><td></td><td>② 사 업 자
등 록 번 호</td><td></td></tr>
<tr><td>③ 소 재 지
(주 소 지)</td><td colspan="3"></td></tr>
<tr><td colspan="4">2. 심사결과 통지내용</td></tr>
<tr><td colspan="4"></td></tr>
<tr><td colspan="4">3. 재심사 신청사유</td></tr>
<tr><td colspan="4"></td></tr>
<tr><td colspan="4">위와 같이 연구·인력개발비 세액공제 사전심사 결과에 대하여 재심사를 신청합니다.
년 월 일
신청인 성명(대표자) : (서명 또는 인)

○○ 국세청장 귀하</td></tr>
</table>

210㎜×297㎜(신문용지 54g㎡(재활용품))

(4) 국세청「연구 · 인력개발비 세액공제 사전심사」작성사례

【연구 · 인력개발비 세액공제 사전심사 사무처리규정 제2호 서식】

연구·인력개발비 세액공제 사전심사 신청서(*작성예시*)

신청인	법 인 명 (상 호)	주식회사 OOO	사업자등록번호	000-00-00000
	대표자 성명	홍길동	담당 전화번호 (휴대전화번호)	000-0000-0000 (010-0000-0000)
	소 재 지 (이메일)	(㊝00000) OO시 OO동 전자우편(E-mail) : ×××@OOO.com		

신청대상	과세연도	신고구분	세액공제구분	해당 과세연도의 연구 및 인력개발비 발생 명세				
				계	인건비	재료비 등	위탁 및 공동 연구 개발비	인력개발비 등
	계			116,250,000	80,000,000	1,250,000	30,000,000	5,000,000
	2020.12	정기	일반연구 및 인력개발비	116,250,000	80,000,000	1,250,000 30,000,000		5,000,000

【작성방법】
- 과세연도 : 연구인력개발비 사전심사를 신청하고자 하는 과세기간
  법인세의 경우 사업연도(예 : 2020.12), 소득세의 경우 귀속연도(예 : 2020.01)
- 신고구분 : 정기신고, 기한후 신고, 경정청구, 수정신고 중 선택하여 작성
- 세액공제구분 :「조세특례제한법」제10조에 따른 일반연구 및 인력개발비와 신성장동력 · 원천기술 연구개발비를 구분하여 기재
- 해당 과세연도의 연구 및 인력개발비 발생 명세 :「연구개발비 명세서(제2-2서식)」의 금액을 기재

「조세특례제한법 시행령」제9조 제13항에 따라 위와 같이 사전심사를 신청합니다.

년 월 일

신청인 성명(대표자) : 홍길동 (서명 또는 인)

○○ 지방국세청장 귀하

위임장	아래 사람에게 위 사전심사 신청에 관한 사항을 위임합니다. (다만, 사전심사 신청의 취하는 별도의 위임을 받은 경우에 한하여 할 수 있습니다.)					
	위임자 (청구인)	대리인				
		상호 (법인명)	성명 (대표자)	사업장 소재지	사업자등록번호	전화번호 (휴대전화번호)
	홍길동 (서명 또는 인)	박국세 세무사	박국세 (서명 또는 인)	00시 00동 (㊝ 00000)	000-00-00000	010-000-0000

첨부서류	1. 연구개발비 명세서 2. 연구개발 보고서 3. 기타 연구개발 관련 서류	수수료 없 음

210㎜×297㎜(신문용지 54g㎡(재활용품))

【연구·인력개발비 세액공제 사전심사 사무처리규정 제2-1호 서식】

연구개발비 명세서(*작성예시*)

1. 총괄

순번	연구과제명	자체 연구개발비(①)		위탁 및 공동 연구개발비 (②)	인력개발비 등 (③)	합계 (①+②+③)
		인건비	재료비 등			
1	서버 장애 예측 관제 시스템 개발	40,000,000	1,250,000	-	5,000,000	46,250,000
2	스마트 편집 시스템 소프트웨어 개발	40,000,000	-	30,000,000	-	70,000,000
합계		80,000,000	1,250,000	30,000,000	5,000,000	116,250,000

* 조세특례제한법시행령 제8조 제1항 단서 관련 연구개발출연금 등으로 지출하는 금액은 제외

(내용) 아래에 구체적으로 기재할 자체 연구개발비, 위탁 및 공동연구개발비, 인력개발비 등을 총괄적으로 작성하는 표임

2. 인건비 명세서

순번	연구원	생년월일	소속	직급	연구 과제명	연구전담 등 구분 (전담,보조,관리기타)	참여기간	참여율	인건비
1	강XX	1986.12.11	OO개발팀	팀원	서버예측 시스템 개발	전담	20.01.01. ~ 12.31.	100%	10,000,000
2	박XX	1980.10.15	OO개발팀	팀원	서버예측 시스템 개발	전담	20.01.01. ~ 12.31.	60%	6,000,000
					스마트 편집 시스템	보조	20.05.01. ~ 12.31.	40%	4,000,000
3	…	…	…	…	…	…	…	…	…
합계									80,000,000

* 참여율은 각 연구원의 참여과제별 참여율의 합계가 100%가 되도록 하며, 과제별 투입 시간 등 합리적 방법으로 안분하여 계산

【작성방법】

(구분) 연구전담 등 구분 란에는 전담, 보조, 기타로 구분하여 기재

- 전담 : 해당 연구개발서비스업과 관련되는 분야를 전공하고 연구개발서비스업에 관한 업무를 직접 수행하는 자
- 보조 : 연구개발서비스업 전담요원의 지시에 따라 해당 연구개발서비스업에 관한 업무를 보조하는 자
- 관리 : 해당 연구개발서비스업에 관한 행정 및 사무 등의 업무를 수행하는 자(2016.1.1. 이후 개시하는 과세연도 분부터 인건비 공제대상에서 연구관리직원 제외)

(대상) 「조세특례제한법」 제9조 제5항에 따라 「조세특례제한법시행령」 제8조 제1항의 [별표 6]에 해당하는 **자체연구개발인건비**를 기재(인건비는 그 명칭 여하에 불구하고 급여의 성격을 지닌 비용을 말하며, 비과세 근로소득도 연구요원의 인건비에 해당함)

(제외) 내국인이 타인으로부터 수탁받은 연구개발용역수행을 위해 자신의 연구전담부서에서 근무하는 자의 인건비 등으로 지출하는 비용은 **공제대상이 아님**

210㎜×297㎜(신문용지 54g㎡(재활용품))

【연구・인력개발비 세액공제 사전심사 사무처리규정 제2-1호 서식】

연구개발비 명세서(*작성예시*)

3. 재료비 등 명세서

순번	연 구 과제명	계정과목	내 역 (견본품, 부품, 시약류 구입비, 장비 임차료 등)	합계
1	서버 예측 시스템 개발	테스트 장비	서버급 PC 3대 × 8개월	1,250,000
합계				1,250,000

【작성방법】

○ 연구 과제명별로 구분하여 작성하되 ① 재료비 등 란은 자체연구개발에서 발생된 재료비 등을 기재하고 ② 위탁 및 공동연구개발비란은 위탁 및 공동연구개발비에서 발생된 비용을 기재합니다.

4. 위탁 및 공동 연구개발비 발생 명세서

순번	연구 과제명	연구개발비				수탁기업 수행 여부	금액
		상호 또는 성명	사업자번호 또는 생년월일	연구 착수일	연구 종료일		
1	스마트 편집 시스템 소프트웨어 개발	㈜OOOO	000-81-00000	20.07.01.	20.12.31.	여	30,000,000
합계							30,000,000

【작성방법】

○ 「조세특례제한법시행령」 제8조 제1항의 [별표 6] 1. 연구개발, **나목(위탁 및 공동연구개발)**에서 발생된 비용에 대해 연구과제별로 구분하여 작성하며, 해당 위탁 및 공동연구 개발비 명세가 다수인 경우에는 별지로 작성하여 제출할 수 있습니다.
"수탁기업 수행여부"란은 위탁・재위탁한 연구개발 과제를 수탁기업의 연구소・전담부서 또는 연구개발서비스업자가 수행했는지를 적습니다.

210㎜×297㎜(신문용지 54g㎡(재활용품))

【연구 · 인력개발비 세액공제 사전심사 사무처리규정 제2-1호 서식】

연구개발비 명세서(*작성예시*)

5. 인력개발비 등

순번	연구과제명	인력개발비	맞춤형 교육비용	현장훈련 수당 등	합계
1	내일채움공제	5,000,000			5,000,000
합계					5,000,000

【작성방법】

○ 「조세특례제한법시행령」 제8조 제1항의 [별표 6] 2. **인력개발에 해당하는 비용**을 적습니다.

· 맞춤형 교육비용은 「고등교육법」 제2조에 따른 학교 등이 직업교육훈련과정 또는 학과 등을 설치·운영하는 운영비 등 「조세특례제한법」 제104조의 18 제1항에 따른 비용을 적습니다.

· 현장훈련 수당 등은 사업주가 단독 또는 다른 사업주와 공동으로 실시하는 직업능력개발훈련으로서 훈련생에게 훈련기간 중 지급한 훈련수당 및 식비 등 「조세특례제한법시행령」 제104조의 17 제3항에 따른 비용을 적습니다.

붙임. 참고자료 및 증빙자료

- 연구요원 등의 급여대장
- 연구개발 업무에 사용하는 견본품 · 부품 · 원재료 · 시약류 등 재료비 구입 명세서
- 기타 연구 · 인력개발비 관련 세부 명세

210㎜×297㎜(신문용지 54g㎡(재활용품))

【연구 · 인력개발비 세액공제 사전심사 사무처리규정 제2-2호 서식】

연구개발 보고서-1 (*작성예시*)

〈해당 보고서는 보고서작성에 도움을 드리고자 작성된 예시로 사실과 관련 없음을 알려드립니다.〉

✓ 당사의 연구과제는 총 2건으로 보고서별로 1개의 연구과제 기재하였습니다.
1-1 서버 장애 예측 관제 시스템 개발
2-1 차세대 스마트 편집 시스템(Smart Editor) 소프트웨어 및 AI 편집 시스템 개발

1-1. 연구과제명

서버 장애 예측 관제 시스템 개발
(연구번호 : SW-2020-001)

1-2. 연구 개발 개요

가. 목표

○ 서버의 상태 정보를 분석한 후 장애나 오류를 예측하는 통합 관제 시스템 개발한다. 해당 시스템은 독립적으로 혹은 기존 관리 시스템에 탑재하여 서버의 장애를 감지하고 향후 발생할 장애를 예측하도록 한다.

나. 주요내용

○ 당사는 통합관리 시스템 구축 및 유지보수, SI 하는 업체로 구축된 시스템들의 장애를 감지하기위해 서버 관제 시스템을 개발하던 중, 인공지능 기반의 예측 시스템과 수집된 데이터를 이용한 장애상태와 장애 예측이 가능한 모니터링 시스템을 추가 기획함. 이것은 통합 관제 시스템으로 확장 개발될 예정임

○ 서버 장애 예측 관제 시스템은 크게 3가지 시스템으로 구성되며 다음과 같다.
- 하드웨어 장애 감지 시스템(기존에 개발 중이던 과제)
- 장애 예측 시스템(AI 모델 이용)
- 시각화 시스템(대시보드형태)

* 당사에서 개발 중인 서버 장애 예측 시스템은 기존의 서버 클러스터 관리, 서버 호스팅 등 다양한 IT 환경에 적용 가능하고 장비의 오류를 예측하여 사용자의 데이터를 보호하는데 도움을 줄 수 있을 것으로 기대하고 있다.

다. 연구개발 기간, 투입인력 등

○ 본사는 2018년부터 R&D 연구시설을 만들어 연구를 시작하였고 서버 장애 예측 시스템 개발의 경우 2019년 4분기부터 기획하였으며 2020년부터 본격적으로 연구 시작함

210㎜×297㎜(신문용지 54g㎡(재활용품))

【연구·인력개발비 세액공제 사전심사 사무처리규정 제2-2호 서식】

연구개발 보고서-1 *(작성예시)*

No.	1번 연구과제	추진일정											
		1	2	3	4	5	6	7	8	9	10	11	12
1	개발 계획 수립	■	■										
2	기능 설계 및 정의 -요구사항 상세화		■	■	■								
3	표준 데이터 및 통신 프로세스 설계			■	■	■							
4	기능 개발 (ⓐ, ⓑ, ⓒ 등)		■	■	■	■	■	■	■	■	■	■	■

[그림1: 연구개발 일정 및 기간]

○ 수행부서, 연간 투입인력 현황

수행부서	투입인력	기간	업무분장
R&D팀	강XX	2020.01~2020.12	개발계획 수립, 기능설계
	박XX	2020.01~2020.12	ⓐ 기능개발, 테스트
	권XX	2020.01~2020.12	ⓑ, ⓒ 기능개발
	오XX	2020.01~2020.7(영업팀 부서변동)	ⓑ, ⓒ 기능개발, 테스트

1-3. 연구수행 내용 및 성과

가. 연구개발 상세

✓ 경영상 민감한 정보나 보안을 요하는 내용은 생략 가능합니다.

○ 서버 장애 예측 관제 시스템은 크게 3가지로 구분되며, 각 시스템별로 구축 또는 통합 관제 시스템으로 구축 가능하도록 개발 되고 있음

구분	설명
하드웨어 장애 감지 시스템	- 2019년 4분기부터 기획되어 개발되던 과제 (연구번호 : SW-2019-003) - 현재 연구(연구번호 : SW-2020-001)에 통합되어 진행 중 - 각 서버의 상태를 주기적으로 감지 - 각 서버는 상태를 확인하고 정의된 이벤트로 저장 및 보고(예. 네트워, CPU, 메모리 등등)
장애 예측 시스템	- 수집 데이터를 기반으로 딥러링하여 예측
시각화 시스템	- 수집된 상태, 장애 데이터를 기반으로 시각화 - 예측된 서버 상태를 시각화 - 장애 및 예측 상태를 보고하고 조치 방법 알림 기능

210㎜×297㎜(신문용지 54g㎡(재활용품))

【연구 · 인력개발비 세액공제 사전심사 사무처리규정 제2-2호 서식】

연구개발 보고서-1 *(작성예시)*

○ 연구개발 기간
- (계획) 2020.01.01. ~ 2020.12.31.
- (수정) 2020.01.01. ~ 2021.02.28. (2개월 지연 예상)

○ 연구개발 진행율
- 85% (문제 발생으로 인한 지연)
- 문제원인 분석 및 해결방법 적용완료
- 지연일정 내에 개발 및 통합 테스트 완료 예정

○ 과제 종료후 관리 방법
- 조직내 개발1팀으로 이관되어 상품화 개발 완료 예정 [**첨부1 : 전체 조직도**]

○ CBD(Component Based Development) 기반으로 개발중이며 설계/구현/테스트가 컴퍼넌트 단위로 개발되기 때문에 [그림1]의 개발계획수립과 기능설계 및 정의, 표준 데이터 통신 프로세스 설계(연구개발일정표 참고) 기간에도 각 기능 개발이 진행되고 있으며, 설계 기간이후의 기능 개발 기간에도 기능별 설계/테스트 활동을 같이 진행함

나. 연구개발 주요 성과

✓ 연구결과 자체에 대한 성공 및 실패는 세액공제 사전심사 결과에 영향을 주지 않습니다. 실패 또는 일부 성공인 경우라도 자유롭게 기술하시기 바랍니다.

○ 오류율 검출, 지연율 목표대비 80%달성, 원인 분석중

○ 개발 결과물 [**첨부2 : 대시보드 첨부자료 참고**]

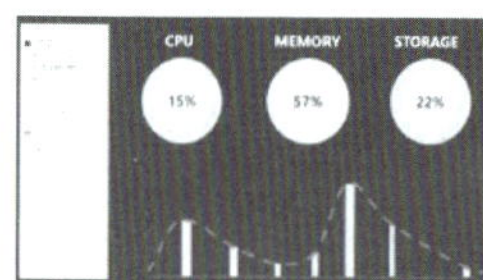

○ 관련 특허 출원 1건 [**첨부3 : 특허번호** xx-2020-xxxxxxx]

○ 추가 연구 계획
- 차년도 고도화 및 새로운 예측 모델 연구, 빅데이터 활용 방안 연구

다. 연간 위탁·공동연구개발 현황 : 해당없음

붙임. 참고자료 및 증빙자료

첨부1 : 전체 조직도
첨부2 : 대시보드
첨부3 : 특허번호 xx-2020-xxxxxxx
첨부4 : 연구원들의 연구일지

210㎜×297㎜(신문용지 54g㎡(재활용품))

【연구·인력개발비 세액공제 사전심사 사무처리규정 제2-2호 서식】

연구개발 보고서-2(*작성예시*)

2-1. 연구과제명

차세대 스마트 편집 시스템(Smart Editor) 소프트웨어 및 AI 편집 시스템 개발
(연구번호 : SW-2020-002)

2-2. 연구 개발 개요

가. 목표

○ 기존에 사용하던 신문사 각자의 별도 편집 프로그램에서 벗어나, 모든 편집사가 Web, Mobile, Tab에서 사용 가능하며, 원거리에서도 독립적으로 입력 및 제작이 가능한 다미디어 출판용 편집 시스템을 개발한다.

- 다수가 동시다발적으로 편집하고 페이지가 자동 생성되는 프로그램을 개발한다.

기존	현행
1. 각각의 신문사가 별도의 편집 시스템 이용	1. 모든 편집사가 다미디어에서 편집 가능
2. 1개면을 1인만 편집가능	2. 다수의 편집자가 동시다발적 편집 가능
3. 편집 후 수동으로 페이지 생성	3. 편집 후 자동으로 페이지 생성(시간단축)

나. 주요내용

○ 차세대 스마트 편집 시스템 소프트웨어 개발

- 다양한 디바이스에서 기사 작성이 가능하도록 구성
- 기사 작성 이외에 이미지, 오디오, 영상 등 편집물 구성 자동화 진행
  (동영상 편집의 경우, 편집프로그램 연동 혹은 간단한 편집 가능하도록 개발)

○ 자동 편집 시스템 개발

- 다수의 편집자가 동시다발적으로 편집하고 완성 시 페이지가 자동 생성됨
- 레이아웃 크기에 맞춰 기사 내용이 조절되며 이미지 및 영상 크기 자동 조정

다. 연구개발 기간, 투입인력 등

○ 2020년 4월부터 연구 본격적으로 시작하였고 2021년 배포 예정

No.	2번 연구과제	추진일정											
		1	2	3	4	5	6	7	8	9	10	11	12
1	기획, 기능 설계 및 정의				■	■							
2	스마트 편집 시스템 및 자동 편집 시스템 레이아웃 생성					■	■						
3	기능개발(영상, 이미지, 텍스트 편집 등)					■	■	■	■	■	■		
4	알고리즘 개발(설계 및 개발)					■	■	■	■	■	■	■	■
5	사용자 매뉴얼 제작											■	■

[그림1: 연구개발 일정 및 기간]

210㎜×297㎜(신문용지 54g㎡(재활용품))

【연구·인력개발비 세액공제 사전심사 사무처리규정 제2-2호 서식】

연구개발 보고서-2 (*작성예시*)

○ R&D팀 인력 중 전담 3명과 보조 1명이 투입되어 차세대 스마트 편집 시스템 개발

수행부서	투입인력	기간	업무분장
R&D팀	김XX	2020.04~2020.12	연구과제 기획 및 연구소 총괄, 기능 설계, 알고리즘
	박XX	2020.04~2020.12	front-end, DB
	이XX	2020.04~2020.10(퇴사)	기능개발(영상, 이미지), back-end 개발
	성XX	2020.10~2020.12	테스트, 매뉴얼

2-3. 연구수행 내용 및 성과

가. 연구개발 상세

✓ 경영상 민감한 정보나 보안을 요하는 내용은 생략 가능합니다.

○ ㈜OOOO사와 공동개발건으로, ㈜OOOO사가 진행하던 과제의 일부분을 당사가 개발하기로 협의하여 진행된 과제임 [**첨부4 : A사와 당사간 협약서**]

○ 새로운 분야인 영상과 이미지와 관련된 개발을 위해 새로운 연구인력 고용
- 이XX 연구원을 2월에 고용하여 4월에 기업부설연구소에 발령후 본격적으로 개발함
- 이XX 연구원이 퇴사함에 따라 성XX 연구원을 9월에 고용하여 인수인계후 개발 및 테스트, 매뉴얼 작성 활동을 완료함 [**첨부5 : 성XX 연구원의 연구노트 및 주간보고서**]

○ 개발 완료 후, ㈜OOOO사 이관되어 서비스 오픈 예정임
- 알파 테스트 : 2020.11.1 ~ 11.30(담당자 성XX)
- 베타 테스트 : 2020.12.1 ~ 12.31(당사 및 ㈜OOOO의 전사원들에게 배포 후 사용 권고)
- 테스트 환경 : ㈜OOOO사가 운용하는 사용자 클라우드 서버를 이용하여 테스트

나. 연구개발 주요 성과

✓ 연구결과 자체에 대한 성공 및 실패는 세액공제 사전심사 결과에 영향을 주지 않습니다. 실패 또는 일부 성공인 경우라도 자유롭게 기술하시기 바랍니다.

○ 결과 화면

Web	Android/IOS
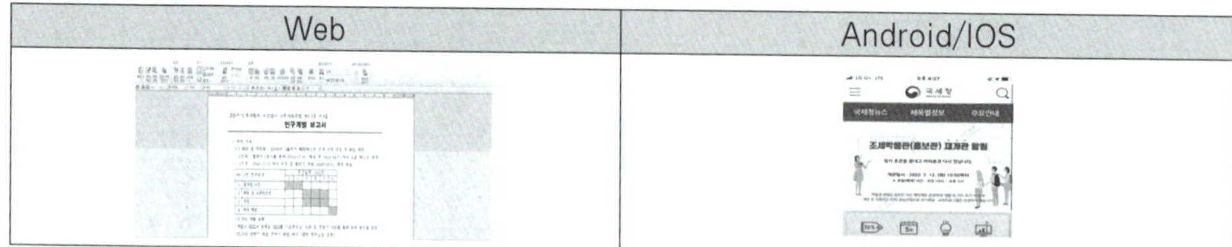	

- 개발시 XXX의 문제로 XXX를 시도하였고, 논문 및 전문가 자문을 통해 문제 원인을 찾음
  2020년 상반기 배포 전까지 완료 예정(앱 개발은 ㈜OOOO사 담당임)

210㎜×297㎜(신문용지 54g㎡(재활용품))

【연구·인력개발비 세액공제 사전심사 사무처리규정 제2-2호 서식】

연구개발 보고서-2 *(작성예시)*

○ 배포 및 안정화 : 2021년 2월까지 베타테스트 문제 수정 완료 후 배포 예정
- 서비스 불가한 다수의 문제가 발생되어 지연중
- 1단계 : 플레이스토어를 통해 2021.03.01. 배포 후 2021.04.31.까지 오픈 테스트 예정
- 2단계 : 2021.05.31.까지 수정 및 릴리즈 완료 2021.06.01. 최종 배포

No.	2번 연구과제	추진일정 (2021)					
		1	2	3	4	5	6
1	문제점 수정						
2	배포 및 오픈테스트						
3	수정 및 최종 배포						

○ 관련 특허 출원 1건 [**첨부6 : 특허번호** xx-2020-xxxxxxx]

○ SW 저작권 등록 [**첨부7** : SW **저작권 등록증**]

○ 추가 연구 계획(추가 협약 예정)
- 2021년 배포 및 IOS 개발 완료
- 편집 시스템(이미지, 동영상 편집) 고도화
- 동영상 자동 요약 시스템 추가(AI기술)
- Speech-to-edit 시스템 추가

다. 연간 위탁·공동연구개발 현황

순번	연구 과제명	상호 또는 성명	주요 내용
1	차세대 스마트 편집 시스템	㈜OOOO사	- 디자인 - 시스템 운영 - 개발 및 테스트 환경 제공 및 테스트 참여 - 앱개발

붙임. 참고자료 및 증빙자료

첨부4 : A사와 당사간의 협약서
첨부5 : 성XX의 연구노트, 주간보고서
첨부6 : 특허번호 xx-2020-xxxxxxx
첨부7 : SW 저작권 등록증
첨부8 : 연구소 및 회사 조직도, 연구원 명부 및 업무분장표, 급여지급명세서(공통)
첨부9 : 연구소(전담부서) 연구인력 현황

210㎜×297㎜(신문용지 54g㎡(재활용품))

5 조세특례의 제한 등

조세특례제한법 제10조에 따른 연구・인력개발비에 대한 세액공제에 대한 조세특례의 제한 등은 '제8편 조세특례의 제한 및 보칙'을 참고하기로 한다.

조세특례제한법 제10조에 적용되는 조세특례의 제한 및 보칙	해당 조문
추계과세 시 세액공제의 배제	조세특례제한법 제128조 제1항
최저한세액에 미달하는 세액에 대한 감면 등의 배제(중소기업이 아닌 자만 해당한다)	조세특례제한법 제132조
세액공제액의 이월공제	조세특례제한법 제144조

참고로 조세특례제한법 제10조에 따른 연구・인력개발비 세액공제의 경우 중소기업[405]이 아닌 자만 조세특례제한법 제132조의 최저한세의 적용대상이다(조세특례제한법 제132조 제1항 제3호).

2011.12.31. 법 개정 전[406]에는 중소기업의 경우에는 연구・인력개발비에 대한 세액공제액의 전액에 대하여, 중소기업이 아닌 자의 경우에는 해당 과세연도의 세액공제대상금액에 당해 과세연도의 연구・인력개발비 중 석사 및 박사의 총급여액이 차지하는 비율을 곱하여 산출한 금액에 대하여는 최저한세 규정을 적용받지 않았다. 법 개정으로 2012.1.1. 이후 개시하는 과세연도부터는 중소기업이 아닌 자의 경우 연구・인력개발비 세액공제액은 최저한세 적용대상이 된다.

6 감면분 농어촌특별세 비과세

조세특례제한법 제10조에 따라 연구・인력개발비세액공제액을 법인세에서 공제한 경우 감면세액에 대한 농어촌특별세가 부과되지 않는다(농어촌특별세법 제4조 제12호, 동법 시행령 제4조 제6항 제1호).

---

405) 중소기업이 그 규모의 확대 등으로 졸업요건에 해당되거나, 규모기준요건을 초과함에 따라 중소기업에 해당하지 아니하게 된 때에는 최초로 그 사유가 발생한 날이 속하는 과세연도와 그 다음 3개 과세연도까지(중소기업판정 유예기간)는 이를 중소기업으로 본다(조세특례제한법 시행령 제2조 제2항).

406) 조세특례제한법 제132조 제1항 제3호(2011.12.31. 법률 제11133호로 개정되기 전의 것)

7 세액공제신청서 및 명세서

조세특례제한법 제10조에 따른 연구·인력개발비에 대한 세액공제신청서(별지 제1호 서식), 연구 및 인력개발비 명세서[407](별지 제3호 서식(1), 별지 제3호 서식 부표(1) 및 별지 제3호 서식(2))는 다음과 같다.

〔별지 제1호 서식〕(2021.3.16. 개정)

세액공제신청서

※ 뒤쪽의 작성방법을 읽고 작성하여 주시기 바랍니다. (3쪽 중 제1쪽)

접수번호	접수일	처리기간 즉시
❶ 신청인	① 상호 또는 법인명	② 사업자등록번호
	③ 대표자 성명	④ 생년월일
	⑤ 주소 또는 본점 소재지 (전화번호:)	
❷ 과세연도	년 월 일부터 년 월 일까지	

❸ 신청 내용

⑥ 구 분	⑦ 근거법령	⑧ 코드	⑨ 공제율	⑩ 대상세액	⑪ 공제세액
⑩ 중소기업 등 투자세액공제	영 제4조 제8항(2021.2.17. 대통령령 제31444호로 개정되기 전의 것)	131			
⑫ 상생결제 지급금액에 대한 세액공제	영 제6조의 4 제4항	14Z			
⑬ 대·중소기업상생협력기금 출연 세액공제	영 제7조의 2 제5항	14M			
⑭ 협력중소기업에 대한 유형고정자산 무상임대 세액공제	영 제7조의 2 제9항	18D			
⑮ 수탁기업에 설치하는 시설에 대한 세액공제	영 제7조의 2 제12항	18L			
⑯ 신성장·원천기술 연구개발비 세액공제(최저한세 적용대상)	영 제9조 제11항	13L			
⑰ 일반 연구 및 인력개발비 세액공제(최저한세 적용대상)	영 제9조 제11항	13M			
⑱ 신성장·원천기술 연구개발비 세액공제(최저한세 적용제외)	영 제9조 제11항	16A			
⑲ 일반 연구 및 인력개발비 세액공제(최저한세 적용제외)	영 제9조 제11항	16B			
⑳ 기술취득에 대한 세액공제	영 제11조 제6항	176			
⑪ 기술혁신형 합병에 대한 세액공제	영 제11조의 3 제14항	14T			
⑫ 기술혁신형 주식취득에 대한 세액공제	영 제11조의 4 제12항	14U			
⑬ 벤처기업등 출자에 대한 세액공제	영 제12조의 2 제5항	18E			
⑭ 소재·부품·장비 수요기업 공동출자 세액공제	영 제12조의 3 제14항	18N			
⑮ 소재·부품·장비 외국법인 인수 세액 공제	영 제12조의 3 제 14항	18P			
⑯ 성과공유 중소기업 경영성과급 세액공제	영 제17조 제5항	18H			
⑰ 통합투자세액공제	영 제21조 제11항	13W			
⑱ 초연결 네트워크 투자에 대한 세액공제	영 제22조의 11 제7항(2021.2.17. 대통령령 제31444호로 개정되기 전의 것)	18I			
⑲ 연구 및 인력개발 설비투자 세액공제	영 제22조(2021.2.17. 대통령령 제31444호로 개정되기 전의 것)	134			
⑳ 에너지 절약시설투자 세액공제	영 제22조의 2(2021.2.17. 대통령령 제31444호로 개정되기 전의 것)	177			
㉑ 환경보전시설투자세액공제	영 제22조의 3(2021.2.17. 대통령령 제31444호로 개정되기 전의 것)	14A			
㉒ 근로자복지증진설비투자 세액공제	영 제22조의 4(2021.2.17. 대통령령 제31444호로 개정되기 전의 것)	142			
㉓ 안전시설투자 세액공제	영 제22조의 5(2021.2.17. 대통령령 제31444호로 개정되기 전의 것)	136			
㉔ 생산성향상시설투자 세액공제	영 제22조의 6(2021.2.17. 대통령령 제31444호로 개정되기 전의 것)	135			
㉕ 의약품품질관리개선시설투자 세액공제	영 제22조의 8(2021.2.17. 대통령령 제31444호로 개정되기 전의 것)	14B			

210mm×297mm[백상지 80g/㎡ 또는 중질지 80g/㎡]

407) 연구 및 인력개발비 명세서 서식에는 별지 제3호 서식 부표(2) 연구과제 총괄표도 있으나, 앞에서 연구과제 총괄표 내용을 설명하면서 서식을 소개하였으므로 생략하기로 한다.

⑥ 구 분	⑦ 근거법령	⑧ 코드	⑨ 공제율	⑩ 대상세액	⑪ 공제세액
⑫⑥ 신성장기술 사업화를 위한 시설투자 세액공제	영 제22조의 9(2021.2.17. 대통령령 제31444호로 개정되기 전의 것)	18B			
⑫⑦ 영상콘텐츠 제작비용에 대한 세액공제	영 제22조의 10	18C			
⑫⑧ 고용창출투자 세액공제	영 제23조 제15항부터 제17항까지	14N			
⑫⑨ 산업수요맞춤형고등학교등 졸업자를 병역이행 후 복직시킨 중소기업에 대한 세액공제	영 제26조의 2 제3항	14S			
⑬⓪ 경력단절 여성 고용 기업에 대한 인건비 세액공제	영 제26조의 3 제6항	14X			
⑬① 육아휴직 후 고용유지 기업에 대한 인건비 세액공제	영 제26조의 3 제6항	18J			
⑬② 근로소득을 증대시킨 기업에 대한 세액공제	영 제26조의 4 제17항	14Y			
⑬③ 청년고용을 증대시킨 기업에 대한 세액공제	영 제26조의 5 제11항	18A			
⑬④ 고용을 증대시킨 기업에 대한 세액공제	영 제26조의 7 제10항	18F			
⑬⑤ 고용유지중소기업에 대한 세액공제	영 제27조의 3 제3항	18K			
⑬⑥ 정규직근로자 전환 세액공제	법 제30조의 2 제3항	14H			
⑬⑦ 중소기업 고용증가 인원 사회보험료 세액공제	법 제30조의 4 제5항	14Q			
⑬⑧ 중소기업 사회보험 신규가입에 대한 사회보험료 세액공제	법 제30조의 4 제5항	18G			
⑬⑨ 상가임대료를 인하한 임대사업자에 대한 세액공제	영 제96조의 3 제7항	10B			
⑭⓪ 선결제 금액에 대한 세액공제	영 제99조의 11 제4항	18Q			
⑭① 전자신고에 대한 세액공제(납세의무자)	영 제104조의 5 제6항	184			
⑭② 전자신고에 대한 세액공제(세무법인)	영 제104조의 5 제6항	14J			
⑭③ 제3자 물류비용에 대한 세액공제	영 제104조의 14 제2항	14E			
⑭④ 기업운동경기부 설치운영 세액공제	영 제104조의 20 제4항	14O			
⑭⑤ 석유제품 전자상거래에 대한 세액공제	영 제104조의 22 제3항	14P			
⑭⑥ 대학 맞춤형교육비용 세액공제	법 제104조의 18 제1항(2020.12.29. 법률 제17759호로 개정되기 전의 것)	14I			
⑭⑦ 대학등 기부설비에 대한 세액공제	법 제104조의 18 제2항(2020.12.29. 법률 제17759호로 개정되기 전의 것)	14K			
⑭⑧ 산업수요맞춤형고등학교등 재학생에 대한 현장훈련수당등 세액공제	법 제104조의 18 제4항(2020.12.29. 법률 제17759호로 개정되기 전의 것)	14R			
⑭⑨ 우수 선화주 인증 국제물류주선업자 세액공제	영 제104조의 27 제3항	18M			
⑮⓪ 금사업자와 스크랩등사업자의 수입금액의 증가 등에 대한 세액공제	법 제122조의 4 제3항	14W			
⑮① 금 현물시장에서 거래되는 금지금에 대한 과세특례	법 제126조의 7 제13항	14V			
⑮② 세액공제 합계		1A3			

「조세특례제한법」 및 같은 법 시행령에 따라 위와 같이 세액공제를 신청합니다.

년 월 일

신청인 (서명 또는 인)

세무서장 귀하

210mm×297mm[백상지 80g/㎡ 또는 중질지 80g/㎡]

(3쪽 중 제3쪽)

작성방법 및 유의사항

1. 신청 내용 구분별로 ⑨ 공제율란, ⑩ 대상세액란과 ⑪ 공제세액란을 적습니다.
2. ⑨ 공제율란을 작성할 때 법령의 개정에 따라 종전의 규정 또는 개정규정을 적용받는 경우 등에는 해당 공제율을 적습니다.
3. ⑩ 대상세액란에는 최저한세액 적용 전의 공제세액을 적습니다.
4. ⑪ 공제세액란에는 ⑩ 대상세액에서 최저한세액 적용에 따른 공제세액 배제액을 뺀 금액을 적습니다.
5. 법령에 따른 첨부서류는 세액공제신청서를 제출할 때 함께 제출해야 합니다.
6. 법령의 개정으로 종전의 규정 또는 개정규정에 따라 세액공제를 받는 경우에는 해당 법령의 조문순서에 따라 공란에 별도로 적습니다.
7. ⑦ 근거법령란에서 '법'은 「조세특례제한법」, '영'은 「조세특례제한법 시행령」을 뜻합니다.

210mm×297mm[백상지 80g/㎡ 또는 중질지 80g/㎡]

〔별지 제3호 서식(1)〕(2020.3.13. 개정)

일반연구 및 인력개발비 명세서

(앞쪽)

❶ 신청인	① 상호 또는 법인명	② 사업자등록번호
	③ 대표자 성명	④ 생년월일
	⑤ 주소 또는 본점 소재지 (전화번호:)	

❷ 과세연도	년 월 일부터 년 월 일까지

❸ 해당 연도의 연구 및 인력개발비 발생 명세

구 분 / 계정과목	자체 연구개발비					
	인건비		재료비 등		기 타	
	인원	금액	건수	금액	건수	금액
합 계		⑥		⑦		⑧
구 분 / 계정과목	위탁 및 공동 연구개발비		인력개발비	맞춤형 교육비용	현장훈련 수당 등	총 계
	건수	금액				
합 계		⑨	⑩	⑪	⑫	⑬

연구 및 인력개발비의 증가발생액의 계산

⑭ 해당 과세연도 발생액	⑮ 직전 4년 발생액 계(⑯+⑰+⑱+⑲)	. . ~ . . ⑯ (직전 1년)	. . ~ . . ⑰ (직전 2년)	. . ~ . . ⑱ (직전 3년)	. . ~ . . ⑲ (직전 4년)
⑳ 직전4년간 연평균발생액 (⑮/4)		㉑ 직전3년간 연평균발생액 (⑯+⑰+⑱)/3		㉒ 직전2년간 연평균발생액 (⑯+⑰)/2	
㉓ 증가발생액 (2013년 ⑭-㉑, 2014년 ⑭-㉒, 2015년 이후 ⑭-⑯)					

❹ 공제세액

해당 연도 총발생 금액 공제	중소기업	㉔ 대상금액(=⑬)	㉕ 공제율			㉖ 공제세액
			25%			
	중소기업 유예기간 종료 이후 5년 내 기업	㉗ 대상금액(=⑬)	㉘ 유예기간 종료연도	㉙ 유예기간 종료 이후 년차	㉚ 공제율	㉛ 공제세액
					종료 이후 1~3년차 15% 종료 이후 4~5년차 10%	
	중견 기업	㉜ 대상금액(=⑬)	㉝ 공제율			㉞ 공제세액
			8%			
	일반 기업	㉟ 대상금액(=⑬)	공제율			㊴ 공제세액
			㊱ 기본율	㊲ 추가	㊳ 계	
			0%			
증가발생금액 공제 (직전 4년간 연구·인력개발비가 발생하지 않은 경우 또는 ⑯<⑳경우 공제 제외)		㊵ 대상금액(=㉓)	㊶ 공제율	㊷ 공제세액		*공제율 - 중소기업: 50% - 중견기업: 40% - 대기업: 25%
			%			

㊸ 해당 연도에 공제받을 세액	중소기업(㉖과 ㊷ 중 선택)	
	중소기업 유예기간 종료 이후 5년 내 기업(㉛과 ㊷ 중 선택)	
	중견기업(㉞와 ㊷ 중 선택)	
	일반기업(㊴와 ㊷ 중 선택)	

210mm×297mm[백상지 80g/㎡ 또는 중질지 80g/㎡]

(뒤쪽)

❺ 연구개발출연금 등 수령명세 (「조세특례제한법 시행령」 제8조 제1항 단서 관련)					
구분	정부출연금 교부처	관련 법령	수령일	수령금액	연구개발비로 지출하는 금액

❻ 연구소/전담부서/연구개발서비스업자 현황										
구분	인정일 (고시일)	취소일	연구개발 인력							
			계		연구전담요원		연구보조원		기 타	
			인원	금액	인원	금액	인원	금액	인원	금액

「조세특례제한법 시행령」 제9조 제11항에 따라 위와 같이 일반연구 및 인력개발비 명세서를 제출합니다.

년 월 일

신청인 (서명 또는 인)

세무서장 귀하

작 성 방 법

1. "중소기업"이란 「조세특례제한법 시행령」 제2조에 따른 중소기업을 말합니다.
2. "⑦ 재료비 등"란은 「조세특례제한법 시행령」 별표 6에 따른 자체연구개발비용 중 견본품·부품·원재료와 시약류 구입비를 적습니다.(별표 6 1.연구개발 가. 자체연구개발 2) 항목)
3. "⑧ 기타"란은 「조세특례제한법 시행령」 별표 6에 따른 자체연구개발비용 중 연구·시험용 시설 임차(이용)비용을 적습니다.(별표 6 1.연구개발 가. 자체연구개발 3) 항목)
4. "⑪ 맞춤형 교육비용"란은 「조세특례제한법」 제104조의 18 제1항에 따른 비용을 적습니다.
5. "⑫ 현장훈련수당 등"란은 「조세특례제한법 시행령」 제104조의 17 제3항에 따른 비용을 적습니다.
6. "㊲ 추가"란은 해당 과세연도의 수입금액에서 연구·인력개발비가 차지하는 비율에 2분의 1을 곱한 비율(대상금액의 100분의 2를 한도로 합니다)을 적습니다.
7. ❺, ❻의 "구분"란에는 연구소·전담부서 또는 연구개발서비스업자를 적습니다.(연구소와 전담부서가 2개 이상인 경우 각각 구분하여 작성합니다)
8. "❺ 연구개발출연금 등 수령명세"는 「조세특례제한법 시행령」 제8조 제1항 각 호에 따른 출연금 등의 수령명세와 연구개발비로 지출하는 금액을 적습니다.
9. "❻ 연구소/전담부서/연구개발서비스업자 현황"은 「조세특례제한법 시행규칙」 제7조 제1항에 따른 연구소·전담부서 또는 연구개발서비스업자의 현황과 연구·인력개발비 세액공제를 적용받는 인건비를 구분하여 적습니다.

210mm×297mm[백상지 80g/㎡ 또는 중질지 80g/㎡]

〔별지 제3호 서식 부표(1)〕(2020.3.13. 개정)

(2쪽 중 제1쪽)

과 세 연 도	. . . ~ . . .	해당 연도의 연구·인력개발비 발생 명세	법인명	
			사업자등록번호	

1. 인건비 발생 명세

(단위: 원)

① 구분	② 연구개발 인력 인건비			
	성명	생년월일	인건비지급액	연구전담 등 구분
합 계				
				[ ]전담, [ ]보조, [ ]기타
				[ ]전담, [ ]보조, [ ]기타
				[ ]전담, [ ]보조, [ ]기타
				[ ]전담, [ ]보조, [ ]기타
				[ ]전담, [ ]보조, [ ]기타

2. 재료비 등 발생 명세

(단위: 원)

③ 연구 과제명	④ 재료비 등				
	계	견본품 등 (별표 6 1.가.2))	임차료 등 (별표 6 1.가.3))	위탁·공동연구비 (별표 6 1.나)	기타 (별표 6 1.라~아)
합 계					

3. 위탁 및 공동 연구개발비 발생 명세

(단위: 원)

⑤ 연구 과제명	⑥ 연구개발비				⑦ 금액	⑧ 수탁기업 수행 여부
	상호 또는 성명	사업자번호 또는 생년월일	연구착수일	연구종료일		
합 계						

210mm×297mm[백상지 80g/㎡ 또는 중질지 80g/㎡]

(뒤쪽)

작성방법

※ 각 과세연도에 「조세특례제한법 시행령」 제9조 제11항에 따라 일반연구 및 인력개발비 명세서[별지 제3호 서식(1)]를 제출해야 하는 경우 반드시 이 서식을 작성해야 합니다.

1. 인건비 발생 명세

가. "구분"란에는 연구소 · 전담부서 또는 연구개발서비스업자를 적습니다(연구소와 전담부서가 2개 이상인 경우 각각 구분하여 작성합니다).

나. 해당 과세연도에 연구소 또는 전담부서에서 근무하는 직원 및 연구개발서비스업에 종사하는 전담요원으로서 「조세특례제한법 시행규칙」 제7조 제3항에서 정하는 자의 인건비 발생명세에 대하여 작성합니다(다만, 퇴직소득에 해당하는 금액, 퇴직급여충당금 및 「법인세법 시행령」 제20조 제1항 각 호에 따른 성과급 등은 제외합니다).

다. "연구전담 등 구분"란은 [ ]에 '연구전담요원', '연구보조원', '기타' 중 해당되는 곳에 √표를 합니다.

* "연구전담요원"이란 연구전담요원 자격을 보유한 사람으로서 연구개발업무 외에 다른 업무를 겸직하지 않고 연구개발과제를 직접 수행하는 사람을 말합니다.
* "연구보조원"이란 연구전담요원의 자격을 보유하지 않고 기업부설연구소 또는 연구개발전담부서에 근무하면서 연구개발과제의 수행을 보조하는 사람을 말합니다.
* "기타"는 위 연구개발 인력 외의 경우를 말합니다.

2. 재료비 등 발생 명세

가. "③ 연구과제명"란은 약식으로 적거나 '연구개발계획서 및 보고서 총괄표'에 따른 연구과제명이 다수인 경우 유사 연구과제를 통합하여 적을 수 있습니다.

나. 해당 과세연도에 연구소 · 전담부서 또는 연구개발서비스업자가 연구용으로 사용하는 견본품 등을 「조세특례제한법 시행령」 별표 6(2020년 1월 1일 전에 개시하는 과세연도 분까지는 별표 6의3)의 구분에 따라 분류하여 적습니다.

3. 위탁 및 공동 연구개발비 발생 명세

가. 해당 과세연도에 「조세특례제한법 시행령」 별표 6(2020년 1월 1일 전에 개시하는 과세연도 분까지는 별표 6의3) 1.연구개발 나목에 열거된 비용에 대하여 작성합니다.

나. "⑤ 연구과제명"란은 약식으로 적거나 연구과제명이 다수인 경우 연구과제를 통합하여 적을 수 있습니다.

다. "⑥ 연구개발비"란은 과학기술 분야의 연구개발용역을 위탁 및 공동연구개발을 수행한 기관이나 「고등교육법」에 따른 대학 또는 전문대학에 소속된 개인(조교수 이상으로 한정합니다)의 인적사항 등을 적습니다.

라. "⑧ 수탁기업 전담부서등 수행 여부"란은 위탁 · 재위탁한 연구개발 과제를 수탁기업의 연구소 · 전담부서 또는 연구개발서비스업자가 수행했는지를 적습니다.

210mm×297mm[백상지 80g/㎡ 또는 중질지 80g/㎡]

〔별지 제3호 서식(2)〕 (2020.3.13. 개정)

신성장·원천기술 연구개발비 명세서

❶ 신청인	① 상호 또는 법인명	② 사업자등록번호
	③ 대표자 성명	④ 생년월일
	⑤ 주소 또는 본점 소재지 (전화번호:)	

❷ 과세연도	년 월 일부터 년 월 일까지

❸ 신성장·원천기술 연구개발비 발생 명세

구 분 / 기술명	계정과목	자체 연구개발비		위탁 및 공동 연구개발비	합계
		인건비	재료비 등		
합 계		⑥	⑦	⑧	⑨

❹ 공제세액

해당 연도에 공제받을 세액	중소기업	⑩ 대상금액(=⑨)	공제율			⑭ 공제세액
			⑪ 기본율	⑫ 추가	⑬ 계	
			30%			
	중소기업 외의 기업	⑮ 대상금액(=⑨)	공제율			⑲ 공제세액
			⑯ 기본율	⑰ 추가	⑱ 계	

「조세특례제한법 시행령」 제9조 제11항에 따라 명세서를 제출합니다.

년 월 일

신청인 (서명 또는 인)

세무서장 귀하

첨부서류	-신성장·원천기술 분야별 대상기술 연구개발계획서 -전담부서의 조직·직원 현황 및 연구요원의 자격을 증명하는 서류 -연구요원 등의 전담부서 근무시간을 확인할 수 있는 서류(일반연구개발업무와 신성장·원천기술연구개발업무를 구분하여 표시합니다) -연구요원 등의 급여지급 명세서 -연구개발업무에 사용하는 견본품·부품·원재료·시약류 구입 명세서 및 세금계산서 사본 -일반연구·인력개발비와 신성장·원천기술연구개발비의 구분경리 명세 -그 밖에 신성장·원천기술 분야별 대상기술임을 증명하는 서류	수수료 없 음

작 성 방 법

1. "중소기업"이란 「조세특례제한법 시행령」 제2조에 따른 중소기업을 말합니다.
2. "⑦ 재료비 등"란은 신성장·원천기술연구개발업무를 위하여 사용하는 견본품·부품·원재료와 시약류 구입비를 적습니다.
3. "⑫, ⑰ 추가"란은 해당 과세연도의 수입금액에서 신성장·원천기술연구개발비가 차지하는 비율에 3을 곱한 비율(대상금액의 100분의 10(코스닥 상장 중견기업의 경우 100분의 15)을 한도로 합니다)을 적습니다.
4. "⑯ 기본율"란은 20%(코스닥 상장 중견기업의 경우 25%)를 적습니다.

210mm×297mm[백상지 80g/㎡ 또는 중질지 80g/㎡]

제4절 신성장·원천기술연구개발비 세액공제

1 개요

연구·인력개발비 중 일정한 요건을 갖춘 연구소 또는 전담부서에서 신성장·원천기술 분야별 대상기술의 연구개발업무를 수행하는 연구요원에 대한 인건비와 연구용재료비 등은 적격한 신성장·원천기술 연구개발비[408]에 해당하는데, 일반연구·인력개발비 세액공제에 비해 더 높은 세액공제율이 인정된다(조세특례제한법 제10조 제1항 제1호). 일반연구·인력개발비 세액공제율과 신성장·원천기술 연구개발비 세액공제율을 비교하면 다음과 같다.

| 표 _ 일반연구·인력개발비 및 신성장·원천기술 연구개발비 세액공제율 |

<table>
<tr><th colspan="2" rowspan="2">구분</th><th colspan="2">일반 R&D(①, ② 중 택일)</th><th rowspan="2">신성장·원천기술 R&D
(당기분 방식)</th></tr>
<tr><th>당기분 방식(①)</th><th>증가분 방식(②)</th></tr>
<tr><td colspan="2">중소기업</td><td>25%</td><td>50%</td><td>30~40%***</td></tr>
<tr><td rowspan="2">중견
기업</td><td>코스닥상장</td><td rowspan="2">8~15%*</td><td rowspan="2">40%</td><td>25~40%***</td></tr>
<tr><td>그외</td><td>20~30%***</td></tr>
<tr><td colspan="2">대기업</td><td>0~2%**</td><td>25%</td><td>20~30%***</td></tr>
</table>

* 중소기업 유예기간 종료 후 3년간 15%, 2년간 10%, 이후 8%

** 최대 2%{(R&D 지출액 / 매출액) × 50%}

*** 기본 20%(중소 30%, 코스닥상장 25%) + 최대 10%(코스닥상장 15%){(신성장 R&D 지출액 / 매출액) × 3배}

신성장·원천기술 연구개발비 세액공제 규정은, 2010.1.1. 세법 개정 시[409] 미래성장동력 확보를 위한 기업투자 확대를 지원하기 위하여 신성장동력산업 및 원천기술 R&D 비용에 대한 세액공제를 확대하기 위한 목적으로 도입한 것이다.

신성장·원천기술 연구개발비 세액공제 규정의 최초 도입 이후 수 차례의 개정을 거치면서 대상기술을 확대하고, 세액공제율을 인상하는 등 현재에 이르렀는데, 연혁은 다음과 같다.

408) 최초 2010.1.1. 도입(법률 제9921호)시에는 명칭이 "신성장동력산업 및 원천기술연구개발비"었다가, 2016.12.20. 조세특례제한법 개정(법률 제14390호)시 "신성장동력·원천기술연구개발비"로 변경되었고, 현재는 2019.12.31. 조세특례제한법 개정(법률 제16835호)시 "신성장·원천기술 연구개발비"로 변경된 상태다.

409) 2010.1.1. 법률 제9921호로 일부 개정된 조세특례제한법 제10조

| 표 _ 개정내역 : 신성장 · 원천기술 조세감면 제도 연혁[410] |

날짜	개정내용	
2010.1.1.	• "신성장동력산업 분야의 연구개발비", "원천기술을 얻기 위한 연구개발비" 세액공제 규정 신설(조특법 제10조)	(신성장동력 · 원천기술연구개발비) 해당연도 총액의 20%(중소기업은 30%) (그 외의 경우 다음 중 선택) - 4년 연평균 발생액 초과분의 40%(중소기업은 50%) - 해당연도 총액에 다음 비율 계산한 금액(중소기업 : 25%) 3% + 수입금액 중 연구 · 인력개발비의 비율 × 1/2(6%한도)
2013.1.1.	• 신성장동력산업 및 원천기술 R&D 비용 세액공제 적용기한 연장(조특법 제10조)	- 적용기한 '12.12.31. → '15.12.31.으로 3년 연장
2015.12.15.	• 신성장동력산업 및 원천기술 R&D 비용 세액공제 적용기한 연장(조특법 제10조)	- 적용기한 '15.12.31. → '18.12.31.으로 3년 연장
2016.12.20.	• 신성장동력산업 · 원천기술 R&D 세액공제 대상기술 확대 및 공제율 인상(조특법 제10조)	- 신성장동력 · 원천기술을 통합하여 11개 분야 37개 세부분야의 157개 기술로 조정 - 중견 · 대기업 : 최대 30%[20% + (매출액 대비 신성장 R&D 지출액 비중 × 3배)]
	• 신성장기술 사업화시설 투자에 대한 세액공제 규정 신설(조특법 제25조의 5)	- (공제율) 중소기업 : 10%, 중견기업 : 7%, 대기업 : 5%
2017.12.19.	• 중소기업, 코스닥 상장 중견기업의 신성장동력 · 원천기술 R&D 비용 세액공제율 확대(조특법 제10조)	- (코스닥 상장 중견기업) 25~40%* * 25% + 최대 15%[(신성장 R&D 비용/매출액) × 3] - (중소기업) 최대 40%** ** 30% + 최대 10%[(신성장 R&D 비용/매출액) × 3]

410) 조세특례제한법 제10조 및 조세특례제한법 제25조의 5 개정내용을 반영하여 구성

날짜	개정내용	
2018.12.24.	• 신성장 R&D 비용 세액공제 대상 신성장기술 확대 및 적용기한 연장(조특법 제10조)	–(공제대상) 신성장동력·원천기술에 신기술* 추가 * 블록체인, 양자컴퓨터 관련 기술 등 16개 기술 추가, 4개 기술 확대 –(적용기한) '18.12.31. → '21.12.31.으로 3년 연장
	• 신성장기술 사업화시설 투자세액공제 요건 완화 및 적용기한 연장(조특법 제25조의 5)	–(공제요건) 직전연도 매출액 대비 연구·인력개발비 비중 5% 이상 → 2% 이상으로 완화 –(적용기한) '18.12.31. → '21.12.31.으로 3년 연장
2020.12.29.	• 신성장기술 사업화시설 투자세액공제 규정을 삭제하고, 통합투자세액공제 규정으로 통합(조특법 제24조)	–(기본공제율) 중소기업 : 12%, 중견기업 : 5%, 대기업 : 3% –(추가공제율) [당해 연도 투자액 – 직전 3년 평균 투자액] × 3%, 단 기본공제액의 200% 한도
	• 신성장기술 사업화시설 투자세액공제의 공제요건 폐지	–다음 공제요건 폐지 ① 직전연도 매출액 대비 R&D 비중이 2% 이상 ② 직전연도 R&D 비용 중 신성장 R&D 비중이 10% 이상(또는 자체개발 특허권 보유) ③ 직전연도 대비 상시근로자 수가 감소하지 않을 것

2 도입배경

(1) 정부의 신성장동력 산업 육성[411)]

세계 각국은 국가경쟁력 강화를 위해 4차 산업혁명과 관련된 혁신기술에 대한 지원을 높이고 있고, 우리 정부도 이를 미래의 성장동력 핵심으로 보고 신사업을 육성하기 위해 노력하고 있다.

411) 국무총리실, 「신성장동력 비전 및 발전전략」, 2019.1.13.

그 일환으로 2009년 정부는 저탄소 녹색성장 비전에 기반하여 시장성과 일자리 창출 잠재력이 큰 분야를 "신성장동력"으로 선정하기로 하였는데, 민간기획단에서 발굴(2008.9.)한 6대분야 22개 신성장동력과, 각 부처에서 발굴한 신성장동력을 적절히 반영하고, 교육 · 금융 등의 서비스업을 종합하여 범정부 차원의 신성장동력 발굴을 추진하였다.

시장성, 파급효과를 주요 선정기준으로 삼고, **녹색성장 연관성**을 보조 척도로 활용하여, 3대 분야 17개 신성장동력을 발굴하였는데, 구체적으로 ① 단순한 에너지 절감 분야가 아닌 **미래 성장의 바탕**이 되고 **기후변화 · 자원위기에 대한 해결능력**이 큰 분야(녹색기술산업, 6개), ② 세계시장규모와 우리나라 **기술 역량**(IT분야)이 높고, 융합을 통해 기존 산업고도화와 **신산업 창출**이 가능한 분야(첨단융합산업, 6개), ③ **일자리 창출 잠재력**이 크고, 기존 서비스업에 경제적 측면을 보강하여 **고부가가치 창출**이 가능한 분야(고부가서비스산업, 5개)를 대상으로 하였다.

| 표 _ 3대분야 17개 신성장동력 |

3대 분야		17개 신성장동력
녹색기술산업	(6)	신재생에너지, 탄소저감 에너지, 고도 물처리, LED 응용, 그린수송시스템, 첨단 그린도시
첨단융합산업	(6)	방송통신융합산업, IT융합시스템, 로봇 응용, 신소재 · 나노통합, 바이오제약(자원) · 의료기기, 고부가 식품산업
고부가서비스산업	(5)	글로벌 헬스케어, 글로벌 교육서비스, 녹색 금융, 콘텐츠 · 소프트웨어, MICE[412] · 관광

| 표 _ 신성장동력 목록 및 선정 사유 |

3대 분야	신성장동력	선정 사유
녹색기술산업	1. 신재생에너지	기후변화 · 자원위기 해결 능력 및 미래 거대 시장잠재력 등
	2. 탄소저감에너지	기후변화 · 자원위기 대응, 우리나라 잠재력 유망
	3. 고도 물처리	녹색성장 연관성 및 미래 시장 유망 등
	4. LED 응용	에너지 절약 및 시장 잠재력 등
	5. 그린수송시스템	전후방 산업파급효과 및 세계시장 유망 등
	6. 첨단그린도시	삶의질 향상 및 일자리 창출 등

412) Meeting(기업회의), Incentives(포상관광), Convention(컨벤션), Events(국제행사)

3대 분야	신성장동력	선정 사유
첨단융합 산업	7. 방송통신융합산업	국내 IT경쟁력 및 신시장 창출 등
	8. IT융합시스템	주력산업(조선 등)의 경쟁력을 IT를 활용하여 지속적으로 확보
	9. 로봇 응용	전후방 산업효과 및 세계 시장 유망 등
	10. 신소재·나노융합	타산업 필수기반산업 및 신산업 창출 등
	11. 바이오제약(자원)·의료기기	세계 유망시장 및 신산업 창출 등
	12. 고부가 식품산업	미래 식량자원문제 해결 및 고부가화 등
고부가 서비스 산업	13. 글로벌 헬스케어	일자리 창출효과 및 새로운 비즈니스 모델 창출
	14. 글로벌 교육서비스	일자리 창출효과 및 새로운 비즈니스 모델 창출 등
	15. 녹색 금융	타 산업 필수 기반산업 및 새로운 비즈니스 모델 창출 등
	16. 콘텐츠·소프트웨어	일자리 창출효과 및 세계시장 유망 등
	17. MICE·관광	일자리 창출효과 및 새로운 비즈니스 모델 창출 등

정부는 신성장동력 분야를 육성하기 위해, 관계부처별 예산지원, 인프라 구축, 분야별 맞춤형 우수전문 인력 양성과 같은 지원 외에도 세제개선을 통한 인센티브 제도를 신설하고 이를 확대하기로 한다.

(2) 신성장동력 및 원천기술 산업 세제지원

가. 연구·인력개발비 세액공제율 대폭 확대 방안 발표[413)]

2009년 7월 2일 이명박 대통령 주재로 중소기업·대기업 대표와 정부가 함께 제3차 민관합동회의를 개최하여 “일자리 창출과 경기회복을 위한 투자촉진 방안”을 논의하였는데, 동 회의에서 정부는 원천기술의 개발과 신성장동력 산업(17개)의 R&D를 중심으로 연구·인력개발비 세액공제를 OECD 최고 수준으로 대폭 강화하는 방안을 발표하였다.

413) 기획재정부 보도자료, 「R&D 투자에 대한 세제지원을 OECD 최고수준으로 강화」, 2009.7.1.

연구 · 인력개발비 세액공제율 확대 방안

1. 원천기술에 대한 R&D : 각 산업분야에서 경쟁력을 결정짓는 핵심원천기술에 대한 R&D는 OECD 최고 수준으로 지원수준을 인상
   가. 대상기술 : 경쟁력을 결정짓는 핵심기술로서 국가과학기술위원회나 R&D담당부처(지식경제부 또는 교육과학기술부)의 승인을 받은 기술
   나. 공제율 : 당기 R&D의 25%(중소기업 35%) 수준으로 인상
2. 신성장동력 산업에 대한 R&D : 세액공제율을 OECD 상위 수준으로 인상
   가. 대상산업 : 고도 물처리, LED 응용, 그린수송시스템, 첨단 그린도시, 고부가 식품산업, 글로벌 교육서비스, 녹색금융, 콘텐츠 · 소프트웨어 등 신성장동력 17개산업
   나. 공제율 : 당기 R&D의 20%(중소기업 30%) 수준으로 인상

| 공제율 개선안 |

	현 행		개 편		
			일반	신성장동력산업	원천기술
일반기업	R&D 당기분×(3~6%) or R&D 증가분×40%	⇨	현행유지	R&D 당기분×20%	R&D 당기분×25%
중소기업	R&D 당기분×25% or R&D 증가분×50%	⇨	현행유지	R&D 당기분×30%	R&D 당기분×35%

최초로 신성장 · 원천기술 연구개발비 규정 도입을 고려했었던 당시에는, 신성장동력산업에 대한 세제지원과 원천기술에 대한 세제지원 수준을 달리 적용하려는 의도가 있었던 것으로 보인다. 참고로 실제 2010.1.1. 세법 개정 당시에는 신성장동력산업과 원천기술에 대한 세액공제 규정을 별도의 각호로 구분하기는 했지만, 신성장동력산업과 원천기술에 대한 우대공제율이 동일했었고, 2016.12.20. 세법 개정에 따라 신성장동력산업과 원천기술을 통합하여 현재에 이르게 되었다.

나. 신성장동력 및 원천기술연구개발비 세제지원 대상기술 선정

2010.1.1. 조세특례제한법 개정에 따라 신성장동력 및 원천기술연구개발비 세액공제 규정이 신설되었고, 대통령령으로 정하는 신성장동력 및 원천기술연구개발비에 대해 20%(중소기업은 30%)를 소득세(사업소득에 대한 소득세만 해당한다) 또는 법인세에서 공제할 수 있게 되었다.

기획재정부가 2010.2.9. 발표한 자료에 따르면, 세제지원 대상 신성장동력산업은 지식경제부,[414] 원천기술은 교육과학기술부[415]가 중심이 되어 농식품부, 복지부, 환경부 등

414) 2008~2013년 이명박 정부에서 산업 · 기술 및 무역 · 투자 · 에너지 · 자원에 관한 사무를 관장했던 중앙행정기관으로, 2013년 박근혜 정부가 들어서면서 산업통상자원부가 신설되어 없어졌다(출처 : DAUM백과).

관계부처와의 협의 및 민간전문가 40명으로 구성된 전문가회의를 통해, 파급효과가 크나 불확실성이 높아 세제지원이 필요한 기술분야를 중심으로 상급기술 중 우선순위가 높은 기술만 선정하였다.[416)]

신성장동력 분야에서는 LED응용, 그린수송시스템, 로봇응용, 바이오제약의료기기, 신소재나노융합, 신재생에너지, 콘텐츠－SW(Software), 탄소저감에너지, 고부가식품산업, 고도물처리산업의 10개 분야에서 46개의 기술이 세제지원 대상기술로 선정되었으며, 세제지원 대상기술의 세부내용은 다음과 같다.

신성장동력 분야 대상기술	
분야	기술명
1. LED 응용	고효율 blue LED칩 제조기술(450~470nm), 고효율 green LED칩 제조기술(530nm), 웨이퍼레벨 칩 패키징 공정기술, 대용량 에피성장 장비 제조기술, 초고속 웨이퍼레벨 불량진단/성능평가 장비 제조기술, 패키지된 LED 레벨 고장진단 및 분석장비 제조기술, LED 감성 조명기구 제조기술, 고효율/고연색 백색 LED광원모듈 기술, 고효율 총천연색 LED광원모듈 기술
2. 그린수송시스템	전기 구동방식 자동차의 에너지저장 시스템 밀도 향상 기술, 고효율 초청정 소형 엔진 기술
3. 로봇응용	고청정 환경 대응 반도체 생산 로봇 기술, 차세대 태양전지(Solar cell) / LED / 연료전지 제조 로봇 기술, 감시경계용 서비스로봇을 위한 주변환경 센싱 기술, 실내외 전천후 위치인식 및 주행 기술, 내단열 기능이 구비된 험지 돌파형 소형 구조로봇 플랫폼 기술, 생활도우미 응용 서비스 기술, 유치원, 초등학교에서 교사를 보조하는 교육로봇 기술
4. 바이오제약의료기기	유전자전달체 제조 및 생체내 안정화 기술, 신규항체 개발 및 개량화 기술, 성체세포기반 세포치료제 개발기술, 바이오시밀러 제조 및 개량기술, 지능형 임플란트 기능적 전기자극시스템, 실시간 4D(Dimension, 차원) 초음파 영상을 위한 트랜스듀스 및 미세조직 진단기술
5. 신소재나노융합	고강도 마그네슘 부품의 온간성형기술. 나노코팅 기술, 고분자 위상차필름, Photoresist용 Novolak(노볼락) 수지 제조기술

415) 2008년 이명박 정부의 출범을 계기로 단행된 정부조직 개편에 따라 문교부를 모체로 하여 설립되었는데, 2013년 박근혜 정부 출범과 함께 교육과학기술부는 폐지되어 교육부로 개편되었으며, 일부 기능은 2013년 3월 신설된 미래창조과학부로 이관되었다(출처 : DAUM백과).

416) 기획재정부 보도자료, 「신성장동력 및 원천기술 R&D 세제지원 대상기술 선정」, 2010.2.9.

신성장동력 분야 대상기술	
분야	기술명
6. 신재생에너지	고효율화 및 연속공정 기술, 핵심소재, 대면적 모듈화 기술, 연료전지 전용부품 제조기술, 저급석탄 가스화 및 청정연료화 기술, 폐기물 액화·가스화 기술
7. 콘텐츠-SW (Software)	실시간 고신뢰성 검증 기술, 소프트웨어 취약성 분석 기술, 임베디드 운영체제 기술, 클라우드 컴퓨팅 플랫폼 기술, 다국어 음성인식 및 다국어/다음색 음성합성 기술, 사용자 참여형 자동번역, 다국어 문서 자동번역 및 대화형 자동통역기술
8. 탄소저감에너지	연소후 CO2포집 기술, 연소전 CO2포집기술, 순산소 연소기술 및 저가 산소 대량 제조기술, 지중 저장소 탐사기술 및 DB(Database) 구축, 이산화탄소 수송, 저장 기술
9. 고부가식품산업	비가열 전처리(pretreatment) 및 가공처리기술, 식품용 생리활성물질 분석 및 지표물질 규명기술
10. 고도물처리산업	막소재 및 막모듈 기술

원천기술 분야에서는 금속, 생산기반, 섬유, 에너지효율향상, 온실가스, 자원, 전력, 원자력, 지식정보보안, 청정기반, 화학공정, RFID(Radio Frequency Identification) - USN(Ubiquitous Sensor Network), U-컴퓨팅(Ubiquitous Computing, 유비쿼터스 컴퓨팅), 화합물의약품, 우주, 디스플레이, 반도체, 조선의 18개 분야 45개의 기술을 세제지원 대상기술로 선정되었으며, 세제지원 대상기술의 세부내용은 다음과 같다.

원천기술 분야 대상기술	
분야	기술명
1. 금속	생체친화형 금속재료 설계 및 제조 기술, 유가금속 배출 억제 및 회수 기술, 수소응용 저온 직접환원기술, 고효율 발전용 대형 초합금강 설계 기술, 라인파이프용 고강도/고인성 API(American Petroleum Institute, 미국석유 협회)강 및 내마모용 파이프 설계 및 제조 기술
2. 생산기반	프레임 경량화 및 기능화 기술, 풍력 발전용 블레이드 제조기술, 차세대 조명용 고효율 경량 방열부품 생산기반기술
3. 섬유	의료용 생체지지 섬유 구조체 제조 기술, 환경분해성 고강도 섬유복합체 제조 기술, 전투기능 통합형 작전용 첨단디지털 의류기술, 초경량/고탄성/고강도 탄소섬유 제조 기술

원천기술 분야 대상기술	
분야	기술명
4. 에너지효율향상	고온 연료전지(SOFC, Solid Oxide Fuel Cell) 소재 기술, 차세대 고성능 리튬이차전지 기술
5. 온실가스	오일셸 유래 합성원유 고도처리 기술, 선박탑재형 소형화된 가스액화정제(Compact GTL) 통합공정 기술
6. 자원	가스하이드레이트 개발 생산기술, 부존유망지역 정밀탄성파탐사기술
7. 전력	지능형 전력계통(Smart Grid) 설계 및 제조기술, 지능형 배전계통 고도화 및 운용기술
8. 원자력	원자로 냉각재 펌프 설계 기술, 내열 내식성 원자력 소재 기술, 방사선이용 대형 공정 시스템 검사기술, 신형원전 표준설계 기술, 원전설계 핵심코드 개발 기술
9. 지식정보보안	저전력/고속/초경량 암호 기술, 부채널 공격 방지 및 대응 기술
10. 청정기반	우레탄 유니소재 활용 친환경 타이어 제조기술, 저온 열처리 전기 기능성 잉크기술, 제련 슬래그(Slag)를 이용한 규소철(Ferrosilicon) 및 선철(Pig Iron) 제조기술개발
11. 화학공정	바이오매스유래 화합물 전환공정기술, 중질유분(Heavy Hydrocarbon Fraction)의 방향족화 기술, 나프타 촉매분해 고부가가치 올레핀 제조기술, 고온 및 난 부위의 산업용 점착제 제조기술
12. RFID-USN	실시간 에너지 모니터링 및 제어 기술, 초경량 저전력 RFID 보안 플랫폼 기술
13. U-컴퓨팅	생체정보 처리 및 인체내장형 컴퓨팅 기술, 클라우드 보안 기술
14. 화합물의약품	신약후보물질 발굴기술
15. 우주	위성본체 부분품 개발기술, 위성탑재체 부분품 개발기술, 우주발사체 부분품 개발기술
16. 디스플레이	대화면 AMOLED 화소 제작용 레이저 전사 소재 제조 기술
17. 반도체	원자층증착법(ALD, Atomic Layer Deposition) 및 화학증착법(CVD, Chemical Vapor Deposition)을 위한 고유전체(High-k dielectric)용 전구체 개발 기술
18. 조선	액화천연가스(LNG, Liquefied Natural Gas) 부유식 원유생산저장설비(FPSO, Floating Production Storage Offloading) 및 액화천연가스 운반선(LNGC, Liquefied Natural Gas Carrier)용 압축신장기(Compander)

원천기술에 대해 좀 더 알아보기로 하자. 연구개발은 그 목적에 따라 크게 기초과학, 원천기술 및 산업기술로 구분될 수 있다. 먼저 기초과학은 자연현상에 대한 순수한 지식의 산출에 관여하는 학문으로, 물리학, 화학, 생물학, 지구과학, 수학, 천문학 등 자연계의 기본원리를 탐구하는 자연과학이다. 원천기술은 국가의 기술경쟁력 및 수준을 제고할 수 있는 창조적인 독창기술로 일정기간동안 국제적으로 독점적인 권리를 주장할 수 있을 것으로 기대되며 세계적으로 선행특허가 거의 존재하지 않는데, 응용의 잠재력이 크나 아직 시장이 형성되어 있지 않아 투자에 위험부담이 있어 민간투자가 어렵고 공공부문이 담당하여 발전시켜야 하는 기술이다. 마지막으로 산업기술은 상용화·실용화를 목표로 한 단기간의 신기술 및 신제품 개발을 위한 연구를 의미한다.[417)]

기초과학, 원천기술 및 산업기술의 차이	
구분	내용
기초과학	주로 자연현상에 대해 이해 그 자체를 목적으로 자연에 대한 새로운 이론과 창조적 지식을 획득하거나 정립하는 연구를 수행 (예시 : 물리학, 화학, 생물학, 지구과학, 수학, 천문학 등)
원천기술	주로 기초과학에 뿌리를 두고 있으면서 독창성, 독보성 및 혁신성이 높은 기술을 개발하는 연구를 수행 (예시 : 바이오기술, 나노기술, 초전도기술, 핵융합기술 등)
산업기술	특정한 생산품, 공정, 서비스, 시스템 등 구체적인 목적으로 가지고 산업에 곧바로 활용하기 위한 기술을 개발하는 연구를 수행 (예시 : 광업기술, 신에너지기술, 제조기술, 정보·통신기술 등)

3 세액공제의 요건

연구·인력개발비 중 일정한 요건을 갖춘 연구소 또는 전담부서에서 신성장·원천기술 분야별 대상기술의 연구개발업무를 수행하는 연구요원에 대한 인건비, 연구용재료비, 위탁 및 공동연구개발비 등이 적격한 신성장·원천기술 연구개발비에 해당한다.

신성장·원천기술 연구개발비란 연구·인력개발비 중 다음의 어느 하나에 해당하는 비용을 말한다. 단, 국가등으로부터 지급받은 연구개발출연금 등의 자산으로 지출한 연구개발비는 적격한 연구개발비로 보지 않는다(조세특례제한법 시행령 제9조 제1항 단서).

417) 한국과학기술기획평가원, 「기초원천연구의 개념 정립 및 추진방안에 대한 정책제언」, 2008.12., 12~14면

구분	신성장·원천기술 연구개발비
자체 연구개발의 경우	1) 전담부서등[418] 및 연구개발서비스업을 영위하는 기업으로서 신성장·원천기술연구개발업무만을 수행하는 국내 소재 전담부서등 및 연구개발서비스업을 영위하는 기업(이하 "신성장·원천기술 연구개발 전담부서등")에 종사하는 연구원 및 이들의 연구개발업무를 직접적으로 지원하는 사람에 대한 인건비(퇴직소득, 퇴직급여충당금, 퇴직연금보험료 제외). 단, 주주인 임원으로서 당해 법인의 지분 10% 초과하여 소유하는 주주 등은 제외 2) 신성장·원천기술연구개발업무를 위하여 사용하는 견본품[419]·부품·원재료와 시약류 구입비 및 소프트웨어(「문화산업진흥 기본법」 제2조 제2호에 따른 문화상품 제작을 목적으로 사용하는 경우에 한정)·서체·음원·이미지의 대여·구입비
위탁 및 공동연구개발의 경우	적격한 기관에 신성장·원천기술연구개발업무를 위탁(재위탁을 포함한다)함에 따른 비용(전사적 기업자원 관리설비, 판매시점 정보관리시스템 설비 등 기업의 사업운영·관리·지원 활동과 관련된 시스템개발을 위한 위탁비용은 제외한다) 및 이들 기관과의 공동연구개발을 수행함에 따른 비용

신성장·원천기술 연구개발비 역시 연구·인력개발비이므로 조세특례제한법상 적격한 신성장·원천기술 연구개발비에 해당하기 위해서는 적격 연구개발비 요건을 모두 갖추어야 한다. 이를 위해서는 '제3편 제2장 제1절'에서 살펴본 '적격 연구개발비 범위(요건)' 외에 ① 신성장·원천기술연구개발 전담부서등에서 연구개발을 수행할 것(대상자요건), ② 조세특례제한법 시행령 별표 7에 따른 신성장·원천기술 분야별 대상기술의 연구개발업무에 해당할 것(대상기술요건), ③ 신성장·원천기술연구개발비 및 일반연구·인력개발비에 대해 각각 별개의 회계로 구분경리할 것(구분경리요건)의 요건을 추가로 갖추어야 하는데, 이하에서는 적격한 신성장·원천기술 연구개발비가 추가로 갖추어야 하는 요건만을 살펴보기로 한다.

(1) 신성장·원천기술연구개발 전담부서등(대상자요건)

연구·인력개발비 세액공제 적용 시 신성장·원천기술 연구개발비에 대한 우대세율을 적용받기 위한 대상자요건을 자체 연구개발과 위탁 및 공동연구개발로 구분해 보면 다음과

418) 전담부서등은 기업부설연구소 또는 연구개발전담부서, 기업부설창작연구소 또는 기업창작전담부서, 산업디자인전문회사를 말한다(조세특례제한법 시행규칙 제7조 제1항).
419) 신성장·원천기술연구개발 과정에서 위탁생산업체에 지급한 샘플 위탁 제작 비용은 신성장·원천기술연구개발비 세액공제 대상에 해당한다(서면-2019-법인-4080, 2020.9.14.).

같다(조세특례제한법 시행령 제9조 제2항, 조세특례제한법 시행규칙 제7조 제2항).

가. 자체 연구개발의 경우

내국인이 자체적으로 신성장·원천기술을 연구함에 따라 발생하는 비용에 대해 우대세율을 적용받기 위해서는 다음의 요건을 충족한 전담부서등(이하 "신성장·원천기술연구개발 전담부서등")에서 연구개발을 수행해야 한다.

신성장·원천기술 연구개발비 우대 세율 적용을 위한 대상자요건(A, B 요건 동시 충족)	
A	㉠「기초연구진흥 및 기술개발지원에 관한 법률」 제14조의 2 제1항에 따라 과학기술정보통신부장관의 인정을 받은 기업부설연구소 또는 연구개발전담부서 ㉡「문화산업진흥 기본법」 제17조의 3 제1항에 따른 기업부설창작연구소 또는 기업창작전담부서 ㉢「산업디자인진흥법」 제9조에 따른 산업디자인전문회사 ㉣「국가과학기술 경쟁력 강화를 위한 이공계지원 특별법」 제18조 제2항에 따라 과학기술정보통신부장관에게 신고한 연구개발서비스업 중 같은 법 제2조 제4호 가목에 따른 연구개발업
B	해당 전담부서등(㉠, ㉡, ㉢) 및 연구개발서비스업을 영위하는 기업(㉣)으로서 조세특례제한법 시행령 별표 7에 따른 신성장·원천기술연구개발업무만을 수행하는 국내 소재 전담부서등 및 연구개발서비스업을 영위하는 기업일 것

다만, 일반연구개발을 수행하는 전담부서등 및 연구개발서비스업을 영위하는 기업의 경우에는 다음 구분에 따른 조직을 신성장·원천기술연구개발 전담부서등으로 본다(조세특례제한법 시행규칙 제7조 제2항 단서).

대상자요건(일반연구개발을 수행하는 전담부서등의 경우)
㉠ 해당업무에 관한 별도의 조직을 구분하여 운영하는 경우 : 그 내부 조직 ㉡ ㉠외의 경우 : 해당업무 및 일반연구개발을 모두 수행하는 전담부서등 및 연구개발서비스업을 영위하는 기업

종전에 신성장·원천기술 연구개발비 우대 세율 규정을 적용받기 위해서는, 신성장·원천기술연구개발업무만을 수행하는 신성장·원천기술연구개발 전담부서등에 해당하거나 일반연구개발 전담부서등에서 신성장 R&D를 수행하는 별도조직을 구분하여 운영해야 했었으나(일반 R&D를 함께 수행하는 부서의 인건비는 인정 안 되었음), 2019.3.20. 시행규칙 개정

이후에는 일반 R&D를 수행하는 부서의 경우에도 신성장·원천기술연구개발업무만을 수행[420]하는 전담 인력의 인건비에 대해 우대 세율을 적용할 수 있게 되었다.

|개정세법해설| 신성장기술 R&D비용 세액공제 요건완화(조세특례제한법 시행령 제9조, 조세특례제한법 시행규칙 제7조)[421]

(1) 개정내용

종 전	개 정
□ 신성장동력·원천기술연구개발비 중 자체 연구개발비의 범위	□ 인건비 및 재료비 등 인정 범위 확대
○ 인건비* * 공제대상 인건비는 시행규칙에서 규정 －국내 신성장 R&D 전담부서 등 연구인력 인건비 －일반 R&D 전담부서 등으로서 신성장 관련 별도조직 운영시 별도조직 연구인력 인건비 〈추 가〉	○ 인건비 －(좌 동) －(좌 동) －일반 R&D 전담부서 등의 신성장분야 전담 연구인력 인건비* * 일반 및 신성장 R&D를 동시 수행하는 인력의 인건비는 제외
○ 견본품, 원재료비 등 －일반 R&D와 신성장 R&D에 공통되는 경우 일반 R&D	○ 견본품, 원재료비 등 요건완화 －일반 R&D와 신성장 R&D에 공통되는 경우 연구인력인건비를 기준으로 안분

(2) 개정이유

신성장 R&D 비용 세액공제 세제지원 확대

(3) 적용시기 및 적용례

2019.1.1. 이후 개시하는 과세연도 분부터 적용

나. 위탁 및 공동연구개발의 경우

내국인이 신성장·원천기술을 위탁(재위탁을 포함) 또는 공동연구함에 따라 발생하는 비용(단, 전사적 기업자원 관리설비, 판매시점 정보관리 시스템 설비 등 기업의 사업운영·

420) 일반 및 신성장 R&D를 동시에 수행하는 연구요원에 대한 인건비는 신성장 R&D 비용에서 제외된다(조세특례제한법 시행규칙 제7조 제14항 제1호).

421) 기획재정부, 「2018 간추린 개정세법」, 2019, 185면

관리·지원 활동과 관련된 시스템 개발을 위한 위탁비용은 제외)에 대해 우대세율을 적용받기 위해서는 다음의 적격한 기관(아래 표의 A 또는 B)에 위탁을 하거나 공동연구개발을 수행해야 한다.

이때 유의할 것은 일반연구개발의 위탁과는 달리 신성장·원천기술 위탁의 경우에는 비영리법인, 전담부서등에 위탁하거나 이들과 공동연구개발하는 때에는 그 위탁 및 공동연구개발의 상대방 기관이 국내에 소재해야 한다는 것이다. 다만, 조세특례제한법 시행령 별표 7의 제7호 가목 6)부터 8)까지의 규정에 따른 임상1상·2상·3상 시험의 경우는 위탁의 상대방 기관의 국내외 소재여부와 관계없이 적격한 신성장·원천기술의 위탁 및 공동연구개발에 해당되어 우대세율을 적용받을 수 있다(조세특례제한법 시행규칙 제7조 제6항 단서의 괄호부분).

분류	신성장·원천기술 연구개발비 우대 세율 적용을 위한 대상자요건
A (국내외 기관)	㉠ 「고등교육법법」 제2조에 따른 대학 또는 전문대학 ㉡ 국공립연구기관 ㉢ 정부출연연구기관 ㉣ 내국인이 의결권 있는 발행주식총수의 100분의 50 이상을 직접 소유하거나 100분의 80 이상을 직접 또는 간접으로 소유하고 있는 외국법인(외국법인에 부설된 연구기관을 포함한다)
B (국내에 소재한 기관으로 한정)	㉠ 비영리법인(비영리법인에 부설된 연구기관을 포함한다) ㉡ 「산업기술혁신 촉진법」 제42조에 따른 전문생산기술연구소 등 기업이 설립한 국내외 연구기관 ㉢ 전담부서등(신성장·원천기술연구개발업무만을 수행하는 전담부서등에서 직접 수행한 부분에 한정한다) 또는 국외기업에 부설된 연구기관 ㉣ 「국가과학기술 경쟁력강화를 위한 이공계지원특별법」에 따른 연구개발서비스업을 영위하는 기업 또는 영리목적으로 연구·개발을 독립적으로 수행하거나 위탁받아 수행하고 있는 국외소재 기업

2010.1.1. 신성장동력산업 및 원천기술에 대한 연구·인력개발비 세액공제 규정을 신설 시[422] 적격한 신성장동력산업연구개발비·원천기술연구개발비에는 자체기술개발비용만이 대상이었고 위탁 및 공동연구개발비용은 포함되지 아니하였다가, 2012.2.2. 조세특례제한법 시행령 제9조 제1항 및 제2항의 개정 시 자체기술개발비용에 한정하는 괄호를 삭제하였다.

따라서 2012.1.1. 이후 최초로 개시하는 과세연도 분부터는 신성장동력산업·원천기술연구개발 전담부서등이 기업의 연구개발 전담부서등에 위탁한 연구개발비용과 공동연구개발

422) 조세특례제한법 제10조 제1항(2010.1.1. 법률 제9921호로 개정된 것)

비용도 적격한 연구개발비로 보아 연구·인력개발비 세액공제가 가능하게 되었다.

한편, 2017.1.1. 이후 개시하는 과세연도 분부터는 신성장동력·원천기술연구개발 관련 위탁·공동 연구개발기관의 범위가 국내의 대학 또는 전문대학, 국공립연구기관 등으로 확대되었다.

|개정세법해설| 신성장동력·원천기술 R&D 세액공제시 위탁·공동 연구개발기관 범위 확대
(조세특례제한법 시행령 제9조, 조세특례제한법 시행규칙 제7조)[423]

(1) 개정내용

종 전	개 정
□ 신성장동력·원천기술 R&D 세액공제시 위탁·공동 연구개발기관 범위 ○ 기업의 연구소 및 전담부서 ○ 연구개발서비스업을 영위하는 기업 〈추 가〉	□ 위탁·공동 연구개발기관 범위 확대 (좌 동) ○ 국내 대학 또는 전문대학 ○ 국공립연구기관 ○ 정부출연연구기관 ○ 국내 비영리법인(비영리법인에 부설된 연구기관 포함) * 다만, 신약에 대한 임상1·2상[424] 및 희귀질환 의약품 임상의 위탁연구 개발은 국외기관 포함

(2) 개정이유

신성장동력·원천기술 위탁·공동연구개발 지원

(3) 적용시기 및 적용례

2017.1.1. 이후 개시하는 과세연도 분부터 적용

423) 기획재정부, 「2016 간추린 개정세법」, 2017, 145면
424) 2019.3.20. 시행규칙이 개정되면서 임상3상의 위탁연구 개발 시 국외 기관 포함되는 것으로 확대되었다.

사례 62 신성장 · 원천기술 위탁연구 대상기관을 국내에 소재하는 기관으로 한정해야 하는지 여부

앞에서 살펴본 바와 같이 신성장 · 원천기술연구개발을 자체적으로 수행하지 않더라도, 기획재정부령으로 정하는 기관에 위탁하거나 이들 기관과 공동연구개발을 수행함에 따른 비용도 신성장 · 원천기술 연구개발비 세액공제가 가능하다. 다만, 2017.3.17. 시행규칙 개정 시 신성장 · 원천기술 위탁연구 대상기관의 범위를 확대하면서, 대상기관 중 비영리법인, 전담부서등에 대한 위탁연구개발비는 국내에 소재하는 기관에 한정하는 것으로 제한[425]하게 되었다.[426]

쟁점이 되는 사항은 국내에 소재한 기관에 한정한다는 문구가 없었던 2017년 이전에 국외에 소재한 전담부서등에 연구개발을 위탁한 경우, 신성장 · 원천기술 연구개발비 세액공제가 가능한지 여부이다.

이와 관련하여 세무당국은 국내법령에 따라 국내장관이 인정하는 전담부서등에 해당할 수 없는 국외 수탁기관은 조세특례제한법 시행규칙 제7조 제1항 각호에 해당하는 연구소 또는 전담부서에 해당하지 않기 때문에, 국외에 소재한 전담부서등에 대한 위탁개발비는 세액공제 대상에 해당하지 아니한다는 입장에 있는 것으로 보인다(서면-2019-법인-2293, 2019.9.19.).

하지만, 2017년 시행규칙 개정 이전에는 국외소재 전담부서등에 대한 위탁연구개발비를 제외한다는 명문의 규정이 없었으며, 기획재정부에서는 전담부서등에 대한 해석과 관련하여 조세특례제한법 시행령 별표 6의 '국내외 기업의 연구기관'은 「기초연구진흥 및 기술개발 지원에 관한 법률」 제14조 제1항 제7호의 '그 밖의 연구 인력 · 시설 등 대통령령으로 정하는 기준에 해당하는 국내외 연구기관'에 한정하는 것이 아니라고 밝힌 바 있어(기획재정부 조세특례제도과-423, 2019.5.30.), 일반연구개발비 세액공제와 신성장 · 원천기술비 세액공제 규정에서 연구기관을 별도로 구별하고 있지 아니하는 현행 법령 체계상 서로 다르게 볼 이유는 없어 보인다.

따라서 2017년 시행규칙 이전에 국외에 소재한 전담부서등에 지출한 위탁개발비 역시, 신성장 · 원천기술 연구개발비 세액공제가 인정되는 것이 타당할 것이다(조심 2019중3869, 2020.9.2.).

425) 바이오 신약, 백신, 혁신형 신약 등의 임상1상 · 2상 · 3상 시험 관련 위탁연구개발의 경우 국외에 소재한 기관까지 포함하고 있다(조세특례제한법 시행규칙 제7조 제6항 단서 괄호부분, 서면-2020-법인-2649, 2020.9.14.).

426) 신성장 · 원천기술 연구개발비와 달리 일반연구 · 인력개발비 세액공제 적용 시 위탁연구 대상기관의 범위에서는 국내에 소재한 기관으로 한정하지 않고 있다(조세특례제한법 시행령 별표 6 제1호 나목 참조).

사례 63 조세특례제한법 시행령 별표 7에 따른 신성장·원천기술 분야별 대상기술의 연구개발업무를 수행하면서 발생한 연구개발비를 일반연구·인력개발비로 보아 세액공제가 가능한지 여부

세무당국의 유권해석 법인-278(2014.6.23.)을 살펴본다.

> (사실관계)
> ○ 당사는 신약개발을 위한 연구개발업을 영위하는 법인으로 임상 연구개발 비용이 일반연구·인력개발비세액공제 대상인지 여부에 상반된 견해가 있어 질의함.
>
> (질의사항)
> 〈갑설〉 2013년 [별표 8]에 신설된 임상1상, 임상2상 시험 기술비용이 2012년 이전 발생비용이라 할지라도 [별표 6]에 해당하는 비용은 '일반연구·인력개발비 세액공제'를 적용 받을 수 있음.
> 〈을설〉 [별표 8]에 기재된 원천기술은 '일반연구·인력개발비 세액공제'를 못받는 연구개발비에 대하여 신약개발에 대한 지원 취지로 추가된 것이므로 2012년 이전의 임상1상 및 임상2상 시험 기술비용은 '일반연구·인력개발비 세액공제'를 받을 수 없음.

이 질의에 대하여 세무당국은 2012년 이전에 발생한 임상1상, 임상2상 시험 관련 비용이 「조세특례제한법 시행령」 제8조 및 같은 법 시행령 [별표 6]에 해당하는 경우 「조세특례제한법」 제10조 제1항 제3호에 따라 일반연구·인력개발비세액공제를 적용할 수 있는 것이라고 회신했다.

필자의 판단으로는 질의자가 다음의 두 가지 사항을 사전에 이해하고 있었다면 세무당국에 유권해석을 의뢰할 필요가 없는 사항이다.

첫째, 적격한 일반연구·인력개발비란 연구·인력개발요건과 적격비용요건을 갖춘 연구·인력개발비 중 신성장·원천기술 연구개발비에 해당하지 아니하거나[427] 신성장·원천기술 연구개발비 세액공제방법을 선택하지 아니한 내국인의 연구·인력개발비를 말한다(조세특례제한법 제10조 제1항 제3호). 즉, 신성장동력 및 원천기술연구개발비에 대한 우대공제율 적용여부는 납세자가 선택할 수 있는 사항이다.

427) 신성장·원천기술 인증 심사결과 일부 프로젝트에 대해 신성장·원천기술 인증을 획득하지 못 하였지만, 미인증 프로젝트가 연구·개발활동이 적격 연구·개발비 요건에 부합하는 경우, 일반연구·인력개발비 세액공제 적용이 가능한 것이다(서면-2020-법인-5280, 2020.12.7.).

둘째, 아래 표에서 보는 바와 같이 일반적으로 임상 실험의 1, 2, 3번째 단계는 연구개발(R&D)에 해당한다.[428] 따라서 임상 실험의 1, 2번째 단계는 원천기술연구개발비 세액공제방법을 적용하고(혹은 일반연구 · 인력개발비 세액공제방법을 선택해도 됨), 임상 실험의 3번째 단계의 전체 연구과정[429]과 4번째 단계 중 오직 추가적인 과학 기술 발전을 향상시키는 연구과정에서 발생한 연구개발비는 일반연구 · 인력개발비 세액공제방법을 적용하면 된다.

| 표 _ 의료기관 연구개발활동 예시 |

항목	연구개발활동	비연구개발활동
의료행위	연구개발 프로젝트와 관련된 의료 활동 및 테스트	일반적인 전문의료행위, 통상적인 테스트
임상 시험	1, 2, 3단계	4단계

참고로 신약개발 목적의 임상실험에서 발생하는 광고선전비(임상실험에 투입되는 지원자 모집비용), 식대 및 임차비용 등(임상실험자를 모아놓고 실험내용 및 실험과정을 설명하는데 들어가는 비용) 등은 적격한 연구개발비에 해당하지 않는다는 세무당국의 유권해석이 있다(법인-4068, 2008.12.18.).

(2) 조세특례제한법 시행령 별표 7에 따른 신성장 · 원천기술 분야별 대상기술의 연구개발업무(대상기술요건)

신성장 · 원천기술연구개발업무란 조세특례제한법 시행령 별표 7에 따른 신성장 · 원천기술 분야별 대상기술의 연구개발업무를 말한다. 즉, 적격한 신성장 · 원천기술 연구개발비에 해당하기 위해서는 전담부서등이 신성장 · 원천기술 분야별 대상기술의 연구개발업무만을 수행(대상기술요건)하면서 발생한 연구개발비이어야 하는 것이다. 조세특례제한법 시행령 별표 7 따른 신성장 · 원천기술의 범위는 본절 마지막 부분에서 살펴보기로 한다.

428) OECD, 앞의 책, 45면

429) 이후 조세특례제한법 시행령 별표 7이 개정되어 2017.2.7. 이후부터는 임상3상 시험도 신성장동력 · 원천기술 분야별 대상기술에 포함되었다(2017.2.7. 대통령령 제27848호로 개정된 것).

|개정세법해설| 신성장동력·원천기술 R&D 세액공제 대상에 웹툰 등 콘텐츠 기술 추가
(조세특례제한법 시행령 별표 7·8)[430]

(1) 개정내용

종　　전	개　　정
□ 신성장동력·원천기술 R&D 세액공제 대상 기술 ○ 문화콘텐츠 분야 - 게임 콘텐츠 제작기술 - 영상 콘텐츠 제작기술	□ 대상기술 추가 (좌　동) - 만화·웹툰 콘텐츠 제작기술 - 음악 콘텐츠 제작기술

(2) 개정이유

문화콘텐츠 산업 지원

(3) 적용시기 및 적용례

2017.2.7. 이후 지출하는 분부터 적용

|개정세법해설| 신약 개발에 대한 신성장동력·원천기술 R&D 세액공제 대상 확대
(조세특례제한법 시행령 별표 7·8)[431]

(1) 개정내용

종　　전	개　　정
□ 신성장동력·원천기술 R&D 세액공제 대상 기술 ○ 신약 분야 - (바이오신약) 후보물질발굴 기술 - (화합물신약) 후보물질발굴 기술 및 임상 1·2상 시험	□ 대상기술 추가 후보물질발굴기술, 임상1·2상 시험 - 국내 수행 임상3상 시험* * 희귀질환 의약품은 국내외 모두 적용

(2) 개정이유

신약개발에 대한 R&D 지원

(3) 적용시기 및 적용례

2017.2.7. 이후 지출하는 분부터 적용

430) 기획재정부, 「2016 간추린 개정세법」, 2017, 143면

(3) 신성장 · 원천기술연구개발비 및 일반연구 · 인력개발비에 대해 각각 별개의 회계로 구분경리(구분경리요건)

신성장 · 원천기술을 얻기 위한 연구개발비에 대한 연구 · 인력개발비 세액공제를 적용받으려는 자는 일반연구 · 인력개발비와 신성장 · 원천기술 연구개발비를 각각 별개의 회계로 구분경리해야 한다(조세특례제한법 제10조 제4항, 조세특례제한법 시행령 제9조 제9항). 이 경우 신성장 · 원천기술 연구개발비가 일반연구 · 인력개발비와 공통되는 비용(이하 "공통비용"이라 한다)이 있는 경우에는 해당 비용 전액을 일반연구 · 인력개발비로 하거나 다음과 같이 신성장 · 원천기술 연구개발비와 일반연구 · 인력개발비로 안분하여 계산한다(조세특례제한법 시행규칙 제7조 제14항).

공통비용의 안분계산

① 인건비 및 위탁 · 공동연구개발비에 해당하는 공통비용의 경우 : 전액 일반연구 · 인력 개발비로 한다

② ① 외 공통비용의 경우 : 다음의 ㉠ 및 ㉡ 구분에 따른다.

㉠ 신성장 · 원천기술연구개발비 : 다음의 계산식에 따른 비용

$$\text{① 외 공통비용} \times \frac{\text{신성장 · 원천기술연구개발비 중 인건비}}{\text{신성장 · 원천기술연구개발비 중 인건비} + \text{일반연구 · 인력개발비 중 인건비}}$$

㉡ 일반연구 · 인력개발비 : ① 외 공통비용에서 ㉠의 비용을 제외한 비용

예컨대 견본품, 부품, 원재료비 등이 신성장 · 원천기술 연구개발비와 일반연구개발비에 공통되는 경우에는 연구인력의 인건비를 기준으로 안분할 수 있는 것이다.

|개정세법해설| 신성장기술 R&D 비용 세액공제 요건완화(조세특례제한법 시행령 제9조, 조세특례제한법 시행규칙 제7조)[432)]

(1) 개정내용

종 전	개 정
□ 신성장동력 · 원천기술연구개발비 중 자체 연구개발비의 범위 ○ 인건비* *공제대상 인건비는 시행규칙에서 규정	□ 인건비 및 재료비 등 인정 범위 확대 ○ 인건비

431) 기획재정부, 「2016 간추린 개정세법」, 2017, 144면

-국내 신성장 R&D 전담부서 등 연구인력 인건비	-(좌 동)
-일반 R&D 전담부서 등으로서 신성장 관련 별도조직 운영시 별도조직 연구인력 인건비	-(좌 동)
〈추 가〉	-일반 R&D 전담부서 등의 신성장분야 전담 연구인력 인건비* *일반 및 신성장 R&D를 동시 수행하는 인력의 인건비는 제외
○ 견본품, 원재료비 등 -일반 R&D와 신성장 R&D에 공통되는 경우 일반 R&D	○ 견본품, 원재료비 등 요건완화 -일반 R&D와 신성장 R&D에 공통되는 경우 연구인력인건비를 기준으로 안분

(2) 개정이유

신성장 R&D 비용 세액공제 세제지원 확대

(3) 적용시기 및 적용례

2019.1.1. 이후 개시하는 과세연도 분부터 적용

4 세액공제 금액의 계산

내국인이 지출한 연구·인력개발비 중 대통령령으로 정하는 신성장·원천기술을 얻기 위한 연구개발비에 대해서는 해당 과세연도에 발생한 신성장·원천기술 연구개발비에 대해 중소기업, 대기업 등 기업유형에 따라 달리 적용되는 세액공제율을 곱하여 계산한 금액을 소득세 또는 법인세에서 공제한다(조세특례제한법 제10조 제1항 제1호).

신성장·원천기술 연구개발비에 대한 세액공제율	
기업규모	세액공제율
중소기업	신성장·원천기술 연구개발비 × 최대 40%(30% + α%)
코스닥상장 중견기업	신성장·원천기술 연구개발비 × 최대 40%(25% + α%)
중견기업 및 대기업	신성장·원천기술 연구개발비 × 최대 30%(20% + α%)

α : (매출액 대비 신성장·원천기술 연구개발비 비율 × 3배)

432) 기획재정부, 「2018 간추린 개정세법」, 2019, 185면

(1) 중소기업인 경우 : 30~40%

조세특례제한법 시행령 제2조에 따른 중소기업[433]에 해당하는 경우 신성장·원천기술 연구개발비에 다음의 계산식에 따른 비율을 곱한 금액을 소득세 또는 법인세에서 공제한다. 단, 40%를 한도로 한다.

$$30\% + \left(\frac{\text{신성장·원천기술 연구개발비}}{\text{해당 과세연도의 수입금액}} \times 3\text{배} \right)$$

이때, 해당과세연도의 수입금액이란 「법인세법」 제43조의 기업회계기준에 따라 계산한 매출액을 말한다(이하 동일, 조세특례제한법 제10조 제1항 제1호 나목).

(2) 코스닥상장 중견기업인 경우 : 25~40%

조세특례제한법 시행령 제9조 제3항에 따른 중견기업[434] 중 「자본시장과 금융투자업에 관한 법률」에 따른 코스닥시장에 상장한 중견기업에 해당하는 경우 신성장·원천기술 연구개발비에 다음의 계산식에 따른 비율을 곱한 금액을 소득세 또는 법인세에서 공제한다. 단, 40%를 한도로 한다.

$$25\% + \left(\frac{\text{신성장·원천기술 연구개발비}}{\text{해당 과세연도의 수입금액}} \times 3\text{배} \right)$$

(3) 그 밖의 경우(중견기업 및 대기업) : 20~30%

(1) 및 (2)에 해당하지 아니하는 그 밖의 기업의 경우 신성장·원천기술 연구개발비에 다음의 계산식에 따른 비율을 곱한 금액을 소득세 또는 법인세에서 공제한다. 단, 30%를 한도로 한다.

$$20\% + \left(\frac{\text{신성장·원천기술 연구개발비}}{\text{해당 과세연도의 수입금액}} \times 3\text{배} \right)$$

433) 조세특례제한법 시행령 제2조에 따른 중소기업의 범위는 본서 제4편 제1장 제2절을 참고하길 바란다.
434) 조세특례제한법 시행령 제9조 제3항에 따른 중견기업의 범위는 본서 제4편 제1장 제2절을 참고하길 바란다.

|개정세법해설| 중소기업, 코스닥 상장 중견기업의 신성장동력·원천기술 R&D 비용 세액공제율 확대(조세특례제한법 제10조)[435)]

(1) 개정내용

종 전	개 정
□ 신성장동력·원천기술 R&D 비용 세액공제 ○ (대·중견기업) 20~30%* * 20% + 최대 10%[(신성장 R&D 비용/매출액) × 3] 〈신 설〉 ○ (중소기업) 30%	□ 대기업 당기분 공제율 축소 ○ (좌 동) - 코스닥 상장 중견기업 25~40%* * 25% + 최대 15%[(신성장 R&D 비용/매출액) × 3] ○ (중소기업) 최대 40%* * 30% + 최대 10%[(신성장 R&D 비용/매출액) × 3]

(2) 개정이유

중소기업, 코스닥 상장 중견기업의 신성장동력·원천기술 R&D에 대한 세제지원 확대

(3) 적용시기 및 적용례

2018.1.1. 이후 개시하는 과세연도 분부터 적용

|개정세법해설| 신성장동력·원천기술 R&D 세액공제 공제율 확대 (조세특례제한법 제10조, 조세특례제한법 시행령 제9조)[436)]

(1) 개정내용

종 전	개 정
□ 공제율 ○ 중소기업 30% ○ 중견·대기업 20%	□ 공제율 인상 ○ (좌 동) ○ 최대 30% [20% + (매출액 대비 신성장 R&D 지출액 비중 × 3배)]

(2) 개정이유

신성장동력·원천기술에 대한 R&D 지원

(3) 적용시기 및 적용례

2017.1.1. 이후 개시하는 과세연도 분부터 적용

435) 기획재정부, 「2017 간추린 개정세법」, 2018, 165면

단, 신성장·원천기술 연구개발비 세액공제방법을 선택하지 아니하는 경우 일반연구·인력개발비에 대한 세액공제방법을 적용할 수 있다(조세특례제한법 제10조 제1항 제3호). 즉, 위의 신성장·원천기술 연구개발비에 대한 세액공제방법은 당기발생액에 대한 세액공제방법이므로 일반연구·인력개발비에 대한 세액공제방법 중 증분발생액에 의한 세액공제방법이 유리할 경우 이를 적용할 수 있다는 것이다.

5 신성장·원천기술심의위원회 심의

내국인이 지출한 연구개발비가 신성장·원천기술 연구개발비에 해당되는지에 관한 사항과 내국인의 투자가 신성장·원천기술을 사업화하는 시설에 해당하는지에 관한 사항에 대하여 기획재정부장관 및 산업통상자원부장관이 공동으로 운영하는 신성장·원천기술심의위원회의 심의를 받을 수 있다(조세특례제한법 시행령 제9조 제12항 및 제13항).

(1) 도입배경 및 연혁

신성장·원천기술 연구개발비 세액공제 규정은 그 혜택이 큰데 반해, 내국인의 연구개발 활동이 조세특례제한법 시행령 별표 7에 열거된 대상기술에 해당하는지 여부에 대한 판단이 어려운 점 등 실무적으로 애로사항이 있어, 현실적으로 해당 세제지원 제대로 활용하지 못하는 경우가 많았다.

예를 들어 문화콘텐츠를 개발하여 서비스하는 기업의 경우, 콘텐츠 개발을 위한 연구활동이 조세특례제한법 시행령 별표 7에서의 콘텐츠 제작기술에 해당하는지 여부 판단에 어려움이 많고, 이에 실무적으로 신성장·원천기술 연구개발비 세액공제 규정을 적용하는 것이 쉽지 않을 수 있다.[437]

436) 기획재정부, 「2016 간추린 개정세법」, 2017, 142면

437) 게임 콘텐츠를 개발하는 법인의 경우 연구개발활동이 별표 7에 열거된 대상기술에 해당하는지 여부가 명확하지 아니하여 많은 게임개발사가 신성장·원천기술 연구개발비 세액공제 규정을 적용 받지 못하고 있었는데, 2018년 말 신성장·원천기술심의위원회 심의를 득하여 신성장·원천기술 연구개발비 우대세율을 적용받게 된 사례가 있다.

| 표 _ 조세특례제한법 시행령 【별표 7】 신성장·원천기술의 범위 중 일부발췌 |

구분	분야	대상기술
4. 콘텐츠	나. 문화콘텐츠	1) 게임 콘텐츠 제작기술 : 게임 콘텐츠의 기획·제작 및 서비스를 위한 게임엔진, 게임저작도구, 게임 UI(User Interface), 게임 운영환경개발 기술
		2) 영화·방송 콘텐츠 제작기술 : 영화·방송 콘텐츠의 기획·제작을 위한 사전시각화(pre-visualization) 및 그래픽 품질 개선 기술
		3) 애니메이션 콘텐츠 제작기술 : 애니메이션 콘텐츠의 기획·제작을 위한 대용량 디지털 데이터 처리 관리 기술, AI 머신러닝을 통한 애니메이션·에셋 자동생산 기술, 게임엔진을 활용한 실시간 제작기술, 버추얼 프로덕션(virtual production) 기술
		4) 만화·웹툰 콘텐츠 제작기술 : 만화·웹툰 콘텐츠의 기획·제작 및 서비스를 위한 디지털 만화 저작도구 개발 기술, 만화 멀티미디어 콘텐츠 제작 기술, 플랫폼 구축 및 서비스를 위한 저작권 보호 기술

사례 64 질의법인의 연구활동이 신성장·원천기술 분야별 대상기술에 해당하는지 여부

세무당국의 유권해석 서면-2015-법인-2150(2016.3.2.)을 살펴본다.

(사실관계)

○ 질의법인은 반도체소자 제조업 영위 법인으로 새로운 사업영역 진출을 위하여 연구개발활동을 하고 있음.

○ (그래핀 기술개발) 고분자필름 위에 전도성 있는 나노물질인 그래핀을 형성하는 기술로서 CVD* 설비투자를 완료하였고 상용화를 위한 연구개발을 진행하고 있음.

* CVD(Chemical Vapor Deposition) : 화학기상증착법으로 탄소를 가스화하여 금속 표면에 증착

○ (모바일용 복합센서 개발) 자외선, 조도 및 온도를 감지하는 센서와 논리·판단하는 신호처리직접회로(ROIC)를 결합시켜 스마트기기에 탑재하는 방식으로 제품화할 계획이며,

- △△연구소와 위탁연구계약을 체결하여 복합센서와 신호처리직접회로의 연구개발을 위탁하였음.

(질의사항)

○ 그래핀(Graphene) 및 모바일용 자외선・조도・온도 복합센서 모듈에 관한 연구・개발에 지출한 비용이 「조세특례제한법」 제10조에서 규정하고 있는 "신성장동력산업 분야의 연구개발비"에 해당하는지 여부

(회신)

「조세특례제한법 시행령」 별표 7 "신성장동력산업 분야별 대상기술"에 해당하는 연구개발비는 「조세특례제한법」 제10조 제1항 제1호의 신성장동력연구개발비로서 연구・인력개발비에 대한 세액공제를 적용하는 것이며, 그래핀 및 모바일용 자외선・조도・온도 복합센서에 관한 연구・개발이 "신성장동력산업 분야별 대상기술" 해당하는지 여부는 연구개발 목적, 연구내용, 응용기술 등 구체적인 내용에 따라 사실판단할 사항임.

(사)한국산업기술진흥협회(KOITA)에 따르면, 신성장동력산업 및 원천기술에 대한 연구 및 인력개발비 세액공제를 활용한 경험이 있는 기업은 172개사(45.3%)인데 반해 세액공제를 받은 적 없다는 기업은 208개사(54.7%)로 절반이상이 세액공제제도를 활용하지 않았는데, 세액공제를 활용하지 않은 이유에 대해서는 미활용 기업 208개사 중 27.9%가 '세액공제 정보부족'을 17.8%는 까다로운 세액공제 조건을 꼽았다고 밝혔다.[438)]

2010년 신성장・원천기술 연구개발비 세액공제 도입 당시부터 법령에 내국인이 지출한 연구개발비가 신성장동력연구개발비 및 원천기술연구개발비에 해당되는지에 관한 사항을 심의하기 위하여 기획재정부장관 소속의 "신성장동력산업 및 원천기술연구개발심의위원회"를 둘 수 있다고 규정하고 있었으나, 실질적으로 활용되지는 못했다.

이에 2017.2.7. 조세특례제한법 시행령이 개정되면서 산업통상자원부장관 소속으로 신성장동력・원천기술심의위원회를 둘 수 있게 되었으며, 2017.3.17. 「신성장동력・원천기술 심의위원회의 설치 및 운영에 관한 규정」, 2017.9.29. 「신성장동력・원천기술심의위원회 운영세칙」이 시행되었고, 2018.7.25. 신성장동력・원천기술심의위원회 1차 회의가 개최되어 신성장 분야 연구개발(R&D) 세액공제 대상 해당여부를 심의하였다. 산업자원부 관계자는 "그간 신성장동력・원천기술 해당여부가 불확실해 세액공제 신청한 금액이 추징될 우려가 있었으나, 사전조사 과정과 심의위원회 심의를 통해 세액공제에 대한 불확실성을 해소할 수 있게 되었다."고 밝혔다.[439)]

438) 한국산업기술진흥협회 보도자료, 「신성장동력산업 R&D 세액공제 문턱 너무 높다」, 2016.5.11.
439) 산업통상자원부 보도자료, 「제1차 신성장동력・원천기술심의위원회 개최」, 2018.7.25.

이후 R&D 비용의 범위 등 세법 해석에 대한 사항을 기술 전문가로 구성된 산업통상자원부 소속 위원회에서 검토하는 것은 불합리 할 수 있다는 의견이 있었고, 2020.2.11. 조세특례제한법 시행령이 개정되면서 신성장·원천기술 연구개발비 비용의 심사는 국세청이 맡고, 신성장·원천기술 대상기술 해당 여부는 기획재정부와 산업통상자원부가 공동으로 운영하는 신성장·원천기술심의위원회에서 심의하는 것으로 조정되었다.

기획재정부 소속 [대통령령 제22037호, 2010.2.18., 일부개정]	산업통상자원부 소속 [대통령령 제27848호, 2017.2.7., 일부개정]	공동운영 [대통령령 제30390호, 2020.2.11., 일부개정]
⑨ 내국인이 지출한 연구개발비가 신성장동력연구개발비 및 원천기술연구개발비에 해당되는지에 관한 사항을 심의하기 위하여 **기획재정부장관 소속**으로 신성장동력산업및원천기술연구개발심의위원회를 둘 수 있다.(2010.2.18. 개정)	⑩ 내국인이 지출한 연구개발비가 **신성장동력·원천기술연구개발비에 해당되는지 여부**에 관한 사항 및 제22조의 5 제1항에 따른 사항을 심의하기 위하여 **산업통상자원부장관 소속**으로 신성장동력·원천기술심의위원회를 둘 수 있다.(2017.2.7. 개정)	⑫ 내국인이 지출한 신성장·원천기술연구개발비의 **연구개발 대상 기술이 별표 7에 해당되는지 여부**에 관한 사항 및 제22조의 9 제1항에 따른 사항을 심의하기 위하여 **기획재정부장관 및 산업통상자원부장관이 공동으로 운영**하는 신성장·원천기술심의위원회를 둘 수 있다.(2020.2.11. 개정)

|개정설명자료| 신성장·원천기술위원회 소속 및 심의대상 변경(운영규정 제1조)[440)]

(1) 개정내용

종 전	개 정
□ 신성장원천기술심의위원회 설치	□ 소속 및 심의대상 조정
○ (소속) 산업통상자원부장관	○ 기획재정부장관 및 산업통상자원부장관 공동운영
○ (심의대상) - 신성장·원천기술 연구개발비(기술 및 비용) 해당 여부 - 신성장기술 사업화 시설 해당 여부	○ 심의대상 조정 - 신성장·원천기술 연구개발 대상 기술 해당 여부로 한정(비용은 제외) - (좌 동)

(2) 개정이유

2020.2월 「조세특례제한법 시행령」을 개정하여 신성장・원천기술심의위원회의 소속* 및 심의대상**을 변경

* (소속) 산업부 → 기재부・산업부 공동운영

** (심의대상) 신성장・원천기술 R&D 기술・비용 해당 여부 → 기술 해당 여부

(3) 적용시기

2020.3.25. 이후 신청하는 분부터 적용

(2) 심의 절차

가. 신성장・원천기술심의위원회 관련 규정

내국인이 지출한 신성장・원천기술연구개발비의 연구개발 대상 기술이 조세특례제한법 시행령 별표 7에 해당되는지 여부에 관한 사항 및 내국인의 투자가 조세특례제한법 시행규칙 별표 6 신성장・원천기술을 사업화하는 시설에 해당하는지에 관한 사항을 심의하기 위하여 기획재정부장관 및 산업통상자원부장관이 공동으로 운영하는 신성장・원천기술심의위원회(이하 "위원회"라 한다)를 둔다(조세특례제한법 시행령 제9조 제12항, 신성장・원천기술심의위원회의 설치 및 운영에 관한 규정(이하 "규정"이라 한다) 제1조).

위원회의 운영에 관하여 필요한 세부사항은 기획재정부장관과 산업통상자원부장관이 협의하여 정한 「신성장・원천기술심의위원회 운영 세칙」(이하 "운영세칙"이라 한다)에서 정한다(규정 제7조, 운영세칙 제1조).

위원회는 위원회의 위원장 2명을 포함한 15명 이내의 위원으로 구성되는데, 위원장은 기획재정부 세제실장 및 산업통상자원부 산업혁신성장실장이 공동으로 되며, 위원은 기획재정부 조세총괄정책관, 산업통상자원부 산업기술융합정책관, 과학기술정보통신부 과학기술정책국장과 신성장・원천기술 분야에 대한 학식과 경험이 풍부한 사람으로서 성별을 고려하여 기획재정부장관과 산업통산자원부장관이 협의하여 위촉하는 사람이 된다(규정 제2조).

전담기관인 한국산업기술진흥원은 신성장・원천기술 인정 신청서 접수 및 검토, 위원회의 운영 지원, 사전조사, 등 신성장・원천기술 심의・인정에 필요한 사항을 조사하고, 그 결과에 관한 종합의견서를 위원회에 보고한다(운영세칙 제3조 제2항, 제5조).

심의 신청을 하려는 자(이하 "신청인"이라 한다)가, "신성장・원천기술" 여부를 질의하는 경우 신성장・원천기술(연구개발) 인정 신청서(별지 제1호 서식), 신성장・원천기술 사업

440) 「신성장・원천기술심의위원회 설치 및 운영에 관한 규정 개정 설명자료」, 2020.1., 1면

보고서(별지 제3호 서식), 신성장·원천기술연구개발비 명세서(별지 제4호 서식), 그 밖에 신성장·원천기술임을 증명하는 서류를, "신성장기술의 사업화를 위한 시설" 여부를 질의하는 경우에는 신성장·원천기술(사업화 시설투자) 인정 신청서(별지 제2호 서식), 신성장·원천기술 사업보고서(별지 제3호 서식), 신성장기술 사업화를 위한 자산 명세서(별지 제5호 서식) 및 취득증빙, 그 밖에 신성장기술의 사업화를 위한 시설임을 증명하는 서류를 제출하여야 한다(운영세칙 제8조 제1항).

전담기관의 장은 ① 신청인이 지출한 연구개발비의 연구개발 대상 기술이 조세특례제한법 시행령 별표 7에 따른 신성장·원천기술에 해당되는지 여부의 판단에 필요한 사항, ② 신청인이 투자한 대상 시설이 조세특례제한법 시행령 제22조의 9 제1항[441] 및 조세특례제한법 시행규칙 별표 8의 8[442]에 따른 신성장기술의 사업화를 위한 시설에 해당되는지 여부의 판단에 필요한 사항, ③ 기타 신성장·원천기술등의 인정 검토에 필요한 사항에 관하여 사전조사한다(운영세칙 제9조 제3항).

전담기관의 장은 위원회의 심의를 지원하기 위해 사전조사단을 구성하고 운영할 수 있는데, 사전조사단은 산업계(박사학위 소지자 또는 석사(학사)학위 소지자로서 해당분야 5년(7년) 이상 경력자 또는 주식회사의 임원), 학계(「고등교육법」 제2조의 학교에서 조교수 이상 전임교원), 연구계(박사학위 소지자 또는 석사(학사)학위 소지자로서 해당분야 5년(7년) 이상 경력자), 전문자격자(공인회계사 또는 변리사 자격증 소지자로서 해당분야 5년 이상 경력자), 공무원(5급 이상의 공무원) 등 자 해당 분야 전문가 3명 이상으로 구성한다(운영세칙 제7조, 제13조).

전담기관의 장은 신청인의 신청서 및 첨부서류의 내용이 미비하거나 추가로 필요한 자료가 있는 경우에는 신청인에게 15일 이내의 기간을 정하여 그 보완을 요청할 수 있는데, 지정된 기간 내에 신청인이 신청서 및 첨부서류를 보완하여 제출하지 않는 경우 해당 신청을 반려할 수 있다(운영세칙 제8조 제2항 및 제3항).

전담기관의 장은 사전조사의 내용을 기재한 별지 제6호 서식의 신성장·원천기술 사전조사 결과 종합의견서를 기획재정부장관 및 산업통상자원부장관에게 송부하는데(운영세칙 제9조 제4항), 위원회는 전담기관이 보고한 종합의견서를 근거로 해당 신청에 대해 신성장·원천기술 인정 여부 또는 신성장기술의 사업화를 위한 시설 인정 여부를 최종 심의한다(운영세칙 제3조 제3항). 위원회 회의는 분기당 1회 개최하며, 해당 분기에 신청이 없을 경우 개최하지 않는다(운영세칙 제4조 제1항).

441) 현재는 조세특례제한법 시행령 제21조 제4항으로 조문 변경
442) 현재는 조세특례제한법 시행규칙 별표 6으로 개정

기획재정부장관 및 산업통상자원부장관은 신청서를 접수한 날이 속하는 달의 말일부터 6개월 이내(이하 "처리기간"이라 한다)에 신성장·원천기술 인정 여부를 결정하여야 하는데, 신청서 및 첨부서류의 보완에 소요되는 기간은 처리기간에 산입하지 않는다(운영세칙 제8조 제4항).

위원회의 회의는 재적위원 과반수의 출석으로 개의하고, 출석위원 과반수의 찬성으로 의결한다(규정 제4조 제2항). 위원회는 위원회의 의결을 한 날로부터 15일 이내에 그 결과를 신청인에게 통보하여야 한다(운영세칙 제10조). 심의 결과에 이의가 있는 자는 1회에 한하여 위원회로부터 결과 통지를 받은 날부터 30일 이내에 이의신청서를 제출해야 하며, 위원회는 이의신청서를 접수한 날부터 45일 이내에 그 검토결과를 이의신청인에게 통지하여야 한다(운영세칙 제11조).

이상의 내용을 표로 요약하면 다음과 같다.

| 표 _ 신성장·원천기술심의위원회 심의 규정 요약 |

구분		내용
위원회 구성	위원장	기획재정부 세제실장 및 산업통상자원부 산업혁신성장실장
	위원	1. 기획재정부 조세총괄정책관, 산업통상자원부 산업기술융합정책관, 과학기술정보통신부 과학기술정책국장 2. 신성장·원천기술분야에 대한 학식과 경험이 풍부한 사람으로서 성별을 고려하여 기획재정부장관과 산업통상자원부장관이 협의하여 위촉하는 사람
	인원	위원장 2명을 포함한 15명 이내
전담기관	임명기관	한국산업기술진흥원
	업무	신청서 접수 및 검토, 위원회의 운영 지원, 사전조사, 기타 필요한 사항 등
사전조사	수행기관	한국산업기술진흥원
	평가위원	산업계, 학계, 연구계, 전문자격자(공인회계사 또는 변리사)등 해당분야 전문가 3명이상으로 구성
	조사방법	서면검토, 발표 및 현장실사
	조사내용	신청인이 지출한 연구개발비의 연구대상 기술이 신성장·원천기술에 해당되는지 여부의 판단에 필요한 사항
신청 접수 및 처리기간	서류 (연구개발)	인정 신청서(별지 제1호 서식), 사업보고서(별지 제3호 서식), 명세서(별지 제4호 서식), 그 밖에 신성장·원천기술임을 증명하는 서류

구분		내용
	서류 (시설투자)	인정 신청서(별지 제2호 서식), 사업보고서(별지 제3호 서식), 명세서(별지 제5호 서식), 취득증빙 그 밖에 신성장·원천기술임을 증명하는 서류
	보완요청	필요할 경우 15일 이내의 기간을 정하여 보완 요청
	처리기간	신청서를 접수한 날이 속하는 달의 말일부터 6월 이내(서류 보완기간은 제외)
위원회 회의		분기당 1회 개최하며, 신청이 없을 경우 개최하지 않음
결과통보		15일 이내 신청인에 통보
이의신청		통지를 받은 날로부터 30일 이내에 1회에 한하여 이의를 제기할 수 있음(45일 이내 심의)

나. 신성장동력·원천기술 세액공제 신청 및 사전조사 매뉴얼

신성장·원천기술심의위원회 심의 관련 전담기관인 한국산업기술진흥원에서는 신성장동력·원천기술 세액공제 신청 및 사전조사 매뉴얼을 발간하고 있는데, 신성장·원천기술심의위원회 심의에 대한 신청 및 조사과정을 이해하는데 도움이 될 것으로 보인다.

참고로 동 매뉴얼에서 심의 절차에 관해 간단히 소개한 그림은 다음과 같다.

| 그림_ 한국산업기술진흥원 자료 : 신성장 · 원천기술심의위원회 심의 절차 |

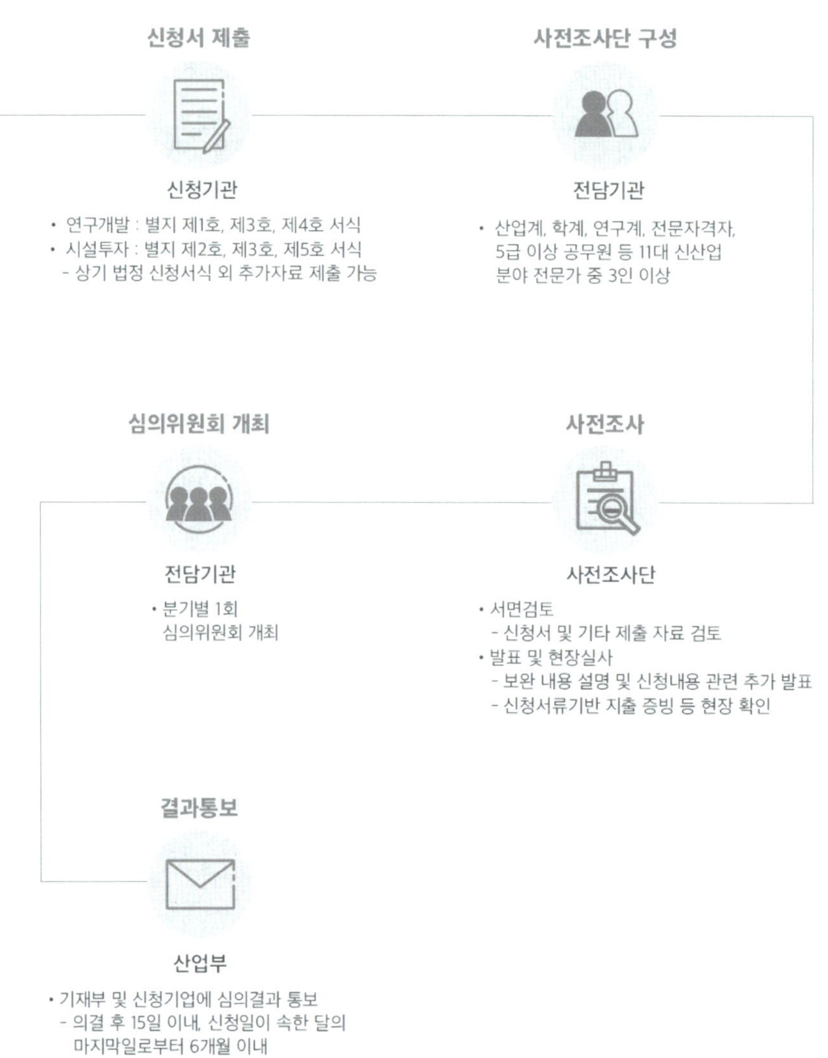

(3) 사전조사내용

사전조사는 크게 서면검토와 발표 및 현장실사로 구성되는데, 신성장 · 원천기술연구개발비 사전조사내용과 신성장 · 원천기술의 사업화를 위한 시설투자비 사전조사내용이 기본적으로 유사하기 때문에, 아래에서는 신성장 · 원천기술연구개발비 사전조사내용 중심으로 설명하고, 신성장 · 원천기술의 사업화를 위한 시설투자비 사전조사내용은 차이에 대해서만 설명하기로 한다.

가. 신성장 · 원천기술연구개발비 사전조사내용

① 서면검토

서면검토는 신청인이 제출한 인정신청서, 사업보고서,[443] 연구개발비 명세서, 인건비 세부명세서 등의 자료를 검토하여 조세특례제한법 시행령 별표 7에 열거된 신성장 · 원천기술에 해당하는지 여부를 확인한다.

구체적으로 사업보고서를 검토하여 신청인의 사업내용, 추진배경 및 필요성, 신성장 · 원천기술 연구개발 내용(목표, 연구개발기간, 수행부서 및 연간 투입현황, 수행내용), 주요성과, 기타 기술개발 실적 등을 확인하여 사업의 효과를 검증한다. 또한, 사업보고서 및 연구개발비 명세서를 확인하여 투입된 인건비, 재료비, 위탁 및 공동 연구개발비의 적정성을 검증하는데, 전담기관은 신청인의 보완이 필요한 자료를 정리하여 요청을 한다.

② 발표 및 현장실사

서면검토 이후 신청인은 보완사항에 대해 사전조사단에게 설명을 하는데, 필요 시 신청내용을 PPT, 영상자료 등을 통해 발표를 한다. 한편, 사전조사단은 신청인의 재무제표 및 ERP 시스템 열람을 통해 구분경리 여부를 확인하고, 기타 신청인의 제출자료 및 내부 증빙자료를 확인한다.

구체적으로 인건비의 경우 신청인의 조직도, 인사기록 카드, 급여이체내역, 신성장 · 원천기술 연구활동에 대한 참여기간 · 참여율 확인자료, 원천징수영수증 등의 증빙자료를 바탕으로, 신청인원의 공제요건 충족 여부 및 참여율 계산내역 확인을 위해 인사시스템을 열람, 공제신청인원의 인사기록 등을 확인하고, 인건비 금액의 실제 지출여부 확인을 위해 이체 내역을 검토한다.

재료비의 경우에는 구매내역서, 세금계산서, 이체 증빙 등을 바탕으로, 재료비의 개발단계 외 사용여부를 검토하고, 수량관리 시스템, 연구노트 작성여부 등을 확인한다.

마지막으로 신청인의 연구비에 위탁 및 공동연구개발비가 있는 경우, 위탁 및 공동연구 개발 기업의 전담부서 해당여부, 위탁연구 등의 내역이 신청기술 및 공제요건에 해당되는지 여부를 확인하고, 계약서 · 결과보고서와 이체내역 등을 확인한다.

나. 신성장 · 원천기술의 사업화를 위한 시설투자비 사전조사내용

① 서면검토

서면검토는 신청인이 제출한 인정신청서, 사업보고서, 자산 명세서, 공제요건 자가진단서 등의 자료를 검토하여 조세특례제한법 시행규칙 별표 6에 열거된 신성장 · 원천기술을

443) 종전에는 명칭이 사업계획서였으나, 2020.4.1. 서식이 개정되면서 사업보고서로 바뀌었다.

사업화하는 시설에 해당하는지 여부[444]를 확인한다.

구체적으로 사업보고서를 검토하여 신성장 · 원천기술의 주요내용, 사업화과정, 제품화여부 등을 확인하여 사업의 효과를 검증하고, 시설투자 명세서를 확인하여 투자된 시설구입비의 적정성을 검증한다.

② 발표 및 현장실사

시설물(또는 설비)의 취득증빙(계약서, 세금계산서, 이체증빙 등)을 검토하고, 실사하여 실재성을 확인한다.[445]

| 표 _신성장 · 원천기술 연구개발비 사전조사내용 |

사전조사 단계		사전조사 내용
서면검토	개 요	• 신청기업에서 제출한 신청서와 사업계획서 등의 서류를 검토하여 세액공제 대상 기술(조특령 별표 7)의 적정성 및 투입 연구개발비의 적정성 확인
	확인절차	• 사업계획서를 검토하여 신성장동력 · 원천기술의 주요내용, 개발과정, 진행단계, 제품화 여부 등을 확인하여 사업의 효과를 검증 • 사업계획서 및 연구개발비 명세서를 확인하여 투입된 인건비, 재료비, 위탁 및 공동연구개발비의 적정성 검증
	제출자료	• 신성장동력 · 원천기술(연구개발비) 인정신청서(별지 제1호 서식) • 신성장동력 · 원천기술 사업계획서(별지 제3호 서식) • 신성장동력 · 원천기술 연구개발비 명세서(별지 제4호 서식) • 급여대장, 참여율 계산자료, 재료비 및 위탁공동개발비 명세세 등 연구 개발비 명세서 기재금액의 산출근거내역을 첨부하여 제출하고, 금액 계산의 적정성 및 내용의 적합성(재료비 및 공동연구개발비)을 현장실사 전 검토 ※ 2020.1.1.부터 연구노트, 연구개발보고서 및 계획서 작성, 보관 의무

444) 2020.12.29. 구 조세특례제한법 제25조의 5 규정이 조세특례제한법 제24조 규정으로 통합되면서, 직전사업연도 연구개발투자비용 및 신성장 · 원천기술 연구개발 투자비중, 원천기술 특허권 보유여부, 고용유지여부 요건이 폐지되었으므로, 조세특례제한법 제24조 규정 적용분에 대한 사전조사에서는 동 요건을 만족하는지 여부에 대해서는 확인하지 않을 것으로 보인다.

445) 구 조세특례제한법 제25조의 5 규정 적용분에 대한 사전조사에서는 공시된 재무제표, 직전연도 세무조정계산서, 건강보험가입자 명부, 원천징수이행상황신고서 등의 자료를 통해 직전사업연도 연구개발투자비용 요건, 고용유지 요건을 만족하는지 여부를 확인할 것이다.

사전조사 단계		사전조사 내용
발표 및 현장실사	개요	• 서면검토 이후 보완사항 설명 및 필요시 신청내용 관련 PPT, 영상자료 등 발표 • 재무제표 및 ERP 시스템 열람을 통해 신성장동력·원천기술 개발비의 구분경리 여부를 확인함 • 연구개발 내용 및 신청금액 관련 제출자료와 내부 증빙자료 확인
	확인절차	• 인거비 : 신청인원의 공제요건 충족여부 및 참여율 계산내역 확인을 위해 전수 혹은 샘플링을 거쳐 인사시스템을 열람, 공제신청인원의 인사기록 등을 확인하고, 서면검토 절차에 의해 확인한 인건비 금액의 실제 지출여부 확인을 위해 이체 내역을 검토함 • 재료비 : 서면검토를 통해 적정한 것으로 확인된 재료비의 개발단계 외 사용여부를 검토하기 위해 현장방문, 수량관리 시스템, 연구노트 작성여부 확인 • 위탁 및 공동연구개발비 : 위탁연구 등의 내역이 신청기술 및 공제요건에 해당되는지 여부를 확인하고, 계약서·결과 보고서와 이체내역 등 확인
	증빙자료	• 인건비 : 조직도, 인사기록 카드, 급여이체내역, 참여기간·참여율 확인자료, 원천징수영수증 • 재료비 : 구매내역서, 세금계산서, 이체증빙 등 • 위탁 및 공동여구개발비 : 위탁 및 공동연구개발 기업의 전담부서 등 증빙자료, 계약서, 결과보고서, 이체 증빙 등

| 표_신성장·원천기술의 사업화를 위한 시설투자비 사전조사내용 |

사전조사 단계		사전조사 내용
서면검토	개 요	• 신청기업에서 제출한 신청서와 사업계획서 등의 서류를 검토하여 세액공제 대상 기술(조특칙 별표 8의 8)의 적정성 및 시설투자비의 적정성 확인 • 신청기업의 공제요건 충족여부 확인
	확인절차	• 사업계획서를 검토하여 신성장동력·원천기술의 주요내용, 사업화과정, 제품화 여부 등을 확인하여 사업의 효과를 검증 • 직전사업연도 연구개발투자비용 및 신성장동력·원천기술 연구개발투자비중, 원천기술 특허권 보유여부, 고용유지 여부 확인 • 사업계획서 및 시설투자 명세서를 확인하여 투자된 시설구입비의 적정성 검증

사전조사 단계		사전조사 내용
서면검토	제출자료	• 신성장동력 · 원천기술(사업화 시절 투자) 인정신청서(별지 제2호 서식) • 신성장동력 · 원천기술 사업계획서(별지 제3호 서식) • 신성장기술 사업화를 위한 자산 명세서(별지 제5호 서식) • 직전연도 일반 연구개발비용 명세서 및 신정장동력 · 원천기술 연구개발비용 명세서 • 공제요건 자가진단서
발표 및 현장실사	개요	• 서면자료 외 영상자료 등을 통해 세액공제 신청 기술의 특성 및 이를 활용한 신청기업의 향후 사업계획에 대해 발표 • 서면검토 및 발표에서 파악한 기술과 시설투자비를 현장에서 신청기업의 내부 증빙자료 비교확인
	확인절차	• 시설물 또는 설비 실사를 통한 실재성 확인 • 취득증빙(계약서, 세금계산서, 이체증빙 등) 검토 • 고용유지 및 직전사업연도 연구개발투자비용의 세부증빙 검토
	증빙자료	• 시설(설비)의 취득증빙(계약서, 세금계산서, 이체증빙 등) • 공시된 재무제표, 직전년도 세무조정계산서 등 • 건강보험가입자 명부, 월별 원천징수이행상황신고서 등

6 신성장 · 원천기술의 범위

[조세특례제한법 시행령 별표 7] <개정 2021.2.17.> 신성장 · 원천기술의 범위(제9조 제2항 관련)

구분	분야	대상기술
1. 미래형 자동차	가. 자율 주행차	1) 주행상황 인지 센서 기술 : 주행상황을 인지하는 차량탑재용 비전 센서(vision sensor), 레이더 센서(radar sensor), 레이저 스캐너 센서(laser scanner sensor) 기술과 주행환경 상의 전방위 물체에 대한 정확한 거리와 공간정보를 처리하는 소프트웨어 기술
		2) 주행지능정보처리 통합시스템 기술 : 인지 센서를 통해 수집된 정보를 차량환경에서 고속처리하는 컴퓨팅모듈 통합시스템 설계 기술과 차량 내 · 외 통신기술 및 정밀도로지도 구축 · 정합 기술
		3) 주행상황 인지 기반 통합제어 시스템 기술 : 주행상황을 인지 · 판단하여 차선 · 차로를 제어하는 주행경로 생성 기술과 고장예지 · 고장제어 · 비상운행 등의 다중안전설계기술이 적용된 차량의 구동 · 조향 · 제동 · 제어 시스템과 이를 능동적으로 제어하는 통합제어 시스템 설계 기술

구분	분야	대상기술
1. 미래형 자동차	가. 자율주행차	4) 자율주행 사고원인 규명 기술 : 자율주행 사고시점 전후의 자동차 내외부 정보를 저장하고 분석하는 기술
		5) 탑승자 인지 및 인터페이스 기술 : 탑승자의 안면인식 등을 통한 신체적·감정적 변화 감지 기술과 탑승자의 모션·음성·터치 등을 통해 운전·내부조작 등이 가능한 상호작용 기술
	나. 전기구동차	1) 전기동력 자동차의 에너지저장 시스템 기술 : 전기동력 자동차(xEV)의 주행거리 연장, 충전시간 단축 등을 위해 차량용 이차전지 팩의 에너지 밀도를 160Wh/kg 이상으로 구현하기 위한 기술
		2) 수소연료 저장·공급 장치 제조 기술 : 수소연료로 전기를 생산하여 운행되는 수소연료전지자동차(FCEV : Fuel Cell Electric Vehicle) 내에 수소연료를 저장 및 공급하는 장치 제조 기술
		3) 수소충전소의 수소생산·압축·저장·충전설비 부품 제조기술 : 수소연료전지자동차에 수소연료를 공급하기 위한 수소충전소의 수소 생산설비, 압축설비, 저장설비, 충전설비의 부품 설계 및 제작 기술
		4) 전기동력 자동차의 구동시스템 고효율화 기술 : 전기동력 자동차에서 전기에너지를 운동에너지로 변환시키는 모터와 구동력을 휠(wheel)에 전달하기 위한 감속기·변속기 등 구동시스템을 고효율화하는 기술
		5) 전기동력 자동차의 전력변환 및 충전 시스템 기술 : 최대 출력 100kW급 이상, 최대 효율 92% 이상을 만족하는 전기동력 자동차 급속충전용 전력변환장치와 전기동력 자동차와 자동연결되는 유·무선 충전 인터페이스장치를 설계·제조하는 기술
		6) 전기차 초고속·고효율 무선충전 기술 : 전기동력 자동차와 관련하여 감전위험이 없는 비접촉 무선 전력전송 방식(자기유도, 자기공명, 전자기파)으로 배터리를 충전하기 위한 전력 전송효율 90% 이상의 초고속 고효율 무선충전시스템 및 무선충전 핵심모듈(급전 인버터, 집전 픽업구조, 레귤레이터) 기술
2. 지능정보	가. 인공지능	1) 학습 및 추론 기술 : 다양한 기계학습 알고리즘(algorithm), 딥러닝(deep learning), 지식베이스(knowledge base) 구축, 지식추론 등 학습 알고리즘과 모델링(modeling) 조합을 통해 지능의 정확도와 속도를 향상시키는 소프트웨어 기술
		2) 언어이해 기술 : 텍스트(text), 음성에서 언어를 인지, 이해하고 사람처럼 응대할 수 있는 자연어 처리, 정보검색, 질의응답, 언어의미 이해, 형태소·구문 분석 등 언어 관련 소프트웨어 기술

구분	분야	대상기술
2. 지능정보	가. 인공지능	3) 시각이해 기술 : 비디오(video), 이미지(image) 등에서 객체를 구분하고 움직임의 의미를 파악하기 위한 컴퓨터 비전(computer vision), 행동 인식, 내용기반 영상검색, 영상 이해, 영상 생성 등 사람의 시각지능을 모사한 소프트웨어 기술
		4) 상황이해 기술 : 다양한 센서(sensor)를 통해 수집된 환경정보를 이해하거나, 대화 상대의 감정을 이해하고 주변상황과 연결한 자신의 상태를 이해하는 등 자신이 포함된 세계나 환경을 이해하여 적절한 행동을 결정짓는 소프트웨어 기술
		5) 인지컴퓨팅 기술 : 저전력·고효율로 지능정보 학습을 수행할 수 있도록 컴퓨터 시스템 구조를 재설계하거나, 인공지능 알고리즘(algorithm) 처리가 용이하도록 초고성능 연산 플랫폼(Platform)을 제공하는 컴퓨터 하드웨어 및 소프트웨어 기술
	나. 사물인터넷(IoT: Internet of Things)	1) IoT 네트워크 기술 : 사물간의 네트워크(network)를 구성하기 위한 대량의 네트워크(Massive IoT) 구성 기술, 저전력 초경량 네트워크 기술(LPWA : Low Power Wide Area) 및 네트워크 상황에 따른 품질 보장형 협업 네트워크와 사물인터넷 전용망 기술
		2) IoT 플랫폼 기술 : 다양한 사물인터넷 기기에 대한 식별·통신·검색·접근 및 사물인터넷 기기를 통한 데이터 수집·저장·관리와 데이터에 대한 분석·가공을 지원하는 지능형 소프트웨어 플랫폼(Software Platform) 기술
		3) 사이버물리시스템 기술 : 센서와 구동체[액추에이터(Actuator)]를 갖는 기계적 장치와 이를 제어하는 정보통신 인프라(infra)를 결합하여 물리적 환경과 가상 환경을 연결하는 것으로 물리적 환경을 실시간으로 모니터링(monitoring)하여 대량의 데이터(data)를 수집·분석·처리하고 이를 바탕으로 물리적 기계장치 또는 컴퓨팅(computing) 장치를 자동으로 제어하는 임베디드(embedded) 기반 분산제어 시스템 기술
	다. 클라우드(Cloud)	1) SaaS(Software as a Service) 기술 : 다양한 클라우드 환경에서 인터넷을 통한 소프트웨어 사용이 실행가능하도록 상호운용성을 확보하고, 다양한 사용자 요구를 소프트웨어 자체의 변경 없이 수용하는 맞춤형 서비스 기술 및 SaaS 응용을 연계하여 새로운 서비스를 제공하는 서비스 매쉬업(mashup) 기술

구분	분야	대상기술
2. 지능정보	다. 클라우드(Cloud)	2) PaaS(Platform as a Service) 기술 : 개발자가 데이터베이스(database), 웹(web), 모바일(mobile), 데이터(data) 처리 등의 소프트웨어 개발 환경을 클라우드 상에서 손쉽게 활용하여 응용 서비스의 개발·배포 및 이전이 가능하도록 하는 기술 및 실행환경 제공 기술
		3) IaaS(Infrastructure as a Service) 기술 : 가상머신(Virtual Machine) 혹은 컨테이너(container, 경량화된 가상화기술) 기반으로 자원을 가상화하고, 다중 클라우드 연동을 통해 자원을 확장하는 기술 및 다양한 클라우드 인프라 서비스의 중개를 위한 클라우드 서비스 브로커리지(Cloud Service Brokerage) 기술
	라. 빅데이터(Big Data)	1) 빅데이터 수집·정제·저장 및 처리기술 : 여러 입력 소스(source)에서 발생하는 다양한 종류의 대규모 데이터(data)를 수집·정제하거나, 향후 분석을 위해 고속의 저장소에 저장하고 관리하는 기술
		2) 빅데이터 분석 및 예측 기술 : 대규모 데이터(data)에 다양한 통계기법, 기계학습, 시뮬레이션(simulation) 기법 등을 활용하여 분석하고, 데이터에 내재한 의미를 추출하고 장단기 미래 동향을 예측하는 소프트웨어 기술
		3) 데이터 비식별화 기술 : 개인의 사생활을 침해하지 않으면서 인공지능 학습 등에 활용할 수 있도록 대량의 비정형데이터(이미지·영상 등) 및 개인정보 데이터를 비식별화하는 기술
	마. 착용형 스마트 기기	1) 신체 부착형 전자회로의 유연기판 제작기술 및 유연회로 인쇄기술 : 스마트 착용형기기(wearable device)에 사용되는 신체 부착형 전자회로의 유연기판 제작기술 및 유연회로 인쇄기술
		2) 유연한 양·음극 소재 및 전극 설계·제조기술 : 20퍼센트 이상의 변형 시에도 기계적·전기화학적 신뢰성 확보가 가능하며 100㎛ 후박급의 착용형기기(wearable device)에 전원용으로 사용되는 유연한(flexible) 양·음극 소재 설계·제조 기술 및 해당 전극의 조성(composition)·형상(forming)의 설계·제조 기술
		3) 섬유기반 유연전원(fabric based flexible battery) 제조 기술 : 유연성능이 4.5g·㎠/cm 이상으로 변형에 대한 형태 안정성이 우수한 유연전원(fabric based flexible battery)으로서, 에너지 밀도가 100Wh/kg 이상으로 고효율·고수명의 성능을 가진 섬유기반 유연전원을 제조하는 기술

구분	분야	대상기술
	마. 착용형 스마트기기	4) 전투기능 통합형 작전용 첨단디지털 의류기술 : 군사 및 경찰 작전 등의 특수 임무를 수행하는 데 필요한 극한기능과 신호전송기능 및 신체보호기능을 갖춘 총체적 디지털 기능 전투복 제조 기술
		5) 생체정보 처리 및 인체내장형 컴퓨팅 기술 : 생체신호 측정 및 전달 기술, 생체기능의 컴퓨터 시뮬레이션(모사) 기술, 내장형 심장 박동 기술, 인슐린 자동 분비 기술, 인공 눈/귀 등과 같이 신체의 내·외부에 장착되어 사용자의 생체정보 또는 기능을 인식·모사·처리하거나 신체의 기능을 보완·대체하는 기술
2. 지능정보	바. IT 융합	1) 지능형 전자항해 기술 : IMO(International Maritime Organization, 국제해사기구)의 e-Navigation 구현을 목적으로 장소에 구애받지 않고 4S(ship to ship, ship to shore, shore to ship, shore to shore) 통신을 구현하는 통신단말장치 제작기술과 그 통신단말장치를 기반으로 육상과의 실시간 디지털통신을 통해 입항부터 출항까지의 항해 업무를 통합적으로 처리하고 증강현실 및 3차원 전자해도를 활용한 충돌·좌초 회피지원기능을 갖는 선박항해시스템 설계 및 구축기술
		2) 지능형 실시간 도시 시설물 관리시스템 기술 : 도시 시설물(도로, 철도, 교량, 항만, 댐, 터널, 건축물, 전기·가스·수도 등의 공급설비, 통신시설 및 하수도시설 등)에 부착 또는 삽입하여 동 시설물들을 대상으로 통신기능 및 에너지 수확기능을 갖는 센서(sensor)를 활용하여 시설물의 운영상황 및 위험요인(물리적·기능적 결함여부 포함)을 실시간으로 계측·평가하여 유지·보수하는 지능형 도시 시설물 관리시스템 설계·구축 기술
		3) 지능형 기계 및 자율협업 기술 : 생산설비에 붙박이 형태(built-in)로 장착한 다양한 센서(sensor)나 엔코더(Encoder)로부터 수집한 생산설비의 품질(상태)정보 및 공정조건을 실시간으로 분석하여 최적의 작업상태를 제공할 수 있는 진단·처방정보를 창출하는 내장형·외장형 소프트웨어 제작기술과 동 정보를 바탕으로 생산설비를 원격으로 제어하는 개방형 제어기(controller), M2M(Machine to Machine, Machine to Man, 기계 간의 통신 및 인간이 작동하는 기계와의 통신) 디바이스(device) 제작기술 및 내장형·외장형 소프트웨어와 개방형 컨트롤러 디바이스를 탑재하여 자동으로 상태감시·진단·제어기능을 하는 지능형 기계 제작기술

구분	분야	대상기술
2. 지능정보	사. 블록체인	블록체인 기술 : 모든 구성원이 분산형 네트워크(P2P Network)를 통해 정보 및 가치를 검증·저장·실행함으로써 특정인의 임의적인 조작이 어렵도록 설계된 분산 신뢰 인프라를 구현하기 위한 P2P 네트워킹기술, 합의기술, 스마트계약 검증기술, 분산저장기술, 플랫폼기술(확장성·성능 개선 등), 보안기술, IoT 기술, 적합성검증 기술
	아. 양자컴퓨터	양자컴퓨터 제작 및 활용 기술 : 양자 정보를 처리할 수 있는 메모리(큐비트, Qubit)를 구현하고, 큐비트간 연산처리가 가능한 장치의 제작 기술 및 양자컴퓨터의 구동·원격사용과 양자컴퓨터를 이용한 계산 등 양자컴퓨터를 활용하기 위한 기술
3. 차세대 소프트웨어(SW) 및 보안	가. 기반 소프트웨어(SW)	1) 융합서비스·제품의 소프트웨어 내재화 기술 : 기존 서비스 및 제품에 지능화·자동화 등을 위한 지능형 소프트웨어 기술을 적용하여 신규 서비스를 창출하거나 새로운 기능을 추가하고, 신뢰성·고속성·실시간성·저전력 등을 통해 10% 이상 기능을 향상시키는 기술
		2) 이기종(異機種) 멀티코아 소프트웨어 기술 : 중앙연산장치(CPU)에 보조연산장치·연산가속장치 등의 여러 컴퓨팅 장치를 결합하여 고효율·고성능(전력소모량 등 비용 효율성을 10배 이상 개선하거나, 연산속도를 10배 이상 개선한 것을 말한다)을 구현하는 소프트웨어 기술
		3) 분산병렬 소프트웨어 기술 : 대규모 데이터 연산 처리를 위해 분산 컴퓨팅 환경에서 10,000개 이상의 노드(센서, 컴퓨터 등) 지원을 대규모로 분산하는 소프트웨어 기술 및 100개 이상의 병렬성에서 99.999%의 신뢰성을 보장하는 고신뢰 병렬 소프트웨어 기술
		4) 차세대 메모리 기반 시스템 소프트웨어 기술 : 기존 메모리와 다른 대용량 비휘발성 메모리를 활용하여 컴퓨터·서버·휴대단말기 등의 컴퓨팅 속도를 20% 이상 개선하거나 메모리 용량을 4배 이상 증대시키는 시스템 소프트웨어 기술
		5) 컴퓨터 이용 설계 및 공학적 분석 소프트웨어 기술 : 제품 생산에 있어 개념 설계 단계 이후 제작도면 작성과 작성된 도면의 제품 성능 및 품질 검토를 수행하는 소프트웨어 기술
	나. 융합보안	1) 사이버 위협 인텔리전스(Intelligence) 대응기술 : 인적 자원으로 불가능한 대규모 사이버 공격의 분석 또는 대응을 위해 지능정보기술(인공지능, 빅데이터 등)을 활용한 사이버 위협 자동분석·대응 기술

구분	분야	대상기술
3. 차세대 소프트웨어(SW) 및 보안	나. 융합 보안	2) 휴먼바이오(human-bio)·영상 기반 안전·감시·보안기술 : 인간의 신체적 특성(지문, 얼굴, 홍채, 정맥 등)과 행동적 특성(서명, 음성, 걸음걸이 등)을 이용한 신원확인 기술과 영상정보를 이용하여 특정 객체(사람·사물)나 이상상황(범죄·사고 등)을 자동으로 인지하는 기술
		3) 미래컴퓨팅 응용·보안기술 : 양자컴퓨팅(quantum computing) 특성에 따른 고속의 데이터·통신 암호화 및 암호해독방지 기술
		4) 융합서비스·제품의 보안내재화 기술 : 사이버 공격으로 인명이나 재산상의 손실을 끼칠 수 있는 정보통신기술(ICT) 융합서비스·제품(자율주행차, 인공심박기, 도어락 등)에 탑재될 수 있도록 저전력·경량화되면서도 외부 공격(탈취, 파괴, 위·변조 등)에 의해 정보가 유출·변경되는 것을 방지·대응하기 위한 기술
4. 콘텐츠	가. 실감형 콘텐츠	1) 가상현실(VR) 콘텐츠 기술 : 사용자의 오감을 가상공간으로 확장·공유함으로써 환경적 제약에 의해 직접 경험하지 못하는 상황을 간접 체험할 수 있게 하는 가상현실(Virtual Reality) 콘텐츠 제작 기술
		2) 증강현실(AR) 콘텐츠 기술 : 디지털 콘텐츠를 현실 공간과 사물에 혼합시킴으로써 사용자에게 보다 많은 체험 서비스를 제공하게 하는 증강현실(Augmented Reality) 콘텐츠 제작 기술
		3) 오감체험형 4D 콘텐츠 제작기술 : 기존의 3D 입체영상 콘텐츠에 증강현실(Augmented Reality) 영상기술과 시각·후각·청각·미각·촉각 등의 오감체험을 통한 양방향성의 상호작용 기술이 융합된 4D 콘텐츠 제작기술
		4) 디지털 홀로그램(Hologram) 콘텐츠 제작기술 : 물체 형태에 대한 완벽한 3차원 정보를 조명광 파면(wavefront)의 간섭무늬 형태로 담고 있는 홀로그램 프린지(fringe) 패턴을 생성하고, 디지털화된 처리를 통해 3차원 영상으로 재현, 편집, 정합 또는 공간인식을 하는 기술
	나. 문화 콘텐츠	1) 게임 콘텐츠 제작기술 : 게임 콘텐츠의 기획·제작 및 서비스를 위한 게임엔진, 게임저작도구, 게임 UI(User Interface), 게임 운영환경개발 기술
		2) 영화·방송 콘텐츠 제작기술 : 영화·방송 콘텐츠의 기획·제작을 위한 사전시각화(pre-visualization) 및 그래픽 품질 개선 기술

구분	분야	대상기술
4. 콘텐츠	나. 문화 콘텐츠	3) 애니메이션 콘텐츠 제작기술 : 애니메이션 콘텐츠의 기획·제작을 위한 대용량 디지털 데이터 처리 관리 기술, AI 머신러닝을 통한 애니메이션·에셋 자동생산 기술, 게임엔진을 활용한 실시간 제작기술, 버추얼 프로덕션(virtual production) 기술
		4) 만화·웹툰 콘텐츠 제작기술 : 만화·웹툰 콘텐츠의 기획·제작 및 서비스를 위한 디지털 만화 저작도구 개발 기술, 만화 멀티미디어 콘텐츠 제작 기술, 플랫폼 구축 및 서비스를 위한 저작권 보호 기술
5. 차세대 전자 정보 디바이스	가. 지능형 반도체·센서	1) 고속 컴퓨팅을 위한 SoC 설계·제조 기술 : 인간형 인식, 판단, 논리를 수행할 수 있는 뉴럴넷(Neural Network)을 구현하는 초고속, 저전력 슈퍼프로세서 기술로서 지능형 자율주행 이동체(드론 등), 지능형 로봇, 게임로봇, 고속 정보 저장·처리 및 통신기기, 위성체 및 군사용 무기 체계, 보안카메라, DVR (Digital Video Recoder)등의 화상처리용 지능형 보안시스템, 복합 교통관제 시스템 등의 제작을 위해 매니코어(Many Core)를 단일 반도체에 통합한 SoC(System on Chip) 설계 및 제조(7nm 이하) 기술
		2) 초소형·초저전력 IoT·웨어러블 SoC 설계·제조 기술 : IoT, 착용형 스마트 단말기기 및 웨어러블 센서(wearable sensor) 등을 위해 장기간 지속사용이 가능하고, 초소형·초저전력으로 동작하며, IoT 네트워크에 지능형 서비스를 적용하기 위한 지능정보 및 데이터의 처리가 가능한 초저전력 SoC(System on Chip) 설계·제조 기술
		3) SoC 파운드리 제조, 후공정 및 장비 설계·제조 기술 : SoC(System on Chip) 반도체 개발·양산을 위한 핵심 기반기술로 파운드리(Foundry) 분야의 7nm 이하급 제조공정 및 공정 설계기술, 2D/2.5D/3D 패키징 등 파운드리(Foundry) 후공정 기술 및 파운드리 소재·장비 설계·제조 기술
		4) 차세대 메모리반도체 제조기술과 소재·장비 및 장비부품의 설계·제조기술 : 기존 메모리반도체인 D램(DRAM)과 낸드 플래시메모리(Nand Flash Memory)의 장점을 조합한 STT-MRAM(Spin Transfer Torque-Magnetic Random Access Memory), PRAM(Phase-change Random Access Memory), ReRAM(Resistive Random Access Memory) 등 차세대 메모리반도체 제조기술 및 관련 소재·장비 및 장비부품의 설계·제조기술

구분	분야	대상기술
5. 차세대 전자 정보 디바이스	가. 지능형 반도체 · 센서	5) 지능형 마이크로 센서 설계 · 제조 · 패키지 기술 : 물리적 · 화학적인 아날로그(analogue) 정보를 얻는 감지부와 논리 · 판단 · 통신기능을 갖춘 지능화된 신호처리 집적회로가 결합된 소자로서 나노기술, MEMS[Micro Electro Mechanical System, 기계부품 · 센서(sensor) · 액추에이터(actuator) 및 전자회로를 하나의 기판 위에 집적화)] 기술, 바이오 기술, 0.8㎛이하 CMOS 이미지센서 기술 또는 SoC(System on Chip) 기술이 결합된 초소형 고성능 센서 설계 · 제조 및 패키지 기술
		6) 차량용 반도체 설계 · 제조기술 : 자동차 기능안전성 국제표준 ISO26262, 자동차용 반도체 신뢰성 시험규격 ACE-Q100을 만족하는 MCU(Micro controller unit), ECU(Electronic control unit), 파워IC, SOC, 하이브리드/전기차 및 자율주행용 IC 반도체의 설계 · 제조 기술
		7) 에너지효율향상 반도체 설계 · 제조기술 : 실리콘 기반의 MOSFET (MOS field-effect transistor)에 비해 저저항 · 고효율 특성을 지니며 차세대 응용 분야(전기차, 하이브리드카, 태양광, 풍력발전 등 신재생에너지, 스마트그리드 등) 인버터 등에 탑재되는 SJ(Super Junction) MOSFET, IGBT, SiC MOSFET의 설계 · 제조 기술
		8) 첨단 메모리반도체 설계 · 제조기술 : 12nm 이하급 D램과 220단 이상 낸드플래시메모리 설계 · 제조 기술
		9) 에너지효율향상 전력 반도체 BCDMOS(Bipolar /Complementary/Double-diffused metal-oxide-semiconductor) 설계 · 제조 기술 : 실리콘 기반의 저저항 · 고효율 특성을 지니며 차세대 응용 분야(5G, 전기차, 하이브리드카, 태양광, 풍력발전 등 신재생에너지, 스마트그리드 등)에 탑재되는 아날로그, 디지털 로직, 파워소자를 원칩화한 초소형 · 초절전 전력반도체 0.13㎛ 이하 BCDMOS 설계 · 제조 기술
		10) 전자제품 무선충전 기술 : 기존 유도방식 무선충전 대비 충전 자유도가 높은 고출력 공진방식 무선 · 급속 충전 기술 및 원거리 RF(Radio Frequency) 전력전송 기술
	나. 반도체 등 소재 · 부품	1) 포토레지스트(Photoresist) 개발 및 제조기술 : 반도체 및 디스플레이용 회로형성에 필요한 리소그래피(lithography)용 수지로서 회로의 내열성, 전기적 특성, 현상(Developing) 특성을 좌우하는 Photoresist 및 관련 소재를 개발 및 제조하는 기술 [ArF(불화아르곤) 광원용 및 EUV(극자외선) 광원용]

구분	분야	대상기술
5. 차세대 전자 정보 디바이스	나. 반도체 등 소재·부품	2) 원자층증착법(ALD, Atomic Layer Deposition) 및 화학증착법(CVD, Chemical Vapor Deposition)을 위한 고유전체(High-k dielectric)용 전구체 개발 기술 : 기존의 이산화규소(SiO2)보다 우수한 유전특성을 갖는 high-k dielectric 박막 증착을 위한 ALD 및 CVD 공정에 사용되는 전구체를 개발하는 기술
		3) 고순도 불화수소 개발 및 제조기술 : 반도체 회로형성에 필요한 순도 99.999%(5N) 이상의 고순도 불화수소를 개발 및 제조하는 기술
		4) 블랭크 마스크(Blank Mask) 개발 및 제조기술 : ArF(불화아르곤) 광원 및 EUV(극자외선) 광원을 이용하여 반도체 회로를 형성하는데 사용되는 블랭크마스크 원판 및 관련 소재[펠리클(Pelllicle), 합성쿼츠, 스터러링용 타겟 등을 포함]을 개발 및 제조하는 기술
		5) 반도체용 기판 개발 및 제조기술 : 14nm 이하급 D램과 170단 이상 낸드플래시메모리 및 에피텍셜 반도체용 기판을 개발 및 제조하는 기술
		6) 첨단 메모리반도체 장비 및 장비부품의 설계·제조 기술 : 14nm 이하급 D램(DRAM)과 170단 이상 낸드 플래시메모리(Nand Flash Memory) 양산을 위한 장비·장비부품의 설계·제조 기술
		7) 플렉서블 디스플레이 패널, 차세대 차량용 디스플레이 패널용 DDI 칩(Display Driver IC) 설계 및 제조 기술 : 화면에 문자나 영상 이미지 등이 표시되도록 디스플레이 패널에 구동 신호 및 데이터를 전기신호로 제공하는 반도체를 설계 및 제조하는 기술
		8) 고기능성 인산 제조 기술 : SiNx, SiOx 막질의 선택적인 식각이 가능한 고선택비(1,000이상) 인산계 식각액 제조기술
		9) 고순도 석영(쿼츠) 도가니 제조 기술 : 반도체 웨이퍼 제조용 용융 실리콘의 오염을 막기 위한 도가니 형태의 순도 99.999%(5N) 이상의 고순도 석영 용기 제조 기술
		10) 코트막형성재 개발 및 제조 기술 : 완성된 반도체 소자의 표면을 외부환경으로부터 보호하기 위해 사용하는 절연성을 가진 고감도(80mJ/㎠ 이하) 감광성 코팅 기술 또는 패키징 재배선(배선폭 7㎛ 이하) 형성 재료 제조 기술

구분	분야	대상기술
5. 차세대 전자 정보 디바이스	다. 유기발광 다이오드(OLED: Organic Light Emitting Diode) 등 고기능 디스플레이	1) 9인치 이상 능동형 유기발광 다이오드(AMOLED: Active Matrix Organic Light Emitting Diode) 패널 기능개선 및 부품·소재·장비 제조 기술 : 저온폴리실리콘(LTPS, Low Temperature Poly Silicon) 또는 산화물(Oxide) TFT(Thin Film Transistor, 전자이동도 8㎠/Vs 이상) 기판 상에 진공 증발 증착 또는 프린팅 방식으로 고화질(고해상도, 고색재현, 고균일, HRD)을 구현한 대화면(9인치 이상) AMOLED 패널을 제조하기 위해 공정별로 사용되는 기술(모듈조립공정기술은 제외한다)과 AMOLED 패널을 제조하기 위한 부품·소재·장비 제조 기술
		2) 대기압 플라즈마 식각 장비 기술 : 디스플레이를 제조할 목적으로 대기압에서 플라즈마(plasma)를 발생시켜 박막을 식각하는 장비 제작 기술
		3) 플렉서블 디스플레이 패널·부품·소재·장비 제조 기술 : 플렉서블 디스플레이(유연성 또는 유연한 성질을 가지는 디스플레이로, 깨지지 않고 휘거나 말 수 있고 접을 수 있는 특성을 지닌 것을 말한다. 이하 같다)를 제조하기 위해 공정별[유연필름 제조, 이형과 접합, TFT(Thin Film Transistor) 제조, 화소형성, 봉지, 모듈 공정 등]로 사용되는 기술과 이와 관련한 부품·소재 및 장비 제조 기술
		4) 차세대 차량용 디스플레이 패널·부품·소재·장비 제조 기술 : 굴곡된 형상으로 제조 가능하고, 동작온도 -30℃~95℃, 시인성 black uniformity 60% 이상을 만족하는 다결정 저온 폴리실리콘(LTPS-LCD) 패널 제조 기술(모듈조립공정기술은 제외한다)과 이와 관련한 부품·소재 및 장비 제조 기술
		5) 마이크로 LED 디스플레이 패널·부품·소재·장비 제조 기술 : 실리콘(Silicon) 또는 사파이어(Sapphire) 기판에 저결함 에피공정을 적용하여 100㎛ 이하의 자발광 R/G/B 마이크로 LED 칩을 제조하는 기술과 이를 이용한 픽셀·패널 제조 기술 및 이와 관련한 부품·소재 및 장비 제조 기술
		6) VR·AR·MR용 디스플레이 패널·부품·소재·장비 제조 기술 : 가상현실, 증강현실, 혼합현실 기기에 사용되는 초고해상도(1,500 ppi 이상) 디스플레이를 제조하기 위해 공정별로 사용되는 기술과 이와 관련한 부품·소재 및 장비 제조기술

구분	분야	대상기술
5. 차세대 전자 정보 디바이스		7) 친환경 QD(Quantum Dot) 나노 소재 적용 디스플레이 패널·부품·소재·장비 제조 기술 : 적은 소비전력으로 고색재현 및 화학적·열적 안정성 개선이 가능한 QD 나노 소재 적용 디스플레이를 제조하기 위해 공정별로 사용되는 기술과 이와 관련한 부품·소재 및 장비 제조 기술
	라. 3D 프린팅	3D프린팅 소재·장비 개발 및 제조기술 : 3차원 디지털 설계도에 따라 액체수지, 금속분말 등 다양한 형태의 재료를 적층하여 제품을 생산하는데 사용되는 소재·장비를 개발 및 제조하는 기술
	마. AR 디바이스	AR 디바이스 제조기술 : 실제의 이미지나 배경에 유의미한 상황 정보를 기반으로 한 영상·텍스트·소리 등의 가상정보를 나타내어 사용자의 경험이 증강되고 현실세계와 동기화할 수 있는 장비 및 관련 부품의 개발 및 제조기술
6. 차세대 방송 통신	가. 5세대(5G: 5generation) 및 6세대(6G: 6generation)이동통신	1) 5G 이동통신 기지국 장비 기술 : 가입자와 연결을 위해 이동통신사업자가 구축하는 5G 이동통신 광역 및 소형 셀(cell) 기지국 장비에 적용되는 기술
		2) 5G 이동통신 코어네트워크(Core Network, 기간망) 기술 : 트래픽(traffic) 전송·제어, 네트워크(network) 간 연결 등을 위해 5G 이동통신 기지국 장비와 연동되는 게이트웨이(gateway), 라우터(router), 스위치(switch) 등에 적용되는 기술
		3) 5G 이동통신 단말 특화 부품 기술 : 5G 이동통신 단말을 구현하기 위해 새롭게 개발·적용될 통신모듈[베이스밴드(baseband, 기저대역) 모뎀, RF(radio frequency) 칩셋(chipset) 등]의 부품·소자에 적용되는 기술
		4) 6G 이동통신 기술 : 초저지연(μsecr급) 기술을 기반으로 초고속(Tera bps급) 통신 지원을 위해 Tera-Hz 대역 활용을 가능하게 하는 신소자 RF·안테나 및 모뎀 및 부품·소자에 적용되는 기술
		5) 차세대 근거리 무선통신 기술 : IEEE(Institute of Electrical & Electronics Engineers, 국제전기전자기술자협회) 802.11ac 규격보다 높은 주파수 효율과 전송속도를 제공하는 근거리 무선통신(무선랜: wireless LAN) 기술

구분	분야	대상기술
6. 차세대 방송 통신	나. UHD (Ultra-High Definition)	1) 지상파 UHD방송 송신기 성능 향상기술 : 냉각 기술(공냉, 수냉, 질소냉각 등 포함)의 개선, 회로 설계 방식 개선 등을 통한 고효율 지상파 UHD방송용 송신기 설계 · 제조 기술
		2) UHD 방송 통합 다중화기 기술 : 신규 전송 프로토콜[ROUTE, MMT(MPEG Media Transport) 등 포함]과 기존 전송 프로토콜[MPEG-2 TS(Transport System)]로 생성된 신호를 입력받아, 국내외 UHD 방송 표준에 따른 전송 프로토콜로 출력하는 통합형 다중화기 기술
		3) 신규 방송서비스 제공을 위한 시그널링 시스템 기술 : 다양한 신규 방송서비스 제공을 위해 UHD방송 표준에 따른 시그널링(signaling) 시스템[시그널 인코더(signal encoder), 서비스가이드 인코더(service guide encoder), 시그널/서비스가이드 서버(signal/service guide server), 서비스 메타데이터(metadata) 관리서버, 통합 모니터링(monitoring) 시스템, 앱 시그널링 인코더(app signaling encoder), 콘텐츠 푸시 서버(push server, 자동제공서버) 등을 포함한다] 기술
7. 바이오 · 헬스	가. 바이오 · 화합물 의약	1) 바이오 신약[바이오 베터(Bio Better)를 포함한다] 후보물질 발굴 기술 : 유전자재조합기술, 세포배양 기술 등 새로운 생명공학을 이용하여 생명체에서 유래된 단백질 · 호르몬 등을 원료 및 재료로 하는 단백질의약품 · 유전자치료제 · 항체치료제 · 줄기세포를 이용한 세포치료제를 개발하는 기술
		2) 방어 항원 스크리닝 및 제조기술 : 면역 기전을 이용하여 인체질환을 방어하기 위해 항원을 스크리닝하고 이 항원을 제조하여 각종 질환을 치료하거나(치료용 백신) 예방하기 위한 백신(예방용 백신) 제조 기술
		3) 바이오시밀러 제조 및 개량기술 : 바이오시밀러의 고수율(배양단계 1g/L이상) 제조공정 기술과 서열변경, 중합체 부과, 제제변형 등의 방법으로 바이오시밀러의 활성, 안정성, 지속성을 개량하여 새로운 기능 및 효능을 부여하는 기술
		4) 혁신형 신약(화합물의약품) 후보물질 발굴기술 : 인체내 질병의 원인이 되는 표적 수용체(Receptor) 또는 효소(Enzyme) 등의 반응 기전(Mechanism)을 규명하고 분자설계를 통해 표적체(Target)와 선택적으로 작용할 수 있는 구조의 화합물 후보물질 라이브러리(Library)를 확보하며, 고속탐색법(HTS, High Throughput Screening) 기술을 이용하여 후보물질 라이브러리로부터 후보물질을 도출한 후 유기합성기술을 통해 안전성 및 유효성이 최적화된 신약 후보물질로 개발하는 기술

구분	분야	대상기술
7. 바이오·헬스	가. 바이오·화합물 의약	5) 혁신형 개량신약(화합물의약품) 개발 및 제조 기술 : DDS(Drug Delivery System, 약물전달시스템), 염변경, 이성체 제조, 복합제 제조 및 바이오·나노기술과의 융합 등의 기술을 통해 기존 신약보다 안전성, 유효성, 유용성(복약순응도, 편리성 등), 효능 등을 현저히 개선시킨 개량 신약을 개발·제조하는 기술
		6) 임상약리시험 평가기술(임상1상 시험) : 바이오 신약[바이오 베터(Bio Better)를 포함한다], 백신, 혁신형 신약(화합물의약품) 후보물질의 초기 안정성, 내약성, 약동학적, 약력학적 평가 및 약물대사와 상호작용 평가, 초기 잠재적 치료효과 추정을 위한 임상약리시험 평가기술
		7) 치료적 탐색 임상평가기술(임상2상 시험) : 바이오 신약[바이오 베터(Bio Better)를 포함한다], 백신, 혁신형 신약(화합물의약품) 후보물질의 용량 및 투여기간 추정 등 치료적 유용성 탐색을 위한 평가기술
		8) 치료적 확증 임상평가기술(임상3상 시험) : 바이오 신약[바이오 베터(Bio Better)를 포함한다], 백신, 혁신형 신약(화합물의약품) 후보물질의 안전성, 유효성 등 치료적 확증을 위한 평가기술
		9) 바이오필터 소재·부품 제조기술 : 바이오의약품 제조공정에서 세포, 바이러스, 단백질 등의 분리·정제·농축을 위해 사용하는 정밀여과급[MF급(Microfiltration): 평균 기공크기 0.1~10㎛] 및 한외여과급[EF급(Microfiltration): 평균 기공크기 0.001~0.1㎛]에 해당하는 바이오 필터 소재·부품 제조기술
	나. 의료기기·헬스케어	1) 기능 융합형 초음파 영상기술 : 조기 정밀 진단을 위한 영상기술 간 융합(X-ray - 초음파, 광음향 - 초음파) 및 정밀치료를 위한 초음파 영상유도 기반의 체외충격파 치료 기술
		2) 신체 내에서 생분해되는 소재 개발 및 제조 기술 : 우수한 유연성과 고강도의 기계적 물성을 가지며, 시술에 따른 혈전증 및 재협착률을 최소화하는 생분해성 스텐트 제조 기술
		3) 유전자 검사용 진단기기 및 시약의 개발 및 제조 기술 : 질병의 진단이나 건강상태 평가를 목적으로 인체에서 채취한 검체로부터 DNA(deoxyribonucleic acid), RNA(ribo nucleic acid), 염색체, 대사물질을 추출하여 분석하는 기기 및 시약의 개발 및 제조 기술
		4) 암진단용 혈액 검사기기 및 시약의 개발 및 제조 기술 : 채취한 혈액으로부터 종양 표지자의 농도를 측정하여 암발생 유무를 판단하는 데 활용되는 검사기기 및 시약의 개발 및 제조 기술

구분	분야	대상기술
7. 바이오·헬스	나. 의료기기·헬스케어	5) 감염병 병원체 검사용 진단기기 및 시약의 개발 및 제조 기술 : 인체에서 채취된 혈액, 소변, 객담, 분변 등의 검체를 이용하여 국내에서 새롭게 발생했거나 발생할 우려가 있는 감염병 또는 국내 유입이 우려되는 해외 유행 감염병의 병원체를 검사하는 데 활용되는 기기 및 시약의 개발 및 제조 기술
		6) 정밀의료 등 맞춤형 건강관리 및 질병 예방·진단·치료 서비스를 위한 플랫폼 기술 : 서로 다른 형태의 개인건강정보(진료기록, 일상건강정보, 유전자 분석 데이터, 공공데이터 등)를 저장·관리하기 위한 정보 변환기술과, 수집된 정보의 분석을 통해 질병 발병도 등 건강을 예측하고 이에 따른 맞춤형 건강관리 및 질병 예방·진단·치료를 제공하는 기술
		7) 신체기능 복원·보조 의료기기 기술 : 생체역학·바이오닉스 등 첨단 의공학 기술을 통해 영구 손상된 신체기능을 원래대로 복원하여 정상적인 일상생활을 가능하게 하는 기술
	다. 바이오농수산·식품	1) 비가열 및 고온·고압 전처리 기술 : 초고압(1,000기압 이상), 고압전자기장[PET(Pulsed Electric Field) 1kV 이상], 전기저항가열(Ohmic Heating), 방사선 조사(irradiation)와 같은 대체 열에너지를 사용하거나, 가압·진공·과열증기(SHS, Superheated steam) 및 증기직접주입법(DSI, Direct steam injection) 등을 이용한 고온·고압 처리기술을 사용하여 미생물 수를 감소시키거나 사멸시키는 처리기술
		2) 식품용 기능성 물질 개발 및 제조 기술 : 동·식물 및 미생물 유래 기능 물질의 탐색·분석·동정(identification)과 식품용도로 사용하기 위한 안전성·기능성 평가 및 원료 가공 또는 대량생산 기술
		3) 신품종 종자개발기술 및 종자가공처리 기술 : 유전자원을 활용하여 부본과 모본의 교배를 통하거나 전통적인 육종기술에 유전공학 기술을 접목하여 생산성, 품질, 기능성 등이 개선된 신품종 종자를 개발하는 기술과 종자의 품질을 높이기 위한 프라이밍(priming), 코팅(coating), 펠렛팅(pelleting) 등 종자 가공처리 기술
		4) 유용미생물의 스크리닝 기술 및 유용물질 대량생산공정 기술 : 세균이나 곰팡이를 선발·분리하여 효용성을 평가하거나 이들 미생물을 활용하여 균주개발, 발효공정, 정제공정 등을 거쳐 유용물질을 대량으로 생산하는 기술

구분	분야	대상기술
7. 바이오·헬스	다. 바이오 농수산·식품	5) 스마트팜 환경제어 기기 제작 기술 : 온실이나 축사의 온도, 습도, 이산화탄소, 악취 등을 감지하여 환경을 조절하는 센서와 이를 통해 작동하는 액츄에이터(actuator) 및 제어시스템을 설계·제조하는 기술
		6) 식물성단백질 분리·분획·정제 및 구조화 기술 : 물리적·화학적 방법을 이용하여 농·식품자원으로부터 식물성 단백질을 전분, 지방 등과 분리하여 용도에 맞게 분획·정제하는 기술 및 식물성단백질을 3D 프린터, 압출식 성형방식 등을 통해 구조화하는 기술
		7) 식품 냉·해동 안정화 기술 : 수분전이제어, 원물코팅, 라디오 주파수·저온 Steam 해동 등을 활용하여 냉동원료 및 제품의 품질을 균일하게 제어할 수 있는 식품 냉·해동 안정화 기술
	라. 바이오 화학	1) 바이오매스 유래 바이오플라스틱 생산 기술 : 재생가능한 유기자원을 이용하여 직접 또는 전환공정을 통해 당 또는 리그닌을 추출·정제하는 기술 및 바이오플라스틱을 생산하는 기술
		2) 바이오 화장품 소재(원료) 개발 및 제조기술 : 세포활성 제어기술, 미생물 발효 및 생물전환기술, 활성성분 대량생산기술 등의 바이오기술(bio technology)을 활용하여 화장품의 소재(원료)를 개발 및 제조하는 기술
8. 에너지 신산업·환경	가. 에너지 저장 시스템 (ESS: Energy Storage System	1) 비리튬계 이차전지 소재 등 설계 및 제조기술 : 흐름전지(Flow Battery)에 사용되는 전극·멤브레인(Membrane)·전해질·저가 분리판·스택(Stack) 설계 및 제조 기술과 고온형 나트륨(Sodium)계 이차전지에 사용되는 세라믹(Ceramic) 전해질·셀(Cell)·모듈 설계 및 제조 기술
		2) 전력관리시스템 설계 및 전력변환장치 설계 및 제조 기술 : 전력을 제어하기 위한 전력관리시스템(PMS, Power Management System) 설계 기술과 저장장치 전력과 전력계통 간의 특성을 맞춰주는 전력변환장치(PCS, Power Conversion System) 설계 및 제조 기술
		3) 에너지관리시스템 기술 : 주파수조정, 신재생연계, 수요반응 등의 응용분야별 제어 소프트웨어 기술을 핵심으로 하는 에너지관리시스템(EMS, Energy Management System) 기술
		4) 배터리 재사용·재제조를 위한 선별 기술 : 초기용량 대비 80% 이하로 수명이 종료된 전기자동차 배터리의 성능·안전성 평가를 통해 잔존가치를 유지한 배터리를 선별하는 기술

구분	분야	대상기술
8. 에너지 신산업 · 환경	나. 신재생 에너지	1) 페로브스카이트(Perovskite), 페로브스카이트 · 결정질 실리콘 등 탠덤 태양전지 핵심소재 제조 및 대면적화 기술 : 고효율성 및 고내구성을 가진 대면적 웨이퍼, 광활성층, 전자 · 정공수송층, 투명전극, 금속전극, 금속리본, 봉지, 경량 전후면 외장 재료 등의 핵심소재 제조기술, 대면적 · 고효율 셀 및 고출력 모듈화 기술(대면적 제조장비, 연속공정기술 포함)
		2) 연료전지 전용부품 제조기술 : 연료전지 핵심부품인 개질기, 막전극접합체, 금속 분리판 또는 블로어 제조 기술
		3) 폐기물 액화 · 가스화 기술 : 재생폐기물로부터 연료유 또는 가스를 생산하기 위한 열분해 · 가스화 기술
		4) 풍력에너지 생산 기술로서 회전동력을 증속시켜 발전기에 전달하는 부품 설계 및 제조기술 : 블레이드(blade)로부터 전달되는 회전력을 전달받아 증속하여 발전기에 전달하는 장치를 구성하는 유성기어(planet carrier) · 축(shaft) · 베어링(bearing) · 이음쇠(coupling) · 브레이크(brake) 및 제어기(controller)의 설계 및 제조 기술
		5) 풍력에너지 생산 기술로서 발전기(Generator) 및 변환기(Inverter) 제조기술 : 동력 구동장치 증속기로부터 동력을 전달받아 회전자(rotor)와 고정자(stator)를 통해 전기를 발생시키는 발전기(generator)와 정속운전 유도발전기용 변환기, 가변속 운전 이중여자 유도발전기용 변환기 및 가변속 운전 동기발전기용 변환기의 설계 및 제조 기술
		6) 지열 에너지 회수 및 저장 기술 : 지열에너지 이용 효율 및 경제성을 향상시키는 그라우팅(grouting) 재료 제작 기술 · 보어홀(borehole) 전열저항 저감기술 · 저비용 시추기술 및 지중 축열 기술
		7) 지열발전기술 : 지하 2km 이상 깊이의 심부 지열자원을 개발하여 전기를 생산하기 위한 일련의 기술로서 지열자원탐사기술, 심부시추 기술, 심부시추공 조사기술, 인공 지열저류층 생성기술(enhanced geothermal system), 지열수 순환시스템 구축기술과 지열유체를 이용하여 전기를 생산하고 열에너지를 활용하는 기술
		8) 바이오매스 유래 에너지 생산기술 : 자연에 존재하는 다양한 자원을 이용하여 직접 또는 전환공정을 통해 연료로 사용할 수 있는 고형연료, 알코올, 메탄, 디젤 등을 생산하는 기술

구분	분야	대상기술
8. 에너지 신산업 · 환경	나. 신재생 에너지	9) 액화수소 제조를 위한 수소액화플랜트 핵심부품 설계 및 제조기술 : 액화수소 제조를 위한 수소액화플랜트의 LNG냉열 이용 예냉사이클 설계기술, 수소액화공정에 필요한 부품(압축기·팽창기 등) 설계 및 제작기술
		10) 고체산화물 연료전지 지지형셀·스택·시스템 설계 및 제조 기술 : 고체산화물 연료전지(SOFC)에서 중저온(600℃ 이하)에서 작동이 가능하고 출력효율이 높은 금속·연료극 지지형셀, 셀·분리판 등이 결합되어 전기와 열을 생산하는 스택, 스택을 결합하여 대량으로 발전이 가능한 시스템(발전효율 50% 이상인 4kW급)을 제조하는 기술
		11) 풍력발전 블레이드 기술 : 8MW급 이상의 풍력발전 블레이드(Blade) 설계 및 제조 기술
		12) 수소 가스터빈(혼소·전소) 설계 및 제작 기술 : 수소를 연료로 사용하여 연소시킬 때 발생하는 고온 고압의 에너지로 발전기를 회전시켜 전기를 생산하는 가스터빈 부품 설계·제작·조립·시험 평가 기술
	다. 에너지 효율향상	1) 지능형 전력계통(Smart Grid) 설계 및 제조기술 : 전력 기술과 정보·통신 기술의 융합을 통해 전력 공급자와 소비자가 양방향으로 실시간 정보를 교환함으로써 고신뢰도 유지 및 에너지 효율 최적화를 달성하기 위한 차세대 전력시스템 설계 및 제조기술
		2) 지능형 배전계통 고도화 및 운용기술 : 지능형 배전계통에 필요한 고신뢰성·고품질의 전력공급 및 지능형 배전계통을 보호·제어하기 위한 기술로서 보호 및 제어용 지능형전력장치(IED, Intelligent Electric Device) 기술, IED가 탑재된 배전용 개폐기 및 차단기 제조 기술, 지능형 배전계통 데이터베이스(database) 통합 관리 기술, 지능형 배전계통의 자산관리 및 운용 기술, 지능형 직류배전 공급용 기기 제조 기술, 지능형 분산전원 연계기기 제조 기술, 지능형 배전계통 전력품질 보상기기 및 지능형 배전망 운용 기술
		3) 지능형 건축물 에너지 통합 관리시스템 기술 : 복수의 건축물을 대상으로 해당 건축물에서 소비하는 에너지를 원격 및 통합적으로 계측·평가 및 관리하는 통합형 건축물 군(群) 관리 시스템 설계·구축 기술

구분	분야	대상기술
8. 에너지 신산업 · 환경	다. 에너지 효율향상	4) 지능형 검침인프라(AMI, Advanced Metering Infrastructure) : 양방향 통신 기반의 전자식 계량기를 활용하여 전기사용정보 등을 수집 후 통합관리하는 인프라로서 실시간으로 전력가격 및 사용정보를 소비자에게 전달하여 수요반응 등을 가능케 하고, 공급자에게는 더욱 정확한 수요예측 및 부하관리 등이 가능하게 하는 기술
		5) 웨이퍼레벨 칩 패키징 공정기술 : LED 칩을 미세 패턴이 가공된 열전도성이 높은 웨이퍼 위에서 일련의 공정을 통해 패키징한 후 다이싱(dicing)하여 칩 패키지를 제조하는 기술
		6) 대형가스터빈 부품 및 시스템 설계 · 제작 · 조립 · 시험 평가기술 : 천연가스를 연소시킬 때 발생하는 고온 고압의 에너지로 발전기를 회전시켜 전기를 생산하는 용량 380MW 이상, 효율 43% 이상의 터빈 · 부품 설계 · 제작 · 조립 · 시험 평가 기술
		7) 초임계 이산화탄소 터빈구동 시스템 : 열원을 활용하여 생성된 초임계 상태의 이산화탄소(supercritical CO2)를 작동 유체로 터빈을 구동하는 고효율 터빈 · 압축기 · 열교환기 등 발전설비 및 시스템 개발 기술
		8) 고성능 리튬이차전지 기술 : 265wh/kg 이상의 에너지밀도 또는 6C-rate 이상의 방전속도를 충족하는 고성능 리튬이차전지에 사용되는 부품 · 소재 · 셀(cell) 및 모듈(module) 제조 및 안전성 향상 기술
		9) 고온 연료전지(SOFC, Solid Oxide Fuel Cell) 소재 기술 : 650℃ 이상에서 작동하는 연료전지로 다양한 연료[수소, 액화석유가스(LPG, Liquefied Petroleum Gas), 액화천연가스(LNG, Liquefied Natural Gas) 등]의 사용이 가능하고 산소이온 전도 세라믹(Oxygen ion Conducting Ceramic)을 이용하며 복합발전시스템이 가능한 전력변환장치로서 발전용 연료전지로 사용하는 소재 기술
		10) 증기터빈 부품 및 시스템 설계 · 제작 · 조립 · 시험 평가기술 : 610℃ 이상 및 270 bar 이상의 고온 · 고압의 에너지로 발전기를 3,600 RPM 이상으로 회전시켜 전력을 생산하는 터빈 · 부품설계 · 제작 · 조립 · 시험 평가기술
		11) 선박용 디젤엔진(Diesel Engine) 제조 기술 : 해상 운송의 추진, 발전용으로 사용하고, 이중연료[액화천연가스(LNG, Liquefied Natural Gas), 액화석유가스(LPG, Liquefied Petroleum Gas) 등의 가스연료 포함] 사용이 가능한 디젤엔진을 제조하는 기술로, 크랭크 샤프트(Crankshaft), 피스톤(Piston), 피스톤링(Piston Ring), 실린더헤드(Cylinder Head) 등 엔진의 핵심 소재 · 부품을 설계 · 제작 · 시험 · 평가하는 기술

구분	분야	대상기술
	다. 에너지 효율향상	12) 극저온 액체 저장 및 이송용 펌프(Pump): 액화천연가스(LNG, Liquefied Natural Gas), 액화수소가스(LH2) 등 극저온 액체를 누수 없이 저장 및 이송하기 위해 사용하는 극저온용 펌프로 극저온용 밀봉 소재와 베어링(Bearing), 터미널 헤더(Terminal Heather) 등의 부품을 설계·제조·시험·평가 기술
8. 에너지 신산업 · 환경	라. 온실 가스저감 및 탄소 자원화	1) 연소 후 이산화탄소 포집 기술 : 화력발전소, 철강, 화학공정 등 화석연료 연소 후 발생되는 배기가스 중 이산화탄소를 효과적으로 분리하기 위한 흡수제, 흡착제, 분리막 등 분리소재를 제조하는 기술과 이를 이용한 이산화탄소 포집공정기술
		2) 연소 전 이산화탄소 포집기술 : 석탄가스화 후 생성된 이산화탄소와 수소 중 이산화탄소를 분리하기 위한 흡수제, 흡착제, 분리막 등 분리소재를 제조하는 기술과 이를 이용한 이산화탄소 포집공정기술
		3) 순산소 연소기술 및 저가 산소 대량 제조기술 : 기존 대량산소 제조기술인 심냉법을 대체하기 위한 이온전도성분리막(ITM, Ion Transfer Membrane), 세라믹-메탈 복합분리막(Ceramic-metal composite membrane), 흡착제 및 CLC(Chemical Looping Cycle) 등과 같이 산소를 저가로 대량생산 할 수 있는 기술과 이를 이용한 미분탄 등 화석연료의 순산소연소 공정기술
		4) 이산화탄소 지중 저장소 탐사기술 : 이산화탄소 포집 후 지하공간에 저장하기 위해 다양한 탐사 기술을 이용하여 지하 저장소를 파악하는 기술
		5) 이산화탄소 수송, 저장 기술 : 대량발생원에서 포집된 이산화탄소를 저장소까지 이송하기 위한 수송기술, 수송된 이산화탄소를 지하심부에 안정적으로 저장하기 위한 시추 및 주입기술, 주입된 이산화탄소의 거동을 관측하고 예측하는 기술, 이산화탄소의 누출시 지하 및 지표 생태계에 미치는 영향을 평가하고 모니터링함으로써 장기적 안정성을 제고하는 환경 영향평가 및 사후관리 기술
		6) 액화천연가스(LNG, Liquefied Natural Gas) 부유식 원유생산저장설비(FPSO, Floating Production Storage Offloading) 및 액화천연가스 운반선(LNGC, Liquefied Natural Gas Carrier)용 압축신장기(Compander): 고부가가치선박의 액화 및 재액화 효율 향상을 위해 LNG FPSO의 액화시스템 및 LNGC의 재액화시스템에 사용되는 냉매 압축·팽창기 제조 기술

구분	분야	대상기술
8. 에너지 신산업 · 환경	라. 온실가스저감 및 탄소자원화	7) 차세대 배기가스 규제 대응을 위한 운송·저장시스템 기술 : 운송·발전용 기관을 운전할 때 배출되는 배기가스내의 질소산화물 및 배기배출물을 과급기 하류측에서 선택적촉매환원법(SCR) 등을 사용하여 저감시키는 시스템·부품의 설계·제작·시험·평가 기술
		8) 산업 부생가스(CO, CH4) 전환기술 : 제철소, 석유화학공단, 유기성 폐기물 등에서 발생하는 부생가스(CO, CH4)를 화학·생물 전환기술을 통해 화학원료 또는 수송연료 등을 생산하는 기술
		9) 디젤 미립자 필터(DPF) 제조 기술 : 디젤이 제대로 연소하지 않아 생겨나는 탄화수소 찌꺼기 등 유해물질을 모아 필터로 걸러낸 뒤 550℃ 이상의 고온으로 다시 태워 오염물질을 줄이는 저감장치의 제조 기술
		10) 미세먼지 제거 및 고정밀 미세먼지 측정 기술 : 미세먼지 및 원인가스를 동시에 제거하고 세척 후 재사용이 가능한 세라믹필터 및 촉매기술, 기액접촉층 및 습식 플라즈마(wet plasma를 통한 무필터 정화기술, 0.3㎛ 이하 고정밀 미세먼지를 수분과 구별하여 측정하는 기술
		11) 폐플라스틱의 화학적 재활용을 통한 산업원료화 기술 : 폐플라스틱의 해중합 또는 가스화 공정을 거쳐 발생하는 수성가스를 분리·정제하여 화학원료·고부가가치 탄소화합물 제품 등을 제조하는 기술
		12) 이산화탄소 활용 기술 : 이산화탄소를 광물화, 화학적·생물학적 변환을 통해 연료·화학물·건축소재 등을 재생산하는 기술
	마. 원자력	1) 원자로 냉각재 펌프(RCP, Reactor Coolant Pump) 설계 기술 : 원자로에서 핵반응을 통해 발생되는 열을 제거하여 증기발생기로 보내기 위해 냉각재를 순환시키는 원자력발전소 핵심 기기인 원자로냉각재 펌프의 상세설계기술, 원형 제작기술, 성능 시험기술, 신뢰성 평가기술 등 제반 핵심 설계·제작 기술
		2) 내열 내식성 원자력 소재 기술 : 방사선, 고온 및 부식성 환경 속에서 내부식성을 극대화시킬 수 있는 내열·내식성 소재(핵연료 피복관, 증기발생기 세관(340℃·150기압의 1차 냉각수 및 300℃·50기압의 2차 냉각수 노출 가능), 원자로 내부 구조물(중성자 조사 및 340℃·150기압의 1차 냉각수 노출 가능) 등)를 개발하는 기술
		3) 방사선이용 대형 공정 시스템 검사기술 : 철강 배관의 손상 진단 및 미세 결함 검출을 위한 와전류 자동 검사시스템 기술, X선 발생장치와 이리듐(Ir)-192 감마선 조사장치에 적합한 이동용 방사선투시 기술

구분	분야	대상기술
8. 에너지 신산업 · 환경	마. 원자력	4) 신형원전(Advanced Power Reactor) 표준설계 기술 : 노심 및 핵연료 설계기술, 핵증기공급계통(NSSS, Nuclear Steam Supply System) 설계기술, 주기기 설계기술, 보조기기 및 플랜트종합(BOP, Balance of Plant) 설계기술, 원전제어계통(MMIS, Man-Machine Interface System) 설계기술, 안전성분석기술 등 APR+(Advanced Power Reactor Plus) 및 SMART(System-integrated Modular Advanced Reactor)의 표준설계기술 및 표준설계인가 획득 기술
		5) 가압경수형원전(Pressurized Water Reactor) 원전설계 핵심코드 개발 기술 : 원자력발전소 독자개발 및 수출에 필수적인 핵심원천기술인 고유 노심설계코드(원자로 노심의 핵연료 배치 및 장전량을 결정하고 노심의 물리적 특성을 분석하는 데 사용되는 핵설계코드, 열수력설계코드, 핵연료설계코드 등의 전산프로그램)와 고유 안전해석코드(원전에서 발생 가능한 모든 사고를 분석하고 원전의 안전성을 확인하는 데 사용되는 계통안전해석코드, 격납건물해석코드, 중대사고해석코드 등의 전산프로그램) 개발기술
		6) 친환경 원전해체 기술 : 사용연한이 지난 원전을 영구적으로 정지한 후, 자연 상태로 되돌리기 위한 해체 공정설계, 사용 후 핵연료 반출 및 안전관리, 계통제염, 원자로 및 건물·설비 철거, 방사성폐기물 처리·처분 및 부지복원 기술
		7) 가동원전 계측제어설비 디지털 업그레이드 기술 : 가동원전 계측제어 설비의 안전성 및 신뢰성 강화를 위해 최신기술기준과 운전경험을 반영한 공통유형고장대응 안전 계통·제어기기 개발, 단일고장에 의한 발전소 정지 유발 요소제거, 심층방어 및 다양성 적용, 사이버보안 및 보안성 환경 적용, 가동원전 시뮬레이터를 이용한 설계 및 검증설비 구축, 노후화된 발전소의 신호선 및 케이블 식별 등 계측제어설비 디지털 업그레이드 기술
	바. 재활용	폐수 재이용 기술 : 반도체 제조공정에서 발생되는 폐수를 공업용수 수질로 재생산하여 제조공정에 사용하는 수처리 시스템 개발 기술
9. 융복합 소재	가. 고기능 섬유	1) 탄소섬유복합재의 가공장비 및 검사장비 설계·제조기술 : 탄소섬유복합재 부품가공을 위한 복합 가공장비[관련되는 공구, 부품 고정을 위한 유연지그, 공정 모니터링 센서모듈 및 컴퓨터 수치제어기(CNC, Computerized Numerical Controller) 등을 포함한다] 설계·제조기술 및 탄소섬유복합재 가공 품질 검사를 위한 검사장비 설계·제조기술

구분	분야	대상기술
9. 융복합 소재	가. 고기능 섬유	2) 극한성능 섬유 제조 기술 : 고탄성·고강도 탄소섬유 또는 섬유용 CNT(Carbon Nano Tube, 탄소나노튜브)의 제조 기술과 고탄성·고강도·고내열성(250℃ 이상)·고내한성(－153℃～－273℃) 아라미드(Aramid)·초고분자량폴리에틸렌(UHMWPE)·액정섬유의 제조 기술 및 이들의 복합화 설계를 통한 초경량·고탄성·고강도·고내열(한)성 섬유복합체 제조 기술
		3) 섬유기반 전기전자 소재·부품 및 제품 제조 기술 : 전기 또는 광 신호의 생산, 저장 또는 전달이 가능한 전도성 섬유를 가공·변형하여 트랜지스터, 저항, 콘덴서, 안테나 등의 전자회로 소자를 직물 형태로 구현하는 기술
		4) 의료용 섬유 제조 기술 : 생체적합성(생체재료가 생체조직이나 체액·혈액 등과 접촉시 거부반응이 나타나지 않는 특성)과 생체기능성(생체재료가 체내에서 존재하는 동안 목표한 기능을 완전히 수행 가능한 특성)을 갖춘 의료용 섬유 제조기술로서, 약물전달용 나노섬유 소재, 바이러스·세균 감응섬유구조체, 혈액의 투석·정화용 섬유구조체, 손상조직을 대체 가능한 섬유구조체 또는 꼬이지 않고 계속되는 수축·팽창에 견딜 수 있는 인공혈관 섬유구조체의 제조 기술
		5) 친환경섬유 제조 기술 : 환경친화적 섬유 원료를 사용한 섬유 제조기술로서 생분해성 섬유고분자 제조 및 분해성 제어 기술, 열가소성 셀룰로오스 섬유 제조 기술, 바이오매스 나노섬유 제조 기술
		6) PTFE(PolyTetraFluoro Ethylene) 멤브레인 기반 고성능 복합필터 제조기술 : 공기 중의 0.3um 크기의 입자 99.97% 이상을 균일하게 포집할 수 있는 PTFE 멤브레인 기반의 고성능 복합필터 핵심 소재·부품 관련 제조·가공 기술
		7) 특수계면활성제 제조 기술 : 전자부품 제조 공정용으로 사용되는 저표면에너지(24～27 mN/m, 0.1% solution/PGMEA), 극미량의 금속 함유량(100ppb 이하) 특성을 지닌 불소계 계면활성제 및 도료 및 포소화제의 기능향상을 위한 첨가제 등으로 사용되는 저표면에너지(15～18 mN/m, 0.1% 수용액), 극미량의 PFOA 함유량(1ppm 미만) 특성을 지닌 불소계 계면활성제 제조 기술
	나. 초경량 금속	1) 고강도 마그네슘 부품의 온간성형기술 : 미세조직 구성인자의 제어와 성형기법의 개선을 통해 저온(150℃ 이하)에서 성형 가능한 고품위·고강도 Mg(마그네슘) 부품 제조 기술

구분	분야	대상기술
9. 융복합소재	나. 초경량 금속	2) 프레임 경량화 및 기능화 기술 : 휴대기기 및 LCD(Liquid Crystal Display), PDP(Plasma Display Panel) 등 대형 평판디스플레이에 적용하기 위해 금속 또는 플라스틱 소재를 이용하여 압출 등의 방법으로 성형하는 소성가공을 통해 경량화 및 미려한 표면, 오염방지, 전자파차폐 등의 기능을 갖도록 하는 생산기반 기술
		3) 차세대 조명용 고효율 경량 방열부품 생산기반기술 : 알루미늄 등 경량소재를 이용하여 주조, 성형 및 표면처리를 통해 방열 부품을 제조함으로써 고열전도도, 열확산능, 친환경 특성 등의 기능을 갖게 하는 기술
	다. 하이퍼 플라스틱	인성특성이 향상된 고강성 하이퍼플라스틱(High Performance Plastics) 복합체 제조 및 가공 기술 : 고강성 하이퍼플라스틱의 인성특성을 개선하여 고충격성(60KJ/m² 이상), 내화학성(온도 23℃의 염화칼슘 5% 용액에 600시간 담근 후 인장강도 유지율 90% 이상), 내마모성(50rpm, 150N, 측정거리 3Km 조건으로 내마모 시험 후 마모량 1.0mm3/Kgf·Km 이하) 중 하나 이상의 특성을 지닌 고강성·고인성 하이퍼플라스틱 복합체 제조 및 가공기술
	라. 타이타늄	타이타늄 소재 제조기술과 금속재료 부품화 기술 : 사염화타이타늄(TiCl4), 스폰지, 잉곳, 루타일 및 아나타제 이산화타이타늄(TiO2) 등의 소재 개발·제조기술과 합금설계, 압연, 주조, 단조, 용접 등의 금속재료 부품화 기술
	마. 구리합금	1) 고강도 구리합금 설계·제조기술 : 인장강도 900Mpa 이상의 고강도 특성을 갖춘 주석함유 구리합금(Cu-Ni-Sn계) 설계·제조 기술
		2) 구리 및 구리합금 박판 제조기술 : 자동차, 전기·전자 분야의 고성능·소형화에 적용 가능한 두께 0.1mm 이하의 구리 및 구리합금 박판 제조 기술
	바. 몰리브덴	고순도 몰리브덴 금속·탄화물 분말 및 금속괴 제조 기술 : 순도 99.5% 이상의 몰리브덴 금속분말, 순도 99% 이상의 몰리브덴 탄화물 분말 및 순도 99.95% 이상의 몰리브덴 금속괴 제조 기술
	사. 특수강	1) 고청정 스테인레스계 무계목강관·봉강 제조기술 : 망간 함유량 0.8% 이하 및 황 함유량 0.005% 이하로 제어된 고청정 스테인리스계 합금을 활용하여 용접이음매를 갖지 않는 강관 및 봉 형태의 철강재를 제조하는 기술

구분	분야	대상기술
9. 융복합 소재	사. 특수강	2) 고기능성 H형강 제품 제조기술 : 고강도(420Mpa급 이상), 고인성(-40℃ 이하에서 충격값 50 Joule 이상) 특성을 갖는 고기능성 H형강 제품 제조기술
		3) 장수명 프리미엄급 금형소재 제조기술 : 기존 교체주기 5만회의 금형 대비 30% 이상 수명이 향상된 합금설계, 고청정 특수강 제조 및 소성가공 기술
	아. 기능성 탄성·접착소재	1) 고기능 불소계 실리콘 제조·가공 기술 : 내열성(온도 175℃에서 22시간동안 영구압축줄음율 30% 이내), 내화학성(150℃, 240시간 내유체 적변화율 10% 이하) 및 저온성(-66℃ 이하에서 기밀력 1800psi 이상)의 특성을 지닌 불소계 실리콘 고무 합성 및 분자량 제어기술
		2) 고기능 불소계 고무 제조·가공 기술 : 2원계 이상의 공중합체로서 불소함량이 50% 이상이며 내한성(어는점 -15℃ 이하), 내열성(200℃ 이상) 및 내화학성(온도 25℃ Fuel-C에서 체적변화율 4% 이내)을 갖춘 불소계 고무 제조·가공기술
		3) 고기능 부타디엔 고무 제조·가공 기술 : 고상 및 액상 기능성(Cis content 90% 이상, 무니점도(ML1+4, 100℃) 40 이상) 부타디엔류 고무 제조 기술과 고내마모성(내마모도 60㎣ 이하, 구름저항 5.5 이하) 부타디엔 고무 제조 기술
		4) 고기능 비극성계 접착소재 제조기술 : Haze 1% 이하의 광학특성과 연속사용온도 100℃의 열안정성을 갖는 실리콘계 점착·접착 소재 및 300℃ 이상의 고온가공성형이 가능한 아크릴레이트 함량 5~35% 또는 관능기의 함량 1.2~8%의 에틸렌계 점착·접착 소재 제조 기술
		5) 고기능 에폭시 수지 접착소재 제조 기술 : 에폭시 수지를 주성분으로 하여 경량 수송기기 부품의 구조접착에 사용되는 전단강도 25MPa 이상, 저온 충격강도 20N/mm 이상, T-박리강도 250N/25mm 이상의 기계적 성능을 갖는 접착소재 제조기술과 전자부품의 접착에 사용되는 WVTR(Water Vapor Transmission Rate) 0g/㎡·24h 이하 및 20kV/mm 이상의 전기절연성을 갖는 비할로겐형 접착소재 제조기술
10. 로봇	가. 첨단 제조 및 산업로봇	1) 고청정 환경 대응 반도체 생산 로봇 기술 : 청정환경에서 450mm 대형 웨이퍼, 일반 반도체를 핸들링하며 5Port 이상 대응 가능(수평 이송범위 2,100mm 이상 및 수직 이송범위 900mm 이상)한 청정환경용 반도체 로봇 기술과 10나노급 초정밀 공정용 초정밀 매니퓰레이션 기술, 대형 웨이퍼 핸들링을 위한 진동 억제 기술

구분	분야	대상기술
10. 로봇	가. 첨단 제조 및 산업로봇	2) 차세대 태양전지(Solar cell) 제조 로봇 기술 : 고진공/고청정 환경의 태양전지 생산 현장에서 대면적·고중량 기판을 핸들링할 수 있는 로봇의 설계·제조 기술
		3) 실내외 자율 이동·작업수행 로봇 : 광범위 거리측정센서, GPS 등을 활용하여 실내외 환경에서 경로를 계획하여 이동하고(미리 정해진 경로를 따라 이동하는 방식은 제외한다), 자율적으로 작업을 수행하는 지능형 로봇 및 기계 기술
		4) FPD(Flat panel display) 이송로봇 기술 : 일반 대기압 또는 진공 환경 하에서 고중량(400kg 이상)의 FPD 및 마스크를 이송하는 로봇 설계·제조 기술
		5) 협동기반 차세대 제조로봇 기술 : 사용자와 같은 공간에서 협업이 가능한 초소형(가반하중 1kg 미만) 및 중대형(가반하중 25kg 이상) 로봇 기술
		6) 용접로봇 기술 : 생산과정 내 용접 공정의 자동화 및 용접 품질관리를 위한 6축 이상의 용접용 수직다관절로봇, 용접전원장치, 용접용센서 설계·제조 기술
	나. 안전 로봇	1) 감시경계용 서비스로봇을 위한 주변환경 센싱 기술, 실내외 전천후 위치인식 및 주행 기술 : 실내외에서 외부 환경을 인식하고 이를 바탕으로 감시 경계 업무를 수행하기 위해 외부 환경에 강인한 센서융합, 위치인식, 환경인식 및 주행기술 등 기술의 선택적 적용이 유연한 개방형 자율 아키텍쳐 기술
		2) 내단열 기능이 구비된 험지 돌파형 소형 구조로봇 플랫폼 기술 : 고온 및 화염에 강하고 협소구역 돌파가 우수한 고속주행 소형이동로봇 기술로서 장비 내외부 내화 설계 기술, 강제 내화시스템 설계 기술 및 험지 이동형 고속주행 메카니즘 설계 기술
	다. 의료 및 생활 로봇	1) 수술, 진단 및 재활 로봇기술 : 로봇기술을 이용한 진단 보조, 시술·수술보조와 이에 따른 환자의 조기 치유·재활이 목적인 의료로봇 기술
		2) 간병 및 케어 로봇 기술 : 간호사의 단순반복 업무 지원 및 환자의 정서케어 서비스 지원이 가능한 로봇 서비스 시스템 기술
		3) 안내, 통역, 매장서비스, 홈서비스 등의 안내로봇 기술 : 공공접객 장소 내에서 다양한 멀티미디어 콘텐츠를 활용한 제품 및 서비스 등을 효과적으로 안내하고 홍보하는 로봇 기술

구분	분야	대상기술
10. 로봇	다. 의료 및 생활 로봇	4) Tele-presence 로봇 기술 : 자율이동기능, 진단·지시용 매니퓰레이터 및 얼굴모션 동기화 등의 기술구현을 통한 원격진료·진료자문 및 교육 등이 가능한 Tele-presence 로봇 기술
		5) 생활도우미 응용 서비스 기술 : 가정 및 사회 환경 내에서 인간과 교감하며 정보의 취득, 일상생활 및 가사노동을 지원하는 지능형 로봇 및 서비스 기술로서 심부름, 가사작업 및 이동 보조형 로봇 기술
		6) 유치원, 초등학교에서 교사를 보조하는 교육로봇 기술 : 유치원이나 초등학교에서 교과과정에 적합한 교육 컨텐츠 및 로봇플랫폼을 활용하여 교사를 보조하여 학습하는 교육로봇 기술
	라. 로봇 공통	1) 실내외 소음환경에서의 대화신호 추출 기술 : 잔향과 소음이 뒤섞인 실내외 환경에서 원거리에서도 고신뢰도의 음성인식이 가능하게 하고, 음성으로부터 사람의 언어를 문자형태로 인식하고, 인식된 문자정보를 바탕으로 사람과 자연스럽게 대화하면서 다양한 태스크를 수행할 수 있는 기술
		2) 모터, 엔코더, 드라이버 일체형의 구동 기술 : 로봇용 관절구성에 필요한 모터, 엔코더, 감속기, 드라이버를 모두 하나의 몸체에 넣어서 만든 관절구동형 액츄에이터(Actuator) 기술
		3) 웨어러블 로봇 기술 : 인체에 착용하여 인체 동작의도를 인식하고 추종제어 알고리즘을 통해 착용자의 신체능력 증강 및 운동을 지원하는 착용형 로봇 기술
11. 항공·우주	가. 무인 이동체	1) 무인기 지능형 자율비행 제어 시스템 기술 : 무인기가 내외부의 비행상황을 인식하고, 스스로 조종하며 임무를 수행하기 위해 필요한 비행조종컴퓨터 개발기술과 자율비행 알고리즘(algorithm) 그리고 관련 소프트웨어 기술로, 장애물 탐지 및 지상/공중 장애물 충돌회피 기술, 고장진단 및 고장허용 제어기술, 인공지능 기반 비행체 유도제어 성능향상 기술, 무인이동체 실시간 운영체제 및 소프트웨어 아키텍쳐 설계기술, 고신뢰성과 비행안전성 보장 경량 비행조종컴퓨터 기술을 포함하는 기술
		2) 지능형 임무수행 기술 : 무인기의 자율적인 비행과 임무수행 데이터 획득분석을 위한 기술로서 3차원 디지털 맵 생성 및 위치인식 기술, GPS 및 Non-GPS 기반의 항법기술, 무인기 교통관제 및 경로최적화 기술, 무인기 활용서비스용 데이터 처리 및 가공 기술을 포함하는 기술

구분	분야	대상기술
11. 항공·우주	가. 무인이동체	3) 무인기 탑재 첨단센서 기술 : 무인기의 운항 지원과 활용 목적에 따른 임무 달성 지원을 위해 첨단 센서 및 장비를 적용하는 기술로, GPS, INS(Inertial Navigation System) 등의 항법센서기술, 소형 경량레이더 기술, 충돌회피용 소형 LIDAR(Light detection and ranging) 센서 기술, 멀티스펙트럼(multi-spectrum) 카메라 기술, 360°카메라 및 송수신 기술, Non-GNSS(Global Navigation Satellite System) 융합센서기술을 포함하는 기술
		4) 무인기 전기구동 핵심부품 기술 : 전기동력을 기반으로 무인기의 조종, 이착륙, 추진 등을 담당하는 핵심부품을 개발하기 위한 기술로서, 소형무인기용 고효율 전기모터 기술, 무인기용 저온용 배터리 및 전원관리시스템기술, 고효율 전기모터용 인버터(inverter) 기술을 포함하는 기술
		5) 무인기 데이터링크 핵심기술 : 무인기와 지상국·조종기간, 무인기와 타 무인이동체 간에 감시 및 추적, 정보 전달 등의 데이터 송수신을 지속적으로 유지하기 위한 기반 기술로 소형·경량 탑재통신장비, 정밀 추적 안테나, 무인기간 네트워크 보안을 포함하는 기술
		6) 무인기 지상통제 핵심기술 : 무인기를 지상에서 원격으로 조종하고 상황을 모니터링하기 위한 조종기, 지상국, 텔레메트리(telemetry) 장비와 관련 운영 소프트웨어 프로그램 기술로 소형무인기 조종기 개발기술, 무인기 조종훈련을 위한 시뮬레이터(simulator)기술, 실시간 무인기 상황 및 임무현황 분석기술을 포함하는 기술
		7) 물류 배송용 드론 제조기술 : 일정 중량(10kg) 이상 물품의 비가시권 비행을 100% 신뢰성을 확보하여 안전하게 운송 가능한 드론 제조 기술 및 기능개선에 필요한 소재(열전도율 5kcal/m·h 대비 10% 이상 개선)·부품(세계 최고 CPU 속도대비 약 66% 이상 처리성능 개선)·장비(다지점 배달용 물품 적재함, 물품배송 드론용 도킹스테이션 등의 경량화)의 설계·제조 기술
		8) 드론용 하이브리드 추진 시스템 기술 : 전기배터리 무인기의 체공시간(120분 이상) 및 탑재량(12kg 이상) 증대를 위해 엔진 동력을 이용하여 전기모터를 동작시키는 하이브리드 추진시스템 기술 및 이와 관련한 소재·부품 및 장비의 설계·제조 기술

구분	분야	대상기술
11. 항공·우주	나. 우주	1) 위성본체 부분품 개발기술 : 위성본체 개발을 목적으로 하는 전력시스템, 자세제어용 센서 및 시스템, 위성탑재 컴퓨터시스템, 위성교신을 위한 송수신시스템, 위성 구조체 시스템(태양전지 포함), 추진시스템(추력기, 추진제 저장탱크, 밸브 및 제어기 등), 열제어시스템 등에 대한 기술
		2) 위성 탑재체(搭載體: 정찰, 통신, 지구 탐사, 기상예보 따위와 같은 임무를 수행하기 위해 탑재되는 위성체의 구성 부분을 말한다) 부분품 개발기술 : 인공위성 탑재를 목적으로 하는 광학 탑재체, 영상레이더 탑재체, 통신·방송 탑재체, 우주과학 탑재체, 항법 탑재체 시스템 및 위성용 영상자료처리장치, 주파수 변조기 및 안테나 등에 대한 기술
		3) 우주발사체 부분품 개발기술 : 우주발사체 개발을 목적으로 하는 액체엔진(핵심부품), 대형 구조물[추진제 탱크, 동체, 연결부, 페어링(fairing: 노출부의 보호 및 공기 저항력 감소를 위한 유선형 덮개를 말한다), 탑재부, 분리기구 등], 관성항법유도시스템, 자세제어시스템, 전력시스템, 원격측정·추적시스템, 비행종단시스템 등에 대한 기술
		4) 위성통신 송수신 안테나 개발 기술 : 통신목적 인공위성과의 안정적인 데이터 송신 및 수신을 위해 안테나가 탑재된 대상(항공기 등)이 고속으로 이동하면서 자이로센서(Gyro sensor)·GPS 정보 등을 이용하여 인공위성을 추적(Tracking)하거나, 안테나가 지향하는 인공위성이 지구의 자전 보다 빠른 속도로 이동함에 따라(중·저궤도 위성) 인공위성 궤도 데이터·GPS 정보 등을 이용하여 인공위성을 추적(Tracking)하는 기능을 가진 위성통신 안테나를 제작하는 기술
12. 첨단 소재·부품·장비	가. 첨단 소재	1) 고기능성 알루미늄 도금강판 제조 기술 : 550℃에서 200시간 유지 가능한 내열성과 SST 2400(KSD9502)시간 보증 가능한 내식성이 우수한 고성능 알루미늄 도금강판 개발을 위한 조성개발, 고온성형성 향상기술, 특수 용접기술 등의 제조기술
		2) 고순도 산화알루미늄 제조기술 : 순도 99.9% 이상의 산화알루미늄 분말 제조를 위한 합성, 가공, 고순도화, 고밀도화 등의 제조기술
		3) 거리감지센서용 압전결정소자 및 초음파 트랜스듀서 기술 : 거리감지센서 등에 사용되는 압전결정소자 및 초음파 트랜스듀서 설계·제조기술
		4) 고기능성 인조흑연 제조기술 : 인조흑연 제조용 피치 및 코크스 제조기술, 전극봉·등방블록·흑연분말 성형 및 2,800℃ 이상의 열처리를 통한 흑연화 기술

구분	분야	대상기술
12. 첨단 소재·부품·장비	나. 첨단 부품	1) 고정밀 롤러베어링 및 볼베어링 설계·제조 기술 : 구름베어링의 일종으로 내외륜 사이에 다수의 볼 또는 롤러를 삽입하여 마찰을 감소시켜 고속운전을 돕거나 큰 하중에 견딜 수 있는 정밀도 P5급 이상의 기계부품 설계·제조 기술
		2) 고압 컨트롤 밸브 설계·제조 기술 : 유압펌프에서 발생한 330 Bar 이상 고압의 유체에너지를 작업자의 작업의도에 따라 각 유압 액추에이터, 선회 및 주행의 유압모터 등에 공급하며, B5 10,000시간 이상의 높은 내구 신뢰성을 가지는 메인 컨트롤 벨브 부품 설계·제조 기술
		3) 고정밀 볼스크류 설계·제조기술 : 회전운동을 직선운동으로 변환하는 정밀도 C3급 이상, 축방향 공차 5μm 이내의 동력전달부품 설계·제조 기술
		4) 능동마그네틱 베어링 설계·제조기술 : 자력을 이용하여 회전축을 지지하고, 윤활제가 필요 없이 극저온(-250℃ 내외) 또는 고온(300℃ 이상), 진공에서 축의 회전 궤적을 능동적으로 제어할 수 있는 부품 설계·제조 기술
		5) 고성능 터보식 펌프 설계·제조기술 : 임펠러 및 블레이드가 회전함으로써 기계의 운동에너지를 유체·기체의 압력에너지로 전환하여 2,500L/s 이상의 배기속도 및 1.3x10-9 mbar 이상의 최고 진공도를 만드는 터보식 펌프의 설계·제조기술
		6) 특수 렌즈 소재·부품·장비 제조기술 : 고배율[굴절률(nd) 2.0 이상], 야간 투시[원적외선(파장 8~12㎛) 투과율 50% 이상], 자외선 투과[자외광(193nm) 투과율 80% 이상] 등 특수용도로 사용되는 카메라 구성에 필요한 특수 광학소재의 소재·부품·장비 제조기술
		7) 고기능 적층세라믹콘덴서(MLCC : Multi Layer Ceramic Capacitor) 소재·부품 제조기술 : 고용량, 고신뢰성을 갖춘 적층세라믹컨덴서의 소재·부품 제조기술 소재·부품·장비 제조기술
		8) 선박용 모터(Motor): 각종 펌프(Pump), 압축기, 엔진(Engine) 시동장치, 크레인(Crane), 팬(Pan) 등 일반선박용 모터의 소재·부품 및 액화천연가스(LNG, Liquefied Natural Gas) 추진선박, 가스(Gas) 운반선, 유조선, 화학물 취급선 등 특수선박용 방폭형 모터와 전기 추진선박, 수소 연료전지 선박 등 전기추진용 모터의 핵심 소재·부품을 설계·제작·시험·평가하는 기술

구분	분야	대상기술
12. 첨단 소재·부품·장비	다. 첨단 장비	1) 첨단 머시닝센터 설계·제조기술 : 자동공구교환장치(Automatic Tool Changer)를 장착하여, 밀링, 드릴링, 보링가공 등 여러 공정의 작업을 수행할 수 있는 가공정밀도 5μm 이내, 동시 제어 5축 이상, 최대 스핀들 속도 12,000rpm 이상의 절삭가공장비 및 부품의 설계·제조 기술[가공 회전수, 축 이동, 진동오차 제어 등 머시닝센터의 고정밀 작업을 제어하는 CNC(Computerized Numerical Controller) 모듈 관련 기술 포함]
		2) 열간 등방압 정수압 프레스 설계·제조 기술 : 기체 또는 액체를 압력매체로 활용하여 1,500℃이상에서 작동하면서 1분당 최고 50℃의 속도로 냉각이 가능하고, 금속 소재를 모든 방향에서 100MPa 이상의 정수압 또는 등방압 조건으로 가압하는 직경 1,000mm 이상의 프레스 장비 설계·제조 기술
		3) 연삭가공기 설계·제조 기술 : 사파이어, 다이아몬드 등 고정도의 광물 입자를 결합제로 고정시킨 숫돌을 이용하여 평면·원통 등 단순한 형태가 아닌 복잡한 형태의 가공공정을 수행하는 장비 설계·제조 기술
		4) 첨단 터닝센터 : 원통형 부품의 가공을 위해 소재를 회전시키면서 절삭 공구가 상대 이동하는 가공정밀도 5μm 이내, 최대 스핀들 속도 3,000rpm 이상의 절삭가공장비 설계·제조 기술(ISO 7등급 이하의 기어 제조를 위한 고속 스카이빙 가공장비 관련 기술 포함)
		5) 첨단 회전 성형기 설계·제조 기술 : 다축 정밀 동시제어시스템을 갖추고, 회전하는 주축과 롤러, 맨드릴을 이용하여 최대 성형롤 하중 60kN 이상, 최대 성형품 직경 500mm 이상, 성형 정밀도 ±0.5mm를 충족하는 성형 장비 설계·제조기술
		6) 첨단 밸런싱머신 설계·제조기술 : 회전기계의 핵심부품인 회전부의 불균일한 질량분포를 측정한 후, 베어링으로 전달되는 힘이나 진동을 국제규격(ISO 21940-21) 규정 이내가 되도록 불균일 질량을 교정하는 장비 설계·제조 기술
		7) 첨단 레이저 가공장비 설계·제조기술 : 절단, 천공, 용접, 정밀가공 등을 위해 고출력 레이저 가공헤드로 공작물을 용융·증발시켜서 분리하는 5축 이상의 레이저 가공장비를 설계·제조하는 기술
		8) 방전가공기 장비·부품의 설계·제조기술 : 공작물과 전극 사이에 불꽃 방전을 일으켜 티타늄, 초경합금 등 난삭재의 마이크로급 초정밀 가공을 수행하는 방전가공 장비 및 핵심요소부품의 설계·제조 기술

제2장 연구개발출연금 회계 및 세무처리

제 1 절 국가연구개발사업

1 국가연구개발사업 개요

(1) 국가연구개발사업 정의

국가연구개발사업이란 중앙행정기관이 법령에 근거하여 연구개발을 위하여 예산 또는 기금으로 지원하는 사업을 말한다(국가연구개발혁신법 제2조 제1호).

일반적으로 '연구개발사업'이라는 용어는 민간 또는 외국의 자금으로 연구개발을 지원하는 경우에도 사용되므로, 중앙행정기관이 지원하는 '연구개발사업'은 '국가연구개발사업'으로 구분하고 있다.[446)]

| 표 _ 국가연구개발사업의 법적 의미 |

용어	정의
추진주체	중앙행정기관의 장
추진근거	법령 : 법률과 법규명령(대통령령, 총리령, 부령)
추진방법	• 연구개발 과제단위로 특정 –특정하는 방법 : 상향식(*) 신청에 의한 하향식(**) 지정을 포함 (*) 연구개발과제와 그 수행기관을 모두 공모에 의해 선정하는 방식 (**) 수행과제가 정책적으로 필요하다고 인정되는 경우 장관이 과제를 지정하되, 수행기관은 공모에 의해 선정하는 방식
비용부담 방법	연구개발비의 전부 또는 일부를 중앙행정기관의 장이 출연하거나 공공기금 등으로 지원(출연금, 기금)
지원범위	과학기술분야

446) 국회예산정책처, 「국가연구개발사업 분석 [총괄]」, 2019.10., 7면

(2) 국가연구개발사업의 필요성

과학기술은 경제성장 및 산업발전의 핵심 동력이라 할 수 있으며, 과학기술이 발전하기 위해서는 연구개발에 대한 투자가 필요하다. 한 국가의 경제 규모가 커지기 위해서는 자본과 노동의 투입과 더불어 생산성의 향상이 필요하며, 과학기술의 발전은 생산성 향상을 이끌어낼 수 있는 주요한 수단이기 때문이다.

기업의 경우 연구개발 투자는 성장동력을 창출하는 행위이므로 지속적인 투자를 유지하는 것이 중요하다. 불황기에 R&D 투자를 줄일 경우 성장동력을 상실하여 호황기가 도래했을 때 경쟁에서 도태되었던 많은 실패사례가 있으며, R&D 투자 축소는 당장의 부작용은 없더라도 성공신화를 이어갈 후속작을 창출하지 못하게 되어 결국 경쟁에서 도태하는 결과를 초래할 수 있다.

기업 등 민간이 주도하는 R&D 투자의 경우 산업기술개발에 치우칠 우려가 있으므로, 국방 · 보건 · 환경 등 공공목적의 R&D 투자는 정부가 공공재원을 투자하는 것이 적절하다는 의견이 있다. 또한 적용되는 기술 분야를 사전에 특정하기 어려운 기초 · 원천연구는 정부가 주도하고, 응용 · 개발연구는 민간이 주도하는 것이 타당하다는 논리도 존재한다.

정리하면 국가가 과학기술정책의 수립과 추진을 통해 국가의 경제적 · 사회적 문제를 해결하고, 과학기술이 미래전략을 달성하는데 중추적인 역할을 수행하도록 창의적인 연구개발과 과학기술 혁신을 지원해야 한다는 점에서 국가연구개발사업의 필요성이 있다.

(3) 국가연구개발사업 추진의 근거 법령

국가연구개발사업은 과학기술기본법을 근간으로 「기초연구진흥 및 기술개발지원에 관한 법률」 등 국가연구개발사업 추진을 위한 개별 법률에 근간하여 추진되고 있다. 또한 국가연구개발사업의 운영에 관한 사항은 종전 「과학기술기본법」 및 「국가연구개발사업의 관리 등에 관한 규정」(대통령령)을 기준으로 부처별로 훈령 예규 등의 규정을 마련하여 운영중이었으나, 현재는 부처별로 각각 다르게 적용해오던 연구개발 관리규정을 체계화하여 연구자의 행정 부담을 줄이고 연구에만 전념할 수 있는 환경을 조성하고자 국가연구개발사업 추진에 관한 범부처 공통규범인 「국가연구개발혁신법」이 제정되어 운영 중이다.

(4) 국가연구개발혁신법

「국가연구개발혁신법」은 국가연구개발사업 추진에 관한 범부처 공통규범으로, 2020년 6월 9일 제정되었으며 2021년 1월 1일부터 시행되고 있다.

그간 「국가연구개발사업의 관리 등에 관한 규정('01년 제정, 대통령령)」이 공통규범 성격으로 운영되어 왔으나, 다른 법률 등에 우선하여 적용되지 못하여 관리규정 체계화에 한계가 있었으며, 제도 개선사항을 현장에 적용하기 위해 매번 부처별 관리규정을 일일이 개정하여야 하는 불편함이 있었다.

「국가연구개발혁신법」은 과거 중앙행정기관별로 다르게 운용되고 있는 국가연구개발사업이 통합적·체계적으로 운영될 수 있게 하고, 국가연구개발사업을 추진하는 과정 전반의 비효율과 불필요한 부담을 제거함과 동시에 자율적이고 책임 있는 연구개발 환경을 조성하기 위하여 범부처 공통규범의 제정이 필요하여, 국가연구개발사업의 추진에 대한 범부처 공통규범으로서 국가연구개발사업의 혁신에 관한 내용을 포함한 법률을 제정함으로써 국가연구개발 체제의 근본적인 체질 개선이 이루어질 수 있도록 하는데 그 제정이유가 있다.

(5) 국가연구개발사업 추진체계[447)]

「대한민국헌법」 제127조 제3항과 「국가과학기술자문회의법」에 따라 설치된 국가과학기술자문회의는 국가연구개발사업 추진체계상 최상위 기구이다.

「국가과학기술자문회의법」에 따라 설치된 국가과학기술자문회의는 국가과학기술의 혁신과 정보 및 인력의 개발을 위한 과학기술 발전 전략 및 주요 정책방향과 국가과학기술 분야의 제도 개선 및 정책 등에 관한 사항을 대통령에게 자문기능을 수행하고, 과학기술 주요 정책·과학기술 혁신 및 산업화 관련 인력정책·지역기술혁신정책에 대한 조정, 연구개발 계획 및 사업에 대한 조정, 연구개발 예산의 운영 등에 관한 사항을 심의 기능을 수행한다.[448)]

국가연구개발과 관련된 사항은 국가과학기술자문회의에서 심의·결정하며, 각 부처는 국가과학기술자문회의에서 결정된 사항 및 소관 법률에 따라 국가연구개발을 수행하게 된다.

국가연구개발과 관련된 최상위 계획은 「과학기술기본계획」이다. 「과학기술기본법」 제7조 제2항에 따르면 과학기술정보통신부는 5년마다 「과학기술기본계획」을 수립하여야 한다. 가장 최근에 수립된 과학기술기본계획은 2018년부터 2022년까지를 계획기간으로 하는 「제4차 과학기술기본계획」[449)]이며, 2018년 2월 22일에 개최된 국가과학기술심의회[450)]에서 확정되었다.

즉, 국가연구개발 사업은 국가과학기술자문회의에서 결정된 「과학기술기본계획」에

447) 국회예산정책처, 「국가연구개발사업 분석 [총괄]」, 2019.10., 12~22면

448) 국가과학기술자문회의, "기관소개", https://www.pacst.go.kr/jsp/pacstinfo/intro.jsp, 2021.7.9.

449) 기획재정부 등 20개 부처, 「2040년을 향한 국가과학기술 혁신과 도전 제4차 과학기술기본계획(2018~2022)」, 국가과학기술심의회 심의안건, 2018.2.

450) 국가과학기술심의회는 2018년 4월에 폐지되고 국가과학기술자문회의로 통합되었다.

근거하여 수행되는 체계이다. 각 부문별로는 관련 법률에 따라 5~10년의 계획기간을 가지는 중장기 계획을 수립하며, 이를 반영한 실행계획을 매년 수립하여 연구개발을 추진하게 된다. 예를 들면, 기초연구는 「기초연구진흥 및 기술개발지원에 관한 법률」에 따른 「기초연구진흥 종합계획」, 에너지 부문에 대한 연구개발은 「에너지기술개발계획」, 우주기술에 대한 연구개발은 「우주개발 중장기 계획」 등을 수립하고 해당 계획에 근거하여 추진된다.

국가연구개발사업의 예산안 편성은 일반적인 예산안 편성과는 다른 체계를 따라 이루어진다. 일반적인 예산에 관한 사무는 「국가재정법」 제11조에 따라 기획재정부장관이 관장하고 있다. 하지만, 연구개발 예산안의 경우는 「과학기술기본법」 제12조의 2에 따라 과학기술정보통신부가 예산안을 배분·조정하고 있다. 중앙행정기관의 장은 다음다음연도 국가연구개발사업의 투자우선순위에 대한 의견, 국가연구개발사업 관련 중기사업계획서, 국가연구개발사업 관련 예산요구서를 과학기술정보통신부에 제출하여야 한다. 과학기술정보통신부 연구개발사업 예산요구서에 대하여 검토·심의하고 분야별·사업별 투자우선순위와 국가연구개발사업 예산의 배분방향 및 주요 국가연구개발사업 예산의 배분·조정 내역을 국가과학기술자문회의의 심의를 거친 후 기획재정부장관에게 알리게 된다.

이 과정에서 각 부처의 사업 중 R&D 예산에 포함되는 사업은 기획재정부와 과학기술정보통신부가 협력하여 배분·조정하고 있다. 예산안 편성 단계에서 과학기술정보통신부는 주요 R&D 예산을 배분·조정하고, 기획재정부는 과학기술정보통신부 배분·조정 결과를 반영하여 일반 R&D 예산과 함께 R&D예산을 최종 편성한다.

그리고 과학기술정보통신부 등 각 중앙행정기관에서는 사업 시행계획을 수립·추진하는 한편 산하 전문기관으로 하여금 과제기획·관리·평가 등의 업무를 수행하도록 한다. 연구기관은 각 부처 연구개발사업에 응모하여 과제가 선정되면 부처 또는 전문기관과 협약을 맺은 후 연구를 수행한다.

2 국가연구개발사업 관련 주요내용

(1) 국가연구개발사업 용어정의

본장의 연구개발출연금의 세무처리를 이해하기 위해서는 전문기관, 주관기관, 기술료 등에 대한 이해가 필요하므로 아래에서는 「국가연구개발혁신법」 제2조에서 정의하는 국가연구개발사업과 관련된 용어를 일부 발췌하여 정리한다.[451)]

451) 표 안의 (설명)은 과학기술정보통신부, 「국가연구개발혁신법」 설명자료, 2021.2.를 참조하였다

| 표 _ 국가연구개발사업 용어정의 |

용어	정의
국가연구개발사업	중앙행정기관이 법령에 근거하여 연구개발을 위하여 예산 또는 기금으로 지원하는 사업을 말한다. (설명) 중앙행정기관은 「정부조직법」에 따른 중앙행정기관과 이에 준하는 기관(국무조정실 등)이 포함되며, 국가연구개발사업 추진을 위해서는 법령에 근거가 있어야 함.
연구개발과제	국가연구개발사업을 추진하기 위하여 소관 중앙행정기관의 장이 선정하는 과제를 말한다. (설명) 연구개발과제는 국가연구개발사업을 구성하는 기본 단위로, 본 법률에서는 연구개발과제의 선정 · 협약 · 평가(제9조~제15조), 성과 관리 및 기술료(제16조~제18조), 보안(제21조), 연구윤리 및 제재처분(제31조~제32조), 연구개발과제의 수행 전념(제35조) 등의 조항 등 규정
연구개발기관	대학, 정부출연연구기관, 특정연구기관 및 민간기업 중 국가연구개발사업을 수행하는 기관 · 단체를 말한다. (설명) 연구개발기관은 국가연구개발사업을 수행하는 주체로서 연구개발과제의 선정 · 협약의 대상이며(제9조~제11조), 연구개발비 사용 · 관리와 연구개발성과 소유의 주체이고(제13조, 제16조), 보안대책 수립과 연구지원체계 확립(대학 등 대통령령으로 정하는 기관에 한정) 의무가 있음(제21조, 제24조).
주관연구개발기관	연구개발과제를 주관하여 수행하는 연구개발기관
공동연구개발기관	주관연구개발기관과의 연구개발과제협약에 따라 연구개발과제를 분담하여 공동으로 수행하는 연구개발기관
위탁연구개발기관	주관연구개발기관으로부터 연구개발과제의 일부(특수한 전문지식 또는 기술이 필요한 부분으로 한정한다)의 위탁을 그 소관 중앙행정기관의 장의 승인을 받아 수행하는 연구개발기관
전문기관	중앙행정기관의 장이 소관 국가연구개발사업의 효율적인 추진을 위하여 국가연구개발사업의 추진계획수립, 공모, 연구개발과제 및 수행 연구개발기관의 선정, 연구개발과제 협약 등의 전부 또는 일부를 대행하도록 지정한 기관을 말한다. (설명) 전문기관은 국가연구개발사업의 운영 체계에서 중요한 역할을 수행하므로 전문기관의 법적 지위와 역할, 업무 범위를 명확히 규정

용어	정의
연구개발성과	연구개발과제의 수행 과정에서 또는 그 결과로 인하여 창출 또는 파생되는 제품, 시설·상비, 지식재산권 등 유형·무형의 성과를 말한다. (설명) 연구개발성과는 연구개발과제의 결과로서 연구개발기관이 소유하는 것을 원칙으로 하며(제16조 제1항), 연구개발성과 소유기관은 연구개발성과 활용을 위한 조치를 하여야 하고(제17조 제1항), 실시를 허락하는 경우 기술료를 징수하여야 함(제18조 제1항).
연구개발성과 실시	연구개발성과를 사용·양도·대여 또는 수출하거나 연구개발성과의 양도 또는 대여의 청약을 하는 행위를 말한다.
기술료	연구개발성과를 실시(연구개발성과를 사용·양도·대여 또는 수출하거나 연구개발성과의 양도 또는 대여의 청약을 하는 행위를 말한다)하는 권리를 획득한 대가로 실시권자가 연구개발성과소유기관에 지급하는 금액을 말한다. (설명) 연구개발성과를 실시하는 권리를 획득한 대가로 연구개발성과 소유기관에 지급하는 금액으로, 정부에 납부하는 기술료의 일부(통상 정부납부기술료)와는 다른 용어
기술실시계약	연구개발성과를 소유한 연구개발기관의 장은 직접 연구개발성과실시를 하거나 연구개발성과실시를 하려는 자와 체결하는 연구개발성과실시에 관한 계약을 말한다.

(2) 국가연구개발사업 연구성과의 귀속

가. 연구개발성과의 소유 원칙

연구개발성과는 연구자로부터 연구개발성과에 대한 권리를 승계하여 연구개발기관이 소유하는 것을 원칙으로 한다. 단, 성과의 유형, 과제 참여유형과 비중에 따라 성과를 연구자가 소유하거나 연구개발기관이 공동으로 소유할 수 있으며, 국가안보, 공익 등을 위해 필요한 경우 협약에 정하여 국가의 소유로 할 수 있다.

한편, 공동연구개발과제의 경우 성과를 각자 창출한 경우, 창출한 연구개발기관이 각각 소유하고, 공동으로 성과를 창출한 경우 기여도를 기준으로 소유비율, 실시 등에 관한 사항을 협의하여 정하며, 위탁연구개발기관의 연구개발성과는 주관연구기관이 소유하는 것을 원칙으로 한다(국가연구개발혁신법 제16조).

나. 연구개발성과의 활용

연구개발성과의 자율적인 활용을 원칙으로 하며, 연구개발성과 소유기관은 성과를 직접 실시하거나 실시하려는 자와 기술실시계약을 체결하는 등의 필요한 조치를 하여야 한다.

기술실시계약은 성과를 창출한 연구개발기관이 우선 실시할 수 있도록 하되, 연구개발성과를 실시를 위해 같은 과제에서 발생한 다른 연구개발기관이 소유한 성과의 실시가 필요한 경우, 실시를 요청하고, 실시를 요청받은 기관은 실시를 허락해야 한다. 이때, 실시 기간과 조건은 합의하여 정하되, 다른 자보다 우대하여야 한다.

한편, 국내·외 출원·등록한 지식재산권을 포기하려는 경우 중앙행정기관장의 승인을 받아야 하며, 포기 전 연구개발성과 창출에 기여한 연구자나 중소기업에 양도하는 것을 우선 검토하여야 한다(국가연구개발혁신법 제17조).

(3) 국가연구개발사업 기술료 징수 및 사용

기술료란 연구개발성과를 실시(연구개발성과를 사용·양도·대여 또는 수출하거나 연구개발성과의 양도 또는 대여의 청약을 하는 행위를 말한다)하는 권리를 획득한 대가로 실시권자가 연구개발성과소유기관에 지급하는 금액을 말한다(국가연구개발혁신법 제2조 제9호).

가. 기술료 징수 및 납부

연구개발성과소유기관은 연구개발성과를 실시하려는 자와 실시권의 내용 및 범위, 기술료 및 기술료 납부방법 등에 관한 계약을 체결하고 해당 연구개발성과의 실시를 허락할 수 있다. 이 경우 연구개발성과소유기관은 기술료를 징수하여야 한다.

한편, 「상법」 제169조에 따른 회사 등 연구개발성과소유기관(기술료등납부의무기관)이 기술료를 징수하거나 소유하고 있는 연구개발성과를 직접 실시하는 경우에는 해당 국가연구개발사업의 연구개발비를 지원한 중앙행정기관의 장에게 기술료의 일부 또는 연구개발성과로 인한 수익의 일부를 납부하여야 한다(국가연구개발혁신법 제18조).

종전 정액기술료는 국가연구개발혁신법상 법률적으로 정의하기가 어려운 점이 있어서 모두 폐지하였고, 징수한 기술료(제3자실시) 또는 발생한 수익(매출액)(직접실시)의 일부로만 받을 수 있다.

① 제3자 실시의 경우

연구개발성과소유기관이 기술실시계약을 체결하고 기술료를 징수하는 경우 해당기관은 다음의 구분에 따라 산정한 납부액을 기술료를 처음 징수한 날이 속한 해의 다음 해부터 5년이 되는 날 또는 연구개발과제가 종료된 날부터 7년이 되는 날 중 먼저 도래하는 날까지 중앙행정기관의 장에게 납부해야 한다(국가연구개발혁신법 시행령 제38조).

구분	제3자 실시의 경우 기술료
중소기업[452]	기술료 징수액의 5퍼센트(정부지원연구개발비의 10% 상한)
중견기업[453]	기술료 징수액의 10퍼센트(정부지원연구개발비의 20% 상한)
그 외 기업(공기업 포함)[454]	기술료 징수액의 20퍼센트(정부지원연구개발비의 40% 상한)

② 직접 실시의 경우

기술료등납부의무기관이 직접 연구개발성과실시를 하여 연구개발성과로 인한 수익이 발생한 경우에는 수익이 처음 발생한 날이 속하는 해의 다음 해부터 5년이 되는 날 또는 연구개발과제가 종료된 날부터 7년이 되는 날 중 먼저 도래하는 날까지 매년 수익이 발생한 해마다 다음의 구분에 따라 산정한 납부액을 중앙행정기관의 장에게 납부해야 한다(국가연구개발혁신법 시행령 제39조).

구분	직접 실시의 경우 기술료
중소기업[455]	연구개발성과로 인한 수익금액에 기술기여도(*)와 징수액의 5퍼센트를 곱한 금액(정부지원연구개발비의 10% 상한)
중견기업[456]	연구개발성과로 인한 수익금액에 기술기여도와 징수액의 10퍼센트를 곱한 금액(정부지원연구개발비의 20% 상한)
그 외 기업(공기업 포함)[457]	연구개발성과로 인한 수익금액에 기술기여도와 징수액의 20퍼센트를 곱한 금액(정부지원연구개발비의 40% 상한)

(*) 기술기여도는 중앙행정기관의 장과 연구개발기관의 장이 연구개발과제협약으로 정한 비율을 말한다. 다만, 중앙행정기관의 장은 사회적·경제적 상황 또는 기술 시장의 급격한 환경 변화로 제2항 각 호에 따른 기술기여도의 조정이 불가피하다고 인정되는 경우에는 기술료등납부의무기관의 장과 협의하여 그 기술기여도를 변경할 수 있다.

452) 「중소기업기본법」 제2조에 따른 중소기업을 말한다(국가연구개발혁신법 시행령 제19조 제1항 제1호).

453) 「중견기업 성장촉진 및 경쟁력 강화에 관한 특별법」 제2조의 제1호에 따른 중견기업을 말한다(국가연구개발혁신법 시행령 제19조 제1항 제2호).

454) 중소기업 및 중견기업에 해당하지 아니하는 기업(공공기관의 운영에 관한 법률 제5조 제4항 제1호에 따른 공기업 기업 포함)을 말한다(국가연구개발혁신법 시행령 제19조 제1항 제3호·제4호).

455) 「중소기업기본법」 제2조에 따른 중소기업을 말한다(국가연구개발혁신법 시행령 제19조 제1항 제1호).

456) 「중견기업 성장촉진 및 경쟁력 강화에 관한 특별법」 제2조의 제1호에 따른 중견기업을 말한다(국가연구개발혁신법 시행령 제19조 제1항 제2호).

457) 중소기업 및 중견기업에 해당하지 아니하는 기업(공공기관의 운영에 관한 법률 제5조 제4항 제1호에 따른 공기업 기업 포함)을 말한다(국가연구개발혁신법 시행령 제19조 제1항 제3호·제4호).

나. 기술료 감면

연구개발성과소유기관의 장은 다음의 어느 하나에 해당하는 연구개발성과에 대한 기술료 징수액의 전부 또는 일부를 감면할 수 있다(국가연구개발혁신법 제18조 제3항, 동법 시행령 제40조 제1항).

기술료 징수액 감면의 사유
• 중앙행정기관의 장이 연구개발성과의 활용을 촉진하기 위하여 공개활용이 필요하다고 인정하는 연구개발성과 • 연구개발과제협약에서 정하는 바에 따라 연구개발성과실시를 목적으로 하지 않은 연구개발성과

또한 중앙행정기관의 장은 다음의 어느 하나에 해당하는 경우에는 납부액의 전부 또는 일부를 감면할 수 있다(국가연구개발혁신법 제18조 제4항, 동법 시행령 제40조 제2항).

기술료 납부액 감면의 사유
• 해당 연구개발성과가 국가안보와 관련된 경우 • 사회적 · 경제적으로 긴급한 상황이 연구개발기관에 발생한 경우 • 연구개발기관의 경영이 악화된 경우 • 그 밖에 중앙행정기관의 장이 납부액의 전부 또는 일부를 감면할 필요가 있다고 인정하는 경우

다. 기술료 사용

연구개발성과 소유기관의 장은 징수한 기술료를 다음의 용도에 따라 사용해야 한다(국가연구개발혁신법 제18조 제5항, 동법 시행령 제41조).

| 표 _ 연구개발 결과물 소유기관별 기술료 사용용도 |

구분	대상 기술료	사용용도
기술료등납부 의무기관	연구개발성과소유기관이 징수한 기술료(중앙행정기관의 장에게 납부한 금액은 제외)	• 해당 연구개발과제에 참여한 연구자, 성과 활용에 기여한 직원 등에 대한 보상금 • 연구개발에 대한 재투자 • 지식재산권 출원 · 등록 · 유지 • 운영경비

구분	대상 기술료	사용용도
연구개발성과소유기관(기술료등납부의무기관은 제외)	연구개발성과소유기관(기술료등납부의무기관은 제외)은 징수한 기술료 중 연구개발비에서 정부지원연구개발비가 차지하는 비율에 해당하는 금액(정부지분기술료)	• 연구개발과제에 참여한 연구자에 대한 보상금 : 정부지분기술료의 100분의 50 이상 • 기술이전 · 사업화 및 지식재산권 출원 · 등록 · 유지 : 정부지분기술료의 100분의 15 이상 • 성과 활용에 기여한 직원 등에 대한 보상금 : 정부지분기술료의 100분의 10 이상 • 연구개발 재투자 및 기관운영경비 등 : 위 규정에 따라 사용한 금액을 제외한 나머지 금액

제2절 정부출연금 제도

1 출연금의 개념

세법에서는 출연금의 정의에 대하여 규정하고 있지 아니하므로 출연금의 지급과 관련된 관련 법률 규정을 살펴보면 다음과 같다.

국가재정법 제12조(출연금)
국가는 국가연구개발사업의 수행, 공공목적을 수행하는 기관의 운영 등 특정한 목적을 달성하기 위하여 법률에 근거가 있는 경우에는 해당 기관에 출연할 수 있다.

위에서 보는 바와 같이 동 조항은 국가가 출연금을 지급할 수 있는 요건을 개략적으로 기술한 것에 가깝고, 출연금에 대한 정의규정으로 보기는 어렵다.

그간 학문적 또는 실무적으로 이루어져 온 통상적인 정의방식에 의하면, 출연금이란 "국가가 해야 할 사업이지만 여건상 정부가 직접 수행하기 어렵거나 민간이 대행하는 것이 보다 효과적이라고 판단될 때, 이러한 사업을 수행하는 자에 대하여 국가가 이를 조성하기 위하여 재정상 원조를 할 목적으로 법률에 근거하여 민간에게 반대급부 없이 금전적으로 행하여지는 금액"으로 정의할 수 있다.[458)]

2 출연금과 보조금의 비교

출연금의 특징을 논의할 때, 통상 출연금과 유사하게 정부로부터 반대급부 없이[459)] 받는 지급금으로서 보조금과의 비교가 많이 이루어진다.

458) 김인철, 「(해설) 국가재정법, 동강사」, 2007, 171면

459) 재정학자인 K. H. Hansmeyer는 보조금이 시장경제적인 대가에 상응하는 지급과는 차이가 있음을 인정하지만, 그렇다고 반대급부가 원칙적으로 보조금에 결여되었다는 것을 의미하는 것은 아니라고 한다. 따라서 그에 의하면 시장경제적 반대급부 대신에 일정한 행위가 보조금수급자에게 요구되거나 기대되고, 이를 통하여 시장경제적 정황이나 배분결과가 정책적인 목표와 함께 수정될 것이 기대되는 점에 보조금의 본질이 있다고 한다. 보조금 관계에서 수혜자는 재정지원을 받는데 그치는 것이 아니라, 보조금 지급목표를 달성하기 위한 범위 내에서만 보조금을 사용해야 한다는 의무를 지며, 이것은 재정지원에 대한 일종의 반대급부의 성격을 가진다[강구철, 보조금행정에 있어서 재량과 그 통제원리에 관한 고찰, 「법학논총」 제9집, 국민대학교 법학연구소, 1997.11., 198면 이하 참조(장선희, "보조금의 법적 근거와 유형 및 반환에 관한 연구", 「공법학연구」 제11권 제4호, 한국비교공법학회, 2010.11., 88면에서 재인용)].

보조금 관리에 관한 법률 제2조에 따른 보조금의 정의는 다음과 같다.

보조금의 정의
국가 외의 자가 수행하는 사무 또는 사업에 대하여 국가(「국가재정법」 별표 2에 규정된 법률에 따라 설치된 기금을 관리·운용하는 자를 포함한다)가 이를 조성하거나 재정상의 원조를 하기 위하여 교부하는 보조금(지방자치단체에 교부하는 것과 그 밖에 법인·단체 또는 개인의 시설자금이나 운영자금으로 교부하는 것만 해당한다), 부담금(국제조약에 따른 부담금은 제외한다), 그 밖에 상당한 반대급부를 받지 아니하고 교부하는 급부금으로서 대통령령으로 정하는 것[460]을 말한다.

보조금과 출연금의 상대적인 차이를 살펴보면 다음과 같다.[461]

첫째, 사업의 수행을 위해서는 개별법적 근거가 필요한가에 있어 보조금은 일반법인 보조금 관리에 관한 법률 이외에 반드시 개별법적 근거가 필요한 것은 아니다. 반면, 출연금은 국가재정법 제12조에 따라 반드시 법적 근거가 있는 경우에 한하여 수행이 가능하다.

부연하면, 출연금은 개별 법률의 근거가 있는 경우에 가능하므로 「정부출연연구기관 등의 설립·운영 및 육성에 관한 법률」, 「과학기술분야 정부출연연구기관 등의 설립·운영 및 육성에 관한 법률」, 「특정연구기관 육성법」에 따라 설립된 수행기관에 대한 출연의 법적근거와 「기초연구진흥 및 기술개발지원에 관한 법률」, 「산업기술혁신 촉진법」, 「정보통신산업 진흥법」, 「중소기업기술혁신 촉진법」등의 사업에 대한 출연의 법적 근거가 있는 기관 또는 사업에 출연금이 지급된다.

둘째, 사업의 용도와 관련하여 보조금은 국가가 사전에 사용용도를 지정하여 교부함으로써 보조금을 받는 자가 집행과정에서 재량의 여지가 거의 없다. 반면, 출연금은 국가연구개발사업의 수행, 공공목적을 수행하는 기관의 운영 등과 같이 광범위한 범위 속에서 상대적으로 넓은 재량이 보장된다.

셋째, 정산과 집행잔액의 처리와 관련하여 보조금은 반드시 사후정산을 하고, 집행잔액과 이자수입을 반납하는 것이 원칙이다. 반면, 출연금은 이에 대한 법적 규율은 마련되어 있지 않다.

요약하자면, 보조금은 개별법적 근거는 불필요하지만 보조금을 지급받은 자의 집행에 있어 재량이 상대적으로 좁은 반면, 출연금은 개별법적 근거가 반드시 필요하지만 출연금을 지급받은 자의 집행에 있어 재량이 상대적으로 넓은 특징이 있다.

460) 「농산물의 생산자를 위한 직접지불제도 시행규정」 제3조에 따른 소득보조금을 말한다(보조금 관리에 관한 법률 시행령 제2조).

461) 국회예산정책처, 「출연사업 평가」, 2010.6., 10면

| 표 _ 출연금과 보조금의 비교[462] |

구분	출연금	보조금
정의	국가가 수행해야 할 사업을 민간이 대행하게 하고, 사업을 수행하는 자에 대해 법률에 근거하여 지원하는 재정상 원조(법적 정의는 없음)	국가외의 자가 행하는 사무 또는 사업에 대하여 국가가 이를 조성하거나 재정상의 원조를 하기 위해 교부하는 보조금, 부담금 등(보조금 관리에 관한 법률 제2조)
법적 근거	「국가재정법」 제12조, 「공공기관 운영에 관한 법률」, 「정부출연연구기관 등의 설립·운영 등에 관한 법률」, 「지방재정법」 제18조 제2항 등	「보조금 관리에 관한 법률」, 「지방재정법」 제17조 제1항 등
	• 국가(법률의 근거가 있어야 함) • 지방자치단체(법령의 근거나 공공기관에 대해 조례 근거가 있어야 함)	개별 법률에 반드시 지원근거가 있어야 하는 것은 아님. 예산편성만으로도 보조금 교부가 가능함.
법적 성격	기부행위와 비슷함(※ 엄격한 통제 필요)	증여와 비슷함.
집행 잔액 처리 등	포괄적으로 지원함. 일반적으로 사후정산을 하지 않으며 집행잔액 및 이자수입은 출연기관의 자체수입으로 사용 가능함.	사후정산을 하여야 하여 집행잔액 및 이자수입은 국고에 반환하도록 하는 것이 원칙이나, 예외 규정도 있음.

3 출연금과 보조금의 과세혜택 비교

세법에서는 출연금과 보조금을 수령하는 경우 일시적으로 익금산입 효과가 발생하여 수령시점에 과세부담이 있다. 정부의 출연금 및 보조금의 교부는 정책적인 목적에서 이루어지는 반면, 수령시점에 발생하는 세부담으로 인하여 보조금 및 출연금의 교부효과가 상쇄되는 효과가 발생하는 것이다.

세법에서는 이러한 정책적인 목적에 충실하기 위하여 일정요건을 충족하는 출연금과 보조금에 대하여 과세이연 혜택을 부여하고 있다.

출연금과 보조금에 대하여 세법에서 규정하는 과세혜택을 비교하면 아래와 같다.

462) 법제처, 「법령 입안·심사 기준」, 2020.12., 251면

| 표 _ 출연금과 보조금 과세혜택 비교 |

구분	출연금	보조금
과세특례조항	조세특례제한법 제10조의 2(연구개발 관련 출연금 등의 과세특례)	법인세법 제36조(국고보조금 등으로 취득한 사업용 자산가액의 손금산입)
근거법률요건	「기초연구진흥 및 기술개발지원에 관한 법률」 「산업기술혁신 촉진법」 「정보통신산업 진흥법」 「중소기업기술혁신 촉진법」 「소재 · 부품 · 장비산업 경쟁력강화를 위한 특별조치법」 「연구개발특구의 육성에 관한 특별법」	「보조금 관리에 관한 법률」 「지방재정법」 「농어촌 전기공급사업 촉진법」 「전기사업법」 「사회기반시설에 대한 민간투자법」 「한국철도공사법」 「농어촌정비법」 「도시 및 주거환경정비법」 「산업재해보상보험법」 「환경정책기본법」
구분경리	필요	불필요
사용기준	연구개발비로 지출 또는 연구개발에 사용되는 자산의 취득	사업용 유형자산 및 무형자산과 석유류의 취득 또는 개량에 사용
사용기간	법정사용기간이 없으므로 연구개발기간 동안 사용가능	지급받은 날이 속하는 사업연도의 다음 사업연도의 개시일로부터 1년 이내 사용하는 것이 원칙
과세특례방식	익금에 산입하지 아니함. (충당금 설정 방식 아님)	손금에 산입하는 방식 – 감가상각자산 : 일시상각충당금 설정 – 그 외 자산 : 압축기장충당금 설정
익금귀속시기	• 연구개발비 : 해당 지출시 • 감가상각자산 : 감가상각시 또는 처분시 • 그 외 자산 : 처분시	• 감가상각자산 : 감가상각시 또는 처분시 • 그 외 자산 : 처분시
미사용시	용도외 사용, 사용 전 폐업 등의 경우에는 미사용금액을 일시에 익금 산입하며, 이자상당가산액을 납부	기한내 미사용, 사용 전 폐업 등의 경우에는 미사용금액을 일시에 익금 산입
최저한세	적용대상	미적용

구분	출연금	보조금
중복지원배제	• 국가 등의 지원금으로 투자한 금액에 대하여는 투자세액공제 적용 배제[463] • 국가 등으로부터 연구개발출연금을 지급받아 연구개발비로 지출한 경우에는 조세특례제한법 제10조(연구·인력개발비에 대한 세액공제) 적용배제	국가 등의 지원금으로 투자한 금액에 대하여는 투자세액공제 적용 배제
일몰규정	2021.12.31.까지 출연금 수령분	없음.

463) 국가등의 지원금으로 투자한 금액에 대한 세제지원을 배제한다고 규정하고 있는 조세특례제한법 제127조 제1항은 2014.1.1. 조세특례제한법 개정 시 신설된 것이다. 과거 국고보조금 등으로 취득한 자산에 대하여 일시상각충당금을 설정한 후 동시에 조세특례제한법상 투자세액공제를 받는 것이 가능한지 논란이 있었으나 대법원에서는 국고보조금에 대한 손금산입특례규정(과세이연규정)은 내국법인의 국고보조금에 대한 고정자산처분이나 개량에 대한 법인세의 이연납부를 결과하는 조문들이지 당해 법인세의 감면특혜에 관한 조항이 아니므로 국고보조금에 대한 손금산입특례규정은 조세특례제한법상 각종 투자세액공제와 중복하여 적용가능하다고 판시한바 있다(대법원 85누521, 1987.5.26.). 조세특례제한법 제127조 제1항의 개정규정은 2014.1.1. 이후 투자하는 분부터 적용한다.

제3절 정부출연금의 회계처리

1 정부보조금의 정의

한국채택국제회계기준(K-IFRS) 기업회계기준서 제1020호 '정부보조금의 회계처리와 정부지원의 공시'[464](이하 "K-IFRS 1020"이라 한다)에서는 정부보조금을 '기업의 영업활동과 관련하여 과거나 미래에 일정한 조건을 충족하였거나 충족할 경우 기업에게 자원을 이전하는 형식의 정부지원'으로 정의하고 있다. 정부에는 지방자치단체, 중앙정부 또는 국제기구인 정부, 정부기관 및 이와 유사한 단체를 포함한다.

정부보조금에 대한 회계처리는 다음의 회계기준서에 규정되어 있다.

- K-IFRS : 제1020호 '정부보조금의 회계처리와 정부지원의 공시'
- 일반기업회계기준 : 제17장 '정부보조금의 회계처리'

정부보조금에 대한 회계처리를 적용함에 있어 유의할 사항은 다음과 같다.

① 정부보조금은 회계처리는 반드시 특정 기업활동과 연관될 필요는 없다. 예를 들어 특정 지역에서 영업하거나 특정 산업에 속한 기업이 정부지원금을 받는다면 관련 내용도 정부보조금 회계처리를 적용한다.

② 정부지원이란 일정한 기준을 충족하는 기업에게 경제적효익을 제공하기 위한 정부의 행위를 말한다. 개발지역에 기반시설을 제공하거나 경쟁자에게 거래상 제약을 부과하는 등 일반적인 거래조건에 영향을 주는 행위를 통해 간접적으로만 제공하는 효익은 정부보조금 회계처리에 해당하지 않는다.

③ 정부지원과 유사한 것으로 법인세 감면 등이 있을 수 있는데, 이는 정부보조금이 아닌 '법인세회계'를 규정하고 있는 기준서에 따라 회계처리한다.

2 정부보조금의 인식

정부보조금은 다음 모두에 대한 합리적인 확신이 있을 때까지 인식하지 않는다(K-IFRS 1020 문단 7, 일반기업회계기준 문단 17.2).

464) 한국회계기준원 회계기준위원회, 기업회계기준서 제1020호 정부보조금의 회계처리와 정부지원의 공시, 2015.9.25.

정부보조금의 인식시점
㉠ 정부보조금에 부수되는 조건의 준수 ㉡ 보조금의 수취

보조금의 수취 자체가 보조금에 부수되는 조건이 이행되었거나 이행될 것이라는 결정적인 증거를 제공하지는 않는다. 그리고 보조금을 수취하는 방법은 보조금에 적용되는 회계처리방법에 영향을 미치지 않는다. 따라서 보조금을 현금으로 수취하는지 또는 부채를 감소시키는지에 관계없이 동일한 방법으로 회계처리한다.

한편, 조건부 정부지원의 경우에는 그 특정 조건의 충족이 확실한 시점에 정부보조금으로 대체하는데 그 사례를 예시하면 다음과 같다.

① 해외자원개발과 관련하여 자원의 개발이 성공한 경우 대출을 상환하여야 하는 국책대출 : 해외자원개발의 실패가 확실해지는 시점에 정부보조금으로 대체하고 수익을 인식한다.

② 기술개발을 조건으로 정부로부터 받은 지원금을 성공 시점에 일부 또는 전부를 반환하는 조건 : 반환되어야 할 것으로 예상되는 금액을 부채로 계상하고, 실패가 확실시 되는 시점에 정부보조금으로 대체하고 수익을 인식한다.

3 회계처리 원칙

정부보조금은 자본에 반영하지 않고 손익에 반영하는데 그 기본 원칙은 다음과 같다.

① 정부보조금이 기업활동에 따라 발생하는 특정 지출(예 : 경상개발비)을 보전하기 위해 제공되는 경우, 수령한 정부보조금은 관련 지출을 비용으로 인식하는 기간에 걸쳐 체계적인 기준에 따라 당기손익으로 인식한다.

② 정부보조금이 과거나 미래의 비용 지출과 관련 없이 기업에게 제공되는 경우에는(즉각적인 금융지원) 정부보조금을 수취할 권리가 발생한 기간의 수익으로 인식한다.

③ 과거에 이미 발생한 지출이나 손실의 보전에 대한 정부보조금을 받게 되면 즉, 정부보조의 결정이 지출 등의 사건이 일어난 이후에 확정되면 수취할 권리가 발생하는 기간의 수익으로 인식한다.

④ 정부보조금이 즉각적인 금융지원인 경우에는 정부보조금을 당기수익으로 인식하나, 정부보조금이 특정 지출을 보전하기 위해서는 다음과 같이 회계처리한다.

구분	당기손익 인식방법
자산구입에 사용	해당 자산이 손익에 영향을 미치는 감가상각자산 기간 동안 안분되어 손익으로 반영
비용보전에 사용	해당 지출을 비용에 처리하는 시기(발생시점)에 손익으로 반영

한편 비상각자산과 관련된 정부보조금이 특정 의무의 이행을 전제한다면, 그 의무를 충족시키기 위한 원가를 부담하는 기간에 그 정부보조금을 당기손익으로 인식한다. 예를 들어 건물을 건설하는 조건으로 토지를 보조금으로 받았다면, 건물의 내용연수동안 보조금을 당기손익으로 인식하는 것이 적절하다.

[사례 1]

- 상황 1 : A사는 01년초 현재 향후 3년간 매년 10,000원의 연구비가 발생할 것으로 예상하며, 연구비 중 30%를 보전할 목적으로 9,000원의 정부보조금을 수령함.
- 상황 2 : A사는 01년중 수해를 당하여 20,000원의 손실이 발생하였으며, 정부에서는 02년중 10,000원을 보조하기로 결정하고 지급함.
- 상황 3 : A사는 01년중 수해를 당하여 20,000원의 손실이 발생하였으며, 정부에서는 01년말에 10,000원을 보조하기로 결정하고 02년초에 10,000원을 지급함.
- 상황 4 : IT 업종을 영위하는 A사는 정부의 관련 산업 육성 정책에 따라 01년중 5,000원을 수령하였으며, 정부보조금 수령과 관련하여 별도의 조건은 없음.
- 상황 5 : A사는 01년초 연구개발용 유형자산을 취득하는데 40,000원을 지출하였으며, 정부는 이를 보조하기 위하여 10,000원을 지급함. 관련 유형자산의 내용연수는 5년이며, 회사는 정액법을 적용하고 있음.

[요구사항] 각 상황마다 정부보조금을 손익에 반영할 시기를 결정하시오.

본 사례에서 각 상황에 따른 정부보조금의 손익 인식시점은 다음과 같다.

① **상황 1** : 본 상황에서의 정부보조금은 수익관련 보조금으로서 해당 비용을 인식하는 시기(발생시점)에 손익으로 반영한다. 따라서 9,000원의 정부보조금은 연구비를 인식하는 01년부터 03년까지 매년 3,000원씩 손익에 반영한다.

② **상황 2와 3** : 과거에 이미 발생한 지출이나 손실의 보전에 대한 정부보조금을 받게 되면 수취할 권리가 발생하는 기간의 수익으로 인식한다. 따라서, 상황 2에서 A사는 02년에 손익에 반영한다. 반면, 상황 3에서 A사는 02년에 현금을 수령하였으나 01년말에 정부의 결정에 따라 권리를 획득하였으므로 01년에 손익에 반영한다.

③ **상황 4** : 정부보조금이 즉각적인 금융지원인 경우에는 정부보조금을 당기수익으로 인식하므로 A사는 01년에 손익에 반영한다.

④ **상황 5** : 본 상황에서의 정부보조금은 자산관련 보조금으로서 해당 자산이 손익에 영향을 미치는 감가상각자산 기간 동안 안분되어 손익으로 반영된다. 따라서 A사가 감가상각비를 인식하는 01년부터 05년까지 매년 2,000원(= 10,000원 ÷ 5년)씩 손익에 반영한다.

4 정부보조금과 관련 손익의 인식

정부보조금은 인식, 수령 및 사용 단계에서 회계처리를 수행하며, 관련 손익은 사용단계에서 반영한다. 여기서 유의할 사항은 반드시 상기 시간적 과정을 모두 거치는 것은 아니라는 점이다. 예를 들어 정부에서 연간 보조금 예산의 집행을 연말에 하는 경우에는 정부보조금의 수령이 지연되기도 한다.

(1) 최초 인식

정부보조금은 정부보조금에 부수되는 조건의 준수와 이에 따른 정부보조금의 수령에 관한 확신이 없다면 인식되지 않는다. 즉, 정부보조의 조건에도 불구하고 정부보조에 대한 확신이 있을 경우에만 인식한다.

(2) 수령

정부보조금을 수령하면 미수금이 회수된 것으로 처리한다. 정부보조로 수령한 현금은 일반적으로 지출 목적이 특정되어 있으므로 지정된 계좌를 사용하여야 하고 전용이 불가능하다. 따라서 사용제한 예금에 관한 주석을 공시하여야 한다.

대부분의 국책사업은 정부지원금 이외에도 기업이 일정부분을 분담하도록 하고 있는데, 동 금액도 동일한 계좌에서 관리된다면 사용제한예금에 해당한다.

[사례 2]

- A사는 01년초 정부로부터 X 연구개발 프로젝트에 대한 보조금을 신청하여 승인받음.
- 보조금은 프로젝트의 성공을 조건으로 하며, A사는 프로젝트의 성공을 낙관하고 있음.
- 정부보조금은 10,000원이며 수령시기는 01년말 시점으로 예상됨.
- 01년 말에 정부보조금을 수령함.

[요구사항] 수익관련 보조금을 가정하고 01년에 반영할 회계처리를 예시하시오.

자금 수령의 형식에도 불구하고 정부보조에 대한 확신이 있는 시점에 정부보조금을 인식하므로 회계처리는 다음과 같다.

① 01년초

(차변) 미수금	10,000	(대변) 부채(선수수익)	10,000

② 01년말

(차변) 현금	10,000	(대변) 미수금	10,000

(3) 사용

수령한 정부보조금이 사용될 경우에는 자산구입 목적인지 또는 비용 보전 목적인지에 따라 회계처리가 상이해지는데, 관련 내용은 절을 바꾸어 설명하도록 한다.

5 수익관련 보조금

수익관련 보조금을 받는 경우에는 당기의 손익에 반영한다. 다만, 수익관련보조금을 사용하기 위하여 특정의 조건을 충족해야 하는 경우에는 그 조건을 충족하기 전에 받은 수익관련보조금은 선수수익으로 회계처리한다. 수익관련 보조금은 대응되는 비용이 없는 경우 회사의 주된 영업활동과 직접적인 관련성이 있다면 영업수익으로, 그렇지 않다면 영업외수익으로 회계처리한다.

수익관련보조금이 특정의 비용을 보전할 목적으로 지급되는 경우에는 일반기업회계기준은 특정 비용과 상계하도록 규정하고 있는 반면, K-IFRS는 비용과 상계하는 방법과 수익으로 인식하는 방법 모두를 인정하고 있다.

구분	재무제표 표시
K-IFRS	① 관련 비용이 있는 경우 다음 방법이 모두 인정됨. -관련 비용에서 차감하는 순액법 -관련 비용과 보조금수익을 모두 인식하는 총액법 ② 관련 비용이 없는 경우에는 수익으로 인식
일반기업회계기준	① 관련 비용이 있는 경우에는 순액법 ② 관련 비용이 없는 경우에는 수익으로 인식

참고로 정부보조금에 대한 수익을 인식할 경우 계정분류 기준은 다음과 같다.

- 영업수익 분류 : 기업의 영업활동과 보조금수령이 밀접하게 관련되어 있는 경우로서 예를 들면 시내버스 회사의 환승 및 청소년 할인에 대한 보조금수령을 들 수 있다.
- 영업외수익 분류 : 기업의 영업활동과 보조금수령이 밀접하게 관련되어 있지 않는 경우

[사례 3]

- 01년 6월말에 A사는 수해로 인하여 생산에 차질을 빚었음.
- 정부는 수해지역에 있는 각 기업에게 10,000원의 무조건적인 현금지원을 약속함.
- 정부보조금은 10,000원이며 수령시기는 01년말 시점으로 예상됨.

[요구사항] 01년의 회계처리를 예시하시오.

01년 6월말에 A사는 정부로부터 무조건적인 현금지원을 약속받았으므로 6월말에 반영할 회계처리는 다음과 같다.

① 01년 6월

(차변) 미수금	10,000	(대변) 영업외수익	10,000

② 01년말

(차변) 현금	10,000	(대변) 미수금	10,000

[사례 4]

- A사는 연구활동에 지출되는 비용 중 정부로부터 일부를 보조받음.
- 총 연구비와 정부보조금은 각각 10,000원 및 3,000원임.

[요구사항]

1. 순액법에 따라 회계처리를 예시하시오.
2. 총액법에 따라 회계처리를 예시하시오.
3. 일반기업회계기준에 따라 회계처리를 예시하시오.

※ 순액법

① 관련 비용 지출

(차변) 연구비	10,000	(대변) 현금	10,000

② 정부보조금 수령

(차변) 현금	3,000	(대변) 선수수익	3,000

③ 상계

(차변) 선수수익	3,000	(대변) 연구비	3,000

※ 종액법

① 관련 비용 지출

(차변) 연구비	10,000	(대변) 현금	10,000

② 정부보조금 수령

(차변) 현금	3,000	(대변) 선수수익	3,000

③ 수익 인식

(차변) 선수수익	3,000	(대변) 수익(정부보조금)	3,000

※ 일반기업회계기준 : 순액법에 따른 회계처리와 동일함.

[사례 5]

- A사는 정부로부터 향후 3년 동안 연구활동에 지출되는 비용 중 30%를 보조받기로 약정함.
- 01년초 A사는 정부로부터 3년간 예상되는 연구비 중 30%에 해당하는 9,000원을 수령함.
- 01년부터 03년까지 매년 지출된 연구비는 10,000원임.

[요구사항]

1. 순액법에 따라 01년의 회계처리를 예시하시오.
2. 01년부터 03년까지의 세무조정을 예시하시오.

※ 회계처리

① 01년 정부보조금 수령

(차변) 현금	9,000	(대변) 선수수익	9,000

② 연구비 지출

(차변) 연구비	10,000	(대변) 현금	10,000

③ 상계

(차변) 선수수익	3,000	(대변) 연구비	3,000

※ 세무조정

연도	세무조정	유보잔액
01년	입금된 9,000원을 유보처리(익금산입)하고, 손익에 반영된 3,000원을 △유보처리(손금산입)	유보 6,000원
02년	손익에 반영된 3,000원을 △유보처리(손금산입)	유보 3,000원
03년	손익에 반영된 3,000원을 △유보처리(손금산입)	-

[재무제표 표시 등]

	01년	02년	03년
[재무상태표]			
선수수익	6,000	3,000	-
[손익계산서]			
연구비 상계액(손익 반영)	3,000	3,000	3,000
[세무조정]			
결산일 현재 유보 잔액	6,000	3,000	-

6 자산관련 보조금

자산관련 보조금이란 정부지원의 요건을 충족하는 기업이 장기성 자산을 매입, 건설하거나 다른 방법으로 취득하여야 하는 일차적 조건이 있는 정부보조금을 말한다. 부수조건으로 해당 자산의 유형이나 위치 또는 자산의 취득기간이나 보유기간을 제한할 수 있다.

자산취득 목적에 사용된 보조금은 자산의 감가상각비에 비례하여 손익에 영향을 미치게 되며 재무상태표상 표시방법은 다음과 같다.

구분	재무제표 표시
K-IFRS	① 자산차감방식 : 자산의 장부금액을 취득금액에서 정부보조금을 차감하여 표시 ② 이연수익방식 : 정부보조금을 이연수익(부채)으로 계상하는 방법(K-IFRS 1020 문단 24~25).
일반기업회계기준	자산차감방식만 인정(일반기업회계기준 문단 17.5)

만일 수령한 정부보조금이 자산의 취득금액을 초과하는 경우 자산차감방식을 적용할 경우 동 초과금액은 당기손익으로 처리한다.

※ 자산차감방식이 재무비율에 미치는 영향

- 부채비율(= 부채 ÷ 자본) : 자산차감방식을 적용하면 부채계상액이 없으므로, 이연수익방식 보다 부채비율이 양호하게 표시됨.
- 영업이익률(= 영업이익 ÷ 영업수익) : 자산차감방식을 적용하면 영업수익(보조금수익)이 적게 표시되므로, 이연수익방식보다 영업이익률이 양호하게 표시됨.

한편 자산관련 보조금을 받아 관련 자산을 취득하기 전까지 받은 자산 또는 받은 자산을 일시적으로 운용하기 위하여 취득하는 경우의 회계처리는 다음과 같다.

구분	재무제표 표시
K-IFRS	해당사항 없음
일반기업회계기준	일시적으로 운용되는 자산의 차감항목으로 표시(일반기업회계기준 실 17.5)

K-IFRS를 도입한 많은 기업들이 미사용 정부보조금 또는 정부보조금을 일시적으로 투자하여 단기금융상품을 가입한 경우, 현금 또는 해당 자산의 차감항목으로 표시하는 경우가 많은데 이는 회계상 오류에 해당한다.

참고로 K-IFRS를 적용하는 기업들의 실무상 회계 관습은 다음과 같다.

① K-IFRS을 적용하는 기업의 경우 EU는 이연수익방식을 보다 널리 사용하고 있으나, 우리나라 기업들은 자산차감방식을 선호하고 있다.

② 한 기업에서 수익관련 보조금과 자산관련 보조금이 모두 존재할 경우 총액법과 순액법을 일관되게 적용할 의무는 없으나, EU 사례를 보면 일반적으로 일치시키는 것이 일반적이다.

[사례 6]

- A사는 정부로부터 01년초에 10,000원을 보조 받아 연구개발 목적의 시험장비를 40,000원에 취득함.
- 내용연수는 5년이며 정액법을 적용함.

[요구사항]

1. K-IFRS 적용를 적용하여 01년 회계처리를 예시하시오.
   - 자산차감방식
   - 이연수익방식
   - 자산차감방식과 이연수익방식을 적용할 경우 요약 재무제표
2. 일반기업회계기준을 적용하여 01년 회계처리를 예시하시오.
3. 상기 회계처리에 따른 01년부터 03년까지의 세무조정을 예시하시오.

※ 자산차감방식

[회계처리]

① 정부보조금 수령

(차변)	현금	10,000	(대변)	부채(선수금)	10,000

② 자산 취득

(차변)	유형자산	40,000	(대변)	현금	40,000
	부채(선수금 등)	10,000		유형자산(정부보조금)	10,000

③ 감가상각비 인식

(차변)	감가상각비	8,000	(대변)	감가상각누계액	8,000
	유형자산(정부보조금)	2,000		감가상각비	2,000

[세무조정]

연도	세무조정	유보잔액
01년	입금된 10,000원을 유보처리(익금산입)하고, 손익에 반영된 2,000원을 △유보처리(손금산입)	유보 8,000원
02년	손익에 반영된 2,000원을 △유보처리(손금산입)	유보 6,000원
03년	손익에 반영된 2,000원을 △유보처리(손금산입)	유보 4,000원

- 01년 재무상태표상 유형자산(정부보조금) 잔액 = 10,000원 - 2,000원 = 8,000원
- 02년 재무상태표상 유형자산(정부보조금) 잔액 = 8,000원 - 2,000원 = 6,000원

• 03년 재무상태표상 유형자산(정부보조금) 잔액 = 6,000원 - 2,000원 = 4,000원

[재무제표 표시 등]

	01년	02년	03년
[재무상태표]			
유형자산(정부보조금)	8,000	6,000	4,000
[손익계산서]			
상각비 상계액(손익 반영)	2,000	2,000	2,000
[세무조정]			
결산일 현재 유보 잔액	8,000	6,000	4,000

※ 이연수익방식

[회계처리]

① 01년 정부보조금 수령

(차변) 현금	10,000	(대변) 이연수익(부채)	10,000

② 자산 취득

(차변) 유형자산	40,000	(대변) 현금	40,000

③ 감가상각비 인식

(차변) 감가상각비	8,000	(대변) 감가상각누계액	8,000

④ 이연수익의 대체

(차변) 이연수익(부채)	2,000	(대변) 수익(정부보조금)	2,000

[세무조정]

연도	세무조정	유보잔액
01년	입금된 10,000원을 유보처리(익금산입)하고, 손익에 반영된 2,000원을 △유보처리(손금산입)	유보 8,000원
02년	손익에 반영된 2,000원을 △유보처리(손금산입)	유보 6,000원
03년	손익에 반영된 2,000원을 △유보처리(손금산입)	유보 4,000원

• 01년 재무상태표상 이연수익 잔액 = 10,000원 - 2,000원 = 8,000원
• 02년 재무상태표상 이연수익 잔액 = 8,000원 - 2,000원 = 6,000원

• 03년 재무상태표상 이연수익 잔액 = 6,000원 - 2,000원 = 4,000원

[재무제표 표시]

	01년	02년	03년
[재무상태표]			
이연수익	8,000	6,000	4,000
[손익계산서]			
보조금수익	2,000	2,000	2,000
[세무조정]			
결산일 현재 유보 잔액	8,000	6,000	4,000

※ 요약 재무제표

	자산차감방식	이연수익방식
[재무상태표]		
유형자산 취득금액	40,000	40,000
감가상각누계액	(8,000)	(8,000)
유형자산(정부보조금)	(8,000)	–
유형자산 순장부금액	24,000	32,000
이연수익(부채)	–	8,000
순자산 효과	24,000	24,000
[손익계산서]		
감가상각비	(6,000)	(8,000)
수익(정부보조금)	–	2,000
순손익 효과	(6,000)	(6,000)

※ 일반기업회계기준

[회계처리]

① 01년 정부보조금 수령

(차변) 현금 10,000 (대변) 현금(정부보조금) 10,000

② 자산 취득

(차변)	유형자산	40,000	(대변)	현금	40,000
	현금(정부보조금)	10,000		유형자산(정부보조금)	10,000

③ 감가상각비 인식

(차변)	감가상각비	8,000	(대변)	감가상각누계액	8,000
	유형자산(정부보조금)	2,000		감가상각비	2,000

[세무조정]

연도	세무조정	유보잔액
01년	입금된 10,000원을 유보처리(익금산입)하고, 손익에 반영된 2,000원을 △유보처리(손금산입)	유보 8,000원
02년	손익에 반영된 2,000원을 △유보처리(손금산입)	유보 6,000원
03년	손익에 반영된 2,000원을 △유보처리(손금산입)	유보 4,000원

- 01년 재무상태표상 유형자산(정부보조금) 잔액 = 10,000원 - 2,000원 = 8,000원
- 02년 재무상태표상 유형자산(정부보조금) 잔액 = 8,000원 - 2,000원 = 6,000원
- 03년 재무상태표상 유형자산(정부보조금) 잔액 = 6,000원 - 2,000원 = 4,000원

[재무제표 표시 등] : K-IFRS 자산차감방식과 동일함.

[사례 7]

- A사는 정부로부터 01년초에 10,000원을 보조 받았으며, 연구개발 목적의 시험장비를 5,000원에 취득함.
- 잔여 보조금에 대한 반납의무는 없음.
- 내용연수는 5년이며 정액법을 적용함.

[요구사항]

1. 일반기업회계기준을 적용하여 01년 회계처리를 예시하시오.
2. 01년부터 03년까지의 세무조정을 예시하시오.

※ 회계처리

① 01년 정부보조금 수령

(차변)	현금	10,000	(대변)	현금(정부보조금)	5,000
				수익(*)	5,000

(*) 영업활동과 관련이 있는지에 따라 영업수익 또는 영업외수익으로 분류

② 자산 취득

(차변)	유형자산	5,000	(대변)	현금	5,000
	현금(정부보조금)	5,000		유형자산(정부보조금)	5,000

③ 감가상각비 인식

(차변)	감가상각비	1,000	(대변)	감가상각누계액	1,000
	유형자산(정부보조금)	1,000		감가상각비	1,000

※ 세무조정

연도	세무조정	유보잔액
01년	입금된 10,000원을 유보처리(익금산입)하고, 손익에 반영된 6,000원을 △유보처리(손금산입)	유보 4,000원
02년	손익에 반영된 1,000원을 △유보처리(손금산입)	유보 3,000원
03년	손익에 반영된 1,000원을 △유보처리(손금산입)	유보 2,000원

• 01년 재무상태표상 유형자산(정부보조금) 잔액 = 5,000원 − 1,000원 = 4,000원
• 02년 재무상태표상 유형자산(정부보조금) 잔액 = 4,000원 − 1,000원 = 3,000원
• 03년 재무상태표상 유형자산(정부보조금) 잔액 = 3,000원 − 1,000원 = 2,000원

7 비화폐성 정부보조금의 회계처리

정부보조금은 토지나 그 밖의 자원과 같은 비화폐성자산을 기업이 사용하도록 이전하는 형식을 취할 수 있다. 이러한 상황에서는 일반적으로 비화폐성자산의 공정가치를 평가하여 보조금과 자산 모두를 그 공정가치로 회계처리한다. 예를 들어 정부의 장부에 5,000원으로 계상된 기계장치를 보조받았으나 동 기계장치의 공정가치가 7,000원인 경우, 기업은 정부로부터 7,000원의 지원을 받는 것으로 회계처리한다.

8 상환조건부 정부출연금

상환조건부로 수령한 정부출연금은 일정 기간 이후에 기술료 등의 명목으로 정부에 반환하게 되므로 회계상 정부보조금의 정의에 부합하지 않는다. 즉 상환조건부 정부출연금은 그 경제적 실질이 정부로부터 차입한 것에 해당하므로 정부보조금 회계처리를 적용하지 않고, 장기미지급비용 등의 계정과목을 사용하여 부채로 처리한다.

한편 조건의 변화로 인하여 기업이 상환하여야 할 정부출연금의 규모는 최초 수령시점에 파악하였던 금액과 상이할 수 있는데 그러한 경우 회계처리는 다음과 같다.

- 상환의무가 발생하게 된 정부보조금은 회계추정의 변경으로 회계처리한다. 회계추정의 변경은 변경의 효과를 변경이 발생한 기간 및 그 후 미래기간에 대하여 전진적으로 인식하는 방법에 해당한다(K-IFRS 1020 문단 32, 일반기업회계기준 문단 17.8).
- 수익관련 보조금을 상환하는 경우 보조금과 관련하여 인식된 미상각 이연계정(선수수익)에서 먼저 적용한다. 이때 이연계정을 초과하거나 이연계정이 없는 경우에는 초과금액 또는 상환금액을 즉시 비용으로 인식한다.
- 자산관련 보조금을 상환하는 경우는 상환금액만큼 자산의 장부금액을 증가시키거나 이연수익에서 차감하여 기록한다. 이때 보조금이 없었더라면 현재까지 당기손익으로 인식했어야 하는 추가적인 감가상각누계액은 즉시 비용으로 인식한다.
- 자산관련보조금의 상환의무가 발생하게 되는 경우 자산의 새로운 장부금액에 손상 가능성이 있는지를 고려할 필요가 있다. 자산차감방식을 적용할 경우 상환의무가 발생하게 되면 차감되는 금액이 감소하여, 손상대상이 되는 유형자산의 순장부금액이 증가하게 되기 때문이다.

[사례 8]

- A사는 정부로부터 01년초에 50,000원을 보조 받아 연구비로 사용함.
- 연구프로젝트를 성공할 경우 20%에 해당하는 금액을 기술료로 상환하여야 함.
- A사는 01년에 프로젝트의 성공을 예상하였으나, 02년에 실패로 판정됨.
- A사는 02년에 기술료가 면제됨.

[요구사항]

1. 일반기업회계기준을 적용하여 01년의 회계처리를 예시하시오.
2. 01년과 02년의 세무조정을 예시하시오.

※ 회계처리

① 01년 정부보조금 수령

(차변) 현금	50,000	(대변)	선수수익	40,000
			장기미지급비용	10,000

② 연구비 발생

(차변) 연구비	50,000	(대변)	현금	50,000
선수수익	40,000		연구비	40,000

③ 02년 추정의 변경

(차변) 장기미지급비용	10,000	(대변)	수익(정부보조금수익)	10,000

※ 세무조정

연도	세무조정	유보잔액
01년	입금된 50,000원을 유보처리(익금산입)하고, 손익에 반영된 40,000원을 △유보처리(손금산입)	유보 10,000원
02년	손익에 반영된 10,000원을 △유보처리(손금산입)	-

• 01년 재무상태표상 장기미지급비용 잔액 = 10,000원

[재무제표 표시]

	01년	02년
[재무상태표]		
장기미지급비용	10,000	-
[손익계산서]		
손익반영 금액	40,000	10,000
[세무조정]		
결산일 현재 유보 잔액	10,000	-

[사례 9]
- A사는 01년에 정부로부터 01년초에 50,000원을 보조 받아 연구장비를 취득함.
- 연구장비의 내용연수는 5년이며 정액법을 적용함.
- 연구프로젝트를 성공할 경우 20%에 해당하는 금액을 기술료로 지급해야 할 것으로 예상됨.
- 02년에 프로젝트의 성공이 판정되었으며, 기술료로 50%를 지급하기로 결정됨.
- 03년중에 기술료로 25,000원을 지급함.

[요구사항]
1. 일반기업회계기준을 적용하여 회계처리를 예시하시오.
2. 세무조정을 예시하시오.

※ 회계처리

① 01년 정부보조금 수령

(차변)	현금	50,000	(대변)	현금(정부보조금)	40,000
				장기미지급비용	10,000

② 연구장비 취득

(차변)	유형자산	50,000	(대변)	현금	50,000
	현금(정부보조금)	40,000		유형자산(정부보조금)	40,000

③ 01년 감가상각비

(차변)	감가상각비	10,000	(대변)	감가상각누계액	10,000
	유형자산(정부보조금)	8,000		감가상각비	8,000

④ 02년 추정의 변경

(차변)	유형자산(정부보조금)	12,000	(대변)	장기미지급비용	15,000
	감가상각비	3,000			

A사는 20%를 기술료로 상환할 것으로 예상하였으나, 50%로 확정된 경우에는 해당 30%에 해당하는 금액(유형자산 정부보조금)을 제거하고 01년에 과소 인식하였던 감가상각비(= 10,000원 × 50% − 10,000원 × 20%)를 즉시 비용으로 인식한다.

⑤ 02년 감가상각비

(차변)	감가상각비	10,000	(대변)	감가상각누계액	10,000
	유형자산(정부보조금)	5,000		감가상각비	5,000

⑥ 03년 감가상각비

(차변)	감가상각비	10,000	(대변)	감가상각누계액	10,000
	유형자산(정부보조금)	5,000		감가상각비	5,000

⑦ 기술료 지급

(차변)	장기미지급비용	25,000	(대변)	현금	25,000

※ 세무조정

연도	세무조정	유보잔액
01년	입금된 50,000원을 유보처리(익금산입)하고, 손익에 반영된 8,000원을 △유보처리(손금산입)	유보 42,000원
02년	손익에 반영된 2,000원(= (3,000원) + 5,000원)을 △유보처리(손금산입)	유보 40,000원
03년	손익에 반영된 5,000원과 기술료 25,000원을 △유보처리(손금산입)	유보 10,000원

- 01년 재무상태표상 장기미지급비용 + 부(負)의 유형자산 잔액
  = 10,000원 + 32,000원 = 42,000원
- 02년 재무상태표상 장기미지급비용 + 부(負)의 유형자산 잔액
  = 25,000원 + 15,000원 = 40,000원
- 03년 재무상태표상 부(負)의 유형자산 잔액 = 10,000원

[재무제표 표시]

	01년	02년(수정 효과)	02년
[재무상태표]			
유형자산(정부보조금)	32,000	20,000	15,000
장기미지급비용	10,000	25,000	25,000
[손익계산서]			
손익반영 금액	8,000	(3,000)	(3,000)+5,000
[세무조정]			
결산일 현재 유보 잔액	42,000	–	40,000

9 현금흐름표 작성시 고려사항

정부보조금이 현금흐름표에 미치는 영향을 정리하면 다음과 같다.

구분	현금흐름표 분류
수익관련 보조금	영업활동 현금흐름
자산관련 보조금	투자활동 현금흐름
상환조건부 보조금	재무활동 현금흐름

수익관련 보조금은 수익 또는 비용의 차감항목으로 회계처리되므로 당기손익에 직접적인 영향을 미치게 된다. 따라서 간접법에 따라 현금흐름표를 작성하면 별도의 조정없이도 영업활동의 증가를 가져오게 된다.

반면 자산관련 보조금은 현금유입액 자체를 투자활동 현금유입액으로 처리하고, 실제로 자산을 취득하면 지출액을 투자활동 현금유출액으로 처리한다.

상환조건부 보조금(기술료 해당액)은 정부보조금의 정의에 부합하지 않으며, 경제적 실질은 자금의 차입과 유사하다. 따라서 상환조건부로 유입된 현금은 재무활동 현금유입액으로 분류하고, 납부 시점에는 재무활동 현금유출액으로 분류한다.

[사례 10]

- A사는 정부로부터 연구비로 사용할 것을 전제로 10,000원을 보조금을 수령하여 사용함.
- A사는 연구장비를 취득할 것을 목적으로 50,000원을 수령하였으며, 프로젝트의 성공 시점에 20%를 기술료로 지급하여야 함.
- 취득한 유형자산의 내용연수는 5년임.
- A사는 연구프로젝트의 성공을 예상하고 있음.
- A사는 10,000원의 보조금을 연구비와 상계하였으며, 회계기간중 보고한 당기순이익은 120,000원이었음.
- 기초와 기말의 현금은 각각 50,000원과 172,000원임.

[요구사항] 요약 현금흐름표를 작성하시오.

※ 수익관련 보조금 회계처리

① 정부보조금 수령

(차변) 현금	10,000	(대변) 선수수익	10,000

② 연구비 지출

(차변)	연구비	10,000	(대변) 현금	10,000

③ 비용의 상계

(차변)	선수수익	10,000	(대변) 연구비	10,000

※ 자산관련 보조금 회계처리

① 정부보조금 수령

(차변)	현금	50,000	(대변) 현금(정부보조금)	40,000
			장기미지급비용	10,000

② 자산의 취득

(차변)	현금(정부보조금)	40,000	(대변) 유형자산(정부보조금)	40,000
	기계장치	50,000	현금	50,000

③ 감가상각비 인식과 상계

(차변)	감가상각비	10,000	(대변) 감가상각누계액	10,000
	유형자산(정부보조금)	8,000	감가상각비	8,000

※ 요약 현금흐름표

구 분	금 액	
1. 영업활동 현금흐름		122,000
당기순이익	120,000	
감가상각비	2,000	
2. 투자활동 현금흐름		(10,000)
정부보조금의 수령	40,000	
유형자산의 취득	(50,000)	
3. 재무활동 현금흐름		10,000
장기미지급비용의 증가	10,000	
4. 현금의 증가		122,000
5. 기초의 현금		50,000
6. 기말의 현금		172,000

10 RCMS 회계처리

(1) RCMS 개요

실시간통합연구관리시스템(Real-time Cash Management System, 이하 'RCMS')은 사업비의 투명한 사용과 효율적 과리를 위하여 수행기관이 직접 계좌이체, 신용카드 등을 통하여 사업비를 집행, 정산할 수 있는 통합정보시스템을 의미한다. RCMS 적용시에는 정부출연금이 연차별로 한 번에 지급되지 아니하고, 실제로 사업비를 사용할 때에 실시간으로 지급된다.

(2) RCMS 회계처리

RCMS을 도입하였을 경우 유의하여야 할 사항은 다음과 같다.

① 일반적으로 RCMS을 도입하는 경우 정부보조금을 인식하는 시기는 정부보조금의 지급요건을 충족하는 지출이 이루어지는 시점인데, 그 이유는 협약서 등에 따라 지출이 이루어지는 시점에 정부보조금을 지급받을 수 있는 권리가 발생되기 때문이다(금감원 2010-018, 2010.9.10.).

② RCMS를 도입한 경우에는 지출이 발생하기 이전에 정부로부터 보조금을 수령하지 않으므로 선수수익이나 선수금 계정은 나타나지 않는다.

③ RCMS는 기업의 계좌가 아닌 정부에서 지정한 별도의 계좌에서 정부출연금과 민간출연금을 관리한다. 따라서 기업은 지정된 계좌에 출연할 민간부담금을 입금하게 되는데, 지정 계좌는 기업이 소유하는 계좌가 아니므로 미수금이나 예치금 등의 계정으로 처리한다.

④ 기업이 지출한 연구비 등에 대해서는 지정된 계좌에서 거래처로 직접 지급된다. 따라서 지출 시점에 기업은 미지급 회계처리한다.

⑤ RCMS 계좌에서 기업 계좌로 입금될 경우 입금된 금액은 민간부담금과 정부출연금으로 구분하고, 정부출연금 중 기술료로 반환할 금액은 장기미지급비용으로 회계처리한다.

⑥ 기업이 납부하게 되는 기술료에 대한 의무는 정부로부터 출연금을 받는 시점에 확정되므로 RCMS를 적용할 경우 기업은 장기미지급금비용을 정부출연금 시점마다 적립하게 된다.

[사례 11]

- A사는 01년 7월 1일자로 전담기관 B사와 협약을 체결하여 주식경제기술혁신사업(과제기간 : 01년 7월 1일 ~ 02년 6월 30일)을 수행하고 있음.
- 해당 연구 Project는 RCMS 대상임.
- Project에 소요되는 예산은 총 500원이며, 그 구성은 민간부담금은 100원(20%)이며, 정부출연금은 400원(80%)임.
- A사는 Project가 성공할 경우 기술료로서 정부출연금의 30%에 해당하는 120원을 납부하여야 함.
- 01년 7월에 A사는 전담기관 명의의 통장에 100원을 이체함.
- A사는 01년과 02년에 연구비로 각각 300원 및 200원을 사용함.
- A사는 02년에 기술료로서 120원을 상환함.
- A사는 연구 Project가 성공할 것으로 확신하고 있으며, 02년에 성공으로 판정됨.

[요구사항]

1. 순액법을 적용하여 회계처리를 예시하시오.
2. 만일 02년에 연구 Project가 실패하여 기술료를 면제 받을 경우 회계처리를 제시하시오.

① 01년 자금 대체

(차변) 미수금(또는 예치금)	100	(대변) 현금	100

A사가 100원을 입금한 계좌는 전담기관 명의의 통장이므로 A사의 현금으로 표시할 수 없다. 따라서 입금한 금액을 미수금이나 예치금 등의 자산 계정으로 대체 처리한다.

② 01년 연구비 지출

(차변) 연구비	300	(대변) 미지급금	300

A사는 전담기관의 계좌에서 A사의 계좌로 입금된 금액으로 연구비를 지급하게 되므로, 원인행인 시점에는 미지급금으로 처리하게 된다.

③ 01년 자금입금

(차변) 현금	300	(대변) 미수금(또는 예치금)	60
		장기미지급비용	72
		연구비	168

A사는 연구비에 대한 지출원인 행위 이후 이에 해당하는 금액을 수령하게 되는데, 동 금액은 민간부담금 60원(20%)과 정부출연금 240원(80%)으로 구분된다. 정부출연금 중 30%에 해당하는 72원은 향후 기술료로 반납하여야 할 금액이므로 장기미지급비용으로 회계처리한다.

본 사례에서는 순액법 적용을 전제하고 있으므로 정부출연금 중 기술료에 해당하지 아니하는 168원(= 240원 - 72원)만 연구비와 상계하여 처리한다. 참고로 총액법을 적용한다면 연구비가 아닌 정부보조금수익으로 회계처리한다.

한편 A사의 계좌에서 자금이 지출되는 것이 아니라 RCMS 계좌에서 직접 자금을 지급한다면, A사는 연구비 300원에 대한 원인행위 후 자금에 대한 권리를 확정하게 되므로 현금이 아닌 미수금으로 회계처리하는 것이 적절하다.

④ 02년 자금 지급

(차변) 미지급금	300	(대변)	현금	300

⑤ 02년 연구비 지출

(차변) 연구비	200	(대변)	미지급금	200

⑥ 02년 자금입금

(차변) 현금	200	(대변)	미수금(또는 예치금)	40
			장기미지급비용	48
			연구비	112

A사는 연구비에 대한 지출원인 행위 이후 이에 해당하는 금액을 수령하게 되는데, 동 금액은 민간부담금 40원(20%)과 정부출연금 160원(80%)으로 구분된다. 정부출연금 중 30%에 해당하는 48원은 향후 기술료로 반납하여야 할 금액이므로 장기미지급비용으로 회계처리한다.

⑦ 02년 기술료 납부

(차변) 장기미지급비용	120	(대변)	현금	120

본 사례에서 기술료는 연구 Project가 성공함을 가정하고 있으며, 실패할 경우에는 면제받게 된다. 따라서 A사가 성공할 것이라고 합리적으로 확신하고 계상한 장기미지급비용은 실패 시점에 회계정추정의 변경으로 보아 회계처리하는 것이 적절하다.

① 03년 또는 그 이후 실패 판정 시

(차변) 장기미지급비용	120	(대변)	정부보조금수익	120

② 02년에 실패 판정 시

(차변) 장기미지급비용	120	(대변)	연구비	48
			정부보조금수익	72

만일 02년에 실패 판정이 이루어졌다면 02년에 인식하였던 장기미지급비용에 상당하는 금액은 추가로 연구비와 상계한다.

11 정부보조금의 정의에서 제외되는 사례

합리적으로 가치를 산정할 수 없는 일정한 형식의 정부지원과 기업의 정상적인 거래와 구별할 수 없는 정부와의 거래는 정부보조금의 정의에서 제외된다. 합리적으로 가치를 산정할 수 없는 지원의 예로는 기술이나 마케팅에 관한 무료 자문과 보증제공이 있다. 기업의 정상적인 거래와 구별할 수 없는 지원의 예로는 기업 매출의 일정 부분을 책임지는 정부구매정책을 들 수 있다.

12 K-IFRS와 일반기업회계기준간 주요 차이 요약

구분	K-IFRS	일반기업회계기준
비화폐성 정부보조금	보조금과 자산을 모두 공정가치로 평가. 단, 명목금액도 인정	보조금과 자산을 모두 공정가치로 평가
자산관련 보조금의 표시	이연수익으로 계상하거나 관련자산에서 차감하여 표시	관련자산의 차감계정으로 표시
수익관련 보조금의 표시	수익 또는 비용차감으로 표시	• 대응비용이 없는 경우에는 영업수익이나 영업외수익으로 처리 • 대응비용이 있는 경우에는 특정비용과 상계
미사용 보조금	별도 규정 없음	현금 등 해당 자산의 차감항목으로 표시

13 종합사례

(1) 종합사례 1 : RCMS 미적용

[사례 12]

- 주관기관 A사는 01년 7월 1일자로 전담기관 B사와 협약을 체결하여 지식경제기술혁신사업(과제기간 : 01년 7월 1일~02년 6월 30일)을 수행하고 있음.
- 협약서에 따르면 정부출연금은 분할하여 01년 7월중 50%, 02년 1월중 50%를 지급하며, 민간부담금도 동일하게 분할하여 입금함.
- 프로젝트와 관련하여 투입되는 재원은 다음과 같음.
  - 정부출연금 400원 : 상환의무가 있는 출연금은 80원(20%)임.
  - 민간부담금 100원
- 프로젝트와 관련한 자금은 B통장에서 관리됨.
  - 01년 7월 A사는 B통장으로 50원을 이체하였으며, 정부출연금 200원이 입금됨.
  - 02년 1월 A사는 B통장으로 50원을 이체하였으며, 정부출연금 200원이 입금됨.
- 사업집행 내역은 다음과 같음.

	01년	02년	합계	예산
경상개발비	10	40	50	100(20%)
개발비(무형자산)	50	150	200	200(40%)
유형자산	100	100	200	200(40%)
합계	160	290	450	500(100%)

- 상각 내용연수
  - 개발비(무형자산) : 개발이 완료된 02년 7월부터 5년 상각
  - 유형자산 : 5년(01년 7월 100원 취득, 02년 1월 100원 취득)
- 02년 사업종료 시점까지 사용하지 못한 50원은 정산함.
- 03년에 기술료 72원을 지출함.

[요구사항]

1. 일반기업회계기준을 적용하여 회계처리를 예시하시오.
2. 요약 재무제표를 작성하시오.
3. 01년과 02년의 세무조정을 예시하시오.

※ 거래구조 이해

- 민간부담금 20%는 A사가 직접 취득하거나 지출한 것으로 보아 재무제표에 반영됨.
- 정부출연금 중 상환할 금액 20%는 차입금 개념으로 보아 재무제표에 반영됨.
- 수익관련 보조금은 선수수익으로 처리한 후 관련 비용과 상계됨.

※ 회계처리

[01년]

① 민간부담금의 이체

(차변)	현금(B통장)	50	(대변)	현금	50

② 정부출연금 입금

(차변)	현금(B통장)	200	(대변)	장기미지급비용(*1)	40
				선수수익(*2)	32
				현금(정부보조금)(*3)	128

(*1) 장기미지급비용 = 200원 × 20%
(*2) 선수수익 = (200원 - 40원) × 20%
(*3) 현금(정부보조금) = (200원 - 40원) × (40% + 40%)

③ 01년 사업비의 집행

(차변)	경상개발비	10	(대변)	현금(B통장)	160
	개발비	50			
	유형자산	100			

④ 정부보조금 결산

(차변)	선수수익	6.4	(대변)	경상개발비	6.4

(*) 10원 × 80%(정부출연금 비율) × 80%(기술료 비율 제외)

(차변)	현금(정부보조금)	32	(대변)	무형자산(정부보조금)	32

(*) 50원 × 80%(정부출연금 비율) × 80%(기술료 비율 제외)

(차변)	현금(정부보조금)	64	(대변)	유형자산(정부보조금)	64

(*) 100원 × 80%(정부출연금 비율) × 80%(기술료 비율 제외)

⑤ 감가상각비 결산

(차변)	감가상각비	10	(대변)	감가상각누계액	10

(*) 100원 ÷ 5년 × 0.5년(6월)

(차변)	유형자산(정부보조금)	6.4	(대변)	감가상각비	6.4

(*) 10원 × 80%(정부출연금 비율) × 80%(기술료 비율 제외)

[02년]

① 민간부담금의 이체

(차변)	현금(B통장)	50	(대변)	현금	50

② 정부출연금 입금

(차변)	현금(B통장)	200	(대변)	장기미지급비용(*1)	40
				선수수익(*2)	32
				현금(정부보조금)(*3)	128

(*1) 장기미지급비용 = 200원 × 20%
(*2) 선수수익 = (200원 - 40원) × 20%
(*3) 현금(정부보조금) = (200원 - 40원) × (40% + 40%)

③ 02년 사업비의 집행

(차변)	경상개발비	40	(대변)	현금(B통장)	290
	개발비	150			
	유형자산	100			

④ 정부보조금 결산

(차변)	선수수익	25.6	(대변)	경상개발비	25.6

(*) 40원 × 80%(정부출연금 비율) × 80%(기술료 비율 제외)

(차변)	현금(정부보조금)	96	(대변)	무형자산(정부보조금)	96

(*) 150원 × 80%(정부출연금 비율) × 80%(기술료 비율 제외)

(차변)	현금(정부보조금)	64	(대변)	유형자산(정부보조금)	64

(*) 100원 × 80%(정부출연금 비율) × 80%(기술료 비율 제외)

⑤ 감가상각비 결산

(차변)	감가상각비	40	(대변)	감가상각누계액	40

(*) 100원 ÷ 5년 + 100원 ÷ 5년

(차변)	유형자산(정부보조금)	25.6	(대변)	감가상각비	25.6

(*) 40원 × 80%(정부출연금 비율) × 80%(기술료 비율 제외)

⑥ 무형자산상각비 결산

(차변)	무형자산상각비	20	(대변)	무형자산	20

(*) (50원 + 150원) ÷ 5년 × 0.5년

(차변)	무형자산(정부보조금)	12.8	(대변)	무형자산상각비	12.8

(*) 20원 × 80%(정부출연금 비율) × 80%(기술료 비율 제외)

⑦ 미사용 자금의 반납 및 기술료 지급

(차변)	현금(A사의 통장)	10	(대변)	현금(B통장)	50
	장기미지급비용(*1)	8			
	선수수익(*2)	32			

(*1) 반납된 정부출연금 40원중 기술료 해당액 20%에 해당하는 장기미지급비용
(*2) 미사용 경상개발비(예산) 중 민간부담금(20%)와 장기미지급비용(20%) 제외

[03년]

① 기술료 지출

(차변)	장기미지급비용	72	(대변)	현금	72

※ 요약 재무제표 표시

	01년	02년
[재무상태표]		
현금	40	(90)
현금(정부보조금)	(32)	-
유형자산	100	200
유형자산(정부보조금)	(57.6)	(96)
감가상각누계액	(10)	(50)
무형자산	50	180
정부보조금	(32)	(115.2)
자산합계	58.4	28.8
선수수익	25.6	-
장기미지급비용	40	72
부채합계	65.6	72
순자산 효과	(7.2)	(43.2)
[손익계산서]		
경상개발비	3.6	14.4
무형자산상각비	-	7.2
감가상각비	3.6	14.4
순손익 효과	(7.2)	(36)

※ 세무조정

연도	세무조정	유보잔액
01년	입금된 200원을 유보처리(익금산입)하고, 손익에 반영된 12.8원(= 6.4원 + 6.4원)을 △유보처리(손금산입)	유보 187.2원
02년	입금된 200원을 유보처리(익금산입)하고, 손익에 반영된 64원(= 25.6원 + 25.6원 + 12.8원)과 반납한 40원을 △유보처리(손금산입)	유보 283.2원

• 01년 재무상태표상 선수수익 + 장기미지급비용 + 부(負)의 현금과 유무형자산 잔액
= 25.6원 + 40원 + 32원 + 57.6원 + 32원 = 187.2원

• 02년 재무상태표상 장기미지급비용 + 부(負)의 유형자산 잔액
= 72원 + 96원 + 115.2원 = 283.2원

(2) 종합사례 2 : RCMS 적용

[사례 13]
- 주관기관 A사는 01년 7월 1일자로 전담기관 B사와 협약을 체결하여 지식경제기술혁신사업(과제기간 : 01년 7월 1일~02년 6월 30일)을 수행하고 있음.
- 해당 Project는 RCMS 대상임.
- 프로젝트와 관련하여 투입되는 재원은 다음과 같음.
  - 정부출연금 400원 : 상환의무가 있는 출연금은 80원(20%)임.
  - 민간부담금 100원
- 프로젝트와 관련한 자금은 B통장에서 관리됨.
  - 01년 7월 A사는 전담기관 명의 B통장으로 50원을 이체함.
  - 02년 1월 A사는 전담기관 명의 B통장으로 50원을 이체함.

- 사업집행 내역은 다음과 같음.

	01년	02년	합계	예산
경상개발비	10	40	50	100(20%)
개발비(무형자산)	50	150	200	200(40%)
유형자산	100	100	200	200(40%)
합계	160	290	450	500(100%)

- 상각 내용연수
  - 개발비(무형자산) : 개발이 완료된 02년 7월부터 5년 상각
  - 유형자산 : 5년(01년 7월 100원 취득, 02년 1월 100원 취득)

- 02년에 사업을 정산하고 잔여 10원은 A사 통장에 입금함.
- 03년에 기술료 72원을 지출함.

[요구사항]
1. 일반기업회계기준를 적용하여 회계처리를 예시하시오.
2. 요약 재무제표를 작성하시오.
3. 01년과 02년의 세무조정을 예시하시오.

※ 거래구조
- RCMS 대상이므로 A사는 전담기관 통장에 입금함.
- 지출 시점 : 미지급금으로 처리함.
- RCMS 계좌를 통하여 현금이 **입금되는 시점에 정부보조금 회계처리**를 반영함.
- RCMS 하에서는 선수수익이나 현금(정부보조금)은 인식되지 아니함.

• RCMS 계좌로 입금되는 시점에 예금을 인식하고, 지출하는 시점에 미지급금을 제거함.

※ 회계처리

[01년]

① 민간부담금의 이체

(차변) 자산(*)	50	(대변) 현금	50

(*) 미수금 또는 예치금 등으로 계상함.

② 경상개발비 10원 지출

(차변) 경상개발비	10	(대변) 미지급금	10
(차변) 예금	10	(대변) 자산(*1)	2
		장기미지급비용(*2)	1.6
		경상개발비(*3)	6.4

(*1) 민간부담금 20% 해당 금액
(*2) 장기미지급비용 = 10원 중 정부출연금 80% 중 기술료 20% 해당 금액
(*3) 경상개발비 = 정부출연금 - 민간부담금 - 기술료

(차변) 미지급금	10	(대변) 예금	10

(*) 미지급된 경상개발비의 지급

③ 개발비 50원 지출

(차변) 무형자산	50	(대변) 미지급금	50
(차변) 예금	50	(대변) 자산(*1)	10
		장기미지급비용(*2)	8
		무형자산(정부보조금)(*3)	32

(*1) 민간부담금 20% 해당 금액
(*2) 장기미지급비용 = 50원 중 정부출연금 80% 중 기술료 20% 해당 금액
(*3) 무형자산 = 정부출연금 - 민간부담금 - 기술료

(차변) 미지급금	50	(대변) 예금	50

(*) 미지급된 무형자산 취득금액의 지급

③ 개발비 150원 지출

(차변) 무형자산	150	(대변) 미지급금	150
(차변) 예금	150	(대변) 자산(*1)	30
		장기미지급비용(*2)	24
		무형자산(정부보조금)(*3)	96

(*1) 민간부담금 20% 해당 금액
(*2) 장기미지급비용 = 150원 중 정부출연금 80% 중 기술료 20% 해당 금액
(*3) 무형자산 = 정부출연금 - 민간부담금 - 기술료

(차변) 미지급금	150	(대변) 예금	150

(*) 미지급된 무형자산 취득금액의 지급

④ 유형자산 100원 지출

(차변) 유형자산	100	(대변) 미지급금	100
(차변) 예금	100	(대변) 자산(*1)	20
		장기미지급비용(*2)	16
		유형자산(정부보조금)(*3)	64

(*1) 민간부담금 20% 해당 금액
(*2) 장기미지급비용 = 100원 중 정부출연금 80% 중 기술료 20% 해당 금액
(*3) 유형자산 = 정부출연금 - 민간부담금 - 기술료

(차변) 미지급금	100	(대변) 예금	100

(*) 미지급된 유형자산 취득금액의 지급

⑤ 감가상각비 결산

(차변) 감가상각비	40	(대변) 감가상각누계액	40

(*) 100원 ÷ 5년 + 100원 ÷ 5년

(차변) 유형자산(정부보조금)	25.6	(대변) 감가상각비	25.6

(*) 40원 × 80%(정부출연금 비율) × 80%(기술료 비율 제외)

⑥ 무형자산상각비 결산

(차변) 무형자산상각비	20	(대변) 무형자산	20

(*) (50원 + 150원) ÷ 5년 × 0.5년

(차변) 무형자산(정부보조금)	12.8	(대변) 무형자산상각비	12.8

(*) 20원 × 80%(정부출연금 비율) × 80%(기술료 비율 제외)

⑦ 잔여 금액의 정산

(차변) A사 통장	10	(대변) 자산(*)	10

(*) 미수금 또는 예치금 등에 계상된 잔여 금액이 A사 통장으로 이체됨.

[03년]

① 기술료 지출

(차변) 장기미지급비용	72	(대변) 현금	72

※ 요약 재무제표 표시

	01년	02년
[재무상태표]		
현금	(50)	(100)
미수금(예치금 또는 현금)	18	10
유형자산	100	200
유형자산(정부보조금)	(57.6)	(96)
감가상각누계액	(10)	(50)
무형자산	50	180
무형자산(정부보조금)	(32)	(115.2)
자산합계	18.4	28.8
장기미지급비용	25.6	72
부채합계	25.6	72
순자산 효과	(7.2)	(43.2)
[손익계산서]		
경상개발비	3.6	14.4
무형자산상각비	–	7.2
감가상각비	3.6	14.4
순손익 효과	(7.2)	(36)

※ 세무조정

연도	세무조정	유보잔액
01년	입금된 128원(160원 중 민간부담금 20% 제외)을 유보처리(익금산입)하고, 손익에 반영된 12.8원(= 6.4원 + 6.4원)을 △유보처리(손금산입)	유보 115.2원
02년	입금된 232원(290원 중 민간부담금 20% 제외)을 유보처리(익금산입)하고, 손익에 반영된 64원(= 25.6원 + 25.6원 + 12.8원)원을 △유보처리(손금산입)	유보 283.2원

- 01년 재무상태표상 장기미지급비용 + 부(負)의 유무형자산 잔액
  = 25.6원 + 57.6원 + 32원 = 115.2원
- 02년 재무상태표상 장기미지급비용 + 부(負)의 유무형자산 잔액
  = 72원 + 96원 + 115.2원 = 283.2원

(3) 일반기업회계기준에 따른 공시사례

※ 공시사항 : 회계정책

당사는 자산관련 보조금을 받는 경우에는 관련 자산을 취득하기 전까지는 받은 자산 또는 받은 자산을 일시적으로 운용하기 위하여 취득하는 다른 자산의 차감계정으로 회계처리하고, 관련자산을 취득하는 시점에서 관련 자산의 차감계정으로 회계처리하고 있습니다. 한편 정부보조금을 사용하기 위하여 특정조건을 충족해야 하는 경우가 아닌 기타의 정부보조금을 받은 경우에는 주된 영업활동과 직접적인 관련성이 있다면 영업수익으로, 그렇지 않다면 영업외수익으로 회계처리하고 있으며, 대응되는 비용이 있는 경우에는 특정 비용과 상계처리하고 당기손익에 반영하고 있습니다.

당사는 시장이자율보다 낮은 이자율의 정부대여금에 대하여 정부대여금의 최초 장부금액과 수취한 대가의 차이를 정부보조금으로 측정하여 인식하고 있습니다. 또한 비화폐성 정부보조금에 대하여 비화폐성자산의 공정가치를 평가하여 정부보조금과 관련 자산 모두를 공정가치로 인식하고 있습니다.

※ 공시사항 : 세부 주석 사항

여객자동차운수사업법 제50조(재정지원) 등의 규정에 의하여 정부 및 지방자치단체로부터 수령한 정부보조금의 내역은 다음과 같습니다.

구분	회계처리	당기	전기
환승할인 및 청소년할인보조금	매출	×××	×××
유류보조금	매출원가 차감	×××	×××
버스재정지원보조금 등	영업외수익	×××	×××
CNG(천연가스)버스구입보조금	유형자산 차감	×××	×××

환승할인 및 청소년할인보조금 등은 당사의 영업활동과 직접 관련된 보조금이므로 매출액(여객운송수입)으로 회계처리하였으며, 유류보조금은 경유가격차액보전 등으로 지원받는 것이므로 대응되는 비용(매출원가)에서 직접 차감하였습니다. 그리고 버스재정지원보조금은 운영개선지원금과 인센티브보조금으로서 대응되는 비용이 없으므로 영업외수익(정부보조금수익)으로 분류하였습니다. 또한 CNG(천연가스)버스구입보조금은 특정의 자산을 취득하는데 사용되는 보조금이므로 관련자산의 취득원가에서 차감하고 해당자산의 감가상각비와 상계처리하고 있습니다.

제 4 절 정부출연금의 세무처리

1 법인세법상 출연금의 세무처리

정부로부터 받은 출연금은 지급받은 법인의 순자산을 증가시키므로 익금에 산입하여야 하며, 권리·의무확정주의에 따라 동 출연금이 법인에게 귀속되는 때에 익금으로 하여야 한다. 정부출연금의 귀속시기와 관련하여 정부는 해당 법인이 정부로부터 출연금을 지급받는 경우 그 교부통지를 받은 날 익금에 산입하도록 하고 있다(재법인-75, 2005.8.31.).

이는 출연금의 교부통지일에 동 출연금에 대한 권리가 법인으로 귀속된다고 보고 이를 익금에 산입하되, 이후에 법인이 기술개발에 성공하여 일정금액을 반환하게 되면 그 시점에서 비로소 반환할 의무가 확정된다고 보아 반환액만큼 손금으로 인정하겠다는 것이다(서면2팀-1497, 2005.9.20.).

History 출연금의 익금 귀속시기(2005.9.20. 유권해석 변경 전 법인세법 제40조 관련)

> 법인세법에서는 그 손익귀속시기와 관련하여 권리·의무확정주의를 원칙으로 하고 있으므로 이에 따라 출연금의 손익귀속시기를 판정하여야 한다. 기술개발과 관련한 출연금으로써 기술개발의 성공여부에 따라 출연금 중 일부 금액의 반환의무가 발생하는 경우에는 출연금에 대한 권리가 확정되는 시점이 출연금 교부통지일인지, 성공 여부 판정일인지 여부에 있어 논란이 있었다.
>
> 이에 대하여 국세청에서는 법인이 기술개발에 성공하면 일부 금액을 반환하여야 하므로 기술개발의 종료 후 성공여부의 판정시점에 출연금에 대한 권리가 확정된다고 해석(서이 46012-11889, 2002.10.16., 서이 46012-12337, 2002.12.27., 법인 46012-2377, 2000.12.15. 외 다수)하여 왔으나, 기획재정부에서는 동 국세청의 해석을 변경하여 교부통지일에 이미 출연금에 대한 권리가 확정된다고 해석하였다(재법인-75, 2005.8.31.).
>
> 이때 익금에 산입한 출연금 중 기술개발의 성공으로 출연금 일부의 반환통지 또는 기술료의 납부통지를 받은 날이 속하는 사업연도에 반환할 금액을 익금에서 차감하거나 손금에 산입하면 된다.
>
> 기획재정부 유권해석은 출연금의 익금 귀속시기를 기술개발의 성공여부가 확정되는 날이 속하는 사업연도로 본 종전의 유권해석(법인 46012-2377, 2000.12.15.)을 변경한 것으로서, 그 적용은 다음과 같이 하도록 한다.
>
> - 2005.9.20.이 속하는 사업연도 이전 사업연도 : 성공여부가 확정되는 날
> - 2005.9.20.이 속하는 사업연도부터 : 출연금 교부통지일

출연금에 대한 손익귀속시기를 교부통지일로 하는 경우 법인이 출연금을 수령하고 관련 비용을 지출함에 따른 세무조정방법은 다음과 같다.

| 표 _ 출연금의 수령 및 사용에 따른 회계처리 및 세무처리 |

<table>
<tr><td rowspan="2">수령 시점</td><td>회계처리</td><td>차) 보통예금 500
대) 선수수익 300
정부출연금(현금차감계정) 200</td></tr>
<tr><td>세무조정</td><td>〈익금산입〉 선수수익 300 〈유보〉
〈익금산입〉 정부출연금(현금차감계정) 200 〈유보〉</td></tr>
<tr><td rowspan="2">비용 지출 시점</td><td>회계처리</td><td>차) 인건비 300 대) 보통예금 300
차) 선수수익 300 대) 인건비 300</td></tr>
<tr><td>세무조정</td><td>〈손금산입〉 선수수익 300 〈△유보〉</td></tr>
<tr><td rowspan="2">자산 취득 시점</td><td>회계처리</td><td>차) 자산 150 대) 보통예금 150
차) 정부출연금(현금차감계정) 150 대) 정부출연금(자산차감계정) 150</td></tr>
<tr><td>세무조정</td><td>〈손금산입〉 정부출연금(현금차감계정) 150〈△유보〉
〈익금산입〉 정부출연금(자산차감계정) 150〈유보〉</td></tr>
<tr><td rowspan="2">결산 시점</td><td>회계처리</td><td>차) 감가상각비 30 대) 감가상각누계액 30
차) 정부출연금(자산차감계정) 30 대) 감가상각비 30</td></tr>
<tr><td>세무조정</td><td>〈손금산입〉 정부출연금(자산차감계정) 30 〈△유보〉</td></tr>
<tr><td rowspan="2">반환 시점</td><td>회계처리</td><td>차) 정부출연금(현금차감계정) 50 대) 보통예금 50</td></tr>
<tr><td>세무조정</td><td>〈손금산입〉 정부출연금(현금차감계정) 50 〈△유보〉</td></tr>
</table>

사례 65 교부통지서 수령없이 협약서에 의해 지급시기를 달리하여 순차적으로 지급받은 정부출연금의 손익귀속시기

정부출연금의 익금 귀속시기를 교부통지를 받은 날이 속하는 사업연도로 본 유권해석(서면2팀-1497, 2005.9.20.)을 적용함에 있어서 법인이 정부로부터 기술개발에 소요되는 경비를 별도의 교부통지서 수령 없이 협약서에 의해 지급시기를 달리하여 순차적으로 지원받는 경우에는 당해 출연금을 실제 지급받은 날이 속하는 사업연도의 각 사업연도 소득금액 계산상 익금에 산입한다(서면2팀-299, 2006.2.6.). 이 경우 연구개발 관련 출연금 등의 과세특례를 적용하는 때에 익금불산입액은 실제로 지급받은 출연금액이 될 것이다(법인-1023, 2010.10.29.).

일반적인 경우 정부보조금에 관한 세무조정을 실시한 결과 결산일 현재 유보 잔액은 다음과 같이 계산된다.

> **보조금 관련 회계처리와 세무조정의 검증**
> 수익관련 보조금 = 선수수익 잔액 + 장기미지급비용
> 자산관련 보조금 = 선수금(또는 부(負)의 현금성자산)
> + 이연수익(또는 부(負)의 현금 및 유무형자산)
> + 장기미지급비용

2 부가가치세법상 출연금의 세무처리

부가가치세법상 국가연구개발사업과 관련하여 정부로부터 수령한 출연금이 부가가치세법상 과세표준에 포함되는지에 대한 명확한 규정은 없다. 다만, 부가가치세법에서는 재화 또는 용역의 공급과 직접 관련되지 아니하는 국고보조금과 공공보조금[465]은 과세표준에서 제외한다고 규정되어 있기는 하다(부가가치세법 제29조 제5항 제4호).

물론 그 사용하는 용어에 있어서 구별은 되나, 연구개발출연금이나 국고보조금(공공보조금 포함)은 시장경제적인 대가에 상응하는 반대급부 없이 지급된다는 측면에서 동일하므로 정부출연금도 국고보조금의 부가가치세 과세의 논리와 동일하게 해당금원을 재화 또는 용역의 대가로 수령한 것인지 여부에 따라 부가가치세 과세표준 포함여부를 판단하면 될 것이다.

부가가치세법 제29조 제5항 제4호에서 재화 또는 용역의 공급과 직접 관련되지 아니하는 국고보조금을 부가가치세 과세표준에서 제외하는 이유를 살펴보면 다음과 같다.

부가가치세법과 관련하여 어떠한 금원이 과세표준에 포함되는지 아니면 차감되는지 여부를 정하려면, 그것이 '재화 또는 용역의 공급과 대가관계가 있는가'에 초점을 맞추어야 할 것인데 그 금원을 지급하는 자가 왜 그 금원을 지급하게 되었는지, 그 금원을 지급하는 자와 지급받는 자 간에 어떠한 권리의무관계가 설정되는지 여부를 염두에 두어야 하는데, 재화 또는 용역의 공급, 재화의 수입을 과세대상으로 하는 부가가치세법에 비추어 볼 때 반대급부 없는 금전의 수수는 과세되지 않는 것이 적절한 것이다.

한편, 재화 또는 용역의 공급과 직접 관련하여 지급되는 공공보조금을 부가가치세 과세표준에 포함해야 하는지에 관한 다툼에서 대법원에서는 국고보조금을 부가가치세에서 제외하는 이유를 다음과 같이 설명하고 있다(대법원 2010두12699, 2010.10.14.).

465) 공공보조금이라 함은 공공단체가 사인에 대하여 산업의 육성이나 사회공공사업의 조성 등 행정상 목적을 위하여 교부하는 현금 등을 말한다(대법원 2010두12699, 2010.10.14.).

“부가가치세의 과세원리, 공공보조금의 성격, 과세표준에서 제외되는 다른 것들의 성격 등에 비추어 보면, 부가가치세법 제29조 제5항 제4호 규정은 공공단체에 필요하거나 유익한 산업 또는 사회공공사업 등과 관련한 재화 또는 용역을 공급하는 사업자에게 사업의 조성 또는 재정상의 원조 등을 목적으로 공공보조금이 지급되는 경우(이 경우 사업자가 보조금 수혜자가 되고 사업자로부터 재화 또는 용역을 공급받는 자가 간접적으로 지원을 받게 된다) 사업자의 재화 또는 용역의 공급에 따른 부가가치세 과세표준에 위 공공보조금 상당액을 포함시키지 않는다.

이와는 달리 공공보조금이 보조금수혜자를 통하여 사업자에게 재화 또는 용역의 공급에 대한 대가로 지급되거나 보조금수혜자를 통하지 않고 직접 사업자에게 재화 또는 용역의 공급에 대한 대가로 지급되는 등, 재화 또는 용역의 공급과 직접 관련하여 지급되는 경우에는 그 재원이 공공보조금이라 하더라도 사업자의 재화 또는 용역의 공급에 따른 부가가치세 과세표준에 포함되는 것으로 해석된다.”(같은 뜻, 대법원 2000두369, 2001.10.9.).

국고보조금의 과세원리에 비추어 볼 때 연구개발출연금의 부가가치세 과세표준 포함여부도 국가연구개발사업을 추진함에 있어 주관연구기관(또는 참여기업)이 직접 공동연구활동(민간부담금도 부담)을 수행하고 전담기관(또는 주관연구기관)을 통하여 정부출연금을 수령함에 있어 연구수행결과물에 대한 소유권 또는 기술실시권이 주관연구기관(또는 참여기업)에 귀속되는지 여부 즉, 시장경제적인 대가에 상응하는 반대급부 없이 연구개발출연금이 주관연구기관(또는 참여기업)에 지급되었는지 여부로 판단하면 된다.

| 그림 _ 연구개발 출연금 수령에 따른 부가가치세 과세 흐름 |

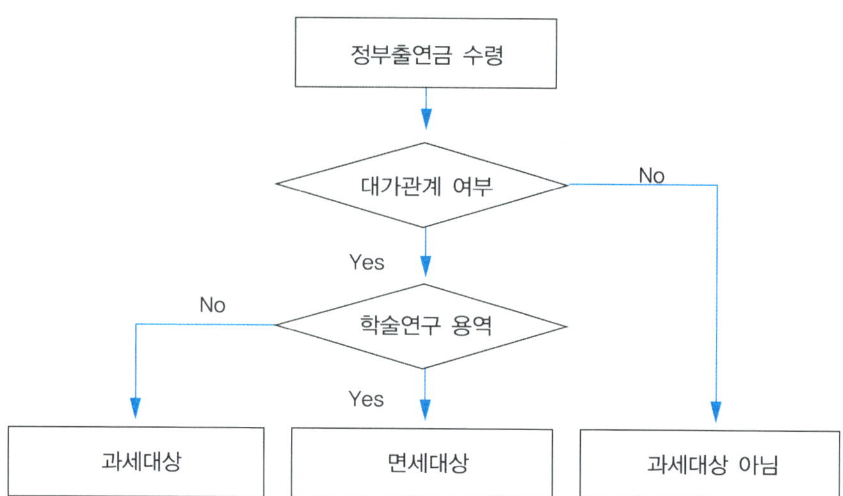

(1) 주관연구기관 또는 참여기관이 지급받는 정부출연금

앞서 살펴본 바와 같이 국가연구개발사업의 수행 과정에서 얻어지는 지식재산권, 연구보고서의 판권 등 무형적 성과는 협약에서 정하는 바에 따라 개별 무형적 성과를 개발한 연구기관의 단독 소유로 하는 것을 원칙으로 한다.

이처럼 국가연구개발사업에 참여하는 주관연구기관이 정부 또는 정부의 위임을 받은 전문기관과 기술개발협약서를 체결한 후 정부로부터 국가연구개발사업 출연금을 받아 기술개발을 수행하고 그 결과 개발된 지식재산권 등이 주관연구기관에게 귀속되는 경우 당해 기술개발과 관련하여 지원되는 국가연구개발사업 출연금은 부가가치세법 제29조 제5항 제4호 규정에 의하여 부가가치세 과세표준에서 제외된다(법규부가 2011－301, 2011.8.30., 재소비－232, 2003.12.17.).

이때 연구개발성과를 소유하게 되는 영리법인인 주관연구기관이 연구개발성과를 실시하기 위해서는 당초 전문기관(정부)과의 협약에서 정한 기술료를 전문기관(정부)에 납부해야 한다.

출연금이란 국가연구개발사업의 목적을 달성하기 위해서 국가 등이 반대급부 없이 연구수행기관에 지급하는 연구경비임에도 불구하고 우리나라의 국가연구개발사업은 지원측면에서는 '보조금'이나 기술료 환수측면에서는 '융자금', '투자금'의 성격이 혼재하고 있는 것이 사실이다.

하지만, 주관연구기관이 전문기관에 납부하는 기술료는 단지 전문기관(정부)이 또 다른 기술개발사업을 위한 재원 조성에 사용하기 위한 것일 뿐이므로, 해당 기술료는 정부지분에 상당하는 연구개발성과의 지분 양도에 대한 대가 또는 사용료로 보기는 어렵고, 부채(차입금)의 상환으로 보는 것이 타당할 뿐만 아니라, 국가연구개발사업 관리 등에 관한 규정에 따라 개별 무형적 성과를 개발한 주관연구기관이 해당 연구성과를 원시적으로 취득하는 것으로 볼 수 있으므로 주관연구기관이 수령한 연구개발출연금은 부가가치세 과세표준에서 제외되는 것으로 보는 것이 적절하다.

더불어, 개발사업이 실패하는 경우에도 주관연구기관이 기술개발사업과제를 성실하게 수행한 것으로 인정될 때는 출연금의 환수 조치를 면제받을 수 있다는 점에서 볼 때도 대가관계가 있는 것으로 볼 수 없으며 주관연구기관의 불성실한 개발사업 수행이나 부도 등으로 인해 계약이 불이행될 경우에 정부출연금을 환수하는 조치는 연구개발을 성실히 수행하도록 하기 위한 장치일 뿐 대가관계가 있어 환수하는 것으로 볼 수는 없다(법규부가 2008-10, 2008.11.10., 서면3팀-2349, 2005.12.23., 서면3팀-759, 2005.6.1.).

다만, 주관연구기관이 정부나 전문기관과 단순히 연구개발계약에 따라 연구용역을 수행하고 해당 연구개발협약의 결과물에 대한 권리를 주관연구기관이 가지고 있지 않거나 전문기관 등이 전적으로 통제하여 주관연구기관이 그 소유권을 주장할 수 없는 정부출연금은 부가가치세법 제11조에 따른 용역공급 대가에 해당될 수 있다(조심 2012부3210, 2012.11.13.). 이 경우에도 동 연구용역이 부가가치세법 시행령 제42조 제2호 나목의 독립된 사업으로 제공되는 학술 또는 기술연구용역에 해당되는 경우 부가가치세가 면제될 수 있다(부가 46015-412, 2000.2.4.).

한편, 공동연구기관, 위탁연구기관 및 참여기업(이하 "참여기관"이라 한다)이 지급받는 정부출연금의 부가가치세 세무처리와 관련하여 참여기관은 기술개발사업 결과물 사용목적으로 연구개발비의 일부를 부담하면서 주관연구기관과 공동으로 연구개발을 수행한다. 이는 주관연구기관이 교부받은 정부출연금을 용역의 공급 등에 대한 대가관계 없이 분담비율에 따라 다시 참여기관에 배정하는 경우이므로 참여기관의 부가가치세 세무처리도 주관연구기관의 그것과 다르지 않다(법인-933, 2010.10.13., 부가-1269, 2010.9.28.).

사례 66 참여기관이 연구활동을 수행하면서 연구비를 부담한 후 연구수행결과물에 대한 소유권을 취득하는 경우

참여기관이 주관연구기관과 기술협약을 체결하고 참여기관이 직접 공동연구활동(민간부담금도 부담)을 수행하고 주관연구기관이나 전문기관을 통하여 정부출연금을 수령함에 있어 연구수행결과물에 대한 소유권을 취득하는 것은 상기의 주관연구기관이 정부출연금을 받아 공동연구활동을 수행하고 결과물에 대한 소유권을 취득하는 경우와 그 경제적 실질이 동일하고 참여기관이 소유권을 원시적으로 취득하는 것으로 부가가치세법 제11조에 따른 용역의 공급으로 보지 않는다.[466)]

이와는 달리, 연구개발성과의 소유권이 주관연구기관에만 귀속되고 공동연구 참여기관에는 귀속되지 않는 경우 해당 참여기관이 수령한 정부출연금은 용역의 공급대가로 보아 부가가치세 과세표준에 포함해야 한다(부가-180, 2012.2.20., 법규부가 2009-322, 2009.9.30., 부가-718, 2009.5.26.).

사례 67 참여기관이 연구활동을 수행하지 아니하고 연구비만 부담한 후 연구수행결과물에 대한 소유권을 취득하거나 기술실시권을 얻는 경우

참여기관이 주관연구기관과 기술연구협약을 체결하고 참여기관이 연구활동은 수행하지 아니하고 기술연구개발사업비의 일부를 부담하고 연구성과를 공유하는 경우, i) 이는 참여기관이 기술실시권을 얻어 자기의 사업을 위하여 사용할 목적으로 연구비의 일부를 부담한 것으로 기술실시권이라는 무형재화를 취득하기 위한 대가를 선납한 것으로 보아 연구개발과제가 완료되어 기술실시권을 얻는 것이 확정된 때에 주관연구기관으로부터 세금계산서를 발급받아야 한다는 의견(부가 46015-105, 2001.1.5., 부가 46015-2400, 1996.11.13.)과 ii) 수 개의 기업이 물적시설, 인적시설, 자금 중 어느 하나 이상을 공동부담(자금만을 부담한 경우 포함)하여 그 결과물을 공동사용하는 것은 동일하므로 비용의 공동부담과 그 결과물의 공동사용이라는 사실에는 변함이 없으므로 인적·물적시설을 부담한 경우와 달리 볼 것은 아니어서 용역의 공급으로 볼 수 없다는 해석(부가 46015-107, 1995.1.13., 부가 22601-1474, 1990.11.9.)이 있다.

그러나 정부출연금, 자기부담금(인적, 물적시설, 자금 등)등을 공동부담하여 그 결과물을 공동소유 또는 공동사용하는 경우 용역의 공급으로 보지 아니한 기획재정부의 해석이 있으므로 후자에 따라 처리하는 것이 적절할 것으로 판단된다(재부가-426, 2014.6.17., 재부가-402, 2014.6.2.).

(2) 주관연구기관 또는 참여기관이 납부하는 기술료

앞서 살펴본 바와 같이 국가연구개발사업이란 중앙행정기관이 법령에 근거하여 연구개발을 위하여 예산 또는 기금으로 지원하는 사업을 말하는데, 이러한 국가연구개발사업의 결과물을 활용하면서 발생하는 국가연구개발사업과 관련된 기술료(Royalty)가 부가가치세법상 이슈가 되어 왔다.

일반적으로 민간기술거래에서 기술료란 기술의 실시권자 또는 양수인이 기술의 소유권자에게 실시권을 부여받거나 또는 기술자체를 양도 받음에 따라서 반대급부로 지급하는 금액을

466) 황종대/백지은, 「부가가치세 실무」, 삼일인포마인, 2021.3.15., 2319면

의미한다.[467] 이러한 기술료는 특허, 노하우, 컴퓨터프로그램 등 지식재산권 전반에 대한 실시권(License)의 대가로서 실시권자(Licensee)가 실시권허여자(Licensor)에게 지급해야 할 실시료 또는 사용료를 의미한다.[468]

그러나, 국가연구개발사업에서의 기술료라 함은 연구개발성과를 실시(연구개발성과를 사용·양도·대여 또는 수출하거나 연구개발성과의 양도 또는 대여의 청약을 하는 행위를 말한다)하는 권리를 획득한 대가로 실시권자가 연구개발성과소유기관에 지급하는 금액을 말한다(국가연구개발혁신법 제2조 제9호).

즉, 국가연구개발사업에서의 기술료 제도는 해당 연구개발성과물이 사업화에 성공하였을 때, 정부의 기술정책 목표를 실현하는 차원에서 정부지원금 상당액의 일부를 환납하도록 하는 제도로서, 국가연구개발사업상 기술료 제도는 일반적으로 민간기술거래상에 이해되고 있는 기술료의 개념과는 차이가 있다.[469]

이러한 사실은 국가연구개발사업의 수행으로 발생된 유·무형적 성과물에 대한 소유권을 보유하고 있는 주관연구기관이 해당 성과물을 직접 실시하거나, 혹은 제3자가 실시하도록 하여 기술료를 징수한 경우 해당 주관연구기관(영리법인인 경우)이 정부출연금의 일정비율에 해당하는 기술료를 정부(전문기관)에 납부하게 하거나 주관연구기관이 비영리법인인 경우 징수한 기술료의 사용용도를 제한하고 있는 점[470]을 고려하면 더욱 명료해진다.

아울러 2014년 국가연구개발사업의 관리 등에 관한 규정 제20조 제2항 및 제21조 제8항을 개정하여 연구개발성과에 대한 소유권 제도를 정비하였는데,[471] '지식재산권과 연구보고서의 판권 등 무형적 결과물에 대하여 주관연구기관 소유 원칙에서 해당 무형적 결과물을 개발한 기관이 소유하는 개발자 소유 원칙으로 전환하고, 참여 연구기관에 대해서 무형적 결과물의 실시권도 인정'하는 방향으로 개정된 것도 국가연구개발사업에서의 기술료는 성공사례금(혹은 차입금의 상환)의 성격을 갖고 있는 것을 지지한다.

467) 김해도, "국가연구개발사업의 기술료제도 변천과정 고찰과 현행 제도의 문제점 연구", 「지식재산연구」 제5권 제3호, 한국지식재산연구원, 2010.9., 90면

468) 최석준, "기술료제도의 경제성 분석 및 합리적 사용범위에 대한 연구", 국가과학기술위원회, 2012., 1면

469) 조기현, "기술료제도의 현황 및 개선방향 : 산업자원부에서 주관하는 사업을 중심으로", 「기술료 징수 및 사용의 현황과 개선과제 간담회 자료집」, 국회산업자원위원회·과학기술정보통신위원회, 2004., 45면

470) 국가연구개발혁신법 시행령 제41조 참조

471) 국가연구개발사업의 관리 등에 관한 규정(2014.8.12. 대통령령 제25544호로 일부 개정된 것), "제·개정이유", 법제처

가. 주관연구기관이 전문기관(정부)에 지급하는 기술료의 과세여부

일반적으로 연구개발성과를 소유하게 되는 영리법인인 주관연구기관[472]이 연구개발성과를 실시하기 위해서는 당초 전문기관(정부)과의 협약에서 정한 기술료를 전문기관(정부)에 납부해야 한다.[473] 이처럼 주관연구기관이 개발한 권리의 사용에 따른 기술료를 전문기관(정부)에 납부하는 형태를 취하고 있으나, 이는 단지 또 다른 기술개발사업을 위한 재원조성에 사용하기 위한 것일 뿐이다. 따라서 주관연구기관이 납부하는 정액기술료는 연구개발성과의 지분 양도에 대한 대가 또는 사용료로 보기는 어렵고 부채(차입금)의 상환으로 보는 것이 타당한 것이므로 주관연구기관이 소유한 개발결과물을 자신의 사업에 사용하면서 정부출연금의 일정금액을 기술료로 납부하는 경우에는 부가가치세법 제4조의 규정에 의한 부가가치세 과세대상 거래에 해당하지 않는다(서면3팀-2134, 2005.11.25.).

나. 참여기관이 주관연구기관 등에 지급하는 기술료의 과세여부

참여기관이 주관연구기관과 기술연구협약을 체결하여 연구용역(연구비의 일부를 부담)을 수행하고, 개별 무형적 성과를 개발한 참여기관이 연구개발성과를 실시하기 위해서는 당초 전문기관(정부)과의 협약에서 정한 기술료를 주관연구기관 혹은 전문기관(정부)에 납부해야 하는데 이와 같이 참여기관이 납부하는 정액기술료는 그 실질내용이 위에서 살펴본 주관연구기관이 납부하는 정액기술료와 다르지 않다. 따라서 참여기관이 주관연구기관 등에게 지급하는 정액기술료는 정부지분 연구개발성과의 소유권 양도에 대한 대가나 사용료로 보지 않는 것이므로 부가가치세법 제4조의 규정에 의한 부가가치세 과세대상 거래에 해당하지 않는다(부가-1269, 2010.9.28., 서면3팀-1661, 2006.8.1.).[474]

하지만, 최근 기획재정부는 해당 기술료의 부가가치세 과세여부는 실시권의 대가인지 여부, 지급받는 기관 등 기술료의 구체적인 성격에 따르는 것이라 하면서 다소 유보적 입장을 취하고 있으며(재부가-426, 2014.6.17.), 일부 국세청 유권해석에는 해당 기술료가 주관연구기관 소유의 연구개발성과를 이전한 대가로 보아 부가가치세 과세대상 거래라고 회신하고 있기도 하므로 이에 대한 적절한 사례별 접근이 요구된다(서면법규-676, 2013.6.13., 부가-718, 2009.5.26., 법규과-1746, 2011.12.29., 서면3팀-1703, 2006.8.4.).[475]

472) 종전 국가연구개발사업의 관리 등에 관한 규정 제20조 제2항에 따르면 '국가연구개발사업의 수행 과정에서 얻어지는 지식재산권, 연구보고서의 판권 등 무형적 결과물은 협약으로 정하는 바에 따라 주관연구기관(세부과제의 경우에는 협동연구기관을 말한다)의 소유로 한다.'고 규정하고 있었다(2014.8.12. 대통령령 제25544호로 일부 개정되기 전의 것).; 참고로 비영리법인인 주관연구기관은 전문기관(정부)에 납부하는 기술료가 면제된다.

473) 국가연구개발혁신법 시행령 제39조 참조

474) 황종대/백지은, 앞의 책, 2320면

다. 주관연구기관(참여기관)이 실시기업으로부터 기술료를 받는 경우

주관연구기관(참여기관)이 자기가 취득한 지식재산권 등을 실시기업과 사용계약을 체결하고 실시기업으로부터 그 대가를 받는 것은 용역공급에 해당되어 실시기업에게 세금계산서를 발급하여야 하며, 이 경우에도 실시기업으로부터 수령한 기술료의 일부를 정부(전문기관, 주관연구기관)에 지급하는 금액은 차입금의 상환에 해당되므로 (세금)계산서의 발급의무가 없다(서면3팀-1703, 2006.8.4.).[476]

사례 68 연구개발출연금을 수령하여 연구개발을 하고 그 성과를 활용하기 위하여 지급한 기술료가 연구 · 인력개발비 세액공제 대상인지 여부

내국법인이 정부출연 연구기관 등과 협약에 따른 연구개발사업을 수행하기 위해서 정부로부터 연구개발출연금을 수령하여 연구개발을 하고 그 성과를 활용하기 위해서 주관연구기관 혹은 전문기관에게 지급한 기술료(이하 "쟁점 기술료"라 한다)에 대해서 조세특례제한법 제10조에 따른 연구 · 인력개발비 세액공제의 적용이 가능한지가 쟁점이다. 앞서 살펴본 바와 같이 국가연구개발사업에서의 기술료는 해당 연구개발성과물이 사업화에 성공하였을 때, 정부의 기술정책 목표를 실현하는 차원에서 정부지원금 상당액의 일부를 환납하도록 하는 성공사례금(혹은 차입금의 상환)의 성격을 갖고 있을 뿐만 아니라 설령 쟁점 기술료를 민간기술거래에서의 기술료와 동일한 것으로 보더라도 조세특례제한법 시행령 별표 6에 열거된 적격한 연구 · 인력개발비에도 해당하지 않는다. 따라서 연구성과를 실시하려는 실시기업 그 성과를 활용하기 위해서 주관연구기관 혹은 전문기관에게 지급한 기술료는 연구 · 인력개발비 세액공제대상 비용으로 볼 수 없다(법인-383, 2013.7.19.).

(3) 출연금을 재원으로 공급받은 재화 또는 용역 관련 매입세액

부가가치세법 제38조에 의하면 매출세액에서 공제하는 매입세액은 사업자가 자기의 사업을 위하여 사용하였거나 사용할 목적으로 공급받은 재화 또는 용역에 대한 부가가치세액을 말한다고 규정하고 있다.

---

475) 더불어 주관연구기관 등이 수령하는 기술료가 부가가치세 면제대상이라는 유권해석(법규과-02, 2012.1.3., 법규부가 2010-163, 2010.5.25.)도 있다. 쟁점 기술료 수입이 부가가치세 면제대상이라는 유권해석에 대해서 살펴보면 「부가가치세법 시행령」 제42조 제2호 나목에서 면세대상으로 규정하고 있는 "학술연구 또는 기술연구용역"의 범위는 기존의 학술연구나 기술연구결과의 검증, 타당성을 검토하여 그 내용을 수정 · 보완하기 위한 연구용역이 포함되나, 기존의 학술기술연구결과를 활용(응용, 이용)하는 용역은 포함되지 않는 것(대법원 2011두3913, 2012.12.13.)이어서 학술 · 기술연구를 통하여 완성된 기술(결과)을 타인에게 활용(기술실시권 부여)하게 하고 활용수입의 일정액을 활용대가로 수령하는 기술료 수익은 부가가치세 면제대상이라 보기는 어려운 것으로 판단된다.

476) 황종대/백지은, 앞의 책, 2321면

따라서 해당 매입세액이 과세사업과의 사업관련성이 인정되는 경우에는 부가가치세법 제39조에서 규정하고 있는 공제하지 아니하는 매입세액을 제외하고는 자기의 매출세액에서 공제할 수 있는 것이므로, 당해 매입세액과 관련된 공급대가를 지급함에 있어서 그 재원에 정부출연금이 포함되어 있는지의 여부와는 무관한 것이다(법규부가 2014-102, 2014.4.14., 서면법규-608, 2013.5.28., 부가-482, 2010.4.15., 서삼 46015-10767, 2002.5.9., 국심 2003전3426, 2004.5.27.). 이와 관련된 최근의 세무당국의 유권해석(법규부가 2014-102, 2014.4.14.)을 살펴보도록 한다.

법규부가 2014-102, 2014.4.14.

[제목]

정부출연금으로 취득한 재화와 용역에 대한 매입세액공제 여부

[요지]

주관기관과 참여기관이 전문기관과 기술개발협약을 체결한 후 정부출연금을 지원받아 기술개발 연구과제를 수행하는 경우 재화 또는 용역의 대가관계가 없는 정부출연금은 「부가가치세법 시행령」 제81조의 비과세사업의 수입금액에 해당하지 않는 것이며, 사업자가 자기의 과세사업과 관련하여 부담한 매입세액은 매출세액에서 공제할 수 있는 것임.

[회신]

주관기관과 참여기관(이하 "사업자"라 한다)이 정부 또는 정부의 위임을 받은 전문기관과 관계 법령에 따라 기술개발협약을 체결한 후 정부출연금을 지원받아 특정한 기술개발 연구과제를 수행하는 경우 재화 또는 용역의 대가관계가 없는 정부출연금은 「부가가치세법 시행령」 제81조의 비과세사업의 수입금액에 해당하지 않는 것이며, 또한 사업자가 자기의 과세사업과 관련하여 연구 기자재 등을 구입하면서 부담한 매입세액은 「부가가치세법」 제38조 제1항에 따라 매출세액에서 공제할 수 있는 것임.

1. 질의내용 요약

□ 사실관계

○ (주)□□(이하 "참여기관"이라 함)은 광학소재를 제조·판매를 주업으로 하는 과세사업자로서 참여기관의 기술력 및 노하우를 이용하여 전담기관과 협약하여 "산연기술개발사업 협약서" 및 "광역경제권 선도사업 육성사업(기술개발)협약서"를 체결함.

○ 산연기술개발사업 협약서

- 주관기관(○○○기술연구원)과 참여기관은 총사업비 640백만원 중 정부출연금 480백만원을 지급받아 사업협약에 따른 기술개발사업비를 연구과제 수행에 지출함.
- 연구과제에 따른 재화와 용역에 대해서는 참여기관이 매입세금계산서를 수취함.

○ 광역경제권 선도사업 육성사업(기술개발) 협약서
- 주관기관인((주)＊＊)과 참여기관은 총사업비 1,439백만원 중 정부출연금 1,070백만원을 지급받아 사업협약에 따른 약정된 기술개발사업비를 연구과제에 지출하고,
- 소요되는 재화와 용역에 대해서 참여기관이 매입세금계산서를 수취함.

○ 연구결과물 귀속에 관한 협약내용
- 기술개발사업의 수행결과로 발생하는 지식재산권 등의 결과물은 원칙적으로 주관기관의 소유이나 별도의 협의에 따라 공동소유하거나 참여기관이 소유할 수 있음.

□ 질의내용

○ 참여기관과 주관기관은 「중소기업기술혁신촉진법」 및 「산업기술혁신촉진법」에 따른 정부 출연금을 지급받아 기술개발 연구과제를 공동수행하여 생산한 결과물(지적재산권 등)을 협의에 따라 공동소유하기로 함.

(질의 1) 참여기관이 지급받는 정부출연금이 「부가가치세법 시행령」 제81조의 비과세 사업의 수입금액에 해당하는지 여부

(질의 2) 참여기관이 연구과제를 수행하면서 정부출연금으로 취득한 재화와 용역에 대한 매입세액공제 여부

위의 사례와 구별해야 할 것은 정부출연금의 수령이 재화나 용역의 공급과 대가 관계에 있고, 부가가치세법 시행령 제45조 제2호의 학술 및 기술 발전을 위하여 학술 및 기술의 연구와 발표를 주된 목적으로 하는 단체(이하 "학술등 연구단체"라 한다)가 그 연구와 관련하여 실비 또는 무상으로 공급하는 재화 또는 용역에 해당되어 부가가치세가 면제되는 경우이다(법규부가 2010-163, 2010.5.25., 조심 2013중3555, 2013.11.6., 서면3팀-2717, 2007.10.1., 국심 2004서3131, 2005.4.14.).

한편, 부가가치세가 면제되는 적격한 학술 또는 기술연구용역은 새로운 학술 또는 기술개발을 위하여 수행하는 새로운 이론·방법·공법 또는 공식 등에 관한 연구용역을 말한다(부가가치세법 시행규칙 제32조). 적격한 학술 또는 기술연구용역에는 기존의 학술연구나 기술연구 결과의 타당성을 검토하고 그 내용을 수정·보완하기 위한 연구용역 등도 포함되지만, 단순히 기존의 학술연구나 기술연구 결과를 응용 또는 이용하는 용역은 포함되지 않는다(광주지방법원 2016구합12691, 2017.12.21., 조심 2016광0290, 2016.8.3., 대법원 2011두3913, 2012.12.13., 조심 2013전556, 2014.1.28.). 이 경우 면세관련 매입세액은 매출세액에서 공제할 수 없다(부가가치세법 제39조 제1항 제7호).

|개정세법해설| 부가가치세 면제대상 학술 · 기술 연구단체 범위 등 명확화(부가가치세법 시행령 제45조)[477]

(1) 개정내용

종 전	개 정
□ 부가가치세가 면제되는 공익단체가 공급하는 재화 · 용역 ○ 학술 · 기술연구단체가 학술 · 기술연구와 관련하여 공급하는 재화 또는 용역	○ 학술 · 기술의 발전을 위하여 학술 · 기술의 연구와 발표를 그 주된 목적으로 하는 단체*가 무상 · 실비로 공급하는 학술 · 기술연구 관련 재화 · 용역 * 대법원 94누7515(1995.5.23.) 판결내용

(2) 개정이유

면세대상 학술 · 기술연구단체 범위 명확화

(3) 적용시기 및 적용례

2015.2.3. 이후 공급하는 분부터 적용

사례 69 정부 등의 지원사업 수행 시 수행기관의 부가가치세 처리 방법

국가, 정부출연기관, 지방자치단체 등(이하 "전담기관"이라 한다)은 특정한 사업을 영위하거나, 혹은 특정한 지역에 소재하는 기업(이하 "수혜기업"이라 한다)에게 여러 가지 지원사업을 수행하고 있다. 예컨대 해당 기업이 애로사항이 있는데 기업이 자체적으로 해결할 수 없거나 혹은 전적으로 경제적 부담을 수용하기 어려운 경우 전담기관은 수행기관(민간기관 포함)에게 의뢰를 하여 그 애로사항을 해결해 주는 사업이다. 전담기관은 통상 사업비를 수혜기업에게 직접 주지 않고 수행기관에게 지급하며 일정 금원은 수혜기업이 부담하도록 하고 있다. 이때 전담기관이 수혜기업을 대신하여 수행기관에게 지급하는 금원에 대한 부가가치세 처리방법에 관한 것이다.

477) 기획재정부, 「2012 간추린 개정세법」, 2013, 303면

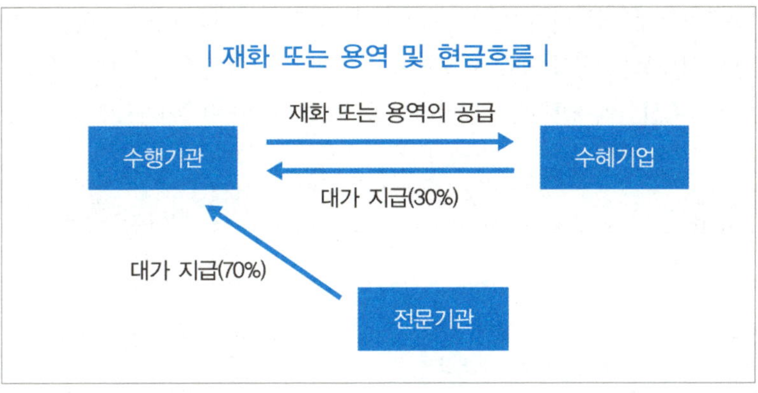

부가가치세법에 따르면 재화 또는 용역의 공급과 직접 관련되지 아니하는 국고보조금과 공공보조금은 부가가치세 과세표준에 포함하지 아니하나(부가가치세법 제29조 제5항 제4호), 공공보조금이 보조금수혜자를 통하여 사업자에게 재화 또는 용역의 공급에 대한 대가로 지급되거나 보조금수혜자를 통하지 않고 직접 사업자에게 재화 또는 용역의 공급에 대한 대가로 지급되는 등, 재화 또는 용역의 공급과 직접 관련하여 지급되는 경우에는 그 재원이 공공보조금이라 하더라도 사업자의 재화 또는 용역의 공급에 따른 부가가치세 과세표준에 포함되는 것으로 해석된다(대법원 2010두12699, 2010.10.14.).

따라서 본 건의 전담기관 지원금 역시 수혜기업을 위한 재화 또는 용역의 공급과 직접 관련되어 지급되는 것이므로 그 재원이 공공보조금의 성격이 있다하더라도 해당 수행기관의 재화 또는 용역의 공급에 따른 부가가치세 과세표준에 포함되어야 한다. 부연하면, 수행기관은 수혜기업에게 공급한 재화 또는 용역의 정상대가를 단지 수혜기업과 전담기관으로부터 나누어 받은 것에 불과하므로 지원금과 재화 또는 용역의 공급이 개별대응되므로 동 지원금은 수행기관의 부가가치세 과세표준에 포함되어야 한다는 것이다(부가 46012-3851, 2000.11.27.). 이때 수행기관은 전담기관의 지원금과 수혜기업의 부담금을 합한 금액을 공급가액으로 하여 본 재화 또는 용역을 공급받는 자인 수혜기업에게 세금계산서를 발급하여야 한다(부가가치세법 제32조 제1항). 한편, 시장경제적인 대가에 상응하는 반대급부 없이 지원금을 수령한 수혜기업은 전담기관에게 세금계산서를 발행할 의무가 없다. 부가가치세법상 반대급부 없는 금전의 수수는 과세되지 않기 때문이다.

사례 70 정부출연연구기관의 운영출연금 등의 공통매입세액 안분 계산 방법

우리나라 부가가치세법의 매입세액공제방식은 과세사업에서 발생한 매입세액은 매출세액에서 공제하고, 면세사업등(부가가치세가 과세되지 아니하는 재화 또는 용역을 공급하는 사업(이하 "비과세사업"이라 한다)을 포함한다)에서 발생한 매입세액은 불공제하며, 과세사업과 면세사업등에 공통으로 사용되어 실질귀속을 구분할 수 없는 매입세액(공통매입세액)은 다음의 산식에 의해 안분계산하도록 규정하고 있다(부가가치세법 시행령 제81조 제1항).

$$\text{면세사업등}^{(주1)}\text{에 관련된 매입세액} = \text{공통매입세액} \times \frac{\text{면세공급가액}^{(주2)}}{\text{총공급가액}}$$

(주1) 면세사업등은 면세사업 및 부가가치세가 과세되지 아니하는 재화 또는 용역을 공급하는 사업을 말한다(부가가치세법 제29조 제8항).

(주2) 면세공급가액에는 면세사업등에 대한 공급가액과 사업자가 해당 면세사업등과 관련하여 받았으나 부가가치세 과세표준에 포함되지 아니하는 국고보조금과 공공보조금 및 이와 유사한 금액의 합계액을 말한다(부가가치세법 시행령 제81조 제1항).

아래에서 살펴볼 판결은 부가가치세법 시행령 제61조 제1항이 개정되기 전[478] 정부출연연구기관의 공통매입세액 중 면세사업에 관련된 매입세액을 계산함에 있어 운영출연금, 연구출연금, 특정사업출연금을 위 계산식의 면세공급가액 및 총공급가액에 포함해야하는지에 대한 다툼인데, 법령 개정 후에도 여전히 고민해야 할 이슈가 남아 있는 사안이므로 한번 살펴볼 필요가 있다. 먼저 부가가치세법 시행령 제61조의 개정 전과 후를 살펴보면 다음과 같다.

공통매입세액의 안분계산 관련 개정법령	
개정 전	개정 후[479]
부가가치세법 시행령 제61조(매입세액의 안분계산) ① 사업자가 과세사업과 <u>면세사업</u>을 겸영하는 경우에 면세사업에 관련된 매입세액의 계산은 실지 귀속에 따라 하되, 과세사업과 면세사업에 공통으로 사용되어 실지 귀속을 구분할 수 없는 매입세액(이하 "공통매입세액"이라 한다)은 다음 산식에 의하여 계산한다. 다만, 예정신고를 하는 때에는 예정신고기간에 있어서 총공급가액에 대한 면세공급가액의 비율에 의하여 안분계산하고, 확정신고를 하는 때에 정산한다.	**부가가치세법 시행령 제61조(매입세액의 안분계산)** ① 사업자가 과세사업과 <u>면세사업(비과세사업을 포함한다)</u>을 겸영하는 경우에 면세사업에 관련된 매입세액의 계산은 실지 귀속에 따라 하되, 과세사업과 면세사업에 공통으로 사용되어 실지 귀속을 구분할 수 없는 매입세액(이하 "공통매입세액"이라 한다)은 다음 산식에 의하여 계산한다. 다만, 예정신고를 하는 때에는 예정신고기간에 있어서 총공급가액에 대한 면세공급가액(비과세공급가액을 포함한다. 이하 이 조 및 제61조의 2에서 같다)의 비율에 의하여 안분계산하고, 확정신고를 하는 때에 정산한다.

478) 부가가치세법 시행령 제61조 제1항(2013.2.15. 대통령령 제24359호로 일부 개정되기 전의 것)

479) 부가가치세법 시행령 제61조 제1항(2013.2.15., 대통령령 제24359호로 일부 개정된 것)

부가가치세법 시행령 제61조 제1항이 개정되기 전에 공통매입세액의 안분계산 시 면세공급가액에 비과세사업에서 발생하는 수입을 포함해야 하는지 최초의 다툼(대법원 2004두13288, 2006.10.27.[480])이 있었는데, 대법원 판결의 요지는 카지노사업의 입장료수입은 부가가치세 과세대상에 해당하나, 도박수입은 부가가치를 창출하는 것이 아니어서 부가가치세 과세대상에 해당하지 않는 것이므로, 도박수입을 비과세공급가액으로 보아 카지노시설 공통매입세액을 안분해야 한다는 것이다. 이후 한국교육방송공사와 세무당국의 유사한 다툼(대법원 2009두16268, 2011.9.8.[481])에서 한국교육방송공사의 수신료와 방송발전기금, 국고보조금(이하 "수신료 등"이라 한다)이 한국교육방송공사가 제공하는 방송용역의 대가(비과세공급가액)로서 공통매입세액의 안분계산 시 동 수신료 등을 면세공급가액에 포함해야 하는지와 관련하여 대법원은 한국교육방송공사의 방송용역 제공은 무상의 용역제공으로서 비과세사업에 해당하는 것이나[482] 수신료 등은 그에 대한 대가가 아니어서 그 비과세사업의 공급가액이 없는 경우에 해당되어 그 비과세사업과 과세사업에 공통되는 공통매입세액의 안분계산에 관하여 면세사업과 과세사업의 공급가액 비율에 따라 공통매입세액을 안분계산하도록 규정한 종전 부가가치세법 시행령 제61조 제1항을 유추 적용할 수 없다고 하며 세무당국이 승소한 원심판결을 서울고법에 파기환송했고, 이후 서울고법에서는 피고인 세무당국이 소취하를 하면서 납세자가 승소하였다.

이들 사업 모두 '특정 사업'이나 '특정 용역의 제공'을 전제로 하고 있는 것으로 '비과세공급가액'에 해당하는지에 대한 여부는 과세사업뿐만 아니라 비과세영역으로 볼 만한 '특정사업'을 영위하고 받은 대가인지에 달려 있는 것으로 판단된다(적부-국세청-2015-0162, 2016.2.4., 제도 46015-12223, 2011.7.19., 조심 2016서3282, 2017.7.7.).[483]

카지노 도박수입과 같이 비과세사업의 수입금액이 발생한 경우는 총공급가액 및 면세공급가액에 포함하여 공통매입안분계산해야 하고, 비과세사업 관련 매입세액도 면세사업 관련 매입세액과 마찬가지로 과세사업의 매출세액에서 공제될 수 없는 바, 비과세사업에 실지 귀속되는 매입세액이라면 비과세사업의 수입금액 발생 여부에 관계없이 전부 불공제되어야 한다(대법원 2004두13288, 2006.10.27.).

정리하면 종전 부가가치세법 시행령 제61조 제1항, 제4항의 내용과 그 취지 및 부가가치세

480) 전심판례는 서울고등법원 2002누11235, 2004.10.27., 춘천지방법원 2001구1656, 2002.6.27., 국심 2001중290, 2001.5.31.

481) 전심판례는 서울고등법원 2009누2278, 2009.8.20., 서울행정법원 2006구합45401, 2008.12.17.

482) 사업자가 대가를 받지 아니하고 타인에게 용역을 공급하는 것은 용역의 공급으로 보지 않는다(부가가치세법 제12조 제2항).

483) 황종대/백지은, 앞의 책, 2468면

비과세사업과 관련된 매입세액도 면세사업에 관련된 매입세액과 마찬가지로 과세사업의 매출세액에서 공제받을 수 없는 점에 비추어 위 각 규정은 동일한 사업자가 부가가치세 과세사업과 비과세사업을 겸영하는 경우에도 유추 적용(면세공급가액에 비과세공급가액이 포함되는지에 대한 유추 적용-필자 주)된다고 보는 것이 타당한 것이다(대법원 2009두16268, 2011.9.8. 등 참조). 하지만, 비과세사업이 존재하더라도 비과세사업의 공급가액이 존재해야지만 동 수입금액을 면세공급가액 및 총공급가액에 포함할 수 있는 것이므로 비과세공급가액이 없는 경우에는 비과세사업과 과세사업에 공통되는 공통매입세액의 안분계산에 관하여 면세사업과 과세사업의 공급가액비율에 따라 공통매입세액을 안분계산하도록 규정한 종전 부가가치세법 시행령 제61조 제1항 등을 유추 적용할 수 없다는 것이다(같은 뜻 대법원 2015두45731, 2016.6.23., 대구고등법원 2014누5935, 2015.5.29., 대구지방법원 2013구합11033, 2014.8.1., 조심 2012구2262, 2013.5.30.).

이러한 흐름 속에 세무당국은 정부출연연구기관의 운영출연금, 연구출연금, 특정사업출연금을 위 계산식의 면세공급가액 및 총공급가액에 포함해야하는지에 대해 정부출연연구기관 및 공사들과 다투었고 최근 몇몇 판결이 나왔지만, 납세자가 승소한 판결(대법원 2014두10653, 2014.10.30.,[484] 의정부지방법원 2011구합4010, 2012.6.26.)도 있고, 세무당국이 승소한 판결(대전고등법원 2010누1826, 2011.7.7.[485])도 있다.

이하에서는 위 의정부지방법원 2011구합4010(2012.6.26.)의 판시내용을 살펴보도록 하겠다.

의정부지방법원 2011구합4010, 2012.6.26.

【판단】

(1) 이 사건 각 출연금이 용역제공의 대가로 수령한 금원에 해당하는지 여부

(가) 운영출연금 부분

살피건대, 변론 전체의 취지를 종합하여 인정되는 다음과 같은 사정, 즉 ① 원고가 '과학기술분야 정부출연연구기관 등의 설립・운영 및 육성에 관한 법률'에 의하여 설립된 연구기관으로서 그 운영재원은 정부의 출연금과 그 밖의 수익금으로 마련하도록 되어 있는

484) 전심판례는 서울고등법원 2013누32801, 2014.7.2., 서울행정법원 2012구합29080, 2013.11.14., 조심 2012중0588, 2012.5.31.

485) 전심판례는 대전지방법원 2009구합4984, 2010.8.4., 조심 2008전1764, 2009.9.30. : 해당 판결에서는 비록 해당 국고보조금이 재화 또는 용역을 제공하고 받은 대가 그 자체가 아님은 분명하나, 부가가치세법 제17조는 과세사업에 관련된 매입세액만을 매출세액에서 공제하도록 하고 있는 점과 비과세영역(정부출연연구기관의 본래 업무)의 공급가액을 산정할 별다른 방법이 없는 현재로서는 정부출연연구기관의 본래의 업무수행에 사용되도록 지급되는 국고보조금을 비과세영역의 공급가액으로 간주하여 공통매입세액을 안분계산하는 방법이 가장 현실적이고 합리적인 대안이라고 판시했다 ; 같은 취지의 유권해석으로는 재부가-266, 2010.4.22.를 참조.

점(같은 법 제5조), ② 원고가 위 법 및 원고의 정관에 따라 산업기술연구회에 매년 예산편성을 보고하여 운영 출연금을 승인받은 후 이를 지급받고 있는 점, ③ 운영출연금이 기관운영비(인건비, 경상운영비, 기관고유사업비), 일반사업비, 시설비 등으로 구성되어 있는 점 등을 종합하여 보면, 운영출연금은 원고가 제공하는 연구용역에 대한 대가로서 지급되는 것으로 볼 수 없다.

(나) 연구출연금 부분

살피건대, 변론 전체의 취지를 종합하여 인정되는 다음과 같은 사정, 즉 ① 과학기술기본법 제11조는 관계 중앙행정기관의 장으로 하여금 과학기술기본계획에 따라 맡은 분야의 국가연구개발사업과 그 지원시책을 세워 추진하도록 규정하고 있고, 위 법을 모법으로 하는 국가연구개발사업의 관리 등에 관한 규정은 "출연금이란 국가연구개발사업의 목적을 달성하기 위하여 국가 등이 반대급부 없이 예산이나 기금 등에서 연구수행기관에 지급하는 연구경비를 말한다"라고 정의하고 있는 점(위 규정 제2조 제10호), ② 원고가 위 법 및 규정에 따라 환경부장관 등과 협약을 체결하고 국가연구개발사업을 수행한 점, ③ 환경기술개발사업운영규정(환경부 훈령 제944호) 등에 의하더라도 출연금은 반대급부 없이 지급하는 것으로 규정되어 있는 점 등을 종합하여 보면, 연구출연금 역시 원고가 제공하는 연구용역에 대한 대가로서 지급되는 것으로 볼 수 없다.

(다) 특정사업출연금 부분

살피건대, 변론 전체의 취지를 종합하면, 원고가 국토해양부 등과 정부출연연구사업에 관한 계약을 체결하고 특정사업출연금을 지급받은 사실은 인정되나, 위 출연금이 앞서 본 운영출연금 및 연구출연금과 달라 원고가 제공하는 연구용역에 대한 대가로서 지급된 것이라는 점을 인정할 만한 증거가 없다(피고는 특정사업출연금 지급의 근거가 된 개별 계약의 범위 및 내용 등에 관해서도 제대로 파악하지 못한 채 이 사건 처분을 한 것으로 보인다). 따라서 특정사업출연금이 연구용역에 대한 대가로서 지급된 것임을 전제로 하는 피고의 주장은 이유 없다.

(라) 소결론

따라서 원고가 제공하는 연구용역 중 이 사건 각 출연금에 의하여 이루어지는 부분은 무상용역의 공급에 해당하므로 구 부가가치세법(2011.12.31. 법률 제11129호로 개정되기 전의 것) 제7조 제3항의 부가가치세 비과세대상에 해당한다고 보아야 한다.

(2) 공통매입세액의 안분계산방법

부가가치세법 시행령 제61조 제1항, 제4항의 내용과 그 취지 및 부가가치세 비과세사업에 관련된 매입세액도 면세사업에 관련된 매입세액과 마찬가지로 과세사업의 매출세액에서 공제받을 수 없는 점 등에 비추어, 매입세액의 안분계산에 관한 위 각 규정은 원고와 같이 면세사업과 과세사업, 비과세사업을 겸영하는 경우에도 유추 적용 된다고 보는 것이 타당하다(대법원 2011.9.8. 선고 2009두16268 판결 등 참조).

다만 피고는 이 사건 처분을 함에 있어 부가가치세법 시행령 제61조 제1항을 유추 적용하여 이 사건 공통매입세액을 안분계산하였으나, 이 사건 각 출연금에 의한 원고의 연구용역 제공은 무상의 용역제공으로서 비과세사업에 해당하고 위 각 출연금은 그에 대한 대가가 아니어서 그 비과세사업의 공급가액이 없는 경우에 해당하므로, 그 비과세사업과 과세사업에 공통되는 이 사건 공통매입세액의 안분계산에 관하여 면세사업과 과세사업의 공급가액 비율에 따라 공통매입세액을 안분계산하도록 규정한 부가가치세법 시행령 제61조 제1항을 유추 적용할 수는 없다. 따라서 피고는 부가가치세법 시행령 제61조 제4항 각 호의 방법 등 다른 합리적인 안분계산방법들 중에서 이 사건 공통매입세액의 안분계산에 적합한 것을 찾아 부가가치세를 부과하였어야 한다. 그런데 변론종결 시까지 제출되는 주장과 자료에 의하더라도 적법하게 부과될 정당한 세액이 산출되지 아니한 경우에는 과세처분 전부를 취소할 수밖에 없고, 이 사건의 경우 기록상 정당한 세액을 산출할 수 있는 자료가 나타나 있지 아니하므로, 이 사건 처분을 전부 취소하기로 한다.

3. 결 론

그렇다면, 원고의 이 사건 청구는 이유 있어 이를 인용하기로 하여 주문과 같이 판결한다.

이러한 판결 이후 정부는 2013.2.15.에 부가가치세법 시행령 제61조 제1항을 개정[486)]하여 과세사업과 비과세사업을 겸영하는 사업자의 공통매입세액의 안분 계산 시 면세공급가액 및 총공급가액에 비과세공급가액이 포함된다고 명확히 하여 더 이상 유추해석 하여 적용하는 어려움은 덜었지만, 비과세영역(정부출연연구기관 등의 고유업무 등)의 상당수는 그 용역의 공급에 대한 대가가 주어지지 않는 영역으로서 성질상 감정 등의 방법으로도 그 공급가액을 산정할 수 없음에도 불구하고, 정부출연연구기관이 재화 또는 용역을 제공하고 받은 대가가 아닌 것이 분명한 국고보조금 등의 수령액을 비과세공급가액으로 보아 공통매입세액을 안분계산하는 것은 여전히 문제를 안고 있는 것으로 판단된다.

486) 2013.2.15., 대통령령 제24359호로 일부 개정된 것 ; 현 부가가치세법 시행령 제81조 제1항(2015.2.3., 대통령령 제26071호로 일부 개정된 것)

제5절 연구개발출연금 과세특례

1 연구개발출연금 과세특례제도의 개요

2006.12.30.에 신설[487]된 조세특례제한법 제10조의 2(연구개발 관련 출연금 등의 과세특례) 규정은 연구개발을 위한 정부출연금 등을 수령하여 구분경리하는 경우 해당 연구개발출연금에 상당하는 금액을 수령시점에 익금에 산입하지 아니하고 실제 사용하는 시점에 익금에 산입하도록 하는 과세특례로서, 다음과 같은 취지[488] 아래 마련된 규정이다.

첫째, 연구개발 관련 출연금은 통상 당해연도에 전액 사용되지 못하고 수년에 걸쳐 사용되는 것으로 당해연도에 집행되지 아니한 금액에 대해 법인세 · 소득세가 먼저 과세되는 불합리한 점이 있다.

출연금에 대하여 집행 전에 과세됨으로 인하여 과세액에 해당하는 금액은 사업시행과 무관하게 먼저 차감되어 연구개발사업을 당초 계획대로 수행하는데 저해요소로 작용하고 있으므로 실제 사용되는 금액만큼 과세될 수 있도록 특례를 인정하여 과세문제가 발생하지 않도록 하기 위한 것이다.

둘째, R&D 분야는 조세지출제도의 순기능적 측면이 잘 나타날 수 있는 시장실패의 영역으로 규모가 작은 중소기업 입장에서 투자하기 어려운 요인이 많으므로 국민경제 전체적 차원의 정책 지원이 필요하다고 볼 수 있다.

R&D 투자의 결과는 한 산업이나 부문에 국한되지 않고, 전 사업으로 파급되기 때문에 (Spillover Effect) 연구개발 투자로 인한 사회적 이익은 개별기업의 이익을 능가하게 되는 경제적 외부효과를 유발할 수 있다.

현재 연구개발출연금 과세특례제도는 출연금의 익금산입시기를 이연시켜주는 과세이연 제도의 성격이며, 그 범위가 일부 법률로 제한되는 등 실질적인 과세특례효과는 크지 않다.

2 연구개발출연금의 익금불산입

내국인이 연구개발 등을 목적으로 「기초연구진흥 및 기술개발지원에 관한 법률」이나 그

487) 조세특례제한법 제10조의 2(2006.12.30. 법률 제8146호로 일부 개정된 것)

488) 재정경제위원회 전문위원 김호성, 조세특례제한법 일부개정법률안(정의화의원 대표발의) 검토보고, 2006.12., 23~24면

밖에 대통령령으로 정하는 법률에 따라 출연금 등의 자산을 받은 경우로서 해당 연구개발출연금등을 구분경리하는 경우에는 연구개발출연금등에 상당하는 금액을 해당 과세연도의 소득금액을 계산할 때 익금에 산입하지 아니할 수 있다(조세특례제한법 제10조의 2 제1항).

연구개발출연금등에 대한 과세특례 적용의 요건은 '열거된 법률에 따른 출연금 등의 자산', '구분경리' 두 가지이다.

(1) 과세특례대상 출연금의 근거법률

현행 연구개발 관련 출연금 등의 과세특례를 적용받기 위해서는 법에서 정하는 개별 법률에 근거하여 지급받은 출연금이어야 하며, 이 중 조세특례제한법에서 열거하고 있는 법률 6개로 다음과 같이 한정되어 있다.

과세특례대상 출연금의 근거법률
「기초연구진흥 및 기술개발지원에 관한 법률」
「산업기술혁신 촉진법」
「정보통신산업 진흥법」
「중소기업기술혁신 촉진법」
「소재·부품·장비산업 경쟁력강화를 위한 특별조치법」
「연구개발특구의 육성에 관한 특별법」

앞서 국가연구개발사업에서 언급한 바와 같이 국가연구개발사업은 「과학기술기본법」을 근간으로 「기초연구진흥 및 기술개발지원에 관한 법률」 등 다수의 법률에 근거하여 추진하고 있다.

예컨대 보건의료기술진흥법, 원자력법, 과학기술기본법, 전파법, 전기사업법, 핵융합에너지개발 진흥법, 국가균형발전특별법, 항공우주산업개발촉진법, 에너지법, 신에너지 및 재생에너지 개발이용·보급촉진법, 건설기술관리기본법, 민군겸용기술사업 촉진법 등이 그것인데, 조세특례제한법에서 규정하고 있는 6개의 개별 법률에 근거하지 않고 정부로부터 연구개발출연금이 지급되는 경우에는 연구개발 출연금 과세특례를 적용받을 수 없다.

세무당국 및 조세심판원의 입장도 신에너지 및 재생에너지 개발·이용·보급촉진법 및 국가균형발전특별법 등에 의한 출연금은 과세특례대상이 아닌 것으로 회신하여, 과세특례를 적용받기 위해서는 출연금의 근거법률이 명시적으로 조세특례제한법에서 열거하는 법률이어야 한다는 입장을 견지 하고 있다(법인-50, 2012.1.11., 재조특-169, 2011.2.25., 법인-64, 2011.1.25., 서면2팀-753, 2008.4.23., 조심 2011구0484, 2011.8.9.).

그러나 6개의 법률에 한정한 연구개발출연금만을 과세특례대상으로 정한 것이 일부 문제는 있는 것으로 판단된다. 예컨대 산업기술혁신 촉진법에 따라 출연금 등의 자산을 지급받은 경우는 조세특례제한법상 연구개발 관련 출연금의 과세특례가 적용되는 6개 법률에 근거한 연구개발 출연금에 포함된다.

산업기술혁신 촉진법은 산업통상자원부가 관할하는 연구개발사업의 기획 · 평가 · 관리의 원칙을 규정한 법률로, 같은 법 제2조 제1호는 '산업기술'에 대하여 정의를 하면서 「신에너지 및 재생에너지 개발 · 이용 · 보급 촉진법」 제2조 제1호 및 제2호에 따른 신에너지 및 재생에너지와 관련한 산업을 포함한다고 규정하고 있고 또한 같은 법 제11조에서 규정한 '산업기술개발사업'에는 에너지의 절약 및 신 · 재생에너지 개발 등 에너지 · 자원기술이 포함되어 있는데도 불구하고 「신에너지 및 재생에너지 개발 · 이용 · 보급 촉진법」에 근거하여 연구개발 출연금을 수령한 경우에는 조세특례제한법상 연구개발 관련 출연금의 과세특례가 적용되지 않는다는 것이다.

연구개발 관련 출연금 등의 과세특례제도의 도입취지가 '연구개발 관련 출연금은 통상 당해연도에 전액 사용되지 못하고 수년에 걸쳐 사용되는 것으로 당해연도에 집행되지 아니한 금액에 대해 법인세 · 소득세가 먼저 과세되는 불합리한 점'을 개선하고 R&D 분야를 지원하기 위함이므로, 그 취지상으로 볼 때는 연구개발관련 출연금은 조세특례제한법에서 규정하고 있는 상기 6개 법률에 근거한 출연금 외에도 개별 법률에 근거한 정부로부터의 연구개발 출연금은 모두 과세특례대상에 포함시켜야 할 것으로 판단된다.

최근 조세심판원은 쟁점사업의 사업시행 공고에 지원 근거법령을 「국가균형발전특별법」만을 명시하고 있다 하더라도 쟁점사업 관련 광역경제권 선도산업 육성사업 운영요령, 지역산업 지원사업 공통운영요령 등에서 쟁점사업을 「국가균형발전특별법」, 「산업기술혁신 촉진법」에 의한 광역경제권선도산업육성사업으로 구분하고 있어 두 법령 모두가 쟁점사업의 추진근거가 될 수 있다고 보이는 점, 복수의 근거법 중 조세특례제한법에서 열거하고 있는 법령이사업의 추진 근거에 포함되는 경우 해당 출연금은 조세특례제한법 제10조의 2의 적용대상 출연금으로 봄이 상당한 점, 국세청도 내국법인이 "광역경제권 선도산업 육성사업"에 따른 지원 대상으로 선정되어 정부 출연금을 수령한 경우로서 해당 출연금이 조세특례제한법 제10조의 2 제1항 및 같은 법 시행령 제9조의 2 제1항, 같은 법 시행규칙 제7조의 3에 규정된 법률에 따라 받은 경우에는 익금에 산입하지 아니한다고 해석○○○하고 있는 점 등에 비추어 쟁점출연금은 조세특례제한법 제10조의 2 제1항 및 같은 법 시행령 제9조의 2 제1항 제1호의 촉진법에 따라 받은 연구개발출연금으로서 익금에 산입하지 아니함이 타당하다고 판시한 바 있다(조심 2018중3319, 2019.5.21.).

(2) 연구개발출연금의 구분경리

연구개발출연금은 「법인세법」 제113조를 준용하여 구분하여 경리하여야 한다(조세특례제한법 시행령 제9조의 2 제2항). 「법인세법」 제113조에 따라 구분경리한다는 것은 자산·부채 및 손익을 당해 사업에 속하는 것과 기타의 사업에 속하는 것을 각각 별개의 회계로 구분하여 경리하는 것을 말한다.

다만, 연구개발출연금등은 사업이 아닌 자산이므로 실무적으로는 연구개발출연금을 별도 계정으로 회계처리하고 지출내역을 관리함으로써 구분경리의 요건을 충족할 수 있을 것으로 보인다.

(3) 과세특례의 적용시 익금에 산입하지 아니하는 방법

내국인이 과세특례 요건을 갖춘 연구개발출연금등을 수령한 경우에는 연구개발출연금등을 '익금에 산입하지 아니할 수 있다'고 규정하고 있다.

이 때 '익금에 산입하지 아니할 수 있다'의 의미는 다음과 같은 두 가지 방법에 의하여 처리될 수 있다.

첫 번째 방법은 법문구의 해석에 충실하여 연구개발출연금등에 대하여 세무조정을 하지 아니하는 방법이다. 본래 출연금의 손익귀속시기는 출연금 교부통지일이므로 회계상 자산의 차감계정으로 계상되어 있는 출연금에 대하여 익금에 산입하는 세무조정을 수행하여야 하지만, 과세특례요건을 갖춘 연구개발출연금등인 경우 익금에 산입하는 세무조정이 필요없다는 것이다.

두 번째 방법은 출연금의 수령시 세무조정과 과세특례 적용시 세무조정을 각각 별개로 조정하는 방법이다. 이 방법에 의하는 경우 출연금의 수령액에 대하여 익금에 산입하는 세무조정을 수행하고, 과세특례요건을 갖춘 연구개발출연금등인 경우 익금에 불산입하는 세무조정을 추가로 수행한다. 이는 '익금에 산입하지 아니할 수 있다'의 의미를 일시상각충당금을 설정할 수 있다는 의미로 해석한다.

출연금은 원칙적으로 익금항목인데 회계상으로 정부출연금 수령액을 자산의 차감계정으로 처리하고 별도의 세무조정을 수행하지 않는 경우, 추후 세무조사시 정부출연금 수령액에 대해서 익금산입(유보)의 누락만을 주장하고 일시상각충당금(△유보) 조정은 선택사항이라고 해석될 수 있다. 또한 최저한세의 적용 또는 과세특례를 적용받은 출연금의 사후관리의 목적에서도 실무적으로는 두 번째 방법을 사용하는 것이 타당할 것으로 판단된다.

두 번째 방법에 따라 출연금의 수령, 사용, 반환에 따른 회계처리 및 세무조정방법(과세특례 적용)은 다음과 같다.

| 표 _ 출연금의 수령 및 사용에 따른 회계처리 및 세무처리 |

시점	구분	내용
수령 시점	회계처리	차) 보통예금 500 대) 선수수익 300 정부출연금(현금차감계정) 200
	세무조정	〈익금산입〉 선수수익 300 〈유보〉(주1) 〈익금산입〉 정부출연금(현금차감계정) 200 〈유보〉(주1) 〈익금불산입〉 정부출연금 500 〈△유보〉(주2)
비용 지출 시점	회계처리	차) 인건비 300 대) 보통예금 300 차) 선수수익 300 대) 인건비 300
	세무조정	〈손금산입〉 선수수익 300 〈△유보〉(주1) 〈익금산입〉 정부출연금 300 〈유보〉(주2)
자산 취득 시점	회계처리	차) 자산 150 대) 보통예금 150 차) 정부출연금(현금차감계정) 150 대) 정부출연금(자산차감계정) 150
	세무조정	〈손금산입〉 정부출연금(현금차감계정) 150 〈△유보〉(주1) 〈익금산입〉 정부출연금(자산차감계정) 150 〈유보〉(주1)
결산 시점	회계처리	차) 감가상각비 30 대) 감가상각누계액 30 차) 정부출연금(자산차감계정) 30 대) 감가상각비 30
	세무조정	〈손금산입〉 정부출연금(자산차감계정) 30 〈△유보〉(주1) 〈익금산입〉 정부출연금 30 〈유보〉(주2)
반환 시점	회계처리	차) 정부출연금(현금차감계정) 50 대) 보통예금 50
	세무조정	〈손금산입〉 정부출연금(현금차감계정) 50 〈△유보〉(주1) 〈익금산입〉 정부출연금 50 〈유보〉(주2)

(주1) 정부출연금 수령, 사용, 반환에 따른 세무처리
(주2) 정부출연금 과세특례 적용에 따른 세무처리

사례 71 연구개발출연금에 대해 과세특례 규정을 적용하지 않은 경우 추후 신고조정에 의한 경정청구가 가능한지 여부

연구개발출연금 등을 지급받은 사업연도에 익금산입하여 법인세의 과세표준 및 세액을 신고한 경우 국세기본법 제45조의 2에 따른 경정청구를 통하여 조세특례제한법 제10조의 2의 연구개발 관련 출연금 등의 과세특례를 적용받을 수 있다(법인-455, 2011.7.11., 법규과-882, 2011.7.4., 조심 2009부3431, 2011.11.21.).

3 연구개발출연금의 익금산입

(1) 일반적인 익금산입

과세특례를 적용받은 연구개발출연금은 다음의 방법으로 익금에 산입한다(조세특례제한법 제10조의 2 제2항).

<table>
<tr><th colspan="3">연구개발출연금의 익금산입 방법</th></tr>
<tr><td colspan="2">연구개발출연금등을 해당 연구개발비로 지출하는 경우</td><td>해당 지출액에 상당하는 금액을 해당 지출일이 속하는 과세연도의 소득금액을 계산할 때 익금에 산입하는 방법</td></tr>
<tr><td rowspan="2">연구개발출연금등으로 해당 연구개발에 사용되는 자산을 취득하는 경우</td><td>㉠ 「법인세법 시행령」 제24조 또는 「소득세법 시행령」 제62조 제2항 및 제3항에 따른 감가상각자산</td><td>해당 과세연도의 소득금액 계산의 경우 「법인세법 시행령」 제25조 또는 「소득세법 시행령」 제62조 제1항 및 제4항에 따라 손금에 산입하는 감가상각비에 상당하는 금액을 익금에 산입하는 방법. 다만, 해당 자산을 처분하는 경우에는 조세특례제한법 제10조의 2 제1항에 따라 익금에 산입하지 아니한 금액 중 이미 익금에 산입하고 남은 잔액을 그 처분한 날이 속하는 과세연도에 전액 익금에 산입한다.</td></tr>
<tr><td>㉡ ㉠ 외의 자산</td><td>해당 자산을 처분한 날이 속하는 과세연도의 소득금액 계산의 경우 조세특례제한법 제10조의 2 제1항에 따라 익금에 산입하지 아니한 금액 전액을 익금에 산입하는 방법</td></tr>
</table>

이때, 법인세법 시행령 제24조에 따른 감가상각자산의 범위는 다음과 같다.

<table>
<tr><th colspan="2">구분</th><th>감가상각자산의 범위</th></tr>
<tr><td rowspan="2">감가상각자산</td><td>유형자산</td><td>가. 건물(부속설비를 포함한다) 및 구축물(이하 "건축물"이라 한다)
나. 차량 및 운반구, 공구, 기구 및 비품
다. 선박 및 항공기
라. 기계 및 장치
마. 동물 및 식물
바. 기타 가목 내지 마목의 자산과 유사한 유형고정자산</td></tr>
<tr><td>무형자산</td><td>가. 영업권(합병 또는 분할로 인하여 합병법인등이 계상한 영업권은 제외한다), 디자인권, 실용신안권, 상표권
나. 특허권, 어업권, 양식업권, 「해저광물자원 개발법」에 의한 채취권, 유료도로관리권, 수리권, 전기가스공급시설이용권, 공업용수도시설이용권, 수도시설이용권, 열공급시설이용권
다. 광업권, 전신전화전용시설이용권, 전용측선이용권, 하수종말처리장시설관리권, 수도시설관리권
라. 댐사용권
마. (삭제, 2002.12.30.)
바. 개발비 : 상업적인 생산 또는 사용 전에 재료·장치·제품·공정·시스템 또는 용역을 창출하거나 현저히 개선하기 위한 계획 또는 설계를 위하여 연구결과 또는 관련 지식을 적용하는데 발생하는 비용으로서 기업회계기준에 따른 개발비 요건을 갖춘 것(「산업기술연구조합 육성법」에 따른 산업기술연구조합의 조합원이 해당 조합에 연구개발 및 연구시설 취득 등을 위하여 지출하는 금액을 포함한다)
사. 사용수익기부자산가액 : 금전외의 자산을 국가 또는 지방자치단체, 법 제24조 제2항 제1호 라목부터 바목까지 규정에 따른 법인에게 기부한 후 그 자산을 사용하거나 그 자산으로부터 수익을 얻는 경우 해당 자산의 장부가액
아. 「전파법」 제14조의 규정에 의한 주파수이용권 및 「공항시설법」 제26조 규정에 의한 공항시설관리권
자. 「항만법」 제24조에 따른 항만시설관리권</td></tr>
</table>

(2) 출연금의 일부 반환시 익금산입

과세특례받은 연구개발출연금 중 기술개발의 성공으로 출연금 일부를 반환하는 경우 반환통지 또는 기술료의 납부통지를 받은 날이 속하는 사업연도에 반환할 금액을 익금에 산입한다(법인-1023, 2010.10.29.).

(3) 연구개발출연금의 강제익금산입

연구개발출연금 과세특례를 적용받은 내국인이 그 연구개발출연금등을 해당 연구개발 목적 외의 용도로 사용하거나 해당연구개발에 사용하기 전에 폐업하거나 해산하는 경우 그 사용하지 아니한 금액은 해당사유가 발생한 날이 속하는 과세연도의 소득금액을 계산할 때 익금에 산입한다(조세특례제한법 제10조의 2 제3항).

예컨대 연구개발비가 아닌 복리후생비 및 소모품비등으로 지출한 금액은 연구개발 목적 외의 용도로 사용된 것으로 보아 강제익금산입 규정이 적용되는 것이다(법인-1141, 2009.10.15.).

조세특례제한법 제10조의 2 제3항에 따라 연구개발출연금을 강제익금산입하는 경우에는 이자상당가산액을 납부하여야 한다.

다만, 합병하거나 분할하는 경우로서 합병법인 등이 과세특례 금액을 승계한 경우는 강제익금산입대상에서 제외하며, 그 금액은 합병법인 등이 연구개발 관련 출연금 등의 과세특례를 적용받은 것으로 본다(조세특례제한법 제10조의 2 제3항 단서).

지금까지 살펴본 과세특례받은 연구개발출연금의 익금산입방법을 요약하면 다음과 같다.

구분		익금산입방법
연구개발비로 지출		해당 지출시 익금산입
연구개발자산의 취득	감가상각자산의 취득	• 감가상각비 상당액을 익금산입 • 처분시 잔존가액을 익금산입
	그 외 자산의 취득	처분시 전액 익금산입
출연금의 일부반환 시		반환통지 또는 기술료의 납부통지를 받은 날이 속하는 사업연도 익금산입
연구개발외 사용, 사용전 폐업 등의 경우		사유발생일에 강제익금산입

4 이자상당가산액 납부

과세특례받은 연구개발출연금을 강제익금산입하는 경우 해당 과세연도의 과세표준신고를 할 때 다음과 같이 계산한 이자상당가산액을 가산하여 법인세로 납부하여야 하며, 그 세액은 법인세법 또는 소득세법에 따라 납부하여야 할 세액으로 본다(조세특례제한법 제10조의 2 제3항, 동법 제33조 제3항 후단).

이자상당가산액의 계산 방법	
이자상당액 가산액	= 연구개발출연금을 익금에 산입하지 아니한 사업연도에 그 익금에 산입하지 않음에 따라 발생한 소득세액·법인세액의 차액 × (익금에 산입하지 아니한 사업연도 종료일의 다음 날 ~ 익금에 산입한 사업연도의 종료일)(주1) × 1일 10만분의 25(주2)

(주1) 연구개발출연금의 익금불산입효과의 지속기간
(주2) 연 9.125%

5 명세서의 제출

연구개발출연금 과세특례를 적용받으려는 내국인은 과세표준신고와 함께 출연금 등 익금불산입명세서(별지 제3호의 3 서식)를 납세지 관할 세무서장에게 제출하여야 한다(조세특례제한법 제10조의 2 제5항, 조세특례제한법 시행령 제9조의 2 제4항, 조세특례제한법 시행규칙 제61조 제1항 제4호의 3).

법인세의 과세표준 및 세액의 신고시 조세특례제한법 제10조의 2 제1항에 따라 연구개발 관련 출연금 등을 익금에 산입하지 아니한 내국법인이 출연금등 익금불산입명세서를 제출하지 아니한 경우에도 같은 조항의 연구개발 관련 출연금 등의 과세특례를 적용받을 수 있다(법인-935, 2011.11.21.).

6 조세특례의 제한 등

조세특례제한법 제10조의 2에 따른 연구개발출연금 과세특례에 대한 조세특례의 제한 등은 '제8편 조세특례의 제한 및 보칙'을 참고하기로 한다.

조세특례제한법 제10조의 2에 적용되는 조세특례의 제한 및 보칙	해당 조문
최저한세액에 미달하는 세액에 대한 감면 등의 배제	조세특례제한법 제132조

7 감면분 농어촌특별세 비과세

조세특례제한법 제10조의 2에 따라 연구개발 관련 출연금 등을 익금에 산입하지 아니한 경우 감면세액에 대한 농어촌특별세가 부과되지 않는다(농어촌특별세법 제4조 제12호, 동법 시행령 제4조 제6항 제1호).

8 관련서식

조세특례제한법 제10조의 2에 따른 출연금 등 익금불산입명세서(별지 제3호의 3 서식)는 다음과 같다.

〔별지 제3호의 3 서식〕(2012.2.28. 개정)

출연금 등 익금불산입명세서

❶ 신청인	① 상호 또는 법인명	② 사업자등록번호
	③ 대표자 성명	④ 생년월일
	⑤ 주소 또는 본점 소재지 (전화번호 :)	

❷ 과세연도	년 월 일부터 년 월 일까지

❸ 출연금 등 수령내역

⑥ 출연금 코드	⑦ 수령일	⑧ 수령액(익금불산입액)

❹ 익금산입조정

⑨ (처분) 일자	익금산입액		⑫ 익금산입 후 잔액
	⑩ 누계	⑪ 당기	

「조세특례제한법 시행령」 제9조의 2 제4항에 따라 출연금 등 익금불산입명세서를 제출합니다.

년 월 일

신청인 (서명 또는 인)

세무서장 귀하

작 성 방 법

1. "⑥출연금 코드"란은 출연금 등의 근거 법률에 따라 다음 표에 따른 코드를 적습니다.

근 거 법 률	코드
「산업기술혁신 촉진법」에 따른 출연금	10
「정보통신산업 진흥법」에 따른 출연금	20
「중소기업기술혁신 촉진법」에 따른 출연금	30
「부품·소재전문기업 등의 육성에 관한 특별조치법」에 따른 출연금	40
「대덕연구개발특구 등의 육성에 관한 특별법」에 따른 출연금	50
「기초연구진흥 및 기술개발지원에 관한 법률」에 따른 출연금	60

2. "익금산입액(⑩·⑪)"란은 감가상각자산의 경우에는 감가상각비에 상당하는 금액(해당 자산을 처분하는 경우에는 익금에 산입하고 남은 잔액 전액을 말합니다)을 적고, 감가상각자산 외의 자산은 해당 자산의 처분일이 속하는 과세연도에 익금에 산입하지 않은 금액 전액을 적습니다.

210mm×297mm[백상지 80g/㎡ 또는 중질지 80g/㎡]

제5편

연구개발시설 투자단계의 연구개발 조세지원제도

제1장 연구·인력개발 관련 투자세액공제

제1절 통합투자세액공제 제도

1 통합투자세액공제 제도의 개요

통합투자세액공제 제도란 소비성서비스업, 부동산임대 및 공급업 외의 사업을 경영하는 내국인이 기계장치 등 사업용 유형자산(토지와 건축물 등은 제외), 연구·시험 및 직업훈련시설 등 사업용자산에 투자(중고품 및 운용리스 등에 의한 투자는 제외)하는 경우 기본공제 금액과 추가공제 금액을 합한 금액을 해당 투자가 이루어지는 과세연도의 법인세(또는 소득세)에서 공제하는 제도를 말한다(조세특례제한법 제24조 및 조세특례제한법 시행령 제21조).

구체적으로 기본공제 금액은 공제대상 자산 및 기업규모에 따라 차이가 있는데, 신성장사업화시설을 제외한 일반투자에 대해서는 투자한 금액의 1%(중견기업은 3%, 중소기업은 10%)에 상당하는 금액, 신성장사업화시설투자에 대해서는 일반투자의 기본공제율에 기업규모별로 각각 2%p를 가산하여 투자한 금액의 3%(중견기업은 5%, 중소기업은 12%)에 상당하는 금액이다(조세특례제한법 제24조 제1항 제2호 가목).

추가공제 금액은 공제대상 자산 및 기업규모와 상관이 없는데, 해당 과세연도에 투자한 금액이 해당 과세연도의 직전 3년간 연 평균 투자 또는 취득금액을 초과하는 경우에는 그 초과하는 금액의 3%에 상당하는 금액으로, 추가공제 금액이 기본공제 금액을 초과하는 경우에는 기본공제 금액의 2배를 그 한도로 한다(조세특례제한법 제24조 제1항 제2호 나목).

동 제도는 지원대상·지원수준이 상이한 10개의 투자세액공제 규정[489)]을 폐지하고, 이를 하나로 통합·단순화하여 제24조 통합투자세액공제 규정을 신설[490)]한 것이다.

489) 종전 조세특례제한법 제5조 중소기업등 투자세액공제, 제25조 특정시설 투자세액공제(6개), 제25조의 4 의약품 품질관리개선시설 투자세액공제, 제25조의 5 신성장기술 사업화시설 투자세액공제, 제25조의 7 초연결 네트워크구축 시설 투자세액공제를 말한다.

490) 2020.12.29. 법률 제17759호로 일부 개정된 조세특례제한법 제24조

통합투자세액공제 규정은 기본적으로 모든 사업용 유형자산을 공제대상으로 정하고 그 중 일부의 자산을 제외하는 네거티브 방식인데, 본서에서 다루고자 하는 연구개발 조세지원제도와 관련해서는 ① 연구·시험 및 직업훈련시설, ② 신성장사업화시설이 연구·인력개발 관련 시설투자에 해당한다.

|개정세법해설| 통합투자세액공제 신설 : 투자세액공제제도 전면 개편 ① 통합투자세액공제 공제대상 및 공제율(조세특례제한법 제24조, 조세특례제한법 시행령 제21조)[491)]

(1) 개정내용

종전	개정
☐ 기업투자 관련 세액공제 제도	☐ "통합투자세액공제"로 통합·단순화 (§24 신설)

종전

○ 중소기업등 투자세액공제(§5)

구분	중소기업			중견기업		
	위기지역	신규상장	일반	위기지역	신규상장	일반
공제율	10%	4%	3%	5%	4%	2%(수도권 1%)

○ 특정시설 투자세액공제(§25)

구분		중소기업	중견기업	대기업
❶	연구시험용 및 직업 훈련용 시설	7%	3%	1%
❷	에너지절약시설	7%	3%	1%
❸	환경보전시설	10%	5%	3%
❹	근로자복지증진시설	10%	5%	3%
❺	안전시설	10%	5%	1%
❻	생산성향상시설*	7% (10%)	3% (5%)	1% (2%)

* 대기업 '20년, 중소·중견기업 '21년까지 공제율 한시 상향

❼ 의약품 품질관리개선시설 투자세액공제(§25의 4)

구분	중소기업	중견기업	대기업
공제율	6%	3%	1%

❽ 신성장기술 사업화 시설 투자세액공제(§25의 5)

구분	중소기업	중견기업	대기업
공제율	10%	7%	5%

개정

○ (적용대상) 모든 개인사업자·법인(소비성서비스업, 부동산임대업·공급업 제외)
  * 구체적 업종은 시행령에서 규정

○ (공제대상) 모든 사업용 유형자산을 대상으로 하되, 일부 자산* 제외(현행 : 포지티브 → 개정 : 네거티브 방식)
  * 건물, 구축물, 차량 및 운반구, 선박 및 항공기, 비품 등
  – 건물, 구축물, 차량 등에 해당하나, 종전 특정시설* 또는 업종별로 사업에 필수적인 자산** 등 기획재정부령으로 정하는 시설은 예외 인정(공제 허용)
    * 연구·인력개발, 에너지절약 및 환경보전시설 등
    ** (건설업) 포크레인 등 중장비
    (도소매·물류업) 창고 등 물류시설
    (운수업) 차량·운반구·선박
    (관광숙박업) 건축물 및 부속시설물 등

○ (공제율) 당기분 기본공제(Ⓐ) + 투자증가분 추가공제(Ⓑ)
  – (기본공제(Ⓐ))당해연도 투자액 × 기본공제율
    • 일반 투자분 : 중소기업 10%, 중견기업 3%, 대기업 1%
    • 신성장기술 사업화시설 투자분 : 중소기업 12%, 중견기업 5%, 대기업 3%
  – (추가공제(Ⓑ))[당해 연도 투자액 – 직전 3년 평균 투자액] × 추가공제율(모든기업

<table>
<tr><td>

❾ 초연결 네트워크구축 시설 투자세액공제(§25의 7)

구분	모든 기업
공제율	최대 3% = 2% + 최대 1% (전년대비 고용증가율 ×1/5)

</td><td>

3%)
• 추가공제액 한도 : 기본공제액의 200%

</td></tr>
</table>

(2) 개정이유

기업투자 활성화 지원

(3) 적용시기

2021.1.1. 이후 소득세·법인세를 신고하는 분부터 적용

(4) 특례규정

2020년·2021년 투자분에 대해서는 기업이 통합투자세액공제와 기존 특정시설 투자세액공제 중 선택 적용 허용*

* 기업은 현행 방식과 통합투자세액공제 방식 중 하나를 선택할 수 있고, 투자 자산별로 현행 방식과 통합투자세액공제를 구분하여 선택하는 것은 불인정

2 연구·인력개발 관련 투자세액공제 제도의 연혁

연구·인력개발 관련 투자세액공제 제도는 1974.12.19.에 중요산업에 대한 조세특례 중 "신기술기업화산업 투자에 대한 세액공제"로 처음 신설된[492] 이래 1994.1.1. "기술 및 인력개발비에 대한 세액공제", 2000.12.29. "연구 및 인력개발을 위한 설비투자에 대한 세액공제"와 같이 명칭이 변경되었으며, 세액공제율 조정 등의 개정을 거듭하다가 2014.1.1. 법 개정 전에는 기업의 규모와 관계없이 10%[493]의 투자세액공제율이 적용되었다.

2014.1.1. 조세특례제한법 제11조 개정 시[494] 세액공제율을 중소기업은 10%, 중견기업은 5%, 대기업은 3%로 그 기업 규모별로 차등 적용하는 것으로 개정되었다가, 2015.12.15. 개정 시[495] 세액공제율이 중소기업 6%, 중견기업 3%, 대기업 1%으로 인하하였다.

2016.12.20. 조세특례제한법 제11조 연구 및 인력개발을 위한 설비투자 세액공제 규정 중

491) 국세청, 「2021년 개정세법 해설」, 2021.3., 433면

492) 조세감면규제법 제4조의 8 제4항(1974.12.19. 법률 제2678호로 일부 개정된 것) 및 조세감면규제법 시행령 제20조(1974.12.31. 대통령령 제7460호로 일부 개정된 것)

493) 2008.9.26.이 속하는 과세연도 분부터 종전 7%에서 10%로 세액공제율이 상향조정 운영되었다.

494) 조세특례제한법 제11조 제1항(2014.1.1. 법률 제12173호로 개정된 것)

495) 조세특례제한법 제11조 제1항(2015.12.15. 법률 제13560호로 개정된 것)

신성장기술 사업화시설 부분을 삭제하면서 조세특례제한법 제25조의 5 "신성장기술 사업화시설 투자에 대한 세액공제" 규정이 신설[496]되었는데, 세액공제율이 중소기업 10%, 중견기업 5%, 대기업 3%로 확대되었다.

2018.12.24. 각종 설비투자세액공제를 특정 시설 투자 등에 대한 세액공제 규정으로 통합・재설계하기 위해 조세특례제한법 제25조를 개정[497]하고, 조세특례제한법 제11조 연구 및 인력개발을 위한 설비투자 세액공제 규정을 삭제하였다.

2020.12.29.에는 조세특례제한법 제25조 특정 시설 투자 등에 대한 세액공제, 조세특례제한법 제25조의 5 신성장기술 사업화시설 투자에 대한 세액공제 규정 등을 삭제하면서 조세특례제한법 제24조 "통합투자세액공제" 규정을 신설[498]하여 현재에 이르게 되었는데, 경과조치 규정에 따라 2021.12.31.까지 투자를 완료하는 경우 선택에 따라 신설된 통합투자세액공제 규정을 적용받거나 종전 조세특례제한법 제25조, 제25조의 5 규정 등을 적용받을 수 있다.[499]

| 표 _ 개정내역 : 연구・인력개발 관련 투자세액공제 |

날짜	개정내용	
1974.12.19.	• 조세감면규제법 제4조의 8(중요산업에 대한 조세특례) 제4항 및 동법 시행령 제20조(신기술을 기업화한 사업의 범위) 규정에서 '신기술기업화 산업 투자에 대한 세액공제' 신설	세액공제율은 투자액의 8%(국산기자재로 투자한 경우에는 10%)
1981.12.31.	• 조세감면규제법 제18조(신기술기업화사업 등에 대한 투자세액공제등) 규정 신설 • 세액공제와 일시상각 중 선택 적용 및 세액공제율 구간 설정	(다음 중 선택) - 신기술기업화사업용자산에 대한 투자금액의 6%(연구시험용시설・직업훈련용시설은 8%, 국산기자재로 투자한 경우에는 10%) 혹은 취득금액의 50%를 감가상각비로 취득연도에 일시 손금산입
1982.12.21.	• 연구시험용 시설에 대한 일시상각률 90%로 상향 조정	취득금액의 50%(연구시험용 시설은 90%)를 감가상각비로 취득연도에 일시 손금산입

496) 조세특례제한법 제25조의 5(2016.12.20. 법률 제14390호로 개정된 것)
497) 조세특례제한법 제25조(2018.12.24. 법률 제16009호로 개정된 것)
498) 조세특례제한법 제24조(2020.12.29. 법률 제17759호로 일부 개정된 것)
499) 조세특례제한법 부칙 제36조(2020.12.29. 법률 제17759호)

날짜	개정내용	
1986.12.26.	• 신기술기업화사업용자산에 대한 투자에 대한 세액공제율을 3%로 하향 조정 • 외국산 신기술기업화사업용자산에 대한 일시상각률을 30%로 하향 조정	(다음 중 선택) - 신기술기업화사업용자산에 대한 투자금액의 3%(연구시험용시설·직업훈련용시설은 8%, 국산기자재로 투자한 경우에는 10%) 혹은 연구시험용 시설 취득금액의 90%, 그 외 시설 취득금액의 30%(국산기자재로 투자한 경우에는 50%)를 감가상각비로 취득연도에 일시 손금산입
1992.12.8.	• 신기술기업화사업용자산에 대한 일시상각률을 50%(국산기자재로 투자한 경우에는 90%)로 상향 조정	- 연구시험용 시설 취득금액의 90%, 그 외 시설 취득금액의 50%(국산기자재로 투자한 경우에는 90%)를 감가상각비로 취득연도에 일시 손금산입
1993.12.31.	• 연구시험용 시설에 대한 일시상각률을 50%(국산기자재로 투자한 경우에는 70%)로 하향 조정 • 외국산 연구시험용 시설에 대한 세액공제율을 5%로 하향 조정	(다음 중 선택) - 기술 및 인력개발 또는 신기술의 기업화를 위한 시설투자금액의 3%(연구시험용 시설은 5%, 국산기자재로 투자한 경우에는 10%) 혹은 연구시험용 시설 취득금액의 50%(국산기자재로 투자한 경우에는 70%), 그 외 시설 취득금액의 30%(국산기자재로 투자한 경우에는 50%)를 감가상각비로 취득연도에 일시 손금산입
1996.12.30.	• 일시상각제도의 폐지	
1998.4.10.	• 국산기자재 우대 규정 삭제 • 세액공제율 5%로 단일화	- 기술 및 인력개발 또는 신기술의 기업화를 위한 시설투자금액의 5%
2001.12.29.	• 세액공제율을 10%로 상향조정	
2002.12.11.	• 세액공제율을 7%로 하향조정	
2008.9.26.	• 세액공제율을 10%로 상향조정	
2013.1.1.	• 일몰기한 2015.12.31.까지로 연장	
2014.1.1.	• 중소기업, 중견기업, 대기업에 대한 투자세액공제율의 차등 적용	- 연구 및 인력개발을 위한 시설 또는 신기술의 기업화를 위한 시설투자금액의 3%(중견기업은 5%, 중소기업은 10%)

날짜	개정내용	
2015.12.15.	• 세액공제율 하향조정 • 일몰기한 2018.12.31.까지로 연장	-(공제율) 중소기업 : 6%, 중견기업 : 3%, 대기업 : 1% -(적용기한) '15.12.31. → '18.12.31.으로 3년 연장
2016.12.20.	• 연구 및 인력개발을 위한 설비투자 세액공제 규정에서 신성장기술 사업화시설 부분을 삭제하고, 신성장기술 사업화를 위한 시설투자에 대한 세액공제 규정을 신설(조특법 제25조의 5)	-(신성장기술 공제율) 중소기업 : 10%, 중견기업 : 7%, 대기업 : 5%
2018.12.24.	• 연구 및 인력개발을 위한 설비투자 세액공제 규정을 삭제하고, 특정 시설 투자 등에 대한 세액공제 규정으로 통합·재설계(조특법 제25조)	
2018.12.24.	• 신성장기술 사업화를 위한 시설투자에 대한 세액공제 요건 완화 및 적용기한 연장(조특법 제25조의 5)	-(신성장기술 공제요건) 직전연도 매출액 대비 연구·인력개발비 비중 5% 이상 → 2% 이상으로 완화 -(적용기한) '18.12.31. → '21.12.31.으로 3년 연장
2020.12.29.	• 특정 시설 투자 등에 대한 세액공제 규정 및 신성장기술 사업화시설 투자세액공제 규정을 삭제하고, 통합투자세액공제 규정으로 통합·재설계(조특법 제24조) • 통합투자세액공제 중 신성장·원천기술의 사업화를 위한 시설투자와 관련하여 종전 공제요건 폐지	-(기본공제율) 중소기업 : 12%, 중견기업 : 5%, 대기업 : 3% -(추가공제율) [당해 연도 투자액－직전 3년 평균 투자액] × 3%, 단 기본공제액의 200% 한도 -다음 공제요건 폐지 ① 직전연도 매출액 대비 R&D 비중이 2% 이상 ② 직전연도 R&D 비용 중 신성장 R&D 비중이 10% 이상(또는 자체개발 특허권 보유) ③ 직전연도 대비 상시근로자 수가 감소하지 않을 것

아래에서는 현행 통합투자세액공제 제도를 중심으로 설명하고, 2020.12.29. 삭제 전 종전 규정인 특정 시설 투자 등에 대한 세액공제[500]와 신성장기술 사업화를 위한 시설투자에 대한 세액공제에 대해서는 절을 달리하여 설명하기로 한다.

3 통합투자세액공제의 요건

통합투자세액공제는 소비성서비스업, 부동산임대 및 공급업 외의 사업을 경영하는 내국인이 기계장치 등 사업용 유형자산(토지와 건축물 등은 제외), 신성장사업화시설, 연구·시험 및 직업훈련시설 등 자산에 투자(중고품 및 대통령령으로 정하는 리스에 의한 투자는 제외)하는 경우 기본공제 금액과 추가 공제금액을 합한 금액을 해당 투자가 이루어지는 과세연도의 소득세(사업소득에 대한 소득세만 해당한다) 또는 법인세에서 공제한다(조세특례제한법 제24조 제1항).

통합투자세액공제 규정을 적용받기 위한 요건은 다음과 같다.

통합투자세액공제 요건
㉠ 소비성서비스업, 부동산임대 및 공급업 외의 사업을 경영하는 내국인일 것(내국인 요건) ㉡ 기계장치 등 사업용 유형자산 등에 투자를 할 것(공제대상 자산 요건). 단, 중고품 및 운용리스에 의한 투자는 제외

(1) 소비성서비스업, 부동산임대 및 공급업 외의 사업을 경영하는 내국인일 것 (내국인 요건)

'대통령령으로 정하는 내국인'이라 함은 조세특례제한법 시행령 제29조 제3항에 따른 소비성서비스업, 부동산임대 및 공급업 외의 사업을 경영하는 내국인을 말한다(조세특례제한법 시행령 제21조 제1항).

500) 특정 시설 중 연구시험용 및 직업훈련용 시설 관련 세액공제 위주로 설명한다.

내국인 요건(다음 중 어느 하나에 해당하는 업종 외의 사업을 경영할 것)
㉠ 조세특례제한법 시행령 제29조 제3항에 따른 소비성서비스업(다음 중 어느 하나에 해당하는 사업) ⓐ 호텔업 및 여관업(「관광진흥법」에 따른 관광숙박업은 제외) ⓑ 주점업(일반유흥주점업, 무도유흥주점업 및 「식품위생법 시행령」 제21조에 따른 단란주점 영업만 해당하되, 「관광진흥법」에 따른 외국인전용유흥음식점업 및 관광유흥 음식점업은 제외한다) ⓒ 그 밖에 오락 · 유흥 등을 목적으로 하는 사업으로서 기획재정부령으로 정하는 사업[501] ㉡ 부동산임대 및 공급업

① 둘 이상의 서로 다른 사업을 영위하는 경우

내국인 요건과 관련하여 내국인이 둘 이상의 서로 다른 사업을 영위(이하 "겸업"이라 한다)하는 경우가 있을 수 있는데, 부동산임대 및 공급업 등 세액공제 배제대상 업종의 사업을 일부라도 영위하는 경우 세액공제가 일괄 배제되는지, 아니면 사업별 수입금액이 큰 사업을 주된 사업으로 보고 주된 사업을 기준으로 세액공제 배제여부를 일괄 판단하는지, 또는 업종별로 사업에 사용하는 자산을 구분해서 사용기준 구분에 따라 세액공제 배제여부를 판단하는지 다툼이 있을 수 있다.

이와 유사하게 조세특례제한법 제29조의 5 청년고용을 증대시킨 기업에 대한 세액공제와 동법 제29조의 7 고용을 증대시킨 기업에 대한 세액공제와 규정에서도 소비성서비스업 업종을 경영하지 아니하는 내국인을 세액공제 적용대상자로 정하고 있는데, 관련 세무당국의 유권해석이나 판례가 없는 것으로 보아 소비성서비스업 업종을 경영하는 겸영사업자에 대한 세액공제 배제여부가 특별히 이슈가 되지는 않았던 것으로 보인다.

② 종전 투자세액공제 규정

종전 조세특례제한법 제5조 중소기업 등 투자세액공제 및 동법 제26조 고용창출투자세액공제(구 임시투자세액공제) 규정은, 내국인이 특정한 업종의 사업을 영위하는 경우 기계장치 등 대부분 사업용자산을 포함하여 공제대상으로 인정해 주는 측면에서 통합투자세액공제 규정과 유사하므로 이와 비교하여 살펴본다. 참고로 종전 조세특례제한법 제25조 특정 시설 투자 등에 대한 세액공제 규정에서는 내국인 요건과 관련하여 특별히 업종을 제한하고 있지 아니하였다.

501) 그 밖에 오락 · 유흥 등을 목적으로 하는 사업에 관해서는 현재 기획재정부령에서 별도로 규정하고 있지 아니하다. 따라서 내국인 요건과 관련해서는 ① 호텔업 및 여관업, ② 주점업, ③ 부동산임대 및 공급업 업종 외의 사업을 경영하는지 여부만 살펴보면 될 것으로 판단된다.

우선 종전 조세특례제한법 제5조 중소기업 등 투자세액공제 규정은, 세액공제 적용대상자[502]인 중소기업 및 중견기업 판단 시 조세특례제한법 시행령 제29조 제3항에 따른 소비성서비스업을 '주된 사업'[503]으로 영위하지 아니할 것을 요건으로 정하고 있었고, 세액공제 적용대상 자산을 판단함에 있어 중소기업의 업종에 해당하는 사업과 소비성서비스업에 공동으로 사용되는 자산은 그 자산을 주로 사용하는 사업의 자산으로 본다고 하면서(구 조세특례제한법 시행령 제4조 제4항), 주로 사용하는 사업은 해당 자산의 사용시간 또는 사용정도를 비교하여 그 사용비율이 큰 사업으로 한다고 규정하고 있었다(구 조세특례제한법 시행규칙 제4조).

한편, 조세특례제한법 제26조 고용창출투자세액공제(구 임시투자세액공제) 규정에서는 대통령령으로 정하는 업종의 사업을 영위하는 내국인이 사업용자산에 투자하는 경우를 세액공제 요건으로 정하고 있었는데, 투자세액공제가 적용되는 사업과 기타의 사업에 공동으로 사용되는 사업용자산에 투자한 경우 세액공제를 적용받을 수 있을지 여부에 관하여 법령에 별도로 규정하고 있지 아니하였다.

이와 관련하여 세무당국은 도매업과 음식점업을 겸영하는 내국인이 도매업과 음식점업[504]에 공동으로 사용되는 기계장치에 대해 임시투자세액공제를 적용받을 수 있을지 여부에 대해, 임시투자세액공제가 적용되는 사업과 기타의 사업에 공동으로 사용되는 사업용자산 등을 취득한 경우에 당해 자산은 그 자산을 주로 사용하는 사업의 자산으로 보아 세액공제 관련 규정을 적용하는 것이며, 주로 사용하는 사업의 판정은 당해 자산의 사용시간 또는 사용정도 등을 비교하여 그 사용비율이 큰 사업을 기준으로 하는 것이라는 입장을 밝힌 바 있다(법인세과-2089, 2008.8.21.).

③ 통합투자세액공제 규정

하지만, 통합투자세액공제 규정에서는 "소비성서비스업, 부동산임대 및 공급업 외의 사업을 경영할 것"이라고 정하고 있을 뿐, 사업을 경영한다는 것에 대한 구체적인 정의 및 겸업을 하는 경우에 대한 내용이 없다.

필자는 통합투자세액공제 규정은 소비성서비스업, 부동산임대 및 공급업을 제외한 모든 내국인을 적용대상으로 하는 것으로, 2개 이상의 업종을 겸업하는 경우 업종별로 사업에 사용하는 자산을 구분해서 세액공제 배제여부를 판단하되, 공동으로 사용되는 자산은 자산의 사용시간, 사용정도 등 합리적인 방법에 따라 비교하여 사용비율이 큰 사업 기준으로 세액공제

502) 종전 조세특례제한법 제24조 특정 시설 투자 등에 대한 세액공제에서는 내국인의 범위에 특정한 업종을 제한하지 아니하였다.

503) 겸업을 하는 경우 사업별 사업수입금액이 큰 사업을 주된 사업으로 본다.

504) 참고로 예규가 생성된 2008년 당시에는 임시투자세액공제 대상업종에 음식점업이 열거되어 있지 아니했으나, 2016.2.5.에 이르러 음식점업이 고용창출투자세액공제 대상업종으로 추가되었다(대통령령 제26959호).

배제여부를 판정하는 방법이 타당하다고 생각된다.

예를들어 도매업과 부동산임대업을 겸영하는 법인이 해당 과세연도에 창고시설을 투자하여 일부는 직접 창고로 사용하고 나머지는 제3자에 임대하여 사용하는 경우, 창고시설의 사용면적을 기준으로 사용면적이 큰 사업의 업종을 기준으로 세액공제 배제여부를 판정하는 것이다.[505)]

정리하면 법 취지가 부동산임대업 등에 사용하는 투자에 대해서는 조세지원을 허용하지 않겠다는 것이므로, 실제 사용용도를 살펴 세액공제 금액을 계산하는 것이 타당할 것이다. 현행 통합투자세액공제 규정을 문리해석하면 부동산임대업 등에 일부라도 사용하는 경우 세액공제가 배제되는 것으로 해석될 여지가 있으므로, 이에 관한 내용을 시행령 및 시행규칙에 명확히 언급하는 것이 좋을 것으로 생각된다.

(2) 기계장치 등 사업용 유형자산 등에 투자를 할 것(공제대상 자산 요건)

공제대상 자산 요건을 만족하기 위해서는 기계장치 등 사업용 유형자산 또는 이에 해당하지 않는 유형자산과 무형자산으로서 대통령령으로 정하는 자산에 투자를 해야 한다(조세특례제한법 제24조 제1항 제1호). 다만, 중고품 및 대통령령으로 정하는 리스에 의한 투자는 제외한다.

공제대상 자산 요건
㉠ 기계장치 등 사업용 유형자산. 다만, 토지와 조세특례제한법 시행규칙 【별표 1】에 따른 건축물 등 사업용 유형자산은 제외한다.
㉡ 연구·시험 및 직업훈련시설 등 사업용자산
㉢ 업종별로 사업에 직접 사용하는 자산

가. 기계장치 등 사업용 유형자산

사업용 유형자산의 범위에 대해서 조세특례제한법에서는 구체적으로 정의하고 있지 아니한다. 소득세법 또는 법인세법에서의 개념을 참고한다면, 소득세법 시행령 제37조의 2 사업용 유형자산의 범위 규정 및 법인세법 시행령 제24조 제1항에서 사업용 유형자산은 다음에서 열거하는 감가상각대상 유형자산을 의미한다(소득세법 시행령 제37조의 2 및 제62조 제2항 제1호, 법인세법 시행령 제24조 제1항 제1호). 사업용 유형자산은 토지를 포함한 감가상각대상

505) 사용면적을 기준으로 투자금액을 안분하여 계산할 수 있는 경우에는 부동산임대업에 사용하는 면적을 계산하여 동 면적에 해당하는 투자금액만 세액공제를 배제하는 방법도 생각해 볼 수 있다. 참고로 구 조세특례제한법 제94조 근로자복지 증진을 위한 시설투자에 대한 세액공제 규정에서는, 세액공제 대상 시설에 해당하는 종업원용 기숙사와 세액공제 대상 시설에 해당하지 않는 그 밖의 건물을 함께 취득하는 경우 공제세액은 면적을 기준으로 안분하여 계산하도록 정하고 있었다(구 조세특례제한법 시행령 제94조 제5항).

유형자산으로 판단된다.

구분	감가상각자산의 범위
유형자산	가. 건물(부속설비를 포함한다) 및 구축물(이하 "건축물"이라 한다) 나. 차량 및 운반구, 공구, 기구 및 비품 다. 선박 및 항공기 라. 기계 및 장치 마. 동물 및 식물 바. 기타 가목 내지 마목의 자산과 유사한 유형자산

조세특례제한법 시행규칙 별표 1에 따른 건축물 등 사업용 유형자산은 다음과 같다.

[별표 1] <개정 2021.3.16.>

건축물 등 사업용 유형자산(제12조 제1항 관련)

구분	구조 또는 자산명
제1호	차량 및 운반구, 공구, 기구 및 비품
제2호	선박 및 항공기
제3호	연와조, 블록조, 콘크리트조, 토조, 토벽조, 목조, 목골모르타르조, 철골·철근콘크리트조, 철근콘크리트조, 석조, 연와석조, 철골조, 기타 조의 모든 건물(부속설비를 포함한다)과 구축물

1. 제1호를 적용할 때 취득가액이 거래단위(취득한 자가 그 취득한 자산을 독립적으로 사업에 직접 사용할 수 있는 것)별로 20만원 이상으로서 그 고유업무의 성질상 대량으로 보유하고 그 자산으로부터 직접 수익을 얻는 비품은 제1호의 비품에 포함하지 않는다.
2. 제3호를 적용할 때 부속설비에는 해당 건물과 관련된 전기설비, 급배수·위생설비, 가스설비, 냉방·난방·통풍 및 보일러설비, 승강기설비 등 모든 부속설비를 포함한다.
3. 제3호를 적용할 때 구축물에는 하수도, 굴뚝, 경륜장, 포장도로, 교량, 도크, 방벽, 철탑, 터널 그 밖에 토지에 정착한 모든 토목설비나 공작물을 포함하되, 기계·장치 등 설비에 필수적이고 전용으로 사용되는 구축물은 제외한다.

사례 72 음식점업을 영위하는 중소기업이 사업에 직접 사용하기 위하여 투자하는 커피머신, 테이블, 의자 등이 투자세액공제 대상 사업용자산 해당 여부

음식점업을 영위하는 조세특례제한법 시행령 제2조의 중소기업이 해당 사업에 직접 사용하기 위하여 투자하는 스무디 제조머신, 커피머신 및 제빙기는 중소기업 등 투자세액공제 대상 사업용자산에 해당하는 것이나, 테이블 및 의자는 사업용자산에 해당하지 아니하는 것이다(사전-2016-법령해석법인-0150, 2017.1.12.).

나. 연구·시험 및 직업훈련시설 등 사업용자산

연구·시험 및 직업훈련시설 등 사업용자산이란 다음 중 어느 하나에 해당하는 자산을 말한다(조세특례제한법 시행령 제21조 제3항 및 조세특례제한법 시행규칙 제12조 제2항).

연구·시험 및 직업훈련시설 등 사업용자산
㉠ 연구·시험 및 직업훈련시설 : 조세특례제한법 시행규칙 제13조의 10 제1항 및 제2항에 따른 시설
㉡ 에너지절약 시설 : 다음 중 어느 하나에 해당하는 시설
ⓐ 「에너지이용 합리화법」 제14조 제1항에 따른 에너지절약형 시설투자(에너지절약전문기업이 대가를 분할상환 받은 후 소유권을 이전하는 조건으로 같은 법 제25조에 따라 설치한 경우를 포함한다) 및 에너지절약형 기자재
ⓑ 「물의 재이용 촉진 및 지원에 관한 법률」 제2조 제4호에 따른 중수도
㉢ 환경보전 시설 : 조세특례제한법 시행규칙 별표 2에 따른 환경보전시설
㉣ 근로자복지 증진 시설 : 다음 중 어느 하나에 해당하는 시설
ⓐ 무주택 종업원(출자자인 임원은 제외한다)에게 임대하기 위한 「주택법」에 따른 국민주택 규모의 주택
ⓑ 종업원용 기숙사
ⓒ 장애인·노인·임산부 등의 편의 증진을 위한 시설 또는 장애인을 고용하기 위한 시설로서 조세특례제한법 시행규칙 별표 3에 따른 시설
ⓓ 종업원용 휴게실, 체력단련실, 샤워시설 또는 목욕시설(건물 등의 구조를 변경하여 해당시설을 취득하는 경우를 포함한다)
ⓔ 종업원의 건강관리를 위해 「의료법」 제35조에 따라 개설한 부속 의료기관
ⓕ 「영유아보육법」 제10조 제4호에 따른 직장어린이집
㉤ 안전시설 : 조세특례제한법 시행규칙 별표 4에 따른 안전시설

연구·시험 및 직업훈련시설에 대해 자세히 살펴보자.

① 연구 · 시험용 시설

조세특례제한법 시행규칙 제13조의 10 제1항에서의 연구 · 시험용 시설이란 전담부서등, 「국가과학기술 경쟁력강화를 위한 이공계지원특별법」 제18조 및 같은 법 시행령 제17조에 따라 과학기술정보통신부장관에게 신고한 연구개발서비스업자 및 「산업기술연구조합 육성법」에 따른 산업기술연구조합에서 직접 사용하기 위한 연구 · 시험용시설로서 다음 중 어느 하나에 해당하는 것을 말한다(단, 운휴 중인 것은 제외한다).

연구 · 시험용 시설의 범위
㉠ 공구[506] 또는 사무기기 및 통신기기, 시계 · 시험기기 및 계측기기, 광학기기 및 사진제작기기
㉡ 「법인세법 시행규칙」 별표 6의 업종별 자산의 기준내용연수 및 내용연수범위표의 적용을 받는 자산

② 직업훈련시설

조세특례제한법 시행규칙 제13조의 10 제2항에서의 직업훈련시설이란 「근로자직업능력개발법」 제2조 제3호에 따른 직업능력개발훈련시설(내국인이 중소기업을 위해 설치하는 직업훈련용 시설을 포함한다)로서 다음 중 어느 하나에 해당하는 것을 말한다(단, 운휴 중인 것은 제외한다).

직업훈련시설의 범위
㉠ 공구 또는 사무기기 및 통신기기, 시계 · 시험기기 및 계측기기, 광학기기 및 사진제작기기
㉡ 「법인세법 시행규칙」 별표 6의 업종별 자산의 기준내용연수 및 내용연수범위표의 적용을 받는 자산

506) 현행 법률상 공구 등의 구체적인 정의를 내리고 있는 법령은 없으나, 일반적으로 제조업을 영위하는 납세의무자의 입장에서 공구란 '어떠한 물건을 만들거나 고치는 데에 쓰는 보편적이고 범용성이 있으며, 취득가액이 일반적인 기계장치 등에 미치지 아니하는 기구나 도구'를 통틀어 칭하고 있는 상황이며, 국립국어원의 '표준국어대사전'에서도 이와 같은 의미의 사전적 정의를 내리고 있다. 즉, 공구란 기계장치 등의 제조설비에 결합되거나 부착되어 고유 기능을 하는 것이 아니라, 존재 그 자체로 보편적인 기능을 발휘하고 특정한 목적만을 위하여 사용가능하지도 않는 성질의 것이다. 또한, 회계 · 세무용어사전에서는 "공구는 기계에 물리거나 손으로 제조를 위하여 사용되는 절단공구, 렌치금형 등을 말하며, 기구는 제품용기, 압력계, 속도계 등의 계기류로서 일반적으로 내용연수가 1년 이상이고 또한 그 가액이 상당액 이상인 것을 말한다"고 규정하고 있다. 참고로 조세심판원 심판례(조심 2016전1336, 2016.12.12.)에서는 측정기기 등은 (범용적인 보조)공구에 해당된다고 판시한바 있다.

「근로자직업능력 개발법」 제2조 제3호에 따른 직업능력개발훈련시설의 범위는 다음과 같다.

직업능력개발훈련시설의 범위
㉠ 공공직업훈련시설 : 국가·지방자치단체 및 대통령령으로 정하는 공공단체(이하 "공공단체"라 한다)가 직업능력개발훈련을 위하여 설치한 시설로서 「근로자직업능력 개발법」 제27조에 따라 고용노동부장관과 협의하거나 고용노동부장관의 승인을 받아 설치한 시설
㉡ 지정직업훈련시설 : 직업능력개발훈련을 위하여 설립·설치된 직업전문학교·실용전문학교 등의 시설로서 「근로자직업능력 개발법」 제28조에 따라 고용노동부장관이 지정한 시설

이때 일반인에 대한 위탁훈련이 가능한 근로자직업능력 개발법 시행령 제22조 제1항 제2호 가목에서 규정된 직업능력개발훈련을 위탁받을 수 있는 시설은 적격한 연구·인력개발을 위한 설비투자에 해당하지 않는다고 한다(법인-1104, 2010.11.30., 서면2팀-1381, 2007.7.26.).

다. 업종별로 사업에 직접 사용하는 자산

업종별로 사업에 직접 사용하는 자산이란 다음 구분에 따른 사업에 직접 사용하는 시설을 말한다(조세특례제한법 시행령 제21조 제3항 및 조세특례제한법 시행규칙 제12조 제3항).

업종별로 사업에 직접 사용하는 기획재정부령으로 정하는 자산
㉠ 운수업을 주된 사업으로 하는 중소기업(조세특례제한법 시행령 제2조 제1항에 따른 중소기업을 말한다. 이하 "중소기업"이라 한다) : 차량 및 운반구(「개별소비세법」 제1조 제2항 제3호에 따른 자동차로서 자가용인 것을 제외한다)와 선박
㉡ 어업을 주된 사업으로 하는 중소기업 : 선박
㉢ 건설업 : 「지방세법 시행규칙」 제3조에 따른 기계장비
㉣ 도매업·소매업·물류산업 : 별표 5에 따른 유통산업합리화시설
㉤ 「관광진흥법」에 따라 등록한 관광숙박업 및 국제회의기획업 : 건축물과 해당 건축물에 딸린 시설물 중 「지방세법 시행령」 제6조에 따른 시설물
㉥ 「관광진흥법」에 따라 등록한 전문휴양업 또는 종합휴양업 : 「관광진흥법 시행령」 제2조 제1항 제3호 가목 및 제5호 가목에 따른 숙박시설, 전문휴양시설(골프장 시설은 제외한다) 및 종합유원시설업의 시설
㉦ 중소기업이 해당 업종의 사업에 직접 사용하는 소프트웨어 : 다음 중 어느 하나에 해당하는 것을 제외 ⓐ 인사, 급여, 회계 및 재무 등 지원업무에 사용하는 소프트웨어 ⓑ 문서, 도표 및 발표용 자료 작성 등 일반 사무에 사용하는 소프트웨어 ⓒ 컴퓨터 등의 구동을 위한 기본운영체제(Operating System) 소프트웨어

사례 73 전담부서로 인정받기 위한 요건을 갖추기 위해 인정 전 취득한 연구개발설비에 대해 연구 및 인력개발을 위한 설비투자에 대한 세액공제를 적용할 수 있는지

내국법인이 「기초연구진흥 및 기술개발지원에 관한 법률」에 따른 연구개발전담부서로 인정을 받기 위하여 조세특례제한법 시행규칙 제8조 제1항 각 호의 어느 하나에 해당하는 연구시험용 시설에 투자한 후, 미래창조과학부장관으로부터 연구개발전담부서 인정을 받아 해당시설을 전담부서에서 직접 사용하는 경우에는 해당시설 투자금액에 대해 연구 및 인력개발을 위한 설비투자에 대한 세액공제를 적용받을 수 있는 것이다(사전-2015-법령해석법인-0443, 2015.12.17).

사례 74 불특정 고객을 위해 사전에 제작된 설비나 판매목적으로 제작된 설비를 연구개발활동에 사용한 경우 연구개발설비투자 세액공제 대상에 해당하는지 여부

불특정 고객을 위해 사전에 제작된 설비나 판매목적으로 제작된 후 거래처의 구매거절에 따라 추가적인 자본적 지출이 이루어진 설비를 질의법인의 연구소 내 연구개발활동에 사용한 경우에는 조세특례제한법 제11조 제1항에 따른 연구 및 인력개발을 위한 설비투자에 대한 세액공제 대상에 해당하지 않는 것이다(서면-2017-법령해석법인-2176, 2018.7.19.).

사례 75 판매목적으로 제작한 설비에 지출한 자본적 지출의 연구 및 인력개발을 위한 설비투자세액공제 여부

당초 판매할 목적으로 제작한 설비를 판매하지 않고 추가적인 자본적 지출을 통해 연구시험용으로 사용한 경우, 판매목적 설비의 제작비용으로 지출한 금액에 대해서는 연구 및 인력개발을 위한 설비투자세액공제를 적용받을 수 없으나 추가로 지출한 자본적 지출금액에 대해서는 동 투자세액공제를 적용받을 수 있는 것이다(기획재정부 조세특례제도과-300, 2019.4.15.).

판매목적 등으로 제작된 설비 자체는 연구 및 인력개발을 위한 설비투자 세액공제 대상에 해당하지 않지만, 동 설비에 추가로 자본적지출을 통해 연구시험용으로 사용한 경우 그 자본적지출 금액에 한해서는 연구 및 인력개발을 위한 설비투자 세액공제 대상으로 본다는 것이다.

업종별로 사업에 직접 사용하는 기획재정부령으로 정하는 자산
㉠ 운수업을 주된 사업으로 하는 중소기업(조세특례제한법 시행령 제2조 제1항에 따른 중소기업을 말한다. 이하 "중소기업"이라 한다) : 차량 및 운반구(「개별소비세법」 제1조 제2항 제3호에 따른 자동차로서 자가용인 것을 제외한다)와 선박 ㉡ 어업을 주된 사업으로 하는 중소기업 : 선박 ㉢ 건설업 : 「지방세법 시행규칙」 제3조에 따른 기계장비 ㉣ 도매업·소매업·물류산업 : 별표 5에 따른 유통산업합리화시설 ㉤ 「관광진흥법」에 따라 등록한 관광숙박업 및 국제회의기획업 : 건축물과 해당 건축물에 딸린 시설물 중 「지방세법 시행령」 제6조에 따른 시설물 ㉥ 「관광진흥법」에 따라 등록한 전문휴양업 또는 종합휴양업 : 「관광진흥법 시행령」 제2조 제1항 제3호 가목 및 제5호 가목에 따른 숙박시설, 전문휴양시설(골프장 시설은 제외한다) 및 종합유원시설업의 시설 ㉦ 중소기업이 해당 업종의 사업에 직접 사용하는 소프트웨어 : 다음 중 어느 하나에 해당하는 것을 제외 ⓐ 인사, 급여, 회계 및 재무 등 지원업무에 사용하는 소프트웨어 ⓑ 문서, 도표 및 발표용 자료 작성 등 일반 사무에 사용하는 소프트웨어 ⓒ 컴퓨터 등의 구동을 위한 기본운영체제(Operating System) 소프트웨어

4 통합투자세액공제 금액의 계산

앞서 살펴본 통합투자세액공제 요건(내국인 요건, 공제대상 자산 요건)을 만족시키는 경우 기본공제 금액과 추가공제 금액을 합한 금액을 해당 투자가 이루어지는 과세연도의 소득세(사업소득에 대한 소득세만 해당한다) 또는 법인세에서 공제한다(조세특례제한법 제24조 제1항).

기본공제 금액은 공제대상 자산 및 기업규모에 따라 차이가 있는데, 일반투자에 대해서는 해당 과세연도에 투자한 금액의 1%(중견기업은 3%, 중소기업[507]은 10%)에 상당하는 금액으로 하되, 대통령령으로 정하는 신성장·원천기술의 사업화를 위한 시설(이하 "신성장 사업화시설"이라 한다)에 투자하는 경우에는 투자한 금액의 3%(중견기업은 5%, 중소기업은 12%)에 상당하는 금액이다(조세특례제한법 제24조 제1항 제2호 가목).

이때 중견기업이란 다음의 요건을 모두 갖춘 기업을 말한다(조세특례제한법 시행령 제6조의4 제1항).

507) 중소기업의 범위는 본서 제4편 제1장 제2절을 참고하길 바란다.

중견기업 요건
㉠ 중소기업이 아닐 것 ㉡ 조세특례제한법 시행령 제29조 제3항에 따른 소비성서비스업 또는 「중견기업 성장촉진 및 경쟁력 강화에 관한 특별법 시행령」 제2조 제2항 제2호 각 목의 업종[508]을 주된 사업으로 영위하지 아니할 것(업종요건). 이 경우 둘 이상의 서로 다른 사업을 영위하는 경우에는 사업별 사업수입금액이 큰 사업을 주된 사업으로 본다. ㉢ 소유와 경영의 실질적인 독립성이 「중견기업 성장촉진 및 경쟁력 강화에 관한 특별법 시행령」 제2조 제1항 제1호에 적합할 것 ㉣ 직전 3개 과세연도의 매출액(매출액은 조세특례제한법 시행령 제2조 제4항에 따른 계산방법으로 산출하며, 과세연도가 1년 미만인 과세연도의 매출액은 1년으로 환산한 매출액을 말한다)의 평균금액이 3천억원[509] 미만인 기업일 것

이때, 위의 조세특례제한법 시행령 제2조 제4항에 따른 계산방법으로 산출한 매출액이란 기업회계기준에 따라 작성한 해당 과세연도 손익계산서상의 매출액을 말한다(조세특례제한법 시행령 제2조 제4항 및 조세특례제한법 시행규칙 제2조 제4항).

한편, 「중견기업 성장촉진 및 경쟁력 강화에 관한 특별법 시행령」 제2조 제1항 제1호에 따른 소유와 경영의 실질적 독립성 요건을 살펴보면 다음과 같다.

소유와 경영의 실질적인 독립성 요건
1. 소유와 경영의 실질적인 독립성이 다음의 어느 하나에 해당하지 아니하는 기업일 것 가. 「독점규제 및 공정거래에 관한 법률」 제14조 제1항에 따른 상호출자제한기업집단 또는 채무보증제한기업집단에 속하는 기업 나. 자산총액이 10조원 이상인 기업 또는 법인(외국법인을 포함한다. 이하 같다)이 해당 기업의 주식(「상법」 제344조의 3에 따른 의결권 없는 주식은 제외한다) 또는 출자지분(이하 "주식등"이라 한다)의 100분의 30 이상을 직접적 또는 간접적으로 소유하면서 최다출자자인 기업. 이 경우 최다출자자는 해당 기업의 주식등을 소유한 법인 또는 개인으로서 단독으로 또는 다음의 어느 하나에 해당하는 자와 합산하여 해당 기업의 주식등을 가장 많이 소유한 자로 하며 주식등의 간접소유비율에 관하여는 「국제조세조정에 관한 법률 시행령」 제2조 제3항을 준용한다. 1) 주식등을 소유한 자가 법인인 경우 : 그 법인의 임원 2) 주식등을 소유한 자가 개인인 경우 : 그 개인의 친족

508) 현재 금융업, 보험 및 연금업, 금융 및 보험 관련 서비스업이 열거되어 있다.
509) 연구·인력개발비 세액공제 규정 적용 시 중견기업 요건에서는 직전 3개 과세연도의 매출액 평균금액이 5천억원 미만인 기업일 것이므로 참고하기 바란다.

추가공제 금액은 공제대상 자산 및 기업규모와 상관이 없는데, 해당 과세연도에 투자한 금액이 해당 과세연도의 직전 3년간 연 평균 투자 또는 취득금액을 초과하는 경우에는 그 초과하는 금액의 3%에 상당하는 금액으로, 추가공제 금액이 기본공제 금액을 초과하는 경우에는 기본공제 금액의 2배를 그 한도로 한다(조세특례제한법 제24조 제1항 제2호 나목).

통합투자세액공제 금액의 계산(㉠ 기본공제 금액+㉡ 추가공제 금액)
㉠ 기본공제 금액 : ①+② ① 신성장사업화시설 외 투자금액×1%(중견기업은 3%, 중소기업은 10%) ② 신성장사업화시설 투자금액×3%(중견기업은 5%, 중소기업은 12%) ㉡ 추가공제 금액 : Min[(해당 과세연도 투자금액 - 직전 3년 연 평균 투자금액)×3%, 기본공제 금액의 2배]

(1) 기본공제 금액의 계산

가. 신성장사업화시설

적격한 신성장사업화시설 투자 요건으로 조세특례제한법 시행령 제21조 제4항에서는 대통령령으로 정하는 신성장·원천기술의 사업화를 위한 시설은 다음 중 어느 하나에 해당하는 것을 말한다고 규정하고 있다.

적격한 신성장사업화시설 투자
㉠ 조세특례제한법 시행령 별표 7에 따른 신성장·원천기술을 사업화하는 시설로서 신성장·원천기술 심의위원회의 심의를 거쳐 기획재정부장관과 산업통상자원부장관이 공동으로 인정하는 시설 ㉡ 5G 이동통신 기지국 장비 기술 및 5G 이동통신 코어네트워크(Core Network, 기간망) 기술이 적용된 5세대 이동통신 기지국(이와 연동된 교환시설을 포함한다)을 운용하기 위해 필요한 설비로서 「전기통신사업 회계정리 및 보고에 관한 규정」 제8조에 따른 전기통신설비 중 같은 조 제1호, 제2호 및 제6호에 따른 교환설비, 전송설비 및 전원설비

이하에서는 적격한 신성장사업화시설 투자에 대해서 자세히 살펴보도록 한다.

① 조세특례제한법 시행령 별표 7에 따른 신성장·원천기술을 사업화하는 시설

조세특례제한법 시행규칙 별표 6에서는 조세특례제한법 시행령 별표 7에 따른 신성장·원천기술 사업화하는 시설을 열거하고 있는데, 조세특례제한법 시행령 별표 7에 따른 신성장·원천기술 분야별 대상기술 중, R&D를 통해 개발한 기술의 사업화가 필요한 대상기술을

선별하여 정한것으로 보인다. 조세특례제한법 시행규칙 별표 6 따른 신성장·원천기술을 사업화하는 시설의 범위는 본절 마지막 부분에서 살펴보기로 한다.

적격한 신성장사업화시설에 해당하기 위해서는 조세특례제한법 시행규칙 별표 6에 따른 신성장·원천기술을 사업화하는 시설에 해당하면서, 신성장·원천기술심의위원회의 심의를 거쳐 기획재정부장관과 산업통상자원부장관이 공동으로 인정하는 시설이어야 한다.

신성장·원천기술연구개발비 세액공제의 경우 신성장·원천기술연구개발비 대상기술이 조세특례제한법 시행령 별표 7에 해당하는지 여부에 대한 신성장·원천기술심의위원회의 심의는 선택 사항이었던 것에 비해, 신성장사업화시설 투자세액공제의 경우에는 필수 요건으로 정하고 있다.

다만, 아래 5G 이동통신 기지국 장비 기술 및 5G 이동통신 코어네트워크 기술이 적용된 5세대 이동통신 기지국을 운용하기 위해 필요한 설비의 경우, 신성장·원천기술심의위원회의 심의를 필수 요건으로 정하고 있지는 아니하다.

신성장·원천기술심의위원회의 심의에 대해서는 '제4편 제1장 제4절 신성장·원천기술연구개발비 세액공제'의 내용을 참고하기로 한다.

② 5G 이동통신 기지국 장비 기술 및 5G 이동통신 코어네트워크(Core Network, 기간망) 기술이 적용된 5세대 이동통신 기지국(이와 연동된 교환시설을 포함한다)을 운용하기 위해 필요한 설비로서 「전기통신사업 회계정리 및 보고에 관한 규정」 제8조에 따른 전기통신설비 중 같은 조 제1호, 제2호 및 제6호에 따른 교환설비, 전송설비 및 전원설비

|개정세법해설| 통합투자세액공제 신설 : 투자세액공제제도 전면 개편 ③ 5세대 이동통신 기지국 시설투자에 대한 세제지원 강화(조세특례제한법 시행령 제21조)[510)]

(1) 개정내용

종　　전	개　　정
〈신　설〉	□ 5세대 이동통신 기지국 설비 투자에 대한 세액공제율 우대* * (일반 시설) 대기업 1% / 중견기업 3% / 중소기업 10% + 증가분 3% (신성장기술 사업화 시설) 대기업 3% / 중견기업 5% / 중소기업 12 + 증가분 3% ○ 5세대 이동통신 기지국 운용에 필요한 설비*를 신성장기술 사업화시설에 추가 * 전기통신설비 중 교환·전송·전원설비

(2) 개정이유

5세대 이동통신 기지국 투자 활성화

(3) 적용시기

2021.1.1. 이후 과세표준을 신고하는 분부터 적용

나. 투자금액

투자금액에 포함되는 것과 포함하지 않는 것에 대한 구체적인 사례는 다음과 같다.[511)]

① 건설자금이자

투자금액에는 해당 투자에 따른 건설자금이자를 포함하나, 「법인세법 시행령」 제72조 제4항에 의거하여 장기할부조건으로 자산 취득 시 계상한 현재가치할인차금, 연지급수입에 있어서 취득가액과 구분하여 지급이자로 계상한 금액, 특수관계인으로부터 자산을 고가매입한 경우의 시가초과액은 취득가액에 포함하지 아니한다(법인세법 시행령 제72조 제4항, 조세특례제한법 집행기준 5-0-1 제1항, 서이 46012-10825, 2003.4.21.).

② 운용리스에 의한 취득

운용리스에 의한 투자는 제외한다. 운용리스란 내국인에게 자산을 대여하는 것으로서 기획재정부령으로 정하는 금융리스를 제외한 것으로 규정하고 있다(조세특례제한법 제24조 제1항 괄호, 조세특례제한법 시행령 제3조, 조세특례제한법 시행규칙 제3조의 2, 조세특례제한법 집행기준 11-0-1 제2항). 따라서 금융리스 방식에 의한 투자는 적격한 투자금액으로 본다.

기획재정부령으로 정하는 금융리스의 범위(다음 중 어느 하나에 해당하는 것)
㉠ 리스기간[계약해지금지조건이 부가된 기간(명시적인 계약해지금지조건은 없으나 실질적으로 계약해지금지조건이 부가된 것으로 볼 수 있는 기간을 포함한다)을 말하며, 기간 종료시점에서 계약해지금지조건이 부가된 갱신계약의 약정이 있는 경우에는 그 약정에 따른 기간을 포함한다. 이하 같다] 종료 시 또는 그 이전에 리스이용자에게 해당 리스의 자산(이하 "리스자산"이라 한다)의 소유권을 무상 또는 당초 계약 시 정한 금액으로 이전할 것을 약정한 경우
㉡ 리스기간 종료 시 리스자산을 취득가액의 100분의 10 이하의 금액으로 구매할 수 있는 권리가 리스실행일 현재 리스이용자에게 주어진 경우 또는 취득가액의 100분의 10 이하의 금액을 갱신계약의 원금으로 하여 리스계약을 갱신할 수 있는 권리가 리스실행일 현재

510) 국세청, 「2021년 개정세법 해설」, 2021.3., 436면

511) 통합투자세액공제 규정이 최근에 신설되어 동 조문에 대한 조세특례제한법 기본통칙 및 집행기준, 선례 등이 부족한 상태이다. 투자금액에 대한 해석은 종전 조세특례제한법 제5조 중소기업 등 투자 세액공제, 제11조 연구 및 인력개발 설비투자에 대한 세액공제액 규정에서와 크게 다르지 아니하므로 동 사례를 참고하기로 한다.

기획재정부령으로 정하는 금융리스의 범위(다음 중 어느 하나에 해당하는 것)
리스이용자에게 주어진 경우 ⓒ 리스기간이 「법인세법 시행규칙」 별표 5 및 별표 6에 규정된 리스자산의 자산별·업종별(리스이용자의 업종에 의한다) 기준내용연수의 100분의 75 이상인 경우 ⓔ 리스실행일 현재 최소리스료를 기업회계기준에 따라 현재가치로 평가한 가액이 해당 리스자산의 장부가액의 100분의 90 이상인 경우 ⓜ 리스자산의 용도가 리스이용자만의 특정 목적에 한정되어 있고, 다른 용도로의 전용(轉用)에 과다한 비용이 발생하여 사실상 전용이 불가능한 경우

③ 기존설비에 대한 보수 및 자본적 지출

투자금액에는 중고품에 의한 투자(조세특례제한법 제24조 제1항 괄호)를 제외하며, 기존설비에 대한 보수 및 자본적 지출, 운휴 중인 설비를 제외한다(조세특례제한법 집행기준 11-0-1 제1항).

다만, 기존설비에 대한 보수 및 자본적 지출과 관련하여 증설의 범위에 포함되는 기존설비를 생산능력이 큰 설비로 개체하거나 생산능력이 현저히 증가되도록 기존설비를 확장하는 것은 투자금액에 포함하고, 원상의 회복을 위한 부품의 개체는 투자금액에서 제외한다(조세특례제한법 기본통칙 5-0…3, 60-56…6).

사례 76 사업양수도 계약일 현재 건설 중인 자산을 양도법인이 준공한 후 양수법인이 취득한 경우 특정시설투자 등에 대한 세액공제 대상인지

중고품은 투자세액공제 대상 투자의 범위에서 제외된다. 하지만 사업양수도 계약일 현재 건설 중인 자산을 양도법인이 준공한 후 그 목적에 사용된 바 없이 양수법인이 양수하는 경우 이는 중고품에 투자한 것으로 볼 수 없으며, 따라서 특정시설투자 등에 대한 세액공제를 적용할 수 있는 것이다(사전-2020-법령해석법인-0545, 2020.9.21.).

④ 공동연구개발을 수행 시 전담부서등에서 취득하는 연구시험용시설

내국법인이 공동연구개발을 수행함에 따라 연구개발전담부서에서 사용하는 연구시험용 시설에 투자하는 경우에는 조세특례제한법 제11조의 규정에 따라 연구 및 인력개발을 위한 설비투자에 대한 세액공제를 적용받을 수 있다(조세특례제한법 집행기준 11-0-1 제3항, 서면2팀-1611, 2005.10.6.).

⑤ 일반 사무용 집기·비품

앞서 살펴본 바와 같이 연구시험용 시설 및 직업훈련용 시설은 법인세법 시행규칙 별표 6의 업종별 자산의 기준내용연수 및 내용연수범위표의 적용을 받는 자산과 각종 공구 및 시험기기 등이다.

따라서 건축물 등에 해당되거나, 시험연구소에서 사용하는 설비라고 하더라도 일반 사무용 집기·비품 등은 세액공제대상에 해당하지 않으며, 연구시험용 시설로서 업종별자산 중 기계장치 등을 시험연구용으로 취득하여 연구소 등에서 연구전담용으로 사용하는 자산은 세액공제대상에 해당할 수 있다(조세특례제한법 집행기준 11-0-1 제4항, 법인-797, 2011.10.26., 법규법인 2009-110, 2009.4.23., 서면2팀-1039, 2007.5.29.).

하지만, 예외적으로 승강기 제조업을 영위하는 법인의 초고속 엘리베이터 테스트 타워(법인세법 시행규칙 별표 5의 내용연수를 적용받는 건축물), 연구개발 전담부서등에서 연구시험을 위해 직접 사용하는 특정 연구용 소프트웨어(법인세법 시행규칙 별표 5를 적용받는 비품)는 자산별 실제 사용용도를 고려하여 조세특례제한법 제11조 제2항에 따른 적격한 연구시험용시설로 본 사례가 있다(법인-84, 2010.1.28., 서이 46012-10172, 2003.1.24.).

⑥ 투자자산의 사용

조세특례제한법에 따른 투자세액공제는 시설에 투자한 내국인이 당해 시설의 사용자인 경우에 한하여 적용한다(조세특례제한법 집행기준 5-0-3). 특히 연구시험용 시설은 연구개발을 위한 연구·시험용 시설로서 전담부서등에서 직접 사용하기 위한 것이어야 한다(서면2팀-503, 2005.4.8.).

예컨대 기존 건물 내에 연구개발 전용공간(120평)을 추가로 확정하고 전용크린룸, 차폐룸(방사선 유출방지) 등 연구개발을 위한 전용공간을 마련하고 연구개발에 필요한 시설을 설치하였더라도 전용공간을 산업기술진흥협회에 전담부서등의 연구공간으로 추가하여 신고하지 않고, 그 시설이 같은 법 시행규칙 제7조에 따른 전담부서에서 직접 사용하는 시설이 아닌 경우에는 연구 및 인력개발 설비투자세액공제를 적용받지 못할 수 있다(법인-797, 2011.10.26.).

사례 77 연구전담부서등에서 사용하는 시험 및 측정기기에 대해 즉시상각의제를 적용하는 경우 투자세액공제를 적용할 수 있는지 여부

「법인세법 시행령」 제31조 제6항에서는 다음의 자산에 대하여는 이를 그 사업에 사용한 날이 속하는 사업연도의 손금으로 계상한 것에 한하여 이를 손금에 산입할 수 있도록 하고 있다(즉시상각의제). 따라서 감가상각비 시부인계산을 수행하지 않는다.

즉시상각의제 대상 시험기기 등의 범위
㉠ 어업에 사용되는 어구(어선용구를 포함한다) ㉡ 영화필름, 공구(금형을 포함한다), 가구, 전기기구, 가스기기, 가정용 기구·비품, 시계, 시험기기, 측정기기 및 간판 ㉢ 대여사업용 비디오테이프 및 음악용 콤팩트디스크로서 개별자산의 취득가액이 30만원 미만인 것 ㉣ 전화기(휴대용 전화기를 포함한다) 및 개인용 컴퓨터(그 주변기기를 포함한다)

이번 사례는 전담부서등에서 신제품개발 및 시험연구에 직접 사용되는 시험 및 측정기기를 구입한 후 이를 법인세법 시행령 제31조 제6항에 의해 즉시상각을 한 경우에도 투자세액공제가 가능한지 여부가 쟁점이다.

법인세법 시행령 제31조 제6항에 의한 즉시상각은 감가상각시 취득가액을 당기비용으로 처리할 수 있도록 한 규정으로 이는 감가상각의 적용과 관련된 사안이므로 시험 및 측정기기의 구입비 등이 조세특례제한법 시행규칙 제8조에 의한 연구시험용시설 범위에 해당되는 경우에는 즉시 상각 여부와 관계없이 해당금액은 세액공제 대상이다(법인-3510, 2008.11.20., 조세특례제한법 집행기준 11-0-1).

참고로 시험연구용 자산중 조세특례제한법 제11조의 규정에 의하여 연구 및 인력개발을 위한 설비투자에 대한 세액공제를 이미 받은 자산에 대하여는 법인세법 시행령 제28조 제1항 제1호에 따른 내용연수표(법인세법 시행규칙 별표 2)에 의한 가속상각방법에 의한 감가상각비는 적용할 수 없다.

| 법인세법 시행규칙 별표 2 |

자산범위	자산명	내용연수
1. 새로운 지식이나 기술의 발견을 위한 실험연구시설 2. 신제품이나 신기술을 개발할 목적으로 관련된 지식과 경험을 응용하는 연구시설 3. 신제품이나 신기술과 관련된 시제품, 원형, 모형 또는 시험설비 등의 설계, 제작 및 시설을 위한 설비 4. 새로운 기술에 수반되는 공구, 기구, 금형 등의 설계 및 시험적 제작을 위한 시설 5. 직업훈련용 시설	(1) 건물부속설비 (2) 구축물 (3) 기계장치	5년
	(4) 광학기기 (5) 시험기기 (6) 측정기기 (7) 공구 (8) 기타 시험연구용설비	3년

1. 시험연구용 자산중 조세특례제한법 시행령 제25조의 3 제3항 제2호에 따른 연구·시험용 시설 및 직업훈련용 시설에 대한 투자에 대해 조세특례제한법 제24조에 따른 세액공제를 이미 받은 자산에 대해서는 이 내용연수표에 따른 감가상각비를 손금에 산입할 수 없다.

2. 법인이 시험연구용자산에 대하여 이 내용연수표를 적용하지 아니하고자 하는 경우에는 별표 5 건축물 등의 기준내용연수 및 내용연수범위표 또는 별표 6 업종별 자산의 기준내용연수 및 내용연수범위표를 적용하여 감가상각비를 손금에 산입할 수 있다.

사례 78 수탁받은 연구개발용역을 수행하는 회사가 연구시험용시설에 투자하는 경우 연구 및 인력개발 설비투자세액공제의 적용이 가능한지 여부

조세특례제한법 제9조에 따른 연구·인력개발준비금의 손금산입, 조세특례제한법 제10조에 따른 연구·인력개발비 세액공제의 규정 적용 시 연구개발에는 위탁받아 수행하는 연구활동은 제외하므로 위탁받아 수행하는 연구활동으로 인해 발생한 연구요원의 인건비 등은 적격한 연구개발비에 해당하지 않아 준비금의 손금산입 및 세액공제의 적용이 허용되지 않았다(조세특례제한법 시행령 제8조 제2항 제7호).

한편, 조세특례제한법 제9조 및 제10조에서는 적격한 연구 및 인력개발을 '연구·인력개발'의 용어로 동일하게 사용하고, 이하 조세특례제한법 조문에서도 동일한 뜻의 연구 및 인력개발을 '연구·인력개발'이라는 용어를 계속 사용하겠다는 의미로 '이하 "연구·인력개발"이라 한다.'고 규정하고 있다(조세특례제한법 제9조 제1항 본문).

하지만, 조세특례제한법 제11조에서는 '연구·인력개발'이라는 용어를 사용하지 않고 '연구 및 인력개발을 위한 설비투자 …'라고 사용함으로써 연구 및 인력개발의 본질적인 뜻은 변함이 없으나 조세특례제한법 제9조 및 제10조에서 사용하는 용어와 동일하지는 않다.

또한 조세특례제한법 제9조와 제10조에서 연구개발의 범위에 위탁받아 수행하는 연구활동을 제외하는 본질적인 이유는 위탁자와 수탁자간의 연구개발비 관련 조세지원의 중복적용 가능성을 배제하기 위함이다.

그러나, 조세특례제한법 제11조에 따른 연구 및 인력개발을 위한 설비투자에 대한 세액공제는 위탁자와 수탁자간에 그 중복적용의 위험도 없다.

따라서 수탁받은 연구용역을 수행하는 내국법인이라 하더라도 조세특례제한법 제11조에서 규정하고 있는 적격한 연구시험용시설에 투자하는 경우에는 연구 및 인력개발을 위한 설비투자에 대한 세액공제를 적용받을 수 있는 것으로 판단된다(법인-380, 2009.3.31.).

사례 79 국가등의 보조금 등으로 투자한 금액에 대해서도 연구 및 인력개발 설비투자 세액공제가 적용되는지 여부

2014.1.1. 조세특례제한법 제127조 개정 전에는 무상보조금을 받아 조세특례제한법상 세액공제 대상 자산에 투자하더라도 세액공제가 가능하였을 뿐만 아니라, 국고보조금을 법인세법 등의 규정에 의하여 손금산입(과세이연 규정의 적용)이 적용되었다 하더라도

이는 과세이연일 뿐 감면특혜에 관한 조항은 아니므로 특별히 정한 중복감면의 배제 규정이 없다면 투자세액공제는 국고보조금의 손금산입과는 관계없이 적용되어야 한다는 것이 종전의 대법원 판례였다(법인-797, 2011.10.26., 법인-552, 2009.2.10., 법인-833, 2011.10.28., 대법원 85누521, 1987.5.26.).

하지만, 2014.1.1. 조세특례제한법 제127조(중복지원의 배제) 제1항을 신설하여 내국인이 조세특례제한법에 따라 투자한 자산에 대하여 연구 및 인력개발 설비투자세액공제 등을 적용받는 경우 국가등의 보조금등으로 투자한 금액에 대하여는 투자금액 또는 취득금액에서 차감해야 한다. 이 개정규정은 2014.1.1. 이후 투자하는 분부터 적용한다.

보다 자세한 내용은 '제8편 조세특례의 제한 및 보칙'을 참고하기 바란다.

사례 80 공정기술의 노하우를 취득하기 위해 특정공정연구 과제별로 공정기술연구에 투입된 기계 및 장치 등이 연구·인력개발비 세액공제 대상인 사례 – 시험 공장(Pilot plants)

아래에서 설명할 내용은 국심 2003부2549(2003.12.30.)의 사례이다.

앞서 '제2편 연구개발의 개념'에서 산업 분야 연구개발활동 예시 중 하나인 '시험 공장(Pilot plants)'에 대해 살펴보았다. 시험 공장(Pilot plants)은 상용공장 건설 이전에 공정기술 등에 대한 노하우(생산품이나 생산공정에 대한 기술자료, 경험의 획득)의 취득을 위하여 운용하는 공장이다.

예컨대 불소화합물 제조업체의 전담부서등에서 불소화학 관련제품(CFC, HCFC, HFC 등 냉매, 발포, 소화제, 반도체용 가스)을 연구하여 상용화하는 과정을 거치게 되는데, 새로운 특정 화학제품을 생산하기 위한 상용공장 건설 이전에 그 특정품목의 공정기술개발을 위하여 그 공정의 연구개발을 할 필요성 있을 때 시험 공장(Pilot plants)을 건설하는 것이다.

즉, 특정품목의 공정개발을 위하여 기초연구를 하고, 기초연구에서 확인된 반응방법을 이용하여 상용공장과 유사한 형태의 최소한의 크기로 공정부품을 조립한 후 반응·분리·정제과정이 정상적으로 진행되는 지를 확인하고 문제가 발생될 경우 수정·보완과정을 반복적으로 수행한다.

이때 이러한 과정에서 연구용 소모품 및 공정부품(펌프, 비관, 압력계기 등)이 연구 종료시까지 계속적으로 소모되며, 동 공정부품은 재사용이나 재활용이 불가능하여 특정 품목의 연구종료시 용도폐기하게 되는데, 상용화 플랜트건설 이전에 공정기술의 노하우 취득을 위하여 공정기술개발 시설인 축소된 시험설비 또는 장치시스템에 소요된 연구용 소모품 및 공정부품 등이 연구·인력개발에 대한 세액공제의 대상인지 아니면 연구 및 인력개발 설비투자세액공제의 대상인지 여부가 쟁점이 될 수 있다.

즉, 공정기술의 노하우를 취득하기 위하여 특정공정연구 과제별로 공정기술연구에 사용된 기계 및 장치, 공구, 시험기기 및 계측기기 등과 소모품비 등이 공정기술개발에 필수적인 소모성 자재비용인 연구용재료비로 보아 연구·인력개발에 대한 세액공제의 대상이라는 주장과 기계 및 장치, 공구, 시험기기 및 계측기기 등은 조세특례제한법 시행규칙 제8조 제1항에 열거된 연구시험용시설이므로 연구 및 인력개발 설비투자세액공제 대상이라는 주장이 있을 수 있다.

이러한 주장에 대해 심판례에서는 신제조 공법개발을 위하여 연구과제별로 공통적·반복적으로 사용되는 연구기반시설물(연구소건물, 기계장치시설, 실험기구 등)은 유형자산으로 회계처리하여 조세특례제한법 제10조의 연구·인력개발비에 대한 세액공제 대상에서 제외하는 것이 적절하나, 화학물 제조업체가 화학제품의 상용화를 위한 양산생산시설의 건설 이전에 공정기술노하우의 취득을 위하여 특정연구과제별로 공정부품을 투입하여 축소된 시험설비 또는 장치시스템을 사용할 수 밖에 없는 점, 이러한 장치시스템에 사용된 공정부품은 연구과제 특성상 재사용이 불가능하여 당해 연구를 종료한 후에 용도폐기되는 것이므로 공정기술연구에 사용된 기계 및 장치, 공구, 시험기기 및 계측기기 등과 소모품비 등은 감가상각자산 또는 일반 소모품비가 아닌 연구용 재료비 등으로 보아 연구·인력개발에 대한 세액공제 대상이라고 판시하였다.

사례 81 내국법인이 연구용으로 사용하는 부품의 제작을 위해 구입한 프로토 금형의 설비투자 해당여부

전담부서등에서 시제품 제작을 위해 구입한 프로토 금형이 연구·인력개발비 세액공제 대상인지, 연구·인력개발 설비투자세액공제 대상인지 혹은 적격한 연구·인력개발설비에도 해당되지 않아서 연구·인력개발 조세지원대상이 아닌지에 대해 많은 논란이 있어 왔다(법인-883, 2011.11.8., 법인-202, 2010.3.8., 법인-3510, 2008.11.20., 재조세-544, 2004.8.3., 서면2팀-1124, 2004.6.1., 서면2팀-696, 2004.4.2., 재조세 46019-192, 2003.10.1.).

이와 관련하여 조세심판원에서는 연구개발 단계에서의 시제품 제작활동은 연구개발 활동인 점, 연구개발단계에서 시제품 제작을 위한 금형은 일반적인 완제품 성형사출기인 금형과는 동일하지 않은 점, 금형에 대한 소유권이 전담부서등에게 없는 점 등을 고려할 때 전담부서등이 연구개발단계에서의 시제품 제작을 의뢰한 외주업체에게 금형제작비로 비용을 지출한 경우에는 연구용재료비 등으로 보아 연구·인력개발비 세액공제의 대상인 것으로 판단한 바 있다(국심 2007서1424, 2008.7.17.).

이와는 달리, 최근의 기획재정부 유권해석에 의하면 내국법인이 전담부서등에서 연구용으로 사용하는 부품을 구입하면서 해당부품 제작을 위해 사용하는 프로토 금형을 부품 납품업체에 설치하여 사용하도록 하는 경우 동 프로토(Proto) 금형은 조세특례제한법 시행규칙 제8조에 따른 전담부서 등에서 직접 사용하기 위한 연구시험용시설에 해당하지 아니하므로, 조세특례제한법 제11조에 따른 연구 및 인력개발을 위한 설비투자에 대한 세액공제를 적용하지 아니한다는 회신이 있었다. 이는 기본적으로 연구개발단계에서 시제품(연구용 부품 포함)의 제작에 사용되는 금형을 공구[512]로 보아 연구 및 인력개발 설비투자 세액공제를 적용해야 한다는 전제를 가지고 해석한 것으로 판단된다(재조특-552, 2012.6.19., 조심 2014서149, 2014.7.11.).

필자의 의견은 앞서 (사례 11)에서 살펴본 바와 같이 해당 금형이 당해 연구개발용 시제품(연구용 부품 포함)의 제작에만 사용되는 특정용도의 공구로서 다른 연구개발 프로젝트에도 계속적·반복적으로 사용되는 범용성 공구 등과는 달리 시제품 제작 후 잔존가치가 없어 재사용이 불가능하여 용도폐기되는 경우 자산성이 있다고 보기 어려워(유형자산의 정의에 부합하지 않으므로) 해당 금형 구입비는 연구·인력개발설비 투자세액공제는 적용할 수는 없고 오히려 동 금형 구입비는 외부에 금형을 포함한 시제품 제작을 의뢰한 비용과 마찬가지로 조세특례제한법 시행령 별표 6의 '전담부서등에서 연구용으로 사용하는 견본품·부품·원재료와 시약류구입비(시범제작에 소요되는 외주 가공비를 포함한다)'에 해당되는 것으로 판단된다.

(2) 추가공제 금액의 계산

가. 개요

해당 과세연도에 투자한 금액이 해당 과세연도의 직전 3년간 연 평균 투자 또는 취득금액을 초과하는 경우에는 그 초과하는 금액의 100분의 3에 상당하는 금액을 추가로 공제하는데, 다만 추가공제 금액이 기본공제 금액을 초과하는 경우에는 기본공제 금액의 2배를 그 한도로 한다(조세특례제한법 제24조 제1항 제2호 나목).

추가공제 금액을 공제금액에 가산하는 이유는 과거에 비해 해당 과세연도에 투자한 금액이 증가하는 경우 추가공제를 통해 투자증가 유인을 제고하려는 것으로 보인다.

| 추가공제 금액 |

(해당 과세연도 투자금액 − 직전 3년간 연 평균 투자 또는 취득금액) × 3%

단, 추가공제액은 기본공제액의 2배를 한도로 한다.

512) 법인세법 시행령 제31조 제6항 제2호에서는 공구에 금형을 포함하고 있다.

나. 직전 3년간 연 평균 투자금액

① 직전 3년간 연 평균 투자금액의 계산(현행 규정)

직전 3년간 연 평균 투자금액의 계산은 다음 계산식에 따른다. 이 경우 내국인의 투자금액이 최초로 발생한 과세연도의 개시일부터 세액공제를 받으려는 해당 과세연도 개시일까지의 기간이 36개월 미만인 경우에는 그 기간에 투자한 금액의 합계액을 36개월로 환산한 금액을 해당 과세연도의 개시일부터 소급하여 3년간 투자한 금액의 합계액으로 본다(조세특례제한법 시행령 제21조 제8항).

$$\frac{\text{해당 과세연도의 개시일부터 소급하여 3년간 투자한 금액의 합계액}}{3} \times \frac{\text{해당 과세연도의 개월 수}}{12}$$

위 계산식에 따라 계산한 3년간 투자한 연 평균 투자금액이 없는 경우에는 추가공제 금액이 없는 것으로 한다(조세특례제한법 시행령 제21조 제9항).

② 과세형평 문제 발생

현행 규정은 투자금액이 최초로 발생한 과세연도를 기준으로 36개월로 환산하도록 하고 있는데, 투자금액이 언제 최초로 발생했었는지 그 시점에 따라 다음과 같이 직전 3년간 연 평균 투자금액에 차이가 있게 된다. 구체적으로 직전 3년간 투자금액 합계가 동일함에도 불구하고 연 평균 투자금액에 차이가 있게 산정되거나(아래 표에서 B와 C 또는 D와 C) 직전 3년간 투자금액 합계에 차이가 있음에도 불구하고 연 평균 투자금액이 동일하게 산정(아래 표에서 A와 C)된다.

| 표 _ 직전 3년간 연 평균 투자금액 계산방법 비교 |

연도별 R&D 비용					직전 3년간 연 평균 투자금액	
구분	Y-4년	Y-3년	Y-2년	Y-1년	현행 규정	발생한 과세연도의 수로 나눔
A	3,000	3,000	3,000	3,000	3,000 = 9,000 / 3	3,000 = 9,000 / 3
B	3,000	0	3,000	3,000	2,000 = 6,000 / 3	3,000 = 6,000 / 2
C	0	0	3,000	3,000	3,000 = (6,000 ÷ 2 × 3) / 3	3,000 = 6,000 / 2
D	0	3,000	0	3,000	2,000 = (6,000 ÷ 3 × 3) / 3	3,000 = 6,000 / 2

일반연구·인력개발비 세액공제규정에서도 증분 발생액 방식에 의한 금액 계산 시 연 평균 발생액을 환산하는 경우 과세형평에 문제가 발생하여, 연 평균 발생액을 환산하지 않고 일반연구·인력개발비가 발생한 과세연도의 수로 나누는 방식으로 2012.2.2. 개정된[513]바 있다.

③ 시행령 개정 필요

추가공제 금액 규정은 해당 과세연도의 투자금액이 과거 과세연도에 비해 증가한 경우 그 증가분에 대해 추가로 세액공제를 인정 해 줌으로써 해당 과세연도 투자에 대해 인센티브를 주기 위한 것이다. 다만, 과거 과세연도 투자금액을 직전 1년으로 한정할 경우 투자금액 변동폭이 클 수 있고 추가공제를 더 받기 위해 납세자가 투자시기를 인위적으로 조정할 수도 있기 때문에, 직전 3년간 투자금액을 합산하고 이를 3년으로 나누는 것으로 이해된다.

직전 3년간 투자금액의 합이 동일함에도 불구하고 투자금액이 최초로 발생한 시점이 언제인지에 따라 세액공제 금액에 차이가 발생하는 것은 과세형평에 어긋날 수 있다. 따라서 필자는 직전 3년간 연 평균 투자금액 계산 시 투자금액이 발생한 과세연도의 수로 나누는 방식으로 개정하는 것이 바람직할 것으로 판단된다.

| 개정 제안 |

$$\frac{\text{해당 과세연도의 개시일부터 소급하여 3년간 투자한 금액의 합계액}}{\text{해당 과세연도의 개시일부터 소급하여 3년간 투자한 금액이 발생한 과세연도의 수 (그 수가 3 이상인 경우 3으로 한다)}} \times \frac{\text{해당 과세연도의 개월 수}}{12}$$

다. 합병, 분할, 분할합병, 사업양도, 현물출자가 있는 경우

① 추가공제 금액 규정의 취지

추가공제 금액은 해당 과세연도의 투자금액이 과거 과세연도 투자금액에 비해 증가한 경우 그 증가분에 대해 추가로 세액공제를 인정 해 주려는 것으로, 해당 과세연도의 투자 주체와 과거 과세연도의 투자 주체는 서로 대응되는 것이 합리적일 것이다.

② 증분 발생액 방식에 의한 일반연구·인력개발비 세액공제금액 계산

앞에서 살펴 본 증분 발생액 방식에 의한 일반연구·인력개발비 세액공제금액 계산 시,

513) 조세특례제한법 시행령 제9조 제4항(2012.2.2. 대통령령 제23590호로 개정된 것)

합병·분할·분할합병·사업양도·포괄적 현물출자(이하 "합병등"이라 한다)의 경우 합병등을 하기 전에 피합병법인, 분할법인, 사업양도인 또는 현물출자자로부터 발생한 일반연구·인력개발비는 합병법인, 분할신설법인, 분할합병의 상대방법인, 사업양수법인, 포괄적으로 현물출자를 받은 법인(이하 "합병법인등"이라 한다)에서 발생한 것으로 본다는 규정이 있었다(조세특례제한법 시행령 제9조 제7항). 이는 합병등은 사업의 동질성이 유지되는 거래이므로 승계사업과 관련된 과거 일반연구·인력개발비는 합병법인등에서 발생한 것으로 보아 일반연구·인력개발비세액공제를 적용하는 것이 합리적이기 때문이다.

③ 종전 임시투자세액공제 규정에서의 추가공제 금액 규정

참고로 종전 임시투자세액공제 규정에서도 한시적으로 추가공제 금액 규정이 도입되었는데, 3년간 투자한 금액을 계산할 때 합병등의 경우 피합병법인등이 투자한 금액은 합병법인등이 투자한 것으로 본다고 시행령에서 규정한 바 있다.

조세특례제한법 제26조(임시투자세액공제) [법률 제9671호, 2009.5.21., 일부개정]	조세특례제한법 시행령 제23조(임시투자세액공제) [대통령령 제21545호, 2009.6.19., 일부개정]
① 정부가 경기조절을 위하여 필요하다고 인정하는 때에는 대통령령으로 정하는 투자(중고품에 의한 투자는 제외한다. 이하 이 조에서 같다)를 한 경우에는 제1호의 금액과 제2호의 금액을 합한 금액을 대통령령으로 정하는 과세연도의 소득세(사업소득에 대한 소득세에 한정한다) 또는 법인세에서 공제한다. (2009.5.21. 개정) 1. 해당 과세연도에 투자한 금액의 100분의 10을 초과하지 아니하는 범위에서 대통령령으로 정하는 율을 곱하여 계산한 금액 (2009.5.21. 개정) 2. 해당 과세연도에 투자한 금액이 해당 과세연도의 개시일부터 소급하여 3년간 투자한 금액의 연평균투자액을 초과하는 경우 그 초과하는 금액의 100분의 10을 초과하지 아니하는 범위에서 대통령령으로 정하는 율을 곱하여 계산한 금액 (2009.5.21. 개정) ⑥ 제1항 제2호에 따른 3년간 투자한 금액의	⑤ 법 제26조 제1항 제2호에 따른 3년간 투자한 금액의 연평균투자액의 계산은 다음 산식에 따른다. 이 경우 해당 내국인의 투자금액이 최초로 발생한 과세연도의 개시일부터 해당 과세연도개시일까지의 기간이 36개월 미만인 경우에는 그 기간에 투자한 금액의 합계액을 36개월로 환산한 금액을 해당 과세연도개시일부터 소급하여 3년간 투자한 금액의 합계액으로 본다. (2009.6.19. 신설) $\frac{\text{해당 과세연도의 개시일부터 소급하여 3년간 투자한 금액의 합계액}}{3} \times \frac{\text{해당 과세연도의 개월 수}}{12}$ **⑥ 제5항의 산식 중 해당 과세연도개시일부터 소급하여 3년간 투자한 금액을 계산할 때 합병법인, 분할신설법인, 분할합병의 상대방법인, 사업양수법인 또는 현물출자를 받은 법인(이하 이 항에서 "합병법인등"이라 한다)의 경우에는**

조세특례제한법 제26조(임시투자세액공제) [법률 제9671호, 2009.5.21., 일부개정]	조세특례제한법 시행령 제23조(임시투자세액공제) [대통령령 제21545호, 2009.6.19., 일부개정]
연평균투자액의 구분 및 계산, 그 밖에 필요한 사항은 대통령령으로 정한다. (2009.5.21. 신설)	**합병, 분할, 분할합병, 사업양도 또는 현물출자를 하기 전에 피합병법인, 분할법인, 사업양도인 또는 현물출자자가 투자한 금액은 합병법인등이 투자한 것으로 본다.** (2009.6.19. 신설)

④ 시행령 개정 필요

하지만 현행 조세특례제한법 통합투자세액공제 규정에서는 해당 과세연도 개시일부터 소급하여 3년간 투자한 금액을 계산할 때, 합병등이 있는 경우 투자금액을 어떻게 구분해야 할지에 대한 내용이 없다.

예를들어 합병이 있는 경우 합병존속법인의 직전 3년간 연 평균 투자금액을 계산함에 있어, 현행 통합투자세액공제 규정에 따르면 피합병법인의 투자금액을 포함해야 하는지 여부에 관하여 명시하고 있지 아니하여 논란이 될 수 있다.[514)]

따라서 필자는 종전 임시투자세액공제 규정에서와 같이 합병등의 거래가 있는 경우 투자금액을 어떻게 구분해야 할지에 관한 내용을 시행령에 명확히 언급하는 것이 바람직할 것으로 판단된다.

(3) 투자가 2개 이상의 과세연도에 걸쳐서 이루어지는 경우

통합투자세액공제 공제금액은 투자가 이루어지는 과세연도의 법인세에서 공제하는 것로, 투자가 2개 이상의 과세연도에 걸쳐서 이루어지는 경우에는 그 투자가 이루어지는 과세연도마다 해당 과세연도에 투자한 금액에 대해 세액공제를 적용한다(조세특례제한법 제24조 제1항 및 제2항).

아래는 내국법인이 2개 이상의 과세연도에 걸쳐서 투자를 하는 경우 그 투자가 이루어지는 과세연도마다 해당 과세연도에 투자한 금액에 대해 세액공제를 받기 위한 당해연도 투자금액의 계산방법(작업진행률 기준 세액공제방법)이다(조세특례제한법 시행령 제21조 제7항).

514) 합병존속법인이 피합병법인으로부터 승계한 자산은 중고품에 해당하는 것으로 중고품은 세액공제 대상 적격투자에서 제외하고 있으므로 승계자산을 합병존속법인의 당기 투자금액으로 볼 여지는 없을 것이다.

작업진행률에 따른 투자금액의 계산〔Max(①, ②) - ③〕
① 총투자금액에 「법인세법 시행령」 제69조 제1항에 따른 작업진행률에 의하여 계산한 금액 ② 당해 과세연도까지 실제로 지출한 금액 ③ 당해 과세연도 이전에 통합투자세액공제를 받은 투자금액 + 통합투자세액공제 제도를 적용받기 전에 투자한 분에 대하여 작업진행률에 의하여 계산한 금액

가. 총투자금액에 작업진행률에 의하여 계산한 금액

「법인세법 시행령」 제69조 제1항에 따른 작업진행률은 다음과 같다.

작업진행률
㉠ 건설의 경우 : 다음 산식을 적용하여 계산한 비율. 다만, 건설의 수익실현이 건설의 작업시간·작업일수 또는 기성공사의 면적이나 물량 등(이하 "작업시간등"이라 한다)과 비례관계가 있고, 전체 작업시간등에서 이미 투입되었거나 완성된 부분이 차지하는 비율을 객관적으로 산정할 수 있는 건설의 경우에는 그 비율로 할 수 있다. $$\text{작업진행률} = \frac{\text{해당 사업연도말까지 발생한 총공사비누적액}}{\text{총공사예정비}}$$ ㉡ 건설 외의 경우 : ㉠을 준용하여 계산한 비율

위의 총공사예정비는 기업회계기준을 적용하여 계약 당시에 추정한 공사원가에 해당 사업연도말까지의 변동상황을 반영하여 합리적으로 추정한 공사원가로 한다(법인세법 시행규칙 제34조 제2항).

나. 당해 과세연도까지 실제로 지출한 금액

실제로 '지출한 금액'이라 함은 당해 과세연도 중 실제로 지출된 현금(어음지급분으로서 당해과세연도 중에 결제된 것을 포함한다) 지급분(선급금을 제외한다)만을 말한다(조세특례제한법 기본통칙 4-3…2).

한편, 내국법인이 2개 이상의 과세연도에 걸쳐서 투자를 하는 경우 투자금액 계산 시 당해 과세연도까지 실제로 지출한 금액은 계약 후에 당해 과세연도까지 현금으로 지출한 계약금 및 중도금을 합한 금액을 말한다(조세특례제한법 집행기준 5-0-1 제2항, 법인-481, 2010.5.26.).

다. 당해 과세연도 이전에 투자세액공제를 받은 투자금액 등의 차감

투자가 2개 이상의 과세연도에 걸쳐서 이루어지는 경우 해당연도의 투자금액은 위 가.와 나. 중 큰 금액에서 당해 과세연도 이전에 투자세액공제를 받은 투자금액과 투자세액공제제도를 적용받기 전에 투자한 분에 대하여 작업진행률에 의하여 계산한 금액을 합한 금액을 차감한다.

이는 이미 투자세액공제를 적용받은 경우 또는 투자세액공제 개시일(신규제도 도입 또는 기존제도의 대상업종 및 자산범위의 확대 등의 경우)전의 투자분에 대한 지출액에 대하여는 투자세액공제가 적용되지 않음을 명확히 한 것이다.[515)]

(4) 투자의 시기

투자의 시기는 크게 개시시기와 완료시기로 구분할 수 있는 바, 투자의 개시시기는 통합투자세액공제의 적용여부 및 세액공제 금액을 판단하는데 있어서 중요한 기준요소가 될 수 있다.

투자세액공제 규정은 대상범위, 공제율 등에 관하여 지속적으로 개정이 되고 있는데, 적용시기와 관련하여 부칙에서는 언제 투자를 개시하였는지 여부를 기준으로 개정규정의 적용시기를 구분하는 경우가 많다.

부칙(2017.12.19. 법률 제15227호)
제10조(생산성향상시설 투자 등에 대한 세액공제에 관한 적용례) 제24조 제1항의 개정규정은 이 법 시행 이후 투자를 개시하는 경우부터 적용한다.
제11조(안전설비 투자 등에 대한 세액공제에 관한 적용례) 제25조 제1항의 개정규정은 이 법 시행 이후 투자를 개시하는 경우부터 적용한다.
제12조(환경보전시설 투자에 대한 세액공제에 관한 적용례) 제25조의 3 제1항의 개정규정은 이 법 시행 이후 투자를 개시하는 경우부터 적용한다.

통합투자세액공제 규정에서 투자의 개시시기에 관해서는 조세특례제한법 시행령 제23조 제14항을 준용하는데, 이에 따르면 투자의 개시시기는 다음 중 어느 하나에 해당하는 때이다(조세특례제한법 시행령 제21조 제10항 및 제23조 제14항).

515) 삼일아이닷컴, 조세특례제한법 제5조의 해설

투자의 개시시기
㉠ 국내・국외 제작계약에 따라 발주하는 경우에는 발주자가 최초로 주문서를 발송한 때
㉡ ㉠ 규정에 의한 발주에 의하지 아니하고 매매계약에 의하여 매입하는 경우에는 계약금 또는 대가의 일부를 지급한 때(계약금 또는 대가의 일부를 지급하기 전에 당해 시설을 인수한 경우에는 실제로 인수한 때)
㉢ 당해 시설을 수입하는 경우로서 승인을 얻어야 하는 경우에는 ㉠ 및 ㉡ 규정에 불구하고 수입승인을 얻은 때
㉣ 자기가 직접 건설 또는 제작하는 경우에는 실제로 건설 또는 제작에 착수한 때. 이 경우 사업의 타당성 및 예비적 준비를 위한 것은 착수한 때에 포함하지 아니한다.
㉤ 타인에게 건설을 의뢰하는 경우에는 실제로 건설에 착공한 때. 이 경우 사업의 타당성 및 예비적 준비를 위한 것은 착공한 때에 포함하지 아니한다.

투자의 개시시기를 판단함에 있어 새로이 투자하는 기계장치가 제품생산에 있어 서로 독립된 것이 아니라 연관되는 유기적인 기계장치 투자의 경우에는 하나의 투자 단위로 보는 것으로, 새로이 투자하는 기계장치가 독립된 개개로는 제품을 생산하지 못하고 연관되는 수 개의 기계장치로서 유기적으로 결합되어야 제품을 생산하는 경우, 장치설비 전체를 하나의 투자단위로 보아 투자의 개시시기를 판단하여야 한다(서이 46012-10846, 2001.12.31.).

투자를 완료한 날이라 함은 당해 시설을 그 목적에 실제로 사용한 날을 말한다(조세특례제한법 기본통칙 5-0…2).

(5) 적용세율

통합투자세액공제 세액공제율을 표로 정리하면 다음과 같다.

| 표 _ 통합투자세액공제 세액공제율 |

구분	기본공제율		추가공제율
	일반	신성장시설	
중소기업[516]	10%	12%	(해당 과세연도 투자액 - 직전 3년 연 평균 투자액) × 3% 단, 기본공제액의 2배 한도
중견기업[517]	3%	5%	
대기업[518]	1%	3%	

516) 중소기업의 범위는 본서 제4편 제1장 제2절을 참고하길 바란다.
517) 중견기업의 범위는 본서 제5편 제1장 제1절을 참고하길 바란다.
518) 중소기업 또는 중견기업에 해당하지 아니하는 경우를 의미한다.

5 적용기한

통합투자세액공제 제도는 법 도입 시 적용기한을 별도로 규정하고 있지 아니하고 영구화하였다.

6 사후관리

통합투자세액공제 규정에 따라 소득세 또는 법인세를 공제받은 자가 투자완료일부터 5년 이내의 기간 중 대통령령으로 정하는 기간 내에 그 자산을 다른 목적으로 전용하는 경우에는 공제받은 세액공제액 상당액에 대통령령으로 정하는 바에 따라 계산한 이자 상당 가산액을 가산하여 소득세 또는 법인세로 납부하여야 하며, 이 경우 해당 세액은 「소득세법」 제76조 또는 「법인세법」 제64조에 따라 납부하여야 할 세액으로 본다(조세특례제한법 제24조 제3항).

상기 규정과는 별개로 '제8편 조세특례의 제한 및 보칙'에서 설명할 조세특례제한법 제146조 감면세액의 추징 규정에서는 투자완료일부터 2년(대통령령으로 정하는 건물과 구축물의 경우 5년)이 지나기 전에 해당 자산을 처분한 경우(임대를 포함), 처분한 날이 속하는 과세연도이 과세표준신고를 할 때 해당 자산에 대한 세액공제액 상당액에 대통령령으로 정하는 바에 따라 계산한 이자 상당 가산액을 가산하여 소득세 또는 법인세를 납부하여야 한다.

(1) 사후관리 위배사유

사후관리기간 내에 그 자산을 다른 목적으로 전용하는 경우 사후관리 위배가 된다. 다른 목적으로 전용하는 경우의 의미가 무엇인지에 관해 구체적으로 설명하고 있지는 아니한데, 다른 목적으로 전용하는 경우라 함은 예를들어 연구·시험 및 직업훈련시설을 제조·생산 등 다른 용도로 사용하는 경우를 의미하는 것으로 판단된다.

(2) 사후관리 기간

사후관리 기간은 공제받은 사업용자산 범위에 따라 5년 또는 3년이다(조세특례제한법 시행령 제21조 제5항).

사후관리 기간
㉠ 다음 중 어느 하나에 해당하는 건축물 또는 구축물 : 5년 ⓐ 조세특례제한법 시행규칙 제12조 제2항 제4호에 따른 근로자복지 증진 시설 ⓑ 조세특례제한법 시행규칙 제12조 제3항 제4호에 따른 유통산업합리화시설 중 창고 시설 등 ⓒ 조세특례제한법 시행규칙 제12조 제3항 제6호에 따른 숙박시설, 전문휴양시설(골프장 시설은 제외한다) 및 종합유원시설업의 시설 ㉡ ㉠ 외의 사업용자산 : 3년

사후관리 기간 내에 그 자산을 다른 목적으로 전용하는 경우 공제받은 세액공제 상당액에 다음에서 설명하는 대통령령으로 정하는 바에 따라 계산한 이자 상당액을 가산하여 소득세 또는 법인세로 납부하여야 한다.

(3) 이자 상당 가산액

이자 상당 가산액의 계산 방법은 다음과 같다(조세특례제한법 시행령 제21조 제6항).

이자 상당 가산액(① × ②)
① 공제받은 과세연도의 과세표준신고일의 다음 날부터 사후관리 위배사유가 발생한 날이 속하는 과세연도의 과세표준신고일까지의 기간 ② 1일 10만분의 25의 율[519]

7 종전 투자세액공제 규정과의 경과조치

통합투자세액공제 규정은 종전 투자세액공제 규정과 시행시기, 공제시기에 있어 상충이 생기게 되었고 이로 인해 경과조치 규정을 두게 되었는데 이에 대해 살펴보기로 하자.

(1) 종전 투자세액공제 규정과의 선택 적용

2020.12.29. 신설된 통합투자세액공제 규정은 2021.1.1. 이후 과세표준을 신고하는 경우부터 적용하는데, 종전 투자세액공제 규정을 적용받던(또는 적용받을 수 있는) 내국인은 경우에 따라(추가공제 금액 수준에 의해 결정) 개정 규정에 의할 경우 세액공제 금액이 종전 규정보다 적게 산정될 수 있다.

519) 연 9.125%

예를들어 종전 조세특례제한법 제25조 특정시설투자 세액공제 대상인 환경보전시설과 근로자복지시설의 경우 대기업 세액공제율이 3%(중견기업은 5%)이나, 통합투자세액공제 규정에서의 기본공제 금액은 세액공제율이 1%(중견기업은 3%)으로 낮아졌다. 또한, 종전 조세특례제한법 제25조의 5 신성장기술 사업화를 위한 시설투자에 대한 세액공제 규정도 세액공제율이 5%(중견기업은 7%)이나, 통합투자세액공제 규정에서의 기본공제 금액은 세액공제율이 3%(중견기업은 5%)으로 낮아졌다.

한편, 종전 특정시설투자 세액공제 등은 적용기한이 2021년말(조세특례제한법 제25조의 7 규정은 2020년말까지)까지였었다.

이렇게 2021년이 속하는 과세연도까지는 종전 투자세액공제 규정을 적용하는 것이 납세자에게 유리할 수도 있는 점을 고려하여 종전 투자세액공제 규정이 삭제되었음에도 불구하고 2021년말까지 투자를 완료하는 경우 통합투자세액공제 규정과 종전 투자세액공제 규정 중 납세자에게 유리한 제도를 선택할 수 있게 한 것이다.

다만, 납세자가 종전 투자세액공제 규정을 선택하는 경우 다른 공제대상 자산에 대해서는 현행 통합투자세액공제 규정을 적용받을 수는 없다.

부칙(2020.12.29. 법률 제17759호)

제1조(시행일)
이 법은 2021년 1월 1일부터 시행한다.

제4조(통합투자세액공제에 관한 적용례 등)
① 조세특례제한법 제24조의 개정규정은 이 법 시행 이후 과세표준을 신고하는 경우부터 적용한다.

제36조(특정시설투자 세액공제 등에 관한 특례 등)
① 조세특례제한법 제24조 제1항의 개정규정에 따른 내국인이 2021년 12월 31일까지(종전의 조세특례제한법 제25조의 7에 따른 투자는 2020년 12월 31일까지) 투자를 완료하는 경우에는 종전의 조세특례제한법 제5조, 제25조, 제25조의 4, 제25조의 5 및 제25조의 7(이하 "종전세액공제규정"이라 한다)을 적용받을 수 있다. 이 경우 종전세액 공제규정을 적용받는 제24조 제1항의 개정규정에 따른 내국인은 다른 공제대상 자산에 대하여 제24조의 개정규정을 적용받을 수 없다.
② 제1항에 따라 종전세액공제규정을 적용받는 경우에는 조세특례제한법 제72조 제2항, 제127조 제1항부터 제4항까지, 제128조 제1항, 제130조 제1항 · 제2항, 제132조 제1항 제3호, 같은 조 제2항 제3호 및 제146조의 개정규정에도 불구하고 종전의 규정에 따른다.

(2) 투자완료일 기준 세액공제방법 인정

공제시기와 관련하여 종전 투자세액공제 규정에서는 원칙적으로 투자를 완료한 날이 속하는 과세연도의 법인세에서 공제(이하 "투자완료일 기준 세액공제방법"이라 한다)하되, 투자가 2개 이상 과세연도에 걸쳐서 이루어지는 경우 그 투자가 이루어지는 과세연도마다 공제를 받을 수 있었다.

이와 달리 통합투자세액공제 규정에서는 투자완료일이 속하는 과세연도에 투자금액을 일괄해서 공제받는 투자완료일 기준 세액공제방법이 인정 안 되고, 투자가 이루어지는 과세연도마다 세액공제를 적용받는 방법(이하 "작업진행률 기준 세액공제방법"이라 한다)만 인정된다.

통합투자세액공제 규정이 시행되면서 종전 투자세액공제 규정에 따라 투자완료일 기준 세액공제방법을 적용 받으려던 내국인의 경우 다음과 같은 문제가 발생할 수 있다.

예를들어 과세연도가 매년 1.1.부터 12.31.까지인 내국법인이 총 100의 적격한 시설투자를 하는데 2019년에 50 투자하고, 2020년에 나머지 50 투자하는 경우를 가정해 보자. 투자완료일 기준으로 세액공제를 적용받으려는 경우 2019년 투자금액 50에 대해서 2019년 과세연도 법인세 신고 시 세액공제를 적용받지 않았을 것이다. 2020년 과세연도부터는 통합투자세액공제 규정이 적용될 것이고 이에 따르면 투자완료일 기준 세액공제방법이 인정 안 되기 때문에 2020년 투자금액 50에 대해서만 세액공제를 인정받게 된다.

물론 부칙 제36조에 따라 종전 투자세액공제 규정을 선택하여 투자완료일 기준으로 투자금액 100에 대해 세액공제를 적용받는 방법도 있을 수 있다. 하지만 부칙 제36조가 적용되기 위해서는 2021.12.31.까지 투자를 완료해야 하는데, 투자가 2021년말까지 완료되지 않는 상황이라면 2019년에 투자한 금액에 대해서는 세액공제를 적용받지 못 하게 될 수 있다. 또한, 부칙 규정에 따라 일부 자산이라도 종전 투자세액공제 규정을 선택하는 경우 다른 공제대상 자산에 대해서는 통합투자세액공제 규정을 적용받지 못 하게 된다.

이에 부칙 제4조 제2항 규정을 두어 종전에 투자를 개시한 자가 종전 투자세액공제를 적용받지 아니한 경우, 통합투자세액공제 규정에서도 투자완료일 기준으로 세액공제를 적용받을 수 있게 예외를 둔 것으로 이해된다.

다만, 부칙 제4조 제2항 본문에서의 '투자를 완료한 날이 속하는 과세연도에 모든 투자가 이루어진 것으로 본다'는 문구를 기본공제 금액 산정 시 해당 과세연도 투자금액으로 보는 것뿐만 아니라 추가공제 금액 산정 시 해당 과세연도 투자금액에까지 적용된다고 볼 경우, 투자완료일이 속하는 과세연도에 초과투자분이 일시적으로 크게 계산될 수 있는데, 실제 당해 과세연도 투자액이 아님에도 불구하고 당해 과세연도 투자액으로 보아 초과투자분이

크게 산정되는 것이 제도 취지에 부합하는 것인지 고민해 볼 필요가 있다고 생각된다.[520)]

부칙(2020.12.29. 법률 제17759호)
제4조(통합투자세액공제에 관한 적용례 등) ① 조세특례제한법 제24조의 개정규정은 이 법 시행 이후 과세표준을 신고하는 경우부터 적용한다. ② 다음 각 호의 요건을 모두 충족하는 조세특례제한법 제24조 제1항의 개정규정에 따른 내국인이 2개 이상의 과세연도에 걸쳐서 투자하는 경우에는 제24조 제2항의 개정규정에도 불구하고 투자를 완료한 날이 속하는 과세연도에 모든 투자가 이루어진 것으로 본다. 1. 2020년 12월 31일이 속하는 과세연도 전에 투자를 개시하였을 것 2. 종전의 조세특례제한법 제5조, 제25조, 제25조의 4 및 제25조의 7에 따른 공제를 받지 아니하였을 것

8 세액공제의 신청

통합투자세액공제 규정에 따른 세액공제를 적용받으려는 과세연도의 과세표준신고와 함께 세액공제신청서(별지 제1호 서식) 및 통합투자세액공제신청서(별지 제8호의 9 서식)를 납세지 관할 세무서장에게 제출하여야 하며, 투자가 2개 이상의 과세연도에 걸쳐 이루어지는 경우에 그 투자가 이루어지는 과세연도마다 해당 과세연도에 투자한 금액에 대해 세액공제신청서를 제출해야 한다(조세특례제한법 제24조 제2항, 조세특례제한법 시행령 제21조 제11항).

세액공제신청서의 제출은 납세의무자로 하여금 공제신청에 필요한 서류를 정부에 제출하도록 협력의무를 부과한 것에 불과하므로 연구·인력개발비에 대한 세액공제는 그 요건이 충족되면 당연히 공제되고 공제신청이 있어야만 공제되는 것은 아닌 것으로 판단된다.

다만, 세액공제 항목 및 대상비용, 공제금액 등에 있어 납세자의 명확한 의사표시가 필요할 수 있으므로 법 소정의 과세표준신고 기한 내에 세액공제 신청을 하는 것이 좋을 것으로 보이며, 당초 과세표준신고 기한 내에 세액공제 신청을 하지 못 한 경우에는 경정청구 절차를 통해 세액공제 신청을 할 수 있을 것이다.

520) 최근 과세관청은 2020년 12월 31일이 속하는 과세연도 전에 투자를 개시하고 세액공제를 받은 경우 부칙 제4조 제2항 규정이 적용되지 않는다는 입장을 밝힌 바 있다(서면-2021-법인-4422, 2021.7.20.).

9 조세특례의 제한 등

통합투자세액공제에 대한 조세특례의 제한은 '제8편 조세특례의 제한 및 보칙'을 참고하기로 한다.

조세특례제한법 제24조에 적용되는 조세특례의 제한 및 보칙	해당 조문
국가등의 지원금으로 투자한 금액에 대한 세제지원 배제	조세특례제한법 제127조 제1항
투자세액공제 간 중복적용 배제	조세특례제한법 제127조 제2항
외국인투자에 대한 감면에 대한 투자세액공제의 제한	조세특례제한법 제127조 제3항
동일 과세연도에 세액감면과 투자세액공제의 중복적용 배제	조세특례제한법 제127조 제4항
추계과세 시 세액공제의 배제	조세특례제한법 제128조 제1항
수도권과밀억제권역의 투자에 대한 조세감면 배제	조세특례제한법 제130조
최저한세액에 미달하는 세액에 대한 감면 등의 배제	조세특례제한법 제132조
세액공제액의 이월공제	조세특례제한법 제144조
감면세액의 추징	조세특례제한법 제146조

10 감면분 농어촌특별세 과세

조세특례제한법 제24조에 따라 통합투자세액공제에 대한 세액공제액을 법인세 또는 소득세에서 공제한 경우 감면세액의 20%에 대한 농어촌특별세가 부과된다(농어촌특별세법 제4조 제12호, 동법 시행령 제4조 제6항 제1호).

11 관련서식

통합투자세액공제에 대한 세액공제신청서(별지 제1호 서식)는 제4편에서 살펴본 조세특례제한법 제10조에 따른 연구·인력개발비 세액공제신청서와 같으며, 통합투자세액공제신청서(별지 제8호의 9 서식)는 다음과 같다.

〔별지 제8호의 9 서식〕(2021.3.16. 신설)

통합투자세액공제신청서

※ 뒤쪽의 작성방법을 읽고 작성해 주시기 바랍니다. (앞쪽)

접수번호	접수일	처리기간 즉시

❶ 신청인	① 상호 또는 법인명	② 사업자등록번호
	③ 대표자 성명	④ 생년월일
	⑤ 주소 또는 본점소재지 (전화번호 :)	

❷ 과세연도	년 월 일부터 년 월 일까지

❸ 해당 과세연도 투자분에 대한 공제세액 (=⑲ + ㉔)	

가. 2개 이상의 과세연도에 걸쳐서 이루어지는 투자금액(=⑮)

⑥ 투자 종류	⑦ 총 투자 예정 금액	⑧ 해당 과세연도 말까지 실제 지출한 금액	작업진행률에 의한 투자금액 계산				⑬누적투자 대상금액 (⑧과 ⑫ 중 큰 금액)	⑭해당 과세연도 이전 과세연도 까지의 누적투자 대상금액	⑮투자금액 (⑬-⑭)
			⑨ 해당과세 연도말 총투자 누적액	⑩ 총 투자 예정비	⑪ 진행률 (⑨/⑩)	⑫ 진행률에 의한 투자금액 (⑦×⑪)			
계									

나. 그 외 투자금액(=⑯)

투자종류	⑯ 투자금액
신성장사업화시설	
신성장사업화시설 외	
계	

다. 기본공제금액(=⑲)

투자종류	⑰ 공제대상 투자금액(=⑮+⑯)	⑱ 공제율	⑲ 기본공제금액(=⑰×⑱)
신성장사업화시설		3%, 5%, 12%	
신성장사업화시설 외		1%, 3%, 10%	
합계			

라. 추가공제금액(=㉔)

⑳ 공제대상 투자금액	㉑ 직전 3년 연 평균 투자 또는 취득금액	㉒ 초과액(=⑳-㉑)	㉓ 공제율	㉔ 추가공제금액 Min[(㉒×㉓), (⑲×2)]
			3%	

「조세특례제한법 시행령」 제21조 제11항에 따라 위와 같이 세액공제신청서를 제출합니다.

년 월 일

신청인 (서명 또는 인)

세무서장 귀하

(뒤쪽)

작 성 방 법

※「조세특례제한법」 제24조에 따른 통합투자세액공제는 2021.1.1. 이후 과세표준을 신고하는 분부터 적용 가능하며 해당 세액공제를 신청한 경우 구「조세특례제한법」(2021.1.1. 법률 제17759호로 개정되기 전의 것) 제5조, 제25조, 제25조의 4, 제25조의 5 및 제25조의 7(이하 "종전세액공제규정"이라 한다)은 중복으로 적용받을 수 없습니다.

1. ⑥ 투자종류란은 신성장사업화시설 투자금액과 신성장사업화시설 외 투자금액으로 구분하여 작성하며, 신성장사업화시설은 별표 7에 따른 신성장 · 원천기술을 사업화하는 시설로서 신성장 · 원천기술심의위원회의 심의를 거쳐 기획재정부장관과 산업통상자원부장관이 공동으로 인정하는 공제대상 자산을 말합니다.
2. ⑪ 진행률란은「법인세법 시행령」 제69조 제1항에 따라 해당 과세연도말까지 발생한 총투자누적액이 총투자예정비에서 차지하는 비율로 계산합니다.
3. ⑬ 누적투자 대상금액란은 ⑧란의 해당 과세연도말까지 실제 지출한 금액과 ⑫란의 진행률에 의한 투자금액 중 큰 금액을 적고, ⑭ 해당 과세연도 이전 과세연도까지의 누적투자 대상금액란은 해당 과세연도 이전 과세연도까지의 실제지출한 금액과 해당 과세연도 이전 과세연도까지의 작업진행률에 따라 계산한 투자금액 중 큰 금액을 적습니다.
4. ⑰ 공제대상 투자금액란은 ⑮ 2개 이상의 과세연도에 걸쳐서 이루어지는 투자금액과 ⑯ 그 외 투자금액의 합계액을 적습니다.
5. ⑳ 공제대상 투자금액란은 ⑰ 공제대상 투자금액란을 그대로 옮겨 적습니다.
6. ㉑ 직전 3년 연 평균 투자 또는 취득금액은 [(해당 과세연도 개시일부터 소급하여 3년간 투자한 금액의 합계÷3) × (해당 과세연도의 개월 수÷12)]로 계산하며 투자금액이 최초로 발생한 과세연도 개시일부터 해당 과세연도 개시일까지의 기간이 36개월 미만인 경우 그 기간에 투자한 금액의 합계액을 36개월로 환산하여 계산한 금액을 적습니다.
7. ㉔ 추가공제금액란의 추가공제금액은 ⑲란 기본공제금액의 2배를 초과할 수 없습니다.

210mm× 297mm[백상지 80g/㎡ 또는 중질지 80g/㎡]

12 신성장·원천기술을 사업화하는 시설

[조세특례제한법 시행규칙 별표 6] <개정 2021.3.16.>

신성장·원천기술을 사업화하는 시설(제12조의 2 관련)

영 별표 7의 대상기술			사업화 시설
구분	분야	대상기술	
1. 미래형 자동차	가. 자율주행차	1) 주행상황 인지 센서 기술	주행상황을 인지하는 차량탑재용 비전(vision) 센서(sensor), 레이더(radar) 센서, 레이저 스캐너(laser scanner) 센서를 제작하는 시설
	나. 전기구동차	1) 전기동력 자동차의 에너지저장 시스템 기술	전기동력 자동차(xEV)의 주행거리 연장, 충전시간 단축 등을 위해 에너지 밀도를 160Wh/kg 이상으로 구현한 이차전지를 생산하는 시설
		2) 수소연료 저장·공급 장치 제조기술	수소연료로 전기를 생산하여 운행되는 수소연료전지자동차(FCEV: Fuel Cell Electric Vehicle) 내에 수소연료를 저장 및 공급하는 장치를 제조하는 시설
		3) 수소충전소의 수소생산·압축·저장·충전설비 부품 제조기술	수소연료전지자동차에 수소연료를 공급하기 위한 수소충전소의 수소생산설비, 압축설비, 저장설비, 충전설비 및 그 부품을 제작하는 시설
		4) 전기동력 자동차의 구동시스템 고효율화 기술	전기동력 자동차에서 전기에너지를 운동에너지로 변환시키는 모터와 구동력을 휠에 전달하기 위한 감속기·변속기 등을 고효율화 하는 구동시스템을 제조하는 시설
		5) 전기동력 자동차의 전력변환 및 충전 시스템 기술	최대 출력 100kW급 이상, 최대 효율 92% 이상을 만족하는 전기동력 자동차 급속충전용 전력변환장치와, 전기동력 자동차와 자동으로 연결되는 유·무선 충전 인터페이스장치를 설계·제조하는 시설
		6) 전기차 초고속·고효율 무선충전 기술	전기구동방식 자동차와 관련하여 감전위험이 없는 비접촉 무선 전력전송 방식(자기유도, 자기공명, 전자기파)으로 배터리를 충전하기 위한 전력전송효율 90% 이상의 초고속 고효율 무선충전시스템 및 무선충전 핵심모듈(급전 인버터, 집전 픽업구조, 레귤레이터)을 제작하는 시설

영 별표 7의 대상기술			사업화 시설
구분	분야	대상기술	
2. 지능정보	가. 인공지능	5) 인지컴퓨팅 기술	인공지능 알고리즘(algorithm) 처리가 용이하도록 초고성능 연산 플랫폼(Platform)을 제공하는 컴퓨터 하드웨어를 제조하는 시설
	마. 착용형 스마트기기	1) 신체 부착형 전자회로의 유연기판 제작기술 및 유연회로 인쇄기술	스마트 착용형기기(wearable device)에 사용되는 신체 부착형 전자회로의 유연기판을 제작하는 시설
		2) 유연한 양·음극 소재 및 전극 설계·제조기술	20퍼센트 이상의 변형 시에도 기계적·전기화학적 신뢰성 확보가 가능하며 100㎛ 후박급의 착용형기기(wearable device)에 전원용으로 사용되는 유연한(flexible) 양·음극 소재 및 해당 전극을 제조하는 시설
		3) 섬유기반 유연전원(fabric based flexible battery) 제조 기술	유연 성능이 4.5g·㎠/㎝ 이상으로 변형에 대한 형태 안정성이 우수한 유연전원(fabric based flexible battery)으로서, 에너지 밀도가 100Wh/kg 이상으로 고효율·고수명의 성능을 가진 섬유기반 유연전원을 제조하는 시설
		4) 전투기능 통합형 작전용 첨단디지털 의류기술	군사 및 경찰 작전 등의 특수 임무를 수행하는데 필요한 극한기능과 신호전송기능 및 신체보호기능을 갖춘 총체적 디지털 기능 전투복을 제조하는 시설
	바. IT 융합	1) 지능형 전자항해 기술	IMO(International Maritime Organization, 국제해사기구)의 e-Navigation 구현을 목적으로 장소에 구애받지 않고 4S(ship to ship, ship to shore, shore to ship, shore to shore) 통신을 구현하는 통신단말 장치를 제작하는 시설
		3) 지능형 기계 및 자율협업 기술	생산설비의 품질(상태)정보 및 공정조건을 실시간으로 분석하여 최적의 작업상태를 제공할 수 있는 진단·처방정보를 바탕으로 생산설비를 원격으로 제어하는 개방형 제어기(controller), M2M(Machine to Machine, Machine to Man, 기계 간의 통신 및 인간이 작동하는 기계와의 통신) 디바이스(device) 및 개방형 컨트롤러 디바이스를 탑재하여 자동으로 상태감시·진단·제어기능을 하는 지능형 기계를 제조하는 시설

영 별표 7의 대상기술			사업화 시설
구분	분야	대상기술	
2. 지능정보	아. 양자컴퓨터	양자컴퓨터 제작 및 활용 기술	양자 정보를 처리할 수 있는 메모리(큐비트, Qubit)를 구현하고, 큐비트간 연산처리가 가능한 장치를 제조하는 시설
5. 차세대 전자정보 디바이스	가. 지능형 반도체·센서	3) SoC 파운드리 제조, 후공정 및 장비 제작 기술	SoC(System on Chip) 반도체 파운드리(Foundry) 장비를 제작하는 시설 및 파운드리 분야의 7nm 이하급 제조 시설
		4) 차세대 메모리반도체 제조기술과 소재·장비 및 장비부품의 설계·제조 기술	기존 메모리반도체인 D램(DRAM)과 낸드 플래시메모리(Nand Flash Memory)의 장점을 조합한 STT-MRAM(Spin Transfer Torque-Magnetic Random Access Memory), PRAM (Phase-change Random Access Memory), ReRAM(Resistive Random Access Memory) 등 차세대 메모리반도체 제조 시설 및 이와 관련된 소재·장비 및 장비부품을 제조하는 시설
		5) 지능형 마이크로 센서 기술	물리적·화학적인 아날로그(analogue) 정보를 얻는 감지부와 논리·판단·통신기능을 갖춘 지능화된 신호처리 집적회로가 결합된 소자로서 나노기술, MEMS[Micro Electro Mechanical System, 기계부품·센서(sensor)·액츄에이터(actuator) 및 전자회로를 하나의 기판 위에 집적화)] 기술, 바이오 기술, 0.8㎛ 이하 CMOS 이미지센서 기술 또는 SoC(System on Chip) 기술이 결합된 초소형 고성능 센서를 제조하는 시설
		6) 차량용 반도체 설계·제조기술	자동차 기능안전성 국제표준 ISO26262, 자동차용 반도체 신뢰성 시험규격 AEC-Q100을 만족하는 MCU(Micro Controller Unit), ECU(Electronic Control Unit), 파워IC, SOC, 하이브리드/전기차 및 자율주행용 IC 반도체를 제조하는 시설

영 별표 7의 대상기술			사업화 시설
구분	분야	대상기술	
5. 차세대 전자정보 디바이스	가. 지능형 반도체·센서	7) 에너지효율향상 반도체 설계·제조기술	실리콘 기반의 MOSFET(MOS Field-Effect Transistor)에 비해 저저항·고효율 특성을 지니며 차세대 응용 분야(전기차, 하이브리드카, 태양광, 풍력발전 등 신재생에너지, 스마트그리드 등) 인버터 등에 탑재되는 SJ(Super Junction) MOSFET, IGBT(Insulated Gate Bipolar Transistor), SiC (Silicon Carbide) MOSFET을 제조하는 시설
		9) 에너지효율향상 전력 반도체 BCDMOS 설계·제조 기술	실리콘 기반의 저저항·고효율 특성을 지니며 차세대 응용 분야(5G, 전기차, 하이브리드카, 태양광, 풍력발전 등 신재생에너지, 스마트그리드 등)에 탑재되는 아날로그, 디지털 로직, 파워소자를 원칩화한 초소형·초절전 전력반도체 0.13μm 이하 BCDMOS(Bipolar /Complementary/Double-diffused metal-oxide-semiconductor) 설계 및 제조를 위한 시설
	나. 반도체 등 소재·부품	1) Photoresist 개발 및 제조기술	반도체 및 디스플레이용 회로형성에 필요한 리소그래피(lithography)용 수지로서 회로의 내열성, 전기적 특성, 현상(Developing) 특성을 좌우하는 Photoresist 및 관련 소재를 제조하는 시설 [ArF (불화아르곤) 광원용 및 EUV(극자외선) 광원용]
		2) 원자층증착법(ALD) 및 화학증착법(CVD)을 위한 고유전체(High-kdielectric)용 전구체 개발 기술	기존의 이산화규소(SiO2)보다 우수한 유전특성을 갖는 박막제조를 위해 증착공정[ALD(Atomic Layer Deposition), CVD(Chemical Vapor Deposition)]에 사용되는 전구체(금속을 포함하고 있는 용액)를 제조하는 시설
		3) 고순도 불화수소 개발 및 제조기술	반도체 회로형성에 필요한 순도 99.999%(5N) 이상의 고순도 불화수소를 제조하는 시설
		4) 블랭크 마스크(Blank Mask) 개발 및 제조기술	ArF(불화아르곤) 광원 및 EUV(극자외선) 광원을 이용하여 반도체 회로를 형성하는데 사용되는 블랭크마스크 원판 및 관련 소재(펠리클(Pellicle), 합성 쿼츠, 스터러링용 타겟 등을 포함)를 제조하는 시설

영 별표 7의 대상기술			사업화 시설
구분	분야	대상기술	
5. 차세대 전자정보 디바이스	나. 반도체 등 소재·부품	4) 블랭크 마스크(Blank Mask) 개발 및 제조기술	ArF(불화아르곤) 광원 및 EUV(극자외선) 광원을 이용하여 반도체 회로를 형성하는데 사용되는 블랭크마스크 원판 및 관련 소재(펠리클(Pellicle), 합성 쿼츠, 스터러링용 타겟 등을 포함)를 제조하는 시설
		5) 반도체용 기판 개발 및 제조기술	14nm 이하급 D램(DRAM)과 170단 이상 낸드플래시 메모리 및 에피텍셜 반도체용 기판을 제조하는 시설
		6) 첨단 메모리반도체 장비 및 장비 부품의 설계·제조 기술	14nm 이하급 D램(DRAM)과 170단 이상 낸드 플래시메모리 양산을 위한 장비·장비부품을 제조하는 시설
		8) 고기능성 인산 제조 기술	질화규소(SiNx), 산화규소(SiOx) 막질의 선택적인 식각이 가능한 고선택비(1,000 이상) 인산계 식각액 제조시설
		9) 고순도 석영(쿼츠) 도가니 제조 기술	반도체 웨이퍼 제조용 용융 실리콘의 오염을 막기 위한 도가니 형태의 순도 99.999%(5N) 이상의 고순도 석영 용기(Quartz Crucible) 제조 시설
		10) 코트막형성재 개발 및 제조 기술	완성된 반도체 소자의 표면을 외부환경으로부터 보호하기 위해 사용하는 절연성을 가진 고감도(80mJ/㎠ 이하) 감광성 코팅 기술 또는 패키징 재배선(배선폭 7㎛ 이하) 형성 재료를 제조하는 시설
	다. 유기발광 다이오드(OLED : Organic Light Emitting Diode) 등 고기능 디스플레이	1) 9인치 이상 능동형 유기발광 다이오드(AMOLED) 패널·부품·소재·장비 제조 기술	저온폴리실리콘(LTPS) 또는 산화물(Oxide) TFT(전자이동도 8㎠/Vs 이상) 기판 상에 진공 증발 증착 또는 프린팅 방식으로 고화질(고해상도, 고색재현, 고균일, HRD)을 구현한 대화면(9인치 이상) AMOLED(Active Matrix Organic Light Emitting Diode) 패널을 제조하기 위한 시설(모듈조립 공정 기술은 제외한다)과 AMOLED 패널을 제조하기 위한 부품·소재·장비를 제조하는 시설
		2) 대기압 플라즈마 식각 장비 기술	디스플레이를 제조할 목적으로 대기압에서 플라즈마(plasma)를 발생시켜 박막을 식각하는 장비를 제조하는 시설

영 별표 7의 대상기술			사업화 시설
구분	분야	대상기술	
5. 차세대 전자정보 디바이스	다. 유기발광 다이오드(OLED: Organic Light Emitting Diode) 등 고기능 디스플레이	3) 플렉서블 디스플레이 패널·부품·소재·장비 제조 기술	플렉서블 디스플레이(유연성 또는 유연한 성질을 가지는 디스플레이로, 깨지지 않고 휘거나 말 수 있고 접을 수 있는 특성을 지닌 것을 말한다. 이하 같다)를 제조하는 시설 및 이를 제조하기 위해 공정별로 사용되는 부품·소재·장비를 제조하는 시설
		4) 차세대 차량용 디스플레이 패널·부품·소재·장비 제조기술	굴곡된 형상으로 제조 가능하고, 동작온도 -30℃~95℃, 시인성 black uniformity 60% 이상을 만족하는 다결정 저온 폴리실리콘(LTPS-LCD) 패널 및 이와 관련한 부품·소재 및 장비를 제조하는 시설
		5) 마이크로 LED 디스플레이 패널·부품·소재·장비 제조 기술	실리콘(Silicon) 또는 사파이어(Sapphire) 기판에 저결함 에피공정을 적용한 100㎛ 이하의 자발광 R/G/B 마이크로 LED 칩과 이를 이용한 픽셀·패널 및 이와 관련한 부품·소재 및 장비를 제조하는 시설
		6) VR·AR·MR용 디스플레이 패널·부품·소재·장비 제조 기술	가상현실, 증강현실, 혼합현실 기기에 사용되는 초고해상도(1,500 ppi 이상) 디스플레이를 제조하기 위해 공정별로 사용되는 기술과 이와 관련한 부품·소재 및 장비를 제조하는 시설
		7) 친환경 QD(Quantum Dot) 나노 소재 적용 디스플레이 패널·부품·소재·장비 제조 기술	적은 소비전력으로 고색재현 및 화학적·열적 안정성 개선이 가능한 QD 나노 소재 적용 디스플레이를 제조하기 위해 공정별로 사용되는 기술을 적용한 시설과 이와 관련한 부품·소재 및 장비를 제조하는 시설
	라. 3D프린팅	1) 3D프린팅 소재 개발 및 장비제조기술	3차원 디지털 설계도에 따라 액체수지, 금속분말 등 다양한 형태의 재료를 적층하여 제품을 생산하는데 사용되는 소재 및 장비를 제조하는 시설
	마. AR 디바이스	1) AR 디바이스 제조기술	실제의 이미지나 배경에 유의미한 상황 정보를 기반으로 한 영상·텍스트·소리 등의 가상정보를 나타내어 사용자의 경험이 증강되고 현실세계와 동기화할 수 있는 장비 및 관련 부품을 제조하는 시설

영 별표 7의 대상기술			사업화 시설
구분	분야	대상기술	
6. 차세대 방송통신	가. 5세대(5G: 5generation) 및 6세대(6G: 6generation)이동통신	1) 5G 이동통신 기지국 장비 기술	가입자와 연결을 위해 이동통신사업자가 구축하는 5G 이동통신 광역 및 소형 셀(cell) 기지국 장비를 제조하는 시설
		2) 5G 이동통신 코어 네트워크(Core Network, 기간망) 기술	트래픽(traffic) 전송·제어, 네트워크(network) 간 연결 등을 위해 5G 이동통신 기지국 장비와 연동되는 게이트웨이(gateway), 라우터(router), 스위치(switch) 등 장비를 제조하는 시설
		3) 5G 이동통신 단말 특화 부품 기술	5G 이동통신 단말을 구현하기 위해 새롭게 개발·적용될 통신모듈[베이스밴드(baseband, 기저대역) 모뎀, RF(Radio Frequency) 칩셋(chipset) 등]의 부품·소자를 제조하는 시설
	나. UHD(Ultra-High Definition)	1) 지상파 UHD방송 송신기 성능 향상 기술	냉각 기술(공냉, 수냉, 질소냉각 등 포함)의 개선, 회로 설계 방식 개선 등을 통한 고효율 지상파 UHD방송용 송신기를 제조하는 시설
7. 바이오·헬스	가. 바이오·화합물의약	1) 바이오 신약 후보물질 발굴 기술	유전자재조합기술, 세포배양 기술 등 새로운 생명공학을 이용하여 생명체에서 유래된 단백질·호르몬 등을 원료 및 재료로 하는 단백질의약품·유전자치료제·항체치료제·줄기세포를 이용한 세포치료제를 제조하는 시설
		2) 방어 항원 스크리닝 및 제조기술	면역 기전을 이용하여 인체질환을 방어하기 위해 항원을 스크리닝하고 이 항원을 제조하여 각종 질환을 치료하거나(치료용 백신) 예방하기 위한 백신(예방용 백신)을 제조하는 시설
		3) 바이오시밀러 제조 및 개량기술	바이오시밀러를 제조하는 시설
		4) 혁신형 신약(화합물의약품) 후보물질 발굴기술	혁신형 신약(화합물의약품)을 제조하는 시설
		5) 혁신형 개량신약(화합물의약품) 개발 및 제조 기술	혁신형 개량신약(화합물의약품)을 제조하는 시설

영 별표 7의 대상기술			사업화 시설
구분	분야	대상기술	
7. 바이오·헬스	가. 바이오·화합물의약	9) 바이오필터 소재·부품 제조기술	바이오의약품 제조공정에서 세포, 바이러스, 단백질 등의 분리·정제·농축을 위해 사용하는 정밀여과급[MF급(Microfiltration): 평균 기공크기 0.1~10㎛] 및 한외여과급[EF급(Microfiltration): 평균 기공크기 0.001~0.1㎛]에 해당하는 바이오필터 소재·부품을 제조하는 시설
7. 바이오·헬스	나. 의료기기·헬스케어	1) 기능 융합형 초음파 영상기술	조기 정밀 진단을 위한 영상기술 간 융합(X-ray - 초음파, 광음향 - 초음파) 및 정밀치료를 위한 초음파 영상유도 기반의 체외충격파 치료 기술 기반 기능 융합형 초음파 영상기기를 제조하는 시설
7. 바이오·헬스	나. 의료기기·헬스케어	2) 신체 내에서 생분해되는 소재 개발 및 제조 기술	우수한 유연성과 고강도의 기계적 물성을 가지며, 시술에 따른 혈전증 및 재협착률을 최소화하는 생분해성 스텐트를 제조하는 시설
7. 바이오·헬스	나. 의료기기·헬스케어	3) 유전자 검사용 진단기기 및 시약의 개발 및 제조 기술	질병의 진단이나 건강상태 평가를 목적으로 인체에서 채취한 검체로부터 DNA(deoxyribonucleic acid), RNA(Ribo Nucleic Acid), 염색체, 대사물질을 추출하여 분석하는 기기 및 시약을 제조하는 시설
7. 바이오·헬스	나. 의료기기·헬스케어	4) 암진단용 혈액 검사기기 및 시약의 개발 및 제조 기술	채취한 혈액으로부터 종양 표지자의 농도를 측정하여 암 발생 유무를 판단하는데 활용되는 검사기기 및 시약을 제조하는 시설
7. 바이오·헬스	나. 의료기기·헬스케어	5) 감염병 병원체 검사용 진단기기 및 시약의 개발 및 제조 기술	인체에서 채취된 혈액, 소변, 객담, 분변 등의 검체를 이용해 국내에서 새롭게 발생하였거나 발생할 우려가 있는 감염병 또는 국내 유입이 우려되는 해외 유행 감염병의 병원체를 검사하는 데 활용되는 기기 및 시약을 제조하는 시설
7. 바이오·헬스	나. 의료기기·헬스케어	7) 신체기능 복원·보조 의료기기 기술	생체역학·바이오닉스 등 첨단 의공학 기술을 통해 영구 손상된 신체기능을 원래대로 복원하여 정상적인 일상생활을 가능하게 하는 장치를 제조하는 시설
7. 바이오·헬스	다. 바이오 농수산·식품	1) 비가열 및 고온·고압 가공처리 기술	초고압(1,000기압 이상), 고압전자기장, 전기저항가열, 방사선 조사와 같은 대체 열에너지를 사용하거나, 가압·진공·과열증기 및 증기직접주입법 등을 이용한 고온·고압 처리기술을 사용하여 미생물 수를 감소 또는 사멸시키는 가공처리 시설

영 별표 7의 대상기술			사업화 시설
구분	분야	대상기술	
7. 바이오·헬스	다. 바이오 농수산·식품	2) 식품용 기능성 물질 개발 및 제조기술	동·식물 및 미생물 유래 기능성 물질을 가공 또는 대량 생산하는 시설
		3) 신품종 종자 개발기술 및 종자 가공처리 기술	종자의 품질을 높이기 위해 프라이밍(priming), 코팅(coating), 펠렛팅(pelleting) 등 종자를 가공처리하는 시설
		4) 유용미생물의 스크리닝 기술 및 유용물질 대량생산공정 기술	세균이나 곰팡이를 선발·분리하여 효용성을 평가하거나 이들 미생물을 활용하여 균주개발, 발효공정, 정제공정 등을 거쳐 유용물질을 대량으로 생산하는 시설
		5) 스마트팜 환경제어 기기 제작 기술	온실이나 축사의 온도, 습도, 이산화탄소, 악취 등을 감지하여 환경을 조절하는 센서와 이를 통해 작동하는 액츄에이터(actuator) 및 제어시스템을 제조하는 시설
		6) 식물성단백질 분리·분획·정제 및 구조화기술	물리적·화학적 방법을 이용하여 농·식품자원으로부터 식물성 단백질을 전분, 지방 등과 분리하여 용도에 맞게 분획·정제하는 시설 및 식물성단백질을 3D 프린터, 압출식 성형방식 등을 통해 구조화하는 시설
		7) 식품 냉·해동 안정화 기술	수분전이제어, 원물코팅, 라디오 주파수·저온스팀(Steam) 해동 등을 활용하여 냉동원료 및 제품의 품질을 균일하게 제어할 수 있는 식품 냉·해동 안정화 시설
	라. 바이오 화학	1) 바이오매스 유래 바이오플라스틱 생산 기술	재생가능한 유기자원을 이용하여 직접 또는 전환공정을 통해 당 또는 리그닌을 추출·정제하는 시설 및 바이오플라스틱을 생산하는 시설
		2) 바이오 화장품 소재(원료) 개발 및 제조기술	세포활성 제어기술, 미생물 발효 및 생물전환기술, 활성성분 대량생산기술 등의 바이오 기술(bio technology)을 활용하여 화장품의 소재(원료)를 제조하는 시설

영 별표 7의 대상기술			사업화 시설
구분	분야	대상기술	
8. 에너지 신산업·환경	가. 에너지 저장 시스템(ESS: Energy Storage System)	1) 비리튬계 이차전지 소재 등 설계 및 제조기술	흐름전지(Flow Battery)에 사용되는 전극·멤브레인(Membrane)·전해질·저가 분리판·스택(Stack)을 제조하는 시설 및 고온형 나트륨(Sodium)계 이차전지에 사용되는 세라믹(Ceramic) 전해질·셀(Cell)·모듈(Module)을 제조하는 시설
		2) 전력관리시스템 설계 및 전력변환장치 설계 및 제조 기술	저장장치 전력과 전력계통 간의 특성을 맞춰주는 전력변환장치(PCS, Power Conversion System)를 제조하는 시설
		4) 배터리 재사용·재제조를 위한 선별 기술	초기용량 대비 80% 이하로 수명이 종료된 전기동력 자동차 배터리를 검사·분해·평가하는 시설
	나. 신재생 에너지	1) 페로브스카이트(Perovskite), 페로브스카이트/결정질 실리콘 등 탠덤 태양전지 핵심소재 제조 및 대면적화 기술	고효율성 및 고내구성을 가진 대면적 웨이퍼, 광활성층, 전자·정공수송층, 투명전극, 금속전극, 금속리본, 봉지, 경량 전후면 외장 재료 등의 핵심소재를 제조하는 시설 및 페로브스카이트(Perovskite), 페로브스카이트/결정질 실리콘 등 탠덤 대면적·고효율 셀과 고내구성·고출력 태양광 모듈을 제조하는 시설(대면적 제조장비, 연속 공정기술 포함)
		2) 연료전지 전용부품 제조기술	연료전지 핵심부품인 개질기, 막전극 접합체, 금속분리판 또는 블로어를 제조하는 시설
		3) 폐기물 액화·가스화 기술	재생폐기물로부터 연료유 또는 가스를 생산하기 위한 열분해·가스화 시설
		4) 풍력에너지 생산기술로서 회전동력을 증속시켜 발전기에 전달하는 부품 설계 및 제조기술	블레이드(blade)로부터 전달되는 회전력을 전달받아 증속하여 발전기에 전달하는 장치를 구성하는 유성기어(planet carrier)·축(shaft)·베어링(bearing)·이음쇠(coupling)·브레이크(brake) 및 제어기(controller)를 제조하는 시설

영 별표 7의 대상기술			사업화 시설
구분	분야	대상기술	
8. 에너지 신산업·환경	나. 신재생 에너지	5) 풍력에너지 생산기술로서 발전기(Generator) 및 변환기(Inverter) 제조기술	동력 구동장치 증속기로부터 동력을 전달받아 회전자(rotor)와 고정자(stator)를 통해 전기를 발생시키는 발전기(generator)를 제조하는 시설 및 정속운전 유도발전기용 변환기, 가변속 운전 이중여자 유도발전기용 변환기 및 가변속 운전 동기발전기용 변환기를 제조하는 시설
		6) 지열 에너지 회수 및 저장 기술	지열에너지 이용효율 및 경제성을 향상시키는 그라우팅(grouting) 재료를 제조하는 시설 및 지중 축열 장비를 제조하는 시설
		8) 바이오매스 유래 에너지 생산기술	자연에 존재하는 다양한 자원을 이용하여 직접연소 또는 전환공정을 통해 연료로 사용할 수 있는 고형연료, 알코올, 메탄, 디젤, 바이오가스, 바이오수소 등을 생산하는 시설
		9) 액화수소 제조를 위한 수소액화플랜트 핵심부품 설계 및 제조기술	액화수소 제조를 위한 수소액화플랜트의 액화천연가스(LNG, Liquefied Natural Gas) 냉열 이용 예냉사이클, 수소액화공정에 필요한 부품(압축기·팽창기 등)을 설계 및 제조하는 시설
		10) 고체산화물 연료전지 지지형셀·스택·시스템 설계 및 제조 기술	고체산화물 연료전지(SOFC)에서 중저온(600℃ 이하)에서 작동이 가능하고 출력효율이 높은 금속·연료극 지지형셀, 셀·분리판 등이 결합되어 전기와 열을 생산하는 스택, 스택을 결합하여 대량으로 발전이 가능한 시스템(발전효율 50% 이상인 4kW급 이상)을 제조하는 시설
		11) 풍력발전 블레이드 기술	8MW급 이상의 풍력발전 블레이드(Blade)를 설계 및 제조하는 시설
		12) 수소 가스터빈(혼소·전소) 설계 및 제작 기술	수소를 연료로 사용하여 연소시킬 때 발생하는 고온 고압의 에너지로 발전기를 회전시켜 전기를 생산하는 가스터빈의 부품 설계·제작·조립·시험평가를 위한 시설

영 별표 7의 대상기술			사업화 시설
구분	분야	대상기술	
8. 에너지 신산업 · 환경	다. 에너지 효율 향상	2) 지능형 배전계통 고도화 및 운용 기술	배전계통을 보호 · 제어하기 위한 지능형 전력장치(IED, Intelligent Electric Device)를 제조하는 시설, IED가 탑재된 배전용 개폐기 및 차단기를 제조하는 시설 및 지능형 직류배전 공급용 기기를 제조하는 시설
		4) 지능형 검침인프라 (AMI, Advanced Metering Infrastructure)	양방향 통신 기반의 전자식 계량기를 활용하여 전기사용정보 등을 수집 후 통합관리하는 인프라로서 실시간으로 전력가격 및 사용정보를 소비자에게 전달하여 수요반응 등을 가능케 하고, 공급자에게는 더욱 정확한 수요예측 및 부하관리 등이 가능하게 하는 설비를 제조하는 시설
		5) 웨이퍼레벨 칩 패키징 공정기술	LED 칩을 미세 패턴이 가공된 열전도성이 높은 웨이퍼 위에서 일련의 공정을 통해 패키징한 후 다이싱(dicing)하여 칩 패키지를 제조하는 시설
		6) 대형가스터빈 부품 및 시스템 설계 · 제작 · 조립 · 시험 평가기술	천연가스를 연소시킬 때 발생하는 고온 고압의 에너지로 발전기를 회전시켜 전기를 생산하는 용량 380MW 이상, 효율 43% 이상의 터빈 및 부품을 제조하는 시설
		7) 초임계 이산화탄소 터빈구동 시스템	열원을 활용하여 생성된 초임계상태의 이산화탄소(supercritical CO2)를 작동 유체로 터빈을 구동하는 고효율 터빈 · 압축기 · 열교환기 등 발전설비 및 시스템을 제조하는 시설
		8) 고성능 리튬이차전지 기술	265wh/kg 이상의 에너지밀도 또는 6C-rate 이상의 방전속도를 충족하고 안전성이 향상된 고성능 리튬이차전지에 사용되는 부품 · 소재 · 셀(cell) 및 모듈(module)을 제조하는 시설
		9) 고온 연료전지 (SOFC, Solid Oxide Fuel Cell) 소재 기술	650℃이상에서 작동하는 연료전지로 다양한 연료[수소, 액화석유가스(LPG, Liquefied Petroleum Gas), 액화천연가스(LNG, Liquefied Natural Gas) 등]의 사용이 가능하고 산소이온 전도 세라믹(Oxygen ion Conducting Ceramic)을 이용하며 복합발전시스템이 가능한 전력변환장치로서 발전용 연료전지로 사용하는 소재를 제조하는 시설

영 별표 7의 대상기술			사업화 시설
구분	분야	대상기술	
8. 에너지 신산업·환경	라. 온실가스저감 및 탄소자원화	1) 연소 후 이산화탄소 포집 기술	화력발전소, 철강, 화학공정 등 화석연료 연소 후 발생되는 배기가스 중 이산화탄소를 효과적으로 분리하기 위한 흡수제, 흡착제, 분리막 등 분리소재를 제조하는 시설과 이산화탄소를 포집·분리하는 공정시설, 분리된 이산화탄소를 압축·정제하는 시설
		2) 연소전 이산화탄소 포집기술	석탄가스화 후 생성된 이산화탄소와 수소 중 이산화탄소를 분리하기 위한 흡수제, 흡착제, 분리막 등 분리소재를 제조하는 시설과 이산화탄소를 포집·분리하는 공정시설, 분리된 이산화탄소를 압축·정제하는 시설
		3) 순산소 연소기술 및 저가 산소 대량 제조기술	공기 연소 대신 산소를 직접 연소하거나 매체순환연소(Chemical Looping Combustion)을 통해 별도의 분리공정 없이 이산화탄소를 포집할 수 있는 순산소 연소시설
		4) 이산화탄소 지중저장소 탐사기술	이산화탄소 포집 후 저장에 필요한 지하공간을 탐사하기 위한 물리탐사 및 시추시설
		5) 이산화탄소 수송, 저장 기술	대량발생원에서 포집된 이산화탄소를 저장소까지 이송하기 위한 수송 시설, 수송된 이산화탄소를 지하심부에 안정적으로 저장하기 위한 시추 및 주입 시설, 이산화탄소의 거동 및 누출을 모니터링하는 시설
		6) 액화천연가스(LNG) 부유식 원유생산 저장설비(FPSO) 및 액화천연가스 운반선(LNGC)용 압축신장기 (Compander)	LNG FPSO(Liquefied Natural Gas Floating Production Storage Offloading)의 액화시스템 및 LNGC(Liquefied Natural Gas Carrier)의 재액화 시스템에 사용되는 냉매 압축·팽창기를 제조하는 시설

영 별표 7의 대상기술			사업화 시설
구분	분야	대상기술	
8. 에너지 신산업 · 환경	라. 온실가스저감 및 탄소자원화	7) 차세대 배기가스 규제 대응을 위한 운송 · 저장시스템 기술	운송 · 발전용 기관을 운전할 때 배출되는 배기가스 내의 질소산화물 및 배기배출물을 과급기 하류측에서 선택적촉매환원법(SCR, Selective Catalytic Reduction) 등을 사용하여 저감시키는 시스템 · 부품을 제조하는 시설
		8) 산업 부생가스 (CO, CH4) 전환 기술	제철소, 석유화학공단, 유기성 폐기물 등에서 발생하는 부생가스(CO, CH4)를 활용하여 화학 · 생물 전환기술을 통해 화학원료 또는 수송연료 등을 생산하는 시설
		9) 디젤 미립자 필터 (DPF) 제조 기술	디젤이 제대로 연소하지 않아 생겨나는 탄화수소 찌꺼기 등 유해물질을 모아 필터로 걸러낸 뒤 550℃ 이상의 고온으로 다시 태워 오염물질을 줄이는 저감장치를 제조하는 시설
		12) 이산화탄소 활용 기술	이산화탄소를 광물화, 화학적 · 생물학적 변환을 통해 연료 · 화학물 · 건축소재 등을 재생산하는 시설
	마. 원자력	1) 원자로 냉각재 펌프 설계 기술	원자로에서 핵반응을 통해 발생되는 열을 제거하여 증기발생기로 보내기 위해 냉각재를 순환시키는 원자력발전소 핵심 기기인 원자로냉각재펌프를 제조하는 시설
		2) 내열 내식성 원자력 소재 기술	방사선, 고온 및 부식성 환경속에서 내부식성을 극대화시킬 수 있는 내열 · 내식성 소재(핵연료 피복관, 증기발생기 세관(340℃ · 150기압의 1차 냉각수 및 300℃ · 50기압의 2차 냉각수 노출 가능), 원자로 내부 구조물(중성자 조사 및 340℃ · 150기압의 1차 냉각수 노출 가능) 등을 생산하는 시설
		3) 방사선이용 대형 공정 시스템 검사기술	철강 배관의 손상 진단 및 미세 결함 검출을 위한 와전류 자동검사 장비, X선 발생장치와 이리듐(Ir)-192 감마선 조사장치에 적합한 이동용 방사선투시 장비를 제조하는 시설

영 별표 7의 대상기술			사업화 시설
구분	분야	대상기술	
9. 융복합 소재	가. 고기능섬유	1) 탄소섬유복합재의 가공장비 및 검사장비 설계·제조기술	탄소섬유복합재 부품가공을 위한 복합 가공장비[관련되는 공구, 부품 고정을 위한 유연지그, 공정 모니터링 센서모듈 및 컴퓨터 수치제어기(CNC, Computerized Numerical Controller) 등을 포함한다]를 제조하는 시설 및 탄소섬유복합재 가공 품질 검사를 위한 검사장비를 제조하는 시설
		2) 극한성능 섬유 제조 기술	고탄성·고강도 탄소섬유, 섬유용 CNT(Carbon Nano Tube, 탄소나노튜브) 또는 고탄성·고강도·고내열성(250℃ 이상)·고내한성(-153℃~-273℃) 아라미드(Aramid)·초고분자량폴리에틸렌(UHMWPE, Ultra-High Molecular Weight Polyethylene)·액정섬유를 제조하는 시설 및 이들의 복합화 설계를 통한 초경량, 고탄성, 고강도, 고내열(한)성 섬유복합체를 제조하는 시설
		3) 섬유기반 전기전자 소재·부품 및 제품 제조기술	전기 또는 광 신호의 생산, 저장 또는 전달이 가능한 전도성 섬유를 가공·변형하여 트랜지스터, 저항, 콘덴서, 안테나 등의 전자회로 소자를 직물 형태로 구현하기 위한 소재·부품 및 제품을 제조하는 시설
		4) 의료용 섬유 제조기술	생체적합성(생체재료가 생체조직이나 체액·혈액 등과 접촉시 거부반응이 나타나지 않는 특성)과 생체기능성(생체재료가 체내에서 존재하는 동안 목표한 기능을 완전히 수행 가능한 특성)을 갖춘 의료용 섬유로서, 약물전달용 나노섬유, 바이러스·세균 감응섬유구조체, 혈액의 투석·정화용 섬유구조체, 손상조직을 대체 가능한 섬유구조체 또는 꼬이지 않고 계속되는 수축·팽창에 견딜 수 있는 인공혈관 섬유구조체를 제조하는 시설
		5) 친환경섬유 제조기술	환경친화적 섬유 원료를 사용한 섬유로서 생분해성 섬유고분자, 열가소성 셀룰로오스 섬유 또는 바이오매스 나노섬유를 제조하는 시설

영 별표 7의 대상기술			사업화 시설
구분	분야	대상기술	
9. 융복합 소재	가. 고기능섬유	6) PTFE (PolyTetraFluoro Ethylene) 멤브레인 기반 고성능 복합필터 제조기술	공기중의 0.3um 크기의 입자 99.97% 이상을 균일하게 포집할 수 있는 PTFE 멤브레인 기반의 고성능 복합필터 핵심 소재·부품을 제조·가공하는 시설
		7) 특수계면활성제 제조 기술	전자부품 제조 공정용으로 사용되는 저표면에너지(24~27 mN/m, 0.1% solution/PGMEA), 극미량의 금속함유량(100ppb 이하) 특성을 지닌 불소계 계면활성제 및 도료 및 포소화제의 기능향상을 위한 첨가제 등으로 사용되는 저표면에너지(15~18 mN/m, 0.1% 수용액), 극미량의 PFOA (Perfluorooctanoic Acid) 함유량(1ppm 미만) 특성을 지닌 불소계 계면활성제 제조 시설
	나. 초경량금속	1) 고강도 마그네슘 부품의 온간성형기술	미세조직 구성인자의 제어와 성형기법의 개선을 통해 저온(150℃ 이하)에서 성형 가능한 고품위·고강도 Mg(마그네슘) 부품을 제조하는 시설
		3) 차세대 조명용 고효율 경량 방열부품 생산기반 기술	알루미늄 등 경량소재를 이용하여 주조, 성형 및 표면처리를 통해 방열 부품을 제조하는 시설
	다. 하이퍼 플라스틱	1) 인성특성이 향상된 고강성 하이퍼플라스틱(High Performance Plastics) 복합체 제조 및 가공 기술	고강성 하이퍼플라스틱의 인성특성을 개선하여 고충격성(60KJ/m^2 이상), 내화학성(온도 23℃의 염화칼슘 5% 용액에 600시간 담근 후 인장강도 유지율 90% 이상), 내마모성(50 rpm, 150N, 측정거리 3Km 조건으로 내마모 시험 후 마모량 1.0 mm3/Kgf·Km 이하) 중 하나 이상의 특성을 지닌 고강성·고인성 하이퍼플라스틱 복합체를 제조하는 시설
	라. 타이타늄	1) 난삭 메탈소재(티타늄, 인코넬 등)의 가공장비 설계·제조기술	난삭 메탈소재(티타늄, 인코넬 등)의 가공을 위한 4축 이상의 고강성·고정밀 가공장비(관련되는 공구, 고압 절삭유 공급장치, 공정 모니터링 센서 모듈 및 제어용 모듈 등을 포함한다)를 제조하는 시설

영 별표 7의 대상기술			사업화 시설
구분	분야	대상기술	
9. 융복합소재	라. 타이타늄	2) 타이타늄 소재 제조기술과 금속재료 부품화 기술	사염화타이타늄(TiCl4), 스폰지, 잉곳, 루타일 및 아나타제 이산화 타이타늄(TiO2) 등의 소재를 제조 및 부품화하는 시설
	마. 구리합금	1) 고강도 구리합금 설계·제조기술	인장강도 900Mpa 이상의 고강도 특성을 갖춘 주석함유 구리합금(Cu-Ni-Sn계)을 제조·가공하는 시설
		2) 구리 및 구리합금 박판 제조기술	자동차, 전기·전자 분야의 고성능·소형화에 적용 가능한 두께 0.1mm 이하의 구리 및 구리합금 박판을 제조·가공하는 시설
	바. 몰리브덴	1) 고순도 몰리브덴 금속·탄화물 분말 및 금속괴 제조 기술	순도 99.5% 이상의 몰리브덴 금속분말, 순도 99% 이상의 몰리브덴 탄화물 분말 및 순도 99.95% 이상의 몰리브덴 금속괴를 제조·가공하는 시설
	사. 특수강	1) 고청정 스테인레스계 무계목강관·봉강 제조기술	망간 함유량 0.8% 이하 및 황 함유량 0.005% 이하로 제어된 고청정 스테인리스계 합금을 활용하여 용접이음매를 갖지 않는 강관 및 봉 형태의 철강재를 제조·가공하는 시설
		2) 고기능성 H형강 제품 제조기술	고강도(420Mpa급 이상), 고인성(-40℃ 이하에서 충격값 50 Joule 이상) 특성을 갖는 고기능성 H형강 제품을 제조·가공하는 시설
		3) 장수명 프리미엄급 금형소재 제조기술	기존 교체주기 5만회의 금형대비 30% 이상 수명이 향상된 합금설계, 고청정 특수강을 제조·가공하는 시설
	아. 기능성탄성·접착소재	1) 고기능 불소계 실리콘 제조·가공기술	내열성(온도 175℃에서 22시간 동안 영구압축줄음율 30% 이내), 내화학성(150℃, 240시간 내유체적변화율 10% 이하) 및 저온성(-66℃ 이하에서 기밀력 1800psi 이상)의 특성을 지닌 불소계 실리콘 고무 합성 및 분자량 제어 관련 제조시설
		2) 고기능 불소계 고무 제조·가공 기술	2원계 이상의 공중합체로서 불소함량이 50% 이상이며 내한성(어는점 -15℃ 이하), 내열성(200℃ 이상) 및 내화학성(온도 25℃ Fuel-C에서 체적변화율 4% 이내)을 갖춘 불소계 고무 제조·가공시설

영 별표 7의 대상기술			사업화 시설
구분	분야	대상기술	
9. 융복합소재	아. 기능성탄성·접착소재	3) 고기능 부타디엔 고무 제조·가공 기술	고상 및 액상 기능성(Cis content 90% 이상, 무니점도(ML1+4, 100℃) 40 이상) 부타디엔류 고무 제조 기술과 고내마모성(내마모도 60㎣ 이하, 구름저항 5.5 이하) 부타디엔 고무 제조·가공 시설
		4) 고기능 비극성계 접착소재 제조 기술	Haze 1% 이하의 광학특성과 연속사용온도 100℃의 열안정성을 갖는 실리콘계 점착·접착 소재 및 300℃ 이상의 고온가공성형이 가능한 아크릴레이트 함량 5~35% 또는 관능기의 함량 1.2~8%의 에틸렌계 점착·접착 소재 제조 시설
		5) 고기능 에폭시 수지 접착소재 제조 기술	에폭시 수지를 주성분으로 하여 경량 수송기기 부품의 구조접착에 사용되는 전단강도 25MPa 이상, 저온 충격강도 20N/mm 이상, T-박리강도 250N/25mm 이상의 기계적 성능을 갖는 접착소재 제조 기술과 전자부품의 접착에 사용되는 WVTR (Water Vapor Transmission Rate) 0g/㎡·24h 이하 및 20kV/mm 이상의 전기절연성을 갖는 비할로겐형 접착소재 제조시설
10. 로봇	가. 첨단 제조 및 산업로봇	1) 고청정 환경 대응 반도체 생산 로봇 기술	청정환경에서 450mm 대형 웨이퍼, 일반 반도체를 핸들링하며 5Port 이상 대응 가능(수평 이송범위 2,100mm 이상 및 수직 이송범위 900mm 이상)한 청정환경용 반도체 로봇을 제조하는 시설
		2) 차세대 태양전지(Solar cell) 제조 로봇 기술	고진공/고청정 환경의 태양전지 생산 현장에서 대면적·고중량 기판을 핸들링할 수 있는 로봇을 제조하는 시설
		3) 실내외 자율 이동·작업수행 로봇	농업, 건설, 물류, 보안·감시 분야에서 광범위 거리측정센서, GPS 등을 활용하여 실내외 환경에서 경로를 계획하여 주행하고(미리 정해진 경로를 따라가는 방식은 제외), 자율적으로 작업을 수행하는 지능형 로봇 및 기계를 제조하는 시설
		4) 평판 디스플레이(FPD) 이송로봇 기술	일반 대기압 또는 진공 환경 하에서 고중량(400kg 이상)의 FPD(Flat Panel Display) 및 마스크를 이송하는 로봇을 제조하는 시설

영 별표 7의 대상기술			사업화 시설
구분	분야	대상기술	
10. 로봇	가. 첨단 제조 및 산업로봇	5) 협동기반 차세대 제조로봇 기술	사용자와 같은 공간에서 협업이 가능한 초소형(가반하중 1kg 미만) 및 중대형(가반하중 25kg 이상) 로봇을 제조하는 시설
	다. 의료 및 생활로봇	1) 수술, 진단 및 재활 로봇기술	로봇기술을 이용한 진단 보조, 시술·수술보조와 이에 따른 환자의 조기 치유·재활이 목적인 의료로봇을 제작하는 시설
		2) 간병 및 케어 로봇 기술	간호사의 단순반복 업무 지원 및 환자의 정서케어 서비스 지원이 가능한 로봇을 제작하는 시설
		3) 안내, 통역, 매장서비스, 홈서비스 등의 안내로봇 기술	공공접객 장소 내에서 다양한 멀티미디어 콘텐츠를 활용한 제품 및 서비스 등을 효과적으로 안내하고 홍보하는 로봇을 제작하는 시설
		4) 원격현실(Tele-presence) 로봇기술	자율이동기능, 진단·지시용 매니퓰레이터 및 얼굴모션 동기화 등의 기술구현을 통한 원격진료·진료자문 및 교육 등이 가능한 Tele-presence 로봇을 제작하는 시설
		5) 생활도우미 응용 서비스 기술	가정 및 사회 환경 내에서 인간과 교감하며 정보의 취득, 일상생활 및 가사노동을 지원하는 지능형 로봇으로서 심부름, 가사작업 및 이동 보조형 로봇을 제작하는 시설
		6) 유치원, 초등학교에서 교사를 보조하는 교육로봇 기술	유치원이나 초등학교에서 교과과정에 적합한 교육 컨텐츠 및 로봇플랫폼을 활용하여 교사를 보조하여 학습하는 교육로봇을 제작하는 시설
	라. 로봇 공통	2) 모터, 엔코더, 드라이버 일체형의 구동 기술	로봇용 관절구성에 필요한 모터, 엔코더, 감속기, 드라이버를 모두 하나의 몸체에 넣어서 만든 관절구동형 액츄에이터(Actuator)를 제작하는 시설
		3) 웨어러블 로봇 기술	인체에 착용하여 인체 동작의도를 인식하고 추종제어 알고리즘을 통해 착용자의 신체능력 증강 및 운동을 지원하는 착용형 로봇을 제작하는 시설

영 별표 7의 대상기술			사업화 시설
구분	분야	대상기술	
11. 항공·우주	가. 무인이동체	4) 무인기 전기구동 핵심부품 기술	전기동력을 기반으로 무인기의 조종, 이착륙, 추진 등을 담당하는 핵심부품을 제조하는 시설
		7) 물류 배송용 드론 제조기술	일정 중량(10kg) 이상 물품을 100% 신뢰성을 확보한 비가시권 비행으로 안전하게 운송 가능한 드론과 기능개선에 필요한 소재(열전도율 5kcal/m·h 대비 10% 이상 개선)·부품(세계 최고 CPU 속도대비 약 66% 이상 처리성능 개선)·장비(다지점 배달용 물품 적재함, 물품배송 드론용 도킹스테이션 등의 경량화)를 설계 및 제조하는 시설
		8) 드론용 하이브리드 추진 시스템 기술	전기배터리 무인기의 체공시간(120분 이상) 및 탑재량(12kg 이상) 증대를 위해 엔진 동력을 이용하여 전기모터를 동작시키는 하이브리드 추진시스템과 관련한 소재·부품 및 장비를 제조하는 시설
	나. 우주	2) 위성탑재체 부분품 개발기술	인공위성 탑재를 목적으로 하는 광학 탑재체, 영상레이더 탑재체, 통신·방송 탑재체, 우주과학 탑재체, 항법 탑재체 시스템 및 위성용 영상자료처리장치, 주파수 변조기 및 안테나 등을 제조하는 시설
12. 첨단소재·부품·장비	가. 첨단소재	1) 고기능성 알루미늄 도금강판 제조 기술	550℃에서 200시간 유지 가능한 내열성과 SST(Stainless Steel) 2400(KSD9502)시간 보증 가능한 내식성이 우수한 고성능 알루미늄 도금강판을 제조·가공하는 시설
		2) 고순도 산화알루미늄 제조기술	순도 99.9% 이상의 산화알루미늄 분말 제조를 위한 합성, 가공, 고순도화, 고밀도화 등의 제조시설
		4) 고기능성 인조흑연 제조기술	인조흑연 제조용 피치 및 코크스 제조 시설, 전극봉·등방블록·흑연분말 성형 및 2,800℃ 이상의 열처리를 통한 흑연화 제조 시설
	나. 첨단부품	1) 고정밀 롤러베어링 및 볼베어링 설계·제조 기술	구름베어링의 일종으로 내외륜 사이에 다수의 볼 또는 롤러를 삽입하여 마찰을 감소시켜 고속운전을 돕거나 큰 하중에 견딜 수 있는 정밀도 P5급 이상의 기계부품 설계·제조 시설

영 별표 7의 대상기술			사업화 시설
구분	분야	대상기술	
12. 첨단 소재·부품·장비	나. 첨단 부품	2) 고압 컨트롤 밸브 설계·제조 기술	유압펌프에서 발생한 330 Bar 이상 고압의 유체에너지를 작업자의 작업의도에 따라 각 유압 액추에이터, 선회 및 주행의 유압모터 등에 공급하며, B5 10,000시간 이상의 높은 내구 신뢰성을 가지는 메인 컨트롤 밸브 부품 설계·제조 시설
		3) 고정밀 볼스크류 설계·제조기술	회전운동을 직선운동으로 변환하는 정밀도 C3급 이상, 축방향 공차 5μm 이내의 동력전달부품 설계·제조 시설
		4) 능동마그네틱 베어링 설계·제조 기술	자력을 이용하여 회전축을 지지하고, 윤활제가 필요 없이 극저온(-250℃ 내외) 또는 고온(300℃ 이상), 진공에서 축의 회전 궤적을 능동적으로 제어할 수 있는 부품 설계·제조 시설
		5) 고성능 터보식 펌프 설계·제조기술	임펠러 및 블레이드가 회전함으로써 기계의 운동에너지를 유체·기체의 압력에너지로 전환하여 2,500L/s 이상의 배기속도 및 1.3x10-9 mbar 이상의 최고 진공도를 만드는 터보식 펌프의 설계·제조 시설
		6) 특수 렌즈 소재·부품·장비 제조기술	고배율[굴절률(nd) 2.0 이상], 야간 투시[원적외선(파장 8~12㎛) 투과율 50% 이상], 자외선투과[자외광(193nm) 투과율 80% 이상] 등 특수용도로 사용되는 카메라 구성에 필요한 특수 광학소재의 소재·부품·장비 제조 시설
	다. 첨단 장비	1) 첨단 머시닝센터 설계·제조기술	자동공구교환장치(Automatic Tool Changer)를 장착하여, 밀링, 드릴링, 보링가공 등 여러 공정의 작업을 수행할 수 있는 가공정밀도 5μm 이내, 동시 제어 5축 이상, 최대 스핀들 속도 12,000rpm 이상의 절삭가공장비 및 부품의 설계·제조 기술(가공 회전수, 축 이동, 진동오차 제어 등 머시닝센터의 고정밀 작업을 제어하는 CNC(Computerized Numerical Controller) 모듈 관련 기술 포함) 제조 시설

영 별표 7의 대상기술			사업화 시설
구분	분야	대상기술	
12. 첨단 소재·부품·장비	다. 첨단 장비	2) 열간 등방압 정수압 프레스 설계·제조 기술	기체 또는 액체를 압력매체로 활용하여 1,500℃ 이상에서 작동하면서 1분당 최고 50℃의 속도로 냉각이 가능하고, 금속 소재를 모든 방향에서 100MPa 이상의 정수압 또는 등방압 조건으로 가압하는 직경 1,000mm 이상의 프레스 장비 설계·제조 시설
		3) 연삭가공기 설계·제조 기술	사파이어, 다이아몬드 등 고정도의 광물입자를 결합제로 고정시킨 숫돌을 이용하여 평면·원통 등 단순한 형태가 아닌 복잡한 형태의 가공공정을 수행하는 장비 설계·제조 시설
		4) 첨단 터닝센터	원통형 부품의 가공을 위해 소재를 회전시키면서 절삭 공구가 상대 이동하는 가공정밀도 5μm 이내, 최대 스핀들 속도 3,000rpm 이상의 절삭가공장비 설계·제조 시설(ISO 7등급 이하의 기어 제조를 위한 고속 스카이빙 가공장비 관련 시설 포함)
		5) 첨단 회전 성형기 설계·제조 기술	다축 정밀 동시제어시스템을 갖추고, 회전하는 주축과 롤러, 맨드릴을 이용하여 최대 성형롤 하중 60kN 이상, 최대 성형품 직경 500mm 이상, 성형 정밀도 ±0.5mm를 충족하는 성형 장비 설계·제조 시설
		6) 첨단 밸런싱머신 설계·제조기술	회전기계의 핵심부품인 회전부의 불균일한 질량분포를 측정한 후, 베어링으로 전달되는 힘이나 진동을 국제규격(ISO 21940-21) 규정 이내가 되도록 불균일 질량을 교정하는 장비 설계·제조 시설
		7) 첨단 레이저 가공장비 설계·제조 기술	절단, 천공, 용접, 정밀가공 등을 위해 고출력 레이저 가공헤드로 공작물을 용융·증발시켜서 분리하는 5축 이상의 레이저 가공장비를 설계·제조하는 시설
		8) 방전가공기 장비·부품의 설계·제조기술	공작물과 전극 사이에 불꽃 방전을 일으켜 티타늄, 초경합금 등 난삭재의 마이크로급 초정밀 가공을 수행하는 방전가공 장비 및 핵심요소부품의 설계·제조 시설

비고 : 대상기술란의 연번은 영 별표 7 대상기술란의 연번에 따른다.

제2절 연구 및 인력개발을 위한 설비투자에 대한 세액공제 제도

1 연구 및 인력개발 설비투자에 대한 세액공제의 개요

조세특례제한법 제25조 특정 시설 투자 등에 대한 세액공제는 내국인이 연구시험용 시설 및 직업훈련용 시설, 에너지절약시설, 환경보전시설, 안전시설 및 생산성향상시설에 2021.12.31.까지 투자하거나 근로자복지 증진시설을 2021.12.31.까지 취득하는 경우에는 해당 투자금액 또는 취득금액의 1%~10%에 상당하는 금액을 법인세(또는 소득세)에서 공제하는 제도이다.

2018.12.24. 조세특례제한법 개정시 종전 조세특례제한법 제11조, 제24조부터 제25조의 3 및 제94조에서 각각 규정하고 있던 각종 설비투자세액공제 규정을 삭제하면서, 특정 시설 투자 등에 대한 세액공제 규정을 신설하여 통합·재설계한 것이다.

본서에서 다루고자 하는 연구개발 조세지원제도와 관련해서는 특정 시설 투자 등에 대한 세액공제 대상시설 중 연구시험용 시설 및 직업훈련용 시설이 연구·인력개발 관련 시설투자에 해당하므로, 이를 중심으로 살펴보기로 한다.[521)]

연구 및 인력개발을 위한 설비투자에 대한 세액공제 제도는 1974.12.19.에 중요산업에 대한 조세특례 중 신기술기업화산업 투자에 대한 세액공제로 처음 신설된[522)] 이래 1994.1.1. "기술 및 인력개발비에 대한 세액공제", 2000.12.29. "연구 및 인력개발을 위한 설비투자에 대한 세액공제" 와 같이 명칭이 변경되었다.

2018.12.24.에는 조세특례제한법 제11조 연구 및 인력개발을 위한 설비투자 세액공제 규정이 삭제되면서, 조세특례제한법 제25조 특정 시설 투자 등에 대한 세액공제 규정[523)]으로 통합되었다가, 2020.12.29.에는 조세특례제한법 제25조 특정 시설 투자 등에 대한 세액공제가 삭제되면서, 조세특례제한법 제24조 통합투자세액공제 규정으로 통합[524)]되어 현재에 이르게 되었다.

521) 편의상 종전 명칭인 '연구 및 인력개발을 위한 설비투자에 대한 세액공제 제도'라 칭한다.

522) 조세감면규제법 제4조의 8 제4항(1974.12.19. 법률 제2678호로 일부 개정된 것) 및 조세감면규제법 시행령 제20조(1974.12.31. 대통령령 제7460호로 일부 개정된 것)

523) 2018.12.24. 법률 제16009호로 일부 개정된 조세특례제한법 제25조

524) 2020.12.29. 법률 제17759호로 일부 개정된 조세특례제한법 제24조

2 연구 및 인력개발 설비투자에 대한 세액공제의 요건

연구 및 인력개발을 위한 설비투자에 대한 세액공제(이하 "연구 및 인력개발 설비투자 세액공제"라 한다)는 내국인이 2021.12.31.까지 대통령령으로 정하는 연구시험용 시설 및 직업훈련용 시설에 투자(중고품 및 운용리스에 의한 투자는 제외한다)하는 경우에는 해당 투자금액에 1%~7%에 상당하는 금액을 그 투자를 완료한 날이 속하는 과세연도의 소득세 또는 법인세에서 공제하는 것으로 다음의 요건을 모두 갖추어야 한다(조세특례제한법 제25조 제1항).

연구 및 인력개발 설비투자 세액공제 요건
㉠ 내국인일 것(내국인 요건)
㉡ 연구시험용 시설 및 직업훈련용 시설에 투자를 할 것(적격 연구 및 인력개발시설 투자 요건) 단, 중고품 및 운용리스에 의한 투자는 제외

(1) 내국인일 것(내국인 요건)

'내국인'이라 함은 「소득세법」에 따른 거주자 및 「법인세법」에 따른 내국법인을 말한다.[525)] 따라서 모든 내국인은 업종에 상관없이 연구 및 인력개발 설비투자에 대한 세액공제를 적용받을 수 있다.

(2) 연구시험용 및 직업훈련용 시설에 투자를 할 것(적격 연구 및 인력개발시설 투자 요건)

적격 연구 및 인력개발시설 투자 요건으로 조세특례제한법 시행령 제22조에서는 대통령령으로 정하는 연구시험용 시설 및 직업훈련용 시설은 다음 중 어느 하나에 해당하는 것을 말한다고 규정하고 있다.

적격 연구시험용 및 직업훈련용 시설 투자 요건
㉠ 연구개발을 위한 연구·시험용 시설로서 기획재정부령으로 정하는 시설
㉡ 인력개발을 위한 직업훈련용 시설로서 기획재정부령으로 정하는 시설

이하에서는 적격 연구 및 인력개발시설 요건을 규정하고 있는 조세특례제한법 시행규칙 제13조에 대해서 자세히 살펴보도록 한다.

525) 조세특례제한법 제2조 제1항 제1호

가. 연구개발을 위한 연구·시험용 시설

조세특례제한법 시행령 제22조 제1호의 연구개발을 위한 연구·시험용 시설로서 기획재정부령으로 정하는 시설이란 전담부서등, 「국가과학기술 경쟁력강화를 위한 이공계지원특별법」 제18조 및 같은 법 시행령 제17조에 따라 과학기술정보통신부장관에게 신고한 연구개발서비스업자 및 「산업기술연구조합 육성법」에 따른 산업기술연구조합(적격사용자요건)에서 직접 사용하기 위한 적격한 연구시험용시설을 말한다. 다만, 운휴 중인 것은 제외한다(조세특례제한법 시행령 제22조 제1호, 조세특례제한법 시행규칙 제13조 제1항 각 호 외의 부분 본문).

① 적격사용자요건

연구개발을 위한 연구·시험용 시설에 대한 투자세액공제를 적용받기 위해서는 다음 중 어느 하나에 해당하는 자가 직접 사용하기 위한 시설이어야 한다.

적격 사용자의 범위
㉠ 전담부서등
㉡ 「국가과학기술 경쟁력강화를 위한 이공계지원특별법」 제18조 및 같은 법 시행령 제17조에 따라 과학기술정보통신부장관에게 신고한 연구개발서비스업자
㉢ 「산업기술연구조합 육성법」에 따른 산업기술연구조합

② 적격시설요건

적격한 연구시험용시설은 다음과 같다(조세특례제한법 시행규칙 제13조 제1항 각 호 부분).

연구시험용시설의 범위
㉠ 공구 또는 사무기기 및 통신기기, 시계·시험기기 및 계측기기, 광학기기 및 사진제작기기
㉡ 「법인세법 시행규칙」 별표 6의 업종별 자산의 기준내용연수 및 내용연수범위표의 적용을 받는 자산

나. 인력개발을 위한 직업훈련용 시설

조세특례제한법 시행령 제22조 제2호의 인력개발을 위한 직업훈련용 시설로서 기획재정부령으로 정하는 시설이란 직업능력개발훈련시설(내국인이 중소기업을 위하여 설치하는 직업훈련용 시설을 포함한다)로서 다음 중 어느 하나에 해당하는 것을 말한다. 다만, 운휴 중인 것은 제외한다(조세특례제한법 시행령 제22조 제2호, 조세특례제한법 시행규칙 제13조 제2항).

직업훈련용 시설의 범위
㉠ 공구 또는 사무기기 및 통신기기, 시계・시험기기 및 계측기기, 광학기기 및 사진제작기기 ㉡「법인세법 시행규칙」 별표 6의 업종별 자산의 기준내용연수 및 내용연수범위표의 적용을 받는 자산

「근로자직업능력 개발법」 제2조 제3호에 따른 직업능력개발훈련시설의 범위는 다음과 같다.

직업능력개발훈련시설의 범위
㉠ 공공직업훈련시설 : 국가・지방자치단체 및 대통령령으로 정하는 공공단체(이하 "공공단체"라 한다)가 직업능력개발훈련을 위하여 설치한 시설로서 「근로자직업능력 개발법」 제27조에 따라 고용노동부장관과 협의하거나 고용노동부장관의 승인을 받아 설치한 시설 ㉡ 지정직업훈련시설 : 직업능력개발훈련을 위하여 설립・설치된 직업전문학교・실용전문학교 등의 시설로서 「근로자직업능력 개발법」 제28조에 따라 고용노동부장관이 지정한 시설

이때 일반인에 대한 위탁훈련이 가능한 근로자직업능력 개발법 시행령 제22조 제1항 제2호 가목에서 규정된 직업능력개발훈련을 위탁받을 수 있는 시설은 적격한 연구・인력개발을 위한 설비투자에 해당하지 않는다고 한다(법인-1104, 2010.11.30., 서면2팀-1381, 2007.7.26.).

3 연구 및 인력개발 설비투자에 대한 세액공제액 계산

내국인이 연구 및 인력개발을 위한 적격한 시설에 투자하는 경우에는 해당 투자금액의 100분의 1(대통령령으로 정하는 중견기업의 경우에는 100분의 3, 중소기업의 경우에는 100분의 7)에 상당하는 금액을 그 투자를 완료한 날이 속하는 과세연도의 소득세(사업소득에 대한 소득세만 해당한다) 또는 법인세에서 공제한다.

연구 및 인력개발 설비투자에 대한 세액공제액의 계산
적격 연구 및 인력개발시설 투자금액 × 1%(중견기업은 3%, 중소기업은 7%)

이하에서는 투자금액, 공제시기(투자를 완료한 날의 의미), 세액공제율 등에 대해 살펴본다.

(1) 투자금액

적격시설의 투자금액에 포함되는 것과 포함하지 않는 것에 대한 구체적인 사례는 '제1장 제1절'에서 살펴본 내용과 같다.

(2) 투자가 2개 이상의 과세연도에 걸쳐서 이루어지는 경우의 투자금액

연구 및 인력개발 설비투자에 대한 세액공제액은 원칙적으로 그 투자를 완료한 날이 속하는 과세연도에 법인세에서 공제(투자완료일 기준 세액공제방법)하는 것이나, 투자가 2개 이상의 과세연도에 걸쳐서 이루어지는 경우에는 그 투자가 이루어지는 과세연도마다 해당 과세연도에 투자한 금액에 대해 세액공제(작업진행률 기준 세액공제방법)를 받을 수 있다(조세특례제한법 제25조 제3항, 조세특례제한법 시행령 제22조의 7 제1항).

내국법인이 2개 이상의 과세연도에 걸쳐서 투자를 하는 경우에는 그 투자가 이루어지는 과세연도마다 해당 과세연도에 투자한 금액에 대해 작업진행률 기준 세액공제방법을 적용해야 하는데(조세특례제한법 시행령 제22조의 9 제3항), 구체적인 계산방법에 대해서는 '제1장 제1절'에서 살펴본 내용을 참고하기 바란다.

(3) 공제시기

연구 및 인력개발 설비투자에 대한 세액공제액은 그 투자를 완료한 날이 속하는 과세연도에 법인세에서 공제하는 것이나, 투자가 2개 이상의 과세연도에 걸쳐서 이루어지는 경우에는 그 투자가 이루어지는 과세연도마다 해당 과세연도에 투자한 금액에 대해 세액공제를 받을 수 있다(조세특례제한법 제25조 제3항). 이때 투자를 완료한 날은 해당 시설을 그 목적에 실제로 사용한 날을 말한다(조세특례제한법 집행기준 5-0-1 제3항).

(4) 적용세율

연구 및 인력개발 설비투자에 대한 세액공제율은 다음과 같다.

| 표 _ 연구·인력개발 설비투자에 대한 세액공제율 |

내용	
1. 중소기업(주)[526]	7%
2. 중견기업[527]	3%
3. 대기업(위 1. 2.에 해당하지 아니하는 경우)	1%

(주) 중소기업이란 조세특례제한법 시행령 제2조에 따른 중소기업을 말하고, 규모의 확대 등으로 중소기업에 해당하지 아니하게 된 때에는 최초로 그 사유가 발생한 날이 속하는 과세연도와 그 다음 3개 과세연도까지 중소기업으로 본다.

사례 82 **2개 사업연도에 걸친 투자가 고용창출투자세액공제와 연구 및 인력개발 설비투자세액공제 요건을 모두 충족하는 경우 사업연도마다 각각 다른 세액공제의 신청 가능한지 여부**

예컨대 2013년부터 연구설비 증설을 시작하여 2014년에 설비투자를 완료한 경우에 2013년분에 투자한 금액은 이미 연구 및 인력개발 설비투자세액공제를 적용받았으나, 2014.1.1.부터 시행되는 연구 및 인력개발 설비투자세액공제율의 하향 조정으로 2014년에 투자하는 연구설비 증설분은 고용창출투자세액공제를 적용받으려는 경우이다.

조세특례제한법 제127조(중복지원의 배제) 규정은 동일한 과세연도 내에서 각 조세감면 규정간의 중복적용이 배제되나, 각 과세연도를 달리해서는 다른 감면제도를 선택하여 적용할 수 있으므로 2개 사업연도에 걸쳐 진행된 투자가 「조세특례제한법」 제11조 및 제26조의 세액공제요건을 모두 충족한 경우 최초사업연도에는 같은법 제11조의 연구 및 인력개발 설비투자세액공제를 적용받고 다음 사업연도에는 같은법 제26조의 고용창출투자세액 공제를 다시 적용받을 수 있다(서면2팀-423, 2005.3.18., 법인-1035, 2009.3.12.).

4 적용기한

연구 및 인력개발 설비투자에 대한 세액공제는 2021.12.31.까지 적격한 연구시험용 시설 및 직업훈련용 시설에 투자하는 경우에 대해서만 적용한다.

5 세액공제의 신청

연구 및 인력개발 설비투자에 대한 세액공제를 적용받으려는 투자완료일이 속하는 과세연도의 과세표준신고와 함께 세액공제신청서(별지 제1호 서식), 투자자산 명세서(별지 제1호 서식 부표(1))를 납세지 관할 세무서장에게 제출하여야 한다. 단, 투자가 2개 이상의 과세연도에 걸쳐 이루어지는 경우에 그 투자가 이루어지는 과세연도마다 해당 과세연도에 투자한 금액에 대해 세액공제신청서를 제출해야 한다(조세특례제한법 제25조 제3항, 조세특례제한법 시행령 제22조의7 제3항, 조세특례제한법 시행규칙 제61조 제1항 제2호).

526) 중소기업의 범위는 본서 제4편 제1장 제2절을 참고하길 바란다.
527) 중견기업의 범위는 본서 제5편 제1장 제1절을 참고하길 바란다.

그러나 세액공제신청서의 제출은 납세의무자로 하여금 공제신청에 필요한 서류를 정부에 제출하도록 협력의무를 부과한 것에 불과하므로 연구 및 인력개발 설비투자에 대한 세액공제는 그 요건이 충족되면 당연히 공제되고 공제신청이 있어야만 공제되는 것은 아닌 것으로 판단된다.

다만, 세액공제 항목 및 대상비용, 공제금액 등에 있어 납세자의 명확한 의사표시가 필요할 수 있으므로 법 소정의 과세표준신고 기한 내에 세액공제 신청을 하는 것이 좋을 것으로 보이며, 당초 과세표준신고 기한 내에 세액공제 신청을 하지 못 한 경우에는 경정청구 절차를 통해 세액공제 신청을 할 수 있을 것이다.

6 조세특례의 제한 등

연구 및 인력개발을 위한 설비투자세액공제에 대한 조세특례의 제한은 '제8편 조세특례의 제한 및 보칙'을 참고하기로 한다.

조세특례제한법 제11조에 적용되는 조세특례의 제한 및 보칙	해당 조문
국가등의 지원금으로 투자한 금액에 대한 세제지원 배제	조세특례제한법 제127조 제1항
투자세액공제 간 중복적용 배제	조세특례제한법 제127조 제2항
외국인투자에 대한 감면에 대한 투자세액공제의 제한	조세특례제한법 제127조 제3항
동일 과세연도에 세액감면과 투자세액공제의 중복적용 배제	조세특례제한법 제127조 제4항
추계과세 시 세액공제의 배제	조세특례제한법 제128조 제1항
수도권과밀억제권역의 투자에 대한 조세감면 배제	조세특례제한법 제130조
최저한세액에 미달하는 세액에 대한 감면 등의 배제	조세특례제한법 제132조
세액공제액의 이월공제	조세특례제한법 제144조
감면세액의 추징	조세특례제한법 제146조

7 감면분 농어촌특별세 비과세

조세특례제한법 제11조에 따라 연구 및 인력개발을 위한 설비투자에 대한 세액공제액을 법인세 또는 소득세에서 공제한 경우 농어촌특별세가 부과되지 않는다(농어촌특별세법 제4조 제12호, 동법 시행령 제4조 제6항 제1호).

8 관련서식

연구 및 인력개발을 위한 설비투자에 대한 세액공제 신청서(별지 제1호 서식)는 제4편에서 살펴본 조세특례제한법 제10조에 따른 연구·인력개발비 세액공제 신청서와 같으며, 투자자산 명세서(별지 제1호 서식 부표(1))는 다음과 같다.

〔별지 제1호 서식 부표(1)〕 (2021.3.16. 개정)

투자자산 명세서

※ [ ]에는 해당되는 곳에 √표를 합니다. (앞쪽)

과 세 연 도	. . . ~ . . .		
상호 또는 법인명		사업자등록번호	

1. 투자대상 자산의 종류

[ ] 1) 「조세특례제한법 시행령」 제4조(중소기업 등 투자세액공제) 【코드 : 131】

[ ] 2) **「조세특례제한법 시행령」 제22조(연구시험용 시설 및 직업훈련용 시설투자에 대한 세액공제) 【코드 : 134】**

[ ] 3) 「조세특례제한법 시행령」 제22조의 6(생산성향상시설 투자 등에 대한 세액공제) 【코드 : 135】

[ ] 4) 「조세특례제한법 시행령」 제22조의 5(안전시설 투자에 대한 세액공제) 【코드 : 136】

[ ] 5) 「조세특례제한법 시행령」 제22조의 2(에너지절약시설 투자에 대한 세액공제) 【코드 : 177】

[ ] 6) 「조세특례제한법 시행령」 제22조의 3(환경보전시설 투자에 대한 세액공제) 【코드 : 14A】

[ ] 7) 「조세특례제한법 시행령」 제22조의 8(의약품 품질관리 개선시설 투자에 대한 세액공제) 【코드 : 14B】

[ ] 8) 「조세특례제한법 시행령」 제22조의 9(신성장기술 사업화를 위한 시설투자에 대한 세액공제) 【코드 : 18B】

[ ] 9) 「조세특례제한법 시행령」 제23조(고용창출투자세액공제) 【코드 : 14N】

[ ] 10) 「조세특례제한법 시행령」 제22조의 4(근로자복지증진을 위한 시설투자에 대한 세액공제) 【코드 : 142】

[ ] 11) 「조세특례제한법 시행령」 제7조의 2 제12항(수탁기업에 설치하는 시설에 대한 세액공제) 【코드 : 18L】

[ ] 12) 「조세특례제한법 시행령」 제22조의 11(초연결 네트워크 구축을 위한 시설투자에 대한 세액공제) 【코드 : 18I】

[ ] 13) 「조세특례제한법 시행령」 제21조(통합투자세액공제) 【코드 : 13W】

2. 투자 자산별 명세 (단위: 원)

① 투자 자산 종류	② 투자자산 소재지	③ 투자 적격 여부	④ 투자자산 명칭	⑤ 투자자산 구입처		⑥ 매입 세금계산서 발행일	⑦ 투자금액
				상호 또는 법인명	사업자 등록번호		
합 계							

210mm×297mm[백상지 80g/㎡ 또는 중질지 80g/㎡]

(뒤쪽)

첨부서류	1.「조세특례제한법 시행령」 제22조의 2에 따른 투자 세액공제 시 첨부서류 -「에너지이용 합리화법」에 따른 에너지관리공단이 확인한 에너지관리 시스템(EMS)임을 증명할 수 있는 서류 -「에너지이용 합리화법」에 따라 산업통상자원부장관이 인증한 고효율인증기자재의 인증서 사본 -「에너지이용 합리화법」에 따라 산업통상자원부장관이 승인한 자동절전제어장치의 승인서 사본 2.「조세특례제한법 시행령」 제22조의 5에 따른 투자 세액공제 시 첨부서류 -「비상대비자원 관리법」에 따라 비상대비업무를 수행하기 위해 보강하거나 확장한 시설의 경우 해당 주무부장관이 지정한 사실과 그 임무를 기재하여 송달한 고지서 사본 -건축 당시에는 구조 안전 확인대상 건축물이 아니었으나, 「지진 · 화산재해대책법」에 따라 내진성능 확인을 받아 내진보강을 한 시설인 경우 그 확인을 증명할 수 있는 건축물 내진성능 확인서 및 확인신청 시 첨부하였던 서류 사본

작 성 방 법

※ 동 서식의 제4조, 제22조, 제22조의 2부터 제22조의 6, 제22조의 8, 제22조의 9, 제22조의 11은 구「조세특례제한법 시행령」(2021.2.17. 대통령령 제31444호로 개정되기 전의 것)에 따른 조문을 의미합니다.

※ 각 과세연도에 구「조세특례제한법 시행령」(2021.2.17. 대통령령 제31444호로 개정되기 전의 것) 제4조, 제22조, 제22조의 2부터 제22조의 6, 제22조의 8, 제22조의 9, 제22조의 11 또는「조세특례제한법 시행령」 제7조의 2 제12항, 제21조 제11항, 제23조에 따라 세액공제신청서(별지 제1호 서식)를 제출해야 하는 경우 반드시 이 서식을 작성해야 합니다.

1. "2. 투자 자산별 명세"에는 ⑦ 투자금액이 1억원 이상인 투자 자산의 명세를 기재하고, 나머지는 합계에 포함하여 적습니다.
2. ① 투자자산 종류란에는 위 "1. 투자대상 자산의 종류"에서 해당하는 분류번호(숫자 1~13)를 적습니다.
   * 예시) 의약품 품질관리 개선시설 투자세액공제를 신청하는 경우 → 7
3. ② 투자자산 소재지란에는 투자한 곳(투자처)의 소재지를 시/도 + 시/군/구 + 읍/면 + 도로명까지 적습니다.
4. ③ 투자적격 여부란에는 중고품 여 · 부, 리스 자산(금융리스 제외) 여부, 수도권과밀억제권역 내 투자 여부 등 해당 법령의 요건을 자체 검토하여 적격 여 · 부를 적습니다.
5. ⑦ 투자금액란에는 해당 자산에 대한 투자금액을 적습니다. 이 경우 2개 이상의 과세연도에 걸쳐서 이루어지는 투자에 대해 각 과세연도마다 공제받는 경우에는 구「조세특례제한법 시행령」(2021.2.17. 대통령령 제31444호로 개정되기 전의 것) 제4조 제3항에 따라 산출된 금액을 적고, 「조세특례제한법 시행령」 시행령 제23조에 따른 고용창출투자세액공제를 적용받는 경우에는 같은 조 제2항에 따라 산출된 금액을 적습니다.
6. 0투자금액을 계산할 때 「조세특례제한법」 제127조 제1항에 따라 국가 등으로부터 출연금 등의 자산 또는 이자비용을 지급받거나 융자를 받아 투자에 지출하는 경우에는 해당 지급금액이나 이자지원금에 상당하는 금액을 투자금액에서 차감하여 계산합니다.

제3절 신성장기술 사업화를 위한 시설투자에 대한 세액공제 제도

1 신성장기술 사업화를 위한 시설투자에 대한 세액공제의 개요

내국인이 신성장기술의 사업화를 위한 시설에 투자(중고품 및 대통령령으로 정하는 리스에 의한 투자는 제외한다)하는 경우 투자금액에 대해 일정한 공제비율을 곱한 금액을 법인세(또는 소득세)에서 공제하는 제도이다(조세특례제한법 제25조의 5).

동 제도는 우리나라 GDP 대비 R&D 투자는 세계적으로 최상위권이나, R&D 성과와 사업화 실적은 투자 규모에 못 미치는 실정을 감안하여, 기업의 신성장동력·원천기술 R&D에 대한 세제지원 뿐만 아니라, R&D를 통해 개발한 기술의 사업화를 촉진하기 위해 사업화에 대해서도 세제지원을 하려는 것으로, 2016.12.20. 조세특례제한법 제25조의 5 신성장기술 사업화를 위한 시설투자에 대한 세액공제로 신설되어[528] 도입된 것이다.

종전 조세특례제한법 제11조 연구 및 인력개발을 위한 설비투자에 대한 세액공제 규정 중 제2항 제3호 대통령령으로 정하는 신기술을 기업화하기 위한 사업용자산에 투자하는 경우 해당 투자금액의 1%(중견기업 3%, 중소기업 6%) 세액공제 해 주었던 것을, 투자금액의 5%(중견기업 7%, 중소기업 10%)으로 확대하여 개편한 것이다.

2020.12.29.에는 조세특례제한법 제25조의 5 신성장기술 사업화를 위한 시설투자에 대한 세액공제가 삭제되면서, 조세특례제한법 제24조 통합투자세액공제 규정으로 통합[529]되어 현재에 이르게 되었다.

|개정세법해설| 신성장기술 사업화시설 투자에 대한 세액공제 신설(조세특례제한법 제25조의 5)[530]

(1) 개정내용

종 전	개 정
〈신 설〉	□ 신성장동력·원천기술을 사업화하기 위한 시설 투자시 투자금액에 대하여 소득세·법인세 세액공제 ○ (공제율) 중소기업 : 10%, 중견 : 7%, 대기업 : 5% ○ (대상시설) 신성장동력·원천기술 R&D 세액공제 대상 기술을 사업화하는 시설로서 신성장동력·원천기술심의위원회의 심의를 거쳐 산업통상부장관이 인정하는 사업용자산 ○ (공제요건) ① + ②

528) 2016.12.20. 법률 제14390호로 일부 개정된 조세특례제한법 제25조의 5

529) 2020.12.29. 법률 제17759호로 일부 개정된 조세특례제한법 제24조

종 전	개 정
	① 전체 R&D 비중이 매출액의 5% 이상이고, 신성장동력 · 원천기술 R&D 비중 등이 일정요건* 충족 * 직전연도 신성장동력 · 원천기술 R&D가 전체 R&D의 10% 이상이거나 해당 기업이 연구개발한 특허권을 보유 ② 직전연도보다 상시근로자 수가 감소하지 않을 것* * 중소기업의 경우 감소한 경우에도 적용하되 감소인원 1인당 1,000만원을 세액공제액에서 차감 ○ (적용지역) 수도권과밀억제권역 내 투자 제외 □ 공제세액 추징 ① 공제연도 이후 2년 이내 상시근로자 수 감소시 1인당 1,000만원씩 추징 ② 투자 완료일부터 3년 이내에 다른 목적에 전용한 경우 세액공제 상당액 추징 □ 적용기한 : 2018.12.31. * 연구인력개발을 위한 설비투자세액공제 대상 중 「신기술 기업화사업용자산」(조특법 §11 ② 3호)을 동 제도로 일원화

(2) 개정이유

R&D를 통해 개발한 기술의 사업화 지원

(3) 적용시기

2017.1.1. 이후 투자하는 분부터 적용

2 신성장기술 사업화를 위한 시설투자에 대한 세액공제의 요건

신성장기술 사업화를 위한 시설투자에 대한 세액공제(이하 "신성장기술 사업화시설 투자세액공제"라 한다)는 내국인이 2021.12.31.까지 신성장기술의 사업화를 위한 시설에 투자(중고품 및 대통령령으로 정하는 리스에 의한 투자는 제외한다)하는 경우에는 해당 투자금액에 5%~10%에 상당하는 금액을 해당 투자가 이루어지는 각 과세연도의 소득세 또는 법인세에서 공제하는 것으로 다음의 요건을 갖추어야 한다(조세특례제한법 제25조의 5 제1항).

530) 기획재정부, 「2016 간추린 개정세법」, 2017, 161면

신성장기술 사업화시설 투자 세액공제 요건
㉠ 내국인일 것(내국인 요건) ㉡ 신성장기술의 사업화를 위한 시설에 투자할 것(시설 요건) ㉢ 해당 투자를 개시하는 날이 속하는 과세연도의 직전 과세연도의 수입금액에서 연구·인력개발비가 차지하는 비율이 100분의 2 이상일 것(연구·인력개발비 요건) ㉣ 해당 투자를 개시하는 날이 속하는 과세연도의 직전 과세연도의 전체 연구·인력개발비에서 신성장·원천기술연구개발비가 차지하는 비율이 100분의 10 이상이거나, 신성장·원천기술을 해당 기업이 연구개발하여 최초로 설정등록받은 특허권을 보유하고 있을(신성장·원천기술개발비, 특허권 요건) ㉤ 해당 과세연도의 상시근로자 수가 직전 과세연도의 상시근로자 수보다 감소하지 아니할 것(상시근로자 수 요건)

(1) 내국인일 것(내국인 요건)

'내국인'이라 함은 소득세법에 따른 거주자 및 법인세법에 따른 내국법인을 말한다.[531] 따라서 모든 내국인은 업종에 상관없이 신성장사업화시설 투자에 대한 세액공제를 적용 받을 수 있다.

(2) 신성장기술의 사업화를 위한 시설에 투자할 것(시설 요건)

적격한 신성장기술 사업화시설 투자 요건으로 조세특례제한법 시행령 제22조의 9 제1항에서는 대통령령으로 정하는 신성장기술의 사업화를 위한 시설이라 함은 다음 사항을 모두 만족하는 것을 말한다고 규정하고 있다(조세특례제한법 시행령 제22조의 9 제1항, 조세특례제한법 시행규칙 제13조의 8 제1항).

적격한 신성장기술 사업화시설 요건
㉠ 신성장동력·원천기술 분야별 대상기술을 연구개발한 기업이 해당 기술을 사업화하는 시설로서 조세특례제한법 시행규칙 별표 8의 8에 따른 시설에 해당할 것 ㉡ 조세특례제한법 시행령 제9조 제12항에 따른 신성장동력·원천기술심의위원회의 심의를 거쳐 기획재정부장관과 산업통상자원부장관이 공동으로 인정할 것 ㉢ 조세특례제한법 시행령 제4조 제2항에 따른 사업용자산에 해당할 것

이하에서는 적격한 신성장기술 사업화시설 투자에 대해서 자세히 살펴보도록 한다.

531) 조세특례제한법 제2조 제1항 제1호

가. 조세특례제한법 시행규칙 별표 8의 8에 따른 신성장·원천기술을 사업화하는 시설에 해당할 것

조세특례제한법 시행규칙 별표 8의 8에서는 신성장·원천기술 사업화하는 시설을 열거하고 있는데, 조세특례제한법 시행령 별표 7에 따른 신성장·원천기술 분야별 대상기술 중, R&D를 통해 개발한 기술의 사업화가 필요한 대상기술을 선별하여 정한 것으로 보인다. 조세특례제한법 시행규칙 별표 8의 8에 따른 신성장·원천기술을 사업화하는 시설의 범위는 본절 마지막 부분에서 살펴보기로 한다.

나. 신성장·원천기술심의위원회의 심의를 거쳐 기획재정부장관과 산업통상자원부장관이 공동으로 인정할 것

적격한 신성장사업화시설에 해당하기 위해서는 조세특례제한법 시행규칙 별표 8의 8에 따른 신성장·원천기술을 사업화하는 시설에 해당하면서, 신성장·원천기술심의위원회의 심의를 거쳐 기획재정부장관과 산업통상자원부장관이 공동으로 인정하여야 한다.

신성장·원천기술연구개발비 세액공제의 경우 신성장·원천기술연구개발비 대상기술이 조세특례제한법 시행령 별표 7에 해당하는지 여부에 대한 신성장·원천기술심의위원회의 심의는 선택 사항이었던 것에 비해, 신성장기술 사업화시설 투자 세액공제의 경우에는 필수요건으로 정하고 있다.

신성장·원천기술심의위원회의 심의에 대해서는 '제4편 제1장 제4절 신성장·원천기술연구개발비 세액공제'의 내용을 참고하기로 한다.

다. 조세특례제한법 시행령 제4조 제2항에 따른 사업용자산에 해당할 것

조세특례제한법 시행령 제4조 제2항에 따른 사업용자산이라 함은 다음 중 어느 하나에 해당하는 자산을 말한다(조세특례제한법 시행규칙 제3조).

사업용자산으로서 기획재정부령으로 정하는 자산
㉠ 해당 사업에 주로 사용하는 사업용 유형자산(토지와 별표 1의 건축물 등 사업용 유형자산은 제외한다)
㉡ 운수업을 주된 사업으로 하는 중소기업(조세특례제한법 시행령 제2조 제1항에 따른 중소기업을 말한다. 이하 "중소기업"이라 한다) : 차량 및 운반구(「개별소비세법」 제1조 제2항 제3호에 따른 자동차로서 자가용인 것을 제외한다)와 선박
㉢ 어업을 주된 사업으로 하는 중소기업 : 선박
㉣ 중소기업이 해당 업종의 사업에 직접 사용하는 소프트웨어 : 다음 중 어느 하나에 해당

사업용자산으로서 기획재정부령으로 정하는 자산
하는 것을 제외 ⓐ 인사, 급여, 회계 및 재무 등 지원업무에 사용하는 소프트웨어 ⓑ 문서, 도표 및 발표용 자료 작성 등 일반 사무에 사용하는 소프트웨어 ⓒ 컴퓨터 등의 구동을 위한 기본 운영체제(Operating System) 소프트웨어

다만, 「소득세법 시행령」 제67조 및 「법인세법 시행령」 제31조에 따라 즉시상각을 적용받은 자산 및 운휴 중인 것은 제외한다. 즉시상각의제에 대해서는 '제5편 제3장 제1절 무형자산 세무처리'의 내용을 참고하기로 한다.

(3) 연구·인력개발비가 차지하는 비율이 100분의 2 이상일 것 (연구·인력 개발비 요건)

해당 투자를 개시하는 날이 속하는 과세연도의 직전 과세연도(기업을 설립한 날이 속하는 과세연도에 투자를 개시하는 경우에는 해당 과세연도로 한다)의 수입금액에서 연구·인력개발비가 차지하는 비율이 100분의 2 이상이어야 한다. 수입금액은 기업회계기준에 따라 계산한 매출액을 의미한다.

(4) 전체 연구·인력개발비에서 신성장·원천기술연구개발비가 차지하는 비율이 100분의 10 이상이거나, 신성장·원천기술 관련 특허권을 보유하고 있을 것(신성장·원천기술개발비 및 특허권 요건)

다음 중 어느 하나의 요건을 충족하여야 한다(조세특례제한법 시행령 제22조의 9 제4항, 조세특례제한법 시행규칙 제13조의 8 제2항).

신성장·원천기술개발비, 특허권 요건
㉠ 해당 투자를 개시하는 날[532]이 속하는 과세연도의 직전 과세연도(기업을 설립한 날이 속하는 과세연도에 투자를 개시한 경우에는 해당 과세연도로 한다)의 전체 연구·인력개발비에서 신성장·원천기술연구개발비가 차지하는 비율이 100분의 10 이상일 것 ㉡ 신성장·원천기술을 해당 기업이 연구·개발하여 최초로 설정등록받은 특허권을 보유하는 경우로서 해당 특허권이 해당 기술의 사업화 시설에 필수적인 것으로 조세특례제한법 시행령 제9조 제12항에 따른 신성장·원천기술심의위원회가 인정하는 경우

532) 투자의 개시시기에 관해서는 '제1장 제1절'에서 살펴본 내용을 참고하기 바란다.

(5) 상시근로자 수가 감소하지 아니할 것(상시근로자 수 요건)

해당 과세연도의 상시근로자 수가 직전 과세연도의 상시근로자 수보다 감소하지 아니하여야 한다. 다만, 중소기업의 경우에는 해당 과세연도의 상시근로자 수가 직전 과세연도의 상시근로자 수보다 감소한 경우에도 상시근로자 수 요건을 충족한 것으로 본다.

상시근로자의 범위 및 상시근로자 수의 계산방법에 관하여는 조세특례제한법 시행령 제23조 제10항부터 제13항까지의 규정을 준용한다(조세특례제한법 시행령 제22조의 9 제6항).

이하에서는 상시근로자의 범위 및 계산방법에 관하여 자세히 살펴본다.

가. 상시근로자의 범위

상시근로자는 「근로기준법」에 따라 근로계약을 체결한 내국인 근로자로 하는데, 다음 중 어느 하나에 해당하는 사람은 제외한다(조세특례제한법 시행령 제23조 제10항).

상시근로자의 범위에서 제외하는 사람
㉠ 근로계약기간이 1년 미만인 근로자(근로계약의 연속된 갱신으로 인하여 그 근로계약의 총 기간이 1년 이상인 근로자는 제외한다)
㉡ 「근로기준법」 제2조 제1항 제9호에 따른 단시간근로자. 다만, 1개월간의 소정근로시간이 60시간 이상인 근로자는 상시근로자로 본다.
㉢ 「법인세법 시행령」 제40조 제1항 각 호의 어느 하나에 해당하는 임원
㉣ 해당 기업의 최대주주 또는 최대출자자(개인사업자의 경우에는 대표자를 말한다)와 그 배우자
㉤ ㉣에 해당하는 자의 직계존비속(그 배우자를 포함한다) 및 「국세기본법 시행령」 제1조의 2 제1항에 따른 친족관계인 사람
㉥ 「소득세법 시행령」 제196조에 따른 근로소득원천징수부에 의하여 근로소득세를 원천징수한 사실이 확인되지 아니하고, 다음의 어느 하나에 해당하는 금액의 납부사실도 확인되지 아니하는 자 ⓐ 「국민연금법」 제3조 제1항 제11호 및 제12호에 따른 부담금 및 기여금 ⓑ 「국민건강보험법」 제69조에 따른 직장가입자의 보험료

나. 상시근로자 수의 계산

상시근로자 수는 다음 계산식에 따라 계산한 수로 한다. 이 경우 1개월간의 소정근로시간이 60시간 이상인 근로자 1명은 0.5명으로 계산하되, '지원요건'을 모두 충족하는 경우에는 0.75명으로 하여 계산한다(조세특례제한법 시행령 제26조 제11항).

상시근로자 수 = 해당 과세연도의 매월 말 현재 상시근로자 수의 합 ÷ 해당 과세연도의 개월 수

지원요건은 다음과 같다.

지원요건
㉠ 해당 과세연도의 상시근로자 수(1개월간의 소정근로시간이 60시간 이상인 근로자는 제외)가 직전 과세연도의 상시근로자 수(1개월간의 소정근로시간이 60시간 이상인 근로자는 제외)보다 감소하지 아니하였을 것 ㉡ 기간의 정함이 없는 근로계약을 체결하였을 것 ㉢ 상시근로자와 시간당 임금(「근로기준법」 제2조 제1항 제5호에 따른 임금, 정기상여금·명절상여금 등 정기적으로 지급되는 상여금과 경영성과에 따른 성과금을 포함한다), 그 밖에 근로조건과 복리후생 등에 관한 사항에서 「기간제 및 단시간근로자 보호 등에 관한 법률」 제2조 제3호에 따른 차별적 처우가 없을 것 ㉣ 시간당 임금이 「최저임금법」 제5조에 따른 최저임금액의 100분의 130(중소기업의 경우에는 100분의 120) 이상일 것

상기 계산식에 따라 계산한 상시근로자 수 중 100분의 1 미만 부분은 없는 것으로 한다. (조세특례제한법 시행령 제26조 제12항).

다. 해당 과세연도에 창업 등을 한 경우

한편, 해당 과세연도에 창업 등을 한 내국인의 경우에는 다음의 구분에 따른 수를 직전 또는 해당 과세연도의 상시근로자 수로 본다(조세특례제한법 시행령 제26조 제13항).

해당 과세연도에 창업 등을 한 경우
㉠ 창업(조세특례제한법 제6조 제10항 제1호부터 제3호까지의 규정에 해당하는 경우는 제외함)한 경우의 직전 과세연도의 상시근로자 수 : 0 ㉡ 조세특례제한법 제6조 제10항 제1호(합병·분할·현물출자 또는 사업의 양수 등을 통하여 종전의 사업을 승계하는 경우는 제외함)부터 제3호까지의 어느 하나에 해당하는 경우의 직전 과세연도의 상시근로자 수 : 종전 사업, 법인전환 전의 사업 또는 폐업 전의 사업의 직전 과세연도 상시근로자 수 ㉢ 다음 중 어느 하나에 해당하는 경우의 직전 또는 해당 과세연도의 상시근로자 수 : 직전 과세연도의 상시근로자 수는 승계시킨 기업의 경우에는 직전 과세연도 상시근로자 수에 승계시킨 상시근로자 수를 뺀 수로 하고, 승계한 기업의 경우에는 직전 과세연도 상시근로자 수에 승계한 상시근로자 수를 더한 수로 하며, 해당 과세연도의 상시근로자 수는 해

해당 과세연도에 창업 등을 한 경우
당 과세연도 개시일에 상시근로자를 승계시키거나 승계한 것으로 보아 계산한 상시근로자 수로 함. ⓐ 해당 과세연도에 합병·분할·현물출자 또는 사업의 양수 등에 의하여 종전의 사업부문에서 종사하던 상시근로자를 승계하는 경우 ⓑ 「법인세법 시행령」 제2조 제5항 및 「소득세법 시행령」 제98조 제1항에 따른 특수관계인으로부터 상시근로자를 승계하는 경우(이 경우 「법인세법 시행령」 제2조 제5항 제2호의 소액주주등을 판정할 때 「법인세법 시행령」 제50조 제2항 중 "100분의 1"은 "100분의 30"으로 본다)

3 신성장기술 사업화를 위한 시설투자에 대한 세액공제액 계산

내국인이 신성장기술 사업화를 위한 적격한 시설에 투자하는 경우에는 해당 투자금액의 100분의 5(대통령령으로 정하는 중견기업의 경우에는 100분의 7, 중소기업의 경우에는 100분의 10)에 상당하는 금액을 그 투자를 완료한 날이 속하는 과세연도의 소득세(사업소득에 대한 소득세만 해당한다) 또는 법인세에서 공제한다.

신성장기술 사업화를 위한 시설투자에 대한 세액공제액의 계산
적격 연구 및 인력개발시설 투자금액 × 5%(중견기업은 7%, 중소기업은 10%)

투자금액에 대해서는 제1절 통합투자세액공제의 내용을 참고하고 이하에서는 공제시기, 세액공제율에 대해 살펴본다.

(1) 공제시기

신성장기술 사업화를 위한 시설투자에 대한 세액공제액은 투자가 이루어지는 과세연도의 법인세에서 공제한다(조세특례제한법 제25조의 5 제1항). 따라서 투자가 2개 이상의 과세연도에 걸쳐서 이루어지는 경우에는 그 투자가 이루어지는 과세연도마다 해당 과세연도에 투자한 금액에 대해 세액공제를 적용한다.

내국법인이 2개 이상의 과세연도에 걸쳐서 투자를 하는 경우에는 그 투자가 이루어지는 과세연도마다 해당 과세연도에 투자한 금액에 대해 작업진행률 기준 세액공제방법을 적용해야 하는데(조세특례제한법 시행령 제22조의 9 제3항), 구체적인 계산방법에 대해서는 '제1장 제1절'에서 살펴본 내용을 참고하기 바란다.

(2) 적용세율

신성장기술 사업화를 위한 시설투자에 대한 세액공제율은 다음과 같다.

| 표 _ 연구·인력개발 설비투자에 대한 세액공제율 |

내용	
1. 중소기업(주)533)	10%
2. 중견기업534)	7%
3. 대기업(위 1. 2.에 해당하지 아니하는 경우)	5%

(주) 중소기업이란 조세특례제한법 시행령 제2조에 따른 중소기업을 말하고, 규모의 확대 등으로 중소기업에 해당하지 아니하게 된 때에는 최초로 그 사유가 발생한 날이 속하는 과세연도와 그 다음 3개 과세연도까지 중소기업으로 본다.

4 적용기한

신성장기술 사업화를 위한 시설투자에 대한 세액공제는 2021.12.31.까지 적격한 신성장기술 사업화를 위한 시설에 투자하는 경우에 대해서만 적용한다.

5 사후관리

신성장기술 사업화를 위한 시설투자에 대한 세액공제 규정에 따라 소득세 또는 법인세를 공제받은 자의 상시근로자 수가 감소하거나 공제받은 자가 해당 시설을 다른 목적으로 전용한 경우에는, 공제받은 세액에 상당하는 금액(해당 시설을 다른 목적에 전용한 경우에는 대통령령으로 정하는 바에 따라 계산한 이자상당액을 가산)을 소득세 또는 법인세로 납부하여야 한다(조세특례제한법 제25조의 5 제2항).

상기 규정과는 별개로 '제8편 조세특례의 제한 및 보칙'에서 설명할 조세특례제한법 제146조 감면세액의 추징 규정에서는 투자완료일부터 3년이 지나기 전에 해당 자산을 처분한 경우(임대를 포함), 처분한 날이 속하는 과세연도의 과세표준신고를 할 때 해당 자산에 대한 세액공제액 상당액에 대통령령으로 정하는 바에 따라 계산한 이자 상당 가산액을 가산하여 소득세 또는 법인세를 납부하여야 한다.

533) 중소기업의 범위는 본서 제4편 제1장 제2절을 참고하길 바란다.
534) 중견기업의 범위는 본서 제5편 제1장 제1절을 참고하길 바란다.

가. 사후관리 위배사유

다음 중 어느 하나에 해당하는 경우에는 공제받은 세액에 상당하는 금액을 소득세 또는 법인세로 납부하여야 한다(조세특례제한법 제25조의 5 제2항).

사후관리 위배사유
㉠ 공제받은 과세연도 종료일부터 2년이 되는 날이 속하는 과세연도 종료일까지의 기간 중 각 과세연도의 상시근로자 수가 공제받은 과세연도의 상시근로자 수보다 감소한 경우 ㉡ 해당 시설의 투자완료일부터 3년 이내에 그 자산을 다른 목적에 전용한 경우

나. 공제받은 세액에 상당하는 금액

사후관리 위배 시 납부하여야 하는 공제받은 세액에 상당하는 금액은 당초 신성장기술 사업화를 위한 시설투자에 대한 세액공제 금액일 것이다.

다만, 사후관리 위배사유 중 ㉠ 상시근로자 수가 감소한 경우에는 다음에 따라 계산한 금액(상시근로자 수가 감소된 과세연도의 직전 2년 이내의 과세연도에 조세특례제한법 제25조의 5 및 제144조 제4항에 따라 공제받은 세액의 합계액을 한도로 한다)을 공제받은 세액에 상당하는 금액으로 하며, 상시근로자 수가 감소된 과세연도의 과세표준을 신고할 때 소득세 또는 법인세로 납부하여야 한다(조세특례제한법 제25조의 5 제2항 본문 괄호, 조세특례제한법 시행령 제22조의 9 제5항).

상시근로자 수 감소 시 공제받은 세액에 상당하는 금액
㉠ 상시근로자 수가 1개 과세연도에만 감소한 경우 : 조세특례제한법 제25조의 5 제1항 또는 제144조 제4항에 따라 공제받은 과세연도(2개 과세연도 연속으로 공제받은 경우에는 두 번째 과세연도로 한다)보다 감소한 상시근로자 수 × 1천만원 ㉡ 상시근로자 수가 2개 과세연도 연속으로 감소한 경우 : ⓐ 상시근로자 수가 감소한 첫 번째 과세연도 : ㉠에 따라 계산한 금액 ⓑ 상시근로자 수가 감소한 두 번째 과세연도 : 해당 과세연도의 직전 과세연도보다 감소한 상시근로자 수 × 1천만원

다. 이자 상당 가산액

해당 시설의 투자완료일부터 3년 이내에 그 자산을 다른 목적에 전용한 경우 공제받은 세액에 상당하는 금액에 이자 상당액을 가산하는데, 이자 상당 가산액의 계산 방법은 다음과 같다(조세특례제한법 시행령 제22조의 9 제7항).

자산을 다른 목적에 전용한 경우 이자 상당 가산액(① × ②)
① 공제받은 과세연도의 과세표준신고일의 다음 날부터 사후관리 위배사유가 발생한 날이 속하는 과세연도의 과세표준신고일까지의 기간
② 1일 10만분의 25의 율[535)]

6 세액공제의 신청

신성장기술 사업화를 위한 시설투자에 대한 세액공제를 적용받으려는 과세연도의 과세표준신고와 함께 세액공제신청서(별지 제1호 서식) 및 통합투자세액공제신청서(별지 제8호의 9 서식)를 납세지 관할 세무서장에게 제출하여야 하며, 투자가 2개 이상의 과세연도에 걸쳐 이루어지는 경우에 그 투자가 이루어지는 과세연도마다 해당 과세연도에 투자한 금액에 대해 세액공제신청서를 제출해야 한다(조세특례제한법 제25조의 5 제1항 및 조세특례제한법 시행령 제22조의 9 제9항).

세액공제신청서의 제출은 납세의무자로 하여금 공제신청에 필요한 서류를 정부에 제출하도록 협력의무를 부과한 것에 불과하므로 연구·인력개발비에 대한 세액공제는 그 요건이 충족되면 당연히 공제되고 공제신청이 있어야만 공제되는 것은 아닌 것으로 판단된다.

다만, 세액공제 항목 및 대상비용, 공제금액 등에 있어 납세자의 명확한 의사표시가 필요할 수 있으므로 법 소정의 과세표준신고 기한 내에 세액공제 신청을 하는 것이 좋을 것으로 보이며, 당초 과세표준신고 기한 내에 세액공제 신청을 하지 못 한 경우에는 경정청구 절차를 통해 세액공제 신청을 할 수 있을 것이다.

7 조세특례의 제한 등

신성장기술 사업화를 위한 시설투자에 대한 세액공제에 대한 조세특례의 제한은 '제8편 조세특례의 제한 및 보칙'을 참고하기로 한다.

535) 연 9.125%

조세특례제한법 제25조의 5에 적용되는 조세특례의 제한 및 보칙	해당 조문
국가등의 지원금으로 투자한 금액에 대한 세제지원 배제	조세특례제한법 제127조 제1항
투자세액공제 간 중복적용 배제	조세특례제한법 제127조 제2항
외국인투자에 대한 감면에 대한 투자세액공제의 제한	조세특례제한법 제127조 제3항
동일 과세연도에 세액감면과 투자세액공제의 중복적용 배제	조세특례제한법 제127조 제4항
추계과세 시 세액공제의 배제	조세특례제한법 제128조 제1항
수도권과밀억제권역의 투자에 대한 조세감면 배제	조세특례제한법 제130조
최저한세액에 미달하는 세액에 대한 감면 등의 배제	조세특례제한법 제132조
세액공제액의 이월공제	조세특례제한법 제144조
감면세액의 추징	조세특례제한법 제146조

8 감면분 농어촌특별세 과세

조세특례제한법 제25조의 5에 따라 신성장기술 사업화를 위한 시설투자에 대한 세액공제액을 법인세 또는 소득세에서 공제한 경우 감면세액의 20%에 대한 농어촌특별세가 부과된다(농어촌특별세법 제4조 제12호, 동법 시행령 제4조 제6항 제1호).

9 관련서식

신성장기술 사업화를 위한 시설투자에 대한 세액공제 신청서(별지 제1호 서식)는 제4편에서 살펴본 조세특례제한법 제10조에 따른 연구·인력개발비 세액공제신청서와 같으며, 신성장기술 사업화를 위한 시설투자세액공제 공제세액계산서(별지 제8호의 6 서식)는 다음과 같다.

〔별지 제8호의 6 서식〕 (2021.3.16. 개정)

신성장기술 사업화를 위한 시설투자세액공제 공제세액계산서

※ 뒤쪽의 작성방법을 읽고 작성해 주시기 바랍니다. (앞쪽)

접수번호	접수일시	처리기간 즉시

❶ 신청인	① 상호 또는 법인명	② 사업자등록번호
	③ 대표자 성명	④ 생년월일
	⑤ 주소 또는 본점소재지 (전화번호 :)	

❷ 과세연도	년 월 일부터 년 월 일까지

❸ 해당 과세연도 투자분에 대한 공제세액 (= ⑬)	

가. 해당 과세연도의 투자금액 계산

⑥ 투자 자산 종류	⑦ 총 투자 예정 금액	⑧ 해당 과세연도 말까지 실제 지출한 금액	작업진행률에 의한 투자금액 계산				⑬누적투자 대상금액 (⑧과 ⑫ 중 큰 금액)	⑭해당 과세연도 이전 과세연도 까지의 누적투자 대상금액	⑮투자금액 (⑬－⑭)
			⑨ 해당과세 연도말 총투자 누적액	⑩ 총 투자 예정비	⑪ 진행률 (⑨/⑩)	⑫ 진행률에 의한 투자금액 (⑦×⑪)			
계									

나. 공제세액 계산

법인 구분	⑯ 투자금액(＝ ⑮)	⑰ 공제율	⑱ 공제세액(＝⑯×⑰)
중소기업		10%	
중견기업		7%	
일반기업		5%	

다. 상시근로자 수 계산

구 분	해당(직전) 과세연도의 매월 말 현재 상시근로자 수												⑲ 합계	⑳ 개월 수	㉑상시 근로자수 (＝⑲÷⑳)
	월	월	월	월	월	월	월	월	월	월	월	월			
해당 과세연도															
직전 과세연도															

❹ 신성장기술 사업화 시설투자세액공제를 받은 후 2년 이내에 상시근로자 수가 감소하거나 투자자산을 투자 완료일부터 3년 이내에 다른 목적으로 전용한 경우의 납부세액 계산

㉒ 세액공제를 받은 과세연도(2개 과세연도 연속으로 공제받은 경우에는 두 번째 과세연도)의 상시근로자 수	
㉓ 상시근로자 수가 ㉒에 비해 감소한 과세연도의 상시근로자 수	
㉔ 상시근로자 수가 ㉒에 비해 2개 과세연도 연속으로 감소한 경우 두번째 과세연도의 상시근로자 수	
㉕ 고용감소 상시근로자 수[(㉒-㉓) + (㉓-㉔)]	
㉖ 고용감소에 따른 납부할 세액 상당액(㉕×1천만원)	
㉗ 세액공제를 받은 뒤 투자자산을 3년 이내에 다른 목적으로 전용한 경우 이자상당액 계산금액	
㉘ 납부 세액(㉖+ ㉗)	

법률 제17759호 조세특례제한법 일부개정법률 부칙 제36조 및 구 「조세특례제한법 시행령」 제22조의 9 제9항(2021.2.17. 대통령령 제31444호로 개정되기 전의 것)에 따라 위와 같이 공제세액계산서를 제출합니다.

년 월 일

신청인 (서명 또는 인)

세무서장 귀하

210mm×297mm[백상지(80g/㎡) 또는 중질지(80g/㎡)]

10 신성장 · 원천기술을 사업화하는 시설

[조세특례제한법 시행규칙 별표 8의 8] <개정 2020.3.13.>

신성장 · 원천기술을 사업화하는 시설(제13조의 8 제1항 관련)

영 별표 7의 대상기술			사업화 시설
구분	분야	대상기술	
1. 미래형 자동차	가. 자율 주행차	1) 주행상황 인지 센서 기술	주행상황을 인지하는 차량탑재용 비전(vision) 센서(sensor), 레이더(radar) 센서, 레이저 스캐너(laser scanner) 센서, 초음파 센서를 제작하는 시설
	나. 전기 구동차	1) 전기구동방식 자동차의 에너지저장 시스템 밀도 향상 기술	장거리 주행거리 확보를 위해 에너지저장 시스템 밀도를 향상시킨 이차전지를 생산하는 시설
		2) 수소연료 저장 · 공급 장치 제조기술	수소연료로 전기를 생산하여 운행되는 수소연료전지자동차(FCEV: Fuel Cell Electric Vehicle) 내에 수소연료를 저장 및 공급하는 장치를 제조하는 시설
		3) 수소충전소의 수소생산 · 압축 · 저장 · 충전설비 부품 제조기술	수소연료전지자동차에 수소연료를 공급하기 위한 수소충전소의 수소생산설비, 압축설비, 저장설비, 충전설비 및 그 부품을 제작하는 시설
		4) 전기구동방식 자동차 구동모터 효율 향상을 위한 부품 개발 및 시험 기술	전기를 이용하여 차량을 구동하는 부품으로서, 차량 구동축에 연결하여 회전력을 바퀴에 전달함으로서 차량을 구동시킬 수 있는 고효율 전기구동방식 자동차 구동용 모터를 제작하는 시설
		5) 대용량 충전용 전력변환장치 및 자동 연결 충전 커넥터 설계 및 제작기술	최대 출력 100kW급 이상, 최대 공급 전력 200A 이상이고 최대 효율 92% 이상을 만족하는 전기구동방식 자동차 충전용 전력변환장치와, 전기적 안전성과 사용자 편리 등을 확보하기 위해 전기구동방식 자동차와 자동 연결되는 충전 커넥터를 제작하는 시설
		6) 전기차 초고속 · 고효율 무선충전 기술	전기구동방식 자동차와 관련하여 감전위험이 없는 비접촉 무선 전력전송 방식(자기유도, 자기공명, 전자기파)으로 배터리를 충전하기 위한 전력 전송효율 90% 이상의 초고속 고효율 무선충전 무선충전 핵심모듈(급전 인버터, 집전 픽업구조, 레귤레이터)을 제작하는 시설

<table>
<tr><th colspan="3">영 별표 7의 대상기술</th><th rowspan="2">사업화 시설</th></tr>
<tr><th>구분</th><th>분야</th><th>대상기술</th></tr>
<tr><td rowspan="9">2. 지능정보</td><td>가. 인공지능</td><td>5) 인지컴퓨팅 기술</td><td>인공지능 알고리즘(algorithm) 처리가 용이하도록 초고성능 연산 플랫폼(Platform)을 제공하는 컴퓨터 하드웨어를 제조하는 시설</td></tr>
<tr><td rowspan="4">마. 착용형 스마트 기기</td><td>1) 신체 부착형 전자회로의 유연기판 제작기술 및 유연회로 인쇄기술</td><td>스마트 착용형기기(wearable device)에 사용되는 신체부착형 전자회로의 유연기판을 제작하는 시설</td></tr>
<tr><td>2) 유연한 양·음극 소재 및 전극 설계·제조기술</td><td>20퍼센트 이상의 변형 시에도 기계적·전기화학적 신뢰성 확보가 가능하며 100㎛ 후박급의 착용형기기(wearable device)에 전원용으로 사용되는 유연한(flexible) 양·음극 소재 및 해당 전극을 제조하는 시설</td></tr>
<tr><td>3) 섬유기반 유연전원(fabric based flexible battery) 제조 기술</td><td>유연 성능이 4.5g·㎠/cm 이상으로 변형에 대한 형태 안정성이 우수한 유연전원(fabric based flexible battery)으로서, 에너지 밀도가 100Wh/kg 이상으로 고효율·고수명의 성능을 가진 섬유기반 유연전원을 제조하는 시설</td></tr>
<tr><td>4) 전투기능 통합형 작전용 첨단디지털 의류기술</td><td>군사 및 경찰 작전 등의 특수 임무를 수행하는데 필요한 극한기능과 신호전송기능 및 신체보호기능을 갖춘 총체적 디지털 기능 전투복을 제조하는 시설</td></tr>
<tr><td rowspan="2">바. IT 융합</td><td>1) 지능형 전자항해 기술</td><td>IMO(International Maritime Organization, 국제해사기구)의 e-Navigation 구현을 목적으로 장소에 구애받지 않고 4S(ship to ship, ship to shore, shore to ship, shore to shore) 통신을 구현하는 통신단말장치를 제작하는 시설</td></tr>
<tr><td>3) 지능형 기계 및 자율협업 기술</td><td>생산설비의 품질(상태)정보 및 공정조건을 실시간으로 분석하여 최적의 작업상태를 제공할 수 있는 진단·처방정보를 바탕으로 생산설비를 원격으로 제어하는 개방형 제어기(controller), M2M(Machine to Machine, Machine to Man, 기계 간의 통신 및 인간이 작동하는 기계와의 통신) 디바이스(device) 및 개방형 컨트롤러 디바이스를 탑재하여 자동으로 상태감시·진단·제어기능을 하는 지능형 기계를 제조하는 시설</td></tr>
<tr><td>아. 양자컴퓨터</td><td>양자컴퓨터 제작 및 활용 기술</td><td>양자 정보를 처리할 수 있는 메모리(큐비트, Qubit)를 구현하고, 큐비트간 연산처리가 가능한 장치를 제조하는 시설</td></tr>
</table>

영 별표 7의 대상기술			사업화 시설
구분	분야	대상기술	
5. 차세대 전자정보 디바이스	가. 지능형 반도체 · 센서	3) SoC 파운드리 제조, 후공정 및 장비 제작 기술	SoC(System on Chip) 반도체 파운드리(Foundry) 장비를 제작하는 시설 및 파운드리 분야의 10nm 이하급 제조 시설
		4) 차세대 메모리반도체 소재 · 장비 및 장비부품의 설계 · 제조 기술	기존 메모리반도체인 D램(DRAM)과 낸드 플래시메모리(Nand Flash Memory)의 장점을 조합한 STT-MRAM(Spin Transfer Torque-Magnetic Random Access Memory), PRAM(Phase-change Random Access Memory), ReRAM(Resistive Random Access Memory) 등 차세대 메모리반도체 제조 시설 및 이와 관련된 소재 · 장비 및 장비부품을 제조하는 시설
		5) 지능형 마이크로 센서 기술	물리적 · 화학적인 아날로그(analogue) 정보를 얻는 감지부와 논리 · 판단 · 통신기능을 갖춘 지능화된 신호처리 집적회로가 결합된 소자로서 나노기술, MEMS[Micro Electro Mechanical System, 기계부품 · 센서(sensor) · 액츄에이터(actuator) 및 전자회로를 하나의 기판 위에 집적화)] 기술, 바이오 기술, 0.8㎛ 이하 CMOS 이미지센서 기술 또는 SoC(System on Chip) 기술이 결합된 초소형 고성능 센서를 제조하는 시설
		6) 차량용 반도체 설계 · 제조기술	자동차 기능안전성 국제표준 ISO26262, 자동차용 반도체 신뢰성 시험규격 AEC-Q100을 만족하는 MCU(Micro controller unit), ECU(Electronic control unit), 파워IC, SOC, 하이브리드/전기차 및 자율주행용 IC 반도체를 제조하는 시설
		7) 첨단 메모리반도체 장비 및 장비부품의 설계 · 제조 기술	15nm 이하급 D램(DRAM)과 150단 이상 낸드 플래시메모리(Nand Flash Memory) 양산을 위한 장비 · 장비부품을 제조하는 시설
		8) 에너지효율향상 반도체 설계 · 제조기술	실리콘 기반의 MOSFET(MOS field-effect transistor)에 비해 저저항 · 고효율 특성을 지니며 차세대 응용 분야(전기차, 하이브리드카, 태양광, 풍력발전 등 신재생에너지, 스마트그리드 등) 인버터 등에 탑재되는 SJ(Super Junction) MOSFET, IGBT, SiC MOSFET을 제조하는 시설

영 별표 7의 대상기술			사업화 시설
구분	분야	대상기술	
5. 차세대 전자정보 디바이스	나. 반도체 등 소재·부품	1) Photoresist 개발 및 제조기술	반도체 및 디스플레이용 회로형성에 필요한 리소그래피(lithography)용 수지로서 회로의 내열성, 전기적 특성, 현상(Developing) 특성을 좌우하는 Photoresist 및 관련 소재를 제조하는 시설 [ArF(불화아르곤) 광원용 및 EUV(극자외선) 광원용]
		2) 원자층증착법(ALD, Atomic Layer Deposition) 및 화학증착법(CVD, Chemical Vapor Deposition)을 위한 고유전체(High-k dielectric)용 전구체 개발 기술	기존의 이산화규소(SiO2)보다 우수한 유전특성을 갖는 박막제조를 위해 증착공정(ALD, CVD)에 사용되는 전구체(금속을 포함하고 있는 용액)를 제조하는 시설
		3) 고순도 불화수소 개발 및 제조기술	반도체 회로형성에 필요한 순도 99.999%(5N) 이상의 고순도 불화수소를 제조하는 시설
		4) 블랭크 마스크(Blank Mask) 개발 및 제조기술	ArF(불화아르곤) 광원 및 EUV(극자외선) 광원을 이용하여 반도체 회로를 형성하는데 사용되는 블랭크마스크 원판 및 관련 소재(펠리클(Pellicle), 합성 쿼츠, 스터러링용 타겟 등을 포함)를 제조하는 시설
		5) 반도체용 기판 개발 및 제조기술	15nm 이하급 D램과 낸드플래시 메모리 및 에피텍셜 반도체용 기판을 제조하는 시설
		7) 고기능성 인산 제조 기술	SiNx, SiOx 막질의 선택적인 식각이 가능한 고선택비(1,000 이상) 인산계 식각액 제조시설
	다. 유기발광다이오드(OLED: Organic Light Emitting Diode) 등 고기능 디스플레이	1) 능동형 유기발광다이오드(AMOLED: Active Matrix Organic Light Emitting Diode) 패널·부품·소재·장비 제조 기술	대화면(9인치 이상) AMOLED 패널을 제조하는 시설(모듈조립공정 시설은 제외한다) 및 AMOLED 패널을 제조하기 위한 부품·소재·장비를 제조하는 시설
		2) 대기압 플라즈마 식각 장비 기술	디스플레이를 제조할 목적으로 대기압에서 플라즈마(plasma)를 발생시켜 박막을 식각하는 장비를 제조하는 시설

영 별표 7의 대상기술			사업화 시설
구분	분야	대상기술	
5. 차세대 전자정보 디바이스	다. 유기발광 다이오드 (OLED: Organic Light Emitting Diode) 등 고기능 디스플레이	3) 플렉서블 디스플레이 패널·부품·소재·장비 제조 기술	플렉서블 디스플레이(유연성 또는 유연한 성질을 가지는 디스플레이로, 깨지지 않고 휘거나 말 수 있고 접을 수 있는 특성을 지닌 것을 말한다. 이하 같다)를 제조하는 시설 및 이를 제조하기 위하여 공정별로 사용되는 부품·소재·장비를 제조하는 시설
		4) 차세대 차량용 디스플레이 패널·부품·소재·장비 제조기술	굴곡된 형상으로 제조 가능하고, 동작온도 -30℃~95℃, 시인성 black uniformity 60% 이상을 만족하는 다결정 저온 폴리실리콘(LTPS-LCD) 패널 및 이와 관련한 부품·소재 및 장비를 제조하는 시설
		5) 마이크로 LED 디스플레이 패널·부품·소재·장비 제조 기술	실리콘(Silicon) 또는 사파이어(Sapphire) 기판에 저결함 에피공정을 적용한 100㎛ 이하의 자발광 R/G/B 마이크로 LED 칩과 이를 이용한 픽셀·패널 및 이와 관련한 부품·소재 및 장비를 제조하는 시설
		6) VR·AR·MR용 디스플레이 패널·부품·소재·장비 제조 기술	가상현실, 증강현실, 혼합현실 기기에 사용되는 초고해상도(1,500 ppi이상) 디스플레이를 제조하기 위하여 공정별로 사용되는 기술과 이와 관련한 부품·소재 및 장비를 제조하는 시설
	라. 3D 프린팅	1) 3D프린팅 소재개발 및 장비제조기술	3차원 디지털 설계도에 따라 액체수지, 금속분말 등 다양한 형태의 재료를 적층하여 제품을 생산하는데 사용되는 소재 및 장비를 제조하는 시설
	마. AR 디바이스	1) AR 디바이스 제조기술	실제의 이미지나 배경에 유의미한 상황 정보를 기반으로 한 영상·텍스트·소리 등의 가상정보를 나타내어 사용자의 경험이 증강되고 현실세계와 동기화할 수 있는 장비 및 관련 부품을 제조하는 시설
6. 차세대 방송 통신	가. 5세대 (5G: 5generation) 및 6세대 (6G: 6generation) 이동통신	1) 5G 이동통신 기지국 장비 기술	가입자와 연결을 위해 이동통신사업자가 구축하는 5G 이동통신 광역 및 소형 셀(cell) 기지국 장비를 제조하는 시설
		2) 5G 이동통신 코어네트워크(Core Network, 기간망) 기술	트래픽(traffic) 전송·제어, 네트워크(network) 간 연결 등을 위해 5G 이동통신 기지국 장비와 연동되는 게이트웨이(gateway), 라우터(router), 스위치(switch) 등 장비를 제조하는 시설
		3) 5G 이동통신 단말 특화 부품 기술	5G 이동통신 단말을 구현하기 위해 새롭게 개발·적용될 통신모듈[베이스밴드(baseband, 기저대역) 모뎀, RF(radio frequency) 칩셋(chipset) 등]의 부품·소자를 제조하는 시설

영 별표 7의 대상기술			사업화 시설
구분	분야	대상기술	
6. 차세대 방송 통신	나. UHD (Ultra-High Definition)	1) 지상파 UHD방송 송신기 성능 향상 기술	냉각 기술(공냉, 수냉, 질소냉각 등 포함)의 개선, 회로 설계 방식 개선 등을 통한 고효율 지상파 UHD방송용 송신기를 제조하는 시설
7. 바이오·헬스	가. 바이오·화합물의약	1) 바이오 신약 후보물질 발굴 기술	유전자재조합기술, 세포배양 기술 등 새로운 생명공학을 이용하여 생명체에서 유래된 단백질·호르몬 등을 원료 및 재료로 하는 단백질의약품·유전자치료제·항체치료제·줄기세포를 이용한 세포치료제를 제조하는 시설
		2) 방어 항원 스크리닝 및 제조기술	면역 기전을 이용하여 인체질환을 방어하기 위해 항원을 스크리닝하고 이 항원을 제조하여 각종 질환을 치료하거나(치료용 백신) 예방하기 위한 백신(예방용 백신)을 제조하는 시설
		3) 바이오시밀러 제조 및 개량기술	바이오시밀러를 제조하는 시설
		4) 혁신형 신약(화합물의약품) 후보물질 발굴기술	혁신형 신약(화합물의약품)을 제조하는 시설
		5) 혁신형 개량신약(화합물의약품) 개발 및 제조 기술	혁신형 개량신약(화합물의약품)을 제조하는 시설
		9) 바이오필터 소재·부품 제조기술	바이오의약품 제조공정에서 세포, 바이러스, 단백질 등의 분리·정제·농축을 위해 사용하는 정밀여과급[MF급(Microfiltration): 평균 기공크기 0.1~10㎛] 및 한외여과급[EF급(Microfiltration): 평균 기공크기 0.001~0.1㎛]에 해당하는 바이오 필터 소재·부품을 제조하는 시설
	나. 의료기기·헬스케어	1) 실시간 4D (Dimension, 차원) 초음파 영상을 위한 트랜스듀스 및 미세조직 진단기술	초음파소자를 2차원 평면형태로 배열한 2차원 음향모듈을 이용한 것으로 가로, 세로 두 개의 축 방향에 대한 자유로운 빔 조향 및 집속을 통하여 3차원 영상을 실시간으로 얻을 수 있는 초음파 진단기를 제조하는 시설

영 별표 7의 대상기술			사업화 시설
구분	분야	대상기술	
7. 바이오·헬스	나. 의료기기·헬스케어	2) 신체 내에서 생분해되는 소재 개발 및 제조 기술	신체 내에서 각 부위에 적합하게 적용될 수 있는 생분해 의료용 제품[정형외과·치과용 임플란트(implant), 스텐트(stent), 봉합사, 약물 전달 시스템, 조직 재생 시스템]의 소재를 제조하는 시설
		3) 유전자 검사용 진단기기 및 시약의 개발 및 제조 기술	질병의 진단이나 건강상태 평가를 목적으로 인체에서 채취한 검체로부터 DNA(deoxyribonucleic acid), RNA(ribo nucleic acid), 염색체, 대사물질을 추출하여 분석하는 기기 및 시약을 제조하는 시설
		4) 암진단용 혈액 검사기기 및 시약의 개발 및 제조 기술	채취한 혈액으로부터 종양 표지자의 농도를 측정하여 암발생 유무를 판단하는데 활용되는 검사기기 및 시약을 제조하는 시설
		5) 감염병 병원체 검사용 진단기기 및 시약의 개발 및 제조 기술	인체에서 채취된 혈액, 소변, 객담, 분변 등의 검체를 이용해 국내에서 새롭게 발생하였거나 발생할 우려가 있는 감염병 또는 국내 유입이 우려되는 해외 유행 감염병의 병원체를 검사하는 데 활용되는 기기 및 시약을 제조하는 시설
	다. 바이오 농수산·식품	3) 신품종 종자 개발 기술 및 종자 가공처리 기술	종자의 품질을 높이기 위해 프라이밍(priming), 코팅(coating), 펠렛팅(pelleting) 등 종자를 가공 처리하는 시설
		4) 유용미생물의 스크리닝 기술 및 유용물질 대량생산공정 기술	세균이나 곰팡이를 선발·분리하여 효용성을 평가하거나 이들 미생물을 활용하여 균주개발, 발효공정, 정제공정 등을 거쳐 유용물질을 대량으로 생산하는 시설
		5) 스마트팜 환경제어기기 제작 기술	온실이나 축사의 온도, 습도, 이산화탄소, 악취 등을 감지하여 환경을 조절하는 센서와 이를 통해 작동하는 액추에이터(actuator) 및 제어시스템을 제조하는 시설
	라. 바이오 화학	1) 바이오매스 유래 바이오플라스틱 생산 기술	재생가능한 유기자원을 이용하여 직접 또는 전환공정을 통해 당 또는 리그닌을 추출·정제하는 시설 및 바이오플라스틱을 생산하는 시설
		2) 바이오 화장품 소재(원료) 개발 및 제조기술	세포활성 제어기술, 미생물 발효 및 생물전환기술, 활성성분 대량생산기술 등의 바이오 기술(bio technology)을 활용하여 화장품의 소재(원료)를 제조하는 시설

영 별표 7의 대상기술			사업화 시설
구분	분야	대상기술	
8. 에너지 신산업·환경	가. 에너지 저장 시스템 (ESS: Energy Storage System)	1) 비리튬계 이차전지 소재 등 설계 및 제조기술	흐름전지(Flow Battery)에 사용되는 전극·멤브레인(Membrane)·전해질·저가 분리판·스택(Stack)을 제조하는 시설 및 고온형 나트륨(Sodium)계 이차전지에 사용되는 세라믹(Ceramic) 전해질·셀(Cell)·모듈(Module)을 제조하는 시설
		2) 전력관리시스템 설계 및 전력변환장치 설계 및 제조기술	저장장치 전력과 전력계통 간의 특성을 맞춰주는 전력변환장치(PCS, Power Conversion System)를 제조하는 시설
	나. 신재생에너지	1) 실리콘 및 CIS계 박막 태양전지 고효율화 및 연속공정 기술	비정질 및 미세결정 실리콘 박막을 이용한 2중, 3중 등 다중접합 구조의 태양광 모듈을 제조하는 시설 및 구리(Cu), 인듐(In), 셀레늄(Se) 등 화합물 증착을 이용한 고효율 CIS계 태양광 모듈을 제조하는 시설
		2) 염료감응, 유기, 페로브스카이트(Perovskite) 등 태양전지 핵심소재, 대면적 모듈화 기술	고효율화를 위한 염료, 광활성층, 전자·정공수송층, 광전극, 전해질, 촉매전극 재료 등 핵심소재를 제조하는 시설 및 염료감응, 유기, 페로브스카이트(Perovskite) 등 대면적·고효율·고내구성 태양광 모듈을 제조하는 시설
		3) 연료전지 전용부품 제조기술	연료전지 핵심부품인 개질기, 막전극 접합체, 금속 분리판 또는 블로어를 제조하는 시설
		4) 폐기물 액화·가스화 기술	폐플라스틱, 폐타이어와 같은 고분자·가연성 폐기물의 직·간접 액화 반응을 통해 연료유 또는 가스를 생산하는 시설
		5) 풍력에너지 생산기술로서 회전동력을 증속시켜 발전기에 전달하는 부품 설계 및 제조기술	블레이드(blade)로부터 전달되는 회전력을 전달받아 증속하여 발전기에 전달하는 장치를 구성하는 유성기어(planet carrier)·축(shaft)·베어링(bearing)·이음쇠(coupling)·브레이크(brake) 및 제어기(controller)를 제조하는 시설
		6) 풍력에너지 생산기술로서 발전기(Generator) 및 변환기(Inverter) 제조기술	동력 구동장치 증속기로부터 동력을 전달받아 회전자(rotor)와 고정자(stator)를 통해 전기를 발생시키는 발전기(generator)를 제조하는 시설 및 정속운전 유도발전기용 변환기, 가변속 운전 이중여자 유도발전기용 변환기 및 가변속 운전 동기발전기용 변환기를 제조하는 시설

영 별표 7의 대상기술			사업화 시설
구분	분야	대상기술	
8. 에너지 신산업 · 환경	나. 신재생 에너지	7) 지열 에너지 회수 및 저장 기술	지열에너지 이용효율 및 경제성을 향상시키는 그라우팅(grouting) 재료를 제조하는 시설 및 지중 축열 장비를 제조하는 시설
		9) 바이오매스 유래 에너지 생산기술	자연에 존재하는 다양한 자원을 이용하여 직접연소 또는 전환공정을 통하여 연료로 사용할 수 있는 고형연료, 알코올, 메탄, 디젤, 바이오가스, 바이오수소 등을 생산하는 시설
	다. 에너지 효율 향상	2) 지능형 배전계통 고도화 및 운용 기술	배전계통을 보호 · 제어하기 위한 지능형 전력장치(IED, Intelligent Electric Device)를 제조하는 시설, IED가 탑재된 배전용 개폐기 및 차단기를 제조하는 시설 및 지능형 직류배전 공급용 기기를 제조하는 시설
		4) 지능형 검침인프라(AMI, Advanced Metering Infrastructure)	양방향 통신 기반의 전자식 계량기를 활용하여 전기사용정보 등을 수집 후 통합관리하는 인프라로서 실시간으로 전력가격 및 사용정보를 소비자에게 전달하여 수요반응 등을 가능케 하고, 공급자에게는 더욱 정확한 수요예측 및 부하관리 등이 가능하게 하는 설비를 제조하는 시설
		5) 웨이퍼레벨 칩 패키징 공정기술	LED 칩을 미세 패턴이 가공된 열전도성이 높은 웨이퍼 위에서 일련의 공정을 통하여 패키징한 후 다이싱(dicing)하여 칩 패키지를 제조하는 시설
		6) 대형가스터빈 부품 및 시스템 설계 · 제작 · 조립 · 시험 평가기술	천연가스를 연소시킬 때 발생하는 고온 고압의 에너지로 발전기를 회전시켜 전기를 생산하는 용량 100MW 이상, 효율 37% 이상의 터빈 및 부품을 제조하는 시설
		7) 초임계 이산화탄소 터빈구동 시스템	열원을 활용하여 생성된 초임계상태의 이산화탄소(supercritical CO2)를 작동 유체로 터빈을 구동하는 고효율 터빈 · 압축기 · 열교환기 등 발전설비 및 시스템을 제조하는 시설
		8) 고성능 리튬이차전지 기술	265wh/kg 이상의 에너지밀도 또는 6C-rate 이상의 방전속도를 충족하고 안전성이 향상된 고성능 리튬이차전지에 사용되는 부품 · 소재 · 셀(cell) 및 모듈(module)을 제조하는 시설

영 별표 7의 대상기술			사업화 시설
구분	분야	대상기술	
8. 에너지 신산업·환경	다. 에너지 효율 향상	9) 고온 연료전지(SOFC, Solid Oxide Fuel Cell) 소재 기술	650℃ 이상에서 작동하는 연료전지로 다양한 연료[수소, 액화석유가스(LPG, Liquefied Petroleum Gas), 액화천연가스(LNG, Liquefied Natural Gas) 등]의 사용이 가능하고 산소이온 전도 세라믹(Oxygen ion Conducting Ceramic)을 이용하며 복합발전시스템이 가능한 전력변환 장치로서 발전용 연료전지로 사용하는 소재를 제조하는 시설
	라. 온실가스 저감 및 탄소 자원화	1) 연소후 CO2 포집 기술	화력발전소, 철강, 화학공정 등 화석연료 연소 후 발생되는 배기가스 중 이산화탄소를 효과적으로 분리하기 위한 흡수제, 흡착제, 분리막 등 분리소재를 제조하는 시설과 이산화탄소를 포집·분리하는 공정설비, 분리된 이산화탄소를 압축·정제하는 설비
		2) 연소전 CO2 포집 기술	석탄가스화 후 생성된 이산화탄소와 수소 중 이산화탄소를 분리하기 위한 흡수제, 흡착제, 분리막 등 분리소재를 제조하는 시설과 이산화탄소를 포집·분리하는 공정설비, 분리된 이산화탄소를 압축·정제하는 설비
		7) 액화천연가스(LNG, Liquefied Natural Gas) 부유식 원유생산저장설비(FPSO, Floating Production Storage Offloading) 및 액화천연가스 운반선(LNGC, Liquefied Natural Gas Carrier)용 압축신장기(Compander)	LNG FPSO의 액화시스템 및 LNGC의 재액화시스템에 사용되는 냉매 압축·팽창기를 제조하는 시설
		8) 차세대 배기가스 규제 대응을 위한 운송·저장시스템 기술	운송·발전용 기관을 운전할 때 배출되는 배기가스내의 질소산화물 및 배기배출물을 과급기 하류측에서 선택적 촉매환원법(SCR) 등을 사용하여 저감시키는 시스템·부품을 제조하는 시설

영 별표 7의 대상기술			사업화 시설
구분	분야	대상기술	
8. 에너지 신산업 · 환경	라. 온실 가스 저감 및 탄소 자원화	9) 제련 슬래그(Slag)를 이용한 규소철(Ferrosilicon) 및 선철(Pig Iron) 제조 기술개발	동제련 슬래그 속에 포함된 산화철(FeO), 이산화규소(SiO2)를 활용하여 환원 · 공정 등을 통하여 제강공정에 사용 가능한 규소철(Ferrosilicon) 및 선철(Pig Iron)을 제조하는 시설
		10) 산업 부생가스(CO, CH4) 전환 기술	제철소, 석유화학공단, 유기성 폐기물 등에서 발생하는 부생가스(CO, CH4)를 활용하여 화학 · 생물 전환기술을 통해 화학원료 또는 수송연료 등을 생산하는 시설
		11) 디젤 미립자 필터(DPF) 제조 기술	디젤이 제대로 연소하지 않아 생겨나는 탄화수소 찌꺼기 등 유해물질을 모아 필터로 걸러낸 뒤 550℃ 이상의 고온으로 다시 태워 오염물질을 줄이는 저감장치를 제조하는 시설
	마. 원자력	1) 원자로 냉각재 펌프 설계 기술	원자로에서 핵반응을 통하여 발생되는 열을 제거하여 증기발생기로 보내기 위하여 냉각재를 순환시키는 원자력 발전소 핵심 기기인 원자로냉각재펌프를 제조하는 시설
		2) 내열 내식성 원자력 소재 기술	방사선, 고온 및 부식성 환경속에서 내부식성을 극대화시킬 수 있는 내열 · 내식성 소재(핵연료 피복관, 증기발생기 세관, 원자로 내부 구조물 등)를 생산하는 시설
		3) 방사선이용 대형 공정 시스템 검사기술	철강 배관의 손상 진단 및 미세 결함 검출을 위한 와전류 자동검사 장비, X선 발생장치와 이리듐(Ir)-192 감마선 조사장치에 적합한 이동용 방사선투시 장비를 제조하는 시설
9. 융복합 소재	가. 고기능 섬유	1) 탄소섬유복합재의 가공장비 및 검사장비 설계 · 제조 기술	탄소섬유복합재 부품가공을 위한 복합 가공장비[관련되는 공구, 부품 고정을 위한 유연지그, 공정 모니터링 센서모듈 및 컴퓨터 수치제어기(CNC, Computerized Numerical Controller) 등을 포함한다]를 제조하는 시설 및 탄소섬유 복합재 가공 품질 검사를 위한 검사장비를 제조하는 시설
		2) 극한성능 섬유 제조 기술	고탄성 · 고강도 탄소섬유, 섬유용 CNT(Carbon Nano Tube, 탄소나노튜브) 또는 고탄성 · 고강도 · 고내열성(250℃ 이상) · 고내한성(-153℃~-273℃) 아라미드(Aramid) · 초고분자량폴리에틸렌(UHMWPE) · 액정섬유를 제조하는 시설 및 이들의 복합화 설계를 통한 초경량, 고탄성, 고강도, 고내열(한)성 섬유복합체를 제조하는 시설

영 별표 7의 대상기술			사업화 시설
구분	분야	대상기술	
9. 융복합 소재	가. 고기능 섬유	3) 고성능 부직포 제조 및 활용기술	장방향의 강도와 횡방향의 강력비가 0.95 이상이고, 1.05 이하인 폴리에스테르 스펀본드(Polyester Spun-bond) 부직포를 제조하는 시설 및 이의 복합화 설계를 통한 복합재를 제조하는 시설
		4) 막소재 및 막모듈 기술	해수, 지표수 또는 하폐수 내에 존재하는 세균, 바이러스, 원생동물을 포함하는 유기물 및 입자성 탁질 물질을 제거하는 수처리에 이용되는 가압형 중공사막 모듈(순수투수량은 100kPa 압력과 25℃ 온도에서 250LMH (Liter per m2 hr) 이상, 기공크기는 0.05㎛ 이하, 파단인장강도는 9MPa 이상) 및 침지형 중공사막 모듈(순수투수량은 음압 50kPa 압력과 25℃ 온도에서 300LMH (Liter per m2 hr) 이상, 기공크기는 0.05㎛ 이하, 파단인장강도는 25MPa 이상)의 분리막 및 막모듈을 제조하는 시설
		5) 섬유기반 전기전자 소재·부품 및 제품 제조기술	전기 또는 광 신호의 생산, 저장 또는 전달이 가능한 전도성 섬유를 가공·변형하여 트랜지스터, 저항, 콘덴서, 안테나 등의 전자회로 소자를 직물 형태로 구현하기 위한 소재·부품 및 제품을 제조하는 시설
		6) 의료용 섬유 제조기술	생체적합성(생체재료가 생체조직이나 체액·혈액 등과 접촉시 거부반응이 나타나지 않는 특성)과 생체기능성(생체재료가 체내에서 존재하는 동안 목표한 기능을 완전히 수행 가능한 특성)을 갖춘 의료용 섬유로서, 약물전달용 나노섬유, 바이러스·세균 감응섬유구조체, 혈액의 투석·정화용 섬유구조체, 손상조직을 대체 가능한 섬유구조체 또는 꼬이지 않고 계속되는 수축·팽창에 견딜 수 있는 인공혈관 섬유구조체를 제조하는 시설
		7) 친환경섬유 제조기술	환경친화적 섬유 원료를 사용한 섬유로서 생분해성 섬유고분자, 열가소성 셀룰로오스 섬유 또는 바이오매스 나노섬유를 제조하는 시설
		8) PTFE (PolyTetraFluoro Ethylene) 멤브레인 기반 고성능 복합필터 제조기술	공기중의 0.3um 크기의 입자 99.97% 이상을 균일하게 포집할 수 있는 PTFE 멤브레인 기반의 고성능 복합필터 핵심 소재·부품을 제조·가공하는 시설

영 별표 7의 대상기술			사업화 시설
구분	분야	대상기술	
9. 융복합 소재	가. 고기능 섬유	9) 특수계면활성제 제조 기술	전자부품 제조 공정용으로 사용되는 저표면에너지(24~27 mN/m, 0.1% solution/PGMEA), 극미량의 금속함유량(100ppb 이하) 특성을 지닌 불소계 계면활성제 및 도료 및 포소화제의 기능향상을 위한 첨가제 등으로 사용되는 저표면에너지(15~18 mN/m, 0.1% 수용액), 극미량의 PFOA 함유량(1ppm 미만) 특성을 지닌 불소계 계면활성제 제조 시설
	나. 초경량 금속	1) 고강도 마그네슘 부품의 온간성형 기술	미세조직 구성인자의 제어와 성형기법의 개선을 통하여 저온에서 성형 가능한 고품위·고강도 Mg(마그네슘) 부품을 제조하는 시설
		3) 차세대 조명용 고효율 경량 방열부품 생산기반기술	알루미늄 등 경량소재를 이용하여 주조, 성형 및 표면처리를 통하여 방열 부품을 제조하는 시설
	다. 하이퍼 플라스틱	1) 인성특성이 향상된 고강성 하이퍼플라스틱(High Performance Plastics) 복합체 제조 및 가공 기술	고강성 하이퍼플라스틱의 인성특성을 개선하여 고충격성(60KJ/m^2 이상), 내화학성(온도 23℃의 염화칼슘 5% 용액에 600시간 침지 후 인장강도 유지율 90% 이상), 내마모성(50 rpm, 150N, 측정거리 3Km 조건으로 내마모시험 후 마모량 1.0 mm3/Kgf·Km 이하) 중 하나 이상의 특성을 지닌 고강성·고인성 하이퍼플라스틱 복합체를 제조하는 시설
	라. 타이타늄	1) 난삭 메탈소재(티타늄, 인코넬 등)의 가공장비 설계·제조기술	난삭 메탈소재(티타늄, 인코넬 등)의 가공을 위한 4축 이상의 고강성·고정밀 가공장비(관련되는 공구, 고압 절삭유 공급장치, 공정 모니터링 센서모듈 및 제어용 모듈 등을 포함한다)를 제조하는 시설
		2) 타이타늄 소재 제조기술과 금속재료 부품화 기술	타이타늄 원천소재(TiCl4), 스폰지, 잉곳, 루타일 및 아나타제 TiO2 등의 소재를 제조 및 부품화하는 시설
	마. 구리 합금	1) 고강도 구리합금 설계·제조기술	인장강도 900Mpa 이상의 고강도 특성을 갖춘 주석함유 구리합금(Cu-Ni-Sn계)을 제조·가공하는 시설
		2) 구리 및 구리합금 박판 제조기술	자동차, 전기·전자 분야의 고성능·소형화에 적용 가능한 두께 0.1mm 이하의 구리 및 구리합금 박판을 제조·가공하는 시설

영 별표 7의 대상기술			사업화 시설
구분	분야	대상기술	
	바. 몰리브덴	1) 고순도 몰리브덴 금속·탄화물 분말 및 금속괴 제조 기술	순도 99.5% 이상의 몰리브덴 금속분말, 순도 99% 이상의 몰리브덴 탄화물 분말 및 순도 99.95% 이상의 몰리브덴 금속괴를 제조·가공하는 시설
	사. 특수강	1) 고청정 스테인레스계 무계목강관·봉강 제조기술	Mn 함유량 0.8% 이하 및 S 함유량 0.005% 이하로 제어된 고청정 스테인리스계 합금을 활용하여 용접이음매를 갖지 않는 강관 및 봉 형태의 철강재를 제조하는 기술를 제조·가공하는 시설
		2) 고기능성 H형강 제품 제조기술	고강도(420Mpa급 이상), 고인성(-40℃ 이하에서 충격값 50 Joule 이상) 특성을 갖는 고기능성 H형강 제품을 제조·가공하는 시설
		3) 장수명 프리미엄급 금형소재 제조기술	기존 교체주기 5만회의 금형대비 30% 이상 수명이 향상된 합금설계, 고청정 특수강을 제조·가공하는 시설
9. 융복합 소재	아. 기능성 탄성·접착 소재	1) 고기능 불소계 실리콘 제조·가공 기술	내열성(온도 175℃에서 22시간동안 영구압축줄음율 30% 이내), 내화학성(150℃, 240시간 내유체적변화율 10% 이하) 및 저온성(-66℃ 이하에서 기밀력 1800psi 이상)의 특성을 지닌 불소계 실리콘 고무 합성 및 분자량 제어 관련 제조시설
		2) 고기능 불소계 고무 제조·가공 기술	2원계 이상의 공중합체로서 불소함량이 50% 이상이며 내한성(어는점 -15℃ 이하), 내열성(200℃ 이상) 및 내화학성(온도 25℃ Fuel-C에서 체적변화율 4% 이내)을 갖춘 불소계 고무 제조·가공시설
		3) 고기능 부타디엔 고무 제조·가공 기술	고상 및 액상 기능성(Cis content 90% 이상, 무니점도(ML1+4, 100℃) 40 이상) 부타디엔류 고무 제조 기술과 고내마모성(내마모도 60㎣ 이하, 구름저항 5.5 이하) 부타디엔 고무 제조·가공 시설
		4) 고기능 비극성계 접착소재 제조 기술	Haze 1% 이하의 광학특성과 연속사용온도 100℃의 열안정성을 갖는 실리콘계 점착·접착 소재 및 300℃ 이상의 고온가공성형이 가능한 아크릴레이트 함량 5~35% 또는 관능기의 함량 1.2~8%의 에틸렌계 점착·접착 소재 제조 시설

영 별표 7의 대상기술			사업화 시설
구분	분야	대상기술	
9. 융복합 소재	아. 기능성 탄성·접착 소재	5) 고기능 에폭시 수지 접착소재 제조기술	에폭시 수지를 주성분으로 하여 경량 수송기기 부품의 구조접착에 사용되는 전단강도 25MPa 이상, 저온 충격강도 20N/mm 이상, T-박리강도 250N/25mm 이상의 기계적 성능을 갖는 접착소재 제조기술과 전자부품의 접착에 사용되는 WVTR 0g/㎡·24h 이하 및 20kV/mm 이상의 전기절연성을 갖는 비할로겐형 접착소재 제조시설
10. 로봇	가. 첨단 제조 및 산업 로봇	1) 고청정 환경 대응 반도체 생산 로봇 기술	청정환경에서 450mm 대형 웨이퍼, 일반 반도체를 핸들링할 수 있는 청정환경용 반도체 로봇을 제조하는 시설
		2) 차세대 태양전지(Solar cell) / LED / 연료전지 제조 로봇 기술	고진공/고청정 환경의 태양전지 생산 현장에서 대면적/박막형 태양전지를 핸들링하거나 초고효율 나노 태양전지를 핸들링하는 로봇을 제조하는 시설
		3) 실내외 자율 이동·작업수행 로봇	농업, 건설, 물류, 보안·감시 분야에서 광범위 거리측정 센서, GPS 등을 활용하여 실내외 환경에서 경로를 계획하여 주행하고(미리 정해진 경로를 따라가는 방식은 제외), 자율적으로 작업을 수행하는 지능형 로봇 및 기계를 제조하는 시설
		4) FPD 이송로봇 기술	일반 대기압 또는 진공 환경 하에서 FPD(Flat panel display)를 이송하는 로봇을 제조하는 시설
		5) 협동기반 차세대 제조로봇 기술	직관적 교시기능과 충돌방지·회피 기능을 갖추고, 다양한 작업공정에 유연하게 즉응하며, 사용자와 같은 공간에서 협업이 가능한 차세대 로봇을 제조하는 시설
	다. 의료 및 생활 로봇	1) 수술, 진단 및 재활 로봇기술	로봇기술을 이용한 진단 보조, 시술·수술보조와 이에 따른 환자의 조기 치유·재활이 목적인 의료로봇을 제작하는 시설
		2) 간병 및 케어 로봇 기술	간호사의 단순반복 업무 지원 및 환자의 정서케어 서비스 지원이 가능한 로봇을 제작하는 시설
		3) 안내, 통역, 매장서비스, 홈서비스 등의 안내로봇 기술	공공접객 장소 내에서 다양한 멀티미디어 콘텐츠를 활용한 제품 및 서비스 등을 효과적으로 안내하고 홍보하는 로봇을 제작하는 시설
		4) Tele-presence 로봇 기술	자율이동기능, 진단·지시용 매니퓰레이터 및 얼굴모션동기화 등의 기술구현을 통한 원격진료·진료자문 및 교육 등이 가능한 Tele-presence 로봇을 제작하는 시설

영 별표 7의 대상기술			사업화 시설
구분	분야	대상기술	
10. 로봇	다. 의료 및 생활 로봇	5) 생활도우미 응용 서비스 기술	가정 및 사회 환경 내에서 인간과 교감하며 정보의 취득, 일상생활 및 가사노동을 지원하는 지능형 로봇으로서 심부름, 청소, 작업보조 및 이동 보조형 로봇을 제작하는 시설
		6) 유치원, 초등학교에서 교사를 보조하는 교육로봇 기술	유치원이나 초등학교에서 교과과정에 적합한 교육 컨텐츠 및 로봇플랫폼을 활용하여 교사를 보조하여 학습하는 교육로봇을 제작하는 시설
	라. 로봇 공통	2) 모터, 엔코더, 드라이버 일체형의 구동 기술	로봇용 관절구성에 필요한 모터, 엔코더, 감속기, 드라이버를 모두 하나의 몸체에 넣어서 만든 관절구동형 액추에이터(Actuator)를 제작하는 시설
		3) 웨어러블 로봇 기술	인체에 착용하여 인체 동작의도를 인식하고 추종제어 알고리즘을 통해 착용자의 신체능력 증강 및 운동을 지원하는 착용형 로봇을 제작하는 시설
11. 항공·우주	가. 무인 이동체	4) 무인기 전기구동 핵심부품 기술	전기동력을 기반으로 무인기의 조종, 이착륙, 추진 등을 담당하는 핵심부품을 제조하는 시설
		7) 물류 배송용 드론 제조기술	일정 중량(5kg) 이상 물품을 비행을 통해 안전하게 운송 가능한 드론, 드론-물품 장착장치 및 이와 관련한 소재·부품 및 장비를 제조하는 시설
		8) 드론용 하이브리드 추진 시스템 기술	전기배터리 무인기의 체공시간(120분 이상) 및 탑재량(12kg 이상) 증대를 위해 엔진 동력을 이용하여 전기모터를 동작시키는 하이브리드 추진시스템과 관련한 소재·부품 및 장비를 제조하는 시설
	나. 우주	2) 위성탑재체 부분품 개발기술	인공위성 탑재를 목적으로 하는 광학 탑재체, 영상레이더 탑재체, 통신·방송 탑재체, 우주과학 탑재체, 항법 탑재체 시스템 및 위성용 영상자료처리장치, 주파수 변조기 및 안테나 등을 제조하는 시설
12. 첨단 소재·부품·장비	가. 첨단 소재	1) 고기능성 알루미늄 도금강판 제조 기술	550℃에서 200시간 유지 가능한 내열성과 SST 2400(KSD9502)시간 보증 가능한 내식성이 우수한 고성능 알루미늄 도금강판을 제조·가공하는 시설
		2) 고순도 산화알루미늄 제조기술	순도 99.9% 이상의 산화알루미늄 분말 제조를 위한 합성, 가공, 고순도화, 고밀도화 등의 제조시설
		4) 고기능성 인조흑연 제조기술	인조흑연 제조용 피치 및 코크스 제조 시설, 전극봉·등방블록·흑연분말 성형 및 2,800℃ 이상의 열처리를 통한 흑연화 제조 시설

영 별표 7의 대상기술			사업화 시설
구분	분야	대상기술	
12. 첨단 소재·부품·장비	나. 첨단 부품	1) 고정밀 롤러베어링 및 볼베어링 설계·제조 기술	구름베어링의 일종으로 내외륜 사이에 다수의 볼 또는 롤러를 삽입하여 마찰을 감소시켜 고속운전을 돕거나 큰 하중에 견딜 수 있는 정밀도 P5급 이상의 기계부품 설계·제조 시설
		2) 고압 컨트롤 밸브 설계·제조 기술	유압펌프에서 발생한 330 Bar 이상 고압의 유체에너지를 작업자의 작업의도에 따라 각 유압 액추에이터, 선회 및 주행의 유압모터 등에 공급하며, B5 10,000시간 이상의 높은 내구 신뢰성을 가지는 메인 컨트롤 벨브 부품 설계·제조 시설
		3) 고정밀 볼스크류 설계·제조기술	회전운동을 직선운동으로 변환하는 정밀도 C3급 이상, 축방향 공차 5μm 이내의 동력전달부품 설계·제조 시설
		4) 능동마그네틱 베어링 설계·제조 기술	자력을 이용하여 회전축을 지지하고, 윤활제가 필요 없이 극저온(-250℃ 내외) 또는 고온(300℃ 이상), 진공에서 축의 회전 궤적을 능동적으로 제어할 수 있는 부품 설계·제조 시설
		5) 고성능 터보식 펌프 설계·제조기술	임펠러 및 블레이드가 회전함으로써 기계의 운동에너지를 유체·기체의 압력에너지로 전환하여 2,500L/s 이상의 배기속도 및 1.3x10-9 mbar 이상의 최고 진공도를 만드는 터보식 펌프의 설계·제조 시설
		6) 특수 렌즈 소재·부품·장비 제조기술	고배율[굴절률(nd) 2.0 이상], 야간 투시[원적외선(파장 8~12㎛) 투과율 50% 이상], 자외선투과[자외광(193nm) 투과율 80% 이상] 등 특수용도로 사용되는 카메라 구성에 필요한 특수 광학소재의 소재·부품·장비 제조 시설
	다. 첨단 장비	1) 첨단 머시닝센터 설계·제조기술	자동공구교환장치(Automatic Tool Changer)를 장착하여, 밀링, 드릴링, 보링가공 등 여러 공정의 작업을 수행할 수 있는 가공정밀도 5μm 이내, 동시 제어 5축 이상, 최대 스핀들 속도 12,000rpm 이상의 절삭가공장비 및 부품의 설계·제조 기술(가공 회전수, 축 이동, 진동오차 제어 등 머시닝센터의 고정밀 작업을 제어하는 CNC (Computerized Numerical Controller) 모듈 관련 기술 포함) 제조 시설

영 별표 7의 대상기술			사업화 시설
구분	분야	대상기술	
12. 첨단 소재·부품·장비	다. 첨단 장비	2) 열간 등방압 정수압 프레스 설계·제조 기술	기체 또는 액체를 압력매체로 활용하여 1,500℃ 이상에서 작동하면서 1분당 최고 50℃의 속도로 냉각이 가능하고, 금속 소재를 모든 방향에서 100MPa 이상의 정수압 또는 등방압 조건으로 가압하는 직경 1,000mm 이상의 프레스 장비 설계·제조 시설
		3) 연삭가공기 설계·제조 기술	사파이어, 다이아몬드 등 고정도의 광물입자를 결합제로 고정시킨 숫돌을 이용하여 평면·원통 등 단순한 형태가 아닌 복잡한 형태의 가공공정을 수행하는 장비 설계·제조 시설
		4) 첨단 터닝센터	원통형 부품의 가공을 위해 소재를 회전시키면서 절삭공구가 상대 이동하는 가공정밀도 5㎛ 이내, 최대 스핀들 속도 3,000rpm 이상의 절삭가공장비 설계·제조 시설(ISO 7등급 이하의 기어 제조를 위한 고속 스카이빙 가공장비 관련 시설 포함)
		5) 첨단 회전 성형기 설계·제조 기술	다축 정밀 동시제어시스템을 갖추고, 회전하는 주축과 롤러, 맨드릴을 이용하여 최대 성형롤 하중 60kN 이상, 최대 성형품 직경 500mm 이상, 성형 정밀도 ±0.5mm를 충족하는 성형 장비 설계·제조 시설
		6) 첨단 밸런싱머신 설계·제조기술	회전기계의 핵심부품인 회전부의 불균일한 질량분포를 측정한 후, 베어링으로 전달되는 힘이나 진동을 국제규격(ISO 21940-21) 규정 이내가 되도록 불균일 질량을 교정하는 장비 설계·제조 시설
		7) 첨단 레이저 가공장비 설계·제조 기술	절단, 천공, 용접, 정밀가공 등을 위해 고출력 레이저 가공헤드로 공작물을 용융·증발시켜서 분리하는 5축 이상의 레이저 가공장비를 설계·제조하는 시설
		8) 방전가공기 장비·부품의 설계·제조기술	공작물과 전극 사이에 불꽃 방전을 일으켜 티타늄, 초경합금 등 난삭재의 마이크로급 초정밀 가공을 수행하는 방전가공 장비 및 핵심요소부품의 설계·제조 시설

비고 : 대상기술란의 연번은 영 별표 7 대상기술란의 연번에 따른다.

제2장 무형자산 회계처리

제1절 개 요

1 무형자산의 정의

기업은 경제적 자원을 사용하거나 부채를 부담하여 과학적 · 기술적 지식, 새로운 공정이나 시스템의 설계와 실행, 라이선스, 지적재산권, 시장에 대한 지식과 상표(브랜드명 및 출판표제 포함) 등의 무형자원을 취득, 개발, 유지하거나 개선한다. 이러한 예에는 컴퓨터소프트웨어, 특허권, 저작권, 영화필름, 고객목록, 모기지 관리용역권, 어업권, 수입할당량, 프랜차이즈, 고객이나 공급자와의 관계, 고객충성도, 시장점유율과 판매권 등이 있다.

이와 같이 자산의 정의를 충족하는 것 중에서 물리적 실체는 없지만 식별 가능한 '비화폐성자산'을 무형자산이라 한다.

① 자산의 정의 충족 : 미래 경제적효익 및 통제

② 무형자산의 특성 : 식별가능성, 물리적 형태의 부재, 비화폐성

(1) 미래 경제적효익

무형자산이 지니는 미래 경제적효익은 다음의 형태로 나타날 수 있다.

① 제품 또는 용역의 판매로부터 창출되는 수익

② 비용 절감

대부분의 무형자산은 특정 기업에게만 가치가 있고 해당 무형자산을 미래 경제적효익이 경쟁상의 우위에 의해서 나타나는 '독점적 권리'의 성격을 띤 것이 많기 때문에 경제적효익이 어느 정도(크기)이고 얼마나 지속될 것인지(내용연수)를 다른 자산에 비해 명확하게 결정짓기 어렵다. 이러한 이유로 무형자산에 대한 회계처리 이슈는 주로 측정(평가)과 관련이 있다.

(2) 통제가능성

기초가 되는 자원에서 유입되는 미래 경제적효익을 확보할 수 있고 그 효익에 대한 제3자의 접근을 제한할 수 있다면 기업이 자산을 통제하고 있다고 한다. 무형자산의 미래 경제적효익에 대한 통제는 일반적으로 법적 권리의 형태로 확보되나, 법적 권리가 없더라도 기업이 실질적으로 통제하고 있다는 것을 입증할 수 있다면 통제조건을 만족할 수 있다.

(3) 식별가능성

무형자산의 정의에서는 영업권과 구별하기 위하여 무형자산이 식별가능할 것을 요구한다. 자산이 다음 중 하나에 해당하는 경우에는 무형자산 정의의 식별가능성 요건을 충족하는 것으로 본다.

식별가능성 충족요건(㉠ 또는 ㉡)

㉠ 기업으로부터 무형자산을 분리가능하다. 즉, 기업의 의도와는 무관하게 기업에서 분리하거나 분할할 수 있고, 개별적으로 또는 관련된 계약, 식별가능한 자산이나 부채와 함께 매각, 이전, 라이선스, 임대, 교환할 수 있다.

㉡ 기업에 유입될 경제적효익이 계약상 권리 또는 기타 법적 권리로부터 발생한다.

(4) 물리적 형태

무형자산은 물리적 실체가 없다는 측면에서 유형자산과 구분된다.

(5) 비화폐성자산

무형자산은 비화폐성자산이므로 현금, 매출채권 및 대여금 등 화폐성자산은 무형자산으로 분류할 수 없다.

2 무형자산의 인식

무형자산의 정의를 충족한다 하더라도 재무제표에 무형자산을 인식하기 위해서는 다음 조건을 모두 충족하여야 한다.

무형자산의 인식요건
① 무형자산의 정의를 충족한다.
② 자산에서 발생하는 미래 경제적효익이 기업에 유입될 가능성이 높다.
③ 자산의 원가를 신뢰성 있게 측정할 수 있다.

상기 무형자산 인식 요건은 무형자산을 취득하거나 내부적으로 창출하기 위하여 최초로 발생한 원가뿐만 아니라 취득이나 완성 후에 증가·대체·수선을 위하여 발생한 원가에도 적용된다.

실무적으로 무형자산에 관한 인식과 측정에 대한 이슈가 빈번하게 발생하는데, 그 이유는 다음과 같은 무형자산 자체의 특성으로 인한 것이라 할 수 있다.

- 무형자산은 물리적 실체가 없으므로 무형자산에 대한 특정 지출로 발생한 경제적효익이 당기에만 발생할 것인지, 미래에도 계속 발생할 것인지 명확하게 판단하기 어렵다.
- 특정 지출을 자산화한 경우 미래의 경제적효익이 실제로 감소하는지, 가치가 지속적으로 유지되는지 결정하기 어렵다.
- 특정 지출을 자산화하여 상각하더라도 시간이 경과함에 따라 실제로 얼마만큼의 가치가 감소하는지를 관찰할 수 없으므로, 상각액이 임의적으로 결정될 가능성이 있다.

3 무형자산의 측정

무형자산의 측정 시 주관이 개입될 가능성이 높아 무형자산을 객관적으로 측정하기 위해서는 다음과 같은 세 가지 지침이 필요하다.

① 외부에서 구입할 때 지출한 원가는 자본화하고(자산처리), 내부에서 발생한 원가는 당기비용으로 처리한다.

② 무형자산은 경제적효익이 기대되는 기간 동안 상각한다.

③ 무형자산의 상각방법은 정액법보다 더 타당한 경우를 제외하고는 정액법을 적용한다.

(1) 개별적으로 취득한 무형자산

개별적으로 취득하는 무형자산의 원가는 다음과 같다.

개별 취득하는 무형자산의 원가
㉠ 구입가격 : 매입할인과 리베이트는 차감하고, 수입관세와 환급받을 수 없는 제세금은 포함 ㉡ 자산을 의도한 목적에 사용할 수 있도록 준비하는 데 직접 관련되는 원가 - 그 자산을 사용 가능한 상태로 만드는 데 직접적으로 발생하는 종업원급여와 전문가 수수료 - 그 자산이 적절하게 기능을 발휘하는지 검사하는 데 발생하는 원가

한편 무형자산 원가에 포함하지 않는 지출은 다음과 같다.

- 연구활동을 위한 지출
- 법적 실체를 설립하는데 발생하는 법적 비용이나 창업비
- 새로운 시설이나 사업을 개시할 때 발생하는 개업비나 사업개시비용
- 새로운 제품이나 용역의 홍보원가 : 광고와 판매촉진활동 원가 등
- 새로운 지역에서 또는 새로운 계층의 고객을 대상으로 사업을 수행하는 데서 발생하는 원가(교육훈련비 포함)
- 기업의 전부 또는 일부의 이전 또는 조직개편과 관련된 지출
- 관리원가와 기타 일반경비원가

무형자산 원가의 인식은 그 자산을 경영자가 의도하는 방식으로 운용될 수 있는 상태에 이르면 중지한다. 따라서 무형자산을 사용하거나 재배치하는 데 발생하는 원가는 자산의 장부금액에 포함하지 않는다.

무형자산의 장부금액에 포함하지 않는 원가의 예시
㉠ 경영자가 의도하는 방식으로 운용될 수 있으나 아직 사용하지 않고 있는 기간에 발생한 원가 ㉡ 자산의 산출물에 대한 수요가 확립되기 전까지 발생하는 손실과 같은 초기 영업손실

(2) 비화폐성자산의 교환

비화폐성자산과 교환하여 무형자산을 취득하면 원칙적으로 취득한 무형자산의 취득원가를 포기한 자산의 공정가치로 측정한다. 다만 다음의 경우에는 무형자산의 취득원가를 포기한 자산의 장부금액으로 측정한다.

- 정당한 경영이유가 없는 교환거래 : 교환거래에 상업적실질이 결여된 경우
- 취득한 자산과 포기한 자산의 공정가치를 둘 다 신뢰성 있게 측정할 수 없는 경우

다음 ㉠ 또는 ㉡에 해당하면서 ㉢을 충족하는 경우에는 교환거래는 상업적 실질이 있는 것으로 본다.

상업적 실질 존재 여부 판단 기준
㉠ 취득한 자산과 관련된 현금흐름의 구성(위험, 유출입시기, 금액)이 제공한 자산과 관련된 현금흐름의 구성과 다르다.
㉡ 교환거래의 영향을 받는 영업 부분의 기업특유가치가 교환거래로 인하여 변동한다.
㉢ 위 ㉠이나 ㉡의 차이가 교환된 자산의 공정가치에 비하여 유의적이다.

㉡의 교환거래의 영향을 받는 영업 부분의 기업특유가치는 세후현금흐름을 반영하여 계산한다.

상업적실질에 대한 이해를 돕기 위하여 현금의 유출입이 없이 다음의 거래가 발생하였다고 가정해 보자.

- 출퇴근용으로 사용하고 있는 소나타와 SM5의 교환
- 출퇴근용으로 사용하고 있는 소나타와 택배 물건 운송을 위한 1톤 트럭의 교환

출퇴근용으로 사용하고 있는 소나타와 SM5를 교환하더라도 자동차 소유주의 향후 효익이나 현금흐름은 유사할 것이므로 상업적실질이 없다고 볼 수 있다. 그러나 1톤 트럭의 취득은 향후 운송 사업의 영위로 인하여 향후 효익과 현금흐름은 기존과 달라질 것이므로 상업적실질이 있다고 판단할 수 있다.

(3) 정부출연금으로 취득한 무형자산

K-IFRS에서는 자산차감방식이나 이연수익방식 중 선택하여 표시할 수 있으며, 일반기업회계기준을 적용할 경우에는 자산차감방식을 적용한다.

(4) 일괄취득

여러 무형자산을 일괄취득하면 유형자산과 동일하게 일괄취득 금액을 상대적 공정가치법이나 증분법을 사용하여 개별 무형자산의 취득금액을 결정한다.

(5) 사업결합으로 취득하는 무형자산

사업결합으로 취득하는 무형자산의 취득원가는 '사업결합'에 따라 취득일 공정가치로 한다.

무형자산의 정의를 만족하는 경우, 즉 사업결합으로 취득하는 무형자산이 분리가능하거나 계약상 또는 법적 권리에서 발생한다면(식별가능성 요건의 충족), 그 자산의 공정가치를 항상 신뢰성 있게 측정할 수 있으므로 사업결합 전에 그 자산을 피취득자가 인식하였는지 여부에 관계없이, 취득자는 취득일에 피취득자의 무형자산을 영업권과 분리하여 인식한다.

사업결합으로 무형자산을 취득하는 행위는 내부적으로 창출한 자산을 취득한 것이 아니라 외부로부터 자산을 취득하는 행위로 보기 때문에 자산 인식 요건이 덜 보수적이라 할 수 있다.

사업결합 과정에서 인식하는 대표적인 무형자산을 열거하면 다음과 같다.

- 마케팅 관련 무형자산 : 등록상표, 상표명, 거래표식, 인터넷 도메인
- 고객 관련 무형자산 : 생산 및 주문 잔고, 고객과의 계약, 고객 관계, 비계약적 고객관계
- 기술 관련 무형자산 : 특허기술, 특허받지 않은 기술
- 계약 관련 무형자산 : 광고, 건설, 경영 관련 용역 또는 공급 계약

참고로 영업권은 사업결합 과정에서만 인식되며, 그 이외에는 (내부적으로 창출할 경우에는) 당기비용으로 처리한다.

4 무형자산 인식 후의 측정

K-IFRS는 무형자산에 대해서도 원가모형과 재평가모형을 선택하여 회계처리할 수 있으나, 일반기업회계기준은 원가모형만 허용하고 있다. 그러나 EU와 우리나라 기업들의 사례를 볼 때 무형자산에 대하여 재평가모형을 적용하는 경우는 거의 없는데, 사실상 무형자산에 대한 활성화된 시장이 없기 때문이다.

5 내용연수가 유한한 무형자산의 상각기간, 상각방법, 잔존가치

(1) 내용연수가 유한한 무형자산의 상각기간, 상각방법

내용연수가 유한한 무형자산의 상각대상금액은 내용연수동안 체계적인 방법으로 배분하여야 한다. 상각은 자산이 사용가능한 때부터 시작한다. 즉 자산이 경영자가 의도하는 방식으로 운영할 수 있는 위치와 상태에 이르렀을 때부터 시작한다.

상각은 자산이 매각예정으로 분류되는(또는 매각예정으로 분류되는 처분자산집단에 포함되는) 날과 자산이 재무상태표에서 제거되는 날 중 이른 날에 중지한다. 무형자산의

상각방법은 자산의 경제적 효익이 소비되는 형태를 반영한 방법으로 결정한다. 다만 소비되는 형태를 신뢰성 있게 결정할 수 없는 경우에는 정액법을 사용한다.

무형자산의 상각대상금액을 내용연수 동안 체계적으로 배분하기 위해 다양한 방법을 사용할 수 있다. 이러한 상각방법에는 정액법, 체감잔액법과 생산량비례법이 있다. 상각방법은 자산이 갖는 기대 미래 경제적효익의 예상되는 소비형태를 반영하여 선택하고, 미래 경제적효익의 예상되는 소비형태가 변동하지 않는다면 매 회계기간에 일관성 있게 적용한다.

무형자산의 상각액은 일반적으로 당기손익으로 인식한다. 그러나 자산이 갖는 미래 경제적효익이 다른 자산의 생산에 소모되는 경우, 그 자산의 상각액은 다른 자산의 원가를 구성하여 장부금액에 포함한다. 예를 들어 제조과정에서 사용된 무형자산의 상각은 재고자산의 장부금액에 포함한다.

(2) 내용연수가 유한한 무형자산의 잔존가치

내용연수가 유한한 무형자산의 잔존가치는 다음 중 하나에 해당하는 경우를 제외하고는 영(0)으로 본다.

잔존가치 영(0)의 예외 사항
㉠ 내용연수 종료 시점에 제3자가 자산을 구입하기로 한 약정이 있는 경우
㉡ 무형자산의 활성시장이 있고 다음을 모두 충족하는 경우
ⓐ 잔존가치를 그 활성시장에 기초하여 결정할 수 있고,
ⓑ 그러한 활성시장이 내용연수 종료 시점에 존재할 가능성이 높은 경우

무형자산의 잔존가치는 처분으로 회수가능한 금액을 근거로 하여 추정하는데, 그 자산이 사용될 조건과 유사한 조건에서 운용되었고 내용연수가 종료된 유사한 자산에 대해 추정일 현재 일반적으로 형성된 매각 가격을 사용한다.

(3) 상각기간, 상각방법, 잔존가치의 검토

내용연수가 유한한 무형자산의 상각기간과 상각방법, 그리고 잔존가치는 적어도 매 회계연도 말에 검토한다. 자산의 예상 내용연수가 과거의 추정치와 다르다면 상각기간을 이에 따라 변경한다. 자산이 갖는 미래 경제적효익의 예상소비형태가 변동된다면, 변동된 소비형태를 반영하기 위하여 상각방법을 변경한다. 무형자산의 상각기간, 상각방법, 그리고 잔존가치의 변동은 **'회계정책, 회계추정의 변경 및 오류'에 따라 회계추정의 변경으로 전진적으로 처리**한다.

6 K-IFRS와 일반기업회계기준간 주요 차이

무형자산의 회계처리와 관련하여 K-IFRS와 일반기업회계기준을 비교하면 다음과 같다.

| 표_K-IFRS와 일반기업회계기준의 비교 |

구분	K-IFRS 제1038호	일반기업회계기준 제11장
내용연수가 비한정인 무형자산	순현금유입을 창출할 것으로 기대되는 기간에 대하여 예측 가능한 제한이 없는 경우	내용연수는 법령이나 계약에 정해진 경우를 제외하고는 20년을 초과할 수 없음
인식 후 측정	원가모형 또는 재평가모형 인정	원가모형만 인정
상각기간 및 상각방법의 변경	매 회계연도 말 검토하며, 회계추정의 변경으로 회계처리	계속 적용이 원칙이나 trigger event 존재 시 변경 가능하며 회계추정의 변경으로 회계처리
내용연수가 비한정인 무형자산의 손상검사	매년 또는 무형자산의 손상을 시사하는 징후가 있을 때 손상검사 수행	규정 없음

제2절 내부 창출 무형자산

1 측정의 기본원칙

내부에서 창출한 무형자산의 취득원가는 해당 무형자산이 인식기준을 최초로 충족한 이후에 발생한 지출금액의 합계이며, 그 자산의 창출, 제조 및 경영자가 의도한 방식으로 운영될 수 있게 준비되는 것과 직접 관련된 모든 원가를 포함한다.

내부에서 창출한 무형자산의 취득원가에 포함되는 항목은 직접 관련 원가로 한정되며 그 예는 다음과 같다.

- 무형자산의 창출에 사용되었거나 소비된 재료원가, 용역원가
- 법적 권리를 등록하기 위한 수수료
- 무형자산의 창출에 사용된 특허권과 라이선스의 상각비
- 무형자산을 개발하는 과정에서 발생한 종업권 급여
- 무형자산의 창출에 발생한 간접비로서 합리적으로 배분된 금액
- 특별한 경우의 차입원가

기업 내부에서 창출한 상표, 신문이나 잡지의 발행인 명의, 고객명단 등을 창출하는데 소요되는 원가는 개별적인 자산이 아닌 사업 전체를 개발하는데 사용되는 비용과 유사하다고 보아 식별가능성을 충족하지 못하므로 당기비용으로 처리한다.

내부에서 창출한 무형자산의 취득원가에 포함되지 않고 비용으로 인식하는 항목은 다음과 같다.

- 판매비, 관리비 및 기타 일반경비 지출
- 무형자산이 계획된 성과를 달성하기 전에 비효율로 발생한 손실과 초기 영업손실
- 무형자산을 운용하는 직원의 교육훈련비
- 내부에서 창출한 영업권
- 내부에서 창출한 브랜드, 제호, 명의란, 고객 목록
- 연구비
- 설립비용, 초기 투자비용, 초기 운영비용
- 광고 또는 판매촉진 활동비용

• 재배치비용 및 재조직비용

※ US-GAAP

진행중인 연구개발 프로젝트를 무형자산으로 인식하는 회계처리는 미국의 소프트웨어 업계가 미국의 재무회계기준위원회(FASB)와 미국 공인회계사협회(AICPA)에 로비한 결과 인정되었으며, IFRS도 US-GAAP을 수용하여 기준서를 제정하고 있다. 한편 내부적으로 창출된 무형자산은 원칙적으로 인정하지 않고 있으나, 사업결합을 통하여 취득한 경우에는 예외로 하고 있다.

구분	예시	취득원가	내부창출	법적내용연수
고객 관련	고객 List, 주문장고 등	자본화	비용(*)	없음
예술 관련	저작권 등		비용(*)	50년
기술 관련	특허권 등		비용(*)	20년
계약 관련	프랜차이즈 등		해당 없음	계약기간 또는 비한정
마케팅 관련	상표 등		비용(*)	비한정
영업권	영업권		비용(*)	없음

(*) 법적 수수료와 같은 직접비용은 비용처리하지 않고 자본화함.

2 무형자산의 내부창출 : 연구 및 개발

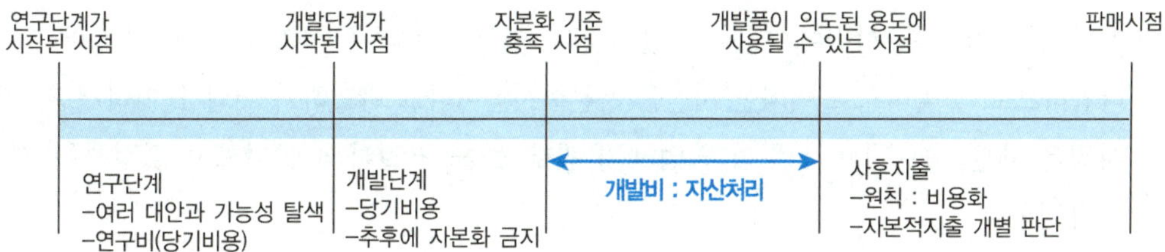

기업 내부에서 창출한 무형자산을 인식여부를 판단하는 과정에서 발생하는 이슈는 다음과 같다.

- 미래 경제적효익을 창출할 식별 가능한 자산이 있는지?
- 미래 경제적효익이 언제 창출될 것인지?
- 해당 자산의 원가는 신뢰성 있게 결정할 수 있는지?

외부에서 취득한 무형자산은 인식기준의 충족에 큰 이슈가 없으나, 내부적으로 창출한 자산은 신뢰성이 낮으므로 엄격한 요건의 충족을 요구하고 있다. 내부적으로 무형자산을 창출하는 과정은 다음과 같이 구분할 수 있다.

① 연구단계 : 당기비용처리

② 개발단계 : 자본화요건을 만족시키는 일부 원가를 무형자산으로 인식

한편 특정 프로젝트에 대한 지출액을 연구단계와 개발단계로 구분할 수 없는 경우에는 모두 연구단계에서 발생한 것으로 보아 당기비용으로 처리한다.

※ 개발비 인식 시점(금융감독원 2011.12.1.2.)

- 제약업의 경우 과거(K-GAAP을 적용)에는 임상 1~3단계후 정부승인을 거쳐야 하는 경우 3단계 임상실험 단계부터 자산화를 실시하고 있었다. 그러나 유럽의 대부분 기업들은 정부 승인단계부터 자산화하고 있으며, K-IFRS 적용 이후 정부 승인단계부터 자산화하는 기업들이 증가하고 있다.
- 개발비의 자산화 시점에 대한 판단기준은 프로젝트의 특성과 산업의 특성에 따라 다양하므로, 일괄적으로 어떠한 시점을 자본화시점이라고 단언하기 어렵다. 따라서 자산화 시점은 개별 프로젝트의 특성과 업계의 관행 등을 면밀하게 살펴보고 결정하는 것이 바람직하다.

※ 개발비에 대한 판단(금융감독원 2005-013)

- 개발비에 대한 자산 계상 여부에 대한 판단은 회사의 검토하에 이루어지며, 외부기관의 의견이나 확인이 반드시 필요한 것은 아니다.
- 개발활동에 직접 종사한 종업원의 인건비는 개발비의 취득이 완료되는 시점, 즉 개발이 완료되는 시점까지 개발비로 회계처리하고 개발 완료 후에는 각 종업원의 업무성격에 따라 연구활동에 종사하는 경우 연구비로, 제품제조활동에 종사하는 경우 제조원가로 회계처리하는 것이 적절하다.

[사례 1]

- 급여와 퇴직급여가 각각 10,000원 및 5,000원 발생됨.
- 연구원들이 연구단계와 개발단계에서 투입한 시간은 각각 70%와 30%임.
- 연구단계와 개발단계에서 발생한 재료비는 각각 2,000원 및 500원임.
- 연구단계에서 지급한 기술개발 수수료는 1,200원임.
- 시제품을 전시하는 과정에서 발생한 부스 수수료는 500원임.
- 01년초 유형자산을 80,000원에 취득하였으며, 내용연수는 4년이고 정액법을 적용함.
- 유형자산은 연구프로젝트, 개발프로젝트 및 광고제작 용도로 사용하는데 그 비율은 각각 5:3:2임.
- 상기 지출은 모두 현금 지급함.

[요구사항] 연구비와 개발비를 계산하시오.

본 예제의 회계처리는 먼저 각 거래에 대한 인식 및 연구비 및 개발비로의 대체과정을 거쳐 이루어지는데 먼저 거래에 대한 인식 회계처리는 다음과 같다.

(차변)	급여	10,000	(대변)	현금	15,000
	퇴직급여	5,000			
(차변)	재료비	2,500	(대변)	현금	2,500
(차변)	지급수수료	1,200	(대변)	현금	1,200
(차변)	광고비	500	(대변)	현금	500
(차변)	유형자산	80,000	(대변)	현금	80,000
	감가상각비(*)	20,000		감가상각누계액	20,000

(*) 80,000원 ÷ 4년

상기 과정에서 인식된 비용은 연구단계와 개발단계에서 활용된 비율에 따라 연구비와 개발비 계정으로 대체되는데, 그 내역을 살펴 보면 다음과 같다.

구분	배분 대상 금액	연구비	개발비	광고비
급여	10,000	7,000	3,000	–
퇴직급여	5,000	3,500	1,500	–
재료비	2,500	2,000	500	–
지급수수료	1,200	1,200	–	–
감가상각비	20,000	10,000	6,000	4,000
합계	38,700	23,700	11,000	4,000

따라서 대체 회계처리는 다음과 같이 이루어진다.

(차변)			(대변)		
	연구비	23,700		급여	10,000
	개발비	11,000		퇴직급여	5,000
	광고비	4,000		재료비	2,500
				지급수수료	1,200
				광고비	500
				감가상각비	20,000

(1) 연구단계

연구단계는 새로운 과학적 또는 기술적 지식이나 이해를 얻기 위해 수행하는 독창적이고 계획적인 탐구활동을 말한다. 연구(또는 내부 프로젝트의 연구단계)에 대한 지출은 해당 연구가 성공할 수 있는지 불분명하며, 미래 경제적효익을 창출할 수 있음을 입증하기 어려우므로 발생시점에 비용으로 인식한다.

연구활동의 예는 다음과 같다.

- 새로운 지식을 얻고자 하는 활동
- 연구결과나 기타 지식을 탐색, 평가, 최종 선택, 응용하는 활동
- 재료, 장치, 제품, 공정, 시스템이나 용역에 대한 여러 가지 대체안을 탐색하는 활동
- 새롭거나 개선된 재료, 장치, 제품, 공정, 시스템이나 용역에 대한 여러 가지 대체안을 제안, 설계, 평가, 최종 선택하는 활동

(2) 개발단계

개발단계는 재료, 장치, 제품, 고정, 시스템, 용역 등을 새롭게 하거나 상당히 개량되도록 하기 위해 상업적인 생산이나 사용을 시작하기 전에 연구단계에서 찾은 성과물이나 기타

관련 지식을 생산계획 또는 설계에 적용하는 단계를 말한다. 즉, 개발활동은 시제품을 만들어 보는 등 새로운 제품이나 공정 또는 기존의 제품이나 공정에 중요한 발전을 위하여 계획이나 설계에 연구결과를 적용하는 활동이다.

개발활동은 상업적으로 실행 가능한 제품(또는 공정)의 관점에서 연구활동보다 더 진척된 활동이므로 미래 경제적효익의 유입가능성 조건이 충족될 수 있으며, 개발단계에서 발생한 비용은 신뢰성 있게 측정할 수 있어서 특정 지출이 자산 인식기준을 만족할 수 있는 가능성이 생긴다.

개발활동의 예는 다음과 같다.

- 생산이나 사용 전의 시제품과 모형을 설계, 제작, 시험하는 활동
- 새로운 기술과 관련된 공구, 지그, 주형, 금형 등을 설계하는 활동
- 상업적 생산 목적으로 실현가능한 경제적 규모가 아닌 시험공장을 설계, 건설, 가동하는 활동
- 신규 또는 개선된 재료, 장치, 제품, 공정, 시스템이나 용역에 대하여 최종적으로 선정된 안을 설계, 제작, 시험하는 활동

특정 연구개발 프로젝트가 다음 조건을 모두 충족한다면 경제적 실행력(Economic viability)이 있다고 보아 개발비를 자본화할 수 있다.

① **기술적 실현가능성** : 프로젝트를 완수하는 것이 기술적으로 실현 가능해야 한다.

② **기업의 의도** : 기업은 프로젝트를 완성하여 사용하거나 판매하려는 의도가 있어야 한다.

③ **사용 또는 판매 능력** : 무형자산을 사용하거나 판매할 수 있는 실질적인 능력이 있어야 한다.

④ **시장성 또는 유용성** : 기업이 해당 무형자산으로부터 미래 경제적효익을 창출하는 방법이 존재하여야 한다. 무형자산을 판매하고자 한다면 무형자산의 산출물이나 무형자산 자체를 거래하는 시장이 존재함을 제시할 수 있어야 하고, 무형자산을 내부적으로 사용할 것이라면 그 유용성을 제시할 수 있어야 한다.

⑤ **자원의 적정성** : 프로젝트를 완료하고 그것을 판매하거나 사용하는 데 필요한 기술적, 재정적 자원 등을 보유하고 있어야 한다. 경우에 따라 기업은 그 사업계획에 대한 대출자의 자금제공 의사표시를 통해 외부자금조달의 가능성을 제시할 수도 있다.

⑥ **측정의 신뢰성** : 개발단계에서 발생한 지출을 신뢰성 있게 측정할 수 있는 능력이 있어야 한다. 원가계산시스템으로 무형자산을 내부적으로 창출하는 데 발생한 원가를 신뢰성 있게 측정할 수도 있다. 예를 들어, 저작권이나 라이선스를 획득하거나 컴퓨터소프트

웨어를 개발하는 과정에서 발생한 급여 등의 지출을 원가계산시스템으로 신뢰성 있게 측정할 수 있다.

[사례 2]

- A사는 모든 암을 치료할 수 있는 약품을 개발하고 있으며, 성공가능성을 확신하고 있음.
- A사는 암치료의 효과성을 시험하고 부작용의 존재 여부를 결정하기 위하여 임상시험을 시작함.

[요구사항] A사의 지출을 개발비로 계상할 수 있는지 검토하시오.

현재 약품이 효과적이고 안전한지가 불확실하므로 현 단계에서는 약품을 사용하거나 판매할 수 있는 능력을 입증하지 못하고 있다. 따라서 사용(또는 판매능력) 기준을 충족하지 못했으므로 무형자산으로 인식할 수 없다.

(3) 원가 측정의 신뢰성

개발비의 원가는 그 자산의 창출, 제조 및 경영자가 의도하는 방식으로 운영될 수 있게 준비하는 데 필요한 직접 관련된 모든 원가를 포함한다. 직접 관련된 원가의 예는 다음과 같다.

- 무형자산의 창출에 사용되었거나 소비된 재료원가, 용역원가 등
- 무형자산의 창출을 위하여 발생한 종업원급여
- 법적 권리를 등록하기 위한 수수료
- 무형자산의 창출에 사용된 특허권과 라이선스의 상각비

그러나 다음은 무형자산의 원가에 포함하지 아니한다.

- 판매비, 관리비 및 기타 일반경비 지출. 다만, 자산을 의도한 용도로 사용할 수 있도록 준비하는 데 직접 관련된 경우는 제외한다.
- 자산이 계획된 성과를 달성하기 전에 발생한 명백한 비효율로 인한 손실과 초기 영업손실
- 자산을 운용하는 직원의 교육훈련과 관련된 지출

[사례 3]

• 다음과 같은 지출이 발생함.

구분	금액
신지식 탐구를 위한 연구실 지출	320,000
연구결과 평가	130,000
실험실에 구축된 전용시설물 구축	190,000
새롭게 개선된 시스템에 대한 대체안 설계를 위한 지출	70,000
신기술과 관련된 공구, 금형, 주형의 설계를 위한 지출	140,000
상업생산 전 시제품의 설계 및 제작	210,000
시스템 전시 시현을 위한 전시부스 제작비용	80,000
상업생산 중 품질관리비	150,000

[요구사항] 각 지출을 연구비, 개발비, 제조원가로 분류하시오.

• 개발비 = 140,000원 + 210,000원 = 350,000원
• 새로운 제품을 개시하기 위한 사업개시비용(광고비) = 80,000원
• 상업적 생산을 위한 제조원가 = 150,000원
• 연구비 = 상기 외

※ 개발 과정에서 발생한 부산물(GKQA 02-020)

기업이 공장설비를 완공과정에서 시운전을 실시하고 시운전 결과 생산된 제품을 판매하면 매출로 인식하지 않고, 원가를 초과하는 이익 금액은 건설중인자산에서 차감한다. 마찬가지로 Project 완성시 개발비와 직접 관련된 부수물이 처분가능하다면 개발비에서 추정 처분금액을 직접 차감하여 별도의 자산으로 계상하고, 차감 후 개발비는 내용연수동안 상각한다.

※ 개발비 상각기간(GKQA 02-141)

개발비는 경제적 내용연수 동안 상각하며, 자산의 인식기준을 충족한 개발비는 각 프로젝트별로 내용연수를 추정하여 상각한다.

(4) 개발비에 대한 후속적 지출

개별적 혹은 사업결합으로 취득하고 무형자산으로 인식한 진행 중인 연구 · 개발 프로젝트에 대한 후속 지출은 다음과 같이 회계처리한다.

• 연구 관련 지출인 경우에는 발생시점에 비용으로 인식한다.
• 개발활동(또는 내부 프로젝트의 개발단계)에서 발생한 무형자산을 인식 요건을

충족하지 않는 개발 관련 지출인 경우에는 발생시점에 비용으로 인식한다.

- 개발활동(또는 내부 프로젝트의 개발단계)에서 발생한 무형자산을 인식 요건을 충족하는 개발 관련 지출인 경우에는 취득한 진행 중인 연구·개발 프로젝트의 장부금액에 가산한다.

일반기업회계기준을 참조하여 자본적지출과 수익적지출을 구분하면 다음과 같다.

- 자본적지출 : 생산능력 증대, 내용연수 증가, 상당한 원가 절감이나 품질향상을 기대하는 지출
- 수익적지출 : 일반적인 생산수준의 유지를 위한 지출

개발비의 완성 후 지출이 무형자산 요건을 모두 충족한다면 기존 개발비에 대한 자본적 지출로 회계처리한다. 추가 개발비는 기존 개발비에 대한 자본적 지출이므로, 사실상 동일한 개발활동의 일환으로 보아 기존의 개발비에 합산하여 상각한다.

(5) 정부보조금과 개발비

[사례 4][536)]

- 산업기반기술개발사업 중 지원 대상 과제에 대하여 정부와 회사가 다음과 같은 사업협약서를 체결하고 회사가 정부로부터 개발비의 일정 부분을 정부출연금으로 수령함.
- 정부지원 개발비는 개발 종료 후 개발이 성공한 경우 회사가 지원비의 20%를 정액기술료로 정부에 납부하여야 하고, 연구과제 수행 중 발생된 지적재산권 및 유형적 발생품의 정부지분에 대하여 회사가 정부에 정액기술료를 납부하고 양도 요청시 정부는 무상으로 양여함.
- 개발이 실패한 경우 정부가 지원비 전액을 환수할 수 있으나 회사가 연구과제를 성실히 수행한 경우에는 환수를 면제할 수도 있음. 회사는 연구과제의 성공가능성을 거의 확실하다고 판단하고 있음.

[요구사항] 일반기업회계기준을 전제하고 회계처리를 제시하시오.

정부출연금을 수령하였으므로 기술개발의 성공가능성이 매우 높은 경우 정부출연금의 20%를 상환해야 할 부채(차입금 또는 적절한 과목)로 계상하고 나머지 80%는 상환의무가 없는 정부보조금으로 보아 정부출연금 수령시에 일반기업회계기준 제17장 문단 17.5에 따라 정부출연금으로 받은 자산 또는 받은 자산을 일시적으로 운용하기 위하여 취득하는 다른 자산의 차감계정으로 회계처리한다.

536) GKQA 02-015

일반기업회계기준 제11장 무형자산의 인식요건을 충족하는 개발비가 발생하면 이에 상응하는 정부출연금을 정부보조금으로 하여 관련 무형자산(개발비)에서 차감하는 형식으로 표시한다. 경상개발비에 해당하는 정부출연금은 그 경상개발비의 발생시점에 경상개발비와 상계하여 표시한다. 또한 개발장비의 취득에 사용되는 정부출연금은 그 자산의 취득시점에 이에 상응하는 정부출연금을 정부보조금으로 하여 관련 자산에서 차감하는 형식으로 표시한다.

기업의 성실한 개발과제 수행에도 불구하고 기술개발의 성공이 불확실한 경우에는 무형자산의 인식요건을 충족시키지 못하므로 정부출연금은 상환의무가 없는 한 관련 경상개발비가 발생하는 시점에 전액 비용과 상계하여 표시한다. 그러나 기업의 불성실한 개발수행이나 기업의 부도 등으로 인한 계약의 불이행 등 출연금 반납사유가 발생할 가능성이 높은 경우에는 상환해야 하는 금액을 합리적으로 추정하여 부채로 계상한다.

(6) 제약 · 바이오 기업의 연구개발비 회계처리[537)]

금융위원회와 금융감독원은 제약 · 바이오 업계의 회계처리 관련 불확실성을 해소하고 회계투명성을 제고하기 위해 「제약 · 바이오 기업의 연구개발비 회계처리 관련 감독지침」을 마련하여 2018.9.19. 증권선물위원회에 보고하였다. 증권선물위원회는 회사가 同 지침을 고려하여 과거의 회계처리 오류를 스스로 수정할 수 있도록 금감원 감리결과에 대해서는 경고, 시정요구 등을 통해 계도하기로 하였다.

가. 배경

자본시장에서 투자자의 관심이 높은 제약 · 바이오 산업은 대표적인 고위험 · 고수익 분야로 인식되는 상황에서, 제약 · 바이오 기업(상장사 163개)은 주가의 급상승, 변동성 확대 등으로 인해 투자자 보호 필요성이 증대되고 있는 상황이었다. 제약 · 바이오 기업의 개발비 자산 인식 등 회계 이슈로 인해 산업의 불확실성이 확산되었으며, 금감원은 제약 · 바이오 기업 22개사에 대한 감리를 진행 중이었다.

나. 국내 제약 · 바이오 기업의 회계처리 현황

국제회계기준(IFRS)에 따르면 개발단계에서 사용된 비용을 무형자산으로 인식하려면 아래 6가지 요건을 모두 충족해야 한다.

537) 금융위원회 및 금융감독원, 「제약 · 바이오 기업의 연구개발비 회계처리 관련감독지침」, 2018.9.19., 발표자료를 요약하였다.

개발비 무형자산 인식 요건
① **무형자산을 완성할 수 있는 기술적 실현가능성**
② 무형자산을 완성하여 사용하거나 판매하려는 기업의 의도
③ 무형자산을 사용하거나 판매할 수 있는 기업의 능력
④ 무형자산이 미래경제적효익을 창출하는 방법
⑤ 개발 완료 후 판매·사용에 필요한 기술적·재정적 자원 등의 입수가능성
⑥ 개발과정상 관련 지출을 신뢰성 있게 측정할 수 있는 기업의 능력

개발비의 무형자산 인식 요건 충족여부는 기업과 감사인이 그 기업의 특수한 상황에 따라 스스로 판단하는 것이 원칙이나, 요건 중 "무형자산을 완성할 수 있는 기술적 실현가능성"에 대하여 다양한 의견이 존재하였다.

글로벌 제약기업의 경우와 같이 정부의 판매허가 시점 이후 지출만을 자산으로 인식해야 한다는 의견이 있는 한편, 업계에서는 대규모 글로벌 기업의 관행을 동일하게 적용하기는 어려우며, 국내 업계의 특성과 현실을 고려해야 한다는 입장이 있었다.

국내 기업들은 오랜 기간 주로 복제약을 생산해왔기 때문에 그에 따른 회계처리 관행이 형성되었고, 일부 기업들은 최근에 시작한 신약 개발에도 과거와 동일한 회계처리 방법을 관행적으로 적용하고 있는 상황이었다. 이에 금융위원회와 금융감독원에서는 「제약·바이오 기업의 연구개발비 회계처리 관련 감독지침」을 마련하게 되었다.

다. 제약·바이오 기업의 연구개발비 회계처리 관련 감독지침

① 同 감독지침의 성격

국제회계기준의 합리적인 해석범위 내에서 감독업무의 구체적 지침을 마련, 이를 관련 업계와 공유하여 시장의 불확실성을 해소하기 위한 것으로서, 새로운 회계기준이나 기준 해석이 아니며, 회사는 개별 상황에 따라 합리적인 이유를 근거로 同 지침과 달리 판단하여 회계처리할 수 있다.

② 제약 · 바이오 연구개발비의 자산화 관련

i) 기술적 실현가능성 판단

약품유형별로 각 개발단계(*)의 특성과 해당 단계로부터 정부 최종 판매 승인까지 이어질 수 있는 객관적 확률통계 등을 감안하여 개발비의 자산화가 가능해지는(즉, 기술적 실현가능성이 있다고 볼 수 있는) 단계를 설정한다.

(*) 후보물질 발굴 → 전임상시험 → 임상 1상 → 2상 → 3상 → 정부 승인 신청

| 표 _ 약품유형별 연구개발비의 자산화가 가능한 단계 |

유형	자산화 가능 단계	설정근거
신약	임상 3상 개시 승인	• 장기간 다수의 환자를 대상으로 시험약의 안전 성·약효에 대한 검증을 거치지 않은 상태(임상 3상 개시 승인 이전)에는 일반적으로 자산가치의 객관적 입증이 어려울 것으로 판단됨 • 美 제약·바이오 업계 통계에 따르면 최근 10년간 임상 3상 개시 승인 이후 정부 최종 승인율이 약 50%
바이오 시밀러	임상 1상 개시 승인	• 정부가 오리지널약과의 유사성 검증자료를 확인하지 않은 상태(임상 1상 개시 승인 이전)에서는 일반적으로 자산가치의 객관적 입증이 어려울 것으로 판단됨 • 美 연구결과, 임상 1상 개시 승인 이후 최종 승인율 약 60%
제네릭	생동성시험(*) 계획 승인 (*) 오리지널 약품과 생체 이용률이 통계적으로 동등한지 검증	• 정부가 오리지널약과의 화학적 동등성 검증자료를 확인하지 않은 상태에서는 일반적으로 자산가치의 객관적 입증이 어려울 것으로 판단됨
진단 시약	제품 검증(허가신청, 외부임상신청 등)	• 외부의 객관적인 제품검증이 없는 상태에서는 일반적으로 자산가치의 객관적 입증이 어려울 것으로 판단됨

회사는 上記 기준에 따라 자산으로 인식하는 경우, 기술적 실현 가능성 판단에 필요한 객관적 증빙 자료를 제시하고, 上記 기준 前 단계에서 연구개발비를 자산으로 인식한 경우에는 감리 과정에서 회사의 주장과 논거를 더욱 면밀히 검토한다.

(예시) 기술이전(license-out) 계약을 체결한 경우 진성거래 여부, 이행가능성 등을 점검

ii) 원가측정의 신뢰성 확보

회사는 프로젝트별 투입 원가를 신뢰성있게 측정하고, 그 중 개발활동과 직접 관련있는 원가만 자산으로 계상해야 하며, 프로젝트별 투입된 재료비, 노무비, 외주비 등을 개발단계별로

구별하여 집계한다. 개발비와 연구비가 혼재되어 구분이 어려운 경우에는 전액 비용으로 인식한다.

iii) 상업화 가능성 확인 및 손상 평가

회사는 무형자산의 상업화 의도와 능력 및 이에 필요한 기술적·재정적 자원입수 가능성을 합리적으로 제시해야 한다. 개발비를 자산으로 인식한 후에는 손상 관련 회계기준에 따라 그 자산에서 얻게 될 미래 경제적 효익을 평가하여 그 초과분은 손상으로 인식하고 이후 추가 지출액은 비용 처리한다.

③ 주석 공시

회사는 연구개발비를 자산화한 금액을 개발단계별로 재무제표에 아래 양식에 맞게 주석으로 공시하며, 심사·감리 과정에서 중점 확인한다.

| 연구개발비 자산화 금액 주석공시 양식(참고 목적) |

분류	단계	구분	개별 자산명	자산화한 연구개발비 금액(누계액)						연구개발비		잔여 상각기간
				前 임상	임상 1상	임상 2상	임상 3상	판매 승인	계	장부 금액	손상차손 누계액	
개발비	개발완료	개량신약	○○○				×××		×××	×××		×년
			△△△				×××		×××	×××		
		소계					×××		×××	×××		
	개발중	신약	◇◇◇				×××		×××	×××		–
		바이오시밀러	☆☆☆		×××							–
		소계			×××							
⋮	⋮	합계		×××	×××		×××		×××	×××	×××	

가. ○○○은 … 질환 통합 치료가 가능한 제품으로 201x년 판매승인 후 현재 발매 중입니다.
나. △△△은 … 치료제로서 201x년 계약을 통해 기술이전을 완료하였습니다.
다. ◇◇◇은 … 신약 개발 프로젝트이며, 현재 임상 3단계로 201x년 허가를 목표로 하고 있습니다.
라. ☆☆☆은 … 을 치료하는 바이오시밀러를 개발하는 프로젝트이며, 기술이전을 목표로 하고 있습니다.

(7) 개발비 회계처리 관련 감리지적사례

금융감독원은 「제약·바이오 기업의 연구개발비 회계처리 관련 감독지침」과 관련하여, 제약·바이오 기업의 개발비 감리시 중점적으로 점검한 항목 및 감리지적사례를 안내하였는데 다음과 같다.

| 표 _ 자산화 가능 단계 이전 개발비의 감리지적사례 요약 |[538]

구분	감리 대상회사의 자산화 근거	감리결과
감리 지적 대상	• 개발 중인 신약이 임상2상 완료 후 조건부 판매 허가가 가능하다고 자체 판단하여 임상초기 지출액도 자산화 가능하다고 주장 • 최종 판매허가를 득하였으므로 임상초기지출액도 자산성이 있었다고 사후적으로 주장 • 타사의 기술이전 사례를 빌어 자사의 개발 초기단계 비용도 자산화가능하다고 주장 • 다른 국가에서 판매허가를 득하였으므로 신약의 기술적 실현가능성이 높다고 판단 • 자체 기준으로 볼 때, 물리화학적·생물학적으로 동등한 물질을 확보하였기에 바이오시밀러의 기술적 실현가능성이 높다고 주장 • 자체 기준에 따라 동등성을 확보한 제네릭이므로 정부검증 이전이라도 자산화 가능 • 단순한 인허가 과정, 과거 성공경험 등을 고려하여, 진단시약은 개발초기단계부터 자산화가 가능하다고 판단 • 개량신약은 개발성공 가능성이 높다는 자체 판단으로 임상1상 비용부터 자산화	• 의약품으로서 최소한의 유효성·안전성이 확인되었다는 객관적 입증자료(외부검증 등)를 제시하지 못하였으므로 감독지침상 자산화 가능단계 이전 자산화 금액은 지적 대상에 포함
감리 지적 제외	• WHO(세계보건기구)로부터 균주를 배양 받아 생산에 이용하고, 역사가 오래된 독감백신으로 생산 공정 등이 확립되어 있는 점 등 고려	• 회사의 자산화 시점(임상1상계획 승인시)이 적절하다고 판단

3 특허권

(1) 개발활동의 산출물로서의 특허권의 취득원가

특허권을 취득하는데 소요되는 직접비용은 특허권의 취득원가에 해당한다. 여기서 직접비용의 예로는 법적 비용과 등록비용 등이 있다. 무형자산으로 인식하였던 개발비에 대하여 법적 권리가 확보되었을 때 이를 별도의 무형자산인 특허권(또는 산업재산권)으로 대체할 수 있는지 논란이 있을 수 있다. 이러한 경우 가능한 회계처리는 다음과 같다.

538) 금융감독원, 「개발비 회계처리 관련 감리지적사례 및 유의사항 안내」, 2018.12.19., 3면

① 방법 1 : 특허권 취득을 위하여 직접 지출된 금액만을 특허권으로 인식한다.

② 방법 2 : 무형자산으로 인식한 개발비의 미상각잔액에 특허권 취득을 위하여 직접 지출된 금액을 가산하여 특허권 계정으로 대체하여 인식하고, 특허권의 내용연수에 걸쳐 상각한다.

[사례 5]

- A사는 03년 7월초에 연구개발에 필요한 기계장치를 400,000원에 취득하였으며 정부로부터 60,000원을 보조 받음.
- 기계장치의 취득과정에서 공정가치가 30,000원인 국채를 50,000원에 취득함.
- 기계장치는 연구활동 이외의 용도에도 사용가능함.
- 03년말에 연구활동이 종료되어 04년초부터 개발비 요건을 충족함.
- 04년중에 지출한 인건비와 재료비는 20,000원임.
- 04년말에 개발활동이 완료되고, 05년 6월말에 9,000원을 지급하고 특허권을 취득함.
- 유형자산과 무형자산의 내용연수는 3년이며 정액법을 적용함.
- A사는 정부보조금에 대하여 자산차감방식을 적용하고 있음.

[요구사항]

1. 03년 기계장치의 장부금액과 감가상각비를 계산하시오.
2. 05년에 취득한 특허권의 취득원가는 얼마인가?

[요구사항 1]

기계장치의 경우 연구활동 이외의 대체적 용도가 없다면 유형자산으로 인식하지 않고, 구입 즉시 연구비로 처리한다. 본 사례의 경우에는 다른 용도로 사용가능하므로 유형자산으로 계상하며, 취득원가 및 감가상각비는 다음과 같이 계산된다.

- 취득원가 = 400,000원 + (50,000원 − 30,000원) = 420,000원
- 감가상각비(총액) = 420,000원 ÷ 3년 × 6월/12월 = 70,000원
- 감가상각비와 상계될 정부보조금 = 70,000원 × 60,000원 ÷ 420,000원 = 10,000원
- 손익계산서에 표시될 감가상각비 = 70,000원 − 10,000원 = 60,000원
- 기계장치 장부금액 = 420,000원 − 50,000원(보조금) − 70,000원(누계액) = 300,000원

[요구사항 2]

- 방법 1 (개발비 미상각을 특허권으로 대체) = 20,000원(개발비) + 9,000원 = 29,000원
- 방법 2 (특허권과 개발비를 각각 별도로 계상) = 9,000원

(2) 특허권 권리 방어에 소요된 법적 비용

특허권 소송과 관련된 비용(특허권을 성공적으로 방어하는데 소요되는 소송비용)을 발생시점에서 당기비용으로 처리한다. 그러나 특허권 소송과 관련된 지출로 인하여 미래 경제적효익이 증가한다면 소송과 관련된 비용을 자본화하는데, 이러한 예로는 소송결과 특허권의 경제적 내용연수가 증가하는 경우를 말할 수 있다. 특허권을 취득하는데 소요되는 직접비용은 특허권의 취득원가에 해당한다.

※ 참고사항 : 재고자산으로 계상할 수 없는 원가

기업회계기준서는 재고자산으로 계상할 수 없는 원가를 다음과 같이 언급하고 있다.

- 비정상적으로 낭비된 부분
- 제품생산 이후의 보관원가
- 간접관리원가
- 판매원가

그러나 실무적으로 재고가능원가의 판단은 어려운데, US-GAAP은 다음과 같이 규정하고 있다.

재고화 가능	재고화 불가능
• 제조설비의 수선유지비	• 사업 전체와 관련된 일반관리비
• 생산장소와 관련한 제반 수도광열비	• 사업 전체와 관련한 경영진 급여
• 생산장소와 관련한 지급임차료	• 재작업, 스크랩, 망실과 관련한 비정상적 원가
• 간접노무비와 생산 감독 급여	• 마케팅, 광고 및 판매 관련 비용
• 간접재료비 및 소모품/저장품비용	• 연구비 등
• 품질관리 및 검수관련 비용	• 로열티
• 제조에 종사하는 직원의 퇴직금	• 상해나 도난 관련 손실
• 기타 종업원 복리후생비	• 구매 관련 비용
• 제조 관련 자산의 감가상각비	• 전산처리비
• 공장 관리비용	• 이자비용(장기라면 가능)
• 구매, 생산 및 보관과 관련한 보험료	• 포장설계 비용

연구비와 경상개발비는 특정 제품과 관련이 없는 경우가 많으므로 재조원가에 해당하지 않는다. 따라서 관련 비용을 매출원가로 분류하려면 제조원가에 산입하지 않고 기타매출원가 등으로 처리하는 것이 적절하다.

제3절 무형자산의 평가

1 로열티 면제법(Relief From Royalty)

로열티공제법은 기업에 해당 무형자산을 직접 소유하고 이용함으로써 제3자에게 로열티를 지급하지 않아도 된다는 가정에 기반하고 있다. 이 방법은 이익접근법의 변형된 형태로서 로열티율을 이용하여 계산된 미래이익 흐름을 미래경제효익의 대용치로 사용하고, 이를 현재가치로 할인하여 무형자산의 가치를 산출하는 방법이다.

로열티공제법을 가장 많이 용하는 무형자산에는 상표권, 브랜드, 노하우 등이 있고, 로열티공제법을 부차적으로 사용할 수 있는 무형자산에는 자체 개발한 기술, 특허 등을 들 수 있다. 로열티 면제법을 적용할 경우 무형자산의 가치는 다음의 식을 이용하여 산출한다.

무형자산의 가치 = 로열티 면제액(= 매출액 × Royalty rate)의 현재가치

로열티율을 사용할 때에는 시장에서 벤치마크한 로열티율이 평가대상 무형자산에 동일하게 이용될 수 있는가를 면밀히 검토하여야 한다. 즉 비교대상이 되는 무형자산의 기술수준, 라이선스 계약 조건, 법적권리, 독점성, 유효기간, 전반적인 산업현황, 미래시장 등을 평가대상 무형자산과 비교하여 로열티율을 산정해야 한다.

로열티 면제법을 적용할 경우 평가 절차를 요약하면 다음과 같다.

① 해당 무형자산이 활용될 것으로 예상되는 사업과 관련된 향후 매출을 추정한다.

② 추정된 매출액에 Royalty rate를 곱하여 해당 기술이나 브랜드를 가지고 있음으로 인하여 절감할 수 있는 비용을 계산한다.

③ Royalty rate는 동종산업에서의 로열티 지급 사례나 정성적인(Qualitative) 평가지표를 통해 산출된다.

2 다기간 초과이익법(Period excess earnings)

(1) 개요

다기간 초과이익근법은 재무상태표 접근법과 손익계산서 접근법으로 나누어 살펴 볼 수 있다. 재무상태표 접근법은 무형자산을 이용하지 않거나 동종 산업의 무형자산을 이용하지 않는 기업들과 비교했을 때 해당 무형자산을 이용함으로써 창출가능한 증분이익을 자본화하여 결정하는 방법이다. 그리고 손익계산서 접근방법은 해당 무형자산과 관련하여 발생되는 이익을 자본화한 가치에서 다른 자산들이 기여한 부분을 차감하여 결정하는 방법이다. 다기간 초과이익법을 적용할 경우 무형자산의 가치는 다음의 식을 이용하여 산출한다.

> 무형자산의 가치 ='해당 사업에서 발생하는 미래현금흐름 − 다른 기여자산의 원가'의 현재가치

다기간 초과이익법을 통해 평가대상 무형자산의 가치가 산출된 후에는 해당 무형자산 및 다른 자산들의 요구수익률의 가중평균과 현금창출단위 전체의 내부수익률이 일치하는지 여부를 검증하고, 일치하지 않을 경우에는 조정 과정을 거쳐야 한다. 이러한 다기간 초과이익법은 주문잔고, 고객관계, 계약관계 무형자산 등에 활용되고 있다.

다기간 초과이익법을 적용할 경우 평가 절차를 요약하면 다음과 같다.

① 해당 무형자산이 활용될 것으로 예상되는 사업과 관련된 향후 매출과 비용을 추정한다.

② 추정된 이익에서 기여자산의 원가(Contributory Asset Charges)를 차감하는데, 여기서 기여자산의 원가는 그 이익을 창출하는데 사용된 모든 다른 자산에 대한 시장기대 이익을 의미한다.

③ 기여자산의 원가는 현금흐름을 창출하기 위하여 필요한 모든 자산을 가상의 제3자로부터 임차 혹은 리스한다는 가정하에 산출되며, 자산소유자에게 임차 혹은 리스에 대한 대가를 지불한다고 가정한다.

(2) 기여율의 적용

다기간 초과이익법은 해당 무형자산과 관련한 세후영업이익을 통하여 무형자산의 가치를 산정하는 방법인데, 이 때 세후영업이익은 무형자산뿐만 아니라 관련 유형자산 및 집합적 노동력 등이 기여하여 창출한 것이다. 따라서 무형자산이 기여한 비율을 산정하여야 할 것인데, 업종마다 무형자산이 기여하는 정도는 매우 상이할 것이므로 합리적인 비율을 산정하기 위하여 관련 업종의 자료를 분석할 필요가 있다. 예를 들어 전통적인 장치산업의 경우 무형자산의

기여도는 다소 낮은 것으로 평가될 수 있으나, E&P나 소프트웨어 산업의 경우에는 무형자산의 기여도가 절대적인 수준으로 평가된다.

참고로 1971년에 발표된 Goldscheider(Chairman, International Licensing Network)와 Jarosz, Carla의 저술과 2002년 LES에 기재된 논문인 'Use of the 25% Rule in Valuating Interllectaul Property'에 의하면 지적자산의 가치는 사용자 예상수익의 25%를 차지하는 것으로 평가하고 있다. 그리고 미국의 경우 로열티 협상에 있어서 25% rule을 하나의 기준으로 적용하는 사례가 많으며, 법정에서도 관련 분쟁이 생겼을 경우 25%가 판단기준으로 활용된 사례가 많다.

3 할인율 결정

무형자산(특히 진행중인 개발기술)이나 벤처기업 등에 대한 할인율은 사업성에 대한 검증이 되지 않았기 때문에 할인율은 상당히 높게 적용된다. 개발비나 특허권 등의 경우 할인율은 기술의 발전단계, 사업의 수행 정도, 기술적 특성 등에 따라 크게 달라질 수 있는데, Richard Razgaitis는 위험 수준에 따라 다음의 할인율을 제시하고 있다.[539)]

위험 수준	판단 기준	할인율(%)
거의 없음	현재 제조 판매되는 사용기술	10~18
매우 낮은 리스크	현재 제조 판매되는 제품에 신규기술 적용	15~20
낮은 리스크	잘 알려진 기술로 새로운 형태 제조	20~30
적절한 리스크	소비자 요구가 있는 제품에 신기술 사용	25~35
높은 리스크	잘 알려져 있지 아니한 기술로 새로운 제품을 만들고 기존 분야에 마케팅	30~40
매우 높은 리스크	새로운 기술로 새로운 제품을 제조하여 신규 분야에 마케팅	35~45
극히 높은 리스크	현재 판매되지도 않고 증명되지도 않는 기술 사용	50~

또한 가중평균자본비용(Weighted Average Cost of Capital, WACC)을 이용하여 무형자산에 대한 할인율을 산정하는 경우에도 무형자산의 특성을 고려하여 추가적인 리스크 프리미엄을 고려하는 것이 일반적이다. 즉, 무형자산의 가치는 일반적인 영업활동(기업가치나 사업 가치)의 평가에 비하여 불확실성이 크다고 보아, 계산된 가중평균자본비용에 3~4%의 할증률을 적용하는 경우가 많다.

539) Richard Razgaitis, Early-stage technologies valuation and pricing, John Wiley & Sons, Inc, 1999

4 상각절세효과

유형자산이나 무형자산을 이익접근법에 의하여 평가할 경우 동 자산의 공정가치는 다음과 같이 결정된다.

> 공정가치 = 현금흐름의 현재가치 + 상각절세효과

상각절세효과(Tax Amortization Benefit, TAB)는 자산의 소유권자가 보유 자산에 대한 상각비를 세무상 비용으로 인정받음으로써 발생하는 절세효과를 의미하는데, 다음과 같은 사항을 고려하여 산정한다.

① 자산의 상각 가능성
② 법인세율과 세법상 상각 기간
③ 적절한 할인율

따라서 무형자산 가치 평가 시 **이익접근법을 적용하는 경우에는 공정가치의 증가요소 (Step-up factor)로서 TAB를 고려**하게 된다. K-IFRS는 상각절세효과에 대하여 명확하게 규정하고 있지 않고 있으나, US-GAAP(FAS 109 문단 129) 등을 참조하여 TAB를 공정가치의 요소로 인정하고 있다고 해석하고 있다. TAB를 반영하기 이전의 무형자산의 가치를 TAB가 반영된 가치로 전환하는 식은 다음과 같다.

$$FV = PVE \times \frac{1}{\left[1 - \frac{t}{n} \times \left(\frac{1}{k} - \frac{1}{k \times (1+k)^n}\right)\right]}$$

FV : 무형자산의 공정가치
PVE : TAB 반영 전의 무형자산의 가치
t : 유효 법인세율
n : 세법상 내용연수
k : 할인율

5 평가 사례

(1) 브랜드 가치

브랜드의 가치는 해당 기업이 브랜드를 가지고 있지 않고 있음을 전제하고, 다른 기업으로부터 브랜드를 빌렸을 경우 지급하여야 할 Royalty를 측정하여 산정한다. 즉 장부에 계상하고 있지는 않지만 Target 기업이 보유하고 있는 브랜드 등 지적 자산에 의하여 지급하지 않아도 될 Royalty의 현재가치를 브랜드의 가치로 보는 관점이다.

[사례 6]

- P사(인수자)는 01년초를 평가기준일로 하여 S사가 보유하고 있는 브랜드를 취득하고자 함.
- 분석에 사용된 자료는 직전 3년간의 매출 자료와 향후 S사의 사업계획 등이며, 산업분석 및 인터뷰 등을 통하여 다음과 같이 매출을 추정함.

구분	01년	02년	03년	04년	05년
매출액	10,000	12,000	14,000	12,500	13,000

- Royalty rate는 과거 동종업종의 사례 및 인터뷰를 통하여 0.5%로 가정함.
- Royalty rate는 royaltysource.com에서 해당 산업에서 통용되는 Brand license를 조사하여 산출함.
- 할인율은 S사의 가중평균자본비용에 Risk premium 3%을 가산하여 18%로 결정됨.
- 05년 이후의 현금흐름은 05년과 동일하다고 가정함(성장률 : 0%).
- 세무상 상각비가 인정된다고 가정하고 내용연수는 5년을 적용함.
- 모든 현금흐름은 연말에 발생한다고 가정함.

[요구사항] 브랜드에 대한 적정 가치를 평가하시오.

| 표 _ 현금흐름의 현재가치 |

구분	01년	02년	03년	04년	05년
매출	10,000	12,000	14,000	12,500	13,000
Royalty rate	0.50%	0.5%	0.5%	0.5%	0.5%
세전 로열티	50	60	70	63	65
법인세 비용(24.2%)	12	15	17	15	16
세후 로열티	38	45	53	47	49
현가계수(18.0%)	0.8475	0.7182	0.6086	0.5158	0.4371
현재가치	32	33	32	24	22

본 사례는 모든 현금흐름이 매년도 말에 발생한다고 가정하여 1년간의 할인율을 적용하고 있다. 그러나 중요성에 따라 현금흐름이 연중 발생한다고 보고 모든 현금흐름이 중간기간인 7월 1일에 발생한다고 조정(Mid-year convention)하는 것이 보다 더 합리적인 것으로 평가받고 있다. 만일 Mid-year convention을 고려하여 가치평가를 실시한다면 TAB를 산출하는 공식도 변형하여 일관되게 반영하여야 함에 유의한다.

| 표 _ 브랜드의 가치 |

구분	금액
현금흐름의 현재가치(01년~05년)	143
영구가치의 현재가치	52
합계	195
상각절세효과	35
브랜드의 공정가치	230

상기 내용을 세부적으로 살펴 보면 다음과 같다.

① 추정 사업기간의 현재가치 : 01년부터 05년까지의 현재가치를 합산한 143원

② 영구현금흐름 : 06년부터 발생할 영구현금흐름 52원

③ 상각절세효과 반영 이전의 브랜드 가치 계산 : 195원(= 143원 + 52원)

④ TAB : 산식에 이자율, 법인세율 및 기간을 대입하면 TAB은 35원으로 산출됨.

⑤ 브랜드의 공정가치 : 195원 + 35원 = 230원

(2) 특허권의 가치

특허권의 가치는 동 특허권에 대한 사용료가 시장에서 거래되는 경우 로열티 면제법을 사용하는 것이 일반적이나, 관련 사례가 빈번하지 않고 객관적인 Royalty rate를 산정하기 어려운 경우에는 다기간 초과이익법을 활용하여 계산할수 있다.

만일 다기간 초과이익법을 활용하여 무형자산의 가치를 산정한다면 무형자산뿐만 아니라 다른 자산도 기여하여 현금흐름을 창출한다는 점에 유의하여야 한다. 예를 들어 새로 개발된 기술을 활용하여 제품을 생산하여 현금흐름을 창출할 경우 현금흐름을 창출하기 위하여 새로운 개발된 기술이 경쟁력을 갖추기 위한 요소이기는 하지만, 제품을 생산하기 위한 유형자산이나 생산 및 판매 조직이 필요하기 때문이다. 이때 유형자산이나 생산 및 판매 조직 등을 기여자산의 원가(CAC, Contributory Asset Charges)라고 하는데 이는 이익 창출에 기여한 자산을 활용하는데 발생한 원가로 정의된다.

[사례 7]

- P사는 01년초를 평가기준일로 하여 S사가 보유하고 있는 특허권을 취득하고자 함.
- 특허권을 이용하여 생산되는 제품으로 발생할 매출액은 다음과 같음.

구분	01년	02년	03년	04년	05년
매출액	20,000	27,000	28,000	29,000	29,000

- 매출원가 및 판매비와관리비는 매출액 대비 60%를 발생할 것으로 예상됨.
- 세무상 특허권 상각비가 인정되며 내용연수는 5년임.
- 적용될 법인세율은 24.2%임.
- 특허권이 본 제품의 현금흐름에 기여하는 비율은 25%로 판단됨.
- 모든 현금흐름은 연말에 발생되며, 적용될 이자율은 18%임.

[요구사항] 특허권의 가치를 계산하시오.

| 표 _ 현금흐름의 현재가치 |

구분	01년	02년	03년	04년	05년
매출액	20,000	27,000	28,000	29,000	29,000
매출원가 및 판매비와관리비	12,000	16,200	16,800	17,400	17,400
영업이익	8,000	10,800	11,200	11,600	11,600
법인세비용(24.2%)	1,936	2,614	2,710	2,807	2,807
당기순이익(=세후 현금흐름)	6,064	8,186	8,490	8,793	8,793
현가계수(18.0%)	0.8475	0.7182	0.6086	0.5158	0.4371
현재가치	5,139	5,879	5,167	4,535	3,844
기여율	25%	25%	25%	25%	25%
기여 현금흐름의 현재가치	1,285	1,470	1,292	1,134	961

| 표 _ 특허권의 가치 |

구분	금액
현금흐름의 현재가치(01년~05년)	6,142
상각절세효과	1,095
고객 관계의 공정가치	7,237

(3) 무형자산 평가 시 자주 발생하는 오류

무형자산의 평가는 일반적인 기업가치 평가에 비하여 보다 많은 추정에 의존하기 때문에 평가 과정 중에 오류가 빈번하게 발생하는데, 그 내용을 요약하면 다음과 같다.

① 동일한 수익을 창출하는 두 개 이상의 무형자산을 다기간초과이익법을 적용하는 경우 : 동일한 수익을 창출하는 무형자산을 다기간초과이익법을 적용하여 평가하게 되면, 해당 무형자산과 관련된 현금흐름을 이중 계산하거나 생략하는 오류가 발생한다. 따라서 수익을 창출하는데 가장 중요한 무형자산만 다기간초과이익법을 적용하고, 상대적으로 덜 중요한 무형자산은 다른 평가기법을 적용하는 것이 바람직하다.

② 원가접근법을 무분별하게 사용하는 경우 : 원가접근법은 내부사용 목적의 소프트웨어, 집합적 노동력 등의 공정가치를 평가하는 사용되며 기술, 고객관계 등에는 적합하지 않다.

③ 물리적, 경제적 성격이 다른 자산을 단일의 자산으로 통합하여 평가하는 경우

④ 자산의 경제적 내용연수를 적절하게 추정하지 못하는 경우 : 기술의 경제적 내용연수는 법적 또는 세무상 내용연수가 짧은 경우가 많은데, 그러한 경우에는 경제적 내용연수를 반영한다.

⑤ 다기간 초과이익법을 적용할 경우 다른 자산이 기여하는 효익을 제외하지 않는 경우

⑥ 상각절세효과를 고려하지 않는 경우

⑦ 적용 할인율 : 무형자산은 불확실성이 내재되어 있으므로 유형자산 등 보다 높은 수익률을 적용하여야 한다.

6 무형자산의 손상

(1) 자산손상의 개념

자산의 경제적 가치는 제품 등을 생산하는 과정에서 감소되는 것이 일반적이지만 재해, 기술의 진부화, 물리적인 파손 및 영업환경의 악화 등의 요인으로 가치가 감소할 수도 있다. 이처럼 본래 용도로 사용되는 과정이 아니라 다른 상황에 의하여 자산의 경제적 가치가 하락할 경우 자산이 손상(Impairment)되었다고 표현하며, 자산이 손상되면 손상차손을 인식하게 된다.

손상차손은 자산의 장부금액과 회수가능액을 비교하여 결정되며, 회수가능액은 순공정가치와 사용가치 중 큰 금액으로 정의된다.[540)]

• 자산손상차손 = 장부금액 – 회수가능액
• 회수가능액 = Max(순공정가치, 사용가치)

한편 해당 기업회계기준서에 직접 손상절차를 규정하고 있는 다음의 자산에 대해서는 자산손상 기준서를 적용하지 않는다.

① 금융자산
② 재고자산
③ 이연법인세자산
④ 중단사업에 속하는 자산
⑤ 종업원 급여와 관련된 자산(K-IFRS만 해당)
⑥ 건설형 공사계약에서 발생한 자산
⑦ 공정가치에서 추정 처분부대원가를 차감한 금액으로 측정되는 농림어업활동과 관련된 생물자산

(2) 사용가치

사용가치(Value in use)**는 자산**(**또는 현금창출단위**)**을 영업활동에 정상적으로 사용할 경우 창출될 것으로 기대되는 미래현금흐름을 현재가치로 환산한 금액**이다. 따라서 사용가치는 다음과 같은 절차에 따라 계산된다.

① 1단계 : 자산의 지속적인 사용과 처분에 의하여 발생될 미래현금흐름을 추정
② 2단계 : 현재 시점에서 추정한 이자율로 미래현금흐름을 현재가치로 전환

미래현금흐름을 추정하여 할인한다는 개념은 제4장에서 살펴 본 가치 평가방법과 유사하나, 다음과 같은 차이가 있다.

① **주식이나 신사업의 가치를 평가**하기 위한 현금흐름할인법
- 경영진이나 투자자의 의사결정을 지원할 목적으로 기업이 처해 있는 기회나 위험을 반영하여 가치를 산정하는 경우가 많다.
- 현재 기업이 계획하고 있는 투자나 구조조정 등을 반영하여 가치평가가 이루어진다.

540) 자산을 매매하는데 참여하는 기업이 많고 유동성이 높은 시장이 존재한다면 순공정가치가 합리적인 추정치가 될 것이나, 그렇지 않는다면 순공정가치의 대용치로 활용할 수 있는 대안을 개발하여야 할 것이다. 따라서 자산손상에 관한 기준서는 순공정가치의 대용치로 기업 특유의 가치를 의미하는 진정한 사용가치가 아니라, **시장의 기대가 반영된 현금흐름과 할인율을 반영한 (순공정가치의 대용치로서) 사용가치**를 적용할 것을 요구하고 있다.

② **자산손상을 위한 사용가치 산정 목적**으로 활용되는 현금흐름할인법

- 추정하는 재무정보는 현재의 상황을 충실하게 반영하여야 하므로 보다 보수적인 접근방법을 취하고 있다.
- 결산일 현재의 자산에 대한 손상검사를 목적으로 하는 평가는 **현재의 상황을 충실하게 반영하여야 하므로 미래의 투자나 구조조정 등은 반영하지 않는다.**
- 극단적인 형태의 자산손상 검사는 결산일 현재의 재무성과가 미래로 투영되었을 경우의 가치평가를 근거로 이루어질 것이다.

(3) 미래현금흐름의 추정

사용가치를 산정할 목적으로 미래현금흐름을 추정하는데 있어 유의할 점은 다음과 같다.

① 자산에 대한 미래현금흐름은 현재의 조건과 상황이 지속된다고 가정하고 경영진이 승인한 최근의 재무예산이나 재무예측에 토대하여 추정한다.

② 미래에 발생할 것으로 예상되는 구조조정이나 자산 성능의 향상으로 인하여 발생할 것으로 예상되는 추가적인 미래의 현금유입액 또는 현금유출액은 제외한다.

③ 미래현금흐름의 추정 대상 기간은 정당한 사유가 없는 한 최장 5년으로 한다.

현금흐름의 추정 기간을 5년으로 언급한 이유는 5년을 초과할 경우 상세하고 신뢰성 있는 자료를 활용하기 어렵기 때문이다. 그러나 만일 경영진의 추정에 대하여 충분히 신뢰할 수 있고, 5년을 초과하더라도 미래현금흐름을 정확하게 예측할 수 있는 능력을 과거에 보여 주었다면 5년을 초과하여 현금흐름을 추정할 수 있다.

(4) 할인율의 결정

미래현금흐름을 현재가치로 환산하는데 있어 적용되는 할인율은 다음과 같다.

구분	가치평가	자산손상
위험반영	자산위험 및 자본구조 반영	자산고유의 위험만 반영
자금구조 반영	반영	미반영
법인세효과	세후할인율	세전할인율

사용가치를 계산하는데 활용할 할인율은 기업의 자본구조나 자금을 조달하는 방법과는 독립적이어야 한다. 왜냐하면 자산 자체에서 발생될 것으로 기대되는 미래현금흐름은 자산을 자기자본으로 취득하는지 또는 차입금을 조달하여 취득하는 지에 대하여 관계없이 동일하기

때문이다.

사용가치 산정 시 세전할인율을 적용하도록 규정하고 있는 이유는 자산의 장부금액과 세무상 금액이 불일치할 경우 이연법인세가 발생하고, 그로 인하여 법인세가 현금흐름에 차이를 발생시켜 사용가치에 영향을 미칠 수 있기 때문이다. 그러나 기업실무에서는 이연법인세 적용으로 인한 차이가 중요하지 않고, 자산에 대하여 시장이 기대하는 세전할인율을 적절하게 추정하기가 매우 어려우므로 세후 현금흐름에 세후할인율을 적용하는 것이 일반적이다.

(5) 무형자산의 손상

무형자산에 대한 손상검사 절차는 유형자산과 대부분 동일하다. 그러나 다음의 무형자산은 자산손상을 시사하는 징후가 없더라도 적어도 1년에 한 번씩 정기적으로 손상검사를 실시하여야 한다.

K-IFRS	일반기업회계기준
• 아직 사용하지 않은 무형자산 • 내용연수가 비한정인 무형자산[541)] • 사업결합으로 취득한 영업권	• 아직 사용하지 않은 무형자산

상기 무형자산들은 모두 상각비를 인식하지 않는다는 특징이 있기 때문에, 기업회계기준은 보수적인 관점에서 손상검사를 실시하도록 규정하고 있다고 해석된다. 동 자산들에 대한 손상검사는 어느 시점이라도 할 수 있으나 매년 같은 시점에서 실시하여야 한다. 한편 일반기업회계기준에서는 모든 무형자산을 일정 내용연수를 적용하도록 규정하고 있으므로 비한정 내용연수를 적용하는 무형자산이 없다는 점은 K-IFRS와 다소 상이하다.

무형자산의 구체적인 손상절차는 다음과 같다.

① 1단계 손상징후의 평가

- 기술변화, 영업손실 및 이자율의 상승 등과 같은 기업 내부 및 외부의 정보를 취합하여 손상징후가 인지된다면 손상검사를 실시한다.

② 2단계 손상검사의 실시

541) 다음을 모두 충족하는 경우에는 내용연수가 비한정인 무형자산의 회수가능액에 대해 최근에 실시한 계산결과를 당기의 손상검사에 이용할 수 있다.
① 최근의 회수가능액을 계산한 이후, 현금창출단위를 구성하는 자산과 부채가 유의적으로 변동하지 않았다.
② 최근 계산결과에 따른 회수가능액이 장부금액을 상당히 초과하였다.
③ 최근의 회수가능액을 계산한 이후의 사건과 변화된 상황을 분석해 볼 때, 현재 시점의 회수가능액이 장부금액에 미달할 가능성이 아주 낮다.

③ 3단계 손상차손의 인식

- 손상차손 = 장부금액 - Max(순공정가치, 사용가치)

상각비를 인식하는 무형자산이 손상차손을 인식하여 장부금액이 수정된다면 유형자산과 동일하게 손상 이후의 장부금액을 새로운 취득원가로 하여 감가상각비를 계산한다. 반면 내용연수가 비한정인 무형자산은 상각비를 인식하지 않으므로, 손상차손 이후의 금액을 새로운 취득금액으로 한다.

무형자산에 대하여 손상을 인식한 이후 손상차손을 환입하는 경우, 손상차손환입으로 증가된 장부금액은 과거에 손상차손을 인식하기 전 장부금액의 상각 후 잔액을 초과할 수 없다.

[사례 8]

- P사는 00년말을 기준일로 하여 개발비에 대한 평가를 실시하고 있음.
- 개발비로 생산되는 제품으로 예상되는 영업활동 현금흐름은 다음과 같음.

구분	01년	02년	03년	04년	05년
영업 현금흐름	10,000	12,000	14,000	12,500	13,000

- 제품생산으로 발생되는 현금흐름 중 25% 정도를 개발비가 기여하는 것으로 추정됨.
- 세무상 상각비가 인정된다고 가정하고 내용연수는 5년을 적용함.
- 모든 현금흐름은 연말에 발생한다고 가정함.
- 적용될 이자율은 18%임.

[요구사항] 개발비 손상금액을 계산하시오.

| 표 _ 현금흐름의 현재가치 |

구분	01년	02년	03년	04년	05년
영업활동 현금흐름	10,000	12,000	14,000	12,500	13,000
Tax	2,420	2,904	3,388	3,025	3,146
세후 현금흐름	7,580	9,096	10,612	9,475	9,854
현가계수(18.0%)	0.8475	0.7182	0.6086	0.5158	0.4371
현재가치	6,424	6,533	6,459	4,887	4,307

(*) 현재가치 = 세후 현금흐름 × 현가계수

| 표 _ 개발비 손상 금액 |

구분	금액
현금흐름의 현재가치(01년~05년)	28,609
영구가치의 현재가치	10,460
합계	39,069
기여율	25%
개발비의 공정가치	9,767
개발비 장부금액	10,000
손상금액	233

(6) 정부보조금과 개발비 손상

[사례 9][542)]

- 회사가 기술실시계약을 체결할 수 있는 우선권을 기술개발 후 2년 동안 보유하는 조건으로 정부보조금을 수령하여 연구개발에 지출함.
- 동 개발의 산업화가 성공하여 당해 제품의 매출이 발생하는 경우, 기술실시계약을 체결하여 당해제품 매출액의 발생시점으로부터 8년간 정부보조금의 최대 30%를 기술료로 납부하는 조건을 예상하여 연구개발활동을 수행함.
- 회사는 정부보조금 수령시 기술실시계약을 체결하지는 않은 상태임.
- 회사는 개발비를 계상하는 시점에 추후 지급의무가 있다고 판단한 정부보조금의 30%를 부채로 계상하고, 나머지 70%를 개발비의 차감계정으로 처리함.
- 재무상태표상 표시 내역은 다음과 같음.
  - 개발비 : 20,000원
  - 정부보조금 : 7,000원
  - 장기미지급비용 : 3,000원

[요구사항] 개발비를 계상한 이후 개발한 제품이 시장성을 상실하여 기술실시계약을 체결하지 않아 개발비를 손상차손으로 인식하고자 할 경우, 개발비와 관련하여 계상하였던 부채를 이익으로 인식하는 시점은 언제인가?

개발단계에서 발생한 지출이 일반기업회계기준 제11장 "무형자산"의 인식요건을 충족하고, 당해 개발비로부터 기대되는 대부분의 효익을 회사가 갖게 되어 해당 금액을 개발비로 회계처리하여 오던 중 개발비 전액을 손상차손으로 인식하기로 결정한 경우에는 당해 개발비에

542) 질의회신 GKQA04-053

대한 손상차손을 인식하는 시점에 상환의무가 소멸되므로, 개발비와 관련하여 인식하였던 부채 총액을 당기이익으로 인식하는 것이 타당하다.

본 사례와 관련한 회계처리를 예시하면 다음과 같다.

① 손상차손 인식

(차변)	국고보조금	7,000	(대변)	개발비	20,000
	무형자산손상차손	13,000			

② 장기미지급비용에 대한 분류 변경

(차변)	장기미지급비용	3,000	(대변)	수익(정부보조금 수익)	3,000

제3장 무형자산 세무처리

제1절 무형자산 세무처리

법인세법상 유형자산 및 무형자산, 감가상각자산의 감가상각 방법 등의 일반론을 살펴보고 사례를 통해 무형자산인 개발비에 대한 특수한 분야를 살펴보도록 한다.

1 법인세법상 무형자산의 범위

법인세법상 감가상각자산(유형자산 및 무형자산)의 범위는 다음과 같다(법인세법 제23조 제1항, 동법 시행령 제24조 제1항).

구분		감가상각자산의 범위
감가상각자산	유형자산	가. 건물(부속설비를 포함한다) 및 구축물(이하 "건축물"이라 한다) 나. 차량 및 운반구, 공구, 기구 및 비품 다. 선박 및 항공기 라. 기계 및 장치 마. 동물 및 식물 바. 기타 가목 내지 마목의 자산과 유사한 유형고정자산
	무형자산	가. 영업권(합병 또는 분할로 인하여 합병법인등이 계상한 영업권은 제외한다), 디자인권, 실용신안권, 상표권 나. 특허권, 어업권, 양식업권, 「해저광물자원 개발법」에 의한 채취권, 유료도로관리권, 수리권, 전기가스공급시설이용권, 공업용수도시설이용권, 수도시설이용권, 열공급시설이용권 다. 광업권, 전신전화전용시설이용권, 전용측선이용권, 하수종말처리장시설관리권, 수도시설관리권 라. 댐사용권 마. (삭제, 2002.12.30.)

<table>
<tr><th colspan="2">구분</th><th>감가상각자산의 범위</th></tr>
<tr><td>감가
상각
자산</td><td>무형
자산</td><td>바. 개발비 : 상업적인 생산 또는 사용 전에 재료 · 장치 · 제품 · 공정 · 시스템 또는 용역을 창출하거나 현저히 개선하기 위한 계획 또는 설계를 위하여 연구결과 또는 관련 지식을 적용하는데 발생하는 비용으로서 기업회계기준에 따른 개발비 요건을 갖춘 것(「산업기술연구조합 육성법」에 따른 산업기술연구조합의 조합원이 해당 조합에 연구개발 및 연구시설 취득 등을 위하여 지출하는 금액을 포함한다)
사. 사용수익기부자산가액 : 금전외의 자산을 국가 또는 지방자치단체, 법인세법 제24조 제2항 제1호 라목부터 바목까지의 규정에 따른 법인 또는 법인세법 시행령 제39조 제1항 제1호에 따른 법인에게 기부한 후 그 자산을 사용하거나 그 자산으로부터 수익을 얻는 경우 해당 자산의 장부가액
아. 「전파법」 제14조의 규정에 의한 주파수이용권 및 「공항시설법」 제26조의 규정에 의한 공항시설관리권
자. 「항만법」 제24조에 따른 항만시설관리권</td></tr>
</table>

위에서 살펴본 바와 같이 법인세법상 개발비는 상업적인 생산 또는 사용전에 재료 · 장치 · 제품 · 공정 · 시스템 또는 용역을 창출하거나 현저히 개선하기 위한 계획 또는 설계를 위하여 연구결과 또는 관련 지식을 적용하는데 발생하는 비용으로서 기업회계기준에 따른 개발비 요건을 갖춘 것을 말한다(법인세법 시행령 제24조 제1항 제2호 바목).

한국채택국제회계기준 기업회계기준서 제1038호 무형자산(이하 "K-IFRS 1038"이라 한다)에서는 다음 사항을 모두 제시할 수 있는 경우에만 개발활동(또는 내부 프로젝트의 개발단계)에서 발생한 무형자산을 인식하도록 규정하고 있다(K-IFRS 1038 문단 57).

개발활동(또는 내부 프로젝트의 개발단계)에서 발생한 무형자산의 인식 요건
㉠ 무형자산을 사용하거나 판매하기 위해 그 자산을 완성할 수 있는 기술적 실현가능성 ㉡ 무형자산을 완성하여 사용하거나 판매하려는 기업의 의도 ㉢ 무형자산을 사용하거나 판매할 수 있는 기업의 능력 ㉣ 무형자산이 미래경제적효익을 창출하는 방법. 그 중에서도 특히 무형자산의 산출물이나 무형자산 자체를 거래하는 시장이 존재함을 제시할 수 있거나 또는 무형자산을 내부적으로 사용할 것이라면 그 유용성을 제시할 수 있을 것 ㉤ 무형자산의 개발을 완료하고 그것을 판매하거나 사용하는 데 필요한 기술적, 재정적 자원 등의 입수가능성 ㉥ 개발과정에서 발생한 무형자산 관련 지출을 신뢰성 있게 측정할 수 있는 기업의 능력

한편, 연구(또는 내부 프로젝트의 연구단계)에서 발생하는 무형자산을 인식하지 않도록 하고 있으므로 연구(또는 내부 프로젝트의 연구단계)에 대한 지출은 발생시점에 비용으로 인식해야 한다(K-IFRS 1038 문단 54).

K-IFRS 1038에 따른 개발활동의 예는 다음과 같다(K-IFRS 1038 문단 59).

개발활동의 예
㉠ 생산이나 사용 전의 시제품과 모형을 설계, 제작, 시험하는 활동 ㉡ 새로운 기술과 관련된 공구, 지그, 주형, 금형 등을 설계하는 활동 ㉢ 상업적 생산 목적으로 실현가능한 경제적 규모가 아닌 시험공장을 설계, 건설, 가동하는 활동 ㉣ 신규 또는 개선된 재료, 장치, 제품, 공정, 시스템이나 용역에 대하여 최종적으로 선정된 안을 설계, 제작, 시험하는 활동

이상에서 살펴본 봐와 같이 법인세법상 개발비의 정의는 K-IFRS 1038에서 정의하는 개발활동에서 발생한 무형자산과 큰 차이는 없는 것으로 판단된다.

이때 법인세법은 '기업회계기준에 따른 개발비 요건을 갖춘 것'을 요건으로 하므로 기업회계기준에 따른 개발비 요건을 갖추지 못한 금액은 그 지급이 확정된 사업연도의 손금에 산입한다(법인세법 집행기준 23-26-7 제1항).

따라서 한국채택국제회계기준에서는 연구단계에서 발생하는 개발비는 개발단계에서 발생한 무형자산의 인식 요건을 충족하지 못하므로 개발단계에서 발생하고 무형자산의 인식 요건을 충족한 무형자산이 법인세법상 개발비가 될 수 있다.

한편, 법인세법에서는 유형자산과 무형자산에 포함하는 자산과 포함하지 아니하는 자산을 규정하고 있는데 이를 살펴보면 다음과 같다(법인세법 시행령 제24조 제3항 내지 제6항, 법인세법 집행기준 23-24-1 제2항).

감가상각자산에 포함하는 자산	감가상각자산에 포함하지 아니하는 자산
• 장기할부조건으로 매입한 자산 • 리스자산(금융리스의 자산은 리스이용자, 금융리스 외의 리스자산은 리스회사의 감가상각자산으로 한다)	• 사업에 사용하지 아니하는 자산(유휴설비 제외) • 건설중인 자산 • 시간의 경과에 따라 그 가치가 감소되지 아니하는 자산(토지, 서화, 골동품 등)

(1) 장기할부조건으로 매입한 자산

장기할부조건 등으로 매입한 감가상각자산의 경우 법인이 해당 자산의 가액 전액을 자산으로 계상하고 사업에 사용하는 경우에는 그 대금의 청산 또는 소유권의 이전여부에 관계없이 이를 감가상각자산에 포함한다(법인세법 시행령 제24조 제4항). 이때 '장기할부조건'이라 함은 자산의 판매 또는 양도(국외거래에 있어서는 소유권이전 조건부 약정에 의한 자산의 임대를 포함한다)로서 판매금액 또는 수입금액을 월부 · 연부 기타의 지불방법에 따라 2회 이상으로 분할하여 수입하는 것 중 당해 목적물의 인도일의 다음날부터 최종의 할부금의 지급기일까지의 기간이 1년 이상인 것을 말한다(법인세법 시행령 제68조 제4항).

(2) 리스자산

자산을 시설대여하는 자(이하 "리스회사"라 한다)가 대여하는 해당 자산(이하 "리스자산"이라 한다) 중 기업회계기준에 따른 금융리스(이하 "금융리스"라 한다)의 자산은 리스이용자의 감가상각자산으로, 금융리스 외의 리스자산은 리스회사의 감가상각자산으로 한다(법인세법 시행령 제24조 제5항).

(3) 사업에 사용하지 아니하는 자산(유휴설비 제외)

감가상각자산에 해당되는 유휴설비에는 다음의 기계 및 장치 등은 포함되지 아니하는 것으로 한다(법인세법 시행령 제24조 제3항 제1호, 법인세법 시행규칙 제12조 제3항).

유휴설비에서 제외되는 기계장치
㉠ 사용중 철거하여 사업에 사용하지 아니하는 기계 및 장치 등 ㉡ 취득후 사용하지 아니하고 보관중인 기계 및 장치 등

따라서 유휴설비에서 제외되는 위의 ㉠, ㉡의 자산은 감가상각자산에서 제외된다(서이 46012-11751, 2002.9.19., 법인 46012-1503, 1998.6.9.).

(4) 건설중인 자산

감가상각자산에서 제외되는 건설중인 자산에는 설치중인 자산 또는 그 성능을 시험하기 위한 시운전기간에 있는 자산을 포함한다. 다만, 건설중인 자산의 일부가 완성되어 당해 부분이 사업에 사용되는 경우 그 부분은 이를 감가상각자산에 해당하는 것으로 한다(법인세법 시행령 제24조 제3항 제2호, 법인세법 시행규칙 제12조 제4항).

(5) 시간의 경과에 따라 그 가치가 감소되지 아니하는 자산

감가상각은 시간의 경과나 사용에 따라 감소되는 자산의 가치를 인위적인 방법에 따라 합리적으로 추정하여 원가 배분하는 과정이다. 따라서, 시간의 경과에 따라 가치의 변화가 없는 토지 또는 시간의 경과에 따라 오히려 가치가 증대되는 서화, 골동품, 조경수 등은 감가상각자산이 아니다.[543)]

2 상각범위액의 계산

법인세법 제23조 제1항에 의하면 감가상각자산에 대한 감가상각비는 내국법인이 각 사업연도의 결산을 확정할 때 감가상각비를 손비로 계상한 경우에만 상각범위액의 범위에서 해당 사업연도의 소득금액을 계산할 때 이를 손금에 산입하고, 그 계상한 금액 중 상각범위액을 초과하는 부분의 금액은 손금에 산입하지 아니한다고 규정하고 있다.

손금산입되는 감가상각비
Min[손비로 계상한 감가상각비, 상각범위액]

상각범위액을 살펴보기 전에 법인세법상 유형자산 및 무형자산의 감가상각비는 법인이 결산을 확정함에 있어 이를 손금으로 계상한 경우에 한하여 상각범위액의 한도 내에서 손금으로 인정되는 결산조정사항이라는 것이다(법인세법 집행기준 23-0-1 제1항). 따라서 유형자산 및 무형자산에 대한 감가상각비를 결산에 반영함이 없이 세무조정계산서에 손금으로 계상할 수 없다(법인세법 집행기준 19-0-4). 이를 확정결산주의라 부르기도 한다.

한편, 현행 법인세법은 법인이 유형자산 및 무형자산에 대한 감가상각비를 비용으로 계상하지 않거나 상각범위액에 미달하게 비용으로 계상하는 것을 허용하고 있다. 즉 감가상각비의 비용 계상 여부·감가상각비로 계상할 비용의 크기 등에 관하여 법인의 임의적인 선택에 맡겨 놓고 있는 것이다. 이와 같은 의미에서 현행의 감가상각제도는 임의상각제도라고 할 수 있다.[544)]

상각범위액의 계산은 상각방법, 내용연수 및 내용연수에 따른 상각률, 취득가액, 그리고 잔존가액에 의해서 결정되므로 이하에서는 차례대로 살펴본다.

543) 삼일아이닷컴, 법인세법 제23조의 해설

544) 김완석, 「법인세법론」, 제12판, ㈜광교이택스, 2011.2.20., 279면

(1) 감가상각자산의 상각방법

가. 상각방법

법인은 다음의 구분에 따른 개별 감가상각자산별로 하나의 감가상각방법을 선택하여 아래 나. 감가상각방법의 신고에서 정하는 기한 내에 신고하여야 하며, 상각방법을 신고하지 아니한 경우에는 세법에서 정한 상각방법을 적용한다(법인세법 시행령 제26조).

구분	신고시 상각방법	무신고시 상각방법
1. 건축물과 무형자산(아래 3, 5, 6, 7 제외)	정액법	정액법
2. 건축물외의 유형 자산(아래 4. 제외)	정률법과 정액법 중 선택	정률법
3. 광업권(해저광물채취권 포함) 또는 폐기물매립 시설	생산량비례법과 정액법 중 선택	생산량비례법
4. 광업용 유형자산	생산량비례법 · 정률법 · 정액법 중 선택	생산량비례법
5. **개발비**	**관련제품의 판매 또는 사용이 가능한 시점부터 20년의 범위에서 연단위로 신고한 내용연수에 따라 매 사업연도별 경과월수에 비례하여 상각**	**관련제품의 판매 또는 사용이 가능한 시점부터 5년 동안 매년 균등액을 상각**
6. 사용수익기부자산가액	자산의 사용수익기간(기간에 관한 특약이 없는 경우 신고내용연수)에 따라 균등 상각 * 기부자산의 멸실 또는 계약이 해지된 경우 잔액 일시상각	신고시 상각방법과 동일
7. 주파수이용권, 공항시설관리권, 항만시설관리권	주무관청에서 고시하거나 주무관청에 등록한 기간내에서 사용기간에 따라 균등액을 상각	신고시 상각방법과 동일

개발비에 대한 감가상각방법을 적용함에 있어 신고내용연수는 관련제품별로 판매 또는 사용이 가능한 시점부터 20년의 범위에서 연단위로 선택하여 해당 관련제품별로 판매 또는 사용이 가능하게 된 날이 속하는 사업연도의 법인세 과세표준 신고기한까지 신고하여야 한다. 다만, 이를 신고하지 아니한 경우에는 그 판매 또는 사용이 가능한 시점부터 5년동안 매년 균등액을 상각한다.

나. 상각방법 신고

감가상각방법은 법인세법 시행령 제26조 제1항 각 호의 구분에 따른 자산별로 하나의 방법을 선택하여 다음에서 정하는 날이 속하는 사업연도의 법인세 과세표준의 신고기한까지 감가상각방법신고서 등을 납세지 관할 세무서장에게 제출하여야 한다(법인세법 시행령 제26조 제3항).

구분	정하는 날
신설법인과 새로 수익사업을 개시한 비영리법인	영업개시일
위 외의 법인이 법인세법 시행령 제26조 제1항 각 호의 구분을 달리하는 감가상각자산을 새로 취득한 경우	취득일

(2) 감가상각자산의 내용연수와 상각률

가. 내용연수

감가상각의 내용연수는 다음의 규정에 의한다(법인세법 시행령 제28조 제1항, 법인세법 시행규칙 제15조 제2항 · 제3항).

① 시험연구용 자산(법인세법 시행규칙 별표 2)

| 시험연구용자산의 내용연수표(제15조 제1항 및 제2항 관련) |

자산범위	자산명	내용연수
1. 새로운 지식이나 기술의 발견을 위한 실험연구시설 2. 신제품이나 신기술을 개발할 목적으로 관련된 지식과 경험을 응용하는 연구시설 3. 신제품이나 신기술과 관련된 시제품, 원형, 모형 또는 시험설비등의 설계, 제작 및 시설을 위한 설비 4. 새로운 기술에 수반되는 공구, 기구, 금형 등의 설계 및 시험적 제작을 위한 시설 5. 직업훈련용 시설	(1) 건물부속설비 (2) 구축물 (3) 기계장치	5년
	(4) 광학기기 (5) 시험기기 (6) 측정기기 (7) 공구 (8) 기타 시험연구용 설비	3년

1. 시험연구용 자산 중 조세특례제한법 시행령 제25조의 3 제3항 제2호에 따른 연구 · 시험용 시설 및 직업훈련용 시설에 대한 투자에 대해 조세특례제한법 제24조에 따른 세액공제를 이미 받은 자산에 대해서는 이 내용연수표에 따른 감가상각비를 손금에 산입할 수 없다.
2. 법인이 시험연구용자산에 대하여 이 내용연수표를 적용하지 아니하고자 하는 경우에는 별표 5 건축물 등의 기준내용연수 및 내용연수범위표 또는 별표 6 업종별 자산의 기준내용연수 및 내용연수 범위표를 적용하여 감가상각비를 손금에 산입할 수 있다.

② 법인세법 시행령 제24조 제1항 제2호 가목부터 라목까지의 규정에 따른 무형자산(법인세법 시행규칙 별표 3)

| 무형자산의 내용연수표(제15조 제2항 관련) |

구분	내용연수	무형자산
1	5년	영업권, 디자인권, 실용신안권, 상표권
2	7년	특허권
3	10년	어업권, 「해저광물자원 개발법」에 의한 채취권(생산량비례법 선택적용), 유료도로관리권, 수리권, 전기가스공급시설이용권, 공업용수도시설이용권, 수도시설이용권, 열공급시설이용권
4	20년	광업권(생산량비례법 선택적용), 전신전화전용시설이용권, 전용측선이용권, 하수종말처리장시설관리권, 수도시설관리권
5	50년	댐사용권

③ 법인세법 시행령 제24조 제1항 제2호 바목부터 자목까지의 규정에 따른 무형자산

자산범위	상각방법
개발비	**관련제품의 판매 또는 사용이 가능한 시점부터 20년 이내의 기간내에서 연단위로 신고한 내용연수에 따라 매사업연도별 경과월수에 비례하여 상각**
사용수익기부자산가액	자산의 사용수익기간(기간에 관한 특약이 없는 경우 신고내용연수)에 따라 균등 상각 * 기부자산의 멸실 또는 계약이 해지된 경우 잔액 일시상각
주파수이용권, 공항시설관리권, 항만시설관리권	주무관청에서 고시하거나 주무관청에 등록한 기간내에서 사용기간에 따라 균등액을 상각

④ 위 ①, ②, ③ 외의 감가상각자산

①, ②, ③ 외의 감가상각자산은 구조 또는 자산별·업종별로 기준내용연수에 그 기준내용연수의 100분의 25를 가감하여 법인세법 시행규칙 별표 5, 6에서 정하는 내용연수범위(이하 "내용연수범위"라 한다)안에서 법인이 선택하여 납세지 관할 세무서장에게 신고한 내용연수(이하 "신고내용연수"라 한다)와 그에 따른 상각률. 다만, 법정 신고기한내에 신고를 하지 아니한 경우에는 기준내용연수와 그에 따른 상각률로 한다(법인세법 시행령 제28조 제1항 제2호).

아래 법인세법 시행규칙 별표 5, 6은 ①, ②, ③ 외의 감가상각자산에 적용하는 기준내용연수 및 내용연수범위표이다.

[별표 5] <개정 2019.3.20.>

건축물 등의 기준내용연수 및 내용연수범위표(제15조 제3항 관련)

구분	기준내용연수 및 내용연수범위(하한~상한)	구조 또는 자산명
1	5년 (4년~6년)	차량 및 운반구[운수업, 임대업(부동산 제외)에 사용되는 차량 및 운반구를 제외한다], 공구, 기구 및 비품
2	12년 (9년~15년)	선박 및 항공기[어업, 운수업, 임대업(부동산 제외)에 사용되는 선박 및 항공기를 제외한다]
3	20년 (15년~25년)	연와조, 블록조, 콘크리트조, 토조, 토벽조, 목조, 목골모르타르조, 기타 조의 모든 건물(부속설비를 포함한다)과 구축물
4	40년 (30년~50년)	철골・철근콘크리트조, 철근콘크리트조, 석조, 연와석조, 철골조의 모든 건물(부속설비를 포함한다)과 구축물

1. 건물(부속설비를 포함한다) 및 구축물이 기준내용연수 및 내용연수범위가 서로 다른 둘 이상의 복합구조로 구성되어 있는 경우에는 주된 구조에 의한 기준내용연수 및 내용연수범위를 적용한다.
2. 구분 3과 구분 4를 적용함에 있어서 부속설비에는 해당 건물과 관련된 전기설비, 급배수・위생설비, 가스설비, 냉방・난방・통풍 및 보일러설비, 승강기설비 등 모든 부속설비를 포함하고, 구축물에는 하수도, 굴뚝, 경륜장, 포장도로, 교량, 도크, 방벽, 철탑, 터널 기타 토지에 정착한 모든 토목설비나 공작물을 포함한다. 다만, 부속설비를 건축물과 구분하여 업종별 자산으로 회계처리하는 경우에는 별표 6을 적용할 수 있다.
3. 구분 3과 구분 4를 적용할 때 건물중 변전소, 발전소, 공장, 창고, 정거장・정류장・차고용 건물, 폐수 및 폐기물처리용 건물, 「유통산업발전법 시행령」에 의한 대형점용 건물(당해 건물의 지상층에 주차장이 있는 경우에 한한다), 「국제회의산업육성에 관한 법률」에 의한 국제회의시설 및 「무역거래기반조성에 관한 법률」에 의한 무역거래기반시설(별도의 건물인 무역연수원을 제외한다), 축사, 구축물 중 하수도, 굴뚝, 경륜장, 포장도로와 폐수 및 폐기물처리용 구축물과 기타 진동이 심하거나 부식성 물질에 심하게 노출된 것은 기준내용연수를 각각 10년, 20년으로 하고, 내용연수범위를 각각(8년~12년), (15년~25년)으로 하여 신고내용연수를 선택적용할 수 있다.

[별표 6] <개정 2018.3.21.>

업종별자산의 기준내용연수 및 내용연수 범위표(제15조 제3항 관련)

구분	기준내용연수 및 내용연수범위 (하한~상한)	적용대상자산(다음에 규정된 한국표준 산업분류상 해당업종에 사용되는 자산)	
		대분류	중분류
1	4년 (3년~5년)	제조업	15. 가죽, 가방 및 신발제조업. 다만, 원피가공 및 가죽제조업(1511)은 구분 4(6년~10년)를 적용한다.
		교육서비스업	85. 교육서비스업
2	5년 (4년~6년)	농업, 임업 및 어업	01. 농업. 다만, 과수의 경우에는 구분 9(15년~25년)를 적용한다. 02. 임업
		광업	05. 석탄, 원유 및 천연가스 광업
		제조업	18. 인쇄 및 기록매체복제업 21. 의료용 물질 및 의약품 제조업
		수도, 하수 및 폐기물 처리, 원료 재생업	37. 하수 · 폐수 및 분뇨 처리업 38. 폐기물 수집운반, 처리 및 원료재생업. 다만, 해체, 선별 및 원료재생업(383) 중 재생용 금속 · 비금속 가공원료 생산업은 구분 5(8년~12년)를 적용한다. 39. 환경 정화 및 복원업
		건설업	42. 전문직별 공사업
		도매 및 소매업	45. 자동차 및 부품 판매업 46. 도매 및 상품중개업 47. 소매업(자동차는 제외한다)
		운수업	49. 육상 운송 및 파이프라인 운송업. 다만, 철도운송업(491) 및 도시철도 운송업(49211)은 구분 9(15년~25년)를 적용하고 택배업(49401) 및 늘찬 배달업(49402)은 구분 4(6년~10년)를 적용한다.

구분	기준내용연수 및 내용연수범위(하한~상한)	적용대상자산(다음에 규정된 한국표준 산업분류상 해당업종에 사용되는 자산)	
		대분류	중분류
2	5년 (4년~6년)	정보통신업	58. 출판업 59. 영상 · 오디오 기록물 제작 및 배급업 60. 방송업 62. 컴퓨터 프로그래밍, 시스템 통합 및 관리업 63. 정보서비스업
		금융 및 보험업	64. 금융업 65. 보험 및 연금업 66. 금융 및 보험관련 서비스업
		전문, 과학 및 기술 서비스업	70. 연구개발업 71. 전문 서비스업 72. 건축기술, 엔지니어링, 기타 과학기술 서비스업 73. 기타 전문, 과학 및 기술 서비스업
		사업시설관리, 사업지원 및 임대서비스업	74. 사업시설관리 및 조경 서비스업 75. 사업지원 서비스업. 다만, 여행사 및 기타 여행 보조 서비스업(752)은 구분 4(6년~10년)를 적용한다. 76. 임대업(부동산은 제외한다)
		공공행정, 국방 및 사회보장행정	84. 공공행정, 국방 및 사회보장행정
		보건업 및 사회복지 서비스업	86. 보건업 87. 사회복지사업
		예술, 스포츠 및 여가 관련 서비스업	90. 창작, 예술 및 여가 관련 서비스업 91. 스포츠 및 오락 관련 서비스업
		협회 및 단체, 수리 및 기타 개인 서비스업	94. 협회 및 단체 96. 기타 개인 서비스업
		가구내 고용활동 및 달리 분류되지 않은 자가소비 생산활동	97. 가구내 고용활동 98. 달리 분류되지 않은 자가소비를 위한 가구의 재화 및 서비스 생산활동
		국제 및 외국기관	99. 국제 및 외국기관

구분	기준내용연수 및 내용연수범위 (하한~상한)	적용대상자산(다음에 규정된 한국표준 산업분류상 해당업종에 사용되는 자산)	
		대분류	중분류
3	6년 (5년~7년)	제조업	26. 전자부품, 컴퓨터, 영상, 음향 및 통신장비 제조업. 다만, 마그네틱 및 광학 매체 제조업(2660)은 구분 4(6년~10년)를 적용하고, 전자코일, 변성기 및 기타 전자유도자 제조업(26294) 및 유선 통신장비 제조업(26410) 중 중앙통제실 송신용 침입 및 화재경보 시스템 제조는 구분 5(8년~12년)를 적용한다.
		정보통신업	61. 우편 및 통신업
4	8년 (6년~10년)	제조업	14. 의복, 의복 액세서리 및 모피제품 제조업. 다만, 편조의복 제조업(143) 및 편조의복 액세서리 제조업(1441)은 구분 5(8년~12년)를 적용한다. 20. 화학물질 및 화학제품 제조업(의약품은 제외한다). 다만, 살균·살충제 및 농약 제조업(2032)은 구분 1(3년~5년)을 적용하고, 화약 및 불꽃제품 제조업(20494) 중 성냥 제조는 구분 5(8년~12년)를 적용한다. 34. 산업용 기계 및 장비 수리업
		건설업	41. 종합건설업
		운수 및 창고업	52. 창고 및 운송관련 서비스업
		숙박 및 음식점업	55. 숙박업 56. 음식점 및 주점업
		부동산업	68. 부동산업
		협회 및 단체, 수리 및 기타 개인 서비스업	95. 수리업
5	10년 (8년~12년)	농업, 임업 및 어업	03. 어업. 다만, 내수면 양식 어업(03212) 중 수생파충류 및 개구리 양식은 구분 2(4년~6년)를 적용한다.

<table>
<tr><th rowspan="2">구분</th><th rowspan="2">기준내용연수
및
내용연수범위
(하한~상한)</th><th colspan="2">적용대상자산(다음에 규정된 한국표준
산업분류상 해당업종에 사용되는 자산)</th></tr>
<tr><th>대분류</th><th>중분류</th></tr>
<tr><td rowspan="2">5</td><td rowspan="2">10년
(8년~12년)</td><td>광업</td><td>06. 금속광업
07. 비금속 광물광업(연료용을 제외한다). 다만, 그 외 기타 비금속광물 광업(0729) 중 토탄 채굴은 구분 2(4년~6년)를 적용한다.
08. 광업 지원 서비스업. 다만, 광업지원서비스업(08000) 중 채굴목적 광물탐사활동, 유·무연탄 채굴 지원 서비스 및 갈탄 및 토탄 채굴 지원 서비스는 구분 2(4년~6년)를 적용한다.</td></tr>
<tr><td>제조업</td><td>10. 식료품 제조업
11. 음료 제조업
13. 섬유제품 제조업(의복을 제외한다). 다만, 섬유제품 염색, 정리 및 마무리 가공업(134)은 구분 4(6년~10년)를 적용한다.
16. 목재 및 나무제품제조업(가구는 제외한다)
17. 펄프, 종이 및 종이제품 제조업
22. 고무제품 및 플라스틱제품 제조업
23. 비금속 광물제품 제조업. 다만, 기타 산업용 유리제품 제조업(23129) 중 평판 디스플레이용 유리의 제조업과 브라운관용 벌브유리의 제조업은 구분 2(4년~6년)를 적용한다.
24. 1차 금속 제조업. 다만, 기타 비철금속 제련, 정련 및 합금 제조업(24219) 중 우라늄 제련 및 정련업은 구분 4(6년~10년)를 적용한다.
25. 금속가공제품 제조업(기계 및 가구는 제외한다)
27. 의료, 정밀, 광학기기 및 시계 제조업
28. 전기장비 제조업
29. 기타 기계 및 장비 제조업</td></tr>
</table>

구분	기준내용연수 및 내용연수범위 (하한~상한)	적용대상자산(다음에 규정된 한국표준 산업분류상 해당업종에 사용되는 자산)	
		대분류	중분류
5	10년 (8년~12년)	제조업	31. 기타 운송장비 제조업 32. 가구 제조업 33. 기타 제품 제조업
6	12년 (9년~15년)	제조업	12. 담배제조업 30. 자동차 및 트레일러 제조업
		운수업	50. 수상 운송업. 다만, 외항화물운송업(50112)은 구분 9(15년~25년)를 적용한다. 51. 항공 운송업
7	14년 (11년~17년)	제조업	19. 코크스, 연탄 및 석유정제품 제조업. 다만, 코크스 및 연탄 제조업(1910) 중 연탄, 갈탄·토탄의 응집 유·무연탄 및 기타 유·무연탄 제조는 구분 2(4년~6년)를 적용한다.
8	16년 (12년~20년)	전기, 가스, 증기 및 공기조절 공급업	35. 전기, 가스, 증기 및 공기조절 공급업
9	20년 (15년~25년)	수도, 하수 및 폐기물 처리, 원료재생업	36. 수도사업

비 고
1. 이 표는 별표 3이나 별표 5의 적용을 받는 자산을 제외한 모든 감가상각자산에 대하여 적용한다.
2. 내용연수범위가 서로 다른 2 이상의 업종에 공통으로 사용되는 자산이 있는 경우에는 그 사용기간이나 사용정도의 비율에 따라 사용비율이 큰 업종의 기준내용연수 및 내용연수범위를 적용한다.

나. 설비투자자산의 감가상각비 손금산입 특례

① 개요

위 가. ④에서 규정한 내용에도 불구하고 2021.12.31.까지 중소기업 또는 중견기업이 대통령령으로 정하는 사업용 고정자산을 취득하거나 대기업이 대통령령으로 정하는 혁신성장투자자산(이하 "설비투자자산"이라 한다)을 취득하는 경우 해당 설비투자자산에 대한 감가상각비는 각 과세연도의 결산을 확정할 때 손비로 계상하였는지와 관계없이 상각범위액계산 시 특례규정에 따른 신고내용연수에 의해 계산한 금액의 범위에서 해당 과세연도의 소득금액을 계산할 때 손금에 산입할 수 있다(조세특례제한법 제28조의 3 제1항).

설비투자자산의 감가상각비 손금산입 특례
㉠ 중소기업 또는 중견기업 : 대통령령으로 정하는 사업용 고정자산 ㉡ 대기업 : 대통령령으로 정하는 혁신성장투자자산

중소기업 또는 중견기업의 손금산입 특례 대상이 되는 대통령령으로 정하는 사업용 고정자산은 다음과 같다(조세특례제한법 시행령 제25조의 3 제2항).

대통령령으로 정하는 사업용 고정자산
㉠ 차량 및 운반구. 다만, 운수업에 사용되거나 임대목적으로 임대업에 사용되는 경우로 한정한다. ㉡ 선박 및 항공기. 다만, 어업 및 운수업에 사용되거나 임대목적으로 임대업에 사용되는 경우로 한정한다. ㉢ 공구, 기구 및 비품 ㉣ 기계 및 장치

대기업의 내용연수 손금산입 특례 대상이 되는 대통령령으로 정하는 혁신성장투자자산은 다음과 같다(조세특례제한법 시행령 제25조의 3 제3항).

대통령령으로 정하는 혁신성장투자자산
㉠ 신성장사업화시설 ㉡ 연구·시험용 시설 및 직업훈련용 시설 : 다음 중 어느 하나에 해당하는 시설 ⓐ 연구개발을 위한 연구·시험용 시설로서 전담부서등, 「국가과학기술 경쟁력강화를 위한 이공계지원특별법」 제18조 및 같은 법 시행령 제17조에 따라 과학기술정보통신부장관에게 신고한 연구개발서비스업자 및 「산업기술연구조합 육성법」에 따른 산업기술연구조합에서 직접 사용하기 위한 연구·시험용시설로서 다음 중 어느 하나에 해당하는 것을 말한다. 다만, 운휴 중인 것은 제외한다. i) 공구 또는 사무기기 및 통신기기, 시계·시험기기 및 계측기기, 광학기기 및 사진제작기기 ii) 「법인세법 시행규칙」 별표 6의 업종별 자산의 기준내용연수 및 내용연수범위표의 적용을 받는 자산 ⓑ 인력개발을 위한 직업훈련용 시설로서 「근로자직업능력 개발법」 제2조 제3호에 따른 직업능력개발훈련시설(내국인이 영 제2조 제1항에 따른 중소기업을 위해 설치하는 직업훈련용 시설을 포함한다)로서 ⓐ에서 i), ii) 중 어느 하나에 해당하는 것을 말한다. 다만, 운휴 중인 것은 제외한다. ㉢ 에너지절약 시설 : 다음 중 어느 하나에 해당하는 시설

대통령령으로 정하는 혁신성장투자자산
ⓐ「에너지이용 합리화법」에 따른 에너지절약형 시설(대가를 분할상환한 후 소유권을 취득하는 조건으로 같은 법에 따른 에너지절약전문기업이 설치한 경우를 포함한다) 등으로서 조세특례제한법 시행규칙 별표 7의 에너지절약시설 ⓑ「물의 재이용 촉진 및 지원에 관한 법률」 제2조 제4호에 따른 중수도와「수도법」 제3조 제30호에 따른 절수설비 및 같은 조 제31호에 따른 절수기기 ⓒ「신에너지 및 재생에너지 개발·이용·보급 촉진법」 제2조 제1호에 따른 신에너지 및 같은 조 제2호에 따른 재생에너지를 생산하는 설비의 부품·중간재 또는 완제품을 제조하기 위한 시설로서 조세특례제한법 시행규칙 별표 7의 2의 신에너지 및 재생에너지를 생산하기 위한 시설을 제조하는 시설 ㉣ 생산성향상시설 : 다음 중 어느 하나에 해당하는 시설 ⓐ 공정을 개선하거나 시설의 자동화 및 정보화를 위해 투자하는 시설(데이터에 기반하여 제품의 생산 및 제조과정을 관리하거나 개선하는 지능형 공장시설을 포함한다)로서 조세특례제한법 시행규칙 별표 7의 3의 공정개선·자동화·정보화시설 및 첨단기술설비로서 해당 사업에 직접 사용되는 것 ⓑ 첨단기술을 이용하거나 응용하여 제작된 시설로서 조세특례제한법 시행규칙 별표 7의 3의 공정개선·자동화·정보화시설 및 첨단기술설비로서 해당 사업에 직접 사용되는 것 ⓒ 자재조달·생산계획·재고관리 등 공급망을 전자적 형태로 관리하기 위하여 사용되는 컴퓨터와 그 주변기기, 소프트웨어, 통신시설, 그 밖의 유형·무형의 시설로서 감가상각 기간이 2년 이상인 시설

② 특례에 따른 상각범위액 계산 시 내용연수

상각범위액을 계산할 때 적용하는 내용연수는「법인세법 시행령」 제26조의 3 제2항 제1호 및「소득세법 시행령」 제63조 제1항 제2호에 따른 기준내용연수(이하 "기준내용연수"라 한다)에 그 기준내용연수의 100분의 50(중소기업 및 중견기업이 취득하는 사업용 고정자산의 경우에는 100분의 75)을 더하거나 뺀 범위(1년 미만은 없는 것으로 한다)에서 선택하여 납세지 관할 세무서장에게 신고한 내용연수(이하 "신고내용연수"라 한다)로 하며, 사업연도가 1년 미만인 법인의 경우에는「법인세법 시행령」 제28조 제2항을 준용하여 계산한다(조세특례제한법 시행령 제25조의 3 제5항).

구분	신고내용연수(다음의 범위에서 선택)
중소기업 또는 중견기업	(기준내용연수 × 25%)~(기준내용연수 × 175%)
대기업	(기준내용연수 × 50%)~(기준내용연수 × 150%)

설비투자자산에 대해 자산별·업종별로 적용한 신고내용연수는 이후의 과세연도에 계속하여 적용해야 한다(조세특례제한법 시행령 제25조의 3 제6항).

② 명세서 작성 시 설비투자자산의 구분 및 내용연수 특례적용 신청

특례 규정에 따라 감가상각비를 손금에 산입하려는 내국인은 설비투자자산을 그 밖의 자산과 구분하여 감가상각비조정명세서를 작성·보관하고, 과세표준신고와 함께 감가상각비조정명세서합계표 및 감가상각비조정명세서를 납세지 관할 세무서장에게 제출(국세정보통신망을 통한 제출을 포함한다)해야 하며, 내용연수 특례적용 신청서를 해당 설비투자자산을 취득한 날이 속하는 과세연도의 과세표준 신고기한까지 납세지 관할 세무서장에게 제출해야 한다(조세특례제한법 시행령 제25조의 3 제10항).

2014.9.26. 개정된 법인세법 시행령 제28조 제6항은 중소기업의 투자를 지원하기 위하여 2014.10.부터 2015.3.까지의 투자분의 감가상각 내용연수를 단축한 것으로서 2014.10.1. 이후 취득하는 분부터 적용한다.[545)]

다. 내용연수의 특례 및 변경

① 특례내용연수의 적용 및 변경 사유

법인이 자산별·업종별로 적용한 신고내용연수 또는 기준내용연수는 그 후의 사업연도에 있어서도 계속하여 그 내용연수를 적용하여야 한다. 그러나, 다음 중 어느 하나에 해당하는 경우에는 기준내용연수에 기준내용연수의 100분의 50(ⓜ 및 ⓑ에 해당하는 경우에는 100분의 25)을 가감하는 범위에서 사업장별로 납세지 관할지방국세청장의 승인을 받아 내용연수범위와 달리 내용연수를 적용하거나 적용하던 내용연수를 변경할 수 있다(법인세법 시행령 제29조 제1항).

특례내용연수의 적용 및 변경 사유
㉠ 사업장의 특성으로 자산의 부식·마모 및 훼손의 정도가 현저한 경우 ㉡ 영업개시 후 3년이 경과한 법인으로서 당해 사업연도의 생산설비(건축물을 제외하며, 이하 "생산설비"라 한다)의 다음 어느 하나의 비율 중에서 당해 법인이 선택한 비율이 직전 3개 사업연도의 평균가동률보다 현저히 증가한 경우

545) 조세특례제한법 부칙(2014.9.26. 대통령령 제25640호) 제3조

특례내용연수의 적용 및 변경 사유
ⓐ 생산량기준 : $\frac{\text{당해 사업연도 실제생산량}}{\text{연간 생산가능량}} \times 100$
ⓑ 작업시간기준 : $\frac{\text{연간 작업시간}}{\text{연간 작업가능시간}} \times 100$
㉢ 새로운 생산기술 및 신제품 개발·보급등으로 기존 생산설비의 가속상각이 필요한 경우
㉣ 경제적 여건의 변동으로 조업을 중단하거나 생산설비의 가동률이 감소한 경우
㉤ 일반 감가상각자산(시험연구용자산 및 무형자산 제외)에 대하여 한국채택국제회계기준을 최초로 적용하는 사업연도에 결산내용연수를 변경한 경우(결산내용연수가 연장된 경우 내용연수를 연장하고 결산내용연수가 단축된 경우 내용연수를 단축하는 경우만 해당하되 내용연수를 단축하는 경우에는 결산내용연수보다 짧은 내용연수로 변경할 수 없다)
㉥ 일반 감가상각자산(시험연구용자산 및 무형자산 제외)에 대한 기준내용연수가 변경된 경우. 다만, 내용연수를 단축하는 경우로서 결산내용연수가 변경된 기준내용연수의 100분의 25를 가감한 범위 내에 포함되는 경우에는 결산내용연수보다 짧은 내용연수로 변경할 수 없다.

② 특례내용연수

구분	수정내용연수(다음의 범위에서 선택)
특례내용연수 사유 중 ㉠~㉣	(기준내용연수 × 50%) ~ (기준내용연수 × 150%)
특례내용연수 사유 중 ㉤, ㉥	(기준내용연수 × 75%) ~ (기준내용연수 × 125%)

③ 특례내용연수의 승인·변경승인의 신청

법인이 내용연수의 승인 또는 변경승인을 얻고자 할 때에는 법인세법 시행령 제28조 제3항 각 호의 날(영업개시일 또는 취득일)부터 3월 또는 그 변경할 내용연수를 적용하고자 하는 최초 사업연도의 종료일까지 기획재정부령으로 정하는 내용연수승인(변경승인)신청서를 납세지 관할세무서장을 거쳐 관할 지방국세청장에게 제출(국세정보통신망에 의한 제출을 포함한다)하여야 한다. 이 경우 내용연수의 승인·변경승인의 신청은 연단위로 하여야 한다(법인세법 시행령 제29조 제2항).

④ 특례내용연수의 승인 여부 통지

신청서를 접수한 납세지 관할세무서장은 신청서의 접수일이 속하는 사업연도 종료일부터 1개월 이내에 관할 지방국세청장으로부터 통보받은 승인 여부에 관한 사항을 통지하여야 한다(법인세법 시행령 제29조 제3항).

⑤ 내용연수의 재변경 제한

감가상각자산의 내용연수를 변경(재변경을 포함한다)한 법인이 당해 자산의 내용연수를 다시 변경하고자 하는 경우에는 변경한 내용연수를 최초로 적용한 사업연도 종료일부터 3년이 경과하여야 한다(법인세법 시행령 제29조 제4항).

라. 중고자산 등의 수정내용연수

① 수정내용연수 개요

내국법인이 기준내용연수의 50% 이상 경과된 자산(이하 "중고자산"이라 한다)을 다른 법인 또는 사업자로부터 취득(합병·분할에 의하여 자산을 승계한 경우를 포함한다)한 경우 그 자산의 기준내용연수의 50%에 상당하는 연수와 기준내용연수의 범위에서 선택하여 납세지 관할세무서장에게 신고한 연수(이하 "수정내용연수"라 한다)를 내용연수로 할 수 있는데, 이 경우 수정내용연수를 계산할 때 1년 미만은 없는 것으로 한다(법인세법 시행령 제29조의 2 제1항).

수정내용연수(다음의 범위에서 선택)
(기준내용연수 × 50%) ~ 기준내용연수

| 표 _ 중고자산의 내용연수 사례(법인세법 집행기준 23-29의 2-1) |

구분	A	B	C	D
기준내용연수	40년	10년	8년	5년
취득시경과연수	22년	4년	5년	3년
수정내용연수	20년(40-40×50%)에서 40년 사이에 선택		4년(8-8×50%)에서 8년 사이에 선택	2년(5-5×50%=2.5년→2년)에서 5년 사이에 선택
무신고시	40년	10년	8년	5년

② 수정내용연수의 신고

수정내용연수 규정은 내국법인이 다음에서 규정하는 기한내에 내용연수변경신고서를 제출한 경우에 한하여 적용한다(법인세법 시행령 제29조의 2 제5항).

수정내용연수의 신고기한
㉠ 중고자산을 취득한 경우 : 그 취득일이 속하는 사업연도의 법인세 과세표준 신고기한 ㉡ 합병・분할로 승계한 자산의 경우 : 합병・분할등기일이 속하는 사업연도의 법인세 과세표준 신고기한

마. 내용연수 및 상각방법에 따른 상각률

감가상각의 내용연수 및 상각방법에 따른 상각률은 아래 법인세법 시행규칙 별표 4의 감가상각자산의 상각률표에 의한다(법인세법 시행규칙 제15조 제2항).

[별표 4]

감가상각자산의 상각률표(제15조 제2항 관련)

내용연수	정액법에 의한 상각률	정률법에 의한 상각률
년	할분리	할분리
2	500	777
3	333	632
4	250	528
5	200	451
6	166	394
7	142	349
8	125	313
9	111	284
10	100	259
11	090	239
12	083	221
13	076	206
14	071	193
15	066	182
16	062	171
17	058	162
18	055	154
19	052	146
20	050	140

내용연수	정액법에 의한 상각률	정률법에 의한 상각률
21	048	133
22	046	128
23	044	123
24	042	118
25	040	113
26	039	109
27	037	106
28	036	102
29	035	099
30	034	096
31	033	093
32	032	090
33	031	087
34	030	085
35	029	083
36	028	080
37	027	078
38	027	076
39	026	074
40	025	073
41	025	071
42	024	069
43	024	068
44	023	066
45	023	065
46	022	064
47	022	062
48	021	061
49	021	060
50	020	059
51	020	058

내용연수	정액법에 의한 상각률	정률법에 의한 상각률
52	020	056
53	019	055
54	019	054
55	019	054
56	018	053
57	018	052
58	018	051
59	017	050
60	017	049

바. 사업연도가 1년 미만인 경우

위 규정을 적용할 때 사업연도가 1년 미만이면 다음 계산식에 따라 계산한 내용연수와 그에 따른 상각률에 따른다. 이 경우 월수는 태양력에 따라 계산하되, 1개월 미만의 일수는 1개월로 한다(법인세법 시행령 제28조 제2항).

(내용연수 · 신고내용연수 또는 기준내용연수) × (12 / 사업연도의 개월 수)

사. 내용연수의 신고

법인이 내용연수를 신고할 때에는 내용연수신고서를 다음의 날이 속하는 사업연도의 법인세 과세표준의 신고기한까지 납세지 관할 세무서장에게 제출(국세정보통신망에 의한 제출을 포함한다)하여야 한다(법인세법 시행령 제28조 제3항).

구분	정하는 날
신설법인과 새로 수익사업을 개시한 비영리법인	영업개시일
위 외의 법인이 자산별 · 업종별 구분에 따라 기준내용연수가 다른 감가상각자산을 새로 취득하거나 새로운 업종의 사업을 개시한 경우	취득일 또는 개시일

(3) 취득가액 및 잔존가액

가. 취득가액

감가상각자산의 기초가액이 되는 취득가액은 법인세법 시행령 제72조의 규정에 의한 취득가액을 말한다(법인세법 시행령 제26조 제2항).

취득가액	
타인으로부터 매입한 자산	매입가액에 취득세(농어촌특별세와 지방교육세를 포함한다), 등록면허세, 그 밖의 부대비용을 가산한 금액
자기가 제조·생산 또는 건설하거나 그 밖에 이에 준하는 방법으로 취득한 자산	원재료비·노무비·운임·하역비·보험료·수수료·공과금(취득세와 등록세를 포함한다)·설치비 기타 부대비용의 합계액
위 외의 자산	취득 당시의 시가 등

이때 위의 취득가액에 포함하는 것과 포함하지 않는 것을 법인세법 시행령 제72조 제3항과 제4항에서 별도로 다음과 같이 규정하고 있다.

구분	내용
취득가액에 포함하는 것	㉠ 법인세법 시행령 제52조의 규정에 의한 건설자금에 충당한 차입금의 이자 ㉡ 유형자산의 취득과 함께 국·공채를 매입하는 경우 기업회계기준에 따라 그 국·공채의 매입가액과 현재가치의 차액을 당해 유형자산의 취득가액으로 계상한 금액
취득가액에 포함하지 아니하는 것	㉠ 자산을 장기할부조건 등으로 취득하는 경우 발생한 채무를 기업회계기준이 정하는 바에 따라 현재가치로 평가하여 현재가치할인차금으로 계상한 경우의 당해 현재가치할인차금 ㉡ 기획재정부령이 정하는 연지급수입에 있어서 취득가액과 구분하여 지급이자로 계상한 금액 ㉢ 특수관계인으로부터 자산을 고가로 매입한 경우에 있어서 그 시가초과액

나. 잔존가액

상각범위액을 계산함에 있어서 감가상각자산의 잔존가액은 "0"으로 한다. 다만, 정률법에 의하여 상각범위액을 계산하는 경우에는 취득가액의 100분의 5에 상당하는 금액으로 하되, 그 금액은 당해 감가상각자산에 대한 미상각잔액이 최초로 취득가액의 100분의 5 이하가 되는 사업연도의 상각범위액에 가산한다(법인세법 시행령 제26조 제6항).

(4) 상각범위액의 계산

가. 일반적인 경우

법인세법 시행령 제24조 제1항 제2호 바목부터 자목까지의 규정에 따른 무형자산을 제외한 무형자산(법인세법 시행규칙 별표 3 적용), 시험연구용자산(법인세법 시행규칙 별표 2 적용), 차량 및 건축물 등의 자산(법인세법 시행규칙 별표 5 적용), 업종별 자산(법인세법 시행규칙 별표 6 적용)의 상각범위액은 다음과 같이 계산한다(법인세법 시행령 제26조 제2항, 법인세법 집행기준 23-26-2).

① 정액법

당해 감가상각자산의 취득가액에 당해 자산의 내용연수에 따른 상각률을 곱하여 계산한다.

상각범위액 = 취득가액 × 내용연수에 따른 정액법 상각률

② 정률법

해당 감가상각자산의 취득가액에서 이미 감가상각비로 손금에 산입한 금액을 공제한 잔액(이하 "미상각잔액"이라 한다)에 해당 자산의 내용연수에 따른 상각률을 곱하여 계산한다.

상각범위액 = 미상각잔액(당기 감가상각비 계상 전) × 내용연수에 따른 정률법 상각률

③ 생산량비례법

해당 감가상각자산의 취득가액을 그 자산이 속하는 광구의 총채굴예정량으로 나누어 계산한 금액에 해당 사업연도의 기간 중 그 광구에서 채굴한 양을 곱하여 계산한다.

상각범위액 = 취득가액 × (당기 중 광구의 채굴량 / 당해 광구의 총채굴예정량)

나. 감가상각방법을 변경하는 경우

① 감가상각방법의 변경 사유

법인이 신고한 감가상각방법은 그 후의 사업연도에도 계속하여 그 상각방법을 적용하여야 한다. 하지만, 다음 중 어느 하나에 해당하는 경우에는 납세지 관할세무서장의 승인을 얻어 그 상각방법을 변경할 수 있다(법인세법 시행령 제27조 제1항). 법인이 관할세무서장의 변경승인을 얻지 아니하고 상각방법을 변경한 경우 상각범위액은 변경하기 전의 상각방법에 의하여

계산한다(법인세법 시행령 제27조 제5항).

감가상각방법의 변경 사유
㉠ 상각방법이 서로 다른 법인이 합병(분할합병을 포함한다)한 경우 ㉡ 상각방법이 서로 다른 사업자의 사업을 인수 또는 승계한 경우 ㉢「외국인투자촉진법」에 의하여 외국투자자가 내국법인의 주식 등을 100분의 20 이상 인수 또는 보유하게 된 경우 ㉣ 해외시장의 경기변동 또는 경제적 여건의 변동으로 인하여 종전의 상각방법을 변경할 필요가 있는 경우 ㉤ 다음 중 어느 하나에 해당하는 회계정책의 변경에 따라 결산상각방법이 변경된 경우(변경한 결산상각방법과 같은 방법으로 변경하는 경우만 해당한다) ⓐ 한국채택국제회계기준을 최초로 적용한 사업연도에 결산상각방법을 변경하는 경우 ⓑ 한국채택국제회계기준을 최초로 적용한 사업연도에 지배기업의 연결재무제표 작성 대상에 포함되는 종속기업이 지배기업과 회계정책을 일치시키기 위하여 결산상각방법을 지배기업과 동일하게 변경하는 경우

② 감가상각방법 변경승인의 신청

상각방법의 변경승인을 얻고자 하는 법인은 그 변경할 상각방법을 적용하고자 하는 최초 사업연도의 종료일까지 감가상각방법변경신청서를 납세지 관할세무서장에게 제출(국세정보통신망에 의한 제출을 포함한다)하여야 한다(법인세법 시행령 제27조 제2항).

③ 감가상각방법 변경 승인여부 통지

신청서를 접수한 납세지 관할세무서장은 신청서의 접수일이 속하는 사업연도 종료일부터 1개월 이내에 그 승인여부를 결정하여 통지하여야 한다(법인세법 시행령 제27조 제3항).

④ 감가상각방법의 변경시 상각범위액의 계산

감가상각방법을 변경하는 경우 상각범위액의 계산은 다음의 산식에 의한다(법인세법 시행령 제27조 제6항).

구분	상각범위액
정액법으로 변경하는 경우	(감가상각누계액을 공제한 장부가액+전기이월상각한도초과액) × 신고내용연수(무신고의 경우 기준내용연수)의 정액법에 의한 상각률
정률법으로 변경하는 경우	(감가상각누계액을 공제한 장부가액+전기이월상각한도초과액) × 신고내용연수(무신고의 경우 기준내용연수)의 정률법에 의한 상각률
생산량비례법으로 변경하는 경우	(감가상각누계액을 공제한 장부가액+전기이월상각한도초과액) × 당해 사업연도의 채굴비율(또는 매립비율)(*) (*) 해당 사업연도의 채굴비율등=해당 사업연도 채굴량 또는 매립량/(총채굴예정량 또는 총매립예정량-변경전 사업연도까지의 총채굴량 또는 총매립량)

다. 사업연도 중 신규 취득하는 자산

사업연도 중에 취득하여 사업에 사용한 감가상각자산에 대한 상각범위액은 사업에 사용한 날부터 당해 사업연도종료일까지의 월수에 따라 계산한다. 이 경우 월수는 역에 따라 계산하되 1월 미만의 일수는 1월로 한다(법인세법 시행령 제26조 제9항).

라. 자본적지출액이 있는 경우

감가상각이 진행중인 자산으로서 사업연도중에 자본적지출이 발생한 경우 당해 자산에 대한 감가상각범위액은 자산의 취득가액 및 미상각잔액에 자본적지출액을 포함하여 계산하는 것으로, 자본적지출액에 대하여 지출일을 기준으로 월할상각하지 아니하는 것이다(법인46012-3342, 1998.11.3.).

마. 적격합병, 적격분할등에 의하여 자산을 취득한 경우

적격합병, 적격분할, 적격물적분할 또는 적격현물출자(이하 "적격합병등"이라 한다)에 의하여 취득한 자산의 상각범위액을 정할 때, 취득가액은 적격합병등에 의하여 자산을 양도한 법인(이하 "양도법인"이라 한다)의 취득가액으로 하고, 미상각잔액은 양도법인의 양도 당시의 장부가액에서 적격합병등에 의하여 자산을 양수한 법인(이하 "양수법인"이라 한다)이 이미 감가상각비로 손금에 산입한 금액을 공제한 잔액으로 하며, 해당 자산의 상각범위액은 다음 중 어느 하나에 해당하는 방법으로 정할 수 있다. 이 경우 선택한 방법은 그 후 사업연도에도 계속 적용한다(법인세법 시행령 제29조의 2 제2항).

구분	상각범위액
양도법인의 상각범위액을 승계하는 방법	양도법인이 적용하던 상각방법 및 내용연수에 의하여 계산한 금액
양수법인의 상각범위액을 적용하는 방법	양수법인이 적용하던 상각방법 및 내용연수에 의하여 계산한 금액

3 감가상각의제

각 사업연도의 소득에 대하여 법과 다른 법률에 따라 법인세를 면제받거나 감면받은 경우에는 개별 자산에 대한 감가상각비가 법인세법 제23조 제1항에 따른 상각범위액이 되도록 감가상각비를 손금에 산입하여야 한다(법인세법 시행령 제30조 제1항). 법인세가 면제되거나 감면되는 사업을 영위하는 법인이 법인세를 면제 또는 감면받지 아니한 경우에는 감가상각의 의제규정을 적용하지 아니한다(법인세법 기본통칙 23-30…1 제3항).

법인세법 제66조 제3항 단서에 따른 추계결정 또는 경정을 하는 경우에는 감가상각자산에 대한 감가상각비를 손금에 산입한 것으로 본다(법인세법 시행령 제30조 제2항).

4 즉시상각의제

감가상각자산의 경우 일단 그 취득가액을 자산으로 계상하였다가 내용연수에 걸쳐 감가상각비로 하여 손금처리하는 것이 원칙이다.

그러나 법인세법에서는 법인이 감가상각자산의 취득가액이나 자본적지출액을 손비로 계상한 경우에는 동 금액을 감가상각한 것으로 보며, 소액의 감가상각자산을 구입하여 손비로 계상한 경우 등에는 이를 그대로 손금으로 인정하는 규정을 두고 있다. 이를 즉시상각의제라고 한다.

(1) 자본적 지출을 손금으로 계상한 경우

법인이 감가상각자산을 취득하기 위하여 지출한 금액과 감가상각자산에 대한 자본적 지출에 해당하는 금액을 손비로 계상한 경우에는 이를 감가상각한 것으로 보아 상각범위액을 계산한다(법인세법 제23조 제4항).

'자본적 지출'이라 함은 법인이 소유하는 감가상각자산의 내용연수를 연장시키거나 해당 자산의 가치를 현실적으로 증가시키기 위하여 지출한 수선비를 말하며, 다음에 해당하는 것에 대한 지출을 포함한다(법인세법 시행령 제31조 제2항).

자본적 지출에 포함하는 것
㉠ 본래의 용도를 변경하기 위한 개조
㉡ 엘리베이터 또는 냉난방장치의 설치
㉢ 빌딩 등에 있어서 피난시설 등의 설치
㉣ 재해 등으로 인하여 멸실 또는 훼손되어 본래의 용도에 이용할 가치가 없는 건축물・기계・설비 등의 복구
㉤ 그 밖에 개량・확장・증설 등 ㉠부터 ㉣까지의 지출과 유사한 성질의 것

(2) 소액수선비 등을 손금으로 계상한 경우

법인이 각 사업연도에 지출한 수선비가 다음 중 어느 하나에 해당하는 경우로서 그 수선비를 해당 사업연도의 손비로 계상한 경우에는 이를 자본적 지출에 포함하지 않는다(법인세법 시행령 제31조 제3항).

소액수선비 등의 범위
㉠ 개별자산별로 수선비로 지출한 금액이 600만원 미만인 경우
㉡ 개별자산별로 수선비로 지출한 금액이 직전 사업연도종료일 현재 재무상태표상의 자산가액(취득가액에서 감가상각누계액 상당액을 차감한 금액을 말한다)의 100분의 5에 미달하는 경우
㉢ 3년 미만의 기간마다 주기적인 수선을 위하여 지출하는 경우

(3) 소액취득자산을 손금으로 계상한 경우

그 취득가액이 거래단위별로 100만원 이하인 감가상각자산에 대해서는 그 사업에 사용한 날이 속하는 사업연도의 손비로 계상한 것에 한정하여 손금에 산입한다. 단, 다음의 것은 제외한다(법인세법 시행령 제31조 제4항).

소액취득자산에서 제외하는 자산
㉠ 그 고유업무의 성질상 대량으로 보유하는 자산
㉡ 그 사업의 개시 또는 확장을 위하여 취득한 자산

이때 '거래단위'라 함은 이를 취득한 법인이 그 취득한 자산을 독립적으로 사업에 직접 사용할 수 있는 것을 말한다(법인세법 시행령 제31조 제5항).

(4) 시험기기 등을 손금으로 계상한 경우

위 (3)의 내용에도 불구하고 다음의 자산에 대해서는 이를 그 사업에 사용한 날이 속하는 사업연도의 손비로 계상한 것에 한정하여 손금에 산입한다(법인세법 시행령 제31조 제6항).

시험기기 등의 범위
㉠ 어업에 사용되는 어구(어선용구를 포함한다)
㉡ 영화필름, 공구, 가구, 전기기구, 가스기기, 가정용 기구・비품, 시계, 시험기기, 측정기기 및 간판
㉢ 대여사업용 비디오테이프 및 음악용 콤팩트디스크로서 개별자산의 취득가액이 30만원 미만인 것
㉣ 전화기(휴대용 전화기를 포함한다) 및 개인용 컴퓨터(그 주변기기를 포함한다)

따라서 시험기기 등의 자산은 거래단위별 취득가액이 100만원을 초과하더라도 그 취득수량에 관계없이 해당 자산을 사업에 제공한 날이 속하는 사업연도에 손금으로 계상한 경우에 한하여 이를 각 사업연도 소득금액계산상 손금에 산입할 수 있다(법인 46012-425, 1998.2.19.).

(5) 생산설비를 폐기하거나 시설물을 철거하는 경우

다음 중 어느 하나에 해당하는 경우에는 해당 자산의 장부가액에서 1천원을 공제한 금액을 폐기일이 속하는 사업연도의 손금에 산입할 수 있다(법인세법 시행령 제31조 제7항).

폐기일이 속하는 사업연도의 손금에 산입
㉠ 시설의 개체 또는 기술의 낙후로 인하여 생산설비의 일부를 폐기한 경우
㉡ 사업의 폐지 또는 사업장의 이전으로 임대차계약에 따라 임차한 사업장의 원상회복을 위하여 시설물을 철거하는 경우

(6) 진부화 등의 사유로 기업회계기준에 따라 손상차손을 계상한 경우

감가상각자산이 진부화, 물리적 손상 등에 따라 시장가치가 급격히 하락하여 법인이 기업회계기준에 따라 손상차손을 계상한 경우(법인세법 제42조 제3항 제2호에 해당하는 경우는 제외한다)에는 해당 금액을 감가상각비로서 손비로 계상한 것으로 보아 법인세법 제23조 제1항을 적용한다(법인세법 시행령 제31조 제8항).

법인세법 제42조 제3항 제2호에 해당하는 경우라 함은 유형자산으로서 천재지변・화재,

법령에 의한 수용, 채굴예정량의 채진으로 인한 폐광(토지를 포함한 광업용 유형자산이 그 고유의 목적에 사용될 수 없는 경우를 포함한다)의 사유로 파손되거나 멸실된 것을 말한다.

5 상각부인액 등의 처리

법인세법 제23조 제5항에 따라 법인이 상각범위액을 초과해 손금에 산입하지 않는 금액(이하 "상각부인액"이라 한다)은 그 후의 사업연도에 해당 법인이 손비로 계상한 감가상각비가 상각범위액에 미달하는 경우에 그 미달하는 금액(이하 "시인부족액"이라 한다)을 한도로 손금에 산입한다(법인세법 시행령 제32조 제1항). 이때 감가상각비 시부인은 개별 감가상각자산별로 해야 한다(법인세법 시행령 제26조 제1항).

| 표 _ 감가상각 시부인액의 세무처리 |[546)]

당기말	세무조정	
상각부인액 발생	손금불산입 유보	
시인부족액 발생	전기말 상각부인액이 있는 경우	시인부족액의 범위 내에서 전기말 상각부인액 누적액을 손금산입
	전기말 상각부인액이 없는 경우	세무조정 없음

이 경우 법인이 감가상각비를 손비로 계상하지 아니한 경우에도 상각범위액을 한도로 하여 그 상각부인액을 손금에 산입한다(법인세법 시행령 제32조 제1항 후단). 또한 시인부족액은 그 후 사업연도의 상각부인액에 이를 충당하지 못한다(법인세법 시행령 제32조 제2항).

한편, 자산의 평가증 등을 한 경우 등의 감가상각 시부인액의 세무처리는 다음과 같다(법인세법 시행령 제32조 제3항 내지 제6항).

구분	세무처리
법인이 법인세법 제42조 제1항 제1호에 따라 감가상각자산의 장부가액을 증액(이하 "평가증"이라 한다)한 경우	해당 감가상각자산의 상각부인액은 평가증의 한도까지 익금에 산입된 것으로 보아 이를 손금에 산입하고, 평가증의 한도를 초과하는 금액은 이를 그 후의 사업연도에 이월할 상각부인액으로 한다. 이 경우 시인부족액은 소멸하는 것으로 한다

546) 김규수/조상구, 「2014 신고대비 겸 대법원 판례를 중심으로 한 법인세법」, 삼일인포마인, 2013.10.18., 23면

구분	세무처리
법인이 감가상각자산에 대하여 감가상각과 평가증을 병행한 경우	먼저 감가상각을 한 후 평가증을 한 것으로 보아 상각범위액을 계산한다.
감가상각자산을 양도한 경우	당해 자산의 상각부인액은 양도일이 속하는 사업연도의 손금에 이를 산입한다.
감가상각자산의 일부를 양도한 경우	당해 양도자산에 대한 감가상각누계액 및 상각부인액 또는 시인부족액은 당해 감가상각자산 전체의 감가상각누계액 및 상각부인액 또는 시인부족액에 양도부분의 가액이 당해 감가상각자산의 전체 가액에서 차지하는 비율을 곱하여 계산한 금액으로 한다. 이 경우 그 가액은 취득당시의 장부가액에 의한다.

6 감가상각비조정명세서 제출

감가상각비를 손금에 산입한 내국법인은 개별자산별로 구분하여 기획재정부령으로 정하는 감가상각비조정명세서를 작성·보관하고, 법인세법 제60조에 따른 신고와 함께 감가상각비조정명세서합계표와 감가상각비시부인명세서 및 취득·양도자산의 감가상각비조정명세서를 납세지 관할 세무서장에게 제출하여야 한다(법인세법 제23조 제6항, 법인세법 시행령 제33조, 법인세법 시행규칙 제82조 제1항 제20호).

사례 83 개발비의 감가상각 방법 등

개발비의 감가상각에 대해서 법인세법 집행기준 23-26-7로 정리하도록 한다.

법인세법 집행기준 23-26-7【개발비의 감가상각】
① 개발비에 대한 감가상각은 법인이 무형자산인 개발비로 계상한 경우에 한하여 적용하는 것이므로 법인이 개발비로 계상하지 아니한 금액은 그 지급이 확정된 사업연도의 손금에 산입한다. ② 무형자산으로 계상한 개발비는 법인이 각 사업연도에 손금으로 계상한 경우에 한하여 상각범위액의 범위안에서 해당 사업연도 소득금액 계산상 이를 손금에 산입한다. ③ 제2항에 따른 개발비에 대한 감가상각방법을 적용함에 있어 신고내용연수는 관련제품별로 판매 또는 사용이 가능한 시점부터 20년 이내의 기간내에서 연단위로 선택하여 해당 관련제품별로 판매 또는 사용이 가능하게 된 날이 속하는 사업연도의 법인세 과세표준 신고기한까지 신고하여야 한다. 다만, 이를 신고하지 아니한 경우에는

법인세법 집행기준 23-26-7【개발비의 감가상각】
그 판매 또는 사용이 가능한 시점부터 5년동안 매년 균등액을 상각한다. ④ 제3항을 적용함에 있어 사업연도 중에 판매 또는 사용이 가능한 시점이 도래한 경우의 상각범위액은 그 시점부터 해당 사업연도종료일까지의 월수에 따라 계산한다.

사례 84 개발을 취소한 경우의 손금산입 시기

개발비는 개발이 완료되어 관련 제품의 판매 또는 사용이 가능하게 된 시점부터 감가상각이 가능하다.

법인이 법인세법 시행령 제24조 제1항 제2호 바목에 따른 개발비로 계상하였으나 해당 제품의 판매 또는 사용이 가능한 시점이 도래하기 전에 개발을 취소한 경우에는 다음의 요건을 모두 충족하는 날이 속하는 사업연도의 손금에 산입한다(법인세법 집행기준 40-71-23).

개발을 취소한 경우 손금산입 요건
㉠ 해당 개발로부터 상업적인 생산 또는 사용을 위한 해당 재료·장치·제품·공정·시스템 또는 용역의 개선 결과를 식별할 수 없을 것 ㉡ 해당 개발비를 전액 손금으로 계상하였을 것

그러나, 관련제품의 판매·사용으로 감가상각 개시 후 관련제품의 판매·사용이 중지된 경우의 미상각개발비는 자산성을 완전히 상실한 것은 아니므로 감가상각방법을 통하여 손금에 산입해야 한다.

다만, 기술의 낙후로 인하여 자산성이 완전히 상실되어 법인세법 시행령 제31조 제7항의 규정에 해당되는 경우[547]에는 장부가액에서 1천원을 공제한 금액을 폐기일이 속하는 사업연도의 손금에 산입할 수 있으나 이는 사실판단사항이다(법인 46012-196, 2003.3.21.).

사례 85 전담부서등에서 발생한 연구요원의 인건비를 개발비, 경상연구개발비 외의 판매관리비 등의 계정으로 처리하는 경우에도 연구·인력개발비 세액공제를 적용할 수 있는지 여부

조세특례제한법 제10조의 규정에 의한 연구·인력개발비에 대한 세액공제의 적용대상인 연구전담부서 직원의 인건비를 제조원가, 일반관리비 또는 자산 중 어느 계정과목으로

547) 시설의 개체 또는 기술의 낙후로 인하여 생산설비의 일부를 폐기한 경우에는 당해 자산의 장부가액에서 1천원을 공제한 금액을 폐기일이 속하는 사업연도의 손금에 산입할 수 있다(법인세법 시행령 제31조 제7항).

회계처리하여야 하는지는 연구원의 연구내용 등을 감안하여 기업회계기준에 따라 계정과목을 분류하고 적절히 처리하면 되는 것이므로, 적격한 연구개발비가 발생하였다면 그 계정과목의 분류에 불구하고 연구・인력개발비 세액공제 등의 조세지원을 받을 수 있는 것이다(서면2팀-1211, 2005.7.26., 법인-1859, 2008.8.5.).

이때 자산으로 처리된 기술개발용역비도 연구・인력개발비 세액공제 대상이 되며 세액공제 시기는 동 비용이 발생한 각 사업연도마다 적용한다(서면2팀-445, 2005.3.23.).

하지만, 연구・인력개발비 세액공제여부가 연구개발비의 계정과목의 분류와 관계없다 하더라도 제조원가명세서의 경상연구개발비 등으로 적절히 처리하는 것이 추후 세무당국과의 불필요한 마찰을 줄일 수 있을 것으로 판단된다(국심 2006부1275, 2007.1.10.). 즉, 조세특례제한법에 따라 적격한 연구개발비의 발생액으로 보는 금액은 재무제표상의 개발비(무형자산) 대체액, 제조원가 및 판매관리비의 경상연구개발비로 분류되는 금액의 합보다 커야 할 것으로 판단된다.

사례 86 법인이 개인사업자로부터 사업을 양수하면서 개인사업자의 개발비를 유상으로 취득한 경우 감가상각할 수 있는지 여부

법인이 개인사업자로부터 사업을 양수하면서 개인사업자의 개발비를 적절한 평가방법에 따라 평가하여 유상으로 취득한 금액이 법인세법 시행령 제24조 제1항 제2호 바목의 규정에 의한 개발비에 해당하는 경우에는 같은 영 제26조 제1항 제6호의 규정에 따른 상각방법에 의하여 감가상각할 수 있다(법인-2421, 2008.9.10., 제도 46012-12622, 2001.8.9.).

사례 87 소프트웨어의 법인세법상 세무처리

앞서 살펴본 K-IFRS 1038 개발활동 단계에서 발생한 무형자산의 인식요건에서 살펴본 바와 같이 자체개발한 소프트웨어가 무형자산의 인식요건을 충족하기 위해서는 먼저 회사는 해당 소프트웨어가 미래경제적효익을 창출하는 방법을 제시할 수 있어야 한다. 이때 해당 소프트웨어가 직접 수익창출에 사용되는지 여부에 따라 개발비 또는 기구 및 비품으로 처리될 수 있고, 자산성 요건을 만족하지 못하면 즉시 손금처리될 것이다. 한편, 외부 구입 소프트웨어는 직접 수익창출에 사용되는지 여부에 따라 업종별자산 또는 기구 및 비품에 해당될 것으로 판단된다.

| 표 _ 법인세법상 소프트웨어의 계정분류 | [548)]

구분		계정분류	
외부 구입 소프트웨어	직접 수익창출에 사용	업종별 자산	유형자산
	그 외의 경우	기구 및 비품	
자체 개발 소프트웨어	직접 수익창출에 사용	개발비	무형자산
	그 외의 경우	기구 및 비품	유형자산
	자산인식조건 미충족	당기 손금	

예컨대 게임소프트웨어를 이동통신사업자에 제공하고 이동통신사업자로부터 일정률의 수수료를 지급받는 사업을 영위하는 법인이 이동통신사업자에게 제공한 게임프로그램의 감가상각비를 손금산입함에 있어 게임프로그램이 타인으로부터 매입한 경우에는 법인세법 시행규칙 별표 6의 업종별자산의 내용연수를 적용하는 것이며, 당해 법인이 자체개발한 것으로서 무형자산인식조건을 충족하여 당해 법인이 개발비로 계상한 경우에는 같은법 시행령 제26조 제1항 제6호 규정(개발비 감가상각방법)에 따라 감가상각하는 것이다(서면2팀-705, 2004.4.6. 같은 뜻 서면2팀-432, 2006.2.28., 서면2팀-2068, 2005.12.14., 서면2팀-2778, 2004.12.29., 서이 46012-11017, 2003.5.21., 법인 46012-641, 2002.11.27., 서일 46011-10395, 2002.3.25., 법인 46012-2126, 1999.6.5.).

사례 88 무형자산으로 인식한 개발비 금액을 지출한 회계연도의 당기비용으로 수정하기 위해 전기오류수정손실 처리하는 경우

회사가 무형자산으로 인식한 개발비가 당초 무형자산 인식 요건을 만족시키지 못 하는 것으로 확인되어 당초 지출한 회계연도의 당기비용으로 수정하기 위해 전기오류수정손실로 회계처리하는 경우가 있을 수 있다. 특히 제약·바이오 업계의 경우 신약, 바이오시밀러 등 약품개발의 단계별로 기술적 실현가능성이 있는지 여부 판단에 있어 다툼이 있을 수 있고, 이에 대해 금융위원회와 금융감독원은 감독지침을 내린 바 있다.[549)]

다음은 회사가 동 감독지침에 따라 무형자산 개발비로 인식했었던 쟁점연구비 중 일부를 당기비용으로 계상하고 과거 사업연도에 지출한 연구비가 해당 사업연도 손금에 해당한다고 보아 경정청구를 하였으나, 세무당국이 이를 거부한 사례이다.

i) 당초 비용이 발생한 날이 속하는 사업연도 손금이 타당(조심 2020서712, 2021.5.11.)

548) 삼일회계법인/이창기, 「2014 신고대비 법인세 조정과 신고 실무」, 2013.10.29., 325면
549) 자세한 내용은 본편 「제2장 무형자산 회계처리 제2절 내부 창출 무형자산 (6) 제약·바이오 기업의 연구개발비 회계처리」 부분을 참고하길 바란다.

납세자는 청구법인이 쟁점금액을 무형자산으로 계상한 것은 회계오류이고, 지출한 회계연도의 비용으로 이를 정정하여 공시하였으므로 세무상으로도 쟁점금액을 지출한 사업연도의 손금으로 계상함이 타당하다고 경정청구를 하였다. 세무당국은 쟁점금액은 당초 국제회계기준에 따라 무형자산 인식요건을 갖추어 무형자산으로 적정하게 계상되었던 것으로, 청구법인은 금융감독원등이 마련한 쟁점지침에 따라 쟁점금액을 손금으로 하여 이 건 경정청구를 하였는데, 쟁점지침은 법령 개정이나 회계기준의 변경이 아님에도 이를 근거로 쟁점금액을 손금으로 인정한다면 자의적인 손금계상을 허용하게 되어 기간과세 원칙에 반하게 된다고 보아 납세자의 경정청구를 거부하였다.

조세심판원은 한국채택국제회계기준(K-IFRS) 제1038호(무형자산)에서는 무형자산에 해당하기 위한 요건 중 하나로 무형자산을 사용하거나 판매하기 위해 그 자산을 완성할 수 있는 기술적 실현가능성 여부를 규정하고 있는데, 쟁점금액은 기술적 실현 가능성 측면에서 당초부터 무형자산의 요건을 갖추지 못한 것을 무형자산으로 잘못 계상한 것으로 볼 수 있는 점, 감독기관이 청구법인이 연구개발비의 무형자산 인식요건(기술적인 실현가능성)을 충족하지 못한 쟁점금액을 무형자산으로 잘못 인식하여 자기자본을 과다하게 계상한 사실을 지적하고 청구법인에게 '경고' 조치를 한 점, 청구법인은 임의성 없이 해당 지적을 반영하여 쟁점금액을 지출한 회계연도의 당기비용으로 수정하였으므로 청구법인이 쟁점금액을 개발비로 계상하였다고 보기는 어려운 점 등에 비추어 쟁점금액은 그 지급사실이 확정된 사업연도의 손금에 해당한다 할 것이므로, 세무당국이 쟁점금액을 무형자산으로 보아 청구법인의 경정청구를 거부한 처분은 잘못이 있다고 판시한 바 있다(조심 2020서712, 2021.5.11.).

ii) 필자의 판단

법인세법상 무형자산에 해당하는 개발비라 함은 "상업적인 생산 또는 사용 전에 재료·장치·제품·공정·시스템 또는 용역을 창출하거나 현저히 개선하기 위한 계획 또는 설계를 위하여 연구결과 또는 관련 지식을 적용하는데 발생하는 비용으로서 **기업회계기준에 따른 개발비 요건을 갖춘 것**"이며(법인세법 시행령 제24조 제1항 제2호 바목), 손익의 귀속사업연도는 「법인세법」 제40조 에 규정된 권리의무확정주의에 의하여 발생한 날이 속하는 각 사업연도의 손금으로 귀속하는 것이다(법인세법 제40조).

필자는 기업회계기준에 따른 개발비 요건을 갖추지 못한 금액은 법인세법상 감가상각자산인 무형자산에 해당하지 아니하며, 관련 비용은 권리의무확정주의에 따라 당초 비용이 발생한 날이 속하는 사업연도의 손금에 해당하는 것으로, 납세자가 무형자산으로 계상한 개발비 금액이 당초 기업회계기준에 따른 개발비 요건을 갖추지 못 한 것으로 보아 회계처리를 수정하는 경우, 당초 비용이 발생한 날이 속하는 사업연도의 손금으로 세무처리하는 것이 타당하다고 판단된다.

기업회계기준에 따른 개발비 요건을 갖추지 못한 것과 관련하여, 상기 조세심판원

사례(조심 2020서712, 2021.5.11.)에서는 납세자가 감독기관의 감리에 따라 경고조치를 받고 회계처리를 수정하였으므로 임의성이 없다고 판단한 반면에, 다른 조세심판원 사례(조심 2020인1804, 2020.9.8.)에서는 금융위원회와 금융감독원의 감독지침은 새로운 회계기준이나 기준 해석이 아니고 각 회사는 개별 상황에 따라 합리적인 이유를 근거로 동 지침과 달리 판단하여 회계처리할 수 있는 것으로(즉 납세자가 회계처리를 수정한 것은 강제성이 없는 것으로) 당초 비용이 발생한 날이 속하는 사업연도로 소급하여 손금산입하는 것은 타당하지 않다고 판단하였다.

필자는 쟁점금액이 기업회계기준에 따른 개발비 요건을 갖추었는지 여부가 중요한 것이지, 감독기관의 감리 등에 따라 회계처리를 수정하는 경우와 감독지침 등을 근거로 회계처리를 수정하는 경우를 달리 취급하는 것은 타당하지 않다고 생각된다. 회사가 당초 무형자산으로 계상한 개발비가 업계관행 등에 의한 것이었고, 이후 감독지침 등을 고려할 때 기업회계기준에 따른 요건을 갖추지 못한 경우에 해당한다면, 감독기관의 감리 등 강제성 없이 회사가 자체적으로 회계처리를 수정하는 경우에도 당초 비용이 발생한 사업연도의 손금으로 인정해주는 것이 타당할 것이다.[550)]

iii) 경정청구기한(후발적 경정청구 사유 인정 안 됨)

회사가 무형자산 회계처리를 수정하고 당초 비용이 발생한 날이 속하는 사업연도 손금에 산입하여 경정청구를 하려는 경우 고려해야 할 사항은 「국세기본법」 제45조의 2 제1항에 따른 경정청구기한(법정신고기한이 지난 후 5년 이내) 규정이다. 전기오류수정손실 회계처리에 따라 경정청구를 하려는 날이 당초 무형자산으로 회계처리한 날이 속하는 사업연도 법정신고기한 이후 5년을 경과한 시점이라면 경정청구가 허용되지 않기 때문이다.

「국세기본법」 제45조의 2 제2항 및 같은 법 시행령 제25조의 2 제1호 및 제5호는 '최초의 신고·결정 또는 경정을 할 때 과세표준 및 세액의 계산 근거가 된 거래 또는 행위 등의 효력과 관계되는 관청의 허가나 그 밖의 처분이 취소된 경우' 및 이와 유사한 사유에 해당하는 경우를 후발적 경정청구 사유로 들고 있어, 금융감독원의 감독지침에 따라 회사가 회계처리를 수정하는 경우에도 후발적 경정청구 사유에 해당하는 것으로 볼 수 있다는 견해가 있을 수 있으나, 조세심판원은 금융감독원의 감독지침 발표를 「국세기본법」 제45조의 2 제2항에서 규정하는 후발적 경정청구 사유에 해당하는 것으로 인정하기는 어렵다고 판시한 바 있다(조심 2019인2341, 2020.6.3., 조심 2019전2053, 2020.2.18.).

이 경우에는 쟁점 사안에 대해 「법인세법 시행령」 제31조 제8항에 따라 해당 금액을 감가상각비로서 손금계상한 것으로 보아 「법인세법」 제23조 제1항을 적용하는 방안, 즉

550) 참고로 과거 조세심판원은 회사가 외부 회계감사를 통해 과거 무형자산으로 계상한 개발비가 자산성이 없는 것으로 보아 전기오류수정손실로 회계처리를 수정한 사안에서, 개발비 등의 전기오류수정손실의 손익귀속시기는 「법인세법」 제40조 에 규정된 권리의무확정주의에 의하여 발생한 날이 속하는 각 사업연도의 손금으로 귀속하는 것이 타당한 점이라고 판시한 바 있다(조심 2015광2599, 2016.9.8.).

즉시상각의제 규정을 적용한다는 세무당국의 입장에 따라 감가상각 시부인하여 잔여 유보금액을 관리하는 방안이 가능해 보인다.

ix) 세무당국 입장

금융위원회와 금융감독원의 「제약·바이오 기업의 연구개발비 회계처리 관련 감독지침」에 따라 회사가 종전에 회계상 무형자산으로 인식한 개발비를 비용으로 회계처리 수정하는 경우의 손익귀속시기와 관련하여 세무당국은 「법인세법 시행령」 제31조 제8항에 따라 해당 금액을 감가상각비로서 손금계상한 것으로 보아 「법인세법」 제23조 제1항을 적용하는 것이라는 입장을 밝힌바 있다(서면법인-1507, 2020.11.24., 사전법령법인-282, 2020.4.7., 서면법령법인-1433, 2019.7.10.).

서면법령법인-1433, 2019.7.10.

[제목]

과다계상한 개발비 등의 손금귀속시기

[요지]

내국법인이 2018년도에 금융감독원이 발표한 「제약·바이오 기업의 연구개발비 회계처리 관련 감독지침」에 따라 당초 개발비로 인식한 금액을 자산성이 없는 것으로 보아 감액처리하고 전기오류수정손실(이익잉여금의 감소)로 계상한 경우에는 해당 금액을 감가상각비로서 손금으로 계상한 것임.

[회신]

의약품 제조업을 영위하는 법인이 다른 법인과 심혈관 및 신경질환유전자치료제 공동개발계약에 따라 부담한 공동연구비를 기업회계기준상 무형자산 요건을 충족한 것으로 보아 개발비로 계상하고 상각하였으나 금융감독원이 발표한 「제약·바이오 기업의 연구개발비 회계처리 관련 감독지침」에 따라 개발비의 자산인식기준이 강화됨에 따라 당초 개발비로 계상한 공동연구비가 무형자산 인식요건을 충족하지 못한 것으로 확인되어 개발비로 계상한 금액 중 미상각잔액을 감액하고 전기오류수정손실(이익잉여금의 감소)로 계상한 경우 해당 이익잉여금 감소액은 「법인세법 시행령」 제31조 제8항에 따라 해당 금액을 감가상각비로서 손금계상한 것으로 보아 「법인세법」 제23조 제1항을 적용하는 것임.

1. 질의내용

- 내국법인이 2004년부터 부담한 공동연구비를 개발비(자산)로 계상한 후 2018년도에 금융감독원이 발표한 「제약·바이오 기업의 연구개발비 회계처리 관련 감독지침」에 따라 해당 공동연구비가 자산성이 없는 것을 확인하고 개발비로

계상한 금액 중 미상각잔액을 감액처리하고 전기오류수정손실(이익잉여금의 감소)로 계상한 경우 이익잉여금 감소상당액의 세무조정 방법

2. 사실관계

○ 금융감독원은 「제약·바이오 기업의 연구개발비 회계처리 관련 감독지침」을 발표하여 개발비 인식 요건을 강화하였음.

○ 갑법인은 2018년 4월 금융감독원으로부터 '개발비 회계처리의 적정성 여부'에 대하여 감리를 받아 개발비를 과대계상한 것을 인정하여 '04년부터 '17년까지 개발비로 계상한 공동연구비 부담액 중 미상각 잔액 상당액을 2018사업연도의 기초 이익잉여금 조정(차감)으로 회계처리함.

3. 관련법령

○ 법인세법 제23조【감가상각비의 손금불산입】

① 고정자산에 대한 감가상각비는 내국법인이 각 사업연도에 손금으로 계상한 경우에만 대통령령으로 정하는 바에 따라 계산한 금액(이하 이 조에서 상각범위액이라 한다)의 범위에서 해당 사업연도의 소득금액을 계산할 때 이를 손금에 산입하고, 그 계상한 금액 중 상각범위액을 초과하는 부분의 금액은 손금에 산입하지 아니한다. 다만, 해당 내국법인이 법인세를 면제·감면받은 경우에는 해당 사업연도의 소득금액을 계산할 때 대통령령으로 정하는 바에 따라 감가상각비를 손금에 산입하여야 한다.

○ 법인세법 시행령 제31조【즉시상각의 의제】

⑦ 시설의 개체 또는 기술의 낙후로 인하여 생산설비의 일부를 폐기한경우에는 당해 자산의 장부가액에서 1천원을 공제한 금액을 폐기일이 속하는 사업연도의 손금에 산입할 수 있다.

⑧ 감가상각자산이 진부화, 물리적 손상 등에 따라 시장가치가 급격히 하락하여 법인이 기업회계기준에 따라 손상차손을 계상한 경우(법 제42조 제3항 제2호에 해당하는 경우는 제외한다)에는 해당 금액을 감가상각비로서 손비로 계상한 것으로 보아 법 제23조 제1항을 적용한다.

제6편

기술이전 및 취득단계의 연구개발 조세지원제도

제 1 장 기술이전 및 취득에 대한 과세특례

제 1 절 기술이전에 대한 과세특례

1 기술이전에 대한 과세특례의 개요

조세특례제한법 제12조의 기술이전, 취득 및 대여에 대한 과세특례 규정은 개발된 기술의 거래를 활성화하여 기술이 사장되는 것을 방지하고 신기술의 사업화를 촉진하여 산업전반의 기술역량을 강화하기 위하여 도입된 제도이다.

조세특례제한법 제12조 제1항에 따른 기술이전소득에 대한 과세특례제도는 감면혜택이 소수의 일부 대기업에 편중되고 외국에도 유사 운용사례가 없어 2005.12.31. 세법 개정 시 폐지되었다.

2014.1.1. 세법 개정 시[551] 기술 취득금액뿐만 아니라 기술 이전소득에 대해서도 과세특례를 인정함으로써 기술양도를 위한 중간회수시장 형성을 지원하고 기업 간 기술거래의 활성화를 통하여 기술역량을 높이기 위해서 중소기업이 기술을 이전함에 따라 발생하는 소득에 대한 세액 감면 제도를 신설하였다. 신설된 기술이전소득에 대한 과세특례는 2014.1.1. 이후 이전하는 분부터 적용한다.[552]

2014.12.23. 조세특례제한법 개정 시[553] 중견기업의 기술개발을 지원하고자 세제혜택 대상을 현행 중소기업에서 중견기업까지 확대하였으며, 2015.1.1. 이후 최초로 특허권 등을 이전하는 분부터 적용한다.[554]

2016.12.20. 조세특례제한법 개정 시[555] 기술이전 및 취득에 대한 과세특례 규정과 기술대여에 대한 과세특례 규정에서의 대상기술의 범위를 "자체 연구·개발한 특허권, 실용신안권,

551) 조세특례제한법 제12조 제1항(2014.1.1. 법률 제12173호로 일부 개정된 것)
552) 조세특례제한법 부칙(법률 제12173호, 2014.1.1.) 제5조
553) 조세특례제한법 제12조 제1항(2014.12.23. 법률 제12853호로 일부 개정된 것)
554) 조세특례제한법 부칙(법률 제12853호, 2014.12.23.) 제5조
555) 조세특례제한법 제12조 제1항(2016.12.20. 법률 제14390호로 일부 개정된 것)

기술비법 또는 기술"으로 통일하였다.

조세특례제한법 제12조 제1항에 따른 기술이전소득에 대한 과세특례제도의 개요는 중소기업 및 중견기업이 국내에서 자체 연구·개발한 특허권 및 실용신안권, 과학기술분야에 속하는 기술비법, 「기술의 이전 및 사업화 촉진에 관한 법률」 제2조 제1호에 따른 기술을 2021.12.31.까지 내국인에게 이전함으로써 발생하는 소득에 대하여는 해당 소득에 대한 소득세 또는 법인세의 100분의 50에 상당하는 세액을 감면하는 제도이다.

2 기술이전소득에 대한 세액감면의 요건

(1) 감면대상자 요건

감면대상자는 내국인[556]에게 특허권등을 이전하는 조세특례제한법상 중소기업[557] 및 중견기업이다(조세특례제한법 제12조 제1항). 따라서 비거주자 및 외국법인에게 특허권등을 이전하는 경우는 과세특례의 대상이 아니다. 이때 중견기업이란 다음의 요건을 모두 갖춘 기업을 말한다(조세특례제한법 시행령 제6조의 4 제1항).

중견기업의 범위
㉠ 중소기업이 아닐 것 ㉡ 조세특례제한법 시행령 제29조 제3항에 따른 소비성서비스업 또는 「중견기업 성장촉진 및 경쟁력 강화에 관한 특별법 시행령」 제2조 제2항 제2호 각 목의 업종[558]을 주된 사업으로 영위하지 아니할 것(업종요건). 이 경우 둘 이상의 서로 다른 사업을 영위하는 경우에는 사업별 사업수입금액이 큰 사업을 주된 사업으로 본다. ㉢ 소유와 경영의 실질적인 독립성이 「중견기업 성장촉진 및 경쟁력 강화에 관한 특별법 시행령」 제2조 제1항 제1호에 적합할 것 ㉣ 직전 3개 과세연도의 매출액(매출액은 조세특례제한법 시행령 제2조 제4항에 따른 계산방법으로 산출하며, 과세연도가 1년 미만인 과세연도의 매출액은 1년으로 환산한 매출액을 말한다)의 평균금액이 3천억원 미만인 기업일 것

556) '내국인'이라 함은 소득세법에 따른 거주자 및 법인세법에 따른 내국법인을 말한다(조세특례제한법 제2조 제1항 제1호).

557) 중소기업의 범위는 본서 제4편 제1장 제2절을 참고하길 바란다.

558) 현재 금융업, 보험 및 연금업, 금융 및 보험 관련 서비스업이 열거되어 있다.

이때, 위의 조세특례제한법 시행령 제2조 제4항에 따른 계산방법으로 산출한 매출액이란 기업회계기준에 따라 작성한 해당 과세연도 손익계산서상의 매출액을 말한다(조세특례제한법 시행령 제2조 제4항 및 조세특례제한법 시행규칙 제2조 제4항).

한편, 「중견기업 성장촉진 및 경쟁력 강화에 관한 특별법 시행령」 제2조 제1항 제1호에 따른 소유와 경영의 실질적 독립성 요건을 살펴보면 다음과 같다.

소유와 경영의 실질적인 독립성 요건
1. 소유와 경영의 실질적인 독립성이 다음의 어느 하나에 해당하지 아니하는 기업일 것 가. 「독점규제 및 공정거래에 관한 법률」 제14조 제1항에 따른 상호출자제한기업집단 또는 채무보증제한기업집단에 속하는 기업 나. 자산총액이 10조원 이상인 기업 또는 법인(외국법인을 포함한다)이 해당 기업의 주식(「상법」 제344조의 3에 따른 의결권 없는 주식은 제외한다) 또는 출자지분(이하 "주식등"이라 한다)의 100분의 30 이상을 직접적 또는 간접적으로 소유하면서 최다출자자인 기업. 이 경우 최다출자자는 해당 기업의 주식등을 소유한 법인 또는 개인으로서 단독으로 또는 다음의 어느 하나에 해당하는 자와 합산하여 해당 기업의 주식등을 가장 많이 소유한 자로 하며, 주식등의 간접소유비율에 관하여는 「국제조세조정에 관한 법률 시행령」 제2조 제3항을 준용한다. 1) 주식등을 소유한 자가 법인인 경우 : 그 법인의 임원 2) 주식등을 소유한 자가 개인인 경우 : 그 개인의 친족

(2) 감면대상기술 요건

감면대상자가 내국인에게 이전 시 과세특례가 적용되는 감면대상기술의 범위는 조세특례제한법상 중소기업 및 중견기업이 보유한 대통령령으로 정하는 자체 연구・개발한 특허권, 실용신안권, 기술비법 또는 기술(이하 "특허권등"이라 한다)이다(조세특례제한법 제12조 제1항). 대통령령으로 정하는 자체 연구・개발한 특허권, 실용신안권, 기술비법 또는 기술은 다음 중 어느 하나에 해당하는 것을 말한다(조세특례제한법 시행령 제11조 제3항).

감면대상기술
㉠ 「특허법」 및 「실용신안법」에 따라 해당 기업이 국내에서 자체 연구・개발하여 최초로 설정등록받은 특허권 및 실용신안권 ㉡ 해당 기업이 국내에서 자체 연구・개발한 과학기술분야에 속하는 기술비법(공업소유권, 「해외건설 촉진법」에 따른 해외건설 엔지니어링활동 또는 「엔지니어링산업 진흥법」에 따른 엔지니어링활동과 관련된 기술비법은 제외한다)으로서 수입금액 기준 등 기획재정부령으로 정하는 요건을 충족하는 것

감면대상기술
㉢ 해당 기업이 국내에서 자체 연구·개발한 「기술의 이전 및 사업화 촉진에 관한 법률」 제2조 제1호에 따른 기술로서 수입금액 기준 등 기획재정부령으로 정하는 요건을 충족하는 것

가. 특허권 및 실용신안권

「특허법」 및 「실용신안법」에 따라 해당 기업이 국내에서 자체 연구·개발하여 최초로 설정등록받은 특허권 및 실용신안권에 해당되어야 한다(조세특례제한법 시행령 제11조 제3항 제1호). 따라서 적격한 특허권 및 실용신안권에 해당하기 위해서는 자체 연구·개발 요건과 「특허법」 및 「실용신안법」에 따른 최초설정등록 요건을 모두 갖추어야 한다.

① 국내에서 자체 연구·개발할 것

조세특례제한법 제12조 규정을 적용받으려는 해당 기업이 국내에서 자체적으로 연구·개발하여 최초로 설정등록받아야 한다. 따라서 외국에서 연구·개발하거나, 제3자가 설정등록받은 특허권 및 실용신안권을 양수하거나, 제3자에게 위탁연구·개발하여 설정등록받은 특허권 및 실용신안권은 감면대상기술에 해당하지 아니한다.

② 「특허법」 및 「실용신안법」에 따라 최초설정등록할 것

특허권 및 실용신안권 등을 이해하기 위해서 먼저 지식재산권에 대해 살펴본다.

'지식재산'이란 인간의 창조적 활동 또는 경험 등에 의하여 창출되거나 발견된 지식·정보·기술, 사상이나 감정의 표현, 영업이나 물건의 표시, 생물의 품종이나 유전자원, 그 밖에 무형적인 것으로서 재산적 가치가 실현될 수 있는 것을 말한다(지식재산기본법 제3조 제1호).

'지식재산권'이란 법령 또는 조약 등에 따라 인정되거나 보호되는 지식재산에 관한 권리를 말하는 것으로서 산업재산권, 저작권, 신지식재산권을 포괄하는 무형적 권리를 뜻한다(지식재산기본법 제3조 제3호).

지식재산권 중 산업재산권(혹은 공업소유권)이란 특허권, 실용신안권, 디자인권 및 상표권을 총칭하며, 발명,[559] 고안,[560] 디자인,[561] 상표[562]를 특허법, 실용신안법, 디자인보호법, 상표법에 근거하여 특허청에 출원하여 등록받음으로써 배타적 독점권이 부여된 권리를 말한다.[563]

559) 발명이란 자연법칙을 이용한 기술적 사상의 창작으로서 고도한 것을 말한다(특허법 제2조 제1호).

560) 고안이란 자연법칙을 이용한 기술적 사상의 창작을 말한다(실용신안법 제2조 제1호).

561) 디자인이란 물품의 형상·모양·색채 또는 이들을 결합한 것으로서 시각을 통하여 미감을 일으키게 하는 것을 말한다(디자인보호법 제2조 제1호).

562) 상표란 자기의 상품과 타인의 상품을 식별하기 위하여 사용하는 표장을 말한다(상표법 제2조 제1호).

563) 특허청, 「지식재산권의 손쉬운 이용」, 2020.9., 10~13면

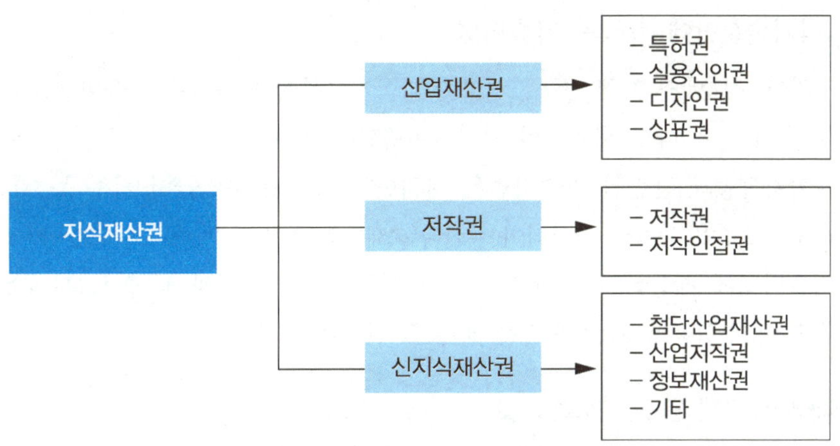

구분	특허	실용신안	디자인	상표
정의	자연법칙을 이용한 기술적 사상의 창작으로써 발명수준이 고도화된 것(대발명)	자연법칙을 이용한 기술적 사상의 창작으로써 물품의 형상·구조·조합에 관한 실용 있는 고안(소발명)	물품의 형상·모양·색채 또는 이들이 결합한 것으로써 시각을 통하여 미감을 느끼게 하는 것	타인의 상품과 식별하기 위하여 사용되는 기호·문자·도형·입체적 형상·색채·홀로그램·동작 또는 이들을 결합한 것
보기(자동차)	• 엔진제어시스템 • ABS브레이크 시스템 • 지능형현가 시스템 • 변속기시스템	• 백미러 • 컵홀더 • 자동차도어 • 의자높낮이 조절 장치	• 차체 형상 • 의자 형상 • 전방 램프 형상 • 리어 스포일러 형상	• 자동차 명칭(제네시스, 그랜저 등) • 제작사 명칭(현대, 도요타, BMW 등
존속기간	설정등록일로부터, 출원일 후 20년까지	설정등록일로부터, 출원일 후 10년까지	설정등록일로부터, 출원일 후 20년까지	설정등록일로부터 10년(10년마다 갱신 가능, 반영구적 권리)

한편, 국세청에서는 출원중에 있는 특허권 또는 실용신안권은 조세특례제한법 제12조의 규정에 의한 기술이전소득 감면대상에 해당하지 않는다는 운용지침을 두고 있다(조세특례제한법 집행기준 12-0-2 제2항).

나. 과학기술분야에 속하는 기술비법

해당 기업이 국내에서 자체 연구·개발한 과학기술분야에 속하는 기술비법(공업소유권, 「해외건설 촉진법」에 따른 해외건설 엔지니어링활동 또는 「엔지니어링산업 진흥법」에 따른 엔지니어링활동과 관련된 기술비법은 제외한다)으로서 수입금액 기준 등 기획재정부령으로 정하는 요건을 충족하는 것이어야 한다(조세특례제한법 시행령 제11조 제3항 제2호). 따라서 적격한 기술비법에 해당하기 위해서는 자체 연구·개발 요건과 과학기술분야에 속하는 기술비법 요건, 수입금액 기준 요건을 모두 갖추어야 한다.

① 국내에서 자체 연구·개발할 것

조세특례제한법 제12조 규정을 적용받으려는 해당 기업이 기술비법을 국내에서 자체적으로 연구·개발하여야 한다. 따라서 외국에서 연구·개발하거나, 제3자가 연구·개발한 기술비법을 양수하거나, 제3자에게 위탁연구·개발한 기술비법은 감면대상기술에 해당하지 아니한다.

② 과학기술분야에 속하는 기술비법에 해당할 것

이하에서는 기술비법과 기술비법에서 제외하는 공업소유권, 「해외건설 촉진법」에 의한 해외건설 엔지니어링활동 및 「엔지니어링산업 진흥법」에 의한 엔지니어링활동에 대해 살펴본다.

i) 기술비법

기술비법이란 통상 노하우라 하는데 기술적 비결(技術的 秘訣)을 말한다. 노하우의 정의에 관한 학설에는 기술적 노하우와 상업적 노하우가 있고, 기술적 노하우란 어떤 사람이 그가 가진 기술을 최량의 조건하에 실시하는데 필요로 하는 지식을 말한다고 하는 설, 공업(工業)의 생산과정에서 필요 또는 유익한 기술상의 지식 및 경험이며 외부에 대하여 비밀로 되어 있는 것을 말한다고 하는 설, 산업상 이용할 수 있는 기술적 사상의 창작 또는 이것을 실시함에 필요한 구체적인 기술적 지식, 자료·경험이며 이것을 창작·개발·작성 또는 체득한 자(그 자로부터 전수를 받는 자를 포함)가 현재 비밀로 하고 있는 것을 말한다고 하는 설 등이 있다.[564)]

국세청에서는 기술비법이라 함은 내국인이 스스로 연구·개발한 과학기술분야에 관한 기술비법 중 공개되지 아니한 것으로서 제품제조를 위한 조업 및 정비기술 등 제조공정·공식 또는 산업상 기술정보를 포함하는 것이나, 이미 공개된 타인의 기술비법을 개량하여 발전시킨

564) 네이버 지식백과, "노하우[Know-how]", https://terms.naver.com/entry.naver?docId=3656527&cid=42131&categoryId=42131, 2021.7.16.

경우와 국내에서 당해 기술비법을 이용하여 생산한 제품과 동종의 제품이 다른 방법으로 생산되는 경우에는 기술비법으로 볼 수 없다는 운용지침을 두고 있다(조세특례제한법 집행기준 12-0-2 제1항).

ii) 공업소유권

기술이전에 대한 과세특례 적용 시 기술비법에는 공업소유권을 제외하도록 규정하고 있다(조세특례제한법 시행령 제11조 제3항 제2호 괄호).

공업소유권(혹은 산업재산권) 중 특허권, 실용신안권은 이미 별도로 과세특례대상으로 열거해 놓았고, 디자인권과 상표권은 엄밀한 의미의 기술의 범위에 포함하지 않는 것으로 보아 기술비법에서 공업소유권을 제외하고 있는 것으로 판단된다.

iii) 「해외건설 촉진법」에 의한 해외건설 엔지니어링활동 및 「엔지니어링산업 진흥법」에 의한 엔지니어링활동

「해외건설 촉진법」에 의한 해외건설 엔지니어링활동이란 해외건설공사에 관한 기획·타당성조사·설계·분석·구매·조달·시험·감리·시운전·평가·자문·지도 또는 도시 및 지역계획의 수립·공간정보체계 구축을 위한 측량·지적·지도제작 및 해양조사 등의 활동을 말한다(해외건설 촉진법 제2조 제3호 및 동법 시행령 제3조).

한편, 「엔지니어링산업 진흥법」에 의한 엔지니어링활동이란 과학기술의 지식을 응용하여 수행하는 사업이나 시설물에 관한 다음의 활동을 말한다(엔지니어링산업 진흥법 제2조 제1호).

엔지니어링 활동
㉠ 연구, 기획, 타당성 조사, 설계, 분석, 계약, 구매, 조달, 시험, 감리, 시험운전, 평가, 검사, 안전성 검토, 관리, 매뉴얼 작성, 자문, 지도, 유지 또는 보수 ㉡ ㉠의 활동에 대한 사업관리 ㉢ ㉠ 및 ㉡에 준하는 것으로서 과학기술의 지식을 응용하여 수행하는 사업이나 시설물에 관한 다음의 활동 - 견적(見積) - 설계의 경제성 및 기능성 검토 - 시스템의 분석 및 관리

③ 수입금액 기준 등 요건을 충족할 것

수입금액 기준 등 요건을 충족하기 위해서는 다음 요건을 모두 충족해야 한다(조세특례제한법 시행규칙 제8조의 7).

수입금액 기준 등 요건
㉠ 해당 기업이나 해당 기업이 「중소기업기본법 시행령」 제2조 제3호에 따른 관계기업에 속하는 경우 해당 관계기업의 직전 5개 과세연도의 매출액(매출액은 영 제2조 제4항에 따른 계산방법으로 산출하며, 과세연도가 1년 미만인 과세연도의 매출액은 1년으로 환산한 매출액을 말한다)의 평균금액이 500억원 이하일 것
㉡ 해당 기업이 조세특례제한법 시행령 제11조 제3항 각 호에 해당하는 것을 거래하여 얻은 직전 5개 과세연도의 매출액의 평균금액이 70억원 이하일 것
㉢ 「산업기술혁신 촉진법」 제38조에 따른 한국산업기술진흥원에 등록되어 관리되는 기술비법 또는 기술일 것

정리하면, 기술이전에 대한 과세특례가 적용되는 기술비법은 해당 기업(직전 5개 과세연도 매출액의 평균금액이 500억원 이하이면서, 감면대상기술을 거래하여 얻은 매출액의 평균금액이 70억원 이하인 중소기업 및 중견기업)이 국내에서 자체 연구·개발한 과학기술 분야의 노하우로서 공업소유권, 엔지니어링활동을 제외한 것으로 한국산업기술진흥원에 등록되어 관리되는 기술비법을 말한다.

사례 89 특허권을 설정등록한 법인이 흡수합병된 경우 과세특례 적용

특허권을 설정등록한 법인이 흡수 합병되어 소멸한 때에는 합병 후 존속한 법인이 동 특허권을 설정 등록한 것으로 볼 수 있는 것이다(법인세과 1264.21－495, 1984.2.8.). 따라서 피합병법인이 설정 등록한 특허권 등을 포괄 승계한 합병법인 혹은 인적분할에 의한 분할신설법인이 당해 특허권 등을 양도하는 경우 기술이전소득 세액감면을 적용받을 수 있는 것이다(서면인터넷방문상담2팀－168, 2005.1.25.).

사례 90 영업의 양수를 통해 취득한 기술비법이 '내국인이 스스로 연구·개발한 기술비법'에 해당할 수 있는지 여부

합병과 영업양도의 법적 성질을 고려하여 볼 때, 합병은 두 개 이상의 회사가 법정된 절차에 의하여 단일회사가 되는 것이므로, 피합병법인이 설정 등록한 특허권등을 포괄 승계한 합병법인이 당해 특허권 등 기술비법을 양도하는 경우에도 합병법인 '스스로 연구·개발한 기술비법'을 양도하는 것으로 볼 수 있지만, 영업양도는 채권계약으로 특정 승계에 의하여 재산이 이전되는 것이므로, 영업양도법인이 설정 등록한 특허권등을 특정 승계한 영업양수법인이 당해 특허권 등 기술비법을 양도하는 경우에는 영업양수법인이 '스스로 연구·개발한 기술비법'을 양도하는 것으로 볼 수 없다.

따라서 기술비법을 연구·개발한 법인으로부터 영업양수도에 의해 유상 취득한 양수법인이 기술비법을 이전함으로 발생하는 소득에 대해서는 조세특례제한법 제12조에 따른 기술이전 등에 대한 과세특례규정을 적용받을 수 없다(대법원 2008두8314, 2008.8.21., 부산고등법원 2007누4964, 2008.4.25.,[565] 조세특례제한법 집행기준 12-0-2 제4항).

다. 기술이전법에 따른 기술

해당 기업이 국내에서 자체 연구·개발한 「기술의 이전 및 사업화 촉진에 관한 법률」(이하 "기술이전법"이라 한다) 제2조 제1호에 따른 기술로서 수입금액 기준 등 기획재정부령으로 요건을 충족하는 것이어야 한다(조세특례제한법 시행령 제11조 제3항 제3호). 따라서 적격한 기술에 해당하기 위해서는 자체 연구·개발 요건과 「기술이전법」에 따른 기술 요건, 수입금액 기준 요건을 모두 갖추어야 한다.

① 국내에서 자체 연구·개발할 것

조세특례제한법 제12조 규정을 적용받으려는 해당 기업이 기술을 국내에서 자체적으로 연구·개발하여야 한다. 따라서 외국에서 연구·개발하거나, 제3자가 연구·개발한 기술을 양수하거나, 제3자에게 위탁연구·개발한 기술은 감면대상기술에 해당하지 아니한다.

② 「기술이전법」 제2조 제1호에 따른 기술일 것

「기술이전법」 제2조 제1호에 따른 '기술'이란 다음 중 어느 하나에 해당하는 것을 말한다.

기술의 범위
㉠ 「특허법」 등 관련 법률에 따라 등록 또는 출원(出願)된 특허, 실용신안(實用新案), 디자인, 반도체집적회로의 배치설계 및 소프트웨어 등 지식재산
㉡ ㉠의 기술이 집적된 자본재(資本財)
㉢ ㉠ 또는 ㉡의 기술에 관한 정보
㉣ 그 밖에 ㉠부터 ㉢까지에 준하는 것으로서 이전 및 사업화가 가능한 기술적·과학적 또는 산업적 노하우

「기술이전법」 제2조 제1호에 따른 '기술'의 범위를 이해하기 위해서는 신지식재산권에 대한 이해가 필요하다.

신지식재산권이란 전통적인 산업재산권, 저작권의 범주에 속하지 않으면서 경제의 발전 및 변화와 함께 그 보호의 필요성이 대두된 새로운 지식재산권을 말한다.

565) 전심판례는 심사법인 2006-74, 2007.3.21., 울산지방법원 2007구합1686, 2007.11.7.이다.

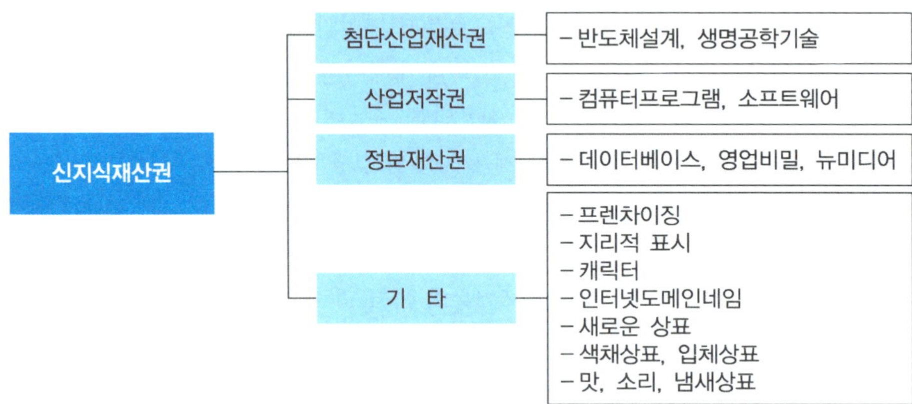

신지식재산권 중 반도체집적회로의 배치설계에 관한 법률에 따른 반도체집적회로의 배치설계(배치설계권), 저작권법에 따른 컴퓨터프로그램, 소프트웨어(저작권) 등과 그 밖에 이전 및 사업화가 가능한 기술적·과학적 또는 산업적 노하우가 「기술이전법」에 따른 '기술'의 범위에 포함되는 것이므로 이는 실로 방대하다고 볼 수 있다.

③ 수입금액 기준 등 요건을 충족할 것

수입금액 기준 등 요건을 충족하기 위해서는 다음 요건을 모두 충족해야 한다(조세특례제한법 시행규칙 제8조의 7).

수입금액 기준 등 요건
㉠ 해당 기업이나 해당 기업이 「중소기업기본법 시행령」 제2조 제3호에 따른 관계기업에 속하는 경우 해당 관계기업의 직전 5개 과세연도의 매출액(매출액은 영 제2조 제4항에 따른 계산방법으로 산출하며, 과세연도가 1년 미만인 과세연도의 매출액은 1년으로 환산한 매출액을 말한다)의 평균금액이 500억원 이하일 것 ㉡ 해당 기업이 조세특례제한법 시행령 제11조 제3항 각 호에 해당하는 것을 거래하여 얻은 직전 5개 과세연도의 매출액의 평균금액이 70억원 이하일 것 ㉢ 「산업기술혁신 촉진법」 제38조에 따른 한국산업기술진흥원에 등록되어 관리되는 기술비법 또는 기술일 것

정리하면, 기술이전에 대한 과세특례가 적용되는 기술은 해당 기업(직전 5개 과세연도 매출액의 평균금액이 500억원 이하이면서, 감면대상기술을 거래하여 얻은 매출액의 평균금액이 70억원 이하인 중소기업 및 중견기업)이 국내에서 자체 연구·개발한 특허, 실용신안, 디자인 등 「기술이전법」 제2조 제1호에 따른 '기술'을 말한다.

기술거래기관
㉠「산업기술혁신 촉진법」 제38조에 따른 한국산업기술진흥원 ㉡「기술의 이전 및 사업화 촉진에 관한 법률」 제10조의 규정에 따른 기술거래기관

(3) 기술이전요건

조세특례제한법에서는 '기술이전'에 대해 명확히 규정해 놓고 있지 않다. 이와 관련하여 기술의 이전 및 사업화 촉진에 관한 법률을 참고하면, '기술이전'이란 양도, 실시권 허락, 기술지도, 공동연구, 합작투자 또는 인수·합병 등의 방법으로 기술이 기술보유자(해당 기술을 처분할 권한이 있는 자를 포함한다)로부터 그 외의 자에게 이전되는 것을 말한다(기술의 이전 및 사업화 촉진에 관한 법률 제2조 제2호).

기술이전의 방법 중 인수·합병 등의 방법으로 기술이 이전되는 경우 그 세액공제에 대하여는 조세특례제한법 제12조의 3(기술혁신형 합병에 대한 세액공제), 제12조의 4(기술혁신형 주식취득에 대한 세액공제)에서 별도로 규정하고 있고, 실시권의 허락은 잠시 뒤에 설명할 조세특례제한법 제12조 제3항의 기술대여에 대한 법인세 감면에서 다루고 있으므로 조세특례제한법 제12조 제1항의 적용대상인 '기술이전'이라 함은 양도, 기술지도, 공동연구, 합작투자에 따라 기술이 기술보유자(해당 기술을 처분할 권한이 있는 자를 포함한다)로부터 그 외의 자에게 이전됨을 의미하는 것으로 판단된다.

한편, 해당 중소기업 및 중견기업이 해당 특허권등을 특수관계인에게 이전한 경우에는 기술이전에 대한 세액감면을 적용하지 않는데, 그 특수관계인의 범위는 다음과 같다(조세특례제한법 시행령 제11조 제1항, 법인세법 시행령 제2조 제5항).

법인세법상 특수관계인의 범위
"특수관계인"이란 법인과 다음의 어느 하나의 관계에 있는 자(이하 "특수관계인"이라 한다)를 말한다. 이 경우 본인도 「국세기본법」 제2조 제20호 각 목 외의 부분 후단에 따라 특수관계인의 특수관계인으로 본다. 1. 임원(「법인세법 시행령」 제40조 제1항에 따른 임원[566]을 말한다)의 임면권의 행사, 사업방침의 결정 등 당해 법인의 경영에 대하여 사실상 영향력을 행사하고 있다고 인정되는 자(「상법」 제401조의 2 제1항의 규정에 의하여 이사로 보는 자[567]를 포함한다)와 그 친족(「국세기본법 시행령」 제1조의 2 제1항에 따른 자[568]를 말한다. 이하 같다) 2. 「법인세법 시행령」 제50조 제2항에 따른 소액주주등[569]이 아닌 주주 또는 출자자(이하 "비소액주주등"이라 한다)와 그 친족 3. 법인의 임원·직원 또는 비소액주주 등의 직원(비소액주주 등이 영리법인인 경우에는 그

법인세법상 특수관계인의 범위

임원을, 비영리법인인 경우에는 그 이사 및 설립자를 말한다)이나 법인 또는 비소액주주등의 금전이나 그 밖의 자산에 의하여 생계를 유지하는 자와 이들과 생계를 함께 하는 친족

4. 해당 법인이 직접 또는 그와 제1호부터 제3호까지의 관계에 있는 자를 통하여 어느 법인의 경영에 대해 「국세기본법 시행령」 제1조의 2 제4항[570]에 따른 지배적인 영향력을 행사하고 있는 경우 그 법인
5. 해당 법인이 직접 또는 그와 제1호부터 제4호까지의 관계에 있는 자를 통하여 어느 법인의 경영에 대해 「국세기본법 시행령」 제1조의 2 제4항에 따른 지배적인 영향력을 행사하고 있는 경우 그 법인
6. 당해 법인에 100분의 30 이상을 출자하고 있는 법인에 100분의 30 이상을 출자하고 있는 법인이나 개인
7. 당해 법인이 「독점규제 및 공정거래에 관한 법률」에 의한 기업집단에 속하는 법인인 경우 그 기업집단에 소속된 다른 계열회사 및 그 계열회사의 임원

이 경우 소액주주등을 판정할 때 법인세법 시행령 제50조 제2항 중 '100분의 1'은 '100분의 30'으로 완화하여 적용한다(조세특례제한법 시행령 제11조 제1항 후문).

3 기술이전에 대한 감면세액의 계산

(1) 감면비율

중소기업 및 중견기업이 특허권등의 기술을 2021.12.31.까지 내국인에게 이전함으로써 발생하는 소득에 대하여는 해당 소득에 대한 소득세 또는 법인세의 100분의 50에 상당하는 세액을 감면한다(조세특례제한법 제12조 제1항).

566) 법인의 회장, 사장, 부사장, 이사장, 대표이사, 전무이사 및 상무이사 등 이사회의 구성원 전원과 청산인, 합명회사, 합자회사 및 유한회사의 업무집행사원 또는 이사, 유한책임회사의 업무집행자, 감사, 그 밖에 이에 준하는 직무에 종사하는 자

567) 회사에 대한 자신의 영향력을 이용하여 이사에게 업무집행을 지시한 자, 이사의 이름으로 직접 업무를 집행한 자, 이사가 아니면서 명예회장・회장・사장・부사장・전무・상무・이사 기타 회사의 업무를 집행할 권한이 있는 것으로 인정될 만한 명칭을 사용하여 회사의 업무를 집행한 자

568) 6촌 이내의 혈족, 4촌 이내의 인척, 배우자(사실상의 혼인관계에 있는 자를 포함한다), 친생자로서 다른 사람에게 친양자 입양된 자 및 그 배우자・직계비속을 말한다.

569) "소액주주등"이란 발행주식총수 또는 출자총액의 100분의 1에 미달하는 주식등을 소유한 주주등(해당 법인의 국가, 지방자치단체가 아닌 지배주주등의 특수관계인인 자는 제외한다)을 말한다.

570) 영리법인에 대해 지배적인 영향력을 행사하고 있는 경우라 함은 법인의 발행주식총수 또는 출자총액의 100분의 30 이상을 출자하거나 임원의 임면권의 행사, 사업방침의 결정 등 법인의 경영에 대하여 사실상 영향력을 행사하고 있다고 인정되는 경우를 말한다.

(2) 감면세액의 계산

감면세액의 계산방법은 다음과 같다.

감면세액의 계산
감면세액 = 법인세 산출세액 × $\frac{\text{감면대상소득}}{\text{과세표준}}$ × 50%

위의 감면대상소득을 계산할 때 해당 과세연도 및 직전 4개 과세연도에 특허권등에서 발생한 손실이 있는 경우에는 그 소득에서 해당 손실금액을 뺀다(조세특례제한법 제12조 제4항).

4 적용기한

조세특례제한법 제12조 제1항에 따른 기술이전에 대한 세액감면은 2021.12.31.까지 적격한 특허권등을 내국인에게 이전하는 경우에 대하여만 적용한다.

5 세액감면의 신청

조세특례제한법 제12조 제1항에 따른 기술이전에 대한 세액감면을 적용받으려는 내국인은 과세표준신고와 함께 세액감면(면제)신청서(별지 제2호 서식), 기술이전·대여에 대한 세액감면명세서(별지 제2호 서식 부표)를 납세지 관할 세무서장에게 제출하여야 한다(조세특례제한법 제12조 제5항, 조세특례제한법 시행령 제11조 제6항, 조세특례제한법 시행규칙 제61조 제1항 제3호).

6 조세특례의 제한 등

조세특례제한법 제12조 제1항에 따른 기술이전에 대한 세액감면 적용 시 조세특례의 제한 등은 '제8편 조세특례의 제한 및 보칙'을 참고하기로 한다.

조세특례제한법 제12조 제1항에 적용되는 조세특례의 제한 및 보칙	해당 조문
무신고 결정 또는 기한 후 신고 시 세액감면의 배제	조세특례제한법 제128조 제2항
경정 또는 경정할 것을 미리 알고 수정신고서를 제출한 경우의 세액감면 배제	조세특례제한법 제128조 제3항
사업용계좌 미신고 등의 경우의 세액감면 배제	조세특례제한법 제128조 제4항
최저한세액에 미달하는 세액에 대한 감면 등의 배제	조세특례제한법 제132조

7 감면분 농어촌특별세 비과세

조세특례제한법 제12조 제1항에 따라 특허권등의 기술이전에 대한 세액감면을 받은 경우 감면세액에 대한 농어촌특별세가 부과되지 않는다(농어촌특별세법 제4조 제12호, 동법 시행령 제4조 제6항 제1호).

8 관련서식

조세특례제한법 제12조 제1항에 따른 기술이전에 대한 세액감면(면제)신청서(별지 제2호 서식), 기술이전·대여에 대한 세액감면명세서(별지 제2호 서식 부표)는 다음과 같다.

〔별지 제2호 서식〕 (2021.3.16. 개정)

세액감면(면제)신청서

※ 제3쪽의 작성방법을 읽고 작성해 주시기 바랍니다. (4쪽 중 제1쪽)

접수번호	접수일	처리기간 즉시

❶ 신청인	① 상호 또는 법인명	② 사업자등록번호
	③ 대표자 성명	④ 생년월일
	⑤ 주소 또는 본점 소재지 (전화번호:)	

❷ 과세연도	년 월 일부터 년 월 일까지

❸ 신청 내용

구 분	근거법령	코드	⑥ 감면율	⑦ 대상세액	⑧ 감면세액	⑨ 한도충족 감면세액
⑩ 창업중소기업에 대한 감면(최저한세 적용제외)	영 제5조 제26항	110				
⑫ 창업중소기업에 대한 감면(최저한세 적용대상)	영 제5조 제26항	111				
⑬ 창업벤처중소기업에 대한 감면	영 제5조 제26항	174				
⑭ 에너지신기술중소기업에 대한 감면	영 제5조 제26항	13E				
⑮ 중소기업에 대한 특별세액감면	영 제6조 제8항	112				
⑯ 기술이전에 대한 감면	영 제11조 제6항	13J				
⑰ 기술대여에 대한 감면	영 제11조 제6항	13K				
⑱ 연구개발특구 입주기업에 대한 감면(최저한세 적용제외)	영 제11조의 2 제5항	17C				
⑲ 연구개발특구 입주기업에 대한 감면(최저한세 적용대상)	영 제11조의 2 제5항	179				
⑪ 고용창출형창업기업에 대한 감면	영 제27조의 2 제4항 (2007.2.28. 대통령령 제19888호로 개정되기 전의 것)	190				
⑪ 사업전환 중소기업에 대한 감면	영 제30조의 2 제7항	192				
⑫ 무역조정지원기업의 사업전환에 대한 감면	영 제30조의 2 제7항	13A				
⑬ 혁신도시 등 이전 공공기관에 대한 감면	영 제58조 제11항	13F				
⑭ 공장의 지방이전에 대한 세액감면(중소기업의 수도권 안으로 이전)	영 제60조 제8항 (구 영 제60조 제5항 포함)	116				
⑮ 수도권과밀억제권역 밖으로 이전하는 중소기업 세액감면(수도권 밖으로 이전)	구 영 제60조 제5항	169				
⑯ 공장의 지방이전에 대한 세액감면(수도권 밖으로 이전)	영 제60조 제8항 (구 영 제60조의 2 제13항 포함)	108				
⑰ 본사의 수도권 밖 이전에 대한 세액감면	영 제60조의 2 제15항 (구 영 제60조의 2 제13항 포함)	109				
⑱ 농공단지입주기업 등에 대한 감면	영 제61조 제3항	117				
⑲ 영농조합법인에 대한 면제	영 제63조 제7항	104				
⑳ 영어조합법인에 대한 면제	영 제64조 제8항	107				
㉑ 농업회사법인에 대한 감면(농업소득)	영 제65조 제5항	11B				
㉒ 농업회사법인에 대한 감면(농업소득 외의 소득)	영 제65조 제5항	119				
㉓ 사회적기업에 대한 감면	영 제79조의 7	11L				
㉔ 장애인표준사업장에 대한 감면	영 제79조의 7	11M				
㉕ 행정중심복합도시 · 혁신도시 공장이전에 대한 감면	법 제85조의 2 제6항	11A				
㉖ 소형주택 임대사업자에 대한 감면	영 제96조 제8항	13I				
㉗ 상가건물 장기 임대사업자에 대한 감면	영 제96조의 2 제4항	13N				

210mm×297mm[백상지 80g/㎡ 또는 중질지 80g/㎡]

(4쪽 중 제2쪽)

구 분	근거법령	코드	⑥ 감면율	⑦ 대상세액	⑧ 감면세액	⑨ 한도충족 감면세액
⑫⑧ 위기지역 내 창업기업 세액감면 (최저한세 적용제외)	영 제99조의 8 제6항	11N				
⑫⑨ 위기지역 내 창업기업 세액감면 (최저한세 적용대상)	영 제99조의 8 제6항	13S				
⑬⓪ 감염병 피해에 따른 특별재난지역의 중소기업에 대한 감면	영 제99조의 10 제5항	17D				
⑬① 산림개발소득에 대한 감면	영 제102조	124				
⑬② 해외진출기업의 국내복귀에 대한 감면 (철수방식)	영 제104조의 21 제12항	11F				
⑬③ 해외진출기업의 국내복귀에 대한 감면 (유지방식)	영 제104조의 21 제12항	11H				
⑬④ 제주첨단과학기술단지입주기업에 대한 감면(최저한세 적용제외)	영 제116조의 14 제5항	181				
⑬⑤ 제주첨단과학기술단지입주기업에 대한 감면(최저한세 적용대상)	영 제116조의 14 제5항	13P				
⑬⑥ 제주투자진흥지구 · 제주자유무역지역 입주기업에 대한 감면(최저한세 적용제외)	영 제116조의 15 제7항	182				
⑬⑦ 제주투자진흥지구 · 제주자유무역지역 입주기업에 대한 감면(최저한세 적용대상)	영 제116조의 15 제7항	13Q				
⑬⑧ 제주투자진흥지구 개발사업시행자에 대한 감면	영 제116조의 15 제7항	158				
⑬⑨ 기업도시 · 지역개발사업구역 등 창업 · 사업장신설기업에 대한 감면(최저한세 적용제외)	영 제116조의 21 제7항	197				
⑭⓪ 기업도시 · 지역개발사업구역 등 창업 · 사업장신설기업에 대한 감면(최저한세 적용대상)	영 제116조의 21 제7항	13R				
⑭① 기업도시 · 지역개발사업구역 등 개발사업시행자에 대한 감면	영 제116조의 21 제7항	198				
⑭② 아시아문화중심도시 입주기업에 대한 감면(최저한세 적용제외)	영 제116조의 25 제6항	11C				
⑭③ 아시아문화중심도시 입주기업에 대한 감면(최저한세 적용대상)	영 제116조의 25 제6항	13T				
⑭④ 금융중심지 창업 · 사업장신설기업에 대한 감면(최저한세 적용제외)	영 제116조의 26 제9항	11G				
⑭⑤ 금융중심지 창업 · 사업장신설기업 대한 감면(최저한세 적용대상)	영 제116조의 26 제9항	13U				
⑭⑥ 첨단의료복합단지 입주 의료연구개발기관 등에 대한 감면(최저한세 적용제외)	영 제116조의 27 제6항	17A				
⑭⑦ 첨단의료복합단지 입주 의료연구개발기관 등에 대한 감면(최저한세 적용대상)	영 제116조의 27 제6항	13H				
⑭⑧ 국가식품클러스터 입주기업에 대한 감면(최저한세 적용제외)	영 제116조의 27 제6항	17B				
⑭⑨ 국가식품클러스터 입주기업에 대한 감면(최저한세 적용대상)	영 제116조의 27 제6항	13V				
⑮⓪ 기타		164				
⑮① 세액감면 합계		1A4				

210mm×297mm[백상지 80g/㎡ 또는 중질지 80g/㎡]

(4쪽 중 제3쪽)

❹ 지역특구 입주기업 감면한도 계산내용(⑱~⑲, ⑰, ㉗, ⑬~⑱에 대해 적용)

- ⑰은 2019.1.1 이후 개시하는 과세연도부터 적용하되, 2019.1.1 이전 입주기업은 제외함(A방식) ㉗은 2018.1.1 이후 지정 또는 선포된 위기지역의 지정일 또는 선포일이 속하는 과세연도의 과세표준을 2019.1.1 이후 신고하는 경우부터 적용함(A방식)
- ⑱~⑲, ⑭~⑲의 경우 2019.1.1 이후 개시하는 사업연도분부터는 A방식에 의해 한도를 계산하되, 2019.1.1 이전에 해당 지역에 입주한 기업은 B방식(종전규정)에 의해 한도를 계산함

<table>
<tr><td colspan="5">⑩ 직전 과세연도까지의 감면세액 누계
* 감면받은 과세연도 / 감면세액: (/), (/), (/), (/), (/)</td><td></td></tr>
<tr><td colspan="6">전체 감면한도 계산</td></tr>
<tr><td rowspan="4">A</td><td colspan="4">⑪ 해당 과세연도까지의 사업용고정자산 투자누계액</td><td></td></tr>
<tr><td colspan="4">⑫ 투자기준 감면한도 (⑪ × 50%)</td><td></td></tr>
<tr><td colspan="4">⑬ 고용기준 감면한도
[해당 과세연도의 감면대상사업장의 상시근로자 수 × 1,500만원(청년 상시근로자와 서비스업을 하는 감면대상사업자의 상시근로자의 경우에는 2,000만원)]</td><td></td></tr>
<tr><td colspan="4">⑭ 해당 과세연도까지의 총감면한도 (⑫ + ⑬)</td><td></td></tr>
<tr><td rowspan="6">B</td><td colspan="2">일반기업</td><td colspan="3">서비스업</td></tr>
<tr><td>⑮ 해당 과세연도까지의 사업용고정자산 투자누계액</td><td></td><td>⑲ 일반감면한도 (=⑱)</td><td colspan="2"></td></tr>
<tr><td>⑯ 투자기준 감면한도 (⑪ × 50%)</td><td></td><td rowspan="2">⑳ 고용기준 감면한도 (Min [ⓐ, ⓑ])
ⓐ 상시근로자 수 × 2,000만원
ⓑ 투자누계액(⑮ × 100%)</td><td rowspan="2" colspan="2"></td></tr>
<tr><td>⑰ 고용기준 감면한도 (Min [ⓐ, ⓑ])
ⓐ 상시근로자 수 × 1,000만원
ⓑ 투자누계액(⑮ × 20%)</td><td></td></tr>
<tr><td>⑱ 해당 과세연도까지의 총감면한도 (⑯+⑰)</td><td></td><td>㉑ 해당 과세연도까지의 총감면한도 (Max [⑲, ⑳])</td><td colspan="2"></td></tr>
<tr><td colspan="5" style="display:none"></td></tr>
<tr><td colspan="5">㉒ 해당 과세연도의 감면한도 (⑭ - ⑩) 또는 (⑱ - ⑩) 또는 (㉑ - ⑩)</td><td></td></tr>
</table>

❺ 중소기업특별세액감면 감면한도 계산

구 분	해당(직전) 과세연도의 매월 말 현재 상시근로자 수												㉓ 합계	㉔ 개월수	㉕상시근로자수 (=㉓÷㉔)
	월	월	월	월	월	월	월	월	월	월	월	월			
해당 과세연도															㉖
직전 과세연도															㉗

감면한도계산 : 1억원 - 500만원 × 상시근로자 수 감소인원

감면한도 (상시근로자 감소 적용전)	상시근로자 수 감소인원당 차감액	㉘상시근로자 수 감소인원(㉖-㉗)	㉙감면한도 (1억원 - 500만원 × ㉘)
1억원	500만원		

❻ 사회적기업·장애인 표준사업장에 대한 감면한도 계산

구 분	해당 과세연도의 매월 말 현재 상시근로자 수												㉚ 합계	㉛ 개월수	㉜상시근로자수 (=㉚÷㉛)
	월	월	월	월	월	월	월	월	월	월	월	월			
해당 과세연도															㉝

감면한도계산 : 1억원 + 2000만원 × (취약계층 또는 장애인)의 상시근로자 수

감면한도 (상시근로자 적용전)	상시근로자 수 인원당 증가액	㉜상시근로자 수	㉝감면한도 (1억원 + 2000만원 × ㉜)
1억원	2000만원		

210mm×297mm[백상지 80g/㎡ 또는 중질지 80g/㎡]

(4쪽 중 제4쪽)

「조세특례제한법」 및 같은 법 시행령에 따라 위와 같이 세액감면(면제)을 신청합니다.

년 월 일

신청인 (서명 또는 인)

세무서장 귀하

작 성 방 법

1. 신청 내용별로 "⑥ 감면율"란, "⑦ 대상세액"란과 "⑧ 감면세액"란을 적습니다.
2. "⑥ 감면율"란을 작성할 때 법령의 개정에 따라 종전의 규정 또는 개정규정을 적용받는 경우 등에는 해당 감면율을 적습니다.
3. "⑦ 대상세액"란에는 최저한세액 적용 전의 감면세액을 적습니다.
4. "⑧ 감면세액"란에는 "⑦ 대상세액"에서 최저한세액 적용에 따른 감면 배제세액을 뺀 금액을 적습니다.
5. "⑨ 한도충족 감면세액"란에는 "⑧ 감면세액과"과 "⑰ 해당 과세연도의 감면한도" 중 적은 금액을 적습니다.
5. 법령에 따른 첨부서류는 세액감면(면제)신청서를 제출할 때 함께 제출해야 합니다.
6. 법령의 개정으로 종전의 규정 또는 개정규정에 따라 세액감면(면제)을 받는 경우에는 해당 법령의 조문순서에 따라 공란 등에 별도로 적습니다.
7. ❹ 지역특구 입주기업 감면한도계산시 서비스업이란 「조세특례제한법 시행령」 제23조 제4항에 따른 서비스업을 의미합니다.
8. 근거법령란에서 "법"은 「조세특례제한법」, "영"은 「조세특례제한법 시행령」을 뜻하며, "구 영"은 2021.2.17. 대통령령 제31444호로 개정되기 전의 것을 말합니다.

210mm×297mm[백상지 80g/㎡ 또는 중질지 80g/㎡]

〔별지 제2호 서식 부표〕 (2021.3.16. 개정)

기술이전 · 대여에 대한 세액감면(면제) 명세서

※ [ ]에는 해당되는 곳에 √표를 합니다.

1. 신청인 현황

① 상호 또는 법인명		② 사업자등록번호
③ 과세연도	년 월 일 부터 ~ 년 월 일 까지	④ [ ] 중소기업 [ ] 중견기업

2. 이전 · 대여한 기술의 종류

[ ] 특허권 [ ] 실용신안권 [ ] 기술비법 [ ] 기술

3. 기술이전 · 대여에 관한 사항

⑤ 공통			
가. 국내에서 자체 연구 · 개발한 특허권, 실용신안권, 기술비법, 기술인지 여부			[ ]여 [ ]부
⑥ 이전 · 대여한 기술이 특허권 또는 실용신안권인 경우			
가. 「특허법」에 따라 최초로 설정등록받은 특허권인지 여부		특허번호	이전 · 대여금액 합계
나. 「실용신안법」에 따라 최초로 설정등록받은 실용신안권인지 여부		등록번호	이전 · 대여금액 합계
⑦ 이전한 기술이 기술비법 또는 기술인 경우 및 대여한 기술이 기술비법인 경우			이전 · 대여금액 합계

	금 액 (원)	기 준	적격 여부
가. 직전 5개 과세연도 평균매출액		500억 원 이하	[ ]여 [ ]부
나. 특허권, 실용신안권, 기술비법, 기술 등 거래 전체의 직전 5개 과세연도 평균매출액		70억 원 이하	[ ]여 [ ]부
다. 「산업기술혁신 촉진법」 제38조에 따른 한국산업기술진흥원에 등록 · 관리 여부			[ ]여 [ ]부

작 성 방 법

※ 각 과세연도에 「조세특례제한법 시행령」 제11조에 따라 기술이전 · 대여에 대한 세액감면(면제)을 신청하기 위해 세액감면(면제)신청서(별지 제2호 서식)를 제출해야 하는 경우 반드시 이 서식을 작성해야 합니다.

1. 이전 · 대여한 기술의 종류는 가. 「특허법」에 따른 특허권, 나. 「실용신안법」에 따른 실용신안권, 다. 과학기술분야에 속하는 기술비법(공업소유권, 「해외건설 촉진법」에 의한 해외건설 엔지니어링활동 및 「엔지니어링산업 진흥법」에 의한 엔지니어링활동과 관련된 기술비법은 제외한다)으로 「산업기술혁신 촉진법」 제38조에 따른 한국산업기술진흥원에 등록되어 관리되는 기술비법 라. 「기술의 이전 및 사업화 촉진에 관한 법률」 제2조 제1호에 따른 기술로서 「산업기술혁신 촉진법」 제38조에 따른 한국산업기술진흥원에 등록되어 관리되는 기술로 구분하여 선택하며, 여러 가지 종류의 기술을 이전 · 대여한 경우 중복하여 선택합니다[라목의 기술은 "기술대여"에 따른 감면(면제)이 적용되지 않습니다].
2. 특허번호는 이전 · 대여한 특허권의 「특허법」에 따른 특허번호를 기재합니다(복수의 특허권을 이전 · 대여한 경우 ","로 구분하여 각각 모두 기재합니다).
3. 등록번호는 이전 · 대여한 실용신안권의 「실용신안법」에 따른 실용신안권 등록번호를 기재합니다(복수의 실용신안권을 이전 · 대여한 경우로 구분하여 각각 모두 기재합니다).
4. 직전 5개 과세연도 평균매출액은 명세서를 제출하는 과세연도의 시작일 직전 5개 과세연도의 매출액의 평균금액을 기재합니다(매출액은 영 제2조 제4항에 따른 계산방법으로 산출하며, 과세연도가 1년 미만인 과세연도의 매출액은 1년으로 환산한 매출액을 말합니다. 명세서를 제출하는 과세연도에 신규로 개업한 법인의 경우 "0"원으로 기재합니다).
5. 해당 과세연도 및 직전 4개 과세연도에 이전 · 대여한 기술과 같은 종류의 기술에서 발생한 처분손실이 있는 경우에는 해당 기술의 이전 · 대여금액 합계에서 손실금액을 공제한 금액을 기재합니다(손실금액은 손실이 발생한 순서에 따라 차례대로 공제하고 이전 과세연도에 공제한 손실금액은 제외하며, 이전 · 대여금액 합계액 보다 손실금액이 큰 경우에는 이전 · 대여금액 합계는 "0"원으로 기재하고 차액은 다음 과세연도로 이월합니다).

210mm× 297mm[백상지 80g/㎡ 또는 중질지 80g/㎡]

제2절 기술취득에 대한 과세특례

1 기술취득에 대한 세액공제의 요건

내국인이 특허권등을 자체 연구·개발한 내국인으로부터 2018.12.31.까지 특허권등을 취득한 경우에는 취득금액의 100분의 5(중소기업의 경우에는 100분의 10)에 상당하는 금액을 해당 과세연도의 소득세(사업소득에 대한 소득세만 해당한다) 또는 법인세에서 공제한다. 이 경우 공제받을 수 있는 금액은 해당 과세연도의 소득세 또는 법인세의 100분의 10을 한도로 한다(조세특례제한법 제12조 제2항).

(1) 감면대상자 및 감면대상기술요건

감면대상자는 특허권등을 자체 연구·개발한 내국인으로부터 특허권등을 취득하는 내국인이다.

'내국인'이라 함은 「소득세법」에 따른 거주자 및 「법인세법」에 따른 내국법인을 말한다.[571]

특허권등은 앞서 '기술이전에 대한 과세특례'에서 살펴본 특허권, 실용신안권, 과학기술 분야에 속하는 기술비법, 「기술의 이전 및 사업화 촉진에 관한 법률」에 따른 기술이므로 감면대상기술에 대한 내용은 제1절의 내용을 참고하도록 한다.

(2) 기술취득요건

내국인이 특허권등을 자체 연구·개발한 내국인으로부터 취득한 경우에 기술취득에 대한 세액공제가 적용된다. 이때, 해당 내국인이 해당 특허권등을 특수관계인으로부터 취득한 경우에는 기술취득에 대한 세액공제를 적용하지 않는데, 그 특수관계인의 범위는 '제1절 기술이전에 대한 과세특례'에서 살펴본 바와 같다.

자산의 취득가액은 법인세법 제41조 및 동법 시행령 제72조에서 규정하고 있다(법인세법 시행령 제72조 제2항).

571) 조세특례제한법 제2조 제1항 제1호

취득가액	
타인으로부터 매입한 자산	매입가액에 취득세(농어촌특별세와 지방교육세를 포함한다), 등록면허세, 그 밖의 부대비용을 가산한 금액
자기가 제조 · 생산 또는 건설하거나 그 밖에 이에 준하는 방법으로 취득한 자산	원재료비 · 노무비 · 운임 · 하역비 · 보험료 · 수수료 · 공과금(취득세와 등록세를 포함한다) · 설치비 기타 부대비용의 합계액
위 외의 자산	취득 당시의 시가 등

이때 위의 취득가액에 포함하는 것과 포함하지 않는 것을 법인세법 시행령 제72조 제3항과 제4항에서 별도로 다음과 같이 규정하고 있다.

취득가액에 포함하는 것	㉠ 법인세법 시행령 제52조의 규정에 의한 건설자금에 충당한 차입금의 이자 ㉡ 유형자산의 취득과 함께 국 · 공채를 매입하는 경우 기업회계기준에 따라 그 국 · 공채의 매입가액과 현재가치의 차액을 당해 유형자산의 취득가액으로 계상한 금액
취득가액에 포함하지 아니하는 것	㉠ 자산을 장기할부조건 등으로 취득하는 경우 발생한 채무를 기업회계기준이 정하는 바에 따라 현재가치로 평가하여 현재가치할인차금으로 계상한 경우의 당해 현재가치할인차금 ㉡ 연지급수입에 있어서 취득가액과 구분하여 지급이자로 계상한 금액 ㉢ 특수관계인으로부터 자산을 고가로 매입한 경우에 있어서 그 시가초과액

2 기술취득에 대한 세액공제액의 계산

(1) 세액공제액의 계산

중소기업이 특허권등을 취득하는 경우 취득금액의 10%, 중소기업에 해당하지 아니하는 자가 중소기업으로부터 특허권등을 취득하는 경우 취득금액의 5%에 상당하는 금액을 해당 과세연도의 소득세 또는 법인세에서 공제한다.

중소기업에 해당하지 아니하는 자가 특허권등을 취득하는 경우에도 세액공제가 가능하나, 거래상대방이 중소기업이어야 한다.

(2) 감면한도

단, 이 경우 공제받을 수 있는 금액은 해당 과세연도의 소득세 또는 법인세의 10%를 한도로 한다.

3 적용기한

조세특례제한법 제12조 제2항에 따른 특허권등의 기술취득에 대한 세액공제는 2018.12.31.까지 적격한 특허권등을 내국인으로부터 취득한 경우에 대하여만 적용한다.

2018.12.24. 조세특례제한법 제12조 개정 시 기술이전에 대한 과세특례 및 기술대여에 대한 과세특례 규정은 적용기한을 2021.12.31.까지로 연장하였으나, 기술취득에 대한 과세특례 규정은 지원의 실효성이 낮은 점을 감안하여 적용을 종료하였다.

4 세액공제의 신청

조세특례제한법 제12조 제2항에 따른 기술취득에 대한 세액공제를 적용받으려는 내국인은 과세표준신고와 함께 세액공제신청서(별지 제1호 서식), 기술취득에 대한 세액공제 명세서(별지 제1호 서식 부표(2))를 납세지 관할 세무서장에게 제출하여야 한다(조세특례제한법 제12조 제4항, 조세특례제한법 시행령 제11조 제6항, 조세특례제한법 시행규칙 제61조 제1항 제2호).

그러나 조세특례제한법 제12조 제3항의 세액공제신청은 그 규정방식에 비추어 납세의무자로 하여금 공제신청에 필요한 서류를 정부에 제출하도록 협력의무를 부과한 것에 불과하므로 조세특례제한법 제12조 제2항에 따른 특허권등의 기술취득에 대한 세액공제 그 요건이 충족되면 당연히 공제되고 공제신청이 있어야만 공제되는 것은 아닌 것으로 판단된다.

다만, 세액공제 항목 및 대상비용, 공제금액 등에 있어 납세자의 명확한 의사표시가 필요할 수 있으므로 법 소정의 과세표준신고 기한 내에 세액공제 신청을 하는 것이 좋을 것으로 보이며, 당초 과세표준신고 기한 내에 세액공제 신청을 하지 못 한 경우에는 경정청구 절차를 통해 세액공제 신청을 할 수 있을 것이다.

5 조세특례의 제한 등

조세특례제한법 제12조 제2항에 따른 기술취득에 대한 세액공제 적용 시 조세특례의 제한은 '제8편 조세특례의 제한 및 보칙'을 참고하기로 한다.

조세특례제한법 제11조에 적용되는 조세특례의 제한 및 보칙	해당 조문
추계과세 시 세액공제의 배제	조세특례제한법 제128조 제1항
최저한세액에 미달하는 세액에 대한 감면 등의 배제	조세특례제한법 제132조
세액공제액의 이월공제	조세특례제한법 제144조

6 감면분 농어촌특별세 비과세

조세특례제한법 제12조 제2항에 따른 기술취득에 대한 세액공제를 받은 경우 감면세액에 대한 농어촌특별세가 부과되지 않는다(농어촌특별세법 제4조 제12호, 동법 시행령 제4조 제6항 제1호).

7 관련서식

조세특례제한법 제12조 제2항에 따른 기술취득에 대한 세액공제 신청서(별지 제1호 서식)는 제4편에서 살펴본 조세특례제한법 제10조에 따른 연구 · 인력개발비 세액공제 신청서와 같으며, 기술취득에 대한 세액공제 명세서(별지 제1호 서식 부표(2))는 다음과 같다.

〔별지 제1호 서식 부표(2)〕(2021.3.16. 개정)

기술취득에 대한 세액공제 명세서

※ [ ]에는 해당되는 곳에 √표를 합니다.

1. 신청인 현황			
① 상호 또는 법인명		② 사업자등록번호	
③ 과세연도	년 월 일 부터~ 년 월 일 까지	④ [ ] 중소기업, [ ] 중견기업, [ ] 일반기업	

2. 취득한 기술의 종류			
[ ] 특허권	[ ] 실용신안권	[ ] 기술비법	[ ] 기술

3. 기술취득에 관한 사항			
① 공통			
가. 국내에서 자체 연구·개발한 특허권, 실용신안권, 기술비법, 기술인지 여부			[ ] 여 [ ] 부
② 취득한 기술이 특허권 또는 실용신안권인 경우			
가. 「특허법」에 따라 최초로 설정등록받은 특허권인지 여부		특허번호	취득금액 합계
나. 「실용신안법」에 따라 최초로 설정등록받은 실용신안권인지 여부		등록번호	취득금액 합계
③ 취득한 기술이 기술비법 또는 기술인 경우			취득금액 합계
가. 직전 5개 과세연도 평균매출액	금 액 (원)	기 준	적격 여부
		500억 원 이하	[ ] 여 [ ] 부
나. 특허권, 실용신안권, 기술비법, 기술 등 거래 전체의 직전 5개 과세연도 평균매출액	금 액 (원)	기 준	적격 여부
		70억 원 이하	[ ] 여 [ ] 부
다. 「산업기술혁신 촉진법」 제38조에 따른 한국산업기술진흥원에 등록·관리 여부			[ ] 여 [ ] 부
④ 중소기업으로부터 특허권 등을 취득한 중소기업 외 기업			
가. 특허권 등을 양도한 자의 중소기업 해당 여부	[ ] 여 [ ] 부		
나. 특허권 등을 양도한 중소기업의 사업자번호			

작 성 방 법

※ 각 과세연도에 「조세특례제한법 시행령」 제11조에 따라 기술취득에 대한 세액공제를 신청하기 위해 세액공제신청서(별지 제1호 서식)를 제출해야 하는 경우 반드시 이 서식을 작성해야 합니다.

1. 취득한 기술의 종류는 ① 「특허법」에 따른 특허권, ② 「실용신안법」에 따른 실용신안권, ③ 과학기술분야에 속하는 기술비법(공업소유권, 「해외건설 촉진법」에 따른 해외건설 엔지니어링활동 및 「엔지니어링산업 진흥법」에 따른 엔지니어링활동과 관련된 기술비법은 제외합니다)으로 「산업기술혁신 촉진법」 제38조에 따른 한국산업기술진흥원에 등록되어 관리되는 기술비법 ④ 「기술의 이전 및 사업화 촉진에 관한 법률」 제2조 제1호에 따른 기술로서 「산업기술혁신 촉진법」 제38조에 따른 한국산업기술진흥원에 등록되어 관리되는 기술로 구분하여 선택하며, 여러 가지 종류의 기술을 취득한 경우 중복하여 선택합니다.
2. 특허번호는 취득한 특허권의 「특허법」에 따른 특허번호를 기재합니다(복수의 특허권을 취득한 경우 ","로 구분하여 각각 모두 기재합니다).
3. 등록번호는 취득한 실용신안권의 「실용신안법」에 따른 실용신안권 등록번호를 기재합니다(복수의 실용신안권을 취득한 경우 ","로 구분하여 각각 모두 기재합니다).
4. 직전 5개 과세연도 평균매출액은 명세서를 제출하는 과세연도의 시작일 직전 5개 과세연도의 매출액의 평균금액을 기재합니다(매출액은 영 제2조 제4항에 따른 계산방법으로 산출하며, 과세연도가 1년 미만인 과세연도의 매출액은 1년으로 환산한 매출액을 말합니다. 명세서를 제출하는 과세연도에 신규로 개업한 법인의 경우 "0"원으로 기재합니다).

210mm× 297mm[백상지 80g/㎡ 또는 중질지 80g/㎡]

제3절 기술대여에 대한 과세특례

1 기술대여에 대한 과세특례의 개요

조세특례제한법 제12조 제3항에 따른 기술대여소득에 대한 과세특례규정은 특허권 대여소득에 대해서도 세제혜택을 부여함으로써 지식재산 관련 소득에 대한 조세감면 대상을 확대하고자 2014.12.23. 조세특례제한법 개정 시 도입된 제도이다.

기술대여소득에 대한 과세특례규정은 영국, 프랑스 등 선진국에서 활발하게 도입·운영되고 있는 특허박스(Patent Box) 제도를 우리나라에 확대 도입하기 위하여 제정된 것인데, 특허박스 제도는 지식재산의 활용과 사업화를 촉진하기 위하여, 특허 등의 지식재산으로부터 발생하는 소득에 대하여 법인세 등의 조세를 감면해 주는 제도를 의미한다.[572)]

종전법은 지식재산 관련 소득 중 기술이전에 따라 발생하는 소득에 대해서는 50%의 소득세·법인세를 감면해주고 있으나, 그 밖의 지식재산 관련 소득에 대한 세제혜택은 부재한 상황이었으나, 특허권 대여소득에 대해서도 세제혜택을 부여함으로써, 지식재산 관련 소득에 대한 조세감면 대상을 확대하게 된 것이다.

한편, 지식재산 관련 소득에 대한 세액감면제도는 현재 운영되고 있는 연구개발에 대한 조세특례제도와 중복되는 측면이 있으므로, 이를 확대하는 것은 과도하다는 지적이 있는 것도 사실이다. 하지만 현재 다양한 연구개발 관련 조세특례제도가 이미 운영되고 있으나, 지식재산 관련 소득에 대한 세제혜택은 기술개발 자체가 아니라 개발된 기술을 사업화하는 단계에 적용되는 것이므로, 기존 세제지원제도의 목적과 중복되지 않는다. 즉, 연구개발활동에 대한 조세지원제도는 연구개발 자체를 활성화할 수는 있지만, 성공한 연구개발 결과물을 사업화하여 실제 경제에 이바지하는 단계까지는 지원하기 어려우므로 연구개발 결과물의 활용단계에 대한 추가적인 지원이 필요하다는 것이다.

또한 기술이전과 기술대여는 그 거래형식이 다를 뿐, 기업이 개발한 기술을 제3자가 이용하게 함으로써 소득을 얻는 경제적 활동이라는 점에서 본질적으로 매우 유사한 행위로 볼 수 있다. 그리고 기술대여에 대한 세액감면 역시 "기업간 기술거래 활성화 및 기술개발 투자자금 회수 원활화"라는 기술이전 세액감면의 도입 취지 달성에 기여할 수 있기에 종전법과 같이 기술이전에 대해서만 조세감면을 인정할 이유는 크지 않으며, 기술대여에 대해서도 세제혜택을 부여하는 것이 합리적이다.[573)]

572) 기획재정위원회 전문위원 김승기, 조세특례제한법 일부 개정법률안(정부) 검토보고서, 2014.11., 102~105면

조세특례제한법 제12조 제3항에 따른 기술대여소득에 대한 과세특례제도의 개요는 중소기업이 자체 연구·개발한 특허권, 실용신안권, 과학기술분야에 속하는 기술비법을 2021.12.31.까지 대여함으로써 발생하는 소득에 대하여는 해당 소득에 대한 소득세 또는 법인세의 100분의 25에 상당하는 세액을 감면하는 제도이다.

2 기술대여소득에 대한 세액감면의 요건

(1) 감면대상자 및 감면대상기술 요건

감면대상자는 자체 연구·개발한 특허권등을 대여하는 조세특례제한법상 중소기업이다.

감면대상자가 대여 시에 과세특례가 적용되는 감면대상기술의 범위는 해당 중소기업이 자체 연구·개발한 특허권, 실용신안권, 과학기술분야에 속하는 기술비법(이하 "특허권등"이라 한다)이다(조세특례제한법 제12조 제3항). 이때 자체 연구·개발한 특허권등이란 「특허법」 및 「실용신안법」에 따라 해당 중소기업이 최초로 설정등록받은 특허권 및 실용신안권과 조세특례제한법 시행령 제11조 제3항 제2호에 따른 기술비법을 말한다(조세특례제한법 시행령 제11조 제5항).

감면대상기술
㉠ 특허권
㉡ 실용신안권
㉢ 내국인이 스스로 연구·개발한 것으로서 과학기술분야에 속하는 기술비법(공업소유권, 「해외건설 촉진법」에 의한 해외건설 엔지니어링활동 및 「엔지니어링산업 진흥법」에 의한 엔지니어링활동을 제외한다)

특허권등은 앞서 '제1절 기술이전에 대한 과세특례'에서 살펴본 특허권, 실용신안권, 과학기술분야에 속하는 기술비법이므로 감면대상기술에 대한 내용은 제1절의 내용을 참고하도록 한다.

(2) 기술대여요건

중소기업이 자체 연구·개발한 특허권, 실용신안권, 과학기술분야에 속하는 기술비법을 대여한 경우에 세액감면이 적용된다. 이때, 해당 중소기업이 해당 특허권등을 특수관계인에게

573) 조세특례제한법 제12조 제3항(2014.12.23. 법률 제12853호로 일부 개정된 것)

대여한 경우에는 기술대여에 대한 세액감면을 적용하지 않는데, 그 특수관계인의 범위는 '제1절 기술이전에 대한 과세특례'에서 살펴본 바와 같다.

3 기술대여에 대한 감면세액의 계산

(1) 감면비율

중소기업이 특허권등의 기술을 2021.12.31.까지 대여함으로써 발생하는 소득에 대하여는 해당 소득에 대한 소득세 또는 법인세의 100분의 25에 상당하는 세액을 감면한다(조세특례제한법 제12조 제3항).

(2) 감면세액의 계산

감면세액의 계산방법은 다음과 같다.

감면세액의 계산
감면세액 = 법인세 산출세액 × $\frac{\text{감면대상소득}}{\text{과세표준}}$ × 25%

위의 감면대상소득을 계산할 때 해당 과세연도 및 직전 4개 과세연도에 특허권등에서 발생한 손실이 있는 경우에는 그 소득에서 해당 손실금액을 뺀다(조세특례제한법 제12조 제4항).

4 적용기한

조세특례제한법 제12조 제3항에 따른 기술대여에 대한 세액감면은 2021.12.31.까지 적격한 특허권등을 대여하는 경우에 대하여만 적용한다.

5 세액감면의 신청

조세특례제한법 제12조 제3항에 따른 기술대여에 대한 세액감면을 적용받으려는 내국인은 과세표준신고와 함께 세액감면신청서(별지 제2호 서식), 기술이전·대여에 대한 세액감면 명세서(별지 제2호 서식 부표)를 납세지 관할 세무서장에게 제출하여야 한다(조세특례제한법 제12조 제5항, 조세특례제한법 시행령 제11조 제6항, 조세특례제한법 시행규칙 제61조 제1항 제3호).

6 조세특례의 제한 등

조세특례제한법 제12조 제3항에 따른 기술대여에 대한 세액감면 적용 시 조세특례의 제한 등은 '제8편 조세특례의 제한 및 보칙'을 참고하기로 한다.

조세특례제한법 제12조 제1항에 적용되는 조세특례의 제한 및 보칙	해당 조문
무신고 결정 또는 기한 후 신고 시 세액감면의 배제	조세특례제한법 제128조 제2항
경정 또는 경정할 것을 미리 알고 수정신고서를 제출한 경우의 세액감면 배제	조세특례제한법 제128조 제3항
사업용계좌 미신고 등의 경우의 세액감면 배제	조세특례제한법 제128조 제4항
최저한세액에 미달하는 세액에 대한 감면 등의 배제	조세특례제한법 제132조

7 감면분 농어촌특별세 비과세

조세특례제한법 제12조 제3항에 따라 특허권등의 기술대여에 대한 세액감면을 받은 경우 감면세액에 대한 농어촌특별세가 부과되지 않는다(농어촌특별세법 제4조 제12호, 동법 시행령 제4조 제6항 제1호).

8 관련서식

조세특례제한법 제12조 제3항에 따른 기술대여에 대한 세액감면(면제)신청서(별지 제2호 서식), 기술이전·대여에 대한 세액감면명세서(별지 제2호 서식 부표)는 제1절에서 살펴본 조세특례제한법 제12조 제1항에 따른 기술이전에 대한 세액감면(면제)신청서, 기술이전·대여에 대한 세액감면명세서(별지 제2호 서식 부표)와 같다.

제2장 기술혁신형 합병에 대한 세액공제

제1절 기술혁신형 합병에 대한 세액공제

1 기술혁신형 합병에 대한 세액공제의 개요

조세특례제한법 제12조의 3 기술혁신형 합병에 대한 세액공제 규정은 신기술 등 기술획득을 목적으로 하는 기술혁신형 M&A를 활성화하기 위하여 2014.1.1.에 도입[574)]된 제도이다.

이러한 조세지원제도로 높은 기술가치를 가진 벤처기업을 합병하려는 유인을 제공하여 벤처기업 인수합병시장을 활성화하고, 이를 통해 벤처기업 투자자의 자금회수를 용이하게 함으로써 기술혁신형 벤처기업에 대한 투자를 촉진하려는 취지의 규정이다.[575)]

한편, '기술이전'이란 기술의 양도, 실시권 허락, 기술지도, 공동연구, 합작투자 또는 인수・합병 등의 방법으로 기술이 기술보유자(해당 기술을 처분할 권한이 있는 자를 포함한다)로부터 그 외의 자에게 이전되는 것을 말한다(기술의 이전 및 사업화 촉진에 관한 법률 제2조 제2호).

기술이전의 방법 중 기술의 양도, 실시권 허락, 기술지도 등에 대한 조세특례는 조세특례제한법 제12조(기술이전 및 기술취득 등에 대한 과세특례)에서 규정하고 있고 인수・합병 등의 방법에 따른 기술이전은 이번에 신설된 조세특례제한법 제12조의 3(기술혁신형 합병에 대한 세액공제)와 조세특례제한법 제12조의 4(기술혁신형 주식취득에 대한 세액공제)에서 규정하게 된 것이다.

조세특례제한법 제12조의 3 기술혁신형 합병에 대한 세액공제 규정의 개요는 내국법인이 2021.12.31.까지 기술혁신형 중소기업을 합병하는 경우 피합병법인의 자산의 양도가액 중 기술가치 금액의 10%에 상당하는 금액을 합병법인의 해당 사업연도 법인세에서 공제하는 제도이다.

574) 조세특례제한법 제12조의 3(2014.1.1. 법률 제12173호로 일부 개정된 것)

575) 기획재정위원회, 조세특례제한법 일부개정법률안 심사보고서, 2013.12.

2 기술혁신형 합병에 대한 세액공제의 요건

(1) 기술혁신형 중소기업 요건

피합병법인이 다음 중 어느 하나에 해당하는 중소기업이어야 한다. 이때 중소기업이란 조세특례제한법 시행령 제2조에 따른 중소기업을 말한다(조세특례제한법 시행령 제11조의 3 제1항).

기술혁신형 중소기업의 범위
㉠ 합병등기일까지 「벤처기업육성에 관한 특별조치법」 제25조에 따라 벤처기업으로 확인받은 기업 ㉡ 합병등기일까지 「중소기업 기술혁신 촉진법」 제15조와 같은 법 시행령 제13조에 따라 기술혁신형 중소기업으로 선정된 기업 ㉢ 합병등기일이 속하는 사업연도의 직전 사업연도의 조세특례제한법 제10조 제1항에 따른 연구·인력개발비가 매출액의 100분의 5 이상인 중소기업 ㉣ 합병등기일까지 다음 중 어느 하나에 해당하는 인증 등을 받은 중소기업 ⓐ 「산업기술혁신 촉진법」 제15조의 2 제1항에 따른 신기술 ⓑ 「보건의료기술 진흥법」 제8조 제1항에 따른 보건신기술 인증 ⓒ 「산업기술혁신 촉진법」 제16조 제1항에 따른 신제품 인증 ⓓ 「제약산업 육성 및 지원에 관한 법률」 제7조 제2항에 따른 혁신형 제약기업 인증 ⓔ 「중견기업 성장촉진 및 경쟁력 강화에 관한 특별법」 제18조 제1항에 따른 선정 ⓕ 그 밖에 ⓐ부터 ⓔ까지와 유사한 경우로서 기획재정부령으로 정하는 인증 등

(2) 적격 기술합병요건

조세특례제한법 제12조의 3 기술혁신형 합병에 대한 세액공제를 적용받기 위해서는 아래의 적격 기술합병요건을 모두 갖추어 합병한 경우에 한한다. 단, 「법인세법 시행령」 제2조 제5항에 따른 특수관계인과의 합병은 적격 기술합병에서 제외한다(조세특례제한법 제12조의 3 제1항 본문).

적격 기술합병요건(아래의 요건을 모두 갖출 것)
㉠ 합병등기일 현재 1년 이상 사업을 계속하던 내국법인 간의 합병일 것 ㉡ 양도가액이 합병등기일 현재의 피합병법인의 순자산시가의 100분의 130 이상일 것 ㉢ 피합병법인의 지배주주등에 해당하는 주주 또는 출자자(이하 "주주등"이라 한다)가 합병등기일부터 합병등기일이 속하는 사업연도의 종료일까지 합병법인의 지배주주등에 해당하지 아니할 것 ㉣ 합병법인이 합병등기일이 속하는 사업연도의 종료일까지 피합병법인으로부터 승계받은 사업을 계속할 것

가. 사업목적 합병요건

합병등기일 현재 1년 이상 사업을 계속하던 내국법인 간의 합병일 것을 요건으로 한다(조세특례제한법 제12조의 3 제1항 제1호). 따라서 합병법인, 피합병법인 모두 1년 이상 사업을 계속하던 내국법인이어야 한다.

나. 특허권등의 가치 지급요건

합병법인이 피합병법인에게 지급한 양도가액이 합병등기일 현재의 피합병법인의 순자산시가의 100분의 130 이상이어야 한다(조세특례제한법 제12조의 3 제1항 제2호). 따라서 동 제도에 따른 세제혜택을 받으려면 내국법인이 기술혁신형 중소기업을 시가보다 상당히 높은 금액을 지불하고 합병하여야 한다.

① 양도가액

합병법인이 피합병법인에게 지급한 양도가액은 「법인세법 시행령」 제80조 제1항 제2호 가목에 따른 금액으로 하는데 아래의 ㉠ 합병대가와 ㉡ 합병법인이 납부하는 피합병법인의 법인세등을 모두 더한 금액으로 한다(조세특례제한법 시행령 제11조의 3 제4항).

양도가액(㉠ + ㉡)	
㉠ 합병대가	합병으로 인하여 피합병법인의 주주등이 지급받는 합병법인 또는 합병법인의 모회사(합병등기일 현재 합병법인의 발행주식총수 또는 출자총액을 소유하고 있는 내국법인을 말한다)의 주식등(이하 "합병교부주식등"이라 한다)의 가액 및 금전이나 그 밖의 재산가액의 합계액. 다만, 합병법인이 합병등기일 전 취득한 피합병교부주식등(신설합병 또는 3 이상의 법인이 합병하는 경우 피합병법인이 취득한 다른 피합병교부주식등을 포함한다. 이하 "합병포합(抱合)주식등"이라 한다)이 있는 경우에는 그 합병포합주식등에 대하여 합병교부주식등을 교부하지 아니하더라도 그 지분비율에 따라 합병교부주식등을 교부한 것으로 보아 합병교부주식등의 가액을 계산한다.
㉡ 합병법인이 납부하는 피합병법인의 법인세등	합병법인이 납부하는 피합병법인의 법인세 및 그 법인세(감면세액을 포함한다)에 부과되는 국세[576]와 「지방세법」 제88조 제2항에 따른 법인지방소득세의 합계액

576) 농어촌특별세 등이 될 것이다.

② 순자산시가

피합병법인의 순자산시가는 합병등기일 현재의 피합병법인의 자산총액(특허권, 실용신안권 및 기획재정부령으로 정하는 기술비법 또는 기술의 가액을 제외한다)에서 부채총액을 뺀 금액을 말한다(조세특례제한법 시행령 제11조의 3 제5항). 이때 특허권등이란 조세특례제한법상 중소기업이 보유한 특허권, 실용신안권, 과학기술분야에 속하는 기술비법, 기술거래기관을 통하여 취득하는 기술을 말한다(조세특례제한법 제12조 제1항).

조세특례제한법 제12조 제1항에 따른 특허권등은 앞서 제1장 제1절 '기술이전에 대한 과세특례'에서 살펴본 특허권, 실용신안권, 과학기술분야에 속하는 기술비법, 「기술의 이전 및 사업화 촉진에 관한 법률」에 따른 기술이므로 특허권등에 대한 내용은 제1장 제1절의 내용을 참고하도록 한다.

다. 지분의 비연속성 요건

피합병법인의 지배주주등에 해당하는 주주 또는 출자자(이하 "주주등"이라 한다)가 합병등기일부터 합병등기일이 속하는 사업연도의 종료일까지 합병법인의 지배주주등에 해당하지 아니할 것을 요건으로 하고 있다(조세특례제한법 제12조의 3 제1항 제3호).

기술혁신형 합병에 따른 세제지원을 받기 위한 요건으로 특수관계에 있는 법인간 합병이 아닐 것과 피합병법인의 주주가 합병법인의 지배주주가 되지 않을 것 등을 규정하고 있는데 이는 합병법인이 피합병법인에게 부당하게 높은 양도가액을 지급할 유인을 제거하며, 세제 혜택을 목적으로 기업의 명칭만 변경하는 행위를 방지하기 위함이다.[577)]

① 피합병법인의 지배주주등에 해당하는 주주 또는 출자자

피합병법인의 지배주주등에 해당하는 주주 또는 출자자란 피합병법인의 「법인세법 시행령」 제43조 제3항 및 제7항에 따른 지배주주등 중에서 다음의 ㉠과 ㉡에 해당하는 자를 제외한 자를 말한다(조세특례제한법 시행령 제11조의 3 제8항).

대통령령으로 정하는 피합병법인의 주주등의 범위
법인의 발행주식총수 또는 출자총액의 100분의 1 이상의 주식 또는 출자지분을 소유한 주주등으로서 그와 특수관계에 있는 자와의 소유 주식 또는 출자지분의 합계가 해당 법인의 주주등 중 가장 많은 경우의 해당 주주등(이하 "지배주주등"이라 한다) 중에서 다음의 어느 하나에 해당하는 자를 제외한 자 ㉠ 「법인세법 시행령」 제43조 제8항 제1호 가목의 친족 중 4촌 이상의 혈족 및 인척

577) 기획재정위원회, 앞의 보고서

대통령령으로 정하는 피합병법인의 주주등의 범위
㉡ 합병등기일 현재 피합병법인에 대한 지분비율이 100분의 1 미만이면서 시가로 평가한 그 지분가액이 10억원 미만인 자

'특수관계에 있는 자'란 해당 주주등과 다음 중 어느 하나에 해당하는 관계에 있는 자를 말한다(법인세법 시행령 제43조 제8항).

특수관계에 있는 자
1. 해당 주주등이 개인인 경우에는 다음 각 목의 어느 하나에 해당하는 관계에 있는 자 가. 친족(「국세기본법 시행령」 제1조의 2 제1항에 해당하는 자를 말한다) 나. 「법인세법 시행령」 제2조 제5항 제1호의 관계에 있는 법인 다. 해당 주주등과 가목 및 나목에 해당하는 자가 발행주식총수 또는 출자총액의 100분의 30 이상을 출자하고 있는 법인 라. 해당 주주등과 그 친족이 이사의 과반수를 차지하거나 출연금(설립을 위한 출연금에 한한다)의 100분의 30 이상을 출연하고 그 중 1명이 설립자로 되어 있는 비영리법인 마. 다목 및 라목에 해당하는 법인이 발행주식총수 또는 출자총액의 100분의 30 이상을 출자하고 있는 법인 2. 해당 주주등이 법인인 경우에는 「법인세법 시행령」 제2조 제5항 각 호(제3호는 제외한다)의 어느 하나에 해당하는 관계에 있는 자

한편, '친족'의 범위는 「국세기본법 시행령」 제1조의 2 제1항에 해당하는 자를 말하는데, 다음과 같다.

친족의 범위
㉠ 6촌 이내의 혈족 ㉡ 4촌 이내의 인척 ㉢ 배우자(사실상의 혼인관계에 있는 자를 포함한다) ㉣ 친생자로서 다른 사람에게 친양자 입양된 자 및 그 배우자·직계비속

정리하면, 피합병법인의 지배주주 중 4촌 이상의 혈족 및 인척과 1% 미만의 지분(시가 10억원 미만)을 가진 자를 제외한 지배주주(일정 지배주주)가 합병법인으로부터 합병교부주식을 배정받지 아니할 것을 요건으로 하고 있는 것이다.

② 합병등기일부터 합병등기일이 속하는 사업연도의 종료일까지 합병법인의 지배주주등에 해당하지 아니할 것

피합병법인의 지배주주 중 4촌 이상의 혈족 및 인척과 1% 미만의 지분(시가 10억원 미만)을 가진 자를 제외한 지배주주(일정 지배주주)가 합병등기일부터 합병등기일이 속하는 사업연도의 종료일까지 법인세법 시행령 제43조 제3항 및 제7항에 따른 합병법인의 지배주주등에 해당하지 아니할 것을 요건으로 하고 있다.

이때 '합병법인의 지배주주등'이란 법인의 발행주식총수 또는 출자총액의 100분의 1 이상의 주식 또는 출자지분을 소유한 주주등으로서 그와 특수관계에 있는 자와의 소유 주식 또는 출자지분의 합계가 해당 법인의 주주등 중 가장 많은 경우의 해당 주주등을 말한다(조세특례제한법 시행령 제11조의 3 제9항).

이는 피합병법인의 주주가 합병법인의 지배주주가 될 경우 기술혁신형 중소기업은 합병을 통해 해산되지만 그 지배주주는 세제혜택을 받으면서 실질적으로 동일한 기업을 유지하는 결과가 되므로 이를 지원대상에서 배제하기 위함이다.[578)]

라. 사업의 계속성 요건

합병법인이 합병등기일이 속하는 사업연도의 종료일까지 피합병법인으로부터 승계받은 사업을 계속할 것을 요건으로 한다(조세특례제한법 제11조의 3 제1항 제4호).

합병법인이 합병등기일이 속하는 사업연도의 종료일 이전에 피합병법인으로부터 승계한 자산가액(유형자산, 무형자산 및 투자자산의 가액을 말한다)의 2분의 1 이상을 처분하거나 사업에 사용하지 아니하는 경우에는 사업을 계속하지 않는 것으로 본다. 다만, 피합병법인이 보유하던 합병법인의 주식을 승계받아 자기주식을 소각하는 경우에는 해당 합병법인의 주식을 제외하고 피합병법인으로부터 승계받은 고정자산을 기준으로 사업을 계속하는지 여부를 판정하되, 승계받은 고정자산이 합병법인의 주식만 있는 경우에는 사업을 계속하는 것으로 본다(조세특례제한법 시행령 제11조의 3 제10항, 법인세법 시행령 제80조의 2 제7항).

한편, 합병법인이 파산하거나 「채무자 회생 및 파산에 관한 법률」에 따른 회생절차에 따라 법원의 허가를 받아 승계 받은 자산을 처분한 경우는 부득이한 사유가 있는 것으로 보아 사업을 계속하는 것으로 본다(조세특례제한법 제12조의 3 제3항 및 조세특례제한법 시행령 제11조의 3 제13항).

578) 기획재정위원회, 앞의 보고서

3 세액공제액의 계산

내국법인이 기술혁신형 중소기업을 합병하는 경우 합병법인이 피합병법인에게 지급한 양도가액 중 대통령령으로 정하는 기술가치 금액의 100분의 10에 상당하는 금액을 해당 사업연도의 법인세에서 공제한다.

이때 '대통령령으로 정하는 기술가치 금액'이란 다음 중 어느 하나에 해당하는 금액 중에서 합병법인이 선택한 금액을 말한다.

기술가치 금액(다음 중 선택)
㉠ 「벤처기업육성에 관한 특별조치법 시행령」 제2조의 3 제7항 각 호의 어느 하나에 해당하는 기관이 합병등기일 전후 3개월 이내에 피합병법인이 보유한 특허권, 실용신안권 및 기획재정부령으로 정하는 기술비법 또는 기술(이하 "특허권등"이라 한다)을 평가한 금액의 합계액. 이 경우 그 합계액은 합병법인이 피합병법인에 지급한 양도가액에서 합병등기일 현재의 피합병법인의 순자산시가를 뺀 금액[음수(陰數)인 경우에는 영으로 본다]을 한도로 한다. ㉡ 합병법인이 피합병법인에 지급한 양도가액에서 합병등기일 현재의 피합병법인의 순자산시가의 100분의 130을 뺀 금액

특허권, 실용신안권에 대해서는 제6편 제1장 제1절의 내용을 참고하도록 한다.

기획재정부령으로 정하는 기술비법 또는 기술이란 다음 중 어느 하나에 해당하는 기술비법 또는 기술로서 「산업기술혁신 촉진법」 제38조에 따른 한국산업기술진흥원에 등록되어 관리되는 기술비법 또는 기술을 말한다.

기술비법 또는 기술의 범위
㉠ 피합병법인 또는 피인수법인이 국내에서 자체 연구·개발한 과학기술분야에 속하는 기술비법(공업소유권, 「해외건설 촉진법」에 따른 해외건설 엔지니어링활동 또는 「엔지니어링산업 진흥법」에 따른 엔지니어링활동과 관련된 기술비법은 제외한다) ㉡ 피합병법인 또는 피인수법인이 국내에서 자체 연구·개발한 「기술의 이전 및 사업화 촉진에 관한 법률」 제2조 제1호에 따른 기술

정리하면, 세제혜택의 대상이 되는 기술가치금액은 ㉠ 기술평가기관의 특허권등의 평가가액(평가를 받은 경우)이나 또는 ㉡ {양도가액 − (순자산시가 × 1.3)}로 의제한 금액 중에서 합병법인이 선택한 방법으로 산정하도록 하고 있다.

이때 「벤처기업육성에 관한 특별조치법 시행령」 제2조의 3 제7항은 현재 삭제[579)]된 상태이다.

삭제 전 「벤처기업육성에 관한 특별조치법 시행령」 제2조의 3 제7항은 「벤처기업육성에 관한 특별조치법」 제2조의 2 벤처기업의 요건 중 제1항 제2호 나목에 따른 '대통령령으로 정하는 기관'의 범위에 관하여 열거하고 있었다. 하지만 2020.2.11. 「벤처기업육성에 관한 특별조치법」 제2조의 2 제1항 제2호 나목 규정이 개정되면서 '대통령령으로 정하는 기관'에서 '「벤처기업육성에 관한 특별조치법」 제25조의 3 제1항에 따라 지정받은 벤처기업확인기관'[580)]으로 변경된 상태이다.

따라서 벤처기업육성에 관한 특별조치법의 개정내용을 반영하여 조세특례제한법 시행령 제11조의 3 제3항 제1호에 따른 기관의 범위를 명확하게 정의할 필요가 있다고 판단된다.

한편, 삭제 전 「벤처기업육성에 관한 특별조치법 시행령」 제2조의 3 제7항 각 호의 어느 하나에 해당하는 기술평가기관은 다음과 같다.

기술평가기관
㉠ 기술신용보증기금
㉡ 중소기업진흥공단
㉢ 「산업기술혁신 촉진법」 제38조에 따른 한국산업기술진흥원
㉣ 「기술의 이전 및 사업화 촉진에 관한 법률」 제35조에 따라 지정된 기술평가기관
㉤ 「정보통신산업 진흥법」 제26조에 따른 정보통신산업진흥원

4 적용기한

기술혁신형 합병에 대한 세액공제는 2021.12.31.까지 기술혁신형 중소기업을 합병하는 경우에 대하여만 적용한다.

5 감면세액의 납부

(1) 감면세액 납부의 사유

기술혁신형 합병에 대한 세액공제를 받은 내국법인이 합병등기일이 속하는 사업연도의 다음 사업연도의 개시일부터 2년 이내의 기간에 다음 중 어느 하나에 해당하는 사유가 발생하는

579) 「벤처기업육성에 관한 특별조치법 시행령」 제2조의 3 제7항(2020.5.12. 대통령령 제30676호로 개정된 것)

580) 중소벤처기업부장관은 벤처기업 확인 업무의 효율적인 수행을 위하여 전문인력 및 전담조직 등 대통령령으로 정하는 요건을 갖춘 기관 또는 단체를 벤처기업확인기관으로 지정하도록 되어 있다.

경우에는 그 사유가 발생한 날이 속하는 사업연도의 과세표준신고를 할 때 공제받은 세액에 이자상당액을 더한 금액을 법인세로 납부하여야 한다(조세특례제한법 제12조의 3 제2항).

감면세액 납부의 사유
㉠ 대통령령으로 정하는 피합병법인의 주주등이 합병법인의 지배주주등에 해당하는 경우 ㉡ 합병법인이 피합병법인으로부터 승계받은 사업을 폐지하는 경우

'대통령령으로 정하는 피합병법인의 주주등'이란 앞서 살펴본 바와 같이 피합병법인의 지배주주 중 4촌 이상의 혈족 및 인척과 1% 미만의 지분(시가 10억원 미만)을 가진 자를 제외한 지배주주(일정 지배주주)를 말한다(조세특례제한법 시행령 제11조의 3 제8항).

이때, 승계받은 사업의 폐지여부의 판정 및 부득이한 사유에 관하여는 앞서 살펴본 사업의 계속성 요건에서 검토한 내용과 같다(조세특례제한법 제12조의 3 제2항 제2호・제3항, 조세특례제한법 시행령 제11조의 3 제10항・제13항).

(2) 이자상당액의 계산

이자상당액의 계산 방법은 다음과 같다(조세특례제한법 시행령 제11조의 3 제12항).

이자상당액의 계산 방법
이자상당액 = 공제받은 세액 × (공제받은 사업연도 종료일의 다음 날 ~ 납부사유가 발생한 날이 속하는 사업연도의 종료일(주1) × 1일 10만분의 25(주2)

(주1) 세액공제효과의 지속기간
(주2) 연 9.125%

6 세액공제의 신청

조세특례제한법 제12조의 3에 따른 기술혁신형 합병에 대한 세액공제를 받으려는 내국법인은 과세표준신고와 함께 세액공제신청서(별지 제1호 서식), 기술혁신형 합병에 대한 세액공제신청서 및 공제세액계산서(별지 제4호 서식)를 납세지 관할 세무서장에게 제출하여야 한다(조세특례제한법 제12조의 3 제5항 및 조세특례제한법 시행령 제11조의 3 제14항, 조세특례제한법 시행규칙 제61조 제1항 제2호 및 제5호).

7 조세특례의 제한 등

조세특례제한법 제12조의 3에 따른 기술혁신형 합병에 대한 세액공제 적용 시 조세특례의 제한은 '제8편 조세특례의 제한 및 보칙'을 참고하기로 한다.

조세특례제한법 제12조의 3에 적용되는 조세특례의 제한 및 보칙	해당 조문
추계과세 시 세액공제의 배제	조세특례제한법 제128조 제1항
최저한세액에 미달하는 세액에 대한 감면 등의 배제	조세특례제한법 제132조
세액공제액의 이월공제	조세특례제한법 제144조

8 감면분 농어촌특별세 과세

조세특례제한법 제12조의 3에 따른 기술혁신형 합병에 대한 세액공제를 받은 경우 감면세액의 20% 상당액을 농어촌특별세로 납부하여야 한다.

9 관련서식

세액공제 신청서(별지 제1호 서식)는 제4편에서 살펴본 조세특례제한법 제10조에 따른 연구·인력개발비 세액공제 신청서와 같으며, 기술혁신형 합병에 대한 세액공제 신청서 및 공제세액계산서(별지 제4호 서식)는 다음과 같다.

〔별지 제4호 서식〕(2014.3.14. 신설)

기술혁신형 합병에 대한 세액공제 신청서 및 공제세액계산서

<table>
<tr><td rowspan="3">신청법인
(합병법인)</td><td>① 법인명</td><td>② 사업자등록번호</td></tr>
<tr><td>③ 대표자 성명</td><td>④ 개업일</td></tr>
<tr><td colspan="2">⑤ 주소 또는 본점 소재지
(전화번호 :)</td></tr>
<tr><td rowspan="4">피합병법인</td><td>⑥ 법인명</td><td>⑦ 사업자등록번호</td></tr>
<tr><td>⑧ 대표자 성명</td><td>⑨ 개업일</td></tr>
<tr><td colspan="2">⑩ 주소 또는 본점 소재지
(전화번호 :)</td></tr>
<tr><td>⑪ 승계한 사업의 내용</td><td></td></tr>
</table>

<table>
<tr><td rowspan="3">합병등기일</td><td rowspan="3">년 월 일</td><td colspan="4">합병대가</td></tr>
<tr><td>⑫ 계(⑬+⑭+⑮)</td><td>⑬ 주식(출자지분) 가액</td><td>⑭ 합병 전 취득한 피합병법인의 주식 등에 대한 합병신주 교부 간주액</td><td>⑮ 기타</td></tr>
<tr><td></td><td></td><td></td><td></td></tr>
</table>

<table>
<tr><td colspan="3">세액공제 계산내용</td></tr>
<tr><td rowspan="7">기술가치
산정금액</td><td>⑯ 벤처기업특별법상 평가기관의 피합병법인 특허권등 평가 금액
(단, 아래금액을 한도로함)
Max(피합병법인에게 지급한 양도가액－순자산시가, 0)</td><td></td></tr>
<tr><td>⑰ 지급대가 중 피합병법인 특허권 등의 해당금액(⑱－⑲)</td><td></td></tr>
<tr><td>⑱ 피합병법인에 지급한 양도가액</td><td></td></tr>
<tr><td>⑲ 피합병법인의 순자산시가(⑳－㉑) × 130%</td><td></td></tr>
<tr><td>⑳ 피합병법인의 자산총액(특허권등 평가가액제외)</td><td></td></tr>
<tr><td>㉑ 피합병법인의 부채총액</td><td></td></tr>
<tr><td>㉒ 기술가치산정금액(⑯, ⑰ 중 선택한 금액)</td><td></td></tr>
<tr><td colspan="2">㉓ 세액공제금액(㉒×10%)</td><td></td></tr>
</table>

「조세특례제한법 시행령」 제11조의 3 제14항에 따라 세액공제 신청서 및 공제세액계산서를 제출합니다.

년 월 일

신청인 (서명 또는 인)

세무서장 귀하

작 성 방 법
1. ⑯ 조세특례제한법 시행령 제11조의 3 제3항 제1호에 따라 벤처기업육성에 관한 특별조치법 시행령 제18조의 3에 따른 기관이 평가한 금액을 적습니다.

210mm×297mm[백상지 80g/㎡ 또는 중질지 80g/㎡]

제3장 기술혁신형 주식취득에 대한 세액공제

제1절 기술혁신형 주식취득에 대한 세액공제

1 기술혁신형 주식취득에 대한 세액공제의 개요

조세특례제한법 제12조의 4 기술혁신형 주식취득에 대한 세액공제 규정은 신기술 등 기술획득을 목적으로 하는 기술혁신형 M&A를 활성화하기 위하여 2014.1.1.에 도입[581)]된 제도이다.

이러한 조세지원제도로 높은 기술가치를 가진 벤처기업을 인수하려는 유인을 제공하여 벤처기업 인수합병시장을 활성화하고, 이를 통해 벤처기업 투자자의 자금회수를 용이하게 함으로써 기술혁신형 벤처기업에 대한 투자를 촉진하려는 취지의 규정이다.[582)]

조세특례제한법 제12조의 4 기술혁신형 주식취득에 대한 세액공제 규정의 개요는 내국법인이 2021.12.31.까지 기술혁신형 중소기업의 주식을 취득하는 경우 매입가액 중 기술가치 금액의 10%에 상당하는 금액을 주식인수법인의 해당 사업연도 법인세에서 공제하는 제도이다.

2 기술혁신형 주식취득에 대한 세액공제의 요건

(1) 기술혁신형 중소기업 요건

피인수법인이 다음 중 어느 하나에 해당하는 중소기업이어야 한다. 이때 중소기업이란 조세특례제한법 시행령 제2조에 따른 중소기업을 말한다(조세특례제한법 시행령 제11조의 4 제2항).

581) 조세특례제한법 제12조의 4(2014.1.1. 법률 제12173호로 일부 개정된 것)
582) 기획재정위원회, 앞의 보고서

기술혁신형 중소기업의 범위(다음 중 어느 하나에 해당할 것)
㉠ 주식등의 취득일까지 「벤처기업육성에 관한 특별조치법」 제25조에 따라 벤처기업으로 확인받은 기업 ㉡ 주식등의 취득일까지 「중소기업 기술혁신 촉진법」 제15조와 같은 법 시행령 제13조에 따라 기술혁신형 중소기업으로 선정된 기업 ㉢ 주식등의 취득일이 속하는 사업연도의 직전 사업연도의 조세특례제한법 제10조 제1항에 따른 연구·인력개발비가 매출액의 100분의 5 이상인 중소기업 ㉣ 합병등기일까지 다음 중 어느 하나에 해당하는 인증 등을 받은 중소기업 ⓐ 「산업기술혁신 촉진법」 제15조의 2 제1항에 따른 신기술 ⓑ 「보건의료기술 진흥법」 제8조 제1항에 따른 보건신기술 인증 ⓒ 「산업기술혁신 촉진법」 제16조 제1항에 따른 신제품 인증 ⓓ 「제약산업 육성 및 지원에 관한 법률」 제7조 제2항에 따른 혁신형 제약기업 인증 ⓔ 「중견기업 성장촉진 및 경쟁력 강화에 관한 특별법」 제18조 제1항에 따른 선정 ⓕ 그 밖에 ⓐ부터 ⓔ까지와 유사한 경우로서 기획재정부령으로 정하는 인증 등

(2) 적격 기술주식취득요건

조세특례제한법 제12조의 4 기술혁신형 주식취득에 대한 세액공제를 적용받기 위해서는 아래의 적격 기술주식취득요건을 모두 갖추어 기술혁신형 중소기업의 주식 또는 출자지분(이하 "주식등"이라 한다)을 취득한 경우에 한한다. 단, 「법인세법 시행령」 제2조 제5항에 따른 특수관계인으로부터의 주식등의 취득은 적격 기술주식취득에서 제외한다(조세특례제한법 제12조의 4 제1항 각 호 부분).

적격 기술주식취득요건(아래의 요건을 모두 갖출 것)
1. 인수법인이 피인수법인의 주식등을 최초 취득한 날(이하 "취득일"이라 한다) 현재 1년 이상 사업을 계속하던 내국법인 간의 취득일 것 2. 인수법인이 취득일에 취득한 주식등이 취득일 현재 피인수법인의 발행주식총수 또는 출자총액의 100분의 50(인수법인이 피인수법인의 최대출자자로서 피인수법인의 경영권을 실질적으로 지배하는 경우는 100분의 30으로 하고, 이하 "기준지분비율"이라 한다)을 초과하고, 인수법인이 해당 주식등을 취득일이 속하는 사업연도의 종료일까지 보유할 것 3. 인수법인이 취득일에 취득한 주식등의 매입가액이 가목의 금액에 나목의 비율을 곱한 금액 이상일 것 가. 취득일 현재 피인수법인의 순자산시가의 100분의 130 나. 취득일에 취득한 주식등이 취득일 현재 피인수법인의 발행주식총수 또는 출자총액에서 차지하는 비율(이하 "당초지분비율"이라 한다)

적격 기술주식취득요건(아래의 요건을 모두 갖출 것)
4. 피인수법인의 지배주주등에 해당하는 주주 또는 출자자(이하 "주주등"이라 한다)가 해당 주식등을 양도한 날부터 그 날이 속하는 사업연도의 종료일까지 인수법인 또는 피인수법인의 지배주주등에 해당하지 아니할 것
5. 피인수법인이 취득일이 속하는 사업연도의 종료일까지 종전에 영위하던 사업을 계속할 것

가. 사업목적 주식취득요건

피인수법인의 주식 또는 출자지분을 최초 취득한 날 현재 1년 이상 사업을 계속하던 내국법인 간의 취득일 것을 요건으로 한다(조세특례제한법 제12조의 4 제1항 제1호). 따라서 인수법인, 피인수법인 모두 1년 이상 사업을 계속하던 내국법인이어야 한다.

이때, 최초 취득한 날(이하 "취득일"이라 한다)은 인수법인이 피인수법인의 주식 또는 출자지분(이하 "주식등"이라 한다)을 취득한 날부터 직전 2년 이내의 기간 동안 그 주식등을 보유한 사실이 없는 경우로 한다. 다만, 인수법인이 「법인세법 시행령」 제50조 제2항에 따른 소액주주등에 해당하는 기간은 주식등을 보유한 것으로 보지 아니한다(조세특례제한법 시행령 제11조의 4 제1항).

'소액주주등'이란 발행주식총수 또는 출자총액의 100분의 1에 미달하는 주식 또는 출자지분을 소유한 주주등(해당 법인의 국가, 지방자치단체가 아닌 지배주주등의 특수관계인인 자는 제외한다)을 말한다(법인세법 시행령 제50조 제2항).

나. 피인수법인의 주식등 50%(경영권 지배 시 30%) 초과 취득요건

인수법인이 취득일에 취득한 주식등이 취득일 현재 피인수법인의 발행주식총수 또는 출자총액의 100분의 50(인수법인이 피인수법인의 최대출자자로서 피인수법인의 경영권을 실질적으로 지배하는 경우는 100분의 30으로 하고, 이하 "기준지분비율"이라 한다)을 초과하고, 인수법인이 해당 주식등을 취득일이 속하는 사업연도의 종료일까지 보유할 것을 요건으로 하고 있다(조세특례제한법 제12조의 4 제1항 제2호).

경영권을 실질적으로 지배한다는 의미에 관해 현행 조세특례제한법에서는 별도로 정의하고 있지 아니한데, 「국세기본법 시행령」 제1조의 2 제4항[583] 규정이 참고가 될 수 있을 것으로 생각된다.

583) 영리법인에 대해 지배적인 영향력을 행사하고 있는 경우라 함은 법인의 발행주식총수 또는 출자총액의 100분의 30 이상을 출자하거나 임원의 임면권의 행사, 사업방침의 결정 등 법인의 경영에 대하여 사실상 영향력을 행사하고 있다고 인정되는 경우를 말한다.

사례 91 피인수법인의 주식등 50% 초과 취득 요건 판단 시 취득일의 의미

기술혁신형 주식취득에 대한 세액공제를 적용받기 위해서는 인수법인이 취득일에 취득한 주식등이 "취득일 현재" 피인수법인의 발행주식총수의 50%(경영권 지배 시 30%)을 초과하고, 인수법인이 해당 주식등을 취득일이 속하는 사업연도의 종료일까지 보유하여야 한다.

다음 사례는 A법인이 동일한 사업연도에 B법인 및 C법인의 지분을 여러 차례로 나누어서 취득하는 경우 취득일 현재의 해석을 어떻게 할지가 문제가 된 사안이다. 최초 취득일 기준으로 해석한다면 발행주식총수의 50%에 미달하지만 최종 취득일 기준으로 해석한다면 발행주식총수의 50%를 초과하게 되는 경우이다.

B법인				C법인			
취득일	취득 주식수	총발행 주식수	지분율 (누계)	취득일	취득 주식수	총발행 주식수	지분율 (누계)
'15.10.8.	13,750	38,250	35.9%	'15.7.14.	11,070	79,070	14.0%
'15.10.23.	6,374	44,624	45.1%	'15.7.30.	15,815	94,885	28.3%
'15.10.29.	4,000	44,624	54.1%	'15.8.17.	24,700	94,885	54.4%
				'15.9.4.	8,157	94,885	62.9%
합계	24,124				59,742		

이에 대해 세무당국은 인수법인이 피인수법인의 주식을 최초 취득한 날 현재 기준으로 발행주식총수 50%을 초과하여 취득하여야 한다는 입장을 밝혔다(기준-2020-법령해석법인-0244, 2020.11.12.).

필자는 기술혁신형 주식취득에 대한 세액공제 제도는 벤처기업에 대한 투자를 촉진하기 위해 벤처기업에 해당하는 법인의 경영권을 인수법인이 취득하는 경우 조세감면을 허용해 주려는 것으로 경영권이 수반되는 지분을 특정일에 취득하거나 또는 동일 사업연도가 속하는 여러 일자에 나누어 취득하는 경우 모두 세액공제 요건을 충족하는 것으로 보는 것이 타당하다고 생각된다.

다. 특허권등의 가치 지급요건

인수법인이 취득일에 취득한 주식등의 매입가액이 취득일 현재 피인수법인의 순자산시가의 100분의 130에 취득일에 취득한 주식등이 취득일 현재 피인수법인의 발행주식총수 또는 출자총액에서 차지하는 비율(이하 "당초지분비율"이라 한다)을 곱한 금액 이상이어야 한다(조세특례제한법 제12조의 4 제1항 제3호).

특허권등의 가치 지급요건
인수법인의 주식 매입가액 ≥ 피인수법인의 순자산시가 × 1.3 × 인수법인의 지분비율

따라서 동 제도에 따른 세제혜택을 받으려면 내국법인이 기술혁신형 중소기업의 주식등을 시가보다 상당히 높은 금액을 지불하고 취득하여야 한다.

피인수법인의 순자산시가는 취득일 현재의 피인수법인의 자산총액(조세특례제한법 제12조 제1항에 따른 특허권등의 가액을 제외한다)에서 부채총액을 뺀 금액을 말한다(조세특례제한법 시행령 제11조의 3 제5항). 이때 특허권등이란 조세특례제한법상 중소기업이 보유한 특허권, 실용신안권, 과학기술분야에 속하는 기술비법, 「기술의 이전 및 사업화 촉진에 관한 법률」에 따른 기술을 말한다(조세특례제한법 제12조 제1항).

라. 지분의 비연속성 요건

피인수법인의 지배주주등에 해당하는 주주 또는 출자자(이하 "주주등"이라 한다)가 해당 주식등을 양도한 날부터 그 날이 속하는 사업연도의 종료일까지 인수법인 또는 피인수법인의 지배주주등에 해당하지 아니할 것을 요건으로 하고 있다(조세특례제한법 제12조의 3 제1항 제4호).

기술혁신형 주식취득에 따른 세제지원을 받기 위한 요건으로 특수관계에 있는 법인간 주식취득이 아닐 것과 피인수법인의 지배주주등이 인수법인 또는 피인수법인의 지배주주가 되지 않을 것 등을 규정하고 있는데 이는 인수법인이 피인수법인에게 부당하게 높은 양도가액을 지급할 유인을 제거하며, 세제혜택을 목적으로 자본거래를 하는 행위를 방지하기 위함이다.

대통령령으로 정하는 피인수법인의 주주가 해당 주식등을 양도한 날부터 그 날이 속하는 사업연도의 종료일까지 인수법인 또는 피인수법인의 지배주주등에 해당하지 아니할 것을 요건으로 하고 있다.

이때 '대통령령으로 정하는 피인수법인의 주주등'이란 피인수법인의 법인세법 시행령 제43조 제3항 및 제7항에 따른 지배주주등 중에서 다음의 ㉠과 ㉡에 해당하는 자를 제외한 자를 말한다(조세특례제한법 시행령 제11조의 4 제6항).

대통령령으로 정하는 피인수법인의 주주등의 범위
법인의 발행주식총수 또는 출자총액의 100분의 1 이상의 주식 또는 출자지분을 소유한 주주등으로서 그와 특수관계에 있는 자와의 소유 주식 또는 출자지분의 합계가 해당 법인의 주주등 중 가장 많은 경우의 해당 주주등(이하 "지배주주등"이라 한다) 중에서 다음의 어느 하나에 해당하는 자를 제외한 자 ㉠ 「법인세법 시행령」 제43조 제8항 제1호 가목의 친족 중 4촌 이상의 혈족 및 인척 ㉡ 주식취득일 현재 피인수법인에 대한 지분비율이 100분의 1 미만이면서 시가로 평가한 그 지분가액이 10억원 미만인 자

'특수관계에 있는 자'란 해당 주주등과 다음 중 어느 하나에 해당하는 관계에 있는 자를 말한다(법인세법 시행령 제43조 제8항).

특수관계에 있는 자
1. 해당 주주등이 개인인 경우에는 다음의 어느 하나에 해당하는 관계에 있는 자 가. 친족(「국세기본법 시행령」 제1조의 2 제1항에 해당하는 자를 말한다) 나. 「법인세법 시행령」 제2조 제5항 제1호의 관계에 있는 법인 다. 해당 주주등과 가목 및 나목에 해당하는 자가 발행주식총수 또는 출자총액의 100분의 30 이상을 출자하고 있는 법인 라. 해당 주주등과 그 친족이 이사의 과반수를 차지하거나 출연금(설립을 위한 출연금에 한한다)의 100분의 30 이상을 출연하고 그 중 1명이 설립자로 되어 있는 비영리법인 마. 다목 및 라목에 해당하는 법인이 발행주식총수 또는 출자총액의 100분의 30 이상을 출자하고 있는 법인 2. 해당 주주등이 법인인 경우에는 「법인세법 시행령」 제2조 제5항 각 호(제3호는 제외한다)의 어느 하나에 해당하는 관계에 있는 자

인수법인 또는 피인수법인의 '지배주주등'에 해당하기 위해서는 기본적으로 인수법인 또는 피인수법인의 주식을 보유하고 있어야 하므로, 주식이 단 1주라도 없다면 지배주주등에 해당하지 않을 것이다.

예를들어 기술혁신형 중소기업의 지배주주이자 대표이사에 해당하는 사람이 주식매매 이후에도 피인수법인의 임원직을 계속하여 유지하여 인수법인과 특수관계인에 해당하는 경우를 가정해 보자. 대표이사가 피인수법인의 주식을 전량 매각하여 주식을 전혀 보유하지 않을 경우에는 지배주주등에 해당하지 아니할 것이나(서면-2017-법령해석법인-3366, 2018.7.11.), 일부만 매각하여 주식을 일부라도 보유하는 경우에는 지배주주등에 해당하는 것이다(서면-2017-법령해석법인-3366, 2018.7.11.).

한편, '친족'의 범위는 「국세기본법 시행령」 제1조의 2 제1항에 해당하는 자를 말하는데, 다음과 같다.

친족의 범위
㉠ 6촌 이내의 혈족 ㉡ 4촌 이내의 인척 ㉢ 배우자(사실상의 혼인관계에 있는 자를 포함한다) ㉣ 친생자로서 다른 사람에게 친양자 입양된 자 및 그 배우자 · 직계비속

정리하면, 취득일 현재 피인수법인의 지배주주 중 4촌 이상의 혈족 및 인척과 1% 미만의 지분(시가 10억원 미만)을 가진 자를 제외한 지배주주(일정 지배주주)가 해당 주식등을 양도한 날부터 그 날이 속하는 사업연도의 종료일까지 인수법인 또는 피인수법인의 지배주주등에 해당하지 아니할 것을 요건으로 하고 있는 것이다.

이는 피인수법인의 주주가 인수법인 또는 피인수법인의 지배주주가 될 경우 기술혁신형 중소기업의 소유권은 주식 양수도를 통해 형식적으로 이전되지만 그 지배주주는 세제혜택을 받으면서 실질적으로 동일한 기업을 유지하는 결과가 되므로 이를 지원대상에서 배제하기 위함이다.

마. 사업의 계속성 요건

피인수법인이 취득일이 속하는 사업연도의 종료일까지 종전에 영위하던 사업을 계속할 것을 요건으로 한다(조세특례제한법 제12조의 4 제1항 제5호).

피인수법인이 취득일이 속하는 사업연도의 종료일 이전에 고정자산가액의 2분의 1 이상을 처분하거나 사업에 사용하지 아니하는 경우에는 사업을 계속하지 않는 것으로 본다(조세특례제한법 시행령 제11조의 4 제8항, 법인세법 시행령 제80조의 2 제67항).

한편, 피인수법인이 파산하거나 「채무자 회생 및 파산에 관한 법률」에 따른 회생절차에 따라 법원의 허가를 받아 승계받은 자산을 처분한 경우는 부득이한 사유가 있는 것으로 보아 사업을 계속하는 것으로 본다(조세특례제한법 제12조의 4 제3항 및 조세특례제한법 시행령 제11조의 4 제11항).

3 세액공제액의 계산

조세특례제한법 제12조의 4에 따라 내국법인이 기술혁신형 중소기업의 주식등을 취득하는 경우 매입가액 중 대통령령으로 정하는 기술가치 금액의 100분의 10에 상당하는 금액을 해당 사업연도의 법인세에서 공제한다(조세특례제한법 제12조의 4 제1항 각 호 외의 부분).

이때 '대통령령으로 정하는 기술가치 금액'이란 다음 중 어느 하나에 해당하는 금액 중에서 인수법인이 선택한 금액을 말한다(조세특례제한법 시행령 제11조의 4 제4항).

기술가치 금액(다음 중 선택)
①「벤처기업육성에 관한 특별조치법 시행령」 제2조의 3 제5항 각 호의 어느 하나에 해당하는 기관이 취득일 전후 3개월 이내에 피인수법인이 보유한 조세특례제한법 제12조 제1항에 따른 특허권등을 평가한 금액의 합계액에 취득일 현재의 지분비율을 곱하여 계산한 금액. 이 경우 그 계산한 금액은 인수법인이 피인수법인에 지급한 매입가액에서 취득일 현재의 피인수법인의 순자산시가에 지분비율을 곱하여 계산한 금액을 뺀 금액[음수(陰數)인 경우에는 영으로 본다]을 한도로 한다.
② 인수법인이 피인수법인에 지급한 매입가액에서 ㉠의 금액에 ㉡의 비율을 곱한 금액을 뺀 금액 ㉠ 취득일 현재의 피인수법인의 순자산시가의 100분의 130에 해당하는 금액 ㉡ 취득일 현재의 지분비율

정리하면, 세제혜택의 대상이 되는 기술가치금액은 ㉠ (기술평가기관의 특허권등의 평가가액 × 지분비율)(평가를 받은 경우) 또는 ㉡{매입가액 – (순자산시가 × 1.3 × 지분비율)}로 의제한 금액 중에서 인수법인이 선택한 방법으로 산정하도록 하고 있다.

이때「벤처기업육성에 관한 특별조치법 시행령」 제2조의 3 제5항은 제7항으로 항번이 개정[584)]된 이후 현재 삭제[585)]된 상태이다.

삭제 전「벤처기업육성에 관한 특별조치법 시행령」 제2조의 3 제7항은「벤처기업육성에 관한 특별조치법」 제2조의 2 벤처기업의 요건 중 제1항 제2호 나목에 따른 '대통령령으로 정하는 기관'의 범위에 관하여 열거하고 있었다. 하지만 2020.2.11.「벤처기업육성에 관한 특별조치법」 제2조의 2 제1항 제2호 나목 규정이 개정되면서 '대통령령으로 정하는 기관'에서 '「벤처기업육성에 관한 특별조치법」 제25조의 3 제1항에 따라 지정받은 벤처기업확인기관'[586)]으로 변경된 상태이다.

584)「벤처기업육성에 관한 특별조치법 시행령」 제2조의 3 제5항(2014.6.30. 대통령령 제25426호로 개정된 것)
585)「벤처기업육성에 관한 특별조치법 시행령」 제2조의 3 제7항(2020.5.12. 대통령령 제30676호로 개정된 것)
586) 중소벤처기업부장관은 벤처기업 확인 업무의 효율적인 수행을 위하여 전문인력 및 전담조직 등 대통령령으로

따라서 벤처기업육성에 관한 특별조치법의 개정내용을 반영하여 조세특례제한법 시행령 제11조의 3 제3항 제1호에 따른 기관의 범위를 명확하게 정의할 필요가 있다고 생각된다.

한편, 삭제 전 「벤처기업육성에 관한 특별조치법 시행령」 제2조의 3 제7항 각 호의 어느 하나에 해당하는 기술평가기관은 다음과 같다.

기술평가기관
㉠ 기술신용보증기금
㉡ 중소기업진흥공단
㉢ 「산업기술혁신 촉진법」 제38조에 따른 한국산업기술진흥원
㉣ 「기술의 이전 및 사업화 촉진에 관한 법률」 제35조에 따라 지정된 기술평가기관
㉤ 「정보통신산업 진흥법」 제26조에 따른 정보통신산업진흥원

4 적용기한

조세특례제한법 제12조의 4에 따른 기술혁신형 주식취득에 대한 세액공제는 2021.12.31.까지 기술혁신형 중소기업의 주식등을 취득하는 경우에 대하여만 적용한다.

5 감면세액의 납부

(1) 감면세액 납부의 사유

조세특례제한법 제12조의 4에 따른 기술혁신형 주식취득에 대한 세액공제를 받은 내국법인이 취득일이 속하는 사업연도의 다음 사업연도의 개시일부터 2년 이내의 기간에 다음 중 어느 하나에 해당하는 사유가 발생하는 경우에는 그 사유가 발생한 날이 속하는 사업연도의 과세표준신고를 할 때 공제받은 세액에 이자상당액을 더한 금액을 법인세로 납부하여야 한다(조세특례제한법 제12조의 4 제2항).

정하는 요건을 갖춘 기관 또는 단체를 벤처기업확인기관으로 지정하도록 되어 있다.

감면세액 납부의 사유
㉠ 대통령령으로 정하는 피인수법인의 주주등이 인수법인 또는 피인수법인의 지배주주등에 해당하는 경우 ㉡ 피인수법인이 종전에 영위하던 사업을 폐지하는 경우 ㉢ 각 사업연도 종료일 현재 인수법인의 피인수법인 지분비율(이하 "현재지분비율"이라 한다)이 취득일에 취득한 주식등이 취득일 현재 피인수법인의 발행주식총수 또는 출자총액에서 차지하는 비율(이하 "당초지분비율"이라 한다)보다 낮아지는 경우. 다만, 다음 중 어느 하나에 해당하는 사유로 지분율이 낮아지는 경우는 제외한다. ⓐ 「벤처기업육성에 관한 특별조치법」 제16조의 3 또는 「상법」 제340조의 2에 따른 주식매수선택권을 행사하는 경우 ⓑ 「근로복지기본법」에 따른 우리사주조합원이 우리사주를 취득하는 경우 ⓒ 조세특례제한법 제13조 제1항 제1호에 따른 중소기업창업투자회사, 같은 항 제2호에 따른 신기술사업금융업자, 같은 항 제3호에 따른 창투조합등이 출자하는 경우(타인 소유의 주식 또는 출자지분을 매입하는 경우는 제외한다)

'대통령령으로 정하는 피인수법인의 주주등'이란 앞서 살펴본 바와 같이 피인수법인의 지배주주 중 4촌 이상의 혈족 및 인척과 1% 미만의 지분(시가 10억원 미만)을 가진 자를 제외한 지배주주(일정 지배주주)를 말한다.

이때, 승계받은 사업의 폐지여부의 판정 및 부득이한 사유에 관하여는 앞서 살펴본 사업의 계속성 요건에서 검토한 내용과 같다(조세특례제한법 제12조의 4 제2항 제2호 · 제3항, 조세특례제한법 시행령 제11조의 4 제8항 · 제11항).

(2) 공제받은 세액

공제받은 세액은 당초 조세특례제한법 제12조의 4 규정에 따라 해당 주식등 매입가액 중 기술가치 금액의 10%에 해당하는 금액(이하 "공제세액"이라 한다)이다.

다만, 감면세액 납부의 사유 중 ㉢ 사유에 해당하는 경우로서 현재지분비율이 기준지분비율을 초과하는 경우에는 "당초지분비율에서 현재지분비율을 차감한 값을 당초지분비율로 나눈 비율"(이하 "감소한 지분율"이라 한다)과 공제세액을 곱한 금액(지분비율 감소로 이미 납부한 공제세액은 제외한다)을 공제받은 세액으로 한다.

즉 지분율 요건(기준지분비율을 초과하고 취득일이 속하는 사업연도 종료일까지 보유할 것)을 유지하지 못 하는 경우에는 공제세액이 전액 추징되지만, 지분율 요건을 유지하는 경우에는 공제세액에 감소한 지분율을 곱한 금액이 추징되는 것이다.

지분비율 감소분	추징되는 공제세액
당초지분비율 > 기준지분비율 > 현재지분비율	공제세액 전액 추징
당초지분비율 > 현재지분비율 > 기준지분비율	공제세액 × 감소한 지분율

(3) 이자상당액의 계산

이자상당액의 계산 방법은 다음과 같다(조세특례제한법 시행령 제11조의 4 제10항).

이자상당액의 계산 방법
이자상당액 = 공제받은 세액 × (공제받은 사업연도 종료일의 다음 날 ~ 납부사유가 발생한 날이 속하는 사업연도의 종료일(주1)× 1일 10만분의 25(주2)

(주1) 세액공제효과의 지속기간
(주2) 연 9.125%

사례 92 주식 취득금액 중 일부에 대해서만 세액공제를 받은 경우 사후관리규정 적용

인수법인이 피인수법인의 주식 전부를 취득한 경우에도 사후관리기간 중 지분비율 감소가능성을 고려하여 일부 지분비율에 상당하는 세액공제 받은 경우가 있을 수 있다. 이후 사후관리기간 중 인수법인의 피인수법인에 대한 지분비율은 낮아졌으나, 각 사업연도 종료일 현재 지분비율이 당초 세액공제를 신청한 지분비율보다 낮아지지 않은 경우이다.

이에 대해 세무당국은 사후관리기간 중 각 사업연도 종료일 현재 지분비율(지분비율이 100분의 50을 초과하는 경우에 한함)이 취득일 현재 지분비율보다 감소하였더라도, 당초 공제받은 세액에 상당하는 지분비율보다 높은 경우에는 당초 공제받은 세액을 추징하지 아니하는 것이라는 입장을 밝혔다(기준-2020-법령해석법인-0244, 2020.11.12.).

6 세액공제의 신청

조세특례제한법 제12조의 4에 따른 기술혁신형 주식취득에 대한 세액공제를 받으려는 내국법인은 과세표준신고와 함께 세액공제신청서(별지 제4호의 2 서식)를 납세지 관할 세무서장에게 제출하여야 한다(조세특례제한법 제12조의 4 제5항 및 조세특례제한법 시행령 제11조의 4 제12항, 조세특례제한법 시행규칙 제61조 제1항 제5호의 2).

7 조세특례의 제한 등

조세특례제한법 제12조의 4에 따른 기술혁신형 주식취득에 대한 세액공제 적용 시 조세특례의 제한은 '제8편 조세특례의 제한 및 보칙'을 참고하기로 한다.

조세특례제한법 제12조의 4에 적용되는 조세특례의 제한 및 보칙	해당 조문
추계과세 시 세액공제의 배제	조세특례제한법 제128조 제1항
최저한세액에 미달하는 세액에 대한 감면 등의 배제	조세특례제한법 제132조
세액공제액의 이월공제	조세특례제한법 제144조

8 감면분 농어촌특별세 과세

조세특례제한법 제12조의 4에 따른 기술혁신형 주식취득에 대한 세액공제를 받은 경우 감면세액의 20% 상당액을 농어촌특별세로 납부하여야 한다.

9 관련서식

조세특례제한법 제12조의 4에 따른 기술혁신형 주식취득에 대한 세액공제 신청서(별지 제4호의 2 서식)는 다음과 같다.

〔별지 제4호의 2 서식〕 (2014.3.14. 신설)

기술혁신형 주식취득에 대한 세액공제 신청서 및 공제세액계산서

신청법인 (인수법인)	① 법인명	② 사업자등록번호
	③ 대표자 성명	④ 생년월일
	⑤ 주소 또는 본점 소재지 (전화번호 :)	
피인수법인	⑥ 법인명	⑦ 사업자등록번호
	⑧ 대표자 성명	⑨ 개업일
	⑩ 주소 또는 본점 소재지 (전화번호 :)	
	⑪ 취득일 전의 사업 종류	

주식취득일	년 월 일	주식 등을 매각하고 받은 대가의 총합계액		
		⑫계(⑬+⑭)	⑬주식(출자지분) 가액	⑭기타

세액공제 계산내용		
기술가치 산정금액	⑮ 벤처기업특별법상 평가기관의 피인수법인의 특허권등 평가 금액 ×지분비율(단, 아래금액을 한도로 함) Max((피합병법인에게 지급한 양도가액－ 순자산시가)× 지분비율, 0)	
	⑯ 지급대가 중 피인수법인의 특허권 등의 해당금액(⑰－⑱)	
	⑰ 피인수법인에게 지급한 매입가액	
	⑱ 피인수법인의 순자산시가(⑲－⑳) × 130% × 지분비율	
	⑲ 피인수법인의 자산총액(특허권등 평가가액제외)	
	⑳ 피합병법인의 부채총액	
	㉑ **기술가치산정금액(⑮, ⑯ 중 선택한 금액)**	
㉒ 세액공제금액(㉑×10%)		

「조세특례제한법 시행령」 제11조의 4 제12항에 따라 세액공제 신청서 및 공제세액계산서를 제출합니다.

년 월 일

신청인 (서명 또는 인)

세무서장 귀하

작 성 방 법
1. ⑮ 조세특례제한법 시행령 제11조의 4 제4항 제1호에 따라 벤처기업육성에관한 특별조치법 시행령 제18조의 3에 따른 기관이 평가한 금액에 취득일 현재의 지분비율을 곱한 금액을 적습니다.

210mm×297mm[백상지 80g/㎡ 또는 중질지 80g/㎡]

제 7 편

연구개발사업 운영단계의 연구개발 조세지원제도

제1장 연구개발특구 입주기업에 대한 세액감면

제1절 연구개발특구 입주기업에 대한 세액감면의 요건

1 연구개발특구 입주기업에 대한 세액감면의 개요

조세특례제한법 제12조의 2에 따른 '연구개발특구에 입주하는 첨단기술기업 등에 대한 법인세 등의 감면'제도는 2006.12.30. 대덕특구를 세계 유수의 혁신클러스터로 육성하여 세계 각국과의 경쟁에서 우위를 확보하기 위해 신설[587]되었다. 특히 연구소기업 및 첨단기술기업은 특구 지정목적 및 육성방향에 가장 적합한 기업 형태로서, 세제지원을 통한 연구소기업 및 첨단기술기업의 유치 및 창업 활성화는 대덕특구 육성의 한 축을 담당하게 되므로 이 기업들을 본 제도의 감면 대상자로 정하였다.[588]

2012.1.26. 대덕연구개발특구 외의 연구개발특구를 추가로 지정하게 됨에 따라 「대덕연구개발특구 등의 육성에 관한 특별법」의 제명을 「연구개발특구의 육성에 관한 특별법」[589]으로 변경하였다.

연구개발특구에 입주한 첨단기술기업 또는 연구소기업(감면대상자 요건)이 해당 구역의 사업장(이하 "감면대상사업장"이라 한다)에서 생물산업 · 정보통신산업 등의 감면대상사업(감면대상사업 요건)을 하는 경우 감면대상사업에서 발생한 소득에 대하여는 해당 감면대상사업에서 최초로 소득이 발생한 과세연도의 개시일부터 3년 이내에 끝나는 과세연도의 경우에는 소득세 또는 법인세의 100%에 상당하는 세액을 감면하고, 그 다음 2년 이내에 끝나는 과세연도의 경우에는 소득세 또는 법인세의 50%에 상당하는 세액을 감면하는 것이 연구개발특구에 입주하는 첨단기술기업 등에 대한 법인세 등의 감면(이하 "연구개발특구 입주기업에 대한 세액감면"이라 한다)의 주요내용이다.[590]

587) 조세특례제한법 제12조의 2(2006.12.30. 법률 제8146호로 일부 개정된 것)
588) 기획재정부, 「2006 간추린 개정세법」, 2007, 205~206면
589) 연구개발특구의 육성에 관한 특별법(2012.1.26. 법률 제11232호로 일부 개정된 것)

2 연구개발특구 입주기업에 대한 세액감면의 요건

(1) 감면대상자 요건의 개요

연구개발특구 입주기업에 대한 세액감면을 적용받기 위해서는 「연구개발특구의 육성에 관한 특별법」 제2조 제1호에 따른 연구개발특구에 입주한 기업으로서 「연구개발특구의 육성에 관한 특별법」 제9조 제1항에 따라 2021.12.31.까지 지정을 받은 첨단기술기업과 「연구개발특구의 육성에 관한 특별법」 제9조의 3 제2항에 따라 2021.12.31.까지 등록한 연구소기업이어야 한다.

이하에서는 감면대상자의 요건으로 연구개발특구 입주요건, 첨단기술기업요건 및 연구소기업요건에 대해 살펴본다.

(2) 「연구개발특구의 육성에 관한 특별법」 제2조 제1호에 따른 연구개발특구 입주요건

'연구개발특구'란 연구개발을 통한 신기술의 창출 및 연구개발 성과의 확산과 사업화 촉진을 위하여 조성된 지역으로서 관할 특별시장・광역시장・특별자치시장・도지사 또는 특별자치도지사의 의견청취, 관계 중앙행정기관의 장과의 협의, 연구개발특구위원회의 심의・의결을 거쳐 과학기술정보통신부장관이 지정한 지역을 말한다(연구개발특구의 육성에 관한 특별법 제2조 제1호).

연구개발특구는 대덕연구개발특구(2005), 광주연구개발특구(2011), 대구연구개발특구(2011), 부산연구개발특구(2012), 전북연구개발특구(2015)의 5개의 특구가 지정되어 있었으나, 2019.8.과 2020.7.에 각각 6개의 강소특구를 지정하여 2021.6. 현재 (서울)홍릉, (경기)안산, (충남)천안・아산, (충북)청주, (전남)나주, (전북)군산, (경남)김해, 진주, 창원, (경북)포항, 구미, (울산)울주특구의 12개의 강소특구도 포함되어 있다.

590) 참고로 연구소기업에 대한 세제 혜택은 국세뿐만 아니라 지방세에도 적용되는데 대전광역시 시세감면조례(조례 제5546호, 2021.1.1. 시행) 제8조 제2항에 따르면 첨단기술기업, 연구소기업 등이 고유업무에 직접 사용하기 위하여 취득하는 부동산에 대해서는 2023.12.31.까지 취득세를 면제한다고 규정하고 있고, 대전광역시 대덕구 구세 감면조례 제5조 제2항에 의하면 「연구개발특구법」 제4조에 따른 지역내에서 같은 법 제2조에 따른 첨단기술기업, 연구소기업 등이 고유업무에 직접 사용하기 위하여 2023.12.31.까지 소유하는 부동산에 대하여는 납세의무가 최초로 성립한 날부터 7년 간 재산세를 면제하고, 그 후 3년 간 재산세의 100분의 50을 경감한다고 규정하고 있으니, 특구별 시세・도세・군세・구세 감면조례를 살펴볼 것

가. 5개 연구개발특구

연구개발특구의 설립 목적은 연구개발특구를 혁신클러스터로 육성하여 지식재산을 창출하고 사업화를 촉진함으로써 국가 성장동력 창출에 기여하는 산·학·연과 지원기관들이 상호작용하여 유기적인 협력 네트워크를 형성, 지식확산 및 혁신창출, 과학기술 융복합의 거점이 되는 집적지를 육성하는 데에 있다.

현재 연구개발특구는 대덕연구개발특구(2005), 광주연구개발특구(2011), 대구연구개발특구(2011), 부산연구개발특구(2012), 전북연구개발특구(2015)의 5개의 특구가 지정되어 있다.

대덕연구개발특구만 살펴보자면 대전광역시 유성구, 대덕구의 32개 법정동으로 대덕연구단지 27.8 ㎢, 대덕테크노밸리 4.3 ㎢, 대덕산업단지 3.2 ㎢, 북부 그린벨트 지역 28.2 ㎢, 국방과학연구소 일원 3.9 ㎢ 총 67.4㎢에 이르는 면적이 대덕연구개발특구(INNOPOLIS Daedeok)의 지역 범위이다.[591] 구체적으로 대전광역시 유성구의 죽동, 궁동, 어은동, 구성동, 노은동, 하기동, 수남동, 외삼동, 금고동, 신성동, 가정동, 도룡동, 장동, 방현동, 화암동, 덕진동, 자운동, 전민동, 문지동, 원촌동, 봉산동, 탑립동, 용산동, 관평동, 송강동, 대동, 금탄동, 신동, 둔곡동, 구룡동 일원과 대덕구의 문평동, 신일동 일원이다.

나. 강소연구개발특구

연구개발특구 중 '강소연구개발특구(이하 "강소특구"라 한다)'란 「연구개발특구의 육성에 관한 특별법 시행령」 제5조 제1항 제2호의 방식으로 지정하는 연구개발특구로서 동법 시행령 제5조 제3항 및 제5항에 따라 연구개발특구의 지정 등에 관한 세부고시에서 정한 요건을 충족하여 지정되는 지역을 말한다.[592]

기존의 5개의 연구개발특구에 대한 지정면적 대형화로 연계저하, 미개발지 장기화 등의 문제를 해결·예방하기 위해 특구의 지정·운영 정책방향에 대한 전환의 필요성이 대두되었다. 이에 기술핵심기관을 중심으로 공공이 지원하는 과학기술 기반의 소규모·고밀도 자족형 혁신생태계를 구축하여 지역이 혼자서 수행하기에 다소 부족한 과학기술 R&D성과의 활용을 지원하기 위해 기술사업화 거점 조성 모델을 지원하고자 대학, 연구소, 공기업 등 지역에 위치한 주요거점 핵심기관(innovation)을 중심으로 소규모·고밀도 집약 공간(Town)을 강소특구는 지정하게 되었다.

591) 대덕연구개발특구, https://www.innopolis.or.kr/board?menuId=MENU00396&siteId=null, 2021.3.3.

592) 연구개발특구의 지정 등에 관한 세부고시 제3조 제1호(과학기술정보통신부고시 제2018-47호, 2018.7.24. 제정)

강소특구는 우수한 혁신역량을 갖춘 기술 핵심기관 중심의 소규모・고밀도의 공공기술 사업화 거점을 지향하는 새로운 연구개발특구 모델로 강소특구로 지정이 되면 해당 지역에 기술사업화 자금, 인프라, 세제혜택, 규제특례 등 행정적, 재정적 지원이 수반된다. 강소특구를 지정하여 지원함으로써 ① 지역 주도 혁신역량 제고와 혁신생태계 저변 형성 촉진, ② 첨단 과학기술 발전이 견인하는 지역 혁신성장 구조 확립, ③ 지역 산・학・연・관 혁신주체 참여 및 기여 통로 역할, ④ 지역 기술・산업・경제의 지속 성장 기반 조성이라는 효과를 기대하고 있다.

기존의 연구개발특구는 특구로 지정받으려는 지역에 국립연구기관 또는 정부출연연구기관 [분원(分院)을 포함한다] 3개 이상을 포함한 과학기술분야 연구기관 40개 이상과 「고등교육법」에 따른 대학・산업대학・기술대학 및 다른 법률에 따라 설립된 학사과정 이상의 교육기관(이공계 학부를 둔 경우만 해당한다)이 3개 이상 등 혁신주체 소재 여부를 주로 고려하였다. 이와는 달리 강소특구는 1개 이상의 공공연구기관 등의 기술 핵심기관과 지역의 종합적인 혁신역량을 평가(기술 핵심기관의 정량・정성조건 및 강소특구의 정성조건)[593]하여 지정하는 방식으로 전환했다.

| 그림 _ 기존특구와 강소특구의 비교 |

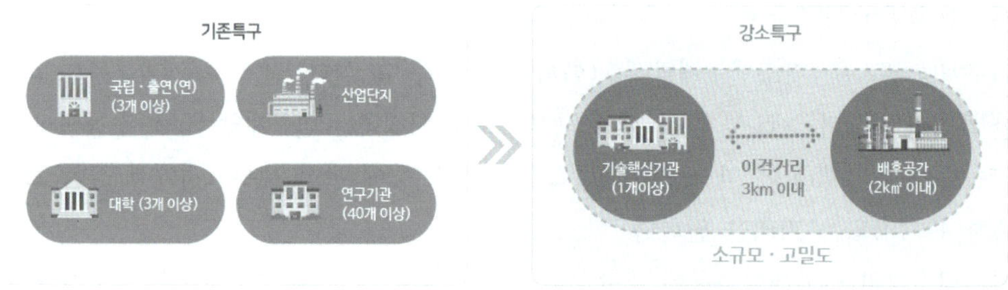

593) 강소특구로 지정받기 위해서는 다음의 4개의 요건이 모두 충족되어야 한다. 기술핵심기관 1개 이상 소재, 기술핵심기관의 연구개발 및 기술사업화 역량 관련 조건 충족, 지방자치단체와 기술핵심기관 간의 업무협약 체결, 소규모・집약형 공간을 위한 관련 규정 충족. 보다 자세한 내용은 연구개발특구의 지정 등에 관한 세부고시 [과학기술정보통신부고시 제2018-47호, 2018.7.24. 제정] 참조

| 표 _ 기존특구와 강소특구의 비교[594] |

구분	기존특구	강소특구
지정요건	양적 요건* 중심 * 대학 3개, 출연(연) 3개, 연구소 40개 등	질적 요건* 중심 * 기술핵심기관 및 지역의 질적 역량
육성주체	중앙정부 주도	지방자치단체(광역 및 기초) * 기술핵심기관-지자체 협약 체결 의무화(재정·행정 지원 보장)
연계·협력	산·학·연 혁신주체 간 연계·협력 부족	기술핵심기관과 지자체를 중심으로 지역 혁신주체와의 파트너십 강화(Bottom-up)
공간규정	제한 없음 (부산 14.1㎢ ~ 대덕 67.4㎢)	2㎢ 개별 배후공간 상한 (전체 총량 20㎢)

(3) 「연구개발특구의 육성에 관한 특별법」 제9조 제1항에 따라 2021.12.31.까지 지정을 받은 첨단기술기업 요건

'첨단기술기업'이란 특구에 입주한 기업 가운데 정보통신기술, 생명공학기술, 나노기술 등 기술집약도가 높고 기술혁신 속도가 빠른 기술분야의 제품을 생산·판매하는 기업으로서 「연구개발특구의 육성에 관한 특별법」 제9조에 따라 지정을 받은 기업을 말한다(연구개발특구의 육성에 관한 특별법 제2조 제3호).

「연구개발특구의 육성에 관한 특별법」 제9조 제1항에서는 첨단기술기업의 지정을 위한 요건을 다음과 같이 규정하고 있다.

첨단기술기업의 지정을 위한 요건(아래 요건을 모두 갖출 것)
㉠ 대통령령으로 정하는 기술분야의 국내외 특허권(「특허법」 제100조에 따른 전용실시권을 포함한다)을 보유할 것 ㉡ 위 ㉠에 따른 특허권을 활용하여 제품을 생산·판매할 것 ㉢ 특구에 입주하고 있을 것 ㉣ 연간 총매출액에서 연구개발비 및 ㉡에 따른 생산·판매의 매출액이 차지하는 비율이 대통령령으로 정하는 기준에 적합할 것

594) 과학기술정보통신부, 경기 안산, 경남 김해·진주·창원, 경북 포항, 충북 청주 등 6개 강소특구 지정 보도자료, 2019.6.19.

가. 첨단기술분야의 국내외 특허권(「특허법」 제100조에 따른 전용실시권을 포함한다)을 보유할 것

첨단기술기업의 지정을 위한 요건으로서 대통령령으로 정하는 기술분야의 국내외 특허권(「특허법」 제100조에 따른 전용실시권을 포함한다)을 보유해야 한다.

'대통령령으로 정하는 기술분야'란 i) 「산업발전법」 제5조 제1항에 따라 산업통상자원부장관이 고시한 첨단기술 및 첨단제품, ii) 기술집약도, 기술혁신 속도 및 고부가가치 창출 효과 등을 고려하여 과학기술정보통신부장관이 고시한 첨단기술 및 첨단제품, iii) 「연구개발특구의 육성에 관한 특별법」 제16조의 2 제3항에 따라 실증특례를 지정받은 신기술 및 그 신기술을 활용한 새로운 서비스 또는 제품을 말한다(연구개발특구의 육성에 관한 특별법 시행령 제12조의 3 제1항).

i)의 산업통상자원부장관이 고시한 첨단기술 및 첨단제품의 범위는 「첨단기술 및 제품의 범위」 고시 [별표 1] 첨단기술 및 제품의 범위(산업통상자원부고시 제2020-40호, 2020.3.31.)를 참고하기로 한다.

정리하면 첨단기술기업의 지정을 위한 첫 번째 요건은 해당기업이 「첨단기술 및 제품의 범위」 고시 [별표 1]에 따른 첨단기술 및 제품분야 또는 실증특례를 지정받은 신기술 및 그 신기술을 활용한 새로운 서비스 또는 제품분야의 국내외 특허권(「특허법」 제100조에 따른 전용실시권[595]을 포함한다)을 보유하고 있어야 한다.

나. 보유 첨단기술 특허권을 활용하여 제품을 생산·판매할 것

두 번째 요건은 해당기업이 첨단기술 및 제품분야의 국내외 특허권을 보유하면서 이를 활용하여 제품을 생산·판매를 해야 한다는 것이다.

다. 특구에 입주하고 있을 것

위에서 살펴본 대덕연구개발특구, 광주연구개발특구, 대구연구개발특구, 부산연구개발특구, 전북연구개발특구 등의 5개의 연구개발특구 또는 (서울)홍릉, (경기)안산, (충남)천안·아산, (충북)청주, (전남)나주, (전북)군산, (경남)김해, 진주, 창원, (경북)포항, 구미, (울산)울주 특구 등 12개의 강소특구 중 하나에 입주하여야 한다.

595) 전용실시권이란 특허권자 이외의 자가 특허권자와의 계약에 의해 내용·지역·기간을 정하여 그 범위 내에서 특허발명을 독점적으로 실시할 권리를 말한다(윤선희, 앞의 책, 114면).

라. 연간 총매출액에서 연구개발비 및 위 첨단기술 제품의 생산·판매의 매출액이 차지하는 비율이 대통령령으로 정하는 기준에 적합할 것

「연구개발특구의 육성에 관한 특별법」 제9조 제1항 제4호에서 '대통령령으로 정하는 기준'이란 다음의 연구개발비 비율 기준(3~5%) 첨단기술 및 제품분야의 제품 생산·판매 비율 기준(20%)에 적합해야 하는 것을 말한다(연구개발특구의 육성에 관한 특별법 시행령 제12조의 3 제2항).

① 기준 연구개발비 비율 요건

연구개발비(조세특례제한법 시행령 별표 6에 따른 연구·인력개발비 세액공제를 적용받는 비용 및 같은 표에 따른 전담부서에서 직접 사용하기 위한 연구·시험용 시설의 취득비용을 말한다)가 연간 총매출액에서 차지하는 비율이 3~5퍼센트(이하 "기준 연구개발비 비율"이라 한다) 이상일 것을 요건으로 한다. 다만, 연구·시험용 시설의 취득비용의 상한은 기준 연구개발비 비율의 60%를 상한으로 한다(연구개발특구의 육성에 관한 특별법 시행령 제12조의 3 제2항 제1호).

기준 연구개발비 비율 요건

$$\frac{[\text{조세특례제한법에 따른 적격 연구·인력개발비} + \text{Min(연구·시험용 시설의 취득비용, 기준 연구개발비 비율의 60\%)}]}{\text{연간 총매출액}} \geq 3\sim5\%^{(*)}$$

(*) 기준 연구개발비 비율

매출액에 따른 기준 연구개발비 비율			
연간 총매출액	50억원 미만	50억원~200억원	200억원 이상
기준 연구개발비 비율	5%	4%	3%

이 경우 연간 총매출액은 첨단기술기업의 지정 신청일이 속하는 분기의 직전 4분기의 매출액을 합한 것으로 하되, 기업 창업 후 2분기 이상이 지나고 1년이 지나지 아니한 기업에 대해서는 첨단기술기업의 지정 신청일이 속하는 분기의 직전 분기 매출액을 모두 합한 것으로 한다(연구개발특구의 육성에 관한 특별법 시행령 제12조의 3 제2항 후문).

② 첨단기술 및 제품분야의 제품 생산·판매 비율 요건

첨단기술 및 제품분야의 특허권을 활용하여 생산·판매한 제품의 매출액이 연간 총매출액에서 차지하는 비율이 20퍼센트 이상일 것을 요건으로 한다(연구개발특구의 육성에 관한 특별법 시행령 제12조의 3 제2항 제2호).

첨단기술 및 제품분야의 제품 생산 · 판매 비율 기준
$\dfrac{\text{첨단기술 및 제품분야의 특허권을 활용하여 생산 · 판매한 제품의 매출액}}{\text{연간 총매출액}} \geq 20\%$

이 경우 연간 총매출액은 위 ① 기준 연구개발비 비율 요건에서 살펴본 연간 총매출액의 정의와 같다.

(4) 「연구개발특구의 육성에 관한 특별법」 제9조의 3 제2항에 따라 2021.12.31.까지 등록한 연구소기업 요건

가. 연구소기업의 개요

연구소기업은 공공연구기관의 기술을 직접 사업화하기 위해 연구개발특구안에 설립하는 기업으로 국가 연구기관의 기술력과 기업의 자본 및 경영 노하우를 결합시킨 새로운 형태의 기업 모델이다. "연구소기업"의 법적정의는 법률에서 정하는 설립주체가 공공연구기관의 기술을 직접 사업화하기 위한 목적으로 자본금 가운데 10~20퍼센트 이상을 출자하여 연구개발특구 안에 설립하는 기업을 말한다.[596)]

<table>
<tr><th colspan="2">연구소기업의 개요</th></tr>
<tr><td>설립목적</td><td>공공연구기관의 기술을 직접 사업화하기 위한 목적으로 설립</td></tr>
<tr><td>설립지역</td><td>특구 내 본사를 설립(5개의 특구와 12개의 강소특구)</td></tr>
<tr><td>설립주체</td><td>• 공공연구기관
• 산학연협력기술지주회사
• 신기술창업전문회사(공공연구기관 주식 50% 초과)
• 공공연구기관첨단기술지주회사</td></tr>
<tr><td>설립자본금</td><td>설립주체가 연구소기업의 자본금 규모에 따라 10%~20% 이상을 보유
<table><tr><th colspan="4">자본금 규모에 따른 최소 지분율</th></tr><tr><td>설립자본금</td><td>10억 미만</td><td>10억~50억</td><td>50억 이상</td></tr><tr><td>지분율</td><td>20%</td><td>15%</td><td>10%</td></tr></table></td></tr>
</table>

596) 연구개발특구의 육성에 관한 특별법 제9조의 3 및 동법 시행령 제13조

나. 연구소기업의 설립주체

다음의 기관이나 회사는 단독으로 또는 공동으로 연구소기업을 설립할 수 있다(연구개발특구의 육성에 관한 특별법 제9조의 3 제1항).

연구소기업을 설립할 수 있는 자
㉠ 공공연구기관
㉡ 「산업교육진흥 및 산학연협력촉진에 관한 법률」 제2조 제8호에 따른 산학연협력기술지주회사
㉢ 「벤처기업육성에 관한 특별조치법」 제2조 제8항에 따른 신기술창업전문회사로서 공공연구기관이 보유하는 주식 또는 지분이 50%를 초과하는 회사
㉣ 「기술의 이전 및 사업화 촉진에 관한 법률」 제2조 제10호에 따른 공공연구기관첨단기술지주회사

공공연구기관, 산학연협력기술지주회사, 신기술창업전문회사, 공공연구기관첨단기술지주회사는 단독 혹은 공동으로 연구소기업을 설립할 수 있고, 설립된 연구소기업은 일정한 요건을 충족하여 과학기술정보통신부장관에 연구소기업으로 등록을 하여야 한다(연구개발특구의 육성에 관한 특별법 제9조의 3 제2항).

다. 연구소기업이 갖추어야 할 요건

이때 연구소기업이 갖추어야 할 요건은 다음과 같다(연구개발특구의 육성에 관한 특별법 제9조의 3 제3항).

연구소기업이 갖추어야 할 요건(아래 요건을 모두 갖출 것)
㉠ 공공연구기관, 산학연협력기술지주회사, 공공연구기관이 보유하는 주식 또는 지분이 50%를 초과하는 신기술창업전문회사, 공공연구기관첨단기술지주회사가 단독 또는 공동으로 연구소기업의 자본금 가운데 10~20%[(*)]이상으로 해당 연구소기업의 주식 또는 지분을 보유할 것
㉡ 공공연구기관의 기술을 직접 사업화하기 위한 목적으로 설립할 것
㉢ 특구 안에 설립할 것[597)]

597) 특구 안에 설립하여야 한다는 것은 연구소기업 설립 등기 시 본점 소재지가 연구개발특구 안에 있어야 한다는 것이며, 공장 또는 연구소 등의 소재지는 지역적 제한을 받지 않는다(과학기술정보통신부・연구개발특구진흥재단 「연구소기업 설립 GUIDE BOOK」, 2020.12., 42면).

(*) 자본금 규모에 따른 최소 지분율

자본금 규모에 따른 최소 지분율			
설립자본금	10억 미만	10억~50억	50억 이상
지분율	20%	15%	10%

라. 연구소기업 설립 유형[598)]

연구소기업의 설립 유형 및 장단점은 다음과 같다. 등록 연도를 기준으로 살펴보면 연구소기업 제도가 도입된 초기에는 공공연구기관이 기존기업에 기술 등을 현물출자해 해당기업을 연구소기업으로 전환하는 형태(아래의 ② 기존기업전환형)가 가장 많았다. 그러나 2013년 이후에는 공공연구기관과 기업이 공동출자해 새로운 기업을 설립하는 합작투자형이 크게 증가해 현재는 합자투자형 연구소기업이 가장 큰 비중을 차지[599)]하고 있다.

① 합작투자형

- 공공연구기관이 보유한 기술 역량과 기업이 보유한 경영자원의 결합을 통해 기술사업화 추진 과정에서 긍정적인 시너지 효과 창출 가능
- 새로운 성장동력이 될 신사업 발굴, 신규 시장 진출의 기회로 활용 가능

② 기존기업전환형

- 공공연구기관이 출자하는 기술이 연구소기업으로 전환되는 기존기업의 사업영역과 유사한 경우가 많기 때문에 기술사업화 추진이 용이
- 연구소기업 전환 시 시가총액이 큰 기업은 공공연구기관이 보유하여야 하는 지분율 기준을 충족하기가 어려울 수 있음.

③ 신규창업형

- 연구소기업의 대표 또는 경영진이 기술에 대한 이해도나 지식이 매우 높다는 장점
- 판로개척, 마케팅, 인사관리, 투자유치 등 경영활동에 필요한 자원과 경험이 부족
- 빠른 시장 진입 및 초기 사업 안정화에 다소 어려움이 예상

598) 과학기술정보통신부 · 연구개발특구진흥재단 「연구소기업 설립 GUIDE BOOK」, 2020.12., 32~33면

599) 2020년 말 기준 설립된 1,108개 연구소기업을 형태에 따라 구분하면 합작투자형이 393개(36%), 기존기업전환형 357개(32%), 신규창업형 358개(32%)이다.

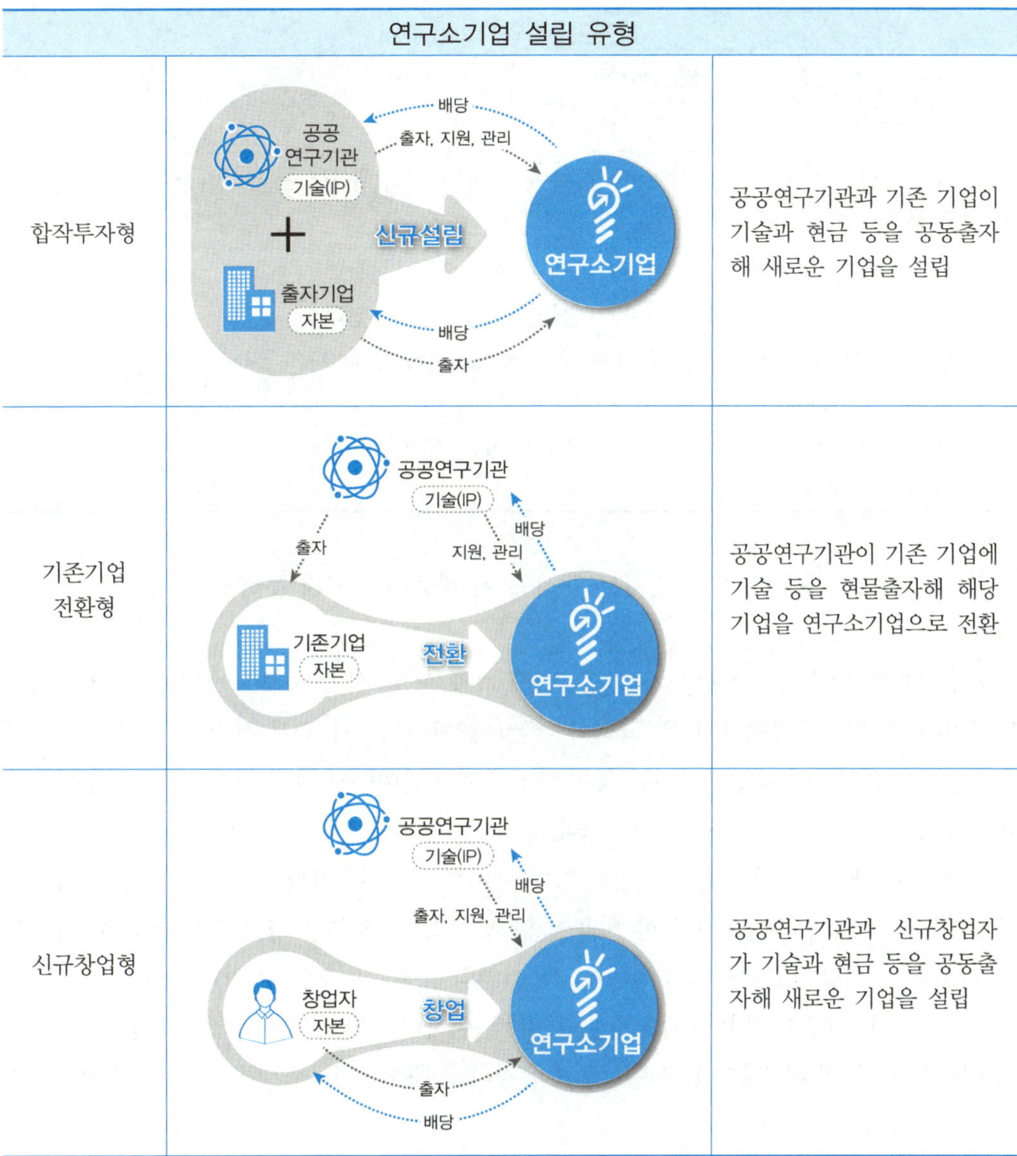

연구소기업 설립 유형	
합작투자형	공공연구기관과 기존 기업이 기술과 현금 등을 공동출자해 새로운 기업을 설립
기존기업 전환형	공공연구기관이 기존 기업에 기술 등을 현물출자해 해당 기업을 연구소기업으로 전환
신규창업형	공공연구기관과 신규창업자가 기술과 현금 등을 공동출자해 새로운 기업을 설립

마. 연구소기업의 사후관리

과학기술정보통신부장관은 연구소기업이 아래 표에서 보는 취소사유 중 어느 하나에 해당하는 경우에는 연구소기업의 등록을 취소할 수 있다. 다만, 제1호에 해당하는 경우에는 등록을 취소하여야 하고, 제2호에 해당하는 경우로서 그 주식 보유 비율이 대통령령으로 정하는 기준 이상일 경우에는 5년의 범위에서 대통령령으로 정하는 바에 따라 등록의 취소를 유예할 수 있다(연구개발특구의 육성에 관한 특별법 제9조의 4 제1항).

연구소기업 등록 취소	
취소사유	비고
1. 거짓이나 그 밖의 부정한 방법으로 등록한 경우	등록 취소
2. 대통령령으로 정하는 주식 보유 비율에 미치지 못하게 된 경우	일정조건 충족 시 5년간 취소 유예 가능
3. 연구소기업의 영업이 공공연구기관의 기술을 직접 사업화하기 위한 설립 목적을 달성하기 힘들다고 판단되는 경우	등록 취소(청문)
4. 연구소기업이 갖추어야 할 요건 중 특구설립요건을 갖추지 못하게 된 경우	
5. 휴업, 부도, 폐업 또는 파산 등으로 3개월 동안 기업 활동을 하지 아니한 경우	

위 표 제2호 "대통령령으로 정하는 주식 보유 비율에 미치지 못하게 된 경우"를 좀 더 자세히 살펴본다.

실무적으로 연구소기업에 투자한 공공연구기관 등의 최초 지분율이 시간이 지나면서 낮아지는 경우는 공공연구기관 등 외의 주주(제3자 포함)가 외부 투자금 유치 과정에서 유상증자를 실시하나, 공공연구기관 등이 유상증자에 참여하지 아니하여 공공연구기관 등의 지분율이 상대적으로 낮아지는 경우이다.

이에 「연구개발특구의 육성에 관한 특별법」에서는 공공연구기관 등이 단독 또는 공동으로 해당 연구소기업의 주식을 보유한 비율이 당초 설립 시 자본금 규모에 따른 최소 지분율(10~20%)에 미달하게 되는 경우에는 연구소기업의 등록을 취소할 수 있다고 규정하면서,[600] 다만, 등록된 연구소기업이 기술개발 투자를 위하여 자본금을 증액한 경우에는 해당 공공연구기관 등의 지분율이 10% 이상으로 유지되는 때에는 연구소기업 취소사유에 해당하지 않는다고 규정하고 있다.[601]

또한 공공연구기관 등이 단독 또는 공동으로 연구소기업의 지분율이 5% 이상일 경우에는 당초 설립 시 자본금 규모에 따른 최소 지분율(10~20%) 미만이 된 날부터 5년 동안 등록의 취소를 유예할 수 있다고 규정하였다.[602]

600) 연구개발특구의 육성에 관한 특별법 제9조의 4 및 동법 시행령 제14조의 2
601) 연구개발특구의 육성에 관한 특별법 시행령 제14조의 2 제1항 괄호 부분
602) 연구개발특구의 육성에 관한 특별법 시행령 제14조의 2 제2항

이러한 내용을 아래와 같이 표로 정리했으니 참고하길 바란다.

공공연구기관 등이 자본금 규모에 따른 최소 지분율(10~20%)에 미달하게 된 경우		
지분율 미달 사유	공공연구기관 등의 지분율	취소 요건 충족 여부
㉠ 등록된 연구소 기업이 기술개발 투자를 위하여 자본금을 증액한 경우	ⓐ (단독 혹은 공동으로) 공공연구기관 등의 지분율이 10% 이상인 경우	취소사유에 해당하지 아니함
	ⓑ (단독 혹은 공동으로) 공공연구기관 등의 지분율이 5% 이상인 경우	5년간 등록 취소 유예
	ⓒ (단독 혹은 공동으로) 공공연구기관 등의 지분율이 5% 미만인 경우	등록 취소(청문)
㉡ ㉠ 외의 경우	ⓐ (단독 혹은 공동으로) 공공연구기관 등의 지분율이 5% 이상인 경우	5년간 등록 취소 유예
	ⓑ (단독 혹은 공동으로) 공공연구기관 등의 지분율이 5% 미만인 경우	등록 취소(청문)

정리하면, 기술개발 투자를 명목으로 자본금을 증액하는 경우로서 10% 이상으로 공공연구기관 등의 지분율이 유지되는 경우 연구소기업 취소요건에 해당되지 않는다. 그리고 10% 이하 5% 이상의 지분율이 유지되는 경우에는 5년간 취소 유예기간이 적용된다. 따라서 이러한 유예기간 동안에는 적격한 연구소기업이므로 연구개발특구 입주기업에 대한 법인세 감면이 유지되는 것으로 판단된다.

(5) 감면대상사업 요건

연구개발특구에 입주한 첨단기술기업 또는 연구소기업은 해당 구역의 사업장에서 생물산업·정보통신산업 등의 감면대상사업을 영위해야 한다. 감면대상사업의 범위는 다음과 같다(조세특례제한법 시행령 제11조의 2 제1항).

감면대상사업(다음 중 어느 하나에 해당할 것)
㉠ 「생명공학육성법」 제2조 제1호에 따른 생명공학과 관련된 산업(종자 및 묘목생산업, 수산물부화 및 수산종자생산업을 포함한다) ㉡ 「정보통신산업 진흥법」 제2조 제2호에 따른 정보통신산업 ㉢ 「정보통신망 이용촉진 및 정보보호 등에 관한 법률」 제2조 제1항 제2호에 따른 정보통신서비스를 제공하는 산업 ㉣ 「산업발전법」 제5조 제1항에 따라 산업통상자원부장관이 고시한 첨단기술 및 첨단제품과 관련된 산업

사례 93 첨단기술기업으로 지정된 기업이 기지정된 첨단기술 및 첨단제품 분야 외의 조세특례제한법 시행령 제11조의 2 제1항에서 규정된 감면대상사업에 대해서도 세액감면이 가능한지 여부

조세특례제한법 제12조의 2는 연구개발특구에 입주하여 첨단기술 기업으로 지정된 법인이 같은 법 시행령 제11조의 2 제1항에 규정된 감면대상 사업을 영위하는 경우 감면적용되는 것으로, 첨단기술기업으로 기지정된 기술만을 활용하여 제품을 생산 · 판매하는 경우 동 규정을 적용하는 것이 아니고 첨단기술기업으로 지정된 기업의 경우로서 같은 법 시행령 제11조의 2 제1항에 규정된 사업을 영위하면 감면적용이 가능한 것이다.

따라서 지정 후 새로이 취득한 특허기술을 활용하여 제품을 생산 · 판매 하는 경우 동 활동이 지정받은 대상특허기술이 아닌 경우에도 조세특례제한법 시행령 제11조의 2 제1항에 열거된 사업인 경우 감면 가능하다(법인-130, 2011.2.17.).

사례 94 첨단기술기업으로 지정받은 법인이 연구개발특구 입주기업에 대한 세액감면을 받던 중 첨단기술기업 지정 유효기간이 만료된 경우

조세특례제한법 제12조의 2 제2항에 의하면 "제1항에 따른 요건을 갖춘 기업의 감면대상사업에서 발생한 소득에 대해서는..." 으로 규정하고 있어, 즉 첨단기술기업 또는 연구소기업의 요건을 갖춘(첨단기술기업의 지정이나 연구소기업의 등록을 말한다) 기업의 감면대상소득에 대해서만 감면하는 것으로 판단된다.

과세당국도 첨단기술기업으로 지정받은 기업이 조세특례제한법 제12조의 2의 세액감면을 적용받는 감면기간 중에 첨단기술기업 지정의 유효기간이 만료되어 첨단기술기업에 해당하지 않는 경우에는 그 사유가 발생한 날이 속하는 사업연도부터 같은 법의 세액감면을 적용받을 수 없다고 회신한 바 있다. 다만, 해당 기업이 잔존감면기간 중에 첨단기술기업으로 다시 지정받은 경우에는 그 재지정일이 속하는 사업연도부터 잔존감면기간동안 동 감면을 적용받을 수 있다(법규법인 2011-0013, 2011.1.14.).

사례 95 법인세법상 적격분할에 따라 신설된 분할신설법인이 첨단기술기업 지정서를 재발급받는 경우, 분할존속법인의 분할등기일이 속하는 과세연도의 개시일부터 분할등기일 전까지 감면대상소득에 대하여 세액감면을 받을 수 있는지 여부

(사실관계)

「대덕연구개발특구 등의 육성에 관한 특별법」 제2조 제3호에 따라 첨단기술기업으로 지정받은 법인으로서 조세특례제한법 제12조의 2의 '연구개발특구에 입주하는 첨단기술기업 등에 대한 법인세 등의 감면'을 적용받고 있음(감면기간 2007~2011 사업연도).

- 2011.7월 인적분할 예정이며 분할신설법인은 첨단기술기업 요건을 갖추고 대덕연구개발특구에 계속 본점을 둘 예정이며
- 분할존속법인은 지주회사의 업무를 수행하게 되고 대덕연구개발특구 외의 지역(경기도)으로 본점을 이전할 계획임.

| 인적분할 분할 전·후 비교 |

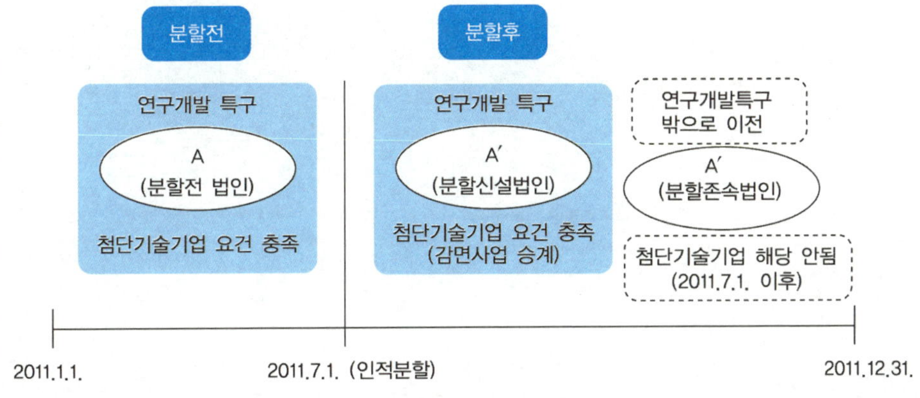

(질의내용)

(질의 ①) 법인세법 제46조 제2항에 따른 적격분할에 해당하는 경우 첨단기술기업의 요건을 갖춘 분할신설법인이 잔존 감면기간내(2011.7.1.~12.31.)의 사업연도 감면사업부분에서 발생한 소득에 대한 법인세 감면혜택을 승계하여 받을 수 있는지 여부

(질의 ②) 분할존속법인이 분할후 대덕연구개발특구 외의 지역으로 본점을 이전한 경우(첨단기술기업 요건 안 됨)에 분할기일 이전(2011.1.1.~6.30.)에 발생한 감면사업부분 소득에 대한 법인세 감면혜택을 받을 수 있는지 여부

세무당국은 (질의 ①)에 대하여는 적격한 첨단기술기업이 「법인세법」 제46조 제2항에 따른 적격분할 요건을 갖추어 인적분할을 하고, 분할신설법인이 분할법인의 감면대상사업을 승계하여 '첨단기술기업' 지정서를 재발급받은 경우에 분할신설법인은 잔존 감면기간 동안 조세특례제한법 제12조의 2 규정에 의한 세액감면을 적용받을 수 있다고 하였으나, (질의 ②)와 관련해서는 분할존속법인이 감면기간 중 첨단기술기업에 해당되지 않아 첨단기술기업 지정이 취소되는 경우에 분할존속법인은 취소일이 속하는 사업연도부터 같은법 제12조의 2 규정에 의한 세액감면을 적용받을 수 없다고 회신했다(법인-297, 2011.4.25.).[603)]

하지만, 이후 기획재정부는 동일한 사례(질의 ②)에 대해서 분할존속법인은 분할등기일이 속하는 사업연도의 개시일부터 분할등기일 전일까지 기존의 감면대상사업에서 발생한 소득에 대하여 조세특례제한법 제12조의 2 규정에 따라 법인세를 감면받을 수 있는 것으로 재회신하였다(재조특-581, 2011.6.24.).

603) 기획재정부에서 해석을 변경함에 따라 동 유권해석은 2020.1.7. 삭제되었다.

제 2 절 연구개발특구 입주기업에 대한 감면세액의 계산

1 연구개발특구 입주기업에 대한 감면세액의 계산

(1) 감면비율

연구개발특구에 입주한 첨단기술기업 또는 연구소기업이 해당 구역의 사업장에서 생물산업·정보통신산업 등의 감면대상사업을 하는 경우 감면대상사업에서 발생한 소득에 대하여는 해당 감면대상사업에서 최초로 소득이 발생한 과세연도의 개시일부터 3년 이내에 끝나는 과세연도의 경우에는 소득세 또는 법인세의 100%에 상당하는 세액을 감면하고, 그 다음 2년 이내에 끝나는 과세연도의 경우에는 소득세 또는 법인세의 50%에 상당하는 세액을 감면한다(조세특례제한법 제12조의 2 제2항).

이때 첨단기술기업으로 지정을 받은 날 또는 연구소기업으로 등록한 날로부터 5년이 되는 날이 속하는 과세연도까지 해당 감면대상사업에서 소득이 발생하지 아니한 경우에는 5년이 되는 날이 속하는 과세연도를 해당 감면대상사업에서 최초로 소득이 발생한 과세연도로 본다.

감면 과세기간	감면비율
최초로 소득이 발생한 과세연도의 개시일부터 3년 이내에 끝나는 과세연도	100%
그 다음 2년 이내에 끝나는 과세연도	50%

사례 96 첨단기술기업 및 연구소기업 세액감면의 범위 및 개시 시점

Case1) 기존 특구에 입주한 경우

질의법인은 2019년 6월에 대덕연구개발특구에 입주하였으며, 2019년 9월 첨단기술기업 지정관련으로 신청 진행중이었고, 첨단기술기업의 신청내용에 해당되는 특허 및 관련 제작물은 특구 입주전부터 제작·생산을 통해 해당사업에 대한 소득이 발생하였다.

이때, 연구개발특구에 입주하는 첨단기술기업에 대한 법인세 등의 감면을 적용함에 있어 ① 특구 내 입주전 감면대상 사업에 대한 최초 소득 발생일인 2018년 중 감면소득 발생시점으로 볼 것인지, ② 특구로 입주한 2019년 6월 이후의 첨단기술기업 신청 및 지정 등에 따른 특정시기(첨단기술기업 입주일 또는 지정일 등)를 감면소득 발생시점으로 보아 세액감면을 적용할 것인지에 대한 질의이다.

이에 과세당국은 「조세특례제한법」 제12조의 2 제2항을 적용함에 있어 특구로 입주한 이후의 해당 사업장에서 발생한 소득에 대해 감면대상소득으로 적용할 것이며, 이 경우 감면기간은 감면요건을 모두 갖춘 기업의 감면대상소득이 최초로 발생한 날이 속하는 과세연도의 개시일부터 적용하는 것으로 회신한 바 있다(서면-2019-법인-3545, 2020.8.5.).

Case2) 해당사업연도에 신규로 특구 지정을 받은 경우

질의법인은 충북 △△에 위치하고 있는 업체로 해당 지역이 20××년 O월 강소연구개발특구로 지정되어, 이에 첨단기술기업으로 지정(승인)받기 위해 신청 진행중이었다.

이때, 「조세특례제한법」 제12조의 2 제2항에 따른 연구개발특구에 입주하는 첨단기술기업에 대한 법인세 등의 감면을 적용함에 있어 감면대상사업에서 발생한 감면소득의 범위가 ① 첨단기술기업 지정일 이후 매출 발생분 부터인지, ② 사업장 소재지가 특구로 지정된 20××년 O월 이후의 매출 발생분 부터인지, ③ 첨단기술기업 지정 해당연도의 1월 1일 이후 매출 발생분 부터인지에 대한 질의이다.

이에 과세당국은 「조세특례제한법」 제12조의 2 제2항을 적용함에 있어 사업장 소재지가 연구개발특구로 지정된 경우, 특구 지정일 이후의 해당 사업장에서 발생한 소득에 대해 감면대상소득으로 적용할 것이며, 이 경우 감면기간은 같은법 제12조의 2 제1항의 요건을 모두 갖춘 기업의 감면대상소득이 최초로 발생한 날이 속하는 과세연도의 개시일부터 적용하는 것으로 회신한 바 있다(서면-2019-법인-3733, 2020.8.12.).

(2) 감면세액의 계산

감면세액은 산출세액(「법인세법」 제55조의 2에 따른 토지등 양도소득에 대한 법인세액 및 조세특례제한법 제100조의 32에 따른 투자・상생협력 촉진을 위한 과세특례를 적용하여 계산한 법인세액은 제외한다)에 그 감면되는 소득이 법인세 과세표준에서 차지하는 비율(100%을 초과하는 경우에는 100%)을 곱하여 산출한 금액에 해당 감면율(50% 또는 100%)을 곱하여 산출한 금액으로 한다(법인세법 제59조 제2항).

감면세액의 계산
$$\text{감면세액} = \text{산출세액} \times \left(\frac{\text{감면대상소득}}{\text{과세표준}}\right)^{*} \times 50\% \text{ or } 100\%$$

(*) 이 비율은 100%를 한도로 한다.

감면사업에 대한 구분경리, 구분계산방법, 감면대상소득금액의 계산방법등은 '제8편 조세특례의 제한 및 보칙 제2절 보칙 1. 구분경리'를 참조하도록 하고, '(2) 감면세액의 계산'은 감면세액의 계산사례를 살펴보는 것으로 마무리한다.

| 감면대상사업과 기타사업을 겸영하는 경우의 감면세액의 계산사례 |

① 기본가정

구분	A법인	B법인
소득금액	감면대상소득금액 : 5억원 기타소득금액 : 3억원 소득금액 합계 : 8억원	감면대상소득금액 : 6억원 기타소득금액 : △ 2억원 소득금액 합계 : 4억원
세율	20%	
감면비율	50%	
최저한세	최저한세 미적용 가정	

② 감면세액의 계산

(단위 : 원)

구분	계산 내용	
과세표준	800,000,000	400,000,000
산출세액	800,000,000 × 20% = 160,000,000	400,000,000 × 20% = 80,000,000
감면세액	160,000,000 × 500,000,000/800,000,000 × 50% = 50,000,000	80,000,000 × 400,000,000/400,000,000 × 50% = 40,000,000
납부할세액	160,000,000 − 50,000,000 = 110,000,000	80,000,000 − 40,000,000 = 40,000,000

사례 97 첨단기술기업으로 지정받은 제조 후 제품임대방식에서 발생하는 소득에 대해서도 조세특례제한법 제12조의 2에 따라 세액감면이 가능한지 여부

대덕연구개발특구에 입주하여 「산업발전법」 제5조 제1항에 따라 지식경제부장관이 고시한 첨단기술 및 첨단제품과 관련된 사업을 영위하는 기업이 동 사업에서 발생한 소득은 조세특례제한법 제12조의 2에 따른 연구개발특구기업의 세액감면규정을 적용받을 수 있는데, 이 경우 동 사업에서 발생한 소득은 당해 기업이 첨단기술제품을 직접 판매하거나 임대방식으로 수익을 창출하는지에 불구하고 상기 감면대상소득에 포함한다(법인-1339, 2009.11.30.).

사례 98 특구 외 지역에서 공장시설을 추가 확충 · 생산할 경우 조세특례제한법 제12조의 2에 따른 세액감면 적용이 가능한지 여부

질의법인은 충북 청주에 위치하고 있는 업체로 특구로 지정된 지역에서 △△△ 등을 제조 · 판매하고 있다. 2020년에 연구개발특구 외 지역에서 공장시설을 확충하여 생산할 계획이며, 본사 및 연구소는 특구에서 계속 사업 영위중이다. 이때, 특구 외 지역에서 공장시설을 추가 확충·생산할 경우 조세특례제한법 제12조의 2에 따른 세액감면 적용이 가능한지 여부가 질의의 내용이다.

세무당국은 조세특례제한법 제12조의 2(특구입주기업의 세액감면)를 적용함에 있어 특구 내 사업장의 감면대상사업에서 발생한 소득에 대해서만 세액감면 적용이 가능한 것으로, 특구 외의 사업장에서 발생한 소득에 대해서는 동 감면규정을 적용할 수 없다고 회신하였다(서면-2020-법인-0898, 2020.8.12.).

사례 99 감면대상사업장과 비감면대상사업장 간에 내부거래가 있는 경우 감면대상소득의 계산방법

(사실관계)

회사는 연구개발특구 입주기업에 대한 세액감면을 적용받는 사업장(이하 "감면대상사업장" 또는 "지점공장"이라 한다)과 타 지역에 소재한 사업장(이하 "비감면대상사업장" 또는 "본사공장"이라 한다)을 소유하고 있다. 회사의 비감면대상사업장에서 생산한 제품(중간재) 중 일부를 감면대상사업장에서 재공품으로 대체받아 추가 가공한 뒤에 판매하고 있다.

| 물류흐름 |

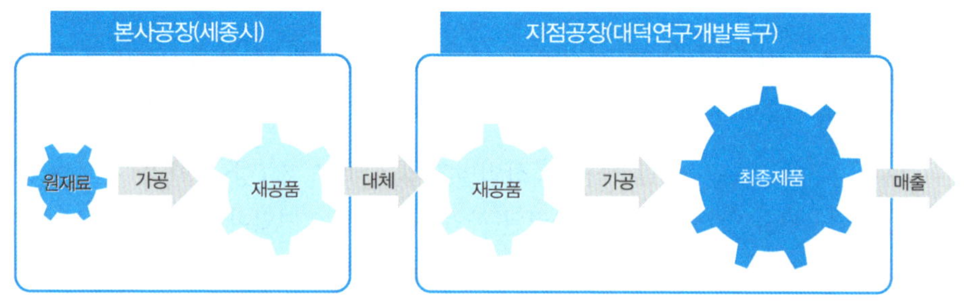

(질의내용)

이 경우 감면대상사업장의 감면대상소득을 계산하는 방법은?

상기 사례에서 최종제품을 제작하는데 감면대상사업장뿐만 아니라 비감면대상사업장에서도 (제작)활동이 이루어졌으므로 사업장별 소득금액을 「법인세법 시행규칙」 제76조 제6항에 따라 국세청장이 정하는 작업시간·사용시간·사용면적 등의 합리적 기준에 의해 안분 계산해야 한다고 생각할 수 있다. 하지만 이는 최종제품을 생산하는데 있어서 감면대상사업장의 사업활동과 비감면대상사업장의 사업활동이 구분되지 않는 경우에 적용될 수 있는 것이다. 예컨대 제주첨단과학기술단지에 입주한 인터넷포탈업체가 제주첨단과학기술단지내에서 대부분의 사업활동(연구·기획 분야 등)을 수행하나, 동 단지 외의 장소에서도 일부 사업활동(영업 등)이 수행되는 경우가 그렇다(같은 뜻 조심 2014전3254, 2017.4.27., 재조특-661, 2013.7.31., 법규법인 2013-50, 2013.3.8., 재조특-267, 2012.3.30., 법인-627, 2011.8.31., 서면2팀-1175, 2008.6.11., 서면2팀-180, 2008.1.28., 재조예-10, 2008.1.3.).

이와는 달리, 상기 사례는 본사공장과 지점공장간의 최종제품에 대한 사업활동이 분명하게 구분이 된다. 달리 표현하면 지점공장이 제3자로부터 중간재를 구입했다고 보면 된다. 따라서 위 사례에서는 재공품을 시가(독립된 사업자간에 통상의 거래조건에 따라 매매할 경우에 적용되는 시가)로 환산·측정하여 감면대상사업장의 감면대상소득을 계산하면 될 것으로 판단된다. 그 반대의 물류흐름인 경우도 동일하게 판단하면 된다(같은 뜻 국제세원-84, 2012.2.23., 법인-745, 2010.8.6., 법인-1229, 2009.11.5., 서면2팀-2075, 2007.11.14., 법인 46012-499, 1995.2.25., 법인 46012-968, 1994.4.1.).

사례 100 정부 등의 지원사업 수행 시 수행기관의 부가가치세 처리 방법

국가, 정부출연기관, 지방자치단체 등(이하 "전담기관"이라 한다)은 특정한 사업을 영위하거나, 혹은 특정한 지역에 소재하는 기업(이하 "수혜기업"이라 한다)에게 여러 가지 지원사업을 수행하고 있다. 예컨대 해당 기업이 애로사항이 있는데 기업이 자체적으로 해결할 수 없거나 혹은 전적으로 경제적 부담을 수용하기 어려운 경우 전담기관은 수행기관(민간기관 포함)에게 의뢰를 하여 그 애로사항을 해결해 주는 사업이다. 전담기관은 통상 사업비를 수혜기업에게 직접 주지 않고 수행기관에게 지급하며 일정 금원은 수혜기업이 부담하도록 하고 있다. 이때 전담기관이 수혜기업을 대신하여 수행기관에게 지급하는 금원에 대한 부가가치세 처리방법에 관한 것이다.

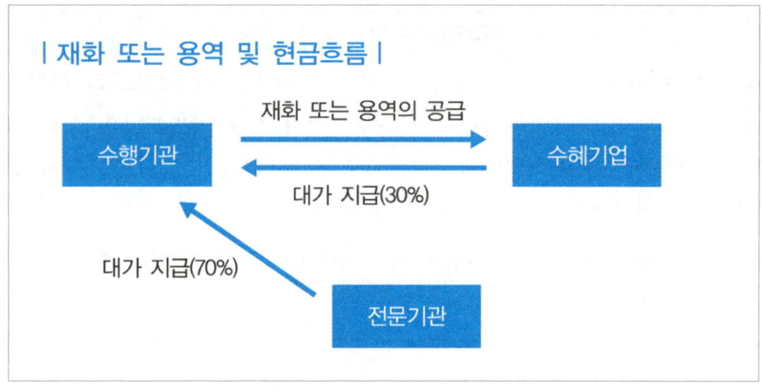

부가가치세법에 따르면 재화 또는 용역의 공급과 직접 관련되지 아니하는 국고보조금과 공공보조금은 부가가치세 과세표준에 포함하지 아니하나(부가가치세법 제29조 제5항 제4호), 공공보조금이 보조금수혜자를 통하여 사업자에게 재화 또는 용역의 공급에 대한 대가로 지급되거나 보조금수혜자를 통하지 않고 직접 사업자에게 재화 또는 용역의 공급에 대한 대가로 지급되는 등, 재화 또는 용역의 공급과 직접 관련하여 지급되는 경우에는 그 재원이 공공보조금이라 하더라도 사업자의 재화 또는 용역의 공급에 따른 부가가치세 과세표준에 포함되는 것으로 해석된다(대법원 2010두12699, 2010.10.14.).

따라서 본 건의 전담기관 지원금 역시 수혜기업을 위한 재화 또는 용역의 공급과 직접 관련되어 지급되는 것이므로 그 재원이 공공보조금의 성격이 있다하더라도 해당 수행기관의 재화 또는 용역의 공급에 따른 부가가치세 과세표준에 포함되어야 한다. 부연하면, 수행기관은 수혜기업에게 공급한 재화 또는 용역의 정상대가를 단지 수혜기업과 전담기관으로부터 나누어 받은 것에 불과하므로 지원금과 재화 또는 용역의 공급이 개별대응되므로 동 지원금은 수행기관의 부가가치세 과세표준에 포함되어야 한다는 것이다(부가 46012-3851, 2000.11.27.). 이때 수행기관은 전담기관의 지원금과 수혜기업의 부담금을 합한 금액을 공급가액으로 하여 본 재화 또는 용역을 공급받는 자인 수혜기업에게 세금계산서를 발급하여야 한다(부가가치세법 제32조 제1항).

(3) 감면의 한도

위의 감면기간 동안 감면받는 소득세 또는 법인세의 총합계액이 다음의 금액을 합한 금액을 초과하는 경우에는 그 합한 금액을 한도(이하 "감면한도"라 한다)로 하여 세액을 감면한다. 다만, 각 과세연도에 감면받을 소득세 또는 법인세에 대하여 감면한도를 적용할 때에는 ㉠을 먼저 적용한 후 ㉡의 금액을 적용한다(조세특례제한법 제12조의 2 제3항 · 제4항).

감면한도(㉠ + ㉡)
㉠ 대통령령으로 정하는 투자누계액의 50%(이하 "투자액 기준 한도"라 한다)
㉡ Min[해당 과세연도의 감면대상사업장의 상시근로자 수 × 1천5백만원[청년 상시근로자와 대통령령으로 정하는 서비스업(*)을 하는 감면대상사업장의 상시근로자의 경우에는 2천만원] (이하 "상시근로자 수 기준 한도"라 한다)

(*) 대통령령으로 정하는 서비스업이란 다음의 어느 하나에 해당하는 사업을 제외한 사업을 말한다.

1. 농업, 임업 및 어업
2. 광업
3. 제조업
4. 전기, 가스, 증기 및 수도사업
5. 건설업
6. 제29조 제3항에 따른 소비성서비스업

가. 투자액 기준 한도

'대통령령으로 정하는 투자누계액'이란 조세특례제한법 제12조의 2 제2항에 따라 법인세 또는 소득세를 감면받는 해당 과세연도까지의 기획재정부령으로 정하는 사업용자산에 대한 투자 합계액을 말한다(조세특례제한법 시행령 제11조의 2 제2항, 조세특례제한법 시행규칙 제8조의 3).

기획재정부령으로 정하는 사업용자산은 다음 중 어느 하나에 해당하는 자산을 말한다.

기획재정부령으로 정하는 사업용자산(다음 중 어느 하나에 해당하는 자산)
㉠ 해당 특구 등에 소재하거나, 해당 특구 등에서 해당 사업에 주로 사용하는 사업용 유형자산 ㉡ 해당 특구 등에 소재하거나, 해당 특구 등에서 해당 사업에 주로 사용하기 위해 건설 중인 자산 ㉢ 「법인세법 시행규칙」 별표 3에 따른 무형자산

사업용 유형자산은 토지를 포함한 감가상각대상 유형자산을 포함한다. 감가상각대상 유형자산은 다음과 같다.

구분	감가상각자산의 범위
유형자산	가. 건물(부속설비를 포함한다) 및 구축물(이하 "건축물"이라 한다) 나. 차량 및 운반구, 공구, 기구 및 비품 다. 선박 및 항공기 라. 기계 및 장치 마. 동물 및 식물 바. 기타 가목 내지 마목의 자산과 유사한 유형자산

한편, 「법인세법 시행규칙」 별표 3에 따른 무형자산은 다음과 같다.

구분	내용연수	무형자산
1	5년	영업권, 디자인권, 실용신안권, 상표권
2	7년	특허권
3	10년	어업권, 「해저광물자원 개발법」에 의한 채취권(생산량비례법 선택적용), 유료도로관리권, 수리권, 전기가스공급시설이용권, 공업용수도시설이용권, 수도시설이용권, 열공급시설이용권
4	20년	광업권(생산량비례법 선택적용), 전신전화전용시설이용권, 전용측선이용권, 하수종말처리장시설관리권, 수도시설관리권
5	50년	댐사용권

나. 상시근로자 수 기준 한도

상시근로자의 범위 및 상시근로자 수의 계산방법은 다음과 같다(조세특례제한법 시행령 제23조 제10항).

① 상시근로자의 범위

상시근로자는 「근로기준법」에 따라 근로계약을 체결한 내국인 근로자로 한다. 다만, 다음 중 어느 하나에 해당하는 사람은 제외한다.

상시근로자에서 제외되는 자
1. 근로계약기간이 1년 미만인 근로자(근로계약의 연속된 갱신으로 인하여 그 근로계약의 총 기간이 1년 이상인 근로자는 제외한다) 2. 근로기준법 제2조 제1항 제9호에 따른 단시간근로자. 다만, 1개월간의 소정근로시간이 60시간 이상인 근로자는 상시근로자로 본다. 3. 법인세법 시행령 제40조 제1항 각 호의 어느 하나에 해당하는 임원(*) 4. 해당 기업의 최대주주 또는 최대출자자(개인사업자의 경우에는 대표자를 말한다)와 그 배우자 5. 제4호에 해당하는 자의 직계존비속(그 배우자를 포함한다) 및 「국세기본법 시행령 제1조의 2 제1항에 따른 친족관계인 사람 6. 소득세법 시행령 제196조에 따른 근로소득원천징수부에 의하여 근로소득세를 원천징수한 사실이 확인되지 아니하고, 다음의 어느 하나에 해당하는 금액의 납부사실도 확인되지 아니하는 자 가. 「국민연금법」 제3조 제1항 제11호 및 제12호에 따른 부담금 및 기여금 나. 「국민건강보험법」 제69조에 따른 직장가입자의 보험료

(*) 「법인세법 시행령」 제40조 제1항 각 호의 어느 하나에 해당하는 임원은 다음과 같다.

임원
가. 법인의 회장, 사장, 부사장, 이사장, 대표이사, 전무이사 및 상무이사 등 이사회의 구성원 전원과 청산인 나. 합명회사, 합자회사 및 유한회사의 업무집행사원 또는 이사 다. 유한책임회사의 업무집행자 라. 감사 마. 그 밖에 가목부터 다목까지의 규정에 준하는 직무에 종사하는 자

② 청년상시근로자의 범위

청년상시근로자는 상시근로자 중 15세 이상 29세 이하인 사람 중 다음 중 어느 하나에 해당하는 사람을 제외한 사람이 해당한다. 다만, 해당 근로자가 조세특례제한법 시행령 제27조

제1항 제1호 각 목의 어느 하나에 해당하는 병역을 이행한 경우에는 그 기간(6년을 한도로 한다)을 현재 연령에서 빼고 계산한 연령이 29세 이하인 사람을 포함한다(조세특례제한법 시행령 제26조의 7 제3항 제1호).

청년상시근로자에서 제외되는 자
가. 기간제 및 단시간근로자 보호 등에 관한 법률」에 따른 기간제근로자 및 단시간근로자
나. 파견근로자보호 등에 관한 법률에 따른 파견근로자
다. 청소년 보호법 제2조 제5호 각 목에 따른 업소에 근무하는 같은 조 제1호에 따른 청소년

③ 상시근로자 수의 계산

(청년)상시근로자 수는 다음 계산식에 따라 계산한 수로 한다(조세특례제한법 시행령 제11조의 2 제6항).

$$(청년)상시근로자\ 수 = \frac{해당\ 과세연도의\ 매월\ 말\ 현재\ (청년)상시근로자\ 수의\ 합}{해당\ 과세연도의\ 개월\ 수}$$

다만, 근로기준법에 따른 단시간근로자 중 1개월간의 소정근로시간이 60시간 이상인 근로자 1명은 0.5명으로 하여 계산하되, 다음의 지원요건을 모두 충족하는 경우에는 0.75명으로 하여 계산한다(조세특례제한법 시행령 제23조 제11항 후문).

지원요건
㉠ 해당 과세연도의 상시근로자 수(조세특례제한법 시행령 제23조 제10항 제2호 단서에 따른 근로자는 제외한다)가 직전 과세연도의 상시근로자 수(조세특례제한법 시행령 제23조 제10항 제2호 단서에 따른 근로자는 제외한다)보다 감소하지 아니하였을 것
㉡ 기간의 정함이 없는 근로계약을 체결하였을 것
㉢ 상시근로자와 시간당 임금(「근로기준법」 제2조 제1항 제5호에 따른 임금, 정기상여금·명절상여금 등 정기적으로 지급되는 상여금과 경영성과에 따른 성과금을 포함한다), 그 밖에 근로조건과 복리후생 등에 관한 사항에서 「기간제 및 단시간근로자 보호 등에 관한 법률」 제2조 제3호에 따른 차별적 처우가 없을 것
㉣ 시간당 임금이 「최저임금법」 제5조에 따른 최저임금액의 100분의 130(중소기업의 경우에는 100분의 120) 이상일 것

위의 규정에 따라 계산한 상시근로자 수 중 100분의 1 미만 부분은 없는 것으로 한다(조세특례제한법 시행령 제11조의 2 제6항).

④ 구분경리

상시근로자 수 기준 한도를 적용함에 있어 서비스업에 대한 한도(상시근로자 수 × 2천만원)를 적용받는 기업은 조세특례제한법 제143조를 준용하여 서비스업과 그 밖의 사업을 각각 구분하여 경리하여야 한다(조세특례제한법 제12조의 2 제8항).

|개정세법해설| **지역특구 세제지원시 지원한도 신설**(조세특례제한법 제12조의 2 · 제121조의 8~9 · 제121조의 17 · 제121조의 20 · 제121조의 21, 조세특례제한법 시행령 제11조의 3, 조세특례제한법 시행규칙 제8조의 3)[604]

(1) 개정내용

종 전	개 정
□ 지역특구* 세제지원제도 * 기업도시, 신발전지역, 대덕특구, 아시아문화중심도시, 금융중심지, 제주특별자치도(첨단과학기술단지, 투자진흥지구, 자유무역지역) ○ 적용대상 : 지역특구內 창업 · 사업장 신설기업 또는 입주기업 ○ 감면내용 : 해당 사업소득에 대한 소득세 · 법인세를 3년간 100%, 2년간 50% 감면	□ 지원한도 신설 ○ 한도금액 - 지역특구內 기업에 대한 총세제지원 한도 설정(①+②) ① 투자누계액의 50% ② Min(㉠ 감면대상사업장의 상시 근로자 수×1천만원, ㉡ 투자누계액의 20%) ○ 투자누계액 산정시 대상 사업용 자산의 범위 - 해당 사업에서 주로 사용하는 사업용유형자산(토지, 건축물, 차량, 운반구 등 포함) - 건설중인자산 - 무형고정자산(영업권, 특허권, 상표권 등)

(2) 개정이유

지역특구 세제지원시 지원한도를 신설하여 투자금액 및 고용에 비하여 과다하게 조세감면을 받는 사례를 방지

(3) 적용시기 및 적용례

2011.1.1. 이후 입주하거나 창업 · 사업장신설 기업 등부터 적용

604) 기획재정부, 「2010 간추린 개정세법」, 2011, 267면

(4) 감면세액의 납부

연구개발특구 입주기업에 대한 세액감면의 사후관리기간은 2년이다. 즉, 위의 감면한도 중 '상시근로자 수 기준 한도'를 적용받아 소득세 또는 법인세를 감면받은 기업이 감면받은 과세연도 종료일부터 2년이 되는 날이 속하는 과세연도 종료일까지의 기간 중 각 과세연도의 감면대상사업장의 상시근로자 수가 감면받은 과세연도의 상시근로자 수보다 감소한 경우에는 아래의 계산 산식에 따라 감면받은 세액에 상당하는 금액을 상시근로자 수가 감소된 과세연도의 과세표준을 신고할 때 소득세 또는 법인세로 납부하여야 한다(조세특례제한법 제12조의 2 제5항, 조세특례제한법 시행령 제11조의 2 제4항).

단, 감면세액 납부액을 계산함에 있어 그 수가 음수이면 영으로 보고, 감면받은 과세연도 종료일 이후 2개 과세연도 연속으로 상시근로자 수가 감소한 경우에는 두 번째 과세연도에는 첫 번째 과세연도에 납부한 금액을 뺀 금액을 말한다.

감면세액 납부액 = Max[(㉠ - ㉡), 0]
㉠ 해당 기업의 상시근로자 수가 감소된 과세연도의 직전 2년 이내의 과세연도에 감면한도 중 상시근로자수 기준 한도를 적용받아 감면받은 세액의 합계액 ㉡ 상시근로자 수가 감소된 과세연도의 감면대상사업장의 상시근로자 수 × 1천5백만원(청년 상시근로자와 대통령령으로 정하는 서비스업을 하는 감면대상사업장의 상시근로자의 경우에는 2천만원)

2 적용기한

조세특례제한법 제12조의 2에 따른 연구개발특구 입주기업에 대한 세액감면은 2021.12.31.까지 「연구개발특구의 육성에 관한 특별법」 제9조 제1항에 따라 첨단기술기업으로 지정받거나 동법 제9조의 3 제2항에 따라 등록한 연구소기업에 한해서 적용된다.

3 조세특례의 제한 등

조세특례제한법 제12조의 2에 따른 연구개발특구 입주기업에 대한 세액감면에 대한 조세특례의 제한 등은 '제8편 조세특례의 제한 및 보칙'을 참고하기로 한다.

조세특례제한법 제12조의 2에 적용되는 조세특례의 제한 및 보칙	해당 조문
동일 과세연도에 세액감면과 투자세액공제의 중복적용 배제	조세특례제한법 제127조 제4항
동일 사업장·동일 과세연도에 세액감면 간 중복적용의 배제	조세특례제한법 제127조 제5항
무신고 결정 또는 기한 후 신고 시 세액감면의 배제	조세특례제한법 제128조 제2항
경정 또는 경정할 것을 미리 알고 수정신고서를 제출한 경우의 세액감면 배제	조세특례제한법 제128조 제3항
사업용계좌 미신고 등의 경우의 세액감면 배제	조세특례제한법 제128조 제4항
최저한세액에 미달하는 세액에 대한 감면 등의 배제	조세특례제한법 제132조
구분경리	조세특례제한법 제143조

4 세액감면의 신청

조세특례제한법 제12조의 2에 따른 연구개발특구기업에 대한 법인세를 감면받고자 하는 자는 과세표준신고와 함께 세액감면신청서(별지 제2호 서식)를 납세지 관할 세무서장에게 제출하여야 한다(조세특례제한법 제12조의 2 제7항, 조세특례제한법 시행령 제11조의 2 제8항, 조세특례제한법 시행규칙 제61조 제1항 제3호).

5 감면분 농어촌특별세 비과세

조세특례제한법 제12조의 2에 따른 연구개발특구기업에 대한 법인세를 감면받은 경우 감면세액에 대한 농어촌특별세가 부과되지 않는다(농어촌특별세법 제4조 제12호, 동법 시행령 제4조 제6항 제1호).

6 관련서식

조세특례제한법 제12조의 2에 따른 연구개발특구기업에 대한 세액감면신청서(별지 제2호 서식)는 제6편에서 살펴본 조세특례제한법 제12조 제1항에 따른 기술이전에 대한 세액감면 신청서와 같다.

제2장

소득세, 지방세, 관세법상 연구개발 조세지원

제 1 절 소득세편

1 연구요원 연구활동비 소득세 비과세

(1) 연구요원 연구활동비 소득세 비과세 개요

근로소득이란 근로의 제공에 대한 대가 및 근로의 제공과 밀접한 관계를 가지는 것으로서 근로조건의 내용을 이루는 급여를 말하며, 근로를 제공함으로써 받는 봉급·급료·세비·임금·상여·수당 등을 모두 포함하는 의미이다(소득세법 제20조, 소득세법 시행령 제38조).

연구수당 또한 근로의 제공에 따른 대가로서 근로소득에 해당하는데, 정부출연연구기관 등과 중소기업 또는 벤처기업의 기업부설연구소 및 연구개발전담부서(이하 "전담부서등"이라 한다)(물적요건)에서 연구활동에 직접 종사하는 자(인적요건)에게 지급하는 연구보조비 또는 연구활동비(이하 "연구활동비"라 한다) 중 월 20만원 이내의 금액(금액요건)은 실비변상적(實費辨償的) 성질의 급여에 해당하여 소득세를 과세하지 않는다(소득세법 제12조 제3호 자목, 소득세법 시행령 제12조 제12호 나목·다목, 소득세법 시행규칙 제6조의 4).

이하에서는 연구요원의 연구활동비 소득세 비과세 요건을 구체적으로 살펴본다.

(2) 연구요원 연구활동비 소득세 비과세 요건

가. 물적요건

연구요원의 소속기관에 대한 요건이다. 소득세법에서는 다음의 연구기관 또는 전담부서 등으로 한정하고 있다(소득세법 시행령 제12조 제12호 나목·다목).

물적요건	
적격 연구기관	㉠ 「특정연구기관 육성법」의 적용을 받는 연구기관[605] ㉡ 특별법에 따라 설립된 정부출연연구기관[606] ㉢ 「지방자치단체출연 연구원의 설립 및 운영에 관한 법률」에 따라 설립된 지방자치단체출연 연구원[607]
적격 전담부서등	㉠ 「중소기업기본법」 제2조에 따른 중소기업자가 설립한 기업부설연구소 및 연구개발전담부서 ㉡ 「벤처기업육성에 관한 특별조치법」 제2조에 따른 벤처기업이 설립한 기업부설연구소 및 연구개발전담부서

위의 기업부설연구소 및 연구개발전담부서는 「기초연구진흥 및 기술개발지원에 관한 법률 시행령」 제16조의 2 제1항 제1호 또는 제3호의 기준을 충족하여 「기초연구진흥 및 기술개발 지원에 관한 법률」 제14조의 2 제1항에 따라 인정받은 중소기업 또는 벤처기업의 기업부설연구소와 같은항에 따라 설치하는 연구개발전담부서(중소기업 또는 벤처기업에 설치하는 것으로 한정한다)를 말하는 것이므로, 「문화산업진흥 기본법」 제17조의 3 제1항에 따른 기업부설창작연구소 또는 기업창작전담부서는 적격 전담부서등에 포함되지 않는다

605) 「특정연구기관 육성법 시행령」 제3조에 따르면 특정연구기관은 다음과 같다. 「한국과학기술원법」에 따른 한국과학기술원, 「광주과학기술원법」에 따른 광주과학기술원, 「대구경북과학기술원법」에 따른 대구경북과학기술원, 「울산과학기술원법」에 따른 울산과학기술원, 「한국원자력안전기술원법」에 따른 한국원자력안전기술원, 「방사선 및 방사성동위원소 이용진흥법」 제13조의 2에 따른 한국원자력의학원, 「원자력안전법」 제6조에 따른 한국원자력통제기술원, 「한국연구재단법」에 따른 한국연구재단, 「과학기술기본법」에 따른 한국과학기술기획평가원 및 한국과학창의재단, 「산업기술혁신 촉진법」에 따른 한국산업기술진흥원, 한국산업기술평가관리원, 한국세라믹기술원 및 한국산업기술시험원, 「정보통신산업 진흥법」에 따른 정보통신산업진흥원, 「국제과학비즈니스벨트 조성 및 지원에 관한 특별법」 제14조에 따른 기초과학연구원

606) 특별법에 따라 설립된 정부출연연구기관은 국가과학기술연구회 소속 연구원(25개)으로서 한국과학기술연구원 (부설) 녹색기술센터, 한국기초과학지원연구원 (부설) 국가핵융합연구소, 한국천문연구원, 한국생명공학연구원, 한국과학기술
정보연구원, 한국한의학연구원, 한국생산기술연구원, 한국전자통신연구원 (부설) 국가보안 기술연구소, 한국건설기술 연구원, 한국철도기술연구원, 한국표준과학연구원, 한국식품연구원 (부설) 세계김치 연구소, 한국지질자원연구원, 한국기계연구원 (부설) 재료연구소, 한국항공우주연구원, 한국에너지기술연구원, 한국전기연구원, 한국화학연구원 (부설) 안전성평가연구소, 한국원자력연구원과 경제·인문사회연구회 소속 연구원(26개)으로서 한국개발연구원, KDI국제정책대학원, 건축도시공간연구소, 국토연구원, 과학기술정책연구원, 대외경제정책연구원, 산업연구원, 에너지경제연구원, 육아정책연구소, 정보통신정책연구원, 통일 연구원, 한국교육개발원, 한국교육과정평가원, 한국교통연구원, 한국노동연구원, 한국농촌경제연구원, 한국법제연구원, 한국보건사회연구원, 한국여성정책 연구원, 한국조세재정연구원, 한국직업능력개발원, 한국청소년정책 연구원, 한국해양수산개발원, 한국행정연구원, 한국형사정책연구원, 한국환경정책·평가연구원이 있다.

607) 지방자치단체출연 연구원의 설립 및 운영에 관한 법률에 따라 설립된 지방자치단체출연연구원은 서울연구원, 광주발전연구원, 대구경북연구원, 대전발전연구원, 부산발전연구원, 울산발전연구원, 인천발전연구원, 강원발전연구원, 경기개발연구원, 경남발전연구원, 전남발전연구원, 전북발전연구원, 제주발전연구원, 충남발전연구원, 충북발전연구원 등이 있다.

(소득세법 시행령 제12조 제12호 다목).

나. 인적요건

연구활동비에 대해 소득세 비과세에 따른 조세지원을 받을 수 있는 자는 적격연구기관 및 적격전담부서등에 종사하는 다음의 자가 해당된다.

인적요건	
적격 연구기관	㉠ 연구활동에 직접 종사하는 자(대학교 교원에 준하는 자격을 가진 자) ㉡ 직접적으로 연구활동을 지원하는 자로서 기획재정부령으로 정하는 자
적격 전담부서등	㉠ 연구활동에 직접 종사하는 자

① 적격 연구기관

적격 연구기관의 경우 연구활동비에 대해 소득세 비과세에 따른 조세지원을 받을 수 있는 자를 연구활동에 직접 종사하는 자(대학교 교원에 준하는 자격을 가진 자)와 '직접적으로 연구활동을 지원하는 자로서 기획재정부령으로 정하는 자'로 규정하고 있는데, 연구활동을 지원하는 자의 범위는 다음과 같다(소득세법 시행규칙 제6조의 4).

연구활동을 지원하는 자의 범위
적격 연구기관의 종사자 중 다음의 자를 제외한 자 ㉠ 연구활동에 직접 종사하는 자(대학교원에 준하는 자격을 가진 자에 한한다) ㉡ 건물의 방호 · 유지 · 보수 · 청소 등 건물의 일상적 관리에 종사하는 자 ㉢ 식사제공 및 차량의 운전에 종사하는 자

적격 연구기관에서 연구활동에 직접 종사하는 자는 대학교 교원에 준하는 자격을 가진 자에 한한다고 별도로 규정하고 있으나,[608] 교원이 아닌자라 하더라도 적격 연구기관의 종사자에 해당하고, 건물의 방호 · 유지 · 보수 · 청소 등 건물의 일상적 관리에 종사하는 자 또는 식사제공 및 차량의 운전에 종사하는 자가 아니라면, 문리해석상 비과세 규정 적용이 가능하다고 판단된다.

② 적격 전담부서등

적격 전담부서등의 경우 연구활동비에 대해 소득세 비과세에 따른 조세지원을 받을 수 있는 자를 연구활동에 직접 종사하는 자로 규정하고 있다. 하지만, 소득세법에서는 현재 위의

608) 고등교육법 제16조 및 동법 시행령 제5조에 의해 위임된 '대학교원 자격기준 등에 관한 규정(대통령령) [별표] 교원 및 조교의 자격기준'을 참고할 것

'연구활동에 직접 종사하는 자'의 범위가 구체적으로 명시되어 있지는 않다. 다만, 과거 세무당국은 '연구활동에 직접 종사하는 자'라 함은 연구부서(연구팀을 포함)에서 연구활동에 직접 종사하는 자(전문대학 졸업이상의 학력을 가진 자에 한함)를 말하는 것으로, 관리 · 기획 · 지원 · 보조업무를 담당하는 자는 '연구활동에 직접 종사하는 자'에 해당하지 아니한다는 입장을 밝힌바 있다(법인 46013-435, 1999.2.2.).

필자의 생각으로는 '연구활동에 직접 종사하는 자'의 범위는 적격 연구기관 또는 적격 전담부서등의 구성원 중 연구업무 외 다른 업무를 병행하지 않고 연구개발활동과 관련된 업무만을 수행하는 사람을 말하는 것으로, 연구전담요원 외 연구보조원이 연구개발활동에 직접 종사하는 경우에는 '연구활동에 직접 종사하는 자'에 포함시키는 것이 타당하다고 판단된다.

「기초연구진흥 및 기술개발지원에 관한 법률 시행령」 제2조 정의	
연구개발활동	과학기술 분야 또는 서비스 분야의 지식을 축적하거나 새로운 응용방법을 찾아내기 위하여, 축적된 창의적 지식을 활용하는 체계적이고 창조적인 활동으로서 새로운 제품 및 공정(工程)을 개발하기 위한 시제품(試製品)의 설계 · 제작 및 시험, 새로운 서비스 및 서비스 전달체계의 개발 등 사업화 전까지의 모든 과정
연구전담요원	연구개발활동과 관련된 연구업무를 하면서 다른 업무를 겸하지 아니하는 사람
연구보조원	연구전담요원의 지시에 따라 실험 · 검사 및 측정 등 연구보조업무를 하면서 다른 업무를 겸하지 아니하는 사람
연구관리직원	연구행정, 연구지원 사무 등 연구관리업무를 하면서 다른 업무를 겸하지 아니하는 사람

왜냐하면 연구전담요원과 연구보조원은 학력 등의 자격요건에 차이가 있을 뿐, 연구개발활동에 종사 하는 것에는 차이가 없으므로 달리 취급할 이유가 없기 때문이다. 부연하면 소득세법상 연구요원의 연구활동비 비과세 규정의 취지가 조세 지원을 통해 기업의 연구개발을 장려하고 촉진하는데 있는 점을 고려한다면, 정책 · 세무당국은 입법론상 또는 해석상 연구개발활동과 관련된 업무만을 수행하는 연구보조원도 '연구활동에 직접 종사하는 자'에 해당하는 것으로 보아 비과세 규정을 적용시켜 주는 것이 바람직하다고 판단된다.

한편, 적격연구기관에서 연구활동에 직접 종사하는 자는 대학교 교원에 준하는 자격을 가진 자에 한한다고 별도로 규정하고 있다.[609)]

609) 고등교육법 제16조 및 동법 시행령 제5조에 의해 위임된 '대학교원 자격기준 등에 관한 규정(대통령령) [별표]

다. 금액요건

연구활동비 중 월 20만원 이내의 금액에 한해서 실비변상적 성질의 급여로 보아 근로소득으로 과세하지 않는다.

따라서 연구활동비 지급액이 월 20만원을 초과하는 경우 그 초과금액은 근로소득에 해당한다. 이때 연구활동비를 1년에 한번 일시에 240만원을 지급하는 경우 해당 월 기준으로 20만원을 초과한 220만원에 대해서도 근로소득 비과세 혜택을 받을 수 있는지 논란이 있을 수 있으므로 매월 20만원 이내의 금액을 연구활동비로 지급하는 것이 적절할 것으로 판단된다.

마지막으로 연구활동비가 일반 근로소득과 구별되는 실비변상적 성질의 비과세 근로소득으로 인정받기 위해서 적격 연구기관 및 적격 전담부서등은 '연구활동비 지급규정'을 구비하고, '연봉계약서'에도 연구활동비의 지급내용을 포함시키는 것이 좋다. 이러한 내부규정은 세무당국과 불필요한 논쟁을 일으키지 않을 수 있으며, 해당 연구요원들에게도 지급되는 금원이 연구활동비로 사용되는 것임을 미리 밝혀 놓는 지침이 될 수 있을 것으로 판단된다(같은 뜻, 서면-2015-법령해석소득-0808, 2015.7.7., 원천세과-314, 2010.4.15., 서면인터넷방문상담1팀-567, 2006.5.1., 서면인터넷방문상담1팀-169, 2005.2.2.).

이와 같이 「소득세법 시행령」 제12조 제12호 규정에 의하여 연구활동에 직접 종사하는 자가 지급받는 연구활동비로서 근로소득에서 제외되는 금액은, 해당 연구기관으로부터 연구활동비 지급규정에 따라 지급받는 금액으로서 동 연구활동비가 당해 연구기관과의 연봉계약서에 포함되어 있는 경우 월 20만원 이내의 금액이 과세 제외되는 것이다. 이는 실제 소요된 비용을 정산받지 않을 것을 조건으로 하는 자기차량운전보조금(소득세법 시행령 제12조 제3호) 등과는 그 성격이 다르며, 오히려 실비변상적 급여의 범위에 포함되어 있는 각종 수당(소득세법 시행령 제12조 제14호의 취재수당 등)과 유사한 성질의 것으로 판단된다.

사례 101 연구활동비에 대한 비과세를 적용함에 있어 특정연구기관육성법의 적용을 받는 연구기관의 종사 직원 중 직접적으로 연구활동을 지원하는 자의 범위

다음의 사례(원천세과-738, 2009.9.9.)를 살펴보자.

(사실관계)

- 한국원자력통제기술원은 원자력법 제9조의 5에 따라 설립되었으며 특정연구기관육성법 제2조 및 특정연구기관육성법 시행령 제3조에 따른 연구기관임.
- 한국원자력통제기술원은 건물방호 유지 및 청소와 식사제공 등에 종사하는 자를

교원 및 조교의 자격기준'을 참고할 것. 관련 심판례로서는 국심 2000중2, 2000.10.11.

제외한 모든 직원(연구부서, 행정부서)에게 연구활동비를 지급하고 있음.

(질의요지)

- 한국원자력통제기술원의 행정부서 직원들에게 지급하는 월 20만원 이내 연구활동비가 실비변상적인 급여에 해당하는지.

세무당국은 위의 질의에서 「특정연구기관육성법」의 적용을 받는 연구기관의 종사 직원 중 '직접적으로 연구활동을 지원하는 자'에는 「소득세법 시행규칙」 제6조의 4 각 호의 자를 제외하는 것이라고 회신하였다.

적격 연구기관의 종사자 중, 건물의 방호·유지·보수·청소 등 건물의 일상적 관리에 종사하는 자 또는 식사제공 및 차량의 운전에 종사하는 자가 아니라면, 연구활동에 직접 종사하는 자 또는 직접적으로 연구활동을 지원하는 자에 해당하기 때문에, 비과세 규정 적용이 가능하다는 것으로 판단된다.

사례 102 '연구활동에 직접 종사하는 자'의 범위

세무당국은 '연구활동에 직접 종사하는 자'라 함은 연구부서의 구성원 중 연구업무 외의 다른 업무를 병행하지 않고 연구활동에 직접 종사하는 자(전문대학 졸업이상의 학력을 가진 자에 한함)를 말하는 것으로, 연구부서에서 부서의 관리·기획·지원·보조업무를 담당하는 자는 이에 해당하지 않는 것이라고 회신하였다(서면1팀-207, 2005.2.15., 법인 46013-435, 1999.2.2.).

한편, 연구활동이란 연구부서 등에서 특정 연구과제를 위해 직접 연구업무를 수행하는 것을 말하므로, 연구기관의 장이 연구기관의 업무전반을 통할하는 것만으로는, '연구활동에 직접 종사하는 것'으로 볼 수는 없을 것이다(재소득 46073-123, 1998.8.24.).

사례 103 연구활동비 지급규정의 구비

비과세대상이 되는 연구활동비에는 당해 연구기관의 연구활동비 지급규정에 의하여 지급되는 것으로서 연구활동에 직접 소요되는 비용에 대한 보조비인 연구활동비 및 연구성과에 대한 직접보상비용으로 지급되는 성과급·능률급 등의 연구활동비가 포함되는 것이나, 일반적인 수당성격의 급여인 자가운전비, 효도휴가비, 통근비, 월동보조비 등은 동 규정에 의한 연구활동비로 볼 수 없다(재소득 46073-204, 1996.12.24.).

연구활동에 직접 종사하는 자가 지급받는 연구활동비로서 근로소득에서 제외되는 금액은 해당 연구기관으로 부터 연구활동비 지급규정에 따라 지급받는 금액으로서 동 연구활동비가 당해 연구기관과의 '연봉계약서'에 포함되어 있는 경우 소득세법 시행령 규정에 의한 금액의 범위 내에서 과세 제외되는 것이며, 이에 해당 하지 아니하는 경우에는 과세대상 근로소득에 해당한다(서면1팀-567, 2006.5.1.).

2 직무발명보상금 소득세 비과세

(1) 직무발명보상금 세제지원제도의 개요

직무발명에 대한 인센티브의 제공은 종업원(임원 포함, 이하 종업원등)에게 기술개발 의욕을 고취시킬뿐더러 기술 및 영업비밀 유출이나 우수인력의 이직을 방지하는 효과를 거둘 수 있고, 그러한 효과에 기반하여 기업은 핵심기술 개발을 통한 매출증대, 시장에서의 독점적 지위 확보, 기술축적 및 기술의 상호 공유를 통한 성장을 추구할 수 있다.

이에 직무발명보상제도의 활성화와 종업원등의 직무발명을 장려하기 위하여 종업원등이 '직무발명으로 받는 보상금'에 대하여는 일정 한도액 범위 내에서 근로소득(또는 기타소득)을 비과세하는 방식으로 종업원에게 세제혜택을 부여하고 있으며, 동시에 해당 기업이 그 종업원 또는 종업원 외의 자에게 직무발명 보상금으로 지출한 금액은 연구개발 및 인력개발을 위한 비용으로서 조세특례제한법 제10조에 따른 연구·인력개발비에 대한 세액공제를 적용받을 수 있도록 하여 기업에게도 세제혜택을 부여하고 있다.

2016년까지 종업원등이 사용자로부터 받은 직무발명보상금과 대학교 교직원이 소속대학에 설치된 산학협력단으로부터 받는 직무발명보상금은 금액의 크기에 관계없이 전액 비과세 기타소득으로 규정하고 있었으나, 2016.12.20. 세법 개정시 발명진흥법에 따른 직무발명으로 종업원 등이 사용자 등으로부터 받는 보상금과 대학의 교직원이 산학협력단으로부터 받는 보상금의 소득구분을 기타소득에서 ① 퇴직 전에 지급받는 분은 근로소득으로[610] ② 퇴직한 후에 지급받는 분은 기타소득으로 세분화[611] 하는 한편, ①과 ②의 소득금액을 합하여 연간 총 300만원 내에서 비과세(①의 소득에서 비과세 선적용)하도록[612] 개정하였다. 본 개정규정은 2017.1.1. 이후 지급받는 소득분부터 적용한다.

한편, 2019년 세법 개정시 근로소득(또는 기타소득) 비과세 한도를 인당 연 500만원으로 개정하고, 대학과 고용관계가 있는 학생이 소속대학에 설치된 산학협력단으로부터 지급받은 직무발명보상금도 비과세 근로소득(또는 기타소득)의 범위에 포함되도록 개정되었으며, 동

610) 소득세법 제20조 제1항 제5호(2016.12.20. 법률 제14389호로 일부 개정된 것)
611) 소득세법 제21조 제22호의 2(2016.12.20. 법률 제14389호로 일부 개정된 것)
612) 소득세법 제12조 제3호 어목 및 제5호 라목(2016.12.20. 법률 제14389호로 일부 개정된 것)

개정규정은 2019.1.1. 이후 발생하는 소득분부터 적용한다.[613)]

다만, 2016.12.20. 세법 개정 전·후 현재에 이르기까지 해당 기업이 그 종업원 또는 종업원 외의 자에게 직무발명 보상금으로 지출한 금액은 연구개발 및 인력개발을 위한 비용으로서 조세특례제한법 제10조에 따른 연구·인력개발비에 대한 세액공제를 적용받을 수 있다.

|개정세법해설| 직무발명보상금 과세기준 보완(소득세법 제12조, 제22조, 소득세법 시행령 제38조)[614)]

(1) 개정내용

종 전	개 정
□ 근로소득의 범위 ○ 근로수당·가족수당·전시수당·물가수당·출납수당·직무수당 기타 이와 유사한 성질의 급여 등 〈추 가〉	□ 직무발명보상금의 근로소득 포함 명확화 ○ 종업원 등이 「발명진흥법」상 지급받는 직무발명 보상금 ※ 단, 퇴직 후 받으면 기타소득으로 구분
□ 비과세 범위 ○ 「발명진흥법」에 따른 직무발명 보상금 ※ 유권해석('02.12.30.)에 따라 특허등의 등록 보상에 대해 비과세분	□ 비과세 범위 보완 ○ 「발명진흥법」상 직무발명 보상금(출원·등록·실시보상등 포함)으로서 연 300만원 이하의 보상금

(2) 개정이유

판례 등을 감안하여 소득구분 및 비과세범위 보완

(3) 적용시기 및 적용례

2017.1.1. 이후 지급받는 소득분부터 적용

613) 소득세법 부칙(법률 제16104호, 2018.12.31.) 제2조 제1항

614) 기획재정부 「2016 간추린 개정세법」, 2017, 5면

|개정세법해설| **직무발명보상금 비과세 확대**(소득세법 제12조, 소득세법 시행령 제17조의 3, 제18조 제2항)[615)]

(1) 개정내용

종 전	개 정
□ 직무발명보상금 비과세 한도 ○ 300만원	□ 비과세 한도 확대 ○ 300만원 → 500만원
□ 직무발명보상금 비과세 대상 ○ 종업원등이 사용자등으로부터 받은 보상금 ○ 소속 대학의 산학협력단으로부터 대학 교직원이 받은 보상금	□ 비과세 대상 추가 ○ (좌 동) ○ (좌 동)
〈추 가〉	○ 소속 대학의 산학협력단으로부터 학생이 받은 보상금

(2) 개정이유

지원 강화

(3) 적용시기 및 적용례

2019.1.1. 이후 발생하는 소득분부터 적용

(2) 직무발명보상금의 소득구분

종업원등 또는 대학의 교직원 및 대학과 고용관계가 있는 학생이 퇴직 전에 지급받는 직무발명보상금은 근로소득으로, 퇴직 후에 지급받는 직무발명보상은 기타소득으로 구분된다(소득세법 제20조 제1항 제5호 및 제21조 제1항 제22호의 2). 한편, 대학과 고용관계 없는 학생이 소속 대학에 설치된 산학협력단으로부터 받는 직무발명보상금은 기타소득에 해당한다(같은 뜻, 서면-2017-법령해석소득-1558, 2017.12.22.).

(3) 비과세 대상 직무발명보상금의 범위 및 한도

「발명진흥법」 제2조 제2호에 따른 직무발명으로 받는 다음의 보상금에 대하여는 소득세를 과세하지 않는다(소득세법 제12조 제3호 어목 및 제5호 라목).

615) 기획재정부 「2018 간추린 개정세법」, 2019, 5면

<table>
<tr><th colspan="2">다음의 보상금으로서 연간 500만원 한도[616)]</th></tr>
<tr><td>근로소득</td><td>㉠ 「발명진흥법」 제2조 제2호에 따른 종업원등이 같은 호에 따른 사용자등으로부터 받는 보상금
㉡ 대학의 교직원 또는 대학과 고용관계가 있는 학생이 소속 대학에 설치된 「산업교육진흥 및 산학연협력촉진에 관한 법률」 제25조에 따른 산학협력단으로부터 같은 법 제32조 제1항 제4호에 따라 받는 보상금</td></tr>
<tr><td>기타소득</td><td>㉠ 「발명진흥법」 제2조 제2호에 따른 종업원등이 퇴직한 후에 지급받는 보상금
㉡ 대학의 교직원이 퇴직한 후에 지급받거나 대학의 학생이 소속 대학에 설치된 「산업교육진흥 및 산학연협력촉진에 관한 법률」 제25조에 따른 산학협력단으로부터 받는 보상금</td></tr>
</table>

직무발명보상금의 비과세 범위 및 한도금액의 개정내용은 다음과 같다.

| 표 _ 직무발명보상금 비과세 범위 및 한도금액의 연혁 |

<table>
<tr><th colspan="2" rowspan="3">구분</th><th colspan="6">비과세 범위</th></tr>
<tr><th colspan="2">~2016.12.31.</th><th colspan="2">2017.1.1.~
2018.12.31</th><th colspan="2">2019.1.1.~</th></tr>
<tr><th>퇴직 전</th><th>퇴직 후</th><th>퇴직 전</th><th>퇴직 후</th><th>퇴직 전</th><th>퇴직 후</th></tr>
<tr><td colspan="2">사용자가 종업원등에 지급</td><td colspan="2" rowspan="2">기타소득
비과세</td><td rowspan="2">근로소득
비과세</td><td rowspan="2">기타소득
비과세</td><td rowspan="3">근로소득
비과세</td><td rowspan="3">기타소득
비과세</td></tr>
<tr><td rowspan="3">산학협력
단이</td><td>교직원에 지급</td></tr>
<tr><td>고용관계 있는
학생에 지급</td><td>근로소득
과세</td><td>기타소득
과세</td><td>근로소득
과세</td><td>기타소득
과세</td></tr>
<tr><td>고용관계 없는
학생에 지급</td><td colspan="4">기타소득
과세</td><td colspan="2">기타소득
비과세</td></tr>
<tr><td colspan="2">비과세 한도금액</td><td colspan="2">한도 없음</td><td colspan="2">300만원 한도</td><td colspan="2">500만원 한도</td></tr>
</table>

가. 「발명진흥법」 제2조 제2호에 따른 종업원등이 사용자등으로부터 받는 직무발명 보상금

발명진흥법에서는 발명을 장려할 목적으로 직무발명제도를 규정하고 있으며, 소득세법에서는 종업원등이 발명진흥법에 따라 사용자등으로부터 받는 직무발명보상금에 대하여 퇴직 전에 지급받는 소득분은 근로소득으로, 퇴직 후에 지급받는 소득분은 기타소득으로 구분하고, 근로소득과 퇴직소득 금액을 합하여 연간 총 500만원 내에서 비과세소득으로 규정하고 있다.

616) 소득세법 시행령 제17조의 3 및 제18조 제2항

한편, 기타소득 비과세 적용 시 해당 과세기간에 근로소득 비과세를 적용한 금액이 있는 경우에는 500만원에서 해당 금액을 차감한 금액으로 한다.[617)]

소득세법상 비과세소득으로 보는 직무발명보상금과 조세특례제한법상 적격한 연구개발비로 보는 직무발명보상금의 지출액은 그 주체만 다를 뿐 같은 것이므로 '제3편 제2장 8. 직무발명보상금 지출액'에서 살펴본 직무발명의 성립요건, 직무발명에 대한 보상의 종류 등을 참고하도록 한다.

나. 대학의 교직원 또는 대학의 학생이 소속 대학에 설치된 「산업교육진흥 및 산학연협력촉진에 관한 법률」 제25조에 따른 산학협력단으로부터 받는 직무발명보상금

산학협력단[618)]은 산학협력단의 재원 수입에 기여한 교직원 및 학생에 대하여 「산업교육진흥 및 산학연협력촉진에 관한 법률」 제32조에 따라 보상금을 지급할 수 있다. 동 보상금 중 발명진흥법 제2조 제2호에 따른 직무발명에 대한 대가로 지급하는 보상금은 근로소득 또는 퇴직소득으로 구분할 수 있는데, 대학교 교직원 또는 대학과 고용관계가 있는 학생이 퇴직 전에 지급받는 소득분은 근로소득으로, 퇴직 후에 지급받거나 고용관계 없는 학생이 지급받는 소득분은 기타소득으로 구분하고, 근로소득과 퇴직소득 금액을 합하여 연간 총 500만원 내에서 비과세소득으로 규정하고 있다.

사례 104 회사의 임원에게 지출한 금액도 소득세법상 비과세대상인 직무발명보상금으로 보는 것인지 여부

2008.10.7. 개정전 조세특례제한법 시행령 별표 6(조세특례제한법 시행령 제8조 제1항 관련)에서 규정하고 있는 종업원을 발명진흥법 제2조 제2호에서 규정한 종업원등(종업원, 임원 또는 공무원)으로 볼 수 있을 것인지 쟁점이 된 경우와 마찬가지로 2016.12.20. 법률 제14389로 일부 개정되기 전 「소득세법」 제12조 제5호 라목에서 규정하고 있는 직무발명 보상금에 대한 소득세법상 비과세 규정 역시 '종업원'에 임원을 포함하는 개념인지가 법령만으로는 분명하지 않았다.

조세특례제한법, 그리고 소득세법상 직무발명보상금에 대한 세제지원의 취지가 조세지원을 통해 기업의 연구개발을 장려하고 촉진하고자 함에 있는 점을 고려하고, 이러한 직무발명보상금에 대한 조세지원 규정은 발명진흥법에 근간을 두어 마련된 것이므로, 직무발명보상금에 관하여 특별히 조세특례제한법, 소득세법에서 별도로 정의하고 있지

617) 소득세법 시행령 제18조 제2항 본문 괄호 부분

618) 산업교육진흥 및 산학연협력촉진에 관한 법률에 따라 설립된 산학협력단은 연구관련업무와 관련하여 별도로 설립된 비영리법인으로 산학연구기능을 전담하는 대학교 하부조직이다.

않은 경우에는 세법해석상 용어의 차용원칙에 따라 발명진흥법상의 직무발명보상금의 정의규정을 참고하여 그 범위를 판단해야 할 것이다.

따라서 소득세법상 직무발명보상금에 대한 비과세 혜택을 받는 '종업원'에는 발명진흥법상의 종업원, 임원 또는 공무원이 포함되는 것으로 판단된다(대법원 2013두2655, 2013.6.27.). 세무당국의 입장도 동일한 것으로 판단된다(서면1팀-1356, 2006.9.26.).

다만, 회사의 임원은 직무발명보상금 비과세의 대상에 해당하지 아니한다고 판단한 조세심판원 사례(조심 2017중3689, 2018.2.8.)가 있어 그 내용을 발췌해서 살펴본다.

해당 조세심판원 판결에서는 「소득세법」 제12조 제5호 라목 1)는 비과세되는 직무발명보상금의 대상을 종업원으로 한정하고 있고, 2016.12.20. 법률 제14389로 일부 개정된 「소득세법」 제12조 제3호 어목 1)에서 비과세 직무발명보상금의 대상에 비로소 임원이 포함되었는바, 쟁점 지급액은 2017.1.1. 이후 발생하는 소득분부터 적용되는 위의 「소득세법」 제12조 제3호 어목 1)의 개정규정을 적용받지 아니하므로 대표이사로서 임원인 청구인은 대상에 해당하지 아니한다고 판시한바 있다.

하지만, 회사의 임원이 직무발명보상금 비과세 대상인지 여부와 관련하여 위 조세심판례와 입장을 달리하는 대법원 선례(대법원 2013두2655, 2013.6.27.[619])가 있으며, 필자는 이 판례가 이미 납세자와 과세당국에 넉넉하게 받아들여지고 있는 것으로 판단된다.

앞서 살펴본 바와 같이 해당 기업은 '종업원'에게 직무발명 보상금으로 지출한 금액은 연구개발 및 인력개발을 위한 비용으로서 조세특례제한법 제10조에 따른 연구·인력개발비에 대한 세액공제를 적용받을 수 있는데, 2008.10.7. 조세특례제한법 시행령 별표 6 제1호 라목의 개정 전에는 세무당국은 '종업원'이라는 글귀에 주목하여 '종업원'의 개념에 임원은 제외된다고 보아 '종업원'에 국한하여 지급된 직무발명보상금만을 적격한 연구개발비로 보았다(법인-1255, 2009.11.9.). 즉, 회사의 임원에게 지급한 직무발명보상금은 연구·인력개발비 세액공제 대상금액이 아니라고 해석해 오고 있었던 것이다. 그런데, 개정 전 조세특례제한법 시행령 별표 6 제1호 라목에서 규정하고 있는 '종업원'을 발명진흥법 제2조 제2호에서 규정한 종업원등(종업원, 임원 또는 공무원)으로 봐야 한다는 납세자의 주장이 제기 되었고 대법원에서는 납세자의 손을 들어 주었다. 따라서 이미 동일한 사안으로 대법원의 판결이 있었으므로 위 조세심판원 판결을 받아들임에 있어서 신중해야 할 것으로 판단된다.

한편, 최근 조세심판원 및 감사원 선례에서는 대표자가 특허권과 관련하여 구체적으로 어떤 연구개발 활동을 수행하였는지 확인되지 않고, 기술적인 창작행위에 실질적으로 기여하였다고 인정할 만한 입증자료의 제시도 부족한 점 등을 이유로, 정당한 직무발명 보상금으로 보기 어렵다고 판시한 바 있어 주의가 필요해 보인다(조심 2019중1556, 2019.7.17., 심사법인 2018-0028, 2019.1.23.).

619) 전심판례는 서울고등법원 2012누7457, 2013.1.11., 수원지방법원 2011구합10134, 2012.2.3., 조심 2010중1353, 2011.4.21.이다.

사례 105 공무원의 직무발명에 대하여 직무발명보상금을 지급한 경우 비과세 혜택을 받을 수 있는지 여부

(사실관계 및 질의내용)

- ○○시 ○○구 소속 공무원이 직무발명시 등록보상금 및 처분보상금을 아래와 같이 지급하고 있음.

① 등록보상금

구분	보상금	특허등 등록일	권리자
특허권	50만원	2009.6.22	○○구/(주)△△△
디자인권	30만원	2006.5.4	○○구
실용신안권	20만원	2008.1.7	○○구/(주)△△△

* 등록보상금은 동일한 직무발명에 대하여 1회에 한하여 지급하도록 규정

② 처분보상금

- 업체와의 계약(전용실시권 설정)을 통해 매 분기 업체로부터 판매수입금액의 3%에 해당하는 실시료를 ○○구에서 받아 세외수입으로 처리하면서
- 직무발명자에게 동 실시료의 50%에 해당하는 금액을 보상하고 있음.

〈 보상금 지급근거 〉

- ○○시 ○○구 공무원 직무발명 보상 조례(2009.10.23.)
- 조례 부칙 제2조에 따라 조례시행 전에 직무발명 신고를 한 자에 대하여도 등록보상금 및 처분보상금 지급에 관한 규정을 적용함.

- 지방자치단체 소속 공무원이 직무발명에 따라 지방자치단체로부터 지급받는 직무발명보상금 및 처분보상금(매분기별 지급)이 비과세 대상에 포함되는지 여부

앞의 사례에서 살펴본 바와 같이 소득세법상 직무발명보상금에 대한 비과세 혜택을 받는 '종업원'에는 발명진흥법상의 종업원, 임원 또는 공무원이 포함된다.

동 사례에서의 질의에 대한 국세청의 회신내용은 공무원의 직무발명에 대하여 소속 지방자치단체가 「발명진흥법」 제15조에 따라 그 권리를 승계하고 관련법령에 의해 특허권등을 등록한 후 조례에 따라 해당 공무원에게 지급하는 직무발명보상금은 「소득세법」 제12조 제5호 라목에 따른 비과세 기타소득에 해당하는 것이라고 했다(소득-176, 2010.2.2.).[620]

620) 국세청 회신내용에는 처분보상이 적격한 직무발명보상금에 해당하는지에 대한 언급은 없다.

사례 106 출원하지 않거나, 출원중이거나, 출원 후 등록되지 못한 발명 등에 대해서 보상금을 수령한 경우 소득세법상 비과세 혜택을 받을 수 있는지 여부

다음의 사례(서면1팀-1163, 2006.8.24.)를 살펴보자.

> (사실관계 및 질의내용)
> 당사는 발명진흥법 직무발명 처분, 관리 및 보상등에 관한 규정에 따라 특허 및 실용신안(이하 "직무보상"이라 한다)의 출원이 완료된 이후 등록 이전까지는 "출원보상금"을, 등록이 완료된 이후에는 "등록보상금"을 각각 지급하고 있는 바, 특허출원기간 중에 지급되는 "출원보상금"이 소득세법 제12조 제5호 라목(직무발명보상금)의 규정에 해당하는지 여부에 대하여 질의

세무당국은 위의 질의에 대하여 종업원 등의 직무와 관련한 발명 등이 특허 출원중이거나 출원심사결과 특허 등록되지 않은 경우에, 사용자등이 동 직무관련발명 등과 관련하여 종업원 등에게 지급한 보상금은 「소득세법」 제12조 제5호 라목의 비과세되는 기타소득에 해당하지 않는 것이라고 회신하였다(같은 뜻, 소득-866, 2012.11.29., 재소득 46073-181, 2002.12.30.).

「발명진흥법」 제15조 제3항에서는 보상액을 결정할 때에는 그 발명에 의하여 사용자등이 얻을 이익과 그 발명을 완성하기까지의 사용자와 종업원이 공헌한 정도를 고려하도록 규정하고 있다.

이때 종업원이 받게 되는 보상금 산정의 기초가 되는 '사용자가 얻을 이익'은 사용자등이 종업원등으로부터 직무발명을 승계한 것에 의하여 발생하는 사실상의 이익이며, 법적으로 보장된 배타적 이익에 한정되지 않는다.

예컨대 직무발명이 특허로 등록 혹은 실시되었는지 여부, 나아가 출원되지 않은 경우라도 '얻을 이익'은 발생하는 것이며, 종업원등에게는 직무발명으로 일정한 보상이 인정되게 된다. 따라서 이러한 '이익'에는 특허를 받을 수 있는 권리의 승계와 인과관계가 있는 이익, 즉 출원 여부를 선택할 수 있는 기회를 부여받은 것에 따른 이익, 당해 직무발명을 출원한 경우에 얻게 되는 선출원의 지위로서의 이익, 당해 발명을 실시한 경우 시장선행의 이익, 당해 직무발명을 영업비밀로 이용한 경우 경업자에 대한 우위 등, 생각할 수 있는 모든 이익이 포함되게 된다는 것이다.[621)]

이러한 내용은 발명진흥법에서도 확인되는데, 발명진흥법 제2조는 발명, 직무발명, 산업재산권을 구분하여 정의하고 있고, 발명이 특허등으로 등록된 이후에는 산업재산권이라 별도로 정의하고 있음을 볼 때, '특허등의 등록'은 발명 중의 일부가 출원, 심사, 등록의

621) 윤선희, 앞의 책, 129~130면

과정을 거쳐 등록되는 것이지, 특허등의 등록을 받아야만 발명으로 인정되는 것이 아니다. 따라서 발명진흥법상 직무발명 또는 직무발명보상금은 특허등의 등록과는 무관한 것으로 판단된다.[622)]

최근 지방법원 판례에서도 구 소득세법 제12조 제5호 라목 1)에 의하면 '기타소득 중 종업원이 발명진흥법 제2조 제2호에 따른 직무발명으로 발명진흥법 제15조에 따라 사용자로부터 받는 보상금소득'이기만 하면 비과세소득에 해당하고, 발명진흥법 제15조 제1항에 의한 직무발명보상금은 종업원등이 직무발명에 대해 사용자등에게 i) 특허권등을 승계하거나 전용실시권을 설정해준 데 대한 대가와 ii) 특허등을 받을 수 있는 권리를 승계해준 데 대한 대가를 포괄하는 것이므로, 사용자등이 특허출원을 하지 않았다는 이유만으로 종업원에게 지급된 보상금이 비과세 기타소득이 아니라고 볼 수는 없다고 판시한 바 있다(수원지방법원 2018구합72636, 2019.10.17.).

정리하면 종업원등이 그 직무에 관하여 발명한 것이 성질상 사용자등의 업무범위에 속하고 그 발명을 하게 된 행위가 종업원등의 현재 또는 과거의 직무에 속하는 발명[623)]이고, 그에 대한 보상액이 일정한 상황을 고려하여 근무규정 등에서 정해 합리적인 것으로 인정되는 경우[624)]에는 특별한 사정이 없는 한 소득세법상 적격한 직무발명보상금으로 보아 비과세 혜택을 받아야 할 것으로 판단된다(대법원 2013두2655, 2013.6.27.).

사례 107 실시보상, 처분보상 등의 직무발명보상금도 비과세소득에 해당되는지 여부

직무발명보상금은 '그 직무발명에 의해 사용자가 얻을 이익'의 성격에 따라 발명보상금, 출원·등록보상금, 실시·처분보상금 등으로 나뉠 수 있다(서울고등법원 2008나119134, 2009. 8.20.).

실적(실시)보상이란 사용자가 출원중인 발명 또는 특허 등록된 발명을 실시하여 이익을 얻었을 경우 지급하는 보상금으로 사용자가 얻은 이익의 액에 따라 차등 지급된다.

처분보상이란 사용자가 종업원의 직무발명에 대하여 특허 받을 수 있는 권리 또는 특허권을 타인에게 양도하거나 실시를 허여했을 경우 지급하는 보상으로 처분금액의 일정비율로 지급된다.

따라서 실시·처분보상금도 발명진흥법상 직무발명보상금에 해당함이 분명한 것으로 판단되나, 세무당국은 실시·처분보상금을 비과세대상 기타소득에서 제외한 경우가 있었다(서면1팀-820, 2006.6.20.).[625)]

622) 손영욱, 출원중인 직무발명에 대한 보상금은 비과세가 아니라는 재경부 예규의 재검토 필요, 사단법인 한국대학기술이전협회

623) 발명진흥법 제2조 제2호

624) 발명진흥법 제15조 제6항

625) 그러나, 법원의 판결에 따라 수령하는 실시·처분보상금은 소득세법상 비과세 기타소득이라는 세무당국의

이러한 세무당국의 종전 입장은 종업원이 직무발명으로 인한 보상금을 일시에 수령하지 아니하고 런닝 로열티(Running royalty) 방식으로 수령하는 기술료는 영리를 목적으로 자기의 계산과 책임 하에 계속적·반복적으로 권리의 대여활동을 통하여 얻는 수입으로서 사업소득에 해당되지만 비과세소득으로 열거된 바 없거나 또는 어떤 경우에는 그 실질이 통상적 근로조건상 근로에 대한 성과급 형태로 받는 것이기도 하므로 근로소득에 해당되기 때문에 기타소득을 전제로 한 비과세 기타소득인 직무발명보상금으로 보지 않은 것으로 판단된다(소득-3747, 2008.10.16., 서면1팀-388, 2005.4.11.).

하지만, 해당 보상금이 발명진흥법상 직무발명에 따른 보상임에도 불구하고 해당 직무발명을 한 종업원이 발명 이후 사업자로서의 지위를 가진다던가, 또는 근로의 제공에 따른 근로소득임을 주장한다면 이미 직무발명보상금을 기타소득(비과세)으로 이미 규정한 조문 자체가 문제라고 주장하는 것과 다름이 아닐 것이다.[626)]

정리하면 어떠한 직무와 관련된 보상금이 소득세법상 비과세 기타소득에 해당되는지 여부는 발명진흥법상 직무발명보상금에 해당되는지 여부에 따라 판단하여야 할 것이다.

사례 108 정부출연연구기관이 동 연구기관의 국가연구개발결과물을 사용·생산 등의 방법으로 실시하고자 하는 자로부터 지급받은 기술료의 일부를 그 발명에 기여한 연구자인 직원에게 지급한 실시보상금이 소득세법상 비과세소득인 발명진흥법상의 직무발명보상금에 해당하는지 여부

2011년 하반기 감사원은 비영리연구기관들이 연구개발과제의 결과물을 기업체 등에 실시를 허여하는 대가로 기술료를 징수하고, 참여연구원에게 지급한 기술료 성과급 등은 「소득세법」 제12조 제5호 라목에 의거 비과세되는 기타소득인 발명진흥법상의 직무발명 보상금이 아닌 근로소득에 해당된다는 사유로 국세청장에게 해당 비영리연구기관들에 근로소득세 등을 징수하도록 통보하였다. 이에 다수의 비영리연구기관들은 국세청장의 과세처분에 불복하여 심판청구를 제기하였으나 기각 당했다(조심 2013부1540, 2013.10.22., 조심 2012중2349, 2012.8.16., 조심 2012전2421, 2012.7.19., 조심 2012전2, 2012.6.28., 조심 2012전1728, 2012.6.22., 조심 2012전1729, 2012.6.11.).[627)]

이후 해당 비영리연구기관들은 법원에 소를 제기하였는데, 법원에서는 정부출연연구기관의 종업원이 직무발명 규정에 따라 원고에게 직무발명에 대한 권리 등을 승계하여 주고, 이를 원인으로 하여 직무발명규정에 따라 지급받은 실시보상금은 비과세되는 기타소득에 해당된다(국패)고 판시하였다(대법원 2014두15559, 2015.4.23., 대법원 2014두15566,

유권해석도 있다(소득-668, 2009.2.18., 소득-661, 2009.2.18.).

626) 런닝 로열티(Running royalty) 방식으로 수령하는 기술료가 적격한 비과세 대상 직무발명보상금으로 볼 수 없는 것인지에 대해서는 다음 페이지에 있는 대전지방법원 2012구합3264, 2014.1.15. 판결을 참조하기 바란다.

627) 관련된 세무당국의 유권해석으로는 소득-10, 2012.1.5., 소득-3747, 2008.10.16., 서면1팀-1311, 2007.9.21.

2015.4.9., 대전고등법원 2014누36, 2014.11.20., 대전고등법원 2014누43, 2014.11.20., 대전고등법원 2014누29, 2014.11.20., 대전지방법원 2012구합3264, 2014.1.15., 대전지방법원 2012구합5390, 2014.1.15., 대전지방법원 2012구합3257, 2014.1.15.).[628)]

정부출연연구기관의 직무발명보상금 비과세 여부에 대한 위 판례들은 시사성이 있을 뿐만 아니라 정부출연연구기관 및 국가연구개발사업에 대해서도 좀더 살펴볼 수 있는 계기가 될 것으로 판단되어 해당 판례의 내용을 아래와 같이 살펴보도록 한다.

대전지방법원 2012구합3264, 2014.1.15.

I. 사건의 개요

원고는 「과학기술분야 정부출연연구기관 등의 설립 · 운영 및 육성에 관한 법률」에 따라 생명과학기술분야의 연구개발 및 이를 지원하는 연구 등을 주된 목적으로 설립된 정부출연연구기관이다.

원고는 원고의 국가연구개발결과물을 사용 · 생산 등의 방법으로 실시하고자 하는 자로부터 지급받은 기술료 중 일부를 그 발명에 기여한 연구자인 직원 또는 퇴직자에게 원고의 내부 규정인 직무발명규정 제4조 및 제15조에 근거하여 실시보상금(이하 '이 사건 보상금'이라 한다) 명목으로 지급하면서, 위 보상금이 소득세법 제12조 제5호 라목 1) 소정의 비과세소득인 발명진흥법상의 직무발명보상금에 해당하는 것으로 보아 소득세를 원천징수하지 않았다.

그런데 감사원은 비영리기관이 연구개발결과물을 기업체 등에게 실시를 허용하는 대가로 기술료를 징수하여 참여연구원 등에게 지급한 기술료 성과급 등은 발명진흥법상의 직무발명보상금과 성격이 다른 과세대상소득에 해당한다고 판단하여, 2011.8. 경 피고에게 이 사건 보상금에 대한 소득세 등을 징수하도록 통보하였다.

이에 피고는 2012.1.2. 원고에 대하여 별지1 목록 기재와 같이 재직자에 대한 근로소득세 합계 ○○○○원, 퇴직자에 대한 기타소득세 합계 ○○○○원, 법인세(지급명세서 미제출에 따른 가산세) 합계 ○○○○원을 부과하였다(이하 '이 사건 처분'이라 한다).

이 사건 처분에 불복하여 원고는 조세심판원에 심판청구를 하였으나, 2012.6.11. 기각되었다.

II. 당사자의 주장

1. 원고의 주장 요지

이 사건 보상금은 소득세법 제12조 제5호 라목 1)에서 정하고 있는 비과세대상 기타소득인 발명진흥법 제15조에 따른 직무발명보상금에 해당한다. 이와 반대의 견지에서 이 사건 보상금이 과세대상소득에 해당한다는 전제에서 이루어진 이 사건 처분은

628) 상기 지방법원 판결에 대해 세무당국이 고등법원에 항소하였으나 모두 기각당했다(대전고등법원 2014누36, 2014.11.20., 대전고등법원 2014누43, 2014.11.20., 대전고등법원 2014누29, 2014.11.20.).

위법하다.

2. 피고의 주장 요지

발명진흥법 제15조에 따른 직무발명보상금은 종업원이 직무발명을 한 경우에 그 직무발명에 대하여 특허 등을 받을 수 있는 권리를 종업원이 원시취득하는 것을 전제로 하여 사용자가 종업원으로부터 그 직무발명에 대한 권리나 관련 특허권 등을 이전받거나 전용실시권을 설정받는 등으로 사용자가 종업원이 원시취득한 직무발명에 대한 권리 등을 승계취득하는 경우에 인정된다. 그런데 원고의 국가연구개발사업 수행 결과로 얻어지는 지식재산권은 '국가연구개발사업의 관리 등에 관한 규정'(이하 '국가연구개발사업관리규정'이라 한다) 제20조 제2항에 의하여 주관연구기관인 원고에게 처음부터 귀속되는바, 그리하여 원고 소속 종업원이 직무발명을 한 경우에는 그 직무발명에 대한 권리 내지 관련된 지식재산권은 원고가 이를 원시취득하는 것으로 보아야 하고, 따라서 원고와 같은 정부출연연구기관에 있어서는 원고가 그 종업원으로부터 직무발명에 대한 권리 등을 승계취득하는 것을 전제로 하는 발명진흥법 제15조에 따른 직무발명보상금은 인정될 수 없다. 이 같은 견지에서 이루어진 이 사건 처분은 적법하다.

III. 법원의 판단

1. 직무발명에 대한 권리의 원시취득자

(1) 국가연구개발사업관리규정 제20조 제2항이 "국가연구개발사업의 수행 결과 얻어지는 지식재산권 등 무형적 결과물은 협약으로 정하는 바에 따라 주관연구기관의 소유로 한다"라고 규정하고 있기는 하나, ① 위 관리규정은 과학기술기본법 제11조 및 제11조의 2부터 제11조의 5까지의 규정에 따른 국가연구개발사업의 기획・관리・평가 및 활용 등에 필요한 사항을 규정하기 위한 목적에서 과학기술기본법의 위임에 따라 제정된 대통령령으로서(관리규정 제1조 참조), 위 관리규정의 모법이 되는 과학 기술기본법의 관련 규정 어디에도 종업원의 직무발명과 관련하여 그에 대하여 특허 등을 받을 수 있는 직무발명에 대한 권리의 귀속에 관하여 발명진흥법이나 특허법 등과 별도로 규율할 수 있도록 허용하는 내용의 명시적인 근거규정을 찾아볼 수 없을 뿐만 아니라, 직무발명에 대한 권리의 귀속과 관련하여 사설연구기관 기타 사기업체나 국가 및 공공단체 일반과 달리 특별히 정부출연연구기관에 대해서만 정반대의 취급을 해야 만 할 별다른 합리적인 근거가 있다고 보기 어려운 점, ② 국가연구개발사업관리규정의 적용범위는 원칙적으로 國家硏究開發事業(중앙행정기관이 법령에 근거하여 연구개발과제를 특정하여 그 연구개발비의 전부 또는 일부를 출연하거나 공공기금 등으로 지원하는 과학기술분야의 연구개발사업)에 국한되고, 정부출연연구기관이나 특정연구

기관의 基本事業(정관에 따라 그 설립목적을 달성할 수 있도록 정부가 직접 출연한 예산으로 수행하는 사업) 등에는 위 관리규정의 적용이 없는 점(관리규정 제3조 참조), ③ 위임의 범위나 관련 규정의 전체적인 취지 등에 비추어, 위 관리규정 제20조 제2항은, 연구기관과 그 소속 종업원 간의 법률관계를 규율하기 위한 것이라기보다는, 오히려 연구개발비를 출연하는 중앙행정기관이나 참여기업, 주관연구기관, 협동연구기관, 공동연구기관, 위탁연구기관 등 다수의 참여주체가 관여하는 국가연구개발사업에 있어 그 사업의 수행 결과물을 어느 참여주체가 소유할 것인지를 정하기 위한 국가나 참여기업 기타 다수의 연구기관들 상호간의 법률관계에 관한 규율이라고 봄이 상당한 점 등을 종합하면, 원고와 같은 정부출연연구기관의 기본사업은 물론이고 국가연구개발사업에 따른 수행결과물에 대하여도 그 직무발명에 대한 권리는 소속 종업원이 이를 원시취득 하는 것으로 봄이 옳다고 할 것이다. 이와 다른 견지에서 원고 소속 종업원에 대하여는 발명진흥법상 직무발명보상금이 인정될 수 없다는 취지의 피고의 주장은 이유 없다.

2. 이 사건 보상금의 직무발명보상금 해당 여부

(1) 인정사실

가. 이 사건 보상금과 관련한 원고의 내부 근무규정

이 사건 보상금과 관련한 원고의 내부 규정은 「직무발명규정」, 「연구성과 인센티브 지급규정」 등이고, 각 규정의 구체적인 내용은 별지3 기재와 같다.

나. 이 사건 보상금의 지급 근거

원고가 특허를 받을 수 있는 권리 또는 특허권을 발명자로부터 승계한 경우에 발명자에게 지급하는 보상금은 등록보상금과 실시보상금으로 구분되는데(직무발명규정 제13조), 등록보상금의 경우 원고가 산업재산권 획득을 목적으로 출원한 직무발명이 등록된 경우, 특허권에 대하여 ○○○○원, 그 이외의 산업재산권에 대하여는 ○○○○원을 정액으로 지급하는 방식인 반면에(직무발명규정 제14조, 별표3), 실시보상금은 특허권의 양도 등으로 수입이 발생하였을 경우 지급되는 것으로, 그 양도 등 계약상의 실시료에 따라 지급의 범위가 결정된다(직무발명규정 제15조).

다. 이 사건 보상금의 산정방법

연구성과를 기업화하여 발생한 기술료 수입금의 50%가 해당 연구성과와 관련한 연구자에 대한 연구성과 인센티브(이 사건 보상금 포함)의 지급재원이 된다(연구성과 인센티브 지급규정 제5, 6조). 연구자들에게는 직급 및 인원을 기준으로 10점 내지 2점의 기본점수가 부여되는데, 여기에 연구책임자가 기본 점수의 100% 이내에서 추가로 부여한 기여점수를 가산하여 최종점수를 산정하고, 이와 같이 확정된 연구자별 최종점수의 비율에 따라 각 연구자에게 연구성과 인센티브가

지급된다(연구성과 인센티브 지급규정 제7조).

이 사건 보상금 기술료 수입금 × 연구성과 인센티브 지급규정 제6조에 의한 비율(50%) × 연구성과 인센티브 지급규정 제7조에 의한 개인별 지급비율

라. 이 사건 보상금 외 연구성과 인센티브 지급

연구성과 인센티브 지급규정 제3조 제2호는 "연구자라 함은 당해 연구 및 관련 연구에 참여하여 최종보고서상에 명기된 자를 말한다"라고 정의하고 있고, 연구성과 인센티브 지급규정 제4조 제1항은 연구성과 인센티브의 지급대상에 관하여 "실시계약과 관련된 연구자"로 규정하고 있는바, 위 규정에 근거하여 원고는 발명자에 해당하지 않는 연구자에 대하여도 연구성과 인센티브를 지급하고 있으나, 이에 대하여는 소득세 원천징수를 하고 있다.

(2) 판단

가. 살피건대, 이 사건 보상금은 앞서 본 것처럼 원고 소속 종업원이 직무발명 규정 제3조에 따라 원고에게 직무발명에 대한 권리 등을 승계하여 주고, 이를 원인으로 하여 직무발명규정 제4조 및 제15조 등에 따라 지급받은 실시보상금으로서, 그 성격이 발명진흥법 제15조에 의한 직무발명보상금이라 봄이 타당하고, 퇴직자에 대한 이 사건 보상금 또한 위와 마찬가지로 보아야 할 것인바, 이 사건 보상금은 그것이 재직자에게 지급된 것인지 아니면 퇴직자에게 지급된 것인지 여부를 불문하고 이를 모두 소득세법 제12조 제5호 라목 1) 소정의 비과세 기타소득에 해당한다고 봄이 옳다고 할 것이다. 이와 달리 피고의 주장처럼 재직자에 대한 이 사건 보상금은 임금 내지 근로소득인 반면에 퇴직자에 대한 이 사건 보상금은 기타소득으로서 전혀 별개의 성격을 지닌 금원이라고 보는 것은 별다른 근거도 없을 뿐더러 매우 부자연스러운 해석이 아닐 수 없다고 하겠다.

그리고 이 사건 보상금은 "기술료 수입금 × 연구성과 인센티브 지급규정 제6조에 의한 비율(50%) × 연구성과 인센티브 지급규정 제7조에 의한 개인별 지급비율"으로 산정되는바, ① 공무원 직무발명의 처분 · 관리 및 보상 등에 관한 규정 제17조 제1항에서 발명에 대하여 특허를 받을 수 있는 권리에 관한 처분보상금 중 100분의 50 부분을 발명자에게 지급하도록 규정하고 있는 점, ② 기술료 수입금 중 100분의 50은 이 사건 보상금뿐만 아니라 발명자 이외 해당 연구개발에 기여한 연구자에 대한 연구성과 인센티브의 재원도 되므로, 결과적으로 기술료 수입금 중 이 사건 보상금의 비율은 100분의 50 이하로 인정될 여지도 있는 점, ③ 원고가 이 사건 보상금 외에 종업원에게 직무발명보상금으로 등록보상금을 지급하기는 하였으나, 그 금원의 성격 및 규모에 비추어 볼 때, 위 등록보상금으로 정당한 직무발명보상이 이루어졌다고 보기는 어렵고, 달리 원고가 소속 종업원에게 이 사건 보상금 외 실시보상금으로 별도의 금원을 지급하였다고 볼만한 자료도

없는 점, ④ 원고가 종업원의 직무발명에 대하여 그 발명관련자들에게 개인별로 지급비율을 인정하는 과정에 특별히 어떤 중대한 오류가 있다고 볼만한 별다른 사정도 발견되지 않는 점 등에 비추어 볼 때, 이 사건 보상금이 직무발명보상금으로서 정당한 보상의 범위를 넘는 것이라고 보기도 어렵다.

나. 이에 대하여 피고는, 이 사건 보상금은 일회적이 아닌 계속·반복적 성격의 금원인 점 등을 이유로 이 사건 보상금이 직무발명보상금에 해당하지 않는다는 취지의 주장도 하고 있다. 그러나 종업원으로부터 그 권리를 승계받아 원고가 제3자에게 직무발명을 사용·생산에 실시하도록 하고 제3자로부터 기술료 내지 실시료를 지급받음에 있어서는, 그 계약의 내용여하에 따라 이를 일회적 일시금으로 지급받거나 정기적 또는 부정기적으로 분할된 일정액 또는 제품의 매출 등에 비례한 변동액으로 지급받을 수도 있다고 할 것인바, 이러한 기술료 내지 실시료를 재원으로 그 수입이 발생한 때에 즈음하여 지급되는 이 사건 보상금을 두고 그것이 반드시 일회성으로 지급되는 금원이 아니라는 이유만으로 이를 발명진흥법 제15조에 의한 직무발명보상금에 해당하지 않는다고 보아야 하는 것은 아니라고 하겠다.

또한 연구성과 인센티브 지급규정 제4조 등에 근거하여 지급되는 연구성과 인센티브는 '발명자'에 해당하는지 여부와 직접적인 상관없이 실시계약과 관련된 연구자를 지급대상으로 하고 있는 반면에, 직무발명규정 제4조 및 제15조 등에 근거하여 지급되는 이 사건 보상금은 직무발명에 대한 권리 등을 원고에게 승계한 발명자를 지급대상으로 하고 있는 점에 비추어 보면, 소득세 원천징수의 대상이 되는 연구성과 인센티브와 그렇지 아니한 이 사건 직무발명보상금은, 비록 그 산정방법을 일부 공유하고 있다 하더라도, 그 지급근거와 지급대상, 지급취지 등이 전혀 달라서 그 성격상 양자는 서로 구별하여 취급해야만 할 것인바, 원고가 연구성과 인센티브에 대하여 소득세 원천징수를 하였다고 해서 그 때문에 이 사건 보상금을 과세대상소득으로 보아야만 하는 것도 아니다.

Ⅳ. 결론

그러므로 원고의 이 사건 청구는 이유 있어 이를 전부 인용하기로 하여, 주문과 같이 판결한다.

사례 109 퇴사한 종업원에 대한 직무발명보상금 지급 시 비과세소득 해당 여부

종업원이 발명진흥법에 의한 직무발명을 하고 이에 대하여 관련법에 의해 특허등록을 한 이후 사용자로부터 지급받는 직무발명보상금은 동 직무발명에 대한 특허등록일 및 보상금의 수령일이 당해 종업원의 퇴직일 이전 또는 이후인지와 관계없이 「소득세법」

제12조 제3호 자목 또는 제5호 라목의 규정에 의하여 비과세소득에 해당하는 것이다.

나아가 발명을 완성하기 직전에 퇴사한 경우, 재직기간이 비교적 길고 그 기간에 체득한 지식과 경험이 발명의 완성에 커다란 역할을 한 경우 등과 같이 특별한 사정이 있는 경우에는 개인(자유)발명이 아니라 직무발명으로 인정될 수 있으므로, 이러한 가능성을 놓고 보면 퇴직 후의 발명도 언제나 직무발명이 아니라고 단정할 수는 없다.[629)]

이는 직무발명이 성립하려면 발명을 하게 된 행위가 종업원의 '현재 또는 과거의 직무에 속하는 발명'이어야 한다는 「발명진흥법」 제2조 제2호의 직무발명의 정의에 비추어 볼 때 당연한 것이다. 이때 종업원에 대한 판단시점, 즉 사용자에게 근로 내지 노무를 제공한다는 객관적 사실의 존재 여부는 발명의 완성 당시를 기준으로 판단한다(서울중앙지법 2009가합72372, 2009.11.11.).

사례 110 종자산업법에 따른 품종보호권등의 권리 승계 시 보상금을 지급한 경우 비과세소득 해당 여부

특허법, 실용신안법, 또는 디자인보호법에 따라 보호 대상이 되는 발명, 고안 및 창작이 아닌 종자산업법에 따른 품종보호권등의 권리를 사용자가 종업원으로부터 승계하면서 종업원에게 지급하는 종자산업법에 따른 품종보호권에 대한 보상금은 비과세에 해당하지 아니한다(재소득-137, 2008.6.2.).

사례 111 정부출연연구소 등이 연구소기업에 출자하여 취득한 주식의 가격변동으로 발생한 수익(매각차익 등)을 비과세 대상인 직무발명보상금으로 볼 수 있는지 여부

종업원등이 직무를 수행하는 과정에서 특허권 등 연구개발결과물을 발명하고 사용자는 동 연구개발결과물을 다른 법인에 현물출자하여 주식을 취득, 이후 동 주식을 양도하여 발생한 양도차익 중 수익금의 일정 부분을 종업원등에게 보상금으로 지급하는 경우, 동 보상금을 비과세 대상인 직무발명보상금으로 볼 수 있는지 여부이다.

소득세법에서는 종업원등이 「발명진흥법」 제2조 제2호에 따라 사용자로부터 받는 보상금을 비과세소득의 하나로 규정하고 있고, 「발명진흥법」 제15조 제1항은 "종업원 등은 직무발명에 대하여 특허권 등을 계약이나 근무규정에 의하여 사용자 등에게 승계하게 하거나 전용실시권을 설정한 경우에는 정당한 보상을 받을 권리를 가진다"라고 규정하고 있으며, 같은 조 제6항 단서에서는 그 보상액이 그 보상액이 직무발명에 의하여 사용자등이 얻을 이익과 그 발명의 완성에 사용자등과 종업원등이 공헌한 정도를 고려하지 아니한 경우에는 정당한 보상을 한 것으로 보지 아니하다고 규정하고 있다.

---

629) 특허청, 「직무발명제도」, 2011.12., 49면

조세심판원은 종업원등이 발명한 특허권 등 연구개발결과물 가치평가액을 기준으로 지급하는 금원 자체는 비과세 대상인 직무발명보상금으로 볼 수 있으나, 이후의 주식가치 상승분은 비과세 대상인 직무발명보상금으로 보기 어렵다고 판단하였다(조심 2018광0594, 2018.7.23., 조심 2018구0567, 2018.6.19.).

하지만 이후 행정법원은 ① 보상금이 비과세대상인지 여부는 보상금이 발명진흥법 제15조 제2항 내지 제4항에서 정한 보상금의 보상형태와 보상액의 결정 기준 및 지급방법 등에 따라 지급되었고, 그 보상액이 직무발명에 의하여 사용자가 얻을 이익과 사용자 및 종업원의 공헌한 정도를 고려하였는지 여부에 따라 결정되는 것이지, 그 지급 재원을 출자평가분과 시세차익으로 나누어 그 성격에 따라 비과세대상인지 여부를 결정하여야 할 이유는 없으며, ② 기술료만이 직무발명보상금에 해당한다고 볼 근거는 찾을 수 없고, 만약 기술료에 대해서만 비과세가 된다고 하면, 동일한 연구 개발성과임에도 불구하고 연구원의 연구 개발성과 활용방식에 따라 과세 여부가 달라지는 부당한 결과가 발생하다는 등의 이유로, 쟁점 보상금은 모두 발명진흥법상 직무발명보상금으로서 구 소득세법 제12조 제5호 라목 1)의 비과세대상에 해당한다고 판시하였으므로(서울행정법원 2018구합78084, 2020.2.6.), 이에 대한 법원의 최종 판단을 지켜보아야 할 것이다.

3 외국인기술자에 대한 소득세 감면

(1) 개요

조세특례제한법 제18조 외국인기술자에 대한 소득세의 감면 규정은 선진기술 도입을 통한 국가경쟁력 제고를 위해 외국인기술자에 대한 조세지원을 목적으로 도입되었다. 2014.12.23. 조세특례제한법 개정 시[630] 국내 연구 인력과의 과세 형평성을 높이는 한편 고부가가치 외국인투자를 유도하는 등 외국인기술자에 대한 지원제도의 실효성을 높이기 위하여 외국인 기술자에 대한 소득세 감면의 대상에서 외국인투자기업에 고도기술을 제공하고 근로소득을 받는 외국인기술자를 제외하되,[631] 국내 연구기관 등에서 내국인에게 근로를 제공하고 근로소득을 받는 외국인기술자에 대해서는 소득세 감면의 적용기한을 2018.12.31.까지로 4년 연장하였으며,[632] 2018.12.24. 조세특례제한법 개정 시[633] 소득세 감면혜택을 2년에서 5년으로 연장하였으며, 적용기한은 2021.12.31.까지로 3년 더 연장하였다.[634] 2019.12.31. 조세특례

630) 조세특례제한법 제18조(법률 제12853호, 2014.12.23.)

631) 단, 2015.2.3. 현재 종전의 조세특례제한법 시행령 제16조 제1항에 따라 외국인기술자에 해당하는 사람의 경우에는 개정 규정에도 불구하고 종전의 규정에 따른다(부칙(2015.2.3. 대통령령 제26070호) 제26조).

632) 정부, 조세특례제한법 일부 개정법률안 의안원문(의안번호 11796), 2014.9.22., 3~4면

633) 조세특례제한법 제18조(법률 제16009호, 2018.12.24.)

제한법 개정 시에는[635] 국산 소재・부품・장비산업 개발지원을 위해 기존 소득세 감면 대상 외국인기술자 중 특화선도기업등에서 근무하는 외국인기술자에게 3년간 70%, 이후 2년간 50%의 감면혜택을 부여하였다.[636]

|개정세법해설| **외국인기술자에 대한 소득세 감면 재설계**
(조세특례제한법 제18조, 조세특례제한법 시행령 제16조)[637]

(1) 개정내용

종 전	개 정
□ 외국인기술자에 대한 소득세 감면	□ 감면대상 축소 및 적용기한 연장
○ 감면대상	
-특정연구기관・정부출연연구기관・비영리법인 연구기관의 연구원 -산업분야에 5년 이상 종사자 또는 해당 분야 학사 중 3년 이상 종사자	〈삭 제〉
-엔지니어링기술도입계약에 의한 기술제공자	-(좌 동)
〈신 설〉	○ 외국인투자기업 R&D센터*에 근무하는 연구원 * 독립된 연구시설을 갖추고 자연계분야 석사 또는 3년 이상 연구경력을 가진 학사를 5명이상 상시 고용할 것
○감면혜택 : 근로소득세를 2년간 50% 감면	○(좌 동)
○적용기한 : 2015.12.31.	○적용기한 : 2018.12.31.

(2) 개정이유

고부가가치 외국인투자 지원

(3) 적용시기 및 적용례

2015.1.1. 이후 근로를 제공하는 분부터 적용

* 종전의 규정에 따라 소득세 감면을 적용받는 자는 종전의 규정을 적용

634) 동 개정규정(감면기간과 관련된 부분에 한정한다)은 2019.1.1. 이후 최초로 근로를 제공하는 분부터 적용한다(조세특례제한법 부칙(법률 제16009호, 2018.12.24.) 제7조).

635) 조세특례제한법 제18조(법률 제16835호, 2019.12.31.)

636) 동 개정규정은 2020.1.1. 이후 소재・부품・장비 관련 외국인기술자가 국내에서 최초로 근로를 제공하는 분부터 적용한다(조세특례제한법 부칙(법률 제16835호, 2019.12.31.) 제11조).

637) 기획재정부, 「2014 세법개정 후속 시행령 개정」 보도자료, 2014.12.26.

|개정세법해설| 소재 · 부품 · 장비 관련 외국인기술자 소득세 특례 확대
(조세특례제한법 제18조, 조세특례제한법 시행령 제16조 제4항)[638]

(1) 개정취지

해외 전문인력 소득세를 감면하여 국산 소재 · 부품 · 장비 개발지원

(2) 개정내용

종 전	개 정
□ 외국인 기술자 소득세 감면	□ 외국인 기술자 소득세 감면 추가(소재 · 부품 · 장비 기술자)
○ (대상) 대통령령으로 정하는 외국인 기술자* * 엔지니어링기술 도입계약에 의해 기술을 제공하는 자, 기재부령으로 정하는 외투기업 연구시설에서 근무하는 자	(좌 동)
○ (감면) 5년간 소득세 50% 감면('21년말 일몰 예정) 〈신 설〉	○ (감면) 기존 외국인기술자* 중 특화선도기업 등**에서 근무하는 사람에게 3년간 70%, 2년간 50% * 엔지니어링도입계약에 의해 국내에 기술을 제공하는 자 또는 외국인투자기업의 연구개발시설에서 연구원으로 근무하는 자 ** 「소재 · 부품 · 장비산업 경쟁력강화를 위한 특별조치법」 §16에 규정된 소재 · 부품 · 장비 특화선도기업, 전문기업 강소기업 및 창업기업 ○ (적용기한) 최초 근로제공일이 '22.12.31. 이전인 경우만 해당

(3) 적용시기 및 적용례

2020.1.1. 이후 최초로 근로를 제공하는 분부터 적용

638) 국세청, 「2020 개정세법 해설」, 409면

(2) 외국인기술자에 대한 소득세 감면 요건

일정한 요건을 갖춘 외국인기술자가 국내에서 내국인에게 근로를 제공하고 받는 근로소득으로서 그 외국인기술자가 국내에서 최초로 근로를 제공한 날(2021.12.31. 이전인 경우만 해당한다)부터 5년이 되는 날이 속하는 달까지 발생한 근로소득에 대하여는 소득세의 50%에 상당하는 세액을 감면한다(조세특례제한법 제18조 제1항). 다만, 외국인기술자 중 대통령령으로 정하는 소재·부품·장비 관련 외국인기술자의 경우에는 국내에서 내국인에게 근로를 제공하고 받는 근로소득으로서 그 외국인기술자가 국내에서 최초로 근로를 제공한 날(2022.12.31. 이전인 경우만 해당한다)부터 3년이 되는 날이 속하는 달까지 발생한 근로소득에 대하여는 소득세의 70%, 그 다음달 1일부터 2년이 되는 날이 속하는 달까지 발생한 근로소득에 대하여는 소득세의 50%에 상당하는 세액을 감면한다(조세특례제한법 제18조 제1항 단서). 이때 '내국인'이란 「소득세법」에 따른 거주자 및 「법인세법」에 따른 내국법인을 말한다(조세특례제한법 제2조 제1호).

가. 특정외국인기술자 요건

조세특례제한법 제18조 제1항에서 정의하는 '외국인기술자'(이하 "특정외국인기술자"라 한다)란 대한민국의 국적을 가지지 아니한 사람으로서 다음 중 어느 하나에 해당하는 사람을 말한다(조세특례제한법 시행령 제16조 제1항 및 조세특례제한법 시행규칙 제9조).

특정외국인기술자의 범위
㉠ 「엔지니어링기술 진흥법」 제2조 제5호에 따른 엔지니어링기술의 도입계약(30만불 이상의 도입계약에 한한다)에 의하여 국내에서 기술을 제공하는 자 ㉡ 다음의 요건을 모두 갖춘 사람[639] ⓐ 자연계·이공계·의학계 분야의 학사 학위 이상을 소지한 사람일 것 ⓑ 외국의 대학과 그 부설연구소, 국책연구기관 및 기업부설연구소에서 5년(박사 학위를 소지한 사람의 경우에는 박사 학위 취득 전 경력을 포함하여 2년) 이상 연구개발 및 기술개발 경험이 있을 것[640] ⓒ 해당 과세연도 종료일 현재 근로를 제공하는 기업과 「국세기본법 시행령」 제1조의 2 제1항에 따른 친족관계 또는 같은 조 제3항에 따른 경영지배관계에 있지 않을 것. 다만, 경영지배관계에 있는지를 판단할 때 「국세기본법 시행령」 제1조의 2 제4항 제1호 나목의 요건은 적용하지 않는다. ⓓ 조세특례제한법 시행령 제16조의 3 제2항 각 호의 기관 또는 부서에서 연구원(행정 사무만을 담당하는 사람은 제외한다)으로 근무하는 사람일 것

특정외국인기술자의 범위 중 ⓐ 자연계·이공계·의학계 분야에 대한 예시는 다음과 같다(조세특례제한법 시행규칙 제9조 제2항).

|【별표 1의 2】 소득세 감면 대상 학문분야 예시|

구분	학문분야	세부분야
1. 자연과학단	가. 수학	대수학·이산수학·정보수학, 위상수학·기하학, 응용수학, 응용통계, 해석학, 확률·이론통계
	나. 물리학	광학·원자물리·분자물리, 응집물질물리1(유전체·강상관계), 응집물질물리2(반도체·자성체), 응집물질물리3(나노·초전도체), 입자·장물리·천체물리, 통계물리·복합물리, 핵물리·플라즈마
	다. 화학	무기화학, 유기화학·생화학, 물리화학, 분석화학, 나노화학, 고분자화학, 전기화학·광화학·융합화학
	라. 지구과학	지구·지질과학, 대기과학, 해양·극지과학, 천문·우주과학
2. 생명과학단	가. 분자생명	분자생물학, 신경생물학, 발생생물학, 구조생물 및 생물물리학, 유전자발현, 감염생물학, 노화·암생물학, 면역학
	나. 기초생명	세포생물학, 유전학, 생화학, 생리학, 식물학, 미생물학, 분류·생태·환경생물학
	다. 기반생명	생물공학, 식량작물 및 원예작물, 응용생물화학, 농림생태환경, 동물자원학, 수의학, 수산학, 식품학, 영양학
3. 공학단	가. 기계	설계생산, 열공학, 유체공학, 응용역학, 자동화계측, 기계가공
	나. 건설·교통	건축계획 및 설계, 건축시공재료, 건축설비환경, 건축구조, 토목구조·시공·재료공학, 지반공학, 수공학, 교통·측량
	다. 재료	금속재료, 반도체·전자재료, 세라믹재료, 나노·융복합 소재
	라. 화공	화학공정, 화공재료공정, 생물공정, 섬유공학, 고분자공학

639) ㉡ 요건에 해당하여 세액감면신청서를 제출할 때에는 ① 감면신청자의 이름, ② 국외연구기관등의 명칭 및 주소, ③ 국외연구기관등에서 근무한 기간, 근무부서, 연구분야 및 해당 부서 책임자의 확인이 포함된 증명서를 함께 제출해야 한다(조세특례제한법 시행규칙 제9조 제5항).

640) 국외연구기관등에서 연구원(행정 사무만을 담당하는 사람은 제외한다)으로 근무한 기간이 합산하여 5년(학위 취득 기간 및 휴직 등으로 인해 실제로 연구원으로 근무하지 않은 기간을 제외한다) 이상인 경우에는 연구개발 및 기술개발 경험이 있는 것으로 본다(조세특례제한법 시행규칙 제9조 제4항).

구분	학문분야	세부분야
4. 정보통신기술(ICT)·융합 연구단	가. 전기·전자	전력기술·기기, 계측·제어, 집적회로, 반도체소자, 광소자, 신호처리
	나. 통신	전자기·통신부품, 통신(원천), 통신(응용), 컴퓨터네트워크
	다. 컴퓨터·소프트웨어	정보보안, 컴퓨터시스템·처리, 소프트웨어, 인공지능, 영상·그래픽스, 데이터베이스·정보처리
	라. 정보기술융합	정보·콘텐츠융합, 시스템융합, 최적화 및 데이터융합
	마. 바이오·의료융합	기기, 센싱 및 나노바이오물질, 재료, 뇌인지과학
	바. 에너지·환경융합	폐기물 및 자원재활용, 수질 및 대기질관리, 차세대에너지
	사. 산업기술융합	산업공학, 지속가능과학, 융합문제해결기술, 감성공학, 생활과학
5. 의약학단	가. 기초의학	분자세포의학, 감염의학, 면역의학, 인체시스템의학, 약리의학, 재생의학, 종양의학, 신경의학, 유전 및 유전체의학
	나. 응용의학	정신의학, 소화기의학, 대사·내분비의학, 심혈관·혈액·신장·호흡기의학, 병리·진단의학, 방사선의학, 외상 및 응급중증의학, 근골격계 및 재활의학, 생식발달의학, 안과학, 이비인후과학, 피부과학, 예방 및 직업환경의학
	다. 치의학	두개안면 생물학, 두개안면 형태·병태·재생학, 예방보건·재료·응용기초
	라. 한의학	기초한의학, 응용한의학
	마. 간호학	기초간호 및 임상간호중재, 건강관리 및 예방간호중재
	바. 약학	기초생명약학, 응용생명약학, 약품화학 및 천연물, 물리약학 및 약제학

사례 112 대한민국 국적을 가진 외국 영주권자가 외국인기술자의 범위에 포함되는지 여부

조세특제제한법 제18조 제1항은 "대통령령이 정하는 외국인기술자"에 대하여는 그가 국내에서 최초로 근로를 제공하는 날로부터 5년간 근로소득세를 면제한다고 규정하고 있다. 동 조특법 규정의 위임에 따른 같은 법 시행령 제16조 제1항은 "대한민국의 국적을 가지지 아니한 사람"에 대해 2010.2.18. 대통령령 제22037호 개정으로 외국인기술자의 범위에서 명시적으로 제외하고 있다.

하지만 개정 이전에는 대한민국 국적을 가진 외국 영주권자도 외국인기술자의 범위에 포함되는지 여부에 관하여 명시적인 규정을 두고 있지 않았는데, 국세청과 기획재정부는 예규와 질의회신, 집행기준과 해설서 등의 발간을 통하여 대한민국 국적을 가진 외국 영주권자도 외국인기술자의 범위에 포함된다고 유권해석을 하여 왔다.

그러다 과세당국은 2010.2.18. 개정된 조세특례제한법 시행령 제16조 제1항 본문에서 대한민국 국적을 가진 자는 외국인 범위에서 제외하는 것으로 규정하고 있고, 동 부칙 제3조에서 같은 영 시행일이 속하는 과세연도에 발생하는 소득분부터 적용한다고 규정하고 있는 점에 비추어, 대한민국 국적을 가진 자는 외국인의 범위에서 제외해야 한다고 보아 해당 근로자에게 감면된 종합소득세(가산세 포함)를 경정·고지하였다. 이에 해당 근로자들은 국세청장의 과세처분에 불복하여 심판청구를 제기하였으나 기각 당했다(조심 2018중0995, 2018.4.25., 조심 2017서4047, 2018.3.23., 조심 2017중4003, 2018.3.20., 조심 2017중3676, 2017.10.30., 조심 2017서0630, 2017.4.17. 등).

이후 해당 근로자들은 법원에 소를 제기하였는데, 법원에서는 원고는 대한민국 국적을 가진 미국 영주권자로서 대한민국 국적을 가진 외국 영주권자도 외국인기술자의 범위에 포함된다는 유권해석에 따라 외국인기술자로서 5년간 근로소득세를 면제받을 수 있다는 정당한 신뢰를 갖고, 이러한 신뢰를 바탕으로 국내로 귀국하여 근로를 제공하기 시작하였으므로 그 신뢰를 보호할 필요성이 크다는 등의 이유로 과세관청의 처분은 비과세 관행, 신뢰보호의 원칙에 어긋나므로 과세당국의 처분은 위법하다(국패)고 판시한바 있다(서울고등법원 2018누43806, 2018.8.23., 서울행정법원 2017구합68981, 2018.4.13.).

나. 소재·부품·장비 관련 외국인기술자 요건

조세특례제한법 제18조 제1항 단서에서 정의하는 '외국인기술자'(이하 "소재·부품·장비 관련 외국인기술자"라 한다)란 앞에서 살펴본 특정외국인기술자 중 「소재·부품·장비산업 경쟁력강화를 위한 특별조치법」 제16조에 따른 특화선도기업등에서 근무하는 사람을 말한다(조세특례제한법 시행령 제16조 제1항 단서). 「소재·부품·장비산업 경쟁력강화를 위한 특별조치법」 제16조에 따른 특화선도기업등의 범위는 아래와 같다(소재·부품·장비산업 경쟁력강화를 위한 특별조치법 제2조 및 제15조).

특화선도기업등의 범위
㉠ 핵심전략기술과 관련한 기술적 역량과 생산능력을 갖춘 기업이거나 성장이 유망한 기업으로서 「소재·부품·장비산업 경쟁력강화를 위한 특별조치법」 제13조에 따라 선정된 특화선도기업
㉡ 소재·부품 또는 장비의 개발·제조를 주된 사업으로 영위하는 기업으로서 「소재·부품·장비산업 경쟁력강화를 위한 특별조치법」 제14조에 따라 확인을 받은 전문기업
㉢ 「소재·부품·장비산업 경쟁력강화를 위한 특별조치법」 제15조에 따른 강소기업 및 창업기업

다. 기한 요건

위의 특정외국인기술자 요건을 충족한 경우 해당 외국인기술자는 국내에서 최초로 근로를 제공한 날(2021.12.31. 이전인 경우만 해당한다)로부터 5년이 되는 날이 속하는 달까지 발생한 근로소득에 대해서 소득세의 50%를 감면하고, 소재・부품・장비 관련 외국인기술자는 국내에서 최초로 근로를 제공한 날(2022.12.31. 이전인 경우만 해당한다)로부터 3년이 되는 날이 속하는 달까지 발생한 근로소득에 대해서 소득세의 70%(이후 2년이 되는 날이 속하는 달까지 발생한 근로소득에 대해서는 소득세의 50%)를 감면하게 되는데 사례를 통해 근로를 제공한 날의 의미 등에 대해 자세히 살펴본다.

사례 113 국내에서 최초로 근로를 제공한 날의 의미

'국내에서 최초로 근로를 제공한 날'은 문언 그대로 당해 외국인 기술자가 입국하여 국내에서 최초로 근로를 제공한 날로 해석해야 한다.

예컨대 해당 외국인기술자가 해당 내국법인에 근로를 제공하기 이전에 국내에서 다른 내국법인에게 근로를 제공한 경우에는 다른 내국법인에게 최초로 근로를 제공한 날이 국내에서 최초로 근로를 제공한 날이 되는 것이다.

따라서 외국인기술자의 소득세 면제기간은 최초로 근로를 제공한 날부터 기산하여 연속적으로 2년이 되는 날이 속하는 달까지이므로 국내에서 다른 내국법인에 최초로 근로를 제공한 날로부터 2년 경과 후 내국법인에 고용된 외국인 기술자는 소득세 면제 대상에 해당하지 아니한다(조심 2013부1072, 2013.4.19., 조심 2012부5132, 2013.4.19., 재국조-323, 2012.6.20., 법규소득 2012-229, 2012.6.19., 서면2팀-39, 2005.1.5., 국제세원-137, 2012.3.21.). 이때 연속적으로 2년이 된다는 의미는 해당 외국인기술자가 국내에서 최초로 근로를 제공한 날 이후 실제근무기간만을 의미하는 것이 아니라 근로를 제공하지 않은 기간도 포함하는 것으로 판단된다.

또한 해당 외국인기술자가 다른 내국법인에서 조세특례제한법 제18조에 따른 소득세 감면을 받았는지 여부 또는 외국법인의 국내지점 등 내국법인이 아닌 법인 등에 근무했는지 여부는 국내에서 최초로 근로를 제공한 날의 판단에 영향을 미치지 않는다(서면2팀-574, 2004.3.24., 국세 46017-95, 2003.6.20.).

살펴본 바와 같이 조세특례제한법에 의한 외국인기술자에 대한 소득세 감면은 사람에 중점을 두고 있으므로 기술용역계약건별로 그와 관련된 국내 근로 계약일을 의미하는 것이 아니다.

사례 114 외국인기술자가 외국법인의 국내지점에 파견되어 용역을 수행하는 경우

외국법인이 내국법인과 조세특례제한법 시행규칙 제9조 제1항에 따른 엔지니어링기술 도입계약을 체결하고, 해당 외국법인 소속의 외국인기술자가 외국법인의 국내지점에 파견되어 국내에서 내국법인(고객)에게 기술을 제공하고 외국법인의 국내지점으로부터 지급받는 급여는 조세특례제한법 제18조 제1항 및 같은 법 시행령 제16조 제1항 제1호에 따라 소득세가 감면되지 않는 것으로 판단된다(조심 2011부1801, 2012.3.27.). 왜냐하면 조세특례제한법 제18조 제1항에 따른 과세특례규정을 적용받기 위해서는 외국인기술자가 국내에서 '내국인'[641]에게 근로를 제공해야 하는데, 외국법인의 국내지점은 「소득세법」에 따른 거주자 및 「법인세법」에 따른 내국법인에 해당되지 않아 내국인이 아니기 때문이다. 이와는 달리 외국인기술자가 외국법인의 국내지점으로부터 지급받는 급여도 과세특례 대상이라는 세무당국의 유권해석도 있다(국제세원-423, 2011.9.2., 서면2팀-420, 2006.2.27.). 이는 법문상의 '내국인에게 근로를 제공'의 의미는 외국인기술자가 보유하고 있는 기술을 내국인(고객)에게 제공한다면 이는 선진기술의 국내도입 및 외국인기술자의 국내 유치라는 입법취지를 달성하는 것이므로 형식적인 고용관계보다 실질적인 고용관계에 그 무게를 두어야 한다는 것이다. 하지만, 조세법률주의의 원칙상 과세요건이거나 비과세요건 또는 조세감면요건을 막론하고 조세법규의 해석은 특별한 사정이 없는 한 법문대로 해석할 것이고, 합리적 이유 없이 확장해석하거나 유추해석하는 것은 허용되지 아니하며, 특히 감면요건 규정 가운데에 명백히 특혜규정이라고 볼 수 있는 것은 엄격하게 해석하는 것이 조세공평의 원칙에도 부합하는 것이므로, 조세특례제한법 제18조 제1항에 따른 '내국인'의 범위를 확정하여 해석한 상기 유권해석은 적절하지 않은 것으로 판단된다.

이와는 달리, 예컨대 일본인 외국인기술자가 독립적으로 내국인에게 인적용역을 제공하고 지급받는 대가는 조세특례제한법 제18조의 규정이 적용되지 아니하고 「한・일 조세조약」 제14조의 규정이 적용되는 것으로 동 「조세조약」 제14조[642] 제1항에서 규정하는 2가지 요건에 모두 해당하지 아니하는 경우에는 동 지급대가는 국내에서 과세되지 아니한다 (서면2팀-1456, 2007.8.3.).

641) '내국인이란 「소득세법」에 따른 거주자 및 「법인세법」에 따른 내국법인을 말한다(조세특례제한법 제2조 제1호).

642) 한・일조세조약 제14조 제1항에 의하면 전문직업적 용역 또는 독립적 성격의 기타 활동과 관련하여 취득하는 소득은 그가 자신의 활동을 수행할 목적으로 타방체약국안에 정기적으로 이용가능한 고정시설을 가지거나, 당해 역년 중 총 183일 또는 이를 초과하는 단일기간 또는 통산한 기간 동안 동 타방체약국에 체류하는 경우가 아닐 때에는 일본에서만 과세하도록 규정하고 있다. 이때, "전문직업적 용역"이라 함은 의사・변호사・엔지니어・건축가・치과의사 및 회계사의 독립적인 활동뿐만 아니라 특히 독립적인 학술・문학・예술・교육과 교수활동을 포함한다.

(3) 세액감면 및 원천징수 특례

가. 감면대상소득

특정외국인기술자 요건(조세특례제한법 제18조 제1항)을 갖춘 외국인기술자에 대한 감면대상 소득은 다음과 같다.

| 표 _ 특정외국인기술자의 감면소득 |[643]

감면소득	감면소득에서 제외
• 급여 • 법인의 잉여금처분에 의하여 받는 상여 • 법인세법에 의하여 처분된 인정상여	• 퇴직소득

감면대상소득은 근로소득에 한정하므로 외국인기술자가 지급받는 소득세법상 퇴직소득은 감면배당이 아니다. 다만, 퇴직 시에 지급받은 소득으로서 퇴직소득으로 분류되지 아니하는 퇴직위로금 등은 근로소득의 일종이므로 감면대상에 포함할 수 있다.

나. 세액감면의 내용

특정외국인기술자 요건을 갖춘 외국인기술자의 근로소득에 대해서 소득세의 100분의 50에 상당하는 세액을 감면하고, 소재 · 부품 · 장비 관련 외국인기술자는 국내에서 최초로 근로를 제공한 날로부터 3년이 되는 날이 속하는 달까지 발생한 근로소득에 대해서 소득세의 70%(이후 2년이 되는 날이 속하는 달까지 발생한 근로소득에 대해서는 소득세의 50%)를 감면한다.

다. 원천징수 특례

원천징수의무자가 상기 소득세 감면 요건을 충족한 외국인기술자에게 근로소득을 지급할 때에는 「소득세법」 제127조에 따라 징수할 소득세에서 앞에서 감면하고자하는 세액을 제외한 금액을 원천징수하면 된다(조세특례제한법 제18조 제3항).

(4) 적용기한

외국인기술자에 대한 소득세 감면규정은 해당 외국인기술자가 내국인에 2021.12.31. 이전에 최초로 근로를 제공한 경우에만 적용하며, 소재 · 부품 · 장비 관련 외국인기술자에 대한 소득세 감면규정은 해당 외국인기술자가 내국인에 2022.12.31. 이전에 최초로 근로를 제공한 경우에만 적용한다.

643) 국세청, 「외국법인 및 외국인투자기업 납세안내」, 2013, 249면

(5) 세액감면의 신청

소득세를 감면받으려는 외국인기술자는 근로를 제공한 날이 속하는 달의 다음달 10일까지 기획재정부령이 정하는 바에 따라 원천징수의무자를 거쳐 원천징수 관할 세무서장에게 세액감면신청서(별지 제7호 서식)를 제출하여야 한다(조세특례제한법 제18조 제4항, 조세특례제한법 시행령 제16조 제3항, 조세특례제한법 시행규칙 제61조 제1항 제8호).

사례 115 감면신청이 외국인기술자 소득세 감면을 위한 필수요건인지 여부

외국인기술자의 근로소득세액면제신청서가 기한을 경과하여 지연제출된 경우에도 당해 소득이 면제대상으로 확인되는 경우에는 소득세를 면제하는 것이며, 종합소득세 확정신고 후에는 「국세기본법」 제45조의 2에 따라 경정청구에 의해 소득세를 면제하는 것이다(재국조-120, 2003.12.23., 국일 46017-25, 1996.1.17., 국일 46017-587, 1996.10.21.).

(6) 중복적용배제

조세특례제한법 제18조에 따른 외국인기술자에 대한 소득세의 감면규정과는 별도로 조세특례제한법 제18조의 2에는 외국인근로자에 대한 과세특례를 규정하고 있다.

과세특례의 내용은 외국인근로자가 2021.12.31. 이전에 최초로 근로를 제공하기 시작하는 경우 국내에서 근무함으로써 받는 근로소득에 대한 소득세는 「소득세법」 제55조 제1항에도 불구하고 해당 근로소득에 100분의 19을 곱한 금액을 그 세액으로 할 수 있다는 것이다(조세특례제한법 제18조의 2 제2항).

이 경우 「소득세법」 및 이 법에 따른 소득세와 관련된 비과세, 공제, 감면 및 세액공제에 관한 규정은 적용하지 아니한다고 규정(조세특례제한법 제18조의 2 제3항)하고 있으므로 조세특례제한법 제18조의 2 제2항에 따라 외국인근로자에 대한 소득세 과세특례를 적용(단일세율에 의한 분리과세의 선택)받는 자는 조세특례제한법 제18조에 따른 외국인기술자에 대한 소득세 과세특례를 적용받을 수 없다.

(7) 감면분 농어촌특별세 비과세

조세특례제한법 제18조에 따른 외국인기술자에 대한 소득세 과세특례를 적용받은 경우 감면세액에 대한 농어촌특별세가 부과되지 않는다(농어촌특별세법 제4조 제12호, 동법 시행령 제4조 제6항 제1호).

(8) 관련서식

조세특례제한법 제18조에 따른 외국인기술자에 대한 소득세 감면신청서(별지 제7호 서식)는 다음과 같다.

〔별지 제7호 서식〕(2021.3.16. 개정)

외국인기술자의 근로소득세 감면신청서

※ [ ]에는 해당되는 곳에 √표를 합니다.

접수번호	접수일자	처리기간

소득자	① 성 명			
	② 주 소 (전화번호:)			
	③ 외국인등록번호 또는 여권번호		④ 국 적	

⑤ 입국 목적			⑥ 입국 연월일	
입국 후의 근무처	⑦ 업 태		⑧ 업 태(종목)	
	⑨ 주 소		⑩ 사업자등록번호	
	⑪ 대표자 성명			
⑫ 근로계약기간 또는 체재기간		년 월 일부터 년 월 일까지		
⑬ 근로소득세 감면근거		[ ]「조세특례제한법 시행령」 제16조 제1항 제1호 [ ]「조세특례제한법 시행령」 제16조 제1항 제2호		
⑭ 연구기관 유형(근로소득세 감면근거가 영 제16조 제1항 제2호인 경우)		[ ]「조세특례제한법 시행령」 제16조의 3 제2항 제1호 [ ]「조세특례제한법 시행령」 제16조의 3 제2항 제2호 [ ]「조세특례제한법 시행령」 제16조의 3 제2항 제3호 [ ]「조세특례제한법 시행령」 제16조의 3 제2항 제4호 [ ]「조세특례제한법 시행령」 제16조의 3 제2항 제5호 [ ]「조세특례제한법 시행령」 제16조의 3 제2항 제6호 [ ]「조세특례제한법 시행령」 제16조의 3 제2항 제7호 [ ]「조세특례제한법 시행령」 제16조의 3 제2항 제8호		

「조세특례제한법 시행령」 제16조 제3항에 따라 위와 같이 외국인기술자의 근로소득세 감면을 신청합니다.

년 월 일

신 청 인 (서명 또는 인)

세무서장 귀 하

첨 부 서 류	「조세특례제한법 시행령」 제16조 제1항 제2호에 따라 감면을 받는 경우 1. 학위증명서 2. 국외의 대학 및 연구기관 등에서 5년(박사 학위 소지자의 경우 2년) 이상 연구개발 및 기술개발 경험이 있음을 증명할 수 있는 서류로서 「조세특례제한법 시행규칙」 제9조 제5항에 따른 내용이 포함된 증명서 3. 과학기술정보통신부장관이 발행하는 기업부설연구소 인정서 또는 연구개발전담부서 인정서 등	수 수 료 없 음

210mm× 297mm[백상지 80g/㎡]

제2절 지방세편

1 기업부설연구소용 부동산의 취득세 및 재산세 경감의 개요

과학기술정보통신부장관[644]으로부터 인정받은 기업부설연구소[645]에 직접 사용하기 위하여 취득하는 부동산에 대하여는 2022.12.31.까지 취득세를 35%(중소기업은 60%), 과세기준일 현재 기업부설연구소에 직접 사용하는 부동산에 대하여는 재산세를 35%(중소기업은 50%) 경감하며, 신성장동력·원천기술 관련 기업부설연구소의 경우에는 취득세와 재산세를 10%p 추가 경감한다(지방세특례제한법 제46조).

이 법은 기업의 경쟁력 향상을 위한 연구개발 투자를 확대시키고 이를 지원하기 위한 목적으로 일정한 수준의 인적·물적 시설을 갖춘 기업부설연구소를 설립하기 위하여 취득하는 부동산에 대하여 정책적으로 그 취득세 등을 경감하여 주는 전형적인 조세감면규정의 하나이다.

2 개정 연혁

2014.12.31. 세법 개정 시[646] 연구개발분야에 대한 투자를 유도하기 위하여 기업부설연구소 부동산에 대한 취득세 및 재산세는 100분의 50을 2016.12.31.까지 경감하되, 기업의 규모에 따라 100분의 25부터 100분의 75까지의 범위에서 경감비율을 달리할 수 있도록 하였다.

단, 이 법 시행 전(2015.1.1. 전)에 기업부설연구소로 직접 사용하기 위하여 부동산을 취득한 자가 2016.12.31.까지 「기초연구진흥 및 기술개발지원에 관한 법률」 제14조 제1항 제2호에 따라 과학기술정보통신부장관에게 기업부설연구소로 신고하여 인정을 받는 경우에는 제46조의 개정규정에도 불구하고 2016.12.31.까지 취득세 및 재산세의 100분의 75를 각각 경감하며,[647] 종전 「조세특례제한법」 및 「지방세특례제한법」에 따라 지방세가 면제되었으나 동 개정규정으로 일부 또는 전부가 과세대상으로 전환된 경우에는 해당 개정규정에 대한 지방세법 제13조 및 제28조에 따른 중과세율은 2016.1.1.부터 적용한다.[648]

644) 과거 미래창조과학부장관이었으나 현재 과학기술정보통신부장관으로 명칭 변경
645) 상호출자제한기업집단이 과밀억제권역내 설치하는 기업부설연구소는 경감대상에서 제외(2017년부터)
646) 지방세특례제한법 제46조(2014.12.31. 법률 제12955호로 일부 개정된 것)
647) 지방세특례제한법 부칙(법률 제12955호, 2014.12.31.) 제24조
648) 지방세특례제한법 부칙(법률 제12955호, 2014.12.31.) 제13조

|개정세법해설| 기업부설연구소용 부동산 취득세 및 재산세 경감세율 차등적용
(지방세특례제한법 제46조, 지방세특례제한법 시행령 제23조)

(1) 개정내용

종 전	개 정
〈기업부설연구소, §46〉 (감면율) 취득세, 재산세 100%	☞ 감면축소, 2년 연장 ○ (감면율) -중소기업 : 취득세, 재산세 75% -중견·대기업 : 취득세, 재산세 50% -과밀억제권역내 대기업 : 취득세, 재산세 25% ※ 단, 2014년 이전 부동산 취득자가 2016년 12월 31일까지 기업부설연구소로 인정받는 경우는 법률 제12955호 부칙 제24조에 따라 취득세, 재산세 75%
○ (일몰기한) 2014.12.31.	○ (일몰기한) 2016.12.31.

(2) 개정이유

(기업부설연구소) 기업활동의 일환으로 장기 감면, 담세력 충분하나, R&D 투자의 중요성을 고려하여 지원하되 감면폭은 축소

- 다만, 중소기업 지원 강화 및 지역균형발전 차원에서 감면율 차등화(중소기업 VS 중견·대기업 VS 과밀억제권역내 대기업 연구소)

(3) 적용시기 및 적용례

2015.1.1. 이후 납세의무가 성립하는 분부터 적용

한편, 2016.12.30. 시행령 개정 시[649] 상호출자제한기업집단이 과밀억제권역내에 설치하는 기업부설연구소는 경감대상에서 제외하였다.

649) 지방세특례제한법 시행령 제23조(2016.12.30. 대통령령 제27711호로 일부 개정된 것)

|개정세법해설| 기업부설연구소용 감면대상 명시(지방세특례제한법 시행령 제23조)

(1) 개정내용

종 전	개 정
제23조(기업부설연구소) ① 법 제46조 제1항에서 "대통령령으로 정하는 기업부설연구소"란 토지 또는 건축물을 취득한 후 1년(「건축법」에 따른 신축 · 증축 또는 대수선을 하는 경우에는 2년) 이내에 「기초연구진흥 및 기술개발지원에 관한 법률」 제14조의 2 제1항에 따라 인정받은 기업부설연구소를 말한다. 〈단서 신설〉	제23조(기업부설연구소) ① --------. 다만, 「독점규제 및 공정거래에 관한 법률」 제14조 제1항에 따른 상호출자제한기업집단등이 「수도권정비계획법」 제6조 제1항 제1호에 따른 과밀억제권역 내에 설치하는 기업부설연구소는 제외한다.

(2) 개정이유

법 개정사항* 반영을 위하여 감면대상 기업부설연구소 범위에서 '과밀억제권역 내 대기업의 기업부설연구소를 제외'하도록 개정

* '16년 일몰도래 시 기업 R&D 지원을 위해 기업부설연구소에 대한 감면은 연장되었으나, 대기업(과밀억제권역 내)의 경우는 감면 종료

(3) 적용시기 및 적용례

2017.1.1. 이후 납세의무가 성립하는 분부터 적용

2017.12.29. 시행령 개정 시[650] 기업부설연구소의 정의에서 1년 이내(신축 · 증축 또는 대수선은 2년)에 기업부설연구소로 인정받도록 하는 내용을 삭제하여 취득일부터 1년(신축 · 증축 또는 대수선은 2년) 이후에 기업부설연구소로 인정받고 해당 목적으로 직접 사용하는 경우에도 취득세는 경감대상에서 제외되지만, 재산세 경감대상에 포함될 수 있도록 하였다. 다만, 법에서는 1년 이내(신축 · 증축 또는 대수선은 2년)에 기업부설연구소로 인정받지 못한 경우 해당 부분에 대해서는 경감된 취득세 · 재산세를 추징하도록 규정하였다.[651]

650) 지방세특례제한법 시행령 제23조(2017.12.29. 대통령령 제28525호로 일부 개정된 것)

651) 지방세특례제한법 제46조(2017.12.26. 법률 제15295호로 일부 개정된 것)

|개정세법해설| 기업부설연구소 감면 추징규정 개선 등(지방세특례제한법 제46조, 지방세특례제한법 시행령 제23조)

(1) 개정내용

종 전	개 정
법 제46조(연구개발 지원을 위한 감면) ① 대통령령으로 정하는 기업부설연구소에 직접 사용하기 위하여 취득하는 부동산(부속토지는 건축물 바닥면적의 7배 이내인 것으로 한정한다. 이하 이 조에서 같다)에 대해서는 취득세의 100분의 35를, 과세기준일 현재 기업부설연구소에 직접 사용하는 부동산에 대해서는 재산세의 100분의 35를 각각 2019년 12월 31일까지 경감한다.	법 제46조(연구개발 지원을 위한 감면) ① 대통령령으로 정하는 기업부설연구소(이하 이 조에서 "기업부설연구소"라 한다) - ------ ---- ---- ---- ---- --- - ---- ---- ---- ---- -- -- ---- ---- ---- ----- - --- ---- ---- ---- ---- ---- ---- ---- ---- --- - ---.
②·③ (생 략)	②·③ (현행과 같음)
④ 제1항부터 제3항까지의 규정을 적용할 때 연구소 설치 후 4년 이내에 정당한 사유 없이 연구소를 폐쇄하거나 다른 용도로 사용하는 경우 그 해당 부분에 대해서는 경감된 취득세 및 재산세를 추징한다.	④ - ---- -------- ---- 다음 각 호의 어느 하나에 해당--------- ---------------------- ---------------------- ---.
〈신 설〉	1. 토지 또는 건축물을 취득한 후 1년(「건축법」에 따른 신축·증축 또는 대수선을 하는 경우에는 2년) 이내에 「기초연구진흥 및 기술개발지원에 관한 법률」 제14조의 2에 따른 기업부설연구소로 인정받지 못한 경우
〈신 설〉	2. 기업부설연구소 설치 후 4년 이내에 정당한 사유 없이 연구소를 폐쇄하거나 다른 용도로 사용하는 경우
시행령 제23조(기업부설연구소) ① 법 제46조 제1항에서 "대통령령으로 정하는 기업부설연구소"란 토지 또는 건축물을 취득한 후 1년(「건축법」에 따른 신축·증축 또는 대수선을 하는 경우에는 2년) 이내에 「기초연구진흥 및 기술개발지원에 관한 법률」 제14조의 2 제1항에 따라 인정받은 기업부설연구소를 말한다. 다만, (생 략)	시행령 제23조(기업부설연구소) ① 법 제46조 제1항에서 "대통령령으로 정하는 기업부설연구소"란 「기초연구진흥 및 기술개발지원에 관한 법률」 제14조의 2 제1항에 따라 인정받은 기업부설연구소를 말한다. 다만, (생 략)

(2) 개정이유

① 현재 시행령으로 위임하여 규정한 '기업부설연구소'의 정의 규정은 기업부설연구소 감면 규정에 적용되어야 하나 해당 조문에서 동일하게 적용되도록 하는 명확한 규정이 없어 제1항에만 적용되는 것으로 해석될 여지

② 현재 '기업부설연구소' 정의를 시행령에 위임하고, 시행령에서는 '부동산 취득일부터 1년(신축·증축 또는 대수선은 2년) 이내에 기업부설연구소로 인정받은 것'으로 규정하고 있어, 취득일부터 기간 이내에 기업부설연구소로 인정받지 못하는 경우 감면 대상인 기업부설연구소에 해당되지 않게 되어, 1년(또는 2년) 이후 기업부설연구소로 인정을 받고 해당 목적으로 직접 사용하는 경우에도 재산세 감면에서 제외되는 문제

(3) 개정내용

① 기업부설연구소 정의 규정을 「지방세특례제한법」 제46조에서 모두 적용할 수 있도록 명확히 규정

② 시행령에 규정된 기업부설연구소 정의에서 1년 이내(신축·증축 또는 대수선은 2년)에 인정받도록 하는 내용을 삭제하여

- 감면 대상 기업부설연구소를 「기초연구진흥 및 기술개발지원에 관한 법률」 제14조의 2 제1항에 따라 인정 받은 것으로 규정

※ 부동산 취득일부터 1년(또는 2년) 경과 후 기업부설연구소로 인정받고 기업부설연구소로 직접 사용 시, 인정 이후 발생하는 재산세는 감면

- 다만, 1년(신축·증축 또는 대수선 2년) 이내에 기업부설연구소로 인정받지 못한 경우, 해당 부분에 대해 경감된 취득세·재산세 추징하도록 함.

(4) 적용시기 및 적용례

2018.1.1. 이후 납세의무가 성립하는 분부터 적용

2020.1.15. 세법 개정 시[652] 신정장동력·원천기술 분야를 육성하기 위해 신성장동력·원천기술 관련 기업부설연구소의 경우에는 취득세와 재산세를 10%p 추가 감면하고, 기업부설연구소 인정일부터 3년 이내에 신성장동력·원천기술심의위원회로부터 신성장동력·원천기술에 해당한다는 심의 결과를 통보받지 못한 경우 감면액을 추징하도록 규정하였다.

652) 지방세특례제한법 제46조(2020.1.15. 법률 제16865호로 일부 개정된 것)

|개정세법해설| 기업부설연구소에 대한 감면 연장 및 확대(지방세특례제한법 제46조, 지방세특례제한법 시행령 제23조)

(1) 개정내용

종 전	개 정
□ 기업부설연구소 감면 ○ 대기업*, 중견기업 - 취득세 35%, 재산세 35% * 과밀억제권역 제외 ○ 중소기업 ○ 취득세 60%, 재산세 50% 〈신 설〉 ○ 일몰기한 : 2019.12.31.	□ 감면 연장 및 확대 ○ (좌 동) ○ (좌 동) ○ 신성장동력 · 원천기술분야* - 현행 감면율 + 10%p 추가 * 조세특례제한법 §10(시행령 별표 7) ○ 일몰기한 : 2022.12.31.
□ 기업부설연구소 감면 추징 ○ 토지 또는 건축물 취득 후 1년(신 · 증축 또는 대수선 2년) 이내에 기업부설연구소로 인정받지 못한 경우 〈신 설〉	□ 추징규정 신설 ○ (좌 동) ○ 기업부설연구소 인정일부터 3년 이내에 신성장동력 · 원천기술심의위원회로부터 신성장동력 · 원천기술에 해당된다는 심의 결과를 통보받지 못한 경우
〈신 설〉	□ 신성장동력 · 원천기술 관련 기업부설연구소 정의 규정 신설 ○ 아래 두 가지 요건 모두 충족 ① 신성장동력 · 원천기술연구개발업무를 수행할 것(일반연구개발을 함께 수행하는 경우도 포함) ② 기업부설연구소로 인정받은 날부터 3년 이내에 신성장동력 · 원천기술심의위원회로부터 신성장동력 · 원천기술에 해당한다는 심의 결과를 받을 것

(2) 개정이유

○ 연구개발을 통한 기업의 자생력 강화 지원을 위해 현행 감면 3년 연장

○ 일본 수출규제로 애로를 겪고 있는 기업의 지원을 위해 소재 · 부품 · 장비 산업을 포함한 신성장동력 · 원천기술 분야* 10%p 감면 추가 확대

* 「조세특례제한법 시행령」 별표 7에 따른 신성장동력 · 원천기술 분야

○ 기업부설연구소 인정일부터 3년 이내에 신성장동력·원천기술심의위원회로부터 해당 기술에 대한 심의 결과를 통보받지 못한 경우 감면액 추징
※ 신성장동력·원천기술 분야 기업부설연구소로 추가 감면(10%)된 부분만 추징

(3) 적용시기 및 적용례

○ 이 법 시행 이후 납세의무가 성립하는 경우부터 적용하되, 개정 법률 부칙 제2조에 따라 '20년 1월 1일부터 소급 적용
- '20년 1월 1일 이후부터 이 법 시행 전에 납세의무가 성립하여 일반과세한 경우 해당 세액은 감액 또는 환급 조치

○ 신성장동력·원천기술 관련 기업부설연구소 해당 여부는 우선 기업부설연구소 신청서와 연구개발활동 개요서* 등으로 우선 판단하고,
- 기업부설연구소 인정일부터 3년 이내에 신성장동력·원천기술심의위원회(조특법 시행령 §11)에 의한 심의 결과로 최종 판단

* 기초연구법 시행규칙 별지 제1호(기업부설연구소 신청서) 및 제2호(연구개발활동 개요서) 서식

○ 기업부설연구소 인정일부터 3년을 초과하여 신성장동력·원천기술심의위원회에 의해 감면대상 기술이라는 심의 결과를 받은 경우,
- 신성장동력·원천기술 관련 기업부설연구소로서 추가 감면(10%)받은 취득세액 및 재산세액에 대해서만 추징하되,
- 감면대상 기술에 해당한다는 심의 결과를 받은 이후 납세의무가 성립하는 재산세는 신성장동력·원천기술 관련 기업부설연구소로 감면

3 기업부설연구소용 부동산의 취득세 및 재산세 경감 요건

(1) 경감요건

기업이 '대통령령으로 정하는 기업부설연구소'에 직접 사용하기 위하여 취득하는 부동산(부속토지는 건축물 바닥면적의 7배 이내인 것으로 한정한다)에 대하여 2022.12.31.까지 취득세[653]를 35%(중소기업은 60%), 과세기준일 현재 기업부설연구소에 직접 사용하는 부동산에 대하여는 재산세를 35%(중소기업은 50%) 경감하며, '대통령령으로 정하는 신성장동력·원천기술 관련 기업부설연구소'의 경우에는 취득세, 재산세를 추가로 10% 더 경감한다(지방세특례제한법 제46조 제1항~제3항).

653) 2011.1.1.부터 지방세법이 지방세기본법(총칙), 지방세법(세목), 지방세특례제한법(감면)으로 분법되면서 취득세에 등록세 중 취득세의 과세대상과 같은 것에 대하여는 통합하여 세율을 종전의 취득세 세율과 등록세 세율을 합하여 종전과 같은 부담이 되도록 조정하여 시행하고 있다. 예컨대 부동산 승계취득의 경우 종전 취득세 세율 2%와 종전 등록세 세율 2%를 산술적으로 합산 조정하여 4%를 그 취득세 세율로 규정하고 있다.

| 표 _ 기업부설연구소용 부동산 취득 및 사용 시 지방세 경감률 |

구분		경감률							
		~2014.12.31.		2015.1.1.~ 2016.12.31.		2017.1.1.~ 2019.12.31.		(주3)2020.1.1. ~ 2022.12.31.	
		취득세	재산세	취득세	재산세	취득세	재산세	취득세	재산세
가. 중소기업(주1)		100%	100%	75%	75%	60%	50%	60(70)%	50(60)%
나. 기업집단(주2)	과밀억제권역내	100%	100%	25%	25%	0%	0%	0%	0%
	과밀억제권역외	100%	100%	50%	50%	35%	35%	35(45)%	35(45)%
다. 가~나 외의 기업		100%	100%	50%	50%	35%	35%	35(45)%	35(45)%

(주1) 「중소기업기본법」 제2조 제1항에 따른 중소기업이 기업부설연구소에 직접 사용하기 위하여 취득 및 사용하는 부동산

(주2) 「독점규제 및 공정거래에 관한 법률」 제31조 제1항에 따른 상호출자제한기업집단 등이 기업부설연구소에 직접 사용하기 위하여 취득 및 사용하는 부동산

(주3) 2020.1.1. 이후 신성장동력・원천기술 분야를 연구하기 위한 기업부설연구소는 경감률 10% 가산

이때 '대통령령으로 정하는 기업부설연구소'란 「기초연구진흥 및 기술개발지원에 관한 법률」 제14조의 2 제1항에 따라 인정받은 기업부설연구소로서, 「독점규제 및 공정거래에 관한 법률」 제31조 제1항에 따른 상호출자제한기업집단등이 「수도권정비계획법」 제6조 제1항 제1호에 따른 과밀억제권역내 설치하는 기업부설연구소를 제외한 것을 말한다(지방세특례제한법 시행령 제23조 제1항).

따라서 「기초연구진흥 및 기술개발지원에 관한 법률」 제14조의 2 제1항에 따라 인정받은 연구개발전담부서나 「문화산업진흥 기본법」 제17조의 3에 따른 기업부설창작연구소 또는 기업창작전담부서는 「지방세특례제한법」 제46조에 따른 취득세 및 재산세 경감대상 기업부설연구소에 포함되지 않는다(이하 "기업부설연구소"라 한다).

한편, '대통령령으로 정하는 신성장동력・원천기술 관련 기업부설연구소'란 위에서의 '대통령령으로 정하는 기업부설연구소'로서 다음 요건을 모두 갖춘 기업의 부설연구소를 말한다(지방세특례제한법 시행령 제23조 제2항).

신성장동력 또는 원천기술 관련 기업부설연구소
㉠「국가과학기술 경쟁력 강화를 위한 이공계지원 특별법」 제2조 제4호에 따른 연구개발 서비스업을 영위하는 국내 소재 기업으로서 「조세특례제한법 시행령」 제9조 제2항 제1호 가목에 따른 신성장·원천기술연구개발업무를 수행(신성장·원천기술연구개발업무와 그 밖의 연구개발을 모두 수행하는 경우를 포함)하는 기업일 것
㉡「기초연구진흥 및 기술개발지원에 관한 법률」 제14조의 2 제1항에 따라 기업부설연구소로 인정받은 날부터 3년 이내에 「조세특례제한법 시행령」 제9조 제12항에 따른 신성장·원천기술심의위원회로부터 해당 기업이 지출한 신성장·원천기술연구개발비의 연구개발 대상 기술이 같은 영 별표 7에 해당된다는 심의 결과를 통지받은 기업일 것

「국가과학기술 경쟁력 강화를 위한 이공계지원 특별법」 제2조 제4호에 따른 "연구개발서비스업"이란 i) 영리를 목적으로 이공계 분야의 연구와 개발을 독립적으로 수행하거나 위탁받아 수행하는 연구개발업 또는 ii) 영리를 목적으로 기술정보 제공, 컨설팅, 시험·분석 등을 통하여 이공계 분야의 연구와 개발을 지원하는 연구개발지원업을 말한다.

정리하면, 이 법 규정에 의한 취득세 및 재산세 경감요건은 '과학기술정보통신부장관이 인정하는 기업부설연구소 사용 목적의 부동산 취득'이며, 추가로 10%를 더 경감받기 위해서는 연구개발서비스업을 영위하는 기업의 신성장동력 또는 원천기술 분야를 연구하는 기업부설연구소에 해당해야 한다.

(2) 추징사유

다음 어느 하나의 사유에 해당하는 경우에는 그 해당 부분에 대해서는 경감된 취득세 및 재산세를 추징한다(지방세특례제한법 제46조 제4항).

추징사유
㉠ 토지 또는 건축물을 취득한 후 1년(「건축법」에 따른 신축·증축 또는 대수선을 하는 경우에는 2년) 이내에 「기초연구진흥 및 기술개발지원에 관한 법률」 제14조의 2에 따른 기업부설연구소로 인정받지 못한 경우
㉡ 기업부설연구소로 인정받은 날부터 3년 이내에 「조세특례제한법 시행령」 제9조 제11항에 따른 신성장동력·원천기술심의위원회로부터 해당 기업이 지출한 신성장동력·원천기술 연구개발비의 연구개발 대상 기술이 같은 영 별표 7에 해당된다는 심의 결과를 받지 못한 경우(신성장동력·원천기술 분야 기업부설연구소로 추가 감면된 부분에 한정한다)
㉢ 기업부설연구소 설치[654] 후 4년 이내에 정당한 사유 없이 연구소를 폐쇄하거나 다른 용도로 사용하는 경우[655]

가. 기업부설연구소의 설립 미이행으로 인한 취득세 납부

기업부설연구소용으로 취득한 부동산에 대한 취득세를 경감받은 경우에 당해 기업부설연구소가 부동산 취득일로부터 1년 이내에 실제로 설립되지 않으면(해제조건) 종국적으로 감면요건이 이행되지 못하게 되어 취득세 경감의 효과는 위 해제조건의 성취 시점인 '당해 부동산 취득일로부터 1년을 경과한 시점'부터 소멸하게 된다(대법원 2011두27551, 2013.11.28., 대법원 2006두19570, 2008.11.27.).

따라서 기업부설연구소용 부동산을 취득하여 취득세를 경감받은 후 1년의 유예기간 내에 위 연구소를 설치하지 못한 경우에는 「지방세법」 제20조 제3항에서 정하고 있는 '이 법 또는 다른 법령에 따라 취득세를 비과세, 과세면제 또는 경감받은 후에 해당 과세물건이 취득세 부과대상 또는 추징 대상이 된 때'에 해당하게 되고, 그 사유발생일로부터 60일 이내에 취득세를 신고 및 납부를 하여야 한다(지방세법 제20조 제3항).

만약 기업부설연구소용 부동산을 취득하고 1년이 경과한 후에도 그 사유발생일로부터 60일 이내에 취득세를 신고 및 납부를 하지 않으면 산출세액의 10%에 상당하는 과소신고가산세 및 연 9.125% 상당액의 납부불성실 가산세가 자진납부일까지의 기간동안 부과된다(지방세기본법 제54조, 제55조). 이때 법정신고기한이 지난 후 2년 이내에 「지방세법」 제49조에 따라 수정신고를 하는 경우에는 과소신고가산세액의 10%~90%가 경감된다(지방세기본법 제57조 제2항 제1호).

| 표 _ 수정신고 시 가산세 감면율 |

구분	감면율					
	1개월 이내	1개월 초과 3개월 이내	3개월 초과 6개월 이내	6개월 초과 1년 이내	1년 초과 1년 6개월 이내	1년 6개월 초과 2년 이내
가산세 감면율	90	75	50	30	20	10

654) 기업부설연구소를 설치한 날은 「기초연구진흥 및 기술개발지원에 관한 법률」 제14조의 2에 따라 과학기술정보통신부장관으로부터 인정을 받은 날을 말한다(지방세특례제한법 운영예규 법46-1).

655) 이 규정을 반대 해석하면 기업부설연구소를 설치하여 4년 이상 사용한 상태에서 연구소를 폐쇄하거나 다른 용도로 사용하더라도 기업부설연구소용 부동산에 대해 기 경감된 취득세를 추징할 수 없다(세정-616, 2003.7.28., 세정 13407-220, 1999.2.20.).

나. 신성장동력 · 원천기술연구개발비의 연구개발 대상 기술이 「조세특례제한법 시행령」 별표 7에 해당된다는 심의 결과를 받지 못한 경우

기업부설연구소로 인정받은 날부터 3년 이내에 「조세특례제한법 시행령」 제9조 제11항에 따른 신성장동력 · 원천기술심의위원회로부터 해당 기업이 지출한 신성장동력 · 원천기술 연구개발비의 연구개발 대상 기술이 같은 영 별표 7에 해당된다는 심의 결과를 받지 못한 경우(신성장동력 · 원천기술 분야 기업부설연구소로 추가 감면된 부분에 한정한다)에는 경감된 취득세 및 재산세를 추징하도록 규정하고 있다.

다. 연구소 폐쇄 등의 정당한 사유

「지방세특례제한법」 제46조 제4항 제3호에 의하면 연구소 설치 후 4년 이내에 정당한 사유 없이 연구소를 폐쇄하거나 다른 용도로 사용하는 경우 그 해당 부분에 대하여는 경감된 취득세 및 재산세를 추징하도록 규정하고 있다.

이때 '정당한 사유'란 법령에 의한 금지 · 제한 등 해당 법인이 마음대로 할 수 없는 외부적인 사유는 물론 해당 부동산을 감면의 목적에 사용하기 위한 정상적인 노력을 다하였으나 시간적인 여유가 없어 유예기간을 넘긴 내부사유도 포함하고, 정당한 사유의 유무를 판단함에 있어서는 취득세를 부과하지 아니하는 입법취지를 충분히 고려하면서 부동산의 취득목적에 비추어 그 감면 목적에 직접 사용하는 데에 걸리는 준비기간의 장단, 감면목적에 사용할 수 없는 법령상 · 사실상의 장애사유 및 장애정도, 해당 법인이 부동산을 그 감면 목적에 사용하기 위하여 진지한 노력을 다하였는지 여부 등을 아울러 참작하여 구체적인 사안에 따라 개별적으로 판단할 것이다(대법원 95누13104, 1996.1.26. 등 참조).

공공법인이 기업부설연구소용 토지를 취득하였으나, IMF 지원체제하의 경제위기로 정부 정책의 전환요구 및 감사원의 지적에 의해 신축을 유보하여 그 유예기간을 경과한 사실은 취득세 추징에 있어 정당한 사유로 볼 수 없다(지방세심사 2000-648, 2000.8.29.).

(3) 재산세 경감 시 직접 사용의 범위

토지에 대한 재산세의 감면규정을 적용할 때 직접 사용의 범위에는 해당 감면대상 업무에 사용할 건축물을 건축 중인 경우를 포함한다(지방세특례제한법 시행령 제123조).

4 세액감면의 신청

「지방세특례제한법」 제46조에 따른 기업부설연구소용 부동산에 대한 취득세 및 재산세를 경감받으려는 자는 취득세의 경우 해당 지방세의 과세표준과 세액을 신고하는 때(다만, 「지방세기본법」 제50조 제1항 및 제2항에 따라 결정 또는 경정을 청구하는 경우에는 그 결정 또는 경정을 청구하는 때), 재산세의 경우는 과세기준일이 속하는 달의 말일까지 지방세 감면 신청서(별지 제1호 서식)를 관할 특별자치시장・특별자치도지사・시장・군수・구청장에게 제출하여야 한다(지방세특례제한법 제183조 제1항, 지방세특례제한법 시행령 제126조 제1항, 지방세특례제한법 시행규칙 제2조 제1항).

단, 지방세법상 기한 내 감면신청 규정은 납세자로 하여금 과세표준 및 세액의 결정에 필요한 서류를 과세기관에 제출하도록 하는 협력의무에 불과한 것이므로, 기한 내 감면신청이 없다고 하여 감면요건이 충족되어 당연히 감면대상인 것을 감면대상에서 배제한다는 것은 아니다(대법원 2003두773, 2004.11.12., 지방세운영과-2335, 2010.6.3.).

5 감면분 농어촌특별세 비과세

「지방세특례제한법」 제46조에 따라 기업부설연구소용 부동산의 취득세 및 재산세를 감면받은 경우 감면세액에 대한 농어촌특별세가 부과되지 않는다(농어촌특별세법 제4조 제12호, 동법 시행령 제4조 제6항 제5호).

사례 116 기업부설연구소용 건물을 증축하거나 기업부설연구소에 직접 사용하기 위하여 추가 취득하는 토지에 대해서도 취득세 감면대상인지 여부

기업부설연구소용 건물을 증축한 후 과학기술정보통신부장관으로부터 적격한 기업부설연구소 물적공간으로 인정을 받는 경우 또는 신규로 취득한 토지와 기존에 기업부설연구소가 취득하여 사용하던 토지를 합하여 건축물 바닥면적의 7배 이내에 해당하는 경우에는 각각의 경우 모두 기업부설연구소용에 직접 사용하기 위하여 취득하는 부동산으로 보아 취득세를 경감하는 것으로 판단된다(세정-3165, 2006.7.24., 지방세심사 2003-92, 2003.4.28.).

만약 기업부설연구소용 부동산을 취득하여 취득세를 납부하였다면 그 법정신고기한이 지난 후 5년 이내에 지방자치단체의 장에게 최초 신고한 지방세의 과세표준 및 세액의 경정청구를 하면 된다(지방세기본법 제50조).

사례 117 본점사업용 건축물 신축을 위하여 토지를 취득한 후 사정을 변경하여 기업부설연구소를 설립한 경우에도 기업부설연구소용 부동산에 대한 지방세 경감을 받을 수 있는지 여부

기업부설연구소 감면의 경우는 기업부설연구소를 설립하기 위하여 과세물건 취득 후 일정기간(1년) 이내에 기업부설연구소를 설립하면 감면하겠다는 것이므로(대법원 2006두19570, 2008.11.27.) 해당 토지 취득 이후 사정변경 등으로 인하여 본점사업용이 아닌 기업부설연구소를 설립하였다고 이를 달리 볼 이유가 없으므로 취득세 경감을 적용받을 수 있다.

아울러 지방세법상 기한내(60일 이내) 감면신청 규정은 납세자로 하여금 과세표준 및 세액의 결정에 필요한 서류를 과세기관에 제출하도록 하는 협력의무에 불과한 것이지 기한내 감면신청이 없다고 하여 감면요건이 충족되어 당연히 감면대상인 것을 감면대상에서 배제한다는 것은 아니므로 해당 토지 취득 이후 60일 이내 기업부설연구소로 사용하겠다는 감면신청이 없었다고 하더라도 이건 해당 토지 취득후 1년 이내 기업부설연구소를 설립한 경우라면 감면대상이다(지방세운영-2335, 2010.6.3.).

사례 118 신규로 취득하는 기업부설연구소용 부동산의 취득세를 경감받기 위해서는 반드시 신규로 기업부설연구소를 설립해야 하는지 여부

지방세특례제한법 제46조 제1항에서 「기초연구진흥 및 기술개발지원에 관한 법률」 제14조의 2 제1항에 따른 기업부설연구소에 직접 사용하기 위하여 취득하는 부동산에 대해 취득세를 경감하도록 규정하고 있으므로, 기업부설연구소의 신규 설치든, 이전(변경) 설치든 인정받은 기업부설연구소의 사용목적으로 해당 부동산을 취득 및 사용을 하면 취득세의 감면요건을 충족하게 된다.

다만, 지방세특례제한법 제46조 제4항에 의거하여 기업부설연구소용 부동산을 취득하여 취득세 경감을 받은 후 1년(또는 2년) 이내에 기업부설연구소를 인정받지 못하거나, 폐쇄 또는 다른 용도로 사용하는 경우에는 기 감면된 취득세를 추징할 수 있을 뿐이다(같은 뜻, 대법원 85누444, 1987.10.26.).

관련 조세심판원 심판례 등[656]에서도 이미 적격한 기업부설연구소를 설치해 놓은 기업이 기업부설연구소의 이전 목적으로 토지를 취득한 경우에도 지방세특례제한법 시행령 제123조의 규정에 의한 직접 사용의 범위에서 제외된다고 볼 근거가 없어 역시 지방세특례제한법 제46조에 따른 재산세 경감이 된다고 판시한 바 있다.

따라서 기존에 과학기술정보통신부장관으로부터 「기초연구진흥 및 기술개발지원에 관한 법률」 제14조 제1항 제2호에 따른 적격한 기업부설연구소로 인정을 받아 연구활동을 하여오던 기존의 기업부설연구소를 그 인적·물적시설 일체를 그대로 이전하는 경우에는

656) 조심 2011지961, 2012.5.7., 조심 2011지962, 2012.3.26., 시군세-634, 2008.5.1. 등

위 경감규정의 입법취지로 볼 때 새로운 기업부설연구소를 설립하여 인정받을 필요는 없고, 다만, 한국산업기술진흥협회에 기존 기업부설연구소 소재지 등의 변경신고를 하면 족한 것으로 판단된다(조심 2011지962, 2012.3.26., 세정-4133, 2004.11.17., 대법 85누444, 1987.10.26.).

사례 119 기업부설연구소로 승인(인정)받은 면적에서 제외된 부분을 본점과 공동으로 사용하는 경우 취득세 감면대상으로 볼 수 있는지 여부

본점 사무실과 기업부설연구소가 함께 건축물을 사용하는 경우에 본점과 공동으로 사용하는 회의실, 구내식당, 지하주차장 등의 면적을 본점 사무실과 기업부설연구소 면적으로 안분하여 기업부설연구소에 안분되는 공용면적에 대해서도 취득세 등이 경감대상이 되는지 여부이다.

정부로부터 기업부설연구소 신고관리제도를 위탁받아 운영하고 있는 한국산업기술진흥협회에 따르면 연구요원들이 전용으로 사용하는 공간으로서 회의실, 화장실, 기자재창고 등은 전용면적으로 포함되나, 회사 내 타 부서의 인원과 공동으로 사용하는 시설 및 장소는 기업부설연구소 전용면적 즉, 과학기술정보통신부장관으로부터 인정받은 기업부설연구소의 면적에 포함되지 않는다고 한다.

이와 관련하여 종전 조세심판원에서는 「지방세특례제한법 시행령」 제23조의 규정에 의하면 법 제46조 제1항에서 '대통령령이 정하는 기업부설연구소'라 함은 토지 또는 건축물을 취득한 후 1년 이내에 「기초연구진흥 및 기술개발지원에 관한 법률」 제14조 제1항 제2호에 따른 기준을 갖춘 연구소로서 같은 법 시행령 제16조에 따라 교육과학기술부장관에게 신고하여 인정을 받은 것을 말하는 것으로 규정하고 있으므로 취득세 등의 감면대상이 되는 기업부설연구소용 부동산은 부동산을 취득한 후 1년 이내에 과학기술정보통신부장관으로부터 인정받은 기업부설연구소용 면적에 한한다고 해석되어지므로 감면대상 기업부설연구소 면적은 과학기술정보통신부장관에게 인정을 받은 것을 한도로 봄이 타당하다고 판시한 바 있다(조심 2013지1051, 2014.12.31., 조심 2013지877, 2014.5.29., 조심 2013지499, 2013.10.17., 조심 2012지751, 2012.12.18., 조심 2011지948, 2012.6.15., 지방세운영-5828, 2011.12.26.).

하지만, 최근에는 공동으로 사용하는 건축물의 사용면적 구분이 명백하지 않은 경우에 기업부설연구소의 직접 사용 면적은 기업부설연구소용으로 직접 사용하는 전용면적과 다른 용도로 사용하는 전용면적의 비율로 안분한 건축물의 연면적으로 계산해야 한다는 유권해석이나 심판례가 다수 생산되고 있다(조심 2018지0294, 2019.10.31., 서울세제-18431, 2016.12.29., 지방세특례제도과-4001, 2016.12.29., 조심 2016지0407, 2016.12.19., 조심 2016지0191, 2016.6.13., 조심 2016지0191, 2016.6.13., 서울고등법원 2014누50189, 2015.1.29., 지방세운영-4080, 2012.12.18., 세정-3768, 2007.9.14., 지방세심사 2007-76, 2007.2.26., 지방세심사 2006-150, 2006.4.24.).

필자의 판단으로는 건축물을 그 목적대로 사용하기 위해서는 전용부분 뿐만 아니라 건축물 내에 소재하는 주차장·계단·복도 및 기계실 등 공용부분의 사용도 필수적이라

할 것이므로, 기업부설연구소로 승인받은 전용부분 외에 그에 상응하는 공용부분도 기업부설연구소용에 직접 사용하는 부동산에 포함된다고 보는 것이 타당하다고 할 것인바, 연구소 전용부분과 전용부분에 따른 공용부분을 기업부설연구소용에 직접 사용하는 부동산으로 보아 그 취득가격에 해당하는 취득세 및 재산세를 감면하는 것이 타당하다고 판단된다.

한편, 기업부설연구소의 관리(연구소 직원만의 급여지급, 회계결산, 인사업무 등 본점과는 별도로 독자적으로 수행하기 위한 시설)만을 위한 연구소 내의 사무실 등은 기업부설연구소용에 직접 사용하는 것이므로 취득세 등의 감면대상으로 판단된다(조심 2014지379, 2015.1.2., 세정-1303, 2005.6.23., 지방세운영-1394, 2008.9.23.).

사례 120 법인이 취득한 기업부설연구소용 부동산에 대하여 취득세를 경감받았을 경우 동 법인의 과점주주의 간주취득에 대하여도 취득세를 감면해야 하는지 여부

유가증권시장[657]에 상장되지 않은 법인의 주식 또는 지분의 50%를 초과하여 취득하여 과점주주[658]가 된 때에는 그 과점주주는 해당 법인의 부동산 등을 취득한 것으로 보아 취득세(이하 "간주 취득세"라 한다)를 납부하여야 한다.

이때 해당 법인이 보유하고 있는 기업부설연구소용 부동산(해당 법인이 취득 시 취득세를 면제받은 부동산)에 대해서도 간주 취득세를 납부하여야 하는 것인지 의문이 들 수 있다.

비과세 또는 감면의 판단기준은 '누구'를 기준으로 판단할 것인지가 그 해결책이 될 수 있다. 즉, 납세의무자인 과점주주를 기준으로 비과세 또는 감면을 판단할 것인가 아니면 주식발행법인을 기준으로 판단할 것인가를 살펴봐야 하는데 이와 관련된 두 개의 대법원 판례에서는 과점주주를 기준으로 비과세 또는 감면을 판단하고 있는 것으로 보인다(대법원 2009두20816,[659] 2011.1.27., 대법원 99두6897, 2001.1.30.).

따라서 과점주주의 간주취득도 지방세법 또는 기타 법령의 규정에 의하여 취득세 비과세 또는 감면요건에 해당하게 되면 취득세가 비과세 또는 감면되는 것이다. 달리 이야기하면 해당 법인이 취득세 비과세 또는 감면 요건에 해당되어 취득세를 면제받았다고 해서 바로

657) 과점주주가 주식 또는 지분을 취득함으로써 취득세 납세의무를 발생시키기 위해서는 대상법인이 한국거래소의 유가증권시장에 상장한 법인 외의 법인이어야 한다(지방세법 제7조 제5항, 지방세기본법 제46조 제2호, 지방세기본법 시행령 제24조 제1항, 자본시장과 금융투자업에 관한 법률 시행령 제176조의 9 제1항, 증권의 발행 및 공시 등에 관한 규정 제5-15조의 3, 유가증권시장 업무규정 제1조). 참고로 한국거래소가 운영하는 시장은 유가증권시장, 코스닥시장, 코넥스시장이 있다.

658) 과점주주란 주주 또는 유한책임사원 1명과 그의 특수관계인 중 대통령령으로 정하는 자로서 그들의 소유주식의 합계 또는 출자액의 합계가 해당 법인의 발행주식 총수 또는 출자총액의 100분의 50을 초과하면서 그에 관한 권리를 실질적으로 행사하는 자들을 말한다(지방세기본법 제47조 제2호).

659) 대법원 2009두20816 판례는 과점주주의 간주취득이 국가에 귀속 또는 기부채납을 조건으로 취득하는 부동산에 해당하여 비과세된다는 것인데, 이 판례 역시 과점주주를 기준으로 비과세 또는 감면요건 충족여부를 판단한 것으로 보인다.

과점주주로 된 자의 취득세 납세의무도 면제되는 것은 아니라는 것이다.

다시 본건 쟁점사항으로 돌아가서 해당 법인이 보유하고 있는 기업부설연구소용 부동산(해당 법인이 취득 시 취득세를 면제받은 부동산)에 대해서도 간주 취득세를 납부하여야 하는 것인지를 정리하면, 해당 법인이 기업부설연구소용 부동산의 취득으로 취득세를 감면받았다 하더라도, 과점주주는 주식지분에 따라 해당 법인의 재산을 취득하는 것으로 간주하는 것일 뿐, 과점주주가 직접 기업부설연구소를 설치·운영하기 위하여 취득하는 부동산이 아니므로 「조세특례제한법」 제46조에 따라 감면규정을 적용할 수 없는 것으로 판단된다(조심 2012지206, 2012.12.6., 감심 2008-144, 2008.5.2., 감심 2006-154, 2006.12.21., 감심 2003-139, 2003.10.14.).

사례 121 시험공장을 포함한 건축물에 대해 '기업부설연구소'로 변경 신청해 인정받은 경우, 동 시험공장이 취득세 등 경감대상인지 여부

앞서 '제2편 연구개발의 개념'에서 다음과 같은 내용에 대해 살펴보았다.

> 시험공장(Pilot plants)을 건설하고 운용하는 것은 그 주요 목적이 경험을 획득하고 엔지니어링 및 기타 데이터를 다음과 같은 일에 사용하기 위해서 일 때에만 연구개발 활동이라고 할 수 있다.
>
> - 가설의 평가
> - 신제품 제법의 기록
> - 새로운 최종 제품의 사양(specifications) 구축
> - 신공정을 위해 필요한 전문적 장비 및 구조의 디자인
> - 공정에 대한 운영 지침 및 지침서의 작성
>
> 그러나 이러한 실험적 단계가 끝난 후 시험공장이 정상적인 상업적 생산단위로써 운영되기 시작한다면 그 활동은 더 이상 연구개발활동이 아니다. 즉, 시험공장 운영의 일차적인 목적이 상업적이 아니라면 그 산출물의 일부 또는 전부가 시장에서 팔린다 하더라도 원칙적으로 문제가 되지 않는다.

행정청의 회신내용도 이와 다르지 않다.

기업부설연구소용 건축물을 취득하여 취득세 등을 감면받은 후 기초연구진흥 및 기술개발 지원에 관한 법률에 의거 과학기술정보통신부장관에게 기업부설연구소변경신청서를 제출하고 시험공장을 포함한 건축물에 대해 기업부설연구소시설로 인정받은 경우라면 기업부설연구소내 시험공장도 연구소시설로 보는 것이나, 그 시험공장에 별도로 사업자 등록을 하여 매출이 발생하는 등 시제품을 상품화하는 경우라면 시험공장을 연구시설로 볼 수 없다는 것이다(세정 13407-495, 2002.5.28.).

사례 122 합병 및 분할 시 취득세에 대한 유예기간의 기산일이 변경되는지 여부

회사합병이 있는 경우에는 피합병회사의 권리 · 의무는 사법상의 관계나 공법상의 관계를 불문하고 그의 성질상 이전을 허용하지 않는 것을 제외하고는 모두 합병으로 인하여 존속한 회사에게 승계되는 것으로 보아야 한다(대법원 2002두1946, 2004.7.8.).

따라서 기업부설연구소용 부동산을 합병으로 승계 취득한 합병법인은 해당 부동산에 과학기술정보통신부장관의 인정을 받은 기업부설연구소를 피합병회사가 해당 부동산을 취득한 날로부터 1년 이내에 설치하여야 하고 이를 이행하지 않을 경우 「지방세기본법」 제41조(법인의 합병으로 인한 납세의무의 승계) 규정에 의하여 해당 부동산에 대한 취득세를 납부할 의무를 부담한다.

정리하면 기업의 합병 또는 분할로 인하여 기업부설연구소용 부동산에 취득세에 대한 유예기간의 기산일이 변경되지는 않는다.

만약 기업의 합병 또는 분할시 연구소 설치의무 유예기간의 기산점이 변경된다고 가정을 하면 기업의 합병 또는 분할을 거듭하면 위 유예기간이 무한정 연장될 수밖에 없어 유예기간 설정 제도의 의의가 상실되게 되어 부당하다(지방세심사 2005-149, 2005.5.30., 지방세심사 2003-92, 2003.4.28., 대법원 2006두19570, 2008.11.27.).

사례 123 기업부설연구소용 부동산을 취득 후 1년 내에 기업부설연구소를 설치해 사용하지 않고, 사무실 등으로 사용한 경우 취득세가 추징되는지 여부

「지방세특례제한법」 제46조의 규정은 기업부설연구소용에 직접 사용하기 위하여 부동산을 취득하였으면 취득일로부터 1년 이내에 타 용도로 사용하지 아니하고 기업부설연구소를 설치하기 위한 일련의 과정을 거쳐 과학기술정보통신부장관으로부터 기업부설연구소로 인정을 받은 경우에 한하여 취득세를 경감한다는 규정이므로, 부동산취득일로부터 1년 이내에 기업부설연구소를 설치하지 아니하고 사무실 등의 다른 용도로 사용한 경우에는 기업부설연구소로 사용하기 위하여 취득한 것이 아니라 사무실 등으로 사용하기 위하여 취득한 것으로 보아야 하기 때문에 기과세 면제한 취득세를 부과하게 될 것으로 판단된다(지방세심사 2005-62, 2005.3.3., 지방세심사 2002-169, 2002.4.29.).

이와는 달리 부동산을 기업부설연구소용으로 취득 후 1년 내에 그 일부를 기업부설연구소를 설치한 후 사용하지 않고 공실로 비워 둔 경우 취득세가 추징되는지 여부를 살펴보면 다음과 같다.

먼저 취득세 감면요건을 살펴보면, 기업부설연구소용 부동산을 취득한 후 1년 이내에 적격한 기업부설연구소를 설치해야 하는데, 비록 대부분의 면적에 대해 기업부설연구소로 인정받았다 하더라도 공실로 비워둔 부분은 기업부설연구소 설립 시 연구공간으로 인정받지 못하므로 그 공실 부분에 대한 면적은 기업부설연구소가 설치되지 않았다고 봐야할 것이다.

따라서 해당 부동산 취득일로부터 1년 내에는 공실부분에 대하여는 취득세 경감요건을 충족한 것으로 봐야할 것이나, 해당 부동산의 취득일로부터 1년이 지나게 되면 취득세 경감요건을 충족하지 못한 것으로 보고 당초 경감받은 취득세를 납부해야 할 것으로 판단된다.

한편, 공실 부분에 대해서도 기업부설연구소가 설치되었다고 보더라도, 취득세 추징요건을 살펴보면, 연구소 설치 후 4년 이내에 연구소를 폐쇄하거나 다른 용도로 사용하면 그 해당 부분에 대해 면제된 취득세는 추징되는데, 공실로 비워둔 것은 다른 용도로 사용한 것은 아니므로 그 추징요건에는 해당되지 않는 것으로 보인다(세정 13407-1649, 1997.12.22., 지방세심사 98-242, 1998.5.27.).

사례 124 기업부설연구소용 부동산을 취득한 후 일시적으로 기존의 임차인들에게 부동산 중 일부를 기존의 임대차계약기간까지 임대한 경우 취득세가 추징되는지 여부

기업부설연구소용 부동산을 취득한 후 일시적으로 기존의 임차인들에게 해당 부동산 중 일부를 기존의 임대차계약기간까지 임대한 사례이다.

비록 기업부설연구소용 부동산을 취득한 후 임대하였다 하더라도 그러한 사실만으로 당초부터 이 사건 부동산을 기업부설연구소용이 아니라 임대를 목적으로 취득한 부동산이라고 보기는 어려우므로 취득세 추징을 부인한 사례도 있으나 반대로 추징한 사례도 있으므로 적용에 유의할 필요가 있다(지방세심사 2002-318, 2002.8.26., 지방세심사 2001-359, 2001.7.30.).

이러한 상황은 빈번하게 발생할 것으로 판단되는데, 도움이 될 수 있는 방법은 부동산 취득일을 늦추는 것이다. 지방세법상 취득의 시기[660]는 법인 등과의 매매에 있어서는 그 사실상의 잔금지급일과 등기일 중 빠른 날이므로 달리 고려할 사항만 없다면 기존 임대차계약기간이 만료될 때까지 잔금지급일을 늦추고 그 전에 미리 등기를 하지 않는 것이 좋을 것으로 판단된다.

사례 125 기업부설연구소용 부동산을 보유한 자가 관계사에게 기업부설연구소 용도로 무상으로 사용하게 하는 경우 재산세 감면대상인지 여부

기업부설연구소용 부동산을 보유한 기업의 지분을 보유한 관계사에게 역시 기업부설연구소의 용도로 무상으로 임대하여 사용하게 하는 경우이다.

지방세법상 감면의 요건 및 법률효과는 납세자에게 귀속된다고 보아야 하므로, 특별한 규정이나 별도의 해석의 여지가 없는 한 "직접 사용"이란 소유자 입장에서 자신의 사업목적에 배타적으로 사용하는 경우를 의미한다고 보는 것이 합리적이라 할 것이다.

660) 지방세법 시행령 제20조 제2항 제1호

또한, '직접 사용'이라 함은 예컨대 부동산의 소유자가 영유아보육시설의 운영자로서 그 소유한 부동산을 과세기준일 현재 보육시설에 직접 사용하는 경우만을 의미하는 것으로(감심 2008-182, 2008.6.12.), 부동산의 소유자가 그 소유한 부동산을 다른 사람에게 유상 또는 무상으로 임대하는 등 소유자가 아닌 다른 사람이 그 보육시설을 운영하는 경우에는 영유아보육시설에 직접 사용하는 부동산으로 볼 수 없는 점(감심 2009-244, 2009.12.10., 조심 2008지1082, 2009.2.23., 감심 2008-182, 2008.6.12.) 등을 고려할 때, 당해 부동산을 부동산 소유자와 특수관계에 있는 회사가 임대보증금이나 임차료 없이 사용한다고 하더라도, 별개의 법인이 각자의 사업목적에 따라 기업부설연구소용으로 사용하고 있는 이상 "기업부설연구소용에 직접 사용하는 부동산"으로 볼 수 없어 재산세 감면대상이 아니다(지방세운영-357, 2011.1.20., 세정 13407-64, 2000.1.15.).

사례 126 토지를 취득하여 기업부설연구소로 설치 운영하던 중 경영악화로 인해 매각한 후 즉시 임차하여 연구소로 사용하는 경우 기 면제된 취득세의 추징대상에 해당되는지 여부

사례는 기업부설연구소를 설치하여 운영하고 있는 중에 경영악화로 인해 기업개선작업(WORK-OUT)을 진행하게 되어 해당 부동산을 매각하였으나, 매각과 동시에 7년간 임차하여 매각 전과 동일하게 기업부설연구소로 계속 사용하는 경우이다.

「지방세특례제한법」 제46조에 따른 사후관리요건은 '연구소 설치후 4년 이내에 정당한 사유없이 연구소를 폐쇄하거나 다른 용도로 사용하는 경우'이다.

따라서 건축물을 신축하여 기업부설연구소를 설치하여 운영하고 있는 중에 경영악화로 인해 기업부설연구소용 부동산을 매각하였으나, 당해 법인에서 부동산의 매각과 동시에 동 건축물을 상당기간 임차하여 매각 전과 동일하게 기업부설연구소로 계속하여 사용하는 경우라면, "일단 면세취득한 공업단지 내의 토지를 그 사업목적에 사용하지 아니하거나 타에 매각한 경우에 면세된 취득세를 추징 또는 환수한다는 규정이 없으므로 이를 다시 부과할 수 없는 것이다"라는 대법원판례(81누246, 1982.10.26. 참조)에 비추어 볼 때, 당해 부동산을 매각하기는 하였으나 연구소를 폐쇄하거나 다른 용도로 사용하는 경우가 아니어서 면제된 취득세와 등록세의 추징대상에 해당하지 아니하는 것이다(도세-696, 2008.4.30.).

참고로 「지방세특례제한법」 제178조(감면된 취득세의 추징)에서는 '이 법에서 특별히 규정한 경우를 제외하고는 취득일부터 1년 이내에 정당한 사유 없이 해당 용도로 직접 사용하지 아니하는 경우 또는 그 사용일로부터 2년 이상 해당 용도로 직접 사용하지 아니하고 매각·증여하거나 다른 용도로 사용하는 경우에 해당 부분에 대하여는 감면된 취득세를 추징한다'고 규정되어 있기는 하나, 「지방세특례제한법」 제46조에서는 기업부설연구소용 부동산 취득세의 사후관리를 별도로 정해 놓고 있으므로 「지방세특례제한법」 제178조의 규정은 적용되지 않을 것으로 판단된다.

이와는 달리 기업부설연구소 설치일로부터 4년 이내에 동일 건물 내 기업부설연구소 사용면적과 본점사용 면적을 교환하는 경우에는 기업부설연구소용 부동산을 연구소 설치 후 4년 이내에 다른 용도로 사용하는 경우이므로 기 면제된 취득세의 추징요건을 만족하게 된다(세정-595, 2007.3.13.).

사례 127 기업부설연구소를 증축한 날로부터 4년 내에 매각한 경우, 증축한 건물분에 대하여는 경감된 취득세가 추징되는지 여부

연구소 설치 후 4년 이내에 연구소를 폐쇄하거나 다른 용도로 사용하는 경우에는 경감된 취득세를 추징한다고 규정하고 있는데, 여기서 '연구소를 설치한 날'이라 함은 기초연구진흥 및 기술개발지원에 관한 법률에서 규정하는 기준을 갖추고 과학기술정보통신부장관으로부터 인정을 받은 날을 말한다.

이때 기업부설연구소용 건물을 증축한 경우는 증축한 날에 증축된 면적에 연구소를 새로이 설치한 것으로 보아야 하므로, 비록 연구소를 최초로 설치한 날로부터 4년이 경과하였다 하더라도 연구소 확장을 위해 기업부설연구소용 건물을 증축한 날부터 4년 이내에 매각한 경우는 증축된 부분의 면적에 상당하는 취득세는 추징대상이다(지방세심사 2000-751, 2000.10.31.).

사례 128 모(母) 기업의 자산규모 초과로 중소기업에서 제외됨으로써 관련법령에서 정하고 있는 연구전담요원 부족으로 인하여 기업부설연구소의 승인이 취소되는 경우

모(母) 기업의 자산규모 초과로 중소기업에서 제외됨으로써 관련법령에서 정하고 있는 연구전담요원 부족으로 인하여 기업부설연구소의 승인이 취소되는 경우이지만, 전과 동일하게 기업부설연구소로 계속 사용하는 경우 경감된 취득세 등의 추징대상 해당여부가 쟁점이다.

세무당국은 중소기업 제외사유가 법령에 의한 금지・제한 등 그 법인이 마음대로 할 수 없는 외부적인 사유나 행정관청의 귀책사유에 있는 것이 아니고 모(母)기업의 자산규모 초과라는 기업 내부적인 사유에 기인하고 있다 할 것이므로 이를 "정당한 사유"로 보기는 어렵다 할 것이며 또한, 중소기업에서 제외된 후에도 취득세 등의 감면대상이 되는 기업부설연구소용 부동산이 되기 위해서는 기초연구진흥 및 기술개발지원에 관한 법률에서 규정하고 있는 기업부설연구소의 요건을 충족하여야 하는 바, 그 규정상 연구전담요원 부족으로 기업부설연구소의 승인이 취소되는 경우까지 감면대상 기업부설연구소용 부동산으로 보기에는 무리가 있다고 판단하고 있다(지방세운영-2504, 2008.12.15.).

사례 129 기업부설연구소용에 직접 사용하기 위하여 토지를 취득한 후 건축중인 경우에도 재산세 경감이 가능한지 여부

「지방세특례제한법」 시행령 제123조에서 "법 또는 다른 법령에서의 토지에 대한 재산세의 감면규정을 적용할 때 직접 사용의 범위에는 해당 감면대상 업무에 사용할 건축물을 건축 중인 경우를 포함한다."고 규정하고 있다. 따라서 기업이 기업부설연구소용에 직접 사용할 목적으로 해당 토지를 취득하고, 재산세 과세기준일[661] 현재 건축공사를 진행하고 있는 경우에는 재산세 경감 대상에 해당된다(행안부 55, 2008.4.30.).

부연하면, 해당 부동산에 과학기술정보통신부장관으로부터 인정받은 기업부설연구소의 1~2년 내 설치 규정[662]은 재산세가 면제되기 위한 '사후적 요건'으로서의 기업부설연구소 설치와 그 인적·물적 시설 기준 등을 정하고 있는 것으로 봄이 타당하므로, 기업부설연구소용에 직접 사용할 목적으로 부동산을 취득하였다고 하더라도 토지 또는 건축물을 취득한 후 1~2년 내에 기업부설연구소를 설치하지 못한 경우에는 추징 규정[663]에 해당되어 과세되는 것이고, 반면 토지 또는 건축물을 취득한 후 1~2년 내에 기업부설연구소를 설치하여 인정받은 경우에는 종국적으로 감면요건을 갖춘 것이 되어 기업부설연구소용에 직접 사용할 목적으로 취득한 부동산에 대하여 취득 당시부터 받은 재산세 면제의 효과는 기업부설연구소를 설치하여 인정받은 이후에도 계속되는 것이다.

정리하면, 과세기준일 현재 기업부설연구소용에 직접 사용하여야만 감면이 되므로 최소한 면제가능 시점은 「기초연구진흥 및 기술개발지원에 관한 법률」 제14조 제1항 제2호에 따른 기준을 갖춘 연구소로서 같은 법 시행령 제16조에 따라 과학기술정보통신부장관에게 신고하여 인정을 받은 후부터 면제대상이 될 것이며, 나아가 기업부설연구소를 건축 중인 경우에는 기업부설연구소가 설치되어 실제로 그 용도로 사용하는 경우라면 취득일부터 직접 사용 기간 중의 재산세도 감면되는 것이다(대법원 2015두39477, 2015.6.23.).

사례 130 기업부설연구소용으로 이전할 목적으로 토지를 취득하여 건축 중에 있는 경우에도 재산세가 경감 가능한지 여부

이미 기 설립되어 인정받은 적격한 기업부설연구소를 설치해 놓은 기업이 기업부설연구소용으로 이전할 목적으로 토지를 취득하여 건축 중에 있는 경우에도 「지방세특례제한법」 시행령 제123조의 규정에 의한 직접 사용의 범위에서 제외된다고 볼 근거가 없으므로 역시 재산세 경감 대상에 해당된다(조심 2011지961, 2012.5.7., 조심 2011지962, 2012.3.26., 시군세-634, 2008.5.1.).[664]

661) 재산세 과세기준일은 매년 6월 1일이다(지방세법 제114조).
662) 지방세특례제한법 시행령 제23조 제1항
663) 지방세특례제한법 제46조 제4항 제1호

세무당국과의 불필요한 마찰을 줄이기 위해 토지 취득 시 기업부설연구소용으로 사용할 계획이라는 사용계획서를 제출하고 이를 잘 보관해 놓는 것이 좋을 것으로 판단된다.

사례 131 한국산업기술진흥협회에 기업부설연구소 사용면적을 축소하는 변경신고를 하였으나 재산세 과세기준일 현재 축소신고와 상관없이 계속 연구소용으로 사용하였을 경우

기업부설연구소가 실제 연구활동을 하고 있는 연구소의 면적 보다 적은 면적으로 한국산업기술진흥협회에 변경신고를 하였으나, 실제 연구활동에 사용한 면적은 변경신고한 면적이 아닌 종전의 연구활동 면적을 사용한 경우 기초연구진흥 및 기술개발지원에 관한 법률의 규정에 의거 한국산업기술진흥협회가 과학기술정보통신부장관으로부터 권한의 위탁을 받아 신고의 수리 및 인정업무를 수행하고 있다고 하더라도 「지방세기본법」 제17조에 따른 실질과세원칙을 적용하여 과세기준일 현재 실제 연구소용으로 직접사용하는 면적에 대한 재산세는 경감함이 타당한 것이다(세정-396, 2007.1.23.).

사례 132 당해 과세연도 과세기준일 현재 기업부설연구소용으로 직접 사용하고 있지 않다고 하여 소급하여 과거 5개년도의 경감된 재산세를 추징할 수 있는지 여부

기업부설연구소용 부동산에 대한 재산세 면제는 각 과세기준일 현재의 해당 부동산의 이용 상황에 따라 과세 혹은 경감여부를 결정하는 것이다. 따라서 과세당국이 기업부설연구소용 부동산에 대한 재산세를 적법하게 소급하여 부과하기 위해서는 과거의 매 과세기준일 현재 해당 부동산이 기업부설연구소용에 직접 사용되지 아니한 부동산임을 입증하여야 한다(감심 2000-81, 2000.5.30.).

사례 133 산업단지 내 기업부설연구소를 설치할 목적으로 부동산을 취득한 후 4년 이내에 산업단지 관리기관에 처분신청을 하였다가 철회한 경우 감면된 취득세 등이 추징대상이 되는지 여부

기업부설연구소 설치 후 4년 이내에 정당한 사유 없이 연구소를 폐쇄하거나 다른 용도로 사용하는 경우에는 감면된 취득세 및 재산세를 추징한다고 규정하고 있다.

산업단지 내 기업부설연구소를 설치할 목적으로 부동산을 취득하여 취득세 및 재산세 감면을 받은 기업이 4년의 유예기간이 경과하기 전에, 관리기관에 부동산의 처분신청서를

664) 세무당국은 지방세운영-910, 2008.9.1.의 회신사례를 들어 기업부설연구소가 재산세 과세기준일 현재 다른 지역으로 이전하기 위하여 건축 중인 경우에는 재산세 면제대상이 아니라고 주장하였으나 조세심판원에서는 이를 받아들이지 않은 것으로 판단된다.

제출하였다는 사실만으로는 취득세 추징대상이 된다고 보기는 어렵고, 실제로 부동산을 처분하는 등 다른 용도로 사용하는 경우에 이르러야 추징대상이 될 것이다(조심 2017지0809, 2018.5.16.).

사례 134 취득세 등에 대한 감면의 추징사유에서 제외되는 정당한 사유에 해당하는지 여부

지방세 감면 이후 추징이 배제되는 '정당한 사유'란 법령에 의한 금지, 제한 등 그 법인이 마음대로 할 수 없는 외부적인 사유를 뜻하는 것이 원칙이고, 그 법인의 내부적인 사유의 경우에는 고유업무에 사용하기 위한 정상적인 노력과 추진을 다하고도 시간적인 여유가 없어 그 법인의 과실 없이 그 기간을 넘긴 경우에 한한다고 할 것이다(대법원 95누7482, 1995.11.10.).

따라서 부동산 경기침체, 일부 출자법인의 투자 지연, 수익용 부동산의 분양률 저조 등의 사정으로 토지매매계약 당시의 조건이 이행되지 않아 기업부설연구소에 직접 사용하지 못하고 환매하였다는 사유 등은 내부적 사정에 불과하여 취득세 등 추징이 배제되는 정당한 사유에 해당하지 아니한다 할 것이다(조심 2018지2253, 2019.2.11.).

사례 135 기업부설연구소로 인정받은 사실의 증명 없이 쟁점 부동산을 기업부설연구소로 사용하고 있다는 사정만으로 취득세 경감 대상에 해당하는지 여부

「지방세특례제한법」 제46조 제1항에서는 대통령령으로 정하는 기업부설연구소(이하 "기업부설연구소"라 한다)에 직접 사용하기 위하여 취득하는 부동산에 대해서 취득세를, 과세기준일 현재 기업부설연구소에 직접 사용하는 부동산에 대해서는 재산세를 감면하고 있는데, 대통령령으로 정하는 기업부설연구소란 「기초연구진흥 및 기술개발지원에 관한 법률」 제14조의 2 제1항에 따라 인정받은 기업부설연구소를 말한다.

따라서 기업부설연구소로 인정받은 사실 없이 기업부설연구소로 사용하고 있다는 사정만으로는 「지방세특례제한법」 제46조 제1항에 따른 감면 대상에 해당하지 아니할 것이다(감심 2019-838, 2021.2.18).

사례 136 연구활동 중단(자진 취소)을 이유로 기업부설연구소 인정이 취소되었더라도, 연구소로 계속 사용되는 경우 추징대상이 되는지 여부

「지방세특례제한법」 제46조 제4항에서는 토지 또는 건축물을 취득한 후 1년(「건축법」에 따른 신축·증축 또는 대수선을 하는 경우에는 2년) 이내에 「기초연구진흥 및 기술개발지원에 관한 법률」 제14조의 2에 따른 기업부설연구소로 인정받지 못한 경우 등에는 감면된 취득세 및 재산세를 추징한다고 규정하고 있는데, 이때의 추징 처분은 감면된 취득세 등을 새로운 부과처분의 형태로 추징하는 것으로, 「지방세특례제한법」 제46조 제1항 요건에 부합하지 않을 경우 감면이 적용되지 않는 원칙적인 취득세 부과처분과는 그 요건을 달리하는 별개의 처분인 것이다. 즉 토지 또는 건축물을 취득한 후 1년(「건축법」에 따른 신축·증축 또는 대수선을 하는 경우에는 2년) 이내에 기업부설연구소로 인정 받고, 1년 이후에 기업부설연구소 인정이 취소된다고 하더라도, 기업부설연구소로 계속 사용하는 경우에는 감면된 취득세 및 재산세를 추징할 수 없을 것이다(대법원 2019두32283, 2019.5.10.).

사례 137 위탁자가 기업부설연구소로 인정받은 신탁재산을 수탁자에게 위탁한 후에도 직접 사용하는 경우 「지방세특례제한법」 제46조 제1항에서 규정하고 있는 기업부설연구소에 직접 사용하는 부동산에 해당하여 재산세 등의 감면대상으로 볼 수 있는지 여부

「신탁법」상 신탁은 위탁자가 수탁자에게 특정의 재산권을 이전하거나 기타의 처분을 하여 수탁자로 하여금 신탁한 목적을 위하여 당해 재산을 관리처분하게 하는 것이므로, 부동산 신탁에 있어서 수탁자 앞으로 소유권이전등기를 마치게 되면 대내외적으로 그 소유권이 수탁자에게 완전히 이전되고 내부관계에서 위탁자에게 유보되는 것이 아니며, 신탁의 효력으로 신탁재산의 소유권이 이전되는 수탁자는 대내외적으로 동 재산에 대한 관리권을 갖게 되는 것(대법원 2011.2.10. 선고, 2010다84246 판결, 같은 뜻임)이고, 신탁계약이나 「신탁법」에 따라 수탁자가 위탁자에 대한 관계에서 신탁부동산에 관한 권한을 행사할 때에 일정한 의무를 부담하거나 제한을 받게 되더라도 그것만으로는 위탁자가 신탁부동산을 사실상 임의처분하거나 관리운용할 수 있는 지위에 있다고 보기는 어렵다 할 것(대법원 2014.9.4. 선고, 2014두36266 판결, 같은 뜻임)이므로, 위탁자가 쟁점부동산을 청구법인에게 신탁하여 소유자로서의 지위를 상실한 후에는 고유업무에 직접 사용되고 있다고 할 수 없고, 재산세 과세기준일(6.1.) 현재 위탁자가 쟁점부동산을 기업부설연구소로 직접 사용하고 있다 하여 다르게 보기도 어렵다 할 것이다(조심 2017지0263, 2017.10.16.).

사례 138 2014.12.31. 지방세특례제한법 부칙 제24조의 감면세율 특례(75% 감면) 적용 대상

2014.12.31. 중소기업의 지원 강화 및 지역균형발전 차원에서 취득세와 재산세의 감면율을 중견기업·대기업의 경우 50%, 중소기업은 75%, 과밀억제권역 내 대기업의 기업연구소는 25%로 각각 차등적용 되도록 일부 개정되었는데, 감면율이 축소되고 차등화 되는 과정에 대한 경과조치로 「지방세특례제한법」 부칙 제24조에서 경감세율 특례조항을 마련하여, 이 법 시행 전에 기업부설연구소로 직접 사용하기 위하여 부동산을 취득한 자가 2016년

12월 31일까지…(중략)…기업부설연구소로 신고하여 인정을 받는 경우에는 「지방세특례제한법」 제46조의 개정규정에도 불구하고 2016년 12월 31일까지 취득세 및 재산세의 100분의 75를 각각 경감한다고 규정하였다.

기업부설연구소로 직접 사용하기 위하여 일부 토지는 취득하고 일부 토지는 연부취득 중에 해당한다 하더라도 부칙 제24조에서 규정한 입법취지와 사후적 감면이라는 점을 감안할 때 유예기간 이내에 「기술연구진흥 및 기술개발지원에 관한 법률」 시행령 제14조의 규정에 의한 기준에 따라 기업부설연구소 인정받은 경우라면 그 부동산에 대해서 부칙 제24조를 적용하는 것이 타당하며(지방세특례제도과-272, 2017.8.18.), 2014년 이전에 토지를 취득하고 2015년 그 지상에 건축물을 준공하고 기업부설연구소로 인정받는 경우라면, 그 건축물에 대해서 부칙 제24조를 적용하는 것이 타당하다(지방세특례제도과-2276, 2015.8.25.).

또한, 부칙 제24조에서 감면 적용특례 대상의 범위와 관련하여 최초 인증시기에 대해서는 별도의 기간을 명시하지 않았으므로, 2014년 12월 31일 이전 인증된 기업이라 하더라도 부칙 제24조의 감면특례 적용대상(재산세 75% 감면)에 포함되는 것으로 보아야 할 것이다(지방세특례제도과-1612, 2016.7.11.).

사례 139 토지 재산세 감면규정을 적용할 때 직접 사용의 범위

토지에 대한 재산세의 감면규정을 적용할 때 직접 사용의 범위에는 해당 감면대상 업무에 사용할 건축물을 건축 중인 경우를 포함하는데(지방세특례제한법 시행령 제123조), 여기서 직접 사용할 건축물을 건축 중이라 함은 재산세 과세기준일(6.1.) 현재 터파기공사 등 본격적인 공사에 착수한 경우를 말하고, 착공에 필요한 준비작업을 하고 있는 것까지 포함된다고 볼 수는 없다(조심 2016지0564, 2016.10.31.).

사례 140 추징사유에 해당하는 연구소를 폐쇄하거나 다른 용도로 사용하는 경우의 의미

「지방세특례제한법」 제46조 제4항 제3호 추징사유에 해당하는 '연구소를 폐쇄하거나'의 의미는 연구소의 시설을 없애거나 그 기능을 정지하여 더 이상 연구소 용도로 사용하지 아니한 것을 의미하고, '다른 용도로 사용하는 경우'란 해당 부동산을 실질적으로 연구소 외의 용도로 사용하는 것을 의미한다(조심 2016지0075, 2016.10.6.).

사례 141 기업부설연구소가 본점사업용 부동산으로서 취득세 등의 중과세율 적용대상인지 여부

「지방세법」 제13조 제1항에서 「수도권정비계획법」 제6조에 따른 과밀억제권역에서 대통령령으로 정하는 본점이나 주사무소의 사업용 부동산(본점이나 주사무소용 건축물을 신축하거나 증축하는 경우와 그 부속토지만 해당한다)을 취득하는 경우의 취득세율은 제11조 및 제12조의 세율에 중과기준세율의 100분의 200을 합한 세율을 적용한다고 규정하고 있고, 같은 법 시행령 제25조에서 "대통령령으로 정하는 본점이나 주사무소의 사업용 부동산"이란 법인의 본점 또는 주사무소의 사무소로 사용하는 부동산과 그 부대시설용 부동산(기숙사, 합숙소, 사택, 연수시설, 체육시설 등 복지후생시설과 예비군 병기고 및 탄약고는 제외한다)을 말한다고 규정하고 있다.

위의 규정에 따른 본점이란 법인의 중추적인 의사결정 등 주된 기능을 수행하는 장소를 말하고, 본점사업용 부동산에 해당하는지 여부는 법인의 목적사업의 특성과 그 수행방법, 법인의 경영활동에 필수적인 업무인 인사·기획, 재무 등의 활동이 이루어지는 장소, 주요 의사결정권자, 주요 의사결정과정 및 다른 사무소 등과의 업무상의 지휘감독체계 등을 종합하여 판단하여야 할 것(조심 2018지0175, 2018.6.1. 등)이다.

조세심판원 사례에서는 기업부설연구소는 기초연구진흥 및 기술개발지원에 관한 법령에 따라 연구인력 및 시설 등 요건을 갖추어 인정된 기업부설연구소로서 「기초연구진흥 및 기술개발지원에 관한 법률」 제14조의 4 제1호, 같은 법 제14조의 3 제1항 제7호에서 기업부설연구소등에 근무하는 자는 연구개발 활동과 관련된 업무 외에 생산·판매·영업 등의 기업활동과 관련된 다른 업무를 겸하지 않도록 규정하고 이를 위반하는 경우 기업부설연구소등의 인정을 취소할 수 있도록 하고 있어 기업부설연구소는 연구개발 활동만을 담당할 뿐 생산·판매·영업 등의 기업활동과 관련된 다른 업무를 겸하지 않아 기업부설연구소는 본점과는 다른 기능을 하므로 본점 사무소의 부대시설로 보기도 어려운 점 등에 비추어, 기업연구소용 부동산은 관련 법령에 따라 기업의 연구활동만을 전담하는 장소로서 법인의 주된 의사결정을 하는 장소 등을 의미하는 본점 사업용 부동산에 해당하는 것으로 볼 수는 없는 것으로 판단된다(조심 2018지0294, 2019.10.31., 조심 2018지2272, 2019.6.19. 등).

6 관련서식

〔별지 제1호 서식〕(2020.12.31. 개정)

지방세 감면 신청서

※ 뒤쪽의 작성방법을 참고하시기 바라며, 색상이 어두운 난은 신청인이 적지 않습니다. (앞쪽)

접수번호	접수일	처리기간 5일

신청인	성명(대표자)		주민(법인)등록번호
	상호(법인명)		사업자등록번호
	주소 또는 영업소		
	전자우편주소		전화번호 (휴대전화번호)
감면대상	종류		면적(수량)
	소재지		
감면세액	감면세목	과세연도	기분
	과세표준액	감면구분	
	당초 산출세액	감면받으려는 세액	
감면 신청 사유			
감면 근거규정	「지방세특례제한법」 제 조 및 같은 법 시행령 제 조		
관계 증명 서류			
감면 안내 방법	직접교부[ ] 등기우편[ ] 전자우편 [ ]		

신청인은 본 신청서의 유의사항 등을 충분히 검토했고, 향후에 신청인이 기재한 사항과 사실이 다른 경우에는 감면된 세액이 추징되며 별도의 이자상당액 및 가산세가 부과됨을 확인했습니다.

「지방세특례제한법」 제4조 및 제183조, 같은 법 시행령 제2조 제6항 및 제126조 제1항, 같은 법 시행규칙 제2조에 따라 위와 같이 지방세 감면을 신청합니다.

년 월 일

신청인 (서명 또는 인)

특별자치시장 · 특별자치도지사 · 시장 · 군수 · 구청장 귀하

첨부서류	감면받을 사유를 증명하는 서류	수수료 없음

210mm×297mm [백상지(80/㎡) 또는 중질지(80/㎡)]

제3절 관세편

1 학술연구용품에 대한 관세감면의 개요

일반적으로 수입물품에 대하여는 국가재정 수입확보 및 국내산업보호 육성을 위하여 관세가 부과되는 것이 원칙이다. 그러나 특정한 국가정책 목적을 달성하기 위하여 일정한 요건을 갖춘 특별한 경우에 관세의 일부 또는 전부를 면제하는 것을 관세의 감면이라 한다.

「관세법」 제90조에 따른 학술연구용품의 감면세 규정은 교육, 학술 및 문화, 과학기술의 진흥을 촉진하기 위하여 학교, 공공직업 훈련원, 박물관 기타 기획재정부령으로 정하는 과학기술연구단체등에서 수입하는 과학연구용품, 교육용품, 실험실습용품 등에 대해 관세의 80% 상당액을 감면해주는 제도이다.

이하에서는 기업부설연구소 및 연구개발전담부서(이하 "전담부서등"이라 한다)를 설치하고 있는 기업이 산업기술의 연구개발에 사용하기 위하여 수입하는 물품에 대한 관세감면만 살펴보기로 한다.

2 연구 · 개발용 물품에 대한 관세감면요건

「관세법」 제90조에 따라 수입하는 연구 · 개발용 물품에 대해 관세를 감면받기 위해서는 기업의 전담부서등(적격기관요건)이 연구개발에 사용하기 위한 물품(적격물품요건)의 수입신고 수리 전에 세관장에 관세감면신청(적격신청요건)을 하여야 한다.

이후 관세의 감면 승인을 얻은 경우에는 해당 연구 · 개발용 물품을 수입신고일로부터 1개월 이내에 설치 또는 사용할 장소에 반입하여야 하며, 2년 이내의 일정한 기간 동안 용도외 사용이 금지된다(용도외 사용금지요건).

아래에서는 전담부서등에서 수입하는 연구 · 개발용 물품을 중심으로 그 관세의 감면요건에 대해 살펴보기로 한다.

(1) 적격기관요건

연구 · 개발용 물품 수입 시 그 관세를 감면받을 수 있는 자는 다음과 같다(관세법 제90조 제1항 제4호, 관세법 시행규칙 제37조 제3항).

적격기관
㉠ 기업부설 연구소 또는 연구개발 전담부서를 설치하고 있거나 설치를 위한 신고를 한 기업(「기초연구진흥 및 기술개발지원에 관한 법률」 제14조 제1항 제2호에 따른 것임을 과학기술정보통신부장관이 확인한 것으로 한정한다)
㉡ 산업기술연구조합(「산업기술연구조합 육성법」에 의한 산업기술연구조합으로서 기술개발을 위한 공동연구시설을 갖추고 자연계분야의 학사 이상의 학위를 가진 연구전담요원 3인 이상을 상시 확보하고 있음을 과학기술정보통신부장관이 확인한 산업기술연구조합에 한정한다)

(2) 적격물품요건

관세의 감면이 가능한 연구·개발용 물품은 다음과 같다(관세법 시행규칙 제37조 제4항).

적격 연구·개발용 물품
㉠ 산업기술의 연구·개발에 사용하기 위하여 수입하는 별표 1의 2 물품
㉡ 시약 및 견본품
㉢ 연구·개발 대상물품을 제조 또는 수리하기 위하여 사용하는 부분품 및 원재료
㉣ ㉠의 물품을 수리하기 위한 목적으로 수입하는 부분품

가. 산업기술의 연구·개발에 사용하기 위하여 수입하는 별표 1의 2 물품

기업은 관세가 감면되는 연구·개발용 물품을 산업기술의 연구·개발에 사용하기 위하여 수입하는 것이어야 한다(관세법 시행규칙 제37조 제4항 제1호).

해당 연구·개발용 물품이 「관세법」 시행규칙 별표 1의 2 물품에 해당하더라도 관세감면물품의 사후관리기간내에 생산 등의 용도에 사용할 목적이거나 사용하게 되는 경우에는 관세가 감면이 되지 않거나 감면된 관세를 징수당할 수 있다(조심 2010관0168, 2011.2.18., 조심 2010관0125, 2011.8.22.).

산업기술의 연구·개발에 사용하기 위하여 수입하는 별표 1의 2 물품(법 제90조 제1항 제4호에 따라 관세가 감면되는 산업기술 연구·개발용 물품)은 생략하기로 한다.

나. 시약 및 견본품 등

시약 및 견본품, 연구·개발 대상물품을 제조 또는 수리하기 위하여 사용하는 부분품 및 원재료, '가.'의 물품을 수리하기 위한 목적으로 수입하는 부분품은 관세의 감면이 가능한 적격한 물품에 해당한다(관세법 시행규칙 제37조 제4항 제2호 내지 제4호).

전담부서등에 대한 관세감면대상물품은 연구개발 대상 목적물 또는 소모품으로 별도 지정없이 폭넓게 감면대상으로 인정하고 있다.

적격한 연구·개발용 물품으로 보는 부분품(원재료 포함)은 관세율표상 부분품으로 분류되는지 여부와 관계없이 당해 전담부서등의 연구사업계획서 등에 의하여 연구개발용 부분품임이 확인되는 부분품을 말한다(관세법 기본통칙 90-0-1).

따라서 적격한 연구·개발용 물품으로 보는 부분품인지 여부는 관세율표상 분류기준을 적용하는 것이 아니므로, 그 자체로서 해당 연구·개발용 물품이 관세율표상 완제품으로 분류된다 하더라도 전담부서에서 연구개발용으로 사용되는 부분품인 경우(혹은 견본품으로 분류될 수도 있다)에는 적격한 학술연구용품으로 보는 것이다(총괄 47000-1653, 1993.10.14., 조심 2009관0075, 2010.4.15.).

(3) 적격신청요건

동일수입물품이라도 물품의 용도 및 상태, 수입신고시기, 적용법령에 따라 관세 감면 여부가 결정되므로 수입자는 해당물품에 대하여 정확하게 수입신고를 하고 신고 수리 전까지 반드시 다음의 사항을 적은 신청서를 세관장에게 제출하여야 한다(관세법 시행령 제112조 제1항).

신청서 기재 내용
㉠ 감면을 받고자 하는 자의 주소·성명 및 상호
㉡ 사업의 종류(업종에 따라 감면하는 경우에는 구체적으로 기재하여야 한다)
㉢ 품명·규격·수량·가격·용도와 설치 및 사용장소
㉣ 감면의 법적 근거
㉤ 기타 참고사항

다만, 수입신고수리전까지 감면신청서를 제출하지 못한 경우에는 해당 수입신고수리일부터 15일 이내(해당 물품이 보세구역에서 반출되지 아니한 경우로 한정한다)까지는 감면신청서를 제출할 수 있다(관세법 시행령 제112조 제2항 제2호).

「관세법」 시행령 제112조에 따른 관세감면신청서 제출시기에 관한 규정은 강행규정이므로 비록 관세감면을 받을 수 있는 물품이라 하더라도 당해물품의 수입신고수리 전까지 세관장에게 관세감면신청서를 제출하지 않았다면 관세를 감면받을 수 없다(통관기획과-2422, 2011.5.12., 조심 2013관0189, 2013.12.16.).

한편, 연구·개발용 물품을 관세감면대상물품으로 지정받으려는 자는 다음의 사항을 적은 신청서에 해당 물품의 상품목록 등 참고자료를 첨부하여 주무부처를 경유하여 기획재정부장관에게 제출하여야 한다. 동 신청서는 매년 2월 말일까지 제출하여야 한다(관세법 시행규칙 제38조 제2항 · 제3항).

신청서 기재 내용
㉠ 신청인의 주소 · 성명 및 상호
㉡ 사업의 종류
㉢ 관세법 별표 관세율표 번호 · 품명 · 규격 · 수량 · 가격 · 용도 및 구조

(4) 용도외 사용금지요건

「관세법」 제90조에 따라 관세의 감면 승인을 얻은 경우 관세의 감면율은 80%이다(관세법 제90조 제2항, 관세법 시행규칙 제37조 제5항).

이러한 관세감면은 감면승인 시 일정한 용도에 사용할 것을 조건으로 관세를 감면하는 조건부 감면과 지정된 용도없이 감면하는 무조건 감면으로 구분된다.[665)]

조건부 감면물품인 연구 · 개발용 물품은 수입신고수리일로부터 2년의 범위 내에서 세관장의 승인 없이 용도외 사용, 양도, 임대할 수 없으며 이를 방지하기 위하여 사후관리를 실시하고 있다(관세법 제102조, 관세법 시행령 제110조).

이러한 사후관리는 관세감면으로 인한 관세부담의 경감을 받은 수입물품에 대하여 일정기간 동안 당해 조건대로 사용하도록 관리함으로써 관세지원 정책의 실효성을 확보하고 경감된 세액에 대한 관세 채권을 확보하는 데 그 의의가 있다.[666)]

한편, 사후관리물품을 해당용도 외의 다른 용도에 사용하거나 양도 · 양수 · 임대하려는 자는 용도외 사용(양도 · 양수 · 임대) 승인신청서와 첨부서류를 세관장에게 제출하고 그 승인을 받아야 한다(관세법 제102조 제1항 단서, 관세법 시행령 제109조 제1항, 사후관리에 관한 고시(관세청고시 제2021-53호, 2021.7.1.) 제11조).

이 경우 법령 등에 의하여 관세를 감면받은 물품에 대한 용도외 사용 승인 시 또 다른 법령 등에 의한 감면이 가능한 경우에는 새로운 감면을 받을 수 있다. 따라서 새로운 용도에 따라 감면되는 관세의 금액이 당초에 감면된 관세의 금액보다 적은 경우에는 그 차액에 해당하는 관세를 징수하게 된다(관세법 제103조, 관세법 시행령 제120조).

665) 관세청, "관세행정안내, 관세감면 및 분할납부제도", http://www.customs.go.kr/kcshome/main/content/ContentView.do?contentId=CONTENT_ID_000000482&layoutMenuNo=27, 2014.3.20.

666) 관세청, "관세행정안내, 사후관리제도", http://www.customs.go.kr/kcshome/main/content/ContentView.do?contentId=CONTENT__ID__000000597&layoutMenuNo=110&nttId=CONTENT_ID_000000597, 2014.3.20.

유의해야 할 부분은 용도 외 사용 승인 후에는 감면의 신청이 불가능하며, 용도 외 사용승인 신청 시 감면을 신청해야 한다(통관기획과-1435, 2005.4.4.).

사례 142 전담부서등에서 사용하는 용도로 감면받은 학술연구물품의 설치장소를 달리 할 수 있는지 여부

세무당국은 전담부서용으로 관세등을 감면받은 물품을 수입신고시 설치장소가 아닌 공장의 생산라인에 설치하여 사용중에 있을 경우 감면세액을 납부하여야 한다는 입장을 밝힌 바 있다(총괄 22743-1110, 1992.5.20.). 이와 관련하여 조세심판원 또한 쟁점물품의 설치장소가 기업부설연구소 이외 장소에 소재하고 있고, 동 물품을 관리하는 인원 역시 품질관리부서 소속 직원인 점, 쟁점물품이 주로 개발이나 사업화가 완료되어 양산이 개시된 물품을 촬영하여 사출조건과 금형의 개선을 위한 목적으로 사용된 것으로 보이는 점 등에 비추어 쟁점물품을 「관세법」 제90조에 따른 '학술연구용품의 감면대상'에 해당하지 않는 것으로 보아 처분청이 관세 등을 과세한 처분은 달리 잘못이 없다고 판시한 바 있다(조심 2015관0027, 2015.6.30.).

그러나 최근 조세심판원은 유사한 사례에서 다음과 같은 이유를 들어 처분청의 과세처분은 잘못이 있다고 판시하였다. 처분청이 제시한 자료에 따르더라도 쟁점물품은 주로 테스트용 시제품 제작 등에 주로 사용된 것으로 보이고, 달리 청구법인이 쟁점물품을 생산용으로 사용한 사실을 확인할 수 있는 자료는 제출되지 아니한 점, 연구기자재가 연구개발전담부서가 있는 장소에 설치되지 아니한 사정 등은 기초연구법상 연구개발전담부서의 지정 및 유지와 관련된 내용인데, 청구법인은 현재까지 연구개발전담부서의 지위를 유지하고 있는 점, 「관세법」 제90조 제1항 제4호 및 같은 법 시행규칙 제37조 제3항 제1호에서 학술연구용품 관세감면을 받을 수 있는 자를 "연구개발전담부서를 설치하고 있거나 설치를 위한 신고를 한 기업"으로만 규정하고 있을 뿐, 달리 학술연구용품 관세감면 대상물품의 설치 장소 등에 엄격한 제한을 두고 있지 않은 점 등에 비추어, 쟁점물품이 쟁점설치장소에 설치되었다는 사정 등만으로 처분청이 쟁점물품을 학술연구용품 관세감면 대상 자체가 아니라고 보아 감면된 관세 등을 과세한 이 건 처분은 잘못이 있는 것으로 판단된다(조심 2019관0041, 2020.1.14.).

필자의 생각으로는 「관세법」 제90조 제1항 제4호 연구·개발용 물품의 관세감면 규정의 취지는 조세 지원을 통해 기업의 연구개발을 장려하고 촉진하는데 있다는 점을 고려한다면 관세 감면을 받는 물품이 실제 연구·개발 활동에 사용되는지 아니면 제품 제작 등 다른 용도에 사용되는지 여부가 본질적으로 중요한 것이지, 물품이 연구개발전담부서가 있는 장소에 설치되지 아니한 점은 부차적인 문제[667]라고 판단된다.

667) 관세청 사후관리에 관한 고시 제35조에 규정에 따라, 세관장은 사후관리물품 설치(사용)장소 변경신고 등을

참고로 관세의 감면을 받은 물품을 사후관리기간 내에 그 설치 또는 사용장소를 변경하고자 하는 때에는 변경전의 관할지 세관장에게 설치 또는 사용장소변경신고서를 제출하고, 제출일로부터 1월내에 변경된 설치 또는 사용장소에 이를 반입하여야 한다(관세법 시행령 제129조 제5항).

사례 143 관세감면 혜택을 받은 학술연구용품을 외부로부터 수탁받은 연구개발에 전용될 목적으로 사용되는 경우

「관세법」 제90조의 규정에 따라 학술연구용품에 대한 관세를 감면받기 위해서는 감면받은 용도로 사용해야 하는데, 타인(기업체, 대학 등)으로부터 의뢰된 실험 등에 전용될 목적으로 사용하는 경우에는 해당 기업이 직접 사용하는 것으로 보기 어려울 것이며, 이에 따라 감면 대상 기관이 감면받은 용도에 사용하는 범주에 해당하지 않아 용도 외 사용으로 보아 감면된 관세를 징수하게 될 것으로 판단된다.[668)]

이행하지 아니한 사실을 확인한 경우, 시정 또는 보완할 내용 등을 정하여 시정을 명하고, 위반자가 시정명령을 이행하지 아니하거나 시정명령과 동일한 위반행위를 반복한 경우에는 관세법 제277조에 따라 과태료를 부과한다.

668) 관세청, 「2013 관세행정 상담사례집」, 2013.12., 332면

제8편

조세특례의 제한 및 보칙

제1장

조세특례의 제한 및 보칙

제1절 조세특례제한 등

1 중복지원의 배제

(1) 국가등의 지원금으로 투자한 금액에 대한 세제지원 배제

내국인이 조세특례제한법에 따라 투자한 자산에 대하여 아래의 투자세액공제 규정을 적용받는 경우 국가등의 지원금으로 투자한 금액에 대하여는 투자금액 또는 취득금액에서 차감한다(조세특례제한법 제127조 제1항).

이 규정은 2014.1.1. 조세특례제한법 개정 시 신설되었으며 세출예산과 조세지출의 연계를 통하여 재정운용의 효율성을 강화하고 자체 비용으로 투자하는 기업과의 형평성을 고려하여 국가, 지방자치단체, 공공기관, 지방공기업으로부터 보조금, 이자지원, 저리융자 등을 받아 시설투자한 경우 그 보조금이나 이자지원금에 상당하는 금액에 대하여 세액공제의 적용을 배제하도록 하는 것이 그 신설의 취지이다. 이 개정규정은 2014.1.1. 이후 투자하는 분부터 적용한다.

가. 적용대상 세액공제의 유형

적용대상 세액공제 유형
제8조의 3(수탁기업에 설치하는 검사대・연구시설 투자 시 세액공제) 제3항
제24조(통합투자세액공제)
제26조(고용창출투자세액공제)

나. 국가등으로부터 수령한 지원금

국가등으로부터 수령한 지원금에 대한 내용은 다음과 같다.

투자금액 또는 취득금액에서 차감하는 금액
㉠ 내국인이 자산에 대한 투자를 목적으로 국가, 지방자치단체, 「공공기관의 운영에 관한 법률」에 따른 공공기관, 「지방공기업법」에 따른 지방공기업(이하 "국가등"이라 한다)으로부터 출연금 등의 자산을 지급받아 투자에 지출하는 경우 : 출연금 등의 자산을 투자에 지출한 금액에 상당하는 금액
㉡ 내국인이 자산에 대한 투자를 목적으로 「금융실명거래 및 비밀보장에 관한 법률」 제2조 제1호 각 목의 어느 하나에 해당하는 금융회사등(이하 "금융회사등"이라 한다)으로부터 융자를 받아 투자에 지출하고 금융회사등에 지급하여야 할 이자비용의 전부 또는 일부를 국가등이 내국인을 대신하여 지급하는 경우 : 대통령령으로 정하는 바에 따라 계산한 국가등이 지급하는 이자비용에 상당하는 금액
㉢ 내국인이 자산에 대한 투자를 목적으로 국가등으로부터 융자를 받아 투자에 지출하는 경우 : 대통령령으로 정하는 바에 따라 계산한 국가등이 지원하는 이자지원금에 상당하는 금액

위 ㉡에서 '대통령령으로 정하는 바에 따라 계산한 국가등이 지급하는 이자비용에 상당하는 금액'이란 국가등이 지급했거나 지급하기로 약정한 이자비용의 합계액을 말한다(조세특례제한법 시행령 제123조 제1항).

또한 ㉢에서 '대통령령으로 정하는 바에 따라 계산한 국가등이 지원하는 이자지원금에 상당하는 금액'이란 다음 계산식에 따라 계산한 금액[해당 금액이 음수(陰數)인 경우에는 영으로 본다]을 말한다(조세특례제한법 시행령 제123조 제2항).

이자지원금
이자지원금 = 융자받은 시점의 「법인세법 시행령」 제89조 제3항에 따른 이자율[669]을 적용하여 계산한 원리금 합계액 − 융자받은 시점의 실제 융자받은 이자율을 적용하여 계산한 원리금 합계액

(2) 세액공제 간 중복적용 배제

내국인이 조세특례제한법에 따라 투자한 동일자산 등에 대하여 다음의 세액공제 규정이 동시에 적용되는 경우에는 그 중 하나만을 선택하여 적용받을 수 있다(조세특례제한법 제127조 제2항).

669) 가중평균차입이자율 또는 당좌대출이자율(현재 연간 1,000분의 46)을 의미한다.

적용대상 세액공제 유형 A(다음 중 선택)	
A	제8조의 3(수탁기업에 설치하는 검사대·연구시설 투자 시 세액공제) 제3항 제24조(통합투자세액공제) 제26조(고용창출투자세액공제)

적용대상 세액공제 유형 B(다음 중 선택)	
B	제19조(성과공유 중소기업의 경영성과급에 대한 세액공제) 제1항 제29조의 4(근로소득을 증대시킨 기업에 대한 세액공제)

적용대상 세액공제 유형 C(다음 중 선택)	
C	제26조(고용창출투자세액공제) 제29조의 5(청년고용을 증대시킨 기업에 대한 세액공제)

적용대상 세액공제 유형 D(다음 중 선택)	
D	제26조(고용창출투자세액공제) 제30조의 4(사회보험료 세액공제)

이때, 동일한 투자자산에 대하여 조세특례제한법 제26조의 고용창출투자세액공제와 조세특례제한법에 의한 다른 투자세액공제가 모두 적용되는 경우 고용창출투자세액공제를 적용받는 기간 외에 투자되는 금액에 대하여는 다른 투자세액공제를 적용받을 수 있다(조세특례제한법 집행기준 127-0-1 제3항).

(3) 외국인투자에 대한 감면에 대한 세액공제의 제한

내국인이 조세특례제한법에 따라 다음의 세액공제를 적용할 때 조세특례제한법 제121조의 2(외국인투자에 대한 조세 감면) 또는 동법 제121조의 4(증자의 조세감면)에 따라 소득세 또는 법인세를 감면하는 경우에는 해당 규정에 따라 공제할 세액에 해당 기업의 총주식 또는 총지분에 대한 내국인투자자의 소유주식 또는 지분의 비율을 곱하여 계산한 금액을 공제한다(조세특례제한법 제127조 제3항).

또한 조세특례제한법 제143조에 따라 세액감면을 적용받는 사업과 그 밖의 사업을 구분경리하는 경우로서 그 밖의 사업에 공제규정이 적용되는 경우에는 해당 세액감면과 공제는 중복지원에 해당하지 아니한다(조세특례제한법 제127조 제10항).

적용대상 세액공제 유형
제8조의 3(상생협력을 위한 기금 출연 등에 대한 세액공제) 제3항
제24조(통합투자세액공제)
제26조(고용창출투자세액공제)
제29조의 5(청년고용을 증대시킨 기업에 대한 세액공제)
제29조의 7(고용을 증대시킨 기업에 대한 세액공제)
제30조의 4(중소기업 사회보험료 세액공제)
제104조의 14(제3자물류비용에 대한 세액공제)
제104조의 15(해외자원개발투자에 대한 과세특례)

(4) 동일 과세연도에 세액감면과 세액공제의 중복적용 배제

내국인이 동일한 과세연도에 다음의 세액감면과 투자세액공제 등이 동시에 적용되는 경우에는 그 중 하나만을 선택하여 적용받을 수 있다(조세특례제한법 제127조 제4항).

이때 공제세액이 조세특례제한법 제132조에 따라 최저한세의 적용 또는 결손금의 발생으로 인해 이월된 경우에는 동일 과세연도에도 최저한세의 범위 내에서 아래의 세액감면과 해당 이월공제액은 중복하여 적용이 가능하다(조세특례제한법 집행기준 127-0-2 제2항).

또한 조세특례제한법 제143조에 따라 세액감면을 적용받는 사업과 그 밖의 사업을 구분경리하는 경우로서 그 밖의 사업에 공제규정이 적용되는 경우에는 해당 세액감면과 공제는 중복지원에 해당하지 아니한다(조세특례제한법 제127조 제10항).

적용대상 세액공제 및 감면 유형(A, B 중 선택)	
세액공제(A)	세액감면(B)
제8조의 3(상생협력을 위한 기금 출연 등에 대한 세액공제) 제13조의 2(내국법인의 벤처기업 등에의 출자에 대한 과세특례) 제24조(통합투자세액공제) 제25조의 6(영상콘텐츠 제작비용에 대한 세액공제) 제26조(고용창출투자세액공제) 제30조의 4(중소기업 사회보험료 세액공제)(*) (*) 제7조(중소기업에 대한 특별세액감면)와 동시에 적용되는 경우는 제외한다.	제6조(창업중소기업 등에 대한 세액감면)(*) (*) 다만, 제6조 제7항에 따라 감면받는 경우에는 제29조의 7(고용을 증대시킨 기업에 대한 세액공제)을 동시에 적용하지 아니한다. 제7조(중소기업에 대한 특별세액감면) **제12조의 2(연구개발특구에 입주하는 첨단기술기업 등에 대한 법인세 등의 감면)** 제31조(중소기업 간의 통합에 대한 양도소득세의 이월과세 등) 제4항·제5항 제32조(법인전환에 대한 양도소득세의 이월과세) 제4항 제62조(공공기관이 혁신도시 등으로 이전하

적용대상 세액공제 및 감면 유형(A, B 중 선택)	
세액공제(A)	세액감면(B)
제104조의 14(제3자물류비용에 대한 세액공제) 제104조의 15(해외자원개발투자에 대한 과세특례) 제104조의 22(기업의 운동경기부 설치·운영에 대한 과세특례) 제104조의 25(석유제품 전자상거래에 대한 세액공제) 제122조의 4(금사업자와 스크랩등사업자의 수입금액의 증가 등에 대한 세액공제) 제1항 제126조의 7(금 현물시장에서 거래되는 금지금에 대한 과세특례) 제8항	는 경우 법인세 등 감면) 제4항 제63조(수도권 밖으로 공장을 이전하는 기업에 대한 세액감면 등) 제1항 제63조의 2(수도권 밖으로 본사를 이전하는 법인에 대한 세액감면 등) 제1항 제64조(농공단지 입주기업 등에 대한 세액감면) 제66조(영농조합법인 등에 대한 법인세의 면제) 제67조(영어조합법인 등에 대한 법인세의 면제) 제68조(농업회사법인에 대한 법인세의 면제) 제85조의 6(사회적기업 및 장애인 표준사업장에 대한 법인세 등의 감면) 제1항·제2항 제99조의 11(감염병 피해에 따른 특별재난지역의 중소기업에 대한 법인세 등의 감면) 제1항 제104조의 24(해외진출기업의 국내복귀에 대한 세액감면) 제1항 제121조의 8(제주첨단과학기술단지 입주기업에 대한 법인세 등의 감면) 제121조의 9(제주투자진흥지구 또는 제주자유무역지역 입주기업에 대한 법인세 등의 감면) 제2항 제121조의 17(기업도시개발구역 등의 창업기업 등에 대한 법인세 등의 감면) 제2항 제121조의 20(아시아문화중심도시 투자진흥지구 입주기업 등에 대한 법인세 등의 감면 등) 제2항 제121조의 21(금융중심지 창업기업 등에 대한 법인세 등의 감면 등) 제2항 제121조의 22(첨단의료복합단지 입주기업에 대한 법인세 등의 감면) 제2항

(5) 동일 사업장 · 동일 과세연도에 세액감면 간 중복적용의 배제

내국인이 동일한 사업장에 대하여 동일한 과세연도에 다음의 세액감면이 동시에 적용될 수 있는 경우에는 그 중 하나만을 선택하여 적용받을 수 있다(조세특례제한법 제127조 제5항).

이때 동일부지 내에 공장이 있더라도 각 제품별로 제조설비 및 공장건물을 별도로 설치하고 제조공정이 서로 무관한 제품을 생산하여 구분경리가 가능한 경우에는 공장별로 각각 다른 감면을 선택하여 적용받을 수 있다(조세특례제한법 집행기준 127-0-3 제2항).

세액감면 · 면제 유형(다음 중 하나만을 선택)
제6조(창업중소기업 등에 대한 세액감면) 제7조(중소기업에 대한 특별세액감면) **제12조의 2(연구개발특구에 입주하는 첨단기술기업 등에 대한 법인세 등의 감면)** 제31조(중소기업 간의 통합에 대한 양도소득세의 이월과세 등) 제4항 · 제5항 제32조(법인전환에 대한 양도소득세의 이월과세) 제4항 제62조(공공기관이 혁신도시 등으로 이전하는 경우 법인세 등 감면) 제4항 제63조(수도권 밖으로 공장을 이전하는 기업에 대한 세액감면 등) 제1항 제63조의 2(수도권 밖으로 본사를 이전하는 법인에 대한 세액감면 등) 제1항 제64조(농공단지 입주기업 등에 대한 세액감면) 제85조의 6(사회적기업 및 장애인 표준사업장에 대한 법인세 등의 감면) 제1항 · 제2항 제99조의 11(감염병 피해에 따른 특별재난지역의 중소기업에 대한 법인세 등의 감면) 제1항 제104조의 24(해외진출기업의 국내복귀에 대한 세액감면) 제1항 제121조의 8(제주첨단과학기술단지 입주기업에 대한 법인세 등의 감면) 제121조의 9(제주투자진흥지구 또는 제주자유무역지역 입주기업에 대한 법인세 등의 감면) 제2항 제121조의 17(기업도시개발구역 등의 창업기업 등에 대한 법인세 등의 감면) 제2항 제121조의 20(아시아문화중심도시 투자진흥지구 입주기업 등에 대한 법인세 등의 감면 등) 제2항 제121조의 21(금융중심지 창업기업 등에 대한 법인세 등의 감면 등) 제2항 제121조의 22(첨단의료복합단지 입주기업에 대한 법인세 등의 감면) 제2항 제121조의 2(외국인투자에 대한 조세 감면) 제121조의 4(증자의 조세감면)

2 추계과세 시 등의 감면배제

(1) 추계과세 시 세액공제의 배제

세무당국이 장부나 그 밖의 증명서를 근거로 과세표준과 세액을 결정 또는 경정할 때 소득금액을 계산할 때 필요한 장부 또는 증명서류가 없거나 중요한 부분이 미비 또는 허위인 경우 등에 있어서 추계(推計)를 하는 경우(소득세법 제80조 제3항 단서 또는 법인세법 제66조 제3항 단서) 다음의 세액공제를 적용하지 아니한다(조세특례제한법 제128조 제1항). 다만, 추계를 하는 경우에도 조세특례제한법 제24조 및 동법 제26조(투자에 관한 증거서류를 제출하는 경우로 한정한다)는 거주자에 대해서는 적용한다(조세특례제한법 제128조 제1항 단서).

적용대상 세액공제 유형
제7조의 2(기업의 어음제도개선을 위한 세액공제)
제7조의 4(상생결제 지급금액에 대한 세액공제)
제8조의 3(상생협력을 위한 기금 출연 등에 대한 세액공제) 제3항
제10조(연구ㆍ인력개발비에 대한 세액공제)
제12조(기술이전 및 기술취득 등에 대한 과세특례) 제2항
제12조의 3(기술혁신형 합병에 대한 세액공제)
제12조의 4(기술혁신형 주식취득에 대한 세액공제)
제13조의 2(내국법인의 벤처기업 등에의 출자에 대한 과세특례)
제13조의 3(내국법인의 소재ㆍ부품ㆍ장비전문기업에의 출자ㆍ인수에 대한 과세특례)
제19조(성과공유 중소기업의 경영성과급에 대한 세액공제) 제1항
제24조(통합투자세액공제)
제25조의 6(영상콘텐츠 제작비용에 대한 세액공제)
제26조(고용창출투자세액공제)
제29조의 2(산업수요맞춤형고등학교등 졸업자를 병역 이행 후 복직시킨 기업에 대한 세액공제)
제29조의 3(경력단절 여성 고용 기업 등에 대한 세액공제)
제29조의 4(근로소득을 증대시킨 기업에 대한 세액공제)
제29조의 5(청년고용을 증대시킨 기업에 대한 세액공제)
제29조의 7(고용을 증대시킨 기업에 대한 세액공제)
제30조의 2(정규직 근로자로의 전환에 따른 세액공제)
제30조의 3(고용유지중소기업 등에 대한 과세특례)
제30조의 4(중소기업 사회보험료 세액공제)
제96조의 3(상가임대료를 인하한 임대사업자에 대한 세액공제)(*) (*) 「소득세법」 제160조에 따른 간편장부대상자는 제외한다.
제99조의 12(선결제 금액에 대한 세액공제)
제104조의 14(제3자물류비용에 대한 세액공제)
제104조의 15(해외자원개발투자에 대한 과세특례)
제104조의 25(석유제품 전자상거래에 대한 세액공제)
제104조의 30(우수 선화주기업 인증을 받은 화주 기업에 대한 세액공제)
제122조의 4(금사업자와 스크랩등사업자의 수입금액의 증가 등에 대한 세액공제) 제1항
제126조의 7(금 현물시장에서 거래되는 금지금에 대한 과세특례) 제8항

(2) 무신고 결정 또는 기한 후 신고 시 세액감면의 배제

법인세법 제60조에 따른 과세표준 등의 신고 또는 소득세법 제70조, 제70조의 2, 제71조 및 제74조에 따른 과세표준확정신고를 하지 않은 때에 세무당국이 법인세법 제66조 제1항 또는 소득세법 제80조 제1항에 따른 결정을 하는 경우와 국세기본법 제45조의 3에 따라 기한 후 신고를 하는 경우에는 다음의 세액감면을 적용하지 아니한다(조세특례제한법 제128조 제2항).

적용대상 세액감면 유형
제6조(창업중소기업 등에 대한 세액감면)
제7조(중소기업에 대한 특별세액감면)
제12조(기술이전 및 기술취득 등에 대한 과세특례) 제1항 · 제3항
제12조의 2(연구개발특구에 입주하는 첨단기술기업 등에 대한 법인세 등의 감면)
제31조(중소기업 간의 통합에 대한 양도소득세의 이월과세 등) 제4항 · 제5항
제32조(법인전환에 대한 양도소득세의 이월과세) 제4항
제62조(공공기관이 혁신도시 등으로 이전하는 경우 법인세 등 감면) 제4항
제63조(수도권 밖으로 공장을 이전하는 기업에 대한 세액감면 등) 제1항
제63조의 2(수도권 밖으로 본사를 이전하는 법인에 대한 세액감면 등) 제1항
제64조(농공단지 입주기업 등에 대한 세액감면)
제66조(영농조합법인 등에 대한 법인세의 면제 등)
제67조(영어조합법인 등에 대한 법인세의 면제 등)
제68조(농업회사법인에 대한 법인세의 면제 등)
제85조의 6(사회적기업 및 장애인 표준사업장에 대한 법인세 등의 감면) 제1항 · 제2항
제96조(소형주택 임대사업자에 대한 세액감면)
제96조의 2(상가건물 장기 임대사업자에 대한 세액감면)
제96조의 3(상가임대료를 인하한 임대사업자에 대한 세액공제)
제99조의 9(위기지역 창업기업에 대한 법인세 등의 감면) 제2항
제99조의 11(감염병 피해에 따른 특별재난지역의 중소기업에 대한 법인세 등의 감면) 제1항
제99조의 12(선결제 금액에 대한 세액공제)
제102조(산림개발소득에 대한 세액감면)
제104조의 24(해외진출기업의 국내복귀에 대한 세액감면) 제1항
제121조의 8(제주첨단과학기술단지 입주기업에 대한 법인세 등의 감면)
제121조의 9(제주투자진흥지구 또는 제주자유무역지역 입주기업에 대한 법인세 등의 감면) 제2항
제121조의 17(기업도시개발구역 등의 창업기업 등에 대한 법인세 등의 감면) 제2항
제121조의 20(아시아문화중심도시 투자진흥지구 입주기업 등에 대한 법인세 등의 감면 등) 제2항
제121조의 21(금융중심지 창업기업 등에 대한 법인세 등의 감면 등) 제2항
제121조의 22(첨단의료복합단지 입주기업에 대한 법인세 등의 감면) 제2항

(3) 경정 또는 경정할 것을 미리 알고 수정신고서를 제출한 경우의 세액감면 배제

법인세법 제60조에 따른 과세표준의 신고 또는 소득세법 제70조, 제70조의 2, 제71조 및 제74조에 따른 과세표준확정신고를 한 경우에 신고 내용에 오류 등이 있어 세무당국이 법인세법 제66조 제2항 또는 소득세법 제80조 제2항에 따라 경정하는 경우와 과세표준 수정신고서를 제출한 과세표준과 세액을 경정할 것을 미리 알고 제출한 경우에는 국세기본법 제47조의 3 제2항 제1호에 따른 부정과소신고과세표준에 대하여 위 (2)에서 살펴본 세액감면을 적용하지 아니한다(조세특례제한법 제128조 제3항).

(4) 사업용계좌 미신고 등의 경우의 세액감면 배제

사업자가 다음의 어느 하나에 해당하는 경우에는 해당 과세기간의 해당 사업장에 대하여 위 (2)에서 살펴본 세액감면을 적용하지 아니한다. 다만, 사업자가 아래 ㉠, ㉡의 의무 불이행에 대하여 정당한 사유가 있는 경우에는 그러하지 아니하다(조세특례제한법 제128조 제4항).

세액감면 배제 사유
㉠「소득세법」 제160조의 5 제3항에 따라 사업용계좌를 신고하여야 할 사업자가 이를 이행하지 아니한 경우 ㉡「소득세법」 제162조의 3 제1항 또는「법인세법」 제117조의 2 제1항에 따라 현금영수증가맹점으로 가입하여야 할 사업자가 이를 이행하지 아니한 경우 ㉢「소득세법」 제162조의 2 제2항 및「법인세법」 제117조에 따른 신용카드가맹점으로 가입한 사업자 또는「소득세법」 제162조의 3 제1항 또는「법인세법」 제117조의 2에 따라 현금영수증가맹점으로 가입한 사업자가 다음의 어느 하나에 해당하는 경우로서 그 횟수·금액 등을 고려하여 대통령령으로 정하는 때에 해당하는 경우 - 신용카드에 의한 거래를 거부하거나 신용카드매출전표를 사실과 다르게 발급한 경우 - 현금영수증의 발급요청을 거부하거나 사실과 다르게 발급한 경우

3 수도권과밀억제권역의 투자에 대한 조세감면 배제

(1) 수도권과밀억제권역의 투자에 대한 조세감면 배제의 개요

조세특례제한법 제130조의 규정은 수도권과밀억제권역에 산업시설 및 기업활동의 집중을 억제하고, 수도권과밀억제권역에 소재하는 기업의 지방이전을 유도함과 아울러 지방산업의 경영여건향상을 지원하기 위하여 보강한 조세지원제도의 하나로서, 다음과 같이 수도권과밀억제권역의 투자에 대하여는 조세감면을 일부 배제하도록 하고 있다.

| 표 _ 수도권과밀억제권역 투자에 대한 조세감면 배제 여부 |

구분	1989.12.31. 이전 사업 개시		1990.1.1. 이후 사업 개시	
	증설투자	대체투자	증설투자	대체투자
중소기업	×*	○	×*	○
일반기업	×*	○	×**	×**

* 수도권과밀억제권역안에 소재하는 일정한 산업단지 또는 공업지역에서의 증설투자는 조세감면 배제규정이 적용되지 않는다.

** ① 디지털방송장비, ② 정보통신장비(「전기통신사업 회계정리 및 보고에 관한 규정」 제8조에 따른 전기통신설비 중 교환설비・전송설비・선로설비 및 정보처리설비), ③ 연구・시험 및 직업훈련시설 등 사업용자산, ④ 조세특례제한법 시행규칙 별표 7의 에너지절약시설, 시행규칙 별표 7의 2의 신에너지 및 재생에너지를 생산하기 위한 시설을 제조하는 시설, 별표 11의 의약품 품질관리 개선시설은 증설・대체투자 여부에 관계없이 수도권과밀억제권역의 투자에 대한 조세감면 배제규정이 적용되지 않는다.

(2) 수도권과밀억제권역의 범위

'수도권과밀억제권역'이란 「수도권정비계획법」 제6조 제1항 제1호에 따른 과밀억제권역을 말한다(조세특례제한법 제2조 제1항 10호).

「수도권정비계획법」 제6조에 따르면 수도권의 인구와 산업을 적정하게 배치하기 위하여 수도권을 다음과 같이 구분하고 있다.

수도권의 구분
1. 과밀억제권역 : 인구와 산업이 지나치게 집중되었거나 집중될 우려가 있어 이전하거나 정비할 필요가 있는 지역 2. 성장관리권역 : 과밀억제권역으로부터 이전하는 인구와 산업을 계획적으로 유치하고 산업의 입지와 도시의 개발을 적정하게 관리할 필요가 있는 지역 3. 자연보전권역 : 한강 수계의 수질과 녹지 등 자연환경을 보전할 필요가 있는 지역

| 그림 _ 수도권 권역 현황 | 670)

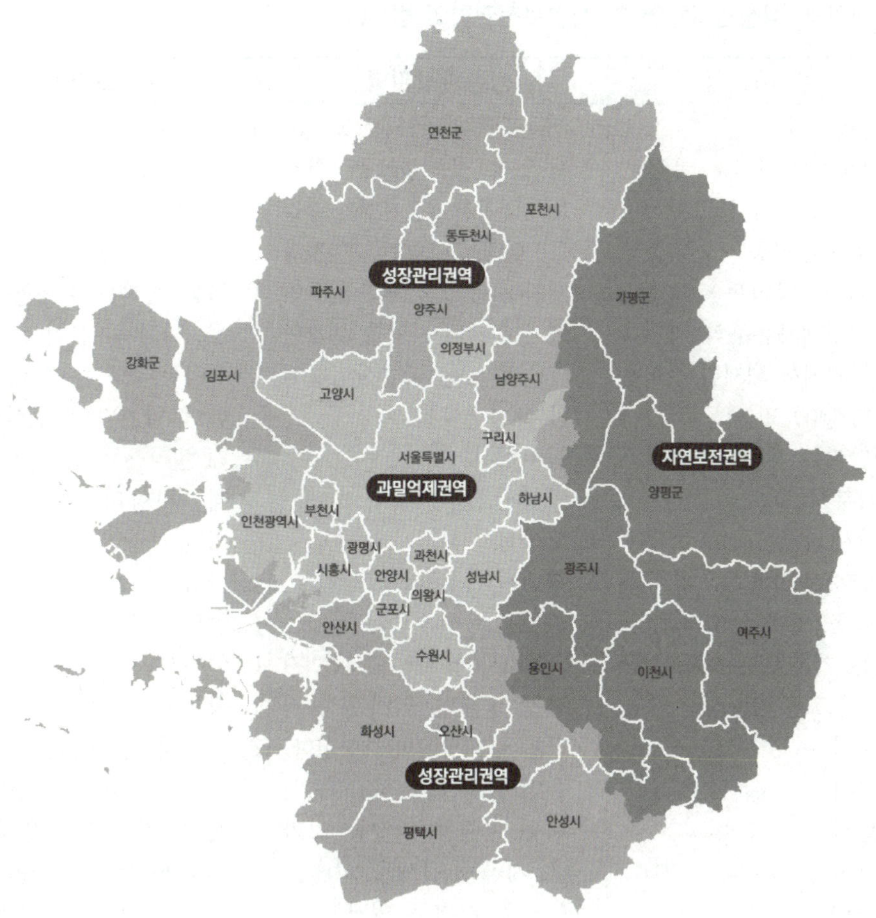

권역의 범위에 대하여는 수도권정비계획법 시행령 [별표 1]에서 다음과 같이 규정하고 있다.

670) 국토교통부, "상생발전 위한 향후 20년간 수도권 관리방향 제시", 2020.12.29., 9면

[별표 1] <개정 2017.6.20.>

과밀억제권역, 성장관리권역 및 자연보전권역의 범위(제9조 관련)

과밀억제권역	성장관리권역	자연보전권역
1. 서울특별시 2. 인천광역시[강화군, 옹진군, 서구 대곡동・불로동・마전동・금곡동・오류동・왕길동・당하동・원당동, 인천경제자유구역(경제자유구역에서 해제된 지역을 포함한다) 및 남동 국가산업단지는 제외한다] 3. 의정부시 4. 구리시 5. 남양주시(호평동, 평내동, 금곡동, 일패동, 이패동, 삼패동, 가운동, 수석동, 지금동 및 도농동만 해당한다) 6. 하남시 7. 고양시 8. 수원시 9. 성남시 10. 안양시 11. 부천시 12. 광명시 13. 과천시 14. 의왕시 15. 군포시 16. 시흥시[반월특수지역(반월특수지역에서 해제된 지역을 포함한다)은 제외한다]	1. 인천광역시[강화군, 옹진군, 서구 대곡동・불로동・마전동・금곡동・오류동・왕길동・당하동・원당동, 인천경제자유구역(경제자유구역에서 해제된 지역을 포함한다) 및 남동 국가산업단지만 해당한다] 2. 동두천시 3. 안산시 4. 오산시 5. 평택시 6. 파주시 7. 남양주시(별내동, 와부읍, 진접읍, 별내면, 퇴계원면, 진건읍 및 오남읍만 해당한다) 8. 용인시(신갈동, 하갈동, 영덕동, 구갈동, 상갈동, 보라동, 지곡동, 공세동, 고매동, 농서동, 서천동, 언남동, 청덕동, 마북동, 동백동, 중동, 상하동, 보정동, 풍덕천동, 신봉동, 죽전동, 동천동, 고기동, 상현동, 성복동, 남사면, 이동면 및 원삼면 목신리・죽릉리・학일리・독성리・고당리・문촌리만 해당한다) 9. 연천군 10. 포천시 11. 양주시 12. 김포시 13. 화성시	1. 이천시 2. 남양주시(화도읍, 수동면 및 조안면만 해당한다) 3. 용인시(김량장동, 남동, 역북동, 삼가동, 유방동, 고림동, 마평동, 운학동, 호동, 해곡동, 포곡읍, 모현면, 백암면, 양지면 및 원삼면 가재월리・사암리・미평리・좌항리・맹리・두창리만 해당한다) 4. 가평군 5. 양평군 6. 여주시 7. 광주시 8. 안성시(일죽면, 죽산면 죽산리・용설리・장계리・매산리・장릉리・장원리・두현리 및 삼죽면 용월리・덕산리・율곡리・내장리・배태리만 해당한다)

과밀억제권역	성장관리권역	자연보전권역
	14. 안성시(가사동, 가현동, 명륜동, 숭인동, 봉남동, 구포동, 동본동, 영동, 봉산동, 성남동, 창전동, 낙원동, 옥천동, 현수동, 발화동, 옥산동, 석정동, 서인동, 인지동, 아양동, 신흥동, 도기동, 계동, 중리동, 사곡동, 금석동, 당왕동, 신모산동, 신소현동, 신건지동, 금산동, 연지동, 대천동, 대덕면, 미양면, 공도읍, 원곡면, 보개면, 금광면, 서운면, 양성면, 고삼면, 죽산면 두교리·당목리·칠장리 및 삼죽면 마전리·미장리·진촌리·기솔리·내강리만 해당한다) 15. 시흥시 중 반월특수지역(반월특수지역에서 해제된 지역을 포함한다)	

(3) 수도권과밀억제권역의 투자에 대한 조세감면 배제의 내용

가. 1989.12.31. 이전에 수도권과밀억제권역에서 사업을 개시한 내국인과 1990.1.1. 이후 수도권과밀억제권역에서 새로 사업을 개시한 중소기업

1989.12.31. 이전부터 수도권과밀억제권역에서 계속하여 사업을 경영하고 있는 내국인과 1990.1.1. 이후 수도권과밀억제권역에서 새로 사업장을 설치하여 사업을 개시하거나 종전의 사업장(1989.12.31. 이전에 설치한 사업장을 포함한다. 이하 같다)을 이전하여 설치하는 중소기업(이하 "1990년이후중소기업등"이라 한다)이 수도권과밀억제권역에 있는 해당 사업장에서 사용하기 위하여 취득하는 사업용 고정자산[① 디지털방송장비, ② 정보통신장비(「전기통신사업 회계정리 및 보고에 관한 규정」 제8조에 따른 전기통신설비 중 교환설비·전송설비·선로설비 및 정보처리설비), ③ 연구·시험 및 직업훈련시설 등 사업용자산, ④

조세특례제한법 시행규칙 별표 7의 에너지절약시설, 시행규칙 별표 7의 2의 신에너지 및 재생에너지를 생산하기 위한 시설을 제조하는 시설, 별표 11의 의약품 품질관리 개선시설은 제외한다]으로서 증설투자에 해당하는 것에 대하여는 조세특례제한법 제24조 통합투자세액공제 규정을 적용하지 아니한다.

증설투자란 다음의 것을 말한다(조세특례제한법 시행령 제124조 제1항, 조세특례제한법 시행규칙 제53조).

증설투자
㉠ 「산업집적활성화 및 공장설립에 관한 법률」 제2조 제1호에 의한 공장인 사업장의 경우 : 사업용고정자산을 새로 설치함으로써 해당 공장의 연면적이 증가되는 투자
㉡ 위 ㉠의 공장외의 사업장인 경우 : 사업용고정자산을 새로 설치함으로써 사업용고정자산의 수량 또는 해당 사업장의 연면적이 증가되는 투자

이때, '해당 공장의 연면적'이라 함은 공장 부지면적 또는 공장부지 안에 있는 건축물 각 층의 바닥면적을 말한다. 다만, 식당・휴게실・목욕실・세탁장・의료실・옥외체육시설 및 기숙사 등 종업원의 후생복지증진에 제공되는 시설의 면적과 대피소・무기고・탄약고 및 교육시설의 면적은 당해 공장의 연면적에 포함하지 아니한다(조세특례제한법 시행규칙 제53조 제1항).

한편, '사업용고정자산의 수량이 증가하는 경우'란 기계장치 등 사업용고정자산을 추가로 설치하는 경우를 말하며, '해당 사업장의 연면적'이란 사업장 부지면적 또는 사업장 부지 안에 있는 건축물 각 층의 바닥면적을 말한다. 다만, 식당・휴게실・목욕실・세탁장・의료실・옥외체육시설 및 기숙사 등 종업원의 후생복지증진에 제공되는 시설의 면적과 대피소・무기고・탄약고 및 교육시설의 면적은 해당 사업장의 연면적에 포함하지 않는다(조세특례제한법 시행규칙 제53조 제2항).

정리하면, 1989.12.31. 이전에 수도권과밀억제권역에서 사업을 개시한 내국인과 1990.1.1. 이후 수도권과밀억제권역에서 새로 사업을 개시한 중소기업이 해당 사업장에서 사용하기 위하여 취득하는 사업용 고정자산 중 증설투자에 대하여는 위에서 열거된 조세감면이 배제된다.

단, ① 디지털방송장비, ② 정보통신장비(「전기통신사업 회계정리 및 보고에 관한 규정」 제8조에 따른 전기통신설비 중 교환설비・전송설비・선로설비 및 정보처리설비), ③ 연구・시험 및 직업훈련시설 등 사업용자산, ④ 조세특례제한법 시행규칙 별표 7의 에너지절약시설, 시행규칙 별표 7의 2의 신에너지 및 재생에너지를 생산하기 위한 시설을 제조하는 시설, 별표 11의 의약품 품질관리 개선시설은 수도권과밀억제권역의 투자에 대한 조세감면 배제규정이 적용되지 않는다.

또한 수도권과밀억제권역안에 소재하는 일정한 산업단지 또는 공업지역에서의 증설투자 역시 조세감면 배제가 적용되지 않는데 그 지역은 다음과 같다(조세특례제한법 시행령 제124조 제2항).

조세감면 배제 제외 지역
㉠ 「산업입지 및 개발에 관한 법률」에 의한 산업단지
㉡ 「국토의 계획 및 이용에 관한 법률」 제36조 제1항 제1호의 규정에 의한 공업지역 및 동법 제51조 제3항의 지구단위계획구역 중 산업시설의 입지로 이용되는 구역

나. 1990.1.1. 이후 수도권과밀억제권역에서 새로 사업을 개시한 비중소기업

중소기업이 아닌 자가 1990.1.1. 이후 수도권과밀억제권역에서 새로 사업장을 설치하여 사업을 개시하거나 종전의 사업장을 이전하여 설치하는 경우 수도권과밀억제권역에 있는 해당 사업장에서 사용하기 위하여 취득하는 사업용고정자산[① 디지털방송장비, ② 정보통신장비(「전기통신사업 회계정리 및 보고에 관한 규정」 제8조에 따른 전기통신설비 중 교환설비 · 전송설비 · 선로설비 및 정보처리설비), ③ 연구 · 시험 및 직업훈련시설 등 사업용자산, ④ 조세특례제한법 시행규칙 별표 7의 에너지절약시설, 시행규칙 별표 7의 2의 신에너지 및 재생에너지를 생산하기 위한 시설을 제조하는 시설, 별표 11의 의약품 품질관리 개선시설은 제외한다]에 대하여는 조세특례제한법 제24조 통합투자세액공제 규정을 적용하지 아니한다.

정리하면, 중소기업이 아닌 자가 1990.1.1. 이후 수도권과밀억제권역에서 새로 사업장을 설치하여 사업을 개시하거나 종전의 사업장을 이전하여 설치하는 경우 증설 · 대체투자여부에 관계없이 열거된 조세감면이 배제된다.

단, ① 디지털방송장비, ② 정보통신장비(「전기통신사업 회계정리 및 보고에 관한 규정」 제8조에 따른 전기통신설비 중 교환설비 · 전송설비 · 선로설비 및 정보처리설비), ③ 연구 · 시험 및 직업훈련시설 등 사업용자산, ④ 조세특례제한법 시행규칙 별표 7의 에너지절약시설, 시행규칙 별표 7의 2의 신에너지 및 재생에너지를 생산하기 위한 시설을 제조하는 시설, 별표 11의 의약품 품질관리 개선시설은 수도권과밀억제권역의 투자에 대한 조세감면 배제규정이 적용되지 않는다.

4 최저한세액에 미달하는 세액에 대한 감면 등의 배제

조세특례제한법 제132조의 최저한세 제도(Minimum Tax)란 조세정책 목적상 세금을 감면해 주는 경우라도 세부담의 형평성, 국민개납, 재정확보의 측면에서 소득이 있으면 누구나 최소한의 세금을 내도록 하는 제도를 말한다.

즉, 각종 감면을 받는 경우라도 감면전 과세표준(혹은 산출세액)의 일정 비율(%)로 계산되는 최저한세는 부담하여야 하는데, 이때 감면배제의 대상이 되는 감면에는 준비금, 소득공제, 세액공제뿐만 아니라 세액감면이나 면제 등 조세특례제한법에 따른 대부분의 공제감면 혜택을 규제대상으로 한다.

(1) 법인의 최저한세

가. 최저한세 적용대상소득

법인의 최저한세 규정은 내국법인(조세특례제한법 제72조 제1항을 적용받는 조합법인 등은 제외한다)의 각 사업연도의 소득과 법인세법 제91조 제1항을 적용받는 외국법인의 각 사업연도의 국내원천소득에 대한 법인세가 그 적용대상이다.

나. 최저한세의 계산

법인이 부담할 세액은 아래의 ①과 ②에 의해 계산된 법인세액 중 큰 금액으로 한다. 따라서 ②의 각종 감면 후의 법인세액이 ①의 각종 감면 전의 과세표준에 최저한세율을 곱하여 계산된 법인세 최저한세액에 미달하는 경우에는 그 미달하는 세액에 상당하는 부분에 대하여는 감면 등을 적용하지 아니한다.

법인이 부담할 세액 = Max(①, ②)
① 법인세 최저한세액 : 각종 감면 전의 과세표준 × 17%(과세표준 100억원 초과 1,000억원 이하 12%, 100억원 이하 10%, 중소기업[671]은 7%(중소기업판정 유예기간 경과 후 3년간은 8%, 그 이후 2년간은 9%)) ② 각종 감면 후의 법인세액

671) 중소기업이란 조세특례제한법 시행령 제2조에 따른 중소기업을 말하고, 규모의 확대 등으로 중소기업에 해당하지 아니하게 된 때에는 최초로 그 사유가 발생한 날이 속하는 과세연도와 그 다음 3개 과세연도(중소기업판정 유예기간)까지 중소기업으로 본다.

이때 ①의 각종 감면 전의 과세표준이란 최저한세 적용대상(조세특례제한법 제132조 제1항 제2호)인 아래의 손금산입 및 소득공제 등을 적용하지 아니한 경우의 과세표준을 말한다(조세특례제한법 제132조 제1항).

조세특례제한법 제132조 제1항 제2호에 따른 손금산입 및 소득공제 등
제8조(중소기업 지원설비에 대한 손금산입의 특례 등)
제8조의 2(상생협력 중소기업으로부터 받은 수입배당금의 익금불산입)
제10조의 2(연구개발 관련 출연금 등의 익금불산입)
제13조(중소기업창업투자회사 등의 주식양도차익 등에 대한 비과세)
제14조(창업자 등에의 출자에 대한 과세특례)
제28조(서비스업 감가상각비 손금산입특례)
제28조의 2(중소·중견기업 설비투자자산의 감가상각비 손금산입 특례)
제28조의 3(설비투자자산의 감가상각비 손금산입 특례)
제55조의 2(자기관리부동산투자회사 등에 대한 과세특례) 제4항
제60조(공장의 대도시 밖 이전에 대한 법인세 과세특례) 제2항
제61조(법인 본사를 수도권과밀억제권역 밖으로 이전하는 데 따른 양도차익에 대한 법인세 과세특례) 제3항
제62조(공공기관이 혁신도시 등으로 이전하는 경우 법인세 등 감면) 제1항
제63조(수도권 밖으로 공장을 이전하는 기업에 대한 세액감면 등) 제4항
제63조의 2(법인의 공장 및 본사를 수도권 밖으로 이전하는 경우 법인세 등 감면) 제5항

그리고 ②의 각종 감면 후의 법인세액이란 아래의 연구·인력개발준비금, 소득공제, 손금산입, 익금불산입 및 비과세, 세액공제 및 감면 등을 적용받은 후의 법인의 각 사업연도의 소득에 대한 법인세를 말한다.

조세특례제한법 제132조 제1항 제2호 내지 제4호에 따른 감면 등	
소득공제금액, 손금산입금액, 익금불산입 금액 및 비과세금액	제8조(중소기업 지원설비에 대한 손금산입의 특례 등) 제8조의 2(상생협력 중소기업으로부터 받은 수입배당금의 익금불산입) **제10조의 2(연구개발 관련 출연금 등의 익금불산입)** 제13조(중소기업창업투자회사 등의 주식양도차익 등에 대한 비과세) 제14조(창업자 등에의 출자에 대한 과세특례) 제28조(서비스업 감가상각비 손금산입특례) 제28조의 2(중소·중견기업 설비투자자산의 감가상각비 손금산입 특례) 제28조의 3(설비투자자산의 감가상각비 손금산입 특례) 제55조의 2(자기관리부동산투자회사 등에 대한 과세특례) 제4항

조세특례제한법 제132조 제1항 제2호 내지 제4호에 따른 감면 등	
	제60조(공장의 대도시 밖 이전에 대한 법인세 과세특례) 제2항 제61조(법인 본사를 수도권과밀억제권역 밖으로 이전하는 데 따른 양도차익에 대한 법인세 과세특례) 제3항 제62조(공공기관이 혁신도시 등으로 이전하는 경우 법인세 등 감면) 제1항 제63조(수도권 밖으로 공장을 이전하는 기업에 대한 세액감면 등) 제4항 제63조의 2(법인의 공장 및 본사를 수도권 밖으로 이전하는 경우 법인세 등 감면) 제5항
세액공제	제7조의 2(기업의 어음제도개선을 위한 세액공제) 제7조의 4(상생결제 지급금액에 대한 세액공제) 제8조의 3(상생협력을 위한 기금 출연 등에 대한 세액공제) **제10조(연구·인력개발비에 대한 세액공제) 단, 중소기업이 아닌 자만 해당한다** **제12조(기술이전 및 기술취득 등에 대한 과세특례) 제2항** **제12조의 3(기술혁신형 합병에 대한 세액공제)** **제12조의 4(기술혁신형 주식취득에 대한 세액공제)** 제13조의 2(내국법인의 벤처기업 등에의 출자에 대한 과세특례) 제13조의 3(내국법인의 소재·부품·장비전문기업에의 출자·인수에 대한 과세특례) 제19조(성과공유 중소기업의 경영성과급에 대한 세액공제 등) 제1항 제24조(통합투자세액공제) 제25조의 6(영상콘텐츠 제작비용에 대한 세액공제) 제26조(고용창출투자세액공제) 제29조의 2(산업수요맞춤형고등학교등 졸업자를 병역 이행 후 복직시킨 기업에 대한 세액공제) 제29조의 3(경력단절 여성 고용 기업 등에 대한 세액공제) 제29조의 4(근로소득을 증대시킨 기업에 대한 세액공제) 제29조의 5(청년고용을 증대시킨 기업에 대한 세액공제) 제29조의 7(고용을 증대시킨 기업에 대한 세액공제) 제30조의 2(정규직 근로자로의 전환에 따른 세액공제) 제30조의 3(고용유지중소기업 등에 대한 과세특례) 제30조의 4(중소기업 사회보험료 세액공제) 제31조(중소기업 간의 통합에 대한 양도소득세의 이월과세 등) 제6항 제32조(법인전환에 대한 양도소득세의 이월과세) 제4항 제99조의 12(선결제 금액에 대한 세액공제) 제104조의 8(전자신고 등에 대한 세액공제)

조세특례제한법 제132조 제1항 제2호 내지 제4호에 따른 감면 등	
	제104조의 14(제3자물류비용에 대한 세액공제) 제104조의 15(해외자원개발투자에 대한 과세특례) 제104조의 22(기업의 운동경기부 설치·운영에 대한 과세특례) 제104조의 25(석유제품 전자상거래에 대한 세액공제) 제104조의 30(우수 선화주기업 인증을 받은 화주 기업에 대한 세액공제) 제122조의 4(금사업자와 스크랩등사업자의 수입금액의 증가 등에 대한 세액공제) 제1항 제126조의 7(금 현물시장에서 거래되는 금지금에 대한 과세특례) 제8항
세액면제 및 감면	제6조(창업중소기업 등에 대한 세액감면) 단, 업종별최소고용인원 이상을 고용함에 따라 추가로 감면받는 경우는 제외 제7조(중소기업에 대한 특별세액감면) **제12조(기술이전 및 기술취득 등에 대한 과세특례) 제1항·제3항** **제12조의 2(연구개발특구에 입주하는 첨단기술기업 등에 대한 법인세 등의 감면)** 제21조(국제금융거래에 따른 이자소득 등에 대한 법인세 등의 면제) 제31조(중소기업 간의 통합에 대한 양도소득세의 이월과세 등) 제4항·제5항 제32조(법인전환에 대한 양도소득세의 이월과세) 제4항 제62조(공공기관이 혁신도시 등으로 이전하는 경우 법인세 등 감면) 제4항 제63조(수도권 밖으로 공장을 이전하는 기업에 대한 세액감면 등) 단, 수도권 밖으로 이전하는 경우는 제외 제64조(농공단지 입주기업 등에 대한 세액감면) 제68조(농업회사법인에 대한 법인세의 면제 등) 단, 작물재배업에서 발생하는 소득 외의 소득만 해당 제96조(소형주택 임대사업자에 대한 세액감면) 제96조의 2(상가건물 장기 임대사업자에 대한 세액감면) 제99조의 9(위기지역 창업기업에 대한 법인세 등의 감면) 제102조(산림개발소득에 대한 세액감면) 제121조의 8(제주첨단과학기술단지 입주기업에 대한 법인세 등의 감면) 제121조의 9(제주투자진흥지구 또는 제주자유무역지역 입주기업에 대한 법인세 등의 감면) 제121조의 17(기업도시개발구역 등의 창업기업 등에 대한 법인세 등의 감면) 제121조의 20(아시아문화중심도시 투자진흥지구 입주기업 등에 대한 법인세 등의 감면 등) 제121조의 21(금융중심지 창업기업 등에 대한 법인세 등의 감면 등) 제121조의 22(첨단의료복합단지 및 국가식품클러스터 입주기업에 대한 법인세 등의 감면)

다만, 다음의 규정에 따라 법인세의 100%에 상당하는 세액을 감면받는 과세연도의 경우에는 상기 최저한세 규정을 적용하지 아니한다(조세특례제한법 제132조 제1항 제4호 단서).

최저한세 적용 대상 제외
㉠ 제6조(창업중소기업 등에 대한 세액감면) 제1항 · 제6항
㉡ **제12조의 2(연구개발특구에 입주하는 첨단기술기업 등에 대한 법인세 등의 감면)**
㉢ 제99조의 9(위기지역 창업기업에 대한 법인세 등의 감면)
㉣ 제121조의 8(제주첨단과학기술단지 입주기업에 대한 법인세 등의 감면)
㉤ 제121조의 9(제주투자진흥지구 또는 제주자유무역지역 입주기업에 대한 법인세 등의 감면)
㉥ 제121조의 17(기업도시개발구역 등의 창업기업 등에 대한 법인세 등의 감면)
㉦ 제121조의 20(아시아문화중심도시 투자진흥지구 입주기업 등에 대한 법인세 등의 감면등)
㉧ 제121조의 21(금융중심지 창업기업 등에 대한 법인세 등의 감면 등)
㉨ 제121조의 22(첨단의료복합단지 및 국가식품클러스터 입주기업에 대한 법인세 등의 감면)

②의 각종 감면 후의 법인세액에는 가산세 등을 제외하며, 조세특례제한법상 열거되지 않은 세액감면 등(법인세 감면 중 조세특례제한법 제132조 제1항 제3호 및 제4호에 열거되지 않은 세액공제 · 세액면제 및 감면[672])을 하지 아니한 법인세를 말한다고 규정하고 있는데, 가산세 등이란 다음의 것을 말한다(조세특례제한법 제132조 제1항 각 호 외의 부분 괄호, 조세특례제한법 시행령 제126조 제1항).

각종 감면 후의 산출세액에 포함하지 아니하는 가산세 등
㉠ 「법인세법」 제55조의 2에 따른 토지등 양도소득에 대한 법인세
㉡ 「법인세법」 제96조에 따른 법인세에 추가하여 납부하는 세액
㉢ 조세특례제한법 제100조의 32에 따른 투자 · 상생협력 촉진을 위한 과세특례를 적용하여 계산한 법인세
㉣ 가산세
㉤ 다음의 추징세액 - 조세특례제한법에 의하여 각종 준비금 등을 익금산입하는 경우와 감면세액을 추징하는 경우(법인세에 가산하여 자진납부하거나 부과징수하는 경우를 포함한다)에 있어서의 이자상당가산액 - 조세특례제한법 또는 「법인세법」에 의하여 법인세의 감면세액을 추징하는 경우 당해 사업연도에 법인세에 가산하여 자진납부하거나 부과징수하는 세액

672) 법인세법상 공제 · 감면 제도와 최저한세 적용대상에서 열거되지 않은 조세지원제도 등 최저한세와 관계없이 적용가능한 조세지원제도를 말한다.

다. 최저한세율

최저한세율은 다음과 같다.

| 표 _ 최저한세율 |

내용	
1. 중소기업(*)	7%
2. 최초로 중소기업에 해당하지 아니하게 된 경우	① 최초로 중소기업에 해당하지 않게 된 과세연도 개시일부터 3년 이내에 끝나는 과세연도까지는 8% ② 위의 기간 이후부터 2년 이내에 끝나는 과세연도까지는 9%
3. 일반기업 (위 1. 2.에 해당하지 아니하는 경우)	다음의 과세표준 규모별로 구분 적용 ① 각종 감면 전 과세표준 ≦ 100억원인 경우는 10% ② 100억원 〈 각종 감면 전 과세표준 ≦ 1,000억원인 경우는 12% ③ 1,000억원 〈 각종 감면 전 과세표준인 경우는 17%

(*) 중소기업이란 조세특례제한법 시행령 제2조에 따른 중소기업을 말하고, 규모의 확대 등으로 중소기업에 해당하지 아니하게 된 때에는 최초로 그 사유가 발생한 날이 속하는 과세연도와 그 다음 3개 과세연도(중소기업판정 유예기간)까지 중소기업으로 본다.

2011.1.1. 법 개정 시 중소기업이 중견기업으로의 성장 지원하기 위하여 중소기업 졸업시의 최저한세율 인상에 따른 세부담 증가를 완화하였다.

즉, 중소기업 졸업에 따른 최저한세율은 중소기업판정 유예기간이 경과하여 최초로 중소기업에 해당하지 아니하게 된 경우에는 그 최초로 중소기업에 해당하지 아니하게 된 과세연도의 개시일부터 3년 이내에 끝나는 과세연도에는 8%, 그 다음 2년 이내에 끝나는 과세연도에는 9%로 단계적으로 인상된다.

한편, 2014.1.1. 법 개정 시 과세표준 1,000억원 초과 일반기업에 적용되는 최저한세율을 16%에서 17%로 상향조정하였으며, 2014.1.1. 이후 개시하는 과세연도 분부터 적용한다.

| 그림 _ 최저한세율 |

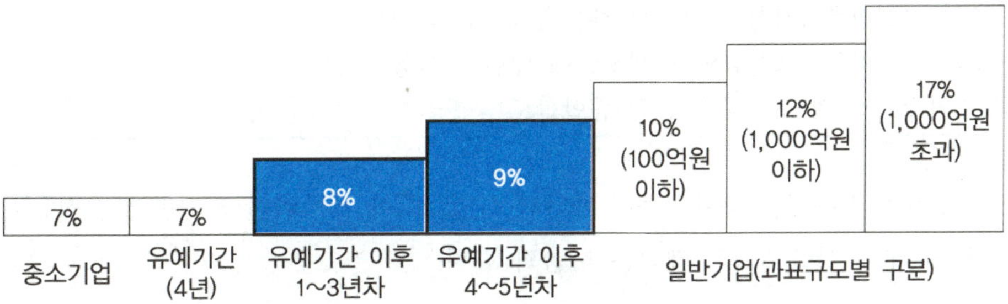

(2) 개인의 최저한세

가. 최저한세 적용대상소득

개인의 최저한세 규정은 거주자의 사업소득(조세특례제한법 제16조를 적용받는 경우에만 해당 부동산임대업에서 발생하는 소득을 포함한다)과 비거주자의 국내사업장에서 발생한 사업소득에 대한 소득세가 그 적용대상이다(조세특례제한법 제132조 제2항).

나. 최저한세의 계산

개인이 부담할 사업소득에 대한 소득세는 아래의 ①과 ②에 의해 계산된 세액 중 큰 금액으로 한다. 따라서 ②의 각종 감면 후의 사업소득에 대한 소득세액이 ①의 각종 감면 전의 사업소득에 대한 산출세액에 45%(또는 35%)인 최저한세율을 곱하여 계산된 소득세 최저한세액에 미달하는 경우에는 그 미달하는 세액에 상당하는 부분에 대하여는 감면 등을 적용하지 아니한다.

개인이 부담할 세액 = Max(①, ②)
① 소득세 최저한세액 : 각종 감면 전 사업소득에 대한 산출세액 × 45%(산출세액이 3천만원 이하인 부분은 35%) ② 각종 감면 후의 사업소득에 대한 소득세액

이때 ①의 각종 감면 전의 사업소득에 대한 산출세액이란 최저한세 적용대상(조세특례제한법 제132조 제2항 제2호)인 아래의 손금산입, 소득공제 등을 적용하지 아니한 경우의 산출세액을 말한다(조세특례제한법 제132조 제2항).

조세특례제한법 제132조 제2항 제2호에 따른 손금산입 및 소득공제 등
제8조(중소기업 지원설비에 대한 손금산입의 특례 등) **제10조의 2(연구개발 관련 출연금 등의 익금불산입)** 제16조(벤처투자조합 출자 등에 대한 소득공제) 제28조(서비스업 감가상각비의 손금산입특례) 제28조의 2(중소·중견기업 설비투자자산의 감가상각비 손금산입 특례) 제28조의 3(설비투자자산의 감가상각비 손금산입 특례) 제86조의 3(소기업·소상공인 공제부금에 대한 소득공제 등) 제132조의 2(소득세 소득공제 등의 종합한도)

한편, 개인의 경우에는 종합소득이 아니라 사업소득에 대하여만 최저한세가 적용되는데 사업소득에 대한 산출세액의 계산은 다음과 같다.

사업소득에 대한 산출세액
종합소득산출세액 × $\frac{\text{사업소득금액}}{\text{종합소득금액}}$

그리고 ②의 각종 감면 후의 사업소득에 대한 소득세액이란 아래의 연구·인력개발준비금, 손금산입, 소득공제, 세액공제 및 감면 등을 적용받은 후의 사업소득에 대한 소득세를 말한다.

조세특례제한법 제132조 제2항 제2호 내지 제4호에 따른 감면 등	
손금산입금액, 소득공제금액	제8조(중소기업 지원설비에 대한 손금산입의 특례 등) **제10조의 2(연구개발 관련 출연금 등의 익금불산입)** 제16조(벤처투자조합 출자 등에 대한 소득공제) 제28조(서비스업 감가상각비의 손금산입특례) 제28조의 2(중소·중견기업 설비투자자산의 감가상각비 손금산입 특례) 제28조의 3(설비투자자산의 감가상각비 손금산입 특례) 제86조의 3(소기업·소상공인 공제부금에 대한 소득공제 등) 제132조의 2(소득세 소득공제 등의 종합한도)
세액공제	제7조의 2(기업의 어음제도개선을 위한 세액공제) 제7조의 4(상생결제 지급금액에 대한 세액공제) 제8조의 3(상생협력을 위한 기금 출연 등에 대한 세액공제) 제3항 **제10조(연구·인력개발비에 대한 세액공제) 단, 중소기업이 아닌 자만 해당한다** **제12조(기술이전 및 기술취득 등에 대한 과세특례) 제2항** 제24조(통합투자세액공제) 제25조의 6(영상콘텐츠 제작비용에 대한 세액공제) 제26조(고용창출투자세액공제) 제29조의 2(산업수요맞춤형고등학교등 졸업자를 병역 이행 후 복직시킨 기업에 대한 세액공제) 제29조의 3(경력단절 여성 고용 기업 등에 대한 세액공제) 제29조의 4(근로소득을 증대시킨 기업에 대한 세액공제) 제29조의 5(청년고용을 증대시킨 기업에 대한 세액공제) 제29조의 7(고용을 증대시킨 기업에 대한 세액공제) 제30조의 2(정규직 근로자로의 전환에 따른 세액공제) 제30조의 3(고용유지중소기업 등에 대한 과세특례) 제30조의 4(중소기업 사회보험료 세액공제) 제31조(중소기업 간의 통합에 대한 양도소득세의 이월과세 등) 제6항

조세특례제한법 제132조 제2항 제2호 내지 제4호에 따른 감면 등	
세액공제	제32조(법인전환에 대한 양도소득세의 이월과세) 제4항 제99조의 12(선결제 금액에 대한 세액공제) 제104조의 8(전자신고 등에 대한 세액공제) 제104조의 14(제3자물류비용에 대한 세액공제) 제104조의 15(해외자원개발투자에 대한 과세특례) 제104조의 25(석유제품 전자상거래에 대한 세액공제) 제104조의 30(우수 선화주기업 인증을 받은 화주 기업에 대한 세액공제) 제122조의 3(성실사업자에 대한 의료비 등 공제) 제122조의 4(금사업자와 스크랩등사업자의 수입금액의 증가 등에 대한 세액공제) 제1항 제126조의 7(금 현물시장에서 거래되는 금지금에 대한 과세특례) 제8항
세액면제 및 감면	제6조(창업중소기업 등에 대한 세액감면) 단, 업종별최소고용인원 이상을 고용함에 따라 추가로 감면받는 경우는 제외 제7조(중소기업에 대한 특별세액감면) **제12조(기술이전 및 기술취득 등에 대한 과세특례) 제1항 · 제3항** **제12조의 2(연구개발특구에 입주하는 첨단기술기업 등에 대한 법인세 등의 감면)** 제21조(국제금융거래에 따른 이자소득 등에 대한 법인세 등의 면제) 제31조(중소기업 간의 통합에 대한 양도소득세의 이월과세 등) 제4항 · 제5항 제32조(법인전환에 대한 양도소득세의 이월과세) 제4항 제63조(수도권 밖으로 공장을 이전하는 기업에 대한 세액감면 등) 단, 수도권 밖으로 이전하는 경우는 제외 제64조(농공단지 입주기업 등에 대한 세액감면) 제96조(소형주택 임대사업자에 대한 세액감면) 제96조의 2(상가건물 장기 임대사업자에 대한 세액감면) 제99조의 9(위기지역 창업기업에 대한 법인세 등의 감면) 제102조(산림개발소득에 대한 세액감면) 제121조의 8(제주첨단과학기술단지 입주기업에 대한 법인세 등의 감면) 제121조의 9(제주투자진흥지구 또는 제주자유무역지역 입주기업에 대한 법인세 등의 감면) 제121조의 17(기업도시개발구역 등의 창업기업 등에 대한 법인세 등의 감면) 제121조의 20(아시아문화중심도시 투자진흥지구 입주기업 등에 대한 법인세 등의 감면 등) 제121조의 21(금융중심지 창업기업 등에 대한 법인세 등의 감면 등)

조세특례제한법 제132조 제2항 제2호 내지 제4호에 따른 감면 등	
	제121조의 22(첨단의료복합단지 및 국가식품클러스터 입주기업에 대한 법인세 등의 감면)

다만, 다음의 규정에 따라 소득세의 100%에 상당하는 세액을 감면받는 과세연도의 경우에는 상기 최저한세 규정을 적용하지 아니한다(조세특례제한법 제132조 제2항 제4호 단서).

최저한세 적용 대상 제외
㉠ 제6조(창업중소기업 등에 대한 세액감면) 제1항・제6항
㉡ **제12조의 2(연구개발특구에 입주하는 첨단기술기업 등에 대한 법인세 등의 감면)**
㉢ 제99조의 9(위기지역 창업기업에 대한 법인세 등의 감면)
㉣ 제121조의 8(제주첨단과학기술단지 입주기업에 대한 법인세 등의 감면)
㉤ 제121조의 9(제주투자진흥지구 또는 제주자유무역지역 입주기업에 대한 법인세 등의 감면)
㉥ 제121조의 17(기업도시개발구역 등의 창업기업 등에 대한 법인세 등의 감면)
㉦ 제121조의 20(아시아문화중심도시 투자진흥지구 입주기업 등에 대한 법인세 등의 감면 등)
㉧ 제121조의 21(금융중심지 창업기업 등에 대한 법인세 등의 감면 등)
㉨ 제121조의 22(첨단의료복합단지 및 국가식품클러스터 입주기업에 대한 법인세 등의 감면)

②의 각종 감면 후의 사업소득에 대한 소득세액에는 가산세 등을 제외하며, 조세특례제한법상 열거되지 않은 세액감면 등(소득세 감면 중 조세특례제한법 제132조 제2항 제3호 및 제4호에 열거되지 않은 세액공제・세액면제 및 감면[673])을 하지 아니한 소득세를 말한다고 규정하고 있는데, 가산세 등이란 다음의 것을 말한다(조세특례제한법 제132조 제2항 각 호 외의 부분 괄호, 조세특례제한법 시행령 제126조 제4항).

각종 감면 후의 산출세액에 포함하지 아니하는 가산세 등
㉠ 가산세
㉡ 다음의 추징세액 - 조세특례제한법에 의하여 각종 준비금 등을 익금산입하는 경우와 감면세액을 추징하는 경우(소득세에 가산하여 자진납부하거나 부과징수하는 경우를 포함한다)에 있어서의 이자상당가산액 - 조세특례제한법 또는 「소득세법」에 의하여 소득세의 감면세액을 추징하는 경우 당해 사업연도에 소득세에 가산하여 자진납부하거나 부과징수하는 세액

673) 소득세법상 공제・감면 제도와 최저한세 적용대상에서 열거되지 않은 조세지원제도 등 최저한세와 관계없이 적용가능한 조세지원제도를 말한다.

(3) 최저한세의 적용에 따른 감면 적용순위

「법인세법」 제59조에 따르면 법인세의 감면에 관한 규정과 세액공제에 관한 규정이 동시에 적용되는 경우 그 적용순위는 별도의 규정이 있는 경우 외에는 다음의 순서에 따른다고 규정하고 있다(법인세법 제59조 제1항)

| 표 _ 세액감면(면제 포함) 및 세액공제의 적용순서 |

<table>
<tr><th>순서</th><th>구분</th><th>대상</th></tr>
<tr><td>1</td><td>각 사업연도의 소득에 대한 세액 감면(면제를 포함한다)</td><td>조세특례제한법에 의한 감면세액과 면제세액</td></tr>
<tr><td>2</td><td>이월공제(移越控除)가 인정되지 아니하는 세액공제</td><td>「법인세법」 제58조 재해 손실에 대한 세액공제</td></tr>
<tr><td>3</td><td>이월된 세액공제</td><td rowspan="2">㉠ 「법인세법」 제57조 외국 납부 세액공제 등
㉡ 조세특례제한법에 따른 세액공제</td></tr>
<tr><td>4</td><td>이월공제가 인정되는 당기발생 세액공제</td></tr>
<tr><td>5</td><td>「법인세법」 제58조의 3 사실과 다른 회계처리로 인한 경정에 따른 세액공제</td><td>좌동</td></tr>
</table>

그리고, 조세특례제한법에 따른 연구·인력개발준비금, 소득공제, 손금산입, 익금불산입, 비과세, 세액공제, 세액감면(이하 "감면 등"이라 한다)을 적용할 때 조세특례제한법 제132조 최저한세액에 미달하는 세액에 대한 감면 등의 배제 규정의 적용대상으로 열거된 감면 등과 그 밖의 감면 등이 동시에 적용되는 경우 그 적용순위는 최저한세 규정의 적용대상으로 열거된 감면 등을 먼저 적용한다(조세특례제한법 제132조 제3항).

따라서 최저한세 대상인 세액감면 등과 최저한세 대상이 아닌 세액감면 등이 모두 있을 경우 법인세법 제59조에 따른 규정이 적용되는 것이 아니며, 납세자가 임의로 세액감면 등을 선택하여 적용하는 것은 허용되지 아니한다.[674]

한편, 납세의무자가 신고(「국세기본법」에 의한 수정신고 및 경정 등의 청구를 포함한다)한 소득세액 또는 법인세액이 조세특례제한법 제132조에 따른 최저한세에 미달하여 소득세 또는 법인세를 경정하는 경우에는 다음의 순서(같은 호 안에서는 조세특례제한법 제132조 제1항

674) 예를 들어 중소기업에 해당하는 법인이 조세특례제한법 제10조 연구·인력개발비에 대한 세액공제(최저한세 적용 배제)와 조세특례제한법 제29조의 7 고용을 증대시킨 기업에 대한 세액공제(최저한세 적용대상) 규정을 동시에 적용받을 수 있는 경우가 있는데, 최저한세 적용대상인 고용을 증대시킨 기업에 대한 세액공제 규정(농어촌특별세 과세)을 연구·인력개발비에 대한 세액공제 규정(농어촌특별세 비과세)보다 우선적으로 적용하여야 한다는 것이다.

및 제2항 각 호에 열거된 조문순서에 의한다)에 따라 다음의 감면을 배제하여 세액을 계산한다(조세특례제한법 시행령 제126조 제5항).

소득세 또는 법인세 경정 시 감면 배제의 순서
1. 조세특례제한법 제132조 제1항 제2호 및 같은 조 제2항 제2호에 따른 손금산입 및 익금불산입
2. 조세특례제한법 제132조 제1항 제3호 및 동조 제2항 제3호의 규정에 의한 세액공제. 이 경우 동일 조문에 의한 감면세액 중 이월된 공제세액이 있는 경우에는 나중에 발생한 것부터 적용배제한다.
3. 조세특례제한법 제132조 제1항 제4호 및 동조 제2항 제4호의 규정에 의한 법인세 또는 소득세의 면제 및 감면
4. 조세특례제한법 제132조 제1항 제2호 및 동조 제2항 제2호의 규정에 의한 소득공제 및 비과세

반면에, 납세자가 법인세를 신고(「국세기본법」에 의한 수정신고 및 경정 등의 청구를 포함한다)함에 있어서 조세특례제한법 제132조에 따른 법인세 최저한세액에 미달하여 감면배제금액이 있는 경우에는 최저한세 대상 감면 간에는 그 적용의 우선순위에 대한 별도의 규정이 없으므로 임의로 선택하여 감면을 배제할 수 있는 것이다.

예컨대 농어촌특별세 과세 및 최저한세 적용대상 세액공제와 농어촌특별세 비과세 및 최저한세 적용대상 세액공제가 함께 있는 경우 농어촌특별세 비과세 대상 세액공제를 먼저 적용할 수 있는 것이다.

단 최저한세 적용대상 항목간에는 조세특례제한법에 그 순서가 규정되어 있지 아니하므로 법인세법 규정에 따라 세액감면을 먼저 적용하고 이월세액공제와 당기에 발생한 세액공제는 이월된 미공제액을 먼저 공제한다(법인세법 제59조 제1항).

제2절 보 칙

1 구분경리

(1) 구분경리의 개요

구분경리란 구분하여야 할 사업 또는 재산별로 자산·부채 및 손익을 법인의 장부상 각각 독립된 계정과목에 의하여 구분하여 기장한 것을 말한다(법인세법 시행령 제156조 제1항). 이러한 구분경리가 필요한 이유는 법인세액의 산출과 관련하여 법인이 영위하는 사업의 종류별·소득별로 각각 달리 취급되기 때문이다. 예컨대 법인세법상 비영리법인이 영위하는 사업 중 수익사업은 법인세가 과세되고 비수익사업은 법인세가 과세되지 아니하며, 조세특례제한법상으로는 법인의 소득 중 특정 사업에서 발생한 소득에 한하여 일정세액을 감면하도록 규정하고 있다. 현행 법인세법 및 조세특례제한법에서는 구분경리의 대상을 아래와 같이 7가지로 구분하고 있다.[675] 이하에서는 조세특례제한법상 구분경리의 대상 중 감면대상사업과 그 밖의 사업을 겸영하는 경우의 구분경리(조세특례제한법 제143조 제1항)를 중심으로 그 적용방법 등을 살펴보도록 한다.

법인세법상 구분경리(제113조)	조세특례제한법상 구분경리(제143조)
① 비영리법인이 수익사업을 하는 경우에 자산·부채 및 손익을 그 수익사업에 속하는 것과 수익사업이 아닌 그 밖의 사업에 속하는 것을 각각 다른 회계로 구분하여 기록 ② 「자본시장과 금융투자업에 관한 법률」의 적용을 받는 법인은 각 사업연도의 소득금액을 계산할 때 신탁재산에 귀속되는 소득과 그 밖의 소득을 각각 다른 회계로 구분하여 기록 ③ 다른 내국법인을 합병하는 법인은 자산·부채 및 손익을 피합병법인으로부터 승계받은 사업에 속하는 것과 그 밖의 사업에 속하는 것을 각각 다른 회계로 구분하여 기록	① 내국인은 이 법에 따라 세액감면을 적용받는 사업(감면비율이 2개 이상인 경우 각각의 사업을 말한다)과 그 밖의 사업을 겸영하는 경우에는 구분하여 경리 ② 소비성서비스업과 그 밖의 사업을 함께 하는 내국인은 자산·부채 및 손익을 각각의 사업별로 구분하여 경리

675) 김규수/조상구, 「2015 신고대비 겸 대법원 판례를 중심으로 한 법인세법」, 삼일인포마인, 2014.10.27., 2136면

법인세법상 구분경리(제113조)	조세특례제한법상 구분경리(제143조)
④ 내국법인이 분할합병하는 경우 분할신설법인등은 자산·부채 및 손익을 분할법인등으로부터 승계받은 사업에 속하는 것과 그 밖의 사업에 속하는 것을 각각 별개의 회계로 구분하여 기록 ⑤ 연결모법인이 다른 내국법인 합병한 경우에는 자산·부채 및 손익을 피합병법인으로부터 승계받은 사업에 속하는 것과 그 밖의 사업에 속하는 것을 각각 별개의 회계로 구분하여 기록 ⑥ 법인과세 수탁자는 법인과세 신탁재산별로 신탁재산에 귀속되는 소득을 각각 다른 회계로 구분하여 기록	

(2) 감면사업에 대한 구분경리

내국인이 조세특례제한법에 따라 세액감면을 적용받는 사업(감면비율이 2개 이상인 경우 각각의 사업을 말한다. 이하 "감면대상사업"이라 한다)과 그 밖의 사업을 겸영하는 경우 또는 소비성서비스업과 그 밖의 사업을 겸영하는 경우에는 구분하여야 할 사업 또는 재산별로 자산·부채 및 손익을 법인의 장부상 각각 독립된 계정과목에 의하여 구분하여 경리해야 한다. 이때 구분경리에 관하여는 「법인세법」 제113조의 규정을, 감면사업의 사업별 소득금액은 「소득세법」 제19조의 규정을 준용하여 계산한다(조세특례제한법 제143조 제1항·제2항, 조세특례제한법 시행령 제136조).

실무적으로는 구분경리라고 하여 구태여 별책의 장부를 따로따로 갖추어야 할 필요는 없는 것이며 하나의 장부에 기장하더라도 구분기장만 하면 족한 것이며 설령 장부상 구분경리가 불비한 점이 있다고 하더라도 그 장부에 의하여 소득 등이 구분계산될 수 있다면 족하다 할 것이다.[676)]

(3) 구분계산방법

구분경리를 할 때에는 구분하여야 할 사업 또는 재산별로 자산·부채 및 손익을 각각 독립된 계정과목에 의하여 구분기장하여야 한다. 다만, 각 사업 또는 재산별로 구분할 수 없는 공통되는

676) 삼일아이닷컴, 조세특례제한법 제143조 【구분경리】 해설

익금과 손금은 그러하지 아니하다(법인세법 시행규칙 제75조 제1항).

세무당국에서는 조세특례제한법 제143조에 따른 구분경리에 관하여는 법인세법 시행령 제156조 및 같은 법 시행규칙 제75조의 규정을 준용하는 것으로 구분경리 대상법인의 익금과 손금의 구분계산은 조세특례제한법 및 다른 법에 특별히 정한 것을 제외하고는 다음의 법인세법 집행기준 113-156-5에 의한다고 하는 운용지침을 두고 있다(조세특례제한법 집행기준 146-136-1).

법인세법 기본통칙 113-156…5【개별손익 · 공통손익 등의 계산】

법인세가 감면되는 사업과 기타사업을 겸영하는 법인의 익금과 손금의 구분계산은 법에 특별히 규정한 것을 제외하고는 다음과 같이 계산한다.

1. 개별익금
   가. 매출액 또는 수입금액은 소득구분계산의 기준으로서 이는 개별익금으로 구분한다.
   나. 감면사업 또는 과세사업에 직접 관련하여 발생하는 부수수익은 개별익금으로 구분하며, 예시하면 다음과 같다.
      (1) 부산물 · 작업폐물의 매출액
      (2) 채무면제익
      (3) 원가차익
      (4) 채권추심익
      (5) 지출된 손금 중 환입된 금액
      (6) 준비금 및 충당금의 환입액
   다. 영업외수익과 특별이익 중 과세사업의 개별익금으로 구분하는 것을 예시하면 다음과 같다.
      (1) 수입배당금
      (2) 수입이자
      (3) 유가증권처분익
      (4) 수입임대료
      (5) 가지급금인정이자
      (6) 고정자산처분익
      (7) 수증익
2. 공통익금감면사업과 과세사업에 공통으로 발생되는 수익이나 귀속이 불분명한 부수수익은 공통익금으로 구분하며, 예시하면 다음과 같다.
   가. 귀속이 불분명한 부산물 · 작업폐물의 매출액
   나. 귀속이 불분명한 원가차익, 채무면제익

다. 공통손금의 환입액

라. 기타 개별익금으로 구분하는 것이 불합리한 수익

3. 개별손금

가. 감면사업 또는 과세사업에 직접 관련하여 발생한 비용은 해당 사업의 개별손금으로 구분하며, 예시하면 다음과 같다.

(1) 매출원가

(2) 특정사업에 전용되는 고정자산에 대한 제비용

(3) 특정사업에 관련하여 손금산입하는 준비금 · 충당금전입액

(4) 기타 귀속이 분명한 모든 비용

나. 영업외비용과 특별손실 중 과세사업의 개별손금으로 구분하는 것을 예시하면 다음과 같다.

(1) 유가증권처분손

(2) 고정자산처분손

4. 공통손금감면사업과 과세사업에 공통으로 발생되는 비용이나 귀속이 불분명한 비용은 공통손금으로 구분하며, 예시하면 다음과 같다.

가. 사채발행비 상각

나. 사채할인발행차금 상각

다. 기타 개별손금으로 구분하는 것이 불합리한 비용

5. 지급이자차입금에 대한 지급이자는 그 이자의 발생장소에 따라 구분하거나 그 이자 전액을 공통손금으로 구분할 수 없으며, 차입한 자금의 실제 사용용도를 기준으로 사실판단하여 과세 및 감면사업의 개별 또는 공통손금으로 구분한다.

6. 외환차손익

가. 감면사업 또는 과세사업에 직접 관련되는 외환차손익은 해당 사업의 개별손익으로 구분한다.

나. 외상매출채권의 회수와 관련된 외환차손익(공사수입의 본사 송금거래로 인한 외환차손익 포함)은 외국환은행에 해당 외화를 매각할 수 있는 시점까지는 해당 외상매출채권이 발생된 사업의 개별손익으로 하고 그 이후에 발생되는 외환차손익은 과세사업의 개별손익으로 구분한다.

다. 외상매출채권을 제외한 기타 외화채권과 관련하여 발생하는 외환차손익은 과세사업의 개별손익으로 구분한다.

라. 외상매입채무의 변제와 관련된 외환차손익은 해당 외상매입 채무와 관련된 사업의 개별손익으로 구분한다.

마. 외상매입채무를 제외한 기타 외화채무와 관련하여 발생하는 외환차손익은 외화채무의 용도에 따라 감면사업 또는 과세사업의 개별손익으로 구분하고, 용도가 불분명한 경우에는 공통손익으로 구분한다.

바. 외환증서, 외화표시예금, 외화표시 유가증권등과 관련하여 발생하는 외환차손익은 과세사업의 개별손익으로 구분한다.

사. 감면사업의 손익수정에 따른 외환차손익은 감면사업의 개별손익으로 구분한다.

또한 조세특례제한법 집행기준 7-0-6에서는 앞서 살펴본 법인세법 집행기준 113-156…5에 더하여 감면대상소득의 계산사례 다음과 같이 제시하고 있다.

조세특례제한법 집행기준 7-0-6【감면대상소득의 계산사례】

① 건설업을 영위하는 중소기업이 건설용역을 대가로 수령한 공사대금을 어음으로 수령함에 있어 어음할인 등에 따른 손실보상 차원에서 공사대금에 가산하여 받는 금액과 동 어음할인비용은 감면사업에 직접 관련하여 발생하는 부수수익 및 비용이므로 중소기업 특별세액 감면대상 소득계산 시 이를 가감한다.

② 잡이익과 잡손실은 직접 관련 여부에 따라 제조업 및 기타사업의 개별익금 또는 개별손금으로, 지급이자는 차입한 자금의 실제 사용용도를 기준으로 제조업 및 기타사업의 개별 또는 공통손금으로 구분하여 계산한다.

③ 제조업 등을 영위하는 중소기업이 관계법령에 따라 정부와 협약을 체결하여 기술개발용역사업을 수행하면서 사업비로 지급받는 정부출연금은 해당 법인의 제조업 등에서 발생한 소득에 해당하지 아니하는 것이나, 당해 법인의 기술개발사업을 수행한 용역이 한국표준산업분류상 연구 및 개발업(분류코드 73)에 해당하는 경우에는 감면소득에 해당한다.

④ 「부가가치세법」 제32조의 2에 따른 신용카드의 사용에 따른 세액공제액은 당해 사업에서 발생한 소득이 아니므로 중소기업에 대한 특별세액감면 대상소득에 해당하지 아니한다.

⑤ 건설업 영위 법인이 공사계약 파기에 따른 배상금으로 하도급업체에 지급한 금액은 감면사업(건설업)의 개별손금으로 구분하여 중소기업에 대한 특별세액감면 규정을 적용할 때 감면소득을 계산한다.

⑥ 중소기업에 대한 특별세액감면 적용대상 사업인 제조업과 기타의 사업을 겸영하는 법인이 구분경리하는 경우 외화를 차입하여 감면사업인 제조업에 사용하는 기계를 수입한 경우에는 당해 외화차입금의 환율변동에 따른 환율조정차상각액은 감면사업의 개별손금에 해당하나, 당해 법인의 사업과 직접 관련없이 지출한 기부금은 감면사업과 기타의 사업의 공통손금에 해당한다.

⑦ 조세특례제한법 제7조의 규정을 적용받는 사업과 기타의 사업을 겸영하는 경우 감면사업과 과세사업의 소득구분시 이월결손금은 이월된 당해 결손금의 범위내에서 이월결손금이 발생한 사업의 소득에서 공제한다.

⑧ 각 사업연도소득에 대한 법인세 과세표준과 세액을 납세지 관할 세무서장에게 신고한 법인이, 중소기업 등에 대한 특별세액감면 대상소득이 있는 경우에, 경정 등의 청구의 방법으로 동 감면을 적용 받을 수 있다.

⑨ 「법인세법」 제66조 제2항에 의하여 경정하는 경우 감면세액은 경정후의 산출세액, 과세표준, 감면대상소득을 기준으로 「법인세법」 제59조의 규정에 따라 재계산한다.

한편, 위에서 살펴본 법인세법 집행기준 113-156…5와 조세특례제한법 집행기준 7-0-6의 내용 중 각 사업 또는 재산별로 구분할 수 없는 공통되는 익금과 손금의 구체적 구분계산 방법은 다음과 같다(법인세법 시행규칙 제75조 제2항 및 제76조 제6항・제7항).

공통되는 익금과 손금의 구분계산방법

① 수익사업과 기타의 사업의 손익을 구분경리하는 경우 공통되는 익금과 손금은 다음의 규정에 의하여 구분계산하여야 한다. 다만, 공통익금 또는 손금의 구분계산에 있어서 개별손금(공통손금 외의 손금의 합계액을 말한다)이 없는 경우나 기타의 사유로 다음의 규정을 적용할 수 없거나 적용하는 것이 불합리한 경우에는 공통익금의 수입항목 또는 공통손금의 비용항목에 따라 국세청장이 정하는 작업시간・사용시간・사용면적 등의 기준에 의하여 안분계산한다.

㉠ 수익사업과 기타의 사업의 **공통익금**은 수익사업과 기타의 사업의 수입금액 또는 매출액에 비례하여 안분계산

㉡ **수익사업과 기타의 사업의 업종(*)이 동일한 경우**의 **공통손금**은 수익사업과 기타의 사업의 수입금액 또는 매출액에 비례하여 안분계산

㉢ **수익사업과 기타의 사업의 업종(*)이 다른 경우**의 **공통손금**은 수익사업과 기타의 사업의 개별 손금액에 비례하여 안분계산

② 이 경우 공통되는 익금은 과세표준이 되는 것에 한하며, 공통되는 손금은 익금에 대응하는 것에 한한다.

(*) 업종의 구분은 한국표준산업분류에 의한 소분류에 의하되, 소분류에 해당업종이 없는 경우에는 중분류에 의한다.

(4) 감면대상소득금액의 계산방법

구분경리 또는 구분계산의 대상이 되는 익금과 손금은 개별 또는 공통을 불문하고 모두 세무조정을 마친 후의 금액을 대상으로 한다.

이때 과세표준금액에 공제금액(이월결손금, 비과세소득, 소득공제)이 차감되어 있는 경우에는 감면대상소득은 다음의 금액을 공제한 금액으로 한다(조세특례제한법 집행기준 7-0-5).

감면대상소득
1. 공제액이 감면대상소득에서 직접 발생한 경우에는 공제액 전액 감면대상소득 = 감면대상사업의 각 사업연도 소득금액 - 공제액 2. 공제액이 감면대상소득에서 발생한 여부가 불분명한 경우에는 소득금액에 비례하여 안분계산한 금액 $$\text{감면대상소득} = \begin{array}{c}\text{감면대상사업의}\\\text{각 사업연도 소득금액}\end{array} - \left[\text{공제액} \times \frac{\text{감면대상사업의 각 사업연도 소득금액}}{\text{각 사업연도 소득금액}} \right]$$

한편, 조세특례제한법 제143조에 따라 구분하여 경리한 사업(감면비율이 2개 이상인 경우 각각의 사업을 말한다) 중 결손금이 발생한 경우에는 해당 결손금의 합계액에서 소득금액이 발생한 사업의 소득금액에 비례하여 안분계산한 금액을 공제한 금액으로 한다(조세특례제한법 제143조 제3항).[677]

예컨대, 감면대상사업으로 제조업과 도매업을, 그 밖의 사업으로 기타사업을 영위하는 내국법인이 제조업과 도매업에서는 소득금액이 발생하고 기타사업에서는 결손금이 발생한 경우 기타사업에서 발생한 결손금을 제조업과 도매업의 소득금액에 비례하여 제조업과 도매업에 안분계산한 금액을 공제한 금액으로 제조업과 도매업의 감면대상소득금액을 계산해야 한다는 것이다. 이의 예시를 아래에서 살펴본다.

677) 이 규정은 2010.1.1. 조세특례제한법 제143조 개정 시 신설된 조항으로 구분경리사업 중 일부사업에서 결손이 발생한 경우 결손금통산 방법이 명확하게 규정되어 있지 않아 혼란이 야기됨에 따라 결손금을 안분하여 통산함을 명확히 한 것이다(기획재정부, 「2009 간추린 개정세법」, 2010).

| 구분경리 사업간 결손통산 계산사례 |

(단위 : 원)

구분	제조업	도매업	기타사업
소득금액	300억원	200억원	△ 100억원
결손금의 안분	△ 60억원(*)	△ 40억원(**)	-
결손금 안분 후 소득금액	240억원	160억원	-

(*) △ 100억원 × $\frac{300억원}{500억원}$

(**) △ 100억원 × $\frac{300억원}{500억원}$

|개정세법해설| 구분경리 보완 등(조세특례제한법 제143조, 조세특례제한법 시행령 제136조)[678]

(1) 개정내용

종 전	개 정
□ 구분경리 사유 ① 감면사업과 기타사업 -감면 제도별로 열거규정 ② 소비성서비스업과 기타사업 〈신 설〉	□ 구분경리 단위 및 결손통산 ① 업종(감면비율)별 구분경리 -포괄규정 방식으로 전환 → 감면사업은 원칙적으로 구분경리함을 명확화 -감면사업에서도 감면비율이 2개 이상인 경우 추가 구분경리함을 명확화 ② 〈좌 동〉 ③ 구분경리 사업간 결손통산 -구분경리사업 중 일부사업에서 결손이 발생한 경우 다른 사업의 소득금액 비율로 안분하여 통산

(2) 개정이유

○ 감면소득별 감면율이 서로 상이*한 경우 감면소득 원천별 추가 구분 경리 불가피하므로 이를 보완

* 특별세액감면(제7조)에서는 감면사업에 따라 5~30%의 단계적 감면율 적용

○ 일부 사업에서만 결손금이 발생한 경우 결손금통산 방법이 명확하게 규정되어 있지 않아 혼란이 야기됨에 따라 결손금을 안분하여 통산함을 명확히 함.

678) 기획재정부, 「2009 간추린 개정세법」, 2010, 343면

2 세액공제액의 이월공제

(1) 이월공제 대상 세액공제

다음의 조세특례제한법 규정에 따라 공제할 세액 중 해당 과세연도에 납부할 세액이 없거나 조세특례제한법 제132조에 따른 법인세 최저한세액 및 소득세 최저한세액에 미달하여 공제받지 못한 부분에 상당하는 금액은 해당 과세연도의 다음 과세연도 개시일부터 10년 이내에 끝나는 각 과세연도에 이월하여 그 이월된 각 과세연도의 소득세 또는 법인세에서 공제한다(조세특례제한법 제144조 제1항).

이월공제 대상 세액공제 유형
제7조의 2(기업의 어음제도개선을 위한 세액공제) 제7조의 4(상생결제 지급금액에 대한 세액공제) 제8조의 3(상생협력을 위한 기금 출연 등에 대한 세액공제) 제3항 **제10조(연구・인력개발비에 대한 세액공제)** **제12조(기술이전 및 기술취득 등에 대한 과세특례) 제2항** **제12조의 3(기술혁신형 합병에 대한 세액공제)** **제12조의 4(기술혁신형 주식취득에 대한 세액공제)** 제13조의 2(내국법인의 벤처기업 등에의 출자에 대한 과세특례) 제13조의 3(내국법인의 소재・부품・장비전문기업에의 출자・인수에 대한 과세특례) 제19조(성과공유 중소기업의 경영성과급에 대한 세액공제 등) 제1항 제24조(통합투자세액공제) 제25조의 6(영상콘텐츠 제작비용에 대한 세액공제) 제26조(고용창출투자세액공제) 제29조의 2(산업수요맞춤형고등학교등 졸업자를 병역 이행 후 복직시킨 기업에 대한 세액공제) 제29조의 3(경력단절 여성 고용 기업 등에 대한 세액공제) 제29조의 4(근로소득을 증대시킨 기업에 대한 세액공제) 제29조의 5(청년고용을 증대시킨 기업에 대한 세액공제) 제29조의 7(고용을 증대시킨 기업에 대한 세액공제) 제30조의 2(정규직 근로자로의 전환에 따른 세액공제) 제30조의 3(고용유지중소기업 등에 대한 과세특례) 제30조의 4(중소기업 사회보험료 세액공제) 제96조의 3(상가임대료를 인하한 임대사업자에 대한 세액공제) 제99조의 12(선결제 금액에 대한 세액공제) 제104조의 8(전자신고 등에 대한 세액공제) 제104조의 14(제3자물류비용에 대한 세액공제)

이월공제 대상 세액공제 유형
제104조의 15(해외자원개발투자에 대한 과세특례)
제104조의 22(기업의 운동경기부 설치·운영에 대한 과세특례)
제104조의 25(석유제품 전자상거래에 대한 세액공제)
제104조의 30(우수 선화주기업 인증을 받은 화주 기업에 대한 세액공제)
제122조의 4(금사업자와 스크랩등사업자의 수입금액의 증가 등에 대한 세액공제) 제1항
제126조의 6(성실신고 확인비용에 대한 세액공제)
제126조의 7(금 현물시장에서 거래되는 금지금에 대한 과세특례) 제8항
법률 제5584호 조세감면규제법개정법률 부칙 제12조 제2항(종전 제37조(산업합리화에 따른 시설투자에 대한 세액공제)의 개정규정만 해당한다)

(2) 이월된 미공제 세액의 적용 순위

각 과세연도의 소득세 또는 법인세에서 공제할 금액으로서 아래의 조세특례제한법 규정에 따라 공제할 금액과 위에서 살펴본 이월된 미공제 금액이 중복되는 경우에는 위의 규정에 따라 이월된 미공제 금액을 먼저 공제하고 그 이월된 미공제 금액 간에 중복되는 경우에는 먼저 발생한 것부터 차례대로 공제한다(조세특례제한법 제144조 제2항).

당기 발생 세액공제 유형
제7조의 2(기업의 어음제도개선을 위한 세액공제)
제7조의 4(상생결제 지급금액에 대한 세액공제)
제8조의 3(상생협력을 위한 기금 출연 등에 대한 세액공제) 제3항
제10조(연구·인력개발비에 대한 세액공제)
제12조(기술이전 및 기술취득 등에 대한 과세특례) 제2항
제12조의 3(기술혁신형 합병에 대한 세액공제)
제12조의 4(기술혁신형 주식취득에 대한 세액공제)
제13조의 3(내국법인의 소재·부품·장비전문기업에의 출자·인수에 대한 과세특례)
제19조(성과공유 중소기업의 경영성과급에 대한 세액공제 등) 제1항
제24조(통합투자세액공제)
제25조의 6(영상콘텐츠 제작비용에 대한 세액공제)
제26조(고용창출투자세액공제)
제29조의 2(산업수요맞춤형고등학교등 졸업자를 병역 이행 후 복직시킨 기업에 대한 세액공제)
제29조의 3(경력단절 여성 고용 기업 등에 대한 세액공제)
제29조의 4(근로소득을 증대시킨 기업에 대한 세액공제)

당기 발생 세액공제 유형
제29조의 5(청년고용을 증대시킨 기업에 대한 세액공제)
제29조의 7(고용을 증대시킨 기업에 대한 세액공제)
제30조의 2(정규직 근로자로의 전환에 따른 세액공제)
제30조의 3(고용유지중소기업 등에 대한 과세특례)
제30조의 4(중소기업 사회보험료 세액공제)
제96조의 3(상가임대료를 인하한 임대사업자에 대한 세액공제)
제99조의 12(선결제 금액에 대한 세액공제)
제104조의 8(전자신고 등에 대한 세액공제)
제104조의 14(제3자물류비용에 대한 세액공제)
제104조의 15(해외자원개발투자에 대한 과세특례)
제104조의 25(석유제품 전자상거래에 대한 세액공제)
제104조의 30(우수 선화주기업 인증을 받은 화주 기업에 대한 세액공제)
제122조의 4(금사업자와 스크랩등사업자의 수입금액의 증가 등에 대한 세액공제) 제1항
제126조의 6(성실신고 확인비용에 대한 세액공제)
제126조의 7(금 현물시장에서 거래되는 금지금에 대한 과세특례) 제8항
법률 제5584호 조세감면규제법개정법률 부칙 제12조 제2항(종전 제37조(산업합리화에 따른 시설투자에 대한 세액공제)의 개정규정만 해당한다)

(3) 고용창출투자세액 이월공제에 대한 특례

위 (1)의 규정에도 불구하고 조세특례제한법 제26조 제1항 제2호 각 목 외의 부분 단서(고용창출투자세액 추가공제의 단서에 규정된 한도를 초과한 경우)에 따라 해당 투자가 이루어진 과세연도에 공제받지 못한 금액과 조세특례제한법 제26조 제6항에 따른 고용창출투자세액공제 사후관리규정에 의해 소득세 또는 법인세로 납부한 금액은 다음의 순서대로 계산한 금액을 더한 금액을 한도로 하여 해당 투자가 이루어진 과세연도의 다음 과세연도 개시일부터 5년 이내에 끝나는 각 과세연도에 이월하여 그 이월된 각 과세연도의 소득세(사업소득에 대한 소득세만 해당한다) 또는 법인세에서 공제한다. 이 경우 이월공제받는 과세연도의 상시근로자 수는 아래 ③의 ㉠, ㉡, ㉢에 따른 상시근로자 수 중 큰 수를 초과하여야 한다(조세특례제한법 제144조 제3항).

고용창출투자세액 이월공제의 한도
① 이월공제받는 과세연도에 최초로 근로계약을 체결한 상시근로자 중 산업수요맞춤형고등학교등의 졸업생 수×2천만원(중소기업의 경우는 2천500만원) ② 이월공제받는 과세연도에 최초로 근로계약을 체결한 ① 외의 상시근로자 중 청년근로자, 장애인근로자, 60세 이상인 근로자 수×1천500만원(중소기업의 경우는 2천만원) ③ (이월공제받는 과세연도의 상시근로자 수 - ①에 따른 졸업생 수 - ②에 따른 청년근로자, 장애인근로자, 60세 이상인 근로자 수 - 다음 ㉠, ㉡, ㉢의 수 중 큰 수)×1천만원(중소기업의 경우는 1천500만원) ㉠ 이월공제받는 과세연도의 직전 과세연도의 상시근로자 수 ㉡ 이월공제받는 금액의 해당 투자가 이루어진 과세연도의 직전 과세연도의 상시근로자 수 ㉢ 조세특례제한법 제26조 제6항에 따라 상시근로자 수가 감소하여 소득세 또는 법인세를 납부한 경우 그 상시근로자 수가 감소한 과세연도(2개 과세연도 연속으로 상시근로자 수가 감소한 경우에는 두 번째 과세연도)의 상시근로자 수

이때, 위에서 살펴본 산업수요맞춤형고등학교등의 졸업생 수, 청년근로자 수, 장애인근로자 수, 60세 이상인 근로자 수의 계산은 다음과 같이 하며, 아래의 규정에 따른 상시근로자의 범위 및 상시근로자 수의 계산방법은 조세특례제한법 시행령 제23조 제10항부터 제13항까지의 규정을 준용한다(조세특례제한법 시행령 제136조의 2).

산업수요맞춤형고등학교등의 졸업생 수 등의 계산	
산업수요맞춤형고등학교등의 졸업생 수	근로계약 체결일 현재 산업수요맞춤형고등학교등을 졸업한 날부터 2년 이상 경과하지 아니한 상시근로자 수(이월공제받는 과세연도의 상시근로자 수에서 위 ③의 ㉠, ㉡, ㉢의 수 중 큰 수를 뺀 수를 한도로 한다)로 한다.
청년근로자 수	조세특례제한법 시행령 제23조 제8항 제1호에 해당하는 상시근로자 수(이월공제받는 과세연도의 상시근로자 수에서 위 ③의 ㉠, ㉡, ㉢의 수 중 큰 수 및 위의 산업수요맞춤형고등학교등의 졸업생 수를 뺀 수를 한도로 한다)로 한다.
장애인근로자 수	조세특례제한법 시행령 제23조 제8항 제2호에 해당하는 상시근로자 수(이월공제받는 과세연도의 상시근로자 수에서 위 ③의 ㉠, ㉡, ㉢의 수 중 큰 수, 위의 산업수요맞춤형고등학교등의 졸업생 수 및 청년근로자 수를 뺀 수를 한도로 한다)로 한다.

산업수요맞춤형고등학교등의 졸업생 수 등의 계산	
60세 이상인 근로자 수	조세특례제한법 시행령 제23조 제8항 제3호에 해당하는 상시근로자 수(이월공제받는 과세연도의 상시근로자 수에서 위 ③의 ㉠, ㉡, ㉢의 수 중 큰 수, 위의 산업수요맞춤형고등학교등의 졸업생 수, 청년근로자 수와 장애인근로자 수를 뺀 수를 한도로 한다)로 한다.

3 감면세액의 추징

(1) 감면세액추징의 요건

조세특례제한법에 따라 다음의 세액공제를 받은 자가 해당 조문에 따라 투자완료일부터 2년(대통령령으로 정하는 건물과 구축물의 경우에는 5년)이 지나기 전에 해당 자산을 처분한 경우(임대하는 경우를 포함하며, 대통령령으로 정하는 경우는 제외한다)에는 처분한 날이 속하는 과세연도의 과세표준신고를 할 때 해당 자산에 대한 세액공제액 상당액에 이자상당가산액을 가산하여 소득세 또는 법인세로 납부하여야 하며, 해당 세액은 소득세법 제76조 또는 법인세법 제64조에 따라 납부하여야 할 세액으로 본다(조세특례제한법 제146조).

적용 투자세액공제 범위
제8조의 3(상생협력을 위한 기금 출연 등에 대한 세액공제) 제3항 제24조(통합투자세액공제) 제26조(고용창출투자세액공제) 법률 제5584호 조세감면규제법개정법률 부칙 제12조 제2항(종전 제37조(산업합리화에 따른 시설투자에 대한 세액공제)의 개정규정만 해당한다)

감면세액에 대한 사후관리기간이 5년인 대통령령으로 정하는 건물과 구축물의 범위는 다음과 같다(조세특례제한법 시행령 제137조 제3항).

건물과 구축물의 범위
1. 근로자복지 증진 시설 ㉠ 무주택 종업원(출자자인 임원은 제외한다)에게 임대하기 위한 「주택법」에 따른 국민주택 규모의 주택 ㉡ 종업원용 기숙사 ㉢ 장애인·노인·임산부 등의 편의 증진을 위한 시설 또는 장애인을 고용하기 위한 시설

건물과 구축물의 범위
로서 조세특례제한법 시행규칙 별표 3에 따른 시설 ㉣ 종업원용 휴게실, 체력단련실, 샤워시설 또는 목욕시설(건물 등의 구조를 변경하여 해당시설을 취득하는 경우를 포함한다) ㉤ 종업원의 건강관리를 위해 「의료법」 제35조에 따라 개설한 부속 의료기관 ㉥ 「영유아보육법」 제10조 제4호에 따른 직장어린이집 2. 조세특례제한법 시행규칙 별표 5에 따른 유통산업합리화시설 3. 「관광진흥법 시행령」 제2조 제1항 제3호 가목 및 제5호 가목에 따른 숙박시설, 전문휴양시설(골프장 시설은 제외한다), 종합유원시설업의 시설

한편, 합병 등 다음에 해당하는 사유로 해당 자산을 처분하는 경우는 감면세액의 추징 규정을 적용하지 않는다(조세특례제한법 시행령 제137조 제1항).

추징 규정 적용 배제 사유
1. 현물출자, 합병, 분할, 분할합병, 「법인세법」 제50조의 적용을 받는 교환, 통합, 사업전환 또는 사업의 승계로 인하여 당해 자산의 소유권이 이전되는 경우 2. 내용연수가 경과된 자산을 처분하는 경우 3. 국가·지방자치단체 또는 「법인세법 시행령」 제36조 제1항 제1호 나목에 따른 학교 등에 기부하고 그 자산을 사용하는 경우

(2) 감면세액추징액의 계산

이자상당가산액의 계산 방법은 다음과 같다.

이자상당가산액의 계산 방법
이자상당가산액 = 공제받은 세액 × (공제받은 과세연도의 과세표준신고일의 다음날 ~ 추징 사유가 발생한 날이 속하는 과세연도의 과세표준신고일)(주1) × 1일 10만분의 25(주2)

(주1) 세액공제효과의 지속기간
(주2) 연 9.125%

부 록

1. 연구개발관련 조세특례제한법 연도별 개정 내용
2. 연구개발사전심사 불인정 사례
3. 감사원 감사결과보고서

부록 1

연구개발관련 조세특례제한법 연도별 개정 내용

목 차

다음은 2011.12.31. 법률 제11133호로 개정된 조세특례제한법부터 2020.12.29. 법률 제17759호로 개정된 조세특례제한법 중 연구개발과 관련된 개정세법의 내용을 기획재정부가 발간한 각 연도별 「간추린 개정세법」에서 발췌한 자료이다.

1. 2020년 개정세법(2020.12.29.)[679]

【관계법령】

○ 조세특례제한법 일부 개정법률(법률 제17759호) : 2020.12.29. 공포

○ 조세특례제한법 시행령 일부 개정령(대통령령 제31444호) : 2021.2.17. 공포

○ 조세특례제한법 시행규칙 일부 개정령(기획재정부령 제831호) : 2021.3.16. 공포

【목차】

1. 통합투자세액공제 신설 : 투자세액공제제도 전면 개편
2. 「조특법」상 세액공제액의 이월공제기간 확대
3. 중소기업 특허 조사・분석 비용을 연구개발비에 포함
4. R&D 비용 세액공제 중 인력개발비 범위 확대
5. 신성장・원천기술 연구・인력개발비용 세액공제 적용대상 확대
6. 5세대 이동통신기지국 시설투자에 대한 세제지원 강화
7. 신성장기술 사업화시설 투자세액공제의 공제요건 폐지
8. 신성장기술 사업화시설 범위 확대

679) 2020년 개정세법은 2021.7. 현재 기획재정부의 「2020 간추린 개정세법」이 발간되지 않아 필자가 기획재정부의 "2020년 세법개정안 상세본"(2020.7.) 및 "2020년 세법개정 후속 시행령 개정"(2021.1.)을 참고하여 작성한 것이다.

1 통합투자세액공제 신설 : 투자세액공제제도 전면 개편(조세특례제한법 §24, 조세특례제한법 시행령 §21)

(1) 개정내용

<table>
<tr><th>종 전</th><th>개 정</th></tr>
<tr><td>

□ 기업투자 관련 세액공제 제도

○ 중소기업등 투자세액공제(§5)

구 분	중소기업			중견기업		
	위기지역	신규상장	일반	위기지역	신규상장	일반
공제율	10%	4%	3%	5%	4%	2%(수도권 1%)

○ 특정시설 투자세액공제(§25)

구 분	중소기업	중견기업	대기업
❶ 연구시험용 및 직업 훈련용 시설	7%	3%	1%
❷ 에너지절약시설	7%	3%	1%
❸ 환경보전시설	10%	5%	3%
❹ 근로자복지증진시설	10%	5%	3%
❺ 안전시설	10%	5%	1%
❻ 생산성향상시설*	7%(10%)	3%(5%)	1%(2%)

* 대기업 '20년, 중소 · 중견기업 '21년까지 공제율 한시 상향

❼ 의약품 품질관리개선시설 투자세액공제(§25의4)

구 분	중소기업	중견기업	대기업
공제율	6%	3%	1%

❽ 신성장기술 사업화 시설 투자세액공제(§25의5)

구 분	중소기업	중견기업	대기업
공제율	10%	7%	5%

❾ 초연결 네트워크구축 시설 투자세액공제(§25의7)

</td><td>

□ "통합투자세액공제"로 통합 · 단순화(§24 신설)

○ (적용대상) 모든 개인사업자 · 법인(소비성 서비스업, 부동산임대업 · 공급업 제외)

* 구체적 업종은 시행령에서 규정

○ (공제대상) 모든 사업용 유형자산을 대상으로 하되, 일부 자산* 제외
(현행 : 포지티브 ⇒ 개정 : 네거티브 방식)

* 건물, 구축물, 차량 및 운반구, 선박 및 항공기, 비품 등

– 건물, 구축물, 차량 등에 해당하나, 종전 특정시설* 또는 업종별로 사업에 필수적인 자산** 등 기획재정부령으로 정하는 시설은 예외 인정(공제 허용)

* 연구 · 인력개발, 에너지절약 및 환경보전시설 등

** (건설업) 포크레인 등 중장비,
(도소매 · 물류업) 창고 등 물류시설,
(운수업) 차량 · 운반구 · 선박,
(관광숙박업) 건축물 및 부속시설물등

○ (공제율) 당기분 기본공제(Ⓐ) + 투자증가분 추가공제(Ⓑ) – (기본공제(Ⓐ))
당해연도 투자액 × 기본공제율

• 일반 투자분 : 중소기업 10%, 중견기업 3%, 대기업 1%

• 신성장기술 사업화시설 투자분 : 중소기업 12%, 중견기업 5%, 대기업 3%

– (추가공제(Ⓑ))[당해 연도 투자액 – 직전 3년 평균 투자액] × 추가공제율 (모든기업 3%)

• 추가공제액 한도 : 기본공제액의 200%

</td></tr>
</table>

<table>
<tr><th>종 전</th><th>개 정</th></tr>
<tr><td><table><tr><th>구 분</th><th>모든 기업</th></tr><tr><td>공제율</td><td>최대 3% = 2% + 최대 1%
(전년대비 고용증가율 ×1/5)</td></tr></table></td><td></td></tr>
</table>

(2) 개정이유

기업투자 활성화 지원

(3) 적용시기

2021.1.1. 이후 소득세 · 법인세를 신고하는 분부터 적용

(4) 특례규정

2020 · 2021년 투자분에 대해서는 기업이 통합투자세액공제와 기존 특정시설 투자세액공제 중 선택 적용 허용*

* 기업은 현행 방식과 통합투자세액공제 방식 중 하나를 선택할 수 있고, 투자자산별로 현행 방식과 통합투자세액공제를 구분하여 선택하는 것은 불인정

2 「조특법」상 세액공제액의 이월공제기간 확대(조세특례제한법 §144)

(1) 개정내용

종　　　전	개　　　정
□ 세액공제액의 이월공제	□ 「조특법」상 모든 세액공제의 이월공제 기간을 10년으로 확대
○ (대상) 납부세액이 없거나, 최저한세가 적용되어 공제받지 못한 세액공제액	○ (좌　동)
○ (이월공제기간) 5년 – 창업 초기 중소기업(설립일로부터 5년 이내)의 경우 • 중소기업 투자세액공제 : 7년 • R&D 비용 세액공제 : 10년 – 신성장 · 원천기술 R&D 비용 세액공제 : 10년	○ 10년

(2) 개정이유

세액공제의 실효성 제고

(3) 적용시기 및 적용례

2021.1.1. 이후 소득세 · 법인세 신고시 이월공제기간이 경과하지 않은 분부터 적용

3 중소기업 특허 조사·분석 비용을 연구개발비에 포함(조세특례제한법 시행령 별표 6)

(1) 개정내용

종 전	개 정
☐ R&D 비용 세액공제 범위 ○ (위탁·공동연구개발비) - 과학기술·산업디자인 분야 연구개발 용역 위탁비용 등 〈추 가〉	☐ R&D 비용 세액공제 적용 범위 확대 ○ (좌 동) - 중소기업이 특허 조사·분석을 위해 「발명진흥법」에 따라 지정된 '산업재산권 진단기관'에 지출한 비용

(2) 개정이유

효율적인 R&D 수행 및 특허창출 지원

(3) 적용시기 및 적용례

2021.1.1. 이후 개시하는 과세연도 분부터 적용

4 R&D 비용 세액공제 중 인력개발비 범위 확대(조세특례제한법 시행령 별표 6, 조세특례제한법 시행규칙 §7)

(1) 개정내용

종 전	개 정
□ R&D 비용 세액공제 대상 인력개발비의 범위 ○ 위탁훈련비용, 직업능력개발훈련비용 등 ○ 사전 취업계약 등을 체결한 산업수요맞춤형 고등학교 등의 재학생에게 지급하는 현장훈련수당 등	□ 인력개발비 범위 확대 ○ (좌 동)
〈추 가〉	○ 표준화된 현장실습 과정에서 대학생에게 지급한 현장실습지원비 – 「산학협력법」에 따른 표준화된 운영기준을 준수하는 현장실습에 참여한 대학생과 일정 요건*을 충족하는 사전 취업약정 등을 체결한 후, 현장실습 중 지급한 비용 * ① 표준화된 운영기준을 준수하는 현장실습 과정 설치 ② 일정 기간 이상 현장실습 실시 ③ 현장실습 이수자에 대한 고용요건 등 포함

(2) 개정이유

산학협력을 통한 대학 재학생의 취업 지원

(3) 적용시기 및 적용례

2021.1.1. 이후 개시하는 과세연도 분부터 적용

5 신성장 · 원천기술 연구 · 인력개발비용 세액공제 적용대상 확대(조세특례제한법 시행령 별표 7)

(1) 개정내용

종 전	개 정
□ 신성장·원천기술의 범위 ○ 12대 분야 223개 기술 – 반도체, 미래차, 바이오, 에너지 등 관련 기술	□ 신성장·원천기술 대상 확대 ○ 12대 분야 240개 기술로 확대
〈추 가〉	– 디지털 · 그린 뉴딜 등 관련 기술 총 25개 추가 • (디지털 뉴딜) 총 9개 추가 * 첨단 메모리반도체 설계 · 제조 기술, 전자제품 무선충전 기술 등 • (그린 뉴딜) 총 12개 추가 * 이산화탄소 활용 기술, 수소액화플랜트 설계 · 제조 기술 등 • (의료 · 바이오) 총 4개 추가 * 신체기능 보조 의료기기 기술, 건강식품 기능성물질 개발 기술 등
– 인포콘텐츠 · 고성능 부직포 제조 기술 등 총 8개	〈삭 제〉

(2) 개정이유

혁신성장 및 미래 성장동력 확보 지원

(3) 적용시기 및 적용례

2021.1.1. 이후 개시하는 과세연도 분부터 적용

6 5세대 이동통신기지국 시설투자에 대한 세제지원 강화(조세특례제한법 시행령 §21)

(1) 개정내용

종 전	개 정
〈신 설〉	□ 5세대 이동통신 기지국 설비 투자에 대한 세액공제율 우대* * (일반 시설) 대1%/중견3%/중소10% + 증가분 3%(신성장기술 사업화 시설) 대3%/중견5%/중소12% + 증가분 3% ○ 5세대 이동통신 기지국 운용에 필요한 설비*를 신성장기술 사업화 시설로 간주 * 전기통신설비 중 교환 · 전송 · 전원설비

(2) 개정이유

5세대 이동통신 기지국 투자 활성화

(3) 적용시기 및 적용례

2021.1.1. 이후 과세표준을 신고하는 분부터 적용

7 신성장기술 사업화시설 투자세액공제의 공제요건 폐지(구 조세특례제한법 §25의 5, 구 조세특례제한법 시행령 §22의 9)

(1) 개정내용

종 전	개 정
□ 신성장기술 사업화시설 투자세액공제	□ 통합투자세액공제로 통합하면서 공제요건을 폐지하고 재설계
○ (공제대상) 신성장·원천기술을 사업화하기 위한 시설 * 12대 분야, 223개 기술의 사업화시설(조세특례제한법 시행규칙 별표 8의 8)	○ (좌 동)
○ (공제요건) 다음 요건 모두 충족 ❶ 직전연도 매출액 대비 R&D 비중이 2% 이상 ❷ 직전연도 R&D 비용 중 신성장 R&D 비중이 10% 이상(또는 자체개발 특허권 보유) ❸ 직전연도 대비 상시근로자 수가 감소하지 않을 것	○ 공제요건 폐지 (좌 동)

(2) 개정이유

신성장기술 분야 사업화 지원

(3) 적용시기 및 적용례

2021.1.1. 이후 과세표준을 신고하는 분부터 적용

8 신성장기술 사업화시설 범위 확대(조세특례제한법 시행규칙 별표 6)

(1) 개정내용

종 전	개 정
□ 신성장기술 사업화시설 투자세액공제 대상 시설 ○ 141개 시설 - 반도체, 미래차, 바이오, 신재생 에너지 등 〈추 가〉	□ 신성장기술 사업화시설 투자세액공제 대상 시설 확대 ○ 158개 시설로 확대 - 반도체·탄소저감·신재생에너지·의료바이오 등 관련 시설 추가

(2) 개정이유

혁신성장 및 미래 성장동력 확보 지원

(3) 적용시기 및 적용례

2021.1.1. 이후 개시하는 과세연도 분부터 적용

2. 2019년 개정세법(2019.12.31.)

【관계법령】

○ 조세특례제한법 일부 개정법률(법률 제16835호) : 2019.12.31. 공포

○ 조세특례제한법 시행령 일부 개정령(대통령령 제30390호) : 2020.2.11. 공포

○ 조세특례제한법 시행규칙 일부 개정령(기획재정부령 제776호) : 2020.3.13. 공포

【목차】

1 연구개발에서 제외되는 활동의 범위 명확화(조세특례제한법 §2, 조세특례제한법 시행령 §1의 2)

(1) 개정내용

종 전	개 정
□ 연구개발에서 제외하는 활동 ※ 연구개발 및 인력개발 개념(법 §9), 연구개발에서 제외되는 활동(영 §8)	□ 소프트웨어 분야 적용범위 명확화 ※ 연구개발 및 인력개발 개념(법 §2) 연구개발에서 제외되는 활동(영 §1의 2) 이관
○ 일반적인 관리 및 지원활동, 시장조사와 판촉활동 및 일상적인 품질시험 등	○ (좌 동)
○ 이미 기획된 콘텐츠·소프트웨어 등을 제작하는 활동	○ 이미 기획된 콘텐츠를 단순 제작하는 활동 ○ 기존에 상품화 또는 서비스화된 소프트웨어 등을 복제하여 반복적으로 제작하는 활동

(2) 개정이유

소프트웨어 분야의 R&D 비용 세액공제 적용범위 명확화

2 위탁 · 공동 연구 · 인력개발비 세액공제 범위 확대(조세특례제한법 §10 ⑤)

(1) 개정내용

종 전	개 정
□ 연구 · 인력개발비 세액공제 적용 대상 범위	□ 서비스 분야에 대한 위탁 · 공동 연구 · 인력개발비 인정 범위 확대
○ 과학기술 분야 : 자체 연구 · 인력개발 비용, 위탁 · 공동 연구 · 인력개발 비용	○ (좌 동)
○ 서비스 분야 : 자체 연구 · 인력개발 비용 〈추 가〉	 – 위탁 · 공동 연구 · 인력개발비(과학기술과 결합된 서비스 연구 · 인력개발에 한정)

(2) 개정이유

위탁 · 공동 연구 · 인력개발비 세액공제 적용범위 확대를 통한 서비스 연구 · 인력개발 활성화

(3) 적용시기 및 적용례

2020.1.1. 이후 개시하는 과세연도 분부터 적용

3 연구 · 인력개발비 세액공제 배제 사유 및 시점 구체화(조세특례제한법 §10, 조세특례제한법 시행령 §9)

(1) 개정내용

종 전	개 정
〈신 설〉	□ 연구·인력개발비 세액공제 배제 사유 및 시점을 납세자의 귀책정도에 따라 구체화 ○ (배제 사유 및 배제 시점) 기업부설연구소 등의 인정 취소 사유에 따라 구분하여 규정 ❶ 거짓 · 부정한 방법으로 인정을 받은 경우* * 「기초연구법」 제14조의 3 제1항 제1호, 「문화산업진흥기본법」 제17조의 3 제4항 제1호 ⇒ 인정일이 속하는 과세연도 개시일 ❷ 인정기준 및 준수사항을 위반한 경우* * 「기초연구법」 제14조의 3 제1항 제4호 및 제7호, 「문화산업진흥기본법」 제17조의 3 제4항 제2호 ⇒ 인정취소일이 속하는 과세연도 개시일 ❸ 기업이 인정취소를 요청하는 경우 등* * 「기초연구법」 제14조의 3 제1항 제2호, 제3호, 제5호, 제6호 및 제8호 ⇒ 인정취소일

(2) 개정이유

연구 · 인력개발비 세액공제 배제 사유 및 시점을 납세자의 귀책정도에 따라 구체화

(3) 적용시기 및 적용례

2020.1.1. 이후 개시하는 과세연도에 배제사유에 해당하는 분부터 적용

4 인력개발비 적용범위 확대(조세특례제한법 시행령 별표 6)

(1) 개정내용

종 전	개 정
□ 인력개발비 ○ 위탁훈련비용, 직업능력개발 훈련비용, 중소기업 인력개발 및 기술지도 비용 등 〈추 가〉 〈추 가〉	□ 인력개발비 적용범위 확대 ○ (좌 동) ○ 산업수요맞춤형고등학교 등과 계약을 통해 설치·운용되는 직업 교육훈련과정·학과 운영비용 ○ 산업수요맞춤형고등학교 등의 재학생에게 지급하는 훈련수당 등

(2) 개정이유

대학 맞춤형 교육비용등에 대한 세액공제(조특법 §104의 18) 종료에 따라 해당 비용에 대한 지원유지

(3) 적용시기 및 적용례

2020.1.1. 이후 개시하는 과세연도 분부터 적용

5 공동 · 위탁 연구 · 인력개발 수행기관 범위 명확화(조세특례제한법 시행령 별표 6)

(1) 개정내용

종　　전	개　　정
□ 공동 · 위탁 연구·인력개발 수행기관의 범위	□ 국내외 기업의 연구기관 및 전담부서 등의 의미 명확화
○ 대학, 전문대학, 국공립연구기관, 정부출연연구기관, 국내외 비영리법인(부설 연구기관 포함) 등	○ (좌　동)
○ 국내외 기업의 연구기관 및 전담부서등	○ 관계 법령등에 따라 세분화 하여 규정(❶, ❷) ❶ 기업의 연구기관 : 「산업기술혁신 촉진법」 제42조에 따른 전문생산기술 연구소 등 기업이 설립한 국내외 연구기관 ❷ 국내 기업의 전담부서 등 또는 국외 기업에 부설된 연구기관
○ 연구개발서비스업*을 영위하는 기업 * 「국가과학기술 경쟁력강화를 위한 이공계지원 특별법」에 따른 연구개발서비스업	○ 연구개발서비스업을 영위하는 기업 또는 영리목적으로 연구 · 개발을 수행하고 있는 국외소재 기업

(2) 개정이유

국내외 기업의 연구기관 및 전담부서 등의 의미 명확화

6 신성장 · 원천기술 대상 범위 확대(조세특례제한법 시행령 별표 7)

(1) 개정내용

종 전	개 정
□ 신성장 · 원천기술 대상	□ 신성장 · 원천기술 대상 확대
○ 11대 분야 173개 기술 – 반도체, 미래차, 바이오, 융복합 소재관련 기술 등	○ 12대 분야 223개 기술로 확대 ❶ 기존 11대 분야 – 30개 기술 신설, 14개 기술 적용범위 확대 * 예) 시스템반도체 설계 · 제조기술, 바이 오플라스틱 제조기술, 운전자 생체 데이터 분석기술, 6G 기술 등
〈신 설〉	❷ 첨단 소재 · 부품 · 장비 분야 신설 – 20개 기술 신설* * 예) 고순도 산화알루미늄 분말 제조기술, 고압 컨트롤 벨브 제조기술, 첨단 머시닝센터 제조기술 등

(2) 개정이유

혁신성장 지원을 위해 신성장 · 원천기술 범위 확대

(3) 적용시기 및 적용례

2020.2.11. 이후 신고하는 분부터 적용

7 신성장 연구 · 인력개발 위탁기관 범위 명확화 및 대상 확대(조세특례제한법 시행규칙 §7)

(1) 개정내용

종　　전	개　　정
▢ 신성장 연구 · 인력개발비 세액공제 대상 위탁기관의 범위	▢ 위탁기관 범위 명확화 및 대상 확대
【① 임상1 · 2 · 3상 시험에 한하여 국외 위탁이 가능한 기관】	
○ 비영리법인(부설 연구기관 포함)	○ (좌　동)
○ 국내외 기업의 연구기관 및 전담부서등	○ 관계 법령 등에 따라 세분화 하여 규정(❶, ❷) ❶ 기업의 연구기관 : 「산업기술혁신 촉진법」 제42조에 따른 전문생산기술 연구소 등 기업이 설립한 국내외 연구기관 ❷ 국내 기업의 전담부서 등 또는 국외기업에 부설된 연구기관
○ 연구개발서비스업*을 영위하는 기업 * 「국가과학기술 경쟁력강화를 위한 이공계지원 특별법」에 따른 연구개발서비스업	○ 연구개발서비스업을 영위하는 기업 또는 영리목적으로 연구 · 개발을 수행하고 있는 국외소재 기업
【② 모든 신성장 연구 · 인력개발에 대해 국외 위탁이 가능한 기관】	
〈추　가〉	○ 내국인이 의결권 있는 주식의 50% 이상을 직접 보유하거나 80% 이상을 직접 또는 간접으로 보유하고 있는 외국법인(부설된 연구기관 포함) - 간접소유비율 계산은 「국제조세조정에 관한 법률 시행령」 §2 ② 준용

(2) 개정이유

혁신성장 지원 및 위탁기관 범위 명확화

(3) 적용시기 및 적용례

2020.3.13.이 속하는 과세연도 분부터 적용

8 지역특구 세제지원 감면한도 계산시 '투자누계액'의 대상이 되는 사업용 자산 등의 범위 명확화(조세특례제한법 시행규칙 §8의 3)

(1) 개정내용

종 전	개 정
□ 지역특구 감면제도의 감면한도	□ 투자누계액 대상이 되는 사업용 자산의 범위 명확화
○ (한도) 투자누계액 50% + 상시근로자 수 × 1,500만원* * 청년 및 서비스업은 2,000만원	○ (좌 동)
○ (투자누계액 대상이 되는 사업용 자산의 범위) ① 해당 사업에 주로 사용하는 사업용 유형자산 ② 건설 중인 자산 ③ 무형고정자산	○ ①과 ②의 경우 해당 특구 내 소재 · 사용하는 것으로 한정 ① 해당 특구 내 소재하거나 해당 특구 내에서 해당 사업에 주로 사용하는 사업용 유형자산 ② 해당 특구 내 소재하거나 해당 특구 내에서 해당 사업에 주로 사용하기 위해 건설 중인 자산 ③ (좌 동)

(2) 개정이유

투자누계액 대상이 되는 사업용 자산의 범위 명확화

9 내국인 우수 인력 국내복귀시 소득세 감면 신설(조세특례제한법 §18의 3, 조세특례제한법 시행령 §16의 3, 조세특례제한법 시행규칙 §10, 농어촌특별세법 시행령 §4 ⑥)

(1) 개정내용

종　　　전	개　　　정
〈신　설〉	□ 내국인 우수 인력 국내복귀시 소득세 감면 ㅇ (대상) 이공계 박사학위(국내 대학학위 포함)를 소지한 내국인*으로서 과학기술 관련 국외연구기관 등**에서 5년 이상 근무한 자 * 세부요건 ① 자연계・이공계・의학계 분야 박사학위 소지자 ② 취업일 또는 소득세 최초 감면일 직전 5년간 국외에서 거주하였을 것 ③ 국외의 대학 및 연구기관 등에서 5년 이상 연구・기술개발 경험이 있을 것 ④ 취업한 기관과 경영지배관계 등이 있지 않을 것 ⑤ 취업한 기관에서 연구원으로 근무할 것 등 ** 국외 대학 및 그 부설연구소, 국책연구기관, 기업부설연구소 ㅇ (감면율 기간) 5년간 근로소득세 50% 감면 ㅇ (취업요건) 다음 중 하나에 취업하는 경우 ① 기업부설연구소, 연구개발전담부서 *「기초연구진흥 및 기술개발지원에 관한 법률」에 따라 과학기술정보통신부장관의 인정을 받은 경우 ② 정부출연연구기관, 대학・대학부설연구기관 등 ㅇ (적용기한) 2022.12.31. ※ 농특세 비과세 항목에 추가

(2) 개정이유

해외거주 우수 내국인 인재의 국내 복귀 지원

(3) 적용시기 및 적용례

2020.1.1. 이후 취업하는 경우부터 적용

10 신성장기술 사업화시설 범위 확대(조세특례제한법 시행규칙 별표 8의 8)

(1) 개정내용

종 전	개 정
□ 신성장기술 사업화시설 투자 세액공제 대상 시설 ○ 102개 시설 열거 〈추 가〉	□ 신성장기술 확대를 반영하여 공제대상 시설 추가 ○ 141개 시설로 확대 – 첨단 메모리 반도체 설계·제조 기술 등 관련 시설 39개

(2) 개정이유

신성장 산업 및 혁신성장 지원

(3) 적용시기 및 적용례

2020.3.13. 이후 신고하는 분부터 적용

11 신성장 · 원천기술 R&D 비용 세액공제 이월기간 확대(조세특례제한법 §144 ①)

(1) 개정내용

종　　전	개　　정
□ 세액공제액의 이월공제	□ 신성장동력 · 원천기술 R&D 비용 이월공제기간 연장
○ (대상) 납부세액이 없거나 최저한세가 적용되어 공제받지 못한 공제세액 ○ (이월공제기간) 5년 – 창업초기 중소기업(설립일로부터 5년 이내)의 경우 ▪ 중소기업 투자세액공제 : 7년 ▪ 연구 · 인력개발비 세액공제 : 10년	○ (좌　동)
〈추　가〉	– 신성장동력 · 원천기술 R&D 비용 세액 공제 : 10년

(2) 개정이유

수익창출까지 장기간이 소요될 가능성이 높은 고위험 · 고비용 신기술에 대한 R&D 지원

(3) 적용시기 및 적용례

2020.1.1. 이후 발생하는 비용 분부터 적용

3. 2018년 개정세법(2018.12.24.)

【관계법령】

○ 조세특례제한법 일부 개정법률(법률 제16009호) : 2018.12.24. 공포

○ 조세특례제한법 시행령 일부 개정령(대통령령 제29527호) : 2019.2.12. 공포

○ 조세특례제한법 시행규칙 일부 개정령(기획재정부령 제726호) : 2019.3.20. 공포

【목차】

1 신성장 R&D 비용 세액공제 대상 신성장기술 확대 및 적용기한 연장(조세특례제한법 §10, 조세특례제한법 시행령 별표 7)

(1) 개정내용

종 전	개 정
□ 신성장동력 · 원천기술 R&D 비용 세액공제	□ 공제대상 기술 확대 및 적용기한 연장
○ (공제대상) 157개 신성장동력 · 원천기술 연구개발비 〈추 가〉	○ (공제대상) 신성장동력 · 원천기술에 신기술* 추가 * 블록체인, 양자컴퓨터 관련 기술 등 16개 기술 추가, 4개 기술 확대
○ (세액공제율) 20%~30% - (가산공제율*) 수입금액 중 신성장 R&D 비율 × 3 * 공제한도 : 10%(코스닥상장중견기업 15%)	○ (좌 동)
○ (적용기한) 2018.12.31.	○ 2021.12.31.

(2) 개정이유

블록체인 등 4차 산업혁명 세제지원 강화

(3) 적용시기 및 적용례

2019.1.1. 이후 개시하는 과세연도 분부터 적용

2 R&D 관련 출연금 등의 과세특례 적용기한 연장(조세특례제한법 §10의 2)

(1) 개정내용

종　　　전	개　　　정
□ 연구개발 관련 출연금 등의 과세특례 ㅇ (대상) 연구개발 관련 정부출연금을 받은 내국인 ㅇ (과세특례) 　- 출연금 수령시 익금불산입 　- 연구개발비 지출 및 관련 자산 취득시 익금산입 ㅇ (적용기한) 2018.12.31.	□ 적용기한 연장 ㅇ 2021.12.31.

(2) 개정이유

정부 출연금을 통한 R&D 확대 세제지원

3 R&D 비용 세액공제 사후관리 강화(조세특례제한법 시행령 §9)

(1) 개정내용

종 전	개 정
□ R&D 비용 세액공제시 제출서류	□ R&D 활동 증빙자료 확대
○ 세액공제 신청서, R&D 비용 명세서 외 증빙자료 양식 없음	○ 작성 · 보관 · 제출서류 규정
〈신 설〉	– (작성 보관) 연구계획서 · 보고서(전체 R&D), 연구노트(신성장 R&D)
〈신 설〉	– (제출) 연구과제 총괄표(세액공제 신청시)

(2) 개정이유

R&D 비용 세액공제 사후관리 강화

(3) 적용시기 및 적용례

2020.1.1. 이후 개시하는 과세연도 분부터 적용

4 신성장기술 R&D 비용 세액공제 요건완화(조세특례제한법 시행령 §9, 조세특례제한법 시행규칙 §7)

(1) 개정내용

종 전	개 정
☐ 신성장동력·원천기술연구개발비 중 자체 연구개발비의 범위	☐ 인건비 및 재료비 등 인정 범위 확대
○ 인건비* * 공제대상 인건비는 시행규칙에서 규정	○ 인건비 범위 확대
- 국내 신성장 R&D 전담부서 등 연구인력인건비	- (좌 동)
- 일반 R&D 전담부서 등으로서 신성장관련 별도조직 운영시 별도조직 연구인력 인건비	- (좌 동)
〈추 가〉	- 일반 R&D 전담부서 등의 신성장분야 전담 연구인력 인건비* * 일반 및 신성장 R&D를 동시 수행하는 인력의 인건비는 제외
○ 견본품, 원재료비 등 - 일반 R&D와 신성장 R&D에 공통되는 경우 일반 R&D	○ 견본품, 원재료비 등 요건완화 - 일반 R&D와 신성장 R&D에 공통되는 경우 연구인력 인건비를 기준으로 안분

(2) 개정이유

신성장 R&D 비용 세액공제 세제지원 확대

(3) 적용시기 및 적용례

2019.1.1. 이후 개시하는 과세연도 분부터 적용

5 신성장동력 · 원천기술심의위원회 소속변경(조세특례제한법 시행령 §9, §22의 9)

(1) 개정내용

종 전	개 정
□ 신성장동력 · 원천기술심의위원회	□ 신성장동력 · 원천기술심의위원회 운영 합리화
○ (소속) 산업통상자원부	○ (소속) 산업통상자원부 기획재정부 공동 운영
○ (심의대상) 신성장 R&D 기술 · 비용, 신성장 사업화시설 해당여부	○ (심의대상) 신성장 R&D 기술, 신성장 사업화시설 해당여부

(2) 개정이유

신성장동력 · 원천기술심의위원회 운영 합리화

(3) 적용시기 및 적용례

2020.1.1. 이후 개시하는 과세연도 분부터 적용

6 국세청에 R&D 비용 세액공제 사전심사 제도 신설(조세특례제한법 시행령 §9)

(1) 개정내용

종 전	개 정
〈신 설〉	□ 국세청에 R&D 비용 세액공제 사전 심의 제도 신설 ○ (심의 대상) 일반 신성장 R&D 비용 관련 사항 사전 심의 ○ (운영방법) 국세청장이 훈령으로 정함

(2) 개정이유

기업들의 R&D 비용 세액공제 관련 납세협력비용 완화

(3) 적용시기 및 적용례

2020.1.1. 이후 개시하는 과세연도 분부터 적용

7 디자인 관련 R&D 비용 범위 합리화(조세특례제한법 시행령 별표 6, 조세특례제한법 시행규칙 §7)

(1) 개정내용

종 전	개 정
□ 디자인 관련 R&D 비용 범위	□ 디자인 관련 R&D 비용 인정범위 합리화
○ 고유디자인 개발을 위한 비용	〈삭 제〉
○ 전담부서* 연구원** 인건비 등 * 기업부설연구소, 창작전담부서 등 ** 전담부서 연구요원 및 이들의 연구 업무를 직접적으로 지원하는 자	○ 전담부서* 연구원** 범위 확대 * 산업디자인법 상 디자인전문회사 추가 ** R&D를 수행하는 디자인 전문인력(디자인 관련 기술자격증 보유 등) 추가
○ 과학기술분야 위탁연구비	○ 과학기술・산업디자인 분야 위탁연구비

(2) 개정이유

고유디자인 관련 R&D 세액공제 적용 대상 비용을 명확화

(3) 적용시기 및 적용례

2020.1.1. 이후 개시하는 과세연도 분부터 적용

8 콘텐츠 분야 연구개발비 합리화(조세특례제한법 시행령 §8, §9, 별표 6)

(1) 개정내용

종　　　전	개　　　정
□ R&D 비용의 인정 범위 ○ 전담부서 견본품 부품 원재료 및 시약류 구입비 등 〈추　가〉	□ 콘텐츠* 산업에 적용 가능토록 R&D 비용 중 재료비 범위 확대 * 이미지 영상 등의 자료 또는 정보 ○ (좌　동) - 전담부서의 서체 음원 이미지 창작용 S/W 등 대여 구입비

(2) 개정이유

콘텐츠 분야에 사용되는 서체 음원 등 재료비까지 R&D 비용 세액공제 대상 확대

(3) 적용시기 및 적용례

2019.1.1. 이후 개시하는 과세연도 분부터 적용

9 연구 · 인력개발비에서 제외되는 비용 명확화(조세특례제한법 시행령 §8)

(1) 개정내용

종 전	개 정
□ 연구·인력개발비에서 제외되는 비용 ○ 기초연구 목적의 연구개발출연금 등 ○ 연구개발 등 목적의 국가 · 지자체 · 공공기관의 출연금	□ 연구·인력개발비에서 제외되는 비용 명확화 ○ (좌 동) ○ 연구 · 인력개발 목적의 국가 · 지자체 · 공공기관의 출연금

(2) 개정이유

정부 출연금 등으로 지급한 연구 인력개발비가 R&D 비용 세액공제 대상에서 제외됨을 명확화

10 연구개발비 중 시스템 개발비 비용 명확화(조세특례제한법 시행령 §9, 별표 6)

(1) 개정내용

종 전	개 정
□ 위탁 R&D 비용에서 제외되는 비용 ○ 전사적 기업자원 관리설비 등 시스템 개발을 위한 위탁비용	□ 위탁 R&D 비용에서 제외되는 비용 명확화 ○ 전사적 기업자원 관리설비, 판매시점 정보관리 설비 등 기업의 사업운영·관리·지원 활동과 관련된 시스템 개발을 위한 위탁비용

(2) 개정이유

R&D 비용 세액공제에서 제외되는 시스템 개발 비용 명확화

11 연구개발비 중 인건비 범위 명확화(조세특례제한법 시행령 별표 6)

(1) 개정내용

종 전	개 정
☐ 자체 연구개발비의 범위 ○ 세액공제 대상 전담연구원 인건비에서 제외되는 금액 - 퇴직금, 퇴직급여충당금 - 법인령 §20에 따른 성과급 등* * 이익잉여금의 처분에 따른 성과급	☐ 인건비 범위 조정 ○ 전담연구원 인건비에서 제외되는 금액 조정 - 퇴직금, 퇴직급여충당금, 퇴직연금보험료 〈삭 제〉

(2) 개정이유

연구개발비 세액공제에서 제외되는 퇴직급여 관련 비용 명확화

12 신성장 R&D 비용 중 인건비 범위 합리화(조세특례제한법 시행규칙 §7)

(1) 개정내용

종 전	개 정
□ 일반 연구·인력개발비 중 인건비의 범위 ○ 전담연구원 인건비 – 단, 주주(지분 10% 이상)인 임원 등의 인건비 제외	□ (좌 동)
□ 신성장동력·원천기술연구개발비 중 인건비의 범위 ○ 전담연구원 인건비 – 단, 지분 10% 이상인 주주 등 인건비 제외	□ 인건비 범위 합리화 ○ (좌 동) – 단, 주주(지분 10% 이상)인 임원 등의 인건비 제외

(2) 개정이유

신성장동력·원천기술 연구개발비의 인건비 범위를 일반 연구 개발비와 동일하게 규정

13 해외 임상 3상 위탁연구비를 신성장 R&D 비용에 포함(조세특례제한법 시행규칙 §7)

(1) 개정내용

종 전	개 정
□ 신성장동력·원천기술 연구개발비에 포함되는 위탁연구비 범위	□ 해외 위탁 가능한 연구개발비 범위 확대
○ 국내 외 대학, 국공립연구기관, 정부출연 연구기관에 위탁한 금액	○ (좌 동)
○ 국내 비영리법인, 기업연구기관(연구전담부서), 연구개발서비스 기업에 위탁한 금액	○ (좌 동)
- 단, 신약의 임상1·2상 및 희귀의약품 임상비용은 해외위탁 금액도 허용	- (좌 동)
〈추 가〉	- 신약 임상3상 해외 위탁비

(2) 개정이유

신성장동력·원천기술 R&D 비용 세액공제 적용 범위 확대

(3) 적용시기 및 적용례

2019.1.1. 이후 개시하는 과세연도 분부터 적용

14 기술거래에 대한 과세특례 정비(조세특례제한법 §12)

(1) 개정내용

종 전	개 정
□ 기술거래 소득에 대한 과세특례 ○ (기술이전) 중소·중견기업의 특허권 등 기술이전 소득의 50% 세액감면 ○ (기술대여) 중소기업의 특허권 등 기술 대여 소득의 25% 세액감면 ○ (적용기한) 2018.12.31.	□ 적용기한 연장 ○ 2021.12.31.
□ 기술취득비 세액공제 ○ (대상) 내국기업 ○ (공제액) 국내 특허권 등 취득금액 × 5% (중소기업 10%) ○ (적용기한) 2018.12.31.	□ 적용기한 종료

(2) 개정이유

(기술거래 소득에 대한 과세 특례) 기술사업화가 어려운 기업의 기술개발 촉진

(기술취득비 세액공제) 지원의 실효성이 낮은 점을 감안하여 적용 종료

15 신성장기술 사업화시설 투자세액공제 요건 완화(조세특례제한법 §25의 5)

(1) 개정내용

종 전	개 정
□ 신성장기술 사업화시설 투자 세액공제	□ 공제요건 완화 및 적용기한 연장
○ (대상) 신성장동력·원천기술을 사업화하기 위한 시설 ○ (공제율) 5%~10%	(좌 동)
○ (공제요건) ①~③ 충족	○ 공제요건 완화
- ① 직전연도 매출액 대비 연구·인력개발비 비중 5% 이상	- ① 5% → 2%
- ② 직전연도 R&D 비용 중 신성장 R&D 비중 10% 이상(또는 자체개발 특허권 보유)	- ② (좌 동)
〈추 가〉	* ①·② 적용시 신설기업 첫해 투자분은 당해연도 기준으로 판단
- ③ 직전 과세연도 대비 상시근로자수가 감소하지 않을 것	- (좌 동)
○ (적용기한) 2018.12.31.	○ 2021.12.31.

(2) 개정이유

세액공제의 실효성 제고 및 신성장 기술의 사업화 세제지원 강화

(3) 적용시기 및 적용례

2019.1.1. 이후 개시하는 과세연도 분부터 적용

16 신성장기술 사업화시설 범위 확대(조세특례제한법 시행규칙 별표 8의 8)

(1) 개정내용

종　　　전	개　　　정
□ 신성장기술 사업화시설 투자 세액공제 대상 시설	□ 신성장기술 확대를 반영해 공제 대상 시설 등 추가
○ 80개 시설 열거	○ 102개 시설로 확대
〈추　가〉	- 신규기술 관련 시설 15개 * 예) 전기차용 초고속 고효율 무선충전 시스템제조시설, 양자컴퓨터제조시설 등
〈추　가〉	- 기존 기술 관련 시설 중 누락된 시설 7개 * 예) 생산 설비를 원격으로 제어하는 개방형 제어기 제작시설, 개량신약 등 제조시설, 신품종종자의 가공처리시설 등

(2) 개정이유

신성장기술 사업화시설 투자세액공제 대상 시설 확대

(3) 적용시기 및 적용례

2019.1.1. 이후 개시하는 과세연도 분부터 적용

4. 2017년 개정세법(2017.12.19.)

【관계법령】

○ 조세특례제한법 일부 개정법률(법률 제15227호) : 2017.12.19. 공포

【목차】

1. 대기업 R&D 비용 세액공제 축소
2. 중소기업, 코스닥 상장 중견기업의 신성장동력·원천기술 R&D 비용 세액공제율 확대

1 대기업 R&D 비용 세액공제 축소(조세특례제한법 §10)

(1) 개정내용

종 전	개 정
□ 일반 R&D 비용 세액공제	□ 대기업 당기분 공제율 축소
○ 당기분	
– (대기업) 1~3%*	– (대기업) 0~2%*
* 1% + 최대 2%{(R&D 비용/매출액) × 1/2}	* 0% + 최대 2%{(R&D 비용/매출액) × 1/2}
– (중견기업) 8%	(좌 동)
– (중소기업) 25%	
○ 증가분	
– (대기업) 30%	– (대기업) 25%
– (중견기업) 40%	(좌 동)
– (중소기업) 50%	

(2) 개정이유

대기업 R&D에 대한 세제지원 합리화

(3) 적용시기 및 적용례

2018.1.1. 이후 개시하는 과세연도 분부터 적용

2 중소기업, 코스닥 상장 중견기업의 신성장동력 · 원천기술 R&D 비용 세액공제율 확대(조세특례제한법 §10)

(1) 개정내용

종 전	개 정
□ 신성장동력·원천기술 R&D 비용 세액공제	□ 중소기업·코스닥 상장 중견기업 공제율 확대
○ (대 · 중견기업) 20~30%* * 20% + 최대 10%{(신성장 R&D 비용/매출액) × 3}	○ (좌 동)
〈신 설〉	- 코스닥 상장 중견기업 25~40%* * 25% + 최대 15%{(신성장 R&D 비용/매출액)×3}
○ (중소기업) 30%	○ (중소기업) 최대 40% * 30% + 최대 10%{(신성장 R&D 비용/매출액) × 3}

(2) 개정이유

중소기업, 코스닥 상장 중견기업의 신성장동력 · 원천기술 R&D에 대한 세제지원 확대

(3) 적용시기 및 적용례

2018.1.1. 이후 개시하는 과세연도 분부터 적용

5. 2016년 개정세법(2016.12.20.)

【관계법령】

○ 조세특례제한법 일부 개정법률(법률 제14390호) : 2016.12.20. 공포

○ 조세특례제한법 시행령 일부 개정령(대통령령 제27848호) : 2017.2.7. 공포

○ 조세특례제한법 시행규칙 일부 개정령(기획재정부령 제614호) : 2017.3.17. 공포

【목차】

1. 고용·투자·R&D 관련 세제지원 대상업종 확대
2. 신성장동력·원천기술 R&D 세액공제 대상기술 및 공제율 확대
3. 신성장동력·원천기술 R&D 세액공제 대상에 웹툰 등 콘텐츠 기술 추가
4. 신약 개발에 대한 신성장동력·원천기술 R&D 세액공제 대상 확대
5. 신성장동력·원천기술 R&D 세액공제시 위탁·공동 연구개발기관 범위 확대
6. 일반 R&D 세액공제율 조정
7. 기술이전 및 기술취득 등 과세특례 개선
8. 기술혁신형 중소기업 합병·주식인수에 대한 세액공제 요건 완화
9. 기술혁신형 M&A 시 기술비법 등의 범위 합리화

1 고용 · 투자 · R&D 관련 세제지원 대상업종 확대(조세특례제한법 시행령 §2 ①, §23 ①)

(1) 개정내용

종 전	개 정
☐ 고용창출 투자세액공제* 대상업종 및 공제율이 가산되는 서비스업종 * 기업의 투자금액에 대하여 고용인원 증가등에 따라 3~9% 공제율을 적용하여 세액공제	☐ 업종범위 확대
○ (대상 업종) 농업 · 제조업 · 건설업 등 49개 업종(Positive 방식)	○ 소비성 서비스업*을 제외한 모든 업종 (Negative 방식) * 조특령 §29 ③ 준용 - 유흥주점업 및 단란주점업(관광유흥음식점업 및 외국인 전용유흥음식점업 제외) - 호텔업 및 여관업(관광숙박업 제외)
○ (공제율 가산 서비스업종) 1%p의 공제율이 가산되는 서비스 업종범위 - 도매 및 소매업, 방송업, 전문디자인업 등 42개 업종(Positive 방식)	- 소비성 서비스업을 제외한 모든 서비스 업종(Negative 방식)
☐ 각종 고용·투자·연구개발세제 지원 제도상 중소·중견기업 업종 범위	☐ 업종범위 확대
○ 농업 · 제조업 · 건설업 등 52개 업종 (Positive 방식)	○ 소비성 서비스업을 제외한 모든 업종 (Negative 방식)

(2) 개정이유

서비스업 지원 등을 통한 일자리 창출 제고

(3) 적용시기 및 적용례

2017.1.1. 이후 고용 · 투자하거나, 연구개발비를 지출하는 분부터 적용

2 신성장동력 · 원천기술 R&D 세액공제 대상기술 및 공제율 확대(조세특례제한법 §10, 조세특례제한법 시행령 §9, 별표 7 · 8)

(1) 개정내용

종　　전	개　　정
□ 신성장동력·원천기술 R&D 세액공제 대상기술	□ 신산업 중심으로 대상기술 확대 재편
(신성장동력) ○ 12개 분야* 75개 기술 * LED응용, 그린수송시스템, 로봇응용, 바이오제약, 신소재나노융합 등 (원천기술) ○ 17개 분야* 50개 기술 * 금속, 생산기반, 섬유, 에너지효율향상, 자원, 전력, 원자력 등	○ 신성장동력 · 원천기술을 통합하여 11개 분야* 37개 세부분야 157개 기술로 조정 * ① 미래형, 자동차 ② 지능정보, ③ 차세대 SW 및 보안, ④ 콘텐츠, ⑤ 차세대 전자정보 디바이스, ⑥ 차세대 방송통신, ⑦ 바이오 · 헬스, ⑧ 에너지신산업 · 환경, ⑨ 융복합소재, ⑩ 로봇, ⑪ 항공 · 우주
□ 공제율 ○ 중소기업 30% ○ 중견 · 대기업 20%	□ 공제율 인상 ○ (좌　동) ○ 최대 30% [20% + (매출액 대비 신성장 R&D 지출액 비중 × 3배)]

(2) 개정이유

신성장동력 · 원천기술에 대한 R&D 지원

(3) 적용시기 및 적용례

(대상기술) 2017.2.7. 이후 지출하는 분부터 적용

(공제율) 2017.1.1. 이후 개시하는 과세연도 분부터 적용

3 신성장동력 · 원천기술 R&D 세액공제 대상에 웹툰 등 콘텐츠 기술 추가(조세특례제한법 시행령 별표 7 · 8)

(1) 개정내용

종 전	개 정
□ 신성장동력·원천기술 R&D 세액공제 대상 기술 ○ 문화콘텐츠 분야 - 게임 콘텐츠 제작기술 - 영상 콘텐츠 제작기술 〈추 가〉	□ 대상기술 추가 ○ (좌 동) - 만화·웹툰 콘텐츠 제작기술 - 음악 콘텐츠 제작기술

(2) 개정이유

문화콘텐츠 산업 지원

(3) 적용시기 및 적용례

2017.2.7. 이후 지출하는 분부터 적용

4 신약 개발에 대한 신성장동력 · 원천기술 R&D 세액공제 대상 확대 (조세특례제한법 시행령 별표 7 · 8)

(1) 개정내용

종 전	개 정
□ 신성장동력·원천기술 R&D 세액공제 대상 기술 ○ 신약 분야 – (바이오신약) 후보물질발굴 기술 – (화합물신약) 후보물질발굴 기술 및 임상 1 · 2상 시험 〈추 가〉	□ 대상기술 추가 후보물질발굴 기술, 임상1 · 2상 시험 – 국내 수행 임상3상 시험* * 희귀질환 의약품은 국내외 모두 적용

(2) 개정이유

신약 개발에 대한 R&D 지원

(3) 적용시기 및 적용례

2017.2.7. 이후 지출하는 분부터 적용

5 신성장동력 · 원천기술 R&D 세액공제시 위탁 · 공동 연구개발기관 범위 확대(조세특례제한법 시행령 §9, 조세특례제한법 시행규칙 §7)

(1) 개정내용

종　　전	개　　정
□ 신성장동력 · 원천기술 R&D 세액공제시 위탁·공동연구 개발기관 범위 ○ 기업의 연구소 및 전담부서 ○ 연구개발서비스업을 영위하는 기업 〈추　가〉	□ 위탁·공동연구개발기관 범위 확대 (좌　동) ○ 국내 대학 또는 전문대학 ○ 국공립연구기관 ○ 정부출연연구기관 ○ 국내 비영리법인(비영리 법인에 부설된연구기관 포함) * 다만, 신약에 대한 임상 1 · 2상 및 희귀질환 의약품 임상의 위탁연구개발은 국외 기관 포함

(2) 개정이유

신성장동력 · 원천기술 위탁 · 공동연구개발 지원

(3) 적용시기 및 적용례

2017.1.1. 이후 개시하는 과세연도 분부터 적용

6 일반 R&D 세액공제율 조정(조세특례제한법 §10)

(1) 개정내용

종 전	개 정
☐ 일반 R&D 세액공제율 ○ (대기업) 당기분 2~3% 증가분 40% * 2% + 최대 1%(R&D 비용/매출액) × 1/2 ○ (중견기업) 당기분 8% 증가분 40% ○ (중소기업) 당기분 25% 증가분 50%	☐ 대기업 세액공제율 축소 ○ (대기업) 당기분 1~3% 증가분 30% * 1% + 최대 2%(R&D 비용/매출액) × 1/2 ○ (중견기업) 좌 동 ○ (중소기업) 좌 동

(2) 개정이유

대기업 비과세 · 감면 정비 축소

(3) 적용시기 및 적용례

2017.1.1. 이후 개시하는 과세연도 분부터 적용

7 기술이전 및 기술취득 등 과세특례 개선(조세특례제한법 §12)

(1) 개정내용

종 전	개 정
□ 기술취득 과세특례 적용기업 및 세액공제율 ○ 중소기업 : 취득금액의 7% 〈추 가〉	□ 적용기업 및 세액공제율 확대 ○ 중소기업 : 취득금액의 10% ○ 중견·대기업* : 취득금액의 5% * 중소기업으로부터 기술취득에 한정
□ 기술이전·취득·대여 과세특례 대상기술 ○ (기술이전*, 기술취득) 특허권, 실용신안권 등 * 이전소득의 50% 세액감면 ○ (기술대여*) 자체 연구·개발한 특허권, 실용신안권 등 * 대여소득의 25% 세액감면	□ 대상기술 통일 국내에서 자체 연구·개발한 특허권, 실용신안권 등으로 통일

(2) 개정이유

기술거래 활성화를 지원하고 국제기준 등을 고려하여 대상 기술을 합리적으로 조정

(3) 적용시기 및 적용례

2017.1.1. 이후 이전·취득·대여하는 분부터 적용

8 기술혁신형 중소기업 합병·주식인수에 대한 세액공제 요건 완화 (조세특례제한법 §12의 3, §12의 4)

(1) 개정내용

종 전	개 정
□ 기술혁신형 중소기업을 합병하거나 주식인수시 합병·인수법인에 대해 세액공제	□ 세액공제 요건 완화
○ 요건	
– 합병·인수가액 ≥ 시가의 130%	– (좌 동)
– 합병·인수가액 중 현금지급비율 : 80% 초과	– 50% 초과
– 주식 취득비율(주식인수에 한정)	
▪ (상장법인) 피인수법인 지분의 30% 초과 + 경영권 인수	▪ (좌 동)
▪ (비상장법인) 피인수법인 지분의 50% 초과	▪ 피인수법인 지분의 30% 초과 + 경영권 인수
– 피합병·피인수법인의 지배주주는 주식을 배정받지 않음	– 주식배정 허용
○ 지원내용 : 기술가치금액*의 10%를 법인세 세액공제 * 특허권 등 평가액 또는 순자산시가의 130% 초과액	○ (좌 동)

(2) 개정이유

M&A를 통한 벤처 기술거래 활성화 지원

(3) 적용시기 및 적용례

2017.1.1. 이후 합병·주식인수하는 분부터 적용

9 기술혁신형 M&A 시 기술비법 등의 범위 합리화(조세특례제한법 시행규칙 §8의 5 ②)

(1) 개정내용

종 전	개 정
□ 기술비법의 범위 ○ 내국인이 스스로 연구·개발한 것으로서 과학기술분야에 속하는 기술비법 □ 기술의 범위 ○ 「기술의 이전 및 사업화 촉진에 관한 법률」에 따른 기술로서 한국산업기술진흥원을 통해 취득하는 기술	피합병·피인수법인이 국내에서 자체 연구개발한 기술비법, 기술로서 한국산업기술진흥원에 등록 또는 관리되는 것

(2) 개정이유

기술이전 및 취득 등 과세특례(조특법 §12) 적용대상인 기술비법·기술의 범위가 개정됨에 따라 기술 등의 범위를 일치

(3) 적용시기 및 적용례

2017.3.17. 이후 합병 또는 주식인수하는 분부터 적용

6. 2015년 개정세법(2015.12.15.)

【관계법령】

○ 조세특례제한법 일부 개정법률(법률 제13560호) : 2015.12.15. 공포

○ 조세특례제한법 시행령 일부 개정령(대통령령 제26959호) : 2016.2.5. 공포

○ 조세특례제한법 시행규칙 일부 개정령(기획재정부령 제555호) : 2016.3.14. 공포

【목차】

1. 신성장동력산업·원천기술 연구개발비 세액공제 적용기한 연장
2. 연구·인력개발비 세액공제 인건비 공제대상 조정
3. 신성장동력산업·원천기술 연구개발비 세액공제 대상 재조정
4. 연구개발 출연금 과세이연 특례 적용기한 연장
5. 시설 투자세액공제 공제율 조정 및 적용기한 연장
6. 기술이전 및 기술취득 등 과세특례 적용기한 연장
7. 연구개발특구 입주기업에 대한 법인세 등 감면 등 적용기한 연장
8. 기술혁신형 중소기업 합병·주식인수에 대한 세액공제 확대 및 적용기한 연장
9. 기술혁신형 M&A 세액공제 대상기업 확대

1 신성장동력산업 · 원천기술 연구개발비 세액공제 적용기한 연장 (조세특례제한법 §10)

(1) 개정내용

종 전	개 정
□ 신성장동력산업·원천기술 연구개발비 세액공제	□ 적용기한 연장
○ 적용대상 – 신성장동력산업* · 원천기술** 분야 연구개발비 * LED 등 11개 분야 65개 기술 ** 반도체 등 18개 분야 51개 기술 ○ 공제율 – (중소기업) 30% – (일반기업) 20%	○ (좌 동)
○ 적용기한 : 2015.12.31.	○ 적용기한 : 2018.12.31.

(2) 개정이유

핵심 분야 R&D 지속 지원

2 연구 · 인력개발비 세액공제 인건비 공제대상 조정(조세특례제한법 시행령 별표 6)

(1) 개정내용

종 전	개 정
□ 연구 · 인력개발비 세액공제 ○ 공제대상 – 연구개발비 • 인건비(연구전담요원+연구보조원+연구관리직원), 재료비 등 – 인력개발비 • 위탁교육훈련비(연구전담요원) 등	□ 인건비 공제대상에서 연구관리 직원 제외 • 인건비(연구전담요원 + 연구보조원), 재료비 등 – (좌 동)

(2) 개정이유

R&D 지원의 효율성 제고

(3) 적용시기 및 적용례

2016.1.1. 이후 개시하는 과세연도 분부터 적용

3 신성장동력산업 · 원천기술 연구개발비 세액공제 대상 재조정 (조세특례제한법 시행령 별표 7 · 8)

(1) 개정내용

종 전	개 정
□ 신성장동력산업 · 원천기술 연구개발비 세액공제	□ 대상기술 재조정
○ 대상기술 : 116개 기술	
- 그린카, 바이오의약품, 신재생에너지 기술 등	- (좌 동)
- 대체원유 청정화 연료시스템, 건설용 LED 조명기기 제조기술, 청정연료 가스액화정제 기술	〈삭 제〉
	- 지능형 사물인터넷, 착용형 스마트기기, 플렉서블 디스플레이, 스마트 헬스케어, 하이퍼 플라스틱 소재, 스마트 자동차, 지능형 무인항공기, 첨단소재가공시스템, 스마트팜 등 관련 기술 추가

(2) 개정이유

신성장동력 R&D 지원 실효성 제고

(3) 적용시기 및 적용례

2016.1.1. 이후 개시하는 과세연도 분부터 적용

4 연구개발 출연금 과세이연 특례 적용기한 연장(조세특례제한법 §10의 2)

(1) 개정내용

종　　　　전	개　　　　정
□ 연구개발 출연금 과세이연 특례 ○ 연구개발 출연금*을 구분경리할 경우 수령시 익금불산입, 지출시 익금산입 * 기초연구진흥법, 산업기술혁신법, 정보통신산업법 등 관련법에 따라 지급받는 출연금 ○ 적용기한 : 2015.12.31.	□ 적용기한 연장 ○ (좌　동) ○ 적용기한 : 2018.12.31.

(2) 개정이유

성장잠재력 확충을 위한 R&D 투자 지원

5 시설 투자세액공제 공제율 조정 및 적용기한 연장(조세특례제한법 §11, §25의 2)

(1) 개정내용

종 전	개 정
□ 각종 투자세액공제율 ○ R&D 설비, 에너지절약시설 : 대기업 3%, 중견 5%, 중소 10%	□ 공제율 조정 ○ 대기업 1%, 중견 3%, 중소 6%
□ R&D 설비 투자세액공제 ○ 적용기한 : 2015.12.31.	□ 적용기한 연장 ○ 적용기한 : 2018.12.31.

(2) 개정이유

시설 투자세액공제율 합리화

(3) 적용시기 및 적용례

(R&D 설비) 2016.1.1. 이후 투자하는 분부터 적용

(에너지절약시설) 2016.1.1. 이후 투자를 개시하는 분부터 적용*

* 2016.1.1. 현재 투자 진행 중인 경우 2016.12.31.까지 종전 공제율 적용

6 기술이전 및 기술취득 등 과세특례 적용기한 연장(조세특례제한법 §12)

(1) 개정내용

종 전	개 정
□ 기술이전 및 취득 등 과세특례	□ 적용기한 연장
○ 중소·중견기업의 기술이전소득에 대해 소득·법인세 50% 감면 ○ 중소기업의 기술취득금액에 대해 소득·법인세 7% 공제 ○ 중소기업의 기술대여소득에 대해 소득·법인세 25% 감면	○ (좌 동)
○ 적용기한 : 2015.12.31.	○ 적용기한 : 2018.12.31.

(2) 개정이유

핵심기술 사업화 및 기술이전 활성화 지원

7 연구개발특구 입주기업에 대한 법인세 등 감면 등 적용기한 연장 (조세특례제한법 §12의 2)

(1) 개정내용

종　　전	개　　정
□ 연구개발특구 입주기업 세제지원 ○ 적용대상 : 연구개발특구 입주 첨단기술기업과 연구소기업 ○ 지원내용 : 법인세·소득세 3년간 100%, 2년간 50% 감면 ○ 적용기한 : 2015.12.31.	□ 적용기한 연장 ○ (좌　동) ○ 적용기한 : 2018.12.31.

(2) 개정이유

연구개발특구 조성 지원

8 기술혁신형 중소기업 합병·주식인수에 대한 세액공제 확대 및 적용기한 연장(조세특례제한법 §12의 3, §12의 4)

(1) 개정내용

종　　전	개　　정
□ 기술혁신형중소기업 합병 또는 주식 인수 시 특례	□ 요건 및 사후관리 완화
○ 요건 - 인수가액 ≥ 시가의 150% - 인수가액 중 주식지급비율 20% 미만 - 지분의 50% 초과 인수 (주식인수에 한정) 〈추　가〉	○ 요건 - 인수가액 ≥ 시가의 130% - (좌　동) - (좌　동) ▪ 상장회사인 경우 30% 초과 & 경영권 인수
○ 지원내용 : 기술가치 금액*의 10% 세액공제 * 순자산시가의 130% 초과액 또는 특허권 등 평가액	○ (좌　동)
○ 사후관리 : 5년 이내에 주식인수자의 기술혁신형 중소기업에 대한 지분율이 낮아지는 경우 旣공제세액 추징 〈신　설〉	○ 사후관리의 예외사유 신설 - (i) 스톡옵션의 행사, (ii) 우리사주 취득, (iii) 벤처캐피탈의 출자로 지분율낮아지는 경우 旣공제세액 추징배제
○ 적용기한 : 2015.12.31.	○ 적용기한 : 2018.12.31.

(2) 개정이유

기업인수형 기술이전 촉진

(3) 적용시기 및 적용례

2016.1.1. 이후 개시하는 사업연도부터 적용

9 기술혁신형 M&A 세액공제 대상기업 확대(조세특례제한법 시행령 §11의 3, §11의 4)

(1) 개정내용

<table>
<tr><th>종 전</th><th>개 정</th></tr>
<tr><td>
□ 기술혁신형 중소기업 합병 또는 주식 인수 시 과세특례
○ 지원내용 : 기술가치 금액*의 10% 세액공제
* 순자산시가의 130% 초과액 또는 특허권등 평가액
○ 기술혁신형 중소기업 범위
- 벤처기업 등
〈신 설〉
</td><td>
□ 세액공제가 가능한 합병·주식인수 대상기업 확대
○ (좌 동)
○ 대상기업 확대
- (좌 동)
- 각 부처의 기술인증기업
<table>
<tr><th>대상기업 종류</th><th>소관부서</th><th>근거 법령</th></tr>
<tr><td rowspan="2">신기술인증기업</td><td>산업부</td><td>산업기술혁신촉진법</td></tr>
<tr><td>복지부</td><td>보건의료기술진흥법</td></tr>
<tr><td>신제품인증기업</td><td>산업부</td><td>산업기술혁신촉진법</td></tr>
<tr><td>혁신형제약기업</td><td>복지부</td><td>제약산업 육성 및 지원에 관한 특별법</td></tr>
<tr><td>세계적유망기업</td><td>중기청</td><td>중견기업특별법</td></tr>
<tr><td>기술성장기업</td><td>금융위</td><td>코스닥시장상장규정</td></tr>
</table>
</td></tr>
</table>

(2) 개정이유

기술혁신형 M&A 지원 확대

(3) 적용시기 및 적용례

2016.2.5. 이후 합병 또는 주식 인수하는 분부터 적용

7. 2014년 개정세법(2014.12.23.)

【관계법령】

○ 조세특례제한법 일부 개정법률(법률 제12853호) : 2014.12.23. 공포

○ 조세특례제한법 시행령 일부 개정령(대통령령 제26070호) : 2015.2.3. 공포

○ 조세특례제한법 시행규칙 일부 개정령(기획재정부령 제478호) : 2015.3.13. 공포

【목차】

1. 대기업의 R&D 비용 세액공제 당기분방식 공제율 인하
2. 신성장동력산업 연구・인력개발비 세액공제 대상 추가
3. 원천기술 연구개발비 세액공제 대상 조정
4. 연구・인력개발비 세액공제 대상 기업부설창작연구소 등 인정절차 개선
5. 일반 연구・인력개발비 세액공제 대상에 "핵심성과보상기금 납입비용" 추가
6. 기술이전소득 세액감면제도 적용대상 확대
7. 중소기업 특허권 대여소득에 대한 세액감면제도 신설
8. 기술이전・대여 소득에 대한 세제지원 범위 설정
9. 외국인기술자에 대한 소득세 감면 재설계

1 대기업의 R&D 비용 세액공제 당기분방식 공제율 인하(조세특례제한법 §10)

(1) 개정내용

<table>
<tr><th>종　　전</th><th>개　　정</th></tr>
<tr><td>

□ R&D 비용 세액공제율

구분		공제율(%)
중소기업(유예기간 포함)		25
중견기업	1~3년차	15
	4~5년차	10
	6년차~	8
대기업		3~4

</td><td>

□ 대기업 기본공제율 1%p 인하

구분		공제율(%)
중소기업(유예기간 포함)		25
중견기업	1~3년차	15
	4~5년차	10
	6년차~	8
대기업		2~3

</td></tr>
</table>

(2) 개정이유

대기업에 대한 비과세·감면 축소

(3) 적용시기 및 적용례

2015.1.1. 이후 개시하는 과세연도 분부터 적용

2 신성장동력산업 연구·인력개발비 세액공제 대상 추가(조세특례제한법 시행령 별표 7)

(1) 개정내용

종 전	개 정
□ 신성장동력산업 대상기술	□ 문화콘텐츠 분야 기술 추가
○ 31개 분야 63개 기술	○ 32개 분야 65개 기술로 확대
– 에코LED, 그린카 등	– (좌 동)
〈추 가〉	– 영상콘텐츠(영화·애니메이션·방송) 및 게임콘텐츠의 기획·제작·서비스 관련 기술
○ 세액공제율 – 중소기업 : 30% – 그 외 기업 : 20%	○ (좌 동)
○ 적용기한 : 2015.12.31.	○ (좌 동)

(2) 개정이유

문화콘텐츠 핵심기술에 대한 세제지원 강화

(3) 적용시기 및 적용례

2014.11.4. 이후 발생하는 비용부터 적용

3 원천기술 연구개발비 세액공제 대상 조정(조세특례제한법 시행령 별표 8)

(1) 개정내용

종　　전	개　　정
□ 원천기술 대상기술 ○ 40개 분야 51개 기술 　- 대화면 AMOLED* 화소제작용 레이저 전사(LITI) 소재제조 기술 　* 능동형 유기발광 다이오드(Active Matrix Organic Light Emitting Diode)	□ AMOLED 분야 기술 조정 ○ 기술 조정 　- 대화면 AMOLED 부품·소재·장비·패널 제조(모듈공정제외) 기술
○ 세액공제율 　- 중소기업 : 30% 　- 그 외 기업 : 20%	○ (좌　동)
○ 적용기한 : 2015.12.31.	○ (좌　동)

(2) 개정이유

핵심원천기술에 대한 세제지원 실효성 제고

(3) 적용시기 및 적용례

2014.11.4. 이후 발생하는 비용부터 적용

4 연구 · 인력개발비 세액공제 대상 기업부설창작연구소 등 인정절차 개선(조세특례제한법 시행규칙 §7 ①)

(1) 개정내용

종 전	개 정
☐ 세액공제 대상 연구소(전담부서)	☐ 기업부설창작연구소(전담부서) 인정절차 개선
○ 「기초연구법 시행령」에 따라 미래부 장관의 인정을 받은 기업부설연구소(전담부서)	○ (좌 동)
○ 「문화산업진흥기본법」에 따라 인정받은 기업부설창작연구소(전담부서)로, - 문체부 장관의 추천을 받아 기재부 장관이 문화산업의 연구개발 활동 여부를 고려하여 고시하는 연구소(전담부서)	○ 「문화산업진흥기본법」에 따라 문체부 장관의 인정을 받은 기업부설창작연구소(전담부서) * 기재부 장관의 고시요건 삭제

(2) 개정이유

문화산업 연구개발 활동 지원

(3) 적용시기 및 적용례

2015.3.13. 이후 인정받은 연구소 또는 전담부서에서 지출하는 분부터 적용

5 일반 연구 · 인력개발비 세액공제 대상에 "핵심성과보상기금 납입 비용" 추가(조세특례제한법 시행규칙 §7 ⑩)

(1) 개정내용

종 전	개 정
□ 세액공제 대상 인력개발비	□ 세액공제 대상비용 추가
○ 위탁훈련비 등	○ (좌 동)
○ 중소기업에 대한 인력개발 및 기술지도를 위하여 지출하는 비용	○ 대상비용 추가
- 지도요원 인건비, 직업능력 개발훈련 훈련교재비 등	- (좌 동)
〈추 가〉	- 중소기업이 「중소기업인력지원특별법」에 따라 중소기업핵심인력 성과보상 기금에 납입하는 비용

(2) 개정이유

중소기업 인력양성 지원

(3) 적용시기 및 적용례

2015.3.13. 이후 소득세 · 법인세를 신고하는 분부터 적용

6 기술이전소득 세액감면제도 적용대상 확대(조세특례제한법 §12 ①)

(1) 개정내용

종 전	개 정
□ 특허권 등* 기술이전소득에 대한 법인세·소득세 감면(50%) * 특허권, 실용신안권, 기술비법 등	
○ 적용대상 - 중소기업 〈추 가〉	○ 적용대상 확대 - (좌 동) - 중견기업
○ 적용기한 : 2015.12.31.	○ (좌 동)

(2) 개정이유

중견기업 기술개발 지원

(3) 적용시기 및 적용례

2015.1.1. 이후 최초로 특허권 등을 이전하는 분부터 적용

7 중소기업 특허권 대여소득에 대한 세액감면제도 신설(조세특례제한법 §12 ③)

(1) 개정내용

종 전	개 정
〈신 설〉	□ 자체개발한 특허권 등* 대여소득에 대한 세액감면 * 특허권, 실용신안권, 기술비법 등 ㅇ (적용대상) 중소기업 ㅇ (세액감면율) 25% ㅇ (적용기한) 2015.12.31.

(2) 개정이유

중소기업 기술개발 지원

(3) 적용시기 및 적용례

2015.1.1. 이후 최초로 특허권 등을 대여하는 분부터 적용

8 기술이전·대여 소득에 대한 세제지원 범위 설정(조세특례제한법 시행령 §11)

(1) 개정내용

종 전	개 정
〈신 설〉	□ 기술이전소득 세액감면 대상 중견기업의 범위 ○ 직전 3년 평균 매출액이 3천억원 미만 등 □ "자체개발한 특허권 등" 정의 ○ (특허권·실용신안권) 세액감면을 신청하는 내국인이 최초로 설정등록한 특허권·실용신안권 ○ (기술비법) 스스로 연구·개발한 과학기술분야에 속하는 기술비법

(2) 개정이유

중소·중견기업 기술개발 지원

(3) 적용시기 및 적용례

2015.1.1. 이후 최초로 특허권 등을 이전·대여하는 분부터 적용

9 외국인기술자에 대한 소득세 감면 재설계(조세특례제한법 §18, 조세특례제한법 시행령 §16, 조세특례제한법 시행규칙 §9)

(1) 개정내용

종 전	개 정
□ 외국인기술자에 대한 소득세 감면	□ 감면대상 축소 및 적용기한 연장
○ 감면대상	
- 특정연구기관·정부출연연구기관·비영리법인 연구기관의 연구원 - 산업분야에 5년 이상 종사자 또는 해당 분야 학사 중 3년 이상 종사자	〈삭 제〉
- 엔지니어링기술도입계약에 의한 기술제공자	- (좌 동)
〈신 설〉	○ 외국인투자기업 R&D 센터*에 근무하는 연구원 ① 자연계분야 학사(3년 이상 연구경력) 또는 석사 이상인 연구전담인력 5명 이상 상시 고용 ② 독립된 연구시설을 갖출 것 ③ 연구개발 시설투자금액 1억원 이상 ④ 외국인이 외투기업 주식 30% 이상 소유
○ 감면혜택 : 근로소득세 2년간 50% 감면	○ (좌 동)
○ 적용기한 : 2015.12.31.	○ 적용기한 : 2018.12.31.

(2) 개정이유

고부가가치 외국인투자 지원

(3) 적용시기 및 적용례

2015.1.1. 이후 근로를 제공하는 분부터 적용

* 종전의 규정에 따라 소득세 감면을 적용받는 자는 종전의 규정을 적용

8. 2013년 개정세법(2014.1.1.)

【관계법령】

○ 조세특례제한법 일부개정법률(법률 제12173호) : 2014.1.1. 공포

○ 조세특례제한법 시행령 일부개정령(대통령령 제25211호) : 2014.2.21. 공포

○ 조세특례제한법 시행규칙 일부개정령(기획재정부령 제406호) : 2014.3.14. 공포

【목차】

1. R&D 준비금 손금산입제도 적용기한 종료
2. R&D 비용 세액공제 적용시 중견기업 범위 확대
3. 일반기업에 대한 R&D 비용 세액공제율 한도 축소
4. R&D 설비투자 세액공제율 차등적용
5. 중소기업의 기술이전에 대한 세제지원
6. 기술혁신형 합병·주식취득에 대한 세액공제 대상 규정
7. 각종 투자세액공제의 중견기업 요건규정
8. 연구개발업에 대한 R&D 비용 세액공제 허용
9. 비연구전담부서 직원의 인력개발비를 R&D 비용 세액공제 대상에서 제외
10. 국가등의 지원금으로 시설투자한 금액에 대한 세제지원 배제

1 R&D 준비금 손금산입제도 적용기한 종료(조세특례제한법 §9)

(1) 개정내용

종 전	개 정
□ R&D 준비금 손금산입 * 미래의 R&D 투자를 위해 준비금으로 계상한 경우 세법상 비용으로 인정 ○ 준비금 적립 한도 - 매출액의 3% ○ 과세이연 - 준비금으로 계상후 3년 이내 실제 R&D에 사용시 3년 거치 3년 분할 익금산입 ○ 사후관리 - 3년이 되는 날까지 미사용시 3년이 되는 날 전액 익금산입 - 사업폐지, 법인해산(합병제외)시 전액 익금산입 - 이자상당가산액 추가납부 □ (적용 기한) 2013.12.31.	□ 적용기한 종료

(2) 개정이유

R&D 준비금은 국제적으로 운용되지 않는 제도이고 일부 기업에게 혜택이 집중되는 점을 감안하여 적용기한 종료

2 R&D 비용 세액공제 적용시 중견기업 범위 확대(조세특례제한법 시행령 §9 ④)

(1) 개정내용

종 전	개 정
□ R&D 비용 세액공제율	□ 중견기업 범위 확대 ○ 매출액 3천억원 → 5천억원

종 전

구분		공제율(%)
중소기업		25
중견기업 (매출액 1천~3**천억원**)	1~3년차	15
	4~5년차	10
	6년차~	8
대기업		3~6

개 정

구분		공제율(%)
중소기업		25
중견기업 (매출액 1천~5**천억원**)	1~3년차	15
	4~5년차	10
	6년차~	8
대기업		3~6

(2) 개정이유

중견기업 성장사다리 확충 및 R&D 역량 제고를 위해 중견기업의 범위를 매출액 5천억원 미만 기업으로 확대하여 R&D 세제지원 강화(공제율 3~6%→8~15%)

(3) 적용시기 및 적용례

2014.1.1. 이후 개시하는 과세연도 분부터 적용

3 일반기업에 대한 R&D 비용 세액공제율 한도 축소(조세특례제한법 §10)

(1) 개정내용

<table>
<tr><th>종 전</th><th>개 정</th></tr>
<tr><td>

□ 당기분 방식 공제율

구분	공제율(%)
중소기업 (유예기간 포함)	25
중견기업 1~3년차	15
중견기업 4~5년차	10
중견기업	8
일반기업	3~6*

* 3%(기본공제율) + 해당 과세연도의 수입금액에서 R&D 비용이 차지하는 비율 × 1/2
* 한도 : 6%

</td><td>

□ 일반기업의 당기분 방식 공제율 한도 축소

구분	공제율(%)
중소기업 (유예기간 포함)	25
중견기업 1~3년차	15
중견기업 4~5년차	10
중견기업	8
일반기업	3~4*

* 3%(기본공제율) + 해당 과세연도의 수입금액에서 R&D 비용이 차지하는 비율 × 1/2
* 한도 : 4%

</td></tr>
</table>

(2) 개정이유

대기업에 대한 R&D 비용 세액공제 적정화를 위해 일반기업에 대한 R&D 비용 세액공제율 한도 축소

(3) 적용시기 및 적용례

2014.1.1. 이후 개시하는 과세연도 분부터 적용

4 R&D 설비투자 세액공제율 차등적용(조세특례제한법 §11)

(1) 개정내용

종 전	개 정
□ 연구 및 인력개발설비 투자에 대한 세액 공제	□ 세액공제율 차등 적용
○ (공제대상 시설) - 연구시험용 시설 - 직업훈련용 시설 - 신기술사업화 설비 등	
○ (세액공제율) 10%	○ 세액공제율 축소 및 차등 - 대기업 : 10% → 3% - 중견기업 : 10% → 5% - 중소기업 : 10%(변동 없음)
○ (적용기한) 2015.12.31.	○ (좌 동)

(2) 개정이유

R&D 설비 확충을 지원하기 위해 기업규모별로 공제율을 차등화하여 지원

* R&D에 대해서는 보조금 등 세출예산지원 가능

(3) 적용시기 및 적용례

2014.1.1. 이후 투자하는 분부터 적용

5 중소기업의 기술이전에 대한 세제지원(조세특례제한법 §12)

(1) 개정내용

종 전	개 정
〈신 설〉	□ 중소기업의 기술이전소득에 대한 과세특례 ○ (지원대상) 중소기업의 특허권등 기술이전 소득 ○ (지원내용) 소득세·법인세의 50% 세액 감면 ○ (적용기한) 2015.12.31.*(2년) * 중소기업의 기술취득에 대한 세액공제 적용 기한 2015.12.31.

(2) 개정이유

기술양도를 위한 중간회수시장 형성을 지원하고 기업간 기술거래를 통한 기술역량 제고를 지원

※ 현재는 중소기업이 특허권 등 기술을 취득하는 경우에만 취득금액의 7%를 소득세·법인세에서 세액공제

(3) 적용시기 및 적용례

2014.1.1. 이후 최초로 이전하는 분부터 적용

6 기술혁신형 합병 · 주식취득에 대한 세액공제 신설(조세특례제한법 §12의 3, §12의 4, 조세특례제한법 시행령 §11의 3, §11의 4)

(1) 개정내용

종 전	개 정
〈신 설〉	□ 합병법인이 기술혁신형 합병·주식취득에 대해 지급한 인수가액 중 기술가치 금액*의 10%를 법인세에서 공제 * 다음 ①, ② 중 선택 ① 벤처기업특별법상 평가기관의 평가금액 × 지분비율 ② 인수가액 – [(순자산시가 × 1.3) × 지분비율] ○ (인수법인) 내국법인 ○ (피인수법인 : 기술혁신형 중소기업) – 벤처기업특별법상 벤처기업으로 확인받은 기업 – 중소기업 기술촉진법상 이노비즈기업으로 선정된 기업 – 매출액 대비 R&D 비용이 5% 이상인 기업(직전 사업연도 기준) ○ (인정기준) 인수가액이 순자산시가의 150% 이상, 지분비율 50% 초과 등 ○ (사후관리) 종전 사업영위 및 취득당시 지분비율 유지 등 ○ (적용기한) 2015.12.31.

(2) 개정이유

기술혁신형 중소기업의 합병을 촉진하여 벤처 창업자 등의 투자금 회수 및 재투자 지원

(3) 적용시기 및 적용례

2014.1.1. 이후 합병 · 취득하는 분부터 적용

7 각종 투자세액공제의 중견기업 요건규정(조세특례제한법 시행령 §10, §22의 2, §22의 3, §22의 4, §23)

(1) 개정내용

〈조세특례제한법 개정내용(§11, §25의 2, §25의 3, §25의 4, §26)

□ 각종 투자세액공제의 중견기업 공제율 구간을 신설하고 중견기업의 요건을 대통령령에 위임.

종 전	개 정
〈신 설〉	□ 중견기업의 요건(①~③ 요건 모두 충족) ① 세법상 중소기업 업종을 영위할 것 ② 상호출자제한기업집단 소속기업이 아닐 것 ③ 직전 3년 평균 매출액이 3천억원 미만일 것

(2) 개정이유

각종 투자세액공제에서 대기업 · 중견 · 중소기업별로 공제율을 차등지원함에 따라 중견기업의 요건 구체화

(3) 적용시기 및 적용례

2014.1.1. 이후 투자하는 분부터 적용

8 연구개발업에 대한 R&D 비용 세액공제 허용(조세특례제한법 시행령 별표 6)

(1) 개정내용

종 전	개 정
□ R&D 비용 세액공제 ○ 지원대상 : 기업부설연구소 또는 연구개발전담부서 〈추 가〉	 - 연구개발서비스업* 중 연구개발업**의 자체연구개발 * 연구개발업 + 연구개발지원업 ** 영리를 목적으로 이공계 분야의 연구와 개발을 독립적으로 수행하거나 위탁받아 수행하는 산업
○ 지원비용 - (연구개발비) 전담연구원 인건비, 견본품·원재료·시약류 구입비, 위탁 및 공동연구개발비 등 - (인력개발비) 위탁훈련비 등	○ (좌 동)
○ (세액공제율) 3~25%	○ (좌 동)

(2) 개정이유

○ 연구개발서비스업자는 「국가과학기술 경쟁력 강화를 위한 이공계 특별법」에 따라 미래부 장관에 신고된 기업으로

○ 「기초연구진흥 및 기술개발지원에 관한 법률」에 의해 인정된 기업부설연구소 및 연구개발 전담부서와 유사한 연구개발 주체이므로 R&D 비용 세액공제 대상에 포함

(3) 적용시기 및 적용례

2014.1.1. 이후 개시하는 과세연도 분부터 적용

9 비연구전담부서 직원의 인력개발비를 R&D 비용 세액공제 대상에서 제외(조세특례제한법 시행령 별표 6)

(1) 개정내용

종 전	개 정
□ R&D 비용 세액공제 대상	
ㅇ연구개발비 - 전담부서 연구원 인건비 - 연구용 견본품, 부품, 시약비 - 연구·시험용시설 이용 비용 - 위탁 및 공동연구개발비 - 발명보상금, 기술정보비 등	ㅇ(좌 동)
ㅇ인력개발비 - 국내외의 전문 연구기관 또는 대학에의 위탁교육훈련비 - 사내직업능력개발훈련 비용 등	ㅇ세액공제 대상 인력개발비를 연구소 또는 전담부서에서 근무하는 직원에 대한 인력개발비로 한정

(2) 개정이유

전담부서 직원이 아닌 직원의 교육훈련비 등은 R&D와 직접적인 관련이 없음을 감안하여 전담부서 직원의 인력개발비만 R&D 비용세액공제 대상에 포함

(3) 적용시기 및 적용례

2014.1.1. 이후 개시하는 과세연도 분부터 적용

10 국가등의 지원금으로 시설투자한 금액에 대한 세제지원 배제 (조세특례제한법 §127)

(1) 개정내용

종 전	개 정
☐ 투자세액공제 ○ 사업용자산* 및 기능별자산**에 대한 시설투자시 세액공제 * 고용창출투자세액공제(§26), 중소기업투자세액공제(§5) ** 생산성향상시설(§24), 안전설비(§25), 에너지절약시설(§25의 2), 환경보전시설(§25의 3), 의약품품질관리시설(§25의 4), R&D 설비(§11), 근로자복지증진시설(§94), R&D 시설기부(§104의 18)	☐ 투자세액공제제도 합리화
○ 투자자금의 출처와 관계없이 세액공제 허용	○ 국가, 지방자치단체, 공공기관, 지방공기업의 보조금 등에 대한 세제지원 배제 - (보조금 등을 받은 경우) 지원받은 보조금 상당액 - (저리융자 등을 받은 경우) 이자지원금 상당액 ▪ 이자지원금 = 융자받은 시점에 시가인 이자율*을 적용하여 계산한 원리금 합계액 - 융자받은 시점에 실제 융자받은 이자율을 적용하여 계산한 원리금 합계액 * 융자받은 시점의 법인세법 시행령 제89조 제3항에 따른 이자율

(2) 개정이유

중복지원을 배제하고 자체비용으로 투자하는 기업과의 형평성 제고

(3) 적용시기 및 적용례

2014.1.1. 이후 투자하는 분부터 적용

9. 2012년 개정세법(2013.1.1.)

【관계법령】

○ 조세특례제한법 일부 개정법률(법률 제11614호) : 2013.1.1. 공포

○ 조세특례제한법 시행령 일부 개정령(대통령령 제24368호) : 2013.2.15. 공포

○ 조세특례제한법 시행규칙 일부 개정령(기획재정부령 제322호) : 2013.2.23. 공포

【목차】

1. R&D 비용 세액공제의 증가분 산식 조정
2. 중견기업에 대한 일반 R&D 비용 세액공제 구간 신설
3. 신성장동력 · 원천기술 분야 R&D 비용 세액공제 대상기술에 신약연구개발 추가
4. 정부 출연금으로 지출한 연구개발비에 대한 R&D 비용 세액공제 배제
5. R&D 비용 세액공제 대상 인건비에서 손금으로 인정되는 이익처분성과급 제외
6. R&D 비용 세액공제 대상이 되는 위탁연구개발비의 범위 명확화
7. 신성장동력 및 원천기술분야 R&D 비용 세액공제 적용기한 연장
8. R&D 세제지원제도 적용기한 연장
9. 연구개발특구 입주기업 세액감면 적용기한 연장
10. 소득세감면 외국인기술자 범위확대

1 R&D 비용 세액공제의 증가분 산식 조정(조세특례제한법 §10)

(1) 개정내용

<table>
<tr><th>종 전</th><th>개 정</th></tr>
<tr><td>□ 증가분방식 R&D 비용 세액공제
○ 증가분 산식 : 당해연도 R&D 비용 − 직전 4년 평균 R&D 비용
○ 공제세액 : 증가분 × 공제율
<table>
<tr><th>구분</th><th>공제율(%)</th></tr>
<tr><td>중소기업
(유예기간 포함)</td><td>50</td></tr>
<tr><td>일반기업</td><td>40</td></tr>
</table>
</td><td>□ 증가분 산식의 조정
○ 증가분 산식 : 직전 3년 평균 R&D 비용('13) → 2년 평균('14) → 직전연도('15 이후)
○ 단, 직전연도 R&D 비용이 직전 4년 평균 R&D 비용보다 적은 경우 증가분방식 적용 배제</td></tr>
</table>

(2) 개정이유

R&D 비용 증가분방식의 세액공제 방식을 합리적으로 조정

(3) 적용시기 및 적용례

2013.1.1. 이후 개시하는 과세연도 분부터 적용

2 중견기업에 대한 일반 R&D 비용 세액공제 구간 신설(조세특례제한법 §10, 조세특례제한법 시행령 §9 ④)

(1) 개정내용

<table>
<tr><th>종 전</th><th>개 정</th></tr>
<tr><td>

□ 당기분 방식* R&D 비용 세액공제

* 당해연도 R&D 비용 × 공제율

<table>
<tr><th rowspan="2">구분</th><th colspan="2">공제율(%)</th></tr>
<tr><th>일반</th><th>신성장 · 원천기술</th></tr>
<tr><td>중소기업
(유예기간 4년 포함)</td><td>25</td><td>30</td></tr>
<tr><td>이후 1~3년차</td><td>15</td><td rowspan="3">20</td></tr>
<tr><td>이후 4~5년차</td><td>10</td></tr>
<tr><td>일반기업</td><td>3~6**</td></tr>
</table>

** 3%(기본공제율) + 해당 과세연도의 수입금액에서 R&D 비용이 차지하는 비율×1/2

〈중견기업의 범위 신설〉

</td><td>

□ 중견기업에 대한 별도 공제율 구간 신설

<table>
<tr><th rowspan="2">구분</th><th colspan="2">공제율(%)</th></tr>
<tr><th>일반</th><th>신성장 · 원천기술</th></tr>
<tr><td>중소기업
(유예기간 4년 포함)</td><td>25</td><td>30</td></tr>
<tr><td>이후 1~3년차</td><td>15</td><td rowspan="4">20</td></tr>
<tr><td>이후 4~5년차</td><td>10</td></tr>
<tr><td>중견기업</td><td>8</td></tr>
<tr><td>일반기업</td><td>3~6</td></tr>
</table>

○ 중견기업의 범위(아래 i, ii, iii 요건 모두 충족)

i) 「조세특례제한법」상 중소기업 업종을 영위할 것

ii) 상호출자제한기업집단 소속기업이 아닐 것

iii) 직전 3년 평균 매출액 3천억원 미만인 기업일 것

</td></tr>
</table>

(2) 개정이유

중견기업에 대한 R&D 세제지원을 강화

(3) 적용시기 및 적용례

2013.1.1. 이후 개시하는 과세연도 분부터 적용

3 신성장동력 · 원천기술 분야 R&D 비용 세액공제 대상기술에 신약 연구개발 추가(조세특례제한법 시행령 별표 7 · 8)

(1) 개정내용

종 전	개 정
□ 신성장동력 · 원천기술분야 R&D 비용 세액공제 ○ (공제대상) – 신성장동력(11개 분야 62개 기술) * 그린카, 바이오의약품, 신재생에너지 등	○ (좌 동)
〈추 가〉	– 백신* * 바이러스나 박테리아에 의한 감염을 방어하기 위한 목적 항원에 대한 기술을 접목한 치료 및 예방목적의 백신 제조 기술
– 원천기술(18개 분야 28개 기술) * 연료전지 · 2차전지, 원자력 등	
〈추 가〉	– 임상평가 기술* * 임상약리시험 평가기술(임상1상 시험) : 신약 후보물질의 초기 안정성, 잠재적 치료효과 추정 등을 위한 평가기술 * 치료적 탐색 임상평가기술(임상2상 시험) : 신약 후보물질의 용량 및 투여기간 추정 등을 위한 평가기술 – 혁신형 개량신약* * 혁신형 개량신약 개발 및 제조 기술 : 기존 신약보다 안전성, 유효성, 유용성, 효능 등을 현저히 개선시킨 개량 신약을 개발 · 제조하는 기술

(2) 개정이유

국내 제약기업의 신약연구개발 지원

(3) 적용시기 및 적용례

2013.1.1. 이후 개시하는 과세연도 분부터 적용

4 정부 출연금으로 지출한 연구개발비에 대한 R&D 비용 세액공제 배제(조세특례제한법 시행령 §8 ①, §9 ①·②)

(1) 개정내용

종 전	개 정
□ 조세특례제한법 §10의 2에서 규정한 법률* 에 따라 지원받은 연구개발 관련 출연금에 대하여 R&D 비용 세액공제 배제 * 기초연구진흥 및 기술개발지원에 관한 법률, 산업기술혁신 촉진법, 정보통신산업 진흥법, 중소기업기술혁신 촉진법, 부품·소재전문기업 등의 육성에 관한 특별조치법, 대덕연구개발특구 등의 육성에 관한 특별법, 기초연구진흥 및 기술개발 지원에 관한 법률	(좌 동)
〈추 가〉	- 조세특례제한법 §10의 2에 근거하지 않은 출연금을 지출하는 경우에도 R&D 비용 세액공제 배제

(2) 개정이유

과도한 조세지원을 축소하기 위하여 정부로부터 지급받은 출연금에 대한 R&D 비용 세액공제 배제

(3) 적용시기 및 적용례

2013.1.1. 이후 개시하는 과세연도 분부터 적용

5 R&D 비용 세액공제 대상 인건비에서 손금으로 인정되는 이익처분 성과급 제외(조세특례제한법 시행령 별표 6)

(1) 개정내용

종 전	개 정
□ R&D 비용 세액공제 대상 ○ 인건비. 다만, 다음 항목은 제외 - 「소득세법」 제22조의 퇴직소득에 해당하는 금액 - 퇴직급여충당금 전입액 〈신 설〉	○ (좌 동) -「법인세법 시행령」 제20조의 손금으로 인정되는 이익처분 성과금* * 차액보전형 주식매수선택권, 성과배분상여금, 우리사주조합을 통하여 자기주식으로 지급하는 성과급

(2) 개정이유

R&D 비용에 대한 과도한 조세지원을 축소

(3) 적용시기 및 적용례

2013.1.1. 이후 개시하는 과세연도 분부터 적용

6 R&D 비용 세액공제 대상이 되는 위탁연구개발비의 범위 명확화 (조세특례제한법 시행령 별표 6)

(1) 개정내용

종 전	개 정
□ R&D 비용 세액공제 대상 범위 ○ 국내외 기업의 전담부서 등에 위탁·재위탁함에 따른 비용	○ (좌 동) - 다만, 전담부서 등에 위탁함에 따른 비용은 전담부서 등에서 직접 수행한 부분에 한함.

(2) 개정이유

비전담부서에서 발생한 R&D 비용은 세액공제 적용 배제

7 신성장동력 및 원천기술분야 R&D 비용 세액공제 적용기한 연장 (조세특례제한법 §10)

(1) 개정내용

종 전	개 정
□ 신성장동력·원천기술 R&D 세액공제(일반 R&D보다 우대 적용) ○ 공제율 : 당해연도 발생액×20%(중소기업 30%) ○ 세액공제 대상 - 신성장동력(11개 분야 62개 기술) * 그린카, 바이오의약품, 신재생에너지 등 - 원천기술(18개 분야 28개 기술) * 연료전지·2차전지, 원자력 등 ○ 적용기한 : 2012.12.31.	○ 적용기한 : 2015.12.31.(3년 연장)

(2) 개정이유

미래성장동력 확보를 위한 기업투자를 지속적으로 지원

8 R&D 세제지원제도 적용기한 연장(조세특례제한법 §10의 2, §11, §12)

(1) 개정내용

종 전	개 정
▢ 연구개발 관련 출연금* 등의 과세특례 ○ 수령시 익금으로 보지 않고, 지출시 손금으로 보지 않음 *「기술개발촉진법」,「정보화촉진법」 등 관련법에 따라 지급받는 출연금 ▢ 연구 및 인력개발을 위한 설비* 투자에 대한 세액공제 ○ 투자금액의 10% 소득세·법인세 세액공제 * 연구시험용 시설, 직업훈련용 시설, 신기술사업화 설비 등 ▢ 중소기업의 기술*취득에 대한 세액공제 ○ 기술 취득금액의 7% 소득세·법인세 세액공제 * 특허권, 실용신안권, 기술비법 등 ▢ 적용기한 : 2012.12.31.	 ▢ 적용기한 : 2015.12.31.

(2) 개정이유

성장잠재력 확충 지원

9 연구개발특구 입주기업 세액감면 적용기한 연장(조세특례제한법 §12의 2)

(1) 개정내용

종　　　　전	개　　　　정
□ 연구개발특구* 입주기업에 대하여 법인세·소득세 3년간 100%, 2년간 50% 감면 * 대전, 대구, 광주광역시 내에 소재 ○ 적용기한 : 2012.12.31.	○ 적용기한 : 2015.12.31.(3년 연장)

(2) 개정이유

연구개발특구 조성을 지원

10 소득세감면 외국인기술자 범위확대(조세특례제한법 시행령 §16 ①)

(1) 개정내용

종　　　　전	개　　　　정
□ 특정 경력 및 학위*를 소지하고 다음 업종에 종사하는 외국인기술자에 대해 2년간 근로소득세 50%감면 * 경력 5년 or 경력 3년 + 학사 학위 이상	□ 대상추가
○ 시장조사 및 여론조사업, 사업 및 경영 상담업, 기술시험·검사 및 분석업, 기타 과학 및 기술 서비스업, 전문 디자인업	○ (좌　동)
〈추　가〉	○ 연구개발서비스업, 의료업(국제의료관광코디네이터에 한정)

(2) 개정이유

연구개발서비스업 및 고부가가치 의료관광산업 지원

(3) 적용시기 및 적용례

2013.2.15.이 속하는 과세연도에 발생하는 소득 분부터 적용

10. 2011년 개정세법(2011.12.31.)

【관계법령】

○ 조세특례제한법 일부 개정법률(법률 제11133호) : 2011.12.31. 공포

○ 조세특례제한법 시행령 일부 개정령(대통령령 제23590호) : 2012.2.2. 공포

○ 조세특례제한법 시행규칙 일부 개정령(기획재정부령 제264호) : 2012.2.28. 공포

【목차】

1. R&D 세액공제 대상을 서비스 분야로 확대
2. R&D 세액공제 대상에 위탁·재위탁 R&D 추가
3. 신성장동력·원천기술 R&D 세액공제 대상 확대
4. R&D 세액공제시 증가분 방식 적용대상 명확화
5. 증가분 방식 R&D 세액공제 계산방법 합리화
6. 위탁·공동연구 기관의 범위 조정
7. R&D 세액공제 대상 연구·인력개발비 조정
8. 연구개발특구에 입주하는 연구소기업에 대한 조문정리
9. R&D 특구, 제주첨단과학기술단지 입주기업 세액감면대상업종에 해당하는 '정보통신산업'의 범위 확대
10. 최저한세 배제 대상에서 대기업의 R&D 세액공제 제외

1 R&D 세액공제 대상을 서비스 분야로 확대(조세특례제한법 시행령 §9, 조세특례제한법 시행규칙 §7)

(1) 개정내용

종 전	개 정
□ R&D의 정의 ○ 과학적 또는 기술적 진전을 이루기 위한 활동	□ R&D 정의에 서비스 R&D 추가 ○ 과학적 또는 기술적 진전을 이루기 위한 활동과 새로운 서비스 및 서비스 전달체계의 개발을 위한 활동
□ R&D 비용 세액공제 대상 전담부서 등의 범위 ○ 「기술개발촉진법 시행규칙」에 따른 기업부설연구소, 연구개발전담부서 * 과학기술분야에 한정	□ R&D 비용 세액공제 대상 전담부서 등의 범위 ○ 「기초연구진흥 및 기술개발지원에 관한 법률 시행령」에 따른 기업부설연구소, 연구개발전담부서 * 지식기반서비스 분야(11개 업종) 포함
□ 연구개발비의 범위 ○ 연구개발에 필요한 비용으로서 대통령령으로 정하는 비용 〈신 설〉	□ 서비스분야 연구개발비 범위 신설 ○ (좌 동) - 단, 서비스분야 연구개발비는 자체연구개발비로 한정

(2) 개정이유

현행 과학기술분야 중심의 R&D 세액공제를 서비스분야로 확대하여 서비스산업의 선진화 및 경쟁력 강화 지원. 단, 제도시행 초기인 점을 감안하여 자체 연구개발비에 대하여 세제지원

(3) 적용시기 및 적용례

2012.1.1.이 속하는 과세연도 분부터 적용

2 R&D 세액공제 대상에 위탁·재위탁 R&D 추가(조세특례제한법 시행령 §9 ①·②, 별표 6)

(1) 개정내용

<table>
<tr><th>종 전</th><th>개 정</th></tr>
<tr><td>

□ R&D 유형별 세액공제 대상

구분	일반 R&D	신성장·원천 기술 R&D
자체연구개발	○	○
위탁 R&D	○	×
재위탁 R&D	×	×
공동연구개발	○	×

</td><td>

□ R&D 세액공제 대상 확대

구분	일반 R&D	신성장·원천 기술 R&D
자체연구개발	○	○
위탁 R&D*	○	○
재위탁 R&D	○	○
공동연구개발	○	○

* 신성장동력·원천기술 R&D의 경우 수탁·재수탁·공동연구하는 기업은 '신성장동력·원천기술 R&D 전담부서'를 갖추어야 함.

</td></tr>
</table>

(2) 개정이유

최근 기술융합 추세에 따라 하나의 기업이 모든 R&D 용역을 수행하지 않고 위탁받은 R&D 용역 일부를 재위탁하는 현실을 감안

- 다만, 위탁·재위탁·공동연구에 따른 신성장·원천기술 R&D 비용을 세액공제받기 위해서는 수탁 기업 등의 경우에도 '신성장동력·원천기술 R&D 전담부서'를 갖추어야 함.

(3) 적용시기 및 적용례

2012.1.1. 이후 최초로 개시하는 과세연도 분부터 적용

3 신성장동력 · 원천기술 R&D 세액공제 대상 확대(조세특례제한법 시행령 별표 7 · 8)

(1) 개정내용

종 전	개 정
□ 신성장동력 · 원천기술 R&D 세액공제 대상 ○ 신성장동력(10개 분야 46개 기술) - 그린카, 바이오의약품, 신재생에너지 등 ○ 원천기술(18개 분야 45개 기술) - 연료전지 · 2차전지, 원자력, 인공위성, 디스플레이 등	□ 신성장동력 · 원천기술 R&D 세액공제 대상 확대 ○ 성장동력(1개 분야, 16개 기술 추가) - 풍력 · 지열에너지, 입체영상, IT융합 추가 ○ 원천기술(3개 기술 추가) - 차세대 신공정 LCD 추가

(2) 개정이유

미래 성장동력인 차세대 신공정 LCD기술 및 3D기술 등을 지원함으로써 미래산업 육성 지원

(3) 적용시기 및 적용례

2011.6.3.이 속하는 과세연도에 발생하는 비용분부터 적용

4 R&D 세액공제시 증가분 방식 적용대상 명확화(조세특례제한법 §10)

(1) 개정내용

종 전	개 정
□ 일반 R&D 세액공제 방식 ○ 증가분 방식과 당기분 방식 중 선택하여 적용 * 증가분 방식 : 과거 4년간 발생한 R&D 비용의 연평균 발생액 초과금액의 40% (중소기업 50%) ○ 당기분 방식 : 3~6%(중소기업 25%)	□ 일반 R&D 세액공제 방식 ○ (좌 동) – 단, 과거 4년간 발생한 R&D 비용이 없는 경우에는 당기분 방식만 적용

(2) 개정이유

과거 4년간 지출한 R&D 비용이 없는 경우 증가분 방식을 적용할 수 있는지 여부에 대해 기획재정부 예규・심판례 등과 대법원 판례가 상이한 문제점 해결

(3) 적용시기 및 적용례

2012.1.1. 이후 최초로 개시하는 과세연도 분부터 적용

5 증가분 방식 R&D 세액공제 계산방법 합리화(조세특례제한법 시행령 §9 ④)

(1) 개정내용

종 전	개 정
□ 증가분 방식 세액공제 적용시 '직전 4년간 연평균 R&D 비용' 계산방법 ○ 최초로 R&D 비용이 발생한 과세연도부터 해당 과세연도까지 4년 이상인 경우 : 직전 4년 R&D 비용 합계액/4 ○ 최초로 R&D 비용이 발생한 과세연도부터 해당 과세연도까지 4년 미만인 경우 : 4년으로 환산한 금액	□ 증가분 방식 세액공제 적용시 '직전 4년간 연평균 R&D 비용' 계산방법 합리화 ○ 직전 4년 R&D 비용 합계액 ÷ 직전 4년 중 R&D 비용이 발생한 과세연도 수* 합계 * 단, 과세연도의 수가 4 이상인 경우 4로 함.

(2) 개정이유

현행 증가분 방식의 R&D 세액공제 계산방법은 R&D 비용이 최초 발생한 과세연도부터 해당 과세연도까지 기간이 48개월(4년) 이상 여부에 따라 세액공제 금액이 달라지는 문제 해소

| 직전 4년 평균 R&D 비용 계산방법 비교 |

연도별 R&D 비용					4년 평균 R&D 비용			
Y-5년	Y-4년	Y-3년	Y-2년	Y-1년	현 행		개 정 안	
2,000	2,000	2,000	2,000	2,000	2,000	= 8,000/4	2,000	= 8,000 / 4
2,000	0	0	2,000	2,000	1,000	= 4,000/4	2,000	= 4,000 / 2
0	0	0	2,000	2,000	2,000	= (4,000 ÷ 2 × 4) / 4	2,000	= 4,000 / 2
0	0	2,000	0	2,000	1,333	= (4,000 ÷ 3 × 4) / 4	2,000	= 4,000 / 2

(3) 적용시기 및 적용례

2012.1.1. 이후 최초로 개시하는 과세연도 분부터 적용

6 위탁 · 공동연구 기관의 범위 조정(조세특례제한법 시행령 별표 6)

(1) 개정내용

종　　　전	개　　　정
☐ R&D 세액공제 대상 위탁·공동연구비용의 범위 ○ 아래 기관과의 위탁 · 공동연구 비용 ① 대학 · 전문대학, 연구기관 * 연구분야의 제한 없음. ② 과학기술분야를 연구하는 국내외 비영리법인, 국내외 기업의 연구기관 · 전담부서 ③ 연구개발 서비스업을 영위하는 기업, 산학협력단 등 ④ 한국디자인진흥원	☐ R&D 세액공제 대상 위탁·공동연구비용의 범위 조정 ○ 아래 기관과의 과학기술분야에 대한 위탁 · 재위탁 · 공동연구 비용 ①~③ (좌　동) ※ 서비스분야 R&D는 자체 연구개발의 경우에만 세액공제 허용 〈삭　제〉

(2) 개정이유

○ 「조세특례제한법」 개정에 따라 연구개발의 범위를 서비스 분야로 확대하되, 서비스 R&D의 경우 자체연구개발에 대해서만 R&D 세액공제를 허용

○ 한국디자인진흥원을 R&D 수탁기관에서 제외

– '한국디자인진흥원'의 경우 개별 기업으로부터 R&D 또는 디자인개발을 위한 용역을 수탁받는 경우, 동 규정이 없어도 '고유 디자인 개발을 위한 비용'(별표 6 제1호 사목)에 해당하여 R&D 세액공제가 가능

* 조세특례제한법 통칙 10－9…1(연구인력개발비의 범위)에서 '고유디자인의 개발을 위한 비용'은 디자인 위탁개발용역비를 포함하는 것으로 규정

(3) 적용시기 및 적용례

2012.1.1. 이후 최초로 개시하는 과세연도 분부터 적용

7 R&D 세액공제 대상 연구·인력개발비 조정(조세특례제한법 시행령 별표 6)

(1) 개정내용

종 전	개 정
☐ 연구개발비의 범위	☐ 연구개발비의 범위 조정
○ 자체연구개발비	○ 자체연구개발비
- 인건비	- 인건비(퇴직소득·퇴직급여충당금 제외)
- 견본품, 원재료비 등	- (좌 동)
○ 위탁·공동연구개발비	○ (좌 동)
○ 소화개량비, 기술지도비용 등	○ (좌 동)
○ 과학기술 도서·간행물 구입비	〈삭 제〉
☐ 인력개발비의 범위	☐ 인력개발비의 범위 조정
○ 대학·연구기관·직업훈련기관 등에의 위탁교육훈련비	○ (좌 동)
○ 사내직업능력개발훈련 비용 등	○ (좌 동)
○ 국가기술자격검정응시 경비	〈삭 제〉

(2) 개정이유

○ 조세특례제한법 통칙에 규정된 인건비 범위를 시행령에서 직접 규정

○ 과학도서·간행물, 국가기술자격검정응시 경비는 연구개발 및 인력개발과 직접적인 관련성이 없으므로 세액공제 대상에서 제외

(3) 적용시기 및 적용례

2012.1.1. 이후 최초로 개시하는 과세연도 분부터 적용

8 연구개발특구에 입주하는 연구소기업에 대한 조문정리(조세특례제한법 §12의 2 ①)

(1) 개정내용

종 전	개 정
▢ 연구개발특구에 대한 소득·법인세 세액 감면 ○ 대상기업 – 첨단기술기업(지경부장관 지정) – 연구소기업(승인제) ○ 지원내용 : 5년간 소득·법인세 감면 (3년간 100%, 2년간 50%) ○ 감면업종 : 생명공학 관련 업종 등 ○ 일몰 : 2012.12.31.	– 연구소기업(등록제) * 승인제 → 등록제로 관련 법률이 개정됨에 따라 조문정리

(2) 개정이유

연구소기업 설립에 관한 근거법률*이 개정(2009.12.30.)됨에 따라 조문정리

*「대덕연구개발특구 등의 육성에 관한 특별법」

(3) 적용시기 및 적용례

2012.1.1. 이후 최초로 개시하는 과세연도 분부터 적용

9 R&D 특구, 제주첨단과학기술단지 입주기업 세액감면대상 업종에 해당하는 '정보통신산업'의 범위 확대(조세특례제한법 시행령 §11의 3, §116의 14)

(1) 개정내용

종 전	개 정
□ 세액감면 대상업종 ○ R&D 특구, 제주첨단과학기술단지 입주기업 중 「정보통신산업진흥법」에 따른 정보통신산업에 한해 세액감면 - 「정보통신망 이용촉진 및 정보보호 등에 관한 법률」에 따른 정보통신서비스를 제공하는 산업은 제외	□ 세액감면 대상업종 ○ (좌 동) - 정보통신산업 범위에 '정보통신서비스를 제공하는 산업' 추가

(2) 개정이유

정보통신서비스를 제공하는 산업은 「정보통신산업진흥법」 개정 이전에는 세액감면 대상업종에 해당하였으나, 동법 개정으로 제외되었으므로 세액감면대상에 추가

(3) 적용시기 및 적용례

2012.1.1. 이후 입주하는 기업부터 적용

10 최저한세 배제 대상에서 대기업 R&D 세액공제 제외(조세특례제한법 §132, 조세특례제한법 시행령 §126 ③)

(1) 개정내용

종 전	개 정
□ 최저한세가 적용되지 않는 R&D 세액공제 범위 ○ 중소기업 : R&D 비용* 전액 * R&D 인력 인건비, 원재료비 등 ○ 대기업 : 석·박사 연구인력 인건비	□ 최저한세 적용제외 대상에서 대기업의 R&D 세액공제 제외 ○ 중소기업 : (좌 동) 〈삭 제〉

(2) 개정이유

R&D에 대해서는 충분히 세제지원하고 있는 점, 다른 세액공제와의 과세형평성 등을 고려하여 대기업의 R&D 세액공제 금액은 최저한세 적용

(3) 적용시기 및 적용례

2012.1.1. 이후 최초로 개시하는 과세연도 분부터 적용

부록2

연구개발사전심사 불인정 사례[680)]

목 차

680) 국세청 홈페이지 연구인력개발비 세액공제 사전 심사제도 코너를 참고하기 바란다 (https://www.nts.go.kr/nts/cm/cntnts/cntntsView.do?mi=2383&cntntsId=7749).

1 연구개발 활동

사례 1 고객사 의뢰 양산준비 활동

(1) 사실관계

- 법인 ◇◇는 고객사로부터 신규부품 양산 의뢰를 받아,
  - 고객사로부터 도면을 입수하여 양산타당성 검증 및 견적서 발행을 진행하고, 고객사의 진행승인에 따라 금형 제작, 초품 생산하여 검증 후 고객사의 승인을 받는 등 양산 준비단계 활동을 하고 있음.
  - 관련 연구원의 인건비와 금형 제작 및 생산설비 비용을 포함한 재료비에 대해 연구・인력개발비 세액공제 신청

| 법인 ◇◇에 대한 사실관계 |

(2) 쟁점 사항

- 고객사로부터 부품 생산 의뢰받아 납품하기 위한 양산준비단계 활동이 연구・인력개발비 세액공제 대상에 해당되는지 여부

(3) 부인 사항

- 법인 ◇◇가 고객사로부터 부품 생산 의뢰받아 납품하기 위한 양산준비단계 활동은 연구・개발 활동에 해당하지 않으므로 연구・개발활동 불인정

사례 2 반복적인 정보수집 활동

(1) 사실관계

• 법인 ◇◇는 빅데이터 러닝머신 연구개발에 참여한 전담 연구원의 인건비 ○억 원에 대해 연구·인력개발비 세액공제 신청

| 법인 ◇◇에 대한 사실관계 |

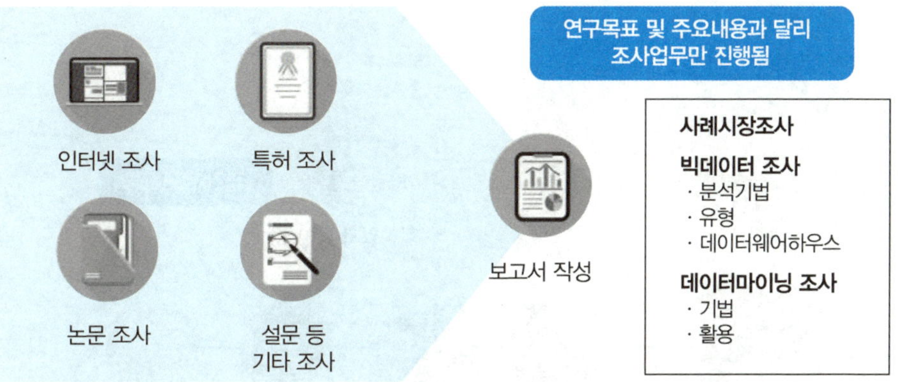

(2) 쟁점 사항

• 연구기간동안 자료(정보) 수집 활동만 있는 경우 연구·개발활동에 해당하는지 여부

(3) 부인 사항

• **지식 습득을 위한 정보수집 활동과 사례·시장 조사와 같은 활동**은 연구개발 활동에서 제외됨.

• 제출한 연구목표와 주요 연구 내용 간에 연관성이 없으며 연구 과정 중 다양한 아이디어 및 개발방향 도출 작업이 진행되지 않았고, 후속 연구개발 계획이 없어
  – 신규성, 창의성, 불확실성, 체계성을 판단할 수 없으므로 연구개발 활동으로 불인정

사례 3 과거 연구개발 활동을 세액공제 증빙자료로 제출

(1) 사실관계

- 법인 ◇◇는 열처리 설비 관련 연구의 수행사실을 증빙하기 위해 관련 연구보고서, 회의록 및 도면 등 서류를 제출
- 서류 내 회의록, 도면 및 거래처 견적서 작성일자가 당해 연도가 아니었으나, 관련 연구원의 인건비에 대해 연구·인력개발비 세액공제 ○억 원 신청

| 법인 ◇◇에 대한 사실관계 |

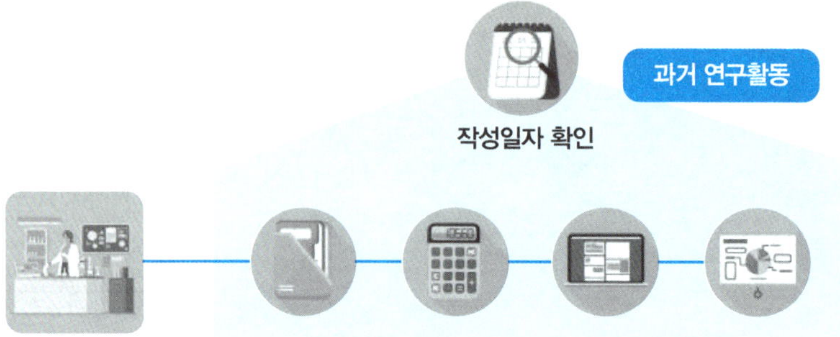

(2) 쟁점 사항

- 과거 연구·개발활동이 당해 연도에 공제되는 연구·인력개발비 세액공제 대상에 해당되는지 여부

(3) 부인 사항

- 법인 ◇◇가 제출한 활동 내용은 세액공제 대상 연구개발 활동에 해당하나, **과거에 이미 진행 완료한 연구 활동**들로 확인되어 당해 연도 연구·인력개발비 세액공제 대상으로 불인정

사례 4 국가 R&D 연구개발 내용 복제 및 재현

(1) 사실관계

- 법인 ◇◇는 반도체 검사용 부품을 개발 중이나 해당 내용은 국가 R&D 과제로 법인△△이 이미 개발 완료한 사항임.
- 최종보고서는 공개용으로 법인 ◇◇는 해당 보고서 내용을 복제하여 연구개발 보고서로 제출함.

| 법인 ◇◇에 대한 사실관계 |

(2) 쟁점 사항

- 공개된 국가 R&D 결과물을 활용하여 연구내용을 재현하고, 보고서를 복제하여 제출한 활동이 연구개발 세액공제 가능한 연구·개발활동인지 여부

(3) 부인 사항

- **국가 R&D 과제로 타 업체가 이미 수행하여 결과가 공개된 기존 연구 내용을 재현 및 복제한 활동**은 과학·기술적 진전을 위한 자체 연구개발로 불인정

사례 5 공개된 기술을 이용한 재료개발

(1) 사실관계

- 법인 ◇◇는 ○○세정제를 개발하여 도매상 법인 △△를 통해 불특정 소비자에게 판매하였고, 개발한 세정제 구성은 선행특허와 유사도가 높고 연구자료를 통해 개발과정이 소명되지 않았음.
- 법인 ◇◇는 연구개발전담부서 연구원 ○명의 인건비 및 재료비 ○억 원을 연구·인력개발비 세액공제 신청

| 법인 ◇◇에 대한 사실관계 |

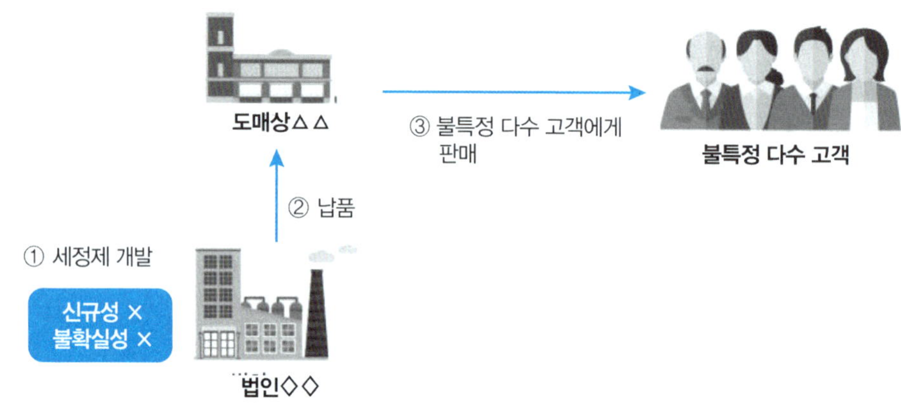

(2) 쟁점 사항

- 선행기술과 유사한 재료 개발이 연구·개발활동에 해당되는지 여부

(3) 부인 사항

- 신청법인이 개발한 제품의 구성은 공개된 기술을 이용하여 용이하게 구현할 수 있는 수준에서 기술적 진전이 이루어지지 않았고,
- 기술의 불확실성을 해소하기 위한 시행착오 및 체계적인 개발과정이 확인되지 않아 연구·개발활동으로 불인정

사례 6 타사 문헌을 인용한 연구개발 활동

(1) 사실관계

• 법인 ◇◇는 인공지능에 기반한 ○○기법을 연구개발 하고자 지출한 인건비에 ○억 원 대한 연구·인력개발비 세액공제 신청

- 제출한 연구보고서는 인터넷 사이트에 있는 타사의 문헌을 단순 인용하여 작성한 것으로 확인됨.

| 법인 ◇◇에 대한 사실관계 |

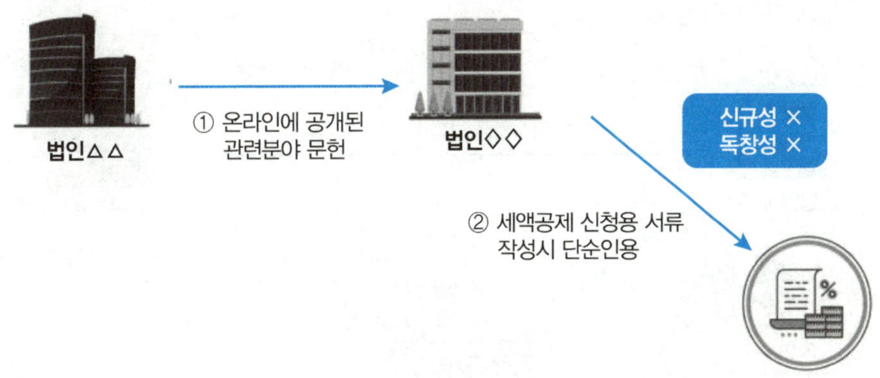

(2) 쟁점 사항

• 제출한 자료(연구개발 주요성과 등)의 대부분이 타사의 문헌을 인용하여 작성된 경우, 연구·개발활동에 해당하는지 여부

(3) 부인 사항

• **자사 또는 타사의 과거 발행된 문헌을 단순 인용**하는 경우는 신규성 및 독창성을 확인할 수 없으며 과학적 또는 기술적 진전을 인정 할 수 없어 연구·개발활동 불인정

2 자체 연구개발비

가. 인건비

사례 1 퇴직연금 보험료

(1) 사실관계

• 법인 ◇◇는 연구소 소속 전담연구원 ○명의 퇴직연금 보험료 ○억 원에 대해 연구·인력개발비 세액공제 신청

| 법인 ◇◇에 대한 사실관계 |

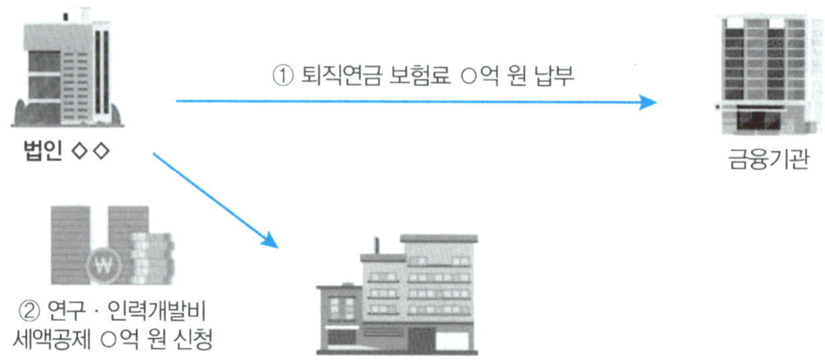

(2) 쟁점 사항

• 전담연구원의 퇴직연금보험료가 연구·인력개발비 세액공제 대상에 해당하는지 여부

(3) 부인 사항

• 퇴직연금보험료는 "근로자가 퇴직을 원인으로 지급받는 퇴직소득에 해당"하여 퇴직급여의 성격이 있으므로

• 해당 과세연도의 연구·인력개발에 직접적으로 대응하는 비용으로 보기 어려워 세액공제 대상 불인정

사례 2 주주인 임원을 전담연구원으로 등록

(1) 사실관계

- 법인 ◇◇는 전담연구원 2명이 부부이며, 남편은 당 법인의 보유주식 10%를 초과하는 대표이사이고 처는 주식 5% 보유하고 있는 등기 이사임.
- ○○프로그램 개발을 수행함에 따라 발생하는 전담연구원(대표자, 배우자)의 인건비 ○억 원에 대하여 연구·인력개발비 세액공제 신청

| 법인 ◇◇에 대한 사실관계 |

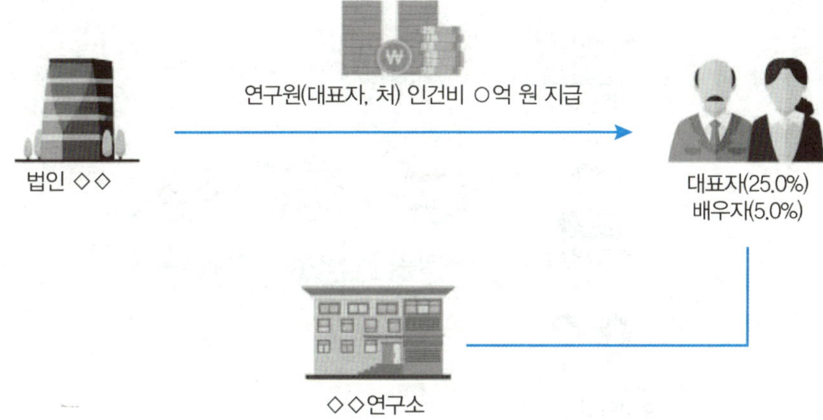

(2) 쟁점 사항

- 최대주주인 대표이사의 인건비와 특수 관계자인 배우자의 인건비가 연구·인력개발비 세액공제 대상인지 여부

(3) 부인 사항

- 주주인 임원으로서 당해법인의 지배주주와 그와 특수관계인인 자의 인건비는 세액공제 대상이 아니므로 세액공제 대상 불인정

사례 3 겸직 연구소장에 대한 인건비

(1) 사실관계

- 법인 ◇◇는 반도체를 연구 · 개발하는 법인으로, 수백 명의 연구원이 연구소에 소속되어 연구를 하고 있음.
- 연구과제를 수행함에 따라 발생한 비용 중 연구소장 갑에 대한 인건비를 연구 · 인력개발비 세액공제 신청

| 법인 ◇◇에 대한 사실관계 |

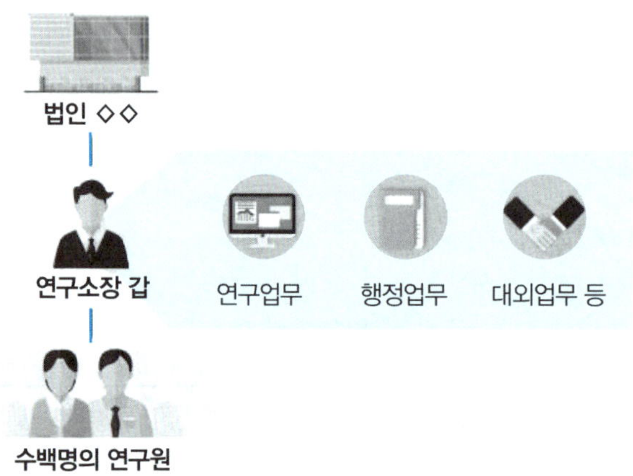

(2) 쟁점 사항

- 연구소장 갑의 인건비 비용이 연구 · 인력개발비 세액공제 대상인지 여부

(3) 부인 사항

- 연구소장 갑은 수백 명의 연구원들을 관리하고, 회사 관리업무, 대외업무 등 행정적인 업무를 겸직하였음.
- 따라서 연구전담요원이 아닌 갑의 인건비는 세액공제 대상이 아니므로 ○억 원을 연구 · 인력개발비 세액공제 불인정

사례 4 관리직원의 인건비

(1) 사실관계

• 법인 ◇◇는 연구전담부서에 소속된 연구원들의 인건비를 연구·인력개발비 세액공제 대상으로 신청하면서 관리직원 갑의 인건비 ○백만 원을 포함

| 법인 ◇◇에 대한 사실관계 |

(2) 쟁점 사항

• 관리직원에 대한 인건비를 지출하는 경우 연구·인력개발비 세액공제 대상인지 여부

(3) 부인 사항

• 관리직원 갑의 업무는 기자재 및 부품 등의 구매 등 연구·개발활동을 행정적으로 지원하는 업무임.
  - 전담연구원 및 연구를 직접적으로 보조하는 자가 아닌 관리직원은 공제대상에서 제외됨.

• 따라서 관리직원에 대한 인건비 ○백만 원은 연구·인력개발비 세액공제 불인정

사례 5 연구소 등록 전 연구관련 비용의 공제 여부

(1) 사실관계

- 법인 ◇◇은 2018년부터 연구 인력을 채용하여 자사 제품의 효율성을 높이는 연구를 계속하여 수행
- 2018년부터 2019년 6월까지 연구소 미등록으로 연구를 해오다 2019년 7월에서야 과학기술정보통신부장관의 인정을 받은 기업부설연구소를 등록

| 법인 ◇◇에 대한 사실관계 |

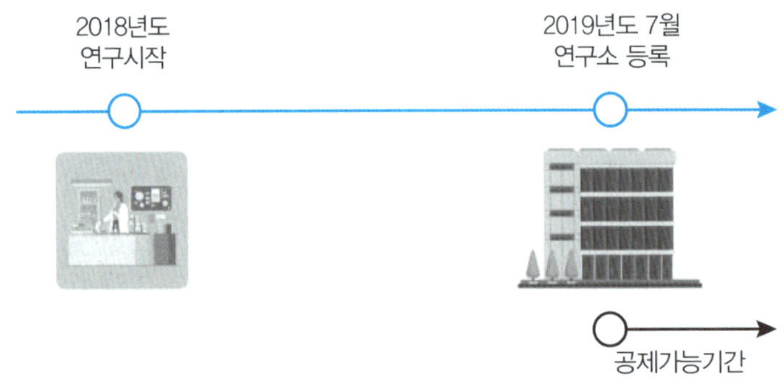

(2) 쟁점 사항

- 연구소를 등록하기 전 지출한 인건비 등 연구개발비가 연구·인력개발비 세액공제 대상인지 여부

(3) 부인 사항

- 조특령 별표 6은 연구개발 또는 문화산업 진흥 등을 위해 설립한 과학기술정보통신부장관의 인정을 받은 전담부서등에서 지출한 비용을 세액공제를 적용받을 수 있는 대상으로 명시하고 있음.
- 따라서, 법인 ◇◇이 **연구소를 등록하기 전 지출한 비용은 실질적인 연구 수행여부와 관계없이 연구·인력개발비 세액공제 대상 불인정**

사례 6 연구원이 사내이사 업무 수행함을 확인

(1) 사실관계

• 연구원 갑은 법인 ◇◇의 등기 이사이자 대표이사의 배우자로서 **전국 각지에서 관련 강연 및 제품 홍보를 수십 회 실시**하고 **대표이사 개인 심부름, 홈페이지 홍보자료 제작, 전단지 제작 등 수행**

| 법인 ◇◇에 대한 사실관계 |

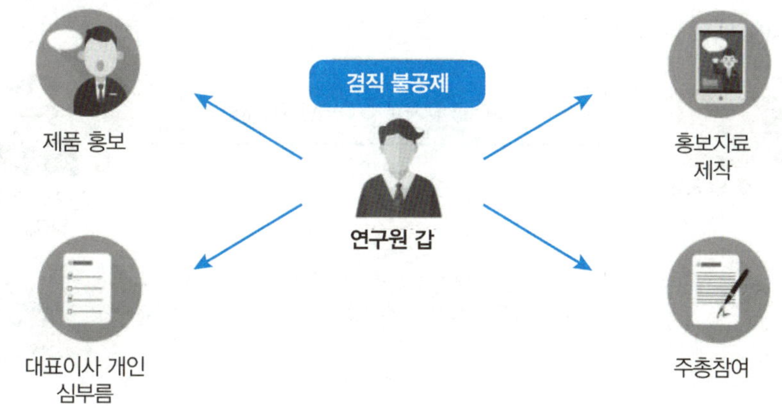

(2) 쟁점 사항

• 기업부설연구소 소속 전담연구원이 비연구 활동을 할 경우 연구인력개발비 인건비 세액공제 대상인지 여부

(3) 부인 사항

• 제품 홍보, 주주총회 참석하여 주요의사결정 수행, 대표이사 개인 심부름 수행 등은 비연구활동으로서 해당 활동 수행 시 조특칙 §7 ③에 따른 연구전담요원이 아니므로 인건비 불인정

나. 재료비

사례 1 연구시설 건물 임차료 지출 비용

(1) 사실관계

• 법인 ◇◇는 자동차 제어장치를 제조하는 법인으로 연구실 시험과정에서 사용하는 시제품 제작에 사용되는 부품 외에 연구시설 건물의 임차료 ○○백만 원을 재료비로 분류하여 연구·인력개발비 세액공제 신청

| 법인 ◇◇에 대한 사실관계 |

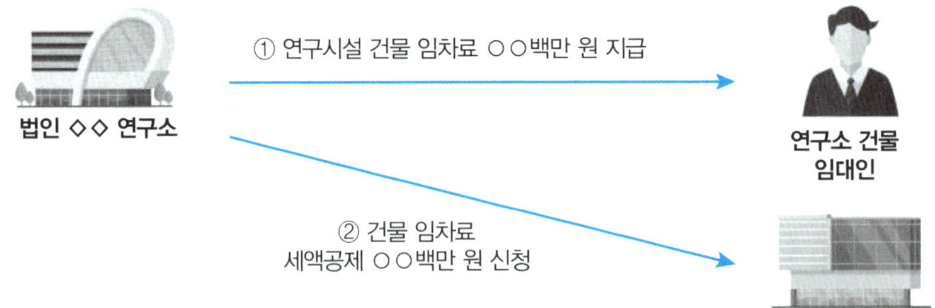

(2) 쟁점 사항

• 연구시설 건물의 임차료가 조특령 [별표 6]에 해당하는 재료비로 인정될 수 있는지 여부

(3) 부인 사항

• 조특령 [별표 6]에서 공제하는 연구·시험용 시설의 임차비용은 조특칙 §13에서 정하고 있으며, **연구시설 임차료는 공제 대상으로 규정된 비용에 해당하지 않음.**

* 공구 또는 사무기기 및 통신기기, 시계·시험기기 및 계측기기, 광학기기 등

사례 2 연구 소모품 및 특허실시권 설정비용

(1) 사실관계

• 법인 ◇◇의 법인세 신고 시 연구에 사용되는 소모품인 시험용 가위, 보안경, 여과기 및 사무용품과 시험기기인 시험용 삼각 플라스크, 실린더, 비커 등에 대해 연구·인력개발비 세액공제를 ○○백만 원 신청

• 또한 특허실시권 설정비용에 대하여도 연구·인력개발비 세액공제 ○억 원 신청

| 법인 ◇◇에 대한 사실관계 |

(2) 쟁점 사항

• 연구에 사용되는 소모품과 시험용기기, 특허실시권 설정비용이 연구·인력개발비 세액공제 대상인지 여부

(3) 부인 사항

• 법인 ◇◇의 재료비 사용내역은 연구에 사용되는 소모품(시험용 가위, 보안경, 여과기 및 사무용품 등) 및 시험기기(시험용 삼각 플라스크, 실린더, 비커 등)으로 조특령 [별표 6]에 열거된 항목이 아닌 바, 연구·인력개발비 세액공제 불인정

• 또한 특허실시권은 타인의 특허를 대여하는 비용 또한 조특령 [별표 6]에 열거된 항목이 아니므로 연구·인력개발비 세액공제 불인정

사례 3 물품구매계약에 따라 납품한 물품

(1) 사실관계

- 법인 ◇◇는 고객사인 법인 △△와 ○○설비 물품구매계약을 체결하여 개발・제작 후 납품 완료한 설비장치를 시제품으로 보아 투입된 인건비 및 재료비 세액공제 신청
- 당사가 제작하는 ○○설비는 맞춤형 고사양 설비로 다수제작이 불가능하며 제작된 단일 시제품은 개발과정 중 상세 설계 내역을 고객사와 협의하고 고객사의 조건을 충족하면 납품 진행함.

| 법인 ◇◇에 대한 사실관계 |

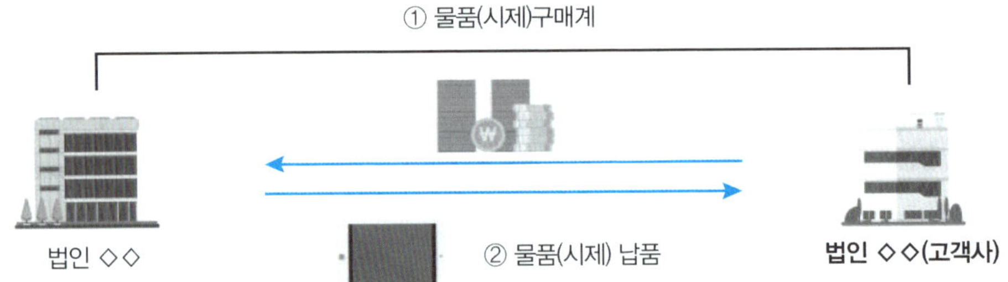

(2) 쟁점 사항

- 연구개발 후 납품 완료된 제품을 연구・인력개발비 세액공제 대상인 시제품(견본품)으로 보아 관련 재료비가 공제대상이 되는지 여부

(3) 부인 사항

- 물품구매계약에 따라 특정설비를 시행착오를 거쳐 개발・제작하는 일련의 활동은 자체 연구 개발활동으로 보아 연구원의 인건비는 연구・인력개발비 세액공제가 가능할 것이나,
- 고객사의 요구사항 및 납품사양에 대한 기준을 반영한 물품구매계약에 따라 제작된 시제품을 납품하는 경우, 본 시제품은 완제품이자 목적물에 해당하여 통상적인 시제품으로 볼 수 없어 관련 재료비를 공제 불인정

* 연구인력개발비 세액공제 대상이 되는 재료비란 전담부서등에서 연구용으로 사용하는 견본품・부품・원재료와 시약류 구입비 등으로 규정하고 있음.

사례 4 양산품 제조비용이 포함된 재료비

(1) 사실관계

- 법인 ◇◇는 산업용 동력장치 개발 관련 시제품 제작 활동을 수행하면서, 원자재 ○톤 구매비용을 연구개발 재료비로 분류하여 연구·인력개발비 세액공제 ○억 원 신청

| 법인 ◇◇에 대한 사실관계 |

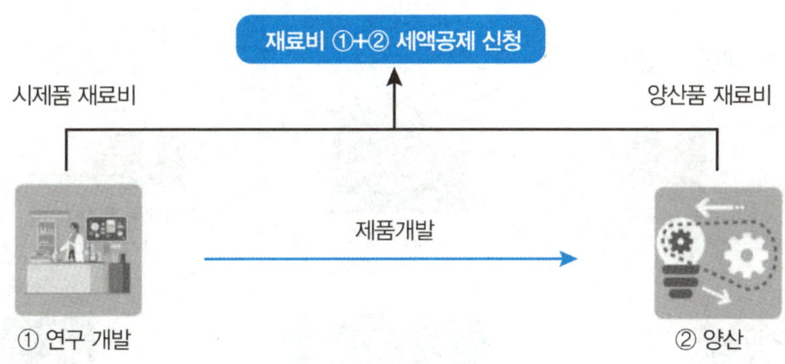

(2) 쟁점 사항

- 양산품 제조비용이 포함된 재료비 내역이 연구·인력개발비 세액공제 대상인지 여부

(3) 부인 사항

- 법인 ◇◇가 수행한 동력장치 개발은 세액공제 대상 연구개발 활동에 해당하나,
- 관련 분야 신제품 출시에 필요한 일반적인 시제품 수량 대비 원자재 용량이 과다하여 확인한 바, **양산품 생산에 소요되는 원자재 및 부속품을 포함**하여 신청한 사실 확인되어 양산품 제작 관련 재료비 불인정

사례 5 원재료 및 시제품 등의 부가가치세

(1) 사실관계

- 법인 ◇◇는 ♣♣연구・개발활동에 투입되는 재료비 ○억 원에 대해 연구・인력개발비 세액공제 신청
  - 당사의 신청 재료비에는 원재료・시약류구입비와 이에 대한 부가가치세액 매입세액이 포함되어 있음.

| 법인 ◇◇에 대한 사실관계 |

(2) 쟁점 사항

- 연구에 사용되는 원재료 구매 및 시제품 제작 시 발생한 부가가치세 매입세액이 연구・인력개발비 세액공제 대상인지 여부

(3) 부인 사항

- 재화나 용역을 공급받아 부담한 부가가치세 매입세액은 매출세액에서 공제받거나 환급받으므로 손금산입 불가(필요경비 불산입)
- 조특법 §10의 연구・인력개발비 세액공제는 '내국인이 연구개발 및 인력개발에 지출한 비용'에 대하여 적용되므로, **실질적으로 지출하지 않은 부가가치세 매입세액에 대해서는 연구・인력개발비 세액공제 불인정**

3 위탁 및 공동연구개발비

사례 1 산학협력단에 지급한 선급금인 위탁개발비

(1) 사실관계

• 법인 ◇◇는 20×0년 말부터 △△대학교 산학협력단에 연구개발용역을 위탁하면서 선급금 ○억 원 지급
  - 선급금 ○억 원 전액을 20×0년 위탁개발비로 연구·인력개발비 세액공제 신청

| 법인 ◇◇에 대한 사실관계 |

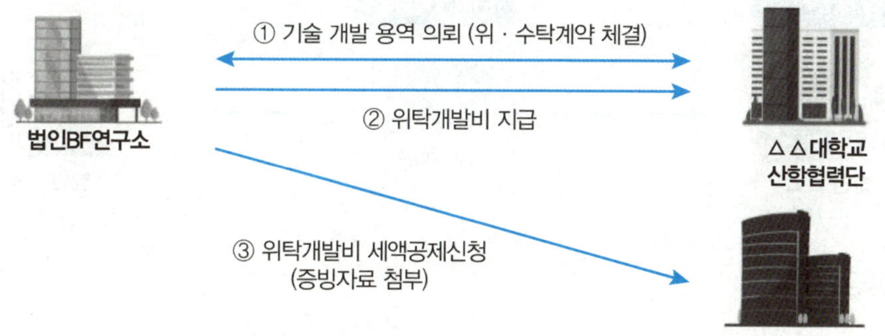

(2) 쟁점 사항

• 산학협력단에 지급한 선급금 ○억 원이 지급시점인 20×0년 연구·인력개발비 세액공제 대상인지 여부

(3) 부인 사항

• 위·수탁계약서 확인한 바 계약기간(20×0.12월~20×1.11월)로 확인되어 비용을 연구활동 기간별로 안분하고, **선급금 해당액에 대해 연구·인력개발비 세액공제 불인정**

• 해당 과세연도의 연구 및 인력개발에 직접적으로 대응하는 비용만이 연구·인력개발비 세액공제 대상에 해당

사례 2 전담부서가 아닌 기관에 대한 위탁개발비

(1) 사실관계

• 법인 ◇◇은 연구기관이나 전담부서로 등록되지 않은 법인 △△에 연구과제 개발을 위탁함.

• 법인 ◇◇은 법인 △△에 대해 지출한 위탁개발비에 대하여 세액공제 ○억 원 신청

| 법인 ◇◇에 대한 사실관계 |

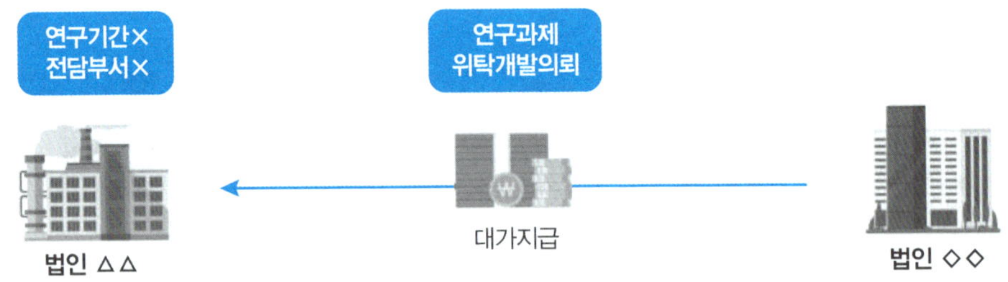

(2) 쟁점 사항

• 연구기관 또는 전담부서가 아닌 업체에 지급한 위탁개발비가 연구·인력개발비 세액공제 대상인지 여부

(3) 부인 사항

• 조특령 [별표 6]은 연구기관 또는 전담부서로 등록되어 있는 자에 대한 위탁개발비만을 공제 대상으로 규정하고 있고

  - **수탁법인 △△은 전담부서등을 등록하지 않은 법인으로 공제 요건을 충족하지 못하여 공제 불가능**

• 법인 ◇◇이 쟁점 법인에 지급한 위탁개발비 ○억 원을 연구·인력개발비 세액공제 불인정

사례 3 자체연구개발과 수탁연구개발을 함께 수행

(1) 사실관계

- 법인 ◇◇는 연구전담부서에서 자체연구개발과 수탁연구개발을 함께 수행하고 있음.
- 법인 ◇◇는 자체연구개발과 수탁연구개발에 투입되는 공통 지출 연구개발비용을 세액공제 대상으로 보아 연구·인력개발비 세액공제 신청

| 법인 ◇◇에 대한 사실관계 |

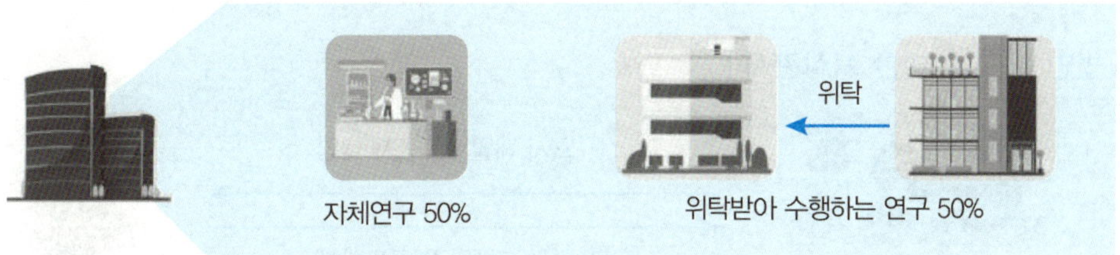

(2) 쟁점 사항

- 자체연구개발비용과 수탁연구개발비용에 공통 지출한 연구개발비용의 세액공제 적정 여부

(3) 부인 사항

- 연구개발전담부서에서 자체연구개발과 수탁연구개발을 함께 수행하는 경우 수탁연구개발 관련 비용은 타인으로부터 받은 연구개발용역을 수행하는 자의 인건비로 지출하는 비용에 해당하여 세액공제 적용 불가능
- 따라서 수탁연구개발과 자체연구개발의 수행기간·투입시간 등 합리적인 방법으로 안분하여 자체연구개발에 투입된 인건비에 한하여 세액공제 가능

4 인력개발비

사례 1 퇴사하여 환급받은 청년재직자 내일채움 공제

(1) 사실관계

- 법인 ◇◇는 「중소기업 인력지원 특별법」 제35조의 2에 의해 핵심인력 ○명에 대해 성과보상기금(청년재직자 내일채움공제) 가입하고 회사 불입금 ○○백만 원에 대해 인력개발비로 세액공제 신청하였으나
  - 핵심인력 ○명의 퇴사로 인해 중도 해지하고 성과 보상기금 ○백만 원을 환급받음.

| 법인 ◇◇에 대한 사실관계 |

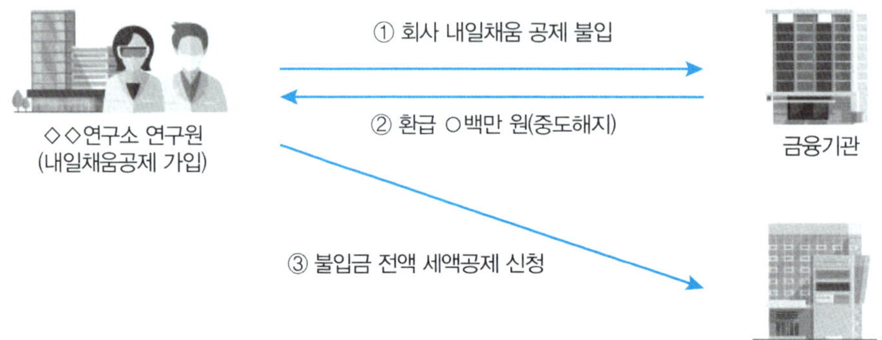

(2) 쟁점 사항

- 중도 해지로 환급받은 성과보상기금 ○백만 원이 연구·인력개발비 세액공제 대상에 해당되는지 여부

(3) 부인 사항

- 중소기업 핵심인력 성과보상기금에 가입한 후 5년 이내에 중도해지를 이유로 환급받은 금액은 연구 및 인력개발비에 해당하지 않아 세액공제 불인정

사례 2 특수관계인에 대한 내일채움공제 납입액

(1) 사실관계

- 법인 ◇◇는 자사직원 갑에 대한 내일채움공제를 가입하고 기업 기여금을 중소벤처기업부에 납입함.
- 직원 갑은 법인 ◇◇의 최대주주이자 대표인 을과 특수관계에 해당하는 자로 법인 ◇◇의 사업장에서 실제 근무하고 있음.

| 법인 ◇◇에 대한 사실관계 |

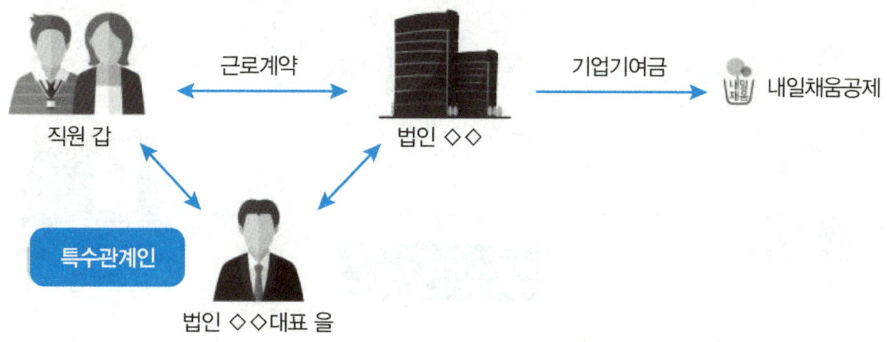

(2) 쟁점 사항

- 법인대표의 특수관계인에 대한 내일채움공제 기여금 납입액이 연구·인력개발비 세액공제 대상에 해당하는지 여부

(3) 부인 사항

- 조특칙 §7 ⑩ 4호는 중소기업인력지원특별법에 따라 중소기업 핵심인력 성과보상기금(내일채움공제)에 납입하는 비용을 연구·인력개발비 세액공제 대상으로 하고 있으나
  - 중도해지하여 법인이 환급받은 금액과 해당 기업의 최대주주나 최대출자자와 그 배우자, 이들의 특수관계인에 대한 금액은 공제 대상에서 제외하고 있음.
- 직원 갑은 실제 회사에서 근무하고 내일채움공제 또한 납입하였음이 확인되나 해당 법인의 최대주주인 법인대표 을과 특수관계이므로 갑에 대한 내일채움공제 기업 기여금 납입액은 인력개발비로 불인정

사례 3 연구원 아닌 대표이사의 교육훈련비용

(1) 사실관계

- 법인 ◇◇의 연구전담요원이 아닌 대표이사가 사업의 방향을 정하는데 참고하기 위해 주력 연구 분야 관련 교육에 참석
  - 해당 교육 참가비, 왕복 교통비 등을 인력개발비 항목으로 법인세 신고 시 연구·인력개발비 세액공제 신청

| 법인 ◇◇에 교육훈련비용 사실관계 |

(2) 쟁점 사항

- 연구원 아닌 대표이사의 교육 참석비용을 연구·인력개발비 세액공제 대상인 인력개발을 위한 비용으로 볼 수 있는지 여부

(3) 부인 사항

- 해당 교육 관련 지출비용은 조특령 [별표 6]에 열거된 연구·인력개발비 세액공제 대상 인력개발비 항목 중 전담부서 등 연구업무에 종사하는 연구요원에 한하여 공제가 되는 위탁교육훈련비이므로
  - 대표이사가 교육받은 부분은 공제 불가하여 세액공제 불인정

부록3

감사원 감사결과보고서[681)]

- 기업 R&D투자 조세 감면 실태 -

2013. 1.

감사원

681) 감사원에서 2013.1.에 국회에 보고한 '기업 R&D투자 조세감면실태'는 감사위원회의 최종의결을 거쳐 해당 기관에 통보된 감사결과보고서이다. 본 보고서는 감사원이 언론 보도자료와 함께 국민에게 공개한 자료이므로 출처를 밝히고 부록으로 첨부한다.

목 차

【표 목차】

【그림 목차】

감사실시 개요

1 감사배경

국회에서 2012.9.6.「국회법」 제127조의 2의 규정에 따라 "기업 R&D투자 조세감면실태 등에 대한 감사요구안"을 의결함에 따라 기업의 R&D투자 부당감면여부 및 조세감면제도의 효과 등을 점검하고 그 결과를 국회에 보고하기 위하여 감사를 실시하였다. 국회감사요구의 요지는 다음과 같다.

국회감사요구 요지
1. 기업의 연구개발 촉진을 위해 R&D투자에 대한 각종 조세혜택을 부여하고 있으나 R&D투자를 하지 않고 허위로 조세감면을 받는 경우가 많고, 2. 신기술 등 연구개발 효과가 미약한데도 조세감면 혜택을 부여하는 등 제도상의 문제점도 존재함.

2 감사대상 및 범위

이번 감사에서는 기업 R&D투자 조세감면 업무를 담당하고 있는 기획재정부(세제실), 국세청 본청, 서울지방국세청 및 중부지방국세청을 대상으로 최근 2년여 동안(2010년 9월~2012년 9월) 처리한 기업 R&D투자 조세감면 업무 전반을 주요 감사 대상으로 하였다.

3 감사중점

이번 감사에서는 국회 논의내용과 감사요구 요지 등을 반영하여 2개 분야로 구분하고 4개 초점별로 국회의 감사요구사항을 충실히 점검하여 "조세지원을 통한 기업 R&D투자 확대"라는 당초 제도의 목적 달성에 기여하는 데 중점을 두었다.

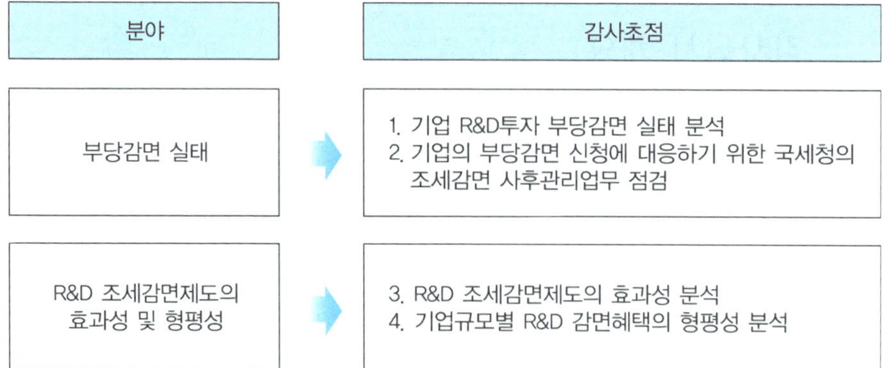

4 감사기간 및 인원

2012.9.17.부터 같은 해 9.28.까지 3명이 기획재정부(세제실), 국세청 등을 대상으로 예비조사를 한 후 같은 해 10.18.부터 11.27.까지 감사인원 8명이 실지감사를 하였다. 그리고 감사결과 나타난 문제점에 대하여 해당 기관과의 질문·답변 등을 통해 구체적인 경위를 조사한 후 감사원의 내부 검토과정을 거쳐 2013.1.31. 감사위원회의 의결로 감사결과를 최종 확정하였다.

II 기업 R&D투자 조세감면제도 일반 현황

1 기업 R&D투자 조세감면제도의 주요 내용

가. R&D투자 조세감면제도의 개요

조세는 기본적으로 국가의 재정수입을 확보하기 위해 부과되지만 한편으로는 경제정책의 유용한 수단으로 사용되기도 한다. 1965년 조세정책을 효율적으로 수행할 목적으로 「조세감면규제법」이 제정 · 시행되면서 조세지원제도가 본격적인 정책수단으로 사용되기 시작되었으며, 1998년 「조세특례제한법」으로 전환되어 현재에 이르고 있다.

연구 및 인력개발은 그 자체로 고부가가치를 창출할 뿐 아니라 산업 전반에 긍정적인 효과를 미치나 대규모 자금이 소요되고 투자의 불확실성이 높기 때문에 국가경제 전체적으로 볼 때 충분한 투자가 이루어지지 않을 수 있으므로 우리나라를 포함한 세계 각국은 기업의 R&D 투자를 촉진하기 위하여 다양한 조세지원제도를 도입하고 있다.

연구 및 인력개발에 관한 조세지원제도는 1966년 기술도입대가에 대한 조세를 감면하면서부터 시작되어 현재 「조세특례제한법」 제9조 내지 제12조의 2에서 연구 · 인력개발비 세액공제 등 5가지[682] 조세특례조항들을 규정하고 있으며([별표 1] "R&D 조세감면제도 연혁" 참조), 기업은 법인세 신고 시 세액공제 신청서(「조세특례제한법 시행규칙」[별지 제1호 서식]) 등을 제출하는 방법으로 조세감면을 신청하고 산출세액에서 감면세액을 차감한 후 법인세를 납부하고 있다.

나. 기업 R&D투자 조세감면 현황

R&D투자액이 2002년 17.3조 원에서 2011년 49.9조 원으로 급증함에 따라 [표 1]과 같이 R&D 조세감면 규모도 빠르게 증가하였으며, 2011년 기준 연구 · 인력개발비 세액공제액은 2.3조 원으로 전체 R&D 조세감면액의 91.5%를 차지하고 있다.

682) ① 연구 · 인력개발준비금의 손금산입(제9조), ② 연구 · 인력개발비에 대한 세액공제(제10조), ③ 연구 및 인력개발을 위한 설비투자에 대한 세액공제(제11조), ④ 기술취득금액에 대한 과세특례(제12조), ⑤ 연구개발특구에 입주하는 첨단기술기업 등에 대한 법인세 등의 감면(제12조의 2)

[표 1] 최근 10년간 R&D 조세감면 현황(신고 기준)

(단위 : 억 원)

신고연도 공제감면항목	2002년	2003년	2004년	2005년	2006년	2007년	2008년	2009년	2010년	2011년
합계	7,888	12,864	10,800	11,256	11,274	16,024	17,702	17,702	20,497	25,516
연구·인력개발 준비금의 손금산입	802	743	825	1,123	1,285	1,465	1,131	646	742	845
연구·인력개발비에 대한 세액공제	6,867	11,597	9,444	9,782	9,478	14,080	15,331	15,535	18,571	23,341
연구 및 인력개발을 위한 설비투자에 대한 세액공제	219	524	531	351	511	461	1,129	1,235	949	1,065
기술취득금액에 대한 과세특례	–	–	–	–	–	18	7	9	12	4
연구개발특구에 입주하는 첨단기술 기업에 대한 감면	–		–	–	–	–	104	277	223	261

주 : 법인사업자와 개인사업자를 합한 금액임.
자료 : 「조세지출예산서」(기획재정부) 자료 재구성

또한 [표 2]와 같이 전체 국세감면 규모가 2009년 31조 원을 정점으로 이후 30조 원 수준에서 정체되고 있는 데 비하여 R&D 조세감면 규모는 2009년 이후에 급증하고 있으며([표 1] 참조), 2012년에는 전체 국세감면에서 가장 큰 비중을 차지할 것으로 예상된다([표 3] 참조).

[표 2] 국세감면 규모(신고 기준)

(단위 : 억 원, %)

구분	2009년	2010년	2011년	2012년(잠정)
국세감면액(A)	310,621	299,997	296,021	297,317
국세수입총액(B)	1,645,407	1,777,184	1,923,812	2,032,880
국세감면비율 {A/(A+B)}	15.9	14.4	13.3	12.8

자료 : 「2013년 조세지출예산서」(기획재정부) 자료 재구성

[표 3] 국세감면 주요 항목별 현황(신고 기준)

(단위 : 억 원, %)

지원분야	2011년	점유비	2012년(잠정)	점유비
조세지출 계	189,112	100.0	183,405	100.0
내국세 조세지출 계	188,736	99.8	182,768	99.7
1. 임시·고용창출 투자세액공제	27,371	14.5	21,216	11.6
2. R&D 비용 세액공제	23,341	12.3	24,977	13.6
3. 농축임업용 석유류 면제	15,349	8.1	15,951	8.7
4. 농축임업용 기자재 영세율	13,265	7.0	12,539	6.8
5. 자경농지 양도세 감면	13,107	6.9	10,911	5.9
6. 신용카드사용 세액공제	11,729	6.2	13,090	7.1
7. 중소기업 특별세액감면	10,953	5.8	12,797	7.0
8. 외투기업 법인세 등 감면	8,199	4.3	4,212	2.3
9. 재활용폐자원 등	6,732	3.6	8,351	4.6
10. 근로장려금 지급	4,020	2.2	5,971	3.3
11. 기타	54,670	28.9	52,753	28.8
관세 조세지출 계	376	0.2	637	0.3

주 : 1. 국세감면액(296,021억 원) 중 비망(100,549억 원)과 경과규정(6,360억 원) 제외
2. 비망 : 개별 세법에 따른 비과세·감면, 경과규정 : 제도 폐지 후 경과기간 중 발생분

자료 : 「2013년 조세지출예산서」(기획재정부) 자료 재구성

2 국세청의 감면 사후관리업무 현황

조세감면은 세법에서 정하는 사전 감면요건 충족 또는 사후 의무이행을 전제로 이루어지므로 지속적인 사후관리가 필수적이며, 국세청에서는 정기 또는 비정기 세무조사를 실시하거나 감면법인으로부터 서면자료를 제출받아 검토하는 방식으로 사후관리를 하고 있다.

가. 세무조사 업무

국세청에서는 법인세 신고의 적정성을 확인하기 위하여 불성실하고 혐의가 있는 법인 등을 정기 또는 비정기적으로 선정하여 세무조사를 실시하고 있으며, 「국세기본법」 제81조의11의 규정에 따라 특정한 세목만을 조사할 필요가 있는 등의 경우를 제외하고는 납세자의 사업과 관련하여 세법에 따라 신고·납부의무가 있는 세목을 통합하여 세무조사를 실시하도록 되어 있어 R&D투자 조세감면 법인에 대한 별도의 세무조사는 하지 않고 있다.

따라서 세무조사 대상사로 선정된 법인에 대한 통합조사 과정에서 다른 혐의 사항과 부당감면 여부를 함께 점검하고 있으나, 2011년 기준으로 세무조사 실시 비율은 1.01%에 불과하여[683] 일부 법인에 대한 세무조사만으로 R&D투자 조세감면을 적용받은 법인 1만 5천여 개의 부당감면을 방지하기는 곤란한 실정이다.

나. 서면조사 업무

국세청에서는 세무조사 기능만으로 부당감면을 방지하는 데 한계가 있으므로 납세자로부터 소명자료를 제출받아 감면요건의 적정성을 검토하는 방식으로 사후 관리를 하고 있다.

2009년과 2011년 두 차례에 걸쳐 본청(○○○○국)에서 R&D투자 조세감면과 관련하여 감면법인에 대한 사후관리계획을 수립하여 서울지방국세청 등 6개 지방국세청에 '연구·인력개발비 세액공제 등 사후관리 매뉴얼'과 일정액 이상[684] 조세감면을 신청한 법인 명단을 통보하였다.

그리고 위 6개 지방국세청(◇◇◇◇국)에서는 법인세 신고서 등을 분석하고 '사전검토서'를 작성하여 사후관리 점검대상을 선정하였으며, 점검대상 법인으로부터 연구소 및 전담부서 신고·인증서류, 연도별 조직도 및 연구소 직원의 인건비 명세 등 연구·인력개발비 세액공제액 산출근거 서류 등을 제출받아 서면조사 방식으로 사후관리를 실시한 바 있다.

683) 2011년 460,614개 법인 중 1.01%인 4,689개 법인에 대해 세무조사를 실시함.

684) 2009년에는 2004년부터 2008년까지 연구·인력개발비 세액공제액이 3억 원 이상(서울·중부·대전지방국세청 관할 법인은 5억 원 이상)인 법인 명단을 지방청에 통보하였음.

연구·인력개발비 세액공제 관련 주요 검토사항 예시(사후관리 매뉴얼)
○ 연구개발과 관계없는 부서 및 공제대상이 아닌 자의 인건비 포함 여부 　- 연구소·전담부서 신고인원과 세액공제 적용인원 비교 ○ 연구소·전담부서의 형식적 운영 여부 　- 연구개발 활동이 많이 발생하지 않는 업종(건설, 도·소매, 서비스 등) 확인 ○ 재료비가 연구소 사용 용도인지 여부 ○ 대가를 받고 연구용역을 수탁받아 수행한 것은 없는지 등

III 감사결과 요약

요구사항 1

R&D투자에 대한 각종 조세혜택을 부여하고 있으나 R&D투자를 하지 않고 허위로 조세감면을 받는지 여부

국세청에서 2007년부터 2011년까지 실시한 세무조사(R&D 조세감면액이 10억 원 이상인 89개 법인) 결과 총 29개 법인(32.6%)의 부당감면세액 340억여 원을 적출하였으며, 2009년과 2011년에 걸쳐 실시한 서면조사(1,621개 법인) 결과 총 1,088개 법인(67.1%)의 부당감면세액 1,817억여 원을 적출하였다.

감사원에서 이번 감사 시 적출 사례를 분석한 결과, 적출된 법인 대부분이 세액공제 대상비용 인정여부에 대한 법령해석상의 차이, 세액공제액 계산과정에서 발생한 단순오류에 기인한 것으로 확인되어 고의적 허위신고로 볼 수 있는 부분은 많지 않았으나, 일부 법인이 가공외주비를 계상하여 R&D 투자비 명목으로 세액공제를 받는 등 실제로는 R&D투자를 하지 않고 조세감면을 적용받은 사례도 확인되었다.

그리고 2012년 법인세 신고시 연구・인력개발비 세액공제를 신청한 법인 중 감면세액 상위 30개 법인의 감면신청 적정성을 검토한 결과, 주식회사 △△△△△ 등 3개 법인이 연구소에서 근무하지 않는 직원 인건비 등을 포함하여 세액공제를 과다 신청한 사실이 확인되어 현장 확인을 실시하여 부당감면세액을 추가 징수하는 방안을 마련하도록 국세청에 통보하였다.

또한 국세청에서 실시한 감면 사후관리업무의 적정성을 점검한 결과, 세무조사 등에서 확인되지 못한 5개 법인의 부당감면 사례가 추가 확인되어 부족 징수된 법인세를 추가 징수하는 방안을 마련하도록 국세청에 통보하였다.

요구사항 2

기업 R&D투자 조세감면제도가 신기술 등 연구개발을 촉진하는 효과가 있는지 여부

「조세특례제한법」 제142조의 규정에 따르면 각 부처에서 조세감면제도를 신설하거나 일몰을 연장하고자 하는 경우 조세감면으로 인한 효과를 분석하도록 되어 있어 2012년 일몰이 도래하는 기업 R&D투자 조세특례사항(5개)에 대하여 효과분석을 실시하였으나, 학계의 일부 긍정적인 연구결과를 첨부하는 수준에 그치고 있어 이를 근거로 조세감면제도의 효과를 판단하기는 어려운 실정이다.

더구나 R&D 조세감면총액의 91.5%를 차지하고 있는 연구·인력개발비 세액공제의 경우 일몰규정이 2008년 말 삭제되고 제도가 영구화되면서 이에 대한 효과분석을 하지 않게 되었다.

한편 R&D 조세감면제도의 효과에 관한 학계의 연구결과는 대체로 효과가 있다고 되어 있으나 효과가 없다는 연구결과도 일부 존재하는데, 이와 같이 연구결과가 다른 것은 2012. 11.23. 감사원 주최로 개최된 "R&D 조세감면제도의 효과성"에 관한 토론회에서 연구자들이 밝혔듯이 위 연구가 객관성 없는 설문자료를 기초로 실증분석이 이루어졌고, 분석시기 및 방법도 다르기 때문으로 판단된다.

또한 기업의 R&D투자에 미치는 변수가 너무 많고 R&D투자 시 기술력 향상, 고용 창출 등 부수효과도 있어 R&D 조세감면제도의 효과성에 대해 정확한 결론을 내리기 어려운 부분이 있다.

따라서 기획재정부에서는 2013년부터 시행할 "조세지출 종합평가" 등을 활용하여 R&D 조세감면제도의 효과를 검증하고 추가적인 보완 여부를 판단할 필요가 있다.

기타사항

국회감사요구의 배경이 되었던 기업 R&D투자 조세감면제도의 혜택이 대기업에 집중되고 있는지 여부

「조세특례제한법」상 R&D 조세감면제도는 기본적으로 중소기업의 혜택이 크도록 설계·운용되고 있으며, 대체적으로 중소기업 공제율은 증가 추세인 반면 대기업의 공제율은 감소 추세이고 현 정부에서도 2008년 중소기업의 연구·인력개발비에 대한 공제율을 15%

에서 25%로 상향 조정하였다.

이에 따라 대기업의 R&D 투자액이 중소기업에 비해 3배 가량 많은 상황에서 전체 세액공제액은 대기업 비중이 높으나, R&D 투자액 대비 공제액의 비율은 대기업(4.9%)보다 중소기업(9.6%)이 높은 구조이다.

그런데 감사원에서 이번 감사 시 R&D 감면세액 상위 30개 법인을 분석한 결과, 전체 감면세액의 49%가 30개 대기업에 집중되는 반면, 위 30개 법인의 법인세 납부비중은 전체 납부액의 17.3%에 불과하여 대기업 집중논란의 소지도 있는 것으로 보인다.

다만 R&D 감면세액 상위 30개 법인의 총부담세액 대비 R&D 조세감면액 비율은 2007년 33.3%에서 2011년 18%로 크게 감소하였고, 전체 R&D 조세감면액에서 상위 30개 법인의 조세감면액이 차지하는 비중도 2007년 55%에서 2011년 49%로 낮아져 현 정부에서 R&D 감면혜택이 일부 대기업에 집중되는 문제는 어느 정도 개선된 것으로 판단되고, 2013년 개정된 「조세특례제한법」이 적용될 경우 대기업 집중현상은 더욱 완화될 것으로 예상된다.

따라서 기획재정부에서는 향후 감면혜택의 대기업 집중도를 모니터링하면서 추가적인 보완 여부를 판단할 필요가 있다.

IV 감사요구사항별 감사결과

요구사항 1

R&D투자에 대한 각종 조세혜택을 부여하고 있으나 R&D투자를 하지 않고 허위로 조세감면을 받는지 여부

기업이 R&D투자를 하지 않고 허위로 조세감면을 받고 있는지 확인하기 위해 국세청에서 2007년부터 2011년까지 실시한 세무조사 결과를 분석하고, 2012년 법인세 신고 시 연구·인력개발비 세액공제를 신청한 법인 중 감면세액 상위 30개 법인의 감면신청 적정성 및 2011년 이후 국세청에서 실시한 감면 사후 관리업무의 적정성을 검토하였다.

1 실태

가. 세무조사 결과 분석

국세청(○○국)으로부터 2007년부터 2011년까지 세무조사를 받은 법인 중 R&D투자 조세감면액이 10억 원 이상인 89개 법인에 대한 부당감면 적출 실적을 분석한 결과, [표 4]와 같이 29개 법인(32.6%)의 부적정한 R&D투자 조세감면 신청에 대해 340억 원이 추징되었다.

[표 4] 세무조사 결과 R&D 부당감면 적출 현황(2007~2011년)

(단위 : 개, 억 원, %)

구분	조사법인 수	R&D 부당감면 적출법인 수	총 적출세액	R&D 부당감면 적출세액
서울청	45	13	6,804	284
중부청	20	7	2,187	40
대전청	7	1	43	1
대구청	7	3	1,488	3
부산청	10	5	580	12
계	89	29	11,102	340
비율	100.0	32.6	100.0	3.1

자료 : 국세청

주요 적출사례[685]로는 주식회사 ○○○○○(대표이사 ○○○ 등)가 사단법인 한국산업기술진흥협회로부터 '연구개발 전담부서'로 인정받지 않은 부서에서 지출한 비용 및 단순시험용역비 등을 포함하여 연구·인력개발비 세액공제를 과다하게 신청한 사실이 2009년 서울지방국세청에서 실시한 세무조사에서 적출되어 204억여 원의 감면세액이 추징된 바 있다.

그런데 위 법인은 과다하게 신청한 세액공제 비용에 사실상 연구목적으로 사용된 재료구입비용이 포함되어 있고, 연구개발용역과 단순시험용역이 혼재되어 있는 상황에서 착오하였다고 소명하고 있어 이를 고의적 허위신고로 보기 어려운 측면이 있으며, 위 세무조사의 다른 적출사례를 분석한 결과를 보아도 R&D 부당감면 적출법인의 대부분이 기업에서 지출한 연구·인력개발비가 전부 세액공제 대상비용으로 인정되지 않는 상황에서 법령해석상의 착오 또는 단순 회계계정 구분오류 등의 사유로 과다하게 세액공제를 신고한 것으로 확인되었다([별표 2] "세무조사 적출실적 주요 명세" 참조).

685) 세무조사에서 R&D투자 부당감면이 적출된 29개 법인 중 주식회사 ○○○○○의 적출세액이 가장 큼

나. 서면조사 결과 분석

국세청(●●●●국)에서 2009년과 2011년에 R&D투자 조세감면 법인 1,621개(2009년 1,180개, 2011년 441개)를 대상으로 실시한 서면조사 결과, [표 5]와 같이 위 조사법인 중 67.1%인 1,088개 법인(2009년 775개, 2011년 313개)의 부적정한 R&D 조세감면 신청에 대해 1,811억 원(2009년 876억 원, 2011년 935억 원)이 추징되었다.

[표 5] 서면조사 결과 R&D 부당감면 적출 현황(2009년, 2011년)

(단위 : 개, 억 원, %)

구분	2009년			2011년		
	조사법인 수	적출법인 수	적출세액	조사법인 수	적출법인 수	적출세액
서울청	410	265	335	173	106	586
중부청	254	185	284	129	90	170
대전청	148	119	116	46	43	40
광주청	84	38	44	40	35	35
대구청	121	80	57	0	0	0
부산청	163	88	40	53	39	104
계	1,180	775	876	441	313	935
비율	100.0	65.6	-	100.0	70.9	-

자료 : 국세청

주요 적출사례[686]로는 주식회사 □□□□□□□□□(대표이사 □□)가 직전 4개연도의 연구·인력개발비에 특수관계법인 △△△△주식회사로부터 승계한 사업부문(♣♣·◈◈·▣▣부문)의 연구·인력개발비 지출내역을 포함하지 않아 당해연도 연구·인력개발비 세액공제액을 과다하게 신청한 사실이 2009년 서울지방국세청(◆◆◆◆국)에서 실시한 서면조사에서 적출되어 13억여 원의 감면세액이 추징된 바 있다.

또한 주식회사 ▽▽▽▽▽▽(대표이사 ▽▽▽)이 2007사업연도 장비사용료 계정에 지출증빙 없이 임의로 가공계상하거나 가공매입세금계산서를 받아 법인세 등을 탈세하는 과정에서 연구·인력개발비 세액공제도 허위로 과다신청한 사실이 2009년 광주지방국세청(◁◁◁◁국)에서 실시한 서면조사에서 적출되어 4억여 원의 감면세액이 추징되었다.

이와 같은 사례 등 서면조사 결과 적출된 부당감면 유형을 분석해 보면, 대부분이 사업의

686) 각 지방국세청에서 서면조사 방식으로 사후관리를 실시한 후 본청에 보고한 감면법인 사후관리 우수사례임.

승계 후 그 이전에 발생된 연구·인력개발비 세액공제액 계산방식에 대한 무지 및 법령해석상의 착오 등으로 인하여 조세감면을 과다 신청한 것으로 확인되나, 일부 법인의 경우에는 법인세를 탈루하는 과정에서 실제 R&D투자를 하지 않고 허위감면을 적용받은 사례도 확인되었다([별표 3] "서면조사 적출 실적 주요 명세" 참조).

2 검토결과 및 문제점

가. 연구·인력개발비 세액공제 신청 부적정

감사원은 이번 감사기간 중 2011사업연도 법인세 신고 시 연구·인력개발비 세액공제를 신청한 법인 중 감면세액 상위 30개 법인([별표 4] "연구·인력개발비 세액공제액 상위 30개 법인 명세" 참조)을 대상으로 감면신청의 적정성을 검토하였다.[687)]

「조세특례제한법」 제9조 제2항 제1호 및 제10조 제1항, 같은 법 시행령 제8조 제1항 및 [별표 6]의 규정에 따르면 연구·인력개발에 필요한 비용 중 전담부서에서 근무하는 직원의 인건비 등 대통령령으로 정하는 비용에 대하여 연구·인력개발비 세액공제를 적용받을 수 있도록 되어 있다.

그리고 같은 법 시행령 제9조 제9항 및 같은 법 시행규칙 [별지 제3호 서식]에 따라 해당 연도에 발생한 연구 및 인력개발비 명세를 인건비, 재료비, 위탁 및 공동기술개발비 등으로 구분하여 세액공제 신청을 하도록 되어 있다.

그런데 감사원에서 위 30개 법인으로부터 소명자료를 제출받아 검토한 결과, 주식회사 △△△△△ 등 3개 법인의 R&D 투자 조세감면 신청이 아래와 같이 적정하지 않은 것으로 확인되었다. 다만 위 3개 법인이 세법에서 규정한 감면요건을 충족하지 못한 것과 별개로 실제 R&D 투자를 하였는지 여부에 대해 판단하기 위해서는 현장 확인[688)] 등이 필수적이나 이는 상당한 시간과 인력이 소요되어 감사기간 중 확인하지 못하였다.

---

687) 2011년 기준으로 연구·인력개발비 세액공제액이 2.3조 원으로 전체 R&D 조세감면액의 91.5%를 차지하고 있어 이번 감사기간 중 위 세액공제를 중점 점검대상으로 선정하여 기업으로부터 소명자료를 제출받아 감면신청 적정성을 확인하였음.

688) 「법인세사무처리규정」 제100조(불성실해명에 대한 조치 등)의 규정에 따르면 납세자가 제출한 해명자료가 불성실하여 간접확인에 의해 서면분석을 종결할 수 없는 경우에는 최소한의 범위에서 현장확인을 실시하도록 되어 있으며, 현장확인 결과 실지조사를 갈음하는 광범위한 확인이 필요한 경우에는 관련내용을 조사대상 선정 등에 활용하도록 조사국에 통보하도록 되어 있음.

감사결과 확인된 부당감면 사례
○ 주식회사 △△△△△는 한국산업기술진흥협회로부터 인정받은 연구소에서 근무하지 않는 직원 인건비 및 위 연구소에서 사용하지 않은 재료비 282억여 원을 포함하여 세액공제 과다 신청 ○ 주식회사 ◇◇는 전담부서에서 연구용으로 사용하지 않은 재료비 19억여 원을 포함하여 세액공제 과다 신청 ○ 주식회사 □□□□□□는 수탁받은 연구활동을 수행하면서 지출한 비용 6억여 원을 포함하여 세액공제 과다 신청

(1) 주식회사 △△△△△

「조세특례제한법 시행령」 [별표 6] 제1호 가목 1)의 규정에 따르면 기업이 지출한 인건비 중 연구개발 등을 위한 기획재정부령이 정하는 연구소 또는 전담부서에서 근무하는 직원으로서 기획재정부령이 정하는 자의 인건비에 대하여 연구・인력개발비 세액공제를 적용받을 수 있도록 되어 있다.

그리고 같은 법 시행규칙 제7조 제1항 등의 규정에 따르면 "기획재정부령이 정하는 연구소 또는 전담부서"가 되기 위하여는 아래 [그림]과 같이 사단법인 한국산업기술진흥협회[689](이하 "산기협"이라 한다)에 기업부설연구소 또는 전담부서 신청을 하여 인정서를 발급받도록 되어 있고 "기획재정부령이 정하는 자의 인건비"는 위 연구소 등에서 연구업무에 종사하는 연구요원 및 이들의 연구업무를 직접적으로 지원하는 자의 인건비로 되어 있다.

[그림] 기업부설연구소 및 전담부서 인정절차

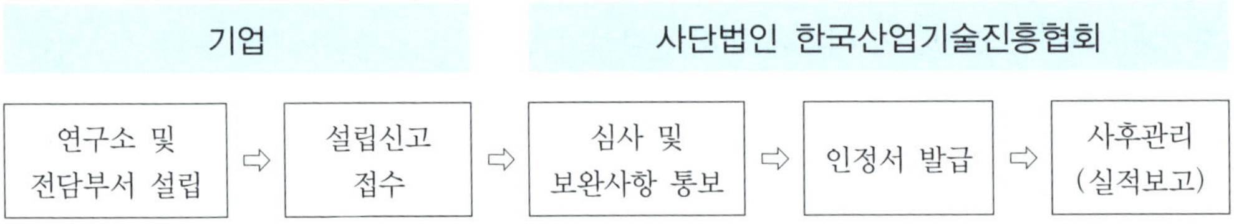

기업			사단법인 한국산업기술진흥협회					
연구소 및 전담부서 설립	⇨	설립신고 접수	⇨	심사 및 보완사항 통보	⇨	인정서 발급	⇨	사후관리 (실적보고)

자료 : 사단법인 한국산업기술진흥협회

또한 「조세특례제한법 시행령」 [별표 6] 제1호 가목 2)의 규정에 따르면 기업이 전담부서에서 연구용으로 사용하는 견본품・부품・원재료와 시약류구입비에 대해 연구・인력개발

689) 사단법인 한국산업기술진흥협회는 「민법」 제32조 및 「공익법인의 설립・운영에 관한 법률」에 따라 교육과학기술부장관의 허가를 받아 설립된 사단법인으로 기업부설연구소 또는 연구전담부서의 인정에 관한 업무를 1991년 2월부터 교육과학기술부로부터 이관 받아 수행하고 있음.

비 세액공제를 적용받을 수 있도록 되어 있다.

따라서 기업은 산기협으로부터 인정받은 연구소 또는 전담부서에서 연구업무에 종사하는 연구요원 등의 인건비와 연구용으로 사용되는 재료비에 대해서만 연구·인력개발비 세액공제를 적용받을 수 있다.

한편 주식회사 △△△△△(대표이사 △△△)는 2011사업연도 법인세 신고 시 해당 연도에 발생한 연구·인력개발비 352억여 원(인건비 111억여 원, 재료비 212억여 원 등)에 대해 80억여 원의 세액공제를 신청하였다.

그런데 위 법인으로부터 소명자료를 제출받아 검토한 결과, 위 법인은 1993년 12월 경기도 ♤♤시 소재 "▷▷▷▷▷연구소"를 기업부설연구소로 인정받았으나 [별표 5] "주식회사 △△△△△의 세액공제 대상비용 과다신청 명세"와 같이 2011사업연도에 위 연구소에서 근무하지 않은 279명의 직원에게 지급한 인건비 100억여 원과 위 연구소에서 사용하지 않은 재료비 182억여 원을 세액공제 대상 비용에 포함하여 연구·인력개발비 세액공제를 과다 신청한 혐의가 서면으로 확인되었다.

(2) 주식회사 ◇◇

「조세특례제한법 시행령」 [별표 6] 제1호 가목 2)의 규정에 따르면 기업이 전담부서에서 연구용으로 사용하는 견본품·부품·원재료와 시약류구입비에 대해 연구·인력개발비 세액공제를 적용받을 수 있도록 되어 있다.

한편 주식회사 ◇◇(대표이사 ◇◇◇ 등)는 2011사업연도 법인세 신고시 [별표 6] "주식회사 ◇◇의 양산설비 등 구입비용 명세"와 같이 ▼▼▼▼▼▼▼▼▼▼▼주식회사 등 5개 법인으로부터 양산설비 등을 19억여 원에 구입[690]하고서 위 비용을 연구용 재료비로 보아 연구·인력개발비에 포함시켜 세액공제를 신청하였다.

그런데 위 법인으로부터 소명자료를 제출받아 검토한 결과, 위 비용은 연구·인력개발비 세액공제를 적용받을 수 없는 사업용자산 투자비용인데도 위 세액공제를 과다 신청한 혐의가 서면으로 확인되었다.

690) 주식회사 ◇◇는 위 설비를 구입한 뒤 자산으로 귀속하였으며, 이 중 ▲▲▲▲주식회사로부터 구입한 양산설비는 주식회사 ◇◇가 재산권을 가지고 다시 ▲▲▲▲주식회사에 임대하는 방식으로 개발 진행 중

(3) 주식회사 □□□□□□

「조세특례제한법」 제9조 제2항 제1호 및 제10조 제1항, 같은 법 시행령 제8조 제2항 제7호의 규정에 따르면 위탁받아 수행하는 연구활동은 세액공제를 적용받을 수 있는 연구개발활동에 포함하지 않도록 되어 있다.

한편 주식회사 □□□□□□(대표이사 □□□)가 2011사업연도 법인세 신고 시 [별표 7] "주식회사 □□□□□□에서 위탁받은 연구활동 수행비용 명세"와 같이 주식회사 ◁◁◁◁(대표이사 ◁◁◁ 등)으로부터 위탁받은 '♧♧♧♧♧♧' 관련 연구개발과제를 수행하면서 지출한 6억여 원의 비용을 연구·인력개발비에 포함하여 세액공제를 신청하였다.

그런데 위 비용은 연구·인력개발비 세액공제를 적용받을 수 없는 위탁받아 수행하는 연구활동에서 발생한 비용인데도 위 세액공제를 과다 신청한 혐의가 서면으로 확인되었다.

조치할 사항

서울지방국세청장과 중부지방국세청장은 주식회사 △△△△△ 등 3개 법인의 연구·인력개발비 세액공제 관련 부당감면 여부에 대해 현장 확인을 실시하여 부족 징수된 법인세를 추가 징수하는 방안을 마련하시기 바랍니다.(통보)

나. 연구·인력개발비 세액공제 신청 법인에 대한 사후관리 부적정

서울지방국세청(☆☆국)과 중부지방국세청(★★국)에서 2011년 1월부터 2012년 9월 현재까지 세무조사를 실시한 법인 중 2010사업연도 기준 연구·인력개발비 세액공제액이 30억 원 이상인 법인 8개와 서울지방국세청(♤♤♤♤국)에서 2011년도에 서면조사를 실시한 173개 법인에 대한 감면 사후관리업무를 점검한 결과, ♧♧♧♧♧주식회사 등 5개 법인의 부적정한 R&D 조세감면 신청사실이 추가로 확인되었다.

(1) ♧♧♧♧♧주식회사

서울지방국세청(♡♡♡국)에서는 2010.11.16.부터 2011.4.8.까지 ♧♧♧♧♧주식회사 (대표이사 ♧♧♧ 등)의 2005~2009사업연도에 대해 법인세 통합조사를 실시하여 법인세 등 1,078억여 원을 경정·결정하였다.

「조세특례제한법 시행령」 제8조 및 [별표 6] 제2호 가목의 규정에 따르면 국내외 대학에 위탁교육훈련비로 지급한 비용은 연구·인력개발비 세액공제를 적용받을 수 있도록 되어 있으나, 법인의 임원 또는 사용인이 자기책임하에 국내외 대학에 입학하여 교육을 받는 경우로서 법인과 대학 간 위탁계약 없이 당해 교육비 상당액을 임원 등에게 지급하는 경우 위 비용에 대해서는 연구·인력개발비 세액공제를 적용받을 수 없도록 되어 있다.[691)]

한편 ♧♧♧♧♧주식회사는 2007사업연도에 위탁교육계약을 맺지 않은 국내외 대학에 소속 임직원을 파견하여 경영학 석사과정 등 교육훈련을 시행하면서 지급한 교육비 22억여 원이 연구·인력개발비 세액공제 대상이 아닌데도 이에 대한 세액공제로 8억 9천여만 원을 과다하게 신청하였다.

그런데도 서울지방국세청에서는 위 세액공제 신청을 정당한 것으로 인정하여 이에 대한 검토 없이 세무조사를 종결하였다.

(2) 주식회사 ◇◇◇◇◇◇

서울지방국세청(♤♤♤국)에서는 2011.9.26.부터 2011.12.31.까지 주식회사 ◇◇◇◇◇◇(대표이사 ◇◇◇)의 2007~2008사업연도에 대해 법인세 통합조사를 실시하고 법인세 등 109억여 원을 경정·결정하였다.

「조세특례제한법 시행령」 제8조 및 [별표 6] 제1호 나목의 규정에 따르면 국내외 기업의 연구기관 또는 전담부서에 연구개발용역 등을 위탁함에 따른 비용은 연구·인력개발비 세액공제를 적용받을 수 있도록 되어 있으나, 전담부서에 위탁하지 않은 연구개발비용은 세액공제를 적용받을 수 없도록 되어 있다.

한편 주식회사 ◇◇◇◇◇◇는 2008사업연도에 △△△△△주식회사(대표이사 △△△)와 연구개발용역(♣♣♣♣ 개발)계약을 체결하면서 위탁용역비를 2억 5천여만 원을 지급하였으나, 위 연구용역을 수행한 △△△△△주식회사 ◀◀공장은 전담부서에 해당하지 않으므로 위 비용은 연구·인력개발비에 세액공제 대상이 아닌데도 이에 대한 세액공제로 1억여 원을 과다하게 신청하였다.

그런데 서울지방국세청에서는 위 세액공제 신청을 정당한 것으로 인정하여 이에 대한 검토 없이 세무조사를 종결하였다.

691) 쟁점 규정의 '위탁'은 「민법」상 계약의 일종인 '위임'으로 해석하는 것이 합리적이며, 법인 소속 임직원이 스스로 국내외 대학에 입학허가를 받고, 법인이 해당 임직원에게 교육비 등을 지급한 경우 법인과 국내외 대학 간에는 교육에 대한 위임관계가 성립되지 않았으므로 위 비용에 대해서는 세액공제를 적용받을 수 없음(같은 뜻 : 법인세과-3146, 2008.10.29.).

(3) 주식회사 □□

중부지방국세청(♧♧♧국)에서 2012.4.17.부터 2012.8.14.까지 주식회사 ■■(대표이사 ■■ 등)의 2007~2010사업연도에 대해 법인세 통합조사를 실시하고 법인세 등 134억여 원을 경정·결정하였다.

구 「조세특례제한법」(2010.1.1. 법률 제9921호로 개정되기 전의 것) 제10조 등의 규정에 따르면 해당 과세연도에 발생한 연구·인력개발비가 직전 4년간 연평균 발생액을 초과하는 경우 그 초과하는 금액의 100분의 40에 상당하는 금액을 납부할 세액에서 공제하도록 되어 있으며, 이 중 중소기업 등에 연구개발과제를 위탁하며 지급한 비용은 별도로 구분하여 직전 4년간 연평균 발생액을 초과하는 금액의 100분의 50에 상당하는 금액을 공제할 수 있도록 되어 있다.

따라서 기업이 연구·인력개발비 세액공제를 신청하면서 당해 과세연도에 중소기업 등에 연구개발과제를 위탁하며 지급한 비용이 있는 경우 당해 과세연도 및 직전 4년간 발생한 위 비용 중 중소기업 등에 지급한 비용을 구분하여 그 구분된 당기 비용이 직전 4년간 중소기업 등에 지급한 연평균 발생비용을 초과하는 금액에 대해 50%의 공제율을 적용하거나, 위 중소기업 등에 지급한 비용이 구분되지 않는 경우 당기 연구·인력개발비 발생액이 직전 4년간 연평균 발생비용을 초과하는 금액에 대해 40%의 공제율을 적용하여야 한다.

한편, 주식회사 ■■는 2008사업연도 법인세 신고 시 해당 과세연도에 연구·인력개발비 471억여 원이 발생한 것으로 신고하면서 직전 4개 연도 연평균 발생액을 337억 원으로 하여 초과금액 134억 원에 대해 40% 공제율을 적용하여 54억 원의 세액공제를 신청하였다.

그런데 위 당기 발생액 471억여 원 중 14억여 원은 중소기업 등에 연구개발과제를 위탁하며 지급한 비용이므로 이를 별도로 구분하여 직전 4년간 연평균 발생액 10억 원을 초과하는 금액 4억 원에 대해서 50% 공제율을 적용하고, 일반 비용 457억 원에 대해서는 직전 4개 연평균 발생액 337억 원을 초과하는 금액 120억 원에 대해서 40% 공제율을 적용하여야 했다([별표 8] "주식회사 ■■의 세액공제액 산출 명세" 참조).[692]

그러나 위 법인은 중소기업 위탁비용에 대한 구분 없이 세액공제를 계산하는 과정에서 직전 4년간 발생액에 직전 4년간 중소기업 등에 지급한 연구개발과제 위탁비용 10억여 원을 포함하지 않아 이에 대한 세액공제로 4억여 원을 과다하게 신청하였다.

그런데 중부지방국세청에서는 위 세액공제 신청을 정당한 것으로 인정하여 이에 대한 검

692) 중소기업 등에 연구개발과제를 위탁하며 지급한 비용을 구분하지 않고 연구·인력개발비 세액공제를 신청한다면 직전 4년간 연평균 발생액을 337억 원이 아닌 347억 원으로 계산하여 초과금액 124억 원에 대해서 40% 공제율을 적용하여야 함.

토 없이 세무조사를 종결하였다.

(4) ☆☆☆☆☆☆주식회사

서울지방국세청(♠♠♠♠국)에서는 2012년 3월 ☆☆☆☆☆☆주식회사(대표이사 ☆☆☆)의 2009~2010사업연도에 대해 서면조사 방식으로 감면법인 사후관리를 실시하여 법인세 3억여 원을 경정·결정하였다.

「조세특례제한법 시행령」 제8조 제1항 및 [별표 6] 제1호 나목 1)의 규정에 따르면 연구개발용역을 위탁함에 따른 비용은 연구·인력개발비 세액공제를 적용 받을 수 있도록 되어 있으나, 전사적 기업자원 관리설비 등 시스템 개발을 위한 위탁비용은 연구·인력개발비 세액공제를 적용받을 수 없도록 되어 있다.

한편 ☆☆☆☆☆☆주식회사는 2010사업연도 법인세 신고 시 [별표 9] "☆☆☆☆☆주식회사의 시스템 개발을 위한 위탁비용 지급 명세"와 같이 생산관리 시스템 구축을 위해 ☯☯☯☯☯☯☯주식회사와 주식회사 ⊙⊙⊙⊙⊙⊙⊙에 연구개발용역을 위탁하면서 지급한 약 13억 원을 포함하여 연구·인력개발비 세액공제를 신청하였다.

그러나 위 시스템 개발을 위한 연구개발 위탁비용은 위 규정에 따라 연구·인력개발비 세액공제 대상에 해당되지 않는데도 위 법인은 세액공제 대상으로 보아 세액공제를 과다하게 신청하였다.

그런데도 서울지방국세청에서는 위 세액공제 신청을 정당한 것으로 인정하여 이에 대한 검토 없이 서면조사를 종결하였다.

(5) ▽▽▽▽▽▽▽주식회사

서울지방국세청(♠♠♠♠국)에서는 2012년 8월 ▽▽▽▽▽▽▽주식회사(대표이사 ▽▽▽)의 2009~2010사업연도에 대해 서면조사 방식으로 감면법인 사후관리를 실시하여 법인세 5백여만 원을 경정·결정하였다.

「조세특례제한법 시행령」 제8조 제1항 및 [별표 6] 제1호 가목 2)의 규정에 따르면 전담부서에서 연구용으로 사용하는 견본품·부품·원재료와 시약류구입비에 대해서는 연구·인력개발비 세액공제를 적용받을 수 있도록 되어 있다.

한편 ▽▽▽▽▽▽▽주식회사는 2010사업연도 법인세 신고 시 ■■■■■■■■■■■■■■■주식회사로부터 연구용 재료를 3천 8백여만 원에 매입하고서도 3억 8천 8백여만 원에 매입한 것으로 하여 3억 5천여만 원만큼 연구·인력개발비 세액공제를 과다 신청하였다.

그런데도 서울지방국세청에서는 위 세액공제 신청을 정당한 것으로 인정하여 이에 대한 검토 없이 서면조사를 종결하였다.

조치할 사항

서울지방국세청장과 중부지방국세청장은 ♧♧♧♧♧주식회사 등 5개 법인의 연구·인력개발비 세액공제 신청과 관련하여 금액을 부풀리거나 공제대상이 아닌데도 감면을 신청한 데 대해 현장 확인을 실시하는 등 철저히 조사하여 부족 징수된 법인세를 추가 징수하는 방안을 마련하시기 바랍니다.(통보)

요구사항 2

기업 R&D투자 조세감면제도가 신기술 등 연구개발을 촉진하는 효과가 있는지 여부

1 실태

가. 관련법에 근거한 각 부처 평가결과

「조세특례제한법」 제142조 제2항의 규정에 따르면 중앙행정기관의 장이 조세감면을 도입할 때에는 조세감면의 목적, 조세감면으로 인하여 기대되는 정책효과, 연도별 예상 세수효과 및 관련 통계자료 등을 포함한 조세감면건의서를 매년 5.31.까지 기획재정부장관에게 제출하도록 되어 있다.

그리고 같은 법 제142조 제3항 및 같은 법 시행령 제135조의 규정에 따르면 당해 과세연도에 적용기한이 종료되는 조세특례사항(즉, 일몰이 도래한 사항), 시행 후 2년이 경과되지 아니한 조세특례사항, 기존의 조세특례사항 중 그 범위를 확대하고자 하는 사항 등에 대하여는 중앙행정기관의 장이 조세감면으로 인한 효과분석 및 조세감면제도의 존치 여부 등에 대한 의견서(이하 "조세감면평가서"라 한다)를 매년 5.31.까지 기획재정부장관에게 제출하도록 되어 있다.

따라서 R&D 조세감면을 포함한 모든 조세감면 제도가 최소한 2회(도입 시 및 2년 경과 시)의 효과분석은 하도록 되어 있으며 일몰규정이 있는 조항, 감면범위를 확대하는 조항 등에 대하여는 추가적인 효과분석을 하도록 함으로써 제도상으로는 최소한의 효과분석 근거는 마련해 놓고 있다고 볼 수 있다.

그런데 2012년 4월 교육과학기술부에서 소관 조세특례사항의 일몰기한 연장을 위해 기획재정부에 제출한 조세감면평가서를 보면, 신성장동력 및 원천기술연구개발비 세액공제(「조세특례제한법」 제10조), 연구개발출연금 등 과세특례(같은 법 제10조의 2), 연구 및 인력개발 설비투자 세액공제(같은 법 제11조), 기술취득금액에 대한 세액공제(같은 법 제12조), 연구개발특구 첨단기술기업의 법인세 감면(같은 법 제12조의 2) 등의 경우 학계의 일부 긍정적인 연구결과를 인용하고 이를 근거로 당해 제도가 효과가 있다고 주장하면서 일몰연장을 요청하고 있는 실정이다.

또한 기획재정부의 자료에 따르면 2012년 12월 말 현재 일몰이 도래하는 103개(3조 2,403억 원) 조세특례사항에 대하여 교육과학기술부 등 16개 부처에서 92개 조세특례사항에 대하여 154건의 조세감면평가서를 제출하면서 일몰기한 연장요청을 한 바(11개는 연장 요청하지 않음), 각 부처는 92개[693] 감면조항에 대한 154건의 평가서 전부에서 경제 · 사회정책 등의 효율적 수행을 위하여 조세감면이 효과가 있다는 의견을 제출한 것으로 비추어 각 부처의 조세지출평가가 관대하게 이루어지는 경향이 있는 것으로 판단되고 각 부처가 제출하는 조세감면평가서상의 객관성 확보 여부가 불분명한 효과분석을 근거로 조세감면의 효과를 인정하기에는 한계가 있다.

더구나 R&D 조세감면의 경우 2011년 전체 감면액 2조 5,516억 원 중 감면 금액이 2조 3,341억 원으로 91.5%를 차지하고 있는 연구 · 인력개발비 세액공제 조항에 대한 일몰규정이 2008년 12월 말 삭제되고 해당 항목의 세액공제가 영구화되면서 도입 당시뿐만 아니라 일몰규정 삭제 이전에 수행된 효과분석 자료도 2012.11.27. 감사종료일 현재 남아 있지 않아 관련 부처의 평가결과를 확인할 수 없는 상태이다.

나. 학계의 연구결과에 근거한 평가

R&D 조세감면제도의 효과에 대해 학계에서 실증분석한 연구결과는 매우 드문 실정이다. 특히, 조세감면 전반의 효과분석이 아닌 R&D 조세감면을 특정하여 그 효과를 분석한 연구결과는 더욱 찾아보기 어려우며 그나마도 연구한 지 오래되었거나 외국의 연구결과들이다.

R&D 조세감면제도의 효과에 대한 대표적인 연구결과는 다음과 같다. ◇◇◇(한국조세연구원 연구원) 등이 1981년부터 2004년까지 24년간 과학기술부에서 발간한 "과학기술연구활동 조사보고"의 자료를 활용하여 2006년에 실증분석한 결과에 따르면 조세지원이 증가할수록 민간연구개발투자가 증가하는 것으로 나타나 조세정책이 효과가 있는 것으로 나타났다.

693) 기획재정부는 자체 판단에 따라 92개 중 15개 제도의 일몰을 종료하였으며 77개 제도의 일몰을 연장하기로 하였음.

그러나 □□□(◀◀◀◀대학교 부교수)이 2005년부터 2009년까지의 자료[694]를 바탕으로 2011년 연구한 결과에 따르면 중소기업의 경우 연구개발투자에 대한 조세지원의 확대가 정책의도와는 달리 중소기업의 연구개발투자를 유의(有意)하게 증가시키지 못하였고, 대기업의 경우 조세부담이 낮은 집단에서는 조세지원의 확대에 따라 연구개발투자가 증가하지 않았으나 조세부담이 높은[695] 집단에서는 조세지원의 확대에 따라 연구개발투자가 유의(有意)하게 증가하는 것으로 나타나 조세부담이 높은 대기업에서만 유의미한 효과가 있는 것으로 나타나는 등 조세 감면의 효과에 대한 연구결과가 일치하지 않는다([별표 10] "주요 연구결과 요약" 참조).

이러한 연구결과의 차이는 2012.11.23. 감사원 주최로 개최된 "R&D 조세감면제도의 효과성"에 관한 토론회에서 연구자들이 밝혔듯이 연구시기나 분석방법, 분석자료 등이 다르기 때문이며 특히, 분석대상 자료가 객관성 없는 설문자료이거나 합계로 가공된 통계 등인 것이 큰 문제점으로 지적되었다. 따라서 국세청에 신고된 개별기업의 구체적인 자료를 바탕으로 하지 않는 한 어떤 연구도 효과를 확신하기는 어렵다는 게 다수 연구자들의 공통된 의견이었다.

또한 효과 유무 논란과 관련하여 조세감면이 R&D투자를 유발하는 효과가 있는지뿐 아니라 실질적으로 기술적 진보를 이루었는지도 논점이 될 수 있다.[696]

그러나 후자의 경우 효과 검토에 과학기술 측면의 전문지식이 필요할 뿐 아니라 기업의 프로젝트별로 검토해야 하므로 이번 감사에서는 따로 검토하지 않았다.

2 검토결과

현재 각 부처가 제출하는 조세감면평가서상의 효과분석과 부처의견은 효과가 있다는 근거만 첨부하고 있어 객관성을 담보하기가 어렵고, 학계 연구자들의 연구결과도 효과가 있다는 연구결과와 효과가 없다는 연구결과가 병존하고 있으나 설문조사 자료 등 기초자료의 한계 때문에 신뢰하기 어려워 효과 유무에 대한 객관적 판단을 하기 어려운 실정이다.

따라서 기획재정부에서는 2013년부터 시행할 예정인 "조세지출 종합평가"등을 활용[697]

694) 유가증권시장과 코스닥시장에 상장되어 있는 기업 중에서 연구개발 활동을 실제로 활발하게 수행하고 있는 중소기업 1,525개의 공시자료를 활용하여 분석함.

695) 조세부담은 유효법인세율(법인세비용/법인세비용차감전순이익)로 측정하였음.

696) 특히, 캐나다의 경우 정부가 기업의 개별 프로젝트를 건건이 검사하여 실질적인 기술개발 효과가 있는 프로젝트에 대하여만 조세지원을 해주고 있음.

697) 기획재정부는 2012.7.27. "조세지출 성과관리 제고방안"을 마련하여 보도자료를 배포하였음([별표 11] "조세지출 성과관리 제고방안 요약" 참조).

하여 R&D 조세감면제도의 효과를 제대로 검증하여야 하고 그 검증에 대한 객관성을 확보하기 위한 추가적인 보완 여부를 판단할 필요가 있다.

기타사항

국회감사요구의 배경이 되었던 기업 R&D투자 조세감면제도의 혜택이 대기업에 집중되고 있는지 여부

1 실태

가. 국회의 논의 내용

최근 국회 기획재정위원회에서는 ◎◎◎◎의 박사학위 논문 중 일부 내용([표 6] 참조)의 사실 여부가 쟁점이 되었다.

[표 6] 임시투자세액공제, R&D 세액공제 및 법인세 납부액 상위 10대 기업

(단위 : 억 원)

순위	임시투자세액공제		R&D세액공제		법인세 납부	
	회사명	공제액	회사명	공제액	회사명	총부담세액
1	A	5,179	a	3,442	ㄱ	10,924
2	B	1,430	b	859	ㄴ	10,295
3	C	1,258	c	616	ㄷ	9,492
4	D	882	d	509	ㄹ	6,216
5	E	782	e	316	ㅁ	5,903
6	F	417	f	251	ㅂ	5,620
7	G	380	g	120	ㅅ	4,964
8	H	367	h	99	ㅇ	4,876
9	I	285	i	98	ㅈ	4,571
10	J	280	j	95	ㅊ	4,584
합계		11,260		6,405		67,445
전체금액		21,165		15,185		391,545

자료 : 국세청

국회에서는 위 논문의 내용을 근거로 법인세 납부세액 상위 10개 법인의 납부세액이 전체 법인세액의 17%(6조 7,445억 원/39조 1,545억 원)에 불과하나 R&D 세액공제액의 42%(6,405억 원/1조 5,185억 원)가 위 10개 법인에 집중되고 있으므로 R&D 조세감면제도는 일부 대기업을 위한 제도라는 문제제기를 하였다. 이에 대하여 감사기간 중 위 자료의 사실 여부를 확인한 결과 위 10개 기업의 세액공제액과 법인세 납부세액이 국세청 자료와 일치하는 것으로 확인되었다.

나. 정부의 입장

감면혜택이 일부 대기업에 집중된다는 국회의 문제제기에 대하여 기획재정부와 국세청은 2011년 신고 기준 46만 개 법인을 37만 개의 중소기업과 나머지 9만여 개의 일반기업(대기업으로 간주)으로 나누어 관련 통계를 제시하면서 형평성에 문제가 없다는 입장이다.

우선, [표 7]과 같이 「조세특례제한법」상 R&D 세액공제 제도는 기본적으로 중소기업의 혜택이 상대적으로 크도록 설계·운용되고 있다.

[표 7] R&D 투자금액에 대한 공제율(2012년 11월 말 기준)

구분	일반 R&D(당기분, 증가분 중 선택)		신성장동력·원천기술 R&D	
	중소기업	대기업	중소기업	대기업
당기분	당기 투자액의 25%	당기 투자액의 3~6%	당기 투자액의 30%	당기 투자액의 20%
증가분	직전 4년 평균 대비 증가액의 50%	직전 4년 평균 대비 증가액의 40%		

자료 : 기획재정부

또한, 대체적으로 중소기업 공제율은 증가 추세인 반면, 대기업의 공제율은 감소 추세에 있으며 현 정부에서도 2008년 중소기업의 연구·인력개발비에 대한 공제율을 15%에서 25%로 상향 조정한 바 있다. 따라서 [표 8]과 같이 2011사업연도를 기준으로 보면 대기업의 R&D투자 규모가 중소기업의 288%에 달하나 R&D 세액공제액(연구·인력개발비 세액공제에 한함) 규모는 대기업이 중소기업의 147% 정도에 그쳐 R&D 투자액 대비 공제액의 비율은 중소기업이 높다.

[표 8] R&D 투자액 대비 세액공제액 비율

(단위 : 억 원, %)

구분(2011년 기준)	중소기업(a)	대기업(b)	중소기업대비 대기업 비율(b/a)
R&D 투자액(A)	98,371	283,462	288
R&D 세액공제액(B)	9,421	13,920	147
투자액 중 공제액비율(B/A)	9.6	4.9	-

자료 : 기획재정부

그리고 2010사업연도 기준 R&D 공제세액(연구·인력개발비 세액공제에 한함)에서 중소기업이 차지하는 비중은 40.4%(개인사업자 1% 포함)로 일반기업(대기업)의 59.6%보다 낮긴 하지만([별표 12] "기업규모별 연구·인력개발비 세액공제 현황" 참조), [표 9]의 법인세 전체 공제감면세액(9조 3,315억 원) 중 중소기업이 차지하는 비중 25%와 비교하면 R&D 세액공제의 경우 오히려 중소기업에 유리하게 설계되어 있다는 점을 확인할 수 있다.

[표 9] 기업규모별 공제감면세액과 감면율(2011년 신고 기준)

(단위 : 개, 억 원, %)

구분	법인 수	산출세액(①)	공제감면세액(②)	외국납부세액(③)	감면율(②/①)	외국납부세액 제외 감면율(②-③/①)
합계	460,614	472,569	93,315(100.0)	15,960	19.7	16.4
중소기업	369,100	90,976	23,351(25.0)	842	25.7	24.7
일반기업	91,514	381,593	69,964(75.0)	15,118	18.3	14.4

자료 : 국세청

참고로, [표 9]의 법인세 전체 공제감면세액(9조 3,315억 원)의 형평성 문제를 살펴보면 중소기업이 받는 혜택의 비중은 전체의 25% 수준으로 일반기업의 75%보다는 낮으나 감면율(공제감면세액÷산출세액)은 중소기업 25.7%, 일반기업 18.3%로서 중소기업이 높고, 외국납부세액 제외 시 감면율은 중소기업 24.7%, 일반기업 14.4%로서 중소기업 감면율이 더욱 높은 등 기본적으로 조세감면은 중소기업에 유리하게 설계되어 있으나 감면액의 규모면에서는 대기업이 차지하는 비중이 높은 구조이다.

한편, 2011년 신고기준 수입금액 5천억 원 초과 대형법인(623개)을 중심으로 감면혜택의 형평성을 판단해 보면, 대형법인의 법인세 총부담액 비중은 61.2%, 전체 공제감면세액 비중은 65.2%로 세부담과 감면혜택의 비율이 비슷하며([별표 13] "수입금액 규모별 법인세 공제감면세액 현황" 참조), 특히 623개 대형법인의 연구·인력개발비 세액공제 점유비는 39.9%에 불과하여 총부담세액 및 전체 감면액 비중 등을 고려할 때 대기업의 혜택이 많다고 볼 근거가 없다([별표 14] "소득금액 규모별 R&D 세액공제 현황" 참조).

앞서 살펴본 바와 같이 「조세특례제한법」상 R&D 세액공제 제도는 기본적으로 중소기업에 혜택이 크도록 설계·운용되고 있다. 또한, 대체적으로 중소기업 공제율은 증가 추세인 반면, 대기업의 공제율은 감소 추세에 있다. 그러나 대기업의 R&D투자 규모가 중소기업에 비하여 월등히 많기 때문에 공제금액 측면에서는 대기업 비중이 높은 실정이다.

또한, 기획재정부와 국세청 설명방식처럼 대기업과 중소기업의 구분을 9만여 개의 일반기업과 37만 개의 중소기업으로 나누거나, 수입금액이 5천억 원을 초과하는 대형법인(623개)과 나머지 46만 개 법인으로 나누어 비교할 경우 형평성 문제는 제기될 소지가 적다.

그러나 국회에서 문제를 제기한 것과 같이 공제액이 큰 상위 10개 법인 또는 상위 30개 법인을 대상으로 R&D 감면액 비중과 법인세 납부액 비중을 비교 할 경우 논란의 소지가 있는 것으로 보인다.

감사기간 중 R&D 감면세액(연구·인력개발비 세액공제와 설비투자 세액공제의 합계) 상위 30개 업체(2011년 신고 기준)를 분석한 결과 [표 10]과 같이 전체 감면세액의 49%가 30개 대기업에 집중되는 반면, 해당 법인의 법인세 납부비중은 전체법인 납부액의 17.3%에 불과하였다.

[표 10] R&D 세액공제 금액 비율 대비 법인세 납부액 비율(전체 법인)

(단위 : 억 원, %)

구분	R&D 세액공제		법인세 납부액	
	금액	비율	금액	비율
상위 1개	6,132	25.4	17,357	4.6
상위 10개	9,853	40.8	37,271	9.8
상위 30개	11,853	49.0	65,536	17.3
전체 합계	24,176	100.0	379,619	100.0

자료 : 국세청

분석대상을 46만 개 전체법인으로 하지 않고 R&D 조세감면 실적이 있는 13,884개 법인으로 한정할 경우에는 비율 차이가 다소 완화되었으나 결과는 유사하였다. [표 11]에서 보는 것과 같이 30대 법인의 감면세액 비중은 49%, 해당 법인의 법인세 납부비중은 전체 13,884개 법인 납부액의 38.1%였다.

[표 11] R&D 세액공제 금액 비율 대비 법인세 납부액 비율(R&D 세액공제법인)

(단위 : 억 원, %)

구분	R&D세액공제		법인세 납부액	
	금액	비율	금액	비율
상위 1개	6,132	25.4	17,357	10.1
상위 10개	9,853	40.8	37,271	21.7
상위 30개	11,853	49.0	65,536	38.1
전체 합계	24,176	100.0	171,819	100.0

자료 : 국세청

다음으로 30대 법인을 중심으로 최근 5년간 감면비율, 점유율 비율 등이 어떻게 변화하고 있는지 살펴보았다. [표 12]는 상위 30대 법인의 R&D 세액공제(연구·인력개발비 세액공제에 한함) 금액(A)을 중심으로 하여, 총 법인세 부담세액(B)에서 차지하는 비중(감면비율, A/B), 전체 R&D 세액공제액(C) 대비 상위 30개 법인의 세액공제액이 차지하는 비중(A/C)의 변화추세를 보여준다.

[표 12] R&D 비용 세액공제 상위 30대 법인 비중

(단위 : 억 원, %)

구분	2007년	2008년	2009년	2010년	2011년
R&D 비용 세액공제(A)	7,752	7,479	6,826	8,600	11,132
총부담세액(B) (감면비율, A/B)	23,293 (33.3)	31,100 (24.0)	40,164 (17.0)	30,845 (27.9)	61,228 (18.0)
전체 R&D 비용 세액공제액(C) (30대 법인의 비중, A/C)	14,080 (55.0)	15,331 (55.0)	15,535 (43.9)	18,751 (46.3)	23,106 (48.2)

자료 : 기획재정부

우선, 30대 법인의 법인세 총부담세액 대비 R&D 세액공제를 통한 감면비율은 2007년 33.3%에서 2011년 18%로 크게 감소하여 대기업의 혜택이 감소하였다고 볼 수 있다. 이는 30대 법인의 2011년 법인세 납부액(부담)이 크게 증가한데 기인한 바 크다. 두 번째로 전체 R&D 세액공제액에서 상위 30개 법인의 세액공제액이 차지하는 비중도 2007년 55%에서 2011년 48.2%로 낮아졌다. 따라서 현 정부에서 감면혜택이 일부 대기업에 집중되는 문제는 상당부분 개선된 것으로 판단된다.

마지막으로 2011년 귀속분부터 변경되는 「조세특례제한법」 개정내용 및 2013.1.1. 개정된 「조세특례제한법」 중 R&D 관련 내용을 검토하였다. 우선, 2011년 귀속분부터 종전 최저한세 적용대상에서 제외되었던 석·박사 인건비가 일반기업에 한하여 최저한세 적용대상에 포함되어 일반기업의 감면액이 축소될 것으로 예상된다. 그리고 2013.1.1. 개정된 「조세특례제한법」 부칙 제36조의 규정에 따르면 2013년부터 주로 증가분 방식으로 세액공제를 받는 대기업에 대한 조세지원을 합리적으로 줄여나가기 위해서 증가분 산정 방식을 개선하여 직전 4년 평균과 비교하던 것을 3년에 걸쳐 단계적으로 직전연도와 비교하도록 하여 3년 후에는 연간 4,600억 원(2011년 신고분 금액 기준) 정도 대기업의 감면혜택이 줄어들 것으로 예상된다. 또한, 과세표준 100억 원 초과 1,000억 원 이하 일반기업에 대하여는 최저한세율을 11%에서 12%로, 과세표준 1,000억 원 초과 일반기업에 대해서는 최저한세율을 14%에서 16%로 인상하는 「조세특례제한법」 개정안이 통과되어 2010년 신고 기준 추가납부세액이 2,150억 원[698] 수준이 될 것으로 추정된다.

2 검토결과

R&D 세액공제액의 49% 정도가 상위 30개 법인에 집중되는 측면이 있으나 이는 30개 법인의 R&D 투자금액이 전체 투자금액의 55%에 달하기 때문이므로 형평성에 문제가 있다고 보기는 어렵다. 또한, 상위 30개 법인의 감면세액 비중이 점차 감소하고 있고, 최근 「조세특례제한법」이 개정(연구·인력개발비 세액공제액 계산방식 변경 등)됨에 따라 감면혜택의 30대 기업 집중도는 더욱 완화될 것으로 보인다. 따라서 기획재정부에서는 향후 감면혜택의 집중도를 좀 더 지켜보면서 추가적인 보완 여부를 판단할 필요가 있다.

698) 2,150억 원 ≒ ①+②×2

① 과세표준 100~1,000억 원 기업 1%당 총부담세액 260억 원(총부담세액 2,867억 원÷11%)

② 과세표준 1,000억 원 초과 기업 1%당 총부담세액 943억 원(총부담세액 13,204억 원÷14%

【별표 목차】

별표 1

R&D 조세감면제도 연혁

구분	시행연도	주요내용
연구 및 인력개발 준비금 제도	1975	○ 기술개발준비금 제도 신설 - 소득금액의 5%의 범위 안에서 손금 산입 - 비용 : 지출연도에 준비금과 상계
	1982	○ 기술개발준비금 설정한도 확대 - 소득금액의 20% 또는 수입금액의 1% 중 큰 것 선택 - 기술집약산업은 소득금액의 30% 또는 수입금액의 1.5%
	1987	○ 기술개발준비금 설정한도 확대 - 소득금액의 20% 또는 수입금액의 1.5% 중 큰 것 선택 - 기술집약산업은 소득금액의 30% 또는 수입금액의 2%
	1991	○ 기술개발준비금 설정한도 확대 - 수입금액의 3%(기술집약산업은 4%) 범위 안에서 선택
	1992	○ 기술개발준비금 익금 환입기간 연장 - 지출연도에 준비금과 상계→지출연도와 관계없이 적립 후 4년 거치 3년 분할 환입
	1994	○ 기술개발준비금 익금 환입기간 조정 - 4년 거치 3년 분할 환입→3년 거치 3년 분할 환입
	1996	○ 기술개발준비금 지원대상 비용 확대 - ISO9000 비용 추가
	1997	○ 기술개발준비금 지원대상 업종(방송업, 물류산업, 가스제조공급업) 추가 ○ 기술개발준비금 설정한도 확대 - 기술집약자본재산업은 수입금액의 5%
	1999	○ 기술개발준비금(대기업 R&D 세액공제와 중복공제 배제)
	2007	○ 연구 및 인력개발준비금 제도 폐지(2006.12.31.)
	2009 ~현행	○ 연구 및 인력개발준비금 제도 재도입(2013.12.31. 기한) - 수입금액의 3% 범위 안에서 손금 산입, 3년 거치 3년 분할 환입
	1982	○ "기술 및 인력개발비 세액공제제도" 신설 - 기술 및 인력개발비의 10%

구분	시행연도	주요내용
연구 및 인력개발비 세액공제 제도	1987	○ 증가분 방식 신설 - 기술 및 인력개발비의 10%+직전 2년 평균 초과분의 10%
	1991	○ 대기업·중소기업 공제방식 구분 - 기술 및 인력개발비의 10%(중소기업은 15%)+직전 2년 평균 초과분의 10%
	1994	○ 당기분 방식과 증가분 방식을 구분하여 선택 적용 - 기술·인력개발비의 5%(중소기업은 15%) 또는 직전 2년 평균 초과분의 50%
	1999	○ 직전 2년 평균 초과분을 직전 4년 평균 초과분으로 조정 - 기술·인력개발비의 5%(중소기업은 15%) 또는 직전 4년 평균 초과분의 50%
	2001	○ 대기업은 증가분 방식만 적용 - 연구·인력개발비의 15%(대기업 제외) 또는 직전 4년 평균 초과분의 50%
	2003	○ 대기업의 증가분 방식 비율을 50%에서 40%로 조정 - 연구·인력개발비의 15%(대기업 제외) 또는 직전 4년 평균 초과분의 50%(대기업은 40%)
	2008	○ 대기업에 대해 당기분 방식(총액 기준)을 재도입하여 선택 적용 - 대기업: (3%+수입금액 중 연구·인력개발비의 비율 ×1/2)(6% 한도) 또는 직전 4년 평균 초과분의 40%
	2009	○ 중소기업 당기분 방식 비율을 15%에서 25%로 조정 - 중소기업 : 연구·인력개발비의 25% 또는 직전 4년 평균 초과분의 50%
	2010	○ 신성장동력 및 원천기술연구개발비 제도 신설 - 신성장 및 원천기술연구개발비의 20%(중소기업은 30%)
	현행	- 신성장 및 원천기술연구개발비 20%(중소기업은 30%) - 대기업 : (3%+수입금액 중 연구·인력개발비의 비율 ×1/2)(6% 한도) 또는 직전 4년 평균 초과분의 40%
연구 및 인력개발을 위한 설비투자 세액공제 제도	1975	○ 신기술기업화자산에 대한 세액공제 제도 신설 - 세액공제율은 투자액의 8%(국산 10%)
	1982	○ 세액공제와 일시상각 중 선택 적용 - 세액공제율은 투자액의 6%(국산 10%), 시험연구시설 및 직업훈련시설은 투자액의 8%(국산 10%) - 일시상각은 취득연도에 50%를 일시상각

구분	시행연도	주요내용
연구 및 인력개발을 위한 설비투자 세액공제 제도	1983	○ 연구시험용 시설에 한해 일시상각률 90%로 상향 조정
	1987	○ 외국산 신기술기업화 자산·직업훈련용 시설에 한해 일시상각률은 30%, 세액공제율은 3%로 하향 조정
	1991	○ 사내직업훈련비에 한해 세액공제율을 15%로 상향 조정
	1993	○ 신기술 기업화자산에 한해 일시상각률을 50%(국산 90%)로 상향 조정
	1994	○ 연구시험용시설에 한해 일시상각률을 50%(국산 70%)로 하향 조정 ○ 외국산 연구시험용시설에 한해 세액공제율을 5%로 하향 조정
	1997	○ 일시상각제도 폐지
	1998	○ 세액공제율을 5%로 단일화하고 국산 우대 폐지
	2002	○ 세액공제율을 10%로 상향 조정
	2003	○ 세액공제율을 7%로 하향 조정
	2004	○ 2006. 12. 31.까지 일몰기한 연장
	2009 ~현행	○ 세액공제율을 10%로 상향 조정(연구시험용시설, 직업훈련용 시설, 신기술 기업화를 위한 사업용 자산)

자료 : 감사대상기간 자료 재구성

별표 2

세무조사 적출실적 주요 명세

(단위 : 백만 원)

구분	법인명	조사실시 연도 (대상연도)	적출 소득	R&D 적출 세액	유형
1	○○○○○(주)	2009 (2005~2006)	159,550	20,403	연구전담부서가 아닌 부서에서 사용한 재료비 및 단순시험용역과 관련한 용역비 포함 등
2	☆☆☆☆☆(주)	2010 (2005~2006)	17,014	1,993	연구전담부서에서 근무하지 않은 직원 인건비 포함
3	(주)◎◎◎◎	2010 (2006~2007)	20,423	1,641	피합병법인의 연구인력개발비 누락
4	◇◇◇◇◇(주)	2011 (2006~2007)	31,140	1,425	연구전담부서에서 근무하지 않은 직원 인건비 포함, 실험실 소모품 구입비용 포함, 판매 중인 제품의 임상비용 및 기술이전료를 위탁개발비에 포함
5	(주)□□□	2011 (2007)	7,721	1,393	피합병법인의 연구인력개발비 누락
6	△△△△△(주)	2011 (2008~2009)	10,202	1,360	공제요건이 아닌 초도금형비, 기술자문료 등을 포함
7	▽▽▽▽▽(주)	2011 (2006~2007)	22,053	1,156	연구개발부서가 아닌 영업활동 지원과 관련된 시스템 운영부서의 인건비 포함
8	◁◁◁◁(주)	2011 (2007~2009)	12,668	615	연구개발전담부서가 아닌 생산활동부서의 인건비 포함
9	(주)▷▷▷	2009 (2004)	366	568	연구전담부서에서 근무하지 않은 직원 인건비 포함
10	♤♤♤♤♤♤♤(주)	2008 (2004~2005)	3,542	528	수탁용역 연구비 포함 및 피합병법인 연구인력개발비 누락

자료 : 감사대상기관 자료 재구성

별표 3

서면조사 적출실적 주요 명세

(단위 : 백만 원)

구분	조사청	법인명	감면 세액	적출 세액	유형
1	서울청	(주)○○○○○○	1,324	1,324	○○○○(주)로부터 승계한 사업부문에서 발생한 연구개발비 지출내역을 포함하지 않고 세액공제액을 계산함에 따라 과다 공제
2	서울청	☆☆☆☆(주)	4,666	943	연구과정에서 시범제작에 소요되는 외주가공비와 기술개발 용역수행이 아닌 생산단계에서 필수적으로 부수되는 외주가공비에 대해 세액공제 부인
3	서울청	(주)◎◎◎◎	1,504	450	연구개발 전담부서로 신고하지 아니한 연구부서에서 근무하는 직원의 인건비에 대해 세액공제 부인
4	중부청	(주)◇◇◇	863	863	연구전담부서의 금형 취득비, 퇴직금, 퇴직급여충당금전입액 및 복리후생비 등에 대해 세액공제 부인
5	중부청	□□□□□□(주)	842	371	시험용 시설의 취득비용 및 소프트웨어개발 외주용역비 등 비품 관련 취득경비에 대해 세액공제 부인
6	대전청	△△△△△(주)	9,583	3,389	품질관리 관련 부서 직원의 인건비 및 소모품비, 연구와 무관한 비용에 대해 세액공제 부인
7	광주청	(주)▽▽▽▽▽	589	435	운반비, 여비교통비, 장비사용료 계정에 지출증빙 없이 임의로 가공계상하거나, 가공매입 세금계산서를 수취하여 부가가치세 및 법인세를 축소 신고하면서 허위로 연구·인력개발비 세액공제 신청
8	대구청	(주)◁◁◁◁	549	304	대학교수와 연구개발 위탁용역 계약을 체결한 뒤 연구비를 지급하고 이 중 일

구분	조사청	법인명	감면 세액	적출 세액	유형
8	대구청	(주)◁◁◁◁	549	304	부를 법인 대표이사가 돌려받는 방식으로 법인세 탈루 및 허위감면 신청
9	대구청	▷▷▷(주) 외	5,365	1,491	직전 4년간 연구개발비를 과소 계상함에 따라 세액공제 과다 신청
10	부산청	(주)♤♤♤♤♤♤	1,396	415	다른 법인으로부터 위탁받은 연구개발용역에 종사하는 직원 인건비에 대해 세액공제 부인

자료 : 감사대상기관 자료 재구성

별표 4

연구 · 인력개발비 세액공제액 상위 30개 법인 명세

(단위 : 백만 원, %)

순위	법인명	법인세		R&D 세액공제			
		금액	비율	연구개발비	설비투자	계	비율
1	A사	1,735,633	4.57	585,995	27,224	613,219	25.36
2	B사	170,945	0.45	124,417	335	124,752	5.16
3	C사	691,192	1.82	95,373	5,644	101,017	4.18
4	D사	688	0.00	22,204	3,463	25,667	1.06
5	E사	319,506	0.84	23,342	1,459	24,801	1.03
6	F사	21,671	0.06	21,336	380	21,716	0.90
7	G사	23,480	0.06	19,402	448	19,850	0.82
8	H사	16,195	0.04	17,495	1,549	19,044	0.79
9	I사	39,793	0.10	15,697	2,713	18,410	0.76
10	J사	704,759	1.86	10,767	6,128	16,895	0.70
10대 소계		3,723,862	8.29	936,028	49,343	985,371	40.76
11	a사	457,112	1.20	12,024	3,661	15,685	0.65
12	b사	42,183	0.11	13,849	983	14,832	0.61
13	c사	129,739	0.34	13,906	–	13,906	0.58
14	d사	62,539	0.16	11,494	1,594	13,088	0.54
15	e사	13,514	0.04	12,477	55	12,532	0.52
16	f사	4,872	0.01	11,211	279	11,490	0.48
17	g사	64,816	0.17	5,886	5,367	11,253	0.47
18	h사	6,549	0.02	10,266	956	11,222	0.46
19	i사	66,451	0.18	8,666	1,552	10,218	0.42
20	j사	7,186	0.02	9,761	131	9,892	0.41
21	k사	25,290	0.07	7,711	1,952	9,663	0.40
22	l사	364,726	0.96	9,264	79	9,343	0.39
23	m사	160,115	0.42	8,227	107	8,334	0.34
24	n사	78,450	0.21	6,436	970	7,406	0.31

순위	법인명	법인세		R&D 세액공제			
		금액	비율	연구개발비	설비투자	계	비율
25	o사	42,964	0.11	6,744	231	6,975	0.29
26	p사	13,123	0.03	6,594	–	6,594	0.27
27	q사	797,116	2.10	6,276	–	6,276	0.26
28	r사	5,934	0.02	5,855	237	6,092	0.25
29	s사	51,587	0.14	5,728	192	5,920	0.24
30	t사	4,623	0.01	4,752	–	4,752	0.20
30대 소계		6,122,751	16.13	1,113,155	67,689	1,180,844	48.85
기타(460,584) 소계		31,839,153	83.87	1,198,146	38,611	1,236,757	51.15
총계(460,614)		37,961,904	100.00	2,311,301	106,300	2,417,601	100.00

자료 : 국세청

별표 5

주식회사 △△△△△의 세액공제 대상비용 과다신청 명세

(단위 : 원)

구분	세액공제 대상비용	세액공제 제외비용	합계
인건비	1,141,576,834	10,027,912,250	11,169,468,084
재료비	2,949,707,387	18,252,562,512	21,202,269,899
기타		-	
합계		28,280,474,762	

주 : 1. 세액공제 대상비용에 포함되는 인건비는 (사)한국산업기술진흥협회로부터 인정받은 '▷▷▷▷▷연구소' 내 ☆☆☆☆팀, ◎◎◎◎팀 · ◇◇팀, □□□□□□□□연구팀 등 소속 직원의 인건비이며, 위 연구소와 별도 조직으로서 위 협회로부터 전담부서로 인정받지 못한 △△△△본부 및 ▽▽▽▽▽본부 내 ♤♤♤♤팀, ♡♡♡♡팀 등 소속 직원의 인건비는 세액공제 대상에서 제외됨.

2. 세액공제 대상비용에 포함되는 재료비도 위 연구소에서 연구용으로 사용한 원재료비 등이며, 기타 부서에서 사용한 원재료비는 세액공제 대상에서 제외됨.

자료 : 감사대상기관 자료 재구성

별표 6

주식회사 ◇◇의 양산설비 등 구입비용 명세

(단위 : 원)

법인명	구입비용			
	양산설비	양산금형비	불용자재	합계
▼▼▼▼▼▼▼▼▼▼▼(주)	112,487,320	-	36,798,898	149,286,218
◁◁◁◁(주)	277,100,000	-	-	277,100,000
◈◈◈◈(주)	12,427,476	-	-	12,427,476
▣▣▣▣▣(주)	493,096,000	651,664,000	120,764,000	1,265,524,000
(주)◐◐◐	187,740,000	-	-	187,740,000
총계	1,082,850,796	651,664,000	157,562,898	1,892,077,694

자료 : 감사대상기관 자료 재구성

별표 7

주식회사 □□□□□□□에서 위탁받은 연구활동 수행비용 명세

(단위 : 원)

합계	인건비	재료비	위탁 및 공동기술개발비	기타
602,672,653	441,475,702	56,628,940	104,568,011	–

자료 : 감사대상기관 자료 재구성

별표 8

주식회사 ■■의 세액공제 산출 명세

(단위 : 억 원)

당초 2008년 세액공제액 계산									
구분	직전 4개 연도 발생액					'08년 발생액	초과 금액	공제율	공제세액
	'04년	'05년	'06년	'07년	연평균				
일반비용	306	316	361	365	337	471	134	40%	54
중소비용	0	0	0	0	0	0	0	50%	0
2008년 세액공제액 재계산									
구분	직전 4개 연도 발생액					'08년 발생액	초과 금액	공제율	공제세액
	'04년	'05년	'06년	'07년	연평균				
일반비용	306	316	361	365	337	457	120	40%	48
중소비용	5	9	12	16	10	14	4	50%	2

자료 : 감사대상기관 자료 재구성

별표 9

☆☆☆☆☆☆주식회사의 시스템 개발을 위한 위탁비용 지급 명세

(단위 : 원)

지급처	지급일자	지급금액	지급내용
☯☯☯☯☯☯☯(주)	2010.4.30.	70,000,000	IT과제 에너지관리시스템 구축 계약금
〃	2010.4.30	120,000,000	IT과제 조선SRM시스템 구축 계약금
〃	2010.4.30.	114,000,000	IT과제 협력사 그룹웨어 구축 계약금
〃	2010.8.31.	151,900,000	IT과제 협력사 그룹웨어 구축 중도금
〃	2010.8.31.	160,000,000	IT과제 조선SRM시스템 구축 중도금
〃	2010.11.15.	70,000,000	IT과제 에너지관리시스템 구축 잔금
〃	2010.11.30.	120,000,000	IT과제 조선SRM시스템 구축 잔금
〃	2010.11.30.	114,000,000	IT과제 협력사 그룹웨어 구축 잔금
(주)⊙⊙⊙⊙⊙⊙⊙	2010.4.15.	90,600,000	IT과제 협력사 생산관리 시스템 구축 선금
〃	2010.8.16.	151,000,000	IT과제 협력사 생산관리 시스템 구축 중도금
〃	2010.11.25.	78,000,000	IT과제 협력사 생산관리 시스템 구축 제품비
〃	2010.12.6.	60,400,000	IT과제 협력사 생산관리 시스템 구축 잔금
비용합계		1,299,900,000	

자료 : 감사대상기관 재료 재구성

별표 10

주요 연구결과 요약

연구자	분석시기	분석방법 및 결론
☆☆☆	2000	• 상장기업을 대상으로 연구·인력개발비 세액공제 효과를 실증분석한 결과 세액공제 확대가 연구개발 투자의 증가를 가져온다는 결론 도출
◎◎◎	2004	• 1982~2000년에 걸쳐 상장법인을 대상으로 연구개발비 세액공제 효과를 실증분석한 결과 세액 공제율 변화가 연구개발비 지출액에 영향을 미치는 것으로 나타났으며, 연구개발비 세액공제와 임시투자세액공제가 동시에 시행되더라도 대체관계가 나타나지 않는다는 결론 도출
◇◇◇	2006	• 기업의 연구개발투자에 미치는 변수로 전기 민간연구개발투자, 전기 조세지원, 생산 등을 설정 • 실증분석에 사용한 자료는 1981년부터 2004년까지 24년간의 자료이며, 과학기술부에서 발간한 "과학기술연구활동조사보고"의 자료를 사용함. • 조세지원이 증가할수록 민간연구개발투자가 증가한다는 결론이 도출됨.
△△△	2007	• 2000~2003년 동안의 상장·등록법인의 연구개발비 지출액과 배당금 지급액 간의 상충관계를 분석한 결과 한정된 자금의 이용가능성으로 인해 연구개발비 지출액과 배당금 지급액 간에 상충관계가 있다는 것을 확인하였고 2001년과 2003년의 연구개발비 세액공제 축소는 연구개발비 지출액을 유의하게 감소시켰다는 결론 도출
□□□	2011	• 기업의 연구개발투자에 미치는 변수로 전기 연구개발투자, 영업현금흐름, 수익성, 부채비율, 규모, 수출비율 변수 등을 설정 • 2009년 말 현재 유가증권시장 및 코스닥시장에 상장되어 있는 기업 중 연구개발활동을 수행하고 있는 중소기업 1,525개 기업의 공시된 사업보고서 자료를 사용함. • 조세지원 확대가 중소기업의 연구개발투자를 유의하게 증가시키지 못하였음. • 다만, 기업의 투자의사결정은 전반적인 경제여건 및 시장상황에 의해 영향을 받는 측면이 크지만 본 연구에서는 연구모형의 한계상 이를 충분히 고려하지 못한 한계가 있음.

자료 : 감사대상기관 자료 재구성

별표 11

조세제출 성과관리 제고방안 요약

구분	내용
1. 기본 방향	① 재정사업의 단계별 성과관리제도를 벤치마킹 ② 기존 조세지출예산서 · 평가서 등 관리제도를 확대 · 보완 ③ 전담기구, 편성절차 등에 관한 법적 · 제도적 기반 마련 ④ 부처의 조세지출 관리 책임성 제고 및 정책기능 강화
2. 세부 방안	① 조세지출예산서에 성과관리 요소를 도입하여 조세지출 관리의 기본제도로 확대 ② 조세지출(비과세 · 감면)의 정책기능 강화를 위하여 조세감면 건의는 예산편성과 유사하게 운영 ③ 조세지출 연장 여부 결정 등에 활용하기 위하여 조세감면 평가 강화 ④ 조세지출 종합평가를 신설하고 객관적이고 종합적인 분석 · 평가를 통하여 조세지출 정비에 활용

자료 : 기획재정부

별표 12

기업규모별 연구·인력개발비 세액공제 현황

(단위 : 개, 억 원, %)

구분			2007년		2008년		2009년		2010년		2011년	
합계		기업수	8,596	100	9,666	100	10,723	100	12,426	100	14,817	100
		금액	14,080	100	15,331	100	15,535	100	18,571	100	23,341	100
일반기업		기업수	495	5.8	519	5.4	668	6.2	756	6.1	1,037	7.0
		금액	8,927	63.4	9,204	60.0	9,196	59.2	10,687	57.5	13,920	59.6
중소기업	소계	기업수	8,101	94.2	9,147	94.6	10,055	93.8	11,670	93.9	13,780	93.0
		금액	5,153	36.6	6,127	40.0	6,339	40.8	7,884	42.5	9,421	40.4
	법인	기업수	7,818	90.9	8,753	90.6	9,509	88.7	11,008	88.6	12,847	86.7
		금액	5,110	36.3	6,068	39.6	6,251	40.2	7,730	41.7	9,193	39.4
	개인	기업수	283	3.3	394	4.0	546	5.1	662	5.3	933	6.3
		금액	43	0.3	59	0.4	88	0.6	154	0.9	228	1.0

자료 : 국세청

별표 13

수입금액 규모별 법인세 공제감면세액 현황

(단위 : 개, 억 원, %)

수입금액 규모별	법인 수	과세표준액	공제감면세액		총부담세액	
			금액	비율	금액	비율
합계	460,614	2,280,560	93,315	100	379,619	100
5억 원 이하	221,112	24,225	373	0.4	3,198	0.8
10억 원 이하	56,986	19,748	298	0.3	2,028	0.5
20억 원 이하	58,681	43,771	1,415	1.5	4,247	1.1
50억 원 이하	63,802	98,275	2,715	2.9	10,930	2.9
100억 원 이하	29,859	100,238	3,888	4.2	12,722	3.4
200억 원 이하	15,401	101,831	3,907	4.2	15,282	4.0
500억 원 이하	8,943	140,282	5,964	6.4	22,366	5.9
1,000억 원 이하	2,927	114,312	4,826	5.2	19,096	5.0
5,000억 원 이하	2,280	305,405	9,037	9.7	57,502	15.2
5,000억 원 초과	623	1,332,473	60,892	65.2	232,248	61.2

자료 : 국세청

별표 14

소득금액 규모별 R&D 세액공제 현황

(단위 : 억 원, %)

소득금액 규모별	2007년		2008년		2009년		2010년		2011년	
	금액	비율	금액	비율	금액	비율	금액	비율	금액	비율
합계	14,037	100	15,272	100	15,447	100	18,417	100	23,113	100
5억 원 이하	798	5.7	928	6.1	915	5.9	1,153	6.3	1,334	5.7
10억 원 이하	721	5.1	822	5.4	865	5.6	1,208	6.5	1,429	6.2
20억 원 이하	912	6.5	1,056	6.9	1,101	7.1	1,318	7.2	1,588	6.9
50억 원 이하	1,422	10.1	1,415	9.3	1,493	9.7	1,932	10.5	2,359	10.2
100억 원 이하	895	6.4	1,149	7.5	1,170	7.6	1,282	7.0	1,450	6.3
200억 원 이하	757	5.4	908	5.9	986	6.4	1,046	5.7	1,306	5.7
500억 원 이하	529	3.8	1,131	7.4	1,040	6.7	1,068	5.8	1,229	5.3
1,000억 원 이하	548	3.9	350	2.3	773	5.0	784	4.2	582	2.5
5,000억 원 이하	803	5.7	1,620	10.6	2,008	13.0	1,593	8.6	2,609	11.3
5,000억 원 초과	6,652	47.4	5,893	38.6	5,096	33.0	7,033	38.2	9,227	39.9

자료 : 국세청

| 저 | 자 | 소 | 개 |

조 용 립 공인회계사

- 서강대학교 경영학과 졸
- 고려대학교 대학원 법학과(조세법 전공) 수료
- 공인회계사 · 세무사, 미국공인회계사
- (현)우리회계법인 상무이사(Partner)
- (전)삼일회계법인 · 안진회계법인 세무자문본부 이사

〈강의〉
- "첨단기술기업 및 연구소기업을 위한 R&D조세감면제도", 연구개발특구진흥재단
- "테마형 판례연구 -R&D 세제 대법원 판례를 중심으로-", 송무전문가 양성과정, 국세공무원연수원 (국세청 징세법무국 주관)
- "R&D 세액공제를 위한 업무감사 체크 및 적용사례", 한국상장사협회
- "지식재산 조세지원제도의 전략적 활용", "직무발명보상제도", 한국발명진흥회
- "연구개발비 및 국고보조금 세무회계처리", "연구개발회계 실습 심화교육", 한국산업기술진흥협회

〈주 업무분야〉
저자는 연구개발 조세지원제도의 A to Z까지 깊이 있게 연구하여 기업의 연구개발 조세특례제도 적용방안을 디자인하는 조세 전문가로서 연구개발 조세지원제도 관련 기업 · 기관자문, 예규질의, 세무조사대응, 조세불복, 법령개정 건의, 강연 등의 업무를 전문분야로 하고 있다.

우 근 공인회계사

- 연세대학교 법학과 졸
- 공인회계사 · 세무사
- (현)우리회계법인 이사
- (전)안진회계법인 세무자문본부 이사

〈본서 내용 문의〉

- E-mail : ylcho@wooricpa.co.kr(조용립 회계사), guwoo@wooricpa.co.kr(우근 회계사)

개정증보판 **연구개발 조세특례 실무**

2014년 4월 14일 초판 발행
2015년 5월 6일 2판 발행
2021년 9월 16일 3판 발행

저 자 조 용 립
우 근

발 행 인 이 희 태
발 행 처 **삼일인포마인**

저자협의 인지생략

서울특별시 용산구 한강대로 273 용산빌딩 4층
등록번호 : 1995. 6. 26 제3-633호
전 화 : (02) 3489-3100
F A X : (02) 3489-3141
I S B N : 979-11-6784-010-3 93320

♣ 파본은 교환하여 드립니다.

정가 90,000원